本書爲

2019年國家古籍整理出版專項經費資助項目

2020年舟山市社會科學界聯合會著作資助項目

南菁書院課藝 合集

〔清〕黃以周 繆荃孫 丁立鈞 編

程繼紅 趙統 點校

南菁講舍文集

拔茅茹以其彙解

錢承煦

泰否初九初六拔茅茹以其彙舊誼彙字絕句不是郭
璞洞林始而剟之者往往「其說鄭氏曰茹根相牽引
也彙類出茅喻君有絜白之德臣下引其類而仕之但
茅之為物溥離驪云蘭莖化而為茅似不得以茅喻君
至虞翻說巽為草名然後爲茅根爲爲文以茹爲茅根亦
曰茅根而於茹瓠茅根之說或以茹爲草名詩東門篿茹
蓲在阪釋草及毛傳云茅蒐其生蔓延卽所謂
以其彙顧據此說必以茅茹二字連讀而傳曰拔茅征
吉不曰拔茅茹征吉則茹以其彙期是別成一句矣

ZHEJIANG UNIVERSITY PRESS
浙江大學出版社

緒　言

　　江蘇一地，以長江爲界，形成地理上的蘇南蘇北之説。自古以來，蘇南不僅有魚米的富足，也有文化的富足。中國文化如果没有了江南文化，至少要打對折；而江南文化如果没了蘇南文化，也要打對折。這樣一算賬，蘇南文化在中國文化史上的地位已經是很明顯的了。

　　蘇南太多的話題似乎總被蘇州、無錫、常州搶占，它們皆因依仗太湖的給予。其實，這之外還有一個長江邊上的江陰，似乎也不容小覷。通觀全國，一般而言，各省學政衙門大都設在省城，但江蘇學政自明萬曆四十二年（1614）起，至清光緒三十二年（1906）裁撤學政止，近三百年時間，卻一直駐節長江下游南岸的江陰縣城。對此，明代孫慎行有一個簡要的解釋，是因爲江陰"地僻且道里均也"①。江陰地處偏僻，本爲地理劣勢，但對於讀書考試而言，反而成爲一個地理優勢。一則，地僻有利於士子潛心治學與應試；二則，地僻也可減少諸如請托、賄買秀才之類的弊端發生。況且江陰的地理位置，剛好處在蘇、松、常、鎮四府的中心，蘇南各處士子趕赴江陰考試，道里大致均等，而蘇北兩府（揚州、淮安）一州（徐州）士子渡江，登岸即到。②是故，明清兩代的江蘇學政衙門皆不在省城，而常駐江陰，大概便是從地理上考慮，这無形中也爲蘇南的讀書人額外添加了文化上的自豪與自信。

　　清光緒八年（1882），江蘇學政、浙江瑞安人黄體芳在此建南菁書院。

---

　　①　孫慎行：《新建督學察院碑記》，徐遵湯、周高超纂：《（崇禎）江陰縣志》卷五，崇禎十三年刻本。

　　②　參見趙統：《南菁書院志》，上海書店出版社 2015 年版，第 4 頁。

建院之初，黃體芳的老師孫詒言（即孫詒讓之父）曾建議以"崇讓"命名，黃體芳卻未接受，而是命名爲"南菁"。關於"南菁"，黃體芳解釋説："乃取朱子《子游祠堂記》所謂'南方之學，得其菁華'者，命曰'南菁'。"對此，吴飛先生認爲，這似乎隱然表明有清一代學術，已從北方轉移到南方之意。但在當時漢、宋相争的學術語境下，以此命名，似乎還有一層另外的深意，那便是南北之分，其實也是漢宋之分。李延壽《北史》所説的"南人約簡，得其菁華；北學深蕪，窮其枝葉"，雖然指北朝學術而言，但也正合黃體芳此刻的心意。① 而江陰又是蘇南的中心，黃體芳顯然也想把南菁書院打造成蘇南學術中心，從而匯集蘇南精英。但黃體芳很快離開了江蘇學政的位子，繼任者是著名學者長沙王先謙。所幸王先謙在學術上是有大格局的人，這一點與阮元很相似。果然，在南菁書院，他接著阮元《皇清經解》的事業，刊刻了《皇清經解續編》，這對南菁學術產生了實質性的影響。阮元在浙江巡撫任上主持刊刻《經籍籑詁》，對此後浙江的學風產生很大影響，而將這種學風加以落實的重任則由詁經精舍完成；同樣王先謙開闢的"經解"式學風，則由南菁書院來落地。當黃體芳最初延聘的院長南匯張文虎謝世，浙江定海的黃以周便來到南菁主持院長之席，恰好他又是一個純粹的學問家，這樣南菁書院以培養學問人才而非制藝人才的辦學方向就此確定下來。

　　那麽，南菁書院立志要培養什麽樣類型的學問人才呢？黃體芳在書院初創時已經確立了一個標準。這個標準就在他於南菁立鄭君、朱子二先生木主的安排上體現出來，又在爲藏書樓上所撰長聯上表達出來。長聯云："東西漢，南北宋，儒林文苑②，集大成於二先生，宣聖室中人，吾黨未容分兩派；十三經，廿四史③，諸子百家，萃總目之萬餘種，文宗江上閣，

---

① 參見吴飛：《斯樓應許賦千秋》，趙統：《南菁書院志》，上海書店出版社 2015 年版，第2 頁。

② 儒林文苑，一作"儒林道学"。

③ 廿四史，一作"廿一史"。

斯樓應許①附千秋。"很明顯,此聯已經大聲宣佈他要培養的是漢宋兼采型學問人才,而這正是黃以周的一貫追求。事實上,漢宋兼采早已是清代浙東學術的共同遵循,而黃體芳、黃以周同爲浙東學術中人,是故某種意義上南菁書院無意中成爲浙東學術在吳學核心地帶的傳播與遷植平臺。阮元是一個漢學傾向很濃郁的人,他的《皇清經解》只收漢學論文,而詁經精舍也只奉許、鄭二木主。但到王先謙編《皇清經解續編》,雖然是對阮元事業的接續,但他與阮元最大不同,則是對宋學和今文經學都持開放態度。這就與黃體芳發生了呼應,由此前後兩位江蘇學政共同確立了南菁書院的學術路綫,到黃以周的來臨,便是認認真真地貫徹落實了。

黃以周主持南菁教席十五年,成爲南菁學術的靈魂,也改變了蘇南學術的歷史傳統。我們認爲,晚近一百年來江浙兩省的知識互動,以阮元之入浙和黃以周之入蘇爲最重要。1884 年至 1898 年,黃以周任江陰南菁書院山長。十五年來,他爲浙東學術在江蘇傳播與遷植起到莫大作用。黃以周在南菁書院宣導"實事求是,莫作調人"的治學理念,既是對家風的繼承,也是對浙東學術漢宋兼采的進一步提升。如果説阮元入浙帶動和強化了兩浙既有的漢學風氣,而黃以周則將浙東漢宋兼采的學風遷植到江蘇,其影響之巨大與深遠,超過阮元之於浙江。黃以周任院長十五年間,爲江南地區培養了大量具有浙東性格的學術人才,東南俊彦,著籍爲弟子者,先後達千餘人,故章太炎説"江南諸高才皆出其門",並非虛言。

黃以周南菁書院的辦學成果,體現在學業上,便是學生們的課藝。現將《南菁講舍文集》《南菁文鈔二集》和《南菁文鈔三集》三部課藝的編纂過程略述於下。

(一)《南菁講舍文集》。清光緒己丑(1889)冬,南菁書院的兩位院長黃以周和繆荃孫共同編纂刊刻了《南菁講舍文集》,它是南菁書院諸生部分優秀課藝的第一次彙編,黃以周爲作序言曰:

---

①　應許,一作"亦許"。

　　古者，王子、卿大夫、士之子及國中俊秀之士，無不受養於學。學校一正，士習自端，而風會藉以主持。自唐代崇尚詩賦，學校失教，華士日興，樸學日替，南宋諸大儒思矯其弊，於是創精廬以講學，聚徒傳授，著籍多至千百人，而書院遂盛。有明以來，專尚制藝，主講師長復以四書文、八韻詩爲圭臬，竝宋人建書院意而失之。近時賢大夫之崇古學者又思矯其失，而習非成是，積重難返，不得已別築講舍，選高才生充其中，專肄經史辭賦，一洗舊習，若吾浙江之詁經精舍、廣東之學海堂，其較著者也。

　　江蘇之書院甲天下，若鐘山，若尊經，若紫陽，其課士悉以詩文。正誼近改經古，惜陰又附於鐘山、尊經，以經古爲小課，非所重也。瑞安黃漱蘭侍郎督學蘇省，仿詁經精舍之課程，創建南菁，力扶實學，一如阮文達之造吾浙士。嗣是任者，長沙王益吾祭酒，續編《學海堂經解》，鋟版庋閣。茂名楊蓉圃太常，又復增廣學舍，一時好學之士濟濟前來。以周主講此席，於今六年。前我主講者，有張廣文嘯山，已作古人。同我主講者，有繆太史小山，相約選刻文集。因爰輯課作，簡其深訓詁、精考據、明義理之作，得若干篇。詩賦雜作，繆太史鑒定之。凡文之不關經傳子史者，黜不庸；論之不關世道人心者，黜不庸；好以新奇之說、苛刻之見自炫，而有乖經史本文事實者，黜不庸。在昔宋儒創書院以挽學校之衰，暨今鉅公又建講舍以補書院之闕，其所以扶樸學而抑華士者，意深且厚。今選刻是編，約之又約，不敢濫取。蘄與《詁經》《學海》諸文集並傳於世，且望後之學者無爽創建之深意云爾。

　　光緒十五年冬日至，定海黃以周。

　　從序中可見，黃以周選編經學，繆荃孫選編詩賦，分工合作，可謂珠聯璧合。選錄標準如黃所說"凡文之不關經傳子史者，黜不庸；論之不關世道人心者，黜不庸；好以新奇之說、苛刻之見自炫，而有乖經史本文事實者，黜不庸"，很明顯地表現出黃以周"重道輕藝"的教育思想。標準很嚴格，"今選刻是編，約之又約，不敢濫取"。在五年不知凡幾的課作中，僅選取了一百一十二篇。分爲六卷：一、二、三卷爲經學，共五十一篇；四、五卷爲史學、子學，共三十七篇，此五卷均是考據文章；六卷爲詩賦，二十一篇，另有三篇算學。作者有光緒九年（1883）最早入院的張錫恭、華世芳、章際治、馮誠中、雷補同等，也有刻此文集的當年，即光緒十五年（1889）剛入院的吳眺（吳稚暉）等。

（二）《南菁文鈔二集》。光緒二十年（1894）冬，南菁書院院長黃以周又一次選編肄業諸生的優秀作品，匯刊成《南菁文鈔二集》，距前刻《南菁講舍文集》（初集）已有五年時間了，而他來書院已經十二年了，再作序言道：

> 夫西都後進，皆欲從之平原；北海通方，咸仰流於高密。志向所在，心期斯同。是以太學橫經，古訓是式。精廬程藝，美才爲多。淬礪精而用宏，真積久而業茂。豈況大江南北，靈淑所鍾；諸老先生，風流未沫；如林子侄，盡讀藏書；成市生徒，實繁作者。
>
> 以周主講此席十二年矣。少承家學，述有著言。抗禮滋慚，擁經負疚。曩者己丑之歲，輯及門諸子之作，凡若干篇，彙爲一集，並美備眾制，妙絕時人，可喜可觀，無遺無假。今距前刻又五載矣，寒暑屢更，著錄積富。鏗鏗説理，頗家間增，飄飄凌雲，後生可畏。非惟扶風弟子，乃有高業；蜀郡成都，實生詞人，洵慕學之孔殷，自文明之蔚盛也。爰蹤前志，爲定新編，又得若干，續之初集，文辭並美，誠復如班固所稱“老眼猶明，吾已從君魚受道矣”。若夫幽蘭方馨，春草已宿。簡文痛心於撰集，子桓傷逝於曩遊。美志不遂，遺書待收，是又覽此子之文，對之抆淚，念少壯之歲，真當努力者也。勖哉多士，幸廣鴻篇。
>
> 光緒二十年歲次甲午冬至日，定海黃以周。

黃以周這次《序言》用的是駢文。也許這位經學大師是爲了回應有人譏其“特不解詞章”，而一反常態，將序文寫得文采斐然。[1]《二集》與《初

---

① 　參見趙統：《南菁書院志》，上海書店出版社 2015 年版，第 252 頁。

集》一樣，共六卷。卷一至卷四收經學課卷，卷五收史學課卷，卷六收賦（銘、贊）。《二集》目録的開頭，還列出校勘者的名單："院長黄先生鑒定。齋長林之祺、孫儆、顧鴻閨、崔朝慶、王家枚、孫揆均同校刊。"

（三）《南菁文鈔三集》。清於光緒二十四年（1898），丁立鈞被瞿鴻機聘主南菁講席。丁立鈞（1854—1902），字叔衡，號恒齋，江蘇鎮江人。光緒六年（1880）進士，著有《昭代尺牘小傳續集》《清畫録》《歷代大禮辨誤》《東藩事略》《歷朝紀事本末》等多種。瞿之聘丁，固然由於丁之品學聲望足以膺南菁山長之選，但恐怕兩人同屬意維新，意氣相投，也是一個重要原因，所謂惺惺相惜也。丁立鈞就任南菁書院院長之職，多士望若山斗，提獎所及，士爲起舞，足見丁立鈞在院中威望之高。① 丁立鈞繼承了南菁書院刻書的優良傳統，於辛丑年（1901）十月，收集遴選了書院這一時期課生的優秀課作，刊刻成《南菁文鈔三集》。這距黄以周於甲午年（1894）主持刊刻《南菁文鈔二集》，已有七年的時間了。丁立鈞序言云：

> 光緒辛丑十月，選刻南菁課文，此三刻矣。自乙未至戊戌，四年課作散失無存者，乃遴取己亥迄今，得文共百六十首，立鈞爲之編次，一循前刻義例，而篇數倍之。又所爲文多指陳世務，辭氣激宕，視前刻稍不侔。意言者心聲，文章之事關世變之遷流歟？雖然，何其速也。世運之隆也，其文多高簡，又音節和雅可誦；及既衰，每辭繁數而意危苦，有歷歷不爽者。然南菁文之初刻也，歲己丑，距今十二年。再刻，歲甲午，距今七年。不應先後歧異若此。噫！此不能無怵於世變之既亟矣。

> 大凡運會既至，捷如風雨，盛夏之時，鬱蒸兼旬不可耐，忽一夕風雨大至，走雷電，飛沙石，震盪萬物，動心怵目，瞬息之頃，而氣候頓異。夫戊戌以前，盛夏之鬱蒸也，雖有憂時之士，不得不息機觀變，自率其悠遊泮涣之素。及是大風雨作矣，人世動心怵目之事日相逼而至，雖忘情者不能屏聞見以逍遥事物之外，又何疑夫兹文之異昔乎？

---

① 參見趙統：《南菁書院志》，上海書店出版社 2015 年版，第 125 頁。

庚子教哄，倉卒變生，朝野震驚，不遑寧處。獨黌序之子弦歌如故，漠然是非理亂之無與焉，此亦事之至不順者也。抑又論之，人世是非理亂之故，本至難言。草野之夫抒所聞見，冀一效其款款之愚者，大都意有所激，未必盡中事理。然蒙以爲削之不若存之，何也？人子於父母之疾，無不願得良藥以療之，然三世之醫不可得，則雖告有良藥，終亦遲回疑慮，而莫敢以輕試，及疾之既亟，則不暇顧矣，故慎藥，孝也。然疾既亟，則皇皇焉博求方藥，以冀夫療之或得一當，又人子之至情，不得苛其驚亂者也，是在主方藥者之善別擇而已。且天下無不藥即已之疾，而疾甚又無必效之藥，故草野談治之言，其繁數而危苦者，與過而削之，不若過而存之，亦曰庶幾得一當耳。鄉校之議，輿人之誦，或亦當世采風君子所勿罪歟？

斯役也，刻三月而畢工。任校勘者，陽湖陳佩實、太倉陸炳章、通州達李、無錫蔡文森、婁縣張葆元、元和孫春雷、常熟蔣元慶、東臺楊冰。其乙未迄戊戌散失之文，屬江陰王家枚求之，俟補刊。丹徒丁立鈞。

這部《南菁文鈔三集》與前兩集相比，最大的不同處便是“所爲文多指陳世務，辭氣激宕”。除了書院式傳統經史課作外，還出現了如《問五口通商以來局凡幾變》《東三省疆界變遷考》《論普法之戰》等所謂“指陳世務”的作品。據丁立鈞序中所説，乙未（1895）至戊戌（1898）的四年課卷已散失無存，不知是什麼原因，是黃以周年老體衰，無暇顧及，還是因學政龍湛霖（甲午至丁酉在任）正有意引進西學，而忽略了經古課作的收集？不可考矣。丁立鈞命書院高材生江陰王家枚搜求這四年的課卷，可謂是託付得人，然而終未有成，爲南菁書院留下遺憾。①

南菁課生尤其是高材生，大都有將自己的課卷裝訂成册的習慣，如張錫恭、陳慶年、吳稚暉等。吳稚暉在壬辰（1892）劄記中記道：

（七月）二十四日，檢歷年課卷合訂，計數如左：

---

① 　參見趙統：《南菁書院志》，上海書店出版社 2015 年版，第 127 頁。

己丑

甲：超等經學卷一册計八本（仲培）。

乙：超等古學卷一册計七本（衡之）。

丙：特等、一等經學卷一册計九本（仲培）。

丁：特等、一等古學卷一册計九本（另一本在林静安處）（衡之）。

庚寅

戊：超等經學卷一册計十五本（仞千）。

己：合訂古學卷一册計七本（衡之）。

庚：特等、一等經學卷一册計九本（仲培）。

辛卯

辛：合訂經學卷一册九本（仲培）。

壬：合訂古學卷、官課卷一册計九本（衡之）。

癸：全歲經古學卷一册計十二本（仲培）。①

吳稚暉將他前三年的課卷裝訂成十二本，都被他的同窗友好借去了，借者的名字還記在括弧中，如衡之，即無錫曹銓。吳稚暉的成績不錯，如己丑年（1899），即他入學的第一年，經學超等得八次，古學超等得七次。下一年的成績更好，經學超等得十五次。大概超等中的前幾名的試卷，才有可能被山長刻入優秀作品的選編中。特等無望人選，但名列前茅的還能得到獎金，只是沒有超等得的多。一等以下的，恐怕連獎金也無望了。因此，南菁講舍文鈔可以肯定皆爲南菁高材生優秀課作的彙編。

南菁書院課藝合集三種，即《南菁講舍文集》《南菁文鈔二集》和《南菁文鈔三集》，實際上可分黃以周和丁立鈞兩組。其編纂特點，概言之有二：一是黃以周重視經學尤其是禮學課藝；二是丁立鈞重視史論與算學課藝。前者由黃以周本人的學術重心所決定，後者因丁立鈞所處時代變化所影響，故各具特色。

---

① 羅家倫、黄季陸主編：《吳稚暉先生全集》卷十一《山川人物》之《壬辰劄記》，臺灣文物供應社 1969 年版，第 84－85 頁。

先説黃以周所編課藝重視禮學的特點。黃以周學術以經學見長，經學中又以禮學成就爲最高。黃以周曾提出："經以載道，經學即是理學，經學之外理學爲禪學，讀《日知録》可會之。"①繆荃孫將黃以周這個思想歸納爲"以禮學爲理學"，他説"先生以經學爲禮學，即以禮學爲理學。顧氏之訓，至此始闡"②，並將其與顧炎武"理學，經學也"③的觀點相聯繫。還有學者認爲黃以周"以禮學爲理學"遠紹顧炎武"理學，經學也"，中間又承凌廷堪、焦循、阮元的"以禮代理"而來。④ 但乾嘉學者提出的"以禮代理"主張，其自身卻存在巨大缺陷，這便是將"禮"與"理"强分二途，並以前者代替後者，完全偏離了顧炎武以經明道的初衷，遂使學術進到象牙塔之中，遠離了以切於人事爲皈依的明道精神。黃以周"以禮學爲理學"説，並非承"以禮代理"而來，反倒是棄"以禮代理"而去的糾偏之論。其倡"以禮學爲理學"應該是徹底返回到元典的努力。當然，返本不是目的，返本還是爲了務實。黃以周著《禮書通故》，歷十九年而成，這十九年也是晚清社會最爲動盪不安的時期。如前所述，《禮書通故》特別重視歷代禮制的總結與評判，又何嘗不隱含黃以周意欲藉禮救世之心呢！因此，"以禮學爲理學"的提出，是以黃以周爲代表的浙東禮學家對清代禮學思想的提煉與升華，也是黃以周在南菁書院特別重視禮學教育的内在動因。

黃以周《南菁書院講學記》闡述"菁華"之義曰："夫學必先之以博文，猶木有枝葉；學必繼之以約禮，猶木有菁華也。"由於黃以周重視禮學，使得南菁書院在這方面取得了驕人的教學成績。今將《南菁講舍文集》和《南菁文鈔二集》禮學課藝列出如下：

---

① 黃以周：《南菁書院立主議》，《儆季文鈔》（六），《黃以周全集》，上海古籍出版社 2014 年版，第 661 頁。

② 繆荃孫：《中書銜處州府學教授黃先生墓誌銘》，引見徐世昌《清儒學案》第六册《儆居學案下·附録》，中華書局 2008 年版，第 5996 頁。

③ 顧炎武：《與施愚山書》，《亭林文集》卷三，四部叢刊景清康熙本。

④ 林存陽：《黃式三黃以周"禮學即理學"思想論析》，《浙江社會科學》2001 年第 5 期。

表一   《南菁講舍文集》禮學課藝

生徒姓名	籍貫	課作名稱	課題出處
章際治	江陰	禮不下庶人説	《禮記》
		見君無不執笏其義何據	《禮記》孔疏
		車上建旗説	《周禮》
		地丁原始	《周禮》
唐文治	太倉	樂無大夫士制説	《禮記·曲禮》疏引《春秋説題辭》
		《月令》習五戎解	《禮記》
沙從心	江陰	夏五服周九服異同考	《尚書》《周禮》
雷補同	松江	桃曰膽之解	《禮記》
李安	静海	韠同裳色説	《儀禮》鄭注
張錫恭	婁縣	下管象武夏籥序興解	《禮記》
		讀胡氏《儀禮正義》一	胡培翬
		讀胡氏《儀禮正義》二	胡培翬
王虎卿	高郵	釋入門揖入揖先入例	《儀禮》
馮誠中	嘉定	釋升階讓登先登例	《禮記》
丁國鈞	常熟	徹廣六尺解	《考工記》
馮銘	江陰	論程徵君記車制得失	程瑶田
		論阮宮保考車制得失	阮元
錢榮國	江陰	自卿以下外朝内朝考	《國語》
盧求古	泰州	釋淯淯	《儀禮》
曹學詩	丹徒	周鬴重一鈞,漢斛重二鈞,相去甚遠,而聲皆中黄鍾何説	《考工記》

表二   《南菁文鈔二集》禮學課藝

生徒姓名	籍貫	課作名稱	課題出處
顧鴻閬	通州	申先鄭陳殷置輔説(與陳慶年、李樹滋同題)	《周禮》
		《文王世子》凡語於郊者一節義疏	《禮記》

生徒姓名	籍貫	課作名稱	課題出處
范蠡	無錫	申《論語》鄭注禘祭自血腥始義	《論語》
		張皋文《儀禮·特牲》《少牢》兩篇圖正譌（與許士熊、李樹滋同題）	張惠言
		論程易疇、劉楚楨兩家釋穀異同得失（與王兆芳同題）	程瑤田、劉寶楠
許士熊	無錫	張皋文儀禮特牲少牢兩篇圖正譌（與范蠡、李樹滋同題）	張惠言
蔣元慶	常熟	申兩鄭執牛耳説（與謝恩灝同題）	《周禮》
陳慶年	丹徒	申先鄭陳殷置輔説（與顧鴻閭、李樹滋同題）	《周禮》
		釋《鄉射禮》《大射儀》兩篇名義（與張錫恭同題）	《儀禮》
張錫恭	婁縣	釋《鄉射禮》《大射儀》兩篇名義（與陳慶年同題）	《儀禮》
金鉽	泰興	《左傳》引《康誥》父子兄弟罪不相及與《周官》族聯刑罰相及不同何説	《尚書》《周禮》
		《書·洛誥》先殺後裸與《禮記》既裸然後迎牲不同何説（與丁蓬山同題）	《尚書》《禮記》
丁蓬山	泰興	任正衡任考	《周禮》
吳朓（稚暉）	陽湖	始之養也解	《禮記》
		安車輭輪解	《漢書》
潘昌煦	吳縣	漢儒編輯禮記自大小二戴外復有幾家試詳考之	《禮記》
何允彝	泰興	釋刉衈	《周禮》
李樹滋	奉賢	釋大房名房義	《詩》
		申先鄭陳殷置輔説（與顧鴻閭、陳慶年同題）	《周禮》
		張皋文《儀禮·特牲》《少牢》兩篇圖正譌（與許士熊、范蠡同題）	張惠言
吳聘珍	江陰	閟宮末章先路寢後新廟説	《詩》
范禕	元和	封人解	《周禮》
謝恩灝	陽湖	申兩鄭執牛耳説（與蔣元慶同題）	《周禮》

续表

生徒姓名	籍貫	課作名稱	課題出處
王有德	吳縣	牢中解	《儀禮》
		《表記》子言之説	《禮記》
薛重熙	無錫	廟見奠菜祭禰辨	《儀禮》
俞複	無錫	蠱室近川説	《禮記》
繆楷	江陰	燕義宰夫解	《禮記》
		讀張皋文《儀禮圖》	張惠言
林之祺	金壇	卿大夫朝君與朝其私臣二者孰先	《禮記》
		王享諸侯有無車迎辨	《禮記》
趙傳聖	興化	讀淩氏《公羊義疏》	《公羊義疏》
胡玉縉	元和	漢十月大飲禮考(與徐安仁同題)	《漢書》

《南菁講舍文集》收録經史課藝九十四篇,其中禮學課藝二十篇,占比21％。《南菁文鈔二集》收録經史課藝一百六十六篇,其中禮學五十二篇,占比31％。與詁經精舍課藝比較,南菁書院課藝中的禮學作品要超出許多,可見黃以周是非常重視禮學教育的。這些禮學課藝,皆循漢宋兼采的"黃門禮學"風格。①

再看丁立鈞《南菁文鈔三集》所選課藝重視史論和算學的特點。黃以周《二集》編後七年,光緒二十七年辛丑(1901),丁立鈞主編了《三集》,選録了己亥(1899)至辛丑(1901)這三年間的課作。《三集》與前兩集在内容上有較大的不同。

一是"篇數倍之"。《三集》"得文共百六十首",而它們都是三年時間内的課作,前兩集卻都各自收了五六年,篇數還没這麼多。那麼,能否像先前黃以周那樣"約之又約,不敢濫取",也成了疑問。

二是經學作品所占比例大大減少。全集的十六卷中,只有前四卷是

---

① 參見程繼紅:《浙東"黃門禮學"與近世禮學學脉之建構》,《黃式三黃以周禮學文獻輯箋》卷首,鳳凰出版社 2017 年版,第 15—19 頁。

經學課作,僅占四分之一。而經學課作中,有關禮學的僅有三篇。這恐怕與黃以周的離院有關,但也是清末經學日趨衰落的反映。

三是史論增多。《三集》共收八卷(自卷五至卷十二),約是經學課作的兩倍,這是科舉時代風氣的轉變所致。刊行《三集》的這年七月,清廷下令,自明年開始,鄉、會試廢除八股文程式。考試內容雖說還有四書五經,但已由原先的第一場置後於第三場。而當時朝廷最看重的是第一、二場的考試,第一場考中國政治史事論,第二場考各國政治藝學策。那麼,書院相應地加強對史論的訓練,當然也是勢所必然的了。

四是史論討論的時間範圍擴大,尤其重視對當代史的研究。南菁文鈔前兩集的史論課藝,只到宋代,宋以後的歷史絕不論及,這大概與清儒看不起明人治學空疏浮淺有關,而清王朝對讀書人一貫進行嚴酷的思想鉗制,恐怕更是主要因素。然而晚清政局大變,控制放鬆,讀書人出於對國家前途的憂慮,常撰文評論時局,甚至借古諷今,抨擊時弊,這在《三集》中能清楚地反映出來,如許朝貴《論明代官制得失》、金祖基《書王船山先生〈讀通鑒論〉後》、朱錦綬《問五口通商以來局凡幾變》、張葆元《問抵制洋鹽進口之法若何》、吳增甲《外國理財不主節流而主暢流論》等,這些有關近現代史的論著,在前兩集中是絕然看不到的。

五是算學題大增。《三集》的最後四卷(卷十三至卷十六)全為數學課作,如楊冰《微積術補代數未盡說》《讀海寧李氏對數探源書後》等,這是前所未有的事,《初集》僅選三種算學題,《二集》全缺。當然,用今日的眼光來看,其中有些數學題不能算是高深,如代數題《有大中小三數,並中小兩數與大數等,中小兩數和乘大數,以中小兩數相乘,減之得三千一百三十六,其三數連乘得六萬一千四百四十,問三數各幾何》,如幾何題《三角形有積,有大小兩腰,求底邊及中垂線當用何術,試證之並為圖說》,但對當時的讀書人來說,已是很不容易的了。

六是未收文學作品。也許當時書院已不試"詞章",也可能與丁立鈞的學術主張有關,在他看來,"世變之既亟矣",救國圖強才是第一要緊事,而吟詩作賦,於時事無補。丁立鈞之所以選編《南菁文鈔三集》,原因之一,就是希望南菁的學風能由"訓詁詞章"向"經世致用"轉變。諸生課作雖非篇篇於世有補,但"天下無不藥即已之疾,而疾甚又無必效之藥。故草野談治之言,其繁數而危苦者,與過而削之,不如過而存之,亦曰庶幾得一當耳。鄉校之議,輿人之誦,或亦當世采風君子所勿罪歟?"肯定了南菁諸生憂國憂民的情操。

毋庸諱言,《三集》所收,在所謂訓詁詞章的傳統文化的研究上,自不能與前兩集相較高下,丁自己也承認,三集是"與過而削之,不如過而存之"的結果。但我們可以從中了解到書院課生平時研究學習的內容和書院的學術取向的變化,從而看出劇烈的"世變"給書院帶來的巨大影響,這也就是《三集》之價值所在。①

出現在《南菁書院課藝合集》中的優秀課生們,在由近代到現代的時代巨變中,散落四處,各奔東西,他們中許多人在近現代都留下了自己的生命軌跡。

他們中有些進入張之洞麾下,後來接受新學。黃以周與張之洞本有交遊,關係密切,故南菁弟子如陳慶年、曹元弼、姚錫光相繼進入其幕府。根據吳飛先生援引陸胤的研究,南菁(黃以周)與東塾(陳澧)兩派,是張之洞幕府最重要的組成人員。巧的是,這兩派的共同主張正是漢宋兼采,而他們在張之洞幕中,也接受了中體西用的主張。②

有些北上清廷禮學館,又爲北京大學禮學研究之奠基。清宣統年間,朝廷設禮學館,纂修《大清通禮》,所聘任者多爲黃以周南菁子弟。曹元弼爲曹元忠所作《君直從兄家傳》曰:"戊申,朝廷立禮學館,修《大清通禮》,溥玉岑尚書奏派兄爲纂修,規劃條例,延聘師儒,悉咨訪焉。兄由是薦林晉霞大令頤山、張聞遠同年錫恭、錢復初孝廉同壽及余。"③五人均爲黃以

---

① 參見趙統:《南菁書院志》,上海書店出版社 2015 年版,第 253—254 頁。
② 參見吳飛:《斯樓應許賦千秋》,趙統:《南菁書院志》,上海書店出版社 2015 年版,第6頁。
③ 曹元弼:《誥授通議大夫內閣侍讀學士君直從兄家傳》,載見曹元忠:《箋經室遺集》卷首,民國三十年王氏學禮齋鉛印本。

周弟子,其中林頤山被聘爲總纂。除曹元弼所記五人之外,胡玉縉後亦入禮學館。在禮學館,此六人可謂是"黃門禮學"六君子。禮學館解散以後,"黃門禮學"六君子大部分回到江南,而胡玉縉則入京師大學堂,講授《周禮學》,實爲後來北京大學禮學研究之奠基者與開拓者,浙東象山陳漢章,即爲胡之北大弟子。

面對辛亥鼎革,南菁弟子的表現也非常不同。其中具有代表性的人物如吳稚暉,參與了反清革命,成爲著名的無政府主義者和科學主義者。唐文治則創辦無錫國專,成爲南菁書院在現代的唯一繼承者。據國專早期學生錢仲聯先生回憶,唐先生辦國專,主要是借鑒了他的母校南菁書院的方法。而其辦學宗旨也與當初黃體芳創辦南菁書院一樣,希望能有曾文正、羅忠節等經世人才應時而出。在無錫國專,時可感受到江陰南菁書院的影響。其後唐文治還主持上海交大,成爲民國時期著名的教育家,在自己的教育實踐中繼承了南菁書院的精神。

倘要梳理南菁書院與近現代以來的學術譜系,以禮學爲例,"黃門禮學"下肇民國禮學,使近世以來禮學學脉保持不墜。辛亥革命以後,"黃門禮學"弟子遂成爲開啓民國禮學的中堅力量。民國時期的江南禮學研究,大多得自黃以周南菁書院的一脉相傳。這又分爲兩種情況:一是團體性傳承。這便是如上所述在民國產生巨大影響的唐文治無錫國專。某種意義而言,無錫國專其實就是南菁書院的現代轉型,無論是理念、學風以及經學救世之精神,唐文治對黃以周都有直接的繼承。這種繼承,在當時社會可謂是逆潮而動,但在今天看來,恰是這逆潮而動,才爲日後中國保有了一股强勁的傳統學脉。二是個體性傳承。其中最爲典型的例子是曹元弼。曹元弼爲黃以周在南菁時的早期弟子,後爲民國時期重要禮學家。章太炎《黃先生傳》謂當時在南菁"事樸學者,專宗先生,弟子慈溪馮一梅、林頤山、丹徒陳慶年、元和曹元弼、爲得其傳"。當代學者王欣夫、沈文倬、錢仲聯、唐蘭等皆從曹元弼學,但以禮學名家的惟沈文倬。顧頡剛在 20

世紀 70 年代曾稱沈文倬爲"當今治《禮經》之第一人"①。20 世紀禮學傳承有非常清晰脉絡的,就是曹元弼這一支。楊志剛説:"曹元弼、沈文倬、陳戍國師生三代,前後相續,孜孜於禮學,成爲本世紀禮學傳承中引人注目的一脉。這三位禮學專家是人們了解二十世紀禮學如何在轉型、嬗變中繼往開來的一個很好的例證。"②20 世紀 30 年代,沈文倬從曹元弼專攻"三禮"之學,遷家蘇州寶林寺前,與曹元弼毗鄰而居,很有漢末鄭玄築精舍於馬融宅外的意味。因此,若從南菁書院算起,曹元弼這一脉可上溯到南菁書院黄以周那裏,其譜系爲:黄式三——黄以周——曹元弼——沈文倬。故若僅從曹元弼一系來看,完全可以説南菁書院學脉至今不墜。

這次整理,《南菁講舍文集》爲清光緒己丑(1889)刻本,《南菁文鈔二集》爲清光緒甲午(1894)刻本,《南菁文鈔三集》爲清光緒辛丑(1901)刻本,均爲單一版本來源。由於我们水平有限,整理點校存在錯誤在所难免,敬請讀者諸君不吝批評指正。

程繼紅 趙 統

---

① 陳戍國點校:《周禮·儀禮·禮記》"後記",嶽麓書社 2006 年版,第 471 頁。
② 楊志剛:《禮學研究芻議》,《原道》第三輯,中國廣播電視出版社 1996 年版,第 182 頁。

凡　例

　　一、本書依南菁書院編印和刊刻的《南菁講舍文集》（光緒己丑刻本）、《南菁文鈔二集》（光緒甲午刻本）、《南菁文鈔三集》（光緒辛丑刻本）整理。

　　二、本書原稿中的舊字形、異體字、俗體字等，整理後一般改爲規範繁體字，然少量不甚生僻而爲古籍常用者則酌情保留。此外，原稿中所收文字學課藝中因探討文字需要而涉及的異體字、俗體字、篆文等，則保持原樣。

　　三、本書原稿中明確的錯誤（譌奪衍乙），整理後一般皆直接改正，並出注加以説明。其不影響文意表達的兩可之異文，則一般不予改正。至於文意不通或懷疑有誤之處，則出注提出疑問或給出可能的詮釋理路。

　　四、本書原稿中因避清帝諱改字或缺筆者，整理後一律改回原字。

　　五、爲方便讀者閱讀，經整理後的課藝一般依今日之文意理解酌情予以分段，不盡依原書之舊貌。

　　六、本書所收算學課藝，其算式及圖示與現代數學多有不同，爲保留古代算學風貌，整理後一般不以現代數學之規範對原書的算式及圖示加以重繪。

总目録

南菁講舍文集

黃以周　繆荃孫　編

目　録

《宋史·理宗紀》論曰:自帝繼統,首黜王安石從祀,升濂洛九儒,

表章朱子四書。後世有以理學復古帝王之治者，實自帝始，
廟號曰理，其殆庶乎。然理宗知真德秀、魏了翁、吳潛之賢，
不能用知史彌遠、丁大全、賈似道之奸，不能去依附强元，
藉報宿憤。顧乃會師定約，無異海上之盟，疆圉日蹙，國隨
以亡。然則理學竟無益于人國乎？抑正心誠意不能治國平
天下乎？史臣著論抑揚不得其實，豈與道學立傳皆有私意

序

古者，王子、卿大夫、士之子及國中俊秀之士，無不受養於學。學校一正，士習自端，而風會藉以主持。自唐代崇尚詩賦，學校失教，華士日興，樸學日替，南宋諸大儒思矯其弊，於是創精廬以講學，聚徒傳授，著籍多至千百人，而書院遂盛。有明以來，專尚制藝，主講師長復以四書文、八韻詩爲圭臬，並宋人建書院意而失之。近時賢大夫之崇古學者又思矯其失，而習非成是，積重難返，不得已別築講舍，選高才生充其中，專肆經史辭賦，一洗舊習，若吾浙江之詁經精舍，廣東之學海堂，其較著者也。

江蘇之書院甲天下，若鐘山，若尊經，若紫陽，其課士悉以詩文。正誼近改經古，惜陰又附於鐘山、尊經，以經古爲小課，非所重也。瑞安黃漱蘭侍郎督學蘇省，仿詁經精舍之課程，創建南菁，力扶實學，一如阮文達之造吾浙士。嗣是任者，長沙王益吾祭酒，續編《學海堂經解》，鋟版庋閣。茂名楊蓉圃太常，又復增廣學舍，一時好學之士濟濟前來。以周主講此席，於今六年。前我主講者，有張廣文嘯山，已作古人。同我主講者，有繆太史小山，相約選刻文集。因春輯課作，簡其深訓詁、精考據、明義理之作，得若干篇。詩賦雜作，繆太史鑒定之。凡文之不關經傳子史者，黜不庸；論之不關世道人心者，黜不庸；好以新奇之說、苛刻之見自炫，而有乖經史本文事實者，黜不庸。在昔宋儒創書院以挽學校之衰，暨今鉅公又建講舍以補書院之闕，其所以扶樸學而抑華士者，意深且厚。今選刻是編，約之又約，不敢濫取，斯與《詁經》《學海》諸文集並傳於世，且望後之學者無爽創建之深意云爾。

光緒十五年冬日至，定海黃以周。

南菁講舍文集目録

文三

文六

朱紫陽餞呂東萊至鵝湖陸子壽子静劉子澄來會賦　　趙椿年_{陽湖}

新緑賦　　雷補同_{松江}

擬沈休文桐柏山金庭館碑銘　　吳翊寅_{陽湖}

擬郭景純游仙詩　　姚彭年_{如皋}

擬宋之問明河篇　　王家枚_{常州}

擬韓退之短燈檠歌　　王家枚_{常州}

擬唐韓退之短燈檠歌　　沙元炳_{如皋}

寒柳　　姚彭年_{如皋}

金陵懷古　　趙世修_{上海}

青龍江訪蘿月山房　　章錘祚_{江陰}

蟹籪　　姚彭年_{如皋}

擬王漁洋三國小樂府　　趙世修_{上海}

擬王漁洋三國小樂府　　姚彭年_{如皋}

擬韓孟鬪鷄聯句　　金　鉽_{泰興}

春秋宮詞　　唐志益_{六合}

春秋宮詞　　顧保疇_{江陰}

詠江陰古蹟　　吳　朓_{陽湖}

元和李氏海寧李氏各有造整數句股弦法今欲造句股形令句股弦及中垂綫俱得整數又欲造句股形令句股弦及容方邊俱得整數又欲造句股形令句股弦及中垂綫容方邊俱得整數問以何法造之　　崔朝慶_{静海}

今有鷄翁一直錢九鷄母一直錢七大鷄雛一直錢三中鷄雛三直錢一小鷄雛四直錢一凡百錢買鷄百隻問鷄翁鷄母及大中小鷄雛各幾何　　崔朝慶_{静海}

古量深尺内方尺其實一鬴臀一寸其實一豆以今量爲之鬴内方用今營造尺一尺其深及臀當得幾何　　程之驥_{丹陽}

文一

拔茅茹以其彙解

錢承煕

《泰》《否》"初九""初六"，"拔茅茹以其彙"，舊讀"彙"字絶句，不是。郭璞《洞林》始而訓之者，往往歧其説。鄭氏曰：茹，根相牽引也；彙，類也；茅喻君有絜白之德，臣下引其類而仕之。但茅之爲物薄，《離騷》云：蘭莖化而爲茅①，似不得以茅喻君。至虞翻説巽爲茅，茹爲茅根。然《説文》以荺爲茅根，蕱亦曰茅根，而於茹無茅根之説。或以爲草名，《詩·東門》篇"茹藘在阪"，《釋草》及《毛傳》云：茅蒐也。茅蒐其生蔓延，即所謂"以其彙"，顧據此説，必以"茅茹"二字連讀。而《傳》曰拔茅征吉，不曰拔茅茹征吉，則"茹以其彙"明是别成一句矣。

竊謂巽爲茅，虞氏説是；茹爲牽引，鄭氏説是。《泰》之初變爲巽即爲茅，《否》之初巽體亦爲茅，而茅叢生草，其下相附麗，《泰》五互震動爲拔，《否》四互艮手亦爲拔，拔則茅之附麗者遂相牽引，此茹之説也。《泰》初與上二陽連類而進，《否》初與上二陰連類而進，一如茅之牽引其類，此"以其彙"之説也。合讀兩卦之辭，拔茅茹以其彙，只取陰陽各以類升之象，故《泰》《否》兩辭從同。下文《泰》幸之曰征吉，《否》勉之曰貞亨，乃明陽君子、陰小人之有别。自宋後注家言義不言象，於拔茅以彙，即以君子小人分説，則《否》之貞吉亨，語不可通，説者乃謂《泰》之君子以類進，《否》之君

---

① 蘭莖化而爲茅，《離騷》原文作"荃蕙化而爲茅"。

子以類退，同文異解，不足爲訓，此又俗説之不待詳辨者。

雖不當位未大失也解
章際治

一書有一書之例，不通其例，皆郢書燕説也。《易》言位不當，者十七：或以六居三而位不當，履、否、豫、臨、噬嗑、睽、震、兑、中孚、未濟。或以九居四而位不當，晉、夬、萃、豐、小過。或以六居五而位不當，大壯。或二至五四爻失位而位不當，歸妹。皆謂陰陽處非其位也。言雖不當位者四：需、噬嗑、困、未濟。未濟六爻皆不當位而剛柔應，噬嗑三爻不當位而利用獄，困九四不當位而有與，故皆言雖不當位；獨需上六一爻以陰柔之才居陰柔之位，謂之當位可也，而曰不當位。朱子以爲未詳，誠有疑於其義也。不知此承上"不速之客三人來"爲文，《易》例：在内曰來三人，謂下乾三爻，位指二爻言，非指上爻言。需下卦三陽，惟九二以陽居陰爲不當位，異於初九、九三之以陽居陽位也。特雖以陽居陰位，而剛而得中，不失陽剛之道，故曰未大失。吳氏《周易纂言》云：大謂陽剛也，未大失者，於陽剛之道未爲失也，是也。泰卦乾下坤上，而曰小往大來；否卦坤下乾上，而曰大往小來，皆以陽爲大，陰爲小。《繫辭傳》：齊小大者存乎卦。焦氏《易通釋》云：陽剛爲大，陰柔爲小，一陰一陽，所爲齊也，是《易》通例，大小皆指陰陽言，非空言事之大小也。王注以不當位爲處無位之地，孔疏以大失與小失對言，失之矣。

一君二民説
華世芳

《易·繫辭》"一君二民"，鄭、韓異説。鄭注見《王制正義》，所引以黄帝、堯、舜及三代之末，土地廣陿，開方計里解之。疑與卦之德行無關，故《正義》謂其假之以地之廣陿爲優劣。近張皋文氏著《周易鄭氏義》，不加辨證而反爲之曲説，則尊鄭之過也。韓注云：陽爻畫一，以明君道必一，陰爻畫兩，以明臣體必二。韓以陰陽爻畫解一、二字，其義視鄭爲確，第亦言之不詳。

今試宗其緒而推闡之，則又有可説者。上文陽卦奇，陰卦耦，注"少者多之"。所宗一者，衆之所歸。陽卦二陰，故奇爲之君。陰卦二陽，故耦爲之主。《後漢書·仲長統傳》《昌言·損益篇》亦引此經而斷之曰："寡者爲人上者也，衆者爲人下者也。"據此二説，則陽卦一陽二陰，以一陽爲主；陰卦一陰二陽，即以一陰爲主。經文之一字，即陽爻用九之一，上文所謂奇，韓注所謂畫一是也。二字即陰爻用六之一，上文所謂耦，韓注所謂畫兩是也。陽卦二君，謂以陽爻之一爲之君；二民，謂以陰爻之一爲之民。耦承奇，陰陽得正，此即韓注所謂以一爲君，君之德也，故曰君子之道。陰卦二君，謂以陰爻之一爲之君；一民，謂以陽爻之一爲之民。奇承耦，陰陽失行，此即韓注所謂二居君位，非其道也，故曰小人之道。後儒不察，以一、二爲君民之數目字，而又以二君謂二陽，一民爲一陰。遂有二民共事一君，一民兼事二君之説。殊不知天生民而立之君，天子曰兆，諸侯曰萬，其數固不可以更僕計，何有於二？ 一君而僅二民，豈遂足爲君子之道，此固不待辨而知其非矣。且以二陽爲二君，與以多宗少衆爲人下之義，尤屬不合也。焦里堂氏《易章句》又以下文"日月寒暑，迭相往來"之例推之，謂一君二民，失道而害，宜益之以陽；二君一民，當位而盈，宜益之以陰。然此章與下文各自爲義，絶不相蒙，未可牽連及之，穿鑿害義，殊乖經恉。民，別本或作臣，説詳焦氏《補疏》。

賁无色也解
顧錫祥

《雜卦》："賁，无色也。"諸家之説以白爲无色，均拘於上九一爻，不足以概全卦。嘗讀《家語》云：孔子嘗自筮，而卦得賁，愀然有不平之狀。子張進曰：賁是吉卦，夫子有不平，何也？ 孔子曰：山下有火，賁非正色也。則是无色也者，謂无正色也。《太元經》曰"黃不純"，范望注云："火色黃白，故不純。"引此經云：山下有火，黃白色也，黃不純。故云无正色。《吕氏春秋》亦引孔子自筮得賁而曰："白而白，黑而黑，夫賁又何好乎？"高誘

注：“賁，色不純也，物相雜謂之文。”京房《易傳》云：“五色不成謂之賁，文采雜也。”然則賁无色者，文采相雜无一定之色也。《詩·白駒》章鄭箋亦引《易》云：賁，黄白色。《説苑》亦引“賁，非正色”。觀此，可無疑於《釋文》所引賁字衆説，而《序卦傳》所云“賁，飾也”之意，可以互相發明矣。學者不得其説，乃以无色爲火色。或又以无通于元，爲无色即元色，支離穿鑿，較舊解更甚，殊無取焉。

食哉解
吴肇嘉

《舜典》“咨十有二牧曰食哉”。案：曰者，十二牧述堯德之辭也。食哉，述堯德以勖舜之辭也。《堯典》多稱“帝曰”，下文“奮庸”之上始特書“舜曰”以別之，是知“咨十有二牧”之下“曰”字，必非舜語，而“食哉”語意，乃可由此推也。舜即位文祖，詢四岳，開明堂，通天下之耳目，復咨詢十二牧，俾論堯德。本遷書《五帝本紀》。於是十二牧進言曰“食哉”，猶云“懋哉懋哉”也。食，《方言》勸也。《廣雅》同。勸有勉意，十二牧以懋勉之辭勖舜。故下文舜即詢以奮庸熙帝之事，奮字正與食字相對，食之爲勸勉，益可無疑。食哉，句；惟時屬下爲句，正與“欽哉，惟時亮天功”句法同。孫氏季述言：“食，僞也，僞通爲。”雖見《淮南子》高注、《魏志》《史記索隱》諸書，而以食哉謂爲哉，語氣究不合。王氏又曰“勸使有爲”，合勸爲兩字解一食字，轉覺牽强，不若一以勸字解之爲允。孔氏不得其句讀，因以食爲飲食之食，胡氏、林氏、薛氏、朱氏並緟其謬，更不足辨。

食哉解
劉 翰

《史記》載舜命十二牧論帝德行，此盖十二牧贊堯之辭也。自來説者多承僞孔之誤，以“食哉惟時”爲句，謂與“直哉惟清”同一句法，解爲王政以食爲首，而農事以時爲先。説似平妥，義實未治，何則？哉者，贊歎之辭，若以食爲民食，下綴哉字，語氣未合，不得以哉惟二字偶連，遂謂句法相同也。近儒孫氏以食哉絶句，固已得之，至其訓食字，引《方言》食間爲勸，及《爾雅》食儵之訓，因解食哉爲勸之爲，轉之又轉，立解亦曲。

今試取食字本義引申之，《説文》：食從人，集也；從皀，穀之馨香也。《周書》曰："明德惟馨。"又曰："罔有馨香德。"則不特穀言馨香，即德亦言馨香。皀之引申，實有善義。食從人、皀，言其無善之不集也。《洛誥》兩言"惟洛食"，謂惟洛爲至善也。俗解以食墨爲訓，固謬。舊解以惟洛爲可食之地，亦非。《史記·五帝本紀》引述此文，云咨詢十二牧，俾論堯德，論釋曰字，堯德釋食哉，則食哉云者，乃十二牧極意形容之辭，贊堯之無善不集也。孫氏知儵《傳》非古訓，而訓食爲儵，通儵爲爲，至爲字，而仍須牽强傅合，以成其説，終不敢從。

讀《湯誓》

唐文治

《易傳》言"湯武革命，順乎天而應乎人"，而《孟子》亦言"湯始征，天下信之，東面而征西夷怨，南面而征北狄怨，曰：奚爲後我"。乃今讀《商書·湯誓》一篇，復繹先儒舊説，以爲百姓怨湯不恤稼事，故憚征惡役，湯乃勞其曉諭，斷以必往，誘以大賚，懼以拏戮，若是者，豈所謂順乎天而應乎人耶？是以《唐書》載高定七歲讀《湯誓》，問其父郢曰：奈何以臣伐君？郢曰：應天順人，何云伐耶？對曰：不從誓言，拏戮罔赦，是順人乎？郢大奇之，而不能答。此可見湯之伐桀，雖七歲小兒尚疑之，而先儒竟無有爲湯剖其冤者。近讀黄儆居先生《尚書啓蒙》，乃恍然於湯之伐桀，本因乎眾心，此篇正是仁人之言，先儒解之者均失其意也，試暢言之。

《本紀》言夏桀爲虐政淫荒，而諸侯昆吾氏爲亂，是當斯時，有乘桀暴而作亂者矣。《湯誓》所云"今爾有眾，汝曰：我后不恤我眾，舍我稼事而割正"者，我后，謂湯。以下別稱夏王，故知非桀。不恤我眾者，怨其不正夏以救民也，舍我稼事而割正者，不堪桀之暴，將舍稼事而作亂也。舍稼事，謂自舍之，非謂湯舍之。湯惟聞眾言，然後決知夏氏之有罪，又懼眾民爲亂，故不敢不正之。然猶未知夏罪之何以干眾怒也，乃復命眾申言之曰：夏罪其奈何？《書》言"如台"者四，《史記》均作奈何。其如台者，正湯詢衆之辭。先儒有解如台爲亳衆詢湯之辭，又有謂桀其如我何者，可謂謬之又謬。夫以桀之淫荒而傷百姓，詎有湯既知之而亳衆反不知之理乎？夏臺已囚聖主，詎有亳衆反不懼之理乎？夏王率遏衆力云云，乃衆民述夏之罪。湯知夏德若茲，故許以必往也。至後之示以大賚，懼以孥戮者，蓋致天罰而伸公義，是爲有功舍穡事。而私自倡亂，乃蒙大僇，後之不從誓言句，與上之舍我穡事句，本相承應，是可見湯實懼民之作亂，非脅民以必從也。觀《史記》"以予惟聞汝衆言"至"今夏多罪"二十二字，易於"天命殛之"之上，益以見湯之因聞衆言而興師矣，又烏得有憚征惡役之事耶？

讀《湯誓》

章際治

　　古者，興師恒有誓辭，夏之《甘誓》，周之《泰誓》《牧誓》，皆告其所統率之衆庶而勉勵之也，《湯誓》何獨不然？近之爲《尚書》學者，於"今爾有衆，汝曰：我后不恤我衆，舍我穡事而割正夏"節，據孔氏"奪民農功而爲割剥之政"注，見《史記集解》。以爲民指桀之辭，際治嘗讀而疑之，爲此説者，或謂《史記》無夏字，僞《孔傳》亦不解夏字，不當據俗本作伐夏解。或謂割正即下文率割下邑之謂，我后當指夏王説。

　　蒙案：據《史記》謂夏字爲衍文則可，謂我后指桀言則不可。雖安國注意云然，而要未敢深信也。篇首"王曰：格爾衆庶，悉聽朕言"，是湯告亳衆之辭也。下云"今爾有衆"，"予惟聞汝衆言"，曰爾衆，曰汝衆，則亦指亳衆可知。今以此節爲斥桀之辭，則必指桀民而後可。湯誓師伐桀，何爲而與桀民言乎？且前以爾衆指亳民，後以爾衆、汝衆指桀民，一篇之中，不宜同辭異旨若此，其可疑者一。《孟子》引《書》曰："徯我后，后來其蘇。"又曰："徯我后，后來其無罰。"兩言我后，皆指湯言。《湯誓》我后當與同旨。今乃曰我后謂桀也，豈桀民謂湯爲我后，湯民亦謂桀爲我后乎？其可疑者二。篇中指斥桀者，如有夏、夏氏、夏王、夏邑、夏德，皆以夏字別異之，至於民之稱桀，則曰"予及汝偕亡"，予與汝乃平等之稱，是桀民不復以爲君也。今忽尊之曰后，親之曰我后，語氣輕重失論，其可疑者三。

朱氏《經傳考證》云："割讀如曷，與下率割之割不同，正之爲言征也，若曰舍我穡事而何爲征夏乎？觀'不敢不正，今朕必往'之言，則民情可見矣。"今案：朱説是也，惟並夏字釋之，則不免仍據誤本耳。考《大誥》"天降割於我家"，《釋文》云：馬本作害，是割、害古通也。"時日曷喪"，孟子引作"時日害喪"，是害、曷同義也。亳衆蓋謂：我君不憂恤我衆，舍我稼穡之事，而何所征乎？故湯告之曰：予畏上帝，不敢不正也。揆諸語氣，較舊説爲長，何必泥孔注而强爲之説乎？至"時日曷喪"二句，當從《孟子》。"予則孥戮汝"句，當從《周禮·司厲職》先鄭注。江艮庭《集注音疏》已明著之，不復贅云。

夏五服周九服異同考

沙從心

周之幅員不廣於夏，而周服之名幾倍于夏服，是古今一大疑義。爲之詳稽里數，知其名雖異而其實則同。禹因高山大川之形勢別爲九州，初不計幅員之廣狹，道路之迂直。及水土既平，則規方五千里之地以爲五服之制，雖有絕長補短之處，而大概整齊與堯之五服從同。其荒服之外，尚有餘地，所謂外薄四海，咸建五長者，則東漸於海，直抵嵎夷，西被流沙，届於黑水，計延袤當不下萬里，此夏五服之制也。若周職方氏辨九服之邦國，方千里曰王畿，其外方五百里曰侯服，由侯至藩，其數凡九，大司馬謂之九畿，而王畿曰國畿，蓋周析夏、殷之五服以爲九服之制如此。或謂九服之數倍於五服，似未必然，如夏之甸服，得方五百里者四，明明相距千里，即周王畿千里之地，而《禹貢》乃曰五百里甸服，是舉由中達外之一面言之也。周之王畿，即夏五百里甸服之地，而《周官》乃謂方千里曰王畿，是合由中達外之兩面言之也。凡《禹貢》所謂五百里者，合兩面言之，皆當曰千里。凡《周官》所謂外方五百里者，舉一面言之，實祇二百五十里。故統五服之數計之，舉甸、侯、綏、要、荒之一面爲二千五百里，合兩面則相距五千里也。統周九服之數計之，舉侯、甸、男、采、衛、蠻、夷、鎮、藩之一面爲二千二百五十里，合兩面爲四千五百里，並王畿千里通爲五千五百里，以王畿當夏之甸，以侯、甸當夏之侯，以男、采當夏之綏，以衛、蠻當夏之要，以夷、鎮當夏之荒，《書》所謂"弼成五服，至於五千"，其境盖止於此，增於夏者爲五百里之藩服，故彼此不無小異。然禹外薄四海，咸建五長，即成周藩服之域，其名雖增而其地未嘗增也。

鄭君彌縫經傳，以爲五服是堯之舊制，及禹弼之，每服之間更增五百里，相距爲方萬里，然則《益稷》何以不云"弼成五服，至於萬里"耶？《詩·商頌·殷武》孔疏云：凡言至於者，皆從此到彼之辭，至於五千，乃自京師至於四境爲五千里耳，以此證禹服之相距萬里。其説似矣，然《禹貢》之言五服，何以不云"千里甸服""千里侯服"，而祗云五百里，即謂五服之外，各有五弼相間，每服除弼五百里，故甸侯諸服均不言千里。然五服五弼，同此王朝之版宇也。而甸服之內，有納總、納銍云云，侯、綏、要、荒諸服之內，亦各有曰采曰男邦曰蠻曰流云云。何以五弼之內，乃竟絶無稱説。

或又謂納總、納銍，至曰蠻曰流諸小數，即指五弼而言，乃各在五服之外，其説又近似矣。然五弼之內，如此瑣屑詳盡，何以五服之內，而又絶無稱説，只以甸、侯等一字播之，將謂五弼，禹所新立，不厭其詳，五服，堯之舊章，姑從其略乎？則亦宜有遵舊明文，使讀者可通曉，豈當蓄此隱謎，以滋天下萬世之惑。竊嘗三復書辭而知弼成五服，相距實是五千，非萬里也。司馬遷謂諸小數，皆五百里服之別名，大界與堯不殊，盖得之矣。若王肅駁鄭，而謂禹無拓境之事，則又不然。禹之拓境，非如後世開邊，必用征伐也。洪水滔天之時，烝民不粒，土地既削，國數亦減，至地平天成，災害既除，大制疆域，固當復其故地。但其境有餘，儘可於荒服之外，正不必大增弼數，使盡入於五服之中耳。肅又駁鄭塗山萬國盡在服中之説，而謂天地之勢，平原甚少，山川不啻居半，豈以不食之地亦封建國。

又謂王圻千里，封五十里之國四百，則圻內盡以封人，王城宫室，無建立之處，理固然矣。然必云萬國，僅舉盈數，非言其數滿萬，則亦膠滯實甚。夫禹荒服之外漸被何窮，塗山之會，何必盡在中國？更何必盡在服中？合禹之聲教所暨而言，即有餘於萬國，亦所能容，何必謂非數滿萬乎？

蕭又謂甸服之外，不應皆入禾藁，說亦未是。夫先王定法，隨時制宜，甸服之外，去京未遠，使入禾藁，庸何傷？但必以是爲甸外之弼，則未知甸服內所納之賦，又是何物耳。賈逵、馬融亦以百里納總爲甸服外地，而百里采以下仍爲侯服。夫一經之文，乃如此自亂其例，其謬尤爲顯然。或謂古人之言里數，有據虛空之鳥路者，有據著地之人跡者。若據鳥飛直路，則周之九服亦止五千。若隨人跡屈曲，則夏之五服亦將萬里。然夏、周里數皆以開方言之，無計人跡屈曲之理。

或謂古尺有長短，步有大小，故夏服與周服不同。然謂古里寬於今里，亦不應相去一倍之遠。謂今里寬於古里，更不應禹五千里，周反倍之。二說皆未可通。蔡傳悉排群說，而自爲之解。曰：禹聲教所及，地盡四海，而其疆理則止以五服爲制，至荒服之外，又別爲區畫，如所謂咸建五長是已，若周則盡其地之所至而經畫之也，此解亦頗近是。然禹之五服，以開方計之。爲方千里者二十五，從蔡說，則周之衛、蠻、夷、鎮、藩，皆夏五服以外之地，爲方千里者七十五，竟大於夏服四分之三，大小豈應如此懸殊。

蓋五服、九服雖同言五百里；而《禹貢》言面，《周官》言方。言面，則面各五百里；言方，則外各二百五十里，合兩面方成五百里也。夏與周改其法不改其地，雖王畿藩服，小有區分，何嘗大相懸絕哉。

洛邑成周王城分合考

章際治

“洛邑”“成周”見於《書序》，王城之名始見《春秋》，周初無所謂王城也，均名之曰“洛邑”“成周”而已。《洛誥》云：“我乃卜澗水東，瀍水西，惟洛食。我又卜瀍水東，亦惟洛食。”《召誥·序》云：“成王在豐，欲宅洛邑，使召公先相宅。”《洛誥·序》云：“召公既相宅，周公往營成周。”經兩言“惟洛”，是均謂之洛邑也。《序》第言往營成周，是均謂之成周也。

考《逸周書·作雒解》云：“乃作大邑成周於土中。”《漢書》婁敬云：“周公營成周，以此爲天下之中。”《吕氏春秋》南宮括云：“成王定成周，其辭曰：惟余一人營居於成周，有善易得而見也，有不善易得而誅也。”《説苑》

南宮邊子曰："昔周成王之卜居成周也，其命龜曰：予一人兼有天下，辟就百姓，敢無中土乎？"是皆指《春秋》王城言之也。《君陳·序》云："命君陳分正東郊成周。"《畢命·序》云："康王命作冊，畢分居里，成周郊。"此則專指瀍水東之成周言之，故或曰東郊，或曰郊正，以別於中土之成周也。周公攝政七年，天下太平，周道至此而成，故所營之邑名曰成周。至平王東遷，居於東都，天下因王都於此，改名曰王城，此《黍離》以下諸詩所以謂之王，而王城之名所以始見於《春秋》也。既以平王所都者謂之王城，因以成周之名專屬下都。鄭氏《詩譜》曰："成王欲宅洛邑，使召公先相宅，既成，謂之王城，是爲東都，今河南是也。召公既相宅，周公往營成周，今洛陽是也。"此亦據春秋時言之，其實，周初無王城之名也。

　　《春秋·昭二十六年》經"王猛入于王城"，杜注"王城郟鄏，即今河南縣"。《二十六年》經"天王入于成周"，杜氏於《傳》中注云："成周，今洛陽。"班《志》河南郡洛陽縣注"周公遷殷民，是爲成周"，河南縣注"故郟鄏地，周公營以爲都，是爲王城"。彪《志》："雒陽周時號成周，河南周公時所城雒邑也，春秋時謂之王城。"由是成周、王城之名分屬兩地，一成而不可易。敬王四年，避子朝之党，遷都成周。考王元年，以王城故地封其弟揭，故又名東西周。《公羊傳》云：王城者何，西周也；成周者何，東周也。何氏《解詁》："是時王猛自號爲西周，天下因謂成周爲東周。"此正見地名隨時變遷，古今世殊，即古今異名也。

　　《外傳·鄭語》當成周者，韋氏注云："成周，雒邑。"陳氏奐譏之，以爲成周即上文"東土"，不知下文"南有荊蠻，北有衛燕，西有虞虢，東有齊魯"云云，明總指東都，非單指下都也。史伯之語，在幽王時，可證斯時王城尚名成周，至平王時而始名王城也。周初之名與春秋時異，後人比而同之，烏能通哉。

《書》皇帝解

章際治

嬴秦以前，無以皇帝爲人君稱者。而《呂刑》獨兩言皇帝，鄭注以皇帝哀矜云云，爲指顓頊皇帝；清問云云，爲指帝堯。僞《傳》則以兩皇帝爲皆指帝堯。近之爲《尚書》學者，皆申鄭駁孔，自謂力申古誼矣。殊不知僞《傳》固非，鄭注亦非也。康成生長漢季，習聞皇帝爲人君之常稱，因據《國語》觀射父之言，以兩皇帝分屬顓頊與堯。然《國語》明云少昊之哀，九黎亂德。又云其後三苗復九黎之德，則九黎三苗斷非一物。鄭以遏絶苗民爲顓頊誅九黎，義殊未安。僞《傳》易鄭，謂均指帝堯，言於苗民合矣，於"乃命重黎"句又不合，《國語》明云"顓頊受之，乃命南正重司天以屬神，命火正黎司地以屬民"，又云"堯復育重黎之後，不忘舊者，使復典之"，則命重黎者，乃顓頊，非帝堯。堯所命者，乃重黎之後羲氏、和氏，非即重黎。僞《傳》合而爲一，亦殊未允。然則《經》言皇帝者，何也？曰：皇帝猶言皇天上帝，稱天之辭也。古人誥辭，多假天以立説，即如《吕刑》一篇有云"方告無辜于上帝"，王充《論衡》引作"庶僇旁告无辜于天帝"，江氏《音疏》謂"上帝當兩讀，重文摩滅爾"，是也，今從之。"上帝監民"，"上帝不蠲"，"天齊于民"，"爾尚敬逆天命"，"具嚴天威"，"今天相民"，"非天不中"，"天罰不極"諸文，皆假天以立説也。

　　皇帝二字，亦同斯旨。然則有證乎？曰安得無證？《論語・堯曰》篇引《湯誓》云：敢昭告于皇皇后帝。孔注：皇，大；后，君。大大君帝，謂天帝也。《詩・閟宮》篇亦云：皇皇后帝。鄭箋：皇皇后帝，謂天也。蓋累言之，則曰皇皇后帝；簡言之，則曰皇帝。皇帝猶言大帝爾。他如《詩・正月》篇有皇上帝，《皇矣》篇皇矣上帝，《書・召誥》篇皇天上帝，皆用皇帝二字於一句中，則亦累言之辭也。諸儒於累言者知爲天稱，于簡言者不知爲天稱，則蔽於耳目之所習而不加察也。説者或以既稱上帝復稱皇帝爲疑，然如《康王之誥篇》有"端命于上帝，皇天用訓厥道"，上下兩句中尚不妨異稱，而謂一篇中反不可異稱，有是理乎？且何以解於篇中之或稱天、或稱上帝乎？其證一也。趙氏《孟子・盡信書章》注，引《康誥》曰冒聞於上帝，《甫刑》曰帝清問下民，而斷之曰："人不能聞天，天不能問民。"邠卿雖從今文家説，引書無皇字，而以帝清問下民，作天問下民解，必先師相傳舊説如此，故與冒聞於上帝句並引，而毅然駁之也。焦氏《正義》謂趙讀帝清二字相連，單言帝，不必是天，稱帝清則必非天子，故以帝清問下民爲天問下民也。案：單稱帝爲天者，如饗帝、郊帝之類不勝枚舉，趙必習聞《吕刑》之帝稱天，故以天解帝，非如焦氏所云也。其證二也。《史記·始皇本紀》丞相綰等曰：古有天皇，有地皇，有泰皇，泰皇最貴，臣等昧死上尊號，號王爲泰皇。王曰：去泰著皇，采上古帝位號，號曰皇帝。此皇帝爲人君稱之始。如古人早有是稱，則不煩丞相綰等議之，始皇復定之矣。焚詩書在始皇三十四年，議尊號在二十六年，此時，百篇之書固在也。其證三也。有此三證，尚何疑皇帝之爲天稱乎？

　　然則經兩言乃命，果誰命之與？曰：經言乃命重黎，乃命三后者，皆託言上帝命之，猶《詩》言“維嶽降神，生甫及申”耳。《楚語》謂顓頊命重黎，因對昭王之問而實指人事以告之，必謂皇帝非指人君，言與《國語》之文不合固矣。蓋經言“皇帝哀矜庶戮之不辜，報虐以威，遏絶苗民，無世在下”者，猶言上帝不蠲，降咎于苗，苗民無辭于罰，乃絶厥世也。言“皇帝清問下民”者，猶言上帝監民，今天相民也。皇帝爲稱天之辭，不信然與？不然，前後兩皇帝異解，不加訓詁，安知所指爲何人，豈古人立言之體耶？况經中四言“苗民”，一言“有苗”，“有辭于苗”，《墨子·尚賢》篇引作“有辭有苗”，江氏《音疏》謂今本僞孔所改，今從江氏説。一言“于苗”，當均指三苗説，若以上兩苗民指九黎，後四苗字指三苗，不幾自亂其例耶？鄭君注經，每借漢制以相况，此以皇帝爲人君之稱，則不免爲漢制所誤耳，世之墨守鄭學者不足責，獨怪江艮庭輩，實事求是，擇善而從，而亦未能糾正也，是不可以無辨。

寡兄寡妻解

劉　翰

　　《書》之寡兄，《孔傳》訓爲寡有之兄，與《康王之誥》寡命爲寡有之命同解。《詩》之寡妻，《毛傳》云適妻，《鄭箋》亦訓寡有之妻。宋之蘇氏、蔡氏云寡兄，寡德之兄；寡妻，寡德之妻，又以爲謙辭。三説備，而寡字更無餘義可搜，擇其長者從之，則毛爲最優也。孔、鄭之所謂寡有者，言其賢也；蔡、蘇之所謂寡德者，代之謙也。其實，《書》言武王，《詩》美文王，既無代爲謙辭之理，即以寡爲寡有之賢，則《書》上文顯考文王，止一丕字，《詩》上文太任,止一齊字。按以本文,轉覺寡兄寡妻之贊辭勝於父母,理既未安,揆之語氣,且嫌其拙,盖有不可從者矣。《毛傳》寡妻適妻,申其説者曰:適妻惟一主一,無敵,未關合寡字之義,故適字之旨亦未暢。按:《説文》:寡,少也,從宀,從頒。頒,分也,頁部。頒本訓大頭,《詩傳》:"有頒其首。"頒,大首兒。盖惟其大,而後可分,此頒所以訓大,亦訓分也。惟其分而後至少,此寡所以從頒而訓少也。然寡故從頒也,頒故訓大也,寡從頒,則必有大之義在焉,有大之義而訓爲少者,亦猶擾之訓馴,亂之訓治,循環引信之例也。是則《書》之寡兄,大兄也,大兄者,適兄也;《詩》之寡妻,大妻也,大妻者,適妻也。毛以適訓寡,不亦宜乎?推之《康王之誥》"毋壞我高祖寡命"爲大命,亦其宜也。世人習知寡訓少,泥於寡有、寡德之説,而寡字從頒之義失矣。

　　《白虎通義》云:"王者自謂一人者,謙也,欲言己材能當一人耳。故《論語》曰:'百姓有過,在予一人。'臣下謂之一人何? 亦所以尊王也。以天下之大,四海之内所共尊者一人耳。故《尚書》曰:'不施予一人。'"諸侯之稱寡人爲謙辭,寡兄、寡妻、寡命又爲尊辭,與"予一人"之有謙、尊兩義同例,《鄭箋》寡有之説,於義自通。文申《毛傳》寡字從頒有大義,足備一解。元評。①

重較解
陳慶年

　　《衛風·淇澳》之重較,《毛傳》但謂卿士之車,而未詳其制。戴東原謂車左右有兩較,故曰重較。然《詩》言"倚依《曲禮》孔疏、《鄉黨》皇疏、《荀子·非相》篇楊注、《文選·西京賦》李注引,皆作倚正。重較兮",倚,即輢,車亦左右兩輢,不言重倚,而獨言重較,似非即指左右兩較爲言。陳碩甫據《續漢書·輿服志》"金薄繆龍,爲輿倚較",謂重較爲金有重飾。然云"爲輿倚較",則兩旁之輢,與輢上之較,皆以黄金飾矣。如果據重飾爲誼,則《詩》宜曰"重

---

① 　此段爲南菁書院老師評語。

倚較兮",何以言較而遺倚? 考較之制,舊説皆以爲直輢,輢上左右各一直木縱置之,謂之較。阮芸臺以爲輢上反出,謂之輒,立木達輒,謂之較,説亦未覈。《説文》:輢,車旁也。輒,車兩輢也。耴,耳下垂也。軓,車耳反出也。蓋車兩旁謂之輢,輢上橫木謂之較,較有反出之耳謂之軓,於車耳反出之軓上又重起如角,謂之重較。《古今注》所謂車較,重耳也,重起如兩角然,是也。《説文》:較,較之本字。車上曲鉤也,從段氏訂。此正得周制。段氏謂曲鉤爲漢制,非是。曰曲,知較必非直木。曰曲鉤,知較必上曲,如鉤格矣。《方言》:鉤或謂之鉤格,格之言角也。《廣雅·釋言》:觡,角也。形如鉤格曲而上起,故古人謂之重較。《釋名》以較爲辜較,因較乃辜榷尊卑,故云。然江氏慎修、戴氏東原於較制已沿舊説,又謂車制尊卑,皆左右兩較,而議《毛傳》爲非,近之言車制者,皆能正之。

溥彼韓城燕師所完解
章際治

經學之不明,皆好奇而輕駁古注者爲之也。如《詩·韓奕》卒章"溥彼韓城,燕師所完",《毛傳》云:"師,衆也。"《鄭箋》云:"溥,大;燕,安也。大矣彼韓國之城,乃古平安時衆民之所築完。"《釋文》云:燕,於見反,注同。徐云:鄭,於顯反,王肅、孫毓並烏賢反,云:北燕國。是以燕爲國名,實始於子雍。漢王符《潛夫論》已有此説,疑爲肅所竄入,辨見下。近人每宗王而棄鄭,際治竊以爲不然。駁《鄭箋》者,或謂燕師訓安師,不詞。或謂韓國有二,不當誤合爲一。或謂貊爲東北夷,不在鎬京之北。之數説者,請得條列而駁正之。

考古者,"宴""安"字皆通作"燕",《禮記·樂記》有燕女,《學記》有燕朋是也。《毛詩》"宴""安"字亦皆作"燕",《新臺》"燕婉之求",《鹿鳴》"以燕樂嘉賓之心",《北山》"或燕燕居息",《文王有聲》"以燕翼子",《雝》"燕及皇天",《傳》皆訓燕爲安,惟《谷風》"宴爾新昏"作"宴",《釋文》云:本作燕,是燕皆宴之假字也。燕師之燕,何獨不然? 且《毛傳》於國名、邑名,例出訓詁,如此詩"出宿于屠",《傳》云:屠,地名;"其追其貊",《傳》云:追、貊,戎狄國是也。而此燕字,獨無傳,顯與《新台》等傳"燕,安"從同。又考本詩"燕胥燕譽",毛亦無傳,《釋文》於"燕譽"下云:燕,於遍反,又於顯反,安也。燕師之燕,無釋,音義當與之同,是毛本不以燕爲國名也。鄭知燕師二字見於《左傳》,恐人誤指爲國名,故著"燕安"之訓以申明之,此正鄭之善於述毛也。

況首章"弈弈梁山",傳云:弈弈,大也。甸,治也。禹治梁山,除水災,此正指《禹貢》治梁,及岐之梁不得以他處名梁之山當之。顧氏炎武云:"《水經注》:㶟水,又東南逕良鄉縣北界,歷梁山南,高梁水出焉,是所謂'奕奕梁山'者矣。"江氏永云:"鮑邱水過潞縣西,高梁水注之。東逕梁山,是燕地亦有梁山也。"案:《爾雅·釋地》梁山有二:一爲晉望,一爲衡山之別名,是天下山名梁者正多。經明云"惟禹甸之",安得舍《禹貢》梁山,而別有所指乎? 鄭氏序箋云:梁於韓國之山最高大,爲國之鎮,祈望祀焉。在今左馮翊夏陽西北。其說正與毛同。《左傳》:"梁山崩,晉侯以傳召伯宗。"《爾雅》:"梁山,晉望也。"皆指晉滅韓後言之,鄭則據韓未滅言之也。《詩》詠韓侯受命而首詠梁山,必梁山在韓國境内,如《秦風》之詠終南,《魯頌》之詠奄繹也。陳氏奐云:梁山爲韓侯歸國之所經,故尹吉甫以禹治梁山、除水災,比況宣山平大難、命諸侯。案:《詩》詠梁山,即繼之曰"有倬其道",韓侯受命是梁山因韓侯而詠,非比況宣王也。況以韓國爲近北燕,則韓侯歸途之所經,奚止一梁山,何獨以梁爲比況乎?《班書·地理志》云:左馮翊夏陽,故少梁。《禹貢》"梁山在西北",是鄭箋之所本。

梁山既定,韓城可知,韓城既定,則與北燕相去二千餘里,與南燕相去亦七百里左右,以燕衆築韓城,必非人情。朱子云:韓初封時,召公爲司空,王命以其衆爲築韓城,若召伯營謝,山甫城齊之類。呂氏祖謙云:春秋時城邢、城楚邱、城緣陵、城杞之類,皆合諸侯爲之。霸令尚如此,則周之盛時,命燕城韓,固常政也。案:朱子之説,嘗自疑之,《集傳》本非定論。東萊以霸令況王政,尤非。何得以燕師爲燕衆乎? 此疑燕師二字不詞者,非也。《左傳》富辰曰:邢、晉、應、韓,武之穆也。又叔侯曰:霍、楊、韓、魏,皆姬姓也。説者據以爲周初二韓之證,不知富辰因溯原一本而言,故以韓爲武穆。叔侯因晉滅同姓而言,故以韓爲姬姓,言各有當也。《毛傳》云:韓之先祖,武王之子也。《鄭箋》云:韓,姬姓之國也,後爲晉所滅,故大夫韓氏以爲邑名焉。又引《國語》以爲證,是鄭不謂有二韓也。韋氏《國語》注云：近宣王時，命韓侯爲侯伯，其後爲晉所滅，以爲邑，以賜桓叔之子萬，是爲韓萬。杜氏注《左傳》，於富辰、叔侯之言韓，均無注。於"僖十年，敝於韓"句，注云"晉地"，亦以韓原爲即韓國地也。且後漢古文家傳《周禮》《春秋》，傳者類傳《毛詩》，今《春秋》内外傳，韋、杜二家注，既不言有二韓，即賈、馬、服逸注中，亦絶不之見，而謂周初有二韓，可乎？王符《潛夫論·志氏姓》篇云"昔宣王亦有韓侯，其國近燕"，《五德志》篇云"韓，武之穆也"，"韓，姬姓也"。《水經注》云：聖水又東南，逕韓侯城。近人顧氏炎武、江氏永、陳氏奐等，均據此以爲韓奕之韓，在今順天府固安縣界。案：《范史·王符傳》言：少與馬融等友善。《陳志·王朗傳》言：肅善賈、馬之學，不好鄭氏。盖肅忌鄭高明，説經恒與爲難。王符既與馬融友善，當亦爲肅所好，又與肅同姓，其書或爲肅所竄改，如僞撰《家語》之故智，亦未可知，况節信雖言"韓國近燕"，亦不能實指其處，詎得謂之定論乎？據此以疑毛、鄭，未爲得也。至《水經注》"聖水"下，又引王肅云："今涿郡方城縣有韓侯城，世謂之寒號城，非也。"則明明爲肅説所誤矣。

　　或又謂《括地志》同州韓城縣南十八里爲古韓國，在今陝西同州府，地本秦漢之夏陽縣，至隋始析置韓城縣。《漢志》夏陽本少梁，梁山在西北，是在河西韓萬所封之韓原。據《左傳》"涉河，侯車敗"及"寇深矣"之文，當在河東，在今山西平陽府，二地亦難合於一處。不知鄭以韓爲韓氏之邑，自在河東，在今平陽府河津、萬泉二縣之間。梁山，《漢志》明云在夏陽西北，在今同州府韓城縣境，僅隔一河，隋置縣名曰韓城。《括地志》謂縣南即古韓國，是亦梁山在古韓地之明證，今雖分隸二省，而古實一國也。若近燕之韓，經、傳無徵，未可憑信，此疑鄭誤合二韓爲一者，非也。《毛傳》："追、貊，戎狄國也。"《禮·王制》："西方曰戎，北方曰狄。"鎬京於中國偏西，故其西北之國，可兼謂之戎。鄭箋云"其州界外接蠻服"，又云"賜之蠻服追貊之戎狄，令撫柔，其所受王畿北面之國"，"其後追也、貊也，爲獫狁所逼，稍稍東遷"。盖鄭因漢時滅貊，皆在東北，故於《周禮》貉隸注以爲東北夷，亦據漢時言之耳。其實貉本北狄，《職方氏》鄭司農注與《王制》同，况此經明云"奄受北國"，則追、貊實在鎬京北也。箋末二語，正以明周時與漢異耳。顧氏炎武以爲康成不自安，而遷就其説，殆未之深思耳。《説文》貉字注云"北方豸種"，又貔字注云"豹屬，出貉國"，即引此詩曰"獻其貔皮"，則許亦以追貊爲王畿北面之國也。此疑貊爲東北夷者，非也。

至近人兩俞氏俞氏燮《癸巳類稿》、俞氏樾《群經平議》。又因詩中韓姞之姞與南燕之姓同，疑蹶父即南燕之君，燕師爲南燕之衆。不知下經明云"以先祖受命"，是城韓乃成王時事，非宣王時事也。説雖新奇，義究無取。然則《鄭箋》之説，誠不可易也。兹特申明之，以告世之好王而疑鄭者。

南海解
陶承潞

古謂蠻夷戎狄爲四海，《爾雅・釋地》云："九夷八狄、七戎六蠻，謂之四海。"孫炎云："海之言晦也。晦，闇於禮義也。"是四海以地言，非以水言。《江漢詩》云："于疆于理，至于南海。"《左傳》楚屈完言於齊桓公曰："君處北海，寡人處南海。"又子囊述其王之德曰："撫有蠻夷，奄征南海。"凡所謂南海者，猶言南蠻耳，非真海也。曷徵之？周時中國南境以江漢爲限，江漢以南，若楚若吳，已爲蠻域，其他可知。召公所平爲淮南之夷，其地爲今江南之廬州、鳳陽、安慶諸府，屬南距海且數千里，中又隔群蠻百越，召公雖仗天子威靈，亦豈能深入窮討，踰五嶺之險，盡濱海之國，而一一爲之疆理哉？以此知詩之南海，特指南蠻言之，即《釋地》以蠻夷戎狄爲四海之意也。《爾雅》本爲釋詩而作，觀于雅訓，可以知詩誼已。

春秋之楚地雖廣，其南境實不出今湖廣省，距南海尚遠，而屈完、子囊云然者，胡胐明云《左傳・僖四年》"君處北海，寡人處南海"注：楚界猶未至南海，因齊處北海，遂稱所近，蓋夸大之詞。《襄十三年》"撫有蠻夷，奄征南海"，征與處不同，蓋楚至悼王時，吳起爲楚南收揚越，地始逾嶺而瀕南海，共王則征之而已，此卻非夸大之詞。

案：胡説似是而實非也。《傳》兩言南海，其意並與《詩》同，非真指海言之。屈完云"君處北海，寡人處南海"者，極言齊與楚南北隔絶，無故不得相侵。若以地理言之，楚之南境，固不至海，即齊在東海，亦非處北海也。《襄二十九年》傳，吳季札聞歌《齊風》，曰"表東海者，其大公乎"，是齊在東海也。子囊云"撫有蠻夷奄征南海"者，南海即謂上蠻夷言，撫有此蠻夷而征之，故

《國語》作“撫征南海訓及諸夏”並爲一句，而與諸夏對文，以南海對諸夏，其爲南方蠻越之屬甚明。韋昭云“南海群蠻也”，其説最爲精確。知子囊所言之南海爲群蠻，則知屈完所言之南海，亦猶是已。其不直言南蠻者，齊在中夏，不得言狄，楚亦不甘爲蠻夷，故變文言海。準以《釋地》“九夷八狄、七戎六蠻，謂之四海”之例，則北海、南海，實北狄、南蠻之變文，義固得以相通也。《史記·張儀傳》言“利盡西海”，西海不知所極，西域諸國尚在其內，秦安得盡有其利，其曰西海者，謂諸戎也。故張守節《正義》本孫炎《爾雅注》，訓海爲晦，不以爲西方之海。西海爲諸戎，又何疑於南海之爲群蠻乎？

申《詩譜》天子諸侯燕群臣皆歌《鹿鳴》合鄉樂義

錢榮國

鄭氏《毛詩譜》謂天子諸侯燕群臣，皆歌《鹿鳴》，合鄉樂。阮氏《揅經室集》非之，以爲天子卿大夫爵與諸侯同，當用《頌》與《大雅》。近時金誠齊、陳碩甫俱從其説。不知鄭《譜》於本句之上，先言“饗或上取，燕或下就”，或之云者，明此饗燕之禮，用樂不拘一格也。若必以等差之異爲一定之程，則據阮氏之見，天子饗諸侯與兩君相見同，皆入門而奏《肆夏》矣。而燕禮爲諸侯之禮，既云大夫爲賓，又云以樂納賓，則賓及庭奏《肆夏》，果何故而通用之乎？則不從鄭氏“上取”之説不得也。且《小雅》爲天子詩，《鹿鳴》本爲天子燕群臣而作。據阮説，天子饗諸侯奏《肆夏》，歌《清廟》，合《文王》《大明》《綿》，是饗諸侯不用《小雅》矣。燕群臣而又不及將置此詩於無用之地，果何時何禮而可歌《鹿鳴》乎？則不從鄭氏“下就”之説不得也。況《詩》不云乎“以雅以南”？先雅後南，升歌先於合樂也。阮氏亦知此意，力破傳箋，不以“雅南爲樂，舞但鼓鐘”乃幽王之詩，而斷此句爲諸侯燕大夫之禮，又不知其何所本矣。

讀陳氏《毛詩傳疏》

金文樑

漢初，《詩》有齊、魯、韓三家，《毛傳》晚出，最古而獨傳，後漢鄭康成出而箋之，其申明毛義者固多，而參以己意，雜以魯、韓與毛異義者亦復不少。唐孔冲遠等作《正義》《傳》《箋》並《疏》，由是毛鄭二家之説合爲一書，相沿至今，鮮有專習《毛傳》者。近儒金壇段氏玉裁所訂《毛詩故訓傳》，正譌補奪，《毛傳》始有完書。長洲陳碩甫先生奐爲若膺先生高弟，本師説以作疏，疏通證明，遂爲《毛詩》大觀。予讀其書，如每詩章句移在篇前，而各國及雅頌每什都數又列其前，皆本段氏小箋。小箋者，即所訂《毛詩故訓傳》也。然亦有與其師説異者，如《碩人》"頎頎"傳，段依《玉篇》作"頎頎，長貌"，陳則仍孔疏本作"頎，長貌，而《玉篇》所引，於疏詳之"，是其於段本亦不必盡從也。又疏中多引胡氏承珙《毛詩後箋》之説，如《小雅·白駒》"爾公爾侯"傳："爾公邪"今本無此邪字。"爾侯邪"，疏既據段説，於公下增一邪字，又引《後箋》云：李氏《集解》引毛傳，正作"爾公邪""爾侯邪"，與段説合，是也。亦有不引《後箋》而實本諸《後箋》者，如《大雅·行葦》"授几有緝御"，胡謂"緝與輯、戢皆通"，陳則云"緝讀爲戢"，胡引《論語》"踧踖如也"，馬注"謂恭敬貌"，《廣雅》"踧踖，畏敬也"，以證《傳》"緝御，踧踖之容也"之訓，陳亦引之，謂跡與踧同，蓋本《後箋》而小變其説也。它若《墉風·定之方中》"匪直也人"，《傳》"非徒庸君"，《正義》以爲"庸庸之人"，《陳疏》則以庸君爲庸國之君，謂文公也。此足正《孔疏》之誤。《小雅·大田》"興雨祁祁"，疏云"祁祁，宋本作祈祈，誤"，與阮氏校勘記之説正合，此足明宋本之非。又興雨之雨，當作雲，詳之於《疏》。爾公邪之邪，補之於《傳》。《大雅·崧高》"往近王舅"之近，今注疏本經傳皆作近。正之於經，此皆足訂今本之譌。惟《周頌·思文》"無此疆爾界"，《釋文》本作介，云"音界，大也"，訓大乃鄭義，作介乃毛本，《毛詩》多古文，故借介爲界。《陳疏》以介爲古界字，是也，而經仍作界，則不如段氏依《釋文》作介爲當。至若《豳風》，於天文未詳，則今香濤張公嘗言之，即先生亦自知之矣。昔年先生文孫秉彝孝廉持此書呈諸張公，閲三日而畢，謂之曰："疏皆精當，惟《豳風》天文尚有未詳耳。"孝廉歎爲卓識。蓋先生彌留時，嘗以《豳風》不及再改爲憾云。

文二

禮不下庶人説

章際治

《曲禮》云:"禮不下庶人,刑不上大夫。"《鄭注》:"爲其遽於事,且不能備物。"《孔疏》云:"庶人不暇燕飲,故此禮不下與庶人行也。"又云:"禮爲酬酢之禮,不及庶人,勉民使至於士也。"又引張逸云"非是都不行禮也,但以其遽務不能備","有事則假士禮行之"。蒙案:鄭君之意,謂冠、昏、喪、祭、鄉相見其禮,均止於士,不下及庶人。其云"遽於事,且不能備物",是統六禮言之。《孔疏》專指燕飲酬酢之禮,失其旨矣。考《士昏禮》納徵,用元纁、束帛、儷皮。《周禮》媒氏掌萬民之判,凡嫁子娶妻,入幣純帛無過五兩,《雜記》曰"納幣一束,束五兩",是五兩即一束,特此禁其無過,而不禁其不及,知亦有不及五兩者矣。且有束帛,無儷皮,可見昏禮止於士,不下及於庶人也。禮,士有廟祭,以羊豕。庶人無廟,春薦韭,韭以卵,夏薦麥,麥以魚,秋薦黍,黍以豚,冬薦稻,稻以雁,是祭禮止於士,不下及于庶人也。而冠與喪可知。至士相見禮云"庶人見于君,不爲容,進退走",與"執贄,至下,容彌蹙"者迥別。《孔疏》亦已引之,可見相見禮止於士,不下及於庶人也。而鄉射、鄉飲酒更可知。故《儀禮》十七篇,至士而止,無庶人禮也。且此句與下"刑不上大夫"對文,鄭《駁五經異義》云:"凡有爵者,與王同族,大夫以上適甸師氏,令人不見。"是以云"刑不上大夫",是大夫未嘗不罹刑,特製刑不上及大夫,猶庶人未嘗不行禮,特製禮不下及庶人耳。

樂無大夫士制説

唐文治

《曲禮》疏引熊氏云:"案《春秋説題辭》'樂無大夫士制',鄭氏《箴膏肓》從《題辭》之義。"蒙謂《題辭》所據,盖指諸侯之大夫士言也。《周禮》小胥職"大夫判縣,士特縣",漢賈誼曰:"大夫植縣,士有琴瑟。"小胥所言,自指天子之大夫士也。《禮·射義》卿大夫以采蘋爲節,士以采蘩爲節,合之《周禮·射人》所言,亦指天子之大夫士也。然則《儀禮·鄉飲酒》《燕禮》與《鄉射禮》所用之樂,非指諸侯之大夫士與? 曰此所謂鄉樂,諸侯以優大夫士,非大夫士所得私而有也。《燕禮記》云:"若以樂納賓,則賓及庭,奏肆夏。賓拜酒,主人答拜而樂闋。"此與《仲尼燕居》所謂"兩君相見,入門,金作,升堂樂闋",《郊特牲》所謂"賓入門而奏肆夏,卒爵而樂闋"者,其制何異? 此在上取誠有之,又可據此以肆夏爲大夫之樂制乎? 若因上取有樂而僭以自用,此趙文子之所以見譏於後世也。《詩·唐風》山有樞,刺晉昭公,而曰"子有鐘鼓",明諸侯乃得有鐘鼓也。程繁曰:"諸侯倦於聽治,息於鐘鼓之樂,士大夫[1]倦於聽治,息於竽[2]琴之樂。"是則非諸侯盖無鐘鼓可知矣。抑又徵之《儀禮》,若士冠、士昏、士相見、少牢饋食、特牲食諸禮,記其俯仰揖讓纖悉詳備,而絶不著用樂之文者,豈非以大夫士本無可用之樂乎?《魯詩傳》曰:"天子食日舉樂,諸侯不釋縣,大夫日琴瑟。"《白虎通》曰:"大夫士北面之臣,非專事子民者,故但琴瑟而已。"此皆古經師精覈之論,特申其大旨,以傅題之辭之義。

《月令》習五戎解

唐文治

《月令》季秋習五戎,鄭氏曰"五戎謂五兵:弓矢、殳、矛、戈、戟",孫氏《集解》引《司馬法》以伸其説。蒙謂此五戎,當從《周官》車僕注,作戎車

---

① "士大夫"三字後,原衍一"士"字,今據《墨子》原文刪。
② 竽,原誤刊作"竿",今據《墨子》原文改。

解。案：車僕掌戎路之萃、廣車之萃、闕車之萃、苹車之萃、輕車之萃，注云：萃猶副也，此五者皆兵車，所謂五戎也。戎路，王在軍所乘也。廣車，橫陣之車也。闕車，所用補闕之車也。苹猶屏也，所用對敵自蔽隱之車也，杜子春云“苹當爲軿”，《蒼頡篇》曰“軿車，衣車也”。輕車，所用馳敵致師之車也，《續漢書》曰“輕車，古之戰車同，朱輪輿，不巾不蓋，菑矛戟幢庵。菑謂建之，有蔽者爲苹，無蔽者爲輕”。疏云：“鄭《月令注》以五戎爲弓矢、殳、矛、戈、戟，不爲五兵車解之，則未知此所謂五戎者所謂何文。”不知《月令注》語，當是鄭君未定之說，故特於《周官注》正之耳。大司馬“中冬教大閱”，“陳車徒”，“群吏聽誓於陳前”，注亦引《月令》之“習五戎”訓之，可知季秋之習五戎，即《周官》中冬之簡車徒。孔氏《正義》乃謂車不須更習，可謂紕繆無稽。至於下文“七騶咸駕”，“授車以級”，即習戎車之事，《正義》乃以下文言“七騶”，而斷五戎爲非戎車，何其望文生義也。《詩·秦風》“小戎俴收”，《小雅》“元戎十乘”“戎車既駕”，此皆以戎當兵車之證。《左氏傳》云“公喪戎路，傳乘而歸”，又曰“其君之戎，分爲二廣”，此即“諸侯之戎路廣車也”。又“帥游闕四十乘”，“《孫子》八陳有苹車之陳”，可知戎路、廣、闕、苹、輕，萃必從乎其元，而簡閱之制固未嘗不有其定時矣。

桃曰膽之解

雷補同

《禮·內則》“桃曰膽之”，鄭注謂“治擇之名”。孔氏云：“去毛拭治，令色青滑如膽。”夫“如膽”之訓，殊屬附會，而“拭治”之義，自無可易。惜疏家不能申明之。竊謂膽之取義於拭者，膽即幨之假借，《說文》：幨，拭也，從巾，韱聲。巾所以拭物，故幨字，從巾，今蘇俗刷塵之帚曰膽帚，音轉如膽，其實即幨也。幨與膽，音相近，故知“膽之”之膽，亦必假借爲幨，而後其義可通。孔氏既知訓膽爲拭，而不明夫假借之例，遂附會以成文，泥矣。至《爾雅》舊注，謂擇取其美者，說無可通，故不若訓膽爲拭，與假借之例相發明。或曰膽之，謂去其苦如膽者，其說尤誣，孔氏亦奚取乎爾？

方領曲領解

孫同康

　　“深衣曲袷如矩以應方”，鄭注：“袷，交領也，古者方領。”《玉藻》“袷二寸”，鄭注：“袷，曲領也。”又，《曲禮》“天子視不上于袷”，《玉藻》“視帶以及袷”，鄭注並云“袷交領”。合此數注以觀，則袷爲交領，交領即方領，方領即曲領，同物而異名者也。然名必有所由起，不知其名，則不能詳其物。請即其命名之義而考之。

　　《儀禮·士相見禮》疏：“袷謂朝祭服之曲領也。”考古者朝祭之服，必有襟，襟有内外之別，又有左右之分，右襟在外，左襟在内，左右内外相交，此交領之名所由來也。襟既相交，則其領必有句曲之形。曲字，篆文作凷，正與交領相似，故又名曰曲領。凡物之曲者，正視之其形皆方。《説文》匚、凵二部相次，匚爲受物之器，其字象形，讀若方。凵之爲字，亦象曲受物之形。匚之籀文爲匩，側視之即凵字，故古之交領，側視之則爲曲領，正視之則爲方領，而方領之名可無疑矣。

　　自漢世行直領，而方領、曲領之制，幾無有知之者。直領見《鹽鐵論》云及，其後絲表枲裏，直領無褘。甚至如《後漢書·儒林傳》注，以方領爲直領，舛謬莫此爲甚。不知方領形方，直領形長而直，本判然不同，未可並爲一談也。若《急就篇》及《釋名》所言，曲領皆在中衣之外，所以禁中衣之領。語本《急就篇》顏師古注。《隋書·輿服志》云“方心曲領”，是其遺制，要非鄭注之曲領也。近世説經之儒，好爲求異，强分方領、曲領爲二，曷見其有當哉。

韠同裳色説

李　安

　　《説文》：“韠，韍也，所以蔽前，以韋爲之，下廣二尺，上廣一尺，其頸五寸。”一命緼韠，再命赤韠，又曰市韠也。古者衣蔽前而已，市以象之，天子朱，諸侯赤，大夫葱衡，从巾，象其連帶之形。今《毛詩》字皆作芾，惟素冠作韠,鄭注"冕服謂之韍,他服謂之韠"。

蒙案:韍韠之制各不同,其象裳色,蓋同《士冠禮》"朝服緇帶素韠",注以爲素裳,疏曰:經雖不言裳,裳與韠同色,蓋裳韠相同,禮家師説相傳如此。近儒金氏輔之力駁其説,云以經、記校之,冕服、爵弁服皆纁裳,皮弁服、朝服皆素裳,元端服皆元裳、黃裳、雜裳。《玉藻》一命緼韍,再命、三命赤韍是冕弁纁裳同,而韍之爲緼爲赤不同。《士冠禮》朝服素韠,特牲緇韠,是朝服素裳同,而韠之爲素爲緇不同。《玉藻》元端韠君朱,大夫素,士爵韋,是元端元裳、黃裳、雜裳同,而韠之爲朱、爲素、爲爵不同。金氏此説,可謂辨矣。

竊謂《玉藻》君韠朱,鄭注以爲元端服,而《士冠禮》元端元裳、黃裳、雜裳可也。韠有朱、素,而無朱裳、素裳。裳有元、黃,而無元韠、黃韠,是裳與韠不同色者,元端服也。《説文》"袷賤,不得與裳同",據士而言也。士賤,故纁裳而緼韍,素裳而緇韠。元端爲服之下,故韠亦異色。若冕弁纁裳,纁赤色,故大夫以上皆赤紱,朝服素裳,故大夫以上皆素韠,自是通例。然則韠象裳色之説,注疏家蓋舉其多者而言,非故與經文相迕也。

問古書曰搢笏,曰服笏,曰不説笏
一義也,《玉藻》孔疏"臣見君無不執笏",其義何據
章際治

古無所謂執笏也,佩之而已。《禮·內則》曰搢笏,《大戴禮·虞戴德》曰服笏,《禮·玉藻》曰不説笏,皆佩之紳間之謂。惟《玉藻》孔疏曰:"臣見君,無不執笏。"際治嘗讀而疑之,遍考古書,並無執笏之説。惟《管子》"天子執玉笏以朝日",執笏二字,此爲最古。然考《周禮》朝日之制"王搢大圭,執鎮圭",《考工記》云:"大圭長三尺,杼上,終葵首,天子服之。"荀卿云"天子御珽",大圭即珽,珽即笏,服者搢之也,御者進之也。然則笏乃天子所搢,不聞天子執之也。《管子》之文與周禮不合,未可以爲據也。

又《虞夏書》"在治忽",鄭注:"曶者,臣見君所秉,書思對命者也。"見《史記·夏本紀》裴駰《集解》。然案《玉藻》"書思對命",鄭注云:"思,所思念將

以告君者也。對，所以對君者也。命，所受君命者也。書之於笏，爲失忘也。"蓋書思對命之時，笏必秉之於手。鄭君引禮以注書，殆指書笏時言之，非謂見君必秉笏也，亦未可以爲據也。

又《左傳》桓二年，疏引徐廣《車服儀制》云："古者貴賤皆執笏，即今手版也。"《晉書·輿服志》亦云："古者貴賤皆執笏，有事則揎之於腰帶。"然考廣生東晉末造，去古已遠，其言未必真合三代遺制。《晉書》修自唐初，又在其後，要皆後世臆度之詞，均未可以爲據也。

然則笏果執於何時？曰：漢初始執笏。《輿服雜事》引應仲遠云："昔荆軻逐秦王，其後謁者持匕首，擬宮掖以備不虞，從此侍官皆帶刀劍。漢高祖偃武修文，始制以手版代焉。"《初學記》云："笏，手版也。"《廣韻》云："笏，一名手版。"是手版即笏，執之實始於漢。陳《志》朱治傳，權歷位上將，及爲吳王，治每進見，權常親迎，執版交拜。吳承漢後，當用漢制，權執版以迎治，治亦執版以朝權，故得執版交拜也。此亦可爲漢始執笏之證。至《北史·周本紀》保定四年，初令百官執笏，乃周制之初，非前此不執至周始執之也。王應麟云："古者笏揎之以記事，不執之以爲儀，宇文周百官始執笏。"以執笏爲始於宇文周，則又考之未詳，而不知漢初已有之耳。若孔疏之説，不免即《漢志》以解經，其實漢以前無執笏之制也。

下管象武夏籥序興解

張錫恭

《仲尼燕居》"下管象武夏籥序興"注："下，堂下也。象武，武舞也。"夏籥，文舞也。序，更也。堂下吹管，舞文武之樂。更，起也。近世李安溪讀"下管象"爲句，"武夏籥序興"爲句，證以下文"下而管象，示事也"，則李讀爲是。蒙案：《文王世子》"下管象"，《明堂位》"下而管象"，《祭統》"下而管象"，皆不以"象武"連文。而《文王世子》所謂舞大武者，即此所謂武者也。《明堂位》又云："朱干玉戚，冕而舞大武；皮弁素積，裼而舞大夏。"《祭統》亦云："朱干玉戚以舞大武，八佾以舞大夏。"即此所謂"武夏籥序興"者也。且下文有云"升歌清廟，示德也"，則此上當有升歌清廟，故"大饗有四焉"

注云："四者，謂金再作，升歌清廟，下管象也。"此亦合於《文王世子》《明堂位》《祭統》之文，以彼證此，而句讀之當從李氏，明矣。

然《詩·序》："維清，奏象舞也。"武奏，大舞也。象與武各奏以舞，而此獨用象以節管者，何也？蓋古人作樂，聲容兼備。播之於管者，聲也。動之為舞者，容也。則象舞之詩，何不可以管播之乎？鄭注《文王世子》"下管象，舞大武"云："象，武王伐紂之樂，以管播其聲，又為之舞。"是象詩可舞可管之證也。曰"下管象"，猶言下管新宮也。曰"武夏籥序興"，夏言籥者，明文舞也。武不言干戚者，武之為武舞，固可知也。

自鄭注誤合象於大武，其說本《墨子·三辨》篇，而實不可從。其後箋詩，自知其失，故於維清序箋云："象舞，象用兵時刺伐之舞，武王制焉。"《正義》云："文王時有擊刺之法，武王作樂象而為舞。"則鄭亦以象為維清之詩也。又武序箋云："大武，周公作樂所為舞也。"不復引及象武，是鄭君箋詩時，知象與武各一詩，不以象武為大武矣。自《正義》引《禮》注疏《詩》箋，而《詩》箋之意不明，遂使康成晚年之定論，因未定之論而反晦，而陳用之《禮書》率意譏鄭，則未嘗參以《詩》箋而繹其意，均不得為善讀鄭氏書者已。

釋入門揖入揖先入例

王虎卿

《禮經》主賓入門，或言揖入，或言揖先入。說者謂凡入門，《經》皆書主人在先，賓在後，是知皆主人先入也。《經》或云先入，或但云入，文不具也。蒙按：揖先入，為入而待賓之義；揖入，為導賓隨入之義。《經》於迎賓大門外，皆云先入，如冠禮、鄉飲酒禮、鄉射禮、聘禮之郊勞，是也。故鄭注《鄉飲酒》云："揖，揖賓也，先入門而西面。"賈疏："揖而先入門，至內霤西向，待賓也。"鄭注《鄉射禮》云："先入門右，西面。"賈疏："以其賓入東面，故西面待之。"知所謂先入者，別乎後而言。主人禮賓，先入而待之，其賓後入。玩鄭、賈之說而其例明矣。

其曰揖入者，賓隨主人而入，入而即行。故凡言揖入者，率在三揖至階，如《士冠禮》："揖入，三揖，至階。"《士昏禮》："至廟門，揖入，三揖，至階。"《公食大夫禮》："及廟門，公揖入，三揖，至階。"又《士相見禮》："主人揖，入門右；賓奉摯，入門左。"即《曲禮》所云："主人肅客而入，主人入門而右，客入門而左，主人就東階，客就西階。"是也。何以知賓隨主人而入也？曰：《昏禮》親迎，主人揖入，賓執雁從。從，隨也。《聘禮》迎賓，公揖入，每門每曲揖。鄭注云：凡君與賓入門，賓必後君，介及擯者隨之，並而雁行。《公食大夫禮》："公揖入，賓從。及廟門，公揖入，賓入。"《特牲饋食禮》："主人揖入，兄弟從，賓及衆賓從。"此皆相隨而入，即揖入爲道賓入之明證也。此其例之正者。

　　惟《聘禮》命介使者受書。公揖入，迎賓，後及廟門公揖入，立於中庭，賓問卿，及廟門。大夫揖入，不在此例耳。觀鄭注"使者受書，授上介，公揖入"云："揖禮群臣。"賈疏云："禮畢，故入寢也。"《經》下云："官載其幣，舍於朝。上介視載者，所受書以行。"則知禮畢，公自入寢，使者不復入。此揖入固不與他處同。至公揖入，立中庭以俟賓，《經》下云："賓接立①西塾。"鄭注："已與主君交禮，將有出命，俟之於此。"觀以下擯者請命，賈人啓櫝，取圭授上介，上介授賓，賓執圭，擯者入告，辭玉納賓，賓乃入門，禮繁而時甚久，非若一先一後，相去無幾也。故於揖入之下，特曰"立于中庭"，以明此揖入，即揖先入耳。

　　若賓問卿大夫，迎于門外，揖大夫先入，及廟門，大夫揖入，此揖入仍爲先入。《經》下云：擯者請命，庭實設四皮，賓奉束帛入，賓俟禮備而後入，則大夫揖入亦爲先入而俟賓，與"公揖入，立中庭"例同。何以不言先入？曰：上文既言先入，則此從省，《經》文之變也。此皆揖入而與先入同者也。抑又有揖先入而實與揖入同者。《聘禮》賓擯勞者，賓揖先入，勞者從之。《經》上云：出迎勞者，勞者，禮辭。則此"從之"猶是禮辭之意。相隨而入，不敢當盛禮也，此又與先入例別者也。蓋讀書必繹其全文，而義例乃見。其揖入、揖先入同者，《經》上、下文自班班可考。

————————

　　①　接立，《儀禮》原文作"立接"。

若上下文義有專屬而强而同之，謬矣。彼謂揖入爲文不具，而與揖先入一例解之，且僅以入門右、入門左釋之，以爲於例可通，正恐終不可通也。

釋升階讓登先登例

馮誠中

《曲禮》："主人就東階，客就西階……主人與客讓登，主人先登，客從之。"注：讓登，欲客先入也，客不敢當，故主人先而客繼之。案：此釋賓主敵體之例，其曰欲客先入者，明主人尊客，不欲以賓爲敵也。其曰客不敢當者，明與主爲敵不敢當，主之尊也。賈氏公彦據《士冠禮》《士昏禮》謂禮之通例，賓主敵者，賓主俱升。又據《鄉射禮》《鄉飲酒禮》，謂主尊賓卑，主人升一等，賓乃從。竊以爲賈氏釋主尊賓卑者，主人先讓而先登，如《鄉射禮》："及階，三讓，主人升一等，賓升。"《鄉飲酒禮》："至於階，三讓，主人升，賓升。"主人，大夫。賓，士。注："三讓而主人先升者，是主人先讓于賓。不俱升者，賓客之道，進宜難也。"参以《聘禮》受玉，公升二等，賓升，知主人尊者，主人先登也。

至釋賓主敵體者，賓主俱升，恐非確論。考《聘禮》賓儐卿時，賓升一等，大夫升，問卿大夫。儐賓時，大夫升一等，賓從之。明明賓主敵者也，而主先登矣。即《士冠禮》主人升，《士昏禮》主人以賓升，元敖君善亦謂主人先升而賓從之。惟鄭氏康成獨於《冠禮》釋主人、賓俱升，賈氏本之，遂疑先登者惟主人尊則然耳，主賓敵者不先登。凌氏廷堪《禮經釋例》又因鄭、賈説，釋凡升階皆讓，賓主敵者，俱升；不敵者，不俱升，而先登之禮不明。今試列證以明之。康成於《士冠禮》但曰主人、賓俱升，未嘗言賓主敵者俱升，不敵者不俱升。於《士昏禮》亦未釋。於《聘禮》授老幣，賓升一等，大夫從，是時賓爲主，主爲賓。釋曰："賓先升，敵也。"知康成亦以爲賓主敵者主先登也。賈氏泥於《冠禮》注，未達鄭意。凌氏又據賈疏以爲例，真一誤再誤之謂矣。

總之，賓主敵者，三讓，主人先升，道賓，常例也。若主人尊，亦如之。

《韓詩外傳》晏子曰：夫上堂之禮，君行一，臣行二。鄭康成即於《聘禮》"受玉，公升二等"釋曰："先賓升二等，亦欲君行一，臣行二。"言君先升二等，然後臣始升一等。據此，知禮升階，卑者當後尊者一等。《左‧襄七年傳》孫文子來聘，公登，亦登，叔孫穆子譏之曰：子不後寡君一等。此正是反證。至賓尊，則賓先讓而先登，如《聘禮》主君使卿歸饔餼，至階，讓大夫先升一等。敖氏曰：大夫三讓而賓三辭。大夫先讓者，以奉君命，尊也。此又一例也。賓尊而不讓先升者，惟天子之使，如《覲禮》王使人勞侯氏，使者不讓先升，侯氏升聽命。鄭氏曰：不讓先升，奉王命，尊也。此又一例也。

徹廣六尺解
丁國鈞

《考工記‧車人》"爲車徹廣六尺"，二鄭俱無注。賈疏云："徹廣六尺者，不與四馬車八尺者同徹。"四馬車爲乘車，徹爲車軌之跡，匠人營國，經塗九軌。後鄭云：軌謂徹廣，乘車六尺六寸，旁加七寸，凡八尺，是謂徹廣，九軌一徹，故車皆八尺，《禮記‧中庸》所謂"今天下車同軌"是也。若徹廣六尺，何以行八尺之車？程氏瑤田疑其説不可通，謂徹或爲車之譌，匠人營軌不及車，車人亦不應及轍。又謂車制廣狹有三等，九軌之廣狹應亦有三等，所疑極是。惜其説無所證據。蒙以爲車人爲車於行山澤車制之下，即言柏車、大車、羊車，疑此六尺之徹，專言山澤之徹，爲此三等車所行之跡。羊車，宮內所用之車，《論語》注謂之小車。柏車崇二柯，大車崇三柯，輪雖挍高於羊車，而其輪之廣，則皆同六尺。上云凡爲輈，疏釋之曰：言凡語廣，則柏車、羊車、大車皆在其中。此云徹廣六尺，自爲此三等之車，言此三等車行山、行澤、行乎內宮門，故輪狹于乘車，以山澤、內門不能如九軌應門之廣也。下又云鬲長六尺，疏釋：四馬車鬲六尺六寸，則此六尺之徹，必非是乘車可知。且經但言輪之崇而不及輪之廣，此言徹之廣，即以明輪之廣，更以明山澤及內門之軌也。其但言徹不言軌者，又以別於九軌之外也。程氏疑而辨之，卒無所證明。不揣檮昧，爰就鄭、賈説通疏之。

車上建旗説

章際治

《周禮》司常、典命、大行人等職，其言旗制詳矣。然皆詳於貴賤之等，而長短之度略焉。案《禮緯稽命徵》云："天子杠高九仞，諸侯七仞，卿大夫五仞，士三仞。"張揖《廣雅》與之同。鄭氏《鄉射禮記》注云"杠，橦也"，七尺曰仞，杠長即旗長，天子以下隆殺皆以二仞，則其數可核而知矣。

旗既有長短，而建旗更有高下。《廣雅·釋天》云："天子十二旒至地，諸侯九旒至軫，卿大夫七旒至軹，士三旒至肩。"是也。又《禮緯·含文嘉》云禮："天子旗九刃曳地，諸侯七刃齊軫，大夫五刃齊較，士三刃齊首。"某刃云者，旗高之度；至某云者，旗下之度。特其言大夫、士之制，不及《廣雅》之確。劉向《新序·義勇篇》云："國君之旗齊于軫，大夫之旗齊于軾。"鄭氏《輿人》注云："後車之式高三尺三寸。"又云："軹，輢之植者横者也，與轂末同名。"是出軾者爲較，與軾齊者爲軹，非崇三尺有三寸之軹也。《新序》言軾，猶《廣雅》言軹，皆高於軫而下於較者也。《左氏傳》云："公卜王黑以靈姑銔率，吉，請斷三尺焉而用之。"齊用諸侯禮，必高七仞下齊軫。王黑用大夫禮，故斷三尺。鄭氏《輿人》注云："自較而下凡五尺五寸。"可見軫上至較，有五尺五寸之高，靈姑銔斷去僅三尺，當至軹，不得至較也。以《新序》《左傳》證《廣雅》，而《禮緯》之誤自見。

然則天子之旗，自地以上高九仞，諸侯自軫以上高七仞，卿大夫自軹以上高五仞，士自肩以上高三仞也。至建旗之處，經、注無明文。《左氏傳》："楚人惎之脱扃，又惎之拔旆投衡，乃出。"服注云："扃，横木校輪間。"《釋文》所引如是，《正義》所引，譌脱不可讀。一曰車前横木也。服氏以車前横木爲别一義，其意以扃在校輪間爲正，扃爲止旗之物。《西京賦》："旗不脱扃。"薛注云："扃，所以止旗。"是也。扃在校輪間，則旗亦必在校輪間可知，鄭氏珍《輪輿私箋》考此已詳，但所以關户者曰扃，所以關鼎者亦曰扃，車上有扃，亦以關旗，使止而不動，初非所以建旗也。鄭氏珍以爲旆即插扃上，亦誤矣。

又考車之兩旁皆有校、輪，第曰在校輪間，或左或右仍未明言。據《史記・項羽紀》：乘黃屋車，傅左纛。李斐謂在乘輿車衡左方上注之。《商君傳》左建外易。姚氏鼐謂：左建即左纛，是秦漢遺制，旗皆建左。且車右持矛，主擊刺，戈、殳、戟、矛皆建車右，右實左虛，必無是理，則旗當建於左矣。朱子"干旄"詩傳，以爲建之車後，誤也。

讀胡氏《儀禮正義》一

張錫恭

績溪胡竹邨先生，承其祖樸齋先生學，又師凌次仲先生。樸齋精研《儀禮》，著有《釋官》，而凌氏《釋例》一書，尤稱《禮經》中傑構，故其於《禮經》之學，自少專精。而其所交，若胡墨莊、洪筠軒諸先生，亦皆習於《禮經》。洪氏著有《禮經宮室答問》，胡氏著有《儀禮古今文疏義》。其主吾郡雲間講院時，與朱虞欽學博往復論難，學博亦究心《禮經》者也。故其著此書，學之博而辨之明。稱其所長，約有四端：

一曰搜羅富。賈氏作疏，喪服經傳而外，所據者僅黃、李二家，國朝盛庸三氏撰集編，裒合古今説禮者一百九十七家。胡氏自樸齋、純軒先生從叔祖，名匡憲。而後，積書既多，先生生禮學昌明之時，交遊廣而借鈔易，今覈其書，增多盛氏集編者，又幾及二百家。採擇既多，折衷斯當，此搜羅爲不可及也。

一曰校訂精。近儒校勘《禮經》者，如盧抱經之詳校，金璞園之正譌，浦聲之之正字，而阮文達公校勘記尤詳，此書既備録之。而阮氏作校勘記，未見嚴本宋嚴州單注本。原書，僅據顧千里校録於鍾本明鍾人傑單注本。簡端者采入此書。則以黃蕘圃重刊嚴本一一核之，而阮氏所未見者，若汪容甫之經注校本，黃蕘圃之校議，亦皆采録，此校訂爲不可及也。

一曰存秘逸。吳東壁《儀禮疑義》，據《愛日精廬藏書志》，僅有鈔本。江震蒼《讀儀禮私記》，據先生《研六室文鈔》，亦僅有稿本，此書録其説甚詳。朱虞欽《鄉大夫辨》見所著《經義》中，近歲張孟彪師始爲梓行之，先生時猶未梓也。朱氏所著經説，今猶未梓，時時見於此書。其他所採録，多有書目不甚顯者，並有姓字不甚彰者，則遺說之藉以流傳不少矣。

一曰除門戶。漢學家詆宋學，叫囂殊甚。敖君善之《集說》，斥爲似是而非；郝仲輿之《節解》，詆爲邪說；而淩次仲於方氏《析疑》，至訕爲喪心病狂，皆門戶之習也。先生學漢學者，而此書平心持擇，未嘗黨同伐異，則門戶之見泯矣。

惟其訂注義諸條，時或義短於鄭，欲爲高密諍友，而不免"蠹生於木，還食其木"之譏，此固其一短，要不能盡掩其長也。惜書未及成而卒，其門人楊君大堉所補者，率以集編爲藍本而稍附益之。昔張孟彪師病楊君爲續貂，而深望後人之更作，其有以也夫。

讀胡氏《儀禮正義》二
張錫恭

胡氏之著此書，先爲《喪禮故喪服》一篇，尤爲精審。特其於"爲人後者爲其本宗服"，本敖君善以立說，惟爲其父母昆弟姊妹由本服而降，餘悉以所後之親疏爲斷，則不免屈《經》以從己，蒙所謂訂鄭而義短于鄭，後學不能不更爲訂也。《喪服記》爲人後者，於兄弟降一等報。案《傳》曰：小功者，兄弟之服也。又曰：小功以下爲兄弟，則兄弟者，小功之族親也。他經昆弟亦稱兄弟，惟《禮經》必別而言之。《記》言：於兄弟降一等，言爲小功者，降服緦麻，推此而大功以上之皆降一等可知也，舉輕以概重爾。且《記》者，記《經》所未備也。《經》止言父母昆弟姊妹，故記此以補之。胡氏謂此兄弟即昆弟，則《經》所已言矣，何補之有？胡氏又從段若膺說，《經》未言報，故《記》言報以補之。

案：不杖期章：爲人後者爲其父母報，則其昆弟姊妹皆報，可以互明，《記》無須補言報也。胡氏雖以段氏破字爲臆斷，而實陰祖其說，此斷以記而《正義》之說爲不可從也。喪服小功章：爲人後者爲其姊妹適人者，注不言姑者，舉其親者而恩輕者降可知。賈疏於"爲人後者爲其昆弟"下云：本宗餘親皆降一等，由此注推之也。《開元禮》有爲人後者爲其姑，在室大功，出嫁小功，中殤、下殤、緦麻爲其從父昆弟之長殤、緦麻。《政和禮》有爲人後者爲其從父兄弟小功,女適人者爲其侄之爲人後者小功,皆本鄭氏此注以推之也,鄭義固得乎人心之同爾。胡氏力宗敖説,而轉斥注義爲非,此其昧於所蔽甚矣。且胡氏之言曰:"爲後有受重之義,抑其本宗之親,使厚於所厚之親。"孟子云:"天之生物使之一本。"是也,若於本宗之親,悉以本服推之,一一爲降等之服,非二本而何? 是亦未思之故也。夫以服其本宗爲二本乎? 則爲其父母,爲其昆弟姊妹,何以不爲二本也? 如謂降其本服即不爲二本,則於餘親之服,鄭、賈亦云降一等,非如馬氏融不降之説也。且一本之義於父母爲尤切,服父母不爲二本,服餘親乃反爲二本乎? 智者千慮,必有一失,不必爲胡氏掩也。

抑嘗考之,爲人後者爲本宗餘親服歷代之禮不盡詳,即今律亦有疏漏。道光四年,大學士托津等遵旨議奏,備載本宗服制,合之《會典》,纖悉始無不具,萬世常遵,無遺憾矣。因訂胡氏之誤,並敬識之。托津等奏略云:臣等謹案:《儀禮》:爲人後者,爲其本宗之服,惟載父母昆弟、昆弟之長殤、姊妹之適人者。元儒敖繼公曰:"本服止於此親爾,自此之外,凡小宗之正親、旁親,皆以所後之親疏爲服。"《欽定儀禮義疏》不主其説,而謂賈疏本生餘親悉降一等,足以補《禮經》之所未備。臣等請據悉降一等之義,準之古禮,參之今律而推廣之。除降服之已載《會典》者毋庸議外,爲祖父母、伯叔父母、兄弟之子原服期年者降爲大功,爲從父兄弟原服大功者,爲曾祖父母原服齊衰三月,今爲五月者,皆降爲小功爲從祖父母、從祖父母、從祖兄弟、從父兄弟之子、兄弟之孫原服小功者,高祖父母古無明文,今爲齊衰三月者,降爲緦麻,其餘親屬悉照此例。若同高曾祖者,則自有高曾祖之本服在,毋庸議降。再,報服之隆,禮不容缺,《儀禮》本生父母爲子報,其餘諸親當無不報者,應逐條編入《通禮》,以示周詳。

論程徵君記車制得失

馮　銘

程氏所記車制,載《考工創物小記》之中,辨論極繁,惜皆鮮當。原其所自,皆由不能善體記文,精研鄭注所致也。愚今得比而論之。其記圍防捎藪也,以爲藪當指輻鑿,防當訓十分之一,謂鑿深三寸,防用成數也。

案:《説文》樕下云:"車轂,中空也,从木,橐聲,讀若①藪。"然則藪本作樕,讀爲藪也。《急就篇》"樕作轑",阮氏云"藪、樕、轑,一聲之轉也",皆與鄭氏訓藪爲"轂空壺中"同,今何得獨訓藪爲輻鑿?至其防用成數之説,尤爲未當。

轂圍三尺二寸,據程氏訓防爲十分之一分,每分亦當得三寸二分,乃又訓防爲餘,謂當除去轂圍二寸之餘數,而以轂圍三尺之成數十分之,説殊穿鑿,此其説之不合者一也。

其記輻廣也,以爲輪無大小,輻廣不得過三寸,亦不得不及三寸,據《車人》大車輻廣三寸言之。今考《輪人》云:六尺有六寸之輪,綆三分寸之二。《車人》云:大車崇三柯,綆寸。然則綆既有彼此之殊,輻豈無廣狹之判,此其説之不合者二也。

其記賢軹也,以爲當指飾轂言,謂五分轂長,截去一分以賢之,截去三分以軹之,中留一分,不賢不軹以置輻。今據程氏言,輻廣三寸,轂長三尺二寸五分零,五分其轂,長一分,得六寸五分零,其三寸爲置輻處,尚餘三寸五分零,既不知爲何物,轂近輻處又何爲獨不飾,況《記》用去字,皆以所去之餘數爲用,未有以其所去之數而爲用之之數者也,此其説之不合者三也。

其記牙圍也,以爲凡物圜者,皆圍三徑一,方者皆圍四徑一。牙圍一尺一寸,與軹圍同度。準之以爲徑,亦當與軹徑同,盖二寸七分半矣。程氏既謂鑿深三寸,則菑長三寸可知,蚤長三寸亦可知,此阮氏所謂《記》不言蚤長,蚤長約與菑等也。若據程氏之説,則將以三寸之蚤,建二寸七分半之牙矣,此其説之不合者四也。

其記兎圍也,以爲徑四寸八分,此盖就兎圍一尺四寸四分之數,以圍三徑一算之,謂兎圍圜也。然何以又曰軹在軓下,與軸半徑和之,得五寸八分乎?豈非以軸徑之半得二寸二分,軹徑得三寸六分忽,以圍四徑一算之,謂兎圍方乎?此其説之不合者五也。

其記任木也,以爲任正指輈言,衡任指軸言。然使任正果指輈言,《記》言十分其輈之長,以其一爲之圍足矣,何必復言十分其輈之長,以其一爲之當兔之圍。衡任果指軸言,《記》言五分其長,以其一爲之圍足矣。此就程氏軸在輿下爲衡任之數言之,謂截軸中間六尺六寸以爲衡任之圍起度也。若援十分輈長之例言之,則當五分其軸之通長,以其一爲之圍,而程氏之説愈不可通矣。何必復言五分其輈,間以其一爲之圍,正不得强爲説辭,謂任正、衡任,車之最重,故《記》必申言之也,此其説不合者六也。

其記輈轃也,以爲其高共七寸,輈圍一尺一寸,以圍四徑一算之,輈徑當得二寸七分半,轃及軸徑之半,當得四寸二分半,減軸徑之半二寸二分,轃高於軸當得二寸零半分,以是爲轂不能入輿下之據,然考當兔之圍,實一尺四寸四分,徑即四寸八分。據程説,轃高於軸之數,則轂既不能入輿下,而輈愈不能入輿下與軸之間可知。轂不入輿下,猶之可也,豈有輈亦可以不入輿下者,此其説之不合者七也。

其記徹廣也,以爲六尺、八尺,本無定數,皆當闕疑。且謂據徹廣一語,則車人之事,斷不能與輿人相通。不知《匠人》言應門二徹三个,又言經塗九軌,《中庸》言車同軌,古又有"閉門造車,出而合徹"之語,皆指徹有定數言之。歷觀古今,更無異説,豈有徹廣可不畫一之理?至於《車人》之事,本不盡與輿人相通,故《輿人》言輪崇車廣如一,《車人》言大車崇三柯,崀長六尺。崀長六尺者,即車廣六尺也。乃大車輪崇之數,與其車廣之數,《記》既俱有明文,程氏偏執《輿人》參稱之説,强爲通之,謂大車輪崇九尺,車廣亦當九尺,以是爲徹無定數之據,豈非顯與《記》文相背?此其説之不合者八也。

此皆車制之犖犖大者,而程氏之失已如此,其小者可略而弗論。

論阮宫保考車制得失

馮　銘

阮氏《車制》一册,有《輪解》《輿解》等六篇,又附以輪、輿諸圖,自謂於牙圍、捎藪、輪綆、車耳、陰軓、輈深、任正、衡軛十餘事,能一一訂正者也。

然其間考據不詳,謬戾雜出者,正復不少,今就其不合車制而失之最鉅者論之。

其一曰牙圍,《輪人》云:"是故六分其輪崇,以其一爲之牙圍。三分其牙圍,而漆其二。"注云:"牙圍尺一寸。"又云:"不漆其踐地者也,漆者七寸三分寸之一,不漆者三寸三分寸之二,令牙厚一寸三分寸之二,則內外面不漆者各一寸也。"此蓋合牙之內外面及上下兩邊計之,與《記》諸言圍字,皆指四面言之者一例。阮氏云:"牙圍者,乃輮牙周帀之大圓圍,凡物圓者乃謂之圍牙。圍一尺一寸,即牙大圓面寬一尺一寸也。"不知輮牙周帀大圓,即《車人》所記之渠,並非牙圍之謂。至云圓者爲圍,軫式諸圍皆方也,更將何説解之?且下文斲藪賢軹,皆起度牙圍漆內,牙圍一誤,無往不誤矣。

其一曰輈深,《輈人》云:"凡揉輈,欲其孫而無弧深。"又云:"輈深則折,淺則負,輈注則利準,利準則久,和則安。"注云:"注則利。"謂輈之揉者,形如注星則利也。鄭氏之意,蓋從軓前起度,以軓前十尺之輈漸曲向上,至輈頸間始微曲向下,以爲持衡駕馬之用。此正《記》所謂弧而無折,經而無絶者也。若據阮氏之説,以求輈深,則其輈深之極,斷無不折不絶之理。觀其輈圖可知。

其一曰任正,《輈人》云:"任正者,十分其輈之長,以其一爲之圍。"注云:"任正者,謂輿下三面材持車正者也。"段氏云:"輿下三面之材,與後橫木而正方,故謂之軫。"此即《記》所謂軫方象地也。但渾言之,四面曰軫;析言之,三面材曰軓,又曰任正,輈後曰軫。此蓋以三面之材輈式所尌,其任較重於車後之軫,故軫圍但起度於六分,車廣而得一尺一寸,任正之圍必起度於十分,輈長而得一尺四寸五分寸之二。阮氏乃以車後橫木爲任正,其即以軫當之乎?則軫圍不應有歧出之度矣。其謂軫後別有橫木乎?《詩》毛傳云:"收軫也。"是輿已收於軫矣,亦不應軫後更有橫木也。

其一曰綆,《輪人》云:"六尺有六寸之輪,綆三分寸之二,謂之輪之固。"注云:"輪箄則車行不掉,參分寸之二者,出於輻股鑿之數也。"江氏云:"輪箄則車行不掉,實有至理。古人深明車掉之病,令牙稍出不正,與

輻股鑿相當,使重勢稍偏,遂無傾掉之患。"深得鄭意。若阮氏謂:"輻不滿
骹曰綆。"且謂"所以殺之爲綆者,不過爲深泥之故",此無論不合車制,與
《記》文謂之"輪之固"亦背,不溓泥豈遂能固其輪者? 以上皆妄駁鄭注處。

其一曰軸,《記》不言軸長,就鄭氏"弓長庇軹"注"兩軹之廣,凡丈一尺
六寸"推之,軸更當出於轂外各二寸,以爲制書設韋之地,是爲軸長一丈二
尺。阮氏以爲依鄭氏漆輪之法,軸長當一丈三尺四寸。應門棖臬之間不
能容,未知何據?

其一曰藪,《輪人》云:"以其圍之,防捎其藪。"先鄭云:"藪讀爲蜂藪之
藪,謂轂空壺中也。"後鄭申之云:"壺中,當輻菑者也。蜂藪者,猶言趨也。
藪者,衆輻之所趨也。"阮氏謂先後鄭氏訓藪爲轂中空,其意則是。又謂一
言蜂藪之藪,一言衆輻所趨,似皆主轂外建輻之鑿爲文,此説非也。鄭氏
明言當輻菑矣,何得謂爲指鑿言?

其一曰兔圍,《輈人》云:"十分其輈之長,以其一爲之當兔之圍。"注
云:"輈當伏兔者也,其圍尺四寸五分寸之二。"乃阮氏謂當兔之圍,鄭皆以
爲一尺,未免太疏。以上皆誤會鄭注處。其一曰防,鄭氏訓防爲三分之一以
爲捎藪之數,義固未安。阮氏乃改防爲枋,因以木理訓之,尤爲未當。

其一曰渠,《車人》云:"渠三柯者三。"後鄭云:"渠二丈七尺謂罔也。"
罔亦作輞,凡輪之輞謂之渠,渠非牙。阮氏云:"大車之牙謂之渠。"未免
臆斷。

其一曰頸,《輈人》云:"參分其兔圍去一以爲頸圍。"注云:"頸,前持衡
者。"頸與侯異《大行人》:"立當前侯。今作疾。"《説文》引作"立當前帆",是
'前侯'猶'前帆'也。阮氏云"輈縿帆以上謂之侯,侯謂之頸",未免牽混。
以上皆率意穿鑿處。其一曰軹,《輿人》云:"參分軹圍去一以爲軹圍。"注云:
"軹,式之植者衡者也。"阮氏云"軹,橫軨也",引《楚辭・九辯》"倚結軨兮
長太息"證之,不知惟其有植者衡者,故曰結,阮氏亦何得據之以證橫軨?

其一曰弱,《輪人》云:"竑其輻廣,以爲之弱。"又云:"量其鑿深,以爲
輻廣。"可知輻廣與鑿深同度,弱長與輻廣同度。阮氏云:"輻博二寸。"輻
博即輻廣也,則弱長亦當二寸,乃又曰弱長三寸,歧矣。以上皆自相矛盾處。

他若觳藪賢輒之數之不符,輈兔頸踵之度之不中,更復辨不勝辨,以此見立説之難,而古人之成説未易更也。

踐土解

陳玉樹

《左傳・僖二十八年》:甲午,至於衡雍,作王宮於踐土。杜氏《左傳注》及《春秋釋例》皆云:"踐土,鄭地。"《史記・周本紀》注引賈逵曰:"踐土,鄭地名,在河內。"韋昭《周語》注:"衡雍、踐土,皆鄭地,在今溫。"

案:鄭在河南。溫在河北,本武王司寇蘇忿生邑,隱十一年,王以與鄭,鄭亦不能逾河而有其地,仍爲蘇子邑。僖十年,狄滅溫,溫子奔衛。二十五年,襄王以賜晉,晉以狐溱爲溫大夫,溫非鄭地彰彰可考。衡雍即垣雍,在卷縣,見《後漢・郡國志》杜注及《水經注》。同《水經注》:河水又東,經卷縣北,卷縣故城,今在懷慶府原武縣西北七里。大河舊在縣北二十里,今在縣南。是衡雍亦在河南。

盖踐土有二:一在鄭地,一在河內。賈氏、韋氏誤爲一。元凱知其誤,故止取鄭地之説,不云在河內。《元和郡縣志》:踐土臺,故王宮,滎澤縣西北四十五里。《太平寰宇記》:王宮城在滎澤縣西北四十五里,故城內西北隅有踐土臺,盟諸侯于踐土,即此西北隅。《括地志》《通典》作東北隅,四十五里作十五里。《方輿紀要》與《括地志》《通典》合,諸書雖小有歧異,而在滎澤則同。滎澤今屬開封府,春秋時鄭地,此鄭之踐土在河南者也。《太平寰宇記》:孟州河陽郡,今隸河陽縣,在周爲畿內蘇忿生之邑,後爲晉邑。踐土城,《冀州圖》云:"在縣東七里,洛陽西北四十二里。"《方輿紀要》:"孟縣東南四十三里,有冶版城。"《述征記》云:"春秋之踐土。"郭緣生盖謂春秋時之踐土,非謂《春秋經》之踐土也。春秋本有二踐土,盟於踐土,自在河南,與冶版無涉。酈道元誤會其説,以《述征記》之説爲非。孟縣今屬懷慶府河陽故城,河陽縣,兩漢及晉皆隸河內。在縣西三十里。踐土今在孟,古在河陽。《穀梁傳》曰:溫,河陽也。《水經注》五引服虔曰:河陽,溫也。則謂踐土在溫亦可。此晉之踐土在河北者也。《晉世家》:文公五年冬,使人言周襄王狩於河陽，壬申，遂率諸侯朝王於踐土。是年冬，《經》云："天王狩於河陽，壬申，公朝於王所。"王所即河陽，而《史記》以踐土當之，此即孟縣之踐土也。《索隱》亦知《史記》踐土有二，而謂河北之踐土在元城西，則大謬矣。"作王宮於踐土"當從杜注，斷不在河北。是年四月甲午作王宮，六月壬午濟河。《晉世家》亦言：六月壬午，晉侯渡河，北歸國。相距四十九日始渡河而北，安得謂踐土在河北乎？《寰宇記》以盟於踐土，當河陽之踐土，此沿賈、韋之誤，且亦自相矛盾。踐土之名，疑即晉文所定天子所踐之土，謂之踐土。是年夏，天子至鄭地，晉史名所至爲踐土，而《春秋》因之。僖六年，伐鄭，圍新密。《經》曰：新城爲齊桓公所加之名，《春秋》因而不改。是年冬，天王狩河陽，《晉史》名所至爲踐土，而《史記》因之，觀於是年夏，《經》以踐土爲王所，而《史記》又以是年冬之王所爲踐土，則踐土爲王所踐之土，復何疑哉，復何疑哉。

皆踞轉而鼓琴解
汪開祉

《左·襄二十四年傳》："皆踞轉而鼓琴。"其訓有三。杜氏《集解》云："轉，衣裝。"傅氏《辨誤》云："轉必軫字之譌。"《詩·小戎》"俴收"注："收，軫也。"謂車前後兩端橫木踞之可以鼓琴。洪氏《讀書叢錄》云：《昭三十年傳》，趙簡子夢童子羸而轉以歌。《淮南·修務訓》："故秦楚燕魏之歌也，異轉而皆樂。"《泛淪訓》："譬猶不知音者之歌也。濁之則鬱而無轉，踞轉而鼓琴，謂箕倨自歌以鼓琴也。"案：箕倨自歌，則《傳》當曰"踞而轉"，文義方順，不得連屬曰"踞轉"，是洪説非也。杜謂"衣裝"，古無此訓。阮氏《校勘記》、焦氏《補疏》，雖以轉爲縛之通假字，引《二十五年傳》閽邱嬰阮誤以爲申鮮虞。以帷縛其妻事證明杜義，然下文皆取胄於橐，而胄橐即衣裝，《禮記·檀弓》："赴車不載橐韔。"注：甲衣也。《少儀》"則祖橐奉胄"，注：鎧衣也。《樂記》"名之曰建橐"，注：兵甲之衣曰橐。皆其證也。下既言橐，此轉不當爲衣裝，則杜説亦非也。惟傅氏謂轉當爲軫，其識甚卓。顧氏《補正》亦引此説，惠氏《補注》又申之曰："《文選》注引許慎《淮南子》注曰：軫，轉也，或是古軫字作轉。"

今案：許誼見《七發》注，其文云"洹軫分谷"，李善注：言洹如轉而谷似裂也。下引許慎云云，軫可訓轉，轉故亦可訓軫，軫與轉，一聲之轉。《左傳》當本作轉。以惠説推之，不必疑爲譌字，傅氏殆一間之未達矣。軫爲輿下四面材，故《考工記》曰：軫方象地。傅云："前後兩端橫木。"説亦未是。惠引郭璞《方言》注"車後橫木"，不知"車後橫木"之訓，始誤於鄭君《周禮・輿人》注，戴氏《六書故》已辨之。近儒戴東原、程易疇、阮文達並同其説。但軫爲四面木，而此踞轉之轉，自當以車後橫木爲正。阮氏《車制圖解》、鄭氏《輪輿私箋》均以爲後軫，是也。何者？軫三面不可踞，所踞者必後軫，後軫在車箱外橫拒底板，其面寬四寸一分，故人可踞其上，兩面又空，故以三尺六寸六分之琴，《初學記》十六引《琴操》曰：琴長三尺六寸六分。《廣雅・釋樂》同。兩人各橫於膝，而琴尾亦不礙。説本《輪輿私箋》。然則踞也，《廣雅・釋詁》："蹲跠，踞也。"孔疏謂坐其上，亦謬。

自卿以下外朝内朝考

錢榮國

《魯語》：公父文伯之母如季氏，康子在其朝，與之言，弗應。從之及寢門，弗應。康子入見，則曰：天子及諸侯合民事於外朝，合神事於内朝；自卿以下，合官職於外朝，合家事於内朝。寢門之内，婦人治其業焉。夫外朝，子將業君之官職。内朝，子將庀季氏之政，皆非吾所敢言也。韋注：卿以下外朝曰君之公朝，内朝曰家朝。見解殊誤，如其説，則當云"合官職於公朝，合家事於私朝矣"，不知天子諸侯有三朝：外朝、治朝、燕朝是也。治朝亦曰内朝。自卿以下有二朝：外朝、内朝是也。《魯語》言文伯之母如季氏，康子在其朝，與之言。曰其朝，則朝爲季氏之家朝可知。與言弗應，及寢門弗應，而曰外朝、内朝，均非吾所敢言，則其所謂外朝者，即指"康子在其朝"之朝言之，而所謂内朝者，即指寢門之外言之，無疑也。且《經》文云："天子及諸侯合民事於外朝，合神事於内朝。"明此外朝、内朝是謂天子諸侯之外朝、内朝也。

又云:"自卿以下,合官職於外朝,合家事於内朝。"明此外朝、内朝是自卿以下之外朝、内朝也。兩兩對舉,語極分曉。乃近人胡氏培翬力主韋説,引《考工記》"外有九室,九卿朝焉",謂韋氏所言公朝,乃治朝之兩旁諸臣治事之處,其地在公朝而實爲私朝。不知《考工》所言,自指公朝,顧必以諸臣治事之處爲卿大夫之公朝,則文伯之母如季氏,何必先至公朝諸臣治事處? 如謂文伯之母原未至此,不過借公朝以言私朝,則與本文以兩"弗應"爲内外朝"非敢"言,語意尤背。胡氏又引《玉藻》"將適公所""居外寢"及"出揖私朝"云云,謂大夫家内止有一朝。不知《玉藻》渾言私朝,猶之《魯語》渾言朝,此定是外朝耳。而所謂外寢者,安知非即内朝乎?《禮·文王世子》"公族朝於内朝"注云:"内朝路寢庭。"路寢爲天子之内朝,則外寢自即卿大夫之内朝矣。

總之,自卿以下有二朝,既明載於《國語》,至爲可信,舍《經》而從注,吾未見有當也。

干禄説
汪鳳瀛

《論語》:"子張學干禄。"鄭注:干,求也。禄,禄位也。此循文立訓之例。邢疏遂謂子張師事孔子,學求禄位之法。朱子承之,因疑子張爲務外,而以夫子云云爲救其失。後儒駁之者,又據《史記》子張問干禄之文,謂《論語》學字乃問字之譌,子張特以干禄之義爲問耳。

蒙謂《論語》學字,極有分曉,蓋張非求禄於外,乃求禄於學。求禄於學者,正見禄不可妄求,必其學可以得禄,禄乃可受。有不患無位患所以立之意。子曰:"禄在其中。"中即指所學言,所謂學也禄在其中,是也。此與三年學,志於穀者不同。彼志於穀,此志於學也。夫干禄之文,見於《詩》者有二:旱麓之言干禄也,以豈弟假樂之言干禄也。以令德,以豈弟令德干禄,干亦何病? 子張之干禄,亦以學爲干焉耳。夫子告以"慎言行,寡尤悔",使由是勉焉以馴致乎? 豈弟令德而所以學者在,是即所以得禄者在,是故曰禄在其中也。若因此遂謂子張務外,則太王、成王已先蹈其失，而夫子當日亦宜有微辭以爲後人戒，且夫子他日所謂"學也，禄在其中"者，先以禄誘人矣，豈通論乎？

其諸解

劉　翰

《公羊傳》言"其諸"者六，何休注：其諸，詞也。《論語》言"其諸"者一，《集注》：其諸，語詞。《經傳釋詞》：其諸，擬議之詞也。《讀書叢録》：其諸，齊魯間語。案：以"其諸"爲齊魯間語者，蓋以《公羊》《論語》爲齊魯書，故云爾。其實，子貢衛人，陳亢亦衛人，《檀弓》注：陳子車，亢之兄。衛人與衛人語，何必操齊魯之音乎？此説固未必然矣。其訓詞、訓語詞、訓擬議之詞，亦似是而難信，蓋二書"其諸"下多用"與"字住句。與者，疑而未定之詞，所謂擬議也。讀書者誤以下句神理認入上句，而"其諸"之訓失矣。如謂"其諸"與"與"義本相蒙，何以《公羊傳》于《宣十五年》云"其諸"，則宜於此焉變矣。《史記·弟子列傳》録《論語》作"其諸異乎人之求也"，"其諸"之下，並用"矣、也"決詞，則"其諸"非擬議之詞，斷可識矣。

蒙謂"其"指事之詞，"諸"從者亦指事之詞，合而言之，仍各有所指也。今試取言"其諸"者而繹之。《論語》："其諸異乎人之求之與。"其指夫子，諸指温良恭儉讓以得而言，猶《語録》中之他、這個也。《公羊傳·桓六年》："其諸以病桓與。"其指作經者，諸指經語也，猶曰：其言此以病桓與？《閔元年》："其諸吾仲孫與。"其指作經者，諸指經文所言之仲孫，猶曰：其所言仲孫，吾仲孫與？《僖二十四年》："魯子曰：是王也不能於其母者，其諸此之謂與？"猶曰：其言天王，出居於鄭，即魯子之所謂與？此指魯子，《公羊》引其言爲證也。《宣五年》："其諸爲其雙雙而俱至者與。"其諸，與桓六年其諸同例。《宣十五年》："上變古易常，應是而有天災，其諸則宜於此焉變矣。"其指宣公而言。諸指税畝而言，猶曰：上所行之税畝，則宜於此焉變矣。此指蝝生而言。《哀十四年》："其諸君子樂道堯舜之道與。"其指孔子而言，諸指《春秋》而言，猶曰：其所作之《春秋》，君子樂道堯舜之道與？要之，皆實有所指，爲承上文起下文復述詞之從省者也。相沿爲兩虛字成一語詞而不察,將不知爲何物語矣。

鞠躬解

劉　翰

《論語·鄉黨篇》"鞠躬如也"凡三見。《集解》孔曰:斂身。包曰:鞠躬者,敬慎之至。邢昺疏:鞠,斂曲也;躬,身也。皇侃疏同。蒙謂孔、包二説可通,邢、皇二疏非是。案:《廣雅》:鞠躬,謹敬也。今王氏疏證本改正作匑匑,曹憲音作匔匔,《經典釋文》及《群經音辨》皆作鞠窮,蓋鞠與匑通借,躬與窮、匔、匑通借,而字當以匑匑二字爲正。匑匑,雙聲聯文,以像狀曲身之形,故孔訓爲斂身。邢、皇二疏不明通借及聯文之義,析出躬字訓之爲身,似與孔訓相近,而實已謬千里。近儒盧氏《龍城札記》論鞠躬、鞠窮、匑匑甚詳,然其泥於舊説,謂鞠躬但可訓敬謹,不可訓曲身,是又不然。

案:《説文》:勹象人曲形,匑匔皆從勹,則曲形之義自存其中,《説文》匔訓曲脊,而無匑字,借使就匔字求訓,其不離乎曲脊之類明甚。盧謂《説文》惟匔訓曲脊,不言匑匔訓曲身? 此説無理。夫既言曲脊矣,脊非身外之物,何必復言曲身? 如謂曲脊不得謂之曲身,必非通論矣。原人所以曲其身者,必有敬謹之心,故引信之。匑匔得訓敬謹,如《史記·韓長孺傳贊》:"斯鞠躬君子也。"《太史公自序》:"務在鞠躬,君子長者。"《漢書·馮奉世傳贊》:"鞠躬履方。"皆是。然追其所以得訓敬謹之故,未始不由曲身而來。敬謹訓其意,曲身訓其形,二訓皆不可廢,而曲身之訓,實居敬謹之先,若但以敬謹訓之,則失匑匔制字之本義,而流爲敬謹畏慎之公共字矣。盧又謂曲身爲實事,下言"如也"無此文法,不知如邢、皇二疏,訓躬爲身,誠無此理,若合匑匔二字以象曲身之形,則"如也"二字亦不可少。即如本篇"踧踖如也",《廣雅》訓踧踖爲畏敬,《字林》訓踧踖爲不進。推踧踖二字,皆從足得訓爲畏謹者,正就足容之恭言之,故《廣韻》言"踧踖,行而謹敬",則匑匔自以曲身爲本義,不得空訓謹敬。

蓋踧踖之謹敬在足容,而匑匔之謹敬在曲身,義各有當,不可移易。如若空訓謹敬,則踧踖、匑匔義無分別,豈彼之踧踖亦可言匑匔,而此之

"入公門，鞠躬如也，如不容"，亦可易爲踧踖乎？故後儒泥鞠躬爲謹敬，反不如孔説斂身二字爲得其真，然斂身下尚嫌少一兒字，故語未分曉。而皇、邢之疏，遂誤會其説，至析二字而解之爾。

先進野人後進君子解

王　尤

《論語》先進後進之説，解者各殊。第包注訓進爲仕進，鄭注訓進爲正學，其意雖異，而解先後爲先後輩則同也。至朱子不顧文義，直云先進後進猶先輩後輩，一似進可以訓輩。夫所謂訓詁者，古有是言也，故詁字從言從古。遍考經史古注，進無輩義，何得直以先後進爲先後輩？古注確守訓詁，失之拘泥；朱子又杜撰訓詁，失之穿鑿。

蒙嘗讀儆居先生之《後案》而昭然發矇也。《後案》云《書·文侯之命》《詩·雲漢》《禮·緇衣》皆言先正，此先進即先正，指周初也。《孟子·滕文公篇》野人君子以位言，此義亦同。可謂以經證經，渙然冰釋矣。難之者曰：野人君子既以位言，豈周初皆無位，周末盡有位乎？雖曰以經證經，揆諸本文，多未順矣。曰：諸經之言先正，謂先代之能諟正是非者，猶云哲也，先進即先正，謂先代之明於制作者。後進謂當代制作之人，曰野人也，深歎當世君子之不用也。周末文勝，有位之君子，遵時制日趨於華靡，而不日知其過，惟無位之野人，自安於樸素，而猶存古風，故曰禮失而求諸野，非即以野人爲先進也。孔子之從曰、從先進，非謂即從野人也，解此章者，多以野人屬先進説，此其所以不可通爾。

文三

孟子遊齊梁先後考

沙從心

《孟子》本書，先記遊梁而後至齊。《史記》謂孟子遊列國，先齊後梁。後人紛紛異説。竊謂欲考孟子遊歷之先後，當先考齊梁諸王改元即位之異同。按：《史記》：梁惠王三十六年，子襄王立。襄王十六年，子哀王立。齊湣王十年，齊人伐燕。又二年，燕人立太子平。《通鑑》：梁惠王三十六年稱王，爲後元年，又十六年，卒。子襄王立，而無哀王。齊宣王十九年，齊人伐燕，是年宣王卒，子湣王立。又二年，燕人立太子平。其不同如此。《朱子綱目》一依《通鑑》，而序説、集注則從《史記》。亦有不同。《戰國策》《荀子》《汲冢紀年》古史諸書及諸家孟譜、年表，又互有紛歧，幾難徵信。

今讀《儆居遺書》之五《周季編略》九卷，詳考諸王年月，知梁惠王實在位五十二年，前三十六年始于周烈王六年辛亥，終於顯王三十四年丙戌，又改元稱王十七年，即以丙戌爲後元年，終於慎靚王二年壬寅。襄王在位二十三年，始於慎靚王三年癸卯，終於赧王十九年乙丑。昭王在位十九年，始於赧王二十年丙寅，終於赧王三十八年甲申。此梁王之年，班班可考也。齊宣王實在位二十九年，始於周顯王二十七年乙卯，終於赧王元年丁未。湣王在位三十年，始於赧王二年戊申，終於赧王三十一年丁丑，此齊王之年，班班可考者也。由是謹按孟子年月，生於周烈王四年己酉，卒於赧王二十六年壬申，壽八十四。《三遷志年表》、婁一均《鄒縣志》、金孫弼《孟子墓記》並同。又孟子四十五代孫孟寧，宋元豐時人，所傳《孟子譜》，載周烈王四年四月二日生，赧王二十六年十一月十五日冬至日卒。明海鹽呂元善《聖門志》、國朝狄子奇《孔孟編年》亦同。

以其時考之，於梁則爲魏武侯十五年至昭王七年，其間歷武侯十五、十六二年，在周烈王四年、五年。惠王連後元五十二年，起周烈王六年，止慎靚王二年。襄王二十三年，起慎靚王三年，止赧王十九年。昭王即位以後七年，起赧王二十年，止二十六年。凡八十四年。以其時考之于齊，則爲齊威王七年至湣王二十五年，其間歷威王七年至三十六年，爲三十年，起周烈王四年，止顯王二十六年。宣王二十九年，起顯王二十七年，止赧王元年。湣王即位以後二十五年，起赧王二年，止二十六年。凡八十四年。

於此各八十四年之中，合考孟子及齊梁事實，烈、顯之際，均與七篇中事無涉。至慎靚王元年辛丑，梁惠王後十六年。魏王因屢受挫敗，大將、愛子爲敵所禽，厚弊聘賢，孟子於是始應聘遊梁，時年五十有三，故王稱之曰叟。惠王改元已久，故孟子稱之曰王。《史記》誤將此事隸於顯王三十三年，則孟子至魏之年止三十七，後人已有不能稱叟之疑矣。顯王三十三年爲梁惠王三十五年，此時尚未稱王，子長遂有君字之誤改矣。不知是年距襄王之立尚隔一十七年，孟子又曾見襄王而返，在梁有如是之久耶？乃子長不此之辨，反以惠王改元之歲誤作襄王，襄王改元之歲誤作哀王，是又失實之甚者也。惠王之子，本諡襄哀，僅稱襄王者，亦猶惠王本諡惠成，僅稱惠王也。襄哀二字相連，豈得分爲兩人耶？時韓惠王之子亦諡襄哀，與梁襄同薨，豈亦得分爲兩人耶？此皆未可傳信者。

今據《紀年》惠王三十六年改元稱一年，十七年薨，杜預、和嶠皆謂《史記》誤分惠王之世。《史·集解》引《世本》，亦云"惠王子有襄王，無哀王"，然則孟子之見惠王，在後十六年無疑，明年惠王薨，又明年襄王立，孟子即於是年去梁。微特在梁不久，且未嘗復至梁也。去梁之後，即至於齊，時在慎靚王三年癸卯，齊宣王二十五年。宣王即問齊桓晉文之事，孟子以王道對，請制民產，謹庠序之教，申之以孝弟之義。歲饑，言於齊王發棠邑之倉，且於是年迎養母仉氏於齊。慎靚王四年甲辰，齊宣王二十六年。孟母仉氏卒於齊，孟子奉喪歸葬於鄒。慎靚王六年丙午，齊宣王二十八年。孟子反齊爲客卿。周赧王元年丁未,齊宣王二十九年。遇燕子之亂,宣王伐之,孟子告以置君去燕,齊王不聽,未幾,燕人逐齊師,即本書中所謂燕人畔者。是年,即致爲臣而歸,時宣王猶未薨也,故有繼此得見等語。未幾,齊宣王薨,皆丁未一年内事。依《通鑒大事記》,宣王實薨於是年。《史記》減宣王二十九年爲十九年,《通鑑》增威王十年,以合《世家》十九年之數,皆不如《大事記》較《年表》《世家》作二十九年爲不誤也。後人誤據以疑《孟子》,謂宣王當改湣王,甚至疑傳孟者因有所諱,故皆改湣爲宣。殊不知孟子實衹事齊宣,並未事齊湣也。

去齊之歲,孟子年五十九,由遠而論,距武王伐紂之年七百三十七歲,故曰由周而來七百有餘歲也。據江氏《群經補義》,周武王即位辛卯。由近而論,距孔子之卒在周敬王壬戌。百六十六歲,故曰由孔子而來百有餘歲也。歸後二十五年,自赧王二年戊申至二十六年壬申,梁自襄王六年至昭王七年,齊自湣王元年至二十五年。惟與公孫丑、萬章之徒設難問答,又自撰其法度之言,著爲七篇。首書見梁惠王,明示以先遊梁也。次書齊宣王問,明示以後遊齊也。今核諸齊、梁各王年月,無不一一相符,可無疑本書之倒誤已。

口之於味也目之于色也章講義

顧錫祥

《孟子》此章,性與命相互而爲文,性命之訓最爲明顯,參以《尚書》《易傳》,更覺其言有本。《召誥》詳言“天其命哲,命吉凶,命歷年”而迪之,以節性以敬德。又言“王其德之用”,可“祈永命”,可作元命。《易傳》重知命,而先之以樂。天重盡性,而先之以窮理。蓋人有味色聲臭安佚之性,所以性必須節。不節,則性中之情欲縱矣。亦惟有仁義禮智聖之命,所以命必須敬德,德即仁義禮智聖也。且智與聖,即哲也。天道,即吉凶歷年也。性也有命焉,君子不謂性,謂不藉口于性而節之,《繫辭傳》所謂樂天知命也。命也有性焉,君子不謂命,謂不藉口于命而其德之用,《説卦傳》所謂窮理盡性也。自古惟知命者能盡性,惟盡性者能祈永命,且可以作元命。後儒言性命者,動以理氣分疏,其實,理即賦于氣之中,氣不能外理而獨存,曷若孟子之言爲質實周密哉。戴氏東原謂此章之意,荀、揚所未達,而老莊、告子、釋氏昧焉而妄爲穿鑿者也。旨哉言乎。

讀焦氏《孟子正義》

唐文治

焦理堂《孟子正義》考據詳覈,高出舊疏遠甚。其尤善者,每章末皆標明趙氏章指,以糾舊疏剿竊,使人居然見趙氏原本焉。然蒙於此書有不能無譏者。夫《孟子》一書,大要在崇仁義、辨心性、別王霸,而仁義、心性、王霸之辨,則莫精於宋儒。自朱子《集注》行,後之潛研理學者,萃諸儒之説,編爲大全,精譚性道,辨析毫芒,此誠趙氏之所不逮後之學者。或因宋儒之説,而束古注而不讀,固不免有拘墟之譏。然如理堂之專守古注,力掃名理,宋儒之説雖善而不采,毋亦未能虛心與?觀《正義》於每章之言心、言性、言仁義者,輒引戴東原《字義疏證》爲説。夫東原固好詆宋儒者也,馳騁辨駁已不免有喧囂之習。理堂數採其説,而間參己意。論性善,則雜飲食男女以爲言。論理義,則合程朱與老釋並譏。論盡心知性,則援血氣嗜欲以爲自然之極致。牽引雜糅,豈有得於孟子意耶?蒙嘗謂治他經之學,或可專守漢注,而《論語》及《孟子》兩書,辨別仁義、心性、王霸,文理密察,必屏宋儒而不用,其惑者既失精微,而辟者又隨時抑揚,違離道本。班氏《藝文志》儒家論,實今世之藥石也。夫漢學崇尚家法,墨守一先生之言,不敢有所出入。焦氏《孟子正義》主張戴東原學,而揚波逐靡,必欲儕孟子於荀卿之流,蒙不知其所謂家法者安在?

申《説文》龍戰于野義

金毅元

《説文》戈部:"戰,鬬也。"不引《易》"龍戰于野"。而於壬部則曰:"壬,位北方也,陰極陽生,故《易》曰'龍戰于野',戰者,接也。"與古今説《易》諸家以戰爲鬬者,其説不同。試申言之。

龍,陽物,謂乾也。龍戰于野,即《説卦傳》所謂"戰乎乾也"。《説卦》

"帝出乎震"節，爲上古説《易》之辭，傳釋之曰："戰乎乾，言陰陽相薄也。"薄，與雷風相薄之薄義同。鄭康成注云："薄，入也。聖傳以薄釋戰。"鄭注以入訓薄，則戰乎乾者，入乎乾也。入、接一義，與《説文》訓龍戰爲龍接之意正合。《律書》云："壬之爲言任也，言陽氣任養萬物於下也。"《釋名》云："壬，妊也。陰陽交，物裹妊，至子而萌也。"此與《説文》壬注下"承亥壬以子生之敘也"之意亦合。

　　然則許君以龍戰爲龍交，以于野爲于壬，其説自古矣。而考諸漢易家多據亥爲文，《乾鑿度》曰："乾坤氣合戌亥，奄受二子之節，陽生秀白之州。"又曰："陽始於亥，乾位在亥。"荀爽曰："消息之位，坤在於亥，下有伏乾。"蓋坤爲十月之卦，其辟在亥。以卦位言之，乾處西北，亥爲乾之地。侯氏行果曰："坤，十月卦也。乾位西北，又當十月。"類皆謂坤上六在亥，而以亥言之。乃許君不繫之於亥，而獨繫之於壬者，豈以壬之文：上下二爲陰，中一爲陽，又於中丨相交，有陰陽交接之象歟？不知亥與壬合德，言壬即可以見亥。故許君於亥下曰："象裹子咳咳之形。"於壬下曰："象人裹妊之形。"俱有包孕陽氣之意焉。亥字注云："荄也，十月微陽，起接盛陰。"又荄字，注云"根也，蓋言陽氣根於下也。"十月於卦爲坤，微陽從地中起，接盛陰，即壬下所云陰極陽生"之意，其律中黃鐘，言萬物應陽而動下墊也，是陰之窮，即陽之始。干寶所謂"陰陽合而同功"者，以此戰者陰陽合也，合則相交接可知，此許君所以于壬部下釋戰爲接也。

　　或者，乃據《説文》戰鬭之訓，遂謂龍鬭之事古亦有之，如《漢·盧芳傳》贊："天地閉隔，野戰群龍。"又《朱穆傳》"龍戰于野"，"言陽道將勝，而陰道負"，此蓋誤以其血元黃，爲受傷血出也。殊不知此爻明陰陽交接，故以血言，卦無傷象。惠半農《易説》已詳言之。如解爲戰鬭，而謂陰不可亢，亢則陽必伐之，陰不可長，長則與陽敵，窮陰薄陽，勢必兩傷，則是相勝而非相生矣，豈陰極陽生之意乎？況天地之化，陽盛則生陰，陰盛則生陽，故曰往則月來，月往則日來。若於陰陽交接之會，俱以爲戰而有傷焉，將水之繼金，亥之承子，亦以爲戰而有傷乎？其義亦不可通矣。然則許君之釋龍戰，深得陰陽消長之理，不較諸説爲優乎？

申《説文》龍戰于野義

吳肇嘉

《易》坤上六"龍戰于野"，後儒引《漢書·盧芳傳》贊及《朱穆傳》，以鬭釋戰，其謬固不足辨。此爻陰陽相接，卦無傷象，世有能辨之者。許君不于戈部"戰"字下引《易》，而于"壬"字下引《易》，訓接。或因拘陰陽交接之説，遂以交混接。不知戰、接，雙聲，接可訓戰，《吕覽·愛士》："則刃無與接。"注："戰也。"故戰亦可訓接。交，雖古通接，《表記》："君子之交如水。"注："或爲接。"義亦可以釋戰，《小爾雅》校：戰，交也。然此《易》戰字，但可訓接，不可訓交。交爲陰陽平劑相交午之象，其于《易》，卦當屬《泰》《坤》之上六，陰極盛陽，始生是時。微陽從地中起，與盛陰相續，故但可言接，不可言交。

諸説每以交混接，差毫釐謬千里矣。或又因諸家解《易》，惟就亥取方位消息，荀氏及《乾鑿度》。遂以許君不引《易》於"亥"字下爲疑，繼因虞氏亥壬兼説，則於壬字下必牽合亥字義，以爲亥壬合德，舉幹即以賅支，以此説許書，反亂許書之例。許君於壬下明繫之曰承亥，亥爲十月，乾於九月爲剝消入坤，至十一月爲復，至子而萌，亥之下即子，壬承亥，孕子，爲乾就坤之象。壬即妊字，身震動欲生，生則爲子，故曰壬以子。亥，荄也，雖有裹子咳咳之象，而亥爲萌芽，陽甚微細。壬者，任陰任陽而體大，其爲義有深淺之别，安得以亥混之，壬從☰畫，或謂☰象坤，非也。坤畫爲☷，☰則爲乾畫，豈得以☰指坤。

案：陽一，陰二，二，地之數也，從耦一，會意。壬字，二爲坤，中一爲陰之壯象僭之，其形能任物，陰任陽，故體大，中貫丨。丨，上下通也，所謂引而上行者，爲陽上徹之象，二爲陰盛，許君所謂陰極者也。丨爲陽上徹之象，陰之窮，即陽之始機，鈕相衡續，有接之義，許君所謂陽生者也。丨即龍，龍屬陽，龍，古文作ᕗ，无作丨者。乾，動也直，故從直，不從屈形。且《易》以龍況陽，取龍屬陽之義，不取龍字形也。野，從土，土象地之下，坤有地道，故二即野。許君引《易》于壬字下，其爲義蓋取諸此，後儒不察斯恉，復以交混接，以亥混壬，許君之意所由晦，而《易》義愈不可明。

申《説文》巂周燕義

趙聖傳

《説文》巂字,解云:"巂周,燕也。"今本篆下脱巂字,巂周連讀。《爾雅》云:"巂周,燕燕鳦。"犍爲舍人云:"巂周,名燕,燕,又名鳦。"舍人姓郭,系漢武帝時待詔,則前漢時已如此讀矣。孫炎云:"別三名。"與舍人説同。孫叔然受學康成之門,則漢人應悉如此讀矣。乃郭注分爲二物,於巂周注云:"子巂鳥出蜀中。"宋鄭樵注《爾雅》,因云"俗呼子規",則與漢讀不同。考《説文》於"燕也"下又云:"一曰蜀王望帝,淫其相妻,慚亡去,爲子巂鳥。"此怪誕之説,盖用揚雄《蜀本紀》之文。《説文》於字義亦采雄説,於此不著雄姓名,是姑存別一説耳,許固未嘗以之釋。《爾雅》奈何據郭注,而廢歷來相承之訓詁乎?王觀察念孫以爲猶言"茡苢,馬舄。馬舄,車前"之例,於巂字引《吕氏春秋·本味篇》"肉之美者,巂周之翠"爲證,其説當矣。

更考《詩》毛傳云"燕燕鳦也"者,亦是順《經》字而加詁訓。其實,《詩》言燕燕,非一燕也。細繹詩人之意,首章言差池其羽,二章言頡之頑之,三章言下上其音,皆興起莊姜與戴嬀有至睦之情,其嫡妾之禮次又秩然不紊,故睹燕之其飛有序,而痛心於瞻望弗及也。又偕來獨往,正如燕之分飛,所以勞心而泣涕如雨也。如云一燕,大失詩之本旨矣。至燕一名乙,一名巂周,本屬方言之別。或據《曲禮》"立視五巂"注云"巂猶規也",謂輪所過之度,以爲巂周者,言如規之一周。夫燕之所以有此名,原不容附會其説,而二文相連爲義,固不得云巂一名周。更按其上下之文,皆加別名以互相釋,亦不得云於此獨空列其名也。然則許氏之説,其信然矣。

釋　秀

沙從心

《説文·禾部》闕秀字,注曰"上諱",避光武諱也。段注曰:秀篆,許本無,後人沾之云。補之者不一其説。蒙案:《爾雅·釋草》云:"不榮而實者,謂之秀。"陸氏《爾雅釋文》云"不榮而實,衆家本無不字,未足據也。"《詩》:"四月秀葽,實發實秀。"毛傳並主是訓。然秀非已實之謂,《爾雅》之意亦謂草華雖不榮盛如木,而可以成實者,謂之秀。《論語》云:"苗而不秀,秀而不實。"則秀與實固有辨矣。秀與采義相成,采下云"禾成秀也",是在既秀之後也。秀下當云"禾吐采也",是在未成采之先也。竊嘗目驗禾吐采時,先生秭兩葉中,含鬚蘂數莖,不得以華名之。故《爾雅》云:"不榮而實謂之秀也。"今人猶稱禾之吐采曰秀,或曰秀穗。即采之俗字。是故老相傳之語,正可得古人造字之遺。

其从禾从ㄦ者,當是象形而兼會意。ㄦ象其鬚蘂莪莪之形,又嫌與曳詞之乃同體,篆本作ㄋ,或作ㄦ,與秀下同。故加禾以定之,猶之果字作○,象果圓形,又於○中加十,象其折紋,然田與井田田字方圓雖異,究當別嫌,故又加木以定之也。公象口上齶之理,嫌與久凌之久無異,故加口作合。ㄏ象眉形,嫌與十二篇於小切之ㄏ無異,故上加領理,下加目字作眉。凡此之類,皆與同例。秀下之ㄦ,即禾上之ㄦ,既非短羽之ㄦ,又非曳詞之ㄦ。此本王氏筠說。段氏从人。按《玉篇》自有秀,又有禿,禿乃俗字,並非秀也。董彥遠《謝除正字啓》,據一莖九穗之說,从九,亦屬傅會。朵在上而秀在下者,亦猶禾以○象梅形,而○在木上。梅古文作楳,從二呆者,樹果固多成林,尚繁縟而已。說本安邱王氏。杏以○象杏形,而○在木下,既非全體象形,固不嫌上下顛倒。杏非在木之根,而可作杏,故秀非在禾之根,而亦可作秀也。王氏筠謂木高則垂者在上,禾卑則垂者在下,說似未精。或謂ㄦ在木,上望而即見,故上ㄦ而下木。秀則鬚蘂初吐,不能驟見,必先見禾,而後見ㄦ,故上禾而下ㄦ,亦甚迂曲。又考石鼓文作秀,《國山碑》作秀,是皆秀之變體。若象禾鬚蘂外吐之形,當以从ㄦ為正。引伸為俊秀之秀,《禮·王制》:"命鄉論秀士,升之司徒。"《呂覽·懷寵》:"舉其秀。"士人之稱秀,亦猶物之吐秀,可以望其成實也云爾。若謂秀字从人,與禿頂之禿同字,夫豈其然。

釋 秀
章際治

《說文》避光武帝諱,於禾部闕秀字,注曰"上諱"。補之者不一其說。蒙謂當云:"禾吐采也,從禾,象形。"禾吐采者,秀與采同意而稍別。采下曰禾成秀，則秀下當云禾吐采，蓋禾之已成秀者謂之采，禾之未成采者謂之秀，此義之相成而相足者也。《爾雅·釋草》云："不榮而實謂之秀，一本無不字。然《詩》："四月秀葽，實發實秀。"《毛傳》皆云："不榮而實。"與郭本《爾雅》同，說自可據。榮而不實謂之英。"英者，華雖榮盛而不能成實，如牡丹、芍藥之屬。秀者，華雖不榮盛而可以成實，如禾、黍、稷、麥之屬。今俗語亦以禾吐采爲秀，故老相傳之語，得古人造字之旨矣。《論語》"秀而不實"者，有以夫。是方秀之時，尚非成實之時，則其爲吐采，可知其爲象形者，上從𥝩，下從𠂊，𠂊非乃篆之𠃌，此與𥝆篆上從𠘧，而非短羽之凡，王氏筠說。𥝆篆上從𠂹，而非手爪之爪程氏瑤田說。同例，蓋朵從几者，象華之開，采從爪者，象禾之茂，二篆象形，皆在上而秀之。𠂊獨在下者，采、朵皆象其盛大之形，一望即見，故上𠘧而下𥝩。上𠂹而下𥝩，若秀，則鬖藝初吐，不能驟睹，必先見禾而後見𠂊，故上𥝩而下𠂊也。王氏謂木高則垂者在上，故朵之几在木上，禾卑則垂者在下，故秀之乃在禾下。然采亦從禾，何以爪獨在上耶？段氏謂采自垂言之，秀自挺言之。然采之爪在上，不得謂之垂，秀之乃在下，不得謂之挺。其說均非。至段氏謂從𠂊，即人結於秭內，謂之人，取義究曲，且與禿字無別矣。又石鼓文作𥝭，王氏謂本從乁，寫者左方下垂而作𠂊，今又斷之而爲𠂊。然禾、稻、黍、稷、麥、芘之秀，其秭皆二出，則當以從𠂊爲正。故從秀之𦸖、誘、挧，從莠之琇，其篆皆作𠂊，是其證也。

釋《說文》克字

沙從心

《說文》克下云："肩也，象屋下刻木之形。"上句說義，下句說形。許書本有此例，後人不得肩字之解，遂與刻木之形不相連屬。段氏強爲牽合，固近迂曲；桂氏以聲說形，尤失本旨。段、桂以後，異說沸起，究其通弊，在於逐篆逐注，以就臆見。朱氏《通訓定聲》謂以肩任物曰克，物高於肩，故𠅃從高，省𠂤，象肩形，古文𠅖下半作𠂤，亦象肩形。又古文𣏌，當爲𣏾之古文，許所云"刻木彔彔也"。據此，當於許書克下，刪去"屋下刻木之形"句，並將"又古𣏾字"歸入彔下，逐其篆，又逐其注，訾警叔重，莫此爲甚。王氏《句讀》，謂上句當作“刻也，一曰肩也”，此又據己見改原文，不逐注而猶之逐注也。又曰古與高帝二字上半同，故曰屋卪與廄之古文𢍜下半同，𢓸即𠂹，𠂹無刻木之義，蓋由𣏟字下半與𥞿同，遂例推之，以得此義。此又牽涉別字之義，以求伸其説，不逐篆而猶之逐篆也。曲園俞氏又謂上句説義不誤，惟篆體从卪，微誤，當从古，从尸，古者，高之省也。尸即人也，象舉物高出人上，故其義爲肩。若又重文𣏟字，乃壁中古文特製之字，其屋下刻木之説，亦必古文家師説如此，非克之重文，許君誤列克下耳。是二説者，一主説形，一主説義。由王之説，必改注而後可。由俞之説，必改篆而後可。承氏培元謂當以𥞿字建首，上从高省，下象刻木，與屋下刻木語始合。案𣏟字，古文或作𣏟，或作𥞿，謂之从上从占皆可，豈得謂从高省。今改占爲古，變易本體，微特逐篆逐注，並欲逐改古文，庸非向壁虛造乎？蒙案：許君原文，自有精義，斷無以意增減割裂逐置之理，祇求説義説形互相連屬，即得其旨。諸家皆泥解肩字，是以與下扞格不通。古義之存，還當證以《爾雅·釋詁》云：“犯、奢、果、毅、剋、捷、功、肩、堪，勝也。”郭注云：“皆得勝也。”《左傳》曰：“殺敵爲果，肩即剋耳。”《書》曰：“西伯堪黎。”則此勝字爲勝負之勝，而肩即剋義，故下文即申言其義，云：“勝、肩、戡、劉、殺，克也。”郭注云：“轉相訓耳。”《公羊傳》曰：“克之者何？殺之也。”據《爾雅》所言，勝、肩，並爲克敵之義，而《説文》以肩訓克，即郭注“剋即肩耳”之義。謂剋者，肩克之也。故下繼之曰：“象屋下刻木之形。”象形之説亦不一，而以段注爲正，上从亭省，故云“象屋下”。下从卪，刻去木之大半，故云“象刻木”。克前部首之𣏟，遠蒙木，𣏟部亦遠蒙木，𣏟部蒙，反卪爲𠧟，《六書故》云：唐本有𠧟部，克字蒙鼎，即蒙鼎左半之𠤏也。今試觀𣏟，蒙木，增𠃊，或作𠃌，所謂芒也。𢾼木去卪，所謂判也。鼎下蒙𠧟，增左半之𠤏，即𣏟字之中分爲𠧟、𠤏也。克下蒙鼎作卪，即𣏟之去其𠧟，𠧟之去其𠤏也。嚴氏可均謂刻木去大半，僅存𠧟形，即是此意，特説焉未詳耳。王氏筠議其説殊纖仄，則自克以上諸部，皆破木字之體，瑣瑣爲之，何獨不嫌其纖仄乎？且不但此也，𣏟字橫截爲屮、𣏟，屮象上出，𣏟象其根也。增丶爲𣏟，增丿爲𣏟，去丨爲𣏟，古文𣏟，從木無頭。反𠃌，去丨爲𡳿，古文柳。去𠃌爲𣏟，去𠃊爲丨，其增減之筆，星碎爲已極矣，而皆不嫌其纖仄，何獨於𠧪之承屮去屮而疑之乎？卜從米省，故曰刻木屋下，刻木豈非勝任之作，故上以肩字貫之，此正與本書"𠄏，小也，象子初生之形"，"高，崇也，象臺觀高之形"諸部同例，諸家形義分詮，遂致判成兩橛。敢就許君本意，以明迻篆迻注之誤，而證説形説義之同。

釋《説文》克字

姚彭年

克，篆文作𠧪。許書云："肩也，象屋下刻木之形。"克，上半從合，與高、亭二字上半同，故曰屋下。下半從卜，與刻木屈曲同，故曰刻木。刻木而曰屋下者，《釋名・釋言語》"刻木有定處"是也。許書之例，凡象形之字，上文説字義，下文説字形，其意無不相通。𠄏下云："小也，象子初生之形。"小義與子初生通。廌下云："蓋獸也，象頭角四足之形。"獸義與頭角四足通。此類皆是。據此，則克下肩義與刻木相通可知。段氏深知以刻木之義與肩求合，以符許書之例，惟所據在能事之意與相勝之意，未能自圓其説。今就段氏相勝之意以申之。《禮記・禮器》"我戰則克"注：勝也。《釋詁》云："克、肩，勝也。"郭注：肩即克耳。古勝任之勝與勝負之勝，本一義之引申，五行相勝，謂之相克，克之訓肩，義取勝負之勝，與脅訓脅迫相似。自肩剋之古義失，而與下刻木之言不相貫矣。《詩・雲漢篇》"后稷不克"箋曰："克當作刻。"《釋名・釋言語》曰："克，刻也。"是則肩即克，克即刻。許君以肩訓克，郭氏以剋訓肩，與鄭《箋》《釋名》義亦相通。桂氏曰："象屋下刻木之形者，克、刻聲相近。"朱氏曰："以肩任物曰克，物高於肩，故從高省，下象肩形。"王氏曰："克，肩也，當作'刻，一曰肩也'。"俞氏曰："𠧪之文當作𠧦，上從合者，含之省，下從卜者，即篆文刀字橫作之。"諸家之説，或釋克刻，而不能通肩之訓。或釋克肩，而不能通刻木之訓。或改許書而參以己見，或改篆文而曲爲之説，是皆多方推測，終無當於許書之例也。

釋湆滭

盧求古

湆、滭二字微異。《禮經》止作湆，其滭字乃後來所作之字。又，二字並音去急切,亦當非。鄭讀本音。按:《士昏禮》"大羹湇在爨"注云:"大羹湇,煮肉汁也。"今文湇皆作汁,是《儀禮》古文經本作湇,以及《公食大夫》《士虞》《特牲》《少牢》《有司》諸篇,凡湇皆从音。《公食》注云:"今文湇爲汁。"《特牲注》亦云:"今文湇,皆爲汁。"知古文經湇字,今文悉爲汁。《士虞》《少牢》《有司》三篇注文有脫,今文皆當作汁。又,《少儀》:"凡羞有湇者,不以齊字。"亦從音。湇字,《説文》訓爲幽濕,其本義也。鄭訓爲肉汁,古文假借字也。鄭不從今文作汁,而從古文作湇者,當以汁字雖見《郊特牲》云"汁獻涗於醆酒",至漢時,湯水之字,俗皆用汁,此因近俗之故,故用湇字,期於古雅。證以《説文》瀋字解云:"汁也,从水,審聲。"引《春秋傳》曰:"猶拾瀋也。"《左傳》釋文云:"北土呼汁爲瀋。"《檀弓》"爲楡沈故設撥"注云:"以水澆楡白皮之汁。"是汁亦有沈名。又《方言》云:"斟協汁也,朝鮮洌水之間曰斟。"是汁又有斟名。瀋、沈、斟並與音字聲相近,而湇字既從水從音,固非若病爲秉、閾爲蹙,必當改從今文之例,故鄭於此定從古文,其意當如此也。顧鄭第用古文,不云"讀如某之某",則鄭本不著其音。《釋文》於《士昏禮》引劉昌宗云:范,去急反,他皆音泣。考陸氏於三禮後列諸家音禮者,有鄭及王肅《儀禮音》各一卷,次列李軌、劉昌宗《儀禮音》各一卷,凡四家。劉列李後徐邈前,知爲東晉人。所引范音,不知范氏何時人,惟云"皆音泣",是讀此字者,皆讀泣音。然考陸氏於《尚書音》下,列孔安國及鄭,附案語云:"漢人不作音,後人所托其言甚確。"知鄭《儀禮音》系假託。自魏晉以來,始於此湇字音泣。然其字仍作湇,故自唐石經及宋至明各注疏本,皆作湇,不作渧。

又考《説文》大、小徐本,止有湇,無渧。大徐用唐韻,音湇爲去急切,雖混《正義》借義爲一音,而字仍作湇。更考諸《玉篇》訓湇爲羹汁,亦止系湇字下。又更上考諸《字林》云:"湇,羹汁也。"見《儀禮》《釋文》均無渧字,乃自張參《五經文字》水部下,列渧、湇二字於上云:"从泣下月,大羹也。"於下云:"從泣①下日,幽深也。"又云:"今《禮經》大羹相承多作下字,或傳

---

① 泣,原誤刊作"位",今據《五經文字》原文改。

寫久譌，不敢改正。"據此，知張氏當唐文宗時，"大羹也"之名始別有湆字，不知張氏據何書，而此説殊誤。

考《説文》湆字作牆，从水，音聲。其音字，少下橫畫，則爲言字，此爲从水、从音，並非立、日，乃云"从泣下日"以例湆字，竟全昧於篆體，其誤實甚，一也。湆之本義爲幽濕，今易其義爲幽深，固與《説文》不合，又以義止屬幽深，益不知古文假借之例，其誤二也。《禮經》羹汁本作湆字，今反以湇字上列，因欲改湆爲湇，其誤三也。原此字作湇者，緣《廣雅》云："膉，謂之脧臁，即羹字。"脧即湆字，二字過爲鄙俗，張揖之書本正俗兼收，遂有依傍其字增成湇字者。然其字仍作水旁，則爲从水音聲。又云："从肉，从泣。"是同楷書苟且，並乖漢隸字體，其誤四也。

有此四誤，而郭忠恕毅然竟別湆爲幽濕，湇爲大羹。宋以後諸韻書悉然，斯爲習非勝是矣。然則祛俗申正，有湆無湇。惟從古文讀如音，則入二十一侵。更按斟亦在侵韻，潘、沈並在四十七寑。四字既皆有汁訓，而音類又同，斯得鄭氏意旨。又或依今文爲汁，汁、叶古通，又讀爲協，庶皆得之。

文四

遷書傳儒林不傳文苑説
畢光祖

史家體例，代有損益。龍門傳目，但著儒林。范書而下，始傳文苑。自論者謂後人之詳，足以補前人之略，而史公之微意久没而不章矣。夫古者游、夏之徒列於文學，而其實皆窮經明理，以傳夫子之道，與後世所謂文學之士，擷取浮藻，流宕忘歸者，不可同日而語。盖三代而上，以道兼藝，儒與文合。三代而下，藝不由道，儒與文分。史公之意，以爲當世之士，苟若游、夏，則入之儒林，何嘗没其文學，不必有文苑也。若其言語侍從之臣，雍容揄揚之輩，靡麗於藻飾，淫泆於詞説，於經爲蕪，於儒爲靡，何必别派分流，高其位置。是以於司馬相如則編之列傳，於東方朔則列之滑稽，不使儒林之外别有文學，正恐文藝之末，忝負虛聲也。觀其傳儒林諸人，自申公以至胡毋生，皆抱殘守缺、敦學勵行之士，去取之際，良有以耳。後之作者，不明史公之旨，妄以儒林、文苑分傳，至《宋史》又分儒林、道學爲二，通人達士自昔嗤之。於虖！龍門而下，詎復有史才哉。

《漢・五行志》書後
陳慶年

《五行傳》自夏侯始昌，至劉氏父子傳之，皆善推禍福，著天人之應。漢儒治經，莫不明象數陰陽，以窮極性命。故《易》有孟、京卦氣之候，《詩》有翼奉五際之要，《春秋》有公羊災異之條，《書》有夏侯、劉氏、許商、李尋、洪範之論，班固本《洪範傳》，擥仲舒，别向、歆，以傅《春秋》，告往知來，王事之表不可廢也。

三代之時，其於天人相與之際，視之若甚近。《詩》《書》所載，皆祈天永命之理。《春秋》記人事，兼記天變，蓋三代記載之古法。戰國紛爭，詐力相尚，至於暴秦，天理幾於絶滅。漢興，董仲舒治《公羊春秋》，始推陰陽，爲儒者宗。宣、元之後，向、歆治《穀梁》《左氏》，數其禍福傅以《洪範》，有合於召詵知變之旨。

夫漢儒通經以致用爲主，必推六經之旨，以合於世用，故能以《禹貢》治河，以《春秋》決獄，以《洪範》言災異，以《詩》三百篇當諫書。吾觀漢儒之於災異，皆能精微渺以喻其意，通倫類以貫其理，非概以恐懼修省之言惑世也，必也其言有徵焉。昌邑王無道，數出微行，夏侯勝諫曰：“久陰不雨，臣下必有謀上者。”時霍光與張安世謀廢立，疑安世漏言，安世實未言。乃召問勝，勝對《洪範五行傳》云：“皇之不極，厥罰常陰，時則有下人謀上者。”光、安世大驚。宣帝將祠昭帝廟，旄頭劍落泥中，刃向乘輿。令梁丘賀筮之，云有兵謀，不吉。上乃還。果有任宣子章匿廟間，欲俟上爲逆，事發伏誅。京房以《易》六十四卦更直日用事，以風雨寒濕爲候，各有占驗。每先上疏言其將然，近者或數月，遠或一歲，無不屢中。翼奉以成帝獨親異姓之臣，爲陰氣太盛，極陰生陽，恐反有火災。未幾，孝武園白鶴觀火。漢儒之於災異，不托諸空言如是。

然則漢儒通一經而無不得其用，今人通五經而無一得其用，乃欲妄議而廢之，適見其不知矣。吾又觀漢世人主多遇災而懼，如成帝以災異用翟方進言，出寵臣張放於外，賜蕭望之爵，登用周堪爲諫大夫。哀帝亦因災異用鮑宣言，召用彭宣、孔光、何武，而罷孔寵、息夫躬等，其下詔罪己也又多懼詞焉。故兩漢之衰，但有庸主而無暴君，漢儒言災異之功不可得而没也。然則漢儒之於災異，有悟主之功焉。夫爲臣者而至於悟主，使其罪己以弭災修德而尚賢，亦可謂藎臣矣。且觀人之言者，苟其意之有關於勸懲也，君子猶略其言之疏失，以過而存之。《五行志》推往占來，後儒所指爲附會牽就者，是誠有之。

　　然其以災異爲陳善閉邪之用，立省災勤德之防，雖聖人無以易之也。董仲舒之言曰：國家將有失道之敗，天乃先出災害以譴告之，以此見天心之仁愛，人君欲止其亂也，其言可謂深切而其意亦可謂大醇者矣。後儒議其説之鑿，而不思其意之純，詆其學之妖，而不思其功之大。班氏乃能廣記備言以存其説，閎識博懷於斯可見。吾於是《志》而知天之陰陽，國之治亂，吉凶之朕兆，經説之家法，皆於是乎在默存而心歷之，鬱鬱之文其可睹也，淵淵之藏莫能罄也。如劉知幾、鄭夾漈皆掇其小尤，忘其閎美，慶年不敢附和矣。

《漢・五行志》書後
孫同康

　　班固作《漢書・五行志》，先列《尚書・洪範》之文，次列伏生《洪範五行傳》，又次引歐陽、大小夏侯諸説，乃當時列於學官博士所習者。又其次則歷引春秋及漢事以證之，所采多董仲舒、劉向、劉歆之説，而京房《易傳》亦附見焉。夫自開闢以來，妖祥固不絕於天下，各因其氣之所感而證應隨之。《中庸》所謂“至誠之道可以前知也”。孟堅《五行志》言妖不言祥，馬端臨《文獻通考・敘》譏之，謂天地之間有妖必有祥，豈陰陽五行之氣獨能爲妖而不能爲祥。

　　愚以爲馬氏此説殆未喻孟堅之意，夫孟堅未嘗謂陰陽五行之氣能爲妖不能爲祥也，特以言祥則易動人主之侈心，惟萃古今之妖變災異而詳釋其徵應，且一一稽合乎經訓，一若持之有故、言之成理者，非以驚世駭俗、炫其淹博也。將使爲人君者，見之而惕然思天人相與之際，如是其可畏；陰陽五行之氣，其感而成妖孽者，如是其多而不爽，則凡所以致妖孽之事，自無不奉爲殷鑒，而不敢一蹈其覆轍。孟堅之用意蓋若是深且遠也。吾嘗論孟堅之作《漢書》，深合史法，非他人所能及。何則？龍門爲史家之祖，而龍門以前之古史，必推《魯春秋》，由《春秋》上溯之，必推《尚書》。子長作《史記》，凡秦漢以前之事，多取材於《春秋》，《春秋》以前，則取材于《尚書》。愚則以爲子長僅能録其事，孟堅獨能仿其體。《尚書》有《禹貢》，則仿之爲《地理志》;《尚書》有《吕刑》,則仿之爲《刑法志》;《尚書》有《洪範》,則仿之爲《五行志》。不僅仿之而已,且列其文而爲之條分節解焉,則孟堅之學,固兼經史而一以貫之矣。

《五行志》中如論《春秋》文公二年,大事於太廟,躋釐公則引左氏説,謂釐雖爲愍之庶兄,然嘗爲愍臣,臣子一例不得在愍上。又未二年,而吉禘前後,亂賢父聖祖之大禮,内爲貌不恭而狂,外爲言不從而僭,故是歲自十二月不雨,至於秋七月,如是者三,而太室屋壞矣。論昭公十八年,雉門及兩觀災,則引董仲舒、劉向説,以爲奢僭過度,天戒若曰:“去高顯而奢僭者。”又引京房《易傳》云:“君不思道,厥妖火燒宫。”論成公五年秋大水,亦引董仲舒、劉向説,以爲時成幼弱,政在大夫,三家專兵,陰勝陽之象,所言均切中事理,可爲後世炯戒。其他不無穿鑿附會及舛謬複出之處。

要之,孟堅之意,固欲使爲人君者見之,知天人相與之際,如是其可畏陰陽五行之氣,其感而成妖孽者如是其多而不爽,而非以驚世駭俗、炫其淹博也。蒙故爲表而出之,以告後之讀《五行志》者。

漢縣道説

張樹冀

自秦並天下,廢封建爲郡縣。漢時置郡益多,武帝設十三州,以統郡,郡以統縣。縣有邑、有侯,國有道,道之見于班志者三十二,武都郡之武都,蜀郡之汶江,依《郡國志》爲道方合此數。多在秦地,其在楚地者僅四,蓋秦制也。

《百官表志》曰:有蠻夷,曰道。《續百官志》曰:凡縣主蠻夷,曰道。蓋秦時西域未辟,凡金城、武威、張掖、酒泉、敦煌地,皆屬氐羌,故于其沿邊要害,置爲道,以限蠻夷。自馮翊、翟道至北地之除道、略畔、義渠道,上郡之雕陰道,安氏定之月氏道,天水之戎邑、綿諸、略陽、獂道,隴西之狄道、氐道、予道、羌道,迄南至蜀郡之嚴道、湔氐道、汶江道,廣漢之甸氐、剛氐、陰平道,犍爲之㯷道,武都之武都故道、平樂、嘉陵、循成、下辨道,又西南至越巂之靈關道,南郡之夷道,零陵郡之營道、泠道,長沙之連道,用以隔絶華夷,撫揖諸種,故與内地之縣有别。蓋北邊有長城,而西邊無之,勢居衝要,因設道以通蠻夷也。枚書通道于九夷八蠻,義未嘗不本諸此。

漢承秦舊,武帝開通西域,置五屬國府,而當時所謂道者,已在內地。然以其通新闢諸郡,故仍道名。觀張掖、酒泉、武威、敦煌,皆古蠻夷地,而有縣無道,則知道爲秦舊而漢因之者也。其所以別于縣者,亦猶後世險要之地或設廳衛,或設土司,與州縣雜治,名雖異而其制無大相遠。故班書于郡國下,但言縣若干,而不必別白言之也。東漢並省郡縣,《郡國志》惟益州部有道九,涼州部有道六,而夷道、營道、泠道、連道,司馬彪通以爲縣,亦以屬在內地,不與蠻夷接壤故。惟益州、涼州部言縣道,而他州但言縣邑侯國也。然則西漢之道,至東漢而升爲縣者衆矣。

《漢·藝文志序》六藝九種家數篇數異同考

馮 銘

《班志》序六藝爲九種,言凡六藝一百三家三千一百二十三篇,與九種總凡數合。惟每種所條家及篇數,與總凡時有差異,有宜提行而忽合者,有不宜提行而忽分者,有宜載正文而入小注者,有殘缺不全、數大不符者,此師古所謂轉爲脱誤,年代久遠,無以詳知者歟?然不可知者理宜盖闕,其可考者亦聽其舛譌而不爲之董理,伊於何底?銘不揣檮昧,略尋耑緒,乃知《春秋》一種數甚違戾,《詩》少一篇,餘悉符合,爰著于篇,以俟博雅君子重考訂之。

凡《易》十三家二百九十四篇

《易經》十二篇,施、孟、梁邱三家,計三十六篇。凡傳經而不參以著作者,第計篇數,不列入家數,餘做此。此外,周氏以下六行,行一家,計六家十二篇。丁氏一家八篇,古五子十八篇。未得撰人不列家數,然既附丁氏之後,疑即出于丁氏。淮南一家二篇,古雜一行,除圖一不計,共一百二十篇。以未得撰人,亦不列家數。然既附淮南王後,疑即出自淮南王。京房一家八十九篇,《文獻通考》、晁氏《讀書記》曰:《漢·藝文志》易京房三種,八十九篇。五鹿充宗一家,略説三篇。施、孟、梁邱三家,章句六篇。凡家數十三,篇數二百九十四,與總凡同。

凡《書》九家四百一十二篇

《尚書》古文經四十六卷,注五十七篇,然須憑正文卷數核之,方與總凡相符。大小夏侯經二十九卷,歐陽經二十二卷。此宜作正文,今誤列小注。此外,伏生傳一家,四十一篇。歐陽一家,章句三十一卷。大、小夏侯兩家,章句五十八卷。解故二十九篇。歐陽説義蓋歐陽之徒爲之,别一家二篇。劉向以下四行,行一家,計四家一百二十五篇。凡家數九,篇數四百一十二,與總凡同。

凡《詩》六家四百一十六卷

《詩經》二十八卷,魯、齊、韓三家,共計八十四卷。此外,魯一家,故二十五卷,説二十八卷。齊后氏一家,故二十卷,傳三十九卷。齊孫氏一家,故二十七卷,傳二十八卷。齊雜記一家,十八卷。韓一家,故説七十七卷,内外傳十卷。毛一家,詩二十九卷,故訓傳三十卷。凡家數六,與總凡同。卷數四百一十五,與總凡異,少一篇。

凡《禮》十三家五百五十五篇

《禮》古經五十六卷,經十七篇。今本作七十。《玉海》云:劉淵父言當作十七。班氏亦言古經較多三十九篇,而爲五十六卷,是明與十七相合。今云七十者,顯爲倒誤可知。記以下至《中庸》説五家,一百九十六篇。明堂以下八行,行一家,計八家,二百八十五篇。凡家數十三,與總凡同。篇數五百五十四,與總凡異,少一篇。案:《禮記·奔喪》孔疏引《藝文志》:“漢興,始于魯淹中得古《禮》五十七篇,其十七篇與今《儀禮》同,其餘四十篇藏在秘府,謂之逸禮。”又引《六藝論》云:“後孔子壁中得古文《禮》五十七篇,並較今《漢志》多一篇。”據此,與總凡同。

凡《樂》六家百六十五篇

志中所敍六行,行一家,百六十五篇,與總凡同。

凡《春秋》二十三家九百四十八篇

《春秋》古經十二篇，經十一卷。《公羊》《穀梁》二家，計二十二卷。《左氏》一家，傳三十卷。《國語》二十一篇。《公羊》一家，傳十一卷，外傳五十篇，章句三十八篇。《穀梁》一家，傳十一卷，外傳二十篇，章句三十三篇。鄒氏傳以下六行，行一家，計六家三十九篇。《公羊雜記》以下四行，行一家，計四家百四十九篇。《新國語》以下十行，行一家，計十家四百六十五篇。凡家數二十三，與總凡同。篇數九百一，與總凡異，少四十七篇。案：此種篇數太違，或如《爾雅》卷下宜繫以篇，而此獨遺漏歟？未可知也。

凡《論語》十二家二百二十九篇

《論語》凡十二行，行一家，與總凡同。篇數凡二百三十，較總凡多一篇。案：《隋書·經籍志》張禹從《魯論》二十篇，爲定號"張侯論"，則此志云"魯安昌侯説二十一篇"，"一"字明爲衍文矣。去張禹説一篇，與總凡同。

凡《孝經》十一家五十九篇

孔氏古文《孝經》一篇。長孫氏、江氏、后氏、翼氏四家今文《孝經》篇。此外，長孫氏説以下十一行，行一家，計十一家，五十四篇。案：《爾雅》三卷二十篇，既計篇不計卷，此猶《尚書》古文經既計卷不計篇也。凡家數十一，篇數五十九，與總凡同。

凡小學十家四十五篇

小學無經。史籀一家，十五篇。八體六技一家。案：六技，即該于八體，説見《説文》許敘、段注。段氏又云："《漢志》八體不言篇數，今疑八體即八篇。"蒼頡以下四行，行一家，計四家，四篇。揚雄一家，訓纂及蒼頡訓纂共兩篇。別字一家，十三篇。蒼頡傳一家，一篇。杜林一家。蒼頡訓纂及蒼頡故共兩篇。共凡家數十，與總凡同。八體六技不記篇卷，若八體作八篇，共計篇數四十五，與總凡亦同。

鄭康成不入儒林傳説

章際治

　　史有儒林，所以綱羅抱殘守闕之士，非謂一代鉅儒必盡列於其中也。班史於爵位較貴、事蹟可傳者，均云某某自有傳。范史《儒林傳・序》亦云其自有列傳者，則不具書。此史家之通例而無所庸其撫拾者也。康成括囊大典，綱羅衆家，删裁繁誣，刊改漏失，范氏推爲仲尼之門不能過，其有功於經學固不待言，而生平事蹟亦復有可紀者，故别自爲傳。趙氏翼曰：“康成一代大儒，屢徵不仕，非如鄭興、賈逵仕於朝，有事蹟可紀，乃不入之儒林，而編爲列傳，可乎？”王氏鳴盛曰：“其次於張純、曹褒後，正是極盡推崇。此外如何休、服虔、許慎皆但入《儒林》，不升《列傳》。”

　　蒙謂二家之言，雖深淺不同，而皆未深諳乎史法。《列傳》但敍列其可傳之人，不論爵位。仲尼弟子、孟子、魯仲連等，史公盡著之列傳，何嘗因無位而黜之？必謂終身處士，不當與曾仕於朝者同以《列傳》紀之，陋矣。至其與張純、曹褒同傳，則又以禮爲類次，推崇之意具於論贊，不在附張、曹後也。且《列傳》所以傳其事實，故賢奸並載，美惡同登，非必列傳尊於儒林也，安得謂之升乎？然則趙氏之言固有未當，王氏之言亦不盡然也。

　　夫孔子删《詩》《書》，定《禮》《樂》，贊《周易》，修《春秋》，傳經之功於斯爲大。史遷《儒林傳・序》既以孔子爲稱首，及編輯紀傳，則又列之世家，以著其事實，未聞宜入儒林者也。康成生於漢季，值異學紛起之時，其所注《周易》《尚書》《毛詩》《儀禮》《周官》本傳無“周官”二字，今據《儒林傳》補。《禮記》《論語》《孝經》等書，均爲後世所推重，而此外無論矣。范氏贊曰：“元定義乖，孔書遂明。”隱隱以集大成相推許。故《儒林傳》中，於《易》《書》《詩》《禮》下均載其箋注之功，至其事實可入《列傳》，則早以《列傳》紀之，猶前例也。觀《史記》敍孔子，於《儒林傳》敍之首，而又别爲《世家》，則知范史敍康成於儒林各經之後，而可别爲《列傳》，傳中如表爲通德門，黄巾不敢入縣境，以及誡子之書、冀州之會，均卓卓可傳之事，而與儒林無涉。

使必入之儒林,將削之乎,抑盈篇累牘書之乎? 必不可也。然則康成入列傳而不入儒林者,宜也,非有他也,世之紛紛聚訟者,均不免失之穿鑿云。

周鬴重一鈞,漢斛重二鈞,相去甚遠,而聲皆中黃鍾何説

曹學詩

自《考工記》有"鬴重一鈞,聲中黃鍾"之文,王莽乃使劉歆仿造銅斛,其中二鈞,聲亦中黃鍾。宋沙隨程氏以爲籥管小差,即不得其調,周鬴、漢斛,相去甚遠,乃俱吻合黃鍾,實所未解,此其所疑者,在一鈞、二鈞之輕重耳。蒙以爲此固不必疑者也,何以言之? 凡樂器以黃鍾爲本,半黃鍾之積爲清聲,倍黃鍾之積爲緩聲,三分損益黃鍾之積爲相生之聲,十二變而復黃鍾爲聲之總數。第竹音以容積之多少爲倍半,金音則以實體之輕重爲倍半。故律呂自長而短,聲由濁而之清,鍾律自厚而薄,聲由清而之濁,其清濁雖若相反,要之,倍半均應乎本律,一也。按:鳧氏、㮚氏,皆爲攻金之工,而鍾鼎同齊,鬴與鼎爲類,亦即與鍾爲類。

伏讀《律呂正義》有云:鍾之取聲,不在於鑴紋設枚之外飾,而生於輕重厚薄之實體;無與乎大小形容之別異,而實系乎中空容積之度分。其倍半清濁之相資,一本之黃鍾律法,與律呂同理。又曰:鍾正體之應黃鍾律者,其倍體亦應黃鍾之律,而爲黃鍾之清。由是觀之,今所謂一鈞二鈞者,鬴、斛之體也。一鈞爲二鈞之半,二鈞爲一鈞之倍,倍與半相爲清濁,則以鍾律推之於量,其聲之皆中黃鍾,理所可信者也。雖然,蒙亦竊有疑焉。鍾律之實體倍半固爲相應,然其中空容積之度分,亦必相與有比例。今考周鬴方千寸,受粟六斗四升,則一斛之積,當爲一千五百六十二寸五百分,漢斛則積一千六百二十寸,兩積相較,漢斛比周量大五十七寸五百分。

考《律呂正義》造編鍾之法,非特其實體取黃鍾之六十四龠也,其中空容積亦取黃鍾之五百一十二倍。今以一千寸與一千六百二十寸求等,得二寸,而二寸固不合於黃鍾之倍數也。然則漢斛既不能與周鬴爲比例,亦烏在其與周鬴同叶中聲乎? 夫劉歆銅斛,魏晉以來,特藉以參校尺度而已。歆之算術不精,祖冲之已有所糾正,至宋范鎮始據《隋書》所載冪一百

六十二寸者，更造以校律。當時司馬温公上言，以爲叩鎮所造銅量，其聲不與黄鍾合。我朝亦嘗校驗漢斛，其聲止中太蔟。

考《漢志》言王莽秉政，欲耀名譽，徵天下通知鍾律者百餘人，使義和劉歆典領條奏。莽慕古而無實，歆阿莽而不誠，其所謂聲中黄鍾者，殆亦徒飾美名而已。故温公曰漢斛者，劉歆爲王莽爲之，就使其器尚存，亦不足法。然則聲律之同，可無疑於輕重，若漢斛，則固不能媲美于周鬴也。

問漢藏圖籍秘書有幾處

沙毓瑾

漢之圖籍秘書，有藏禁中者，有藏外臺者。禁中則典校者爲中書，即漢末所置之秘書監。外臺則太常、太史掌之，劉向所謂三藏本者此也。

禁中所藏有石渠，蕭何造以藏入關所得秦圖籍。成帝於此藏秘書焉，説詳《三輔黄圖》。師古曰：石渠在未央殿北，則知石渠本在禁中，故甘露中詔五經諸儒論同異於此，孝宣時亦會諸儒於此，有天禄、麒麟閣。按：《漢宫闕疏》以爲蕭何造以藏秘書，又謂漢置未央宫，則有天禄、麒麟二閣，命劉向、楊雄典校，謂之中書。據此，則知二閣在禁中無疑。又有延閣、廣内、温室、蘭臺、東觀等名。按：劉歆云：内有延閣、廣内、秘室之府，外有太常、太史、博士之藏。則知延閣、廣内皆禁内藏書之府也。《隋書·經籍志》云："哀帝命劉向子歆嗣父之業，徙温室中書於天禄閣。"據此知宫中温室亦嘗藏書。《漢·百官表》云："御史中丞在殿中蘭臺掌圖籍秘書。"據此則知蘭臺爲殿中藏書之一，薛夏所謂蘭臺爲外臺者，不足據矣。而禁中藏書諸處，則惟東觀之所藏爲最富。漢光武篤好文雅，集新書於此。安帝永初中，詔謁者劉珍及博士議郎，詣東觀校定五經、諸子、傳記，寶章被薦，黄香受詔，亦得至焉。香本博學，至此又讀未見書，學者遂稱此爲老氏藏室、道家蓬萊山云。而其地之在禁中，則本宋李至之言，其言曰："後漢藏之東觀，亦在禁中。"是也。

外此則有石室、金匱之藏，即《漢書》司馬遷爲太史令，紬石室、金匱之書者。是石室者，以石爲室，以金爲匱，而藏書於中，爲太史之所掌，則石

室爲外府所藏可知。劉歆所謂外有太常、太史、博士之藏，此其一也。又
有仁壽、辟雍、宣明、鴻都諸處。按《後漢·儒林傳序》云：“董卓移都，吏民
擾亂，自東觀、辟雍、蘭臺、石室、宣明、鴻都諸藏典籍文章，競共剖散。”鴻
都、辟雍二處，劉歆所謂太常博士之藏，近是。宣明未詳何地。仁壽閣，見
《馬嚴傳》及《隋書·經籍志》，亦未詳何地。

　　然由可詳者計之，則禁中所藏石渠、天祿、麒麟、温室、蘭臺、延閣、廣
内、東觀共得八處。禁外所藏可詳者，有石室、辟雍、鴻都三處。合未詳其
内外之仁壽、宣明二處，計之爲十三處云。

《蜀志》首二牧説

陳汝恭

　　讀史者，不明史家之變例，不足與論史；不知作史者之用心，亦不足與
論史。即以陳壽《三國志》論，壽於《魏書》首魏武帝操，《吳書》首孫堅、孫
策，皆世系相承，史家恒例。獨《蜀書》不然，首標二牧，次列先主以繼焉
章。劉氏《史通》甚以違例而非之，於是議者繼起，至謂二牧標首，此失又
在斷限不止後先，失倫甚矣。此不知壽之用心，而並忘其爲變例也。魏、
吳二志，前有操與堅、策，爲曹丕、孫權述其所自來。曹操、孫堅、孫策三人
者，不過陰懷攘竊，未嘗及身即皇帝位，迨丕與權始儼然帝也。若先主固
及身而帝矣，使三書一例，從及身爲帝者始，則《魏志》當首曹丕，《吳志》當
首孫權，《蜀志》自當首先主。今既不從此例，上述其所自來，則蜀之先陰
懷攘竊，未嘗及身即帝位者，二牧也，與曹操、孫堅、孫策等。首二牧之例，
與魏、吳一也。然則謂之變例，何哉？魏、吳之列首者，皆一家父子昆弟之
至親切者，承世系而書之，則爲常例。二牧與先主，雖皆宗室之親，詳叙宗
支，實從伯叔父昆弟行之疏遠者，然究一姓之宗祀，又爲先主開基於蜀，因
而首列之，則爲變例。且壽之用心，並以先主之即帝位，非若魏之篡漢、吳
之背漢，先主實取之於二牧，非取之於漢也。二牧當獻帝未崩時，抗據西
蜀，與魏幾各有一國之勢，亦當以一代目之，先主繼起，遂成一國矣。明乎
此，則二牧不首列，將於何所位置哉？此蒙所以謂讀史者，當知史家之變

例,與作史者之用心也。

《蜀志》首二牧説

吴翊寅

　　昔龍門載筆,初定史名。蘭台給札,始興書體。或斷自五帝,或限以一朝。厥制既殊,斯稱亦異。承祚史才最善,敘事尤長,所撰國書,變文曰志,雖統分正閏,例別紀傳,而編次之間,具存微恉。子元激於時論,著爲《史通》,商榷是非,斟量得失,譏壽《蜀志》首列二牧,苟準高、光之紀,誠乖斷限之條。

　　殊不知名義所同,體裁所獨,辭難顯斥,因對鏡而明誼,憚昌言以錯綜,而見求其端緒,有三説焉。夫紀代之史,起元爲大魏,志名稱太祖,諡號武王。九錫雖頒,權歸天子。明以尊王之義,黜其僭帝之謀。筆削攸關,春秋是昉。後人撰述,書操自加。智昧挈瓶,禍萌解璽。承祚以監軍出牧,異志早懷,私覬成都,特鐘王氣,州鎮之權始大,國家之祚終亡。同爲漢賊,雖成敗之難儔;匹以曹瞞,並奸雄之竊據。鑒戒因兹而著,褒誅借此而彰。此一説也。纂修之職,起例爲先。既標三國之稱,非繫二王之統。夫孫吳僭竊,鼎峙荆揚。乃破虜之傳,書諡典而靡遺;長沙之篇,惜尊崇猶未盡。然則天無二日,民無二王。方貶操而褒堅,豈帝魏而臣蜀?承祚以江左開基,實惟校尉;蜀中建業,始自太常。妄窺神器,固炫惑之已深;追攬霸圖,亦姓名之難没。矧巴梁作鎮,締構殊艱。父子在州,恩威並著。改漢爲蜀,核實貴乎循名;先焉後璋,才疏嗟其祚短。此又一説也。帝王之起,必有驅除。凡居著作之林,宜式談遷之法。重瞳未帝,加本紀之前;夥頤爲王,列世家之上。鄙儒目論,妄以爲嗤。豈知君臣分定,則冠履難淆;始末事明,則本源易睹。承祚以綿江道闢,不因法正之功;劍閣圖陳,非借張松之助。二牧魯恭之後,華胄匪遥。豫州之迎,肺附相託。舉國以讓,曹掾諫争而勿從;開門出降,吏民請戰而不聽。璋雖闇主,材非人雄。漢中之興,實資其業。將憲章乎腐史,豈祖述乎班書?此又一説也。

　　夫膠柱不可鼓瑟,何妄肆其糾彈;褊衷不可立言,況徒滋其掊擊。既陳三説,更舉四徵。《史通》謂承祚帝魏,紕謬良多。蜀則抑其長,魏則護其短。然《蜀志》評先主英雄之器,與高祖同符;後主昏闇之規,因武侯已歿。《魏志》武稱明略,文贊博聞。以矯情任算,爲操所獨優;以下筆成章,爲丕所最擅。猶謂無關諷刺,有類依違,探賾之譚,事同文致。然則蜀首二牧,魏首二帝,功烈雖殊,等倫則一。月表則以楚先漢,人表則以古例今,其徵一矣。《史通》又謂承祚仕蜀,觖望甚深。父則辱被髡笞,己則官遭貶議。有乖直筆,無異謗書。然諸葛之亞,擬以管、蕭。黃忠之倫,目爲滕、灌。至於政刑峻而服其無私,畏愛深而明其無怨。出師未捷,疑天命之有歸;負阻不賓,幸聖朝之無諱。且謂先主入蜀,匪競利於岩疆,聊避害於僻壤。然則志首二牧,明巴郡非取漢家;志終三臣,示益州不遺耆舊。旨微而顯,言約而章。其徵二矣。承祚晉臣,理宜迴護。揆諸時勢,衷有可原。夫金行纂緒,同土德以連鑣;典午膺符,與當塗而共軌。謂魏爲篡,則諱觸抽戈;謂蜀爲雄,則羞蒙遺幗。況先主後主之篇,即高帝惠帝之紀。鄧芝之稱主上,彭羕之稱主公,良由委贄炎劉,故不標題蜀漢。若乃志首二牧,言成一家。釋新主之猜嫌,存舊君之名誼。觀於卓冠列傳,懿稱宣王。則吳蜀二志,非《魏史》之世家;操丕兩朝,並《晉書》之載記。創爲變體,寓以微權。蓋山陽已廢,始改章武之元;正朔相傳,先成炎興之兆。其徵三矣。承祚撰書,皆本舊史。然於魏則表刪勸進,於蜀則文錄登壇。嚴甚鐵鉞,榮逾華袞。至乃詳列輔臣之贊,特垂季漢之名。直謂昭烈統接兩京,業光二祖。火井滅而復熾,赤符絕而復興。繫之終篇,昉之敘傳。是則志首二牧,贊首先主。國史之規模略具,私家之撰述非誣。視習氏春秋之論,名字間稱;梁代通史之編,世家旁錄。孰得孰失,必有辨焉。其徵四矣。

夫闡幽之意,淺人不能窺也;逞臆之評,後人不能信也。向使子元領東觀之局,修西州之史,彼二牧者,綜其起訖,入《漢紀》而不倫;覈其興衰,附《魏書》而不類。豈可綴於列傳,在武侯之前;混於中朝,居公路之後。況其時蔚宗不作,彥伯未生。英雄之記小説,等於虞初;世譜之篇異聞,多於王隱。雖謝承、華嶠、司馬彪並有刪定,然未能並據三國,勒成一書。可見承祚之才，獨絕千載。而子元猶掎摭長短，工訶古人，以爲定論，則未必也。讀蕭常所纂帝紀，幾不知益州牧劉璋爲誰何。然則先經立傳，盲左之成規；據事直書，董狐之遺法。承祚《蜀志》，敢輕議哉。彼涑水《編年》，以蜀爲閏位；紫陽《綱目》，以蜀爲正統。史例各殊，又非可同日語矣。

問《三國志》"陳勳鑿句容中道，自小其至雲陽西城，通會市"，《太平御覽》引《吳志》"岑昏鑿丹徒至雲陽，杜野、小辛間，皆嶄絕陵襲"，兩書所記互異，其一人誤傳與，抑亦兩人兩事與

陳慶年

《三國志・吳主傳》：赤烏八年八月，遣校尉陳勳將屯田及作士三萬人，鑿句容中道，自小其至雲陽西城，通會市。而《太平御覽》引《吳志》云：岑昏鑿丹徒至雲陽，杜野、小辛間，皆嶄絕陵襲。兩書所記文異。

竊謂《御覽》所引《吳志》，未必即壽書。即以丹徒之事言之，建安中，吳大帝自吳徙都於京口，十六年遷都秣陵，後於京口置京督以統焉。《御覽》引此爲《後漢書》之語。今范書無此文，盖後漢別有謝承、華嶠諸家之書爾。所引《吳志》當亦此類，此必非一嘗之事。陳勳、岑昏名異，猶謂名之音近而誤也。然《唐圖經》《建康實錄》皆作陳勳，則陳勳之非名誤可知。兩書文見下。一自句容至雲陽，一自丹徒至雲陽，兩道迥殊，不得以皆至雲陽，遂誤合爲一。更不得以句容與丹徒境連，遂不分爲二。吳於嘉禾三年冬十一月，詔復曲阿爲雲陽，丹徒爲武進。至五年後始改元赤烏，其時已無丹徒之名，則《御覽》所引《吳志》云"鑿丹徒至雲陽"者，非赤烏八年陳勳所鑿明矣。竊據依古今地志，以證其爲二事。今丹陽爲古雲陽地，縣南三十五里有延陵鎮。《嘉定鎮江志・輿地志》云：雲陽東西城在今延陵鎮西三十五里，與句容分界之處東西城，相去七里。《唐圖經》云：西城有水道至東城而止，並陳勳所立，又《建康實錄》云："吳大帝赤烏八年，使校尉陳勳作屯田，發兵三萬鑿句容中道至雲陽西城，以通吳會船艦，號破岡瀆，上下一十四埭，上七埭入延陵界，下七埭入江寧界，於是東郡船艦不復行京江矣。"據此諸文，則鑿句容中道，自小其至雲陽西城通會市者，明係陳勳。

今自句容至丹陽延陵鎮西三十五里，即其地。《吳志》云通會市，即《建康實錄》所謂通吳會之船艦也。吳自京口遷都秣陵，吳會漕輸當皆自雲陽西城水道，以達句容，遂徑至都下，亦自此可推矣。

《至順鎮江志・輿地志》云：吳孫皓求鑿道于，杜野、小辛，即厭王氣之所。據此，則所謂"岑昏鑿丹徒至雲陽杜野小辛間"者爲孫皓時事。或其時仍沿丹徒舊稱，抑已復武進爲丹徒，史文闕載，疑未能明。考《吳錄》云：朱方後名谷陽，秦以其地有王氣，始皇遣赭衣徒三千人，鑿破長隴，故名丹徒。《太平寰宇記》《輿地志》云：秦有史官奏東南有王氣，在雲陽，故鑿北岡，以厭其氣，是厭王氣之所，正丹徒至雲陽之地，則《至順志》所謂孫皓事，與《御覽》引《吳志》所謂岑昏事適相合矣。長隴、北岡，即今之夾岡河道，爲丹徒至丹陽運河之路，兩岸勢多高峻，與嶄絶陵襲之言亦合。所云"杜野、小辛間"者，今丹徒之新豐鎮，亦作辛豐，小辛或即其地，正運渠所經處。《南畿志》謂丹陽有直瀆，今縣東五十里。孫皓所開。知孫皓固嘗經營於丹徒、丹陽間矣。準測地形，考論《輿志》，知《三國志》及《御覽》所引《吳志》，顯然二事，地之相去也如此，世之相去也又如此，知兩書所記，皆是也。

若必以壽書不載岑昏事，《御覽》所引《吳志》即壽書之文，與陳勳事必有一誤，紛紛焉奪彼以與此，於兩是之中，強求一是，則非蒙之所敢知矣。謹以所知者，理而董之，著之於篇。

問日必逾五月而再食，《晉書・天文志》
泰始二年、九年並再食在四月內，曷故

曹學詩

曆法，古疏而今密。前史中所載日食，以時憲推之，往往有不合者，由其本法疏也。然亦有不關於曆法之疏密，而本於史氏之差謬者。馬貴與氏所謂掌占候與司紀載者各爲一人，故其疏略如此也。夫日之食也，由於太陰之交，約一百七十三日一交，故未有不逾五月而再食者。乃《晉書・天文志》所載：泰始二年七月丙午晦、十月丙午朔，九年四月戊辰朔、七月丁酉朔，並日有食之，再食皆在四月内。按晉用魏之景初曆，乃楊偉所造。
偉術號爲精密，不應誤推。竊嘗綜而觀之，其乖違處猶不止此，如十年正
月乙未、三月癸亥並食，以干支推之，其間當有一閏，然亦未逾四月也。又
永康元年正月己卯食，而四月辛卯又食，此則以干支推之，四月朔不應爲
辛卯，更其紕謬之顯然者也。考《宋書·五行志》載晉代日食，如泰始二
年，止有七月一食，九年止有四月一食，又若十年及永康元年，亦皆止載一
食，與《晉志》相歧。然宋去晉甚近，宋約所見晉代史録，必有可憑。唐修
《晉書》，不知據此，亦其甚疏者也。或曰宋《五行志》亦載晉義熙十年九月
己巳朔日食、七月辛亥晦日食，宋明帝泰始四年八月丙子日食、十月癸酉
日食，此非四月内再食之徵乎？曰：不然。稽之《晉志》，義熙十年九月乃
丁巳朔，其七月辛亥晦之食，乃十一年也。宋之泰始四年八月既丙子朔，
十月即不應癸酉朔。且《宋志》載晉之泰始七年五月庚辰日食，而《晉志》
則爲十月丁丑，然則史文之牴牾，莫有甚於日食者矣。今亦不敢臆斷，謹
以雍正癸卯元術，推得泰始二年三月、九月入交，十月不入交。按：二年春當
置一閏，則九月即八月，七月晦與八月朔止差一日，其間尚有求實朔之法，始定真時，又入
限之後仍當再求三差，以定其有無深淺也。九年四月、十月入交，七月不入交，略
具曆草於左：

　　雍正癸卯，上距晉泰始二年丙戌，積一千四百五十八年。實積一千四百
五十七年。

　　　中積分五十三萬二千一百五十八日零八一二四九九四。

　　　通積分五十三萬二千一百二十五日九一八七零九九四。

　　　天正冬至日分十四日零四一二九零零六。紀日戊寅。

　　　積日五十三萬二千一百五十八日。

　　　通朔五十三萬二千一百七十三日一二六三三。

　　　積朔一萬八千零二十一。

　　　首朔二日三五四三八八八七。紀日庚辰。

　　　積朔太陰交周四十萬零九千二百三十一秒八五二九一零零四，收爲
三宮二十三度四十二分一十二秒。微數三十以上收爲秒，不及三十棄之，餘仿此。

首朔，太陰交周二宮二十九度五十四分四十一秒。

三月朔，太陰交周六宮一度五十五分二十三秒，不入食限。

九月朔，太陰交周初宮五度五十六分四十六秒。入食限，按九月即八月，說具前。下十一月即十月，仿此。

十一月朔，太陰交周二宮七度一十七分一十四秒，不入食限。

雍正癸卯，上距晉泰始九年癸巳，積一千四百五十一年。實積一千四百五十年。

中積分五十二萬九千六百零一日三八四九零九。

通積分五十二萬九千五百六十九日二六二三六九。

天正冬至日分五十日零七三七六三一。紀日甲寅。

積日五十二萬九千六百零二日。

通朔五十二萬九千六百一十七日一二六三三。

首朔一十五日五一五七六四九八。紀日庚午。

積朔太陰交周一百一十七萬一千三百二十秒四二八八五零六六，收爲十宮二十五度二十二分零零零秒。

首朔太陰交周七宮二十八度一十四分五十二秒。

四月朔，太陰交周初宮初度五十五分四十七秒。入食限。

七月朔，太陰交周三宮二度五十六分二十九秒。不入食限。

十月朔，太陰交周六宮四度五十七分一十一秒。入食限。

唐節度使建置分并考

吳翊寅

唐之盛也以府兵，其衰也以方鎮。府兵之制，寓兵於農，有事則命將出征，事解輒罷，兵散於府，將歸於朝，故將帥不久握兵柄，而朝廷無外重之患。開元間，府兵之制寖廢，因改爲彍騎。及天寶以後，彍騎皆不可用，而方鎮之禍遂與唐相終始。方鎮者，節度使之兵也。《舊·地志》稱高祖受命，沿齊、周、隋舊制，於緣邊及襟帶之地置總管府以統軍戎。至武德七年，改總管爲都督。貞觀元年，天下分十道。景雲二年，分天下郡縣，置二十四都督府以統之。議者以權重不便，尋罷督府。開元二十一年，分置十五道置採訪使，如漢刺史。又於邊境置節度使，以扼四夷。凡鎮兵四十九萬人，戎馬八萬匹，曰安西，曰北庭，曰河西，曰朔方，曰河東，曰范陽，曰平盧，曰隴右，曰劍南，曰嶺南，此所謂十節度也。惟嶺南稱五府經略使，餘稱節度。至德之後，中原用兵，要衝大郡皆有節度使，或改經略，或改觀察，權與節度埒，但異其稱而已。志載至德後，節度使凡三十二，觀察使六，防禦使三，經略使二，經略觀察使一。大通、咸同①間，又析置三節度，共四十七使。乾符以後，天下亂離，節度之名不可備書矣。

　　《新·兵志》稱永徽以來，都督帶使持節者，始謂之節度使，然猶未有官名。景雲二年，以賀拔嗣爲涼州都督河西節度使，自此而後，接乎開元，緣邊諸鎮皆置節度使。蕭宗時，李光弼等討安史，號九節度。由是方鎮相望，兵將俱驕，河朔三鎮始爲朝廷之禍。及昭宗時，三方割據，自國門以外，皆分裂于諸鎮。然則唐之盛由府兵，而亡唐室者實節度使也。案：高祖紀，煬②帝詔關右諸郡兵皆受高祖節度。太宗紀，詔蒲陝河北諸總管兵皆受節度，其時將帥無節度使之稱。則天后紀，垂拱四年，張光輔爲諸軍節度。聖曆元年，婁師德爲隴右諸軍大使。久視元年，唐休璟爲隴右諸軍大使。此即志所謂使持節者，不待景雲二年始有節度之號也。至開元時，節度使遂有專官，與安撫大使、經略大使、防禦大使並稱，其權在諸將之上，有大使、有副大使。其後宰相、諸王有遥領節度者，宰相兼副大使，不之鎮。蕭嵩知河西，李林甫兼朔方、隴右、河西，牛仙客兼河東，皆副大使。諸王領大使，皆留京師，其持節者爲副大使。見《新書·百官志》。然開元之初，皆大使持節。并州大使薛訥、天兵軍大使張説，見《本紀》。其諸王領使，自開元十五年始矣。慶王潭兼河西大使，忠王俊朔方大使，見《列傳》。

　　《新書·方鎮表》所列節度使凡四十二，其建置分并皆有時代可考，惟今本傳寫間有脱誤，僅有就所知，略加釐整，疑者闕焉，編次前後悉仍其舊。嗚呼！方鎮彊而唐祚以亡，考節度使之建置分并，不可觀有唐一代兵

---

① 大通、咸同，唐無此二年號，似當作"大中、咸通"。
② 煬，似當作"煬"。

制之得失而爲後世之鑒哉。

京　畿（按錢氏《考異》云：天寶、乾元之間，各道稱郡不稱州，京畿當領京兆、馮翊、鳳翔、上洛、安康五郡，然考歐《表》，不拘此例。）

至德元載，置京畿節度使，領京兆同、岐、金、商五州。是年分金、商、岐州隸興平，鳳翔、同州隸河中。按：京畿當兼領華州，故曰五州。《表》疑有脱誤，俟考。上元二年，分華州置鎮國節度，亦曰關東節度。據河中《表》，當并領同州。寶應元年，京畿復并領金、商，是年，廢節度使。廣德元年，鎮國軍罷。按：《舊·本紀》大曆二年，始不除節度。《表》誤。二年，置京畿觀察使。御史中丞、御史大夫兼領之。建中四年，置京畿渭南節度，領金、商二州，復兼渭北鄜、坊、丹、延、綏五州，未幾，罷五州及金州，爲京畿商州節度。商州置帥在興元元年。興元元年，罷京畿。置奉誠軍節度，領同、晉、慈、隰四州，治同州，是年罷。置潼關節度，治華州。貞元九年，潼關罷。乾寧二年，置匡國軍節度，領同州。《通鑑》乾寧元年見。《考異》云：四年，以鎮國軍兼領之。光化元年，置鎮國軍節度，領華、同二州。《通鑑》大順元年，韓建已爲鎮國節度。《表》誤。天祐元年，置佑國軍節度，治京畿，領金、商二州。按：《舊·本紀》：領金、商在三年。三年，置義勝軍節度，領耀、鼎二州。罷鎮國軍。《表》系光化三年，誤。據《舊紀》。

興鳳隴（《舊志》作鳳翔隴節度，治鳳翔，領隴州。《表》作興鳳隴。按：下元和二年復舊，稱鳳翔。疑《表》本作鳳翔隴也。）

上元元年，置節度使。建中四年，賜號保義軍。尋罷。置奉義軍，領隴州，尋廢。貞元元年，保義節度增領臨洮軍使。《表》不言何年復置。按：當在廢奉義節度之後。三年罷節度，未幾，復置，兼神策軍節度，并領隴右諸使。是年，以秦州刺史兼隴右經略，治普潤。據《本紀》，此貞元十年事。《地理志》：普潤有隴右軍。元和元年，改隴右經略爲保義節度，尋復舊，稱鳳翔。是年，并領靈臺、良原、崇信三鎮。二年，罷保義軍。節度使劉澭卒，遂不除帥。《表》脱。大中四年，并領秦州。五年，分隴州置防禦使。咸通五年，分秦州置天雄軍節度。乾寧元年，并領乾州，尋罷，分乾州置威勝軍節度。《表》列京畿，誤。天復元年，升隴州防禦爲保勝軍。表列京畿，誤。

涇　原

大曆三年，置節度使，治涇州。《舊志》：領涇、原、渭、武四州，治涇。五年，遙領鄭、潁二州　十四年，潁州隸永平節度。建中二年，罷領鄭州隸永平。貞元六年，領四鎮北庭行軍節度使。按：大曆五年後，已兼領，表脫。是時安西、北庭陷吐蕃。元和四年，并領渭州。表稱增領行渭州，行字疑衍。大中五年，并領武州。《舊志》：領四州，與表同。乾寧元年，賜號彰義軍，增領渭、武二州。按：前已增領，此重出，當有脫誤。

邠　寧

乾元二年，置節度使，領州九：邠、寧、慶、涇、原、鄜、坊、丹、延。《舊志》云：治邠州。上元元年，罷領鄜、坊、丹、延，別置節度。《表》列涇原，誤也，時涇原未置使。大曆三年，罷節度使。十四年，復置，領邠、寧、慶三州，治邠。大中三年，徙治寧州，尋復故治。據《通鑑》復故治在大中九年，表系此年，似略。光啟元年，賜號靜難軍。《通鑑》在中和四年，與表不合。

渭北鄜坊

上元元年，置節度使，治坊州，并領丹、延二州。永泰元年，罷領丹、延，并領綏州。分丹、延，別置都團練。大曆六年，更名渭北節度，復并領丹、延。十四年罷節度。建中四年，復置節度，兼領鄜、坊、丹、延、綏，尋罷。未幾，復置，徙治鄜州。後又罷節度，改置觀察防禦使。按：置防禦使，據《本紀》在貞元二年，《表》系於此，似略。貞元三年，復置渭北節度使分綏州隸銀夏節度。元和元年，分丹州置防禦使。七年，丹州仍隸鄜坊。見《舊本紀》，《表》脫。中和二年，渭北賜號保大軍。并領翟州。分延州置保塞軍節度。按：《通鑑》乾寧四年已稱寧塞軍節度。《表》云光化元年，改，誤也。又按：《通鑑》：保塞軍，中和三年置，與《表》異。光化元年，改保塞軍爲寧塞軍，後又號衛國軍，并領丹州。

朔　方（《唐會要》：開元元年，勅朔方行軍大總管準諸道例改節度使。
按：《本紀》開元二年，有并州、磧西兩節度。《會典》說是。）

開元九年，置節度使，領單于大都護府、夏、鹽、綏、銀、豐、勝六州。定遠、豐安二軍，東、中、西三受降城。十年，并領魯、麗、契三州。十六年，兼檢校達渾部落使，廢達渾都督府。《表》檢校下脫《達》字。二十二年，朔方兼關內道採訪處置使。并領涇、原、寧、慶、隴、鄜、坊、丹、延、會、宥、麟十二州。以匡、長二州隸慶州，安、樂二州隸原州，安、樂非二州，《表》誤。《舊志》：朔方治靈州，《表》脫。《會要》：開元初，朔方領靈州，不領綏州。與《舊志》合，但綏州亦兼領耳。天寶元年，并領邠州。八載，兼隴右兵馬使。十三載，以豐州置九原郡。《本紀》十四載，九原郡太守郭子儀爲朔方節度副大使，是九原爲郡明矣。《表》言置九原朔方節度隴右兵馬使。按：朔方軍領單于都護府，不治豐州，九原置吏，殊不可解，俟考。至德元載，罷領關內採訪使，別置關內節度，治安化郡。乾元元年，置振武節度，領鎮北大都護府麟、勝二州。上元二年，廢關內節度，罷領單于大都護。分涇、原、邠、寧、慶、鄜、坊、丹、延九州隸邠寧節度。按：《表》邠寧節度，乾元二年，置此系上元二年，必有一誤。分麟、勝二州隸振武節度。乾元元年，振武已領麟、勝二州，此重出，疑別有誤。寶應元年，振武罷領鎮北都護，以鎮北隸朔方。《表》云增領鎮北都護，誤。廣德二年，復領單于都護。罷振威節度，以所領州隸朔方。大曆三年，並領邠、寧、慶三州。十四年，邠、寧、慶復置節度。分綏、銀二州，東、中二受降城，置振武軍。河中隸邠、寧、慶，不別置帥。罷領鎮北大都護，仍隸振武軍。按：是年，朔方領靈、鹽、夏、豐四州，西受降城，定遠、天德二軍。貞元三年，分夏州置節度，領綏、鹽二州，後罷領鹽。按：渭北，《表》稱以綏州隸銀夏，此當兼領銀。十二年，分天德軍置防禦使，領豐、會二州，三受降城。朔方領二州一軍。永貞九年，夏州節度并領宥州。開成三年，夏州并領銀川監牧使。亦稱銀夏節度。會昌二年，天德軍使賜號歸義軍節度，尋廢。大中八年，朔方并領威州。中和二年，夏州賜號定難軍。

東　畿

至德元載，置觀察使，領懷、鄭、汝、陝四州。尋分鄭州隸淮西。乾元元年，分陝州，隸陝虢華節度。分汝州，隸豫許汝節度。二年，置陝虢華節度，治陝州。上元元年，改陝虢華稱陝西。二年，陝西罷領華州。建中二年，置河陽三城節度，以東都畿觀察兼之，領懷、鄭、汝、陝四州。尋別置使，并領東畿五縣及衞州，亦曰懷衞節度。興元元年，廢陝西節度。按：陝西之廢在貞元元年，陝虢節度張勸被殺之後。《表》系此年，誤。貞元元年，廢東都畿汝州節度。又罷河陽節度。十二年，復置河陽懷節度，治河陽。永貞九年，河陽並領汝州，徙治汝。十三年，罷河陽。據《舊紀》，未罷。會昌三年，復河陽節度。按：是年徙治孟州，非復置。四年，增領澤州。中和三年，置陝虢節度。光啓元年，置東畿觀察。三年，升置佑國軍節度。《通鑑》在文德元年，與《表》異。龍紀元年，陝虢賜號保義軍。光化三年，罷佑國軍，復置觀察。《表》作置佑國，誤。河陽罷領澤州。

滑　衞

上元二年，置節度使，治滑州。領州六：滑、衞、相、魏、德、貝。尋以德隸淄沂節度。增領博州。廣德元年，更號滑亳節度，并領亳州。仍增領德州，而分衞州隸澤潞。分相、貝別置節度。分魏、博別置防禦。大曆四年，滑、亳並領陳州。七年，賜號永平軍。十一年，永平增領宋、泗二州。十四年，增領汴、潁二州，徙治汴。建中二年，並領鄭州。分宋、亳、潁，別置節度。分泗州，隸淮南。分鄭州，隸河陽。尋復舊。興元元年，永平分汴、滑二州，隸宣武軍。即宋亳潁節度使號。尋復，并領滑州，徙治滑。貞元元年，永平更號義成軍，並領許州。三年，分許州隸陳許節度。長慶二年，復，并領潁州。光啓二年，義成改號宣義軍。

河　南

至德元載，置節度使，治汴州，領郡十三。乾元元年，廢節度，置都防禦,領州十三如故。尋分滑、濮二州,隸青、密。亳州隸淮西。按:河南領州,表不載,考詳下。二年,廢防禦,置汴滑節度,領州五:滑、濮、汴、曹、宋,治滑州。又置河南節度,領州五:徐、泗、海、亳、潁,治徐州。按:此十州,舊皆河南所領也。分濮州,隸兗鄆。分潁、亳,隸陳鄭。是年,汴滑領州四,河南領州三。上元元年,河南分海州,隸青密。二年,廢汴滑、河南二節度。以徐、泗、汴、曹、宋五州隸淮西。以滑州隸滑衛。寶應元年,復置河南節度,領州八:汴、宋、曹、徐、潁、兗、鄆、濮。據此,知河南舊領十二州:滑、濮、汴、曹、宋、徐、泗、海、亳、潁、兗、鄆是也。《表》言領州十三,疑領郡之誤。大曆四年,河南并領泗州。分潁州隸澤潞。十一年,廢節度使,以曹、兗、鄆、濮、徐五州隸淄青,以宋、潁、泗三州隸永平,以汴州隸淮西。建中二年,置宋亳潁節度,治宋州。尋號宣武軍。興元元年,宣武軍徙治汴州。

鄭　陳

乾元二年,置節度使,領鄭、陳、亳、潁四州,治鄭。尋并領申、光、壽三州。未幾,分三州隸淮西。上元二年,罷節度,以四州并隸淮西。貞元三年,置陳許節度,治許州。十年,賜號忠武軍。元和十二年,忠武并領溵州。十三年,并領蔡州。長慶二年,省溵州。中元二年,分蔡州,別置節度。按:大中二年,忠武軍罷領蔡州,別置防禦使。《表》不言罷,脫文也。乾寧元年,忠武軍并領汝州。《表》作忠義軍,疑誤。據《趙犨傳》,龍紀元年,忠武軍徙治陳州。光化三年,分汝州隸東郡。錢氏《考異》云:天復元年,忠武軍節度仍治許州。

淮南西道

至德元載,置節度使,領五郡,治潁川。乾元元年,徙治鄭州,並領陳、潁、亳三州。別置豫許汝節度,治豫州。當在二年。二年廢淮南西道,以陳、潁、亳隸陳鄭。是年,復置淮南西道節度,領申、光、壽、安、沔、蘄、黃七州,治壽州。上元二年,淮南西道並領陳、鄭、潁、亳、汴、曹、宋、徐、泗,徙治安州,號淮西十六州節度。尋分亳州隸滑衛,分徐州隸兗鄆。寶應元年,淮西並領許、隋、唐三州。分鄭州隸澤潞,分潁、汴、曹、宋隸河南,分泗州隸兗鄆,分申州隸蔡汝。按:蔡汝節度即豫許汝節度,是年,許州改隸淮西,豫州因避代宗諱,故更豫許汝爲蔡汝節度。是年,淮西領州十。永泰元年,分沔、蘄、黄三州隸鄂岳。淮西領州七。大曆三年,蔡汝增領仙州。五年省仙州。八年,廢蔡汝節度,以所領州并隸淮西。是年,淮西徙治蔡。十一年,淮西并領汴州,徙治汴。十四年,復徙治蔡。賜號淮寧軍。尋更號申光蔡節度。分汝州隸東都畿,分汴州隸永平軍。興元元年,壽州別置觀察使。貞元元年,分唐州隸東都畿,分許州隸義成軍。三年,分安州隸山南東道。十四年,申光蔡節度賜號彰義軍。元和十一年,彰義并領唐、隋、鄧三州,尋以三州別置節度。十二年,彰義復爲淮西節度,并領溵州,尋罷。十三年,廢淮西節度。按:《紀》《傳》,元和間淮西皆稱彰義軍,《表》改淮西,與本書異。大中二年,蔡州置防禦使。中和二年,蔡州改置奉國軍節度。按:《趙犨傳》:中和五年,擢彰義軍節度,即奉國軍改,尋復舊。乾寧四年,奉國軍并領申、和二州。

徐海沂密

建中三年,置都團練觀察使。興元元年,廢觀察使,以徐、海、沂、密隸淄青平盧節度使。貞元四年,置徐泗濠三州節度使,治徐州。十六年廢。元和二年,置武寧軍節度,領徐、泗、濠,治徐州。四年,並領宿州。十四年,置沂、海、兗、密觀察使,領州四,治沂州。長慶元年,置沂海節度使,徙治兗州。《表》列青密。

大和八年,廢沂海節度爲觀察使。大中五年,復置沂海節度使。咸通三年,罷武寧軍節度,以徐州并隸沂、海。五年,沂海罷領徐州。《表》列青、密。置徐泗觀察,治徐。十年,置徐泗節度。十一年,改置觀察,尋賜號感化軍節度。乾符二年,感化罷領泗州。乾寧四年,沂海賜號泰寧軍。《表》列青、密,皆傳寫之誤。據《本紀》,乾符六年,已稱泰寧軍,與《表》異。光化元年,感化仍改武寧。未幾,復爲感化軍。天復二年,罷感化軍節度。據《舊本紀》移感化軍於華州,仍置武寧軍節度,《表》有脱誤。

青　密

至德元載,置節度使,領郡四,治北海郡。按:《鄧景山傳》稱青齊節度即青密。乾元元年，并領滑、濮二州。二年，并領淄、沂、海三州。尋分滑、海隸汴滑。置鄆齊沂節度，治沂州，并領濮州。尋罷領，以濮隸河南。上元元年，青密復領海州。二年，置淄沂節度，領淄、沂、滄、德、棣五州，治沂。尋并青、密、淄、沂爲淄青、平盧節度。以節度使侯希逸本領平盧，故有此號。鄆兗并領徐州，分齊州隸淄青。按：《通鑑》：淄青并鎮在寶應元年。寶應元年，兗鄆并領登、萊、沂、海、泗五州。尋廢兗鄆節度。以鄆、兗、徐、濮并隸河南。按：濮始隸河南，表前有誤。以登、萊、沂、海、泗并隸淄青。按：淄青、平盧兼治，領青密、淄沂、鄆兗三節度，地凡十餘州，侯希逸之橫可見。廣德元年，分滄德隸魏博。淄青并領瀛州，尋改隸魏博。大曆十年，復領德州。十一年，并領兗、鄆、曹、濮、徐五州。建中三年，廢淄青平盧節度。興元元年，復置節度，領青、淄、登、萊、齊、兗、鄆、徐、海、沂、密、曹、濮十三州。貞元四年，徙治鄆州。分徐州，別置徐泗節度。元和十四年，淄青平盧復治青州，領青、淄、齊、登、萊。分鄆、曹、濮別置節度，治鄆州。分沂、海、兗、密，別置觀察，治沂州。十五年，鄆曹濮節度賜號天平軍。大和元年，分齊州隸橫海節度。二年，淄青并領棣州。咸通五年，天平軍增領齊、棣二州。十三年，罷領，仍隸淄青。乾寧二年，分齊州置武肅軍防禦。據橫海軍表稱武肅軍節度，此云防禦，疑誤。天復元年，罷武肅軍。

北　都（按：開元十一年，始以太原爲北都。景雲二年，當稱并州。開元二年，《本紀》：并州節度大使薛訥。是開元初無北都名也。）

景雲二年，置和戎、大武等諸軍州節度使。大武軍後改大同。開元五年，領天兵軍大使。八年，置天兵軍節度使。《本紀》：九年，張説爲天兵軍節度大使，其時北都尚稱并州。十一年，更天兵軍爲太原府以北諸軍州節度，領太原及遼、石、嵐、汾、代、忻、朔、蔚、雲九州，治太原。十七年，分儀、石二州隸潞州都督。按：儀州，上未見領，俟考。十八年，更太原諸軍州節度爲河東節度，并領儀、石二州。興元元年，河南賜號保寧軍。貞元三年，保寧軍復爲河東節度。會昌三年，河東罷領雲、朔、蔚三州，別置大同都團練領之。四年，改大同都防禦，治雲州。乾符五年，置大同節度使。中和二年，河東增領麟州。分忻、代二州隸大同。更大同爲鴈門節度，徙治代州。三年，賜鴈門節度號代北節度。四年，河東復并領雲、蔚二州。龍紀元年，河東增領憲州。按：是年，河東領遼、石、嵐、汾、儀、麟、雲、蔚、憲九州，代北領忻、代、朔三州。

河　中（按：至德中，蒲州未有河中之稱，
《表》列河中節度於至德二年，誤也。）

至德元載，置防禦使。二載，置節度，領蒲、晉、絳、隰、慈、虢、同七州，治蒲州。按：《舊·本紀》：乾元元年，以趙泚爲蒲同虢三州節度使。此河中置鎮之始。至上元元年，始并領晉、絳等州，與表不合。乾元二年，兼河中尹耀德軍使。分虢州隸陝華。上元二年，河中并領沁州，尋以沁隸澤潞。分同州隸鎮國軍節度。廣德二年，廢節度，置觀察使。興元元年，置晉慈隰節度，治晉州，尋罷。復置河中節度，領河中府同、絳、虢、陝四州。據本書，是年，先置河中節度，後分置晉慈隰節度，《表》先後失序。晉慈隰貞元四年罷。貞元元年，河中罷領陝虢。十五年，罷節度，置觀察使。十六年，復置節度。元和二年，并領晉、慈、隰三州。十四年，罷河中節度，仍置觀察。十五年，復置節度如前，領五州。按：蒲州亦當仍隸河中，爲治所。長慶二年，分晉慈置觀察，治晉州。大和元年，置保義軍節度，領晉、慈二州。是年，罷，以二州並隸河中。會昌四年，分澤州隸河陽。《表》不言何年領。按：河中不當領澤潞，此應列澤潞沁表內。光啓元年，賜河中號護國軍。

澤潞沁

至德元載，置節度使，治潞州。《紀》稱上黨節度。上元二年，澤潞節度復領沁州。按：河中《表》此年增領沁州，尋復隸澤潞，先不言罷領，疑脫。寶應元年，增領鄭州，又并領陳、邢、洺、趙四州。是年，以趙州隸成德軍。廣德元年，置衛相節度使，治相州。復，并領貝邢洺，號洺相節度。分衛州，隸澤潞。未幾，復，并領號相衛六州節度。按相衛所領六州：衛、相、貝、邢、洺、慈也。見《魏博列傳》，又見《孟方立傳》，表脫磁州，今補。是年，增領河陽三城。澤潞并領懷、衛二州。尋以衛州還相衛節度。大曆元年，相衛六州賜號昭義軍。四年，澤

潞增領潁州。五年，澤潞分潁、鄭二州隸涇原。十一年，昭義分相、衛、洺、貝四州隸魏博。見魏博《表》，此脫。又按：《表》言田承嗣盜取相、衛、洺、貝四州，昭義所存者二州，即指此時。二州，邢、磁也。是年，昭義軍徙治邢州，《表》亦未見。建中元年，昭義并領澤、潞二州，徙治潞。按：澤潞節度移鎮鳳翔，故二州改隸昭義。二年，昭義罷領懷、衛二州，河陽三城。據此，知昭義并領懷州。三年，昭義復領洺州。按：洺州前隸魏博，今還之，非增領。又按：大和三年，置相衛澶三州節度，治相州，尋罷，仍隸魏博。中和二年，昭義軍分爲二，一治邢州，一治潞州。按：《孟方立傳》方立自裂邢、洺、磁爲鎮，治邢，號昭義軍。朝命李克修鎮昭義舊軍，治潞州。昭義有兩節度，自此始。《表》言五州方立邢、洺、磁、克、修，領澤路。會昌四年，分澤州隸河陽節度。《表》列河中，誤。據《本紀》澤州舊隸昭義也。天復元年，昭義軍合爲一，復領澤州。按：《舊·本紀》朱全忠請以邢、洺、磁別爲一鎮，與《表》不合。

成　德

寶應元年，置節度使，領恒、定、易、趙、深五州，治恒州。廣德元年，并領冀州。大曆十年，并領滄州。建中三年，罷節度使，置恒冀觀察，治恒州。置深趙觀察，治趙州。興元元年，復合置節度使，領恒、冀、深、趙四州，仍治恒。貞元元年并領德、棣二州。元和四年，分德、棣隸保信軍。五年，德、棣復并隸成德。十三年，復分德、棣隸橫海節度。長慶元年，分置深、冀節度，治深州。尋罷。復以深、冀隸成德軍節度。天祐二年，成德賜號武順軍。

義　武（按：本書，張孝忠爲易定節度，名其軍曰義武。《考異》：領易、定、滄三州，治定州。）

建中三年，置義武軍。《表》不言所領、所治，亦無分并廢置，俟考。《舊地志》言治定州，領易、祁，蓋成德分置。

幽　州（《唐會要》：先天二年，甄道一除幽州節度。按：先天二年，即開元元年，是幽州、并州、朔方、磧西諸節度使，皆開元元年置。）

開元元年置防禦大使。二年，置節度，兼管內經略鎮守大使，領幽、易、平、檀、嬀、燕六州，治幽州。置營平鎮守，治太平州。五年，營州置平盧軍使。七年，平盧軍①置節度使，兼領安東都護及營、遼、燕三州。十八年，幽州節度并領薊、滄二州。二十年，幽州并領衛、相、洺、貝、冀、魏、深、趙、恒、定、邢、德、博、棣、營、鄭十六州，及安東都護府。二十九年，幽州副使領平盧軍副使，治順化州。天寶元年，改幽州爲范陽節度，并領歸順、歸德二郡。二年，平盧軍徙治遼西。上元二年，范陽軍分滄、德、棣三州，隸淄沂。分衛、相、貝、魏、博五州，隸滑衛。寶應元年，范陽復爲幽州節度。又兼盧龍節度。時平盧已陷，罷節度使，故以幽州兼之。分恒、定、易、趙、深五州隸成德軍，別置節度。分邢州隸澤潞。廣德元年，分冀州隸成德軍。罷領順、易、歸順三州。建中二年，省燕州。三年，并領德、棣，後以二州改隸成德軍。按：隸成德，在貞元元年。長慶元年，幽州罷，領瀛、鄭二州，別置觀察，尋改置節度使。二年，廢瀛鄭節度，復以二州并隸幽州。天復元年，分置平、營、瀛、鄭等州觀察。

魏 博

廣德元年，置節度使，領魏、博、貝、瀛、滄五州，治魏州。增領德州。分瀛、滄二州隸淄青。分貝州隸洺相。尋并領瀛、滄。大曆七年，增領澶。十一年，并領相、衛、洺、貝四州。大和三年，分相、衛、澶別置節度，治相州。尋罷。復以相、衛、澶并隸魏博。天祐元年，魏博賜號天雄軍。

橫 海

開元十三年，置橫海軍使，治滄州。按：滄州別隸橫海軍，當廢。廣德元年，滄州隸魏博，詳見魏博。大曆十年，滄州隸成德軍。見成德《表》。按：本軍《表》言：是年，瀛州隸幽州盧龍，滄州隸義武軍，德州隸淄青平盧，此當列魏博《表》，今列橫海，誤也。惟一隸成德，一隸義武。《考異》以義武爲成德之譌，從之。貞元三年，置橫海軍節度，領滄、景二州，治滄州。元和四年，置保信軍節度，領德、棣二

---

① 軍，原誤刊作“君”，今據文意改。

州，治德。五年，廢保信軍，以德、棣隸成德軍。十三年，橫海并領德、棣二州。長慶元年，置德棣觀察。尋罷，仍隸橫海。省景州。二年，橫海復領景州。按：《舊‧本紀》，長慶二年，以李全略爲德棣等州節度。《表》云：元年，置德棣觀察。與史不合。大和元年，橫海并領齊州。三年，罷橫海節度，更置齊德節度使，治德州。尋廢。復置，更號齊滄德節度。四年，省景州。五年，齊滄德節度賜號義昌軍。咸通五年，齊州改隸天平軍。《表》脱。景福元年，義昌軍復領景州。乾寧二年，分齊州隸武肅軍節度。此已列淄青《表》，重出。

南　陽

至德元載，置節度使，領南陽郡。置興平節度，領上洛、安康、武當、房陵四郡，治上洛。二載，廢南陽節度。置山南東道節度，領襄、鄧、隋、唐、安、均、房、金、商九州，治襄陽。按：《來瑱、魯炅列傳》，皆云領十州。上元二年，廢興平節度。按：興平所領四郡，即均、房、金、商四州。《表》於至德二載已隸山南東道，疑有歧誤。寶應元年，分金、商隸京畿。貞元元年，分鄧州隸東都畿。貞元元年分鄧州隸東都畿　三年，山南東道增領復州。十年，分安州隸奉義軍。元和十年，置隋唐鄧三州節度，治唐州。十一年廢，是年，復置，徙治隨州。十二年，廢唐隨鄧節度，以三州仍并隸山南東道。按：十一年，袁滋爲唐隨鄧節度，改稱章義軍。《表》以爲廢，似誤。李愬代滋，仍稱唐隨鄧節度。《表》曰復置，亦誤也。至是始廢。會昌四年，廢山南東道。是年，復置節度。光啓元年，置金商節度，兼京畿制置等使。是年，罷。按：《舊‧本紀》二年置，三年罷。文德元年，山南東道賜號忠義軍。光化元年，置昭信軍節度，治金州。天祐二年，昭信賜號戎昭軍，并領均、房二州。是年，更號武定軍，徙治均州。《表》賜字誤作置。三年，忠義軍復爲山南東道節度。廢武定軍，仍以均、房并隸山南東道。

山南西道

廣德元年，置節度使。尋改觀察使，領梁、洋、集、壁、文、通、巴、興、鳳、利、開、渠、蓬十三州，治梁州。建中元年，仍改節度使。興元元年，并領果、閬二州。《表》列荆南,誤。光啓元年,分洋州,置武定軍節度。二年,分興、鳳二州置感義軍節度,治鳳州。《舊·本紀》武定軍亦於二年置,與《表》異。文德元年,分利州隸感義軍。大順二年,武定軍增領階、扶二州。景福元年,分果、閬二州隸武定。是年,以閬州改隸龍劍。乾寧四年,感義軍更號昭武。光化元年,分蓬、壁二州隸武定軍。天復二年,昭武軍罷領利州。三年,置利州節度。天祐二年,分巴、渠、開三州置觀察使。三年,利州節度並領閬、陵、榮、果、蓬、通六州,更號利閬節度。分興、文、集、壁四州置興文節度,治興州。按:山南西道所隸上四州,皆罷領其節度,當廢。利閬、興文節度,皆王建所置。

荆　南

至德二載,置節度使,領荆、澧、郎、郢、復、夔、峽、忠、萬、歸十州,治荆州,亦曰荆澧節度。別置夔峽節度,治夔州,領峽州。乾元元年,分忠、歸、萬三州隸夔峽。二年,廢夔峽節度。分醴、朗、漵別置都團練,澧州尋廢。上元元年,荆南復,并領澧、朗、忠、峽四州。二年,并領涪、衡、潭、岳、彬、邵、永、道、連九州。廣德二年,罷領忠、涪。分衡、潭、邵、永、道五州隸湖南觀察。分夔、忠、涪置都防禦,治夔州。永泰元年,罷領岳州。大曆元年,復領澧、朗、涪三州。澧、朗何年罷領,不見,疑脱。元和二年,分涪州隸黔中節度。大和六年,廢荆南節度,置觀察使。開成三年,復置節度。光化元年,分澧、朗、漵三州,置武貞軍節度,治澧州。天祐三年,分夔、忠、涪三州置鎮江節度。《表》作夔州,涪疑誤。

安　西

景雲元年,置安西都護,領四鎮經略大使。四鎮:安西、疏勒、于闐、焉耆。安西治龜兹。先天元年,北庭都護領伊西節度等使。《會要》史獻除伊西節度,《本紀》作磧西。開元六年,安西都護領四鎮節度等使。副大都護領磧西節度等使,治西州。按《本紀》開元二年,磧西節度使阿史那憲,一稱磧西,一稱伊西,合之皆安西也。十五年,分伊西、北庭置二節度。十九年,合伊西、北庭二節度爲安西四鎮北庭經略節度使。二十九年，復分二節度：曰安西四鎮節度，治安西都護府；曰北庭伊西節度，治北庭都護府。按：《本紀》二十七年，有磧西節度使，是舊稱，未改也。天寶十三載，安西并領北庭節度。是年，復分置二節度。至德二載，更安西曰鎮西。大曆二年，鎮西復爲安西。貞元六年，涇原節度兼領安西、北庭二節度使。

河　西（今本《新方鎮表》作河口，誤。）

景雲元年，置河西諸軍州節度等使，領涼、甘、肅、伊、瓜、沙、西七州，治涼州。副使治甘州。《唐會要》河西節度，景雲二年置，與《表》異。天寶四載，以張掖太守領副使。大曆元年，節度徙治沙州。咸通四年，置涼州節度，領涼、洮、西、鄯、河、臨六州，治涼州。

隴　右（《本紀》：開元四年，有隴右節度使郭知運。是開元四年已置。

河西、隴右二鎮，分并不常，且多兼領。《會要》云開元元年置。）

開元五年，置節度使，領秦、河、渭、鄯、蘭、臨、武、洮、岷、廓、迭、宕十二州，治鄯州，亦曰隴西節度。十五年，河西節度兼領隴右。見《本紀》節度使王君㚟。二十七年，河西仍兼隴右。《本紀》：節度使蕭炅。天寶十三載，河西節度仍領隴右。《本紀》：節度使哥舒翰也。大中五年，置歸義軍節度，領沙、甘、瓜、肅、鄯、伊、西、河、蘭、岷、廓十一州，治沙州。按大曆元年，河西節度是年當廢。咸通五年別置涼州節度徙治沙州，《表》不言何年廢。今考歸義軍所領沙、甘、瓜、肅、伊、西六州，皆舊隸河西，鄯、河、蘭、岷、廓五州舊隸隴右，是合二鎮并置此軍，河西節度仍治涼州，則此軍當列河西，今《表》列隴右，疑傳寫之誤。是年，隴右罷領鄯、河、蘭、岷、廓五州。按：鄯州爲隴右節度治所，今并隸歸義。疑隴右節度不久當廢。咸通四年，罷領臨、洮二州。《表》脱。河、鄯、臨、洮四州並改隸涼州節度。《表》言河、鄯、西三州，誤。西州本不隸隴右也。五年，置天雄軍節度，領秦、成二州，治秦州。增領階州。按：《表》，至德元載，秦州別置防禦，以天水郡太守領之，是隴右罷領秦州久矣。節度之廢，當在置天雄軍之前。文德元年，天雄軍分成州，隸威戎軍節度。《表》列河西，誤。按：《方鎮表》於河西、隴右最多脱略，今就可考者訂正，疑者仍闕。

劍　南（《會要》開元五年始置節度使，與《表》異。）

開元七年，置節度使，領益、彭、蜀、漢、眉、綿、梓、遂、邛、劍、榮、陵、嘉、普、資、巂、黎、戎、維、茂、簡、龍、雅、瀘，合二十五州，治益州。二十二年，兼山南西道採訪使，號山劍西道，并領文、扶、姚三州。二十八年，增領鳳州。天寶元年，增領霸州。八載，增領保寧都護府。至德二載，更劍南號西州節度兼成都尹，增領果州。分梓、遂、綿、劍、龍、閬、普、陵、瀘、榮、資、簡十二州隸東川。寶應元年，增領通、巴、蓬、渠四州，尋改隸山南西道。又并領松、當、悉、柘、翼、恭、静、環、真九州。廣德二年，復并領東川十五州。大曆元年，置邛南節度，治邛州，尋廢。復分十五州還東川節度。三年，增領乾州。興元元年，罷領果州，改隸山南西道。永貞元年，增領古州。元和四年，復并領資、簡二州。咸通八年，置定邊軍節度，分領巂、眉、蜀、邛、雅、嘉、黎七州，治邛州。十一年，廢定邊軍，復以七州并隸西川。中和二年，分眉、綿、漢、彭四州各置防禦。文德元年，分邛、蜀、黎、雅四州置永平軍節度。分彭、文、成、龍、茂五州置威戎軍節度。大順二年，廢永平軍，以四州並隸西川。景福元年，威戎軍罷領彭州，分隸龍劍節度。天祐三年，文州隸興文節度。

東　川

至德二載，置劍南東川節度使，領梓、遂、綿、劍、龍、閬、普、陵、瀘、榮、資、簡十二州，治梓州。按皆西川所分，故曰劍南東川節度。乾元二年，並領昌、渝、合三州，亦西川分隸。廣德二年，廢東川節度，以所領十五州并隸西川。大曆元年，復置節度，領州如故。二年，罷節度，置觀察，治遂州。尋復置節度使，仍治梓州。六年，罷領昌州。十年，復領昌州。興元元年，分閬州隸山南西道。元和四年，罷領資、簡二州，并隸西川。文德元年，分龍州隸威戎軍。景福元年，置龍劍節度，領龍、劍、利、閬四州。乾寧四年，置武信軍節度，領遂、合、昌、渝、瀘五州。按：是年，東川領梓、綿、普、陵、榮五州。

天祐三年,龍劍罷領閬州。

淮　南

　　至德元載,置節度使,領揚、楚、滁、和、壽、廬、舒、光、蘄、安、黃、申、沔十三州,治揚州。尋分光州隸淮西。據《表》,淮西并領義陽郡,即申州,是分申、光二州隸淮西也。乾元二年,分沔州隸鄂岳。分壽州隸淮西。永泰元年,分蘄、黃二州隸鄂岳。建中二年,并領泗州。四年,壽州置團練使。興元元年,罷領濠、廬、壽三州,置壽州觀察使領之。《表》不言濠州何年領。貞元四年,廢壽州觀察,復以廬、壽并隸淮南。《表》言并領二州,濠州當別隸。分泗州隸徐泗節度。十六年,置舒廬滁和都團練,隸淮南節度。元和二年,罷領楚州,尋復領。置壽泗楚三州都團練使,尋廢。分泗州隸武寧。十三年,增領光州。前分隸淮西。長慶元年,并領宿州。七年,分宿州隸武寧軍。大中十二年,并領申州。尋分申州隸武昌。咸通四年,并領濠州。十年,分濠州隸武寧。天祐元年,廢舒廬滁和都團練使。

江　東

　　至德二載,置江東防禦使,治杭州。據《韋陟傳》,是年,授江東節度使。《表》脫。乾元元年,置浙江西道節度兼江寧軍使,領昇、潤、宣、歙、饒、江、蘇、杭、常、湖十州,治昇州,尋徙治蘇州。副使兼餘杭軍使,治杭州。是年罷領宣、歙、饒三州。二年,罷節度,置觀察使,更領丹陽軍使,治蘇州,復并領宣、歙、饒三州。《舊紀》:上元元年,侯令儀除浙西節度。與《表》不合。上元二年,徙治宣州。罷領昇州。大曆元年,罷領宣、歙二州。《表》不言徙治何所,疑有脫誤。按:仍徙治蘇州。十二年,罷領丹陽軍使。十四年,并領浙江東道諸州。見浙東,凡八州。建中元年,分浙江東道八州別置觀察。二年,合浙江東西二道,并置節度,治潤州。尋賜號鎮海軍。貞元三年罷。《表》脫。貞元三年,分浙江東西二道,復置觀察,領潤、江、常、蘇、杭、湖、睦七州,治蘇州。當治潤。四年,分江州隸江西觀察。元和二年,復置鎮海節度,領浙江西道諸軍州。四年,復改觀察,領鎮海軍使。六年,罷領鎮海軍。大和九年,復置鎮海軍節度。是年,兩置兩廢。《表》列淮南,誤。大中十二年,復置節度。十三年廢。咸通三年,復置節度。八年廢。十一年復置。按《舊紀》,乾符間始復置。文德元年,分湖州別置忠國軍節度。景福二年,置蘇杭等州觀察使,號武勝軍。尋廢。鎮海軍節度徙治杭州。《表》自大和以後,不言鎮海軍治何州,當仍治潤州,如建中時。今始徙杭也。又按:《新書·董昌傳》,中和三年,鎮海節度使周寶。《五代史·吳越世家》光啓三年,潤州牙將劉浩逐其帥周寶。又,景福二年,拜錢鏐爲鎮海軍節度使、潤州刺史。此皆鎮海軍仍治潤州之證。後錢鏐兼領鎮東,終唐之世皆治杭州。

浙　東

乾元元年,置浙江東道節度使,領越、睦、衢、婺、台、明、處、溫八州,治越州。大曆五年,廢節度,置觀察使,領州如故。十四年,廢觀察,以所領八州并隸浙江西道。建中元年,復置浙江東道觀察使。二年,仍廢,以所領州并隸鎮海軍。貞元三年,復置觀察,領州如故。《表》脱,仍治越州。中和三年,置義勝軍節度使,領浙江東道,廢觀察。《董昌傳》與《表》合。光啓三年,改義勝爲威勝軍。《五代史》:光啓三年,董昌爲越州觀察,是歲改威勝軍。與《表》不合。乾寧三年,改威勝爲鎮東節度。按:乾寧二年,董昌僭號,是鎮東之改,當在錢鏐兼領之時。

福　建

開元二十一年,置經略使,領福、泉、建、漳、潮五州,治福州。二十二年,增領汀州。分潮、漳二州隸嶺南經略。天寶元年,并領漳、潮。十載,漳、潮分隸嶺南。乾元元年,改都防禦,兼領寧海軍使。上元元年,改置節度使。大曆六年,廢節度使,改置觀察。乾寧四年,置威武軍節度,廢觀察。

洪　吉

乾元元年,置觀察使,領洪、吉、虔、撫、袁五州,治洪州。別置宣歙饒觀察使,治宣州。二年,廢宣歙饒觀察,以三州仍并隸浙江西道觀察。上元元年，洪吉並領信州。廣德二年，改江南西道觀察使。大曆元年，復置宣歙池等州觀察兼採石軍使。十四年，廢觀察，改置團練使。建中四年，置江南西道節度使。《舊紀》三年置。貞元元年，廢節度，復置觀察。四年，并領江州。咸通六年，改江南西道觀察爲鎮南軍節度。乾符元年，廢鎮南軍，復置江南西道觀察。龍紀元年，復置鎮南軍節度。景福元年，置寧國軍節度，領宣、歙。按：當并領池州，治宣州。據《楊行密傳》大順元年始置。天復三年，廢寧國軍，改置觀察。天祐二年，置歙婺衢婺四州觀察使。當即宣歙觀察所改，《表》不言并領宣州，俟考。

鄂岳沔

乾元二年，置都團練使，治鄂州。領鄂、岳、沔三州。上元元年，分岳州隸荆南節度。永泰元年，置觀察使，并領岳、蘄、黃三州。大曆十四年，罷觀察使。建中二年，省沔州。四年，復置觀察使，領沔州。貞元十五年，別置安黃節度，治安州。十九年，賜號奉義軍節度使。元和元年，罷奉義軍。置武昌軍節度，領鄂、岳、沔、蘄四州，《表》脱。并領安、黃二州。五年，罷武昌軍，仍置鄂岳觀察。十三年增領申州。寶曆二年，省沔州。大中元年，復置武昌軍節度。二年罷。四年復置。六年，又罷。按：盧商鎮武昌，大中十二年始罷。《表》與史皆不合。文德元年，仍置武昌軍。

衡　州

至德二載，置防禦使，領衡、涪、岳、潭、郴、邵、永、道八州，治衡州。乾元元年，罷領郴州。二年，分涪州隸荆南，分岳州隸鄂岳團練使。上元二年，廢防禦使。廣德二年，置湖南觀察使，領衡、潭、邵、永、道五州，治衡州。大曆四年，徙治潭州。中和元年，改湖南觀察，置欽化軍節度。光啓元年，改欽化爲武安軍。《通鑑》在二年。據《本紀》乾寧元年始改。

黔　州

開元二十六年，置五溪諸州經略使，治黔州。《表》不言領州幾。大曆四年,置辰溪巫錦業五州觀察使,治辰州。十二年,置黔州觀察使,領黔、施、夷、辰、思、費、溆、播、南、溱、珍、錦十二州,治黔州。貞元元年,徙治辰州。并領獎、溪二州。按辰溪觀察,《表》不言何年廢,疑有脫誤。二年復治黔州。元和三年,并領涪州。大中二年,分涪州隸荆南,尋復并領。大順元年,賜號武泰軍,置節度使,仍治黔。《通鑑》云至德元載置,與《表》不合。光化元年,分溆州隸武貞軍節度。溆州即巫州。天復三年,武泰軍徙治涪州。

嶺　南（五府經略討擊使,《表》不言何年置。《會要》:至德二年,賀蘭進明除嶺南五府經略兼節度使。與《表》異。）

至德元載,改五府經略,置節度使,領廣、韶、循、潮、康、瀧、端、新、封、春、勤、羅、潘、高、思、雷、崖、瓊、震、儋、藤、萬、安二十二州,治廣州。乾元元年,分韶、連、郴三州置都團練,治韶州。按:郴舊隸衡州,連隸桂管。上元二年,廢韶連郴都團練使,以三州并隸嶺南。分羅、潘二州隸邕管觀察。《表》列衡州,誤。元和元年復領潘州,并領辯州。按:辯隸容管。又按:邕管,《表》是年嶺南復領羅州。咸通三年,分嶺南爲東西道。改嶺南爲嶺南東道節度。乾寧二年,賜嶺南東道號清海軍節度。

邕　管

天寶十四載,置經略使,領邕、桂、橫、欽、澄、賓、嚴、羅、淳、瀼、山、田、籠十三州,治邕州。羅州,至德元載改隸嶺南,則羅州是年當罷,《表》脫。乾元元年,增領羅州。按:嶺南《表》:上元二年以羅、潘二州隸邕管,與此不合,必有一誤,俟更考正。二年,置邕管節度使。廣德二年,廢都防禦,以所管州并隸桂管經略使。大曆五年,復置都防禦使。八年,并領桂管所隸諸州。貞元元年,罷領桂管諸州。并領潯州。永貞元年,省瀼、田、山三州。元和元年,增領懷遠軍使。分嚴州隸容管。分羅州隸嶺南。十五年,廢邕管經略使。長慶二年,復置經略。咸通元年,并領容管十一州。尋皆罷領,仍隸容管。三年,改邕管置嶺南西道節度使。增領蒙州。據《通鑑》《舊紀》,是年并領龔、象、藤、嚴四州,《表》有脫誤。

容　管

天寶十四載,置經略使,領容、白、禺、牢、繡、黨、竇、廉、義、湯、嚴、辯、平琴、鬱林十四州,治容州。乾元二年,改都防禦使。上元元年,改觀察使。建中元年,并領順、藤二州。省平琴州。元和元年,分辯州隸嶺南。分嚴州隸桂管。按:嚴州前隸邕管,是年并領改隸桂管。省湯州。咸通元年,廢容管觀察使,以所領十一州并隸邕管。未幾,復置觀察使領州如故。乾寧四年,改容管置寧遠軍節度。

桂　管

開耀元年,《表》稱開耀後年,不可考。置經略使,領桂、梧、賀、連、柳、富、昭、蒙、嚴、環、融、古、思、唐、龔十四州,治桂州。按:乾元元年,罷領連州,《表》脫。據《通鑑》蒙州作象州。廣德二年,置桂邕都防禦觀察等使,并領邕、管諸州。按:邕州舊領十三州,增領羅州、潘州,是十五州也。詳見邕管。大曆五年,罷領邕管諸州。八年,罷桂管觀察使,以諸州并隸邕管。貞元元年,復置桂管經略招討使。七年,罷領招討。元和元年,增領嚴州。光化三年,改桂管置靜江軍節度使。按:《本紀》:乾寧三年,桂管已稱靜江軍。與《表》不合。

安　南

天寶十載,置經略使,領交、陸、峰、愛、驩、長、福祿、芝、武峨、演、武安十一州,治交州。《地理志》:天寶中,無演州。廣德二年,分驩州,復置。《表》當云十州。乾元元年,改經略置節度使。廣德二年,改安南節度爲鎮南大都護、都防禦、觀察經略使。大曆二年,更鎮南復爲安南。按:至德二載,安南已改鎮南,與表異。大曆三年,復改安南,亦與《表》不合。咸通七年,改安南都護置靜海軍節度使。

右考,謹據《新唐書・方鎮表》,凡節度使所兼官,無關廢置,並從省略。其諸州分并加詳焉,要以補《表》之闕云爾。

文五

讀《墨子》

丁國鈞

余讀先秦諸子,求其言切實有用而文反覆詳明者,莫如是書。考《漢志》言:"墨家者流,其源出於古清廟之官。"而《莊子》言:"不侈于後世,不靡于萬物,不暉于度數,以繩墨自矯,而備世之急,古之道術有在于是者。墨翟、禽滑釐聞其風而說之。"則知周時本有此學,墨子始昌而大之,而非其所自創也。墨子與孔子同時,聖人未一言及其學。孟子始辭而闢之,是何故歟?蓋墨子憫時人之戕賊,創兼愛之說以救其禍,立言之矯枉過正,間或有之,而不失爲賢智之過。其後諸弟子尊其師說,又從而甚之,說愈歧,道愈違,此亦如後世陸王之學,本確然有得力處,迨一再傳後,遂倡狂而不可收拾,是皆末流之極弊,其師說尚不至是也。

今天下溺於異俗之學比比然矣,詰其用夷變夏之由,莫不齊口於有實用,而不知彼所謂算學、重學、化學、光學者,胥已包括於是書中。楊氏自牧、顧氏觀光詳哉言之。至其談兵而及甕聽法,尤爲孫吳諸家所未備,近世城壘之守,咸利賴也。然則讀是書者,探索而發明之,其裨於實用,豈有既哉。嗟乎!墨與楊同爲孟子所深斥,楊氏之說漸滅無稱道,而墨子則漢儒皆以並孔子。唐韓愈氏最不苟立言矣,亦曰墨必用孔,孔必用墨,豈非實有足以不朽者在乎?惜其書出於門人小子所記録,駁雜依託之言往往而有,書中多稱子墨子,《耕柱篇》並稱子禽子,則其非翟所親著可知。讀者病焉。余欲仿方氏刪定荀子例,悉去《非儒》諸篇及其言之害道者,庶墨子之真見,而後儒亦無疑昔人孔墨並稱之謬也。

讀《荀子·性惡篇》

尤　桐

　　自孟子言性善,而荀子性惡之説群起而譏焉議焉,而不知其説之與孟子相發明也。後人言性,雖依附孟子,而其病多在虛。吾於荀子之言性無所取之,取諸實也夫。空言一性,杳然無麗,而欲區分善惡,離情言性善惡,於何見哉?孟子曰:口之於味,目之於色,耳之於聲,鼻之於臭,四支之於安佚,性也。未嘗離情言性也。荀子言人之性,饑而欲飽,寒而欲暖,勞而欲休,亦未嘗離情言性也。是荀子言性固與孟子同。而或曰善,或曰惡者,則孟子言其初,而荀子言其弊也。何則?口、目、耳、鼻、四支,爲善之具;味、色、聲、臭、安佚,亦爲善者所不廢也。然而木任其性而不加繩削,則屈曲離奇,有不中於用;水任其性而不爲坊限,則橫決潰流,有足爲害人。任其性而不約之以禮,則徇於飽暖休息而喪其善,謂非性之惡乎?是故孟子汲汲言仁義,順其善而道之,絕其惡也。荀子汲汲言禮,逆其惡而制之,全其善也。然則善惡之言,同條而共貫,而韓退之三品之分,與謂孟子得上遺下,鈞非確論矣。

　　古者罕言性,至若召康公兩言性矣。其在《召誥》曰節性,其在《卷阿》之詩曰彌爾性。節有減誼,節惡也;彌有滿誼,彌善也。此非古人之先得孟子、荀卿之心者哉?然則其屢引孟子之言而誹之,何也?曰:此亦慮後之人不察孟子之説,依附景響,遂以純任自然,創言復性而卒流而爲惡也。告子曰:生之謂性,食色,性也。其與孟子"口、目、耳、鼻、四支"之言,未始或異,特其言生,未分人物之貴賤,其言食色,又參外內之異説,故孟子闢之耳。後之言性者,於告子之説則概斥爲異端,於孟子之説又不求其實際,用是性爲虛器,而所謂善者究無所著,陽儒而陰釋,荀子所大懼也。言禮以制惡,即以全善,其亦有功聖門者哉。

讀《史通·編次篇》

陳慶年

劉子①幾著《史通》，作《編次篇》以正史家編次之失，如班史附向、歆于楚元王傳，既封不相襲，又代不相接，子幾謂其宜以類立論，駁最允。至王莽居攝建年宜革，誼正詞嚴，斯即春秋之法，抑何言中理準，犁然有當于人心也。

至謂《龜策傳》爲志體，宜與八書齊列，定以書名，則論殊未宷。古書凡記事立論，及解經者，皆謂之傳。自史遷始爲專記一人之名，其例定自史遷。如以志體入傳，其不賴在史遷當自宷之，亦何待子幾而始發。考遷于《龜策傳》云："今上即位。""太卜咸集。"是原《傳》必有龜卜之人，如《日者傳》司馬季主之類，故作《龜策》以配《日者》，惜《傳》已亡耳，故褚先生謂求《龜策列傳》不可得，可知今所存之遷文，但爲《龜策列傳》之序，其《傳》已亡之矣。褚先生不能補其傳，第之太卜官，問取龜策卜事，編於下，方始爲志體。子幾以褚氏之補亡，概史公之原闕。詆之以怪，是謂厚誣。孔子、老子皆布衣，史公贊孔子爲至聖，而老子則傳之管晏之次，而窮其弊于申、韓。黃氏東發已辨之，且以班固"先黃老、後六經"之説爲失之不察，而子幾誤因之。老子清虛，不有其身，故無情，則必入于深刻，故使之與韓非同傳。近王鳴盛已言之，且謂《索隱》分老子與尹喜、莊周爲一篇，爲强作解事，而子幾誤議之。荀或協規魏氏以傾漢祚，雖晚節立異，無救運移，裴氏注《志》，已有此論。且魏武以或爲子房，而或之説魏武，亦曰今與公争天下者唯袁紹耳，此豈純於爲漢者？近翁元圻已言之。是賈詡、荀或同編，無可疑也。《後漢書·郊祀志》蔡邕表曰：宗廟迭毀，國家大體。班固録《漢書》乃置韋賢傳末，臣以問胡廣，廣以爲實宜在《郊祀志》中。是廟制枉入韋傳，漢儒已議及之，而子幾則襲之也。

---

① 子，似當作"知"，下同。

讀陳同甫與朱子論漢唐書上

唐文治

天地之間，道有其極，理有其至。學其極，學其至，則雖不造於極至，而亦不失爲中人。苟自其下焉者求之，以爲能如是，是亦足矣，則雖爲中人且不可得，而況其極至者乎。昔者，孟子曰：規矩，方員之至；聖人，人倫之至。不以舜之所以事堯事君，賊其君者也；不以堯之所以治民治民，賊其民者也。夫世人寧不知堯舜之不可幾及者，果若孟子之言，豈天下真皆賊其君、賊其民者耶？蓋孟子之意，以爲法堯舜而不得，則猶不失爲湯武、成康諸君。苟不法堯舜，則其志日趨於汚下，勢不至爲桀、紂不止。然則宋儒之貶抑漢唐，而以爲舍三代無可學者，其本意亦非謂漢唐之果一無可采也，蓋其說亦猶孟子之意也。自陳同甫不得其意，於是曉曉與朱子辨論，反覆數四，而卒不屈其說。

夫吾推朱子之初意，但欲其絀去義利，雙行王霸並用之說，而冀其從事於懲忿窒慾、遷善改過之事，本非欲與辨漢唐也。而同甫乃不顧其心之不純，專爲漢唐分疏，力以明其天地常運，人爲不息，而不可以架漏牽補度時之意。於是其說之支離，至於顯斥儒者，隱尊詭遇。然吾且不於此而責其謬也，但責其不察先儒立言之意爾。夫宋儒之必貶抑漢唐，而自謂得三代不傳之學，其說固不免於過自期許。然其剖析乎義利之界、理欲之微，使後之人主，有以內純其心，兢兢業業，而歉然常有所不足，是真聖賢之教也。

今同甫乃必欲推崇漢唐，以爲雖不及三代，而實與三代不異，則是欲使後之人主，不以上焉者爲法，而以下焉者爲法也。夫以下焉者爲法，則且以仁義爲迂闊而無用，以功利爲切要而可圖，日朘月削，浸舉古昔聖王不忍人之心與不忍人之政，蕩滅而無餘，此其弊詎有底耶？且夫乾坤之不息者，由天理之常存也。天理之常存者，由人心之不死也。是則朱子所云千五百年之間架漏牽補過日者，正欲使人動其戒懼之心，求其不架漏、不牽補，乃僅僅可以架漏牽補也。今若即以架漏爲不架漏，以牽補爲不牽補，則後之繼者，并不能架漏、不能牽補矣。同甫又何弗思耶？是故吾申孟子之義，而以折同甫之説。

讀陳同甫與朱子論漢唐書下

唐文治

或者曰：如子言，則先儒所謂三代專以天理行，漢唐專以人欲行者，其説無可非與？曰：此亦不宜專責漢唐之君，亦當就時勢而言也。粤自太極之元，兩儀始分，浮沉交錯，庶類混成，天下之民，噩噩無爲。當是時也，萬物熙皞，機巧之智未開，而天地之氣亦渾淪和厚，而毫無所斲喪，而古之聖人，亦遂安坐而理之，以相安於無事。即有戰爭誅伐之舉，亦多出於公義，而無有自爲身謀者。是何也？蓋以當世之人不知有利，不知有利，故聖王以義處之而有餘也。當世之人不縱其欲，不縱其欲，故聖王以理服之而有餘也。

自周道衰，七國並爭，而策士起。於是利欲之機大熾，變詐之術日開。洎乎秦政焚書，禮法埽地，而天地渾厚之氣於是大夷，而人心亦自此變矣。是故戰國並爭之會，正天下義轉爲利、理轉爲欲之一大關鍵也。當是之後，愛惡相攻，利害相劫。順存逆亡，力其先矣；難萃易渙，人心靈矣。故即以堯舜三代之君處此，雖以道德爲治術先，而亦必以智勇濟之，何者？民心日趨於機巧，若純用忠厚，則且爲其所愚而不自覺，然則漢唐之世固非無仁愛忠信之主，而其所以不及三代之忠厚者，由時勢爲之也。

夫時勢之變，固非謂但宜霸而不宜王，然以中材處之，則恒出於霸。故後世儒者，若不論其時勢之不同，而專責漢唐之君不及三代之君之用心之純，則其論固不免於苛刻。然若即以時勢之故，而以三代之君之用心爲迂闊而不足學，則適足以啓天下淫暴虐戾之主之藉口，而其弊更無所極止。吾獨怪同甫論漢唐諸君之不及三代，不就其世變而言，而反就其心術而言，是其意雖在庇漢唐諸君，而實未得乎漢唐諸君之用心，而反欲駁先儒之説，以爲三代固以天理行，漢唐亦以天理行，特三代做得盡，漢唐做得不盡。

嗚呼！是烏知三代之君所以俱以天理行者，乃由乎機巧之未開，漢唐之君所以俱以人欲行者，乃承乎當世之流弊。然而後世人主，苟不就其至者以爲法，則亦終無以進於聖賢之道，而挽世運之變也。

讀陸象山先立乎其大説

唐文治

陸象山説“先立乎其大”，散見於文集、語録者，不可殫舉。蒙考其説蓋有淺有深，各宜區別。其淺焉者，足以制此心嗜欲之動，與孟子袪耳目之欲同。其深焉者，則欲一空其心之所有，并善念而屏絶之，乃與禪家净智妙圓、體自空寂同，而與孟子“思則得之”之旨實背。蓋嘗論之，人之五性皆具於心，然心之爲物，飛揚馳騖，出入無時，一不自持，即逐物欲於軀殼之外，而不在腔子裏。是以孟子言立乎其大，而先之曰：思則得之，不思則不得。夫人心亦豈有不思者哉，彼愚夫愚婦朝夕憧憧，何嘗不思，特其所思者，皆目耳之欲，故猶之不思耳。夫目耳之欲，無與於心者也，而心反爲之役，則愈思愈昏，而反窒其“思曰睿，睿作聖”之天機。

陸氏曰：必有大疑大懼，深思痛省，決去世俗之習，如棄穢惡，如避寇讎，乃謂之先立乎其大者。此誠學者入手之要，而治心之先務也。然究其終，乃與孟子異者。孟子言先立其大，欲人決去世俗之習，而用其思於理義之域，以養其心。象山言先立其大，欲人決去世俗之習，而致其心於空蕩之鄉，并絶其思，此其説之歧乎孟子者也。

夫孟子之學，得力於養氣，而又歸本於集義。集義者，察識四端之發，窮究事物之宜，即《大學》所謂知止中庸，所謂明善大易，所謂窮理，而仁者見之謂之仁，智者見之謂之智。蓋吾心之良知，本足以辨善惡之端倪，特不致其體察之功，則不免於認欲作理，而有害於善念。即所念一出於善，而有偏而不中之處，事亦終至於眊而不行。是以察識格致之功，由漸而進，則所謂立乎其大者，乃亦由漸而精。孟子自言不動心，而要之以四十，此非四十以前未能自立其心也，蓋以積累之至者言也。而象山乃謂決去世俗之習，則此心之靈，自有其仁，自有其智，自有其勇，吾不知所謂仁智勇者，其能無所過乎？且能無不及乎？又能無雜於氣質之偏乎？此殆因事物之至而以知覺籠罩之，非所謂仁也，非所謂智與勇也。

夫如是，故專認取夫昭昭靈靈者，以爲萬象之主，其視事物之理，一切於吾心無與，而其治心也，乃不惟妄念之足爲累，即善念亦足爲障矣。此豈孟子思則得之之旨耶？案：詹子南之下樓，忽覺此心中立，亦象山之先立其大也；楊慈湖之夜坐不寐，忽心中灑然，如物脱去，亦象山之先立其大也。故曰：孟子之立乎其大，立此心之義理；象山之立乎其大，立此心之精神知覺。蒙故曰：象山所謂立乎其大，其淺焉者，固足袪人心妄念之動。其深焉者，則一超而頓悟，直禪氏之秘旨耳。嗚呼！學術誠難言矣哉。

地丁原始
章際治

禹平九州，任土作貢，不聞税及户口。《周禮・太宰》：“以九賦斂財賄。”鄭注：“賦，口率出泉也。今之算泉，民或謂之賦，此其舊名與？”此康成以漢制況周制。其實三代無賦民錢之政，其用民力者，則有公旬。《禮・王制》：用民之力，歲不過三日。《周禮・均人》：豐年則公旬用三日，中年用二日，無年用一日。孟子所謂力役之征是也。秦廢井田，開阡陌，始舍地而税人田租、口賦、鹽鐵之利，二十倍於古。漢承秦制，高祖四年，初算田賦。《漢儀注》：民年十五以上至六十五，出賦錢，人百二十爲一算。見《高紀》如氏注。又，民年七歲至十四，出口賦錢，人二十三。見《昭紀》如氏注。此爲税丁之始。《貢禹傳》謂古民亡賦算口錢。可證三代以前，祇有力役之征，未嘗責民以錢也。責民以錢，始於秦漢賦算口錢，即後世丁糧之肇起。然尚無地丁之名也。至宋代賦税有丁口之賦。元太宗仿唐租庸調之制，立取民之法，有丁税，有地税，地丁二字始見於此。我朝輕徭薄賦，康熙五十一年後，滋生人丁免其增加錢糧。雍正五年，復統計丁糧，按畝均派，由是地丁兩税合而爲一。近人俞氏理初作《地丁原始》，專以本朝户口爲言，是僅原其合一之始。其實地税、丁税，宋元時已有其名，而秦漢之際，實爲分征之始也。爰即俞説所未及者，而原其始如此。

二十四氣原始
楊世沅

步天之法自黃帝始，《五帝德》所謂迎日推策者也。其見於《左傳》者，少皞氏以鳥名官，而有司啓、司閉、司分、司至之官。少皞在黃帝後，則分至啓閉之八節，自容成造術以來，固已著矣。迨帝堯命羲和以閏月正四時成歲，則必視每月之中氣在其月與否，是即著目仍略，固已有十二氣之名目矣。然二十四氣則無可考見。《夏小正》一書未有節氣之名，殷更無聞，惟《逸周書‧時訓解》具二十四氣之名。其書或疑後人依託，不足爲據。考鄭注《月令》云：漢始以驚蟄爲正月中，雨水爲二月節。漢始猶云漢初，漢承秦術，則二十四氣之名，秦時已備有明文矣。然而斷不始於秦也。《左傳》云"啓蟄而郊"，《考工記》云"凡冒鼓，必於啓蟄之日"，此則名之見於《考工記》及《左氏傳》也。《周官‧稻人》云"澤草所生，種之芒種"，此則名之見於《周官禮》也。《楚語》云"處暑之既至"，《魯語》云"古者大寒降，土蟄發"，《管子》亦有"清明、大暑、小暑"之文，此則名之見於《春秋外傳》及《管子》也。或曰：《左傳》"啓蟄而郊"以物記時，"龍見而雩"以星記時。如春秋時已有二十四氣之名，既曰"啓蟄而郊"，曷不曰"小滿而雩"乎？曰：以龍見對啓蟄，此古人屬文之法也。必以雩不以氣記，爲周人無二十四氣之名，則郊不以星記，亦可謂周人無二十八宿之名乎？且古二十四氣之名未必悉同于後世，其與今名同者，猶可求之于經傳，其與今名異者，後人往往以文義解之，而不知其爲氣名亦多矣。必謂古無二十四氣名，恐非事實也。

二十四向原始
李逢辰

古人定方，惟揆日景，候中星，以正東西南北之位，未有二十四向之說也。《毛詩‧篤公劉》"既景乃岡"疏云："民居田畝，或南或東，皆須正其方面，故以日景定之。"此度以日景者也。《定之方中》注云："度日出入，以知東西。南視定，北準極，以正南北。"此揆日候星者也。《周禮·考工記·匠人》疏云："前經已正東西南北，恐其不審，更以此二者正其南北，言朝夕即東西也。南北正，則東西亦正。"《晏子春秋》："古之立國者，南望南斗，北望樞星。"是古人惟取其正而已，安有取偏隅之説哉。至漢時乃始有取四隅者，而其初亦但以干支言方位，並未雜以卦名也。《後漢·安帝紀》注"乃更六宗祠於戌亥之地"，《祭祀志》："安帝更立六宗祀於雒陽西北戌亥之地。"又《郎顗傳》注："神在天門。""言神在戌亥。"東方朔《十洲記》："元洲在北海之中，戌亥之地。"言戌亥而不言乾。"長洲在南海辰巳之地。"言辰巳而不言巽。"生洲在東海丑寅之間。"言丑寅而不言艮。"聚窟洲在西海申未之地。"言申未而不言坤。此但以支命四維，而未嘗用乾坤艮巽四卦也。又《祭祀志》：青帝位在甲寅之地，赤帝在丙巳，黃帝在丁未，白帝在庚申，黑帝在壬亥。馬融《梁冀西第賦》："西北戌亥，元后承輪，蝦蟆吐瀉，庚辛之域。"又《晉書·藝術·韓友傳》："可伐七十束柴，積於庚地。"此以乾命方者也。惟《續漢書·郡國志·敦煌》注："國當乾位，地列艮墟。"此則以乾坤艮巽列四維之始。又《水經·穀水注》："合成一水，自乾注巽。"《汝水注》："有青坡廟，漢靈帝建寧三年樹碑，碑稱青坡，在縣坤地。"是則以卦命維，至後漢時而始然也。又考《淮南子·天文訓》"斗指子，則冬至，指癸，則小寒"等，以十支八干爲斗柄所指之方。而於四維，則曰：報德之維，常羊之維，背陽之維，號通之維，亦無言卦者。可知卦配支干，西漢所無，至東漢始用之。若如《黃帝宅經》分二十四路，以天門、地戶、人門、鬼門、配乾、坤、艮、巽四位，此則唐人承東漢之流依倣而爲之，實非自黃帝始也。

二十四向原始

沙從心

　　二十四向，即曆家天盤之二十四時，陰陽家名二十四山，《黃帝宅經》名二十四路。《宅經》爲詭託之書，本不足據。陰陽家又謂漢張子房祇用十二支，至唐一行始以八干四卦配之，其説亦盡無徵，要難傳信。嘗考《史記·律書》有十母十二子以應八方之風，言方則向在其中，然無艮巽坤乾四維之説。《漢書·天文志》曰：甲齊、乙東夷、丙楚、丁南夷、戊魏、己韓、庚秦、辛西夷、壬燕趙、癸北夷，子周、丑翟、寅趙、卯鄭、辰邯鄲、巳衞、午秦、未中山、申齊、酉魯、戌吳越、亥燕，代以干支，分占輿地之全，而向即寓乎其間，所謂四維者，亦皆彼此散見。至《淮南子·天文訓》曰：子午卯酉爲二繩，丑寅、辰巳、未申、戌亥爲四鉤，東北爲報德之維，西南爲背陽之維，東南爲常羊之維，西北爲號通之維。斗指子則冬至，指癸則小寒，依次至指亥指壬，凡計八干十二支四維，此即堪輿之法，尤爲二十四向之顯然可據者。王充《論衡》難歲、詰術等篇，亦辯駁綦詳。書皆出自漢人，故原向斷自漢始。許書壬下云：承亥壬以子生之敘也。此雖未及二十四向之全，亦可爲徵信之一端云。

管夷吾平戎于王論
顧錫祥

春秋之時，於齊有管夷吾平戎，於晉有魏絳和戎。然魏絳和戎而晉享戎之利，管夷吾平戎而周不能免戎之患者，何也？盖和之意出於戎，而和之權操自中國，若是者和可久，而中國可相安於無事。和之意出於中國，則和之權操於戎，若是者和不可久，而戎乃得以售其欺。魏絳之和戎，戎先請和。管夷吾之平戎，未必戎之請平也。何以言之？魏絳之時，戎漸弱之；管夷吾之時，戎方强。弱者可和，强者不可和。春秋二百四十年之間，宣、成以前，戎狄爲中國患。襄、昭而後，戎狄爲中國用。此固霸者之功也，亦在御之得其道耳。夫齊桓非晉悼比也，管夷吾又非魏絳所能及也，然而周不免戎患，晉得享戎利者，則以戎之强弱，與和之意所由出，和之權所由操之分也。戎犯王室，天下之大變也，伊雒之地，又密邇京師，於理則不當和，於勢則不可和，平戎，下計也，乃管仲之莫氣也。雖然，仲子天下才，其功不可得而没，孔子曰：微管仲，吾其被髮左衽矣。孔子修《春秋》而不書平戎之事，聖人於此盖有微意焉。

趙受韓上党論
孫同康

趙受韓上黨事，在孝成王四年。其後三年，秦王齕攻趙上黨，拔之，白起代將，又大破趙軍，殺趙括，阬降卒四十萬，趙王悔不聽趙豹計。史遷亦以爲平原君貪馮亭邪説，故至此。長沙周星叔嘗論此事，以趙王爲巧於謝過。

蒙讀之而善焉。既而思之，其説盖猶有未盡然者。星叔謂趙卒之見阬，罪由趙括，而括之將，王實使之，故王不此之悔，而悔上黨之受，使平原君爲之分過，其言誠推見至隱，使孝成王聞之，定當俯首無詞。至其謂韓憤秦之暴，而以上党入趙，蘄韓趙爲一以當秦，爲韓即以爲趙，不得謂馮亭邪説，而疑韓嫁禍，則殊非持平之論。夫當孝成王時，六國之從已散。六國之從散，而秦之勢日益强，雖有智者亦不能善其後。而爲六國者，又復自相蠶食，不知從親以擯叛秦。魏安釐王十四年，魏與趙伐韓，韓告急於秦，秦救韓，敗趙、魏之師，阬趙卒二萬人於河，是韓、趙不可謂無怨。韓、趙有怨，則韓雖憤秦之暴，必不樂以上黨與趙。且韓即以上黨與趙，而趙亦未必與韓爲一以當秦，在馮亭固心知之，而無如智窮力竭，不得不歸命於趙，以暫緩秦兵，則馮亭之以上党歸趙，特爲緩兵計耳。既爲緩兵計，則趙豹謂爲嫁禍於趙，亦固其所當。上黨路絶之時，馮亭與其民謀曰："鄭道已絶，不如歸趙，趙受我，秦必攻之。"此亭之本意也。又曰："趙被秦兵，必親韓，韓、趙爲一，則可以當秦。"此亭之飾辭也，而星叔信之不疑，誤矣。觀於趙王封亭爲華陽君，亭垂涕不見使者，曰：吾不忍賣主之地而食之也。使亭之歸命於趙，果欲韓、趙之爲一以當秦，則上黨之在趙與在韓一耳，亭何必以賣主之地爲罪哉？

吾故謂星叔之論，非持平之論也。或曰：韓之與趙以上黨，誠爲嫁禍矣。然斯時爲趙王者，果當受乎，抑不當受乎？受之則無以解於貪利之名，不受則上黨實隱爲韓之屏蔽。上黨入秦，而榆次三十七城皆在秦虎口之中，於趙又深有不利，此誠兩難之勢也。曰：奚難之有？趙誠見馮亭來歸，即翻然釋其前嫌，盡發國中之精兵以救韓。白起，小豎子耳，趙之雄將如廉頗、李牧，俱足以敵之。韓與趙同心戮力，不患秦兵之不破。秦兵破，而上黨仍爲韓有，韓藉趙之力以保上黨，則必德趙、重趙、愛趙、聽趙，而不敢反趙。趙不受上黨而受全韓，利孰有大於此者？此固平原君所不及知，而亦趙豹所未及計者也。趙王不知出此，而昧昧焉受上黨之降，以俟秦兵之至。秦兵既至，又爲應侯所愚，用趙括而易廉頗，以取喪師辱國之咎。雖巧於謝過，於國家之事究何益乎？故星叔之論，罪趙豹而不罪平原。蒙則以爲趙豹勸王勿受，不過畏秦兵之至耳。平原君知勸王受上黨，而不知勸王救韓，是直貪小利而忘大害，反不如不受之爲愈也。然則史遷譏平原之利令智昏，殆不得辭其責矣。

汲黯論
唐文治

王船山論汲黯抵武帝"內多欲而外施仁義"一語，謂其挾黃老之道，非侮堯舜，脅其君以從己，而毀先王之懿典。文治則以爲不然。汲黯者，剛直之士，而其於黃老之學，則雖有得焉而未精者也。使黯果精於黃老之學，則反有以餂武帝而使之必用矣。何者？黃老之學，靜重自持，以與爲取，以柔爲剛，戒輕戒躁，戒多言，戒上人，逆探天下之情事，而使天下之士咸受我之牢籠而不自知。而汲黯者，方恃其戇直之才、倨傲之氣，面折天子而使之不能堪，廷詰大臣而俾之爲我屈，曾是精於黃老者而如是乎？且吾聞善言黃老者，必無容心於進退之際，而黯乃一不見用，即褊心怨望，至有用臣如積薪之語，是其坦率之氣質，熱中之心思，全然錮於中而不能化，又烏得爲深於黃老之術者歟？然吾又謂黯惟之不深於黃老，故得以見其剛直之本性，忠悃之至情，使君不敢狎而臣不敢慢，然則黯不深於黃老，亦正以見黯之可與也。

船山以爲黯挾黃老術，非毀唐虞，殊不知黯抵武帝云云者，并非椎擲仁義、秕糠堯舜之旨也，彼蓋實見武帝之多欲，故以爲不足與行唐虞之治，是正憤激過中之譚，而即其不深於黃老之驗。他如論匈奴詆弘、湯，是魏其諸事，俱是直情徑行之爲，無一端與以柔爲剛、以退爲進之旨合。然則後人有謂黯用黃老術以事君者，謬也。且夫西漢自張良、曹參崇尚黃老，其後宗風益下，遂有揣摩之士、嗜位進取之徒，隱竊黃老之餘陋，精其心計，日伺天子之意指以爲嚮背，如公孫弘之緣飾儒術，卜式之先事輸財，並以武帝爲奇貨可居之物，而厚其餌以餂之。夫厚其餌以餂君而使之見信，與夫出其血性以事君而使之見憚，二者心跡之誠僞與否，其辨至易明也。二者之孰爲用黃老與否，其辨亦至易明也。乃司馬遷稱黯好黃老之言，治官理民尚清靜。後人不察，遂謂黯生平行詣俱得力於黃老。文治竊有惑焉，爰作論以辨之。

韋玄成論

劉　翰

有保家之才，有翼世之才，有文學之臣，有匡濟之臣。道既殊能，義非同軌，中人以下罕克兼兹，故明君量才而任人，人臣陳力而就列，勿使《易》譏覆餗，《詩》刺素餐，用能總齊庶尹，光宏帝載。玄成折節儒術，世家美才，篤笠盟於車中，蔭暍人於樹下，名譽日廣，羽翼遂成。君子論人，姑從其恕。不必謂蓄志於奪嫡，始矯節而沽名也。立後議起，矯令斯行，父命天倫，兩無可據。瞻顧名義，徘徊朝命。佯狂自廢，對客而遺利；血氣未動，闕地而置冰。準其冲退之辭，執其高讓之跡。將謂子臧之節，不專美於前朝；季札之風，將再見於今日矣。吏議紛拏，詔書敦迫，彊起視事，僶俛就封。三讓之美，隳於一朝，匹夫之志，回於百折。例以孤竹海濱之處，采藥句吳之行，當不如是，庸有憾焉。泊乎屢膺寵命，載涉通顯，籯金之諺，近播枌榆，鳴玉之班，上冠槐棘。內顧世德，仰銜聖恩，賷首碎身，難可言報。乃賦詩志喜，退食自公，七年已遥，一善盖闕。河内經術，黃閣騰老嫗之嘲；曹風詩人，赤芾疑之子之服。向使挍書天禄，講經石渠，考訂異同，導揚大雅，顧不美哉。至於燮理之大，非迂僻所能；公輔之隆，非養拙之地。謂玄成既自不度德，而元帝亦用違其才，可也。然稽之史傳，宰相不愧爲讀書；掇其家乘，子孫未墜其先業。賦羔羊則委蛇自得，書馬尾則畏謹有餘。不失爲世禄之盛事,俗人之羨賞焉。

朱博論

金　鉽

夫重載萬石,非斗筲之量能容;遐塗千里,詎駑駘之材可及。以朱博之吏治精能,官聲顯赫,卒之任刺吏而優,登宰相而絀者,誠以器固有極滿焉,斯欹鼎本可虞覆之則折故也,論者惜之。以爲少負奇節,士夫得任俠之名;壯試吏才,佐史有神明之譽。使朝廷量能授職,因地擇人,不内召爲大官,但外用以長吏,則必治平之績,第於京兆三王;循良之稱,軼於潁川四長。垂諸青史,當無忝一代之名臣;完其素行,奚至墮平生之大節哉?

吾謂此説不然。博爲吏,固有四不可者在也。昔西曹醉飽,不求從吏之疵;東雒簿書,猶閔郡丞之老。豈必上下聳息,鉅細鉤稽,始足見能吏風規哉?博則斥罷掾史,惶怖功曹,敕王卿而失色,問尚方而服狀。武健自矜,操切已甚。暴公子之冠劍,盛氣横加;趙大尹之銗筒,嚴威寒慄。有乖寬大之體,甚非忠厚之心。此其不可用者一也。

漢自元鼎以來,文網嘗密。郅都負蒼鷹之鷙,寧成挾乳虎之威。延年論囚,十里報流血之慘;温舒决獄,一月起頓足之歎。張杜之名聳夫聞聽,馬班所紀累夫簡編。博則承其嚴酷,習爲武譎。用爪牙之吏,張綱絡之塗。政尚誅殺,治鮮愛利。較之仇香長厚,公庭非枳棘之棲;劉寬温仁,聽獄以蒲鞭示辱,得失之間,相去盖將霄壤焉。此其不可用者二也。

夫詡治潁水,稱掾吏爲師;瑨理南陽,謂功曹爲守。誠以指臂可效,葑非莫遺。藉將折節之恭,因受虚心之益。矧乃詩書稱説,非小儒之瞢言;經術比傳,固名卿之宏器者與?博則嚴拒諸生,逆折儒吏。罷議曹而不用,挾律令以爲能。鄙棄聖賢,畔離道德。獨不聞子弟學官之教,蜀美文翁;公卿刀筆之譏,廷争汲黯乎?此其不可用者三也。

若夫交遊豪傑,結納卿相,矜俠烈以盜名,取恩仇而快意,此乃南陽趙調，盜跖之居民間；東魯朱家，奸猾之扞官法。博則職任長官，行同俠士。既滿門之致客，復解劍以與人。豈非郡國作奸，鄉曲武斷。類布衣之郭解，報及睚眦；效推轂之鄭莊，無其謹厚。此其不可用者四也。

或者謂峭蕆爲方蜀守，容非仁政；脂膏不潤孔君，豈愧清修。觀其寢必早興，食無重味，酒色遊宴非所好，微賤富貴不爲更，誠可謂廉儉者矣。不知濟南太守，素號公廉；扶風監司，亦云孤立。公孫慚相業，而著粟飯之清；王崇墜家聲，而表囊衣之潔。天下惟忍人能矯行，僞士好匿情，正未可因一節之長，而掩百行之醜也。或者又謂博伉俠好友，節義著聞。當其閒步去官，變名就獄。三年侍側，視飲食而劬勞；五毒備嘗，爛肌膚而慷慨。雖復索盧請代，陸續引辭，戴就之扞郡守，廉范之充獄卒，何以過之？然而博所友者，陳咸與蕭育也。胡以咸憂可共，育好不終。始同王貢之彈冠，終等張陳之隙末。盟渝車笠，見笑於越人；誼重漆膠，負慚於雷義。豈厚薄之有殊與？抑反覆之不常與？口實之貽，肺肝如見矣。總而論之，博爲人蓋性情譎詐，心術險巇。有小人之才，無君子之德。即使郎官就職，牧令終官，亦將如義縱賊深，畿輔受其塗毒；楊興傾巧，朝廷爲所詆娸。矧復重寄鈞衡，洊升台輔，威福因而自作，功名無以善終。遂至誣陷孔光，諂諛傅晏。附定陶后而希寵，奏高武侯而伏罪。計成宵小，遽乘主父之奸；獄構大臣，乃受息夫之禍。蓋其所由來者漸矣。

嗟乎！薛宣良吏，官貴則失令名；黃霸仁人，位高而損風采。自來居鼎司之任，而貽覆餗之羞者，比比然也。以是責朱博，博罪豈盡於是哉。

周孝侯論
顧錫祥

天有闕蝕，不累於覆；地有崩弛，不累於載。人介乎天地之間，不能無過，卒不害聖且賢者，善復常也。孔氏之門七十子之徒，惟仲子勇於義，有過則改，善復常也。西晉之時，有周孝侯者，吾甚重其善復常矣。過之於人，猶疾之在身也，昔疾今愈不爲疾，昔過今改不爲過。孝侯縱情肆欲，爲害鄉曲，一時之疾也。既入吳尋二陸，勵志好學，疾愈矣，不謂之疾也。射南山之虎，斬長橋之蛟，猶夫人之所能也。以射虎斬蛟之力爲自治之勇，聖人賢人之事業也。過勿憚改，孝侯有焉。齊萬年之反，使孝侯得都督關中，則萬年必禽。使孟觀以精兵萬人爲前鋒，則孝侯亦不敗。從古大將未有孤立無援受制於人而能成功者。然而人臣盡節，不宜辭憚，仲子所謂食焉不辟其難者，孝侯蓋不辟其難矣。

蔣濟論
章際治

嘗謂千古篡奪之禍，必成於一二大臣之手。大臣苟稍存骨鯁，彼謀爲不軌者，雖陰鷙殘賊，亦必斂抑而不敢肆。惟一二老成碩望，素號爲國家柱石之臣者，亦陰助其所爲，其黨遂昌言無忌，其人亦遂泰然居之而不疑，而國事不可問矣。

吾觀王莽之篡漢也，成於劉歆、孔光，曹丕之篡漢也，成於華歆、陳群。彼四子者，豈不世受漢恩爲國家柱石之臣哉？而顧陰助丕、莽，以遂其篡奪之志。漢祚之不終，四子之力也。乃吾觀於蔣濟，而歎魏之卒成爲晉者，濟實有力焉。當夫漢圍樊城，于禁戰敗，魏武欲徙都避之，司馬宣王獨以爲不可，濟之說即與宣王同，其黨附司馬，已可概見。然猶可曰國之大計宜爾也。至曹爽秉政，濟時貴爲太尉，苟不善爽之所爲，不妨爭之於魏主之前，何乃乘爽他出，隨司馬屯兵洛水以拒之，其黨附司馬之實跡一也。爽雖在外，苟從桓範計，奉車駕幸許昌，招外兵以圖司馬，於事未必無濟。故宣王於桓範之出，曰智囊往矣。濟則曰：駑馬戀豆棧，必不能用。若深幸爽之庸懦者，其黨附司馬之實跡二也。宣王使許允、陳泰解語爽，爽尚未決意罷兵，迨濟爲書達宣王之旨以誑爽，而爽遂夷滅，其黨附司馬之實跡三也。濟辭封邑，疏曰：臣忝寵上司，爽敢包藏禍心，此臣之無任也。太傅奮獨斷之策，陛下明其忠節，罪人伏誅，社稷之福也，其黨附司馬之實跡四也。宣王奏爽曰“太尉臣濟，尚書令臣孚等，皆以爽爲有無君之心，不宜兄弟典兵宿衛”云云，其黨附司馬之實跡五也。

夫爽之誅夷，誠不免於自取，然濟四朝元老，何不諫之於前乎？且司馬之誅爽，豈眞爲國哉，其心固行路之人皆知之矣。而濟顧黨附之，即謂晉之篡魏，濟實成之，亦奚不可。先是，民有誣告濟爲謀叛主率者，太祖聞之曰：濟如有此，吾爲不知人。嗚呼！濟雖不叛於形跡之間，而實叛於隱微之内，太祖終不免爲皮相也夫。

蔣濟論

劉　翰

蔣濟以隨司馬懿誅曹爽功，進封都鄉侯，邑七百户。上表固讓。孫盛曰：蔣濟之辭邑，可謂不負心矣。《晉紀》《世語》皆言濟病失信於爽，發病卒。嗚呼！是皆爲濟所愚也夫。濟才智之士，司馬懿之心，雖曹爽昏瞀，猶能屏之而爲之備，豈有濟不知懿之爲人者？知其爲人而與之共事，以爽庸才無大計，久必自敗，故去爽而自結於懿也。結懿不可無明效，故貽書以誘爽，殺爽必薄於時論，故僞病以明心。陰既立效於懿，又外飾人之耳目，濟之術亦狡已哉。且夫圖厚利者敗名，享大名者遠利，名利之際不可得兼者也。濟欲得附懿之利，不欲居負爽之名，爵邑則固讓而後受，不幸病將死，又自言失信於爽，若爲之抑鬱而死者。既致爽死以爲己利，又惜爽死以爲己名，名與利皆取於爽之一身，是不特賣爽於生，而且賣爽於死也。懿誅爽爲負約，濟誘爽使受誅，陽爲不忍爽死之言，以愈顯懿之負約，同以誅爽爲利，而懿得惡名，濟得美名，是不特爽爲濟所賣，而懿亦爲濟所賣也。假使魏國再振，懿即伏誅，濟必大用，何也？以爲濟深惜爽死，本非懿黨也。假使懿行篡弑，遂有天下，濟亦必大用，何也？以爲濟代謀爽，本附己者也。嗚呼！人如濟者，可謂舞其才智，而甘於負心者矣。劉子陽善持兩端，劉放、孫資顯附司馬，臣祚廁濟於其間，其得《春秋》微顯旨哉。

陶侃討蘇峻論

陶承潞

陶侃忠義之士也，有大功于晉室，而《晉書》本傳及溫嶠、毛寶等傳，多誣侃之詞，殆因侃生前輕侮王導、庾亮輩，身没之後，繼起無人，作史者迎合時意，橫加誣衊。唐初修《晉書》，未及追改耳。他且勿論，即如討蘇峻之役，本傳言：京都不守，子瞻爲賊所害，溫嶠要侃同赴朝廷，而侃以不與明帝顧命爲恨，遣督護龔登赴嶠，而又追回，至得嶠書激怒而後自行。又證以溫嶠、毛寶二傳，則其狥私觀望，無心國家，痕跡昭然，不忠孰甚焉。然跡其生平所爲，與當時士大夫所稱許，有斷然不出於此者。

考《成帝紀》咸和三年春正月，溫嶠帥師救京師，次於潯陽，侃遣督護龔登受嶠節度。至王師再敗，侃子瞻遇害，庾亮奔潯陽，則皆二月事。至五月，侃與嶠、亮舟師四萬，次于蔡州。然則侃之遣將赴嶠，在皇輿未覆以前，而《傳》載侃遣登則在京師不守之後。紀、傳乖牾，顯系史臣欲以坐視國難誣侃，故倒書其事以曲成其罪耳。夫當峻初畔之日，雖兵逼京畿，而内有卞壼，外有溫嶠，其才皆足以辦賊。侃鎮荆襄，荆襄爲上流重鎮，接壤胡蜀，設令悉師赴嶠，狡虜聞之，乘虚而入，則荆襄危已。無荆襄，是無國家也。故既不自行，並欲追回龔登，以顧根本。迨乎卞壼既死，石頭不守，溫嶠獨力難支，王導束手無策。侃得嶠一紙書，即戎服登舟，晝夜兼進，蓋京師未失，諸賢並在荆襄，爲國家重地，自當以荆襄爲重；京師既失，少帝、太后並見遷逼，爲臣子者，星馳赴難，義不容緩，又當以京師爲重。侃之先遲遲而後奮迅者，正其見幾明決，熟籌乎緩急之宜，不敢以輕率而行，重貽國家憂也。乃論者徒拘牽于舊史之詞，不深察古人之心，橫生異議，豈不重誣古人哉？

又其時湘州刺史卞敦擁兵不下，唯遣督護苟璲領數百人隨大軍，侃切齒忿之。峻平，奏敦不赴國難，無大臣節，請檻車收付廷尉。使討峻之時，侃果觀望不前，如舊史所云，復有何顏以責敦，即敦亦豈甘受其劾而不一置喙邪？觀於侃之責敦甚嚴，則知平峻之功，嶠雖居多，侃實主之。彼舊史所載，皆誣侃之詞，非實錄已。

宋吕祉論

孫同康

吕祉，妄人也。史稱其平日語言儇佻，嘗謂若總一軍，只通明堂大禮，便可縛劉豫父子。厥後酈瓊之變，祉及於難。大言不慚之人，可以之爲殷鑒。然吾嘗統觀南宋之事，竊以爲不當罪呂祉而當罪張浚，何也？激酈瓊之叛者，祉也。用祉者，浚也。方淮西易將時，參將張守力止浚曰：必欲改易，須得一人能服諸兵官者方可。浚曰：正謂有其人，故欲易之。噫！浚之意，殆真以祉爲能服諸兵官者歟？雖然，浚亦非真知祉之能服諸兵官也，特與岳飛爲難耳。浚嘗與飛論諸將，兼及祉，謂欲以爲督府參謀領淮西軍。飛曰：呂尚書不習軍旅，恐不足服衆。浚艴然曰：固知非太尉不可。悻悻之意見於詞色。故浚之用祉而不疑，非真能知祉也，欲使僥倖立功，以塞岳飛之口而已。大臣謀國，顧宜如是哉？浚之在江上也，遣祉入奏事，所言誇大，趙鼎每抑之。高宗謂鼎曰：他日浚與卿不和，必呂祉也。既而浚果信祉讒言，與鼎論事，輒不合。知臣莫若君，旨哉斯言。蓋祉之爲人，巧言如簧，善於構釁，而浚又輕銳好名，凡士之有虛聲者，悉欲羅致之，故常墮祉術中而不悟。當是時，浚子栻方以道學馳名江東，父子並爲宗主。諸公要人，非其門生，即其屬吏。從我者謂之君子，違我者謂之小人，標榜之風靡所底止。五路復兵三十萬，無一人敢言浚之罪者。至紹興四年，辛炳劾之，亦祇退居於福州耳。綜其生平，如淮西之役、符離之敗，均於宋之大局有損。南渡之不能復振，浚殆不得辭其咎矣。

　　吾故統觀南宋之事，不罪呂祉而罪張浚也。後之有天下者，誠得如呂祉其人，當斥而逐之，勿使在朝。蓋使之在朝，則彼能爲大言以欺世，一旦有事，在上者聞之，易爲所惑，以爲此人可定大難，而付以重任，卒至喪師辱國，貽敵人羞。幸能如祉之臨難而死，已稱烈士矣。又其下者，且或忍辱偷生，罔顧名義，曾不轉瞬，又復奔走形勢，結納權貴，以求宦達，良可恥也。若得如張浚其人，亦當斥而逐之，勿使在位。蓋使之在位，則彼能以虛名籠絡天下士，天下有事，則授私人以兵柄，而國家之財力名器，祇供其一擲。天下無事，則結黨援以盤踞於朝廷，而觝排異己者以爲快。其究也能使在廷之臣箝目結舌，莫敢議其舉動之非。幸能如浚之不持和議，已稱賢相矣。又其下者，且或交通蠻夷，把持朝局，假富國之名，以濟肥家之私，聚斂積實，不知紀極。嗚呼！大臣若此，欲求天下之治，烏可得哉。吾因論呂祉，而比類及之，使彼才如呂祉，而不能如祉之臨難而死，位如張浚，而不能如浚之不持和議者，知所愧焉。

《宋史・理宗紀》論曰：自帝繼統，首黜王安石從祀，升濂洛九儒，表章朱子四書。後世有以理學復古帝王之治者，實自帝始，廟號曰理，其殆庶乎。然理宗知真德秀、魏了翁、吳潛之賢，不能用知史彌遠、丁大全、賈似道之奸，不能去依附强元，藉報宿憤。顧乃會師定約，無異海上之盟，疆圉日蹙，國隨以亡。然則理學竟無益于人國乎？抑正心誠意不能治國平天下乎？史臣著論抑揚不得其實，豈與道學立傳皆有私意存其間乎？試詳論之

沙元炳

托克托撰《宋史》多出於歐陽圭齋、虞伯生、揭曼碩之徒，其繁猥既甚，而是非未能盡實。蓋自洛、蜀黨分，門户之見迄南渡而不息。史官意在表章道學，故於比同者皆曲爲回護，多方諱飾。而寶慶以後爲尤甚，《理宗紀》論謂後世有以理學復古帝王之治者，實自帝始。吾竊惑焉。夫理宗因彌遠得位，進不以正。妃侍内變，奸惡外頲，惑强元歸地之謀，昧守緒唇齒之喻，天下後世無不知爲庸弱之主也。徒浮慕道學，虛應故事，録張、呂之子孫，贈程、朱之爵謚，而真、魏諸賢方用旋屏。見其書則好之，有其人則棄之，則非有志儒學者可知也。彌遠得政，祇欲反侂胄之局，故弛僞學之禁，陰以儒術附和人主，籠絡天下，而慮爲朱學者燭其奸而發其隱也。故外尊朱學，而偏錮真、魏。彼其心非優朱而黜真、魏也，朱學明於理宗，欲錮真、魏而斥朱，則慮人主之不信，因使其徒李知孝、梁成大等斥真、魏爲小人，爲背於朱學。於是道學愈崇，而真魏愈罷，此奸回之黠也。史臣以彌遠推崇道學，遂不列奸臣之傳，於謀廢濟王事并諱而不書，毋乃溺於所尚而紊其實歟？於彌遠且若此，況理宗歟？竊謂宋末之講學，猶晉季之談元。談元尚老莊，以清静放曠爲務而晉亡。講學宗孔孟，以身心性命爲歸而宋亦亡。非講學禍人家國也，蔽於所處之勢，而騖於名也。講學本正心

誠意之旨，治必三王，術必孔孟，曠日持久，未必其無效也。宋處偏安甫定之時，當百戰方張之寇，如以羸頓之軀，患疫癘之疾，藥以瞑眩，猶慮弗瘳，而治者乃曰：「吾培其本而舍其標。」則其疾有不能待矣。

道學之於世，聽其言則是，而究其實則難行。在上者因表章已往之言，以收崇德美名，而不與之圖功。慕道學者，知名之可以言得也，益肆力於義理之説，而不計時勢之可否。端平以來，尤尊朱學，士大夫皆援附朱氏淵源以自重。列傳所書從朱熹學者，實繁有徒，而其間實有得於朱學以克濟國事者，則寥寥也。理宗不能任賢以圖治，而徒以虛名倡天下，驅天下有用之材，盡出於空虛之途，而國愈不振，則理宗之爲理，名焉而已矣。元人修史，大概祇就宋舊本稍爲排次，而其書實出於道學之徒，故特創道學一門，以示褒異。理宗爲倡明朱學之始，遂推尊不遺餘力。嗚呼！豈非史臣之私哉。

前　題

吴翊寅

一代開創之君，文武必有所偏重，及積重既久，漸成難返之勢，故祖宗收其功者，子孫必受其禍。唐之弱也以鎮將，宋之弱也以儒臣，雖皆非意料所及，然可逆睹於其先也。宋太祖尚儒術，踐祚之始，臨視太學，繪聖賢像自爲贊，書孔顔座端，徵處士王昭素講《易》。太宗垂意科場，擢邢昺九經及第，其時白鹿洞學徒已數千人。天子置三館，立崇文院，學者翕然向風，可謂收儒術之效矣。至哲宗時，濂洛學盛，其所講習皆空虛性命之談。南渡而後，紫陽繼之，道學愈崇，宋祚益以不振。理宗爲史彌遠所援立，材質之闇，本無足稱。終其身制於權相，溺於寵妃，附元滅金，馴至傾覆，其故何哉？慕道學之名，忘積弱之禍，勢有偏重而一時君相無撥亂反正之具也。故唐以用鎮將敗，宋以用儒臣亡，其致一矣。

且夫道學之名，程朱爲大。程子於元佑朝除崇政殿説書，爭坐講、立講之儀，謂可成就君德。及與蘇軾口語參商，其門人賈易、朱光庭等竟騰彈章，劾以訕謗。程子知之是不恕也，不知是不明也。發難在洛，則蜀黨轉可從末減，而洛党職爲厲階，禮讓爲國，程子聞之乎？競心未化，而欲君德之就，難矣。後世斥洛學飾怪驚愚，不能爲程子辨也。朱子慶元間與趙汝愚同朝，侂冑以謀危社稷，傾汝愚國子祭酒，李祥抗疏直言，一時讜正連章申救，太學生楊宏中等亦皆伏闕上書，以鳴其冤。及汝愚竄永州，朱子草封事數萬言，因子弟之諫，懼以賈禍，緘默焚稿。噫！朱子受帝深知，汝愚之去，安危所關，竟不敢極陳奸邪，以迴上聽。厥後彌遠定策誅侂冑，如摧枯拉朽，然則道學之用，顧遠出權奸下哉。

嗚呼！當理宗之時，雖使濂洛諸儒接踵爲相，猶不足救敗，況徒詔從祀，又何益矣。理宗時所推爲道學者，惟真、魏二人，德秀於彌遠廢立之際，身爲宮諫，不能羽翼儲邸，預折邪謀，前愧魏徵，後慚李泌。既已拂衣高蹈，後被召用，顧又進講《大學衍義》，高語聖賢，其爲彌遠所笑，宜也。理宗奪嫡，實賴史、鄭，德秀豈不知之？濟王被害，以言見逐，彌遠既没，復與了翁同徵。出處之際，不已輕乎？了翁對策遭擯，講學鶴山，被詔再起，方見嚮用。然知邊將之不足恃，戚宦之不可近，而不聞推轂奇傑，交驩大臣。其後拜樞密之命，忽遣視師。開府未久，旋又内召。理宗之不能用賢，何足深責？獨怪了翁久負時望，無確乎不拔之節，而亦與時俯仰，受群小之推排，而於國家無毫髮之益也。

嗚呼！理宗空談性命，既不足以致治平，而真、魏又皆儒生，無宰相之器。宋以儒術倡天下，其後君相崇尚道學，卒無補於滅亡。郝經以漢似夏，唐似商，宋似周，謂之後三代。周不禁暴秦之起，宋亦何能禁强元之興哉？斯又非理宗之過，而積重難返，其勢有必然者矣，彼史臣胡足以知之。

《吳都賦》蕉葛升越解

章際治

左思《吳都賦》："桃笙象簟，韜於筒中。蕉葛升越，弱於羅紈。"劉淵林注云："蕉葛，葛之細者。升越，越之細者。"近人段玉裁云："升當作竹。蕉、葛、竹、越，畫然四事。原注以蕉葛、竹越爲二事，恐非。"引《史記·夏本紀》正義云："東南草服葛越蕉竹之屬。"謂此句全用《吳都賦》而作竹，不誤作升,又錯互其辭,明竹與越不爲一事也。

際治案:升爲竹字之誤,確不可易。分蕉葛竹越爲四事,恐尚未然。此句與桃笙象簟對文,桃笙、象簟爲二事,蕉葛、竹越可分爲四事乎?考《魏都賦》張注、《吳蜀二都賦》劉注,本皆太冲自爲,而託名於張、劉,果畫分四事,不應錯繆若此。葛,本爲絺綌之草,後因名絺綌之屬曰葛,如葛布之屨曰葛屨是也。蕉葛者,以蕉爲之。《藝文類聚》引《廣志》云:“芭蕉,其皮中莖解散如絲,績以爲葛,謂之蕉葛。”段氏引以爲蕉布之證。愚謂《廣志》明云:“績以爲葛,謂之蕉葛。”乃蕉葛之證,非僅蕉字證也。《漢書·江都易王非傳》:“閩侯遺建荃葛。”服子慎注云:“細葛也”。蕉葛亦荃葛之類,故注以爲葛之細者。下文云:“弱於羅紈。”則非尋常之葛可比。賦意蓋重在蕉也。越本國名,越地所産之布,謂之越布,後遂名之爲越。《後漢·馬皇后本紀》:“白越三千端。”李章懷注云:“白越,越布。”是也。竹越者,以竹爲之。王符《潛夫論·浮侈篇》云:“葛子竹越筒中女布。”《後漢書》本傳載之,今本竹亦皆誤作升。注引沈懷遠南志云:“布之品有三,有蕉布,有竹子布,又有葛焉,雖精粗之殊,皆同出而異名也。”案沈氏所謂竹子布,當即竹越。本賦“桂箭射筒”注云:“始興以南,又多小桂,夷人績以爲布葛。”小桂者,桂竹之小者也,可績爲布如葛,亦竹越之證也。下文云:“弱於羅紈。”則非尋常之越可比。賦意蓋重在竹也,不然,葛越皆恒有之物,何足罕異。惟以蕉爲葛,以竹爲越,斯爲罕異耳。猶笙簟亦恒有之物,惟以桃爲笙,以象爲簟,斯足罕異也。劉注本不誤,段氏譏之,不免似是而實非。至《史記》正義“葛越蕉竹”云云,當是張氏誤引,不得據爲四事之證。否則,如《尚書·禹貢》正義云:“葛越,南方布名,用葛爲之。”下即引此文爲證,是并誤爲一事也,亦可據爲一事之證乎?段氏之説,蓋考之未審矣。

讀蔡邕《警枕銘》

姚彭年

警枕有古今之分,嘗讀蔡邕《警枕銘》云:“應龍蟠蟄,潛德保靈。制器象物，示有其形。哲人降鑒，居安慮傾。"玩其詞，似與後人所謂圓木小枕，絶不相類，意者即今之睡椅，其承首處作枕形，倦則取以假寐少傾，當自警醒，故有警枕之名與？曹操在軍中常用小木圓枕，錢鏐在軍中未嘗安寢，亦用小木圓枕，熟睡則欹，由是得寤。欹也，寤也，枕之所以爲警也。然此乃後世之警枕，襲用古名，非蔡銘之警枕也。蔡銘之警枕，即《禮記·少儀篇》之穎，鄭注云："穎，警枕也。"焦氏《禮記補疏》嘗引蔡《銘》以説曰：《説文》：傾，仄也。穎從頃，與傾同聲。警枕之名傾，猶畚之欹者名筐傾也，文承上枕几而言。臥之所憑爲枕，坐之所憑爲几，坐而欹臥者爲穎。穎之爲器，蓋擁之於後，坐久倦怠，欹倚於上，取義於傾仄，故名穎。穎、倚，一聲之轉。其背高仰可承首，故有枕名。并使身背有所依，故又謂之倚。倚之字或作椅，亦謂之几。漢晉以來謂之胡牀。《語林》云：憑几之制，狐蟠鶴膝，曲木抱腰。鄒陽《几賦》云："乃成斯几，離奇彷彿，龍盤馬回，鳳去鶯歸。"其語皆與蔡《銘》"應龍蟠蟄"相合。《演繁露》謂几即今之胡牀，《稗史類編》又云："胡牀，今之交椅。"然則蔡邕之"警枕"，即古之胡牀，今之交椅，背有曲木，形似龍蟠，與後世圓木小枕迥別矣。

文六

七洲洋賦有序

楊　模

案：七洲洋在廣東瓊州之西南，交阯之西，爲中西舶道出南洋必經之路。考徐松龕《瀛寰志略》謂其中浩渺一水，無島嶼可認。偏東則犯萬里長沙，千里石塘。偏西則溜入廣南灣，其地形如半月。海水趨灣勢甚急，無西風不得出。故紅毛人以望見廣南山爲厲禁。又云紅毛人最畏越南，其人善泅，能背竹筒，負細縷伇木釘於船底，還登小舟，遠牽曳之，俟擱淺，乃火其舟。又越南人造小舟，名軋船，能攻夾板，然試驗之，皆不確。惟其形勢險阻，實爲兩粵交阯之屏蔽，然自輪船東駛以來，昔之天險皆已化爲夷塗。前歲佛郎構釁，越裳肇禍，寇氛之惡，駸尋及乎瓊雷。

中朝海函地負，慎惜民命，而夷德無厭，方將負其水草之性，矜其爪牙之利，覘隙乘便，以狙擊我援越之衆。故粵西出師，皆出鎮南關陸路，進屯北寧，而未嘗有縱一卒、發一艇以涉南海者。夫以南離巨壑，重溟天險，乃爲犬羊所窟宅，罔兩之塗徑，拱默抑塞，坐視敵艦之從橫，莫之誰何，此亦卿大夫之恥矣。憶辛巳、壬午歲，模嘗客遊粵東，縱觀時局，竊痛越南以積弱之勢，當方張之威，雖以劉團之勇略，滇桂兩軍之聲援，未嘗不戰勝擒渠以挫其鋒，然而河內、南定、桑台接踵淪陷，未嘗見尺土之復，昔夷使倡畫紅江之議，中朝所未允者，且不能復施於今，恤緯之憂，每至流涕。方今朝廷揚厲武節，疆吏整防固圉，滇桂督撫各出重兵，以鎮藩服。誠於此時肅將天威，破狂虜之膽，伸積年之憤，則七洲洋豈非蕩寇之戰場，決勝之樞紐哉。書生談兵，何裨大局，然不能自默，述勢鳴憤，作是賦云。其詞曰：

緊昔成周之隆，越裳來王，德漸海而遠被，澤跨嶺而遐翔。釀化斠雕題之俗，離照炳明都之光。黿鼉之穴永靖，蛟鱷之波不揚。穹龜長魚不登於俎，象犀瑇瑁不升於堂。其雲飛浪泊於南海者，惟有裸國垂繒之民，鮫室負琛之橦。旋螺之船潛伏，捕鯨之網宏張。信乎爲朱維之巨浸，南紀之提綱也。迨夫漢武雄馭，樓船霆走，蠻夷之長崩厥角，方坵之相碎厥首。日南、交阯，歸命尉候。自唐宋以迄有明，雖變亂之時有，而其列版圖而奉正朔者，固歷數千載而共戴我后。惜乎銅頭興暴之年，玉斧畫疆而後，而此冠裳禮樂之邦，遂化爲鱗介波濤之藪。原夫七洲洋者，天吳之所宮，祝融之所都。珠崖北峙以武布，廣南西踞而翼舒。有萬里長沙以扼其阻，有千里石塘以縈其樞。漁舟估舶，數更記鼓。負風而爭趨，則有尾箭之鳥，導引行舟，紅味而綠趺。西則急溜洞漩，半月之灣。不風伯之助順，乃有去而無還。洵天南之雄塹，屹虎豹以當關。況乎海濱之夫，狎水善泅，負竹筒與細縷，出大火以燔舟。亦有軋船製窄且修，可絕其脣，可衝其喉，故西舶之不幸，望見廣南山者，莫不齒擊乎駭浪，膽落乎寒流。然而海有時而爲田，陵有時而化谷。惟彼族之生心，作利器以爭逐。金木相銜，水火相搏，縮萬里於尺咫，渺滄海於一粟。爰有泰西雄國，大秦遺族，地勢利於歐洲，異聞傳之海錄，以干盾爲枕席，以殺戮爲耕作。乃歷太平洋、地中海數萬里之遙，來踞西貢以託足。既而形勢竊據，陰謀日滋，得寸得尺，無辭有辭，蠶食而傅之國都，鯨吞而撤我藩籬。方且倚島爲城，闢海爲池，烽火徹于鎮南之關，羽檄達乎瓊崖之陲。蓋其耽耽而虎視者，尚不在乎南服之從違。我皇上於是勃然興師，赫然命將。桂撫駐北寧，以當其衝，滇撫軍山西，以扼其吭。團軍忠勇，義旗相向，茶火壯其兵容，金鐵鳴其甲仗。蓋將截飲江之馬而擒佛狸，放采石之師以誅金亮。然猶虺毒紛吹，鯨牙高舉，巍巍走林之蛇，落落負隅之虎，聯鐵爲舟，飛丸作弩，船橫海以張樓，艦凌雲而築櫓。蚊血沸乎寒濤，龍腥盪乎怪雨。萬蜃噓氣而障滄溟，六鼇奮頂以撼天柱。吾知驕敵者敗，佳兵不祥，戈楯非可恃之器，攻擊非持久之方。水載舟，舟有時而覆；國恃險，險有時而亡。夫以拿破崙之虎視六合，鷹擊八荒，容若山立，聲若雷硠，殺敵如薙草，鹹酉如探囊，謂可混一歐洲而襲共主矣。乃卒流荒島以罹殃，況乎以不知之將，御孤立之兵，主客之勢異，曲直之義明。猶覆滄海以沃熛炭，彎天弧而掃欃槍。將使帆飛柁折，舷裂檣傾。昆陽之雨復擊於鯤壑，赤壁之火重熾於滄瀛，則此七洲洋者，復歸於颶霧之不作，濤瀧之不驚，豈非海若效順，陽侯挨靈也哉。若乃長波翔躍於若水之表，稍雲同翳於扶桑之東。繙神旗於廣利之廟，沸大鼓於靈芝之宮。餐玉兮安期，合舞兮海童。木華之所詠歎，昌黎之所褒崇，皆略而不陳者，以其無關乎國計，而未足語泱泱之大風。

七洲洋賦

李　安

聖清恢拓區宇，通逮混茫，開互市之往禁，徠殊廷於軒堂。自亞細亞西南而裒出，迤彭亨息力而為疆。厥潄漫以東注，為神輿之南洋。粵東行省，巡撫所治，地當最劇，督臣駐之。蓋自宣宗赫怒，命將詗夷，開幕府，張旌旗，擴軌道，伸皇威，增增於茲焉。西懸大海，實曰瓊州。東南抵乎浩渺，名厥洋乎七洲。吁撼乾以盪坤，故南溟之咽喉。其險阻也，則長沙、石塘，萬里千里，東犯左蹷，西觸右死。雲薄瞳昏，天垂道咞。或終晝而千愓，亦窮宵而百起。徒觀夫瀾汗瀁濕，嵯峨陵立。龍悅忽以呼吹，魚容裔而奔集。於斯之時，撫枕失倦，對盤忘粒。物相厭而駢累，人相藉而橫戢。此交吁而悔遊，彼食終而哇急。雖善舟其若神，猶躇舌而徐入。碧趾朱喙，有鶯其禽，或名神鳥，曳矢於翎。云振羽之所向，若指途而得鍼。豈海若之貴使，覘明靈於沉沉。昔在西漢孝武，英規雄姿，命博德以聲討，平南奧以郡之。鏤皮儋耳，產珠珠崖。後棄不屬，墮乎荒陲。珠官既建，仲謀不國。十縣載定，隨曜以蝕。雖唐域與宋寰，終委渺其無色。逮朝宗於吾皇，繄茲水之有德。內則富良南淶，越南藩邦。北界滇粵，鎮南宣光。厥都順化，崇墉金湯。東南俯海，祿奈允荒。柬浦蕃會，起乎南方。桂象鉛錫，沉楠番香。刓栗栗於文物，又媞媞於賢王。率三歲而一貢，遣陪臣於天閶。皇情嘉其戀戀，納續橢於一匡。命道粵以陳篚，避駭危于湯湯。洄恩百於卵翼，豈諸侯之敢望。暹羅蔓爾，東錯越南。北接滇省，土宇潭潭。犀鹿牛角，藤黄翠毛。豆蔻楓子，方經所高。金面佛服，象輦旍旄。靈符袐咒，夜叉諸天。大成剌部，黄金寶錢。簡簡曼谷，王都在焉。貢道何繇，循乎兹川。發竹嶼而南指，越筆架與真嶼。睹昆侖與鴨洲，攬玳瑁而神舉。闞外羅之一拳，忽若迎而又拒。戴皇靈於靡涯，何飀飀之乖序。若乃龍興初年，助攻明孽，緬甸之功，國史所列。潞江怒流，腹滇而泄。達喇攸居，蒲甘屹巊。東北距乎我滇，道如弦而豈折。繇是以率循侯，度瞻望神京，自秣馬膏軸，登降乎崔嵬之阻，蓋不四十日而抵乎昆明矣。其西南也，逾昆侖之墋岆，越茶盤之業峨。徂訶陵之所邑，撫滔蕩於巽他。彼泰西之輪舶，率假道乎斯河。陟火焰而騁望，恒噓煙而鳴波。痛英法之往毒，雖返地而不瘥。迤東則洛莫麻里，鴻絅瀰迆，松墨薩爾，池問佛理。又北則武羅西蘭、蘇洛安門，萬他德拿，火山焚昏，亞羅地門，倱伅野番，群島雜沓，不可殫論。玉果毒冒，龍涎藤條，並順軌而徑達，又不勩乎迴遼。瓊州大郡，防禦陝區。帝命虎臣，討軍簡徒。將斧鯨而質鱷，豈天威之可逋。於是迮帽短服，黄睛虯鬚，佩寶星於胸際，勒金綫於袍裾。飲湩飽酪之輩，帶劍攜刀之徒，駕危艦，齎重輪，握遠鏡，案海圖，睹七洲之洋而愲愲虩虩者，蓋不知幾夫焉。乃系以詩曰：酈琅莽罠，於皇時清。瑇瑁往域，伊南之屏。有川沆瀁，天險是名。馬崎北屹，大星南峥。崑屯拱揖，群龍攸營。猥哉荷蘭，毒懷蠶并。闞龍不勝，歸船以傾。豈龍之力，戴皇之靈。揚舲言邁，天和日明。於鑠海甸，瀾淪永平。

公慚卿卿慚長賦以慶基既啓有蔚潁濱爲韻

楊 模

顯面何榮，折腰匪病。詩書自芬，閥閱徒競。不見夫東漢名門，潁川著姓。爲虎爲鼠，位不繫夫崇卑；一龍一蛇，祚以之爲衰盛。仰稽祖德，昔則束帶事督郵；下考孫行，今則峨冠奉朝請。繩繩墜緒，若八龍之列慈明；翼翼高軒，彼萬石非無建慶。仲弓濳德，當世令儀。休聲表於剌佐，淑志肇自童兒。轉功曹而豪强不避，補聞喜而徵辟交施。楊太尉高官自愧，袁司徒薦牘紛馳。豈知飾巾可以待老，懸車可以棲遲。黨籍將成，獨吊張讓之室；貞珉不朽，大書中郎之碑。蓋不過太邱一邑之長，而已樹子孫累代之基。厥嗣元方，名動時貴，紹家學之方隆，值黨禍之初沸。居喪滅性，思親悲落木之風；建議匡危，叱董屬橫刀之氣。以視太邱之遠耀國華，靜躭道味，雖曰俯橋仰梓，樹德稍衰；究之蜀弟吳昆，瓜綿靡既。有孫曰群，載傳書禮。授冬官而特掌樞機，列民曹而分揚戟榮。惜乎示敬霸朝，拜官魏邸。徒熟視夫破壁陵君，燃其迫弟。舐牘狀楊，賦鸚黜襧。不茹首山之薇，坐耗長安之米。晚節既見其凌夷，清流益騰夫訶詆。華子魚鋤金賣國，且將聞之而生心；荀文若絕粒捐軀，不免對之而額泚。何前則大鳥不鳴，而今則蟄龍思啓也。史臣於是商榷古今，衡量前後。孰屈而華，孰伸而疚。胡心之高，胡顏之厚。積薪居上，人誇鐘鼎新鑴；亮節無涯，我歎箕裘已垢。汗青千秋，雌黃萬口。老成凋謝，問素履而胥愀；後進軒騰，曜朱輪而何有？是知下士不必非公孤，哲人不必非簿尉。盜名者服夋繡而猶譏，尚德者鄙龍章而自貴。嘗有拾芥躋榮，拔茅征彙。一世抨彈，群言謗誹。試爲述先德而流連，緬宗風於髣髴。未嘗不望古踟躕，懷人歔欷。垂思一溉之禾，棲心再春之卉。所以橘有時而變枳，識繼起之難期；龍可化而爲豬，詎前光之終蔚也。嗟乎！世事累棋，功名畫餅。門第虛聲，繁華泡影。使紀也方德淵泉，群也唾榮台省。荷如班勇承規，而一索延芬；枲比孔穿續舊，而百年垂穎。何至朋舊心寒，高明齒冷。對父書而空讀，祇陪畫象於州城；懷祖硯而長磨，莫問奉羔於古潁。士有奉儒林爲圭臬，溯文範以遵循。慕二方之承則，效八慈之繼塵。抗心郭李之列，奮跡廚顧之倫。山間叢丹桂之馨，我欲求之世外；潁上奏白榆之瑞，君其問諸水濱。

擬唐王子安慈竹賦有序

吳翊寅

案：任昉《述異記》：南中生子母竹，今之慈竹也。又漢章帝三年，子母竹生白虎殿前，時謂之孝竹。群臣作孝竹頌，是慈竹亦一名孝竹矣。王子安序《慈竹賦》，稱其巨葉脩莖，生必內向，叢至千百，不踰咫步。嗟乎！慈孝之性，胡獨鍾於卉物歟？抑卉物無知，而有知者篤天則之誼，故遂錫以嘉名歟？用闡其意，擬爲賦曰：

伊昔枚生，倦游梁苑，睹茂筱之婳娟，惜韶華之晼晚。有竹一叢，蔭不離本。出於遯阰，生自峻阪。初徙植於蘭殿，復移榮於蕙畹。奉光塵兮匪遙，辭故國兮何遠。慚授簡兮猶留，悵裁裾兮未返。窺竹徑兮蔥蘢，睇慈闈兮繾綣。爾其篁脩被潤，篛密緣陂。黛容秀倩，翠影參差。攢雲根而鳳峙，錯霧幹而虯欹。含泠風兮夕弄，孕涼露兮秋垂。檀欒兮池館，挺竦兮軒墀。貞志節兮一千載，報平安兮十二時。似鉤帶之青蔓，非連蜷之碧枝。膺嘉號兮誰匹，緬令儀兮我師。若乃葉葉相當，株株相向。暮靄旋飄，晨暉始漾。花拂檻兮合歡，木繚垣兮交讓。鴉反哺而翎疏，鶴和鳴而響抗。清芬兮遠揚，美蔭兮遙望。萌孝筍而纔坼，茁孫枝而漸壯。添丁逢嫩籜之抽，稚子報新苞之放。循陔南兮蘭有馨，樹堂北兮萱無恙。則有家居淇右，客去湘中。會稽族茂，鄠杜才雄。宸游陪太液之苑，從祀宿甘泉之宮。抽華篸於鎖闥，挹爽籟於雕櫳。莫不徘徊秀樾，躑躅芳叢。身悲斷梗，影怨飄蓬。惜晚景兮易邁，懷春暉兮正融。辭晨昏兮驛路遠，隔夢寐兮關河通。珍筱兮寂歷，幽篁兮蒙茸。林何時而集鳳，杖何日而化龍。別有邛蜀浪遊，山陽覊旅。泣別楚妃，思歸衛女。睹鳳尾之梢雲，傷鸞翎之鎩羽。秋闈驚敗籜之零，歲晚感貞筠之聚。亦復眷戀庭闈，棲遲衡宇。聽陟岵之歌酸，慰倚閭之望苦。況乃柏映冬榮，桐垂春乳。箸拾家貧，蘿牽屋補。寄遠志兮何因，贈將離兮奚取。寧柯亭之一晒，敵渭川之千戶。乃爲歌曰：慈竹兮猗猗，宗生兮漢湄。子母兮縈結，死生兮不離。歷盤根兮錯節，禁雪壓兮霜欺。諒時賢兮有愧，豈卉物兮無知。

擬唐王子安慈竹賦有序

姚彭年

案：《新唐書·王勃傳》：勃既廢，客劍南，此賦蓋是時所作也。序云：廣漢山谷有竹名慈。廣漢，本劍南道。賦云"蓬轉岷徼，萍流江汜"，與《入蜀紀行詩》自序云"抵岷峨之絕徑"，本集楊炯序云"遠遊江漢，登臨岷峨"

所言悉合，其爲客劍南時所作無疑。子安自長安入劍南，在總章二年五月癸卯，《入蜀紀行詩·序》自言之。此賦當作於是年冬。《文苑英華》次《澗底寒松賦》一百四十三，《慈竹賦》一百四十六，《青苔賦》一百四十七。《寒松賦》序云“歲八月壬子，旅遊於蜀”，依唐曆推之，總章二年八月正有壬子，則《寒松賦》是年秋所作也。《青苔賦》序云“吾之旅遊數月矣”，承八月旅遊言之，則數月定爲冬也。《慈竹賦》云“白藏載謝，元英肇切”，又云“河堅地裂”，是秋盡冬至時，故次在《寒松賦》後、《青苔賦》前，信乎爲總章二年冬所作也。子身遠遊，骨肉間阻，借物自況，兼傷文字之厄。賦序所紀，篇末所言，胥如見也。

　　余以總章二年，旅遊蜀中。朔陰肇臨，忽忽數月。遠阻定省，違念昆季。顧瞻階庭，慈竹叢柢。生必向內，不忘本初。固廣漢山谷之種，孰爲徙於此也。感興歸思，百喟并陳。乃爲賦曰：

　　繄梓南之殊質，挺修莖於嶺嶰。張翠葆以風翕，鏤青瓊而露腴。攢根咫步，縈苞千株。繁葉初俯，崇柯交扶。茂同體之高節，臨嚴冬而未渝。乃延賞於流俗，遂播陰於下都。觀其綺雲朝銜，頳曦夕翳，茂族幽皐，駢林涼砌。屈楚賫於十霜，邁文筊於千歲。鳳翎梳竿，龍膸沓柢。抱遠靄而知寒，愛燠陽以自衛。懼孤秀於庭表，衍叢陰於晨霽。爾乃子母惓惓，孝義秩秩。耿純青於寸心，郁貞景於愛日。祥龜在庭，慈烏繞室。粉籜戴珥，蒼珂修櫛。下有忘憂之草，上有抱蒂之實。至若孤客方矚，幽巖已遷。戛冰戰冬，負雪娛年。邛山之修杖不復，南海之殘根獨全。文藻布濩，心情邈綿。豈易土以預樂，銜美名而非賢。故夫榮枯貞命，愛憎委心。惟勁節之自守，任殊方之景臨。眷微物其駢抗，美嘉德於杳深。幸藏節以韜晦，猶茂文而振陰。嗟旅軀於岷江，望骨肉於南嶺。渺中庭之猗猗，愧遐慕之耿耿。於是青琴橫怨，碧琬弄影。馳悒萬里，如挹慈景。

擬黃文江秋色賦
王家枚

少昊司衡，天高日晶。潘岳於是萬緣寂，百感生，託哀樂，狀枯榮。生世如斯，識盈虛之有素；乾坤易者，慨草木之無情。於是騷騷屑屑，金颸扇出。氤氤氳氳，羅雲織成。日當頭而色薄，霜落鬢兮心驚。節屆火流，大陸之烏輪西逝；時當木落，衡陽之雁陣南征。於是蓐收整轡，漢渚調磋。波闊寫洞庭之句，楓冷動吳門之吟。天邊之落木蕭蕭，橫飛露甸；江上之青峰歷歷，爭出霜林。則有賦閑村墅，養拙郊扉。籬菊金燦，圃蔬翠肥。繞門則雲水百折，排闥而煙巒四圍。儘饒幽事，盡息塵機。偶尋碧嶂丹崖，屢攜樵徑；爲愛白沙翠竹，竿拂漁磯。若夫遠郡分符，孤臣去國。煙月情凄，關山目極。柳絲縉客路之愁，楓葉換離亭之色。夕陽欲紅不紅，江水似黑非黑。青衫落魄，恨飄謫宦之舟；赤壁感懷，醉灑浪遊之墨。至若玉宇初霜，璇閨夜涼。懷人夢短，望遠心長。感篋中之紈素，撫機上之流黃。我所思兮，大漠之臙脂邈若；君猶記否，遠山之眉黛描將。而況遣戍遼邊，屯營大磧。風色翻旗，星芒射驛。日黯黯兮百草枯，路漫漫兮群陰積。身悲異域，埋萬里之沙黃；愁寄隴雲，鎖四天之暮碧。莫不辰曰凄辰，節曰商節。俦色揣稱，爭工點綴。維時坐客聞之，怡然自悅，謂君有賦才，僕當藏拙。胡不詠春色於皇州兮，爲古今之獨絕。

賦賦<small>以賦者古詩之流也爲韻，並序</small>

陳汝恭

藍蓴非貴，職藝府而較優；文章有神，澤華諝而彌寵。是雖工蠹，實維典度。揚大夫壯悔何追，庾開府遠憂所寄。僕生非莊舄，思苦張衡，秋士九蹀之傷，行年四十；文簏廿載之祕，積塵萬千。鬻長門以無期，閉下澤以自瀉。舊翰無恙，新章强成。曷以解嘲，沈休文之託賦；未能寄采，温飛卿之見懷。反余初蹤，榮及枯墨。其辭曰：

縶一士兮未遇，抱古芬以見素。弄柔毫於恢胎，蓄藻思於方鑄。寂居十稔，熟誦千賦。安章宅句，順軌協度。將以質之慧宗，獻之當路。猶復拾香獵豔，討源披流，上下百代，縱橫九州。爾乃馳驅風騷，掘掇淵雅。荀況右掖，唐勒左把。前屈宋，後枚賈，挹王揚，拱班馬。興楚盛漢，極古作者。他若仲宣、偉長之倫，太冲、安仁以下，士衡文字之初拓，景純詞源之倒瀉。規沿可師，繩墨相假。蘭成而後，未暇及也。故夫朝振茂實，夕啓大冶。已忽忽其將中年，猶勞勞未之或舍。然後祝妃阿，賞基夷，淘秎滓，囊秭詞。天地入抱，山川貢奇。趨三乘之最上，挽十家於未遺。鉤幽擷元，翔態舞姿。遲則研京之作，捷則奪席之詩。手無漬鱉，胸有鑪錘。獨主張是，能神明之。妙萬言之競出，賞千金而莫辭。胡白巾之兀兀，對青鐙而遲遲。苦射帛之未效，復槖筆其何爲。豈藝事之毫末，阻大匠之委蛇。景孔門以修遠，銷歲月以曷追。於是坐愧卞璞，儃撾布鼓。悵然登高，如見終古。

賦賦 以賦者古詩之流也爲韻
姚彭年

緊元藝之初定，規中聲於大素。討風騷之俶胎，協根埏之軌度。挹醲郁於未渝，鼓藻采於方鑄。嘗先文以成思，乃鉤韻而掇句。握明珠其蛇蟄，翻素錦以鳳吐。體範金而躍鞲，言鏤玉而淬露。極妍秘之盡神，爲群謂之宏賦。是賦也，盛於炎劉之朝，洎乎魏晉以下。慧地雕龍之所稱，法言女蠹之所捨。揖英傑於十家，脂樞轄於二雅。際六朝而龍綺交錯，越三唐而鶉衣漸撏。總亂之士，上燼殘熄。剪美秭以區辭，操麗則以就冶。是故腴無害骨，質不傷野。各司其元，代有作者。爾其翼天章，繪汗宇，江海壯波，山嶽擎柱。窺地軸於八表，鞏京都於三輔。明堂辟雍，郊宮冊府。皇殿上囿，千門萬戶。十稔所不能竭，六力所不能拄。隻手直達，萬景爭取。象閣麗而成儀，步從容而景武。渾乎扶風之傳，超乎梁園之矩。是爲健才，可與道古。至於驅遣庶品，闡維巧思。草木華實之畢致，蟲魚鳥獸之分司。古器在御，殊珍自持。鏤雪琢月，呈態弄姿。渺神智於一髮，組文章於寸絲。言小而溧潔，質工而藻披。討開府之遠韻，汰茂陵之冗辭。惜文翰以韜澤，肖微貌而貢奇。是亦藝府之絜，猶然定聲之詩。別有哀樂區性，榮枯傷時。匪吳郎之嘉會，即江生之別離。或登高以弔古，或空帷而獨悲。託微情其欲訴，接元感而前知。馨楮不盡，含毫自怡。長言淵乎其番首，短章朗然以列眉。真純之變，哀豔之遺。無體例之自限，任余情之所之。若乃試院之士，白戰之儔，攢三聚五，景春眷秋，迫寸晷以求捷，綜繁絲而獨抽。躍文梭於龍鼎，招哲匠於鳳樓。當是時也，苦思既構，妙韻先搜。工速必備，稹纖必周。按律度而胥中，遵程途而共由。摩空聲入，煥章錦投。課木天以方軌，獻金殿而比優。是又駢儷之盛製，非復莽倅之同流。夫俗尚者道污，曲高者和寡。金聲必藉於擲地，紙貴必寵於傳寫。未識氣於張、雷，奚蚩譽於屈、賈。千金之買無聞，獨角之笑易惹。望重門以無期，搜殘篇而盈把。耻負鬻於通衢，庸賤儕於擲瓦。式文苑之先型，幸歲月之斯假。將誦千首以終身，俟孔門之用也。

山川能説賦以形勢故事鄭君兩讀爲韻，有序
趙世修

案：士有九能，一曰山川能説。《毛詩》孔氏正義云：行過山川，能説其形勢，而陳述其狀也。《鄭志》答張逸之問，云：説者，説其形勢。或曰述，述者述其故事也。蒙以爲從孔氏之義，專言形勢，似近於偏，不如從鄭義，合形勢、故事兩言之。蓋古人立言，有一字而異讀者，實因正音、轉音之分。有正音以定形聲之準，有轉音以通文字之窮。説本錢氏大昕《潛研堂答問》。鄭君兩讀，正此義也。遂賦之曰：

矚中區以逞辯，攬廣輿而振靈。詳稽括地之志，窮探大荒之經。是將伸奇八極，演奧四溟。崇論嶙峋以嶽嶹，恢言浩博以淵渟。神皋靈瀆之睇覯，瑋觀瓌蹟之深冥。莫不陳阨塞，述典型。抒德音之金玉，爭英光於日星。放言而九州抵掌，遊神而萬象在庭。聞之者舌橋而不得下，道之者口啓而不復扃。名山大川，君子戾止，固能使考據之不失實，摹繪之無遁形。則嘗雅什披廊，遺墟溯衛。高邱屼屼以望楚，河流湯湯而昒濟。亦既可興可觀，如帶如礪。然而六宇之所包，九能之所繫，太史輶軺之所畢通，遠人航機之所廣蒞。何山無輝，何川不麗。東瞻琅琊，渤海之雄邈；南指衡霍，瀟湘之迢遆。西則有岷嶓汧渭之控引，北則有壺梁恒漳之巍濟。峩區綿亘以連屬，通源委輸以迻繼。越國過都，跋嵬達溿，有所經歷，罔勿審諦。凡山川豀害之憑恃，典實之附隸，言之必確，析之必細，持説者殆不貴識限

一隅也。所貴讀書行遠，而盡知天下之大勢。緊形勢之紛呈，實輿圖之要務。瞻神秀之起伏，辨脉絡之貫注。地維峯峜以分峙，天塹縱橫而交互。攬其極勝，則群山之小者若奔赴矣；扼其通津，則衆川之旁支堪比附矣。某山某川，天府膏腴，可以充藏庫焉；某山某川，雄鎮盤鬱，可以備屯戍焉。或鞏石以奠方，或襟流以負固。睇高屋之瓴建，列分野而棋布。瞰都邑之縈系，按章亥之推步。含奇孕靈，出雲蒸霧，然此僅得山川險要之大概，而尤必考其實而言其故。故事臚舉，是在博識。窮行跡之探搜，盡學力之推致。五方父老之談述，四國風土之載記。徵文考獻，闡幽發秘。陵谷何年而變遷，河渠奚由而改置。高巖巨壑之名蹟，神峰奧澤之異志。鉤稽博物之纍編，證訂多聞之夙嗜。盱今衡古，説無不備。圖經有可數之典，口舌無不達之意。斯蓋因山川而論掌故矣，又不徒以虛言形勢畢乃事所以説之者。二義必兼，九德斯正。匪妙言詮，匪高談柄。窺豹之誚休騰，揮塵之辭殊夐。歷嶽瀆之名勝，資方域之考鏡。陳狀免昧要之嗤，徵蹟祛儉腹之病。手聚米而可指，口懸河而非競。風雲通於胸臆，靈淑發乎情性。據形論事，山合川映。大夫能此，固可悉禹貢九域之區，更得聞春秋列邦之政。故説山川者，觀象圖册，采風歌詠。州遍閱乎青、徐、兗、冀、荆、豫、雍、梁，詩全誦夫唐、魏、齊、秦、曹、檜、陳、鄭，載稽箋疏，載繹傳文。羌一字之異訓，似兩解之微分。遂致群疑莫破，別議滋紛。殊不知説從言兌爲談論，説通遂述爲典墳。正音與轉音不別部，假用與互用各異云。康成舊證，辯之鑿鑿。德明釋語，考之殷殷。良以説形勝者，必資多見；説古事者，必藉博聞。然則《鄭志》固明明可據，又何必申正義於孔氏，存疑問於張君。且夫山川亦正不易説矣。九峻九曲之奧衍，五嶽五河之聳蕩，盤龍踞虎之要樞，浮鼇互虹之名壤，峰巒倬詭以多阻，江漢委蛇以至廣，行蹤遊閱，山川俯仰，而欲足之所經，心之所賞，規全勢於方寸，驗故實於疇曩。吾恐言多附會，境託影響，未必握權輿而不遺，洞支流而無罔。苟能論異乎眉睫，語殊乎想像，扼要有成竹之在胸，徵信如螺紋之印掌，逞偉議之崇深，飛英辭之俶儻，此才固山川所不數見，其説遂足邁一時而無兩。方今天子神聖，人材誕育。千山貢姿以獻瑞，百川效靈以導福。士生其際，所當擴其眼識，儲其胸腹，萬國之圖書手披，一統之紀載口熟，固非第建邦能命，龜田能卜，作銘作誓之有詞，爲祭爲誄之善祝。何況中外一家，海宇清穆。擅賦者既拜手於大廷，奉使者尤見重於當軸。向非山川所過，說之無惡，何由通島夷於一舸，納歐洲於尺幅，計程逾乎三萬里，論績超乎十二牧。卿流宏博，遐陬懾服。是知國家致遠之才，必如鄭君所云，乃不愧半生之閱歷與十年之誦讀。

四目靈光賦以天生大聖四目靈光爲韻

趙世修

黃服垂庥之世，赤文貢瑞之年。神史立矣，異人出焉。洞大觀之在上，乃重離之畢宣。靈矚元樞，兩界洩苞符之奧；光昫秘槖，六書開蝌蚪之先。豈真盤古化身，左爲日而右爲月；俾繼伏羲制象，俯觀地而仰觀天。緊循蚩之作紀，有字祖之騰精。鳥獸規跡，龍虵覵睛。殆將通元會之閉塞，振冥區之晦盲。六相盱衡，登大廷而同拜；五官眙愕，顧左史而咸驚。是能兼視，斯爲並明。際貫胸長股之來賓，無奇不有；值隆顙修眉之在位，應運而生。相傳倉頡有四目焉，厥象難方，斯人稱最。軒六宇之清明，燭九垓之矇昧。錯認五星缺一，列宿聯輝；幾疑二曜增雙，重輪暈霭。秉水火金木之光氣，佐土德而應五行；矚東西南北之靈奇，立中區以規兩大。徒觀其珠角精含，瑤樞色映。包四極以如箕，照四溟而似鏡。誕鍾非偶，擅斡元旋化之功；顧盼兼人，執明陰洞陽之柄。爲問青瞳千眼，何異何奇；更殊赤帝三眸，乃神乃聖。蓋其時渾沌久分，菁華畢萃。宣錫瑰奇，肇興文字。著瓌怪之俶姿，極鉤摹之能事。四隅鬼泣，燭奸窺魑魅之精；四柱天開，雨粟露氤氳之祕。昭昭之象胥呈，炯炯之矑特異。大通不礙，休言禹耳之漏三；重照無方，詎遜舜瞳之明四。所由靈贊軒轅，光增冕服。耀喬采於乾圖，炳元輝於坤軸。窺上察下，被四表而光明；絕後空前，邁四維之靈淑。附寶之精旁注，四目帝不僅有熊；蚩尤之氣全銷，四目神亦安涿鹿。藉此識河書洛篆，容成徒許張眸；望之如景星慶雲，沮誦且將瞠目。顧或謂昏濛之世，荒渺不經。後人每好奇說，先哲初無異形。縱然洞照四方，明徵覺察；未必奇呈四睫，特幻晶熒。殊不知間氣所毓，神姿可型。湯四肘而祥開殷祚，文四乳而瑞衍周庭。他如駢齒重顤，自昔曾垂典冊；八肱九首，何嘗不貌丹青。復奚疑倉史之多目，固可信元穹之耀靈。宜其豐碑金石，巍廟馨香。人遙姬水，姓溯侯岡。四嶽搜珍，遺像爭披古藏；四陲識字，大文高煥天閶。夫是以書能肇聖，史亦稱皇。從知玉矖金睛，接百靈之精爽；定卜瓊泥翠檢，奪萬目之華光。

吳越之間有具區賦不限韻，並序

唐志益

《爾雅》：具區即古之震澤也。郭注混太湖、震澤爲一，其説非是。考古經條例，湖曰浸，澤曰藪，具區列十藪中，則與太湖非一，不煩言而解。且藪字見《説文》艸部，明係衆水交匯之區，而實草木叢生之所，如孟諸、雲夢等藪，皆兼言水草，此可例推。近儒郝氏不從郭注，當矣。今宗其説，敷演厥旨，至於吳越之故實，則未遑摭拾也。爰爲賦曰：

緊震澤之今城，隸揚州之古域。一水蕩其迴環，三江時乎通塞。澎澎沜沜，鬱此澤國。爾乃目極彌漫，吞吐天光。水草之所縈潃，川瀆之所歸藏，迥視全湖數萬頃，乃橫亙於其旁。爰有具區，十藪之一，環吳越兮形逶迤，成澤藪兮光淫溢。著美利於東南，信財源之殷實。然當其積潦浹渫，長波崔嵬。沙淘岸仄，浪激崖摧。平望八尺之頃，聲震撼而奔雷；洪濤若接，疑寶斯乘。指會稽之名郡，釋《禹貢》之繁稱。孔穎達之所箋注，郭景純之所服膺，靡不五湖共指，衆口交騰。及今溯《職方》，考《漢志》，浸爲水會之區，藪兼草生之地。厥號攸殊，其名自異。況烏程之二鄉，又濱湖之足記。別有大陸陽陓，圃田焦護。大野則産紀薪蒸，海隅則池饒竹樹。江南夢田，望諸古渡。羌博引而旁徵，藉解紛而訂誤。嗟嗟！時代屢易，陵穀頻遷。水有時而爲壑，堤有時而爲田。惟此具區者，終古襟帶於越地吳天。使非爲之循名而核實，又烏能歷千載而常傳。

宣房塞兮萬福來賦以題爲韻

姚彭年

於廓東兗，危室之躔。神脉躍地，瑞精煜天。鄄城南下，昆吾北遷。
修堰千級，戊龍蜿蜒。深五十尺以爲極，廣一百步而止焉。是瓠子下流之
要衝，乃魏郡發源之西偏。鶴池浪浪而靈集，鳳邱嵾嵾而星駢。二渠復
張，神宮巋然。左矚萊沙，右攀龍淵。擴天宇其清穆，朝河神而景旋。參
旗奏靈於中衛，秦鞭策功於上川。日月協瑞，山淵貢虔。故自元光三載迄
於元封二年，凡越二十有四歲。然後上帝賚錫，元區俯跧。衆庶悦豫，百
靈昭宣。登斯堤者，東瞰長泗，西窺蠶桑，北景吾山，南眺濮陽。駐蹕之
區，赫乎中央。北流三折以相向，天峰孤擎而莫當。帆檣廁載，車馬列行。
三河人士，熙熙攘攘，額手交慶，怵然相望。僉曰：炎漢之興，黃河勿康。
潰金堤，壞大梁，溢平原，危須昌。自孝文皇帝以來，有事於酸棗之防。然
且膚鉅庥，集殊祥，延壽之玉貢於地祇，再中之日燦於天章。渾車書於方
夏，徠梯航於大荒。國祉振振，祖謨洋洋。誕及今兹，竺佑我皇。因萬姓
以請命，不崇朝而告臧。是以醴泉側出，膏露滂瀼，赤雁下集，白麟上翔。
石間雙捷之慶表，后壇三燭之神光。受福醋於河東之黎胥，逮餘瑞於甘泉
之芝房。昔之東郡告災，鉅野下逼，頓丘既徙，渤澥靡測，氾郡十六，勞卒
千億。術士占天於山東，丞相惜土於河北。講詘大功，沉息人力。咎徵捷
召，異祲罔極。則有螫龍怒蛟，左右吞蝕，挾九子以逆行，溯百里於瞬息。
舞波則腥風截素，濆沫則雨沙慘黑。河伯助虐，莫可閼抑。二十餘縣，噍
類盡賊。關東之患交興，青州之民相食。僵飛蝗於中野，遍哀鴻於下國。
繁憂方深，禍焰未熄。天子曰咨，朕實不德。捍沉災以無期，納上禎其焉
克。將以四月之吉，東巡泰山，親臨河側。湛祠二日，誕告百職。五利媒
言，實乃扇惑。朕固知黃金之不成，而河決之必塞也。於時旱屯天澤，擾
氛羌黎。既祠五時，出三齊，上曲城，禱沙堤。修秩岱宗之巔，回車歷山以
西。汲仁郭昌之徒，先驅而眙睨。千乘雷動，萬馬雲嘶。芝蓋妃軒之鳳，
羽節通天之犀。固亦湛隆秩秩，祥輝褆褆。送蹕者目陸，迓輿者靈蠵。曲

逆金冠，屈多革鞮，亞馳負土以竦聽，久湫踏波而上躋。神旌靈葆，左挈右
提。臨宣房而望幸者，若大旱之矖雲霓。法駕飆至，天顏怒懠。控扼龍
虎，驅馳鯨鯢。長莢搴竿，美璧沉泥。始刑白馬，載奠元圭。將軍之負薪
百櫛，淇園之揵竹千畦。乞繁祐於昊蒼，振元精於礜礨。截淑汨若嶄屏，
溢淤沙若葅虀。吳鍬燕鈀，楚鏈梁竺。畚舌淮陽之藁，椎石齊人之椑。箕
張齒翕，畜衝土擠。金木之屬，紛然取攜。立水表以徐偵，度淺深與高低。
期奠龍於一舉，完下游之奔澌。當是際也，臣下胼胝，上心憂悽。慮敗功
於黃熊，冀效靈於赤雞。濡染大筆，昭光斗奎。發爲二歌，煥兮赫兮。河
公聰聞，胥帝之願，爲國捍災，與民息困。張埓石之山溜，鑄安瀾之鐵券。
定壬伏戊，履坎止艮。百司宣勞而不恤，萬卒竭力而不怨。皇輿初臨，神
極立建。難則匹鳥填海之瘁，易則一夫當關之健。黿足跉跰，龍腹修曼。
神沛舊川，瑞集新堰。爾其秘景交臻，雍禧列獻。萬歲前呼，五慝屏遠。
景星明於人表，卿雲合於膚寸。寶鼎躍而汾陰開，天馬來而匈奴遯。冰桃
貢壽於西王，金麥告豐於東畹。深祥淵淵，遐慶綣綣。使非乂靖，漂洵遏
抑，簌頓繕梁，區定楚壟。則祥源奚駕於奠敷，景曜曷媲於揖遜。一人錫
功，四極夷憲，此亦福應之盛也。然已汨民命者八千，耗國帑者億萬。夫
以孝武之喜張符瑞，駭蔽耳目，開功邊險，要靈嶽瀆。索飛丹以長年，奉素
書以納櫝。靈宮嵬皇，崇臺起伏。期年萬務，侈肆興築。民靳生治，歲戕
時熟。剡水衡之冗材，遭河埠之傾覆。歲星兩終，正道始復。伊子元之未
培，遽修堤之上祝，是猶升岡而附黍車，跛履而極窮麓也。後葉纘政，書患
連牘。漂淪館陶，氾決鳴犢。灌瀡下滑，侵危東濮。底柱之鑴，不可繕舉。
信都之溢，不可潴蓄。諸家候驗，古緯祐祿。謂西京受興，暨於鴻嘉。五
決二溢，胥非皇漢之福也。迄今一千八百四十餘載，漢防代湮，齊旌不回。
太史公河渠之所述，扶風氏溝洫之所該，藻飾靈武，眇默祲災，亦猶内傳之
章皇，雜記之奇瑰。故漢廷之河議，惟馮逡爲治才。我聖清之受命也，冰
夷秉順於赤甸，謝王翊靈於魚臺。定沙告清，怡坡沉埃。天藻鬱鬱，神網
恢恢。當聖祖之紹御，釐黃流之轟豗。梗運徐揚，漸波青萊。書宮柱爲箴
監，識碭山於俶胎。功成十載，歡騰八垓。大輅南巡，榮光精開。景觀河

之上儀，升受釐之中台。越三周之甲子，復鄭防之告隄。皇帝上景祖武，下簡臣儔，乃鑄鑱而墊簹，遂涵轄而鉗鏈。紛蚳鱗與翔角，製颶風與怒雷。泉刀委輪，役夫招徠。晏溟翕靖，下陂沿洄。堅屏千祀以蠱蠱，熙功萬方而哈哈。星疏贊奏，帝曰欽哉。復聖德之淵抑，胥慈宮之景推。祺麻勿哆，黎元孔培。堯壤頌歌，舜琴阜財。以故東南休豫，中外欽佽。陸鬱水慄，奔走而偕來，若夫弛道浮蔓，例功塞瓠。縈武皇之誕施，蕩姒宗之軌度。大欲方洢，福徽焉附。今試與登萬六丈之堤，圖四千年之路。三策之建亦殊，二流之爭曷固。築北挽東之戾方，分黃導淮之踱誤。易世殊軌，因時成務。彼河流之弛張，實累代之耗蠱。六堤七埽，三防四護，人存法舉，民息道裕。急湍定於簣土，洪波發於涓注。後有河事之責者，庶幾覽先監康修袥。殷澤丕昭，河靈眷顧。竭一勞之機樞，奠萬年之田賦。

金口木舌賦 以使諸儒金口而木舌爲韻，並序

馮　銘

揚子《法言·學行篇》：“天之道，不在仲尼乎？仲尼駕説者也，不在兹儒乎？如將復駕其説，則莫若使諸儒金口而木舌。”李軌注曰：“駕，傳也。金寶其口，木質其舌，傳言如此，則是仲尼常在矣。”《揚子法言音義》引柳宗元曰：“金口木舌，鐸也。使諸儒駕孔子之説，如木鐸也。”然則李注非也。考鐸有金鐸、木鐸，其體皆以金爲之，惟舌有木金之異。金舌爲金鐸，木舌爲木鐸。《論語》：“天將以夫子爲木鐸。”邢昺謂“金鈴木舌”，朱子則謂“金口木舌者”，以鐸音出于舌。《説文》：“鐸，大鈴也。”是鐸乃鈴之別名，木鐸乃金口木舌之鈴也。文事奮木鐸，武事奮金鐸，故金鐸惟司馬行軍執之，而木鐸之用最廣。馬端臨云：木鐸振文事，在帝王天子則行而爲政，在元聖素王則言而爲教，揚子説本《論語》，使諸儒金口木舌者，正欲諸儒廣播夫子之道言而爲教也。爰本此恉賦之，其辭曰：

緬聖澤於尼山，記學行於揚子。證往訓以其敦，廣遺言於未靡。以金爲範，陶鑄成材。如木從繩，方圓同軌。覺聾振瞶，居然喉舌之司；播義宣仁，莫笑口頭之技。懼若葷爭鳴異學，競簧鼓之倡狂；願諸儒相應同聲，仿

軺行之驅使。夫金口木舌之爲木鐸也，揆文重於周室，徇路紀於夏書。大鈴則許君訓詁，懸鐸則虞帝權輿。範金度式，削木中虛。稽月令之文，警雷聲於幾旬；肅道人之戒，播風化於鄉閭。臣固以爲舌强，木乃八音之末也，不啻自其口出。金惟五等，而取諸若夫諸儒者，席珍望重，文寶論乎。守説禮敦詩之軌則，合方巾矩步之規模。重以薰陶，受顏回之鑄；遂其私淑，皆孔子之徒。表木爲型，萬物乃聖人式；鑠金何患，五經稱衆説郛。將毋舌兑喉坤，合夏商周而誦法；任爾口講指畫，通天地人之謂儒。特是道分隆替，學判古今。既誦言於聖域，須駕説於儒林。夜氣能存，以材木爲美；懿言可復，毋金玉爾音。曾聞尼父周遊，司七十二邦之鐸；不藉韓王勸學，輸一十三載之金。故其爲金口也，取譬瓴懸，非關瓶守。金鐘啓化於辟雍，金鈗觀型於懿首。因人而教，豈口説之妄騰；抱質以遊，願口箕之翕受。不惜心維口誦，使先知覺後知；請看玉振金聲，任大扣與小扣。方津津於口角，利用斷金；匪懍懍於金人，戒嚴緘口。其爲木舌也，德音胥振，法語攸垂。非咸舌而占易，羌掉舌而爲師。或假之鳴先，鼓篋而來太學；吾聞其語異，説鈴之舍宣尼。彼木訥無文，難廥同調；聞木華喻德，藉作先資。朕舌莫捫，好辯本不得已也；吾舌尚在，立言須俟我乎？而宣化校庠，和聲黨塾。開席上之誦弦，繼壁中之絲竹。口舌出納，游聖門者難爲言；金玉攻治，喻學問者戒其速。木曰曲直，金曰從革。群生各裕其原，口爲食官，舌爲言司；多士胥受其福，口談能給，由來吐石。含金舌本猶甘，戒爾朝華夕木。是以教闡斯文，道存先哲。饒舌之誚不辭，苦口之争愈切。均未若我國家文學休明，經生誦説。炳金其仰，聖教昭宣。謗木無須，儒臣忭悦。木鐸啓杏壇之化，後學嗣音；金鑾分芹沼之香，小儒咋舌。

黃鐘宮爲律本賦<small>以考中聲而量之以制爲韻，有序</small>

黄恩煦

《漢志》：黄帝取竹之解谷生其窾厚均者，斷兩節聞而吹之，以爲黄鐘之宮，制十二筒以聽鳳之鳴，其雄鳴爲六，雌鳴亦六，比黄鐘之宮，而皆可以生之，是爲律本。按：《月令》中央土，其音宮，律中黄鐘之宮。賀氏瑒以爲虛設律於其月，獨取聲應不用候氣。崔氏靈恩亦謂黃鐘之宮最長，爲聲調之始。十二宮之主四時之律，皆取氣應，而土王之律獨取聲應者，以土寄王四季之末，故從四時之管而不別候。二說皆的確可從。惟蔡氏及熊氏以此爲黃鐘少宮，半黃鐘九寸之數，管長四寸五分，六月用爲候氣。不知六月林鐘律長六寸，七月夷則律長五寸三分。今以四寸五分之律介其間，豈氣果倏升倏降乎？其誤固不待辨。竊嘗尋繹《漢志》，先言斷竹爲黃鐘之宮，後言制十二筒，是黃鐘宮在十二律上，雖虛設此律，而得爲聲調之始。十二宮之主者於此可見。間考京房律準，用十三弦，中央一弦不動，下畫分寸，以爲六十律清濁之節，餘十二弦起應十二月。意者古人制律，自有此立均出度之妙用。蓋黃鐘能生諸律，而黃鐘宮並能生黃鐘也。爰申斯義而賦之：

縮邃古之混茫，稽神工之創造。念大樂兮未張，爰中聲兮窮討。五音布濩，用斟化而調元；六氣宣揚，欣吹枯而噓槁。有律焉統攝陰陽，轉移寒燠。令播乎暘谷幽都，序周乎朱明西顥。冠一十二均之首，宛然无體无方；開八十四調之先，詎曰弗皷弗考。在昔軒轅之世，宣威涿鹿，訪道崆峒。挈綱維於皇象，新運會於帝鴻。爰乃向伶倫而咨訪，躋嶰谷之穹窿。凰鳴截管，鳳吹裁筒。以兩大爲鈞陶，早悟元功亭毒；以五行爲橐籥，渾忘淑氣沖融。蓋推萬事之權輿，律居其首；而溯五聲之統會，宮取乎中。原夫黃鐘者候仲冬之中氣，值半子之初萌。琯灰吹而候散，緹素覆而殊輕。秬黍關心，想幽谷恍如雷動；寒梅遞信，知綺窗早報春生。然而微陽纔動，殘臘將迎。雖配初九爻而得位，祇偕十二律而齊名。倘求上古曆元，允合疇人之布算；若應中央土令，尚煩神瞽之尋聲。若夫黃鐘宮者，調二氣，貫四時，諧玉琯，協銅儀。考律準於漢家，一弦居中而不動；稽律均於周代，四柱分布而咸宜。用能隨一周爲變化，與六間爲推移。子母宮各循樞紐，正變律弗爽毫釐。作甘告稼穡功成，如是如是；噓暖占水泉脉動，已而已而。至其爲律本也，神奇莫測，運用無方。黃鐘管既居律之長，黃鐘宮尤爲律之綱。握中樞而順六事，居中位而倡四方。於以成八音之繁會，於以協九奏之鏗鏘。無殊地軸崑崙，兩戒之山河遠繞；不異天樞宗動，三霄之星斗遥望。統清濁於六陽六陰，益信元音微妙；辨短長於九分九寸，底須古尺裁量。且夫論樂者必衷諸是，審音者貴釋其疑。覽《漢志》而旨宜融會，讀《月令》而説漫紛歧。稱爲黄鐘少宫，既窮於上生下生之數；指爲黄鐘本律，詎合於太廟太室之規。豈知事從其朔，道積厥基。是律也，群律之主；是宫也，衆宫之司。譬八卦肇自河圖，夫各有所當也；猶兩儀生於太極，不可得而名之。良由理洩皇初，運開太始。因造物之胚胎，見化工之積累。一元旋轉於不窮，萬有包含於靡已。律賅乎丑紐子孳，宫統乎章商迭徵。鐘之名可通於種，如木有本而由幹及枝；鐘之義亦取諸鍾，如水有本而因源達委。林鐘展事，應鐘均利，悟消息恒于斯；大吕助物，南吕贊陽，能左右之曰以。所惜古樂無存，和聲久替。共忘矇瞍之專司，誰習太常之曲藝。史遷立生鐘術律，定八寸以奚爲；蔡邕著銅龠銘律，審積分而曷濟。他若辨累黍之縱横，驗吹銅之次第，雖競考夫宫懸，究難窮夫利弊。此所以律愈加密十七萬，徒展新分；而宫還相爲六十調，莫明古制也哉。

問穀對冰賦以問年穀而對以冰爲韻

沈文瀚

士有譎諫，難窺廋辭，獨擱息戈甲於方張，扶輪轅於將債。臣以正對，出意表而無嫌；公曰諾哉，悟寰中而不分。惟陰陽胥協夫天時，斯豐歉不乖於歲運。幸有穀與荆揚偕熟，職方之典非虚；倘無冰而宋鄭同饑，梓慎之言可問。方齊景公之伐魯也，耀雪鎧，厲霜鋋，車擊轂，士摩肩。視戰峯之氣則已壯，方問楚之師則未賢。過下邑而駐也，得東門而諏焉。維時秋成畢役，冬令司權。蛇鳥熊羆，故府之六韜可用；禾麻菽麥，兖州之四種誰先。倘教懸罄堪虞，折柳下犒師之語；或者泛舟相繼，效關中輸晉之年。疇詠如京，誰歌有蓄。籌執滿而執虚，倉若贏而若縮。蓋將狙人之危廩，被之族意無澤。且囁嚅不聲，進退維谷。待數孝孫之稼，鄭人恐竟取吾禾；欲陳臧室之編，魯史又不書他穀。誠以慘舒順節，通塞應期。寒暑淆而温肅錯，刑政龐而上下離。國邑當者，災祲隨之。不見夫《豳風》載詠，《月令》有辭。二曰冰冲，在黍稷登場以後；季冬冰盛，即瓜瓠落實之時。

比雪渥而年豐，於彼於此；倘雨行而凍釋，已而殆而。遂乃紬微指以前陳，繹名言以相誨。謂臣跡託菰蘆，識同塵蕘。北門之竇何吟，南郭之饑易貸。第觀夫窮谷所凝，凌人攸載。縱逾千年冰釋，寒結凌陰；幾同六尺冰深，堅留絶塞。置數片於薳馮牀下，應怯相依；分一畚於句踐堂中，何嫌坐對。在景公盛氣相凌，雄威自恃。果其眄酒識褐父之心，析骸窮華元之技。方將五戰而入郢中，再鼓而通逵市。三日之糧，不須一檻之飲可釃。豈知語隱隱而莫通，味醰醰而彌旨。未必癡難辨菽，胸本模糊；斷非性好語冰，詞偏俶詭。所爲別穀名於東方禾、北方黍，《周書》之説可徵；驗冰災於四月荒、六月兵，《易傳》之詞有以。懿夫賢侯偉識，嘉言是膺。旌旆遄返，戈鋋不興。然非晏子之學通突奥，理徹癡癥，則夫無澤者，詞未若鐘儀之善，才不及屈完之能。方疑昧五行遞勝之原，終遜淮南之論穀；何暇參四序相翻之理，遽同列子之言冰也哉。

延陵卓子乘蒼龍挑文之乘賦以中立而不知所由爲韻，有序

畢光祖

延陵卓子見泣造父，語出韓非。駟馬高車而不能進退，蓋設喻甚奇而警世甚深也。惟挑文二字，艱於索解，載籍無可考證。竊疑挑文當讀雕文，雕文就車，言與墨子所謂文軒同。蒼龍，就駕車之馬言，即《月令》之倉龍也。挑、雕，字異音近，古書例得相假。且挑或從周作捯，與雕尤近，其相通假固宜。既釋其文，爰衍爲賦。辭曰：

昔韓子以爲天下之道，愚者由之而塞，智者由之而通。天下之物，巧者用之而神，拙者用之而窮。維繫束縛，則雖有千里之駿，而不能出其牢籠；昏瞶盲聾，則雖有指南之車，而不能辨乎西東。夫是以跼蹐於跬步之內，尸偶於宇宙之中也。吾聞有延陵卓子者，步趨不知循，射御不知習，僕駕而出，騶導而入。然其性以遊騖爲能，以馳獵爲急。日者召彼僕夫，我車既同，選於外廏，群材維集。於是乎命駕彼郊，引輪廣隙。前則金革和鳴，後則珠璜綴緝。好事之徒，意氣之士，聞延陵子之車乘焜耀者，皆翹首夾道而立。乃觀其馬，則蒼龍之品也；乃觀其乘，則挑文之奇也。鬱乎風

雷之氣，煥乎黼黻之儀。縵輪繡轂之華，無以爭其巧；綠耳渠黃之種，不能比其姿。非大路不雕，有文以別其等級；得孟春之氣，如龍之鼓其鱗。而蓋八尺、七尺之名，可考諸庾人之職；而畫水畫山之事，有合於冬官之司也。是固宜騁康莊，揚塵坲，轍跡縱橫，風雲飆歘。任道里之遐邇，以吾意爲伸屈。惟時止而時行，豈有能而有不，固將擅絕技於古今，逞良材之奇崛也。而何至拘於墟？而何至滯於物？然而卓子於時策而驅之前，若或之禦也；約而使之後，若或之羈也。雖非無軏無輗之比，而有畏首畏尾之疑。進與退不知所可，左與右兩無所宜。出廣野而如伏櫪，向坦途而若臨歧。卓子方且聳然悸，悵然思，即或究其致病之故，而彼且未之知。於是造父見而泣曰：夫策設於前，宜其欲進而不能也；引綴於後，宜其欲退而相拒也。是雖工垂爲輪，而巧無由施；雖良驪效駕，而足不能舉。且夫天下事豈獨乘然，彼夫君人者馭臣民，輕取與上不得其綱，下不得其所，動輒艱難，行輒險阻，以視夫卓子之乘，不將同日而語哉。噫！此雖韓子之設詞，而其言非無由也。今夫紀綱者，一道路也；民庶者，一輪輙也。動作出入，馳驅至速也；進退賞罰，駕馭至周也。去其害馬者，而莠良弗雜；絕其掣肘者，而功效可收。夫而後德車樂御，風舉雲遊，行蠻貊，達九州，而無進退維谷之憂。

王式以詩諫賦_{以臣以三百五篇諫爲韻，有序}

趙世修

　　嘗讀《漢書·儒林傳》，竊爲王式不取也。式爲昌邑王賀師，固較中尉王吉、郎中令龔遂分誼尤親。王行多無狀，初不聞式有一言諫也，而諫者乃在王吉、龔遂。王好游獵國中，動作亡節。吉引《匪風》《甘棠》之詩以規之。_{見吉本傳。}王惡怪異，遂叩頭言曰：大王誦詩三百五篇，人事浹，王道備，王之所行，中詩一篇何等也。_{遂語在《昌邑王傳》中。}嗟乎！如吉、遂者，洵不愧爲以詩諫者矣。彼王式何得援此以自解乎？向使式果以詩諫，則正不必有諫書也。日與王處，王有過失，式即引詩以爲諷，名言婉論必有所流布，何至班史絕不載其引詩規王一二語耶？徒以昌邑既廢，及身繫獄，欲求免死，而爲此掩飾欺人之語，甚無謂也。觀其對治事使者曰：臣以三百五篇朝夕授王，至於忠臣孝子之篇，未嘗不反復爲王誦之也。至於危亡失道之君，未嘗不流涕而深陳之也。斯言也，式自言之，真歟？僞歟？誰能遽信？夫式固治魯詩者。見畢秋帆《傳經表》、陳樸園《魯詩敘録》。始事免中徐公及許生，繼乃授之張長安、唐長賓、褚少孫，由是魯詩有張、唐、褚氏之學。然則如式者，僅謂其能通詩可也，必謂其能以詩諫不可也。漢儒治經者多，凡引經語以諫君者，靡不見諸本傳，或附見於他傳，播爲美談以徵信於後世。如式所云，徵信安在？正不得因此許其忠也。敢本斯旨以爲賦曰：

　　漢王式以經生之宏博，作藩服之師賓。當昌邑之既廢，乃託辭以自陳。未嘗不悱惻攄抱，哀幽動人。然而白犬青蠅，往日之進規非汝；鳴雞大鳥，平時之扃口何因？既慚董相精純，先事説天人之變；枉效賈生涕泣，微軀是刑戮之臣。繁彼西邸名高，東平望始。際昭帝之末年，輔哀王之蒙子。王子不賢，王國何恃？倘左右之有人，庶箴規兮是美。以式也爲傅爲師，如監如史，況治詩而大義能通，詎進諫而微言乏指。當是時也，讒諛盛行，災異迭起，中尉引詩以陳吉凶，中郎援詩以爭亂理。試誦板蕩、黍離之什，臣敢云天實爲之；苟講賓筵、抑戒之文，君豈曰我不屑以？而式乃讕詞自秘，苦口不參。豈諫後即焚私稿，豈詩中別寓深談？以敬天勤民望大王，暇日宜陳三頌；以修身齊家規嗣主，歌風當首二南。胡不聞幽圖儆逸，鄭樂戒耽。果其教授有方，秉丹忱而矢獨；何至扢揚無語，類金口之緘三。迨賀即帝位而不終，式假雅言以自白。謂臣嘗諷誦回環，涕洟悚迫，發忠孝於篇章，鑒危亡於旦夕。諫非不切，別存披什之心；詩可以興，獨泯事君之跡。取列國之謳謡，代深宮之藥石。不足爲外人道，匪矜博士無雙；必欲求當日書，敢謝大夫凡百。片言自陳，寸心莫睹。如訴幽微，似多哀苦。問太傅千行血淚，可曾灑到經筵；恐大師一卷牙籤，祇解言詳雅詁。學井伯相虞之緘默，本來諫説無聞；託屈原忠楚之憂思，亦以詩騷爲主。侯得之私衷誰識，幸逃罄帶之三；張安之正士難容，羞對素絲之五。倘使性情能淑，諷諭無愆，詩詞屢引，諫語爭傳，豈不足邁敦詩之劉向，勝授詩之韋

賢。唐、褚無能踵其後，許、徐何由掩其前。從知魯國生徒，莫不軒眉以動
色；即對漢家廷尉，底須俯首而乞憐。奈何格君不豫，誦古徒專。可堪歌
吹聲中，莫解驪駒之誚；那禁衣冠座上，更呼狗曲之篇。彼重之者，方以爲
苦詣堪申，孤忠非謾。寫郁紆於雅管風琴，寓誠愨於安絃操縵。既能托諷
於無言，縱不批鱗而何患。於此即有論史必嚴，誅心得間者，猶且代訴煩
冤，疑工苛訕。殊不知實事無徵，私情可覷。居師位而徒嫻雅什，已是庸
臣；廁禮官而不復冠巾，頗如巧宦。儘許薛張承學，推東國之傳詩；倘偕吉
遂同稱，愧西京之善諫。

<h2>王式以詩諫賦<small>以臣以三百五篇諫爲韻，有序</small></h2>

金　鉽

夫曹奢魏儉，太史采風於輶軒；矇賦曚誦，先王陳規於鐘鼓。是以房
中雅曲，稚圭獨引《關雎》；澤下哀聲，長倩曾歌鳲雁。《桑柔》一什，乃賈潁
川之直言；《采芑》四章，是劉子駿之讜論。此皆因緣經義，指類事情。匪
執迂儒之談，無戾風人之旨。若王式之以詩諫，其不忝於斯矣。式作官藩
服，授業講筵。韋賢家傳，召爲淮陽之尉；韓嬰師説，授於高密之王。攬幽
雅之大體，雕雕肅履；陳雎麟之厚誼，娓娓動聞。《凱風》《蓼莪》之篇，乃動
清河之孝；《白露》《蒹葭》之句，實贊東平之賢。徒以君聽不聰，王業終墮。
劉康游晏，空持國傳之書；燕旦荒淫，并召郎中之禍。惋其惜矣，慨乎傷
哉。説者謂式傅昌邑哀王之子，與王吉、龔遂同官。胡以中尉之疏，傷悼
於匪車；家令之章，儆陳於止棘。而式則諫稿不傳，詩篇無指。語固由其
自述，事恐出於欺人。不知吉、遂臣也，式則師也。臣遠堂廉，或上書而伏
闕；師居函丈，恒執經而侍座。十五國風之俗，莫非取鑑左右。經筵之旁，
奚勞補牘。是以内廷獨對，莫啓皂囊之封；温室無言，未登青簡之録也。
若夫庪園虞侍，著述富於王褒；梁館賓從，謳詠擅於枚叔。自負一家之技，
有乖六義之原。以視式之以詩寓諫者，不益信通人宏博之用，老成典型之
存哉。爰爲賦曰：

盛哉！漢經生之善諫也。魏侯以四書料敵，韋君以三禮議親，杜孝廉

執聖經義例，谷司農稱皇極經綸。旁徵兼取魯論，表陳匡鼎；近鑒宜觀無逸，書奏子真。此皆良言苦口，逆語批鱗。將掞張乎古訓，以攻擊乎上身。高論三策《春秋》，董仲舒屏藩賢傅；太息五行《洪範》，劉更生家世宗臣。其時有王翁思者，昌邑大師，東平偉士。推爲魯國之儒，傅彼哀王之子。而獨佔畢一經，披吟四始。晦明風雨，嘯歌寫君子之憂；箋注蟲魚，粉飾異文人之美。一似感風謠於里巷，思婦勞人；陳誨戒於賓筵，立監佐史。爲念河間歌雍之對，大雅夫惟；若論淮南招隱之吟，雖多奚以。豈不以非心未格，大體多慚。池苑縱從禽之樂，閭閻歌碩鼠之貪。是宜盛衰流覽，得失詳諳。鸞旂鼉鼓之聲靈，祖德無忘三頌；麟趾鵲巢之仁澤，王基當念二南。問利病於桑麻，圖圖宜寶；謝風流于蘭芍，鄭樂休耽。其辭侃侃，其味醰醰。君如受業于申公，風賦比興之六；臣是上書之賈誼，痛哭流涕者三。不必慷慨陳言，吁嗟對策。白馬令搏顙叫閽，長信府叩頭橫軶。小臣請劍，朱雲攀檻而從容；聖主不冠，汲黯入帷而辟易。而已大義指陳，忠言感格。閱興廢於古今，賴勸懲於晨夕。傷心家室，動大東小宛之思；滿目山河，問板蕩黍離之跡。讀至鼓鐘淮水，未嘗不掩卷再三；勉爲芹藻泮宮，毋輕此提封五百。惜乎前席傍偟，深宮狎侮。無人主之規模，負師儒之夾輔。御經筵而不省，天子下堂；詣廷尉而自陳，老臣對簿。遂令文士譏彈，迂儒責數。謂五被之歌麥秀，誰見其雪涕庭堦；謂揚雄之賦長楊，胡不即抗聲殿柱。奚取丹鉛能講，風歌謬託於古初；詎因白簡無言，諫草先焚於夜五。而豈知臣無奏疏，師有傳箋。即風琴與雅管，能易轍而改弦。當其長言詠歎，諷喻流連。福祿爾躬，望鳧藻恩波之地；卒瘏予口，感鴟巢陰雨之年。牙籤排萬軸汗青，匭第經師嶽嶽；心事灑一腔熱血，不勝君國拳拳。斯乃孝子忠臣之語，儒林文苑之傳。不用抗爭而慷慨，固將悱惻而纏綿。藥石何言，付華黍無聲之譜。蘭蓀有淚，想離騷未錄之篇。嗟呼！師誼甚尊，王心易慢。經帷即屬保臨，藩國豈惟遊宦。構小嫌而竟去，乃聞楚客穆生；視大禍而不言，亦有栗卿衛綰。而式獨執簡授圖，操絃安緱，重借鏡於興亡，慨先機於憂患。則其諫也，匪爲觀開白虎，詡博士之淹通；實緣樊止青蠅，懼宵人之欺慢。惜不見靈王回首，句誦祈招；將毋同韋孟抒心，篇成諷諫。

王式以詩諫賦以臣以三百五篇諫爲韻

沙元炳

　　王翁思以山陽碩彥，居昌邑師賓。其業爲徐公所授，其事如瞽矇所陳。因緣飾以儒術，遂談笑而保身。斯人異東方先生，滑稽善諷；傅學乃西河弟子，風雅絶倫。安得司空城旦書，擊豕應慚等輩；俱下丞相御史議，從龍可惜群臣。昔昌邑王賀嗣，實大將軍光旨。使節雲馳，屬車電馳。然而災異萌生，讒謠蠡起。君若綴旒，臣皆集矢。國有大鳥，諷辭遠愧楚廷；道載鳴雞，警戒不同齊士。弱植以解頤，受業雖多奚爲？盈朝皆箝口，不言厥命曷以？翳豈無削規爲瑱之論，抱薪厝火之談？聽風而一書已顯，驗雨而五行可參。龔少卿蠅夢稽疑，樊棘能徵《小雅》；王子陽禽荒獻誠，舍棠會述《召南》。蓋言之者無罪，庶聞焉而懷慚。獨翁思傳經有術，封事無函。筍常惜苦，果不回甘。公等足與治乎，僅緩其二；曉人當如是否，勿宥之三。冤哉此公，有懷未白。願得一言，幸寬三尺。對繡衣使者，敢惜頭顱；惟歌吹諸生，定知胸膈。問若輩伏蒲涕雨，誰爲俗耳針砭？與我君彈琴詠風，即是忠言藥石。天子以律聲教胄，亦先宵雅肄三；小臣因經術起家，敢謂鷖鳥累百。況乎理始興觀，辭非訓詁。鑑以古形，尅緣經補。風諫本歌謠見意，依然韋氏心傳；全詩皆諷喻之辭，信是封章鼻祖。居常軮軋，蒼凉申白雅春；不勝拳拳，太息魯韓舊譜。祇惜抽身未早，遲歌禮舍驪駒。多因讒口易遷，忍見楊園豺虎。想門下污輪表直，且高博士三千；冀官家簪筆多才，或悟國風十五。而乃清狂不惠，乖刺弗悛。義廢蓼莪，屬車迅發。思戾蔓草，小輦先遷。游獵山陽，濫學于田之故事。酣嘻温室，未詳抑戒於賓筵。既愚心之克竭，奈充耳其徒然。賈傅之涕洟已盡，蕭君之骸骨幾捐。狂生有説則生焉，請事斯語；今王所行何等也，慚復此篇。論者謂辭涉枝梧，言多媒讜。冀解脱鈇鉗，遂依緣絃緄。不知峨峨德傅，開明本有專誠；粥粥廷臣，擁立實貽後患。廿七日馳驅禁闥，誰招毀室鴟鴞；二百人株送宮門，盡網依籬爵鷃。矧翁思望重通儒，仕非巧宦。談經必折角，何慚攀檻朱雲；事上無它腸，亦類戲車衛縮。君子以是咎霍光之少謀，而不疑王式之未諫。

漢章帝詔群儒選高才生受古學賦以詩書春秋皆用古文爲韻，有序
黄恩煦

謹案：《後漢書‧章帝本紀》：建初八年，詔令群儒選高才生，受學《左氏》《穀梁春秋》《古文尚書》《毛詩》，以扶微學，廣異義。《儒林傳‧序》亦稱帝詔高才生受《古文尚書》《毛詩》《穀梁》《左氏春秋》，雖不立學官，然皆擢高第爲講郎，給事近署。竊考漢世《古文尚書》孔傳、《詩》毛傳，本未置博士。《左氏春秋》光武嘗以魏郡李封爲博士，旋以重違衆議，封卒不補。惟《穀梁春秋》孝宣徵瑕邱江公孫爲博士，一時其學盛行，而後漢十四博士中仍無之。帝之此舉，洵所謂博存遺佚，綱羅衆家也。至此議實自賈逵發之，其卓識殊不可及。自是而後，通人咸知傳習。所以許君《説文解字‧敍》云：其稱《書》孔氏、《詩》毛氏、《春秋》左氏，皆古文。古學之貴重如此。然則大儒間出，服子慎注《左傳》，鄭康成箋《毛詩》，俾邱明、子夏之遺澤，與《穀梁》至今並存，未必非此詔之力。惜乎孔傳湮没不彰，而梅賾以僞亂真，殊爲可慨也。爰論次其事而賦之。

漢章帝建初之八年，萬葳無曠，庶績咸熙。情怡漆簡，澤逮緇帷。欲藉群儒之力，思搜古學之遺。拾煨燼於秦坑灰寒竹素，探叢殘於孔壁韻夏金絲。蟲篆摩挲，此事賴抱殘守缺；鴻都蹭蹬，斯人咸説禮敦詩。原夫古文之未列學官也，源流既別，傳習殊疏。因徑庭之判若，致門户之夢如。江公傳《穀梁》而未顯，賈傅習《左氏》而終虛。安國遭巫蠱之誣，篇曷分乎張霸；毛萇得聖賢之意，名徒軼乎仲舒。珍藏偕《論語》《孝經》，猶憶魯恭壞宅；責讓及太常博士，徒勞子駿移書。帝於是進群儒而詔之曰：赤固西河之高弟，左亦東魯之素臣。毛視申公、齊、韓而較勝，孔追夏侯大小而尤純。間者殘編瓦礫，故府荆榛。二千兩輩自雒都，足供掞藻；十四家列於黌舍，尚缺傳薪。何當招致英賢，看幾輩衣冠擢秀；所望博存遺佚，維諸卿杖履生春。其選高才生以授之焉，英姿邁衆，逸性寡儔。或碩學如龔、董，

或宏文若枚、鄒。一堂坐論，千載旁搜。念國家運啓卯金，曾著石渠故事；豈英俊光分乙火，莫追天禄前修。此時六藝兼通，效君子所其無逸；異日四家得立，如農夫乃亦有秋。是惟簪居滿座，巾卷充街。受書欣逢夫早歲，受業廣召夫同儕。吞鳦卵於有娀，學述毛而魯詩可斥；證鳥流於王屋，學申孔而伏傳宜排。況乎麟史之聖權難執，公羊之墨守殊乖。何以具強識博聞之概？何以攄質疑問難之懷？望諸生爲百代通人，分門焉取；維朕意視五經博士，易地則皆。詔旨既宣，臣工載頌。欲求衆説拆衷，端貴諸家博綜。維《春秋》既貴參稽，即《詩》《書》尤資諷誦。境入琅嬛福地，幸登高第以光榮；身遊兜率天宫，旋擢講郎而侍從。坐奪五十餘席，學戴憑之正旦不窮；身通二十萬言，學方朔之三冬足用。宜乎講舍恢宏，學徒萃聚。濃香熏翰墨之林，古藻擷圖書之府。厥後士守師承，人通訓故，古學大興，古經共取。三家亡而毛詩獨著，鄭康成具有宏功；二傳絀而左史盛行，服子慎非同小補。所惜范寧放誕，傳經當斥其誣經；梅賾倡狂，論古徒嗟夫蔑古。方今聖天子宏搜記籍，廣覽典墳，網羅舊説，搜采前聞。臨講幄以單心緝熙，共瞻聖敬；御經筵而稽古啓沃，夙仰宸廛。士也情移縑素，會慶風雲。説經而音澈鏗鏗，期三餘之勵志；尊經而心存翼翼，慕萬國之同文。

李郭同舟賦 以衆賓望之以爲神仙爲韻，並序

孫同康

李郭同舟濟河事，見范史林宗本傳。蒙嘗見沈文起《兩漢書補注》，考李郭相遇之年甚詳，大旨謂郭少李十八歲。司馬彪《續漢書》稱郭年二十，行學至屈伯彦精廬，處約味道，不改其樂。李元禮一見奇之，曰：吾見士多矣，無如林宗者也。是爲契合之始。其時李方由青州刺史被徵入朝，郭亦以學業初畢，別屈伯彦而入洛，正在桓帝建和、和平之間。范史稱林宗就屈伯彦學，三年業畢，游於洛陽，始見河南尹李膺。膺爲河南尹，在延熹初年，去此時尚遠。蔚宗方敍始見之事，忽繫以後日之官，疏漏殊甚。至同舟濟河之事，則當在李爲河南尹以後。郭見時事不可爲，因急歸鄉里，而李送之耳。自此別之後，兩人一仕一隱，分道揚鑣。蒙竊嘗合而論之，以

爲郭優於李。夫一螫之傷,壯夫斷腕,何者?全其軀也。一鏃之微,名將刮骨,何者?保其身也。雄雞絕尾,憚爲人用;尺蠖屈首,冀能直尋。東漢桓帝之世,虎豹嘷於九關,豺狼縱於當道。同尊者十常侍,並貴者五將軍,罔不手握王爵,口含天憲。腐身薰子,以自銜達,大考鉤黨,以相誣染。高冠長劍之徒,佈滿宮闈;舞女歌童之玩,盈牣綺室。同惡相濟,實繁有徒。彼林宗知大木將顛,非一繩所能挽;巨室將壓,非一榱所能支。用是潛隱衡門,收朋勤誨,靜己以鎮其躁,去危以圖其安。觀其答友勸仕進書,謂“方今運在明夷之爻,值勿用之位,蓋盤桓潛居之時,非在天利見之會也”。數語見《抱朴子》。旨哉斯言,殆《易》所謂履道坦坦,幽人貞吉者歟?夫世平道明,皇澤豐沛,則君子得赫赫震震,以正小人之罪。世衰道微,禍亂睢刺,則君子寧悃悃款款,以避小人之鋒。元禮仕於濁世,不能早爲引退,猶欲以名聲相噭,口舌相爭,卒至雉離于羅,鳳鍛其翮,無濟國家之事,徒受斧鑕之苦,君子弗貴焉。然其輕權貴如土芥,疾讒邪如仇讎,竹柏之盟歷久而不變,風霜之氣至死而彌篤。其殉名也,若蛇赴壑而爵歸叢;其棄家也,若脛剠毛而足脫屨,蓋亦能不降其志,不辱其身者。雖與林宗出處殊途,而其心要若合符節,宜當日河干送別,千載傳爲美談也。爰爲賦曰:

千輛雲屯,一帆風送。澤翔二龍,林舞雙鳳。此猶未謝夫朝紳,彼竟忍抛乎塵鞚。攀鱗附翼,欣看豪彥之尋聲;破浪乘風,怳與煙波而同夢。喜此日關河話別,都如止水心清;歎從今仕隱分途,記取鑠金口眾。昔郭林宗高氣蓋世,雄才邁倫。當學業之初畢,遊洛陽而絕塵。確乎其操,懿乎其純。諸侯不能友,天子不得臣。安餘鹿布羊裘,不慕通階之貴。痛彼城狐市虎,將爲覆轍之循。蹈遒跡於鴻涯,君真高士;訂新交於魚水,我有嘉賓。彼元禮兮潁川之祥,見林宗兮欣欣樂康。休息乎文雅之囿,翱翔乎禮樂之場。感良友之離別,駕輕舟以徜徉。問八廚八俊之名,誰爲作俑;慕一壑一邱之勝,願老窮鄉。夜燭晨燈,寫歡情於蘭芷;履霜集霰,悲國事於蝘蟆。請歌南浦以送行,幽壑之蛟龍欲舞;宛向東都而帳飲,長途之車騎相望。維時波澄一鏡,酒泛千卮。馬逶遲於周道,舟凝滯於水湄。或乘華轂而相送,或託微波而致辭。願先生暫駐征帆,奚爲癖躭泉石;羨賢尹同登彼岸，居然韻協壎篪。宛如鶴駕騰空，麗乎天也；一任蜆艑飛渡，吹女風其。使君於此不凡，已方舟而濟矣。餘子誰能相繼，盍溯洄以從之。林宗乃顧元禮而言曰：方今丹陛委裘，黃門握璽。危龜鼎而將傾，盜驪珠而自喜。指鹿多魚之事，禍伏蕭牆；佩貂分虎之徒，威生蘭錡。好生毛而惡成痏，奚殊鼎沸魚驚；善羅毒而忠被孚，安見雲興龍起。縱使河清而可俟，歎人壽之幾何；若涉大川而無涯，答升平其何以。況以子也負挺立之風節，具英特之天資，恥屈己以徇物，羞貶道以就時。當此地閉賢隱，天高聽卑。龍性誰馴，恐盡忠而見蠱；鴻飛難弋，盍長往以驂螭。同爲世外高人，漫與雞鶩爭食；勿令山中舊友，空悲鸞鳳受笞。今者舟浮不繫，詩詠將離。喜巨川之共濟，指潛淵以爲期。君欲平滄海風波，嗟何及矣；我願謝浮雲富貴，多亦奚爲？情話方畢，羽觴復陳。鷁首動於岸側，驪歌喧於水濱。俟臨歧而判袂，竟分道而馳輪。一則明德通靈，表墓之文章炳煥；一則好名取禍，坑儒之録牒紛綸。四十年身隱衡門，德音未沬；二百人冤填精衛，遺恨難伸。徒益令處士蒙羞，不免希光附景；悔不與故人偕隱，猶能養性怡神。然而高風夙著，軼事爭傳。李擅貞操，比清高於竹柏；郭推有道，方崇浚於山淵。可憐鉤党遭殃，罹金虎宮鄰之厄；爲想登舟餞別，賦君黃我赤之篇。望區外而高翔，宛登玉宇；痛古人兮不作，獨禮金仙。

李郭同舟賦以衆賓望之以爲神仙爲韻

盧求古

一水情深，片帆目送。攜手登龍，聯裾歎鳳。振河渚之風流，慨京師之塵夢。招招舟子，眷綦履以言歡；勉勉同心，念波濤而增痛。維元禮之嶔奇，與林宗相伯仲。笑滿眼公卿袞袞，論交無共濟之人；感諸儒飲餞紛紛，回首謝臨歧之衆。方郭泰之初見李膺也，洛邑學粹，河南誼親。生芻一束以皎潔，長松千尺而輪囷。使君於此不凡，冠蓋何嘗污我；餘子那堪比數，斗筲衹合依人。亦既同袍共挽，同志交申。非孔融自述通家，龍雲略分；似張邵不渝宿諾，雞黍留賓。忽判襟兮蒼涼，郭言歸兮故鄉。殆將辭京輦，越雒陽，眺汾濟，歷陳梁。御長風而命駕，臨大河以覓航。於是衣冠太學之侶，典籍校書之郎，千車闐咽，杯酒傍徨。揮手自茲，任七相五公之雜沓；知心誰是，問三君八及之英良。相看博帶褒衣，霞邊高舉；恍若神槎靈楫，天外遙望。李尹摻蓁，相將水湄。附扁舟而容裔，結神契以葳蕤。幸今朝蘭桂逶迤，蓬窗小聚；慮他日蒹葭惆悵，軌轍多歧。歎大川之易逝，指潛壑以爲期。驪駒莫唱江公，印須涉否；龍尾試聊管席，溯洄從之。時則濁世浮沉，狂瀾瀾委。習坎有重險之虞，觀乾占大人之否。紛作楫之清流，咸隕身於禍水。虹妖揚焰，同謀不乏奸人；鳥屋興嗟，同調漸無君子。茲雖渺託微波，共泛中泚，落落罕儔，軒軒自喜。江河萬里，顧海內而淒然；忠愛兩心，先天下而憂以。孤棹遲遲，清風勁吹。惟我與爾，既合且離。行矣毋多言，莽莽之風濤自慎；去茲將安往，昏昏之閶闔何知？信末路斷金可矢，恐中流獨木難支。且憑婀娜雙橈，交情此盡；試問牽連一網，鉤黨誰爲？彼夫雷陳莫逆，桑孟相因。尹班對案，潘夏接茵。孫嵩之餅餌共載，吳佑之杵臼結鄰。皆未若此交歡誼篤，利濟情真，心瑩止水，跡邁絕塵。休論氾濫奉高，騫裳莫及；即使汪洋叔度，聯袂非倫。總由日下名高，稱二難之並美；定合河干屬目，睇一舸以馳神。嗟嗟風遙汾水，人渺穎川。一角之巾往矣，四收之牒紛然。可堪竇武同冤，倉皇造獄；儻有袁閎同免，教授終年。死生雖異，忠哲俱傳。從知景毅投名，驥足附金蘭之末；何必德公偕遁，鹿門尋石隱之仙。

周子隱入吳尋二陸賦 以勵志好學有文思爲韻，並序

張之純

子隱，吳郡陽太守魴子。《吳志》：魴，吳郡陽羨人也。機、雲，陸遜孫抗子。《遜傳》：吳郡吳人也。子隱與二陸同郡，似不必言“入”。故劉孝標《世說新語》云：乃自吳尋二陸。論者遂謂是時晉已沼吳，二陸已入洛，子隱乃自吳尋之耳。然《漢書·地理志》會稽郡中有吳縣，《後漢·郡國志》順帝分會稽，爲吳郡亦有吳縣。渾稱之，不特吳郡可稱吳，即孫氏所轄地皆可稱吳。實指之，則陽羨爲陽羨，吳縣爲吳縣也。所異者，松江府顧《志》云：二陸故居在崑山之陰，有二陸讀書臺。故士衡詩云“仿佛谷陽水，

婉孌崑山陰。"潘尼贈機詩云:"崑山何有,有瑶有珉。"是二陸居崑山無疑。其山在今府城西北二十五里,《大清一統志·雲間志》作二十三里。今崑山縣之山乃馬鞍山耳。又平原村在機山之麓,二陸草堂在干山圓智寺,橫雲山下又有子隱讀書臺。金陵亦有讀書臺。《江南通志》云:子隱爲吳東觀左丞,嘗讀書于此。《風土記》稱吳爲大吳,見《太平御覽》,著書時尚未入晉,盖折節後事也。其地皆在今松江府。當後漢時,婁境,史不云吳郡婁人而云吳人者,想其時婁之西界尚隸吳縣耳。案:《忠義集·子隱年譜》,宜興周之冕輯。入吳之時,已三十三歲,當吳主皓鳳凰三年,其年陸抗卒于荆州,機奔喪而雲留於家,故史云機不在而見雲。且陸遜之卒,在赤烏八年,抗年僅二十。至鳳凰三年,得二十九年,合計抗四十九歲。機、雲又有景、元二兄,則年少於子隱,故子隱云願自修而年已蹉跎也。自陽羨而入吳縣,又何疑焉?徵正史之信,辨《世說》之譌。泚筆賦曰:

　　路出雲間,有婉孌書堂之舊第焉。吳人來告,曰此陽羨周子造訪二陸之區,唐周彥方勒碑以記先世也。但見徐榻塵封,宋窗雲閉。登龍願切,舊價能增。唳鶴名高,遺音未替。喜吳下阿蒙解事,範我馳驅;聞蜀中壯悔有人,似君惕勵。在昔二陸之居吳也,華藻齊騫,璵瑶交瑞。廿年文賦冠曹,六歲騷壇樹幟。固已君苗席上,羊酪沾濡;閔子座中,鳳雛位置。二方競爽,仲弓雅愛譽兒;三傑知名,陸喜歡聯予季。讓若輩疏狂半世,温恭獨拜張華;更阿誰傲睨先人,輕薄竟遭盧志。維時有周子隱者,居當吳會交衝,名未機雲並噪。説劍嶔崟,岸巾傑驁。力扛鼎以無摧,氣當關而獨造。不惜飛鷹走兔,百年銷羽獵之場;忽驚猛虎長蛟,三害速風霆之掃。豈年少自鳴豪俠,任君得雌得雄;特平生未解詩畫,問客何能何好。夫木因大匠而成材,玉待良工而就琢。今第下董子之帷,擁曾生之幄。力洗氛埃,志堅山嶽。恐獨學之寡聞,終勤修之苦卓。于野謀則獲,須知問道從容;出門交有功,莫詡觀書卓犖。憶吳中多佳山水,容幾人上下古今;聞陸氏有賢弟昆,是當代東南文學。三泖之濱,九峰之阜。白苧城邊,紫茸谷口。黃鬚獵處,先皇之霸業未灰;白鮓遺來,舊侶之風情挈厚。毓崑山之秀,久聞難弟難兄;量江夏之才,不數一車一斗。武公子亦中年名士,那虞懷刺毛生；後將軍本昔日通家，誠匪先生烏有。入門大喜，今日逢君。金題玉麈，芒屬練裙。惟機也蘭脩阻素，惟雲也芝宇迎芬。自阿兄入洛倦遊，膾鱸寂寂；謂群諝渡江過訪，如鯽紛紛。何所聞而來，勞謙終吉；得其道以去，宏達爲群。坐士元東國之桑，憐卿老大；截季路南山之竹，勉爾溫文。遂乃潛勵純脩，力敦高誼。廣播文譽，精諳吏治。抗嚴節於立朝，憚直聲於在位。爲念傳書舊識，動南來黃耳之愁；何如按劍精誠，下東去白頭之淚。有客瓣香往哲，重來故宅妻迷。祇今卅卷遺書，珍重文人藻思。

太學生執經代手版賦以題爲韻

馮　銘

天子龍瞻，經生鳳翽。禮肅槐廛，恩迎芝盖。地疑夏校周庠，人是峨冠博帶。偶然假手，委它方領之班；雅便談經，觀聽圜橋之外。用讀書人作相，兆他年朝笏修儀；笑覆醬瓿何堪，豈若輩元經草太。溯自經學昌明，經畬研榷。五經則殿以《春秋》，六經則分爲禮樂。不過持竿坐誦，黃卷勤披，負末時橫，赤文入握。縱使經筵進講，隨魚笏以偕升；未聞書象同功，肅鷺儀而典學。矧以手版也，判等威於朝野，分文質於公卿，削玉昉于漢室，執圭比于周京。咫尺官儀，拱丹心而入覲；平生骨鯁，擊烏帽而咸驚。本無須漆簡通靈，記取金張七葉；並不等朝儀待定，邀來齊魯諸生。然不見劉宋《禮志》之記太學生乎？群諝駢臻，三雍講習，璧水千波，靈台百級。時矩步而從容，亦貫衿而拱揖。每值翠華幸學，中使鳧趨；也曾紫禁溫經，小臣鵠立。別無長物，安草茅下士之常；手此一編，比蒲璧彤庭之執。故其執經也，雁行肅列，雉贄觀型。象亦猜于奏牘，禮無間于在廷。日未逢庚，下拜而敬逾小白；星來太乙，拱持而杖比然青。非權擁諸侯，藉作書城之拱璧；本吾家故物，尚留手澤于群經。其代手版也，服稱黃巾，貴殊紫綬。宛然疊矩陳規，雅伴垂紳垂佩。牙籤一束，卻疑牙笏安排；玉軸雙攜，即是玉珽召對。倘學支頤令史，無妨枕藉於九家；如爲拄手參軍，不慣停披于百代。國學晨開，天恩拜受。羌抱牘以當胸，非束笏而俯首。看山可拄，許書從二酉探來；插架如逢，是朝罷滿牀攦後。莫笑代庖之誤，憑伊舒卷隨心。儼同執玉之儀，任爾上下其手。既禮節之同頒，亦儀文之定限。標奇于赤綬青衿，增耀于蒲編竹簡。如揖如授，匪彤管之新簪；記事記言，學銀章之初縮。我國家首崇視學，毋爲章翰之愆儀；爾子孫永寶遺經，權當魏薈之藏版。究之漫讀經文，未諳儀度。上庠近狎玩之行，聖訓豈會朝之具。孰若我聖朝登崇經術，義炳日星。靖獻儒修，恩周雨露。群材濟楚，分籤專典籍之司；多士舒翹，珥筆奏辟雍之賦。

九曲池泛舟賦以徐詠左思招隱詩爲韻

劉　翰

昔昭明太子瑤山雋選，幼海賢儲，談經之暇，斷務之餘，乃涉元圃，乃鑿清渠。連蜷置岸，窈窕環廬。實翹賢之別館，近拱聖之皇居。駕文軺而庡止，鏘玉佩而來徐。厥池九曲，善泉是命。仙造既殊，靈源斯迸。丹鳳九苞，黄鸝三請。載笑載言，以遊以泳。追勝賞於古歡，引多才之家令。寫花葉而成吟，摸煙雲而託詠。乃結良儔，乃乘文舸。鷺溆旁通，虹橋斜鎖。岸仄撐篙，灣多捩柁。如明珠穿錯彩之絲，如丹藥轉純青之火。訝忽東而忽西，迷在右與在左。曲之既甚，池乃益奇。循環繚紹，絡繹逶迤。萍多去緩，藻密來遲。忽逢堤而側避，亦依岸而斜馳。羊腸象其盤折，螺殼狀其迷離。借齊州之煙點，視湘浦之帆隨。洵靈境之獨闢，豈俗人之所思。則有金閨名彦，玉署仙僚。莫愁罷槳，桃葉回橈。來兹攬賞，于焉逍遙。孤篷泛泛，一水迢迢。霏鄱陽之暴謔，解揚雄之客嘲。采芙蓉而何寄，搴杜若而相招。至乃茶甘上眉，酒清赴吻。造膝情親，拍肩身近。羅囊則解自謝玄，團扇則借從柳惲。花入句而生香，竹鑴詞而墮粉。散座上之珠璣，滌胸中之塵坌。作息自謂過人，朝野居然大隱。夕陽去後，明月來時。一堆蠟炖，半臂寒支。言歸省第，既罷水嬉。得邱壑之真意，非絲竹之攸宜。千秋比曲江之宴，幾人序曲水之詩。

九曲池泛舟賦以徐詠左思招隱詩爲韻，有序

范　鎧

《太平寰宇記》：九曲池在古臺城東，梁昭明太子所鑿，中有洲島亭榭。

昭明泛舟池中，嘗曰：何必絲與竹，山水可怡情。案：《南史·昭明太子傳》：性愛山水，於元圃穿築，更立亭館，與朝士名素遊其中。嘗泛舟後池，番禺侯軌盛稱此中宜奏女樂，太子不答，詠左思《招隱詩》云：何必絲與竹，山水有清音。《梁書》同。又云：三年三月，游後池，乘雕文舸。則傳中皆無九曲池之名。昭明太子答湘東王：求文集詩苑，書漾舟元圃，必集應、阮之儔。劉孝綽與到洽書後池之游，遂成往局。直念腹痛，橫泗縻綆。或元圃，或後池，皆不言其何名。惟《淵鑑類函·地部·池四》"山水忘情"注下：梁昭明太子於臺城東鑿池，名善泉。泛舟池中，嘗曰：何必絲與竹，山水可忘情。與諸説稍異，不能知其何本。然可知當時之池，不名九曲。《新唐書·杜亞傳》：亞爲淮南節度使，泛九曲池，曳繡爲颿。而《太平寰宇記》亦唐以後人所作，然則昭明之池，本是九曲，後人遂廢其善泉之名，而名以九曲乎？爰爲序而賦之。曰：

時則風輕岸幘，波淥浮裾。有客不俗，舉杯相於。水嬉陳兮遠復遠，棹歌發兮徐更徐。望若神仙，帝子之風流若此；作爲歌詠，從臣之次第何如。當其機省抽閒，選樓罷詠。攬臺城之近基，向元圃而悦性。鑿九曲之池新，實善泉之名命。亭館列其清幽，洲島摸其穠靚。合許昆明、太液，今古同稱；卻與秦淮、莫愁，東西輝映。爾乃沙棠輕橈，木蘭畫舸。荇帶風牽，蓮房露軃。路轉花迷，波回岸裹。對面堤遮，回頭橋鎖。縮成小景，象曲折之河流；領取清光，謝繁華於江左。人影參差，風飄釣絲。是爲枉渚，豈曰方池。王子晉洛濱之興，曹子桓漳川之思。如登武夷之山，車輪屢轉；如入瀟湘之浦，帆影頻移。萍開水面，柳拂塘腰。回環撾鼓，宛轉芳橈。蟻綫而穿珠比妙，羊腸而折坂同遥。追勝賞於青宮，浮瓜舊話；聚才人於白下，折簡新招。則有虎觀名流，龍樓貴近。選韻敲銅，擘箋研粉。霏珠玉之清詞，發煙雲之元蘊。披巾滿座，覺清風其徐來；傳燭當筵，怨夕陽之易隱。一棹明漪，溯洄從之。洪崖肩拍，浮邱袖持。感斯會之藹藹，欲歸去而遲遲。無絲竹之相亂，直山水之方滋。彼番禺侯軌者，未能免俗，爲之歌詩。

朱紫陽餞呂東萊至鵝湖，陸子壽、子靜、劉子澄來會賦以相與講辯其所聞爲韻，有序

趙椿年

《朱子年譜》：淳熙元年夏，東萊呂公來訪，留止寒泉精舍，編《近思錄》。二年，呂公歸，送之至鵝湖，陸子壽、子靜、劉子澄來會，相與講其所聞。而子壽、子靜自執所見，不合而罷。《象山年譜》：淳熙二年，呂伯恭約先生與季兄復齋會朱元晦諸公於信州鵝湖寺。朱亨道云：伯恭蓋慮朱與陸猶有異同，故約爲此會。據此，則東萊於諸公俱有成約，特就訪朱子而朱子偕之行也，自當以東萊爲此會之主。劉子澄於會時，雖無所議論，而朱子《答東萊書》有“陸子壽聞其名甚久，恨未識之，子澄云其議論頗宗無垢”之語，是子澄於朱陸諸公皆雅故，而又各譆其學問之淵源，故東萊亦約之也。謹緣斯義，衍之爲賦。其《宋儒學案》《理學宗傳》諸書，所載朱陸異同，義理燦陳，折衷攸在，研悦有得，並著於篇。詞曰：

東萊先生，儒林職志，浙水靈光。始入紫陽之室，繼登二陸之堂。因知學有本原，合棄臨蒸之文字。並異見，持門户，難箴何掾之膏肓。無如兩派攸分，宗法本來各判。爰約諸君高會，發明當可互相。誠以朱子之於大小陸也，雖未論交，久經心許。識子壽之淵源，因子澄之言語。知其人接無垢之傳，謂乃弟衍禪宗之緒。故東萊欲其彼此講求，調停齟齬。遂自臨朱子之門，而遍約陸、劉諸侣。命麗澤書堂之駕，羌鄭重以周詳；造寒泉精舍之間，聊逍遥而容與。及朱子之送之也，攜手同行，論心合港。願此行契合苔岑，免後學爭如鷸蚌。六經可注，漫觀鏡裡之花；八字堪嗤，待喝雲門之棒。所冀主奴悉化，不同洛蜀之爭。何煩將相兼羅，來聽河汾之講。比至鵝湖，而陸劉諸公約皆踐焉。故人乍逢，新詩疊展。成岑築室，立論何偏。卷石涓流，設辭多舛。自謂程功久大，已枝葉全芟；反譏著意精微，爲榛楛勿翦。知欽知愛，推求只在本心；難弟難兄，真僞偏矜雄辯。既而論教人之法，相長之資，徑庭又異，枘鑿難施。以上達括下學之功，持説抑何簡易；本約禮爲博文之準，真儒豈病支離。千秋朱陸異同，遂由斯

起矣；當日呂劉議論，將退而省其。洎娶水之車迴，緬臨江而路阻。爲舊學之商量，託深心於毫楮。盖子壽已悔莫能追，惟子静則見猶相距。是以書傳榕嶠，惜其無儒林定本之功；亦猶札報槐陰，言其有葱嶺帶來之處。豈僅研求無極，請日斯而月斯；因之培養新知，各尊所而行所。迄今緬信州之良會，讀數子之遺文。鹿洞之全書具在，象山之餘緒旁分。辨志録則折衷義理，戒子録則勵志精勤。即復齋之移步，亦大雅所同群。惟排陸者以爲狂禪之空衍，詆朱者指爲俗學之紛紜。豈知踓步曲循，本紹聖門之統；若謂一超頓悟，異乎吾黨所聞。

新緑賦 以團扇風前衆緑香爲韻
雷補同

　　槐雨初霽，蕉雲尚寒。花殘紅瘦，樹密青攢。放新晴於樓閣，移緑影於闌干。描來一幅畫圖，螺紋點黛；閲盡廿番韶景，蝶粉成團。當夫曙色煙浮，朝霏露濺。旭日樓臺，晨風庭院。啼出谷之黄鸝，起棲梁之紫燕。曉開妝鏡，猶垂湘竹之簾；凉透羅衫，未試齊紈之扇。卓午晴烘，庭陰正中。槐纔覆盖，篁未成叢。鏤細葉而皆碧，鋪軟塵而不紅。安排清簟疏簾，棋消永日；整頓歌衫舞袖，曲唱回風。則有吟紅俊客，慘緑少年。感春華之易歇，憐夏景之初妍。漉酒而杯浮香螘，吟詩而樹候鳴蟬。待尋種紙之庵，風清座上；預置眠琴之石，露滴庭前。至若碧玉嬌姿，緑珠好夢，髻仿盤鴉，花慵繡鳳。襯淺黛兮眉顰，暈微波兮目送。終朝自采，劇憐一匊盈難；夏雨初過，又見滿庭生衆。重以緑意雲沉，緑陰雨足。緑樹蜩吟，緑波鴨浴。迷離緑野之中，罨畫緑溪之曲。是誰著色，浣筆墨而常新；到處成陰，映襟裾而盡緑。最宜低排曲几，静倚回廊。移蕉補隙，種竹成行。挹緑天之朝爽，延新雨之晚凉。莫教容易秋風，千林葉落；儘許徘徊永晝，一院花香。

擬沈休文桐柏山金庭館碑銘 並跋
吴翊寅

　　夫滄煙遠阻，渺三桑而若翔；瀣霧遥臨，暖八桂而如畫。尚以青邱可涉，思駕雲軿；翠水能通，待騫羽轡。駿玉鷖以排月，轄金爵以御風。邀笙吹於姬童，逐簫歌於嬴女。況復赤城千仞，丹崖八重。磴蔭長松，峰環蓋竹。洞中則碁局未歇，谷外則水簾自飄。書銜青鳥，封石髓以相貽；杖策白虯，飲瓊漿而共洽。聞上士長生之說，得仙人不死之鄉。此固才階尺木，便足騰霄，似到方壺，無勞望海者矣。若乃倦遊五嶽，期覯三清。玉簡垂露之篇，錦書飛雲之字。言詮盡脫，跡象俱超。崢嶸元圃，攀璚樹而何基；縹緲紫宮，竦碧林而無地。蠣衣倏其晝舉，梟烏矯以晨軒。秘牒誰分，塵纓自束。蓬萊近接，未蒙羽駕之迎；閶闔高馳，方睹靈妃之笑。自非注名絳籍，滅景青都，豈能振逸翩於增城，探靈符於覆釜。慙循薄劣，妄測端倪。頗躭沖舉之方，夙結幽棲之契。日月清曠，山川映發。煙霏供其吐納，魚鳥動其流連。搴三芝於嶺上，歲暮爲期；訪五藥於岩間，淹留竟日。窮仙源而不返，愛遠壑以忘歸。先朝側席紆賢，圜橋講道。領雲司於左省，移星宿於中台。竟陵舊邸，愴曲池之蓮；虛館清陰，憶小山之桂。陛下應期踐阼，通直端闈。永元二年，蒙恩解組，幸遂初服。溯煙剡溪之磵，觀日華頂之峰。歸轡首塗，息裝茲嶺。桐柏山者，《靈寶經》云：“上有桐柏合生。”南嶽真人云：“越有桐柏之金庭，其山與四明天台相連，皆神仙之宮也。”瓊臺高崎，玉闕上躋，澗飲虹蜺，崖歠雲霧。歌謠送響，則天姥平窺；册笱騰光，則星精下燭。因立招真之館，對望僊之樓。壇削岑方，廊周岫合，重檐影竦，翼拂踆鳥。遝閣暉沈，輪虧顧兔。何止青龍作牖，朱鳥安牕。擢承露之銅槃，翔遡風之鐵榦。昔許邁《與逸少書》稱：自山陰至臨海，多有金庭玉堂。道書亦云：其山四面視之如一，是則醴泉朱草宛在人間，洞天福地依然世表。聲聞鼓吹，識霓裳之往來；液煉丹砂，知雲斾之昇降。非獨鸞隨舞節，鶴應琴弦。爲碧落侍郎之居，黃庭司命之府已也。館置道士十人，用祈介福。謬以凡近，祗典所司。永謝清塗，長棲秀嶽。慙簪佩之空忝，江海事違；瘵舳棱而不忘，雲霄情遠。昔營功德，請億年於華山；今迓吉祥，聞萬歲於嵩室。所願景星宵映，甘露晨流，紀號升中，封今刊玉。第赤雁芝房之頌，緟白狼槃木之歌。左言重譯，奉朔而來王；奇肱飛車，占風而受吏。因資暇力，益究真詮。內景諷黃庭之經，含神參丹竈之訣。上元稽首，吹鳳琯以參差；若士竦身，控龍鏕而夭矯。逝辭金門之寵，去飲玉池之榮。矧夫東枝拂曜，雜青霞於桂旗；西壑停暉，謠白雲於竹苑。望軒臺之瑤軨，脱屣鼎湖；窺漢殿之璅窗，飄零甲帳。方將求珠赤水，委羽元洲。拍紅崖之肩，挹浮邱之袂。頹齡徜度，且稀髮若華；俗累全休，長睎懷於芝秀。作館旌志，勒銘表忱。其辭曰：

　　邈矣真宰，悠哉化工。無言嘿契，有感潛通。神往元漠，道咨空峒。塵表非遠，煙霄可冲。蓬島恒移，桑田屢改。露涵三危，雲垂五采。銀槎貫漢，畫堞隱海。鶴駕賓回，鴻騫侶待。伊余羈宦，敢厭承明。跡塵瑣闥，心濯彩纓。漢汭解佩，洛濱聞笙。柯爛青嶂，標尋赤城。幸值清時，欣逢嘉會。侍讌柏梁，陪游芝蓋。子房辟穀，臣朔編貝。銅雀台前，碧雞祠外。恭衛詔命，闢館金庭。殿回橫霓，櫺高頹星。簣藏玉檢，笈閟丹經。鯨吼鐘鎛，鸞諧鐸鈴。鬱彼名山，實維桐柏。削同太華，竦並少室。秀挺瑤林，泉飛瓊液。上僊所都，靈聖是宅。壇成禮岳，觀表祈年。羽人隱霧，松子排煙。三台洞接，四明峰連。瑞氣幕地，榮光燭天。薄植涓埃，微躬波梗。舊奉龍樓，新班鶴嶺。雲錦須織，霞衣待整。豈假騰空，聊憑駐景。

　　右碑之建，蓋約解職東歸，築館金庭，爲齊主營功德而作。惟碑中敘事紀年，略與《傳》異。《傳》稱約於齊初爲征虜記室帶襄陽令。《范雲傳》又稱：約與雲父抗同在郢府。碑言來自夏汭，權憩汝南，蓋謂此時。然隆昌元年，約由吏郎出爲東陽太守。明帝初，徵爲五兵尚書，遷國子祭酒。集中有《直學省愁臥詩》，是從東陽還，不從夏汭來矣。永泰元年，明帝崩。尚書令徐孝嗣使約撰定遺詔，遷左衛將軍，尋加通直散侍。永元二年，以母老，表求解職。約陳情書與徐勉云："昏猜之始，王政多門，因此謀退，庶幾可果。"是約乞退在永元二年。碑言永泰元年始遂初服，蓋傳寫誤也。史稱寶卷嗣位，寵任宦官，八貴同朝，分日帖敕，數與近習謀誅大臣。梁武坐鎮上流，意圖不軌。且以兄懿被戮，志雪門恥。又東昏起芳樂苑，與潘妃屠酤，別造神仙、永壽、玉壽三殿，鑿金爲蓮，作飛仙帳，窮極綺麗。豫州外附，齊祚將傾，約與蕭公西邸遊，舊通款素，深知衍雄略，必清君側，故託母老，解職東歸，遠出剡溪，定居桐柏，築館棲隱，榜曰金庭。然則飡芝煉藥，非約本懷。碑言館置道士，首膺其任，賤役之供，免禍而已。銘辭中"脱屣神器"，顯斥東昏，妄覬神仙，主文譎諫，匪徒禱媚。迨蕭衍起兵，引爲驃騎司馬。梁臺既建，遂成佐命，可證約無出塵之想矣。又集中《華山館爲國家營功德》詩，此華山館決非西嶽。《太平寰宇記》引《志地》云："剡縣西六十里有太白山，連巖崔嵬，吐雲合景。又有小白山相連。"疑華山即指太白，館在剡縣，與金庭相近。碑言"仰宣國靈，介兹景福"，是金庭館亦爲齊主作功德也。後志附會，謂永嘉二年，將軍沈約至剡，爲道士。或疑此碑，人所僞託。狂瞽之談，不足深辨。又集中《酬孔通直邊懷蓬居》詩，亦在約東歸時。永元初，約加通直，與邊同官，故酬邊見懷也。至《秋晨羇怨望海思歸》詩，則重到建康懷剡舊館之作。約家吳興，去海差遠。詩中青邱丹水，多神仙縹緲之詞。案：桐柏山，一名丹池。《靈寶經》云："下有丹瀉赤水。"道書稱："二十七洞天。"陶弘景《真誥》曰："桐柏山在剡、臨海二縣之境。一頭在會稽東海際，其一頭入海中。"以碑證之，時地並合《真誥》。又云："今剡縣金庭館，乃沈約造。"陶先生與約同時，説更可據。《本觀記》亦云："約定居桐柏嶺，建館曰金庭。"是碑在剡，不在臨海也。今天台有桐柏觀，唐景雲二年爲司馬煉師建，見《嘉定赤城志》。又寧海縣西四十里，有桐柏山，葛元煉丹處。又相傳梁王山，即古桐柏，今山下尚有桐柏里，見《神邕山圖》，《太平寰宇記》引。皆非沈約所居。《登真隱訣》云："天台在桐柏山後。"見《寰宇記》。顧野王《輿地記》云："天台山一名桐柏。"見《嘉定赤城志》《徐靈府記》云："天台山與桐柏接，而少異，又以剡縣金庭館爲台山北門。"並見《赤城志》。碑言："遠出天台，定居桐柏。"是徐説爲不誣矣。

擬郭景純遊仙詩

姚彭年

景純《遊仙詩》，思遊仙而不得也。觀其詞旨，其有憂患乎？鍾嶸貶其少列仙之趣，固瞽言矣。即歸愚老人以爲坎壈詠懷，尚未進於深者。韜蹤不克，終隕其元，遐想畢呈，悔心間見。本此意擬成七章，或無憝也。

出門感元象，二曜乏留光。京洛風塵中，勞勞各啾蹌。我生渺秭粟，浮湛無定方。胡爲構煩冤，苦思凌風翔。崆峒古靈谷，素眼窺滄桑。良禽惜修翰，危國念康莊。時有采芝翁，相招南山旁。

滔滔滄海流，黯黯浮雲影。忽忽塵夢間，悠悠抱虛警。十年黃金槖，一吸丹爐冷。坦分太始機，隨心競馳騁。王喬遺我書，謂我苦芳景。未逾九十春，網羅散榛梗。憬然喻靈修，讀罷時猛省。

驚飆撼庭宇，群物空中馳。獨有穹窿石，當階不可移。借問石奚似，云是廣成遺。當年煉殊汞，陰火炙南陂。餘鑛植土紐，千歲無顛危。乃知百動根，一靜可攝之。世途猶是耳，底用戕胥爲。

白玉長生居，丹溪不死國。琪華冬復榮，珠樹賤如棘。丹禽自東來，翶翔振金翼。豈無元女弓，入林施矰弋。委心任去留，險機非我逼。將與造物遊，曷爲苦才力。

瀉水入洪河，欲收諒已遲。夙有駐顏丹，旁招煉金師。顏色賤如土，嫫母等西施。金寶蔑如泥，盜蹠成伯夷。是以上哲士，散髮謝當時。

西北有靈御，東南有舊林。五石供朝餐，九鐘奏夕音。與我飛雲履，復我彤霞襟。白龍時往還，罡風墮玉簪。翹首望閶闔，耿耿馨香心。微藥自滋露，重雲疑杳深。舊遊未可期，日夕愁相侵。倏聞賣藥聲，乃在東海潯。

明暉逼定昏，物序日以晏。朱門役長塵，白首委浮宦。傲月乃殊胎，笑鵬在籠鷃。單瑟惑泛剽，執古生憂患。探原理有恒，入世事多謾。威霜運蓬首，此術非爲幻。行行謝埃堨，孤芳擷瑤澗。

擬宋之問明河篇 用原韻

王家枚

纖雲四捲澄太清，長河左界生虛明。永夜自隨珠斗轉，高秋欻見玉繩橫。建章宮闕凌霄起，千門萬戶金波裹。流照恰乘璧月虧，坐看尤覺玉階宜。別殿證盟誰密切，天街凝望此逶迤。碧天如水雙星白，銀河低挂江南陌。客去江南尚未歸，誰家少婦製征衣。蓮花帳畔燈花落，楊葉關前木葉飛。葉飛花落恨難歇，屋角明河隱將沒。耿耿情同河渚星，茫茫愁對關山月。帶水中分不可親，罡風吹斷明河津。劇憐髠盡秋林鵲，衹作終宵比翼人。

擬韓退之短燈檠歌用原韻
王家枚

銀虬激水秋夜長，短檠搖搖紅無光。紙窗竹屋景寥寂，露氣沁人燈花涼。寒衣遠道待縫寄，那復曲尺眠匡牀。天禄閣頭汲古客，手剔殘缸展書策。時聽荒雞丙夜嘅，一聲叫破東方白。此際相親几案前，此時幼學不知眠。一朝快意得自恣，樺燭修書擁珠翠。吁嗟檠兮！爾雖辛苦昔同嘗，勢異那不成拋棄。

擬唐韓退之短燈檠歌
沙元炳

手持短檠幽堂前，簾幕四垂生虛煙。高樓漏盡已無月，風露雜下淒未眠。幾展齊紈惜餘照，離室光低疑不燃。長安豪貴新買宅，雕盤綺食會眾客。金枝八尺照綺羅，十斛蚖膏盡一夕。不記寒窗握枯管，風雪騷騷苦晝短。肩聳目暗長相憐，名成委置無與伴。摩挲短檠空復情，古來何有鑿壁生。

寒　柳
姚彭年

誰唱江東白阿提，疏林十里望低迷。朔風征馬霜蹄健，落日昏鴉墨點棲。冷眼那知離別淚，柔腸又化短長堤。灞橋雨雪年年慣，莫道攀條分外淒。

記得黃金鑄少年，春愁秋恨渺於煙。銷殘眉黛渾無賴，瘦盡腰肢劇可憐。入塞詩懷猶酒畔，渡江心事在梅先。遙知九九高樓上，飛絮光陰算脱綿。

一從顏色太分明，染上冬衣苦未成。金鏤新詞歌不得，玉關長笛冷無聲。歸來處士留荒宅，老去將軍有舊營。合向董生圖畫裏，强呵凍墨曉窗晴。

豈應弱質乍經秋，輸與冬心晚歲遒。待臘無端偸着眼，未春依舊不知愁。酒旗風勁長亭路，暮雪人歸古渡頭。轉盼青青消息好，橫塘東去碧雲稠。

金陵懷古用王半山韻
趙世修

振袂臨風唱大江，銅琶鐵板氣難降。莫愁湖上春三月，杜若州邊鷺一雙。鐘阜鑿通開水榭，良常登眺闢雲窗。祖龍去後山靈笑，浮白誰酬酒滿缸。

千尋鐵鎖枉橫江，孫皓旌旂此出降。天險難憑波萬疊，樓船曾下櫓千雙。龍盤虎踞空雄業，蟹舍魚燈付釣窗。往事三分安足恃，吳姬笑指翠花缸。

南奔五馬昔浮江，一馬爲龍王氣降。幕府名流紛幾許，圍棋宰相妙無雙。登舟擊楫誰橫劍，揮麈淸談孰倚窗。憑弔建康悲典午，揭來杯酒醉春缸。

一帆風助渡長江，東晉諸臣俯首降。帝子零陵空有恨，寄奴雄略本難雙。故宮落日藏耕具，陰室淒風動殿窗。痛絕琅琊賢內史，口銜酖酒覆罍缸。

參軍才藻夙推江，抵掌談兵帝意降。宣武城高軍累萬，景陽鐘動闕開雙。栢梁鬼讀西京賦，蓮步人來八寶窗。太息南朝蕭刺史，空投玉箸對金缸。

霸才崛起氣吞江，佞佛緣何志肯降。七廟牲牢空廢百，一時麟鳳不成雙。寺荒同泰經殘劫，臺圮昭明渺舊窗。此日菖蒲花自好，酒家戲浸碧璃缸。

庭樹歌聲咽隔江，無愁天子未心降。曲池煙月金無價，叔寶風神玉少雙。綺閣仙雲消粉黛，麗華禍水伏軒窗。六朝興廢渾如夢，且倒罇前酒一缸。

朱家形勝控臨江，海内群雄百戰降。遁去龍孫愁望遠，飛來燕子羽横雙。孝陵片石悲千古，正學崇祠拓八窗。故老唏歔談靖難，唾壺擊碎對花缸。

青龍江訪蘿月山房七律
章鐘祚

舊話滄桑總不知，高人避世究何之。江連白鶴都仙境，屋傍青龍半澤陂。公已教忠兼教孝，我偏同里不同時。迄今宅訪王原吉，故蹟猶存壁上詩。

移家小住水之濱，一蓑吳淞作比鄰。別號梧溪新隱者，故居席帽舊山人。門無賓宦斯除俗，室有詩書不算貧。若問先生真事業，片言曾濟一方民。

蟹籪限鹽韻五排十二韻
姚彭年

藉爾臨溪籪，孚餘食蟹占。中流三尺穩，遠火一星潛。孤障霜威冷，涼節月影纖。魚苗穿不礙，鷗夢隔何嫌。編葦疏篷壓，爬沙細草粘。聲喧舟午過，齒缺竹新添。南國留殘稻，西風逼短蒹。渡頭依獨木，波面透雙箝。未許横行慣，方知劃界嚴。長驅環甲冑，入殼總團尖。宵靜筐猶執，秋深水半淹。明朝畢吏部，薦味佐齏鹽。

擬王漁洋三國小樂府
趙世修

築郿塢

郿塢何峨峨，高過長安城。洛陽二月火，天子西南行。

竿摩車

赫赫竿摩車，公卿車下拜。北邙並馬蹄，尚父乘青盖。

捉刀人

煮酒曾伸論，何因愧使臣。英雄自本色，座後捉刀人。

頭風愈

老瞞讀罪狀，背汗下如滴。可知華陀方，不敵陳琳檄。

烏鵲飛

臺上樓銅雀，江頭唱夜烏。驚心赤壁戰，不敢薄東吳。

殺荀彧

我宜膺九錫，汝宜食空器。顏回難復生，侍中愧無地。

哀鸚鵡

大兒孔文舉，小兒楊德祖。鸚鵡自能言，那堪鍛毛羽。

桑樹高

奇絕兒時語，吾家桑樹高。童童垂羽葆，鬱鬱振金刀。

豚犬兒

景升固不幸，昭烈亦堪悲。嗟嗟琮與禪，同是豚犬兒。

談天口

既云天有頭，更言天有足。天子尚姓劉，天故從西蜀。

五斗米

祭官何官府，師君自立名。祇汝五斗米，便可學長生。

惜鳳雛

一龍升九天，一鳳墮九淵。鳳死龍獨生，風雲限巴川。

傳國璽

孫堅入雒陽，乃得傳國璽。江表固當興，仲謀況虎子。

甘露降

去年甘露降，今年麒麟生。緣何言瑞事，都在武昌城。

一囷粟

江東魯子敬，任俠本豪流。誼重一囷粟，心輕萬戶侯。

篋鉤落

哀哀石子岡，呦呦成子閣。當時應童謠，單衣篋鉤落。

臨平湖

天下正多事，湖塞何時通。君看青白字，隱在石函中。

擬王漁洋三國小樂府

姚彭年

捉刀人

闕下猶橫屨，牀頭尚捉刀。中原事未定，詞賦讓兒曹。

種菜傭

座上聞雷客，門前種菜傭。願將一樽酒，開拓使君胸。

踞火爐

天命果誰屬，周文豈易哉。踞爐道不得，漢火未全灰。

采春華

采得庶子華，忘卻家丞實。擊豆始今朝，燃箕在明日。

辟寒臺

前有銅鑄雀，後有金嗽鳥。銅雀去不還，金鳥愁未了。

凌霄闕

凌霄與九龍，宮闕圖自鈔。驅遣四萬人，功成有鵲巢。

寶石圖

三字班嘉詔，靈宣寶石圖。本來司馬瑞，柳谷水何辜。

蜀如虎

今年困漢中，明年厄西鹵。乃公弱女子，豈惟蜀如虎。

青龍見

青龍不在天，青龍不在田。爲問摩陂井，何如自諷篇。

桑樹高

阿母笑胡盧，青桑天子符。君有一高樹，臣有八百株。

天有姓

炎德蜀山高，西行願盼勞。欲知天有姓，天子卯金刀。

南州士

生非北海客，來作南州士。黃雀莫高飛，鳳雛尚百里。

龍鳳祠

左顧南陽龍，右顧南州鳳。鳳至龍亦靈，龍孤鳳誰控。

生仲達

寧爲生仲達，毋爲死諸葛。仲達不可擒，諸葛不可活。

仇國論

一篇仇國論，兩度出師表。未諳丞相心，苦爲家令曉。

哭城南

城南昭烈廟，血淚濺雙楹。此是惠陵外，蜀中第二聲。

爾汝歌

殿前爾汝歌，新王悔無及。時有蜀故伎，掩袖當階泣。

豚犬兒

江東龍種在，兄弟盡神奇。不有曹劉子，都爲豚犬兒。

合榻飲

合榻飲猶健，君臣語未休。餘言辨不得，兩字是荆州。

駭老子

濡須工遣將，老子豈庸夫。夜半不知處，惟聞萬歲呼。

大小虎

昔聞大小喬，今見大小虎。天室降雙瑛，佳壻莫敢侮。

石子岡

朝登石子岡，暮登石子岡。石子岡前樹，不如成都桑。

生梅蜜

食梅御西苑，取蜜懾黄門。獨有孫綝事，蒼龍不敢言。

武昌魚

老婦言猶聽，商量霸業新。武昌魚已盡，骨鯁復何人？

横江鐵

樓船風信急，來逼石頭城。問爾横江鐵，經營幾載成？

天下平

湖塞天下亂，湖開天下平。封侯不稱意，青盖人東京。

擬韓孟鬭雞聯句

金　鉽

日暖抛毬場，風高走馬郭。蝸角争兒嬉，雄心騁遊簙。選材巽羽軒，張陣翰音作。毛衣舞雉斑，長爪森鷹攫。絳幘若介胄，金距直横鍔。顧盼界秦越，颯爽來褒鄂。對跱神威寒，側睨目光灼。未知誰得鹿，已見獨立鶴。俄焉昂頭前，瞥爾斜翅掠。疾走足趁趕，作勢氣磅礴。奔電倏往來，震霆相擊搏。稍遲疑鶡退，陡健駭龍躍。叫呼虎聲闞，犄角犬牙錯。噬齕正利嘴，嫛姍忽曳腳。喘立未肯歇，踔厲仍肆虐。一縱復一送，再進而再卻。懸布鞲絛脫，伏彀暗箭著。倉遽掉尾折，撩散飛羽落。冠血濺赤砂，錦臆碎朱襮。終聞三戰北，乃見一个弱。垂頸鳴欲嘶，搏膺氣已索。雄物獨矯矯，餘勇固爍爍。奇態回瞵眗，驕音動膈膊。縮首笑僵蟲，鼓翼哯秋鸑。大局息擾攘，旁觀定驚愕。錦標孰則奪，金注空自鑠。紛爭感季郈，先鳴說州綽。歸來風雨宵，念此聲不惡。

春秋宮詞_{有序}
唐志益

春秋者，比事屬詞之書也。其間錯文見義，大抵規勸之旨居多。若夫春花秋月，香草美人，蓋闕如焉。然而魯宮臺畔，割臂留黨氏之盟；淇水城邊，髟髮益呂姜之鬈。豈無遺韻，足被管弦。今翻繹故實，參以本傳，間得數事，筆之於詩。庶幾助我吟情，敢謂託諸風始云爾。

生小宮闈淑慎彰，誰教飛燕送人忙。戴媯去後春無主，多少離情泣夕陽。

老臣戈逐走連宵，一別齊姜道路遙。見說南威新寵倖，君王三日未臨朝。

廣樂鈞天憶昔游，兒家弄玉自仙儔。蕭郎並轡新承勅，一夕雲車駕鳳樓。

戎馬倉皇近逼城，忍將嬌女息紛爭。秋深夜夜蟬吟苦，仿佛當年怨恨聲。

春秋宮詞
顧保疇

篆書自睹掌中痕，貴賤都知有命存。底事手文傳後嗣，不於長子卻於孫。

宮庭芳草滿階墀，沉寂惟看慰戴媯。纔識承恩非在貌，枉誇蛾首與蛾眉。

劇憐故土等滄桑，寥落遺民盡斷腸。悔未繫援憑大國，臨風空賦載馳章。

文嬴鄭重逆西秦，季隗來歸藉狄人。二十五年期未到，絳桃纔見七番春。

三日承歡得近君，閒庭從此鎖苔紋。南威莫怨恩難久，不遇齊桓遇晉文。

詠江陰古跡
吳　朓

清機園

戟院沉沉清似冰，一叢書卷一龕燈。壽陽相國應惆悵，不見當年季與登。

繖墩湖

曲曲溪流左右分，煙波五里没斜曛。只今洞口仙人蹟，猶説前朝帝子墳。

小桃源

小石灣過大石灣，武陵風景在前山。我來不見桃爭發，已覺凌波閣上間。

浮遠堂

回首茫茫宦跡浮，江波攪動趙知州。堂空千載剩猨鶴，不及東坡句尚留。

松風亭

松風亭落翠微巔，曾記宋家南渡年。不重樓臺重戍堡，至今峽口大旗懸。

香雪閣

梅花萬樹勒春寒，小閣玲瓏一席寬。不道如今禾黍地，環耕子姓尚稱韓？

元和李氏、海寧李氏各有造整數句股弦法。今欲造句股形令句股弦及中垂綫俱得整數，又欲造句股形令句股弦及容方邊俱得整數，又欲造句股形令句股弦及中垂綫容方邊俱得整數問以何法造之

崔朝慶

造句股形，令句股弦及中垂綫俱得整數法，曰：任取一整數甲，又取一整數乙，甲乙二數俱爲奇，俱爲偶，皆可。甲爲偶，乙爲奇，亦可。惟甲爲奇，乙爲偶，不可。以一與乙之平方相減，又以二因乙加之，與甲之平方相乘，命爲丙。以乙乘丙，二除之，爲句，或爲股。以一與乙之平方相減，乘丙，四除之，爲股或爲句。以一與乙之平方相加，乘丙，四除之，爲弦。

造句股形，令句股弦及容方邊俱得整數法，曰：任取一整數甲，又取一整數乙，甲、乙二數俱爲奇，俱爲偶，皆可。甲爲偶，乙爲奇，亦可。惟甲爲奇，乙爲偶，不可。以一與乙之平方相加，與甲之平方相乘，命爲丙。以乙乘丙，二除之，爲句，或爲股。以一與乙之平方相減，乘丙，四除之，爲股，或爲句。以一與乙之平方相加，乘丙，四除之，爲弦。

造句股形，令句股弦及中垂綫容方邊俱得整數法，曰：任取一整數甲，又取一整數乙，甲、乙二數俱爲奇，俱爲偶，皆可。甲爲偶，乙爲奇，亦可。惟甲爲奇，乙爲偶，不可。以一與乙之平方相減，又以二因乙加之於上，另以一與乙之平方相加於下，上下相乘，又以甲之立方乘之，命爲丙。以乙乘丙，四除之，爲句，或爲股。以一與乙之平方相減，乘丙，八除之，爲股，或爲句。以一與乙之平方相加，乘丙，八除之，爲弦。

今有雞翁一直錢九，雞母一直錢七，大雞雛一直錢三，中
雞雛三直錢一，小雞雛四直錢一。凡百錢買雞百隻，問雞翁、
雞母及大中小雞雛各幾何

崔朝慶

以天代雞翁數。天_代雞母數。天二代大雞雛數。天三代中雞雛數。
天四代小雞雛數。如題，得相等式，爲

$$\text{（籌算式）}$$

以十二乘〇式之兩邊，得

$$\text{（籌算式）}$$

而以三倍〇式減之，得

$$\text{（籌算式）}$$

移項得

$$\text{（籌算式）}$$

惟因天_、天二、天三各數俱不小於一，則九〇〇下〇五天不能小於一一五，
故一〇五天不能大於七八五，而天不能大於 $\dfrac{一〇五}{七八五}$，即不能大於七，所以天
之同數必爲一二三四五六七諸數中任何數。既知天爲一二三四五六七諸
數中任何數，則以甲代其天，而四式變爲

$$\text{（籌算式）}$$

又移項得

三三天⼁天三一九〇〇丅一〇五甲八一天 ㊄。

惟因天二、天三二數俱不小於一，則九〇〇丅一〇五甲八一天三不能小於三四，故八一天二不能大於八六六丅一〇五甲，而天二不能大於 $\dfrac{八一}{六六丅一〇五甲}$。從此可知天二與天相配，其同數爲自一至某數諸數中之任何數。若甲爲一，則天一爲一二三四五六七八九諸數中任何數。甲爲二，則天一爲一二三四五六七八諸數中任何數。甲爲三，則天一爲一二三四五六諸數中任何數。甲爲四，則天一爲一二三四五諸數中任何數。甲爲五，則天一爲一二三四諸數中任何數。甲爲六，則天一祇可爲一與二。甲爲七，則天二祇可爲一。既知天二與天，一一相配之各數，則以乙代其天二，而㊄式變爲

三三天⼁天三一九〇〇丅一〇五甲八乙 ㊅，

又移項得

三三天三一九〇〇丅一〇五甲八乙丅天三，

兩邊同以三三約之得

$\dfrac{三三}{天三一九〇〇丅一〇五甲八乙丅天三}$。

因甲與乙俱爲已知之數，而從此式知天二與天、天二相配極大之限。又以甲與乙代一式中之天與天二，則一式變爲

甲乙天⼁天三天四二一〇〇，

移項得

天天⼁天四二一〇〇丅甲乙，

以此減㊅式得

三二天⼁天三二八〇〇丅一〇四甲丅乙，

移項得

$$三二天_二 二一六〇 〇十一 〇四甲 八乙 天_四,$$

兩邊同以三二約之得

$$天_二 二一六 〇十一 〇四甲 八乙 天_四 。$$

因甲與乙俱爲已知之數,而從此式知天_二與天、天_二相配極小之限。

若甲之同數爲一、一、一、一、一、一、一、一、一,

配乙之同數爲一、二、三、四、五、六、七、八、九。

天_二不能大於一九六四一二一一一九六四一。

天_二不能小於〇七五二〇二一一一一七五二一。

若甲之同數爲二、二、二、二、二、二、二、二,

配乙之同數爲一、二、三、四、五、六、七、八。

天_二不能大於八六三一一一一一八六三一。

天_二不能小於七四二一一一九七四二一。

若甲之同數爲三、三、三、三、三、三,

配乙之同數爲一、二、三、四、五、六。

天_二不能大於五二〇一一一七五二。

天_二不能小於三一一八六三一。

若甲之同數爲四、四、四、四、四,

配乙之同數爲一、二、三、四、五。

天_二不能大於一二九七四二,

天_二不能小於〇一八五三一。

若甲之同數爲五、五、五、五,

配乙之同數爲一、二、三、四,

天_二不能大於八六三一,

天_二不能小於七四二一。

若甲之同數爲六、六,

配乙之同數爲一、二，

天﹦不能大於五、三，

天﹦不能小於四、一。

若甲之同數爲七，

配乙之同數爲一，

天二不能大於二，

天二不能小於一。

既知天、天﹣、天﹦之同數，則從⊜式可以得天﹦之同數。既知天、天﹣、天﹦、天﹦之同數，則從⊖式可以得天四之同數。求得此題之答數，共有八十一種。具列於左：

雞翁一	雞母一	大雛一二	中雛一二	小雛六五
雞翁一	雞母一	大雛○二	中雛四五	小雛四二
雞翁一	雞母二	大雛九一	中雛六	小雛二七
雞翁一	雞母二	大雛八一	中雛九三	小雛○四
雞翁一	雞母二	大雛七一	中雛二七	小雛八
雞翁一	雞母三	大雛六一	中雛四二	小雛六五
雞翁一	雞母三	大雛五一	中雛七五	小雛四二
雞翁一	雞母四	大雛四一	中雛九	小雛二七
雞翁一	雞母四	大雛三一	中雛二四	小雛○四
雞翁一	雞母四	大雛二一	中雛五七	小雛八
雞翁一	雞母五	大雛一一	中雛七二	小雛六五
雞翁一	雞母五	大雛○一	中雛○六	小雛四二
雞翁一	雞母六	大雛九	中雛二一	小雛二七
雞翁一	雞母六	大雛八	中雛五四	小雛○四
雞翁一	雞母六	大雛七	中雛八七	小雛八
雞翁一	雞母七	大雛六	中雛○三	小雛六五
雞翁一	雞母七	大雛五	中雛三六	小雛四二
雞翁一	雞母八	大雛四	中雛五一	小雛二七

雞翁一	雞母八	大雛三	中雛八四	小雛〇四
雞翁一	雞母八	大雛二	中雛一八	小雛八
雞翁一	雞母九	大雛一	中雛三三	小雛六五
雞翁二	雞母一	大雛八一	中雛五一	小雛四六
雞翁二	雞母一	大雛七一	中雛八四	小雛二三
雞翁二	雞母二	大雛六一	中雛〇	小雛〇八
雞翁二	雞母二	大雛五一	中雛三三	小雛八四
雞翁二	雞母二	大雛四一	中雛六六	小雛六一
雞翁二	雞母三	大雛三一	中雛八一	小雛四六
雞翁二	雞母三	大雛二一	中雛一五	小雛二三
雞翁二	雞母四	大雛一一	中雛三	小雛〇八
雞翁二	雞母四	大雛〇一	中雛六三	小雛八四
雞翁二	雞母四	大雛九	中雛九六	小雛六一
雞翁二	雞母五	大雛八	中雛一二	小雛四六
雞翁二	雞母五	大雛七	中雛四五	小雛二三
雞翁二	雞母六	大雛六	中雛六	小雛〇八
雞翁二	雞母六	大雛五	中雛九三	小雛八四
雞翁二	雞母六	大雛四	中雛二七	小雛六一
雞翁二	雞母七	大雛三	中雛四二	小雛四六
雞翁二	雞母七	大雛二	中雛七五	小雛二三
雞翁二	雞母八	大雛一	中雛九	小雛八〇
雞翁三	雞母一	大雛五一	中雛九	小雛二七
雞翁三	雞母一	大雛四一	中雛二四	小雛〇四
雞翁三	雞母一	大雛三一	中雛五七	小雛八
雞翁三	雞母二	大雛二一	中雛七二	小雛六五
雞翁三	雞母二	大雛一一	中雛〇六	小雛四二
雞翁三	雞母三	大雛〇一	中雛二一	小雛二七
雞翁三	雞母三	大雛九	中雛五四	小雛〇四

雞翁三	雞母三	大雛八	中雛八七	小雛八
雞翁三	雞母四	大雛七	中雛〇三	小雛五六
雞翁三	雞母四	大雛六	中雛三六	小雛四二
雞翁三	雞母五	大雛五	中雛五一	小雛二七
雞翁三	雞母五	大雛四	中雛八四	小雛〇四
雞翁三	雞母五	大雛三	中雛一八	小雛八
雞翁三	雞母六	大雛二	中雛三三	小雛六五
雞翁三	雞母六	大雛一	中雛六六	小雛四二
雞翁四	雞母一	大雛二一	中雛三	小雛〇八
雞翁四	雞母一	大雛一一	中雛六三	小雛八四
雞翁四	雞母一	大雛〇一	中雛六三	小雛六一
雞翁四	雞母二	大雛九	中雛一二	小雛四六
雞翁四	雞母二	大雛八	中雛四五	小雛二三
雞翁四	雞母三	大雛七	中雛六	小雛〇八
雞翁四	雞母三	大雛六	中雛九三	小雛八四
雞翁四	雞母三	大雛五	中雛二七	小雛六一
雞翁四	雞母四	大雛四	中雛四二	小雛四六
雞翁四	雞母四	大雛三	中雛七五	小雛二三
雞翁四	雞母五	大雛二	中雛九	小雛〇八
雞翁四	雞母五	大雛一	中雛二四	小雛八四
雞翁五	雞母一	大雛八	中雛〇三	小雛六五
雞翁五	雞母一	大雛七	中雛三六	小雛四二
雞翁五	雞母二	大雛六	中雛五一	小雛二七
雞翁五	雞母二	大雛五	中雛八四	小雛〇四
雞翁五	雞母二	大雛四	中雛一八	小雛八
雞翁五	雞母三	大雛三	中雛三三	小雛六五
雞翁五	雞母三	大雛二	中雛六六	小雛四二
雞翁五	雞母四	大雛一	中雛八一	小雛二七

雞翁六	雞母一	大雛五	中雛四二	小雛四六
雞翁六	雞母一	大雛四	中雛七五	小雛二三
雞翁六	雞母二	大雛三	中雛九	小雛〇八
雞翁六	雞母二	大雛二	中雛二四	小雛八四
雞翁六	雞母二	大雛一	中雛五七	小雛六一
雞翁七	雞母一	大雛二	中雛八一	小雛二七
雞翁七	雞母一	大雛一	中雛一五	小雛〇四

古量深尺内方尺其實一鬴，臀一寸其實一豆，以今量爲之鬴，内方用今營造尺一尺，其深及臀當得幾何

程之驥

答曰：以今量爲六斗四升之鬴，用今營造尺一尺爲内積正方面之邊，其深當得二尺〇二分二釐四豪。其容一豆之臀，當得二寸〇二釐二豪四絲。

案：《周禮·栗氏》鄭注：四升曰豆，四豆曰區，四區曰鬴。鬴六斗四升也。又注：杜云臀謂覆之其底，深一寸也。鬴深一尺，内方亦一尺，其容積必有千寸。《算術》立方以千寸爲尺。置千寸爲實，以六斗四升爲法除之，得每升之積爲一十五寸六百二十五分。《算術》立方以千分爲寸。四因之得一豆之積，爲六十二寸五百分。一豆之積即四升之積，亦即一臀之積。以深一寸除之，得臀面冪六十二寸五十分。《算術》平方以百分爲寸。此臀之底面亦爲方面，則當置六十二寸五十分，開平方得七寸九分〇五豪六絲九忽有奇，爲方面之邊。若或臀之底面爲圜，而則當置六十二寸五十分，以方面率一乘之以圜面率〇七八五三九八一六，除之得七十九寸五十七分七十四釐七十一豪八十九絲有奇，爲借方面冪。此借方面之邊，即同圜面之徑。開平方得八寸九分二釐〇六絲二忽有奇，即爲圜面之徑。此以古量古尺算之，其得數有如是者。又按：鬴圜其外，當倍面冪爲二尺，開平方得一尺四寸一分有奇，即爲鬴圜徑。如臀亦内方外圜，則亦當倍臀面冪爲一尺二十五寸，開平方得一尺一寸一分有奇，即爲臀

圜徑。

又按：《大清會典》，今量之制，一石之積爲三千一百六十寸，一斗之積爲三百十六寸，一升之積爲三十一寸六百分。其尺度即用今營造尺。今欲爲六斗四升之鬴，令内方用今營造尺一尺，求其深，則當置一升之積。三十一寸六百分。以六十四乘之，得一鬴之積爲二千〇二十二寸四百分。即二尺〇二十二寸四百分。以方尺之面冪一尺除之，得二尺〇二分二釐四豪，即爲鬴之深。若求臀之深，則當置一升之積四倍之，得一豆之積爲一百二十六寸四百分，以面冪六十二寸五十分鬴面冪仿周制，則臀面冪亦應仿周制。除之，得二寸〇二釐二豪四絲，即爲臀之深。臀深仍爲鬴深十分之一。此以今量今尺算之，其得數有如是者。

又按：《律吕正義》古尺一尺，當今尺即營造尺。八寸一分。按：《地書》或云八寸者，舉大數也。是今尺一尺，即可當古尺一尺二寸三分四釐五豪六絲七忽九微有奇。儻以今尺度古量之鬴，則内方邊爲八寸一分，深亦爲八寸一分。臀爲八分一釐，以八寸一分自乘，再乘，得積五百三十一寸四百四十一分。又以今量石法三千一百六十寸。除之，得一斗六升八合一勺七撮有奇，爲古鬴内容之實，入今量之數。又以十六除之，豆實爲鬴實十六分之一。得一升〇五勺一撮有奇，爲古鬴臀内所容之實，入今量之數。或以古尺度今量之鬴，則内方邊爲一尺二寸三分四釐五豪六絲七忽九微有奇，深爲二尺四寸九分六釐七豪九絲弱，臀爲二寸四分九釐六豪七絲九忽弱，以鬴内方邊自乘，又以深乘之，得積三千八百〇五寸五百分强。又以古量斗一五六二五。除之，得二十四斗三升五合五勺二撮强，爲今鬴内容之實，入古量之數。又以十六除之，得一斗五升升二合二勺二撮强，爲今鬴臀内所容之實，入古量之數。此以今尺今量算古鬴及臀，又或以古尺古量算今鬴及臀，其得數有如是者。

南菁文鈔二集

黃以周　編

目　録

序

　　夫西都後進，皆欲從之平原；北海通方，咸仰流於高密。志向所在，心期斯同。是以太學橫經，古訓是式。精廬程藝，美才爲多。淬礪精而用宏，真積久而業茂。豈況大江南北，靈淑所鍾；諸老先生，風流未沫；如林子佺，盡讀藏書；成市生徒，實繁作者。以周主講此席十二年矣。少承家學，述有著言。抗禮滋慚，擁經負疚。曩者己丑之歲，輯及門諸子之作，凡若干篇，彙爲一集，並美備衆制，妙絕時人，可喜可觀，無遺無假。今距前刻又五載矣，寒暑屢更，著錄積富。鏗鏗說理，顓家間增，飄飄凌雲，後生可畏。非惟扶風弟子，乃有高業；蜀郡成都，實生詞人，洵慕學之孔殷，自文明之蔚盛也。爰蹤前志，爲定新編，又得若干，續之初集，文辭並美，誠復如班固所稱"老眼猶明，吾已從君魚受道矣"①。若夫幽蘭方馨，春草已宿。簡文痛心於撰集，子桓傷逝於曩遊。美志不遂，遺書待收，是又覽此子之文，對之抆淚，念少壯之歲，真當努力者也。勖哉多士，幸廣鴻篇。

　　光緒二十年歲次甲午冬至日，定海黃以周。

---

　　①　"吾已從君魚受道矣"，出《後漢書・孔奮傳》，非班固言。

南菁文鈔二集目錄

院長黃先生　鑒定

齋長林之祺　孫　儆　顧鴻閎

崔朝慶　王家枚　孫揆均　仝校刊

卷一

卷三

卷四

五雀六燕賦　　秦世超

綿蕝習禮賦　　謝恩灝

漢章帝使黃門持被覆馮豹賦　　曹元忠

鷙鳥累百不如一鶚賦　　謝恩灝

祖逖將本流徙部曲百餘家渡江賦　　邢啓雲

祖逖將本流徙部曲百餘家渡江賦　　白作霖

諫苑賦　　姚彭年

諫苑賦　　趙世修

杜工部陪鄭廣文游何將軍山林賦　　何允彝

趙閱道以金帶勸賑賦　　趙世修

著作林賦　　王英冕

蘇東坡放鶴亭記賦　　何允彝

爲我佳處留茅庵賦　　王家枚

卵雛賦　　陳國霖

擬庾子山春賦　　章鐘祚

擬宋廣平梅花賦　　達李

擬張孟陽劍閣銘　　王兆芳

口箴　　嚴通

目箴　　嚴通

耳箴　　嚴通

鼻箴　　嚴通

四肢箴　　嚴通

桓春卿贊　　張錫恭

鄭少贛贊　　張錫恭

卷一

孔子《乾》初《象傳》以陽釋九之龍，下釋初之潛，辭簡義賅，傳中類此者頗多，試條舉之

顧鴻闓

解經之善，莫善於辭簡義賅。孔子贊《易》爲萬世解經之祖，是故欲知爻辭，必觀《象傳》。《乾》初潛龍勿用，傳以陽釋九之龍，下釋初之潛，可謂簡而賅矣。由此類推，而知傳中有以一言釋全爻者，有以一言釋數句者，又有釋爻中一二言而全爻之義皆明者。蒙請比其類而舉之。

《乾》二："德施普也。"德施，釋龍之見。普，釋在田。上傳："盈不可久也。"盈，釋上之亢不可久，釋有悔。《坤》四傳："慎不害也。"慎，釋括囊。不害，釋無咎無譽。《訟》上傳："以訟受服，亦不足敬也。"受服，釋鞶帶句。不足敬，釋三褫句。《中孚》初傳"志未變也"總釋"虞吉、有它不燕"二句。此皆爻止一二語而傳以一言釋之者。《乾》三傳："反復道也。"反復，釋日夕反復皆道，總釋"終日乾乾，夕惕若"二句。《泰》三傳："天地際也。"釋"無平不陂，無往不復"二句。《蒙》初傳"以正法也"釋"利用刑人，用說桎梏"二句。三傳"剛柔接也"釋"納婦吉，子克家"二句。此皆爻辭甚多，而傳以一言釋數句者。《屯》初傳"施未光也"釋首句"屯其膏"，膏既屯，則"小貞吉，大貞凶"可知。《離》上傳"以正邦也"釋首句"王用出征"，邦既正，則"有嘉折首，獲匪其醜，無咎"可知。《睽》上傳："群疑亡也。"群疑釋"見豕負塗"四句，群疑既亡，則"遇雨之吉"可知。此皆釋爻中一二言而全爻之義自明者。他如《乾》四傳以進釋躍，五傳以造釋飛，均爲訓詁無當辭

簡義賅之例，蒙故略而不舉云。

釋坤二爻義
范　蠡

《易》坤卦二爻之義，《象傳》《文言傳》釋之已明，而後人偏多異説，何也？《象》曰：“地道光也。”光、廣通，即釋爻辭之大。《文言》曰：“敬義立而德不孤。”不孤，亦大也。李氏《周易集解》所引荀注，明有大字。孔氏深衣《正義》所引鄭君《易》注，又以“廣生萬物”之“廣”釋大，是鄭氏庠易古音，以直方與履霜、含章等爲韻，遂疑大字衍文，其説甚不足據也。直方句，大字別爲句，謂以直方而得大也。直方二字之義，鄭君以爲地之性，其説甚正。王注闇襲其義而變性言質，大失經恉，何也？鄭注性字約，《文言傳》兩德字，而言謂德性也，初不指地之形。若以爲質，則指形矣。地之形渾圓且不得云直，而況方乎？所謂直方者，言坤之德性如此耳。《韓非子・解老篇》云：直者，義必公正，立心不偏黨也。此與《禮記・孔子閒居篇》所云“地無私載”同義。則地之稱直，謂其公正不偏黨，非謂其坦衍不邪曲也。《文言傳》云“直其正”即此義，是直爲坤德之説也。《大戴禮・曾子曰》：“如識天圓而地方，則是四角之不掩也。”“參嘗聞之夫子曰：天道曰圓，地道曰方。”此即本《象傳》“地道光也”之道，亦即《文言傳》“至静而德方”及“敬義立而德不孤”之德。聖人釋《易》，本不以方爲地之質，鄭云地之性，最得經義，是方爲坤德之説也。《經》云“不習无不利”，《文言傳》云“則不疑其所行也”，以行釋習，不疑釋无不利，言雖非素習而亦利也。《坤》之“利得朋在西南”，因坤二直方而所行必大道，故雖行於“東北喪朋”之地，而亦獲“安貞吉”，所謂“无不利也”。吳氏《纂言》讀大不習爲句，不習爲不重習；惠定宇氏又讀習爲襲，訓重以不習爲不煩重筮，其説皆非。此則黄儆居先生《易釋》已詳言之矣。

釋坤二爻義
陳開驥

説《易》者，莫若本孔子《十翼》詮釋經文。如《坤》六二爻：“直方。大，不習无不利。"直方絕句，大字逗，不習无不利又句。《象傳》曰："六二之動，直以方也。"是古以直方絕句之證。直方，與履霜、含章、括囊、黃裳、元黃叶韻，連大讀，則不叶矣。大字之義，當屬下。不習无不利，所以申言大，而大亦不能連下爲句，《象傳》曰："不習无不利，地道光也。"光正釋大，是大字宜逗之證。古光與廣通，《象傳》言："含弘光大，品物咸亨。"光大即廣大也。《文言傳》曰："坤至柔而動也，剛至静而德方。"動，即《象》所謂動陰能生陽，静能致動。剛與直同誼，與方對文，是直方皆坤所自有之德。又曰："直其正也，方其義也，君子敬以直内，義以方外。敬義立而德不孤。"《易》曰："直方，大，不習無不利。"則不疑其所行也。是直方一意相承，二居下卦之中，故直内又應五位之正，故方外、内外，猶言内、外卦也。虞注據《繫辭》曰：乾，其動也直；坤，其動也闢。遂以直屬乾，以方爲闢。然言豈一端，各有所當。乾言大生，坤言廣生，文亦略同，理原無異。苟以大屬乾而不屬坤，可乎？此泥而不通之弊也。

夫立天之道曰陰與陽，立地之道曰柔與剛，未嘗以陽剛專屬天，陰柔專屬地。《書》云："王道正直。"《詩》云："其直如矢。"皆指地言。地有直誼，至《説卦》不言爲方，則以乾之爲圜，互文見意。經、傳言天圓地方者，固不勝枚舉也。《禮記·深衣》："負繩及踝以應直，曲袷如矩以應方。"負繩抱方者，以直其政，方其義也。故《易》曰：坤六二之動，直以方也。《正義》引鄭《易》注："直也，方也，地之性。此爻得中氣而在地上，自然之性廣生萬物，故生動直而且方。"鄭注句讀既正，解義亦融。

或疑大爲衍文，豈有爻詞、文言二處均衍之理乎？後人讀《易》，不從孔子《十翼》細爲尋繹，妄抒己見。又如乾三爻"夕惕若。厲，无咎"，一讀若字絕句，一讀厲字絕句。今據《文言》"乾乾因其時而惕，雖危无咎矣"，則若字絕句，厲字當逗，屬下爲義。坤卦辭"先迷，後得主。利，西南得朋"，一讀主字絕句，一讀利字絕句。今據《象傳》"先迷失道，後順得常，西南得朋"云云及《文言》"後得主而有常"，則主字絕句，利字當逗，亦屬下爲義。眾言淆惑，莫衷一是。質諸聖言，乃得其實。由聖人遺言，始可得聖人遺意，離經辨志，由此道也。

申虞注至臨義

何允彝

謹按:《易·臨》以九二剛中爲卦,主群陰應之。《象傳》云:"剛中而應。"虞注:剛中謂二也,四陰皆應之,故曰而應。又注九二爻,云:得中多譽,兼有四陰是也。據此,知六四一爻,亦在應二之列。虞注"至臨"云"至下也",謂下至初應,其中實含應二之義,與《象傳》九二注義正互相發明。請先即至字之義釋之。《説文》云:"至,鳥飛從高下至地也。從一,一猶地也,象形。不上去,而至下來也。"玩許意謂至,篆之[字]爲鳥首嚮下之象。其象方飛而未集,故曰"從高下至地"。曰"下來",皆以自上而下之動義説之。此注下字,即本許説。自上而下之義,乃謙下卑下之謂。謂四居上位,見在下者之有大德,因有抑然自下之心也。又云"下至初應"者,此至字當作到字解。謂四之抑然自下,非特欲下于剛中之二,直到于初爻之相應者也。蓋上卦三爻,其志皆在升二五,知升二之大曰知臨,上附五以升二之大曰敦臨,四與二同功,固欲升二之大而己下之,此義荀氏嘗言之。又與初正應。初與二皆曰咸臨,有感人之實。四受二感,並欲下初,故曰至臨。虞以四之應二,已言於《象傳》九二兩注,故于此言下初應,謂下于初之大也。又恐僅言下初應,反没升二之義,故特加一至字以含之,言四本下于二之大,必過二而下,始至于初之大也。至初中有過二之義,正見虞氏立言之簡妙,不然,則虞但云下初應而其文已明,何必加一至字乎?蒙故曰:此注與《象傳》九二注義互相發明也。近儒惠氏申虞,謂至從一,一,地也。初爲地在下,四正應初,故虞注云云。殊不知虞言下至初應,不言下有初應,下字固不得作上下之下解也。至虞注之當位有實,俱指本爻而言。以陰居陰爲當位,觀《象傳》云位當自見。云有實者,《易》例:陽實陰虛,四本陰爻,以其與初二之陽爻相應,陽爻之實,即其實也。惠氏謂其俱指初爻,亦非。

申虞注至臨義

許士熊

《易·臨》六四:"至臨无咎。"虞氏注:"至,下也,謂下至初應,當位有實,故无咎。"按:虞氏注《易》通例,多以至爲坤下、爲初,此以下詁至,則當指卦誼言,非指卦位言。《説文》:"至,鳥飛從高下至地也,從一,一猶地也。"汝南不云"鳥飛至地",而云"從高下至地",下至二字連文,明至爲從上而下,引申之有降尊就卑之誼,故文從一。一爲地,而地非至字本誼,故不曰一爲地,而曰猶地也。虞氏以下訓至,或即本於汝南,故下至初應,下至字亦連文,蓋單舉一字,則自卑尊人之意不顯,非可省而不省也。《禹貢》:"東至于底柱。"《漢書·溝洫志》作"東下",至與下,古本通用,則所謂至下也者,非上下之下,乃卑下之下,與《復》六二"以下仁也"虞注"下於初之下"同。《繫辭》:"天尊地卑。"地爲坤,臨外卦爲坤,六四居外卦之下,本有卑下於陽之誼也。然卦爻相應,爲《易》通例,初四得正而應者不可枚舉,未嘗言四卑下于初,今此獨言之者,爲初二以陽剛在下,有浸長之勢,外卦爲坤,有順從之誼。四知二之宜升居五位,因應初以下之,與他卦但以陰陽相應者不同也。知者象"剛中而應",虞注云:"剛中,謂二四陰皆應之,故曰而應。""九二,咸臨,吉,无不利。"荀氏云:"陽感至二,當升居五,群陰相承,故无不利。"綜核兩注,皆言衆陰承二,則六四非獨下應於初,兼欲下應於二。虞云"下至初應"者,明其欲自下於二而就之也。二陽方比在下,四固不能舍正應之初而徑應二也。惠定宇《周易述》乃云"初爲地在下,故云至下也",竟指下爲初,此拘於虞氏注《易》之通例,而反失虞誼者也。張皋文所言,亦與虞誼未盡合。惟《易釋》深得虞恉,足發後學之矇云。

釋頤卦二四五爻顛頤拂經義

邢啓雲

《易·頤》二、四、五爻:"顛頤拂經。"王弼注訓顛爲下,訓拂爲違,謂養下即違乎義也。李氏《集解》引王肅云："養下曰顛拂，違也。經，常也。"與輔嗣義同。近儒信其説，遂以六二顛頤拂經爲凶。惟儆居先生《易釋》讀顛頤句，拂經句，謂顛頤者，受養于上也，拂經者，反經合道以從權也。蒙謂《易釋》所云，實較舊説爲確。

謹案：六四曰"顛頤"，《傳》曰"上施光"。觀《傳》以上字釋顛義，則所謂顛頤者，自當以受養於上解之。若謂顛頤爲養下，下安得指爲上乎？又六五曰"拂經"，《傳》曰"順以從上"，觀《傳》以順字釋拂義，則所謂拂經者，自當以反經合道解之。若謂拂經爲違義，違安得指爲順乎？然則顛頤拂經之義，固可據《易釋》申之。

凡卦以五爲尊，五或失應，即以上之九爲主，如《賁》與《晉》《剥》及此卦皆是也。此《頤》上九以一陽而履四陰，則在下諸陰皆宜就養于上，故上之爻詞曰"由頤"，明卦内凡稱顛頤者，皆由上養之也。以爻正應言之，二宜就養于五。今五既以陰柔而順以從上，其不能養二可知。二亦因五之從上而就養于上，養于上故曰顛頤，知五不能養已，亦即不泥于五養，故曰拂經。四本震之九，九于震爲侯，今九既升上而變六得正，其見養於上也固宜，故亦曰顛頤。五舍己之尊以從上，亦猶二不從五而從上，故亦曰拂經。然則二之顛頤與四類，拂經與五類。觀四、五兩爻皆言吉，而六二亦吉可知。故《易釋》云顛頤、拂經，皆吉詞也，于邱頤乃凶，于邱頤即反乎顛頤拂經而言，二之邱頤凶，故三之拂頤亦凶，何則？六三亦陰類也，二既與四、五從上而吉，而三獨拂乎上，安得與四、五同吉乎？觀邱頤與拂頤皆凶，則顛頤拂經之爲吉也益明。自舊讀以拂經于邱爲句，令上下文義難通，其謬固不待辨。即朱子《本義》讀于邱頤爲句，又不别"顛頤拂經"爲一義，"于邱頤"爲一義，仍爲王注所惑。總之，此卦顛頤爲受養于上，拂經爲反經以合權，得《易釋》闡明其義，而諸説爲之一空矣。

釋頤二四五爻顛頤拂經義

高汝琳

《易·頤》六二，顛頤與四同辭，拂經與五同辭。然四、五皆曰吉，而二獨曰征凶。於是解者，多以二之顛頤拂經，與四、五之顛頤拂經異例。不知四、五兩爻雖云吉，反其道即爲凶。二爻則以吉凶之道備言之爾。諸家未之察也。

　　二爻之辭本有兩讀，虞、王讀顛頤爲句，拂經于邱爲句，頤征凶爲句，皆以征凶屬顛頤拂經，於全爻之義未能別白，統謂之凶。然玩《傳》曰"六二征凶"，初不與頤相屬，則拂經爲句，于邱頤爲句，征凶爲句，可知句讀明而義自暢矣。王輔嗣乃讀顛爲顛倒之顛，於二與四皆謂反下養初，是説張氏《別録》已駁之。況如王氏所言，二處下體之中，居下不奉上，而反養下，故曰顛頤，則四居上體，而應於初以上養下，較二爲得正，而復謂之顛，何邪？二以居下不養上爲顛，四居上養下得頤之正，而仍曰顛，立説自相矛盾，而二與四之爻義晦矣。且以顛頤爲養初，是初視四爲上，而《象傳》"上施光也"之上，當指四説。《正義》上謂四養於初，是上施。則無論《易》例不以四爲上，即於順以從上之上，亦嫌同辭而異釋。而四與五之傳義亦晦矣。虞氏讀顛從本義，訓爲受養於上，較之王説爲得。然不深體二爻之義，而謂違常于五，往上則凶，其失仍與王氏同。

　　今細繹之經文，二、四、五三爻，皆以從上而吉，不從上而凶，豈有五從上得吉，而二從上獨得凶之理乎？頤之爲道，以陽養陰，以上養下，所謂天地養萬物，聖人養賢以及萬民。但二與四遠於上，嫌非比應，不得就養，故曰顛頤。五比於上，無所復嫌，故省其文，此所以二、四皆言顛頤，而六五不言也。又二與五宜相應，今不相應，而同受養于上，故曰拂經。頤本震之四上，易四之受養於上，自爲常經，此所以二、五皆言拂經，而六、四不言也。凡爻得正則吉，反常則凶，拂經爲反常，而亦云吉者，得位而反常則爲過，今五失位而上爲卦主，則二、四、五以陰而受養於上，正合以陽養陰之理。此所以拂經而得言吉也。《易釋》曰：《頤》六二顛頤拂經，吉辭也，于邱頤乃凶也，反經合道爲權，二或不拂經而泥於經，于五頤則失其四、五之類而凶也，通一卦之義，與《象傳》讀之自明。卓哉斯言，洵足破虞、王諸家之陋，而立易學之準矣。

朵頤解

秦勳震

《頤》卦以上下二陽包四陰於中，若人口然，故其象爲頤。初九爲四陰所止，不得上九之養，猶時仰觀而動其頤，故其象爲朵。於卦艮上震下，艮止物也，震動物也，上止而下動，若口嚼然，亦有朵頤之象。李鼎祚《集解》訓朵爲垂下之貌，申其說者，謂朵頤在上而下垂，上九之象也。上九爲卦主，故稱我。夫卦主稱我，固易之通例。頤之上九爲成卦之主，例得稱我，觀我朵頤者，謂觀上九有養人之權而朵其頤也。朵頤指本爻言，若指上九，其卦爲艮，艮，止也，本無朵動之義。且朵頤乃求食之貌，豈上九爲養正之主，亦貪食而朵動其頤乎？此說之不可通者也。

陸德明《釋文》云：朵，動也。鄭同京作椯，宋氏翔鳳《周易考異》以椯爲揣字之誤。勳震謂朵、椯二字均有動義，《說文·木部》：椯，箠也。一曰揣，度也。又《手部》：揣，量也，度高曰揣。一曰捶之。揣、椯字訓本同，何必改椯爲揣。且《說文》：揣，初委切。椯兜果切，兩音迥異，揣無朵音。惟椯、朵二字音義皆同，故古人通用之，不得改椯爲揣。《唐韻》《集韻》《韻會》揣並音朵，義同者以《說文》椯、揣二字訓同而字形又相近，因互通之耳。

近之解《易》者，又好作異說。洪氏頤煊說朵頤即染頤，朵乃染之假借也。《釋文》京作揣，乃擩字之譌，擩亦染也。此改經改注以就己說，固不足深辨。陳氏壽祺據《古易音訓》晁氏曰：劉氏作湍頤，多辨也，謂此湍字當從手。劉氏訓揣頤爲多辨，與《咸》"其輔頰舌"同意。豈知咸卦上兌下艮，兌爲口舌，故有咸頰舌之象。今震以一陽居四陰之下，已有孤而無助之勢，將與誰辨乎？此又不顧經怡，妄參異說者也。

申鄭注枯楊生荑義

何允彝

《易·大過》九二："枯楊生稊。"《釋文》：枯，鄭音姑，謂無姑山榆。稊，鄭作荑，荑，木更生，音夷，謂山榆之實。後之讀者有二疑焉，蓋鄭釋枯而不釋楊，不知楊爲何義；如謂楊亦榆名，于古無徵。如謂楊爲別一木名，則楊與枯皆生荑，荑亦當爲楊實。此無論楊本無實，即令有實，而鄭以荑爲山榆之實，已不可通，其可疑一也。鄭云荑，木更生，又云謂山榆之實，顯分兩義，不能合並，其可疑又一也。

蒙按：《爾雅·釋木》云"無姑，其實夷"乃鄭注之所本。夷、荑字通，説見李氏《周易異文釋》。鄭云枯謂無姑山榆，荑謂山榆之實，義自一貫，必非以楊爲別一木。"荑，木更生"一語，非鄭注，乃後人之所攙入。凡此二者，皆無足疑，何也？楊與揚，古通。《左·文八年傳》"解揚"，《史記·十二諸侯表》作"解楊"。《左·襄三年傳》"揚干"，《漢書·古今人表》作"楊干"，皆楊、揚通用之證。《廣雅·釋言》云楊，揚也，亦楊可訓揚之證。《詩·豳風》以伐遠揚，《傳》云揚，條揚也。孔《正義》：條揚，謂長條揚起者。鄭箋無説，義與毛同。則鄭此注之不言楊者，蓋其所見，本作揚，或訓楊爲揚，從《詩》傳條揚之詁也，知"荑木更生"一語爲後人攙入者。《釋文》一書，類皆先定字音，後説字義，從無先言義而後言音者。此乃全書之通例，彰彰可考者也。稊下引鄭注，當云："鄭作荑，音夷，謂山榆之實。"方與通例相合。如謂"荑木更生"四字亦鄭注，則當在音夷之下，陸氏不應以音夷二字橫亘于鄭注兩句之間也。如謂荑本有"木更生"之訓，荑木更生四字爲陸氏所存舊義，音夷，下謂山榆句方著鄭義，則陸氏於所存舊義之下，亦當再著鄭字以別之，不應混存舊義于作荑音夷之間，使讀者并疑"木更生"爲鄭注也。由是以思"荑木更生"四字，明是後人傳寫所增，非陸氏《釋文》之舊。王伯厚輯鄭注時，不能區別，誤以此四字爲鄭注，竟似鄭君作詁，善持兩端，蓋亦校勘之未精矣。

至王氏因枯之音姑，譏鄭君改字之鑿，説見《困學紀聞》。則亦非是，蓋《釋文》鄭音姑句乃陸氏語。鄭無易音，見《釋文·敘錄》，故知此音姑及音夷，皆陸氏語。其實鄭所注經文，自作枯也。《周禮·壺涿氏》有牡櫄之文，杜子春云櫄讀爲枯，枯，榆木名。鄭彼注因之，並不云枯爲姑，《説文》枯下引《書》唯箘簵枯，云"枯，木名也"。近儒段氏注，引鄭此注及周禮杜注以證之，可知漢儒並以枯爲木名，鄭不必改枯爲姑，方爲楡名也。安得以注引無姑之文，《釋文》有音姑之語，遂妄議鄭君之改字乎？總之，枯爲楡名，蕪爲楡實，鄭意以爲《經》以楡之揚起者生蕪，象人之年老者生子，義甚精確。近儒張氏惠言申鄭，仍未言楊字之義，又不知木更生之說與鄭義歧出，其說究不免附會爾。

釋《小畜》《大畜》兩卦名義

孫揆均

　　《易·小畜》《大畜》二卦，小者陰也，大者陽也。《小畜》以衆陽畜六四一陰，小畜於大，故曰《小畜》。《大畜》以四陰止初陽，五陰止二陽，《乾》爲《艮》止。大畜於小，故曰《大畜》。其義最爲易憭。毛西河説經往往武斷，於此二卦，亦能明白曉暢言之。如曰以大畜小者，謂之小畜；以小畜大者，謂之大畜，大小者，陰陽也，並得解。唯解畜字云藏也，又云止也，則非是。又謂《小畜》以一陰居衆陽之中，爲其所包藏而畧止之，《大畜》非大正不可矣。以《小畜》有止義，大字於訓陽外別解，俱有疏謬，然較説之全不可通者，已難得也。

　　揆此二卦不可通之病約有三。一不知小大之例，鑿求其説。如虞氏則以旁通求之，謂《小畜》與《豫》旁通，《豫》四之坤初成《復》，《復》小陽潛所畜者小，故曰《小畜》。《大畜》與《萃》旁通，《萃》五之復二成《臨》，臨者，大也，至上有頤養之象，故曰《大畜》。夫旁通説《易》，虞氏一家之學，近如張皋文諸先生，皆不知其非而確信之，固不必深辨。即此小、大二名，明明與《泰》之小往大來，《否》之大往小來同義，小大者，陰陽也，卦例相同，則有《小過》《大過》。《小過》以上下四爻皆陰柔，過，故曰小過。《大過》以中四爻皆陽剛，過，故曰大過。小大專指陰陽，全《易》之通例。必執多寡廣狹之數，以求之，病一。一不通畜字之本義也，鄭康成曰：畜，養也。陸德明曰：畜，積也，聚也。養與積聚義自相足，此爲畜字之通義，可隨所用而以意明之。孔穎達忽據《大畜》止健之文，於《小畜》亦以畜止爲釋。殊不知畜字本無止字之訓，《大畜》言止艮之德也。孔氏全不知畜之爲義，徒執一卦，以穿鑿其餘，立訓不顧經恉，病二。一不明陰陽相畜之理，大畜之象易知，故群知之陰畜止乾陽。而小畜之義難解，故或言六四一陰唯畜九三，或言以一陰畜五陽，或言以四陰畜復陽，紛紛異論。豈知四陰得位，衆陽交應，明著《象傳》。此之不察，立義致成相反，是幾大象之不知也，病三。去此三病，而後二卦之名義可得而求矣。

所居而安者易之象也所變而玩者爻之辭也解

顧鴻闓

《易·繫辭傳》云："君子所居而安者，易之象也；所變而玩者，爻之辭也。"虞仲翔曰：象謂乾二之坤，成坎月離日，日月爲象君子正位居體，故居而安易之象也。舊讀象誤作厚，或作序，非也。爻者，言乎變者也，謂乾五之坤，坤五動則觀其變，所變而玩者，舊作樂，字之誤。案虞氏解義，雖非其謂序當作象，樂當作變，是也。觀下節象其物宜，是故謂之象。繫辭焉以斷其吉凶，是故謂之爻。明以爻與象對言，則知所謂易之象、爻之辭者，即此意也。本節又云，居則觀其象而玩其辭，動則觀其變而玩其占。觀兩則字，意動字當訓爲爻。動，則居字即不得訓居體之居，安亦非安處之安。儌居先生《易釋》，釋居字曰居靜也，謂未變之卦。安、案通，考之也。象兼象而言。蒙嘗即是言思之，而知其說有不可易者。居之訓靜，爲易之通例。安、案之相通，如《史記》安土息民，《索隱》曰：賈誼書安作案，是其證。《傳》曰：象者言乎象者也，爻者言乎變者也。象以象言，尤有明文。占法：卦動占爻，不動占象。象辭以象卦之物宜，爻辭以辨爻之吉凶，故君子于所居未變之卦，而考其象辭，於所動而變之爻，而玩其占辭。下文于居言玩其辭，于動言玩其占，即申明上二句意也。韓康伯以序爲易位之次序，孔疏以樂爲愛樂耽玩，宋儒又謂爲樂契宴。樂無論與上居字不類，其于爻辭，又何所取義乎？

先心退藏于密解

蔣元慶

《易·繫辭上傳》："聖人以此洗心，退藏於密。"韓康伯釋"洗心"曰"洗濯萬物之心”，釋“退藏於密”曰“言其道深微，萬物日用而不能知其原”，退藏于密猶藏諸用也。《經典釋文》：洗，劉瓛“悉殄反”，盡也。王肅、韓“悉禮反”，京、荀、虞、董、張、蜀、才作先，《石經》同。藏，劉作臧，善也。蒙按：先心，不當作洗心，乾嘉諸儒辨其誤者甚多。王伯申《經誼述聞》曰：“作先之義爲長。班固《幽通賦》曰‘神先心以定命’，義本《繫辭傳》，先，或作洗，乃字之假借耳。”其説自確。惟《述聞》解“先心”曰：“先，猶導也，聖人以此先心者，謂心所欲至而卜筮先知，若爲之前導然。”作如是解，尚與退藏字誼不貫。蒙謂“先心退藏于密”者，謂聖人以此先自善其心也。退藏者，止善之謂也。于密者，幽獨之謂也。《吕氏春秋·仲夏紀》：“退嗜欲。”高注：退，止也。《月令》字正作止。此退訓止之證。臧，《爾雅》《説文》，《詩》毛傳、鄭箋皆訓善。下文曰“知以臧往”，臧亦訓善。謂既知吉凶，益當善其所往也。此臧訓善之證。《詩·頌》：“夙夜基命宥密。”《鄭箋》密訓靜安，靜安者，幽獨之義也。先心退藏於密，吉凶與民同患，謂心先止善於幽獨，而後明吉凶以示人也。上文云“顯諸仁”“臧諸用”。顯諸仁，即吉凶與民同患之意；臧諸用者，即知以臧往之意。鄭易臧字不加艸，而訓爲善，正與此臧字合，互相參考，安得改先爲洗而改臧爲藏哉！

遒人解

白作霖

遒人之官，不見于《周禮》。《夏書·允征篇》：每歲孟春，遒人以木鐸徇于路。僞《傳》：宣令之官也。《春秋·襄十四年左傳》引此文，杜注：行人之官也。木鐸，木舌金鈴，徇于路，求歌謡之言。二説不同。孔冲遠《書》正義云：以執木鐸徇于路，是宣令之事，故云宣令之官。其《春秋》疏申杜，則云：以其徇于道路，故以爲行人之官。采訪歌謡者與孔宣令之官，其事不異。

蒙按：僞《傳》之説，隱據《周禮·小宰職》“徇以木鐸”之文，於遒人誼無關涉。孔申《傳》説，以爲訓遒爲聚，聚人而令之，故以爲名。然按下文“官師相規”云云，則官師非工可比，何由同聚而令之？且以其聚人而令，即以有聚義之遒名之，亦何所取此，則孔説之未盡確者也。《春秋》疏述杜説，徒牽附于宣令之文，且采訪歌謠亦即以求諫之事當之，又何怪遒人之名義終不可得乎？謹案《漢書・食貨志》云：孟春之月，行人振木鐸徇于路，以采詩獻之太師，比其音律以聞於天子。故曰王者不窺户牖而知天下。首二句正承用《書》文，疑即杜説所本。所謂采詩，疑即采訪歌謠之事。《晉語》云：古之王者，政德既成，又聽于民，于是乎使工誦諫于朝，在列者獻詩。又云聽臚言於市，辨祆祥于謠，此正采訪詩言所本，與下文"官師相規"語合，則杜"行人"之説，誠无疑矣。《説文・丌部》，邊下云"古之遒人，以木鐸記詩言"，引用之文與班書略同，此必秦漢以來相承舊説，且以古之遒人釋字之從辵，以記詩言釋丌，段注：字從辵，從丌。辵者，行也。丌者，薦也。記與丌叠均，蓋出男女歌詠，記之簡牘，遂薦于天子。官制名義幸存崖略，後人正可藉以參考。蓋不特行人之官名可定，而遒字之義亦可從此推也。自王伯申誤讀古之遒人爲句，遂以爲是邊人之誤，紛紛改《説文》，疑《夏書》，均不足據。

　　段、桂兩家注，皆歷引古遒人之説于前，而附邊字音義于後，可謂卓識。惟即以輶、迺、遒三字，皆同音相假，段氏説。及以遒人爲即輶軒之使，桂氏説。則似猶有可商者。竊謂官名遒人，必非于遒字誼無取，且杜不訓爲行人，而必云行人之官，亦當有説。嘗聞諸師曰：《説文・車部》：輶，輕車也，從車。《辵部》：迺，迫也，從辵，字亦作遒。輶、軒，皆車旁字，古使者桀車因名其官，曰輶軒，若遒人，字從辵。《説文》辵，爲乍行乍止，必非使之乘車者。《夏書》云：徇于路。《説文》：徇，行示也。杜注行人之説誼當取此。劉歆《與楊雄書》云：三代周秦軒車使者、迺人使者，以歲八月求代語、僮謠、歌戲，迺即遒之或體。劉氏以軒車對迺人，則迺人之不桀車，於義尤顯。然則杜謂爲行人之官者，猶言官屬行人，非謂即《周禮・秋官》之行也。于文，遒從辵從酋，辵有行誼。酋，《説文》訓爲繹酒。《方言》：酋，久熟也。是必行人之官，久熟于行者，故先王以遒人名之，猶名言語之官，爲象以其有才知，更曰象諝之類，見《周禮・行人》注。此固可援名義求之者也。然則僞《傳》之説遂不可從乎？曰：宣令，事也，非官也。《周官》小宰、小司徒、士師等職，皆有以木鐸申令之事，不得遽稱爲宣令之官。且遒人所宣者，爲采詩之令，謂其有宣令之事，則可謂宣令即遒人官名之誼，此大不可也。自僞《傳》説行，後人又習見《周官》徇以木鐸之文，遂以宣令解遒人，且牽附于聚人之説，則遒字從辵之誼失，而遒人之爲行人，亦罕有能通之者矣。

一極備一極無説
陳慶年

自董仲舒推陰陽五行爲儒者宗，嘗讀其書，悟《洪範》"一極備，一極無"之義。《洪範》云八庶徵"曰雨，曰暘，曰燠，曰寒，曰風，曰時，五者來備，各以其敘，庶草蕃廡。"夫所謂五者來備者，備者，百順之名也。無所不順之謂備。是故木居東方而主春氣，火居南方而主夏氣，金居西方而主秋氣，木居北方而主冬氣，土居中央而兼五行四時之氣。所謂五行之隨各如其序，五行之官各致其能。用《繁露·五行之義》篇語。非獨有一行之偏勝而極備也。若盛德在木，而金氣乘之，以絕木之氣。盛德在火，而水氣乘之，以絕火之氣。則是一極備，一極無，非五者來備，各以其敘之謂矣。

董子之書曰：天之道終而復始。北方者，天之所終始也，陰陽之所合別也。冬至之後，陰俯而西入，陽仰而東出，出入之處常相反也。多少調和之道常相順也，有多而無溢，有少而無絕。春夏陽多而陰少，秋冬陽少而陰多。多少無常，未嘗不分而相散也，以出入相損益，以多少相溉濟也。董子斯言，足以明一極備一極無之説矣。天之道，出陽爲暖以生之，出陰爲清以成之。是故非薰也不能有育，非深也不能有熟。故至春，少陽東出就木，與之俱生。至夏，太陽南出就火，與之俱暖。若五行失序，陰陽互乘。陽氣出東北而南行，而陰氣乘之以起其始也。陰陽之氣互侵，猶足以相敵也。其繼也，并行而同路，交會而代理，則陰金有獨勝之勢，而陽木之功傷已。幾幾乎無之矣，而猶未至於極無也。及至陰長陽消，陰多而溢，成極備之勢，陽少而絕，成極無之勢，所謂以出入相損益，以多少相溉濟者，至此遂皆無之。則是一極備一極無矣，非五者來備，各以其敘之謂矣。

下文言恒若以明極備之凶，而不言極無之凶，其以是與？

一極備一極無説

張錫恭

一極備者，五者來備之反。一極無者，庶草蕃廡之反。云一者，五與庶之對也。説一極備者，前儒説之已詳。蓋五者來備，即下文所謂時，則一極備即恒矣。僞《傳》以爲愆時，固是。近江艮庭以爲即所謂恒，其義尤明。

而一極無之説，蒙竊以爲無即廡，證以《説文》，蕃廡本作繁無，無，豐也。有無之無，本作橆。然則廡乃後人所改，而此無字乃改之未盡者。至其所以爲凶，則其義詳於《素問》。夫五者，應五行之氣，見《書》疏引鄭注。則庶草亦當分屬五行明矣。庶草者何？果蔬百穀之屬皆是也。考《素問·五常政大論》：五運平氣，木曰敷和，其穀麻，其果李。火曰升明，其穀麥，其果杏。土曰備化，其穀稷，其果棗。金曰審平，其穀稻，其果桃。水曰静順，其穀豆，其果栗。《淮南·墜形訓》又以薺屬木，此皆以庶草分屬五行之徵也。一氣偏勝，則一氣之草木獨豐，所謂一極無也。

而爲所勝者，受其病則凶矣，此又可於《素問》所謂過不及者證之。蓋木氣勝爲發生，害於土而爲減化，於是穀不當有麻而有麻，果不當有李而有李。火氣勝爲赫曦，害於金而爲從革，於是穀不當有麥而有麥，果不當有杏而有杏。土氣勝爲敦阜，害於水而爲涸流金。水氣勝則爲堅成，爲流衍。而金害木爲委和，水害火爲伏明，於是穀果之不當有而有者，土勝則稷、棗，金勝則稻、桃，水勝則豆、栗。以上皆鬌括《素問》文。夫其不當有而有者，即一者之極無也。而偏勝則爲害，與恒暘之例同。《素問》曰平即休徵；曰過，曰不及，即咎徵。若如舊説，以爲一者極無不至，夫恒雨則必無暘，恒燠則必無寒，第言一極備，足矣，乃又曰一極無，古人文省，不勞如是複舉也。

或曰：然則《史記》作亡，何邪？曰：《説文》無豐也，廡，堂下周屋，自後人借無爲橆，乃轉借廡爲無耳。而《史記》已作蕃廡，其必出於後人之改矣。則其作亡者，安知非由轉輾改之邪？未可據爲確證也。

乃得周公所自以爲功代武王之說說
陳開驥

《周禮・春官・占人》：凡卜，筮既事，則繫幣以比其命。鄭注云："既卜筮，史必書其命龜之事及兆於策，繫其禮神之幣，而合臧焉。"下并引《金縢》此文，云是命龜書，則卜終臧書乃常例也。時成王承變欲卜，據下文"其勿穆卜"句。又發金縢，因得周公請命冊及占兆書，情事自合，所謂自以爲功者，功即書也。上文公乃自以爲功，《史記・周本紀》《魯世家》功均作質。功、質誼同。《爾雅・釋詁》：功、質，成也。考功、質、成三字，皆有書辭之誼，俱見《周官》，可通解之。《天官・小宰》："月終則令正月要，旬終則令正日成。"成、要對文。賈疏申鄭，均云文書酒正"日入其成，月入其要"同誼。《夏官・槀人》："乃入功于司弓矢。"鄭訓功以成，是入功即入成。疏謂"皆有簿書臧之"，明功亦辭也。《宮正》："歲終則令群吏致事。"疏謂"上一年計會文書及功狀也"，唐人云功狀，即周時之功，古人詞簡，功有事，誼以事書策，即名曰功。一意相承，則公自以爲功者，自以爲書也。《小宰》：八成皆系文書，中有質劑。注云"券書質劑屬于八成"，尤成、質通誼之切證。《地官》質劑，訓同《春官》"詛祝以質邦國"之劑，信注"質，成也"，是對神言，亦稱質劑，不徒《詩・大雅》"虞芮質厥成"，記《王制》"各以其成質于天子"，爲質成連文之明徵。則公自以爲質者，亦自以爲書也。書即上文史所祝之冊，鄭註冊謂簡書，周公所作。亦即下"文王所執之書"，《魯世家》于此文仍作功，明與《經》一意。惟作書詞解，則前後一貫，否則，史所冊祝，安見周公自作乎？僞《傳》訓功爲事，無以通作質之誼。

近江氏聲言，周公欲以武王疾瘳爲己功，不知古聖無伐善施勞之志，豈幽微之事而敢幸天乎？江殆沿僞說也。洪氏頤煊據太祝六祈五曰攻，遂云功通作攻，將何以通史公之用質？段氏玉裁謂質讀周鄭交質之質，又何以通《尚書》之作功？何若《爾雅》《周官》之互訓，證《周書》《史記》之通誼，爲得其實邪？《史記》又載成王病，周公祝神臧策，後發府見書反周公事，此書古文家説。又載周公卒後，乃開金縢，下引此文及迎葬周公事，此書今文家説。據《大傳》文。與《論衡·感類篇》，二説同例，傳聞異詞彼此互見。史遷、王充，均存斯恉。然於經文各有歧處，經文明作代武王，則成王之説不必參，經文未著周公薨，則改葬之説不容混。兹當據經文以定異説，不當援異説以疑經文。《史記》《論衡》二書均有好異之失，此其一節而已。

乃得周公所自以爲功代武王之説説
秦世超

《書·金縢》于武王有疾時，著之曰：公乃自以爲功，及武王既喪，成王啓金縢之書。又曰：乃得周公所自以爲功代武王之説。竊謂此二句，乃一篇之關鍵也。而今古文家往往于此聚訟者，則以爲達"自以爲功"四字耳。其所以不達"自以爲功"者，則以誤解篇首"周公曰未可以戚我先王"兩語耳。當武王有疾，二公曰"我其爲王穆卜"，其者，將然之詞。蓋欲與周公卜王疾愈否，初未計及于請命之事。周公曰："未，可以戚我先王。"未字絕句，本《尚書啓蒙》。未者，緩之之詞，與上其字語氣相應。可以戚我先王，戚當讀造禰之造，造，就也，言就告之也。亦本《尚書啓蒙》。就告先王，仍指穆卜之事言，蓋當是時，周公以武王之疾引爲己咎，因以請命代死，爲己事而特不忍于明言，故于二公穆卜之請，始應以未，終答以可，而於此遂行請命之事。俾二公但知爲穆卜，不知爲請命，史故特著其文，曰"公乃自以爲功"，明此事乃公所自爲，非二公所與知也。不然，公既行此事，于武王有疾之時，胡爲遲至成王啓金縢而始知之？然則公何以不使二公知之也？曰請命代死之事，乃臣子之所以自盡，向令君上聞之，當必有不忍于心者，故公行此事，且不令武王知之，而何有於二公？按：公曰"體王其罔害"云云，乃周公眠瘉體之詞，非與王面語也。《史記》引此，以爲入賀武王之詞，大謬。是故二公于流言之起也，不得舉此事以告成王。于鴟鴞之詒也，仍不得舉此事以告成王。向非因皇天動成啓金縢之書而得之，則周公雖有自以爲功代武王之説，而其心終不明，而成王之疑終不決。故史氏于既得此説，特著一乃字于句首，以明嚮者不聞有此事，至是而始得昭雪焉，且兼明前此公乃自以爲功一語，實由既得此説後而追書之。然則此二句前後呼應，乃一篇之關鍵，不得分爲兩篇甚明。而《史記·魯世家》于武王既喪後，插入公代成王一事，遂令上下文義割裂，謬已甚矣。而鄭君讀篇首“周公曰未可以戚我先王”爲一句，因謂周公内知王疾必瘳，故止二公之卜，而自以爲功。果如是説，豈公之所以爲公乎？

乃得周公所自以爲功代武王之説説

許同范

《書·金縢》“乃得周公所自以爲功代武王之説”，孔《傳》曰：“所藏請命册書，本《周禮·占人》注曰：既卜筮史，必書其命龜之事及兆于策，繫其禮神之幣而合藏焉。”《書》曰：“王與大夫盡弁開金縢之書，乃得周公所自以爲功代武王之説，是命龜書。”江艮庭兩取其説，《集注》曰“得周公所藏請命册書，及命龜書”，復疏之曰：“周公所自以爲功代武王之説，即上文公乃自以爲功，告於太王、王季、文王者，是周公之請命册書。”蒙按：此申孔傳之義，其説是也。又疏曰：“云及命龜書者，周公當日卜三龜，必有命龜之事，書之於册，與請命册書並藏于金縢之匱中。王得周公請命册書，必并其命龜書俱得之矣。”按此申明鄭義，而竊謂其説非也。

以身代死之事，實出非常，不見前古，未可輕使人知，故當日除諸史執事外，雖二公亦勿及知，慎之至也。如以此書爲命龜書，則《占人職》云：“歲終則計其占之中否。”計周公居東二年，已兩啓之矣，王獨不聞乎？即王不聞，二公獨不聞乎？此其可疑者一。

鄭君又解《金縢》云：“凡藏祕書，藏之於匱，以金緘其表。”是祕密之書，皆藏於匱，非周公始造此匱，獨藏此書也。然則祕密之書始藏此匱，命龜書之藏，不過歲終以計其中否，不容以藏金縢也。此其可疑者二。

又《周禮》所言卜筮者，舉常事言之也。如周公此卜，祕不使人知，非常事可訓，且已自信其必中，曰“王其罔害矣”，又戒諸史執事勿敢言矣，何必使史復書其命龜之事而藏之乎？此其可疑者三。

又《史記》魯、周公世家,二公及王乃問史百執事,裴駰《集解》曰"問者,問審然否也",惟其係請命冊書,故尚懷疑而欲問其然否,若爲命龜書,則爲既卜顯然無疑,又何必問其然否乎？則鄭君之彼此未協也,此其可疑者四。

又"惟爾元孫某",孔傳云"某,名,臣諱君,故曰某",孔疏曰:《泰誓》《牧誓》皆不諱發,而此獨諱之,孔惟言臣諱君,不解諱之意。鄭君云:"諱之者,由成王讀之也。"意雖不明,當謂成王開匱得書,王自讀之,至此字,口改爲某,史官錄爲此篇,因遂成王所讀,故諱之。如《疏》所云,鄭君固自言謂請命冊書矣,此可疑者五。

竊謂周公此卜,慎祕之至,豈有既卜以後,復命史爲命龜書之理,則允宜以請命冊書爲當。其所以必藏於金縢者,以金縢係藏先王故事之所,不恒啓視,故密藏於此爾。大氐鄭於《周禮》,彼注審繫幣以比其命,爲命龜書,因約借此文以爲證,其實亦非以爲確據。故《禮》注及之,而《書》注不然。蓋如《史記集解》及孔疏所引鄭注,固與命龜書之説俱不協也。而江艮庭復引之,失之無斷。況如江氏所云命龜書與請命冊書,歧而分之,則尤非鄭君之旨,其失在引鄭太泥,未識鄭君之注《占人》別有指趣,反與鄭君之書本注,動多未洽,蒙故縷辨之,非敢攻鄭也。

曰乃其速由文王作罰刑兹無赦不率大戛解

李 達

《康誥篇》:"曰乃其速由文王作罰,刑兹無赦,不率大戛。"枚傳釋云:"當速用文王所作違教之罰,刑此亂五常者無赦。"以"不率大戛"四字屬下節,釋云:戛,常也,凡民不循大常之教,猶刑之無赦。

蒙按:枚説殊未得。"曰乃其速由"五字宜爲句,説本孫氏星衍。由讀與訧同。《説文》云:"訧,罪也。"速訧,謂自召罪訧。與《酒誥》云"惟民自速辜",《多方》云"乃惟爾自速辜",語意相同。"不率大戛"四字當屬此節。率爲牽率之率,謂牽率連坐。戛,常也,大常謂大刑。《爾雅·釋詁》:"刑,常也。"不率大戛者,不以大刑波及其親屬。《春秋左氏傳》僖公三十三年,曰季曰:“《康誥》曰‘父不慈,子不祗,兄不及,弟不恭’,不相及也。”昭公二十年,苑何忌曰:“在《康誥》曰‘父子兄弟,罪不相及’。”《後漢・肅宗紀》元和元年,詔《潛夫論・榮辱篇》《楊彪傳》《鄭志・趙商問》俱引書與《左傳》同,今《康誥》無此語,或以佚文疑之,非是。阮氏元云:“此乃春秋時説《尚書》者傳注之語,如《尚書大傳》之類。”按阮説甚當。

竊謂罪不相及,正釋經文“不率大戛”四字。蓋周時釋經者,以不率大戛爲不以大刑牽率其親屬,故云罪不相及。左氏所引自是古義經文,曰“乃其速由,文王作罰,刑兹無赦,不率大戛”者,言此不孝不慈、不友不弟之人,滅亂民彝,乃其自召罪訧,當秉文王所作之罰,刑兹無赦,但罪止其身,不可牽率其親屬,使之連坐而並加以大刑也。自枚説以速由爲速用,連下文王作罰爲句,已是謬説,又誤分不率大戛屬下節,謂民不循大常之教,遂使周漢相傳罪不相及之説,無所繫屬,而古義終不明於天下矣。

《左傳》引《康誥》父子兄弟罪不相及與《周官・族師[①]》刑罰相及不同何説

金　鉽

《春秋》僖三十一年、昭二十年,《左傳》並引《康誥》“父子兄弟,罪不相及”二語,與《周官・地官・族師》所言“刑罰相及”不同,孔疏引鄭君答趙商問,云康誥之時,周法未定,又新誅三監,務在尚寬,以安天下。及周公制禮,乃定族師之法,使民相共勑。據此,似義可通矣。然一人有罪,百家坐之,此與暴秦商鞅之政何異?周家忠厚,其立法斷不苛峻至此。蒙嘗以經文證之,竊謂族師之刑罰相及,是責追捕盜賊不力者,非概用此刑也。《秋官・士師》:“掌鄉合州黨族閭比之聯,與其民人之什伍,使之相安相受,以比追胥之事,以施刑罰慶賞。”族閭比之聯,即四閭爲族,八閭爲聯之謂。使之相安相受,即相保相受之謂。此職與族師所掌同,可知族師所謂刑罰相及者,亦指追胥言也。鄭君彼注云:追,追寇也;胥讀如偦,謂司搏

① 族師,原誤刊作“族聯”,今據《周官》原文改。

盜賊也。閭族之中，百家同處，無事則相安耕鑿，有寇盜入境，百家乃起而追胥。孟子所謂"出入相友，守望相助"是也。若寇盜在境，而追胥不力，任其爲害民間，則此百家爲廢職，廢職則皆有刑罰，故曰刑罰相及也。

然則族師、士師職所掌，蓋是一事而分爲二官，何也？曰：族師掌其族之戒令政事，見民之追胥力，則舉慶賞之政，不力，則舉刑罰之政，俟歲終，乃會政致事於上，上乃使士師比其追胥之事，以用刑罰慶賞。觀於族師言致，士師言施，其義顯然可見。

然則《康誥》之罪不相及，即罪人不孥之意，族師之刑罰相及，是欲民之守望相助，非謂此人有罪，而彼人同坐也。兩事義各有在，不能強合。若如鄭答趙商之說，則天下未平用寬，既平用猛，證之《大司寇》所謂"刑平國用中典，刑亂國用重典"者，已與經文顯悖矣。孔疏引鄭説，又不從之，而以今律"大功以上得相容隱，鄰保罪有相及"爲説，以漢唐制釋周禮，亦未允當。

伯相命士須材解

奚紹聲

《書·顧命》："伯相命士須材。"《傳》云："邦伯爲相則召公。"《正義》引王肅云召公爲二伯相王室，故曰伯相。蒙案：僞《孔傳》多出王肅，此亦其一也。江氏聲、王氏引之、孫氏星衍皆惑其説，謂召公與畢公分陝東西，召公以西伯入相，故曰伯相。據此，則伯相之稱，一如後世公相、侯相、使相諸名目矣。恐成周無此文也。且序明云畢公亦爲相，則伯相之稱，不亦可施於畢公乎？王肅説經，好與鄭異。鄭此注今不見，上文"相被冕服"注云：相者，正王服位之臣，謂大僕。《周禮·大僕》職云"掌正王之服位"，則被王冕服，固其職然。又云"出入王之大命"，又云"大喪戒鼓，傳達於四方"，則此伯相命士須材，蓋亦即大僕也。伯相者，伯長也。大僕之屬，有祭僕、御僕，則大僕固爲其長。然大僕下大夫二人，而二人之中，亦自有長次，如下文上宗。鄭注：大宗伯一人，小宗伯二人，凡三人，使其上二人也。江氏聲云：使小宗伯之上一人，與大宗伯同事，是使其三人之上二人也。

小宗伯二人，爵位同而得差其上下者，蓋同等之中自有長次也。據此，則小宗伯之上一人，尚得與大宗伯並稱上宗，則大僕二人，必亦有長次，而以一人爲之上，可知矣。故晚出之《囧命》云："穆王命伯囧爲大僕正。"正者，長也。而應劭云："大御，衆僕之長，中大夫也。"僞孔因之。

今案：《周官》大馭，掌馭玉輅，與大僕掌王侍御之事不同，不得牽合。應劭、僞孔説，俱未是。蓋大僕正，當即大僕中之上一人，此亦如《周禮》宫正、宫伯二職，正與伯俱訓長，而宫伯所掌，宫正又掌之，是宫正又上於宫伯也。大僕固群僕之長，故稱大，而其中又一人爲之上，故曰大僕正。前相被冕服，既爲大僕，則此云伯相，其必爲大僕正無疑矣。命士之士，即《檀弓》所云共百祀之木之虞人。疏謂非國相不得大命諸侯，説尤不合。命士亦出入王大命者之事，又戒鼓傳達四方，正使虞人知之，可以備材上供，固不必國相命之，又何得以伯相爲邦伯爲相者乎？所須之材，謂棺槨明器之類，《周禮・小宗伯》"及執事眡葬獻器，遂哭之"注謂明器之材，蓋即命士所須之材也。伯相命士供之，及既獻而小宗伯眡之、哭之。既眡，遂使執事爲梓匠之屬者治之。《儀禮》注"匠人爲槨，刊治其材"可證。自命士須材，至獻素獻成，固需更數職之事也。僞孔多本王肅，而王肅好與鄭異，實有不知其非者。兹故從鄭君"相被冕服"之注，定伯相爲相中之長，王、孔之説不足從也。

《書・洛誥》先殺後祼與《禮記》既祼然後迎牲不同何説

金　鉽

《書・洛誥》："王賓殺禋咸格，王入太室，祼。"言殺祼先後之節，與《禮記・郊特牲》不同。蒙謹以經證經，而知《洛誥》所説，乃用殷人禮也。《洛誥》云："王肇稱殷禮，祀於新邑。"孔疏引鄭康成云："王者未制禮樂，恒用先王之禮樂。周公制禮樂既成，不使成王即用周禮，仍令用殷禮者，欲待明年即政，然後頒行周禮。頒訖，始得用周禮。故告神且用殷禮也。"據此，則下文之"王在新邑，烝，祭歲"，即用肇稱之禮可知。《郊特牲》云："殷人尚聲，臭味未成，滌蕩其聲，樂三闋，然後出迎牲。"迎牲，即殺牲。殷人樂作，而即迎牲，則先殺矣。臭味，即裸。觀下所云“周人尚臭，灌用鬯臭，鬱合鬯”，“灌以圭璋，用玉氣也”諸語可知。孔疏“臭味未成”謂未殺牲，此説誤。味可屬牲，臭不可屬牲也。《郊特牲》言迎牲在臭味未成時，則後裸矣。《郊特牲》又云“舉斝角，詔妥尸”，孔疏謂此恐非周禮。

蒙按：《明堂位》曰灌尊殷以斝，蓋此爲殷人灌尸之禮矣。經文上言肉袒割牲，下言舉斝角，尤足證殷人之先殺後裸也。殷禮先殺後裸，周禮先裸後殺。周人祀新邑，尚用殷禮，故《洛誥》所言，不得與《郊特牲》通也。孔疏雖知引鄭君説，仍誤以爲殷禮即周禮，其言曰：“此殷禮，即周公所制禮也。以其從殷來，故稱殷禮。所以知爲周禮者，以用騂牛知之。”按：《通鑑前編》武王十三年，改祀曰年，色尚赤，是改正朔定服色，在武王即位時。而頒行周禮，在成王即政後。故七年新邑之祀牛，已用赤色，而他禮尚循殷之舊也。此何足疑？且鄭君固明言此是殷人禮矣。因謂殺裸非行事之次？經明言殺，何得謂非行事之次。近儒王氏鳴盛沿其譌，江氏聲又誤以爲裸尸，江氏因《祭統》有裸尸之文，遂謂裸有二節，此裸與始祭之裸不同。無論裸尸、裸神，本非二事，即《祭統》上言裸尸，下言迎牲，亦明明先裸後殺也。引經而遺其半，抑何可笑之甚。諸説紛紜，未見允當，皆由於肇稱殷禮之鄭注，未之細繹耳。

《書·洛誥》先殺後裸與《禮記》既裸然後迎牲不同何説

丁蓬山

《書·洛誥》：“王賓殺禋咸格，王入太室，裸。”與《禮記·郊特牲》“既裸，然後迎牲”不同。冲遠並論其事，以爲《書》言殺禋，非謂行事之次，至王裸，乃指行事而言，與《郊特牲》之文義自無悖。不知經文明言殺禋，豈得謂非行事之次。且周家祭禮以裸爲重，則王賓咸格，自當因裸將而來，觀《大雅》“殷士膚敏，裸將于京”二語可見。乃經不曰“王賓裸將咸格”，反舉在後之“殺禋”爲言，何邪？

蒙嘗三復經文，而知先殺後裸，係殷家祭禮，與記文所言之周禮有不能强合者焉。《洛誥》云：“王肇稱殷禮，祀于新邑。”鄭君釋之，以爲王者未制禮樂，恒用先王之禮樂。周公制禮樂，不使成王即用周禮，仍令用殷禮者，欲待明年即政，然後頒行周禮，頒訖，始得用周禮，故告神且用殷禮云云。此爲祭用殷禮之明證。《郊特牲》云：“殷人尚聲，臭味未成，滌蕩其聲，樂三闋，然後出迎牲。”迎牲，即殺牲，是殷禮先殺之証。且殺牲在臭味未成之時，又爲殷禮先殺後裸之証。考《周禮·司尊彝職》文，裸用斝彝，鄭注引《明堂位》曰“殷以斝”，殷人既有灌尊，自有裸禮，雖其裸鬯之時，無甚確據，而《郊特牲》既於祭初言迎牲之禮，則裸禮在後，自無可疑。若既裸迎牲之文，《禮記》明言周禮，固不必執彼以疑此也。

後儒不知《洛誥》所言係殷家祭禮，必據《祭統》文以强通其説，且因《祭統》有裸尸之文，遂謂裸有二節，與始祭求神之裸不同。無論裸尸、裸神不得强分爲二，即彼經上言裸尸，下言迎牲，亦明明非殺後之裸也。解經者引之，而遺其半，反據以爲確證，其不流於穿鑿者幾何哉？總之，《書》言殷禮，《記》言周禮，義各有當，正《樂記》所謂不相襲禮者，讀者以是求之，則庶乎其不差矣。

孔壁書或説騰藏或説鮒藏或説惠藏宜以何説爲定

張錫恭

孔壁藏書之事，一見於《史記》，三見於《漢書》，而獨不言藏之之人。《藝文志》《楚元王傳》載之尤詳。著其所，則曰孔子宅。著其壞壁之人，則曰魯恭王。著其壞壁之由，則曰欲以爲宫。著其篇數，則曰多伏生《書》十有六，其同逸者《禮》三十九篇，則著之其同爲古文者。《春秋左氏傳》《論語》《孝經》亦著之。誌孔安國以著得之之人，誌天漢末以著獻之之時，誌巫蠱以著不列學官之由，若是其詳且備也。而獨不著藏之之人，蓋漢時已不能詳其人矣。夫藏經之功大於傳經，伏生壁藏，馬、班特書于《儒林傳》。使孔壁藏經，漢時尚知其人，必不深没其文。且秦禁學燔書，其藏之也必秘，使非孔氏子孫自言，後人安得知之？太史公親問故於安國，孔氏子孫知其人，史公必知之。史公知其人，《史記·孔子世家》《儒林傳》必書之，乃不得與伏生壁藏並著也。蒙因以知漢時已不能詳其人也。

至王肅作《家語》，序始以爲孔騰所藏。《釋文·敘錄》《隋書·經籍志》，則云孔惠所藏。《釋文·敘錄》《藝文志》師古注，又引《漢紀·尹敏傳》，以爲孔鮒所藏。是三者蓋皆臆度之詞也，而以爲孔騰者尤謬，以爲孔鮒者稍近。按：騰，字子襄，安國之曾祖。考《孔子世家》子襄嘗爲孝惠皇帝博士，後遷長沙太守，是時挾書之律已除，使其身自藏之，何不能出之壁中，以教授生徒，而必待魯恭王發之邪？爲此言者，特欲證合僞孔傳序所謂先人而已。僞《孔傳》序亦出王肅手，故有此説。孔惠不見於世家，無可考證。《釋文》顔注引《漢紀·尹敏傳》，尹敏在東漢初，荀悦《漢紀》所不載。《經義考》以爲荀悦失檢。《後漢紀》載尹敏事，不及此語。《東觀漢記·尹敏傳》與范書略同，亦不著《古文尚書》事，所引《漢紀》亦未考其詳，但云孔鮒藏者，則以藏書于壁，必由秦之燔書，而孔鮒時適當，以爲鮒藏，其理或然。顧以漢儒所不能言，而王肅以後始鑿鑿言之，其可信爲定論邪？傳曰：於其所不知，蓋闕如也。斯當從蓋闕之例，難質言之。

俴駟解

吴　脁

《詩·俴駟》毛、韓異誼。蒙案：毛傳是，而韓説非也。傳曰：俴駟，四介馬也。戎馬著甲，可歷引《清人篇》“駟介旁旁”，《左》僖二十八年“駟介百乘”，及韓氏《六月篇》“車纆輪馬被甲”爲證。韓於此獨謂駟馬不著甲曰俴駟，誼不可通。序曰：小戎美襄公備甲兵，又曰“國人則矜其車甲”，曰備曰矜，盛爲誇耀，必非不介而馳，若將赴人，如今治韓學者之説矣。近儒馬氏端辰引《管子》《左氏傳》申韓詩之説，甚不可據。毛曰“四介馬”，方與秦當時情事爲合，故是毛而譏韓也。

然申毛説者，其説亦有二。鄭箋云：“俴，淺也。謂以薄金爲介之札。介，甲也。”其説似疏，其誼自密。毛傳言介釋俴文也，俴謂之淺，見上章，按之毛傳自合。近儒説俴，淺也，《韓奕》詩傳：“淺，虎皮淺毛也。”《既夕》注：“鹿淺，鹿夏毛也。”凡毛之淺者，皆謂之淺。古者，戰馬之甲，以他獸之皮毛淺者爲之。其説甚新而有不可通者。一篇之内，俴收，淺也，以爲淺短。俴駟，淺也，謂之淺毛。誼兼虛實，恐非詩誼。況甲外有剸，無取有毛之皮以爲之裏。《左氏傳》蒙皋比，蒙虎皮，蒙者，蒙於甲之上，取虎皮有文采，足以耀武，懾敵人也。此臨敵應變之智，非可爲甲用淺毛之證。故傳謂之虎皮，不謂之虎毛之甲。然則淺毛之解，已屬牽合，而謂甲用有毛之皮，尤爲未當矣。

如鄭氏言，先後兩傺，不致互異，確守舊傳，不失師法，此其善者一。賈氏《周禮·司甲》疏“甲用皮，鎧用金”，分疏以嚴其別也。《說文》“鎧，甲也”，《廣雅》函甲，“介，鎧也”，散文於義可通也。鄭箋“介，甲也”，據散文例，其實當訓鎧，薄金之札，鎧之制也。凡皮取堅，而柔薄非所宜，觀《周禮·函人》，“爲甲取犀，取兕，貴其堅也”。金之質重而利於薄，《晉書》馬隆討涼州賊，負鐵鎧，行不得前，是鎧不利過重之證。然則淺薄之義，於金可通，於皮不可通。專取鎧制，誼極周匝，此其善者又一。不然，申毛而不能合，與宗韓氏說者之不合於毛，亦何以異？

仕於泠官解

范　蠡

《詩·簡兮篇》序云：“衛之賢者，仕於泠官，皆可以承事王者也。”泠官之義，鄭箋言之已詳，而不言當《周官》何職，今以經文及傳箋考之，與《周禮·春官》之籥師最合。試言其證。

鄭君《籥師職》“舞羽龡籥”，注即引本詩二章“左手執籥，右手秉翟”爲義，證一也。毛公“秉翟”《傳》云“翟，翟羽也”，是本經之秉翟，即彼經之舞羽。羽不別立官，而兼於籥，則《詩》序之泠官爲籥師益顯，證二也。彼職云“籥師，掌教國子”，與本經首章傳云“教國子弟”之義合，證三也。彼職云“祭祀則鼓羽籥之舞”，本經首章言“公庭”，《傳》云“在宗廟公庭”，則亦祭祀。可知二章言“執籥秉翟”，與彼經云“鼓羽籥之舞”義亦合，證四也。本經云“公言錫爵”，《傳》云“祭有畀煇胞翟閽寺者，惠下之道，見惠下不過一散”，是毛以爵爲散爵也，鄭亦從之。今案：散爵爲獻士之爵，《禮記·祭統》所謂“尸飲九以散爵獻士”是也。是毛以泠官當士也。彼經序官，籥師與庖人均中士，四人，於錫爵之事亦合，證五也。

有此五證，而孔疏猶疑與萬舞不合，不知萬舞之有羽籥，《通故》已歷援《左·宣八年經》隱元年傳爲證,確鑿而不移矣。冲遠何不一考經傳邪？至以《祭統》稱翟者爲賤吏,因謂泠官當在府史之列,而又疑與鄭箋"擇人"之義相左。不知羽統于鑰翟者,即鑰師也。鑰師,中士,而稱賤吏,猶庖人亦中士,而稱肉吏之賤也,又何疑之有焉？

詩序《鹿鳴》群臣嘉賓《四牡》《皇皇者華》使臣説

范　蠡

《小雅·鹿鳴》《四牡》《皇皇者華》三篇,異説紛紛,莫衷一是。蠡謂以大凡言之,有作詩之旨,有入樂之旨,不相入也。謹先就作詩之誼旨考之。序云:"《鹿鳴》,燕群臣嘉賓也。《四牡》勞使臣之來也;《皇皇者華》君遣使臣也。"蠡按:《儀禮·燕禮》云:"小臣戒與者。"注:與者,謂留群臣也。賈疏云"群臣留在國不行者",是也。君以燕禮勞使臣,若臣有功,故與群臣樂之,此是諸侯之燕禮,與《鹿鳴》爲天子之燕不同。但《鹿鳴》一詩,既與《四牡》《皇華》比次,制禮定樂,又以三詩同入樂章,則彼注之與者,猶本序之群臣,彼注之使臣,猶本序之嘉賓,特彼注嫥指己臣言之,此則兼燕四方之賓耳。鄭《鄉飲酒禮》"鹿鳴"注云"君與臣下及四方之賓燕",是其明徵也。《四牡》《皇華》,一爲勞使臣之來,一爲遣使臣。自孔疏不明來爲四方來聘之賓,因以爲己臣出使於所職之國,事畢來歸,而王勞之,詩之本旨晦矣,即下遣使亦不當次勞使之後,誠有如李氏所疑者。不知事畢歸國,謂之還則可,謂之來則不可。下篇勞還、率勞、還役是其例,不聞云勞來、率勞、來役也,此可以豁然而知其説之惑矣。唯勞來指四方之賓,然後下接遣使,爲遣賓歸國。勞詩先於遣送,禮節得以不紊,必牽強附會以解之,作詩之誼旨失,編詩之弟次亦亂矣。

更以入樂之旨考之,當先辯取就之等威,《大雅》《頌》爲天子之正樂,《小雅》爲諸侯之正樂,此定禮也。穆叔在晉,爲諸侯之大夫,晉侯饗之,歌文王之三,爲僭用天子之禮,故不拜,歌《鹿鳴》之三,合饗或上取之例,故拜之。凡上取之例,諸侯饗聘,賓得用諸侯之正樂,以嘉聘君之來聘,故穆叔釋《鹿鳴》曰"君所以嘉寡君也"。蓋《鹿鳴》之樂,唯天子之大夫及諸侯足以當之，諸侯之大夫不敢當也，故曰“嘉寡君”，寡君，指詩中嘉賓言也。杜氏以爲嘉叔孫，乃所以嘉魯君，其意以嘉賓即指叔孫言，失之遠矣。四牡、皇華，則諸侯之大夫來聘之正樂，故穆叔直云“勞使臣教使臣”，使臣，穆叔自謂也。此取就等威之辯也。至《鄉飲酒禮》之升歌，用《小雅》，及入學官始之肆三，此所謂斷章以取誼，不關上取下就之例與作詩之誼旨，亦不嫌其不盡同，若必牽合説之，説愈穿鑿。

詩序《鹿鳴》群臣嘉賓《四牡》《皇皇者華》使臣説
潘昌煦

《鹿鳴》詩言嘉賓，序言“群臣”，孔疏以爲群臣即嘉賓。其於《四牡》《皇皇者華》之使臣，疏謂勞遣己臣也。説者遂謂先勞後遣，詩之次弟倒置，如李氏《集解》，以爲《皇華》當在《四牡》前，逞其臆説，固不足道。即如《正誼》云：“有勞而見，知則雖勞不怨，其事重，故先之。”又云：“使臣往反，固非其一，四牡所勞，不必是皇皇者華，所遣之使二篇之作，又不必一人。”此皆曲爲之説，蓋未達詩序之恉者也。

夫《鹿鳴》《四牡》《皇皇者華》三詩，所謂工歌鹿鳴之三也，見《儀禮》《左傳》諸書，又見《六月》序，其先後不可易矣。三詩者，皆周公所作以美文王者，故屢見於《禮經》，苟其作者非一人，何以《燕禮》曰工歌《鹿鳴》《四牡》《皇皇者華》，《鄉飲酒禮》亦言是也。然則詩序之恉若何？曰燕有四，詳於鄭目録。諸侯無事而燕卿大夫，有王事之勞，及有聘而勞，還，與之燕，此三者，皆燕己臣，則《鹿鳴》嘉賓，固以群臣爲嘉賓也。《四牡》《皇華》之使臣，固勞遣己臣也，即無事者，亦以其有使聘諸侯之責也。若四方聘賓與之燕，則嘉賓爲四方諸侯，而使臣爲諸侯之大夫，嘉賓非群臣，使臣非己臣，可知也。燕其使臣，而兼歌《鹿鳴》者，則所以嘉美其君也。《左傳》襄四年，穆叔曰：“《鹿鳴》，君所以嘉寡君也。《四牡》，君所以勞使臣也。《皇皇者華》，君教使臣曰必咨於周。”據此，則《四牡》《皇華》，本以燕來聘之使臣，並歌《鹿鳴》以嘉其君，升歌所以有三詩也。

抑不惟此，諸侯朝天子，天子燕之，謂之嘉賓，否則，天子燕其臣，即以其臣爲嘉賓，故詩曰嘉賓，序必曰燕群臣嘉賓，明詩之嘉賓，凡諸侯來朝者，及天子之臣爲燕賓者，皆可爲之也。蓋《小雅》爲諸侯之正樂，《大雅》爲天子之正樂，燕禮輕於饗，可以下就，故天子諸侯燕群臣及聘問之賓，皆得歌《鹿鳴》而合鄉樂，則《鹿鳴》之嘉賓，其亦爲諸侯及天子之大夫甚明。由是而推之，《四牡》《皇華》所謂使臣者，謂諸侯之來聘大夫也。序曰：《四牡》勞使臣之來也，《皇皇者華》君遣使臣也，惟其爲諸侯之來聘大夫，故先勞其來，而後遣之歸也。皇華序云"送之以禮樂"，亦謂送之歸也。勞詩先於遣送者，其誼如此，此詩序之恉也，明乎此，而紛紛臆説均可以不論。

詩序《鹿鳴》群臣嘉賓《四牡》《皇皇者華》使臣説

顧鴻圖

天子燕群臣及聘問之賓之樂，有下就者，有不下就者。其下就者，與諸侯同，此《禮經》之通例也。諸侯燕群臣及聘問之賓，歌《鹿鳴》，合鄉樂，《儀禮·燕禮》有明文，鄭注《儀禮》，謂諸侯燕君臣及聘問之賓，既歌《小雅》，合鄉樂，則諸侯相與燕，當歌《大雅》，合《小雅》，天子與次小國之君燕，亦如之，此又明天子燕不下就之禮。

若論其下就，天子之燕群臣及聘問之賓，自當與諸侯同。《詩》序謂《鹿鳴》燕君臣嘉賓，《四牡》勞使臣，《皇皇者華》遣使臣，此可據《儀禮》申其説焉。《儀禮》陳諸侯燕禮，所燕之賓爲諸侯大夫，《詩》陳天子燕禮，所燕之群臣爲天子大夫，以天子大夫視諸侯言之，則所燕之嘉賓，又爲來朝之諸侯，故《左傳》云"《鹿鳴》所以嘉寡君也"，此可爲《鹿鳴》群臣嘉賓之證。《儀禮》又云："若與四方之賓燕，則公迎於大門外[①]。"四方之賓，謂來聘者也，本鄭注。以諸侯燕來聘之賓而歌《鹿鳴》之三，則《四牡》《皇華》之使臣，其爲諸侯來聘之大夫可知。序于《四牡》曰勞使臣，謂其來也則勞之；于《皇華》曰遣使臣，爲其去也則遣之。勞與遣，皆主所聘者言。故《左傳》有"《四牡》，君勞使臣；《皇皇者華》，君教使臣"之説也。此可爲《四牡》

---

① 外，《儀禮》原文作"内"。

《皇華》使臣之證。燕群臣而必兼歌《四牡》《皇華》者，所以明臣有出聘之責；燕使臣而必兼歌《鹿鳴》者，所以明善必歸君之義。此天子燕群臣及聘問之賓，所由與諸侯同也。然則《詩》序之説，本於《儀禮》，自解《詩》者不能援《儀禮》爲證，何怪於群臣、使臣之説紛紛莫定乎。

詩序《鹿鳴》群臣嘉賓《四牡》《皇皇者華》使臣説

邢啓雲

天子燕群臣及聘問之賓，所歌之樂，不見於《禮經》，而《詩》序有其明文。《詩·小雅》序云："《鹿鳴》，燕群臣嘉賓也。《四牡》，勞使臣之來也。《皇皇者華》，君遣使臣也。"鄭箋但詳作詩之旨，于群臣、嘉賓、使臣三者，皆未詳其説。孔疏謂鹿鳴序之群臣，即經之嘉賓，又謂嘉賓中容有四方之賓，是合群臣、嘉賓爲一。于《四牡》《皇皇者華》二詩，謂使臣之聘出遣，反，勞，此所以先勞後遣者，勞重於遣也。是以使臣爲主國使臣，不以爲來聘使臣。解詩者，皆承其説。

竊謂孔説非也。《左·襄四年傳》晉享穆叔，歌《鹿鳴》之三，穆叔曰："《鹿鳴》，君所以嘉寡君也。"則《鹿鳴》之嘉賓，爲諸侯無疑。序以此詩本爲天子燕群臣及來朝諸侯而作，《經》但云嘉賓，而不及群臣，則群臣固統於嘉賓，而又恐解詩者專以嘉賓爲來朝之諸侯，故特于嘉賓上言群臣以別之，亦猶《儀禮·燕禮》工歌《鹿鳴》，本爲諸侯燕群臣及聘賓之禮，《經》但言賓，而不及聘問之賓，故《記》復言四方之賓以足之，是則群臣、嘉賓當分別言之，固不得如孔氏合爲一也。至《四牡》《皇皇者華》之使，皆爲來聘之大夫，又不得如孔氏分爲二。《左傳》穆叔稱鹿鳴爲寡君之詩，而即繼以"《四牡》，君勞使臣；《皇皇者華》，君教使臣"云云，所謂使臣，明明穆叔一人，其説正與《詩》序合。《詩》序以《四牡》爲勞來，勞來謂來聘，已，以《皇皇者華》遣送，送謂送之歸。于使臣之來而勞之，故先之以《四牡》，于使臣之去而送之，故次之以《皇皇者華》。孔子編詩，于鹿鳴之下，繫《四牡》《皇皇者華》，固依事之先後爲次，所謂雅、頌各得其所者，此其一也。若如孔氏以使臣爲主國之使臣，先勞後遣，不與《詩》序相剌謬乎？

詩序《鹿鳴》群臣嘉賓《四牡》《皇皇者華》使臣説

秦世超

《詩》序謂《鹿鳴》，燕群臣嘉賓也；《四牡》，勞使臣之來也；《皇皇者華》，君遣使臣也。孔疏以《鹿鳴》爲燕群臣之詩，序之群臣，即經之嘉賓。至《四牡》之使臣，《箋》以爲因王事出使，《疏》乃謂使還則君勞之。《皇華》之使臣，疏又謂去當送之。據此，則群臣即嘉賓，而《四牡》《皇華》二詩，皆爲天子燕己之使臣矣。不知群臣、嘉賓，合之皆王臣；分之則群臣乃在朝之臣，而嘉賓乃來朝之諸侯。天子于諸侯來朝，美其德，則曰君子，如《桑扈篇》“君子樂胥”是也。異其稱，則曰嘉賓，如《彤弓篇》“我有嘉賓”是也。且穆叔云“《鹿鳴》，君所以嘉寡君也”，曰嘉寡君，非諸侯而何？據此，則《經》之嘉賓，斷指是諸侯而言，然《經》言嘉賓，序言群臣、嘉賓，知《鹿鳴》爲天子燕群臣之正樂，若諸侯來朝，則亦歌此詩以燕樂之。孔疏謂群臣亦爲嘉賓，此説不足據也。

《四牡》，言勞使臣之來，夫來者，自外之文，《春秋》之例，凡内朝聘曰如，外朝聘曰來。穆叔云“《四牡》，君所以勞使臣也”，此雖諸侯交聘之文，由此推之，知天子勞《四牡》之使臣，乃指諸侯來聘之大夫，如謂使還則勞之，何以序僅言勞使臣之來，不言勞使臣之還乎？如以有功見知指天子之臣，彼諸侯大夫奉職遠來，獨不可陳其功苦乎？則孔説亦不足據也。

《皇皇者華》，序謂君遣送也，按：遣，送也，乃自内達外之詞，觀諏謀度詢之言，明屬教内臣之詞，則所遣之使臣，乃指天子出聘之大夫，穆叔云：“《皇皇者華》，君教使臣，曰必咨于周。”蓋欲自比晉之内臣，故以教使臣爲詞也。然則據諸侯燕禮推之，《鹿鳴》爲燕臣下及四方賓之樂歌，知天子亦得以群臣爲賓，而嘉賓則專指諸侯。其《四牡》《皇華》之使臣，一勞一遣，又有諸侯來聘及天子下聘之殊。後儒乃合而言之，豈有當乎？或又以二使臣皆爲諸侯所遣聘王朝者，與《詩》“必咨於周”之文，及序遣送之語，亦未有合矣。

《左傳》大武六章與《詩》序異何説

陳開驥

　　《左氏・宣公十二年傳》武王克商，又作《武》，其卒章曰"耆定爾功"，其三曰"鋪時繹思，我徂維求定"，其六曰"綏萬邦，屢豐年"。按：《詩》序《周頌》皆一章，此云其卒章，即《詩》之《武》，其三即《詩》之《賚》，其六即《詩》之《桓》。篇名有別，篇次亦殊。杜注"蓋楚樂歌之第"，劉氏規杜云："楚子引《詩》，豈得自立次序？"沈氏難云："此之三、六，全與詩次不同。"今《頌》篇次，《桓》第八，《賚》第九。按：篇次已亂，不能推及未删定以前。孔疏從杜、沈説。今據鄭譜序，變風、變雅是孔子所删，正風、正雅非孔子所定，《頌》有正無變。在成王之朝，仍周公之制，故孔子删詩，始自懿王，猶孔子脩史，始自平王。至若成周之聖，禮樂之宗，孔子何敢更定其詩乎？則杜以爲楚樂歌之弟，固不足信，沈以爲未删定以前之次，亦未見其是矣。

　　然則與《左傳》不合，何也？曰：據《國語》及毛、鄭意，《頌》爲周公所作，中有六篇，明武王克商事，而用之《大武》，亦曰《武》。如《論語》謂《武》，孔注《武》"王樂"，非專指《詩・頌・武》之一篇，《禮記・樂記》言《武》有六成，與《左傳》此文適合，蓋《左傳》之《武》六章之統詞也。《詩・頌》之《武》一章之首列也，以《左傳》之《武》當《詩・頌》之《武》，宜其扞格難通矣。云"卒章"者，孔疏以爲終章之句。考《説文》，樂竟爲一章，從音，從十。十，數之終也。又，樂曲盡爲竟，是章本曲竟之名，可補孔疏所未及。云其三、其六者，以樂章言也。樂章之弟，與《詩》篇之次，自有不同。如《召南》：《鵲巢》《采蘩》《草蟲》《采蘋》四篇類敘，而禮之合樂，則越《草蟲》而取《采蘋》，是其例也。《武》舉篇名《賚》《桓》，不舉篇名者，上文《汋》及《武》以篇對舉，昭其名也。又言《頌》及《武》，以類相從，昭其實也。言作《頌》而不標《時邁》，則言作《武》而不標《賚》《桓》，又其例也。

　　其例既明，試核其數。按：《武》，奏《大武》也，則《武》原非獨當《大武》，《大武》六篇，正應《樂記》六成之數。鄭注"成，猶奏也"，每奏武曲一終，爲一成。又《鄉飲酒義》升歌三終，笙入三終，亦一終爲一篇。《書》簫韶九成，即大司樂所掌九德之歌、九磬之舞。孟子猶引"徵招、角招"。伏生《大傳·虞夏傳》，有歌大化、大訓、六府、九原之類，是《韶》當有九篇，《武》當有六篇，其始引之卒章爲《頌》之《武》篇，即六成之《武》，始序曰武奏，《大武》也。《樂記》曰"武始而北出"，鄭注"始奏，象觀兵盟津"是也。其三曰爲《頌》之《賚》篇，即《武》之三成，序曰："《賚》，大封于廟也。"《論語》："周有大賚。"《樂記》：未下車，封薊、祝、陳，下車，封杞、宋。皆指武王克商時言。又曰：《武》："三成而南。"鄭注："三奏，象克殷有餘力而反是也。"其六曰爲《頌》之《桓》篇，即《武》之六成，序曰："《桓》，講武類禡也。"又，"武志也"，《正義》所釋，指克商之事，合作武之誼。《樂記》曰：《武》，"六成復綴以崇"，鄭注："復綴，反位止也；崇，充也。凡六奏以充武樂是也。"此三章有《左傳》明文可據，餘三章亦可以《詩》序文補之。序云："《維清》，奏象舞也。"箋："象用兵時刺伐之舞，武王制焉。"《樂記》曰：《武》再成而滅商。"鄭注："再奏，象克殷時。"其《詩·頌》之《維清》歟？序云："《執競》，祀武王也。"《箋》：競，彊也，能持彊道。字不作彊，《樂記》曰"《武》四成而南國是彊"，鄭注"四奏象南方荊蠻之國侵畔者服也"，其《詩·頌》之《執競》歟？序云："《酌》，告成《大武》也。"《漢書·董仲舒傳》："虞氏之樂，莫盛于韶；于周，莫盛于勺。"韶、勺對文，即韶、武對文。《白虎通·禮樂篇》周公曰：《酌》，"能斟酌文武之道而成之"，《樂記》曰：《武》"五成而分周公左、召公右"，鄭注："五奏，象周公、召公分職而治也。"其《詩·頌》之《酌》歟？《禮樂篇》敘《大武》樂曰周樂，曰《大武》象周公之樂，曰《酌》合，曰《大武》象執《維清》，則《大武》六篇，有《維清》《酌》兩篇，尤有明證矣。

申《毛傳》或肆或將義

錢同壽

《楚茨》："或肆或將。"《毛傳》："肆，陳；將，齊也。或陳于互，或齊其肉。"《箋》則云："有肆其骨體於俎者，或奉持而進之者。"孫毓申箋以爲祭雖有互，不施于既亨之後，且不待既亨孰，乃分齊所當用。以是申鄭抑毛。近秦氏蕙田申毛，謂此當朝踐時事，鄭箋是饋食時事，《楚茨》節次分明，自執爨以下，方言饋食，毛義爲長。其言辨矣，然未有以解孫氏之難也。

今按：毛氏之義，或肆，承或剥言；或將，承或亨言。剥之則陳於互，《禮運》所云"腥其俎"，謂豚解而腥之者是也。亨之則齊其肉，《禮運》所云"孰其殽"即孰其所腥之豚解是也。此皆朝事時事尸于堂之禮也。互之爲物，見于《周官·牛人》，鄭注云："若今屠家縣肉格。"夫豚解既訖，即當陳於房俎以待薦，何得更以肉縣于互？蓋始殺未訖，且陳于互，待豚解既訖，然後載于房俎，兩髀在兩端，兩肩亞兩胉，亞脊在其中。則陳于互者，正剥牲時事也。將之訓齊，見《爾雅·釋言》，郭注云"謂分齊也"，王肅云"分齊其肉所當用"是也。但説者以此當體解，則非矣。體解之法，《特牲禮》有九體，《少牢》有十一體，合左胖爲十九體，益以祝俎用髀，髀有左右爲二十一體，其事在《饋食》節，不在朝踐，《禮運》所謂"退而合亨體，其犬、豕、牛、羊"是也。若據此以解《詩》之亨將，《禮》之孰殽，則朝踐、饋食兩禮又淆雜不分矣。

然則或陳于互承剥爲文，或齊其肉承亨爲文，而《詩》用四或字，義似平列，何也？曰：剥之與肆，亨之與將，雖爲同時之事，然一人割剥其牲，一人取而陳於互；一人分齊其肉，一人取而爓諸湯，不嫌其皆用或字也。而其事皆在朝事時，則《詩》之節次未嘗紊，而孫氏之所以難毛者，不待煩言而解矣。

然毛、鄭説《詩》，各成一義。秦氏蕙田欲申《傳》，轉譏鄭氏此箋與下"爲俎孔碩"複，不知下章之俎，鄭氏明言從獻之俎以或爓或炙，考之果爲羞爓之俎，非正俎也。夫鄭氏固禮學大宗，豈遽憒憒如秦氏所譏者，鋭於申毛而輕於詆鄭，毋亦一偏之見乎？

申《毛傳》或肆或將義
何允彝

《詩·楚茨》："或肆或將。"傳云："肆，陳；將，齊也。或陳于互，或齊其肉。"意蓋以肆承剥言，爲朝踐之節；將承亨言，爲饋熟之節也。《鄭箋》易之，謂："肆，爲肆其骨體於俎；將，爲奉持而進之。"意以《經》文肆將次于或亨之後,故皆以饋熟之節釋之也。孫毓據鄭以難毛,孔疏因之亦謂箋義爲長。

　　蒙按:《傳》《箋》之説,各有義據。細繹之,仍當以《傳》義爲長。今先以《詩》例釋之,而後此傳之義乃可明焉。蓋《楚茨》一詩,章句次第,本不拘行事先後之節,此章就牛羊立文,不專指饋熟一時而言,亦猶下章就俎豆立文,所謂"爲俎孔碩"者,兼朝踐之腥俎、饋熟之折俎在内。所謂"爲豆孔庶"者,兼朝事之豆、饋熟之豆及加豆、羞豆在内,亦不專指一時言也。《傳》于"爲俎"無注,於"爲豆"句云"豆謂内羞、庶羞",不專指饋熟而言。鄭意謂《經》文"或亨"以下,皆敘饋熟之事,竟遺卻朝踐一節,此固不如傳義之賅矣。近儒秦氏惠田申毛,謂"絜爾牛羊"以下,祇言殺牲,至執爨以下,方是饋食時事,亦失傳意。傳意謂此兩章,各兼朝踐、饋食而言,其注執爨,但云饔爨、廩爨,據《少牢饋食禮》摡爨之事在祭先,則天子當摡于朝踐之初,《傳》但言饔爨、廩爨,不明著執爨之時,意亦兼朝踐而言。秦氏謂執爨下爲饋食事,乃箋義,非傳義也。此章或亨,《傳》云:"亨,飪之也。"據《説文》飪爲大熟,則傳明謂此章兼有饋熟時事。秦氏謂"絜爾牛羊"下,祇言殺牲,亦非矣。師説云"或剝而肆陳于互",謂豚解;"或亨而將齊其肉",謂體解。以肆、將分承剝、亨,實能得《毛傳》之精意。觀《禮運》云"退而合亨,體其犬豕牛羊",體文在合亨之下,即此經將承亨言之明證。以體解有九體、十一體、二十一體之别,故必分齊其肉也。且《禮運》合亨文在腥俎執殽之下,腥屬朝踐禮,即此所謂剝與肆;合亨爲饋熟之始,即此所謂亨與將。尤可爲此經所云兼朝踐、饋熟之明證。蒙故曰:傳意以肆承剝言,爲朝踐之節;將承亨言,爲饋熟之節也。

　　或曰:《禮運》執其殽,鄭注"謂體解而爓之",則體解亦在朝事時。今既以體解釋將,則此經之亨,適當《禮運》之執,宜在朝事時,今謂在饋熟時者何? 曰:此《經》之亨,與《禮運》合亨文同。此《傳》訓亨爲飪,飪爲大熟,與《禮運》之執僅爓于湯者義别,自不得取《禮運》之執,以釋此經之亨。鄭彼注以執爲體解,與《記》文體在亨後亦不合。以記文之次言之,執殽當仍用豚解,至合亨後,始用體解,不得執鄭彼注之誤説,以破毛此傳之義也。

總之,申毛者宜知毛傳之義例,不必執鄭以釋毛。孔疏及近人申毛者,多失其義,其誤皆不待辨矣。

靈星考

何允彝

《詩·絲衣》序云:"繹賓尸也。"高子曰:"靈星之尸也。"《正義》謂"靈星,不知何星",引《漢書》張晏注,曰龍"左角曰天田,則農祥也,晨見而祭之",玩其語意,蓋以天田即農祥,農祥即靈星也。

蒙按:天田屬角星,農祥即房星,相距度數甚遠,不宜合而爲一。至以農祥爲靈星,則以《史記》《漢書》推之,以《國語》證之,而知其確不可易也。《史記·封禪書》曰:漢興八年,或曰周興而邑郃,立后稷之祠,至今血食天下。於是高祖制詔御史,其令郡國縣立靈星祠。張守節《正義》引《漢舊儀》釋之曰:五年,修復周家舊祠,祀后稷於東南,爲民祈農。又曰:辰之神爲靈星,故以壬辰日祠靈星於東南。按:《説文》,辰下曰房星,天時也。可知辰爲房星。《史記正義》兼言天田,未確,蒙故舍彼而取此。《漢書·郊祀志》《續漢書·祭祀志》皆仍《史記》之説。《續漢書》又引舊説云,言祠后稷而謂之靈星者,以后稷又配食星也。由是觀之,靈星爲后稷配食之星,無可疑者。

但靈星究係何星,《史記》《漢書》俱未明指。晏注以天田爲農祥,《正義》以天田爲辰,皆不甚精確。考《國語》伶州鳩曰:昔武王伐殷,月在天駟,月之所在,辰馬農祥也。我太祖后稷之所經緯也。天駟謂之房,見《爾雅》。董因曰:大火,閼伯之星也。是謂大辰后稷是相。房星在大火之次,見《月令章句》。虢文公曰:"農祥晨正,土乃脉發。"蓋房星晨正而農事起,故謂之農祥。周家以農事開基,與房星同功,故祀房星,而配以后稷。觀"后稷所經緯""后稷是相"二語,則其配食之星即房星可知。又《玉海》引《作雒解》云:"日月農星,先王皆與食。"農,今本誤作辰。農星,即農祥,亦可爲周家祀房星之確證。其名爲靈星者,蓋如《詩》言靈雨之類,以其有功於農事而誇美之爾。且《絲衣》一詩次於《載芟》《良耜》,《載芟》爲春祈社稷,《良粗》爲秋報社稷,此詩爲繹祭靈星,所以類記之。《古今注》云:元和三年,初爲郡國立稷及祠社靈星祭器。《後漢·東夷傳》:高句驪好祠鬼神、社稷、靈①星,可知古者靈星之祀與社稷爲類。高子去古未遠,所以能確指之。自鄭箋以爲宗廟繹祭,孔疏遂謂高子別論它事,誤矣。靈星有繹祭,見《論衡·明雩篇》。靈星有尸,見《淮南·主術訓》。至《獨斷》以靈星爲火星者,因房在大火之次也。一曰龍星者,因房亦蒼龍之宿也。此外或以爲歲星,或以爲明星,皆鮮確據,故無取焉。

釋大房名房義

李樹滋

　　房俎之制,創自周代,有似於房,故以房名。《詩·閟宮篇》:"籩豆大房。"《傳》解爲半體之俎,《箋》解爲"俎用玉飾",又云:"其制:足閒有橫,下有跗,似乎堂後有房。"然據此,則周俎名房,義取象形,欲申名房之義,當先考房俎之制。鄭、阮、梁、夏侯、張諸家舊圖,失傳不可考已。聶氏《三禮圖》、陳氏《禮書》載此圖,又與經注未合,均屬非是。今試先辨聶、陳二圖之誤,而後更定一圖,以申其義焉。

　　《禮·明堂位》云:有虞氏以梡,夏后氏以嶡,殷以椇,周以房俎。蓋梡始有四足,嶡則中足爲橫距之象,殷承中橫而更曲其足,周承橫中曲足而于橫下更設爲跗,四代相因,漸增其制。故鄭注《明堂位》云:"房謂足下跗也,上下兩間有似于堂房。"箋《魯頌》云:"其制,足間有橫,下有跗,似乎堂後有房然。"蓋謂橫上間似堂,下間似室,橫下各有兩跗,似室旁之有兩房也。聶圖脫去中橫,誤一;不曲其足,誤二;兩足同跗,誤三。陳圖足中施歷之橫木,是也,而不曲其足,兩足同跗,誤與聶同。此固與經傳顯背,且何以象堂後有房而名爲房乎? 樹滋謂兩足當曲作⟮⟯形,中有橫,當作▣形,▢象堂壁。▢上間似堂,下間似室,故鄭云上下兩間,足別爲跗,當作⟮⟯形,象室東西兩旁有房。知兩足曲作⟮⟯者,從經意,周承殷曲足制也。

---

① 靈,原誤刊作"零",今據文意改。

知中橫作□者，從經意，周承夏中有橫距制也。知兩跗方作□者，跗必方而後象房。周承前代橫中曲足之制，恐曲者易傾踦，故足各爲跗方作□形，非特取美備而已，欲著地堅重，不得滑也。近人製俎足，猶多作□形，取華美而堅重也，當是周制之遺。如此圖之，則堂後有室，室旁有房之象，自顯然昭著。鄭止謂下間有似于房，不云有似于室旁房者，以房自在室旁，言房可以該之。《說文》："房，室在旁也。"是其證。且《魯頌》箋云似乎堂後有房。然曰堂後，明指室言。曰堂後有房，明指室旁之房言。鄭箋《詩》在注《禮》後，恐《明堂位》注意有未顯，因于此增一後字以明之。孔疏《明堂位》云"如鄭此言，則俎頭各有兩足，足下各別爲跗"，明謂兩足有兩跗也。又云："橫者似堂之壁，橫下二跗，似室之東西兩頭，各有房也。"今本室作堂，語意頗相刺繆。案：疏言"橫似堂壁"，則橫下自是室，孔意甚明。原本必非作堂，當是今本之誤。又疏《魯頌》云："跗上有橫，似于堂後有房。"今本"後"作"上"。案：孔禮疏詞意極明，如謂堂上有房，語殊費解。甚能發明鄭意，然則鄭、孔所言，皆明謂橫上似堂，下似室，足下各別爲跗，似兩房依此爲圖，制度形義，無一不與經注、疏意合。房俎之制定矣，而名房之義可知。有似於房，故以房名，此不煩言而解者也。

　　難者曰：堂、室、房皆相似，何獨取名于房？曰：此亦可以《明堂》文求之，有虞氏以梡注："梡，斷木四足而已。"則梡足當作□形。聶、陳二圖並如此，是。僅有四足，如案。梡、案同，故名梡。夏后氏以嶡注："嶡之言蹷也。"謂中足爲橫距之象，則嶡頭兩足當作□形，聶圖作□，陳圖作□，均誤。俎足不正而中有橫蹷，故名嶡。殷以棋注："棋之言枳棋也，謂曲撓之也。"則棋頭兩足作□形，聶圖作□，陳圖作□，均誤。有似棋枝之曲，故名棋。是知三代之俎，皆各因其制以爲名。周承夏橫中殷曲足之制，足下別設跗，故知俎頭兩足當作□形，而取名曰房者，似堂似室，皆仍前代之制，下跗似房，乃周所增，故亦因其制以爲名也。此義鄭雖不言，而於《明堂位》注，歷言四代遞增其制，可以想其意矣。讀者不察，率沿聶陳二圖之誤，漫以疑鄭，無惑乎房俎之制與名房之義，沉霾數千年而不可見也。茲謹據《明堂位》文及鄭君箋注以釋之，而更爲圖以求其合焉。

圖附後

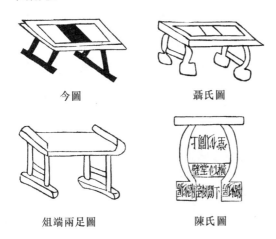

今圖　　　　　聶氏圖

俎端兩足圖　　　陳氏圖

《閟宮》末章先路寢後新廟説

吳聘珍

《左・文二年傳》引《魯頌》曰："皇皇后帝,皇祖后稷。君子曰禮,謂其后稷親而先帝也。"曾以此義,求諸《閟宮》末章,先路寢,後新廟,其説相左。然研審經恉,二義自合。《傳》云:路寢,正寢也。新廟,閔公廟也。箋以新廟爲姜嫄廟。竊以姜嫄廟即閟宮,在周不在魯,不必更名爲新廟。新廟者,四親廟也。其先路寢者非君居之寢,乃廟之大寢也。

茲可以三家詩説徵之。《周禮》:隸僕掌五寢之掃除糞灑之事,注:"五寢,五廟之寢也。"即引此詩作寢廟。繹繹,謂相連貌也。前曰廟,後曰寢。蔡邕《獨斷》:前制廟以象朝,後制寢以象寢。《頌》曰"寢廟奕奕",言相連也。鄭注《周禮》多用《韓詩》,蔡邕又習《魯詩》者也。三家詩新廟並作寢廟,以爲前廟後寢之寢廟。則路寢者大寢,爲始祖廟矣。《隸僕》:"大喪復於小寢、大寢。"注:"小寢,高祖以下。"廟之寢,始祖曰大寢,蓋五廟之寢,始祖廟寢獨大,有路寢之名。《爾雅・釋詁》:路,大也。惟路寢爲大寢,故《頌》謂之孔碩。然則詩之路寢,殆謂魯始祖之廟寢,即周公太廟之寢。"路寢孔碩"言修周公之廟寢也。新廟奕奕,言修四親廟之寢也。上言寢,下言廟,互文見義。周公、魯公,皆爲受封之君,不遷不毁。詠周公廟,則魯公之廟可知。閔公爲四親廟之一，詠新廟則閔公前之親廟可知。禮不敢以其所親加於所尊。始祖廟尊，故先言路寢；四親廟親，故後言新廟。合之《左傳》"后稷親而先帝"，皆所以見先尊尊而後親親之義。然則《詩》之與《左》，二義本相符合矣。自鄭以新廟爲姜嫄廟，《正義》又以路寢爲君之正寢，遂與《左傳》之義相遠。

卷二

申先鄭陳殷置輔説

陳慶年

《周禮·天官·大宰》："陳其殷，置其輔。"先後鄭異義。先鄭云："殷，治律；輔，爲民之平也。"後鄭云："殷，衆也，謂衆士也。"《王制》："諸侯上士二十七人，其中士、下士各居其上之三分。輔，府史，庶人在官者。"按《經》於此處立文，與序官不同，序官于卿大夫下，必備言衆士與府史等。此云"乃施典于邦國而建其牧，立其監，設其參，傅其伍"，乃以牧伯、卿大夫大者爲言，下"施則于都鄙""施法于官府"云云亦同，似不得下及衆士。且府史胥徒又皆官長所自辟除，更不得備言及此。是後鄭之説非也。至先鄭義頗簡質，賈疏述其説，謂殷是置官主法律，置輔是平斷。賈蓋以秦漢有廷尉平，故云。如其説，則陳殷置輔，竟似一事。此非先鄭義也。

蒙繹先鄭之意，邦國、都鄙、官府三者，其建官異而所以致治者同。"建其牧"數句，以建官言，陳殷置輔，以施典言。典，常法也。下二節施則施法亦常法也。常法同，故三節之"陳殷置輔"文亦從同。治律得稱殷者，古禮樂或取殷爲名，故刑律亦取殷名。《周官》殷同殷頮，殷取盛義；殷相聘也，殷取中義。《易》："先王以作樂崇德，殷薦之上帝。"殷亦取盛義。此禮樂之取殷名者也。至刑不取于盛大，則專取中爲義。《爾雅·釋言》：殷，中也。是殷有中訓。古者受獄訟之成，謂之受中。《鄉士職》云"獄訟成，士師受中"是也。《論語》曰："刑罰不中，則民無所措手足。"是治律者貴得刑罰之中，故取殷爲名也。輔爲民之平者，輔車、輔弼，輔之不使傾，故得有平義。

上之取于民者,貢賦也,力役也。然地有不易、一易、再易之殊,人有壯者、老者、幼者之別。先王知賦役之無制,非所以平民也,必設官爲民之平,辨其夫家人民田萊之數,以征其賦,以任其力,而民於是平焉,故曰爲民之平。地官有均人,主平土地之力政者也;有土均,主平土地之政令者也;有質人,主平凡物之價者也。此皆所以爲民之平也。殷取中爲義,輔取平爲義。國家之政至于中與平,而致太平之道得矣。以今制況之,各直省皆有臬司治刑名,有藩司掌錢穀,而自督撫至監司至州縣,亦皆自辟治刑、錢之人,又即陳殷置輔之意也。刑、錢二者足以賅一切政事,故邦國有之,都鄙有之,官府有之。禮家不察于此,皆從後鄭以述經,未之思耳。

申先鄭陳殷置輔説
顧鴻闔

漢時,《周禮》晚出,鄭仲師作解詁,有舉今以況古者,立説間與後鄭不同。然統觀仲師一家之言,固有各自爲例,而後先可以互證者。《大宰》"陳其殷,置其輔",先鄭云:"殷,治律;輔,爲民之平也。"後鄭易之,賈疏斥爲後代之法,故不足據。蒙謂後鄭所云,于義固通,然如先鄭舉漢制以況古,不惟與經恉無悖,並可徵漢時官制,猶有與成周相近者。

按:治律、平民等職,經無明文,然殷者,中也,固有《爾雅·釋言》可證。又《書·堯典》"以殷仲春"及本書《大行人》"殷相聘也",鄭注並同。知殷訓爲中,自是古誼。今考秋官卿士、遂士、縣士、方士諸職,所載聽斷之事,均有群士司刑、士師受中之語。先鄭彼注云:"士師受中,若今二千石受其獄也。"意蓋謂士師所受之中,即受治律者之中。特以事言之,謂之中;以職言之,謂之殷。殷與中實爲一義。言士職,又云"聽其成于朝",後鄭云"成,平也",先鄭據《春秋傳》"晉邢侯與雍子爭鄐田久,而無成解之意",亦以成爲平,即指平民者言也。據是以推,知殷爲治律、輔爲平民,先鄭實援據經訓,以申設官命名之誼,其非臆説可知。

且據鄉士、遂士等職所載"群士司刑,士師受中"云云,知殷與輔又可確指其職者。彼經以受中之文分隷四職，明鄉士、遂士、縣士、方士之中，即謂之殷。而輔即所以輔此四職者也。故方士職云：“凡都、家之士所上，治則主之。”按都、家之士即都士、家士也，其官皆屬于方士，以方士有都家之士例之，則鄉士、遂士、縣士，亦必有屬官可知。屬官平斷民獄，故謂民之平。而掌此屬官，讞其成于士師者，則謂之殷。經先云陳殷，繼云置輔，其尊卑之序，恰與注意合，亦安見先鄭所云，僅出漢制乎？

　　且即以漢制論，知先鄭殷輔之説，尤確不可易。考《漢書·刑法志》云縣道官所疑者，各讞所屬二千石，二千石以其罪名當報之，與秋官鄉士諸職“各麗其法，以議獄訟，獄訟成，士師受中”云云，語意正同。按：士師爲司寇之考，見下設其考後鄭注。其職較殷輔爲尊，今先鄭于秋官士師，既以漢二千石況之，則所謂殷者，自指士師以下議訟者言，故注以治律解之。志又云：置廷平四人，秩六百石。按：廷平即取爲民平之意，其職較二千石爲尤卑，輔亦較殷爲卑，故注以民平解之。據漢制以推，知注大宰云云，所以挈其綱；注秋官云云，所以詳其目。合觀全注，而殷輔之説自明。蒙故曰：先鄭此注不惟不與經恉相悖，並可徵漢時官制猶有與成周相近者。

申先鄭陳殷置輔説

李樹滋

　　鄭司農當東漢之初，其所引用多西漢人説，義最近古，而於理自無不可通。如《周禮·天官·大宰職》“陳其殷，置其輔”，司農云：“殷，治律；輔，爲民之平也。”蒙謂先鄭此解，據《王制》以爲説，《王制》云：“史以獄成，告于正，正聽之。正以獄成，告于大司寇。”是正雖次於大司寇，而實爲治獄之總官，名之曰正者，取正刑罰之義也。殷亦有正義。《爾雅·釋言》《書·堯典》“以殷仲春”“以殷仲秋”傳，《廣雅·釋詁一》《法言·問道》“殷之以中國”注、《列子·天瑞》“德殷衰焉”，《釋文》並訓殷爲正。以《王制》之言證之，正爲治獄之總官，則殷亦爲治獄之總官可知，故訓殷爲治律。輔有助義，所以副殷。觀《經》曰：“建其長，立其兩；建其正，立其貳。”兩，明是長之副；貳，明是正之副。則輔自是殷之副。蓋殷主治律，而不能遍爲民平斷，故別置府史之屬以助治律者，謂之輔。《王制》云"史以獄成"，成之言平，謂民獄已爲之平斷也。其必告於正者，以爲其輔也。先鄭知此經之言輔，即王制之所謂史，故訓爲民之平。然則以《王制》文求之，可得先鄭之説，亦可知先鄭之所本。康成以衆士解殷，以府史庶人在官者解輔者。

案：《周官》有鄉士、遂士，即是衆士下有府史庶人在官者，即爲民平斷以輔衆士者。衆士即《王制》之正，府史即《王制》之史，此本先鄭意以暢其説。疏謂後鄭易先鄭，非惟不達先鄭意，並失後鄭意矣。近來解經諸家，率沿疏誤，從後鄭以難先鄭，後鄭之義不明，烏能明先鄭之義耶？蒙讀《王制》而知先鄭之説固精確不可易也。

封人解
范 禕

《周官·封人》掌封域事，即主封域之吏也。春秋封人各處邊邑，亦典封域之吏，初非守封疆之官也。守封疆者曰疆吏，典封疆者曰封人。自注疏家典、守之義不分，説遂膠轕。宋鄭剛中遂謂《周官》封人不同《春秋》。近方氏《偶記》並謂《論語》封人同於《春秋》，不同於《周官》，皆瞽説也。考《周官·封人》中士四人，蓋四疆用四人，其始封人爲封，其繼即以掌其時修之事而使典之，又掌社壇之封，則入而與其事於國焉。諸侯亦有四封，蓋亦四人，各以邑名冠之爲別。宋高哀爲蕭封人，蕭爲宋之附庸國，厪一邑，直曰蕭封人，是附庸不備四人，而即以國名之矣。至封人之居邊邑，鄭潁谷封人、祭封人。潁谷，今河南府登封縣，鄭西封也；祭，今開封府中牟縣，鄭東封也。登封，古陽城，《水經注》潁水出陽城陽乾山之潁谷是也。其西爲周負黍地。定六年，鄭伐負黍，杜注：陽城縣西南負黍亭。中牟，亦鄭原圃，有祭亭，其東北爲衛鞠居地。成二年，次於鞠居。《續漢志》封邱有鞠亭，即古鞠居。封邱，今衛輝府封邱縣。則潁谷，鄰周之邊邑；祭，鄰衛之邊邑也。若宋封人，在呂。襄元年，楚子辛侵呂，留呂。今徐州府北有呂梁城，宋東封也。衛封人，在儀。《續漢志》浚儀注，引《晉地道記》云

“儀封人，即此邑”，《水經》渠水注，引《西征記》同。浚儀，今開封府祥符縣北，即封邱地，故儀城在今蘭儀縣北，衛南封也。則吕、儀亦宋、衛之邊邑也可知。封人無事，則各居其封；有事，則始入國。必居其封者，封必時修也。

《論語》《左傳》之封人，與《周官》封人同，自來無異説。方氏《偶記》從鄭剛中説，乃以爲有别，且謂《論語》《左傳》之封人即疆吏，不知《左傳》自有疆吏。桓十七年，于是齊人侵魯疆，疆吏來告。襄十一年，鄭使疆場之司惡於宋。是皆守封疆者，而非封人。封人所掌者，時修其封之事，而疆場之事不與焉。況《左傳》《論語》著其人，故封人冠以邑；《周官》著其職，故但言封人而已，烏得以爲有别乎？封人職，與造都邑之封域。《大司馬》職云“大役，與慮事”，鄭注：“大役，築城邑也。慮事者，封人也。”《左傳》宣十一年，令尹蒍艾獵城沂，使封人慮事，是楚封人即《周官》封人。封人之官，春秋時固未亡矣。國築城邑，四封人皆與慮其事。楚之不言何封人，正與周官一例。方氏膠柱鼓瑟，將謂傳中封人亦自有别，斯又必不然也。《荀子·堯問篇》：“繒邱之封人見楚相孫叔敖。”繒邱，蓋即哀四年之繒關，地在方城之外，則楚之邊邑也。繒邱封人見孫叔敖，或即在宣十一年，則楚封人有在繒邱者，特餘不概見耳。若聚土曰封，封亦疆也，而封人、疆吏，本分兩官，無足疑者，是爲解。

釋刏衈

何允彝

《周禮·秋官·士師》：“凡刏珥，則奉犬牲。”鄭注：珥，讀爲衈。刏衈，釁禮之事，用牲毛者曰刏，羽者曰衈。賈疏謂其據《雜記》文。

蒙按：鄭以刏衈爲釁禮之事，甚是；謂毛牲曰刏、羽牲曰衈，則非。遍考載籍，皆以刏爲割牲之名，衈爲血塗祭之名，從未有毛牲、羽牲分屬刏衈之説。《山海經》曰：“祠毛用一雄雞、一牝豚，刏。”刏兼雞豚而言，不得謂毛牲曰刏。《周禮》：“犬人共犬，羊人共羊，皆爲衈。”而共衈顯可用毛牲，不得謂羽牲曰衈。蓋刏字從刀，義取諸割，據《説文》有劃斷之義，據《山海經》郭注，爲割刺之名，毛牲固可刉，可刉者不僅毛牲也。衈字從血，義取諸釁。《穀梁·僖十九年傳》云“叩其鼻以衈社”，范注：“衈，釁也，取鼻血以釁祭社器。”《山海經》云“祈聊用魚”，郭注“以血涂祭爲聊”，聊與衈字同。據此，可見凡有血者皆得稱衈，衈不專屬於羽牲也。鄭君泥《雜記》之文，而強爲區別。其實《雜記》亦未有此義也，《記》云：“成廟則釁之”，“雍人舉羊，升屋自中，中屋南面，刲羊，血流於前，乃降。門、夾室皆用雞”，“其衈皆於屋下，割雞，門，當門，夾室，中室”。所謂刲與割者，皆此刉字之義，本未嘗區別毛羽。其衈承用雞而言，衈用羽牲固明，而刲羊之下言血流於前，血流亦衈字之義也，安得據此謂衈專用羽，遂定刉必用毛，如賈疏所説乎？總之，刉爲割牲之名，非與衈爲對文；衈爲血涂祭之名，其中實包刉字之義，故司約職珥而辟藏，言衈，即可以賅刉與此職，言刉、衈無異也。鄭君誤以刉衈爲對文，此其所以多膠轕爾。

或曰：小子職珥祈爲對文，鄭注祈爲刉，今謂刉爲割牲之名，則刉於五祀殊覺難解矣。曰：小子職祈字，與《肆師》羊人職文同，據《肆師》注，故書祈爲幾，杜子春始讀爲祈，可見祈本作幾，犬人職文尚作幾，不作祈，其證也。幾，《説文》作釁，云“以血有所刉涂祭也”，釁省作幾，與衈爲血祭相類，幾字中自兼刉字之義，不得徑改幾作刉。鄭君以此刉衈爲正字，謂諸幾字皆當爲刉，所以與小子職之對文者，難通也。近儒惠氏《禮説》，辨鄭注之非，謂割牲曰刉，甚確，又分衈釁爲二義，以衈爲薦毛之名，則與《穀梁傳》《山海經》兩注並違，於衈字從血之義亦失，其誤又不足辨矣。

申兩鄭執牛耳説

蔣元慶

《周禮·夏官·戎右》“贊牛耳桃茢”，鄭司農注：“贊牛耳，《春秋傳》所謂執牛耳者。”鄭君曰：“尸盟者，割牛耳取血，助爲之。及血在敦中，以桃茢拂之，又助之也。耳者，盛以珠盤，尸盟者執之。”元慶按：司農明以執牛耳解贊牛耳，似謂牛耳即戎右執之矣。乃鄭君曰“尸盟者執之”，一似執牛耳者固是盟主，而盟主當是君也，至戎右不過助之，不得竟以爲戎右所執。

實則後鄭之説，適與先鄭相發明，初不背戾也。

　　蓋牛耳本是主盟之君所執，戎右不過贊助之。而自《春秋傳》言之，即直以戎右贊牛耳爲執牛耳。《左·哀十七年傳》："公會齊侯，盟於蒙，孟武伯相。武伯問高柴曰：諸侯盟，誰執牛耳？季羔曰：鄶衍之役，吳公子姑曹；發陽之役，衛石魋武伯。曰：然則彘也。"按：武伯知當執牛耳者，以其爲相也。而必聞鄶、郠兩役，公子姑曹、石魋而後決，則姑曹、石魋必亦是相可知。相，實即《周禮》之戎右也。相訓助，右亦訓助，《經典》可證者，幾難更僕數。《左傳》稱相，《周禮》稱戎右，其實一也。據《周禮·序官》，知戎右係中大夫，而據《左傳》於吳則公子姑曹，於衛則石魋，於魯則孟武伯，一似相固以王子及世卿爲之者，此係當時權宜之制，蓋猶之《周禮·序官》齊右係下大夫，大馭係中大夫，而《左傳》每載國君出，某某爲御，某某爲右，間有以卿爲之者，是可例推，不得以是爲疑也。惟武伯自知當執牛耳，而其職固是相，相有贊助之義，則其曰執牛耳，究即《周禮》所云"贊牛耳"，故司農注意，謂贊牛耳，在《春秋傳》則曰執牛耳也。是可以知先鄭訓解之確。賈疏引《哀十七年傳》文甚合，惟失引"孟武伯相"四字，翻不及察相字之義，斯不免疏漏耳。

　　至鄭君曰尸盟者執之，所謂尸盟者，明指主盟之君言，尸訓主，其解至確，斷不可易也。而杜、劉、賈、孔諸人，解《左傳》之義，多狃於大國、小國之辨，拘執過甚，轉不能深得經恉，以致勞斷執牛耳者當爲小國，又謂吳以大國執牛耳，必是夷不知禮。《左·襄二十七年》孔疏。又謂鄶衍則大國執，發陽則小國執，據時執者無常，故武伯自以爲可執。《哀十七年傳》杜注。蒙謂其説均非也。牛耳之執自有常法，故彘一聞季羔之對，即知主盟者之相，當執牛耳，故斷爲己。如曰無常，彘何由決之。至傳言吳棄禮，係在徵百牢，未嘗言及王子姑曹執牛耳爲不知禮也。實則牛耳自是尸盟者執之，其相爲之贊助，得統曰執牛耳。鄶衍之役，吳爲主盟，孔疏已具言之，惟彼謂吳自使人執爲不知禮，未免誤耳。征南解執牛耳曰尸盟者，自係隱據鄭君，惟彼泥於大國、小國之互執，遂謂執者無常，亦未免誤耳。推闡先後兩鄭《周禮》之注，而以左氏傳文詳證之，而晉唐諸儒之失自見矣。

申兩鄭執牛耳説

謝恩灝

《周禮·戎右》贊牛耳，先鄭云："贊牛耳，《春秋傳》所謂執牛耳者。"後鄭云："尸盟者，割牛耳，取血，助爲之耳者，盛以珠盤，尸盟者執之。"如先鄭説，似以執牛耳當贊牛耳，後鄭則先云助爲之，又云又助之也，以兩助字釋贊字，是知執牛耳者，是尸盟之人，而戎右特贊助之也。蓋天子盟諸侯，尸盟者執牛耳，戎右贊其事，皆王國之臣爲之。即諸侯盟，尸盟者執牛耳，亦皆大國之臣爲之，此一定之禮也。《玉府》"共珠盤玉敦"下，賈疏云：若諸侯相與盟，則大國之戎右執牛耳説極可信，惟竟以執字易贊字，則與先鄭同失。

至杜元凱注《春秋傳》，以爲小國尸其事，其説遂糾。而原杜氏致誤之由，則在"宋之盟，小國固必有尸盟者"一語。考是役，晉楚爭先，晉人曰"晉固爲諸侯盟主"，楚人曰"晉楚狎主諸侯之盟也久矣"，其所以爭先者，即爭此主盟之名。叔向曰："諸侯歸晉之德只，非歸其尸盟也。"尸訓主，尸盟即主盟之謂，言非歸其尸盟，明晉以德服人，不以主盟爲輕重也。如果尸盟是小國，晉何必與楚爭，且楚亦決不甘受晉之詆也審矣。傳文當以"諸侯盟小國"爲句，"固必有尸盟者"爲句，于義方合。杜氏之讀，固非云小國主辦具，豈同一尸盟字，而上爲主盟，下爲主辦具乎？説亦顛矣。

明乎尸盟在大國，知執牛耳亦當在大國。定八年傳，衛人請執牛耳，蓋衛君與晉大夫盟，衛自以爲當主盟，故請自執之。杜注謂自以當菹牛耳，故請。以菹易執，説已難通。孔疏謂故請晉大夫執之，説更悖妄。成何曰"衛，吾溫原也，焉得視諸侯"，儕衛于晉縣，以見尸盟者仍當在晉也。哀十七年傳，武伯問于高柴曰："諸侯盟，誰執牛耳？"季羔曰："鄫衍之役，吳公子姑曹；發陽之役，衛石魋。"考鄫之會，吳稱大國，爵雖爲子，其勢方張，自當爲尸盟者，故吳人執牛耳。發陽即鄖之會，傳載公及衛侯、宋皇瑗盟，而卒辭吳盟。當是時，吳不與盟，魯、衛、宋國勢匹敵，而衛實主其事，故衛人執牛耳。羔之數典以對，取其近而有徵二事，自是一例。杜注謂執者無常，夫會盟大典，必昭畫一，詎有無常之禮，且學問如季羔而顧作模棱兩可之談邪？劉光伯力規杜過，而於此以爲小國恒執牛耳，仍沿杜誤，則又泥于孟武伯"然則齹也"一語。夫魯固嘗弱於齊矣，而武伯以此自任者，隱然以尸盟者自居，而不甘儕於小國之列，觀其對責稽首之語自知。然牛耳誰執，傳無明文，未可據武伯一時之侈言，定爲齹執牛耳也。是説也，吾師《禮書通故》曾言之，因暢發其義蘊，以申兩鄭之説，彼主小國爲説者，皆可箝其喙矣。

任正衡任考
丁蓬山

任正衡任，見《周禮・冬官・考工記・輈人職》文，鄭注云："凡任木目車持任之材任正者，謂輿下三面材持車正者。按：輿下三面材，蓋指軹言。鄭注軹，前十尺而策半之云軹，是軹法也。謂輿下三面之材，輈式之所尌持車正者。衡任者，謂兩軹之間也。"説本精確不磨。自賈疏誤會其説，而鄭注之義不明矣。按：賈疏云："任正者，此木任力，車輿所取正。"殊不知輿當車之正，正屬輿言。軹在輿下力能任之，故名任正，非車輿所取正之謂也。又云："三面材者，此木下及兩旁見面，其上面託著輿板不見。"如其説，既不知此木爲何名，且注云三面材者，明謂式前及左右軹之三面，亦非謂上面不見，祇見下及兩旁也。賈氏之謬，固無待深辨。宋戴達又有意與鄭君立異，謂任正者輈，衡任者軸，徑以衡正橫作直解。殊不知正字雖有直義，衡即古橫字，然《經》不曰正任、衡任，而曰任正、衡任，初無取於橫直對文也。且經文於任正言之，十分其輈長，以其一爲之圍。于衡任言，五分其長，以其一爲之圍。若任正即是輈，則經文當第言其長，而不當言輈之長矣。如衡任即是橫軸，則經文當言五分其軫，間以其一爲之圍，而不當言五分其長，以其一爲之圍矣。任正之非輈，衡任之非軸，細繹經文即知。乃近儒不察而多沿其非。案：戴東原謂輈衡皆任木，任正者，輈也。衡任者，軸也，衡也。程瑤田則亦謂輈之在輿下者爲任正，軸之在輿下者爲衡任。呂氏、金氏又以任正爲輈之當兔。宋氏又謂輈不橫，故曰任正，衡軸皆橫，故曰衡任，輿後之軫，亦衡任之一。阮氏又別爲創解，以任正爲輿後軫下當踵木者。緟肔紕繆，皆不可從。惟鄭子尹於諸家所據以難鄭者，頗能駁正之，詳《輪輿私箋》。其申鄭之義亦甚詳晰。近江慎修《周禮疑義舉要》説亦與鄭注合。然尚有未及言者，蒙試爲補益之；所言之可疑者，蒙竊爲訂正之。

夫諸家所以與鄭違者，皆由不識軫與軓之專名與夫通借之名也。按：車制中，一物而異名者甚夥。軫爲輿後横木之專名，自是定訓。按：許氏《説文》、郭注《方言》及《禮稽命征》“九旒齊軫”注、《國語·晉語》“以還軫於諸侯”注、《後漢·王龔傳》注，皆謂軫車後横木是也。《詩·小戎》俴收，傳云“俴，淺也；收，軫也”，蓋左右軓之末，必屬於軫，有收斂之義焉，故名收。孔疏謂“軫者，上之前後兩端之横木”，蓋以爲此軫者所以收斂所載，故名收焉。殊不知車前横木不得名軫，輿空，其後面後軫上又無所載，故知軫名爲收者，謂收斂軓末，非收所載也。尤可見軫爲車後横木之專名矣。夫軫爲車後横木之專名，軓自是車式前之專名。按：《説文》及先鄭，皆謂車式前。故鄭注《禮記·少儀》：祭左右軌範乃飲，謂軓與範聲同，謂車軾前也。而兹云輿下三面材，輈式之所樹，與彼不同者。按：鄭君此注云：“軓是軓法也。”軓即範圍，本字古作𨊠，或作軓，許君止取此爲正，借作笵、範。輿下三面材，取其範輿，有範圍之義焉，故三面材得稱軓。若析言之，則曰軾前耳。鄭子尹謂“軓止是三面一匡，其爲範也不見，必謂軓之所以名，在輈式及底板之受制於槽”，殊不知輈式及底板受制於槽，固有範義，軓之三面一匡，獨無範義乎？是不免自歧其説矣。軓爲車軾前之專名，而車兩旁可通爲之軓，猶軫爲車後横木之專名，以其爲輿之本，言輿者，多舉以言之。説見賈疏。故輿牀及兩旁又通謂之軫也。觀鄭注，加軫與軾謂軫輿也可見。俗儒謂鄭自知不通而變其説，大謬。然則輿之兩旁，或因乎前而通謂之軓，或因乎後而通謂之軫，本無定名，惟前軓後軫，則不可互易。繇是觀之，知輿在車上，居中得正，故謂之正。軓之三面材力持此正，故謂之任正，不必泥軓爲式前之名，而謂不可通諸輿旁也。衡任者，謂輈前横木也。鄭云兩軏之間者，謂衡之中間任力者也。軏，隸省作軏。《説文》云“轅前也”，近段氏玉裁曰“轅前者謂衡也”，自其横言之，謂之衡；自其扼制馬言之，謂之軏輈。《説文》云“軏下曲者”，段注云“軏，木上平而下爲兩坳，加於兩服馬之頸，是曰軏。軏與輈同體。”蒙按：段謂軏木爲兩坳，未嘗不是。然即以兩坳爲輈，説猶未確。近江氏慎修極求其制，謂軏直，是於衡上當馬頸處，缺其木如半月形，下別爲𥫱作木架，上斂下開，覆以革，如今制，以承兩軏，覆於馬頸，用革束衡而連之。

蒙謂江氏此説甚合古制。按《説文》革部，鞃，大車縛軛靶。段引皇疏云：古作牛車，先取一橫木，縛著兩轅頭，又別取曲木爲軶，縛著橫木，以駕牛脰也。説與江合，甚爲允當。其説缺如半月形，尤得注意。惟其兩邊缺，故計衡圍當在中間不缺者，注所以釋衡任爲兩軶之間也。不必如鄭子尹兩末之説，轉不免附會其辭也。兩軶之間，爲馬前引車著力之處，故名之曰衡任。

任正、衡任之制，鄭注本確不可易，後之學者乃多舍明白之經文注義，而別事強探力索，因而疑鄭駁鄭，將愈解而經義愈晦，古制愈湮。己説之未允，而猶逞其臆説，妄論前人如此，又烏足以説經？

釋《鄉射禮》《大射儀》兩篇名義
陳慶年

《儀禮》以禮題篇，鄉射名禮，而大射獨名儀。鄭氏無注，賈公彦云：“不言禮，言儀者，以射禮盛威儀多。”敖繼公云：“以其禮多於他篇，故特顯之。禮總名，儀則其節文。”郝氏敬云：“曰儀，射主儀也。射者爭之器，行之以揖讓，故貴儀。”按：如賈氏、敖氏之説，則燕禮比鄉飲酒威儀多矣，燕禮與鄉飲酒皆名禮，是謂儀爲禮盛儀多，非禮經名篇之義也。如郝氏説，射貴儀，何以解於鄉射之不名儀乎？是其説亦非也。

蒙謂名儀者，以《經》文多言儀也。《經》於篇首云大射之儀矣，於誘射又云：“北面揖。及階，揖。降，如升射之儀。”於三射又云：“其它如初儀。”經多言儀，故名篇即以儀。然謂與禮有別經於題篇之義，固無是也。故經文既云如某儀矣，於主人獻公，云“公祭如賓禮”；主人獻諸公卿，云“如獻卿之禮”，是經文儀與禮並言，明禮儀不別經。於請射云“爲政請射”，鄭云“爲政，謂司馬也”，司馬政官主射禮，鄭言主射禮，不言主射儀，是鄭不謂儀與禮別也。故鄭於篇目及首句“大射之儀”皆無注。豈唯不注之而已，鄭注《周官·射人》引《大射儀》“大侯九十，參七十，干五十”，謂爲《大射儀》。其引“命量人巾車張三侯”，“待獲，待射者中舉旌以獲”，謂爲大射禮矣。又謂大射禮，豻作干矣。豈唯鄭君謂爲大射禮也，先鄭注《射人》，引“大射正立於公後，以矢行告於公。下曰留，上曰揚，左右曰方”，又謂爲大射禮矣。注《樂師》，引"樂正命大師曰：'奏貍首，聞若一。'大師不興，許諾。樂正反位，奏貍首以射"，又謂爲大射禮矣。是《大射儀》先後鄭皆以爲大射禮，儀與禮非判然不同，固較然矣。

《周官》典命掌諸侯之五儀，大行人以九儀辨諸侯之命，是諸侯儀甚多，使《禮經》五十六篇具在，以儀名篇者當不止一大射，説經家以其希見而鑿之，蓋未明于此。

釋《鄉射禮》《大射儀》兩篇名義

張錫恭

《禮經》中等威有不甚辨者，《鄉射禮》其一也。鄉大夫以五物詢民，州長以禮會民，位殊大夫、士也，而其禮則同。但以庠序之堂有室無室之制殊，而少有殊焉耳，故以鄉名篇，名統於鄉大夫，且有以州長所治之州，鄉大夫或在焉，如鄭君目録所云者。然則鄉射之禮，義重在賓，而主人之爲大夫、士無殊儀，統名以鄉，由此義也。大射，惟天子諸侯用之以擇士，非卿大夫所得行，故大之，非以行於大學而名也。盛氏世佐謂行於鄉學曰鄉射，行于大學曰大射，非。

考《禮經》多以禮名，同爲射事，而鄉射以禮名，獨大射以儀名者，何哉？蓋大射，侯有熊、虎、糝、干之別，步有九十、七十、五十之差，樂有騶虞、貍首、采蘩、采蘋之分，又有九節五正、七節三正、五節二正之殊，皆所以辨等威，《周官》所謂"以儀辨等，則民不越者"是已。大射名儀，鄭君不注其義，而於篇中屢言射禮明貴賤。一見"小卿席于賓西"注，再見、三見於"工人徒相"注，蓋辨等之義既明，則所以名儀之義自著，雖不注而其義已顯也。

夫他篇非不辨等，而不若《大射》辨等之甚。《冠禮》統天子之元子，《昏禮》士得攝盛，《飲酒》則黨正同於鄉大夫。燕主歡，喪主哀，祭主敬，皆不以辨等爲重。《相見》及《公食大夫》義主相賓，雖辨等亦從略，故均不以儀名，不獨《鄉射》以州序同於鄉庠，不名儀而名禮也。《聘》《覲》二篇，著所通行之禮，而公、侯、伯、子、男之等，詳辨於《周官・司儀》，《禮經》篇内多從略。朝禮已亡，考《周官・司士》曰"掌朝儀之位"，《大戴・朝事》《覲禮》注，引爲朝事儀，亦以朝位辨等，與大射名儀，其義正同。然則以儀易禮，義固有所當矣。賈疏以爲射禮盛威儀多，故以儀名之。夫威儀多者，豈獨大射哉。《聘義》言聘射之禮，至大禮則與聘禮相等矣，且即以《禮經》考之，《大射》之委曲繁重，蓋與《少牢禮》差同，必謂名儀之由於威儀多，何解於《少牢》之不稱儀耶？敖氏謂禮者總名，儀則其節文，則十七篇中，何莫非節文哉？而獨以儀歸於大射，非通論也。蒙嘗謂賈、敖之各伸其説，反不若鄭君之不注，令人可旁參互證而知之也。

釋《禮經》自酢例

孫　徵

《禮經》一書，有酢例，有自酢例，必統前後經文以求之，而其例乃見。凡行禮有正有從，如燕飲之禮，主與賓爲禮，賓爲正，而酢者惟賓一人。祭祀之禮，尸爲正，而酢者惟尸一人，其餘則皆在附從之列，故不親行酢而自酢也。苟在附從之列，而亦親行酢焉，則與正獻者不分，而禮之次序紊矣。鄭君乃以尊卑不敵，男女不親，牽附自酢之説。如《特牲》"主人獻賓，後受爵酌酢"，注云："主人酌，自酢者，賓不敢敵主人，主人達其意。"《有司徹》："乃升長賓，主人酌，酢于長賓，西階上，北面。"注云："主人酌，自酢序賓，意賓卑，不敢酢。"一似自酢之例由于尊卑不敵。但尊卑不敵，祇就主人酌言，謂賓卑不敢尊，主人達卑者之意而酌之也，于自酢無與也。《特牲》："主人致爵于主婦，後主人更爵酌酢。"注云："更爵自酢，男子不承婦人爵。"又引《祭統》文，謂酢必易爵，明夫婦之別。又賓致爵于主人、主婦，後更爵酢于主人。注云："賓更爵自酢，亦不承婦人爵。"一似自酢之例，由于男女不親。但男女不親，祇就更爵言，謂男女不相親，故爵必更也，于自酢無與也。而祖鄭者，且曰尊卑不敵，僅釋酌義，男女不親，僅釋更爵義，自酢乃連及之耳。然則鄭何不止言自酌，而必言酌自酢？何不止言更爵，而必言更爵自酢？按：《有司徹》注"賓卑不敢酢"，是言酢而及賓卑。又注"自酢不更爵，殺"，是言自酢，而又言不更爵。鄭以"尊卑不敵，男女不親"釋自酢，此其明證。則可知鄭氏牽合自酢之由矣。

竊謂自酢之例有二，一曰別于賓，一曰別于尸。蓋惟附從者有之，而首正者無有也。如《鄉飲酒》獻介，後主人實爵，酢于西階上。《鄉射》獻大夫，後主人實爵，以酢于西階上。《燕禮》獻公，後主人更爵酢于阼階下。《大射儀》同此。主人于介，遵及公而自酢之者也，要皆所以別于賓也。《特牲》主婦致爵主人，後主婦酌醋。主人致爵主婦，後主人酌醋。主人獻賓，後受爵酌酢。主人獻內兄弟，後主人酌酢。《有司徹》主人酌酢于長賓，主婦酌以醋戶內北面，以及不儐尸禮中，賓酌酢于主人，又賓長致酢。此主人、主婦、內兄弟、賓及賓長、長賓互行禮而自酢之也，亦即所以別于尸也。蓋正賓可酢，正尸可酢，而其餘皆在附從之列，故其自酢也如此。若聘禮，席于阼，又三獻，此主人自酢。室老與士亦自酢。賈疏謂無尸皆自酢，是也，以無首正之人。故與正祭時有尸別也。

或謂爲首正者酢，而非首正者亦酢，如《特牲》上簋酌酢主人，何也？曰：上簋酢主人，在尸出之後，嗣子異日將代父承祀，故不嫌于酢主人也。然則《少牢》又謂：上簋，止主人受上簋爵，酌以醋于戶內，西面，此亦在尸出之後。而主人自酢者何？曰：此非嗣子也，乃賓長佐食爲簋者也。上簋不酢主人，而主人自酢。蓋上簋當尸位，將娸主人尊不自酌，此時又無祝酌以授，故主人不嫌自酢也。此其例又與別于賓、別於尸者不同，皆變例也。近儒方望溪又謂自酢，有尊其人不敢使酢己者；有與眾人同得獻一人，不敢專酢獻者；探其意而自酢者。不根經旨，而憑空臆説，説無取云。

禮不參述

何允彝

《儀禮》鄭注"禮不參"者凡三。一見《士昏禮》"主人不降送"注，賈疏云："今婦既送，主人不送者，以其禮不參也。"一見《燕禮》"公升就席"注，疏云："下言'賓升，主人亦升'，是賓與主人爲禮不得相參之也。"一見《大射儀》"公升即席"注，疏云："亦是以賓與主人爲禮，禮不參也。"

蒙按：不參，乃行禮之通例，《儀禮》此類甚多，不獨《士昏禮》《燕禮》

《大射儀》爲然也。考《士冠禮》：“戒賓、宿賓，皆賓主二人爲禮。其迎賓也，主人迎出門左，西面再拜，賓答拜，主人揖贊者，與賓揖，先入贊者，隨賓，後不見更與贊者爲禮，是贊者不參也。”主人復初位，後賓與冠者爲禮，“冠者筵西拜受觶，賓東面答拜，冠者奠觶拜，賓答拜”。是時，賓不與主人爲禮者，主人不參也。其行醮禮也，冠者拜，受賓答拜如初，不與主人爲禮者，亦主人之不參也。及賓出，則主人送之，將醴賓，則送於廟門外。既醴之，則送於外門外。不言冠者之送賓者，是冠者不參也。《鄉飲酒禮》賓降，立于階西，當序東面，然後主人以介揖讓，升，如賓禮。是主人與介爲禮時，賓不參之也。介降立于賓南，然後主人西南面，三拜衆賓，是主人與衆賓爲禮時，介不參之也。主人釋服，乃息司正，賓介不與。是主人與司正爲禮時，賓介不參之也。《鄉射禮》賓降，東面，立于西階，西當西序，主人西南面，三拜衆賓，衆賓皆答壹拜。此賓之不得參也。賓及衆賓皆降，復初位，主人揖讓，以大夫升拜，至大夫答拜，此賓及從賓不得參也。大夫降，立于賓南，主人揖讓，以賓升，大夫雖尊，不奪人之正禮，此大夫不得參也。《士喪禮》弔者、襚者，皆主人拜之，卒斂後，主人降自西階，衆主人東即位，主人拜賓，衆主人不參。既殯後，主人拜大夫之後至者，衆主人復位，亦是不參。君至，迎送皆主人，衆主人辟位、復位，皆不與君爲禮，亦是不參。《既夕禮》云：“有君命，衆主人不出。”注謂“不二主”，亦是禮不參之證。凡此之類，不可枚舉。鄭君於《士昏禮》《燕禮》《大射儀》注發之，特以示其例耳。蒙故略舉之，以概其餘。

牢中解

王有德

《儀禮·士喪禮》“握手用元，纁裏，長尺二寸，廣五寸，牢中旁寸，著組繫。”注云：“牢讀爲樓，樓謂削約，握之中央，以安手也。今文樓爲綹。”按：牢中二字，解者不一。有訓牢爲籠者，郝氏敬云：“牢，猶籠也，空其中，旁寬寸，兩手交貫於牢。”萬氏斯大云：“牢，籠也，牢中，謂中寬，足以籠指也。”此背鄭注而爲之説也。有謂鄭注之樓，當从手作摟者，阮氏校勘記云："《爾雅·釋詁》:樓,聚也。《釋文》云:摟,從手,本或作樓,非。"然則此注樓字,亦當從手。據"《説文》'摟,曳聚也',《詩·角弓》箋'婁,斂也'"爲證,此見賈疏,義取"樓,斂狹少之意"而爲之説也。有謂樓本作婁者,沈氏彤《小疏》云:"《説文》'婁,空也',從母中女空之意也。然則義取斂聚者,當作摟;義取削約中央者,當作婁。此注字蓋本作婁,後旁加手,又譌爲木旁耳。"此見注有削約二字,而爲之説也。然而皆非也。使牢當訓籠,則鄭何必改讀爲樓也。夫牢必讀爲樓者,牢與籠一聲之轉,《淮南本經》"牢籠天地",高誘注:牢讀屋霤,楚人謂牢爲霤。是牢與樓古音相近,而牢初不得訓籠也。若牢即訓籠,則《淮南》但言牢可矣,何必複言之曰牢籠也乎?胡氏承珙云:《爾雅》陝而修曲曰樓,此謂削約握之中央,正與陝而修曲義近,然則樓自有削約之意,不必因疏言樓斂約少,而改爲從手之摟也。且握手之制,兩端各有組繫。聶崇義《三禮圖》云:舊組繫四,今組繫二,其用則先以一端之組,繫繞於掌後,復以一端,上貫中指,環覆其手,而仍至於掌後結焉。故《既夕·記》曰:設握裏親膚,繫鉤中指,結于所擎。據此,則握手非中空之物也,安得謂樓本作婁乎?而凡謂空其中,形似直囊者,其誤可知矣。

　　若盛氏世佐解"牢中旁寸",謂狹其中爲四寸,以安食指、中指、無名指、小指,而其旁一寸,以安大指。方氏苞謂削約握之前半,旁各一寸。胡氏培翬則謂削約握上下之中,兩旁共一寸,則廣四寸矣。以握之中央,正當指掌之上,臂之下,爲手之狹處,故必削約之而握,與手乃固。此皆臆説,亦不明握手之制者。賈疏云:牢中旁寸者,則中央廣三寸。聶氏崇義亦云:以《經》云長尺二寸,廣五寸,樓去中央兩旁各一寸,則中央廣三寸。然則"旁寸"云者,謂削約握手之中央,兩旁各一寸,非謂其旁一寸以安大指也,亦非謂兩旁共一寸也。賈疏又云:廣三寸,中央又容四指而已,四指,指一寸,則四寸。"中央"下蓋脱"之外"二字,此四寸兼長廣言,下文四寸專指長言。四寸之外,仍有八寸,皆廣五寸也。盛氏因此而謂狹其中爲四寸。胡氏因此而謂兩旁共一寸。蓋皆失之。而望溪謂削約握之前半,則與經文中字不合,彼蓋謂長尺二寸,廣五寸,乃以一面言。其制宜合二面如囊,而竹邨取之前半之説，正誤於此。胡説亦然。不知鄭注《既夕・記》云："擊，掌後節中也。手無決者，以握繫一端，繞擊還從上自貫反，與其一端結之。"康成兩言一端，明謂長尺二寸之兩端也。賈疏云："兩端，各有繫，先以一端繞擊一帀，還，從上自貫，又以一端鄉上鉤中指，反，與繞擊者結於掌後節中。"是也。

是則握手之兩端，自謂尺二寸之兩端，非以一面而言也。若以一面言，則中在指掌之間，何以指端狹處而反闊乎？惟不以一面言，則中適當中三指之最狹處，故削約之，僅足掩中三指而已。張氏惠言云："據記、疏，則中央三寸者，掩中三指，五寸者，掩五指，中三指特長者，唯一節，則牢中不過三寸，兩端廣五寸者各四寸半也。"此説近是。謹圖於左。至注言今文樓爲緌，胡氏《今古文疏義》已詳之，今不縷及。

張皋文儀禮握手圖

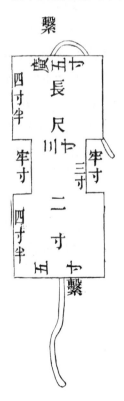

附録聶氏握手圖

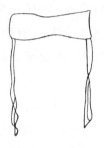

聶氏述賈釋注云：“牢讀爲樓，樓謂削約，握之中央令①狹小，以安手之四指也。以《經》云長尺二寸，廣五寸。樓去中央兩旁各一寸，則中央廣三寸。”此言良是。然於安手之下，增入四指二字，已覺未協，乃又謂在於三寸中央，須容四指，每指一寸，則中央兩邊各去四寸，方安得手之四指，此竟以握手爲橫著於手者，故特畫此圖。蓋不得賈氏之意而臆説也。觀組繫舊有四，而聶改爲二，則此圖必已增改，度賈氏原圖必不如此。苟或如此，則與記、疏自相刺謬，且與鄭君注記大相背矣。高安朱氏云：“握手長尺二寸，鉤于中指，環裹餘四指，所以固之，不使脱落。”此殆本諸聶圖而失之。吳氏廷華據之，以爲“尺二寸者，橫裹五指之數也，廣五寸者，約指及掌之數也，旁寸者，尺二寸之餘寸，縫之以固握也。”斯其説尤屬武斷。經典凡言衣袂及手之長短，皆自肩臂至指掌而言，未有橫計之者。試思記文，一則曰鉤中指，再則曰結于掔牢中，旁寸之處極狹，將何以爲鉤？且無組繫，又何以爲結平安得謂橫裹之乎？張皋文云：或謂以中廣三寸者，當掌兩旁向手表掩之，則《經》當云“廣尺二寸，長五寸矣”，非也。此足以證其誤矣。蓋握手之制不明，則牢中之解，終不得其當。故特附辨於此。

廟見奠菜祭禰辨
薛重煦

《儀禮·士昏禮》：舅姑既殁，婦人三月乃奠菜。《禮記·曾子問》：三

---

① 令，原誤刊作“今”，今據《儀禮》賈公彦疏改。

月而廟見，稱來婦也。擇日而祭於禰，成婦之義也。賈、孔二疏，皆以廟見、奠菜、祭禰爲一事。蒙竊以爲不然。

夫廟見之稱來婦，即指奠菜某氏來婦而言，其爲一事固無疑矣。至於祭禰，明有擇日之文，明分兩事，不得竟合爲一。鄭君“廟見祭禰”注云：此舅姑没者必祭，成婦義者，以婦有供養之義，猶舅姑存時，盥饋特豚於室。吾師《禮書通故》申之云：鄭意舅姑存者，有婦見舅姑之禮，有婦饋舅姑之禮。其舅姑没者，廟見奠菜如婦見禮，擇日祭禰如婦饋禮，説甚精確，實足發鄭君不言之意，而破唐以來錮蔽之見。蓋婦於舅姑，生則寢見之，没則廟見之。生則饋於寢，没則饋於廟。故廟見奠菜，祇是見舅姑稱來婦而已。至祭禰，爲成婦，饋養之義自擇別日。若如賈、孔所云，則方行奠菜，復行祭禮，一日之內，兼行兩事，不亦煩數已甚乎？

孔氏又云昏禮奠菜後，更無祭舅姑之事。不知《禮記》一書，本與《儀禮》相表裏，如此章上文，女家三夜不息燭，男家三日不聽樂，皆《儀禮》所未及，則祭禰一事，正足補昏禮之闕，又何疑無祭舅姑之事乎？

萬氏斯大又云：《曾子問》女未廟見而死，不遷於祖，不祔於皇姑。曰祖，曰皇姑，則知廟見及高、曾祖矣。不知《喪服小記》曰婦祔於皇姑，又曰祔必以其昭穆，婦與姑昭穆不同，故必祔於祖姑，而後昭穆相當也。女未廟見而死，是未成爲婦，不得用婦祔祖姑之禮，豈謂未廟見高曾祖，故不遷不祔乎？惟三月祭行是祭於高曾祖廟，而以婦見，其事實在廟見舅姑之後。蓋婦人必舅姑授之室，使代已而後得主祭祀。舅姑在，則降阼階，時已受之舅姑，與祭可矣。舅姑殁，無所受，故于時祭之，先行廟見之禮，以明其受之所自，然後可以行祭也。

萬氏又謂廟見，即《經》所云三月祭行，此指舅姑存者。擇日祭禰，即《經》所謂奠菜，此指舅姑殁者。江氏筠所説略同。不知三月祭行，乃已成昏之婦，三月廟見，乃未成昏之婦，義難强合。且廟見成婦，爲上下通制。《列女傳》宋恭伯姬三月廟見，當行夫婦之道。齊孝孟姬三月廟見，而後行夫婦之禮。計其時，共公與孝公之母雖存殁不可知，然二公之父已殁多年，則廟見之禮必行於舅姑殁後，明矣。至謂祭禰即奠菜，又不免沿賈孔之誤。蓋奠菜，象存時見舅姑禮；祭禰，象存時婦饋禮，鄭注分之已晰。如以祭禰當奠菜，是未曾告某氏來婦，而遽行祭禮於舅姑廟中，恐舅姑有靈，將疑爲非吾子婦矣。古人行禮豈如此凌越乎？若舅姑或有偏歿，則崔靈恩所云"厥明盥饋於存者，三月廟見於亡者"，自是定論。蓋舅歿姑存，則舅有禰廟；舅存姑歿，則姑祔於皇祖姑之廟，皆可行廟見禮。庾蔚之謂見其存者，不復見亡者，賈公彦謂舅歿可廟見，姑歿無廟可見，説皆疏陋，不足信。

卷三

《文王世子》凡語於郊者一節義疏

顧鴻聞

案此一節，明取士於郊學賤技藝之事。云"凡語於郊者"，語謂論説也。《王制》載選士之法，曰命鄉論秀士，又曰司徒論選士，又曰大樂正論造士。彼其制與此異，然此所謂語，即彼所謂論也。注謂"論説於郊學"，其解語字甚確。郊謂四郊之學，《王制》周人養庶老於虞庠。虞庠在國之西郊，西一作四。四郊之學，小學也，對近郊五十里内國學言之，謂之郊學，省言之則曰郊。國學取士，必取乎德行道藝，而郊學亦準乎此。《周禮·鄉大夫》考其德行道藝，而興賢者、能者。鄭彼注謂"賢有德行者，能有道藝者"。此云"必取賢斂才焉者"，賢才即指賢能言也。又云"或以德進，或以事舉，或以言揚"者，賢賤德行，德即所考之德，事即所考之行，才兼道藝，言即所考之道。下云"曲藝"之藝，即所考之藝。德行道居藝之先，明藝當進於德行道三者，故曰"曲藝皆誓之"。誓猶告也，皆即皆上德事言也。告以德、事、言，以俟後之論説，故曰以待又語也。云"三而一有焉，乃進其等以其序"者，言曲藝之人，於德事言三者而或有其一則從而升之，而又必循其序也。進其等者，所以明有善必揚之義。以其序者，所以明進善必慎之義。云"謂之郊人者"，吳氏澄讀遠之合下爲句，今從之。上文"進等以序，終言以待又語"之事，尚屬將然之辭，其人實未與俊選同升國學，故謂之郊人也。云"遠之于成均，以及取爵于上尊也"者，成均，大學之總名也。天子行養老之禮于大學，俊選皆得與其事。吳氏澄謂升于司徒爲選士者,得取堂上之尊;升于司馬爲俊士者,是爲成均之士。郊人猶在郊學,不得爲成均之士,并不得取爵于上尊。案:吳氏改易鄭讀,固較舊説爲長,然判成均與取爵爲兩事,于義猶疏。謹案:師説云:以猶與也,以及謂與及也。曲藝以郊人目之,不得于大學與及取爵上尊之事,故曰"遠之于成均以及取爵于上尊也"。洵可謂發前人未發之義矣。

始之養也解
吳　朓

《禮記·文王世子》:"始之養也。"鄭注:"又之養老之處,凡大合樂,必遂養老,是以往焉。言始,始立學也。"案:注言"又之養老處"者,先明視學養老之相因。又云"始立學者",明《經》之言始,所以兼舉始養老之禮。鄭本甚明,《五禮通考》引胡氏説,乃謂始,初也,之,往也,謂反命乃往養老之處,鄭謂始立學,非。然養老在視學之明日,不得云反命後即往此,固誤。或謂言初往者,著養老日,天子之初至。然養老之處,即謂東序,既言之,不必更言適也。此亦誤推鄭意。曰又之,曰往焉,乃示視學後之必遂養老,所謂之與往,祇用字偶同,非即解經文之字。經文之字者,語詞也,全句之義亦曰:始立學之養老而已。鄭又恐學者誤離上視學爲兩節,故必著又之養老處三語,以見上下相承爲一章,此注之密也。蒙深信鄭言"始立學"者,以下"釋奠先老"知之,"釋奠先老"注,謂親奠之。又曰"己所有事也",言非可委諸有司。上視學祭先師先聖,惟命有司行事,此卻親奠之者,非反以先老爲尊,蓋彼乃春秋常奠,皆有司攝行之,至後世猶然,此謂始之學。始立學之時,先師先聖必親奠。上云凡始立學,必釋奠於先聖先師,無命有司之文者,謂親奠也,以親奠先老,故知鄭注始立學之確。若非始立學,則先師先聖尚命有司攝祀,而先老可知也。

然則學者解經,固不可强護古注,而古注實有不能廢者,亦未敢輕據新説改也。秦味經氏安得取胡氏説輕詆鄭君乎?惟孔仲達謂爲下釋奠先老之學,故云始立學也,若非始立學之後,則視學凡養老於東膠,不釋奠於先老也,此説亦未然。夫先師先聖之祭,終代不絕,豈有先老之祀,當始立學,一親奠之後,遂不再舉,於理亦知其非也。孔氏禮疏,於學校諸禮多所未洽,申注不明,遂使後儒并注而疑之。

蠶室近川説

俞　復

《戴記·祭義》:"公桑蠶室近川而爲之。"孔疏謂取其浴蠶種便也。蒙案:冲遠此疏,即本下文爲説,望文立解,殊嫌淺鄙。蓋蠶種微物,即不近川,取攜至便。以此爲蠶室近川之誼,舉行躬桑大典,取便浴種細節,恐不然也。

今考《蠶書》,蠶爲龍精。案:《蠶書》當是三代古書,鄭君注:夏官馬質引之,可據也。今世所行《蠶書》一卷,附《農書》後者,係宋秦湛撰,不得與鄭君所引者相混。龍,水屬,蠶體龍,性亦當與水近,故近水以媚之。浴種於川,當亦取所以順其性耳。不然,蠶種非鉅物,盤水已足浴之,何必就川。審此,則浴川者,信爲媚其性之近水。故解浴川句,可本蠶室近川之恉,以證明之。疏家反取浴川證近川之誼,顛倒其用。其實,并種之何以浴川,亦未之曉耳。近川、浴川,取媚其性,當即以蠶爲龍精之故。據夏官馬質禁原蠶,鄭君注以蠶與馬同氣,恐傷馬。蠶、馬同氣者,鄭君謂天文辰爲馬,辰,龍星也。據《文選》蘇子卿古詩注引《法言》宋注。然古注謂"辰,龍星"者甚多。鄭君謂辰爲馬,與蠶爲龍精相應,則亦以辰爲龍星也。龍星爲馬,故馬之氣性或同龍。《孝經·援神契》曰:德至山陵,則澤出神馬。見《御覽》八百九十三。馬與澤水通氣體,龍屬也。蠶與馬,俱屬龍,此即蠶性與水近之證。總之,蠶爲龍精等語,蓋古相傳有是説者。物理至微,多有不解處。蠶室近川,爲之其甚重乎躬桑之禮以體物性者,大其生道也。古者,王與后順陰陽以爲天下先。此亦其順陰陽之精微者,蓋以是爲民祈蠶之意也。故公桑蠶室必近川,而民間宅以樹桑,廛以居蠶,不必近川者,理無相妨。《詩·大雅·瞻卬》傳引《祭義》此節文疏釋之甚詳,其説近川,正據馬質注"蠶爲龍精"釋云。然則以龍是水物,故近川爲之,取其氣勢也,與禮疏有典俗之判,其釋他語亦較精核。案:如釋築宮謂築蠶宮之院牆,較《祭義》疏謂"築養蠶宮"語殊精確,蓋此宮字,當如《爾雅·釋山》"大山宮,小山之宫院牆"之説得之。此由諸疏非定於一手,且各本舊説者爲多,《詩》此篇疏,當即仍二劉舊説。《禮》此節疏,或仍皇氏説,或冲遠等爲之,其説遂抵牾不合。蒙以彼疏説近川爲近理,因更爲申足之。

若朱子《詩集傳》,《采蘩》下引"或説蘩,所以生蠶",案:此本《七月》傳爲説,其實蘩有水陸兩種之别。即以是詩爲親蠶之禮。申之者或據沼沚爲近川之證,陳氏《毛詩稽古編》及馬瑞辰《傳箋通釋》辨蘩種甚憭。蒙謂即不必辨彼説,而蘩止生蠶時一用之,非常以之供蠶者,取此細便而近川,與疏家所見正同,而更不如浴種之説爲易直矣。一孔之見,誣經之語,烏足述也。或又鈔俗間蠶桑書,附會近川,刺刺不休,未足當一噱矣。

《表記》子言之説

王有德

《小戴禮·表記》一篇,稱"子言之"者八,其餘皆稱"子曰",而首章即稱"子言之",又與《坊記》《緇衣》二篇同。《表記》孔疏云:稱子言之,凡有八所。皇氏云:皆是發端起義,事之頭首,記者詳之,故稱子言之。陳氏《集説》引方氏説以爲稱子言之者,皆總其大同之略。方氏以大同小異,爲子言之與子曰之辯,説蓋未確。皇氏之説,冲遠《緇衣》疏本其意,而謂爲篇首宜異,即《坊記》疏所謂諸章之首一篇總要,故重之之意。然《表記》中間亦屢稱子言之,則皇、孔之説終不可通矣。

竊謂子言之,猶《坊記》所稱子云也,王厚齋云:《坊記》引《論語》曰"三年無改於父之道",《論語》成於夫子之門人,則《記》所謂"子云"者,非夫子之言也。厚齋以子云非孔子之言,良是,而未指子爲何人。愚則謂《表記》及《坊記》《緇衣》所稱子言之與子云以異乎子曰者,皆子思之言也。考《漢·藝文志》子思二十三篇,《隋唐志》子思子七卷,沈約謂《禮記·中庸》《表記》《坊記》《緇衣》,皆取子思子,據此,則《表記》及《坊記》《緇衣》皆子思子之書。但《中庸》乃子思所自作,故其所稱子曰,皆爲孔子之言。《表記》《緇衣》等篇,則子思之門人所記,所稱"子曰"亦皆謂孔子,與《中庸》一例,其有子思之言,則必特稱子言之,或稱子云以别之。是以《表記》篇首,冠以子言之,《坊記》《緇衣》亦皆冠以子言之,明其爲子思子之書也。

　　其餘子思所述孔子之言,門人所聞於子思子者,則稱子曰,如《表記》《緇衣》中所稱子曰,皆是。何以證之,請即以《表記》證之。如子曰虞夏之道章,子曰虞夏之質章,一論虞夏殷周之道,一論其文質,皆子思述孔子之言,其下,子思因孔子之言,而歎虞帝爲弗可及,則特稱子言之以別之。此子言之爲子思之言之明證也。難者曰:《表記》首稱子言之歸乎,即《論語》之歸與,鄭注明謂孔子厭倦之辭,安得以子言之爲子思子之言而孰知否否。《論語》之歸與,歸與乃孔子困於陳而思歸也,《表記》之歸乎,則子思困於宋而思歸也。《史記》云嘗困于宋,子思作《中庸》,故其言曰:君子隱而顯,不矜而莊,不厲而威,不言而信,與《中庸》“不動而敬,不言而信”之意合。蓋子思作《中庸》既畢,而有思歸之歎也。《表記》子言之,其爲子思之言又明甚,不然孔子在陳有思歸之歎,而謂子思在宋獨不有思歸之歎也,其可乎? 愚故謂《表記》及《坊記》《緇衣》所稱子言之,皆子思之言也。舊說皆未可從,不得不特爲之説。

《燕義》宰夫解
繆　楷

　　《燕義》使宰夫爲獻主,注:“宰夫,主膳食之官也,天子使膳宰爲主人。”按:《燕禮》云:“膳宰具官饌于寢東。”注:“膳宰,天子曰膳夫。”又云:“主人亦升自西階。”注:“主人,宰夫也。宰夫,太宰之屬,掌賓客之獻飲食者也。”“天子,膳夫爲獻主。”《聘禮·記》云:“燕則宰夫獻。”注:“爲主人代公獻。”《燕義》所以釋《燕禮》,與《聘禮·記》所言合,故鄭據之以注《燕禮》,釋主人爲宰夫,以別于上文具官饌之膳宰,明諸侯燕以宰夫爲主人,與天子燕以膳宰爲主人,其禮異也。《周禮》宰夫,下大夫四人,上士八人,中士十有六人,其職云:“凡朝覲、會同、賓客,以牢禮之法掌其牢禮,委積、膳獻、飲食、賓獻之飧牽與其陳數。”又,膳夫,上士二人,中士四人,下士八人,其職云:“王燕飲酒,則爲獻主。”諸侯之官,每降天子一等。天子之宰夫爲下大夫,則諸侯之宰夫爲上士。天子之膳夫爲上士,則諸侯之膳夫爲中士。天子以膳夫爲主，其等爲上士；諸侯以宰夫爲主，其等亦爲上士。《儀禮》《燕禮》所紀爲諸侯之禮，《燕義》釋《燕禮》云"使宰夫爲獻主"，正釋《燕禮》獻賓之主人也。《經》文及鄭注分晰憭然，固無可疑。

自吳氏廷華《儀禮章句》誤會《周禮》"天子之燕，以膳夫爲主"，解《燕禮》之主人爲膳夫，胡氏匡衷《儀禮釋官》遂據陸氏《釋文》"使宰夫"本亦作"使膳夫"，及《文王世子》"公與族燕，膳宰爲主人"之文，以疑《燕義》之宰夫本作膳夫，《聘禮·記》之宰夫、《燕禮》之主人當爲膳宰。胡氏培翬《儀禮正義》承其誤。不知春秋以後，所記之書宰夫、膳夫、膳宰，皆相通稱，不得拘泥誤混。《左·宣二年傳》："宰夫胹熊蹯不熟。"《公羊傳》云："膳宰胹熊蹯不熟。"《左·昭九年傳》："膳宰屠蒯。"《檀弓》則云："蕢也，宰夫也。"《國語》"膳宰不致餼"注云"膳宰掌賓客之牢禮"，即《周禮·宰夫》職文。《周禮》膳夫："王燕飲酒，則爲獻主。"而鄭注《燕義》則云"天子使膳宰爲主人"。又《左傳》所言"宰夫解黿，宰夫和之"，皆膳夫之事，非宰夫之職。是宰夫、膳夫、膳宰，皆相通稱也。而《燕義》之以宰夫爲獻主，固可循釋《儀禮》文而定者。《燕禮》云"膳宰具官饌於寢東"，下云"主人亦升，自西階下"，又云"膳宰薦脯醢""膳宰設折俎""膳宰贊授肺"，膳宰與主人並言，則主人非膳宰可知。《公食大夫禮》以公爲主人，故宰夫具饌于東房，公設醯醢及飯粱，皆宰夫授之，豆羹、鉶芼、黍稷之簋，皆宰夫設之。蓋食禮重於燕禮，故公爲主人，而使膳官之尊者宰夫，具饌于東房。燕禮輕於食禮，故宰夫爲主人，而使卑於宰夫之膳宰，具饌于寢東。然則燕禮之主人爲宰夫，猶食禮之主人爲公也。燕禮之具饌爲膳宰，猶食禮之具饌爲宰夫也。《燕禮》膳宰之薦脯醢，設折俎，贊授肺，猶《食禮》宰夫之授醯醢、飯粱，設豆羹、鉶芼、黍稷之簋也。食禮之主人，非具饌及授醯醢，設豆鉶、飯簋之宰夫爲之，安見燕禮之主人爲具饌及設薦俎之膳宰爲之乎？夫既非膳宰爲之，則非《燕義》所言宰夫之説是從而何從？乃説者欲改《燕義》之説，解《燕禮》之主人爲膳宰，遂將《經》文設薦俎之兩膳宰，指爲宰胥。吳氏廷華説。又謂諸侯膳夫，當中士二人爲之長，一爲主人，而一仍供職。胡氏匡衷説。按之經文，皆扞格不可通，真所謂遁辭知其所窮矣。然則《燕義》之宰夫，正《燕禮》主人之確解，鄭君作注，未嘗有異説。後之人乃紛紛然爭欲易其説，何哉？

漢儒編輯《禮記》自大小二戴外復有幾家，試詳考之

潘昌煦

　　《禮記》之傳，以大小二戴爲最著。二戴外復有一家曰慶普，普與二戴同師后蒼，傳今文《禮》。《漢·儒林傳》后蒼曲臺記授聞人通漢及二戴、慶普，由是禮有大戴、小戴、慶氏之學。《六藝論》云戴德傳《禮》八十五篇，戴聖傳《禮》四十九篇，慶氏所傳《禮》各書並未詳其篇目。考《後漢·儒林傳》曹充習慶氏學，傳其子褒，褒傳《禮記》四十九篇，慶氏學遂行于世。則慶氏編輯《禮記》篇數與小戴同，其文自有出入。此慶普一家與二戴同時，皆傳今文《禮》。

　　而編輯《禮記》者也，其編古文《禮記》者二戴外，復有二家，一曰河間獻王，《漢書·景十三王傳》云獻王所得書皆古文先秦舊書《周官》《尚書》《禮》《禮記》。劉向《別錄》云古文《記》二百四篇。《六藝論》云後得孔氏壁中河間獻王古文《禮》五十六篇，《記》百三十一篇，則獻王所得《禮記》乃古文《記》，與二戴《禮記》有別。《志》云獻王好儒，與毛生等共采《周官》及諸子言樂事者以作《樂記》，其內史丞王定傳之，以授常山王禹。禹成帝時獻二十四卷《記》，劉向校書得《樂記》二十三篇，與禹不同，則其所輯《禮記》異於二戴可知。《禮樂志》稱河間獻王采禮樂古事，稍稍增輯至五百餘篇，其篇名可考者有《樂元》，語見《食貨志》注；有《古辟雍記》，見《後漢·張純傳》。此河間獻王一家編輯古文《禮》記而在二戴外者也。一曰劉向。向所校書著爲《別錄》，其編輯《禮記》各以類聚，有《制度子法》《世子法》《吉事》《吉禮》《喪服》《祭祀通論》《明堂陰陽》《樂記》諸目，具見鄭君《目錄》。若《曲禮》《王制》《禮器》《少儀》《深衣》屬制度，《內則》屬子法，《文王世子》屬世子法，《投壺》屬吉禮，《月令》《明堂位》屬明堂陰陽，歷歷可考。據此，則向所編輯與二戴迴別。《別錄》云“古文《記》二百四篇”，篇數既異，而《喪服四制》，鄭《目錄》云：“此於《別錄》，舊說屬喪服。”正義曰：“《別錄》無《喪服四制》之文，唯舊說稱此喪服之篇屬喪服。”然則劉向所見古文，但稱喪服，無四制二字，是其篇名又異也。此劉向一家，亦輯古文禮記，而在二

戴外者也。

其餘若叔孫通編輯《儀禮》十六篇，與《漢儀》十二篇異。《漢儀》見《曹褒傳》，《儀禮》十六篇見王充《論衡》，此與十七篇迴異，蓋本謂之《禮記》者也。張揖上《廣雅表》，云：“周公制禮，著《爾雅》一篇，爰暨帝劉。”魯人叔孫通撰置《禮記》，文不違古。然則《記》有《爾雅》，不始于大戴，叔孫輯《禮》，已置《記》中。玩張表撰置二字，可見此通輯《禮記》之明證。若景鸞亦輯《禮記》，《後漢·儒林傳》云：“鸞，字漢伯，撰《禮內外記》，號曰《禮略》。”其書雖不傳，而其名既異，其異於二戴又可知。

若盧植爲《禮記解詁》，名見《東漢會要》十二。頗有分合。《舊唐書·元行冲傳》著《釋疑》，曰：“小戴之禮，行於漢末，馬融注之，時所未睹，盧植分合二十九篇而爲説解，代不傳習。”《新唐書·儒學傳》下云：“《小戴禮》行於漢末，馬融爲傳，盧植合二十九篇，而爲之解，世所不傳。”與范書《盧植傳》植上書所云“少從馬融受古學，頗知今之《禮記》特多回穴，敢率愚淺，爲之解詁。考《禮記》失得，庶裁定聖典”云云，情事正合。則盧植編輯《禮記》，本諸馬融，而其篇數又異于小戴者矣。若孫炎改編《舊記》，以類相比，見《唐會要》。元行冲《釋疑》曰：“鄭學之徒有孫炎者，雖扶元義，乃易前編。”《舊唐書·元行冲傳》。張説又言：“戴聖所錄，向已千載，與經並立，不可罷。魏孫炎始因舊書摘類相比。”《新唐書·儒學傳》下：“《舊書》云：‘至魏孫炎始改舊本，以類相比。’”然則孫炎生當漢季，雖傳鄭學，而改易篇第，實不同於戴記。

蓋自盧植創爲分合，而炎復繼之，初不自炎始也。是則叔孫通、景鸞二家，亦皆編輯《禮記》而在大小二戴外者也。而盧植、孫炎二家，雖不離乎小戴，而重爲編輯，亦不囿於二戴者也。合前今文一家，古文二家，二戴之外，凡有七家，而馬融足《月令》《明堂位》《樂記》三篇。《隋志》之不足信者，不與焉。

卿大夫朝君與朝其私臣二者孰先

林之祺

卿大夫朝君、朝私臣先後，最滋疑議。竊謂朝君在先也。《記·玉藻》

言："朝辨色，始入，君日出而視之。"《詩》言雞鳴、朝盈，《傳》謂"朝盈而君作"，即《記》之"辨色始入"。《詩》又言東方明、朝既昌，《傳》謂"朝已昌盛，則君聽朝"，即《記》之"君日出而視之"。孟子謂朝，將視朝，知辨色，入朝，朝盈，君作，日出視朝，朝政無先於此者。《魯語》敘卿大夫之事，謂朝考其職，蓋即此時。

　　而《記》傳文有可疑者，是當舉而辨之。其一，《玉藻》"出揖私朝，登車有光"，鄭謂揖其臣乃行，似是先朝私臣後朝君之證。不知辨色始入，《記》已著其常朝之禮。此以將適公所題事，而云"宿齋戒，居外寢，沐浴"，乃孔子"沐浴朝君，請討"之類，《禮》文爲特事而發。《玉藻》以其別於常朝之禮，故特記之。若每日常朝，而必責其齋居外寢沐浴，揆之於理，情事皆乖。且其揖私朝，乃因將適公所出而便及，非爲朝私臣而出，甚明，是無可疑也。其一，《左氏·襄三十年傳》謂："鄭伯有夜飲酒，朝至未已，既而朝。"杜謂既而朝，是朝鄭君。傳敘於朝至未已後，似亦爲後朝君之證。然伯有爲長夜之飲，庚子奔雍梁，後醒而後知必已失常朝辨色之時。朝者，意其朝君歸，故至。伯有既未朝君，又不得先朝私臣，故傳謂朝者，皆自朝布路而罷，私臣既罷，伯有始朝鄭君，故《傳》云既而朝，不得爲後朝君之證，亦無可疑也。其一，《論語》冉子退朝，子曰何晏也？似是家臣之退，當在大夫朝君辨色之先，故子問退朝之晏。近方觀旭說。然《晉語》言范文子暮退於朝，武子曰：何暮也？與子問冉子正同。是晏退有問，雖公朝亦然，不必定在私朝。周生烈謂罷朝於魯君，鄭謂朝於季氏之私朝，無以知鄭之必是，周之定非，是又無可疑也。

　　釋此三疑，試徵三證。《左氏·宣二年傳》晉靈公不君，宣子驟諫，公使鉏麑賊之。晨往，寢門闢矣，盛服將朝，尚早，坐而假寐。夫卿以下二朝皆在寢門之外，如辨色之先欲視私朝，何待向晨而寢門始闢，又何得因尚早而假寐以須？其證一也。《魯語》公父文伯之母如季氏康子在其朝，與之言不應，考公父文伯之母，康子往焉，闔門而與之言，仲尼以爲別於男女之禮，如視家朝，在朝君辨色之先，則是夜尚未央，公父文伯之母，婦人知禮者也，不應於斯時而至，可知視私朝必在退公朝之後。其證二也。《魯語》言卿大夫之職，云朝考其職，晝講其庶政，夕序其業，夜庀其家事，而後即安。安，即《詩》"乃安斯寢"之安，夜庀家事而即安，必至明之朝，而後有考其職事，如未辨色，又起視私朝，何以云夜庀其家事，而後即安邪？云夜而後即安，則是夜必無視私朝事也。其證三也。有此三證，則卿大夫之先朝君而後朝其私臣，亦何疑？

王享諸侯有無車迎辨
林之祺

王享諸侯，或説有車迎法，或説無車迎法，各持一説，莫有折中。考《周官》齊僕，掌馭金路以賓，朝覲、宗遇、饗食，皆乘金路。其法儀，各以其等爲車送迎之節。賈疏謂此因朝覲、宗遇而與諸侯行饗食在廟，有乘金路迎賓客之法。知者，覲禮載在《禮經》，覲享時並無迎賓之禮，則此覲與饗食連舉，必謂覲時饗食之禮有然，以此例推朝、宗遇，皆當饗食有迎，朝享無迎，可知矣。舊解有曰：諸侯秋冬來覲主嚴，春夏來朝主和，故覲禮不云車迎，而春之朝享自有車迎之法，此崔靈恩説，孔仲達《曲禮》疏取之者也。有曰春夏朝時無迎法，享時自有迎諸侯禮，此熊安生説，孔疏亦取之，賈公彦又據以疏《周官》大行人者也。蒙謂天子車迎諸侯禮，書無其文。享諸侯時，有迎法，鄭君亦無是説。竊據三説以明之。

一、四時朝覲，分寬嚴二法。覲享一受諸廟朝享，又分廟與朝，此固鄭君之誤，前人已有定論。古之朝覲，一受之於廟，朱仲鈞有説辨之。覲爲秋朝之專名，亦得爲四時朝君之通稱。金誠齋有《覲考》辨之。《郊特牲》所謂覲不下堂，未必專指秋朝，而朝禮獨嚴秋冬也。金誠齋有説正之。即就齊僕饗食迎法，四時皆車迎，無偏重覲之，則《禮經》覲得爲四時通禮自明。以覲禮享法例春夏享法，則享無車迎之義亦明。此欲明享時無迎法，當知朝覲無輕重之別也。一參輕重之見四時饗食迎法，明見《周官》孔仲達《毛詩·蓼蕭》疏，偏謂秋冬燕見，無出迎之法，可謂緪弛紕繆。

一、天子車迎之制，齊僕以外，無見文。鄭君以司儀諸公相賓交擯之後，有車逆拜辱之文。大行人諸侯朝王亦交擯，故知王之車迎亦在交擯之後。交擯時諸公等有朝位，故知朝位即天子車迎之節。此禮闕無徵，因以侯國之禮推見王禮，非可盡以王禮下同侯國之儀也。倘誤會鄭恉，則司儀交擯，而車逆郊勞致館，訖於饗食，皆同。如王朝諸侯盡同此禮，是不待享始車迎，初至朝時，已當車迎矣，豈此禮乎？陳祥道即誤會金誠齋，亦疑鄭。賈疏之誤不至此極者，以《大行人》注有"朝先享"，不言"朝"者，朝正禮不嫌有等也之說，故從享始牽入交擯車迎之禮。殊不知大行人所載，即如鄭說不言朝，實猶未然。所言亦非止享也。蒙謂朝位之節，交擯之迎，鄭君正指饗食而言耳。知者《詩·蓼蕭》箋：諸侯燕見天子，天子必乘車迎於門。此詩燕笑，疏謂王與燕飲燕見，即統燕飲而言，燕與饗散文並通，饗食車迎，鄭君正以禮箋詩，學者亦可就彼詩箋以明禮注所指也。此欲明享禮無迎法，又當知注云交擯車迎，固指饗食也。

一、享無迎法，經、注所同固已。又有據《白虎通·王者不臣篇》，朝則迎之於著，覜則待之於阼階，以徵迎著即享之迎法。然覜迎阼階，非覜禮所載，班氏當指其饗食之迎，故下云爲庭燎，即《燕禮》甸人執大燭于庭之類。云設九賓享禮，陳疏證云當爲九食饗禮，即大行人上公饗禮九獻，食禮九舉之類。待階既指饗食，則迎著亦非指享時可知也。況班氏所言，不合車迎之節，聊存異聞，無足證經。此欲明享禮無迎法，又當知漢師並無異說，無可附會也。

三說既昭，蒙故直斷王享諸侯必無車迎之法。

五年再相朝解

孫　儆

文十五年夏，曹伯來朝。《左傳》云諸侯五年再相朝，以修王命，古之制也。左氏之意，蓋謂十一年曹伯來朝，至此來朝，恰當五年，故謂五年再相朝也。《書·舜典》云：五載一巡守，群后四朝。四朝者，謂舜時分諸侯爲四部，四歲而遍合。巡守之年，爲五年一朝。蓋此四朝在王不巡守之年，故前後相去正得五年，而諸侯亦於朝天子之時，相朝諸侯，故前後相去亦五年，此再朝之說所由來也。

謹案：五年再相朝，賈侍中、鄭君、何邵公皆有説，統三説觀之，當以何説爲正，賈、鄭各備一義。《魯語》曹劌云先王制諸侯，使五年四王一相朝。賈侍中注云一相朝者，將朝天子，先相朝也。謂將修王命以朝天子，先自相朝以講禮。蓋即釋五年再相朝之義，於《魯語》似添説，而賈以歲聘爲五年四聘，間朝爲五年一相朝，實融會内、外傳而言。五年之中，一朝天子，一自相朝，此賈義也。《鄭志》云夏殷之時，天子六年一巡守，諸侯間而朝天子，其不朝者，朝罷，朝，五年再朝，似如此制。鄭意謂王畿之外，四服諸侯分四年朝，其不朝，諸侯朝於罷朝之年，是諸侯五年中有再相朝也。五年之中，一朝正朝，一朝罷朝，此鄭義也。説者謂賈、鄭皆主朝天子立言。《左傳》曹伯來朝，明屬諸侯之制，説似難據，但賈注《左傳》今已散亡，賴有此注之存，可通《左傳》鄭君朝罷朝之説。一見於《公羊》何注，見隱四年注。雖解義各異，當是古語可知，則存賈、鄭之説，謂各備一義可也。何以云何説爲正也？

僖十五年，公如齊，《公羊》何注云："又合古五年一朝之義，故録之。"何意以爲古者諸侯五年一朝天子，其諸侯朝諸侯亦然，故上十年公如齊，此復如齊，是合古五年之數也。至宣九年，公如齊，何又注云：善宣公事齊，合古禮，五年再朝，近得正。謂合古禮者，即合古五年一朝之禮也。謂五年再朝近得正者，蓋上五年春如齊，今九年春又如齊，乃在五年中，不得正盡五年，故曰近得正也。然則左氏所云再相朝者，蓋連首尾數之也，亦即何注近得正之説也。雖《公羊》例與左氏不合，但禮有可參者，則從而參之。僖十五年與宣九年，《公羊》皆無傳，觀何氏注，固與《左傳》再朝之説同也，此愚以何説爲正者也。若杜氏以爲三年一朝，五年再朝，遂以曹伯十一年朝，十五年朝，謂有愆期之嫌，既失左意；又孔疏申鄭，以爲朝罷朝諸侯，分爲五部，謂五年内各一朝，亦失鄭旨，皆無容辨。

氏族先後辨

金　鉽

孔氏《春秋正義》曰："族者，屬也，與其子孫共相連屬，其旁支别屬則各自立氏。"此族分爲氏，族先而氏後之説也。近毛西河《春秋傳經問》兩書獨言氏分爲族，氏先而族後。

蒙案：毛説意在與古人爲難，乃不經之言，即孔説亦於經典無確證。其實氏族無所謂先後也。孔疏引《禮記·大傳》"庶姓別於上，而戚單於下"之語，以爲子孫當別氏之證，不知《大傳》是論親屬之服，非論氏族也。近鎮海姚氏嘗辨庶姓二句，以爲小宗六世之後，一本相承，有遷宗而無易氏。若如孔疏各自立氏之説，天下豈有無祖之人哉。觀此可知孔氏引《大傳》之非。孔疏又引杜氏《釋例》"別而稱之謂之氏，合而言之則曰族"之語，舉戴族之華氏、桓族之向氏爲證。案：戴族有樂氏而《哀公二十六年傳》稱樂氏爲戴氏。桓族有魚向鱗蕩氏，而成公十五年傳，魚府、魚石均自稱桓氏。向魋則遂氏曰："桓魋安得謂戴桓其族，華向其氏乎？"西河改孔義，而言尤不足信。其引《文公十八年傳》高陽氏有十六族之語，而謂此氏分爲族之證。案：高陽氏之氏，與陶唐氏、有虞氏之氏同。先儒舊説及譙周《考史》，皆言此國氏土地之號。非氏族之氏，所謂十六族者，十六人耳，孔疏此十六人耳，考《昭公五年傳》云羊舌四族，皆彊家也。杜注亦以四族爲四人。亦非氏族之族也。其引《昭公二年傳》"叔向之宗十一族，惟羊舌氏在"之語，而謂此由氏而族之證。案：杜注同。祖爲宗世族譜，云羊舌氏，晉之公族也，據此，則叔向本公族與叔向同出一公者有十一族也，羊舌氏亦在此十一族中，安得謂由氏而族乎？

今考古書氏族義，本互通，《春秋》無駭卒，《傳》羽父爲之請族，而公命爲展氏。會於召陵，《傳》言殷民六族即列六氏之目，言殷民七族即列七氏之目。盟於寧母，《傳》子華言沈氏、孔氏、子人氏三族，上析言三氏，下合言三族。晉悼即位，《傳》注程、鄭，荀氏別族。宋司城作亂，《傳》武氏之族。宋司城來奔，《傳》戴氏之族。柏舉之戰，《傳》伯氏之族。皆氏族連舉，無所分別。《戰國策》甘茂曰："昔者，有與曾子同名族者。"族即氏也。智果別族於太史爲輔氏，上言族，下言氏。鄭玄駁許慎《五經異義》曰：天子命氏，諸侯命族，族者氏之別名也。《春秋正義》引劉炫曰：各有大功，皆賜氏族，故稱族。由此觀之，氏族焉有先後之分哉。

氏族先後辨

吳　朓

古之時，天子建德，因生賜姓，一姓之後，族類繁庶，于是乎有氏。列國諸侯，天子胙土。命之諸侯之卿大夫，以字，以謚，以官，以邑。有大功德者，諸侯賜之。亦有以事氏，以技氏，自氏其王父字之類，不待賜而稱者，則又一例也。支派代分，各聚其所親，則族立。族立而名，有以統之，則氏著。氏族相附，本歸一致。如羽父請族，魯公命之以氏，此即氏族互稱之證也。

或曰：是説也，固以爲氏族無先後可言也。然毛氏奇齡之言曰：魯與鄭皆姬姓，魯桓之子分爲三桓，鄭穆之子分爲七穆，三桓七穆又分而爲子服游氏之屬，則自姓而氏，自氏而族，不可倒置也。答曰：是雖文字之巧合，實未之詳審也。氏族合一，豈有遞變之理。三桓爲氏，子服爲族，各舉一端，以便置喙。如子服之族後更分之，其詞不竟窮乎？抑又曰：此自族而分乎？使之自問，猶當失笑。

或又謂毛氏又云姓分爲族者，彼徒以子服游氏之總皆桓、穆之族，不知桓、穆者，族之總稱，非族之分稱也。答曰：氏族遞分之説，孔疏無之。王百朋誤會其意，遂以啓毛氏一分再分之陋，殊不知孔氏引《釋例》者，正以分合爲氏族互稱之據。乃若《釋例》以合言族即爲族先之證，恐其病己，故以爲族之名，當屬其分，不屬其總，將以難孔也。然拘虛之見，自取周章。毛氏知桓、穆之爲總矣，不知姬之一姓，爲桓爲穆，已分之顯然也。后稷而下，皆當言分；子服而上，皆可言總。總之爲一大族，分之爲數小族。族既分於前，氏即加于後。如此，則總與分之間，曷爲而遂有一分爲氏、再分爲族以言其總，則族不當屬之別，不亦可笑之甚乎？

或又謂毛氏又云：傳稱高陽氏有十六族，人元、人愷，分屬高陽、高辛二氏，今未暇別駁，姑仍之。夫高陽一氏而十六族分焉，非氏之分爲族乎？答曰：以文字論，則高陽氏居上，十六族系之，確然由氏而族也，此毛氏知之也。以情理論，則高陽自有其族十六，族皆可有氏傳。或云高陽氏之族有十六氏焉，然則遂指曰此由族而氏之證也，可乎？亦不可也，此毛氏未之知也。蓋拘文牽誼，猶是向之見耳。

　　善乎鄭君之説，曰族者氏之別名也。謂之爲別名，則氏族相附之理，不待曲暢其説而後明矣。蒙故推本鄭意，深闢毛氏强分先後之非焉。

克字儀父説

程　鑛

　　古人名、字每相應。邾子克字儀父，見《左·隱元年傳》，而桓十八年之周王子克，僖二十五年之楚鬭克，哀十七年之宋桓司馬之臣克，則皆字子儀。然父爲丈夫之顯稱，見《穀梁》隱元年傳。子亦爲男子之媺稱，見《雜記》“吾子不見大饗乎”疏。固無它異説。而克與儀相應，則其説人人殊。錢氏大昕謂儀與義通，《易》利物足以和義，義訓和。《春秋傳》師克在和，故克之字曰儀父，曰子儀。然師克在和，非即以和訓克也，若取其誼相連屬，則何不竟曰和父，而必取訓和之義以爲字，恐古人命意不如是之紆，而又不字以義，字以通假之儀，不紆之又紆乎？至訓和，非義之正誼，利物足以和義，若訓義爲和，是利物足以和和矣，豈復成詞？更無論矣。此錢氏之説之不足信也。王氏引之謂克與刻通，儀讀如娑，儀之言疏刻也，儀爲疏刻，故名刻字子儀。然疏刻爲儀之借誼，非其本訓。而名克字儀，如此之多，豈必取犧奠獻豆，輾轉通假爲義乎？此王氏之説之不足信也。

　　惟俞太史樾以《爾雅·釋言》克訓能，《釋詁》儀訓善，謂善與能同誼。而又引荀子《勸學篇》楊注及《廣雅·釋言》、《老子》上篇“不尚賢”王注，以爲證其説最近。但俞取克字引申假借爲誼，似不若用其本義。《説文》克，肩也，其本義取克治其身。《論語》克己之克，用本義也。《左氏·昭公十二年傳》：左史倚相，爲楚王誦祈招之詩，曰：“祈招之愔愔，式昭德音，思我王度，式如玉，式如金。”“王揖而入，饋不食，寢不寐，數日不能自克，以及於難。”此克字亦用本義，謂楚靈王不能自治其度，而終辱於乾谿也。仲尼曰：“古也有志，克己復禮，仁也，信善哉。”式昭德音謂之克己，思我王度謂之復禮，克己復禮之言出於古志，其相傳已久矣。故時人克字儀父，字子儀，儀即禮也，即所謂式玉式金之度也。《說文》：“儀，度也。”謂有儀之可象，亦不必定讀入聲。

申《論語》鄭注禘祭自血腥始義

范 蠡

《論語・八佾篇》：“禘自既灌而往者。”《禮記・禮器》正義及《周禮・天官・籩人》疏，引鄭注，云禘祭之禮自血腥始。疑之者以爲腥前有灌，不始於血腥。申之者以爲灌非禘禮，故鄭不數灌。蠡謂據《周官・大宗伯》文宗廟之祭分爲三等，一曰以肆獻祼享先王，二曰以饋食享先王，三曰以祠春禴夏嘗秋烝冬享先王。諸經傳所謂禘者，即肆獻祼之享也。肆獻祼之享，退，祼於肆獻下。鄭彼注云逆言之者，與下共文，明六享俱然。然則六享皆有祼明矣。六享之禮，皆自祼始，不獨禘祭爲然。故鄭不云自灌始，而云自血腥始耳。云自血腥始者，所以別時祭之自腥燔始。時祭亦有朝獻，始腥燔，不始血。非鄭不知祭腥前有灌，亦非鄭以灌非禘禮，故不數也。疑者固謬，申亦未的。如所疑言，何以《大宗伯》注，明云祭必先灌而後薦腥乎？如所申言，則鄭君將以既灌前爲何禮乎？此皆不得其說而爲之詞也。然則奚以知肆獻祼之享即禘禮也。曰：《大宗伯》記禘祫之享，云肆獻祼。彼注云獻謂薦血腥也。鄭君兩注，文義俱合，可謂信據。但彼注解肆，云進所解牲體，謂薦熟食也。

蠡案：經首言肆者，別詞也。其祭亦謂之肆享，禘曰肆獻，與祫曰饋食，爲互文。肆與獻不能判爲二節，猶饋與食之不能分爲二禮也。凡用牲之節，毛血一類，腥肆一類，燔胉一類。腥爲未肆之肉，肆爲已解之腥，腥肆一類，故《郊特牲》言腥肆燔胉，祭神之所饗也。渾言之，腥可賅肆，《郊特牲》所謂大饗腥是也。肆亦可兼腥，《大司徒》“羞其肆小子”，羞，羊肆是也。鄭知《大宗伯》之肆獻即肆腥，故以薦腥訓獻，而以進所解牲體訓肆，誠不易之達詁。惟又以肆爲薦熟之祭者，鄭意肆、獻、祼三文，逆言肆宜在腥後，用牲之序，肆亦在腥後，如《郊特牲》言腥肆，是故鄭以爲薦熟食，謂此所解之牲體，將燔胉而薦之，非謂進所解牲體即薦熟之謂也。其句例正與注獻字同。獻訓獻醴,謂薦血腥也。血腥非即醴,則所解牲體非即熟食可知矣。不然,鄭君邃於禮,而薦腥薦熟之節,猶不能別白言之,其誰敢信之哉?以鄭八佾注,與大宗伯注文義同,故並申言之如右。

《論語》子罕言子所雅言解

陳銘荃

"子罕言",《集解》云:"罕,希也。""子所雅言",《集解》引孔曰:"雅言,正言也。"近儒泥"罕,希"之説,遂謂利字屬上讀,命仁乃許與人言之。阮文達云:"利、命、仁,子皆言之,罕言者,難言之也。"説較可通。然訓罕爲難,又無確據。至雅言者,近儒又泥鄭君"正言其音"之説,遂謂如今之講官話,俱覺拘牽難通。

蒙案:《史記·周本紀》云:"百夫荷罕,旗以先驅。"《玉篇》云:"罕,旌旗也。"《文選·東京賦》云:"罕,九斿。"薛注云:"罕,旌旗之別名也。"是罕字古有旌旗之名,即可於旌旗求罕字之義。《説文》㫃部:旌,所以精進士卒也。《釋名》亦云旌,精也,有精光也。段氏云旌、精,疊均,引伸爲表異之稱。又《周禮》掌舍"設旌門"注:"樹旌以表門。"《周語》:"故爲車服以旌之。"注:"旌,表也。"是旌有精、表二義,則"罕言"者,謂精詳表白而言之也。《説文》入网部,訓网,則又有"网羅義理而精詳表白言之"之意也。雅言者,正言也。孔注本無可易。案:《説文》疋字,古文,以爲《詩·大雅》字。雅,各本作疋,茲從段本。《篇海》引作古文,《詩》以爲大雅字,誤。《爾雅·釋文》:雅,字亦作疋。桂氏《説文義證》云:"古文惟用疋字,爲《大雅》《小雅》之字。後世變古文爲隸古,又變隸古爲今文,遂各用他字或俗字以易之,而雅遂專爲《大雅》《小雅》之雅矣。"然則,雅本作疋,《説文》正字下云:"古文正,從一、足。"桂氏云:"足當爲疋。"則疋、正字義相通。雅言訓爲正言,斯爲精確。然竊又知夫子罕言、雅言之故矣。蓋以時至春秋,世衰道微,往往棄古訓而謀便利,故夫子必以利而精詳表白,言之極明,使天下知舍義不可言利,此見利思義,君子喻於義,小人喻於利之戒所由來也。彼禮樂已有先後進之分,恐詩書又有奸人改竄,以便己私,故必正其所不正,然後可以正人心，而爲天下萬世訓。如第解罕爲希少，則豈因夫子不言利，而人遂不圖利乎？解雅言爲正言其音，不過端其音聲，審其句讀耳，安足知記者大書特書之意乎？蒙竊謂罕言爲救世，雅言爲衛經，其實皆言教也，書法自是一例。

沽酒市脯解

吳 朓

《鄉黨》："沽酒市脯。"舊解，訓沽爲買，本于《漢書·食貨志》。《漢志》以酤之引申誼通沽，其字作酤，曰："酒酤在官，和旨便人。"即買之説也。然施諸《論語》之文，殊有不可通者。沽酒，孔子之所不食，解以爲不食買酒，情理殊有未協。後世創並耕之説者，自謂無所外求。素冠釜鐵尚不嫌適市而易，豈孔子聖人一飲之微必自取足，其不可通者一已。《漢志》以爲孔子之時，酒酤在民，惡薄不誠。夫惡薄者固不食，然叔世衰亂，不應僞物相售，竟同一轍，孔子亦不當偶見其惡薄者，遂并市中所買而概絶之也，其不可通者又一已。然則《論語》之文當從何解，曰：《漢志》榷酤之説，非《經》意，而沽酒爲惡薄之酒，其誼自古。《周禮·酒正》鄭注云："作酒既有米麴之數，又有功沽之巧。"疏以功沽爲善惡，此《論語》沽酒之正解也。且沽之訓惡，如《夏官·司兵》注"功沽上下"，疏："功謂善者，沽謂麤惡者。"《儀禮·喪服傳》"冠者沽功也"，注："沽猶麤也。"《禮記·檀弓》"宮中無相以爲沽也"，注："猶略也。"疏："沽，麤略也。"皆可互證。則沽酒爲麤惡之酒，有何疑哉？然或從《周官》之注而通其誼。于《詩》"無酒酤我"之酤，以爲酤酒一宿而成，汁滓相將，其麤略可知。此又不然。古五齊，惟澄、齊爲冬釀，三酒惟昔酒爲久酋，其餘皆臨事爲之，故《禮經》"于卜日得吉，有命爲酒"之文，一宿之酤，禮所不廢，安得謂之惡酒乎？夫酒之美惡，不在久暫，有一宿而善者，亦有久酋而未必善者矣。必謂一宿之酤皆惡酒，是亦不達于理也。然此厪失之鑿耳，視買之説盡失其本誼者，則優矣。

乃近又有持"沽，買"之説者，以爲沽訓功沽之沽，與市脯之市文義不對，此亦非也。案：市，舊注亦訓買。《漢書》曰："蜀民以賣脯連騎。"賣脯始見此。有賣者，即有買之者，是不必謂古無買脯之事也。顧脯必自昔，與不食買酒，同不近情。邢氏《正誼》以爲"脯不自作，不知何物之肉"，此說最劣。買物爲庖人之職，安有不知何物之肉，而可買以供者乎？

　　或又謂沽酒市脯，小人之食，故孔子惡之。夫朋游于市以取醉飽，無論孔子斷斷無之，即弟子亦不應以此窺測聖人，況孔子束脩以上未嘗無誨，豈燕見之奉，亦先問所自來，而後受之，其或得諸市中，即擲而棄之乎？無是理也。市字定爲譌文無疑。字譌爲市，市訓買，因以例沽。沽之訓乖，益無問市爲譌文矣。《論語後案》曰：市脯，古本當作胾脯，有骨之胏不可齧也，《易》噬乾胏，鄭君讀胏爲脺，馬氏讀胏爲肺，訓有骨之肉，此胾脯即《易》之乾胏。其誤爲市者，古市字與胾相似，字多混譌，如柿本作柹，隸書𣏾市不分，柹遂作柿，正其例也。

　　或曰：《周官》腊人，掌乾肉脯腊膴胖之事，鄭司農以膴爲膺肉，杜子春以爲夾脊肉，膺、脊肉皆有骨，則膴胖爲有骨之脯，而禮家用之，孔子何獨不食？曰：膴胖之説，當依後鄭之説爲正，膴爲腜肉大臠，胖爲脯之腥。鄭注既列先鄭、杜注于前，而必易其説者，正以有骨之脯，《論語》所云不食也，若據先鄭、杜注以相難，不亦愼乎？蓋祇知申舊注訓買之誼，不求義理之安，故于古人闕之已久者，復膠執以爲之説也。然泥古之人雖是非既晰，猶且惑于他解不能貼合。如訓"沽"者，知其不爲買，仍據《詩》"一宿酒"通之是也。凡皆不能察及聖人之意，是以一飲食之細，猶紛紛異説耳。

正名説

陳慶年

　　《記·祭法》云："黄帝正名百物。"正名之説尚矣。《大傳》論"屬乎父道""屬乎子道"之分而曰："名者，人治之大者也，可無愼乎？"然則名之大而宜正者，莫先於父子矣。《論語》曰："衛君待子而爲政，子將奚先？子曰：必也正名乎。"《史記·孔子世家》以爲是時衛輒父在外，不得立諸侯，數以爲讓云云，則《論語》所謂正名，謂蒯、輒父子之事也。《春秋·哀公二年》書"納衛世子于戚"，江熙、范寧等以蒯聵稱世子，則蒯聵當立。近全謝山、劉楚楨遂謂正名爲正世子之名。不思《春秋》之義，書"立、納、入"皆簒也。《穀梁傳》謂其"弗受以尊王父"者，以父不簒子，故與輒以王父之命還。蒯以世子之稱，以見蒯之簒父。其書世子者，非鄭世子忽反正之比，乃楚世子商臣弒其君之例，非以爲輒，乃所以治蒯蒯也。此穀梁子釋經之苦心。

雖然，穀梁子欲治蒯，遂許輒有不受之義，而納爲内不受之，例同于常文，是專治蒯也。專治蒯，則名不可正也。《公羊》于哀三年，齊國夏衛石、曼姑帥師圍戚，以爲曼姑之義可以爲輒拒蒯，此拒父之説也，謂可拒非也。子不可圍父，故不從邾人、宋人、鄭人、齊人之例。子不可有父，故不從宋彭城之例。此《論語》不爲衛君之意。公、穀乃專正蒯蒯，非所以正名也。然則，正名者何也？正蒯之不能得國也，正輒之不得拒父也。何言之？蒯欲弒母，義見絶於父。靈公之語公子郢曰"予無子"，則靈公不以蒯爲子也。公子郢之對夫人曰"亡人之子輒在"，目蒯蒯爲亡人，則固絶之於國也。自靈公償於雞澤之盟，叛晉連年，繼又謀救范、中行氏，並與趙氏結怨。執實父仇，蒯乃藉其勢以求入，衛人弗受也。況靈公以夏卒，蒯以六月入戚，父在殯，而倜然稱兵以圖復國，父死之謂何？又因以爲利。苟有人心者，則宜於此焉變矣，故曰正蒯之不能得國也。蒯者，靈公所不子，而輒不能不以爲父。夷齊兄弟交讓無怨，則以爲賢且仁，子與父爭國，則爲之深正其義。明父雖不父，子不可不子。父雖以戚事晉，子終當以衛事父。既不能舍國以逃，以從其父，則亦已矣，奈何以兵圍之乎？故曰正輒之不得拒父也。

夫輒不得拒父，輒將讓父乎？蒯不能得國者也，輒既讓之，將不聽其君衛乎？惟然聖人之所以正之者，又必有道矣。夫蒯必爭位於輒，與輒必不讓位於蒯，皆非名之正也。然輒私讓之，而蒯私受之，又非名之正也。斯時也，必告之天王，奉周天子之命，以平定衛難，則名正言順矣。天王明告蒯以不得立之義，使蒯不得不服，又名正言順矣。蒯不得有國，則宜有國者，非輒而誰？於是輒之君衛，亦名正言順矣。蒯知輒無拒父之心，而受迎養之奉，輒有父子之親，各相安於無事，而父子定矣。儆居先生曰：聖人以至誠相感，善處人骨肉之間，使輒就養而輒得立，輒不欺已死之父以爭國，輒不拒出亡之父而得位，此名之正所以可言可行也。斯言也，深得聖人之意者也，豈復有以易之哉？

釋《論語》太師摯適齊章義

李　達

《論語・微子篇》"太師摯適齊"章，解者有三説。孔安國注云：魯哀公時，禮樂崩壞，樂人皆去，此一説也。鄭康成云：周平王時人，見《漢書・人表》顏注引。按：鄭言平王，疑有誤字，説見後。此一説也。《漢書・古今人表》列太師摯等八人，于虢仲、虢叔之前，是班固以摯等爲殷紂時樂官，此又一説也。

蒙按：三説當以孔注爲長。近世劉楚楨《論語正義》曲從班説，謂此章之摯陽，即紂時奔周之太師疵、少師彊，摯疵、陽彊乃兩音相近之名，并據《白虎通義》"王者四食"引《論語》"亞飯"節文，謂班氏以此爲殷制，周則天子至士皆三飯，魯不得有四飯。又據毛氏奇齡説，齊、楚、蔡、秦殷時已有其國，以附會之。劉氏此言可謂辯矣。不知摯陽非即疵彊，《史記・殷本紀》云：殷之太師、少師，乃持其祭樂器奔周。又《周本紀》云：紂殺王子比干，囚箕子，太師疵、少師彊抱其樂器而奔周。兩《紀》並云奔周，與《論語》"適齊、楚等"文迥別。按：班書《人表》以摯等八人爲殷季樂官者，蓋誤合《論語》《史記》爲一事，然觀表中既列摯等于虢仲、虢叔之前，又列疵彊于尚父、畢公之後，是分摯、陽、疵、彊爲四人，班説已自相矛盾。後人猶謂摯即疵，陽即彊，真眯昧耳。齊、楚、蔡、秦亦非殷國。鄭君《詩譜》云：秦，隴西谷名。周孝王封非子爲附庸，邑之于秦谷。是周時未封非子以前，秦祇是谷名，安得殷時即有秦國。又《詩譜》云：周武王封太師呂望于齊，是謂齊。則齊爲國名，自太公始，太公以前不聞有齊國也。班固以摯等爲殷人，固屬臆説，而解亞飯、三飯、四飯尤爲紕謬。今欲定此章師摯等爲魯樂官，當先考亞飯、三飯、四飯之制。

天子諸侯每日止有朝、日中、夕三食，其文具見《戴記・玉藻》注。《玉藻》云：天子皮弁日視朝，遂以食，日中而餕，奏而食。諸侯朝服以食，特牲，三俎，祭肺，夕深衣，祭牢肉。鄭注云：天子言日中，諸侯言夕；天子言餕，諸侯言祭牢肉，互相挾，此天子諸侯每日三食之明證。而《論語》亞飯、三飯、四飯，當是一食中之儀節。人君平居燕食，止有四飯之禮。初飯爲正，食不侑。初飯後，亞飯、三飯、四飯，各一侑。始侑爲亞飯，再侑爲三飯，三侑爲四飯，合初飯數之而飯數有四，除初飯不侑而侑數止三。《大司樂》云：王大食三侑，明天子平居，燕食三侑而止，諸侯亦然。故魯侑食之官，止有亞飯、三飯、四飯，而無初飯也。或説魯自有初飯官，不記初飯者，留不去也。非是。何以知之？《玉藻》云："君未覆手，不敢飱。君既食，又飯飱，飯飱者，三飯也。"此據諸侯立文，故謂之君。唯君有齲裘，説者以爲君諸侯其證。飱，鄭注訓勸食，臣之勸食，與侑食禮數同。未覆手者，謂正食未畢。既食，謂卒正食。正食未畢，臣不敢勸，猶初飯不侑。正食卒後，飱之以三飯，謂三次勸之。此與《大司樂》"三侑"文，《論語》"亞飯"節，互相發明。《白虎通義》創爲天子四食之説，謂平旦食爲初飯，以《論語》亞飯當畫食，三飯當餔食，四飯當莫食。餔食之説，於經無徵。而據四食以解《論語》，尤失經恉。劉楚楨又謂四飯殷制，三飯周制，魯不得有四飯，其謬妄更不足辨矣。楚楨又引《儀禮·特牲》九飯，《少牢》十一飯。鄭注"諸侯十三飯，天子十五飯"，皆因侑更食之數，與《論語》義異。不知《特牲》《少牢》經注之九飯、十一飯、十三飯、十五飯，爲祭祀饗尸之數，《論語》之亞飯、三飯、四飯，爲平居侑食之數，何得據彼疑此，而謂四飯非魯制哉。知亞飯、三飯、四飯爲魯制，而干繚缺之爲魯樂官無疑。

　　且適齊之摯，爲魯之太師，有可以《論語》本經證者。《八佾篇》："子語魯太師樂。"《泰伯篇》："子曰師摯之始。"鄭注："師摯，魯太師之名。"據此，則本章之太師摯，即《泰伯篇》之師摯，亦即《八佾篇》之魯太師，何以言之？孔子語魯太師樂一事，《史記》述此文于哀公十一年，與"反魯，正樂，雅、頌得所"連文，蓋孔子以樂之翕、純、皦、繹，告師摯，適當正樂之時。雅、頌既已得所，又有知樂之師摯職主其事，故魯之奏樂有洋洋盈耳之盛。但《泰伯篇》孔子此言，當在師摯適齊之後，蓋諸伶去魯，不復聞盈耳之盛，因追憶往事，而云師摯之始也。此章去魯者八人，而《泰伯篇》第云師摯者，師摯爲樂官之長，舉一以概其餘耳。語太師樂在哀公時，太師適齊自在其後，則孔注以摯、干等爲魯哀公時人，其説誠確不可易。

　　至鄭注云平王時人，平王疑爲敬王之誤字。考魯定公元年，當周敬王十一年；哀公十七年，當周敬王四十二年。鄭注《泰伯篇》師摯爲魯太師之名，是鄭亦以太師摯爲魯哀公時人，其時周爲敬王，鄭豈有不知之理？據彼注而觀，則鄭注此章，當本作周敬王時人，與孔注雖異而實同，因敬、平音近，傳寫者遂誤敬王爲平王耳。

釋《論語》太師摯適齊章義
顧鴻闓

謹案：此章記諸伶去國，以明魯之所由衰，而考其官制與夫用樂之節次，猶可據此以補《禮經》之闕焉。侯國之有大師，見于《禮經》《春秋内外傳》及《戴記》，而爵命之數無見文。《周禮·春官》大師，下大夫；小師，上士。侯國官制例降天子一等，則大師當上士，小師當中士爲之。又考天子樂官，大師、小師之上，有大司樂與樂師。諸侯無此二官，而以大、小樂正，當天子之樂師。樂師與大司樂同官，其職尊于大師、小師，據鄭注《周禮·序官》以大司樂爲樂官之長，則大師、小師爲樂工之長可知。大師即此章之太師，小師即此章之少師，而或以太師、少師爲樂官之長，誤矣。

至亞飯、三飯、四飯諸名，解者或據《白虎通義》天子四食，以爲此言天子侑食之制。或云魯自有四飯，不記初飯者，初飯留不去也。或云初飯不侑，故無其官。愚謂後説得之。考諸經飯數之文義各有指，有祭祀饗尸之飯數，如《特牲》《少牢禮》之九飯、十一飯是也。有禮食告飽之飯數，如《公食禮》及《曲禮》之三飯是也。有燕食勸飧之飯數，如《玉藻》之飯飧三飯是也。有平居侑樂之飯數，即此章之亞飯、三飯、四飯是也。此章所陳，固迥別于饗尸、告飽二禮，而與《玉藻》燕食勸飧之禮則同。《玉藻》云："君既食，又飯飧，飯飧者三飯也。"鄭注以飧爲勸食，據《周禮》以樂侑食之文推之，則知天子、諸侯每飯侑食之樂，以三爲節，故大司樂，王大食則三侑。三侑者，謂一食之中而三侑之也。一食三侑，而此有四飯之文者何？按：《玉藻》于君既食之，先著之曰：君未覆手，不敢飧。言君初飯未畢，臣不敢侑，至正食後，侑以三飯。于是亞飯爲一侑，三飯爲再侑，四飯爲三侑。亞飯者，蒙初飯而言。初飯不侑，故無其官。合初飯數之，故有四飯之名。

《白虎通》據此謂"天子日有四飯"。詎知《周禮》膳夫言"王日一舉",又云"燕食則奉膳贊祭",鄭云"一舉"謂朝食,燕食謂日中與夕食,與《玉藻》"天子皮弁以食,日中而餕,諸侯朝服以食夕,深衣祭牢肉"之義正同,是天子、諸侯日皆三食,于《經》既有明證,安得創此四食之説,而以此爲天子制乎?

　　且如其説,不惟與諸經相背,且于章内鼓與播鼗與擊磬諸職,義不可通。《周禮》播鼗、擊磬皆眂瞭掌之,鼓則教自鼓人,而擊鼓未著其名。據鼗曰播,磬曰擊,則所謂鼓者,當亦指擊鼓者言。賈公彥于鼓人疏云:"眂瞭言掌凡樂事播鼗、擊磬,又掌太師之縣鼙,愷獻亦如之。"雖不云擊鼓,以上下參之,其五鼓是鼓人擊之,據此,則鼓與播鼗與擊磬,皆眂瞭之職。而此獨不言眂瞭者何?《周禮》眂瞭三百人,瞽矇亦三百人,眂瞭所以相瞽矇者,考之《禮經》:燕禮,小臣相工;鄉射禮,弟子相工;大射儀,僕人相工。鄭君於《大射》注云:天子眂瞭相工,諸侯兼官,是以僕人掌之。明天子有眂瞭,諸侯無是官也。惟諸侯無眂瞭官,故此章于鼓、于播鼗、于擊磬之上,皆不冠以眂瞭,而第著其所掌之事,曰鼓,曰播鼗,曰擊磬,明侯國之制異于天子,且可證此八人,非殷天子之制也。然古者用樂之序,亦可援此章所記以爲證。凡樂,升歌爲先,管笙次之。《記》曰"升歌在上,匏竹在下"是也。此章《集解》引包注,以亞飯、三飯、四飯爲樂章名,注首無亞飯字,當是脱誤。謂舉食之樂,取于亞飯、三飯、四飯以爲名也。鄭注亦謂此三者皆舉食之樂,則亞飯、三飯、四飯,其堂上升歌之樂歟?《周禮》大師,大祭祀,帥瞽登歌,下即云:"下管播樂器,令奏鼓朄。"注謂"朄,小鼓也。"鼓朄,猶言擊朄。先鄭云先擊小鼓,乃擊大鼓,小鼓爲大鼓先,引據此。則堂下之樂,以鼓爲先。故《禮器》云:"廟堂之下,縣鼓在西,應鼓在東。"應鼓、縣鼓,即《詩·有瞽篇》之應與縣鼓也。《詩》曰:"應田縣鼓,鼗磬柷敔。"觀《詩》先言鼓,次言鼗,次言磬,《周禮》眂瞭所掌,亦先鼓與播鼗,而後擊磬,與此《經》樂次相符。惟少師例宜次于大師,以其與襄同入于海,故退書于後,無他義也。

　　然則據官制與樂次推之,而此章所記之諸伶,其爲魯人無疑。考《史記·世家》載子語魯大師文,于哀十一年,孔子正樂之後。于《禮書》又云,仲尼歿後，受業之徒沉湮而不舉，或適齊、楚，或入河海，則諸伶爲哀公時人，太史公已言之。史公親從安國問故，故《集解》引孔注，亦以爲哀公時人。而班氏作《古今人表》列此諸人于殷末周初，爲《論語》學者咸宗其説。詎知齊、楚、蔡、秦既非殷國，而摯武、陽襄又非奔周抱器之人，安足據爲信邪？竊謂《論語》書"子語大師"章，所以明正樂之效；書"大師適齊"章，所以明樂亡之由，合兩章讀之，而其義自見。

釋《論語》大師摯適齊章義
薛重光

《論語》大師摯八人，説各不同。董仲舒、班孟堅以爲殷人。董説見本傳《對策》，班説見《漢書·禮樂志》。司馬遷以爲厲王時人。見《年表》。鄭康成以爲平王時人。見《漢書·古今人表》注。惟孔氏安國注云："魯哀公時，禮毀樂崩，樂人皆去。"皇氏侃疏亦云："自此以下，皆魯之樂人名。魯君無道，禮樂崩壞，樂人散走也。"

蒙案：孔氏、皇氏之説，是也。夫《微子》一篇，多記聖賢出處，然其書法甚爲分明，殊可考見。如記微、箕、比干之事，則載孔子"殷有三仁"之語以別之。記接輿之事，則稱楚狂以別之，長沮、桀溺係同時之事，連類共書，不復明其爲楚人，書例然也。他如記夷齊七人，則冠以逸民；記達适八士，則繫之周。有凡若此，皆以其非魯人，故別之也。惟記柳下惠及大師摯八人，則因事直書，不復有所稱繫，以惠與摯等皆魯人，以本國之書，記本國之人，不繫以國，亦書例然也。以此參之諸家之説，義固未確而近之。申董、班之説者，且謂大師摯即大師疵，少師陽即少師彊。摯、疵，陽、彊，兩音相近之名，然《漢書·人表》列師摯八人於智人之内，後又列疵、彊二人，則摯非疵、陽非彊明矣。或又謂上章逸民有夷齊，爲殷末周初人；下章八士亦周初人，則此章大師摯等，自當爲殷末人。然微、箕、比干亦殷末人，何以列在篇首，下章何以即及柳下惠？以此求書例，恐不若此。今考《史記·禮書》云："仲尼歿後，受業之徒沉湮而不舉，或適齊、楚，或入河海。"張守節《正義》，即引摯、干等以實之，自是正解。蓋夫子嘗語魯大師樂、亞飯諸職，皆其所屬之官，當時，親聞樂於夫子，故皆爲受業之徒，理或然也。且孔子嘗學琴於師襄，又見師摯之始，則八人中，二人與孔子同時，已有明證，其爲魯人無疑。亞飯、三飯、四飯者，《白虎通·禮樂篇》云：“王者平旦食，少陽之始也；晝食，大陽之始也；餔食，少陰之始也；莫食，大陰之始也。”又申之曰：諸侯三飯，卿大夫再飯，尊卑之辭也。魯用天子禮樂，故不用三飯，而用四飯，其不言初飯者，初飯不侑食。《周官·大司樂》天子大食，三侑，皆令奏鐘，則天子四食，而平旦亦無樂也。鼓、鼗、磬各有其職者，《周官》有大師、少師、鼓人、磬師，與此適合。魯秉周禮，當時稱之，此亦明爲魯人之證。總之，魯至哀公時，政權盡失，名分蕩然。摯等習聞正樂，不爲三家所屈，故相率而去。其與殷之大師、少師抱其樂器奔周，同一去亂適治之意也。

釋《論語》太師摯適齊章義

邢啓雲

謹案：此章記諸伶去魯，明《樂經》所由亡也。《史記·孔子世家》載子語魯太師云云，于自衛反魯時。《集解》引鄭注，反魯在哀公十一年。《禮書》又云仲尼没後，受業之徒沉湮而不舉，或適齊、楚，或入河海。《正義》引《論語》此章爲證。然則摯、干、繚、缺等，皆魯臣，而解此章者，自當據侯國官制言之。按：太師、少師即天子之大師、小師也。天子大師，下大夫；小師，上士，《周禮·春官》有明文。據侯國降一等差之，則太師爲上士，少師爲中士，可知。鄭注《周禮》云：凡樂之歌，必使瞽矇爲焉。命其賢知者以爲太師、小師，明太師、少師爲樂工之長。而或以爲樂官之長，非也。

云亞飯、三飯、四飯者，據一食中之儀節而言。禮：天子諸侯於正食後有三飯，則三侑。《大司樂》云：“王大食，則三侑。”此天子禮也。《玉藻》云：“君未覆手，不敢飧。君既食，又飯飧，飯飧者，三飯也。”此諸侯禮也。《玉藻》言君，皆據諸侯立文，不獨唯君龥裘爲然，君初飯未畢，臣不敢飧，飧即侑也。初飯不侑，故一侑爲亞飯，再侑爲三飯，三侑爲四飯，四飯者，蓋合不侑之初飯數之。初飯不侑，無其官，故以亞飯爲首。亞飯、三飯、四飯,官名也。《集解》引包、鄭二注,以此爲樂章名,蓋奏此樂,即名此官,于義亦無不通。而或據《白虎通》,天子日有四食解之,非也。謂魯侯不得有四飯,更非也。

云鼓與播鼗與擊磬者,亦以所掌之事名其官也。考天子掌教六鼓有鼓人,掌教播鼗有小師,掌教擊磬有磬師。初不名擊鼓者曰鼓,播鼗者曰播鼗,擊磬者曰擊磬,此章獨以此數名名其官,與《周禮・序官》不同,亦據侯國言之也。至所稱太師摯者,即師摯之摯,亦即子所語樂之太師,故《史記》載子語太師章,于反魯之後,其所稱擊磬襄者。據《史記》孔子在衛,學琴,師襄子。襄,本衛臣,然或因夫子正樂,復仕于魯,亦未可知。若必謂擊磬之襄,非學琴之襄,亦非也。

然則此章記鼓與播鼗諸職者,明諸侯樂官異於天子之制。記摯、干、繚、缺諸名者,明非疵、彊奔周抱器之人。記齊、楚、蔡、秦諸地者,明非殷時所封諸侯之國。而説《論語》者,必以此爲殷人,是舍本章可據之明文,而附會舊説,安見其有當乎?且《微子》一篇,皆爲後人感傷時事而書,《春秋》惟魯得備四代之樂,厥後歌雍舞佾,僭竊日非,于是典樂者,各適所適,各入所入,而古樂遂不復振。故曰:記諸伶去魯,明《樂經》所以亡也。

釋《爾雅》名義

吳　朓

劉熙云:"爾,昵也,昵,近也;雅,義也,義,正也。五方之言不同,皆以近正爲主也。"邢昺云:"爾,近也;雅,正也。言可近而取正也。"二家訓釋不殊,其恉小異。劉氏之意,謂書訓一以正爲主,此書所述,皆近正也。邢氏則言讀書者近取是書,足以正其訓義。一指作書者言,一對讀書者言,各有深意,然義均可通,故後人兩主其説,指爲《爾雅》通義,都未深辨。

蒙謂《爾雅》,張揖以爲作始周公,談藝家取《謚法解》與《釋故》篇文互證,稱爲有據。又《大戴記・小辨》,孔子曰:"《爾雅》以觀于古,足以辨言矣。"《爾雅》之名,見稱孔子,信其爲周公所定,亦有本也。但如劉、邢二家之説《爾雅》兩文,皆當虛會其恉,周初之書無此例。或曰典,或曰書,或稱誓訓，或取一事及人名名之，各有徵實。或謂即大雅、小雅之比。案：雅，樂名也。不言小、大單舉之，如《論語》雅、頌各得其所，亦可稱若爾雅。廑舉雅字，尚有意義邪？後人《廣雅》《埤雅》，乃因《爾雅》而命名。爾雅無所因，不足藉口。爾雅者，《釋文》云字亦作疋，疋爲正文，雅屬通借。陸氏說是也。雅，《説文》楚烏也，疋，足也。一曰疋，記也。《爾雅》字正當作疋，疋，記也者，言部。記，疏也。段懋堂謂疏即疋之今字，疋部與言部相轉注也。疋又加爻作疋，是疋最古，一改作疋，一改作疏，三字實一字也。爾疋者，後人《易》疏、《書》疏之例也。爾如字，《説文》爾，麗爾，猶靡麗也。從冂，從爻，其孔爻爻，尒聲。《詩·采薇》“彼爾維何”，毛傳：爾，華盛皃。毛以爾從爻，爻正似常棣之華相交綴，其態靡麗，故曰華盛皃。引申之，即可謂衆詞交綴之意。爾雅者，猶言交綴衆詞而疏記之也，故並以釋字名篇。右劉、邢之解，雖于書恉不背，別存一說可也。

釋《爾雅》名義
陳慶年

《爾雅》名書之義，先儒未之審也。《釋名·釋典藝》云：“爾，昵也。昵，近也。雅，義也。義，正也。五方之言不同，各以近正爲主也。”《漢書·藝文志》張晏注亦云：“爾，近也；雅，正也。”劉、張之言，其說最古。夫曰近者明乎其有異也，鄭君《駁異義》謂《爾雅》爲孔子門人所作，以釋六藝之言。六藝之言，非如方言之比，豈有異於正者？謂六藝以《爾雅》明，可也；謂有《爾雅》始引六藝以近正，不可也。邢叔明釋近正，謂言可近而取正，順舊訓而演，蓋亦頗未達其義。是近正之説，非也。近劉台拱説《論語》雅言，因鄭説，正言其音，謂誦詩讀書從周之正言，不爲魯之方言，并通其説於《爾雅》名書之意。阮文達與郝蘭皋論《爾雅》書，從其説，謂《爾雅》者近正也，正者，虞、夏、商、周建都之地之正言也，近正者，各國近於王都之正言，且謂猶今各省土音近於官話者。竊不謂然。

《爾雅》誼書，非音書。《釋詁》始、君、大三義，郭注雖有古今異言、方俗殊語之説，而其義皆通見《詩》《書》，《爾雅》之釋，爲明古義。又非如成國《釋名》由音得義之比，何爲正，何爲近正，於《爾雅》原書，無可實指。近當古音茫昧之後，故視正音爲一大事。若春秋之世，能以正音讀六藝者，自當不乏，猶之今能官話者往往而有。聖人删定《詩》《書》，發明微言大義，功當不在是。僦居先生《論語後案》以正言爲正其不正，易之，摯然有當於人心，是其説亦非也。竊謂雅，猶釋故之故，《釋詁·釋文》載樊光、李巡本詁作故，《詩·周南》釋文出詁訓，傳曰：景純《爾雅》則作釋詁，樊、孫等皆爲釋故，是漢魏《爾雅》首題皆作釋故，郭參軍始用詁字易之。故者，古言也。雅之義亦言故也。《史記·高祖本紀》"雅不欲屬沛公"，《集解》引服虔曰"雅，故也"，《方言》"舊書雅記"，是雅與舊同。《爾雅》主於釋古言，而古言錯出，乃附麗其義類相近者，通以一詁，俾讀者易曉。故《大戴·小辨》云：《爾雅》以觀于古，足以辨言矣。毛公依《爾雅》釋詩，題曰故訓傳，亦曰此取古言之相近以立訓，不同鑿空迂遠之説也。

釋《孝經》名義

陳慶年

古者樂正崇四術，順詩書禮樂以造士，而皆不名之爲經。經者，古人之所重也。孔子爲曾子陳孝道，作《孝經》，獨以經名者。《漢志》云夫孝，天之經，地之義，民之行也。舉大者言，故曰《孝經》。

《漢志》之説，近儒多從之。然吾觀《漢志》，《孝經》家居六藝末。《孝經》經篇，及各家師説後，次以《石渠論》之《五經雜議》，又次以《爾雅》，是即後世目録家之總經類。僦季夫子讀是志，例《孝經》之體於《韓詩外傳》，謂《詩外傳》爲解經之書，《孝經》亦解經之書。其義實自來所未發，足明《孝經》名書之義矣。或疑之，是無可疑也。聖人解經之體，著於易傳，如彖、象傳，專明經義，其體近於《爾雅》之詁訓。繫辭、文言則推廣經義，往往先引經文，而氾論其大體，亦有先指事類情，而後引經以證之者。蓋彼釋其詞，此於經則優柔而饜飫矣。彼詁其義，此於經則曲暢而旁通矣。《孝經》爲曾子廣陳孝道，每章必引詩書以斷者，意在博詮經義，其體猶《易》之大傳也。鄭君作六藝論，以《孝經》爲六藝之總會矣，而何疑於爲解經之書邪？

慶年復即《大戴禮》以證之，《衛將軍文子篇》，衛將軍文子問于子貢曰：“吾聞夫子之施教也，先以詩，世道者孝悌，此句似有誤，《家語》作而導之以孝悌。説之以義。”子貢曰：“夙興夜寐，諷詩崇禮，行不貳過，稱言不苟，是顔淵之行也。孔子説之以《詩》，《詩》云：‘媚兹一人，應侯順德。永言孝思，孝思維則。’故國一逢有德之君，世受顯命，不失厥名，以御于天子以申之。”下文于冉雍、仲由、顓孫、卜商之行，皆説之以《詩》，不備載。據此，知聖人於諸弟子之行，必爲之説《詩》以制其行，而博其説經之趣。曾子行孝，夫子爲曾子陳孝道，論孝一章，輒引詩言以證其義，正聖人説之以《詩》之成法，亦即以《詩》導之孝弟，説之以義之成法也。《孝經》爲説經之書，此其所以以經名也。《衛將軍文子篇》於諸弟子之行，多引聖人説之以詩之事，于曾參之行，第引孔子謂參也中夫四德，不云説之以詩者。聖人爲曾子説之以詩，已具於《孝經》中也。《孝經》爲説經之書，本書甚明，參之《大戴禮》，而聖人施教之法益明。

卷四

讀張皋文《儀禮圖》

繆楷

張皋文《儀禮圖》一書，考證甚爲精確，其訂正經注諸誤處，尤足寶貴。比之楊氏之圖，真如莛之與楹，可謂有功禮經不淺矣。然其中亦有與經文制度不合、謬誤雜出者，則讀是書者，既知其是，不可不辨其非。蒙請得而論之。

其一曰西房北堂圖。考古時宮室制度，惟東房後有堂，曰北堂。故其下有階，名側階。蓋階爲堂設也，若西房後有堂，其下安得無階？無階，安得有堂？江慎修謂側猶特也，北下惟一階，則西房有北壁無階矣，此説是也。乃張氏據《大傳》天子諸侯東房、西房、北堂之文，謂西房亦有北堂。不知伏《傳》所言房，與房相連，於文爲順，非謂有兩北堂也。張氏依據爲説，甚屬武斷，其誤一也。

其一曰端衣深衣肩縫圖。古者，衣服之制，衣與裳殊。大抵裁衣之法，用布正幅準胸背前後之長短，中屈之，爲當肩處。是當肩之處，即布幅中屈之處，並無合縫之理。張氏謂當肩爲殺縫，又謂袂以兩幅合爲之。不知衣之有縫，一由於布幅闊狹之所宜，二由於取義之有所在。古布闊二尺二寸，如深衣十有二幅，以應十有二月，則不得不裁一幅爲二幅縫以應之。今肩上無故而爲之縫，果於事理何居？其誤二也。

其一曰士昏禮媵御沃盥交圖。考經文盥手，皆曰盥，今云沃盥者，鄭注謂媵沃壻盥，御沃婦盥，是也。但云壻於南洗，婦於北洗，則大非，何則？

《儀禮》爲記禮節之書，安有夫降於堂，婦入於房，而不記其進退周旋之節，但記其媵御之事乎？恐全書中無此文法也。然則此沃盥云者，當使媵御爲之，如《左傳》所言"奉匜沃盥"云爾，其實固未嘗就洗也。張氏圖沿鄭注之說，而不知訂正，其誤三也。

其一曰鄉飲酒禮。主人揖介拜衆賓時之介衆賓位。上文言介衆賓入門左，北上。又云主人與賓三揖三讓，升。此時介衆賓，仍在門左也。至主人酬賓後，云主人以介揖讓，升，拜如賓禮。固明明謂三揖三讓，升階，拜，至，皆如賓禮也。又介酢主人後，云主人西南面，三拜衆賓，亦謂衆賓在門內，主人西南鄉拜之也。經文前後明白了然，乃張氏用賈疏說，移其位於西方，不知若先移位，經文何以不見，是合於疏而不合於經，其誤四也。

其一曰設碑之地。《士冠禮》稱"設洗，南北以堂深"。而《鄉射禮》則云："設楅于中庭南，當洗。"夫設碑既如堂深，則設碑之地即當洗之地，將何以設楅？故鄭注《聘禮》云"設碑近如堂深"，謂其深如堂較近也，此語極有斟酌。乃張氏則謂碑在庭，近北。於《鄉射禮》《大射儀》兩篇，又圖碑於楅南，不知楅南之地，司馬之所有事，有碑豈不相礙？況楅設當洗，已如堂深，而碑更遠於堂，則《聘禮》還玉稱賓，自碑內聽命，何由得聞？金誠齋《求古錄禮説》謂設碑之地，當四分庭一，在北，此説可從。其誤五也。

其一曰《大射儀》比三耦之位。《經》云"遂比三耦，三耦俟于次北"，"司射命上射"云云，上下文氣一貫，命耦即比耦之事，命在次北，則比在次北可知。《鄉射禮》先言三耦俟于堂西，故至比耦時，但云比三耦于堂西。《大射儀》士位前在西方，至比耦時，則在次北，故必補之云三耦俟于次北。鄭君此注，原有舛誤，故前儒多非之。而張氏圖比耦於西方，復圖命耦於次北，分比與命爲二事，使上下文義絕不相貫，其誤六也。

其一曰聘禮受玉之位。《經》云"公側襲，受玉于中堂與東楹之間"，注云"中堂，南北之中也"，"東楹之間，亦以君行一，臣行二"。按：以南北之中釋中堂者，蓋明其不正當阿耳，非以明東西之中也。以君行一、臣行二釋東楹之間者，蓋明其君行遲，臣行速，故未及東楹而已過中堂也。鄭解

"與"字、"之間"字甚明憭，張氏則謂注以中堂爲南北中，疏云楣北半架是不當阿也，中堂既非東西之中，則東楹之間正當楹北矣。如其說，則經文"與"字、"之間"字絕不可通。其誤七也。

其一曰夾北之位。《公食大夫禮》云"宰東夾北西面南上"，鄭君此處無說。考《特牲禮》注云"東房，房中之東，當夾北"，謂之當者，明夾北在東房之南也。而張氏圖用敖君善說，敖氏《集說》云"東夾北，北堂下之東方也"。置宰位於北階下東方，不知敖氏爲此說，則以兩夾室在東房之東，西房之西，並列耳。乃張氏於夾室既依鄭氏，於夾北又依敖氏，遊移莫據，兩相齟齬，其誤八也。

以上諸誤，或沿襲舊說，或出自杜撰，皆顯與經文制度不合。其餘失之小者，今亦不具論，讀此書者，分別觀之可爾。

張皋文《儀禮·特牲》《少牢》兩篇圖正譌

范 蠡

士大夫廟祭之禮，莫備於《特牲》《少牢》兩篇。雖兩篇所陳器數，張設之異，同儀節等差之詳略，所在皆是，苟循其例而求之，知詳於士而缺於大夫者，必義通乎上下，故於士舉之，而上焉者之略同，可識也。詳於大夫而缺於士者，必事備於尊者，故於大夫舉之，而下焉者之差減，可推也。由是言之，作禮圖者，但據經、注中所有之節，比而錄之，已明瞭若指掌，無所用其損益爲也。今人禮圖，以張皋文先生書爲最當。然室居堂五分之一，行祭時必多窒礙，是此書之一大譌也。按：讀斯圖，蠡以經注，其有未安，謹著於篇如下。

特牲禮視濯圖，《經》云："賓及衆賓，即位於門西東面，北上。"注："不蒙如初者，以宰在而宗人祝不在。"敖繼公云："此方修祭祀，助祭之賓宜來視之，以其不在饗者有司群執事之中，故'不蒙如初'之文，賓既位於此，則公臣、私臣不敢爲之齒，而位於它所。"《記》云："公有司門西北面，東上；私臣門東北面，西上，足以明之矣。"蠡按：鄭君注上節如初，謂如初筮位，初筮位在廟門外，則此言即位於門西，亦即廟門外之西可知。《記》於"門東北面""門西北面"之下，即云"獻次衆賓""獻次兄弟""並無入門"之文，明明是祭時廟門内之位，與門外之位顯不相涉。且經中凡門外所立之位，無有北面於門東者，圖何以惑于敖説，不察經恉，而以爲門外北面有公臣、私臣二位乎？其謬一。

尸入九飯，圖經于"祝饗主人拜如初"下，即云祝命授祭，又云祝命爾敦。《少牢禮》"尸授祭、佐食、爾敦"文，次"祝反南面"之後。蟲按：此經有祝命，而無祝反南面之節。彼經著祝反，而無祝命之文。據下文云祝反及主人入復位，命佐食徹尸俎，《少牢禮》云"祝反復位於室中，命佐食徹胙俎，皆反南面之位而命"，則此經之"祝命"在"祝反南面"後可知，則彼經之"授祭爾敦"，亦有祝命，亦可知互文見義。兩篇之經例然也。鄭彼注以經無"祝命授祭爾敦"明文，遂以"祝反南面"爲未有事，故爲授祭爾敦不命之説，恐未必然。此經徹尸俎，彼經徹胙俎，皆反南面之位而命，固不得以反南面爲未有事矣。張於此圖，無祝反南面位，其謬二。

獻賓圖，經云："西階上獻賓，賓北面拜受爵，主人在右答拜。薦脯醢，設折俎。"蟲案：此西階上薦俎之面位，經、注俱無明文。據注引《少牢禮》"宰夫執薦以從設於祭東，司士執俎以從設於薦東"爲證，是鄭意固以薦俎之設爲面東也。此雖堂下之事，然經文賓主人拜送面位不别出，則一如堂上可知。即堂上薦俎之設，亦一如堂下又可知。今考經中，西階上之席東面，《鄉飲酒禮》注。其禮節《鄉飲酒禮》言之最詳，此雖無席，其薦俎之設亦當同也，語本凌《釋例》。合讀兩篇經文，雖繁省不同，禮節固無事不合也。彼經云主人實爵介之席前，西南面獻介。而此經只云西階上，獻賓者，尊在户東，主人酌而就西階上。獻之亦西南面可知也，合一也。彼經云介西階上，北面，拜，主人少退，介進，北面受爵，復位。而此經只云賓北面拜受爵者。并彼二句爲一句，省北面二字，故云北面拜，受爵，而北面拜與北面受爵賅之矣。彼經有主人少退，介進，復位三節者，此經亦當有之，文省不具耳。知者主人西南面獻賓之時，主人與賓尚斜向，至主人在右答拜之時，主人與賓已同面，故必少退也。受爵必進，經之通例如此，進而復位，所以明主人在右之節也，合二也。彼經云主人介右，北面拜送爵，而此經只云主人在右答拜者。右，賓右也。上既云賓北面拜，則主人在右答拜，亦必北面也，合三也。彼注云主人拜於介右，降尊以就卑也。而此注云就賓拜者，此禮不主於尊也，賓卑則不專階。鄭君兩注，義例一貫，是明明以彼節况此節也，合四也。有此四合，則此西階上，獻賓，薦俎之設，與《鄉飲酒》獻介之席、之薦俎，其面位相同，可推矣。圖以此經薦俎北面設，其譌三。酬賓獻兄弟、内兄弟圖之長兄弟薦俎，亦當西面設，圖作北面，誤，與此同。

　　《少牢禮》視殺視濯圖，經云主人朝服，即位於廟門之外，東方南面。宰宗人西面北上，宗人告備乃退。蠡案：宗人告備，經、注俱不言面位，據上節主人門東南面，宗人朝服北面請期，此主人亦在門東南面，則圖作宗人北面告備，是矣。或説以《特牲》告濯具準之，彼在主人之西南，故東北面告濯具。此在主人之東南，則當西北而告備。蠡案：此説非也。至以經云乃退爲主人退，有不敢信者二焉。《特牲》視殺、視濯，爲兩日事。此經視殺、視濯，一日事。以士卑，不嫌於儗君大夫，則不敢儗君故也。諸家無異詞。若以退爲主人退，與視殺、視濯一日事不合，與注云告備乃殺之，亦不合。此其不敢信者一也。凡云退者有二例，一爲事畢而退之退，一爲離乎本位而後復位之退。以爲事畢而退也，此時，主人方將視殺事猶未畢，何退爲？以爲退復位之退，是時主人之位在廟門之外，東方南面，以《特牲禮》云主人立於門外，南面，視殺面位正同，告備時，主人未嘗離位，視殺時，主人何必退也？此其不敢信者又一也。若然，則此乃退爲宗人可見矣。蓋宗人本位本在門外東方西面，告備時，北面，向主人，至此退復本位也。圖以乃退爲主人退，其譌四。

　　又經云司宮饌豆籩與筐於房中，蠡案：此與《特牲禮》實豆籩鉶陳於房中例同。彼有鉶而不言筐，此有筐而不言鉶者，文互也。知彼亦有筐者，彼經云主婦洗爵於房，有洗必有筐可知。又云主婦獻祝以爵，入於房。鄭無注，而注於此經"主婦獻下佐食，主婦受爵，以入於房"之下，云爵奠於內筐，則彼經之以爵入房爲奠內筐可知。是彼經房中有筐之證也。知此亦有鉶者，經下云上佐食，羞兩鉶，取一羊鉶於房中。下佐食，又取一豕鉶於房中，房中亦有鉶。經有明文，圖泥經無鉶，遂不及鉶，其譌五。

羹定官饌圖,經云小祝設盤匜與簞巾於西階東。蟲案:此南面設,《特牲禮》盤匜簞巾,在門內之右。注:門內之右,象洗在東,統於門東西上,此是北面設。兩經文次,盤匜在前,簞巾在後,西上自是上盤匜,北面設以西爲上,則此南面設,自以東爲上,當以盤匜在東,簞巾在西爲正。圖取《士虞禮》簞巾在東,以爲此亦在東,不知《士虞》多反吉禮,陳設面位與兩篇相背者不可毛舉。如《士虞》饎爨在東壁西面,而《特牲》記云饎爨在西壁,不言東面,相例可知。及彼言設洗於西階西南,水在洗西,篚在東,而此經則云設洗於阼階東南。蟲水在東,篚在洗西之類,皆是,從之無乃不類乎?其謬六。

直祭圖。經云:主人出迎鼎,除鼏,士盥,舉鼎,主人先入。注:道之也。又云宗人遣賓就主人,皆盥於洗。注言:就主人者,明親臨之。蟲案:《特牲禮》宗人執畢,先入,當阼階,南面。是宗人道鼎入後,徑立於阼階南面之明文也。彼《士禮》主人出舉鼎,此大夫禮,主人不親舉。彼主人親舉,故宗人道鼎入,此主人不舉,故自道之。彼宗人道鼎,入後即立於阼階南面,臨朼,此主人道鼎入後,宜亦即立於阼階南面,臨朼。道鼎臨朼一時事,無復位可言,甚明。鼎陳於洗之西南,主人南面,臨朼,位與洗近,故經云遣賓就主人,皆盥於洗也。圖云主人出迎鼎,先入復位,是誤以經文主人先入之入,爲入復位之入也。不知此經先入,即《特牲》宗人執畢先入之先入,謂在鼎前道之也。本注以道之也釋先入義,自確當,安得云先入復位乎?其謬七。

尸入酳尸獻祝佐食圖,經云祝先入門右,尸入門左。注:祝入門右者,辟尸盥也,既則後尸。又云祝延尸,尸升,自西階入,祝從。注:出後詔相之曰延。蟲案:上注云既則後尸,既謂盥訖也,明尸未盥以前,祝在尸先。既盥以後,祝在尸後也。注知者,約下文祝延尸爲言也。《特牲禮》云尸至於階,祝延尸。說者謂與此祝延尸,尸升自西階,延尸之地不同。不知非也,彼經云云,明延尸之節地必當尸至於階時也。此於延尸下,接云升自西階,則延尸,亦在尸至於階時可知。圖注延尸不當西階前,與特牲圖不同,已不可通,至以祝延尸,仍立尸前,顯與鄭君上下兩注誖戾矣。兩注謂既則後尸,及出後詔相之曰延也。其譌八。

　　簋圖,經云資黍於羊俎兩端兩下,是簋注減置於羊俎兩端,則一賓長在上佐食之北,一賓長在下佐食之南。蟲案:羊俎兩端南北節,非東西節也。黍必右之,飯以右手取之,便也。必資於羊俎兩端者,以羊俎在席前之中。據一偏言之,羊俎之南有兩敦一會地;羊俎之北有一橫俎、一縮俎地,南北適相稱,故云席前之中也。置於兩端,則上佐食之賓長在北,取俎北端之黍便;下佐食之賓長在南,取俎南端之黍便。故資黍於此,以爲節庶皆在兩下之右也。圖以兩端之黍設羊俎之東西,其意蓋以俎縮設於席前,故以兩端爲東西節。如其說,則兩黍俱在南方,不但取黍不便,且與司士所進兩敦黍皆右之於席上合之,亦錯亂不相稱矣,其譌九。

　　又經云簋者三人,興,出。注:出降,實爵於筐,反賓位。又云上簋興,出,主人送,乃退。蟲案:上出字,指出戶言;下出字,謂出廟門也。三簋出降實爵,反賓位,注文明白可據。與《特牲》注云下簋復兄弟位,不復升,同儀。則諸家謂三簋先出廟門者誤也。是時上簋猶在室中,禮尚未畢,故三簋反賓位,以竢上簋,出廟門而隨之俱出也。敖氏以爲下出字,亦謂出戶。送,謂送之於戶外。退者,上簋退立於賓位。褚氏以爲出,出廟門,以不與儐尸禮也。退,送而退入廟門也。案:褚駁敖是矣,又謂三簋則不送,上簋則送而不拜,爲尊卑之差,其說未確。四人同簋,斷無三人先出廟門之理,則三簋之出廟門,自與上簋同出,可知。上注出字,謂出降反賓位,則不以出爲出廟門也,注說確不可易。褚氏何以不察邪?至其據下篇議侑於賓,注云是時主人、賓、有司,已復內位,其不與儐尸禮,則出而遂歸,以爲此時,賓、有司等皆暫出,頗得經恉。賓、有司皆暫出,上簋必不能獨立賓位,君善之繆跡甚顯,而圖猶以經中兩出,俱謂出戶,何以禮經中絶無出戶言送者乎?其譌十。

　　至若諸圖內外位賓主東西面位不正對,特牲宿尸圖,祝南面受命,是受宗人之命,非受主人之命也。當正對宗人,不應正對主人。視濯圖,祝宗人之位,經明云在賓西北,不應與賓並列。又牲在其西,注明云其西枱西,豕不應在枱西北。《少牢》直祭圖,肵俎在羊俎之北,不應列於西北。

尸入酳尸獻祝佐食圖，祝嘏，經明云北面於户西，不應當户。凡此之屬，皆校讎之疏漏，翻刊之迻譌，決非先生原本如此也，故概從略焉。

張皋文《儀禮·特牲》《少牢》兩篇圖正譌

許士熊

皋文先生《儀禮圖》講禮家不可少之書，然其中亦間有謬誤處，而《特牲》《少牢》兩篇，於士大夫之祭禮特詳，報本追遠，學者尤當加意討論。今據經按圖，有可疑者，謹將臆見理正數條，著于篇焉。

《特牲篇》主婦席于房中南面圖，席在夾北，南當南壁，似與經文相合。然經上有洗爵于房中之文，下有洗獻内兄弟于房中之文，鄭君於洗爵房中雖未明指其地，而注上"主婦盥于房中"云"盥於内洗"，《昏禮》婦洗北堂，直室東隅。於"洗獻内兄弟于房中"，雖但言其爲内賓宗婦，而《記》則明言内賓立于其北，在兩壺①之北。東面南上。宗婦北堂，東面北上。經文同言房中，而《記》與注皆謂其在北堂，則此主婦之席，雖曰席于房中，似有不得拘以房在夾北之常説，而謂主婦之席必在北堂之前，南當南壁矣。謹案：《説文》："房，室在旁也。"汝南以室在旁者訓房，則凡在旁者皆名房，而在正堂之東西者，亦可通稱之爲房。蓋析言之，則正室之旁分半已北爲北堂，半已南爲房，房與北堂原自有別。渾言之，則皆得謂之房。此經之房中，乃渾言之。其主婦之席，實當在於北堂，故下記宗婦北堂，東面北上，注云北堂，中房而北，而謂宗婦宜統於主婦也。如圖，席在北堂之南，則宗婦在主婦之西北，已在其後，安得謂宗婦統于主婦也。且《記》主婦及内賓宗婦旅西面，注又云旅於主婦之東南矣。夫堂中正室已爲迫狹，如圖，席所在，則分其半爲北堂，地更迫於正室，旅酬之位安能悉在主婦之東南乎？總之，皋文未將此《經》所言"房中參之"記注以觀其會通，故經言房中，即圖之夾北，經言北堂，即圖於主婦席之後，而不知其戾於經誼。然内賓長酬宗婦、宗娣，婦酬姒婦之位，獨在房中半以北，又不知其何故。今惟改主

---

① 壺，當是"壼"之譌。

婦之席於北堂,而内賓長宗娣婦之酬位迳之南,則與注所云宗婦宜統於主婦者相合,而房中旅酬悉在主婦之東南矣。

又,鄭注主婦及内賓宗婦亦旅西面,云内賓象眾賓,宗婦象兄弟,其節與儀依男子也。圖謂主人酬賓時,内賓尚未獻,無緣先酬。酬内賓應當兄弟弟子舉觶之節。案:經未言房中旅酬之事,故《記》補所未詳,注乃歷言之,以明其儀節,未嘗謂主婦酬内賓長,必在主人酬賓時也。《讀儀禮記》云注言大判,則先生固亦以爲然矣。然主人既獻入室,長兄弟致爵於主婦,後有眾賓長加爵於尸之儀,主婦於眾賓長加爵之時,正可酬内賓,不必當兄弟弟子舉觶之節。且弟子舉觶之前,又有嗣舉奠一節,受奠洗酌,儀文甚備。主婦在房中有何事而不行酬禮也?今圖於長兄弟觚,加爵眾賓長,加爵既不具,則主婦酬賓長一節,似亦不當在弟子舉觶圖,或迳之酬賓獻兄弟圖,而弟子舉觶圖但圖娣婦酬宗姒婦一節,則與賈氏所謂約上經主人洗觶酬賓之義相合,而經誼可明矣。

又,《經》嗣舉奠出復位圖在眾兄弟中。案:郝氏謂在東堂下、主人之後,官氏謂在阼階下、長兄弟之上。兩說同,似較圖說爲允。蓋祭祀之禮尊者之位,未必皆在卑者之上,而親者之位,或比疏者爲近。舉奠爲主人之後將傳重纍之,則雖卑於兄弟,而親疏固有別矣。注云:嗣齒於子姓兄弟者,上。經:主人筮日,冠元端,子姓兄弟如主人服,凡長兄弟眾兄弟皆在其中。則長兄弟、眾兄弟統謂之子姓兄弟。鄭君未必謂舉奠之位在眾兄弟中,故下。經云宗人遣舉奠及長兄弟,盥立於西階下,東面北上,亦以嗣在長兄弟之上也。如以尊卑之分爲嫌,則豈嗣於阼階下西面之時,必在長兄弟之下以別尊卑,而至西階下東面之時,遂可不別尊卑而在長兄弟之上乎?且嗣與長兄弟籑,東西相對,嗣稱爲上籑,長兄弟稱爲下籑,證之《少牢禮》之籑嗣,則在上佐食之位,長兄弟則在下佐食之位。嗣皆尊於長兄弟,且《少牢》上佐食、下佐食,當無事中庭北面之時。上佐食在西南北鄉,以西方爲上也,則嗣當阼階下東面之時,必在長兄弟上,可知。若佐食當此舉奠之時,當從之入室,以設豆鹽於將尊之時,當立於户外南面,《記》所謂佐食當事,則户外南面;無事,則中庭北面也。圖佐食仍在階間,毋乃有所遺忘與？

又，《經》嗣子長兄弟籑圖，湇仍在醢北。案：上尸出，祝命佐食，徹俎，徹庶羞。注爲將籑去之庶羞，主爲尸，非神饌也。《經》、注皆未言徹湇，然上設太羹湇于醢北，注云設之所以敬尸也，不祭不嚌，太羹不爲神，非盛者也。合觀兩注之意，以似神而設者，尸出不徹；爲尸而設者，尸出，即徹，不徹者，欲使籑者得沾神惠。故易厭時，所設三俎、兩豆、兩鉶、兩敦，尸出，皆不徹。肵俎庶羞設于尸入之後，不爲神設，尸出，即徹。太羹湇亦設于尸入之後，非爲神設，而嗣子、長兄弟但籑神之餘，則尸出，徹俎。《經》與注，雖未言徹湇，其隨尸而徹可知。《士虞禮》所謂無尸則無太羹湇，是也。圖于籑時，湇仍在醢北，似誤。

又，《少牢篇》小祝設盤匜與簞巾於西階東，未言其東上、西上之位，圖依《士虞禮》，簞巾在東。案：《士虞禮》云：匜水錯於盤中，南流，在西階之南；簞巾在其東，則所設盤匜簞巾之位，與此在西階東者已有不同。《儀禮》通例，凡設位近階者，或曰階下，或曰階前，彼云階南，則必與階稍遠，此云階東，即在近階之東，則所設之位又有遠近之不同矣，盤匜簞巾之東西安得同？蓋《士虞禮圖》屬凶，《少牢禮》屬吉，吉、凶禮異，故彼必云簞巾在東，以著其與吉禮殊也。此《經》不明言簞巾之東西者，以已見於《特牲禮》故也。《特牲禮》盤匜簞巾在門内之右，鄭注：門内之右象洗在東，統於門東，西上。夫北面時，盤匜在西，則設於西階東北面時，盤匜在簞巾之東可知。鄭君於此不注者，以《少牢》與《特牲》同爲吉禮，其左右之位，可由門内北面西上時推而知也。且下言宗人奉盤，東面於庭南。一宗人奉匜水，西面于盤東。一宗人奉簞巾，南面於盤北。面位與《特牲記》同，則此西階東之盤匜，不應舍同類之吉禮，而從異類之凶禮矣。

又，《經》司宮設席，乃四人籑。司士進一敦黍於上，佐食又進一敦黍於下，佐食皆右之席，資黍於羊俎兩端兩下，是籑圖黍在羊俎之東西。案：注云減置於羊俎兩端，則一賓長在上佐食之北，一賓長在下佐食之南，則黍宜置於羊俎之南、北兩端，蓋上佐食、下佐食既各得一敦黍於席右，而二賓長各在其左，取之不便。羊俎則西值羸醢，賓長在上佐食之，席左者正值羊俎之北端，賓長在下佐食之，席左者正值羊俎之南端，置黍於其上，位次甚宜。賈疏謂南北面置之，確不可易。且凡俎之設席前，視之多橫，如圖黍在羊俎之東西，是以俎爲盡縱設於席前矣。羊俎既在韭菹之東西，與上佐食席之賓長相值，而與下佐食席之賓長不相值，一便一否，行禮者亦何爲作此。或又以爲下饌之席稍偏於北，故置黍於羊俎之東西端亦可，此説也雖似可通，經無明文，蒙未敢信。

張皋文《儀禮·特牲》《少牢》兩篇圖正譌

李樹滋

《儀禮》舊有楊氏圖，舛譌迭見，學者憾焉。自張氏皋文出而正之，訂譌釋滯，遂改舊觀。但爲圖太少，遺漏頗多，且率遵注疏，注疏所不備者，始下己意。故六卷之中，沿注疏之誤者，固所不免。而誤會注疏之旨者，亦間有焉。今試舉《特牲》《少牢》兩篇，條列以正之。

經云主人揖入，兄弟從，賓及衆賓從。即位于堂下，如外位。案：上文主人及子姓兄弟，即位于門東如初，賓及衆賓即位于門西，東面北上。據此，主人與賓，實東西相對，則此云如外位，即如門外之位，主人宜與賓對，衆賓乃與兄弟對。圖於外位，誤以主人對祝，賓等對子姓兄弟，故内位亦如之，其譌一也。

經云宗人視牲告充，又云舉獸尾告備，舉鼎鼏告絜。案：告充，告備告絜之位。經、注皆無明文，張氏據“上告濯具”注“東北面告，緣賓意欲聞”推之，凡告充、告絜告事畢，皆東北面，是已。然《經》云視牲告充，明告充即在視牲處，不若視濯必反降，後始告濯具也。《經》云舉獸尾告備，明告備即就其處，舉尾告之，猶告絜于鼎側，舉告鼏告之也。若然，則宗人視牲，當在牲西南東北面視之，即就其處告充，告充後，右行至實獸處東北面舉尾告備，方合圖，作“宗人南面視牲，而于豕鼎之西南云‘宗人告充告絜，告事畢皆此位’”。其譌二也。

《記》云公有司門西北面東上獻，次衆賓，私臣門東北面西上獻，次兄弟。此言門内位也，門外則在東面北上之位，何以言之？ 筮日時，止有有司群執事之位，無所謂公有司、私臣也。筮日後，始有賓、衆賓、祝、宗人之位，其不與此選者，則士之屬。命于君者曰公有司，所自辟除者曰私臣。然名雖易，位不易也。賓、衆賓、祝、宗人之屬，既仍在東面位，則公有司、私臣當亦然。張氏于視濯、視殺門外別爲北面圖，其譌三也。

《特牲》，匕載皆左人之事，故《經》云贊者錯俎加匕，明未載前匕加俎也。又云卒載枕加于鼎，明既載後匕始加于鼎。注云加匕東柄，謂匕加于俎東柄，可以便左人載。若加鼎東柄，則于載者不便，圖自當以"加匕"二字著于鼎西俎東，而左人載之之義始明。張乃于鼎東賓枕下著之，其譌四也。

《經》云主婦設兩敦黍稷于俎南西上，及兩鉶芼設于豆南南陳。據上文，葵菹蝸醢，醢在北俎，設于豆東。則此敦與鉶自在豆俎之南無疑。但上于俎豆不言陳設面位，此于敦言西上，于鉶言南陳，玩一"及"字，則敦與鉶皆當南陳可知。圖均西面陳，其譌五也。

《少牢》，《經》云俎皆設于鼎西西肆，胉俎在羊俎之北，亦西肆。案：此明言胉俎在羊俎北，不言在羊俎西北也。云亦西肆者，明俎與胉俎同西肆，非在俎之西也。蓋胉俎無專鼎，故統于羊俎。曰在其北，明不當鼎次也。要其位次，則固與各俎同爲西肆。玩經文，亦字義自瞭然，圖以胉俎廁于羊俎西北，其譌六也。

《少牢》司士止一人，《經》云三人者，合贊者二人言之也。圖于鼎入時雍正、雍府，後繼以司士一，又繼以司士贊者二，是也。而于升鼎時，魚腊膚皆著司士升，無司士贊者。不知渾言之，則司士有三；析言之，則司士僅一。圖既以升者分列于鼎側，自當于魚鼎側著司士升，腊膚鼎側仍各著以司士贊者，而《經》旨始明。圖概作司士升，其譌七也。

《經》云祝延尸，不言延之于何處，以下"尸升自西階"句推之，當在及階之時。及階延尸，故下即云尸升自西階，下又云入，祝從。注云祝從，從尸升，自西階升階時，祝從。則延尸自在及階時可知。入謂入室也，尸升階入室，祝從而入也。則圖自當于階下著"祝延尸"字，于室前著"尸入祝從"字方合。乃于階下即著"祝從"字，于室前無文，則延尸之處，竟在中庭之南,而《經》文"人"字幾無著落,其譌八也。

以上八譌,皆節目之大且顯者,故特舉而正之,雖未能盡兩篇之譌,然即此以推,或可爲皋文之一助云爾。

讀凌氏《公羊禮疏》
趙聖傳

《公羊》傳《春秋》,間著禮文,如兩君相遇之禮,及魯祭群公之別,他傳無文。又述魯郊望之制,亦他傳所未備。而漢人議禮,至以爲惟有《公羊》一策可據,則已不得泥鄭"左氏善禮"之語,遂於《公羊》略而不論矣。迄何氏注此傳,稱述禮文尤夥,爲之疏者,今已斷爲北朝舊本,卓然名家。顧其書惟主解疑釋滯,殊不究心典故。於注所引禮,不見禮經、記者,但目爲緯書之説。或云時王之制其疏略實甚,必須後人補釋。而二傳之學已幾絕於唐初,橫遭宋人駁斥,致令補疏無人。江都凌氏本擬章比句櫛,成此傳全疏,因晚年精力不逮,僅著《公羊禮疏》,於何注所引禮文,悉疏通而證明之。惟取疏證不加辨論,固疏家之舊例,然此乃六朝義例爲然,近時通儒撰著,如劉氏考證《左傳》舊疏,李氏輯述賈服舊注,皆間加考論。今觀凌氏此書,誠大有功於何注,然嫌疏中全不加考核。兹取喪祭爲禮之大者,略舉數條辨之。

桓八年春正月己卯烝,傳云:常事不書,此何以書?因廣言"祭不可豫,亦不可疏"之義,下文夏五月丁丑烝,又云譏亟也。此傳本意,謂《經》先書正月烝者,爲下文五月又烝張本,不然,則常事不書,傳義甚明。更按:十四年八月乙亥嘗,傳亦云常事不書,蓋已交秋節,合之此文,知公羊以四時之祭,皆以仲月爲正,亦或孟仲皆可祭,此傳之本義也。何氏必謂祭必於夏之孟月,以從董仲舒今文家説,已爲反傳,違戾更誤。會傳意,以爲十二月已烝,今正月復烝,故傳已譏其亟。下五月又烝,又書之,與上祀同爲亟。是魯六月三烝,核經傳之文,實無此事。何氏每於經傳外,增事實,此乃悖經違傳,不可不辨者。

又哀五年冬,叔還如齊,繼書閏月葬齊景公,傳曰:閏不書,此何以書喪？以閏數也。注云謂喪服大功以下諸喪，當以閏數。傳又曰：喪曷爲以閏數喪數略也？注云：略猶殺也，以月數恩殺，故並閏數。按：何氏於《襄二十八年經》"乙未楚子昭卒"下注云：乙未與甲寅相去四十二日，蓋閏月也。葬以閏數，卒不書閏者，正取期月，明期三年之喪，始死得以閏數，非死月不得數閏。其云葬以閏數，正會此年傳文立説。又云期三年，始死得以閏數，非死月不得數閏，則與此年葬書閏傳文義相違。且《春秋》書此閏月，乃諸侯之喪。鄭志答趙商問，所謂天子諸侯之喪，皆斬衰無期者，焉得據大功以下當數閏，解此傳文喪以閏數，且謂以月數恩殺乎？推此傳義，直謂葬月數閏，其云喪即謂葬也，稽《經》所書，如公之喪至自乾侯，又如齊人歸公孫敖之喪，杞伯來逆叔姬之喪，皆既殯待葬而稱喪。又證以《周禮》稱大喪既有日，於葬日冠以喪，知葬亦得單稱喪，然則此傳固明謂諸侯五月而葬得數閏月，云略者，質而略，不若服以年計，乃没閏固因漸三年之氣，且涉於文也。《三年問》云三年之喪，人道之至文者，是也。此亦傳義之爲注所汩，必當辨別者。

又此傳解禮，有長於二傳，當表出者。魯郊三望，二傳不列三望之目，惟《公羊》謂爲泰山、河、海，且明其當祭之原。而注《左氏》者，乃以爲分野星及在其地之山川，以《堯典》"望於山川"及《左傳》"祭不越望"證之，則望者第爲祀山川之名，不及星辰。故鄭駁《異義》，以爲六宗言禋，山川言望，則六宗無望，即文自明。是左氏説於義未安矣。《穀梁》亦無明文，范注用鄭義，以爲淮、海、岱，不知三望乃郊之屬，郊望所祭山川，非必在境內也。望或舉，或不舉，而封內山川之祭，豈亦可以已乎？其説固與經義違矣。而宋郊之祭，三望勢必不及海岱，且有望不及三，而又不止於三者。以六宗四望例之，所祭之神衹不易，而其數有一定。而此三望所祀之神，隨地屢易，其數又非一定，則又於六宗四望之義不相比附矣。於以知《公羊》此義，大有淵源，爰表白之。而《傳》義有汩於何注者，亦糾正之，以補凌疏之未備云。

論程易疇、劉楚楨兩家釋穀異同得失

范　蠡

歙程易疇氏，本鄭君《周官‧太宰職》九穀注，以黍、稻、稷、粱、麻、大豆、小豆、麥、苽爲次，復采許書中言九穀者，類聚錄之，次其先後，而觀其異同。自序云於黍、稷、粱三事，尤瞭如指上旋渦。寶應劉楚楨氏，原本程説，廣引群書，旁推交通，作《釋穀》四卷，自序亦云程於辨別禾黍稷三種，最爲精悉，而嫌於麥、豆、麻三穀，多缺略。蠡兩讀之，未嘗不服程氏辨粱稷之異，以折韋昭等以粱詁稷之繆。及辨虋芑之爲禾苗，以正郭璞、顧野王、陸法言等以粱粟詁虋芑之失。凡此之屬，實發前人所未發，其功可爲偉矣。劉書雖本程書，於程所未安處，亦多辨正，可謂密矣。承兹後者，顧即劉所是正諸條，而推衍之，非特於二書無裨，且亦不免贅疣之誚。蠡不揣蒙陋，因即程書誤指，而劉書未經辨正者，略舉數事，著之於篇如左。

程書云禾采之成而下垂者，謂之穎，穎之不垂者，謂之秒。劉書同。蠡按：程、劉説俱誤。當據《説文》訂正，《説文》穎，禾末也。秒，禾危采也。末者，一在木上，爲上出之稱。危者在高，而懼有將垂之義。故《玉篇》云秒亦懸物也。《廣韻》云秒，禾采垂貌，曰懸垂皆與危字義相足，則穎爲禾之不垂者，秒爲禾之采成而下垂可知矣。許書之例，以類相爲前後，穎字次采前，是穎爲禾之未采者也。秒字次采後，是秒爲禾之已采者也。未采者，其莖直向上，末即其向上之鋭處，《生民》詩疏所謂穎是禾采之挺者，其義是也。已采者采結實而重，莖不能支，勢必下垂如懸物然。《淮南子》注，所謂采垂向根是也。易疇泥於《史記》“脱穎而出，非特見其末而已”二句，遂爲《史記》穎字言錐之拊，非言錐之末，故以“采成而下垂者”詁穎。不知《史記》云非特見其末，是指上文“脱穎而出”全句爲義，刃在囊中，其末立見，至脱而出囊，不第見其末。末固指穎而言，與許君書合也，安得云穎非言末乎？或曰穎爲禾之不垂者，固矣，何以《詩‧生民》傳訓穎爲垂穎乎？曰：此毛公之衺也，詩云實發實秀，實堅實好，實穎實栗，此詩言禾生次第甚詳。穎次堅、好後，爲已成采之禾，可知采重穎垂，故毛公云垂穎以別之，非謂穎本垂也。許君詩稱毛氏穎下引詩曰禾穎穟穟，今本穎作役，非毛舊本也。今本傳云役，列也。按：列即棃之省借字，謂禾穰也。穟穟，傳云苗好美，即本《爾雅·釋訓》"穟穟，苗也"之義。何氏《公羊傳》注曰：生曰苗，秀曰禾。則苗爲禾之未秀者可知。《詩》以穟穟狀穎，則穎爲禾之未采者亦可知。此爲穎字本義，故許穎下不引實穎實栗，而引禾穎穟穟也。《説文》穟，禾采貌，與《爾雅》歧，毛傳用《雅》者多，不嫌與許違也。

又，程書以《詩·大田》"不稂不莠"之稂，與《下泉》"浸彼苞稂"之稂皆是狼尾草，以《説文》訓草之莨當之。劉書則以兩稂字，皆是童粱之稂，與程説異。蠹按：此詩中同名異物之例也。宋王伯厚及近陳長發説《詩》，皆有此例。程氏固失，劉亦未得。《大田》之稂與莠連文，自指《爾雅》之童粱言，即《説文》所謂禾粟之莠生不成者，謂之童蓈蓈是正文，稂是或體。是也。莠，各本作采，劉從之。茲據段本，按《説文》蓈次莠前，明是同類，莠下云禾粟下揚生莠，即蓈下云禾粟之莠之義也。若從各本作采，云禾采而不成，顯與《論語》云秀而不實句相戾。《下泉》之稂，即《説文》訓草之莨，《漢書音義》所謂莨，莨尾草也，是也。《爾雅》之孟狼尾，即此物，故莨尾亦稱狼尾也。故鄭君詩箋，於《大田》則從毛，於《下泉》則改毛，云稂當作涼，涼草，蕭蓍之屬。亦正以兩稂同名而異物也。劉氏不知此，遂謂鄭箋義遜毛傳，大繆。稂莠生於田中，故稂有童粱之稱，童爲未成莠。段氏《説文注》云未成謂之童蓈，已成謂之莠，此稂莠二字連屬之義，段説甚是。《下泉》之稂與蕭蓍並舉，蕭蓍非田中之草，則稂亦非田中之草，可知。司馬相如《子虛賦》云其卑濕則生藏莨兼葭，尤與《下泉》之浸彼義相協，以此觀之，則程、劉二説，非皆一偏之見乎？

又，《詩·生民》"維秬維秠"，《爾雅·釋草》秬，黑黍秠，一稃二米。毛公詩傳用《爾雅》文，《説文》：鬯，黑黍，一稃二米，以釀秠一稃二米。蠹按：《爾雅》之義，許君申之最明，未嘗與《爾雅》違也。秬字從巨，秠字從丕，巨、丕皆大也。尋常之黍，一稃含一米，若一稃而含二米，則其稃必大於常稃，故有秬秠之稱。秬秠俱是一稃含二米，而別爲二名者，以秬是二米中黑者，故別乎二米中不黑之秠爲言。《素問·六元紀大論》云其穀齡元，而《五常政大論》則云其穀齡秬，可見秬即元，是因秬爲黑黍得義也。若秠則單取大義，與秬爲色黑者絕不得混，故《爾雅》別二名言之，而許君復分析如此也。程氏、劉氏俱惑於《鄭志》答張逸“秠即其皮，秬亦皮也”二句，以爲其皮，其字即指秬言，遂謂秠即黑黍之皮。劉氏又從而爲之曰：“秠者，黑黍之皮，即秬也。”不知張逸之所疑，因《鬯人》注言“秬如黑黍，一稃二米”，易《爾雅》之稃字爲秠，故爲此問。今《生民》詩疏所引鄭《周禮》注，猶作一秠二米，可見今本《鄭志》作一稃二米者誤，若所疑在秬與秠之同異，則鄭當明言秬秠，不應以稃字與秠字作對文矣。果如程、劉之説，則《爾雅》亦當云秬秠黑黍，一稃二米。《説文》於秠字下亦應添“黑黍”二字，然後其義可通。且《詩》明明以穈、即《爾雅》之虋。芑、秬、秠四者並舉，《爾雅》亦明明以虋、芑、秬、秠四者並舉，虋芑是二物，則秬秠亦是二物可知。虋芑以黑白分，秬秠以黑不黑分，其例正同。程、劉安得云然乎？秠之取義，本在稃大，鄭以皮言，未嘗相礙。必以黑黍之皮實之，此其所以不可通也。

　　又，《爾雅》：“大菊，蘧麥也。”《説文》：“蘧，蘧麥也。菊，大菊。”蘧麥，景純《爾雅》注曰“一名麥句薑，即瞿麥。”蠡按：瞿、蘧音邇，瞿麥即蘧麥，郭注是也。程、劉信徐楚金説，以麥句薑爲地松，因以苟蕒豕首當之，不信《廣雅》麥句薑、蘧麥之説，以爲麥句薑與蘧麥二物不同，其説非也。請先考其名薑之義，《説文》“蘁御，濕之菜也”，與邢疏“以麥句薑爲藥草”義協。菊字，《説文》與堇字相次。堇，《禮記·玉藻》鄭君注云“堇，薑及辛菜也”，是薑、堇同類也。許書之例，以類爲次，菊列堇前，而有薑名，亦非曲説。《説文》有菊無蘜，大菊之菊，當是麥蘜之正字，故有蘧麥之稱。《左·宣十二年傳》云“有麥蘜乎”，杜注“麥蘜，所以御濕”，《正義》曰“麥蘜所以御濕，賈逵有此言”，則相傳爲此説也，是御濕之義，與蘧麥名薑之義薑，《説文》御濕之菜也。脗合無間，可爲明據。況許君嘗從侍中受古，菊堇類聚，具徵師説。若然，則大菊即麥句薑，無疑矣。程、劉不求其義，反詆張稚讓、郭景純爲失，不亦繆乎？倘如其説，《爾雅》以蘧麥釋大菊，而又別出苬藭、豕首，文亦相隔絶遠，則是不以苬藭、豕首爲大菊之別名可知，其説尚可通乎？

凡此數者，皆程書之失，而劉書未捄正者。又有程書本不誤，而劉氏別從它説，以滋誤者。如程解秀字之象形，以下半之阝，爲禾、稻、黍、稷、麥、苽之秀，其釋皆二出，所説甚正。劉氏用段懋堂説，以爲從禾、從人，人謂結於秄內之稱。不知段説，王貫山氏已駁之矣。《玉篇》自有秀字，又有禿字，禿乃俗字，並非秀也。此劉氏之失也。至以《管子·地員篇》剽土之次曰五沙，其種大萯、細萯之萯，從王伯申氏之説，以爲萯與秠聲相近，遂以秠當萯，不知萯是王萯，即《月令》之王瓜蓏屬也，秠是黍之一稃二米之名，穀屬也，相異絶遠，楚楨從而據之，是又劉書之繆之不足深辨者矣。

論程易疇、劉楚楨兩家釋穀異同得失
王兆芳

漢唐以來，釋九穀者，大半牽捆而不得其實。自程易疇氏主康成九穀之説，擇焉既精；又辨禾、黍、稷三物，語焉尤詳。劉楚楨氏宗其旨，大同小異，而大綱與程同者，其與程皆得者也。然自劉駁程十餘條，異焉而程終得、劉反失者。如馬餾粮莠，《魯語》自謂莠艸，程證以郭説，而劉據漢隸譌字，謂糧秀童粱，此程得劉失也。異焉而程自失、劉則得者，如《毛詩》之粮演，《繁露》之五稷，先鄭説之稻白，後鄭説之穜麥，蔡説之于登黍，皆劉得而程失。至劉所未駁而異乎程者，亦互有得失。如《農書》白、黑、黃三穜，自是大豆，程從《農書》，劉不從，而謂豇豆。又，程別胡豆爲豌豆，劉指胡豆爲大豆，麻色，分黑白。程謂麻皮，劉謂麻白，實苴黑爲脂麻，則程得而劉失也。稞，禾危采也，《説文》。劉用段氏折懸之説，而程謂不垂之穎。粃，禾稻諸穀之不成也，《吕氏春秋》《玉篇》。劉以爲通稱，而程專指童蔀，則劉得而程失也。然此猶顯見之得失也，故不待詳論。其有同而皆失、異而皆失者，不得不博考而亟正焉，試條論于左。

同者皆失：

苗

兩家釋苗，先爲粱始生之專名，後乃通稱諸穀。案：苗爲諸穀總名，即是初誼。《説文》苗下云艸生于田者，從艸，從田。許以艸在田中即穀也，據《爾雅》穀類俱列《釋艸》可證。苗字，許義本爲田生諸穀之名，凡群籍古訓言苗者，或指諸穀，或指粱爲禾，而禾有苗名。苗之本誼，要不專名禾也。兩家均失其誼。

春　麥

兩家以崔實言春麥兼大小麥。案：崔實《四民月令》凡種、大小麥得白露節，唯穬，蚤晚無常。正月可種春麥。而又言穬穬、大小麥，是大小麥外有穬，別無春麥，穬即春麥也。據蕭炳《四聲本艸》云穬麥，大麥之類，山東河北人正月種之名春穬，其言可爲崔説之證。大小麥自是秋種之宿麥，亦稱秋麥，非春麥也。愚鄉大小麥並秋種，穬麥春種，農人呼大麥爲旋麥，或曰元麥。<small>即旋音之譌呼。</small>穬麥亦曰大麥，其麥皮黏著麥粒，雖春猶難盡脱，崔實言大麥無皮毛，曰穬，非真無皮也，當即黏皮之麥。又氾勝之言旋麥，即是春麥。今人或以旋麥爲大麥，蓋春穬爲大麥，類名或通也，而兩家之説失矣。

麧䴷䴾麩

兩家俱以麧䴷䴾麩牽合之，又不分大小麥，殊屬蒙捆。案：《説文》麩，麥屑<small>依《類篇》。</small>末也。此䃺麥之純正者，其外則有諸名。麧訓堅麥也，乃麥未䃺時之堅硬者。䴷訓麥覈，屑也，乃麧䃺而成覈，與未䃺之麧異，覈與屑合爲䴷，故十斤得爲三斗，《九章算術》大䴷即覈，小䴷即屑，今人䃺大麥，稱爲棍子是也。而䴾則訓小麥屑之覈，與大麥覈屑合名異，何則？大麥不爲細麩，食者多不分覈屑，又無麩；小麥爲細麩，而有麩，故特舉屑中之覈曰䴴，麩則其屑皮所成。是䴴與麩爲小麥之專名。麧䵃䴴麩之解，今猶可得諸目譣，采之方言也。兩家無區別，失之矣。

異者皆失：

采

程以采稦爲一物，劉以秀采爲一誼，皆非也。案：《説文》：采，禾成秀，人所收者也。蓋禾自采出苗，至將結實，統謂之秀。秀已成結實，以待人收，則謂之采，采合機、稦、稦、米而爲言。程氏誤解許書，以采捆稦，並以秀捆米，失之矣。采爲人所收者，許書著一所字在未收前，即在已秀之後，秀未實，采已實也。而劉謂異稱而一誼，又失之矣。

穎

程以禾垂爲穎，而非采，劉以穎之垂即爲采，皆非也。案：《説文》：穎，禾末也。禾莖之末，自是近采及貫采者，段注最爲明確。《少儀》疏刀在手枕警動，與禾穎相例。可知禾自頸至頭，正《説文》禾末之誼。毛遂穎末之説，亦其證。程以下垂爲穎，遂指采爲稦，不知穎正以采而垂也，《説文》朵下云此與采同意而下垂，朵誼引申爲手提物，正出於采如爪下垂之意，唯采垂而穎之近采，貫采者亦垂，故古人稱垂采亦稱垂穎。要難改采誼而以穎當之也。劉以《小爾雅》等書，捆穎爲采，亦不知穎因采垂或互相稱，而穎之本誼非采也。程、劉胥失之矣。

稭

程以稭爲去皮之稱，劉合去皮、未去皮而無分於莖稦，皆非也。案：《禮器》注：穗去實曰秸，引《禹貢》秸服，書釋文“秸，本或作稭”，是稭即秸秸，而爲穗去實後禾稾之名。愚鄉呼禾在田者爲稦，既刈去實者爲稭，正合鄭説。《説文》稭，禾稾，去其皮，祭天以爲席也。言禾稾去實後爲席則去皮，其不去皮者謂之稭。兩家皆未得許誼，而程又以書僞傳稾役之説，亂《詩》毛傳"役，列即梨字"之訓，不知梨爲禾苗之皮，非秸皮。《説文》梨、穰、秒三字並廁，繹其誼，梨已治，爲穰，亦爲禾，若即枯稭之皮而穰未治，則爲梨。故《詩》"禾役穟穟"，《爾雅》訓苗苗。皮亦謂之穄，而枯禾之秸即稭皮，所謂禾若秒下及穌下。也。蓋猶竹皮生爲籜，枯爲箬也，而劉從陳頌南梨爲穎之説，較程尤失。

莻豆

程以莻豆爲穭豆，劉以莻豆爲鹿豆，皆非也。李時珍指穭豆爲黑小豆，不誤。莻豆古訓野豆，愚鄉麥田中多有之，俗皆呼莻豆，形似菉豆，莖葉粒俱較菉豆爲小，豆色綠，與黑小豆自別。程因莻藔，謂與穭聲轉，失矣。莻豆又非鹿豆，《爾雅》《説文》《本艸》言鹿藿，皆不言野豆。郭璞謂今鹿豆也，自系菉豆，如郝懿行説。劉舉莻豆當之，失矣。

苴

程以苴爲盛麻子之稱，劉以苴爲麻子之名，皆非也。案：《喪服傳》苴麻者，麻之有蕡者也，與牡麻對舉，是苴亦麻名。若麻稱，則《爾雅》枲，《説文》作枲。麻母。郭云"苴，盛麻子"者，是麻子又謂之蕡，諸書並同。苴雖借稱麻子，《詩》毛傳。亦因苴爲有子之麻耳。而兩家之説失之。

釋斝
王兆芳

許書斝下云："禮器也，象斝之形。"特先著明禮器，自謂斝字象斝器之形，與古文鳳下云象形一意。斝與雀分隸冎、佳兩部。古文鳳又不隸雀下，而隸斝下，自分兩誼。許又云飲器，象斝。以斝、雀已假借通用，而禮器實雕飾斝鳥形耳。考前人圖斝，如聶崇義、陳祥道均鳥背負一杯，最爲無理。此外諸家圖説，有首尾兩柱三足一鋬作斝形，或無柱，或一柱，或兩足一尾，皆據商周銅器。然殷人尚梓，周亦梓人爲斝，斝自用木。後人所得之銅器，并未署其名目，安見其爲斝制乎？考《漢志》，言量制上斛下斗，左耳

爲升,右耳爲合龠,其狀似彝。是漢之彝制似量制矣。《周禮》㮚氏爲量其
鬴,有耳,亦有臀,臀即下斗也。漢量制與周禮合,則周之彝制,亦自似量
制也。彝制見於經典者,《祭統》尸執柄,夫人執足柄,即兩耳。鄭君㮚氏
注:耳在旁可舉也。舉量以兩耳舉,彝亦以兩耳,故尸執之。足,即如臀之
足,夫人執此。《士虞禮》足彝,鄭云彝有足,又廢彝。鄭云無足,皆指此足,
言以尊例之。唯箸尊,鄭云箸地無足,《明堂位》注。餘尊足亦如量臀。禮圖
于此不誤,彝亦同也。蓋彝、量大體相似,所異者彝則雕飾爵鳥形耳。《明
堂位》彝用玉琖仍雕。注:仍,因也,因彝之形爲之飾也。因彝鳥爲雕飾,與
上文犧尊等器,鄭皆以爲飾物形一例。《明堂位》又云:彝,夏后氏以琖,殷
以斝,周以彝。三代異名,同是彝制,而夏琖已雕彝,則自製器之初,早有雕
飾之制。古説皆以彝秩字取名飲器,《白虎通》言彝自伏犧以下。三代所以異名者,
夏雕彝又飾玉,故名琖。殷又飾禾稼,故名斝。先後鄭並同。周承前代,雖
又加篆飾,《士虞禮》繶彝注。而仍從其朔曰彝。彝以雕飾得名,非全體象鳥
也。篆文彝,蓋合兩古文爲之。邵鐘作𢍸,許書作𢍨。𢍸,上從𠬞,象雕彝爲
飛鳥形,𡰪右象首,𠃊象展尾,𠃑象張翼其下,從𤔔,象𦥑,𠬞象兩手持足,與
彝下同。𢍨則𠬞,象雕彝形,而八象外圍及兩耳,中丨象黃流在中,彝乃合
兩古文而並省之也。據觴之籀文𩰾,依小徐本。從彝省,則彝篆正承籀文,而
𩰾爲彝、觶、角、㮚之總名,凡諸𩰾器,唯無耳,未有作柱鏊長足形者,彝何獨

彝圖

異？且斝與罍相同，《左傳》昭七年。燕人賂罍耳。疏則云“旁有耳”，罍字從叩、從冂、從斗，叩象兩耳，冂象外圜，斗爲足，罍猶斝也，與量亦似。許於罍下云象形，與斝同意，是也，此尤斝似量制之左證。若阮諶言翼尾方足，雖屬東漢舊説，而與許書及西漢志不合。

釋　斝
謝恩灝

斝爲象形兼會意之字。《説文》斝，禮器也，象斝之形，中有卣酒，又持之也。𣄼，古文斝如此，象形。恩灝案：斝制之失傳久矣，異説沸起，卒無一是。聶崇義云梁正、阮氏圖，斝尾六寸，博二寸，傅翼方足，漆赤中，畫赤雲氣。此非宗廟獻尸之斝也。今見祭器內有刻木作雀形，腹下以鐵作腳距，立方板上，亦失之。案：《漢書·律曆志》説斛之制，口足皆圜，有兩耳，而云其狀如斝。《士虞禮》注云繶斝口足之間有篆飾。今取此圖斝形，近得其實。聶氏以《漢志》爲説，不爲無據，而視其所圖，刻木爲雀，背負一琖，仍沿舊誤。陳氏祥道《禮書》亦同。其説之謬，固與王肅所説犧尊、象尊，同爲後人所竊笑。《博古圖錄》云斝之字，通于雀，前若噣，後若尾，兩柱爲耳，足脩而鋭，若戈形。然程氏瑤田云：前有流喙也，腦與項也，胡也；後有柄尾也，容酒之量；其口左右俀出者，翅也，近前二柱，聳翅將飛兒也；其量腹也，腹下卓爾鼎立者，足也。即本之《博古錄》爲説。考《考工記》梓人爲飲器，斝一升。梓人，木工，是斝係刻木爲之，必非范銅可知。木質易朽敗，宜其不傳于後。近世所得者，俱屬銅質，無論其真僞不可知，即係古器，初不署名，考古者題曰商斝、曰周斝，任臆定之，有何足信？古人飲器如尊、彝之類，皆有足。其足皆圜，無三足而鼎立者，況爲戈形，更屬不類。兩柱，經傳無見文，程氏謂取乎拄眉食盡，以爲制器之準，梓人所謂鄉衡者如是。不知斝得其制，其口鄉衡而實自盡，何取乎兩柱之拄眉耶？竊謂斝之制，當以《漢志》爲依據，而參之以經、傳。《漢志》斛內方尺，而圜其外，左耳爲升，右耳爲合龠，其狀似斝，以糜斝祿。斛狀似斝，則斝正可以斛定之。斛圜其外，則斝亦外圜可知；斛有左右耳，則斝亦有兩耳可知。斝之本義爲禮器,引申之,爲黌禄之黌,斛以麋黌禄,其制固宜相似也。《志》又云:其上爲斛,其下爲斗。孟康曰:其下謂覆斛之底,受一斗。斛之底,《周禮》所謂臀,即其足也。然則黌之足亦圜,與彝、尊同,而非如鼎、如戈者矣。即云黌形似雀,亦止得兩足耳,三足何居?經、傳言黌者不一,惟罕及其形。今細參之,黌多與散、觶、角並舉,如《禮記》貴者獻以黌,賤者獻以散。《考工記》獻以黌,而酬以觚,當作觶。是也。散、觶等器,皆作圜形。黌之形自與散、觶等,此可證者一。《明堂位》黌,夏后氏以琖,殷以斝,周以黌。孔疏三代之黌,並以黌爲形,蓋琖、斝與黌,其制略同,可總稱之爲黌也。又黌用玉琖,仍雕,鄭注:因黌之形爲之飾也。曰用玉琖,明與琖形同;曰仍雕,明外有刻文。此可證者二。《左傳》燕略齊侯以斝耳,杜注斝耳,玉黌。孔疏言耳者,蓋此器有耳,夫斝、黌同物,斝既有耳,則黌自當有耳矣。此可證者三。《祭統》尸酢夫人執柄,夫人授尸執足。孔疏黌爲雀形,以尾爲柄,云爲雀形,説太無稽,且纍與《明堂》文大相刺謬,以執柄爲執尾,亦惑于阮圖。竊謂執柄者,是執其耳;執足者,即執其底也。惟廢黌無足,如著尊然,故名曰廢,此可證者四。是則黌之本製,讀《漢志》可識,參以經、傳,尤可信。而《説文》所謂象形者,又以刻文言之。篆文上从🜍,象口之有兩耳。中丨,見黄流之在中。◻象雀頭,ʃ象雀尾,0象雀之飛,兩翼將舒之兒。古文鳳,上从𠃊,象翼,下从冊,象身,與篆意同。篆文下又从𠙹,又𠙹爲黌實,又以持之,又可信黌爲象形兼會意之字。斗部斝,下云从門,象形,與黌同意。蓋斝與黌,皆象酒器之形。斝有兩耳,其狀如斗,斝字亦爲象形而兼會意之字也。小徐謂朩象爵頭,𠙹其盛酒處,厂其尾柄也。其説難通。段氏玉裁改許原文,黌作雀,又謂飲器象雀,皆屬臆説,違許實甚。

釋拊相名相義

謝恩灝

以韋爲鼓,謂之拊,盛拊之物,謂之相。《經》中言拊之處,多不及相,惟《禮·樂記》既曰"會守拊鼓",又曰"治亂以相"。相即拊,言拊而變言相者,避重文也。鄭注云:"拊即相,亦以節樂。"節樂,釋治亂之意;亦者,承上會守而言,非謂盛拊之相可以節樂也。解者不達斯旨,有泥經文,既言拊,又言相,分拊、相而二之者。有泥鄭注,言拊即相,合拊相而一之者。皆偏執之見而昧乎古制者也。

案:《釋名》:"搏拊,以韋盛穅,形如鼓,以手拊拍之也。"《白虎通》:"拊革,著以穅。"《書》孔傳:"搏拊,以韋爲之,實之以穅,所以節樂。"此可見拊之制。《爾雅》:"和樂謂之節。"邢疏:"一云節樂器名,謂相也。"考節或謂之節鼓,《通典》云:"節鼓,狀如博,局中開圓孔,適容其鼓,擊之以節樂也。"此可見相之制。蓋拊與相雖名有不同,然析言之則別,渾言之則通。相之爲物,中開圓孔以容鼓。所容之鼓,即韋表而實穅之拊也。其形如鼓者名拊,而容其鼓者名相,一物二名,古器類多如此。節樂擊拊,非擊相,故經典中罕言相,多言拊。鄭謂相即拊,明實一物也。又云穅一名相,故以名焉者。鄭意相之名取義于穅,然下又云今齊人或謂穅爲相。曰今齊人,可見非古語也。曰或謂,可見非確詁也。則鄭謂相以穅名,亦疑而未定之辭。蒙謂相即古箱字,無竹之相,可通有竹之箱。經典中此例頗多,如服通作箙,《詩·采芑》簟笰魚服,《采薇》"象弭魚服",箋並云"矢服也"。鹿通作簏,《吳語》市無赤米而囷鹿空虛,韋注:圓曰囷,方曰鹿。皆以無竹之服、鹿,通作有竹之箙、簏。蓋造字之初,先有相字,後加竹爲箱,未出箱字之前,必假相字爲之,後既有箱字,而相之通假爲箱,遂爲本字所奪。拊相之相,爲古箱字,知者,車輿爲箱,兩夾室之前亦曰箱。此相之制,以舊圖按之,其形長方,有似乎箱之體,所以知相即箱字也。或徑圖作博局形,下用几墊之,斯失其制矣。

釋 叒
王有德

叒,見《説文·叒部》,而从己、从乙。二徐不同,大徐本作叒,撮也,从叒,从己,臣鉉等曰:己者,物也,又,爪撖取之,指事。小徐本作叒,撮也,从叒,乙聲,臣鍇曰:乙音甲乙之乙。近儒若段注、朱訓,皆从小徐。宋氏保《諧聲補逸》云:乙,烏轄切,叒,力輟切,同部相近。朱氏士端校定本云:

許書之例，形聲爲多。乙、受音近，以許書義例求之，當以小徐爲正。竊謂篆文當依大徐，从己，注當云撮也，从爪，象形。大徐以爲指事，非也，象形、指事，許書例不出字。大徐以爲从己，亦非也。小徐以爲從乙，諧聲，似乎近之，而以爪部義例求之，實未有得，何也？爪篆下解云“物落，上下相付也”，受則解爲撮，爪中加己，明是撮物之形，爪中去己，即爲物落之義。爪、受二篆，義本一貫，受字从巳、己，象物形。《玉篇·爪》部，受，力拙切，撮也，韻譜十七薛，受，撮也，力輟反。馮刻宋本二薛，受，誤从彐作𡙡，而從己則同。《集韻》受，龍輟切，引《說文》撮也，是知受字自來从己，不从乙也。段乃改受，桂又改从己爲从乙，殊不知受下次爭，曰引也，从爪、厂。造字之初，受，止从己以象物之拳曲；爭，止从爪以象物之引伸。巳非巳也，爪非厂也。自後據其相似者言，則爲己爲爪云爾。夫屈之爲己，伸之則爲爪。爭字从爪，爪非聲，受字从己，己亦非聲甚明。況爰从爪、工，爰从爪、于、工，于非聲，皆在爪部。而謂受必从乙聲，乃與許書義例合，吾不信也。不惟此也，許書以乙得聲之字，不在偏旁，即在下體。如軋，从車，乙聲。𢪛，从戶，乙聲。以此例之，受果以乙得聲，則篆當爲𠃚，否則亦當作𡙡，不得乙在爪中也。故曰以義例求之，小徐實未有得。

釋叔

白作霖

許書無叔字。《爾雅·釋詁》：“叔，息也。”郭注：“氣息皃。”段玉裁《說文·艸部》茨字注云：“叔，今不可得其左旁所从何等，字之本訓何屬，但其古音在十五部甚明。”《說文》𦣹、茨，皆以爲聲。桂氏《義證》引大徐云：叔，當是宛字之省，而聲不相近。近陽湖許氏駁之，引《玉篇》“叔，太息也”，與《說文》“喟，太息也，重文作嘳”同義，斷叔爲嘳之重文，茨爲剷之重文。然叔从又，嘳从口，于誼既不相屬。許書有茨字，無剷字，尤不應刪正篆而存重文。至朱氏則斷以叔爲喟之古文，又據耳部聵字，或作𦗿。及《左傳》杜蕢之蕢，或作蒯，謂當是貴之古文，不知貴古作𠀚，與叔篆全不相涉。且既以貴爲叔，則艸部既收菽字，即不應又出黃字，輾轉牽附，莫此爲甚。

　　蒙按：許書叔聲之字，凡三見，則本書當自有叔篆，段氏雖謂不可得其左旁何等，然其不以息爲叔之本誼，則固可想見者也。竊嘗以許書全例推之，而知此字宜補入叔部，且即以叔得義，其于左旁加‖者，疑即八之或體，用鄭珍說。八部，必，分別也，從八，從刀，刀以分別物也。蓋以刀分物，必剖而爲二，故ㄅ在中，兩旁象其八之形。今但就卨而小分，故即變八爲‖，但從‖在卨内，亦不必如介之從川有畫義，其左畫尚須嚮外也。《説文》冎，剔人肉，置其骨也。卨，列骨之殘也，叔，殘穿也。叔，又從‖，既剔之、殘之、穿之，又從而分之，煩勞已甚，《爾雅》舊注，苦勞者宜止息，此蓋叔字之引申義。郭注又以爲氣息皃，顧野王直以爲太息，斯則非也。至《廣雅》有剮字，疑即從刀，從叔省，蓋叔從又，則義系于人，故爲息。剮從刀，則義屬于物，故爲斷。此猶刀部刷，從刀，訓爲刌，又部叔，從又，訓爲飾矣。然則叔既從叔，從‖矣，將從何得聲乎？曰叔從卨聲，叔即從叔聲，卨讀若櫱，在十五部，叔，昨干切，在十四部，古十四、十五合均，此與讀爲苦怪切者之音屬十五部相合，且即以部首之字爲聲，尤與半部胖從肉從半，以半得聲之例相符。自來説者多泥《爾雅》“息也”之義，于是爲喟、爲嘖，遂遂自亂其例。自段氏始欲補入又部，王冊山又欲據《玉篇》補入欠部，然皆嫌于左旁非字，且于得聲之説不通，故蒙以爲不如補入叔部之較爲當也。

釋貀狖

胡玉縉

　　貀，狸屬也；狖，猴屬也。二字不同，物亦各異。《説文》有貀，無狖，蓋以蟲部蜼字當之。或以貀爲狖，謂狖即貀之俗體，此大謬不然者也。請先釋貀，許書豸部，貀云鼠屬，善旋。元應《衆經音義》廿一，引作禺屬，善遊，此必有誤。據《後漢·班固傳》《文選·西都賦》注，並引《倉頡篇》曰“貀似狸”，是貀乃狸屬，非禺屬。《爾雅·釋獸》疏，引《字林》曰貀，狸類，貀謂之狖，尤貀爲狸屬之切證。慧琳《音義》十三、六十，引《倉頡》貀似狸下，又有“能捕鼠，出河西”六字，惟能捕鼠，故善旋，捕鼠則與鼬相類，故曰鼠屬也。

狖从夵，爲鼠屬，猶貂爲鼠屬之比。段、桂、嚴、姚、鈕、王諸人，並謂當作禺屬，段又以善旋當作善倒縣，慎已。惟錢氏《斠詮》謂此正貓之本文，其説良是。狖爲狸屬，而郭注《爾雅》云江東呼貉爲狖狖者，狸、狐、貓、貉，類相近而名相假，亦若狸與白狐同名爲貔。王氏《廣雅疏證》致足據也。

請再釋狖，狖即蜼也。《爾雅·釋獸》《説文》蟲部，並云蜼卬鼻長尾，而高注《淮南·覽冥訓》曰狖，猨屬也，長尾而昂鼻。即蜼字之訓，是其義相同。又云狖讀如中山人相遺物之遺。而郭注《西山經》曰蜼，獼猴屬也，音贈遺之遺，其音又相合。元應《音義》六，云：“狖，古蜼字。”此必有本，最足依據。段以狖爲狖，謂蜼、狖古今字，則失諸千里矣。推段氏諸人之失，既誤於元應引作禺屬，尤誤於元應所引倉頡文，試誦其文曰：“狖似貓，搏鼠，出河西，似獼猴而大，倉黑色，江東養之搏鼠，爲物捷健也。”既曰似貓，又曰似獼，義不可通。錢氏《斠詮》因謂不似倉頡文。蒙謂此實倉頡文，特屬兩處，而元應誤記爲一。似貓云云，狖字訓也；似獼猴云云，狖字訓也。下“搏鼠”二字爲衍文。觀郭注《爾雅》及《中山經》云：“蜼似獼猴而大，黃黑色云云，江東人亦取養之，爲物捷健”可證。蓋古人引書，不必檢閱原文，故有此誤。總之，狖、狖相亂已久，班固稱猿狖失木，二李並引《倉頡篇》狖似狸，又何惑乎元應，而段氏等不能是正也。《廣雅》：貒，狖也，狖，蜼也，分舉畫然，此足明狖自狖，狖自狖，而以狖爲狖之俗之非。

釋狖狖

鈕永建

《説文》有狖無狖，近段氏玉裁、王氏筠，謂“狖俗作狖，蜼也”，此以狖、狖爲一。張揖《廣雅·釋獸》則以爲二，云：“貒，狖也；狖，蜼也。”蒙按：段、王以狖爲蜼，正本《廣雅》，古義多與之合，説自可據。獨《廣雅》以狖、狖爲二，而段、王一之，則有可疑者。竊謂張揖作《廣雅》，去許君時未遠，自當有見。段、王通之於數千年後，所據者不過唐、宋以後之説，不得以彼易此。況《説文》夵部狖注之“鼠屬，善旋”，與蟲部蜼注之“卬鼻，長尾”，又略不相涉。此自當據《廣雅》正之也。

今按：以豸、犾爲二，其說雖僅見《廣雅》，然考之於古，尚有他說可證者。《類篇》引《字林》云“豸，獸名，仰鼻長尾”，此豸即蜼也，即段、王之所通以一者也。然《爾雅・釋文》引《字林》云“豸，謂之犾”，以釋郭注犾狻義，則此豸又爲犾狻矣。二引並出《字林》，而一爲獼猴之屬，一爲犾狻，各異其說，是《字林》明爲二字，《類篇》誤犾從豸，遂與豸字不別，吕忱當一爲豸，一爲犾也，此其可證《廣雅》者一也。

又《一切經音義》二十一引《蒼頡篇》云：“豸似貓，搏鼠，出河西。”《音義》所引此，下尚有語云：“似獼猴而大，蒼黑色，江東養之搏鼠，捷健。”按：既云似貓，又云似獼猴而大，語甚不類。《一切經音義》八，引《字林》：“蜼，餘繡反，江東名也。又音餘季反，建平名也。似獼猴而大，黑色，江東養之捕鼠，爲物捷健。”據此，然後知二十一所引後半，乃《字林》蜼字注，宜其與豸注不合也。近王念孫《廣雅疏證》述《一切經音義》所引《蒼頡篇》，自“似獼猴”以下無之，節省甚當。今從之。貓，狸屬，《爾雅》以狸貓爲同類，則《蒼頡》此豸亦謂犾狻也。又《文選・西都賦》“猿豸失木”，李善注引《蒼頡篇》云“豸似狸”，《後漢書・班固傳》章懷注，於此亦引《蒼頡篇》“豸似狸”，此與《音義》所引歧出。考班語，猿豸連文，自謂猿屬之豸，注不應引似狸者釋之。竊謂狸當作貙，《太平御覽》引《異物志》云：貙之屬捷勇於猿，鼻微倒向上，尾端分爲兩條，天雨，便以插鼻孔中。其說與《爾雅》蜼注正類，據此，則貙與蜼同，故《蒼頡》云豸似貙。貙、狸形近，傳寫易誤耳。《蒼頡》本以爲二物，故一從豸，一從犭，文互異而說之詳略亦不同也，此其可證《廣雅》者二也。

由此觀之，則魏晉以前，皆以豸、犾爲二，古義昭垂，自當確信無疑矣。《玉篇》以豸犾皆爲猿屬，《廣韻》謂犾亦作豸，二書爲唐宋人所增改，已非原本，不可據。然據《廣雅》，豸是狸屬，而《説文》云“鼠屬，善旋者”，何也？曰：無疑也，《廣雅》云“狻，犾也”，《説文》豸部無狻字，《玉篇》豸部狻，犾狻也，或作夔，《廣雅》亦云“狻，犾也”，據此，則狻即狻，犾即夔。《説文》夒部：“夒獸也，似狌。”狌，嚴可均《校議》謂狌狌，當作猩猩。按：猩猩如人，禺屬。夒字從禺，禺屬何取而名。段玉裁據《玉篇》《廣韻》，謂似狌狌，當作似狸，形近而誤也。蒙謂似狌狌當作似狌，今本誤衍一字耳。《集韻》狌，息正切，鼠屬，或作鼪。考《爾雅》郭注，鼬似貂，赤黄色，大尾，啖鼠，江東呼爲鼪，是狌即鼬也。鼬，《廣雅》謂之鼠狼，鼠狼尖鼻銳首。狭狭，據《爾雅》注，爲貁類。《説文》貁似狐，狐亦尖鼻銳首獸也，則夒形與鼬適類。《莊子・秋水篇》云“捕鼠不如狸狌”，狸狌皆善捕鼠，惟狸方口圓首，狌尖鼻銳首，夒善捕鼠，既如狸而尖鼻銳首，則與狌實類，故《説文》謂夒似狌也。又《墨客揮犀》云：“貁，狀似兔，狭狭類貁。”故《説文》狭，從臽，作夒也。夒似鼬，鼬，鼠屬，故《説文》以貁爲鼠屬，《廣雅》亦以“狭，狭也；夒，狭也”連文。蓋貁屬、鼠屬，皆似兔，特貁大而鼠小。狭如兔而小於貁，爲鼪鼬之類，故許君不謂貁屬而謂鼠屬也。其云善旋而不云善搏鼠者，凡狸狌善搏鼠，皆以其旋轉便捷，非善旋不能善搏鼠，言善旋，而善搏鼠之意已該也。

由是而言，《説文》貁字解，固有可考。《廣雅》之以貁、狭爲二，其又何疑？然段、王知據《廣雅》證狭爲夒，而不據以證貁狭爲二者，蓋以元應《音義》引《説文》鼠屬爲禺屬也。不知元應此引，固屬難據，《説文》傳本皆作鼠屬，惟元應引作禺屬，已是孤證。又其引《蒼頡篇》“貁似貓，搏鼠，出河西”，此明狭狭之貁，而元應與《字林》夒注“似獼猴而大，蒼黑色，江東養之搏鼠，捷健”數語同引，既誤夒爲貁，而似貓與似獼猴並稱，又曾無別白，是其於此二字，但知貁爲夒，尚未識貁有狭狭之義，而任意竄亂舊文，以就己説，則其引《説文》鼠屬爲禺屬，又安足據乎？段、王信其説，亦千慮之一失耳。近人以二君意同，不敢輕議。間有取《廣雅》義正之者，亦泥於禺屬字，必曲證貁亦爲禺屬。夫以穴獸爲禺，古義無之。《後漢書・馬融傳》，寓屬單承上蒼夒元猿，與木産語儷，自指猿玃之類，於穴獸何與？章懷誤讀《爾雅》，臆造此誼耳。蒙故闢之，用《廣雅》申許君“鼠屬，善旋”之説，至穴旁之涉尤冗，近人已言之能詳，故不贅。

釋單篆

范　蠡

《説文》叩部，“單，大也，從叩、甲，甲，衍文。叩亦聲，闕。”蠡按：古篆單作甲形，本無一定，許云闕者，不能定其爲何字也。單爲形聲兼會意字，故曰“從叩，叩亦聲”。其訓大之義，即從叩而得。叩訓驚嘑，驚呼之聲必大。

叩部蒙凵，凵訓張口，張即張大之張。單字列於叩部，而訓爲大，自義之至當不易者，何必如懋堂説，增一言字乎？單字舊訓，絶無與言關涉者，至王氏《釋例》，據《釋山碑》戰字作戰，及諸鼎彝器文，單字之叩，皆作🐚，遂謂字本作🐚，小篆整齊之，作屮、卯，即車前兩馬形，因詆祭酒收單入叩部爲非，此大繆也。單義訓大，即從叩生，不入叩部，大於何得？且冊山明明引《穆天子傳》囝單字，以爲單字名車之證，與鐵橋《校議》謂甲從車省之説略同，是以甲爲車也。以甲爲車，則更不當以叩爲車前兩馬形，何也？車字之爲象形字，是象橫視之形也。形作𦘒，中之方者輿也。橫貫者，軸也。兩旁植者，輪也。輪外之稍出者，曹也。形與車體甚相肖。《積古齋》所載商器款識，有奕車、觚車，字作𦮩，其下半之象輿及兩輪，形甚明顯。其上半之𦒳者，輈出輿前者也。◡者，衡也。❨者，兩馬形，即《輿人》注所謂衡長容兩服也。王氏以卯形，指車前兩馬，則必將甲字作橫形而後可，不然其疑終不可釋也。嚴氏所據鐘鼎彝器，單字有𩊚、🐚、𩎕數形，祈字有𩎔、𩎘、𩎙數形。王氏所據亦有𩎢、🐚、單、𩎕數形。今以《積古齋》所録考之，復有𩊧、從單尊。🐚、單父丁彝。Υ、單冏父乙鼎。🐚、雞單彝。🐚單從彝。數形，是單字下半之甲，王、嚴祇舉其似車者言之，若𧰼所考得四體，又不純是從車省，是下半之甲無定形也。甲既無定形，而許必執一以實之，則是鑿矣。此許書之慎也。鐘鼎彝器銘中，單字甚多，許於郡國所得，當亦略見數體，如可深信不疑，亦何必姑設疑竇以闕其形乎？則王、嚴之所謂從車省者，亦在許氏所棄之説矣。至朱氏駿聲謂從𦾔省，以《淮南·天訓》高注爲證，不知高氏明明云"單，盡也"，是已爲單字立訓矣。下又云"陽氣推萬物而起"者，是釋單闕之後義，本未嘗以推詁單也，其誣甚矣。

釋𠱸古文鹵

孫 徵

《説文》口部，𠱸，古文鹵。許君不言所从，其于𠱸下云："山間陷泥地，从口，从水，敗兒，讀若沇州之沇，九州之渥地也，故以沇名焉。"是許以山間陷泥地釋𠱸，又以九州之渥地況𠱸。玩許君讀若二字，明沇與𠱸異，一爲山間之渥地，一爲九州之渥地，義各有別，則其字之不同可知。然水部沇下，又有古文，據大徐本當作㕣，據小徐本又作㳂。案：㳂與下文㳂相複説，固未是，而其作㕣者亦非，蓋後人見口部㕣下有沇之説，因以㕣字誤補沇下。如謂沇，古文本㕣字，將㕣之古文爲㳄、沇之古文，又爲㕣，許君何不于沇下而補古文㳄乎？則知㕣與沇二字明爲兩義也。㕣之義得矣，而其所以爲古文㳄者，則要未知所從也。段懋堂謂下從谷，上從列骨之殘冎字，冎象水敗皃。

　　案：其説似亦可通，然谷部明有㳄字，與㳄字祇多一畫。㳄，從卪、谷，卪謂深穿，谷謂通川，故許謂㳄，深通川也。而許于此篆下則云山間陷泥地，謂陷泥地，是其水甚淺，與深通之意相反。無論㳄少一畫，而從卪谷之字既不異，則亦未必大相反若斯也。于以知或從卪、或從谷者之斷非此字義也。大徐謂從冎省，案：冎從半冎，是與卪同意。近桂氏又謂當作㳄卪，古文從卪，是亦取卪之意，説皆未合。蒙嘗即許君之所以釋㕣者，思之恍然，知此㳄字，上當從𠓜，從卜者，轉寫之譌也。㕣于從㬪，㬪聲，㬪、㕣同在十四部，古音相近。説文𡶏字，從㬺，人在穴上。㕣字從𡶏，正取人在穴上之義，何以言之？許釋㕣篆云“山間陷泥地”，地以從口而言，段氏謂指山間，蓋望文生義，非許旨。陷泥以從八而言，而山間似無所指及，即古文合之，然後知許君之爲此注者，實即古文以釋篆文也。𡶏，從人，在穴上，嚴亦穴也，見㬺下。故謂之山間，且人在穴上，是明有陷之者，故又謂之陷泥地。段氏謂爲洎泥地固非，即或以陷作坑阱言，亦未是。此不惟于許君之説渙然冰釋，而𡶏從㬺，省卜爲𠓜字之譌者，亦有以斷其必然矣。賴有許君之注，俾後之人沿流溯源，即形義以求之，而猶得古文之真焉，豈非大快乎。

釋《説文》牛馬字義

白作霖

　　許書説解，大氐先字義而後形聲，此正例也。其字義有不待説而自明者，則以雙聲疊韻之法説之，如天，顛也，帝，諦也之類。是亦有字義寓於象形中，而説其假義與其餘義者。如羊，祥也，下云從丫，象四足尾之形；龜，舊也，下云從它，龜頭與它頭同，𪚊，象足甲尾之形，是此變例也。然祥從羊聲，字得通假，龜千歲而靈，有久義，段注：舊即久也。此猶訓之可顯見者，故人不覺其爲變例。若牛部，牛下云：事也，理也，象頭角三封尾之形；馬部，馬下云：怒也，武也，象馬髦尾四足之形。驟閱之，既與字義不相通，且于象形之旨不屬，則尤例之變者，而事理之訓，較武怒尤爲難憭，故後人于牛篆下增益尤甚。二徐本作牛，大牲也。牛，件也，件，事理也。鍇曰：件，若言物，一件、二件，大則可分也。桂氏即援以解事理之義。如其説，于許書本文既嫌屢雜，于事理之義亦嫌迂曲，王氏筠駁之是也。唯王氏即以大牲句爲其原文，則殊未確。夫牲可以名牛，而牛要不得即訓爲牲。《周禮·膳夫》膳用六牲，注謂馬牛羊豕犬雞也。是羊馬等亦謂之牲明矣。如許君果于牛下有大牲句，亦何以解于馬下獨無乎？段懋堂據馬字下例訂之是矣，惟其所説字義則猶有未達一間者。

　　竊嘗就其例推之，以爲《説文》既爲字書，則義當從字出，事理諸訓既屬以形得義，當亦以義説形，有非尋常聲訓之例所可概者。何以言之？牛篆下云象頭角三封尾之形，段注上三歧象兩角，與頭封謂肩甲墳起之處。王氏謂中出者，象項領形，其中畫即象後足，此説殊謬。彼云牛爲物大，爲人兩目所不能攝，故袛見其後足，則冢如野牛，亦大物，篆又何獨象其頭尾四足之形。且如彼説，以中出爲項領，則牛角豈生于項者與？蒙謂此肩甲墳起之處，即服軛與負物之處，凡牛之任耕與任重者，皆以肩承之。故許君以一介其處，象其肩封之形，形成而義即具，故又明其義爲事，段注所謂能事其事是也。理即牛角之鰓理。《六書通故》云《考工記》三色不失理，謂之牛戴牛。三色者，謂本白、中青、末豐；牛戴牛者，謂牛所戴角不失理，是也。先鄭注謂角直一牛，似非。蓋牛之字形，唯于封與角特詳，故事理之訓，即從此出，此以形得義之可見者也。至馬字之義則尤易瞭。馬篆當則視之，象其疾走形，王氏謂牛馬皆象立形，非也。疾走髦豎，故有怒意，此與豕部豙爲豕怒髦豎，毅從之即有妄怒義一例。其又得爲武者，猶毅之得爲剛矣。

　　要而論之，牛馬諸文爲因形得字，事理諸訓又爲因字得義。段氏雖未知形義相附之義，其注牛字於事字，謂能事事，其義自正。于理字，引庖丁解牛依乎天理爲説，未免迂曲。至桂氏解馬字，引《左傳》怒馬，及杜注，司武之可通司馬，則又聲音假借引申之後義。其實有此形，即有此義，有此本義，即有此餘義，而聲訓乃从而定之。自來説許書者，由不知《説文》有因形得義與以義説形之例，而概以本義引申之説求之，于是必先出本訓，而餘義乃從而相附，無怪其于牛下，必添大牲、牛件等字，而始與事理之訓相屬。斥二徐。于馬下，必以爲武獸，而始與怒之訓相屬。斥顧氏《玉篇》。此與鼁下任絲也，據孫、鮑及汲古初印本，朱鈔小徐本並同。本屬疊韻相訓，而後人必改爲吐絲蟲者，汪刻小徐本、汲古改本如是。可謂同一紕繆，是真許君所謂玩所習蔽希聞者，故敢就許君之意，推廣其引申假借之例，而明形義之相附如此。

脄目解

繆　楷

《説文》女部，媚，夫妬婦也，从女，冒聲。一曰：脄，目相視也。脄目二字，此書僅見。故徐鍇《繫傳》但引《史記》妬媚生患，以證妬義，而不爲脄目作解。段玉裁求其説而不得，遂謂脄當作怒，又云：“目部云眣涓目也，脄目或眣目之誤。”又云：“脄當作侮，謂目相侮也。”紛紜糾葛，迄無定説。苗氏夔《説文校勘記》，洪氏頤煊《讀書叢録》並引《玉藻》“視容瞿瞿脄脄”，鄭注“不審視也”爲證。

按：此説固得之矣，然又不知《玉藻》之脄脄，與《説文》之脄目，義雖同而猶有微辨。蓋脄目之脄，即後出之眛，古無眛字，故許於目部不列，而於媚字，《説解》作脄。《字林》云眛，微視美目貌。依《字林考逸》肉部説。蓋眛之爲言微也，故訓爲微視。脄目相視，猶言微目相視也。不曰微目而曰脄目者，以脄兼美目意也。媚字本義爲夫妬婦，別義爲美目之微視，故許更列一曰以別之。若如段説，則與嫉妬同説矣。《玉藻》之脄脄，孔氏正義云：脄脄，猶微微，謂微昧也。孝子在喪，所視不審，故瞿瞿脄脄然。是彼爲喪中哀痛之形，所視不審，並無美目之可象，特其視有類於美目之微者，故假脄脄言之，猶瞿爲鷹隼之視，喪視驚遽似之，亦假瞿瞿言之也。美目之視微，喪容之視亦微，至有病之目所視更微，《集韻》以眛爲目病，又微視引申之義也。

梅目解

秦勳震

《説文》："媚，夫妒婦也，从女，冒聲。一曰梅目相視也。"諸儒多不解梅目二字，往往以梅字爲譌。鈕氏匪石云：《解字》無梅目二字，《繫傳》有之，《韻會》作"一曰不相視也"，蓋不解梅字而改。據《玉藻》"視容瞿瞿梅梅"，鄭注"不審貌"，則梅當不誤。此説甚確。近之申鈕説者，如洪氏頤煊又據《玉藻》正義："梅梅，猶微微。"以梅目爲微目。其駁鈕説者，如王氏筠説："《玉藻》視容梅梅，乃重文。"形容之辭，豈可單用一梅字？且是喪容，與從女字無涉。勳震謂申者固未是，駁者亦未當也。《正字通》云："古《尚書》昧昧與梅梅、媒媒、每每同聲。古人以聲狀義，類如此。"則是《禮》言梅梅，猶《書》言昧昧也。《秦誓》"昧昧我思之"，傳云"昧昧不明也"，與鄭注梅梅"不審貌"正合。考《書》中單用一昧字者，訓多與昧昧同。則單用一梅字，自亦與梅梅訓同也。豈得謂梅梅之義，不可用一梅字當之乎？梅即古之昧字，古時字少，多以音同者通用。梅目相視，此必古語，許氏蓋因之未改也。後人不達梅字之義，妄謂誤字，謬矣。若段氏改梅爲怒，又改爲眛，又改爲侮；王氏改梅爲媚，皆臆斷不足據。

卷五

隸古定考

王兆芳

漢孔壁書出，或剥爛難明，或奇奧難解，時儒以隸定古，爲隸古定，凡壁書皆然，而以《尚書》《禮》《周官》爲最著。《史》《漢》並云孔氏有古文，安國以今文讀之，此真古文之隸古定。唐陸氏、孔氏誤信僞《尚書》序所謂隸古定即在僞書，後人猶仍其舊名，非也。然孔氏書及注本並無完書而無例可尋，當以《禮》《周官》先定其例。《聘禮》注："古文資，作齎。"而《外府》注："先鄭云齎，或爲資，今禮家定作資。"後鄭云："其字以齊次爲聲，從貝，變易古字亦多。"或繹其誼，或，即古字之或，在《周官》爲故書或，在《禮》即爲古文或，而同爲禮家變易之隸定。齎資以外，如《士喪禮》醫用組，注"古文皆作措"，仲師《周官》注引作檜，以古文爲梧柏之梧，從木，而校以醫筓醫髮之文，遂以形定爲醫髮之措，從手。大史協事，故書協作叶。杜子春云：叶，協也，書亦或爲協，或爲汁。叶、協音義同，叶、汁形相近。《聘禮》注："古文纊，或作藻，今文作璪。"《弁師》司農注："纊當爲藻，纊古字也，藻今字也。"是古文或作之藻，即隸古所定今字，而與今文之璪異，藻乃就璪而定之也。《禮》《周官》之隸古定，爲古字之或，例皆如此，明乎此，而可以求《尚書》之隸古定。

孔氏之定本，即從壁中古文而定以隸字。《史》《漢》與馬、鄭本多用今文，而初不盡用古文。遷從安國問故，固亦讀蘭臺書，馬、鄭雜今文，而鄭受古文於張恭祖，問於馬融，又注壁中書序。特非完書無顯見之定例。許慎作《説文》，雖間合今文，而自遵孔氏古文，與隸定本並録。則欲考隸古定之法，必以許書爲樞紐，參以《史》《漢》諸書及馬、鄭本，而其例乃明。《虞書》"肆類于上帝"，《説文》𣟃下，𥾝，古文𣟃，《虞書》曰"𥾝類於上帝"，是𥾝爲壁中古文，而《五經異義》《古尚書説》作"肆類於上帝"，則肆亦古文，與史、漢作"遂"之今文別，肆，蓋因𥾝而定之，馬鄭本作肆，顯系隸定。《夏書》"唯箘簵楛"，《説文》"簵"下："《夏書》曰唯箘簵楛"，又簵，古文簵，從輅。枯下，《夏書》曰唯箘輅枯。簵下所引與《史記》同，系今文，枯下所引，乃壁中之古文，而簵之古文簵，當是用今文之簵以定古文之輅，馬、鄭本作簵，鄭注《考工記》，亦引作簵，蓋隸古也。《商書》若顛木之有由蘗，《説文》櫱下"《商書》曰若顛木之有𤲵、蘗櫱"，或从木，薛聲。又疊𣠁枿兩古文，櫱，蓋今文作蘗者。今文之或本枿，當爲壁中古文。觀𤲵下又引《商書》曰"若顛木之有𤲵枿"，並云古文言由枿，枿與枿形近，許謂古文言者，必是古文家以枿定枿而言，作由枿，因古文枿之難讀也。馬本作枿，從隸古定也。《尚書》之隸古定皆如此類，蓋以今文讀古文，不必盡易以今文，此隸定之例也。

對陸德明《釋文》問
吴　脁

　　陸德明《周易釋文》所引師説，或説爲淮南九師之訓，然其書於王弼注下云：今本或無注字，師説無者非。其人在輔嗣後，非謂九師可見。陸氏言今本，係當時所見本，師説亦考正今本。蓋陸氏並時人則師者，陸氏之師可見。然人多據新舊《唐書》，謂即陸氏初從學之周簡子，其説亦非。《釋文》中引周説凡四，而不見其名。敘録所述易解，惟簡子一家，則《釋文》所引爲簡子説無疑。如師説屬簡子，而篇中或舉其氏，或稱爲師，無此體。又《井》卦釋文，周云井以不變更爲義，師説井以清潔爲義。《繫辭》下釋文，鄭云爻辭也，周同師説，通爲爻卦之辭也。以簡子説與師説連引，益見師之非謂簡子也。《陳書·儒林傳》張譏教授《周易》《老》《莊》，吴郡陸元朗、朱孟博等皆傳其業。德明《易義》授自張譏，是《易》釋文所引師説，定是譏言。譏有《周易義》三十卷，孔正義每引其説，《釋文》引張氏有張璠、張軌，不見讖名者，爲師説故也。

《釋文》自序云：癸卯之歲，承乏上庠。論者謂是陳後主至德元年，其説確也。陸氏在陳，據《舊唐書》解褐爲始興國左常侍，遷國子助教，始興王伏誅，在至德前一歲，宣帝太建十四年也。以始興國除，因於明年遷德明國子助教，則與“癸卯歲承乏上庠”之語正合。《唐書》削去遷國子助教一節，本非。有謂此係貞觀十七年之癸卯者，尤爲譌謬。況《舊書》德明貞觀初拜國子博士，尋卒。又《玉海》四十二，引舊史注云：一本云貞觀十六年四月甲辰，太宗閱德明《經典音義》。德明貞觀初已卒，貞觀十六年，太宗已見其書，安得云自序之癸卯謂貞觀十七年也？然所謂癸卯者，僅陸氏自溯其作書以前之事，而書成在何年，三十卷之本刊定於何時，則不言。考《隋書・經籍志》：“《周易》並注音七卷，秘書學士陸德明撰。”秘書學士爲德明仕隋之官，以成書在隋，故從隋官。《周易》並注音，即《釋文》兼釋傳注之體，今《易釋文》只一卷，蓋德明爲《釋文》，創始於陳，入隋後，遂成《周易音》七卷，後又以七卷之書太繁，乃另刊爲一卷，而以七卷別行。是勒爲今本三十卷之書，其體例實定於隋時。《隋志》有《易音》，無《經典釋文》。又《唐・志》有德明《周易文句義疏》，《舊書》本傳有《老子疏》，《隋・志》皆無，當皆是仕唐後始成。《隋・志》斷自隋，故不得録。然則《釋文》成書，已在唐時也。或稱成於陳時，或説定於隋代，豈其然與？

吳先正陸德明《經典釋文》采輯漢魏古本舊義爲經學之津梁，《周易音義》多引師説爲誰氏之言，《尚書音義》經後人删改果出何人之手，其書撰於何年自序未言，尚能稽其時代否

鈕永建

陸德明綜括前儒義訓，撰《經典釋文》三十卷，其所稱引，凡二百三十餘家，皆標舉姓氏，以取甄識。《周易》尤其專家之學，《音義》引有師説，獨不詳其姓氏。考德明師有二：一爲周弘正，見新舊《唐》本傳；一爲張譏，見《南史・張譏傳》。《隋書・經籍志》周、張於《易》皆有著述，《釋文・敘録》有周而無張，近人有謂師説即周説者，然《敘録》數稱周弘正，並直舉其名，

未嘗稱師，《音義》忽諱名稱師，不應前後自亂其例。又，《蠱》"有子，考無咎"，《音義》云："周依馬、王肅，以考絕句。"周在馬、王后，自指弘正無疑。而亦直舉其姓，與他説稱師者別出，則師説不指弘正明矣。按《舊唐書》德明本傳，云初受學於周弘正，善言元理，是德明於弘正僅受老莊之學，不云傳《易》。《南史·張譏傳》云："譏講《周易》《老》《莊》，而教授焉。吳郡陸元朗、朱孟博、一乘寺沙門法才、法雲寺沙門慧拔、至真觀道士姚綏等，皆傳其業。"據此，則德明《易》學實受之張譏。《易音義》云師説，自當指本師張譏無疑也。《釋文·自序》云"示傳一家之學"，條例云"余承師説，悉辨正之"。今《張譏傳》載譏所撰書，《周易義》十五卷，《尚書義》十五卷，《毛詩義》二十卷，《孝經義》八卷，《論語義》二十卷，《老子義》十一卷，《莊子內篇義》十二卷、《外篇義》二十卷，其著錄之次第，悉合《釋文》，此可證德明獨奉張譏爲家法也。《敘錄》不列譏者，蓋《敘錄》所列注解傳述人皆有成書，譏卒於隋，德明作《釋文》，時譏見存其書當未成，故不入《敘錄》，僅存其説於《音義》，以明家法所本，此陸意也。

　　《釋文》《尚書音義》用古文孔傳，今非陸氏原書。近盧文弨《釋文考證》謂宋開寶中，陳鄂刊定，此據《文獻通考》所引《崇文總目》也。今考刪改《尚書音義》者，蓋不始於陳鄂，《唐書·藝文志》天寶三載，又詔集賢學士衛包，改古文從今文，謂之《今文尚書》，此改古文尚書之始，然未嘗並釋文而改之也。《玉海·藝文類》云《釋文》本用古文，周顯德中，郭忠恕定《古文尚書》並《釋文》，此欲復天寶所改，遂並改《釋文》，郭氏本好奇，乃悉用古文奇字。宋景文筆記云《困學紀聞》引此。楊備得《古文尚書》，大喜，書訊刺字，皆用古文，此即郭氏所改之古文尚書也。又云此古文，呂微仲得本於宋次道、王仲至家，以較陸氏《釋文》，雖小有異同，而大體相類，此條互見《郡齋讀志》《困學紀聞》中。此即郭氏所改之《釋文》也。或謂此《釋文》即陸氏原書，不知古字尚書，陸氏早斥爲僞作，陸氏所用，乃宋、齊舊本，古字無幾，《郡齋讀書志》謂陸德明獨存一二於釋文而已，此可知原本音義所存古文甚尠，安得如呂微仲所較與《古文尚書》大體相類之本？其爲郭氏所改無疑。《困學紀聞》謂郭忠恕嘗定《古文尚書》及《釋文》，今本疑忠恕所定，是王應麟亦以爲郭氏改也。據此，則《尚書音義》始改於郭忠恕，郭多用古文奇字，遂與天寶本大不合，故宋開寶中詔陳鄂删改也。然考開寶删改，亦不盡出於陳鄂，《玉海》載開寶校釋文事，云開寶五年，判監陳鄂與姜融等四人，校《孝經》《論語》《爾雅》釋文，上之。二月，李昉、知制誥李穆、扈蒙，校定《書釋文》。據此，則《尚書釋文》爲李昉、李穆、扈蒙等所校定，甚明。近朱錫鬯《經義考》引舊説，云開寶五年二月，詔翰林學士李昉校定上之，詔名《開寶新定尚書釋文》，此亦以爲昉等所定。後人以爲陳鄂定者，因鄂嘗奉詔刊定《釋文》，遂以李昉等事并屬之，如唐撰《五經正義》，並屬之孔穎達，元撰《三史》，並屬之脱脱耳，未可以爲陳鄂所定也。

《釋文》不言撰於何年，近人謂其書作在陳末、未入隋以前，此據《自序》"粤以癸卯"句言也。按：癸卯爲陳後主元年，其云撰於陳末，固無可疑。然《莊子·外物篇》釋文云浙江，今在餘杭郡。考餘杭郡，隋煬帝初置，陳時爲杭州。又《人間世》釋文云有扈，案：今京兆鄠縣也。考鄠縣，漢屬右扶風，晉屬始平郡，隋時並始平入京兆，鄠始爲京兆屬縣。此二地沿革，皆非陳時所有。竊謂《釋文》一書，其始作雖在陳末，而觀成則已晚年，覈其時代，當在隋末唐初已往。《敘録》載陳時人，如《易》之周弘正，《春秋》之王元規，《爾雅》之施乾，皆不云近人而云陳，此亦成書不在陳時之一證也。

兩漢受學皆赴京師説

陳慶年

漢時受學者皆赴京師，如文翁遣小吏張叔等詣京師受業博士，翟方進年十二三，西至京師受《春秋》，光武之長安受《尚書》，任延學于長安，明《詩》《易》《春秋》，魏應詣博士受《魯詩》，如此之類，見于班、范書甚多。蓋自武帝始興太學，其時師儒甚少通經之士，皆已搜訪徵召集于京師。郡國好文學者，又令得與計偕受業太常如弟子，此其必赴京師者一也。武帝興太學，令郡縣皆立學官，所謂文學掾是也。其時視之甚輕，雖有生徒，而無黌舍，必學于太學，而後可以射策得官，此其必赴京師者二也。漢承秦滅學之後，古經出於屋壁，皆朽折散絶。郡縣無其本經，施、孟、梁丘之《易》，歐陽、大小夏侯之《書》，齊、魯、韓之《詩》，大小戴之《禮》，嚴、顏之《公羊春秋》，瑕丘江公之《穀梁春秋》，皆在太學，非至京師不能得其本經，悉其家法，此其必赴京師者三也。《古文尚書》《毛詩》《左氏春秋》皆古學，不列于學官，至肅宗詔選高才生受之，皆擢高第，非至京師，不能考其經本之異同、師說之得失，此其必赴京師者四也。

雖然，受學必赴京師，此非古意也。古者，黨閭皆有學，而士各學于其鄉。侯國皆有學，而士各學于其國。未聞其必學于天子之學。若必天子之學而後可學，則天下學者常少，而不學者常多矣。此非先王意也。然公孫弘之議年十八以上入學，則猶未甚壯也。課之以章句，則猶有所事也。一歲輒試，不中用者罷歸，則督之猶嚴，去留猶有限制也。其後員數益增，課試益弛，年歲無限，去留無制，沿至東京質帝之時，遊學日增，衆至三萬餘生，博古粗疏，無以爲教。弟子本避徭役，無能傳習。然則太學之所養者，遊士也，非學者也。游士盛，則廢講誦之業，競談辨之能，飾智驚愚，相引爲名高。公卿且折節下之，師長豈得約束之哉？至于宵小乘其瑕釁，巧爲齮齕，黨錮獄起，遂舉善類而空之。立法不善，其禍至於如此，可哀也矣。

兩漢循吏多深經術論

顧鴻閫

國家之本，吏治而已矣；吏治之本，六經而已矣。舍六經，無所謂學；舍學，無所謂循吏。此古今不易之理也。三代以上，親民之官，皆賢人君子爲之。人才興於上，風俗美於下。降及後世，其惟兩漢有此風乎？漢承暴秦滅學之後，典籍蕩然，禮教幾不可復作，然自文景以還，習《詩》《書》者頗亦有焉。君上迫於用人，通經之士乃得以察舉而爲縣令、爲郡守，書缺有間矣，其詳不可得聞。然如班、范兩史所載，諸循吏大半以經術起家，跡其居官行事，在在與六經相表裏。四百年間，後先相望于冊。君子讀史至此，不以爲吏治之盛，而以爲經術之深者，良有以也。雖然，吏治固原于經術,而經術尤以禮教爲亟亟。今考西京自文翁、朱邑而下,東京自衛颯、任延而下,皆以禮教爲之倡,天下乃靡然從之,誠以禮也者體諸身心,見諸行事,而不可以緣飾假借爲也。否則,兩漢之世,酷吏如嚴延年、李章、黃昌者流,何嘗不負一時通經之譽,卒致所學如此,所行如彼,名爲通經,實畔經耳。論者不覈名實之所在,徒以假經文奸之輩禍延天下,遂謂經術不足以圖治,庸非妄乎? 總之,六經爲吏治本原,而禮教尤爲六經大要,彼兩漢循吏所爲,固已章章如是矣。有志之士,尚亦知所從事哉。

讀《漢書·西域傳》

胡玉縉

西域之通,自漢武始,至我朝,而版章日擴。新疆已設爲行省,由是遊其地者,記載益多。讀《漢書》者,考證亦益確。如徐松之《西域傳補注》,李光廷之《漢西域圖考》,洵乎煌煌鉅制,卓絕千載焉。間嘗蒐輯群言,以讀孟堅之傳,而後知傳中之誤,良非一端。有脫文,有衍文,有闕文,有譌字,有字異而音近,有既譌而復脫,有班氏本誤者,有顏注誤解者,亦有爲近儒沿誤而未正者,試陳其略。

如蒲昌海一名鹽澤者也,去玉門、陽關千三百餘里,廣袤三四百里,見《水經·河水注》及《西山經注》,今脫“千”字、“四”字,見王氏《讀書雜志》。鄯善至墨山國,今無墨字,《王志》。墨山國王治墨山城,見《水經注》而今但有“山國王”三字。《王志》、董方立《水經注圖說》殘稿。罽賓有市列,即漢紀之有市肆,而今無“有”字。今悔過來順,見《後漢》傳注,而今無“順”字。《安息傳》有大馬爵,《漢紀》作大馬大爵,而今少一“大”字。《大月氏傳》老上單于殺月氏王,見《張騫傳》,而此少一“王”字。烏壘治烏壘城,見《水經注》,而今止有“烏壘”二字。徐氏《補注》。渠犂匈奴困敗,《漢紀·孝武紀》“匈”上有“曰”字,而今無之。此皆《西域傳》之脫文也。

如北道西踰葱嶺,則出大宛、康居、奄蔡、焉耆,景祐本無“耆”字。《罽賓傳》陰末赴鎖琅當德,琅當即鎖,不當有“鎖”字。《王志》。又曰凡中國所以爲通,厚蠻夷,愜快其求者,爲壞比而爲寇也。本無“以”字及“也”字。

《通考》徐松補注云"俗本寇下有也字"。《烏孫傳》南與城郭諸國相接，"相"乃後人之所加。以肉爲食兮酪爲漿，"以"乃《文選》注之所無。公主與烏孫男女三人俱來至京師，狐胡國王治車師柳谷，《御覽》所引，並無"烏"字、"師"字，以上俱詳《王志》。此皆今本之衍文也。

依耐國王治，難兜國王治，治下皆當有城名，而《傳》無之。《烏孫傳》賜金二十斤采繒，采繒亦當有匹數。《傳》又無之。並《王志》。此皆《傳》之闕文也。《罽賓傳》好治食，"治"當作"酒"。《安息傳》書革旁行爲書記，上"書"字當作"畫"。《大宛傳》其地皆絲漆，"皆"字當依《通典》作"無"。狐胡國，"狐"字當依《御覽》作"孤"。《傳贊》乃表河曲列四郡，"曲"字當依《後漢書·西羌傳》作"西"，宋祁曰：新本西作四，"四"字疑"曲"字之誤，今乃有作列西郡者，尤不可通矣。故能睹犀布、瑇瑁，"布"字當依《漢紀》《通典》作"象"，乃《御覽》引作"布"，則已誤矣。《王志》。此皆字之譌者也。

焉耆國王治員渠城，錢氏《考異》云員渠即焉耆之轉，與尉犁國王治尉犁城，危須國王治危須城，初無異也，是焉耆、員渠字異而音近也。無雷國王治盧城，"盧"蓋"雷"字之譌，而上又脫無字。《王志》。烏壘南至渠犁，按諸輿圖，"南"當爲"東"字之譌。董說。據《水經·河水注》渠犁下云西北去烏壘三百三十里，則當作東南爲是，此今本之既譌復脫者也。《大月氏傳》五曰高附翎侯，據《後書》高附未嘗屬月氏，此以爲五翎侯數，非其實也。《十七史商榷》。西夜國王號子合王，西夜與子合是二國，《後書》云西夜國，一名漂沙。《漢書》誤云西夜、子合是一國，子合國居呼犍，谷蔚宗以此糾《漢書》之違，齊召南《考證》。是班傳之本誤者也。

漢使西域者益得職，得職，謂得其職，當如胡三省之說。師古乃解爲得拜職。不當孔道，孔道猶言大道，當如王懷祖之說，師古乃解爲穴徑。《大月氏傳》共稟漢使者，共稟謂供廩給，當如王西莊之說，師古乃解爲同受節度。《烏孫傳》，《後書·昆彌》云昆彌，即昆莫，彌、莫聲相轉，當如錢曉徵之說。師古乃解爲昆取昆莫，彌取驕靡。此皆顏注之誤解也。

若夫徐松《補注》以西夜國王號子爲句且，據《後魏書》云其王號子，治呼犍。謂號子者，其王之稱。果爾，則西夜王名號子，所居之谷仍與子夜同,豈有二國之王而同居一谷者乎?徐氏《管城碩記》云西夜國王號爲句子合王,治呼犍谷爲句,説與《後書》合,而《補注》反非之,不知證以范書,乃因《後魏書》誤於號子斷句,已又沿其誤而不覺耳。若李氏光地以捐毒爲身毒,《商榷》取之齊氏《考證》,亦云《後書》傳之天竺,即此傳之捐毒,其説皆本顔注。《無雷傳》注云,捐毒即身毒,天篤也。豈知捐毒至疏勒,南與葱嶺屬,是在葱嶺北。而天竺則在雪山南,無雷北與捐毒接,國正在葱嶺間。乃以無雷、烏秅、西夜、子合諸國南之天竺當葱嶺北之捐毒也,不亦慎乎?非皆沿小顔之誤乎?

若鄯善,西北去都護治所千七百八十五里,至山國千三百六十五里,《水經·河水注》引作:至墨山國千八百六十五里,王志謂"本傳八作三,未知孰是"。竊謂鄯善在今安西州敦煌縣西,羅布淖爾南,都護治烏壘城,在喀喇沙爾,西策特爾、車爾楚兩軍台之北,墨山國在庫勒爾東南濱塔里木河。董方立説。按諸輿圖,以鳥道計之,自鄯善至烏壘,幾四五百里,至墨山國,不過二三百里。豈有去都護之數反近於墨山者乎?"八"字之誤甚明。考《水經注》朱箋本,"八"字作"三",戴校云:"八百,近刻誤作三百。"趙本亦改爲八。是以不誤爲誤,而反改之使誤也。蓋亦未之考耳。

又,條支有大鳥卵如甕,據班固《兩都賦》,其中有九真之麟,大宛之馬,黃支之犀,條支之烏,則鳥卵當作烏卵,説本《儆居集》。而《補注》曾未之及,此皆近人沿誤而未經是正者也。至於各國所在,考其沿革,釋以今地,圖考詳矣,兹不縷及。

《漢·地理志》都尉治補遺

金 鉽

漢制,郡置太守、都尉各一。邊郡有一郡置三、四都尉者,則以五部屬國等名爲之別。《後漢》建武六年,始省其官。後有復置者。總之,都尉固各有治所也。今按《漢書·地理志》,言都尉治五十九郡,不言都尉治者尚二十四郡,明是漏書。王氏鳴盛《十七史商榷》嘗論之,以爲京輔都尉見《趙廣漢傳》,河東都尉見《成帝紀》《薛宣》《張湯酷吏傳》,穎川都尉見《息夫躬傳》，弘農都尉見《枚乘》《尹翁歸傳》，上黨都尉見《杜周傳》，河内都尉見《酷吏傳》，金城都尉見《趙充國傳》，此七郡皆當有都尉治，《志》漏書。蒙按：《商榷》言是矣。然地志之漏書都尉治者，尚不止此數郡。又所稱惟京兆尹之華陰，金城郡之金城，有治所，金城尚誤考，見後。餘闕不言，不能補地志之遺也。漢制，都尉治所在縣，而官則以郡稱。如東郡都尉治東阿，而《吾邱壽王》《貢禹傳》，但稱東郡都尉。汝南都尉治女陰，而《杜詩傳》但稱汝南都尉，此類不可枚舉。其有治所可考者，惟太原都尉治廣武，見《功臣侯表》，爰類以都尉治廣武。南陽都尉治鄧，見《翟方進傳》，翟義以都尉行太守事，收宛令，送鄧獄耳。地志外，無言治所者，宜其難也。茲以《漢書》表、傳，及《後漢書》《水經注》《華陽國志》《太平寰宇記》《兩漢金石記》爲本，得可考者若干條，補書各郡下。其無所徵信者闕之。

京兆尹　華陰京輔都尉治

《宣帝紀》建昭三年夏，令三輔都尉、大郡都尉秩皆二千石。《十七史商榷》引百官表，元鼎四年，更置二輔都尉，謂二乃三之譌。不如據《宣帝紀》之言，可無須再引何義門説改正。是三輔各有一都尉也。《宣帝紀》京輔都尉臣廣漢，《田叔傳》拜爲京輔都尉，《王尊傳》守京輔都尉，《百官表》有京兆都尉甄豐，是亦可名京輔爲京兆也。《後書・趙岐傳》有京兆虎牙都尉，則非前漢制。是皆京輔有都尉之明證。其知爲治華陰者，《三輔黄圖》云京輔都尉治華陰，師古注：《宣帝紀》亦用是説。

弘農郡　新安函谷關都尉治　商都尉治

《武帝本紀》元鼎三年冬，徙函谷關於新安，以故關爲弘農縣，則函谷關在新安明矣。考杜業、《杜周傳》。辛遵、《辛慶忌傳》。車千秋之弟、《魏相傳》。張敞，本傳。皆嘗爲函谷關都尉。《後書・陰識傳》亦云以關都尉鎮函谷，然則新安當有關都尉矣。巴郡魚復縣有江關都尉，故知《地志》當書關都尉。

《枚乘傳》景帝召拜乘弘農都尉。《地志》言弘農置郡，在武帝元鼎四年，則景帝時似不應有弘農都尉。於是《三史拾遺》疑之，謂漢初弘農當屬河南郡。乘蓋爲河南都尉,而治弘農。蒙按:《武帝紀》元鼎三年,徙函谷關於新安,以故關爲弘農縣。四年,置弘農郡。據此,則未徙關以前,尚無弘農之名,安得謂河南都尉治弘農乎?枚乘之官疑是函谷關都尉,後追書爲弘農都尉耳。《尹翁歸傳》爲弘農都尉,弘農有都尉,甚明。《武帝紀》云太初三年,徙弘農都尉治武關。《王莽傳》攻武關,都尉朱萌降。是都尉治所在武關也。武關爲商縣地,見《左傳》杜注。《哀四年傳》云將通於少習,杜注:少習,商縣武關也。《水經注》言丹水,徑商縣,歷少習,出武關,亦可爲武關在商縣之證。洪氏亮吉《乾隆府廳州縣志》云:商州,《禹貢》梁州之域。《春秋》晉上雒邑,戰國屬秦。漢置上雒縣,武關在縣東。據此,則武關爲上雒境矣。按:杜預、酈道元,去漢未遠,釋地尤詳審,所言當非無據,今仍從之。洪氏説存之以備一解可也。

河東郡　安邑都尉治

《商榷》據《成帝紀》《薛宣傳》之趙護,《張湯傳》子放,《酷吏傳》周陽由,皆嘗爲河東都尉,以《志》爲漏書,但不言其治所。按:《後書·鄧禹傳》:禹自箕關將入河東,河東都尉守關不開。禹攻十日,破之,進圍安邑。據此,知河東都尉在垣縣西、安邑縣東,仍當爲安邑境。箕關在垣縣,漢之垣,今之垣曲也。顧氏祖禹《讀史方輿紀要》云:垣曲縣,本漢河東郡垣縣地,縣東北有漢箕關。考李氏兆洛《歷代地理沿革圖》、洪氏亮吉《乾隆府廳州縣圖》,山西省絳州垣曲縣與解州安邑縣道路直對,中界一夏縣,以今地理證《禹傳》曰"自則過垣曲矣",曰"將入,則去安邑不遠矣"。曰守,曰攻,曰破,曰進圍,則入關即至安邑矣。然《禹傳》稱都尉守關,而垣縣、安邑之間,實無關可考。漢蒲反縣有蒲津、風陵二關,皮氏縣有龍門關,均見《方輿紀要》。然揆之,自垣至安邑之路,必不可合。疑是史傳失載,計其地,當在今夏縣。或古以爲關,而今因以爲縣也。以關爲縣,漢有此制,如以函谷故關,爲弘農縣是也。夏縣,本漢安邑縣境,故此都尉治所,仍以屬之安邑。又按:箕關亦河東地,而傳云自箕關將入河東,此河東必指郡治言,河東郡治安邑,見錢氏坫《新斠地理志注》,則所謂將入河東者,即將入安邑也。下云河東都尉守關,益信都尉之在安邑矣。

上党郡　長子關都尉治

《續書·郡國志》長子縣下,引《上黨記》曰:關城都尉所治。

河内郡　<small>河陽都尉治</small>

《功臣侯表》:醴陵侯越爲河内都尉。《酷吏傳》:河内都尉義縱。《遊俠傳》:陳遵爲河内都尉。河内有都尉甚明,治所在河陽者,以洪适《隸續》鄭季宣碑知之,碑陰有故孟津都尉字。考《戰國策》朝天子於孟津,原注:孟津在河内河陽縣。闞駰《十三州記》河陽縣在河上,即孟津也。以孟津爲河陽,《元豐九域志》從之。《春秋大事表》《新斠地理志注》並同。惟《讀史方輿紀要》以孟津爲漢平陰縣,即今孟津縣。按:孟津縣在河南漢平陰縣地,孟津在河北漢河陽縣地,中隔大河,相距七十里。古孟津與今孟津縣非一地也。《方輿》説誤。然則都尉治孟津,即都尉治河陽矣。

河南郡　<small>雒陽都尉治　滎陽農都尉治</small>

《酷吏傳》田廣明遷河南都尉,《後書·公孫述傳》父仁爲河南都尉,此河南有都尉之證。治所在雒陽者,《吳王濞傳》周亞夫至雒陽,問故父絳侯客鄧都尉,都尉治雒陽,有明文矣。雒陽有伊闕山,《左傳》使女叔寬守闕塞,杜注:雒陽西南伊闕口也。《史記·白起傳》攻韓、魏於伊闕,注:今雒陽南伊闕山也。《隸續》劉寬碑陰有故吏伊闕都尉,則河南都尉亦謂之伊闕都尉矣。伊闕在雒陽河南,都尉之治雒陽益信。

《水經·濟水注》滎陽東二十里,有故隴城,世謂之都尉城,蓋滎陽典農都尉治。據此,知滎陽有農都尉也。典農之名,亦起前漢,説見後富平典農都尉下。

南　郡　<small>夷道都尉治(原有夷陵都尉治)</small>

《華陽國志》唐蒙爲都尉,治南夷道。按:南夷道即南郡夷道縣,在今荆州府宜都縣東。《水經·江水注》云漢武帝伐西南夷,路由此出,故名。據此,知唐蒙所治之南夷道,即此縣也。《新斠地理志注》駁《水經注》用應劭説,謂夷道因南夷水得名,兩説雖異,其足證《華陽國志》之南夷道,與《地志》之夷道縣,本爲一地,則同也。

江夏郡　安陸都尉治

《後書·酷吏傳》以董宣爲江夏太守，時外戚陰氏爲郡都尉，宣輕慢之。按：此言郡都尉，似都尉治在首縣。《水經·江水注》云漢高帝六年，置江夏郡，治安陸，以是知都尉治在安陸也。又按：《水經·江水注》沌陽縣有都尉治，在江夏郡。考沌陽乃晉縣名，不可據以補《漢志》。

廬江郡　舒都尉治

《後書·城陽恭王祉傳》劉敞爲廬江都尉。《李憲傳》王莽時爲廬江屬令，屬令即都尉也。章懷注：王莽每郡置屬令，職如都尉。《李忠傳》云王莽時爲新博屬長，注：王莽改都尉爲屬長，屬長即屬令，猶縣令也，又稱縣長也。又曰：莽敗，憲據郡自守。建武四年，光武遣馬成等擊憲，圍舒。據此，則廬江本有都尉，治所在舒也。本《志》廬江郡下，首舒，蓋太守本治也。都尉與太守同治，故《憲傳》上云據郡，下曰圍舒。

濟陰郡　鄄城關都尉治

《水經·河水注》鄄城縣新臺東有小城，崎嶇頽側，俗謂之底閣城，疑故關津都尉治。據此，則鄄城亦都尉治也。

千乘郡　建信都尉治（原有蓼城都尉治）

《水經·河水注》河水又東北，徑建信縣故城北。應劭曰：臨濟西北五十里有建信城，都尉治故城也。據此，知建信亦都尉治。

會稽郡　山陰都尉治　鄞東部都尉治　冶（或作治，非）
都尉治（原有錢唐，西部都尉治；回浦，南部都尉治）

《越絕書》二卷，云漢文帝前九年，并故鄣郡太守治，故鄣都尉治山陰。又《太平寰宇記》山陰縣下云：本秦舊治，置在會稽山北、龜山西，漢以爲郡都尉所居。據此，知山陰亦都尉治也。

《地志》會稽郡有西、南兩都尉,而《揚雄傳》東南一尉,孟康曰:謂東部都尉也。《兩漢金石記》漢故衛尉卿衡府君之碑,有會稽東部都尉字。又有會稽東部都尉路君闕。是郡有東、西、南三部矣。洪氏《乾隆府廳州縣志》云今寧波府,即《禹貢》揚州之域,春秋時越地,秦屬會稽郡,漢爲鄞、鄮、句章三縣地,嘗爲東部都尉治,此言東部都尉治鄞、鄮、句章也。全氏祖望《地理志稽疑》云鄞下當有"東部都尉治"五字,此單言東部都尉治鄞也。蒙按:《會稽典錄》稱陽朔元年,徙東部都尉於鄞,據此,當從全氏說,即當時都尉治三縣,其治所亦必在鄞矣。

《太平寰宇記》福建侯官縣,漢縣屬閩越,又云漢元鼎六年立都尉,居侯官,以御兩越。據此,則侯官當有都尉治。然《地理志》實無侯官之名,於是有疑《寰宇記》誤者,不知侯官即會稽郡之冶縣也。《西南夷傳》:閩越王都冶。《嚴助傳》閩王以八月舉兵於冶南,其後,武帝滅之,徙其民于江淮間,以冶爲縣,屬會稽郡,即今福建侯官縣也。錢氏《新斠地理志注》冶縣,今福州府城。洪氏《乾隆府廳州縣志》侯官,漢冶縣。《寰宇記》謂之侯官者,蓋漢時已有此名。《新斠地理志注》引晉《太康地志》云漢武帝名爲東冶,後改爲東侯官。據此,則侯官縣實漢武所立,特初名爲冶,而後改爲侯官耳。《地理志》所書,從其初名;《寰宇記》所云,則從其後名也。

桂陽郡　曲江南部都尉治

《水經·溱水注》瀧水又南,徑曲江縣東瀧,中有碑文曰。按:《地理志》曲江,舊縣也,王莽以爲除虜始興郡治。魏文帝咸熙二年,孫皓分桂陽南部立縣。《太平寰宇記》亦云曲江本桂陽南部。按:南部即南部都尉。考洪氏亮吉《補三國疆域志》云始興郡,吳甘露元年,分桂陽南部都尉置,顧氏祖禹《讀史方輿紀要》云韶州府,漢元鼎以後屬桂陽郡,後漢因之。三國吳甘露元年,分桂陽南部都尉治,置始興郡,治曲江。據此,則始興爲曲江縣地,知曲江舊有南部都尉治矣。

武陵郡　沅陵都尉治

《水經·沅水注》沅水,又東徑沅陵縣北,王莽改曰沅陸縣。沅水又東徑縣故治，北移縣治，縣之舊城置都尉府。據此，則武陵郡之沅陵縣，當有都尉治。

零陵郡　始安南部都尉治

《水經·湘水注》湘出零陵山，蓋山之殊名也，山在始安縣北。縣故零陵之南部也。魏咸熙二年，孫皓之甘露元年，立始安郡。《太平寰宇記》零陵縣，故零陵之南部也，與此言始安小異。此但言始安爲零陵南部，而洪氏《補三國疆域志》始安郡下云：吳甘露元年，分零陵南部都尉置。據此，知所謂南部者，皆南部都尉也。故於零陵郡下補始安南部都尉治。按：桂陽、零陵二條，見《水經注》《寰宇記》，審其語氣，皆言是漢舊都尉治。而三國時，吳更置爲郡，觀所云本故等字可知。故可據洪氏《疆域志》證成補入。洪氏所言此外尚有數條，如分長沙東部都尉治湘東，西部都尉治衡陽，豫章東部都尉治臨川，事既不見《水經》，且無本故等字，所言必據《三國志》中吳制矣。又如廬陵南部都尉，吳未分廬陵郡置合浦北部尉。永安中，分合浦，置此二處，洪氏已明言爲吳制矣。其他多類此，茲故於洪氏書，謹擇其兩條有可互證他書者用之，餘不敢屬入。

蜀　郡　嚴道西部都尉治　旄牛都尉治
青衣都尉治　汶江北部都尉治

蜀郡有四都尉，《地志》全漏不書。按：《西南夷傳》發巴蜀卒治道，自僰道指牂牁江。蜀人司馬相如亦言邛筰可置郡，使相如以郎中將往諭，爲置一都尉十餘縣屬蜀。據此，則邛筰有都尉矣。邛筰爲嚴道縣地。考《地志》，蜀郡嚴道縣下云：邛崍山即邛筰也。《續書·郡國志》蜀郡屬國嚴道縣，有九折坂者，邛剋置，注引《華陽國志》云邛來山，本名邛筰，故邛人、筰人界也。巖阻峻，迴曲九折，乃至山上。《相如傳》邛筰之君長，文穎以爲邛都、定筰，非也。邛筰自一地，非合兩名爲之。且邛都、定筰之間，尚有筰秦、大筰兩縣。何以獨知爲定筰乎？據此，則邛筰爲邛都之嚴道縣矣。置都尉於邛筰，即置都尉於嚴道也。其知爲西部者，《續書·郡國志》云蜀郡屬國，故屬西部都尉。郘陽令曹全碑：曾祖述爲蜀郡西部都尉。《郡國志》嚴道爲屬國，所謂故西部都尉，當即指嚴道縣矣，故曰：嚴道，西部都尉治。

《華陽國志》天漢四年，罷沈黎郡，置兩都尉。一治旄牛，主徼外羌；一治青衣，主漢民。知兩縣皆有都尉治也。《華陽志》又云汶山郡，本蜀郡北部冄駹都尉，武帝元封四年置。按：《西南夷傳》當作元鼎六年。宣帝地節三年罷汶山郡，併入蜀，復置北部都尉。按：《太平寰宇記》汶江故城在汶山縣北二里，舊汶山郡治汶江。然則後之罷郡置都尉，亦在汶江矣。故知汶江爲北部都尉治也。

犍爲郡　<small>江陽都尉治　朱提南部都尉治（原有漢陽都尉治）</small>

《華陽國志》江陽本犍爲枝江都尉，是江陽有都尉治甚明。謂之枝江者，江陽有枝水流至漢嘉縣下大穴中，通剛山下，見《蜀都賦》注。故稱枝江，以別於漢陽之都尉爾。

《續書·郡國志》犍爲屬國注云：故郡南部都尉。永初元年，以爲屬國都尉，別領二城，一朱提，一漢陽。按：漢陽即前志之都尉治，未言其爲南部也。南部都尉實治朱提耳。《華陽國志》云：朱提，本犍爲南部，亦其證。

益州郡　<small>嶲唐都尉治</small>

《後書·西南夷傳》割益州西部都尉所領六縣，合爲永昌郡，亦見《明帝紀》。事在永平十二年。《古今注》稱永平十年置益州都尉，治嶲唐鎮。然則十二年所割之縣，乃十年所置之都尉治也。按：此條是後漢事，似不可據以補《地志》。然後漢都尉多因舊制，《續書·百官志》云：建武六年，省諸郡都尉。注引應劭曰：每有劇賊，郡臨時置都尉，事訖，罷之。是都尉在建武時仍循舊制，廢後或有時復置，如和帝永元二年，復置西河上郡屬國都尉，十六年，復置遼東西部都尉，是也。益州之嶲唐都尉治，當亦舊制，其廢于建武六年，而復于永平十年乎？

隴西郡　<small>大夏都尉治（原有臨洮都尉治）</small>

《水經·洮水注》引《十三州志》曰：大夏縣西有故金柳城，去縣四十里，本都尉治。據此，則大夏有都尉治矣。

金城郡 浩亹都尉治 破羌西部都尉治

《水經·河水注》湟水又東，徑小晉興城北，故都尉治也。《十三州志》謂小晉興城在允吾縣西四十里，未嘗即以爲允吾地也。今考洪氏《乾隆府廳州縣志》，謂小晉興即漢之浩亹，故兹以浩亹爲都尉治。

《趙充國傳》充國劾義渠安國奉使不敬，是後羌人旁緣前言，抵冒渡湟水，郡縣不能禁。充國至金城，渡河，遂西至西部都尉府。孟康曰：在金城。按：此非言金城縣也。上文之金城，是言郡治。考錢氏《新斠地理志注》言漢金城郡治允吾，在今蘭州府城西南五十里，今蘭州府即漢金城縣治，是金城縣在允吾縣東矣。《充國傳》稱西至都尉府，必非由允吾至金城之路也。所謂金城者，當指金城河言。金城河即湟水。《一統志》云湟中，漢置破羌縣，屬金城郡。又云湟水，一名金城河。《充國傳》上言羌人渡湟水，下言充國渡河，則此河爲金城河，信也。即以地勢論之，湟水在允吾縣西。《水經》：河水，又東過金城允吾縣北。酈道元注曰：金城郡治也。其西即湟水之源。破羌縣在湟水西，《通典》《後漢書》注、《太平寰宇記》並云破羌，今碾伯縣故城，在湟水西。充國至金城渡河，遂西至都尉府，史言之甚明。自金城渡河者，由允吾而西渡湟水也。渡河而西至都尉府者，渡湟水而西，至破羌也。然則都尉治在破羌縣，確矣。《充國傳》又云：遣騎候四望陿中亡虜。師古注：山陜而夾水曰陿，四望者，陿名也。考《乾隆府廳州縣志》所載，今碾伯縣東，尚有四望山。四望山在縣東南，縣西有破羌故城，蓋充國嘗至破羌，故是山今猶存其遺跡也。此亦可爲都尉府在破羌之旁證。

北地郡 富平農都尉治（原志富平縣下有北部都尉，治神泉障；渾懷都尉，治渾懷障）

《馮奉世傳》子參爲上河農都尉，顏師古注曰：上河在西河富平。《水經·河水注》河水又北，徑上河城東，世謂之都尉城。薛瓚曰：上河在西河富平，馮參爲上河典農都尉是也。趙氏一清《水經注釋》、戴氏震校本《水經注》，皆謂典農之名起自建安。疑典字衍。按：《後書·梁統傳》載，建武八年，拜梁騰酒泉典農都尉，是典農之名不起自建安矣。後漢都尉職仍如前漢制，然則前漢必有典農都尉可知。典，司也，猶司鹽都尉之謂也。司鹽都尉在《地志》，但稱鹽官，與典農都尉在《地志》但稱農都尉同一省文耳。但《地理志》西河郡無富平縣，富平漢屬北地郡。《地志》富平凡三見，左馮翊、平原郡、北地郡，此處富平當屬北地郡也。後漢屬北地郡，晉屬北地郡，北魏先屬營邱郡，後屬北地郡，無有屬西河者。即以古今地勢考之，富平之在北地，亦有二證：漢北地富平，今寧夏縣也，縣南有上河故城，洪氏《乾隆府廳州縣志》。證一；寧夏在漢北地郡東北，界於上郡、西河之間，故曰上河，李氏《歷代地理沿革圖》。證二。其在北地，信矣。今按《地理志》，富平屬北地郡。酈道元注《水經》，亦以上河農都尉屬北地富平。而顏師古、薛瓚獨謂在西河者，亦有故。《水經·河水注》云：河水又東北，徑廉縣故城東。考漢廉縣故城在寧夏縣北，《乾隆府廳州縣志》云。今寧夏是漢富平，則廉縣在富平地矣。廉，王莽改曰西河，故顏、薛謂之西河富平耳。

五原郡　五原受降都尉治（原有郡東部都尉治、蒲澤屬國都尉治、成宜中西兩部都尉治）

《酷吏傳》田廣明至受降城，受降都尉前死，是受降城有都尉也。顧氏《讀史方輿紀要》云：漢受降城在居延東北五原縣界，故於五原縣下補受降都尉治。謂之受降者，以其地爲名，猶匈歸都尉治匈歸障，渾懷都尉治渾懷障也。

右所補都尉治二十二部，共得三十一條。每部下漏書而考得治所者，十五郡。其郡不止一都尉，而《地志》有書，有不書，仍爲補之者七郡。又有考得郡都尉，而治所不可徵者，五郡，於《地志》無所附麗，今錄存於後。《杜周傳》杜業爲上黨都尉，是上黨郡有都尉也。前所列長子是關都尉，與杜業所爲官異。《息夫躬傳》穎川都尉右師譚，是穎川郡有都尉也。《百官表》河平元年，楚相齊宋登貶爲東萊都尉，是東萊郡有都尉也。《續書·郡國志》武帝置張掖屬國都尉，《功臣侯表》《匈奴傳》《後書·竇融傳》、漢郃陽令曹全碑皆有張掖屬國都尉官，是張掖郡有屬國都尉也。《後書·梁統傳》建武八年，拜梁騰酒泉典農都尉，是酒泉郡有典農都尉也。此五郡皆無治所可考者。上黨已列入二十二郡中，此處雖五郡，其實只四郡也。又有似是而非者，如《史記》南海都尉任囂，《水經注》太康三年，省日南都尉，一是秦官，一是晉官，皆不可以補《漢志》也。此外，尚有齊、北海、武都、元菟、蒼梧五郡，合南海、日南共七郡，皆無所證信。此七郡中不應全無都尉，而一無可考信乎？載籍之難徵矣。又如《水經・潁水注》稱潁陰縣，舊許昌都尉治。而許昌之名，起自後漢末。《晉書・地理志》稱昌黎郡，爲漢遼東屬國都尉治，而遼東屬國至《續書・郡國志》始見其名，乃以非前漢《地理》去之。《武帝紀》徙弘農都尉治武關，則弘農爲故都尉治。《華陽國志》武都郡本廣漢西部都尉治，則武都爲故都尉治。然《地志》無言，故治者乃以不合體例去之。《太平寰宇記》安邑下云：蓋漢司鹽都尉治。《水經注》漸江水下云：江水東徑上虞縣南，本司鹽都尉治。又沔水下云馬臯城，故司鹽都尉城，吳王濞煮海爲鹽於此縣也。似河東郡之安邑縣，會稽郡之上虞、海鹽兩縣，《地志》皆遺都尉治。然《地志》於安邑、海鹽下皆云有鹽官，是即所謂司鹽都尉者。上虞縣，《地志》未書，尚可補之。然但當補書有鹽官三字耳，亦不可補司鹽都尉也。乃以與原志同實異名去之。或疑《太平寰宇記》云盤屋，司竹園有司竹都尉，似此條亦可補《漢志》。蒙按：《寰宇記》於司竹監下云：漢官有司竹長丞，後魏有司竹都尉，明謂此名非起自漢矣，何得引而用之乎？凡此數端，皆不可濫入補遺中者也。原志所書都尉治，亦有可疑者，如陳留郡外黃都尉治，而《樊噲傳》攻圉都尉於成武，師古注：圉即陳留圉縣，則陳留都尉似治圉矣。泰山郡，盧都尉治，而漢泰山都尉，孔宙碑陰所載故吏，泰山郡惟有南武陽人，無盧縣人，則泰山都尉似治南武陽矣。此類尚多，姑識於此以識疑。又按《地志》二十國有都尉官名偶見於《漢書》者，或疑國亦當有都尉。考《百官表》國有中尉，而無都尉。史官所紀，彰彰可信。《十七史商榷》以國都尉之遺漏，非班氏之疏，此誠確論。惟言廣平、淮陽，是國罷爲郡時之官，其說實有誤耳。《酷吏傳》王溫舒爲廣平都尉，後徙廷尉。按廷尉王溫舒，見《百官表》在武帝元鼎三年，而《諸侯王表》廣平國以哀帝建平三年封。《地志》廣平先爲平干國，征和二年置，征和去元鼎亦二十餘年。尹齊爲淮陽都尉，王溫舒敗，亦死。是尹齊亦元鼎時人。而《諸侯王表》淮陽國以宣帝元康三年封。《韋元成傳》爲大河都尉，大河、高密，《商榷》未及。宣帝立，徵爲未央衛尉，此事見《百官表》，在神爵四年。而《地志》東平國，云武帝元鼎六年爲大河郡，宣帝甘露二年爲東平國。立國時去元成爲衛尉五年，去元成爲都尉更遠矣。此三都尉皆未立國時郡中官也。《後書・李忠傳》

有高密都尉、信都都尉,《諸侯王表》云高密、信都二國,以王莽篡位之明年廢。此都尉乃在罷國爲郡時矣。按中山國曲逆縣有都尉治,見《晉書・地道記》。六安國安風縣有都尉治,見《水經・淮水注》,此二條皆不言是漢官,其時無可考。然則國無都尉,固不得謂《地志》之疏也。茲之補郡不補國者,以是故云。

《漢・地理志》都尉治補遺

吳聘珍

《漢・地志》載郡國一百三十,有都尉治者五十九,無都尉治者四十四。案《漢書》及他書有言都尉治而《地志》不載者,不可枚舉。近王氏《十七史商榷》載都尉漏書,其補都尉者甚詳。然第言都尉而不載治所,惟華陰、弘農、金城三都尉有縣治可據,餘皆未補。今復於有治可考者,補其遺漏,計補入都尉治二十,而屬郡十一,依郡屬而次第之,爲之條列於後。

京兆尹　華陰(京輔都尉治)

此據《三輔黃圖》及《宣帝紀》注、《趙廣漢傳》補也。《三輔黃圖》云三輔皆有都尉,如諸郡。京輔都尉治華陰。宣帝本始元年注同。《趙廣漢傳》云遷京輔都尉,其治華陰。則華陰爲京輔都尉治矣。《地志》于京兆之華陰獨闕,當於華陰下補注云:京輔都尉治。

右扶風　鄠屋(縣東一十二里有司竹園,司竹都尉治)

此據《寰宇記》補也。《寰宇記》鄠屋縣東一十二里有司竹園,故《史記》云渭川千畝竹,漢謂鄠杜竹林,故有司竹都尉。其園周迴百里。《漢・地志》云有鄠杜竹林,《寰宇記》正與《志》合,則西漢有司竹都尉可知。蓋司竹掌竹林之事,猶典農、司鹽設都尉之例。典農、司鹽皆治本縣,則司竹都尉亦當治本縣矣。當於鄠屋下補注云:縣東一十二里,有司竹園,司竹都尉治。

弘農郡　弘農(故秦函谷關,函谷關都尉治)　商(弘農都尉,治武關)

此二縣本共一關,都尉而徙治兩縣者也。《志》于弘農縣注云故秦函谷關,不言都尉治所。而《杜周傳》及《辛慶忌》《魏相》《張敞傳》皆有函谷關都尉之説,則函谷關有都尉而治,亦當在函谷關可知。《十七史商榷》謂當有函谷關,是也。《尹翁歸傳》弘農都尉,疑即此函谷關都尉,蓋函谷關在弘農郡弘農縣也。弘農據縣言,函谷據關言。荀悦《漢紀》云徙弘農都尉,治武關。蓋先在弘農縣治函谷關,後徙商縣治武關。《水經注》云丹水又東南,徑商縣南,歷少習,出武關。則武關當在商縣東南。《左·哀四年》少習注:商縣,武關也。知武關即少習,在商縣境。《彙纂》武關在商州少習山下,蓋春秋時因山得名,故言少習。漢則別武關於少習山,故《水經》分爲兩地,則商縣武關有都尉治矣。當補弘農故秦函谷下注云:函谷關都尉,治商縣。補注云:弘農都尉,治武關。

河東郡　安邑（縣西二十里有司鹽城,故鹽氏司鹽都尉治）

此據《水經注》及《寰宇記》補也。《水經注》涑水西南徑監鹽縣故城。案:監鹽即司鹽,古鹽氏地,《史記·秦紀》五國共攻秦,至鹽氏而還。《正義》引《括地志》云鹽氏故城,一名司鹽城,在蒲州安邑縣。《寰宇記》安邑下云:司鹽城在縣西二十里,漢司鹽都尉治此。知司鹽即監鹽,漢本有都尉治矣。樂氏不言屬漢何時,則統前、後漢而言可知。質以《地志》言魏王有鹽官,則安邑有掌鹽之官,自周已然,故先稱鹽氏,漢設都尉,故曰司鹽都尉,猶司竹、典農之例。治即於此城,當於安邑補注云:縣西二十里有司鹽城,司鹽都尉治。

上党郡　長子（有上党關,關城都尉治）

此據《上黨記》補也。《續漢志》注於長子縣引《上黨記》曰:關城都尉所治,令狐徵君隱城東山中,去郡六十里,即壺關。案:此猶函谷關之爲關都尉也。《地志》於上黨郡注云有上党關、壺口關、石研關、天井關。壺口關即壺關,在壺關縣。石研關不言所在。天井關在高都。皆不言有都尉,惟《杜周傳》言上党都尉。則《上黨記》所云關城都尉治,殆即上党都尉治長子者歟? 令狐徵君,前漢時人,則都尉在前漢時已有,當於長子下補注云：有上党關，關城都尉治。

會稽郡　山陰（東部都尉治）　上虞（司鹽都尉治）
海鹽（司鹽都尉治，本馬睪城，舊爲鹽官縣）　鄞（東部都尉治）
冶（秦閩中郡地，高帝立無諸爲閩越王，都尉治侯官）

山陰都尉治，據《越絕書》及《寰宇記》補也。《越絕書》漢文帝前九年，太守治故鄣郡，都尉治山陰，則山陰縣有都尉治矣。《寰宇記》山陰下云：漢以爲郡都尉所居。揚雄賦：東南一尉。孟康曰：會稽，東部都尉治。蓋指山陰而言，非渾言會稽，與西部都尉治錢塘，正是相對。山陰有會稽山，故稱曰會稽，不然會稽非縣，孟康果指何縣爲都尉治乎？當於山陰下補注云：東部都尉治，上虞都尉治。據《水經注》補也。《水經注》漸江，江水又東徑上虞縣南注。王莽之會稽也，本司鹽都尉治也。知上虞當王莽時即有司鹽都尉治矣，當於上虞補注云：司鹽都尉治。

海鹽都尉治，亦據《水經注》補。《水經·沔水注》谷水，又東徑鹽官縣故城南，注：舊吳海昌都尉治。引樂氏《九州志》曰：谷水之右有馬睪城，故司鹽都尉城，吳王濞煮海爲鹽於此縣也。據《九州志》本爲司鹽都尉治，甚明。海鹽本鹽官縣，因有鹽官得名。以煮海爲鹽，故亦名海鹽，後改名海昌，故亦曰海昌都尉治。則海鹽之有都尉治，益信矣。《太平寰宇記》引沈約《宋書》云：鹽官本漢之舊縣，與《水經》鹽官縣正合。鹽官之司鹽都尉治，猶安邑鹽氏之有司鹽都尉治也。當於海鹽補注云：本馬睪城，舊爲鹽官縣，司鹽都尉治。

鄞縣之東部都尉治，見《宋志》，係傳寫之脱文。今據全祖望《地理志稽疑》以補之。全氏於鄞下云：當有“東部都尉治”五字，見宋志。而今本脱之，所據必非無本，當於鄞下補注云東部都尉治。

冶縣之侯官都尉治，據《寰宇記》及《文獻通考》補也。冶，今本《地志》作治，係形近而誤，近何氏義門已辨之。冶縣在今之福州侯官縣，本閩越地。馬氏《通考》云：福州後立爲冶縣，地屬會稽郡，後漢改爲侯官都尉，屬會稽。案：冶縣地即《地志》之治縣，東冶乃後之更名者。惟以侯官都尉爲後漢時改，其說未確。《寰宇記》云元鼎六年立都尉，居侯官，以禦兩越。據此，則侯官都尉本武帝時置。當補注云：秦閩中郡地，高帝立無諸爲閩越王，都尉治侯官。

蜀　郡　　青衣（都尉治）　　旄牛（都尉治）　　汶江（本冉駹國北部都尉治）

青衣、旄牛兩都尉治，據《後漢書》補也。范史《筰都夷傳》天漢四年，并蜀爲西部，置都尉一，居旄牛，主徼外夷。一居青衣，主漢民。《水經注》《寰宇記》《困學紀聞》所載與范史同，當於青衣、旄牛各補注云：都尉治。

汶江有都尉治，此據《華陽國志》及《寰宇記》補也。《華陽國志》元封六年，以廣漢北部冉駹爲汶山郡。宣帝地節三年，罷汶山郡，治北部都尉。《太平寰宇記》茂州下云漢武元鼎六年，以冉駹爲汶山郡。又云遂省汶山郡，置都尉。今州即漢汶江縣，《後漢·冉駹夷傳》元鼎六年，以爲汶山郡，至地節三年省，並蜀郡爲北部都尉。此常氏、樂氏所本，特常氏誤以元鼎爲元封耳，當補注云：北部都尉治。

隴西郡　　大夏（都尉治金柳城）

此據《水經注》補也。《水經注》洮水左會大夏川水，水出西山，二源合舍而亂流徑金柳城南。注引十三州志曰：大夏縣西有故金柳城，去縣四十里，本都尉治。當補注曰：都尉治金柳城。

金城郡　　允吾（都尉治小晉興城）
金城（西部都尉治）　　破羌（屬國都尉治）

允吾有都尉治，據《水經注》補也。《水經·河水注》湟水又東南徑小晉興城，注：故都尉治。闞駰曰：允吾縣西有小晉興城也。案：小晉興城屬允吾縣，爲漢地名，則允吾有都尉治矣。當補注云：都尉治小晉興城。

金城都尉治，據《趙充國傳》補也。《趙充國傳》云：西至西部都尉府。孟康曰：在金城。則金城本有西部都尉治，此金城指縣言，非統郡言，當補注云：西部都尉治。

破羌有都尉治,此據《地理志稽疑》補也。破羌有屬國都尉,他書未見,惟全氏《地理志稽疑》於破羌下云:"屬國都尉治"五字脱。全氏此語,必非無本。考《地理志》破羌,神雀二年置。《宣帝紀》云:置金城屬國,以處降羌,在神雀二年,與置破羌縣之年正合,則所謂屬國者,即破羌之屬國都尉也。破羌屬金城郡,故亦稱金城。《西漢會要》引屬金城縣,未免誤會。當於破羌補注云:屬國都尉治。

敦煌郡　淵泉(都尉治)

此據《史記·大宛傳》注補也。《大宛傳》敦煌置酒泉都尉。案:酒泉郡名,非屬敦煌。酒乃淵字之譌,二字相近而誤。《集解》引徐廣曰:一云置都尉,又云敦煌有淵泉縣。或者酒字當爲淵字,淵泉有都尉,即有都尉治矣。雖以或者爲未定之辭,然敦煌祇有淵泉,是以或説爲合,當補注云:都尉治。

北地郡　富平(上河典農都尉治二典農城)

此據《水經》及《西漢會要》補也。《水經注》河水又北徑上河城東,注引薛瓚曰:上河在西河富平縣,馮參爲上河典農都尉所治也。或據《百官志》及《百官表》言,當作農都尉。不知《水經》言典農城,又言北典農城,則農都尉亦稱典農都尉。案:上河屬富平縣,而富平屬北地郡,非屬西河,其誤實由顏師古《漢書》顏注。上河在西河富平,於此爲農都尉,而《西漢會要》亦以富平屬西河,不知《漢志》明以富平屬北地。《水經注》河水又北經北地富平縣,則《水經》亦以富平屬北地矣。河側有兩山相對,水出其間,即上河峽,世謂之青山,屬富平縣,有二典農城,皆上河典農都尉所治。《水經注》所謂又徑典農城東,又徑北典農城東也。當補云:上河典農都尉治二典農城。

以上補《地志》若干條,雖遺漏在所不免,然已可得其大判。其中若司鹽、司竹,皆班《志》所未及,亦足略見一班矣。

漢十月大飲禮考

胡玉縉

　　漢十月大飲禮,仿《周官》黨正飲酒之遺法也,與《儀禮·鄉飲酒》不同,與黨正亦微有別。鄭注《鄉飲禮》曰"今郡國十月,行此飲酒禮,以黨正每歲邦索鬼神而祭祀,則以禮屬民,而飲酒于序,以正齒位"之說。此篇無正齒位之事,是漢之大飲明用黨正正齒位之制,與《儀禮》不同。故舉目見,以證其相異,此鄭所已言者也。又注"黨正"曰"國索鬼神而祭祀,謂歲十二月大蠟,時建亥之月也。正齒位者,《鄉飲酒義》所謂六十者坐"云云是也。是黨正飲酒,爲蠟祭。而《續漢·禮儀志》明帝永平二年,郡縣道行鄉飲酒于學校,皆祀聖師周公、孔子,牲以犬,則易蠟祭以祀先聖先師,與黨正微別。此鄭所未言者也。郡縣道之道,《玉海》七十三引作通,疑通爲是。

　　蓋此禮自永平中始遍行於天下。故伏湛奏行鄉飲酒禮,在建武三年。自是,李忠守丹陽,春秋鄉飲在六年,汝南太守歐陽歙十月享會,郅惲爲功曹,曰司正舉觥,在七年以後,止舉於一郡,或一歲兩舉,與鄭注不符。《志》稱永平二年三月,"上始帥郡臣躬養三老五更于辟雍,下接郡縣"云云,似鄉飲之行在三月。據《東觀漢記》永平二年,詔曰:"十月元日,始尊事三老五更,朕親袒割牲。"《漢記》所載,即志躬雍之事,疑三月爲十月之譌,不然,鄭舉漢大飲爲況,何以質言十月也?匪直是也,班固《白虎通》,章帝時所輯也,其《鄉射篇》云十月行鄉飲酒之禮何? 所以復尊卑長幼之義,止稱十月,不及三年賓興春秋習射之禮,明以漢人說漢事,此可以證鄭誼也。張衡《二京賦》和帝時所上也,其《東京賦》云:"日月曾於龍狼,恤民事之勞疚,因休力以息勤,致歡忻於春酒。"薛綜注:"狼,尾也,日月會於尾,謂十月時也。"此篇止載《文選》,不見本傳,并可以補史志也。

　　《鄉飲》記其牲,狗也,亨于堂東北。《鄉飲酒義》亦云亨狗於東北。《志》云牲以犬,此漢禮與古同。又"鄉朝服而謀賓介"注:朝服冠元端緇帶,素韠白屨,今郡國行鄉飲酒之禮。元冠而衣弁服,與禮異,此漢禮與古殊。又

《鄉飲酒義》注：“今郡國下令長於鄉射飲酒，從太守相臨之禮也。”疏曰：“令長射而飲酒，似州長党正；太守與相來監臨，似鄉大夫監臨，故引以相證。”此漢禮與古相似，而不必其有合。劉昭《續漢志》注引應劭曰：漢家郡縣享射祭祀，皆假士禮而行之，樂縣笙磬，籩俎，皆如士制。今考《鄉飲禮》“鄉樂唯欲”注：“鄉樂，周南、召南六篇，不歌《鹿鳴》魚麗者，辟國君也。”又《記》“磬階間縮霤，北面鼓之”，注：“大夫而特縣，方賓鄉人之賢者，從士禮也。”然則古于方賓賢及息，司正亦間用士制，漢則純假士禮，此亦其別也。難者曰：《月令》孟冬之月大飲烝，實漢十月大飲之濫觴，鄭引黨正，不如《月令》之深切。是不然，彼注曰：“十月農功畢，天子諸侯與其群臣飲酒于太學，以正齒位，謂之大飲，別之於燕。其禮亡，今天子以燕禮，郡國以鄉飲酒禮代之。”是鄭不以古之大飲爲鄉飲也。

總之，古時鄉飲有四，鄉則三年一飲，州則一年兩飲，黨則一年一飲，道固並行不悖。漢雖取法黨正，而易大蠟爲祀聖師，則鄉飲賓興之禮廢與？唐開元後，鄉貢取士，行鄉飲酒禮，不祀聖師，而黨飲正齒之禮廢者，將毋同？古制之寖微也，不重可慨哉。

漢十月大飲禮考
徐安仁

古饗禮之屬，有大飲。大飲者，天子諸侯與群臣飲酒於大學，以正齒位之禮也。自《禮經》佚《饗禮》一篇，而漢世大飲之禮，遂不能悉與古合。然猶可據漢制以證大飲之爲饗禮也。考之於經，《月令》孟冬大飲烝，乃天子大飲之禮。《豳詩》“十月滌場，朋酒斯饗”，乃諸侯大飲之禮，《詩》言饗，《記》言大飲，則大飲爲饗禮，經有明文矣。鄭注《月令》云“其禮亡”，謂饗禮篇已佚也。又云：今天子以燕禮，郡國以饗飲酒禮代之。明漢時所行大飲之禮，雖取法於古，而實不盡同於古。蒙嘗就鄭說而徵之漢史，《續漢·禮儀志》稱永平二年三月，郡縣道公卿飲酒於學校，皆祀先聖先師。注云孟冬亦如之，與鄭《禮經·饗飲酒》注“今郡國十月行此禮”正合。則《月令》注所謂郡國以饗飲酒禮代之者，亦可斷其有異於古之大飲，此十月大飲之略可考見者。

至儀節所存，又可據鄭注爲説，《周禮》黨正每歲邦索鬼神而祭祀，則以禮屬民而飲酒，於序以正齒位。鄭注《月令》及《饗飲酒禮》皆引此正齒位之文，則知漢郡國大飲雖代以饗飲酒禮，而實取法於黨正。天子大飲雖代以燕禮，而亦取法於黨正，故復總其説曰：天子諸侯與群臣飲酒於大學，以正齒位。正齒位者，即約漢制而知也，此大飲儀節之略可考見者。由是言之，漢之郡國，猶周之諸侯也。周制，天子諸侯大飲，皆稱曰饗。至漢饗禮已亡，而天子必以燕禮代，郡國必以饗飲酒代者，明同一饗禮，而天子與諸侯有別，即同一大飲酒，而天子與郡國有別，代以燕禮，猶知大飲爲饗禮之遺制，則考饗禮而不數大飲者，非也。代以饗飲酒禮，猶知大飲與饗飲酒有別，則考鄉飲酒而以爲大飲者，亦非也。

漢丞相論
徐安仁

天下之治變，曷係乎？係於宰相而已。天下治變之係於宰相者，曷由乎？由於宰相之擅權與不擅權而已。漢之丞相，宰相也。高帝之初，蕭何實爲丞相，而漢因以治，由其權常在上也。建武之末，曹操遂自爲丞相，而漢旋以亡，由其權常在下也。然吾統觀兩漢之制，惟西漢時有丞相之官，至東漢則名大司徒，不名丞相。建安之丞相，特曹氏自爲之，不足論。試論西漢。

夫西漢之爲丞相者，若蕭何，若王陵，若陳平，若魏相、丙吉，其事業功名並皆著於竹帛，卓卓有可表見。其時，天子英明，國運方盛，又其人皆長者，固無權之可以自攬也。惟竇嬰、田蚡，皆以外戚重，輒自驕滿，不遵法制，然卒以此敗。此雖欲專權而亦無能爲漢患也。豈非高帝之制之善，而丞相以下有太尉，有御史大夫，以爲之副者之有以分其權歟？然吾猶有爲漢惜者，不在丞相之擅權與否，而反在丞相之無權。蓋漢之以權予臣者，嘗殺於丞相，而專寄於太尉、大司馬，自周勃爲太尉而攻呂氏，亞夫爲太尉而伐吳楚，勳名已出丞相右，然此時丞相之權未替也。武帝之世，罷太尉，置大司馬官,而衛青、霍光並以大司馬加丞相之上,大司馬之權愈重,則丞相之權愈失。自是以來,王鳳爲大司馬、大將軍領尚書事,而王莽旋以椒親起大司馬入柄國,其時爲丞相者,若張融,若孔光,不惟不與之抗,反阿諛委順於其間。於是國家之事,決於大司馬,不決於丞相,而漢之天下遂爲大司馬有矣。雖曰用匪其人,毋亦漢家之制猶有未善者乎? 是立大司馬以絀丞相之權者之故也,是則武帝之失計也。

安車頓輪解

吳　朓

　　安車之輪,卑於凡車。書傳略説云:乘車輭輪是也。其輪之質用柔木。《後漢書・明帝紀》云"安車頓輪"是也。頓輪注云:以蒲裹輪。據前書《儒林傳》"安車以蒲裹輪,駕駟迎申公"文,蓋李氏不知頓輪自頓輪,蒲裹輪自蒲裹輪,兩制不可混而一之也。輪之剛與頓皆在木,《考工記》斬三材,不言何木。《詩・魏風・伐檀》即爲輪輻之用,鄭注:今世轂用雜榆,輻以檀,牙以櫃也。《説文》亦云:櫃,枋也,可作車。是古來車輪,大都用剛木。轂以榆,牙以櫃,尤木之剛者。《爾雅・釋木》杻檍注:材中車輞,關西呼杻子,一名土櫃,是杻、檍、櫃,一木而三名。《風俗通》柔桑作車,又以榆爲轂,牢强朗徹,聲響聞數里。《圖書集成・考工典》百七十七引。故知櫃、榆爲木之尤剛者也。剛則輪顛,人所不安,是以安車必爲頓輪,頓輪者,不以櫃爲牙。《説文》楮下云柔木,工官以爲奊輪。《玉篇》引奊作頓。徐鍇曰:奊輪者,謂車輪抱固之牙也。段玉裁曰:工官,若周之輪人,漢之考工室也。蓋以楮作牙,其質柔韌,雖與土石相擊,不震躍,無聲響數里之事,人處此車自安,謂之安車也。《山海經》郭注云:楮,剛木中車材者,又謂其性之堅韌,楮質柔而性堅,故中頓輪。若取柔木之脆弱者用之,必易摧敗,何以異於蒲縛車輞之愚。此頓輪自頓輪之説也。

　　蒲裹輪者,古之兵車有縵輪,《吳子圖國篇》云縵輪,籠轂是也。漢之獵車亦有之,《輿服志》云重輞縵輪是也。《周禮》覆轂之幬用革,縵輪當亦是革之類。兵車、獵車行山谷間,道旁枝杈掌枒羈攫,輪輻空,易錯入物,入輻，則窒礙不行，甚且折輻，故掩之。彼以蒲裹輪，亦防有物入輻，膠蹉不安，故掩以示慎。其用蒲者，或取越席無華，以質爲敬，後世不察，妄謂蒲縛車輞取頓，而楛爲頓輪之事遂晦。輞縛蒲索，今北人載病老者，或沿爲之，輒脆敗不利遠行。古惟《封禪書》秦博士有其説，曰：古者封禪，爲蒲車，惡傷土石草木。似指縛蒲輞端，然當時始皇即言其乖異難施用，豈漢人獨有術用之乎？《明帝紀》祇云安車頓輪，不言蒲裹，李注殊非。徵士之車用蒲掩輪輻，亦曰蒲車，見《後書·逸民傳》。此蒲裹輪自蒲裹輪之説也。

然或又通頓輪爲輇輪，亦非也。頓輪言其柔，輇輪言其卑，亦不可混而一之。車卑則安，《史記·循吏傳》孫叔敖爲楚相，楚民俗好庳車。好庳車，即貪其安，然不便馬，故古惟安車卑輪，餘不爲卑。《循吏傳》又云王以爲庳車不便馬，《考工記》云輪已庳，則於馬終古登阤也，是也。安車意主安人，不復顧馬，因卑之釋名安車，蓋卑是其證。輪卑如輇車，故曰輇輪、輇車。《禮記·雜記》注：輇，讀爲輴，輇崇蓋半乘車之輪。疏云：乘車之輪六尺有六寸，今云半之，則三尺三寸也。《説文》於輇下云：藩車，下庳輪也。庳輪即卑輪，與鄭義同。一曰無輻曰輇，別一義。則輇者，祇取其卑，初無頓義。若輇即是頓，是《説文》楛爲奊輪，亦指卑輪，可乎？

諸布諸嚴諸逐解

孫　儆

《漢書·郊祀志》云："諸布、諸嚴、諸逐之屬，百有餘廟。"師古曰："諸布、諸嚴、諸逐，未聞其義。"按：《漢書》即本《史記·封禪書》，《史記》云："諸布、諸嚴、諸逑之屬。"是諸逐又作諸述。《索隱》則云："《爾雅》祭星曰布，或云諸布，是祭星之處。述亦未詳。"蒙嘗就二説觀之，竊謂作逐者是，作述者乃傳寫之譌也。《索隱》謂爲祭星之處，亦未盡然。考成帝時，匡衡奏請諸布、諸嚴、諸逐皆罷祀，以不在正祀之列，凡諸淫祠皆當罷祀。然則諸布、諸嚴、諸逐固所謂淫祠也。《爾雅》祭星曰：布乃古之正禮，要不得以淫祠當之。且上文明有日月參辰、南北斗諸星，皆列祀典，下亦不應重有祭星之文。則《索隱》説非。謹按：秦有諸布、諸嚴等廟，云諸者，乃推及其餘之意。布、嚴、逐三者,皆非正典,則亦從諸淫祀求之。

考《淮南子·氾論篇》云:羿除天下之害而死,爲宗布。高誘注云:羿,堯時諸侯,有功于天下,故死託于宗布。諸布之義應與此合。蓋羿雖有功于天下,而云死託于宗布,則亦係當年傳説之詞,與所謂正祭者有別。秦人即因其傳説而祀之,此所以有諸布之名歟?

諸嚴之説,于古無徵。竊思嚴即厲也,《祭法》鄭注:巫祝以厲山爲之謬乎?孔疏云:漢時巫祝之人,意以厲神是厲山氏之鬼爲之,故云厲山。是當時已有厲神之名,其殆秦有此祠而漢即承其敝歟?然鄭云謬乎者,蓋謂鬼有所歸,不得爲厲,厲山氏明有子曰柱,是鬼有所歸矣。諸爲此舉者,或于理謬乎?秦人不知其謬,而以厲神崇祀焉,此所以有諸嚴之名歟?

至若諸逐之説,考《吕氏春秋·季冬紀》高誘注云:"今人臘前一日,擊鼓驅疫,謂之逐除。"是逐之名由來久矣。又《論衡·解除篇》云:解逐之法,緣古逐疫之禮也。昔顓頊氏有子三人,生而皆亡,一居江水爲虐鬼,一居若水爲魍魎,一居歐隅之間,主疫病。人歲終事畢,驅逐疫鬼。又云:夫逐疫者,亦禮之失也。是逐疫之事,在當時即以爲失禮。然不立廟,而弟名逐疫焉,則猶未爲禮之失。至秦人乃復立此廟以祀之,則其失禮也已甚。諸逐之名,其取此歟?

要之,斯三者皆非正祀,在淫祠之列,故蒙以此釋之。若近儒《讀書叢録》以《爾雅》祭星釋諸布,又以嚴字改作襄字,且以述與逐合言,强爲説解,而皆未得其義,則亦無俟置議云。

釋《漢書》面雍面封

顧鴻闓

古人用字,往往以通假爲之,不知通假之義者,不可以讀經,並不可以讀史。如面、偭爲通假字,《禮記·少儀》尊壺者面其鼻,《説文》偭下引此語,而以面爲偭。鄭注《禮記》謂面鄉也。按鄉,即今向字。《説文》亦訓偭爲鄉,此面、偭相通之證。偭訓鄉,亦訓偝。《離騷》偭規矩而改錯,王逸曰偭,偝也。賈誼《吊屈原》曰:偭蟂獺以隱處。應劭曰:偭,偝也。《史記·

項羽本紀》馬童面之,張晏曰:面,偝之也。《漢書·項羽傳》注,亦引此説。此又面與偭通,而皆有偝義之證也。《漢書·夏侯嬰傳》曰"面雍",《張歐傳》曰"面封",解者言人人殊,惟顏氏注於兩面字皆訓爲偝。按《嬰傳》言面雍者,記嬰救孝惠、魯元事也。上云從擊項羽,至彭城,項羽大破漢軍。漢王不利,馳去,見孝惠、魯元載之。漢王急,馬罷,虜在後,帝蹶兩兒棄之,嬰常收載,面雍樹馳。此文皆本《史記》,但《史記》自"帝蹶"下,作帝蹶兩兒,欲棄之,嬰竟載之,徐行,面雍樹乃馳,文義尤爲完備。試就傳文繹之。

蓋言兩兒在車時,防顛越,自嬰令兩兒偝已而立,以手持之,然後車可速行,故曰面雍樹乃馳。雍亦作擁,擁之爲言待也。《廣雅·釋詁》訓擁爲持,是也。應氏謂古者立乘,常恐小兒墮墜,各置一面雍持之。樹,立也。其解雍樹二字,正與上文"帝蹶"義相應。解面爲各置一面説,近附會,不若顏氏訓面爲偝爲確也。知面雍當訓爲偝雍,則知面封亦當訓爲偝封。按《歐傳》言面封者,記歐上獄事事也。上云上具獄事,有可卻,卻之。不可者,不得已爲涕泣面而封之。其文亦本《史記》,《史記》作面對而封之,文尤詳備。然就傳文云云,正與本書《項羽紀》馬童面之同義。馬童以羽爲故人,不忍親斫,故面之。歐以獄讞爲死事,不忍向囚,故面而封之,面即偝也。顏注據《羽傳》立訓,是以本書證本書,尤爲精確。

若服氏解面雍爲圍樹而走,與史文載行之文既背。蘇氏謂南方人抱小兒曰雍樹,語無所出,亦不足據。晉灼解面封,謂面對囚而讀之,如其説,則傳云封之可耳,何必以面字別之,且何以解馬童面之之面乎?竊謂班書出自一手,曰面之,曰面雍,曰面封,立文既同,義例亦同。由是推之,即面縛之面,亦當訓偝,謂偝手于後而縛之也,與面雍、面封正是一例。杜氏誤解爲惟見其面,《後漢書·光武紀》注正之,是也。要之,面與偭,古本通假,自張晏注《史記》,訓面爲偝,師古承其説,而不辨其"面,古偭字",無怪後人謂面無偝訓也。

讀《金史・交聘表》

范　禕

金與宋、夏、高麗議和通好，賀節報聘，使者歲相接。史作《交聘表》以紀之。上卷起太祖收國元年，中卷起世宗大定元年，下卷起章宗明昌元年，中多疏舛，於宋尤甚。近錢氏以《宋史》及《繫年要録》校之，凡得數十條。禕謂表中最可異者，言天輔元年，宋遣登州防禦使馬政來聘，請石晉時陷入契丹故地。考是年爲政和六年，《宋史》無聘金事。間一年，重和元年，馬政始浮海使金，約夾攻遼。時有復燕之意，非請地也。其明年，爲宣和元年，即金天輔四年，《宋史》云金遣李善慶等，持國書同馬政來修好。詔蔡京諭以夾攻遼之意，而表稱天輔二年，遣散睹報聘於宋所請之地，與宋夾攻，得者有之，本朝自取，不在分割之議。勘以《宋史》，但有夾攻之文，並無請地之説。且四年，誤紀於二年，遂使表中五、六二年空而無事矣。《宋史》宣和二年，遣趙良嗣即馬政賜姓名。使金，始謂金主曰：燕本漢地，欲夾攻遼，使金取中京大定府，宋取燕京析津府。是年，天輔五年，而表誤四年。所謂燕京、中京者，金亦尚未得之於遼，可稱約，不可稱請。乃表云宋遣趙良嗣以書來議燕京、西京之地，似金已得而宋請之，則金主何得約金兵自平地松林趨古北口，宋自白溝夾攻云云，見於《宋史》乎？表序顧稱海上之書曰：克遼之後，五代時陷入契丹故地，願畀下邑，以爲過計，遂云血刃相向、百戰而得之，卑辭厚幣以求之，疑失當時之事實，而論之繆者也。當時歲幣之議，祇以夾攻遼分得燕京，非以幣易其地。故宣和四年，童貫兩舉伐遼以應金，而金亦以是年克燕京、西京。表言宋復遣趙良嗣來議燕京西京地，答書如初，約合攻隨得者有之，今自我取，理應有報。蓋請地自此。然宋人始志與金分遼，初不意兩舉敗績，迫而爲請也。表於馬政初聘，即著請字，差繆已甚。錢氏於此，僅糾其聘使之漏書，猶爲小失也。

或曰：然則復燕之事，是邪非邪？應之曰：自石晉以來，幽薊十六州久淪於外，復之未嘗不是。而是時，宋方相童貫、王黼，奸邪充斥，自謀不暇，固非開疆拓土之會也。及金人變約，僅許燕京及薊、景、檀、順、涿、易六州，趙良嗣力爭不獲，而宋復未悟，求營、平、灤三州地，釁隙自是開矣。顧稅幣一增，金主大喜，宋亦曲意受地，尚可相安於無事。至張覺以平州降宋，王黼勸帝納之，趙良嗣諫曰：國家新與金盟，如此必失其歡，後不可悔。弗聽。旋金人襲破平州，復以納叛來責，殺張覺首與之。平州未入宋，而金之出師為有名矣。則王黼之誤國，不得歸咎於復燕。況索糧不與，重激其怒，而童貫信詐，往受蔚、應，甫抵大原，金師南下，何其憒憒哉。向使張覺叛來，宋能不納，或即殺以畀金，返其平州，則金必益敦信好，少緩其師期。既得燕、薊，重謀自強，金雖狡焉思逞，亦斂手而知退。存亡之機，決於俄頃。乃宦者乘權，庸夫得志，嘉謨讜論，棄若弁髦，卒致流離北狩，顛沛南遷。考史至此，未嘗不為之發憤慨息也。是表但言南京留守張覺以南京叛入於宋，不及以後事，又不載索糧一使，俾讀者莫曉伐宋之本末，似嫌過略。凡此皆關乎北宋之季興廢之故，得失之端，故論著焉，其他錢氏已詳，茲不贅及。

端午不用午日説

邢啓雲

古人授時紀歲，每有深意存乎其中。如五月五日，節名端午。五，陽數也。月五，日五，合天地之數，所以佐陽氣之不足也。故端午，一名端陽。近趙雲崧《陔餘叢考》據《漢書・郎顗傳》，以五月丙午遣太尉，又《論衡》曰：五月丙午日，日中之時，鑄陽燧，謂午節宜用午日。後世以五月五日為午節，蓋午、五相通之誤。蒙謂此説不然。

考《前漢・郊祀志》注，五月五日作梟羹以賜百官，《漢・禮儀志》五月五日，朱索五色印為門户飾，以難止惡氣，是古皆用五日為端午，無用午日者。今仍用五日，相承自古，何得云誤？又《説文》：乂，五行也，從二，陰陽在天地間交午也，五為建午之月，正陰陽交午之時，取五日名為端午，自為扶陽抑陰義無疑。且以一歲之氣節計之，正月朔謂之元日，三月三日謂之上巳，五月五日謂之端午，七月七日謂之七夕，九月九日謂之重九，皆陽數也。大抵古人間月以立節，以佐歲時之陽氣。而立節之月，多取陽月：立節之日，又以必符乎月之數，取重陽欲以旺其氣也。以此推之，端午必當用五日，不宜用午日也益明。或曰：如所言，不用午日義誠明矣，而九月九日名曰重九，此何不明以端五而必曰端午哉？曰：午、五，例得假借。《周禮·壺涿氏》午貫象齒，鄭注：故書午爲五。《左傳》晉夷羊五，《晉語》作夷陽午，是其證。端者，始也，初也。端午云者，猶云初五也。《歲時記》云：京師以初一爲端一，初二爲端二，初三爲端三，初四爲端四，則以初五爲端五，無足異也。以其在午月謂之端午，以其在五日亦謂之端五。端五，一名端陽，正與重九之名重陽，同爲扶陽抑陰之義也。

端午不用午日説

石　銘

端午必用午日，其説仿於吳斗南《兩漢刊誤補遺》。近趙甌北據之，以爲五月之端午，猶三月之上巳。上巳不必用三月三日，則端午亦不必用五月五日。因舉《後漢書·郎顗傳》，以五月丙午遣太尉，及《論衡》五月丙午日，日中之時，鑄陽燧爲證。謂午節宜用午日，或丙日，後世專用五日爲誤。蒙謂此説非也。

上巳始見於《韓詩》，此自與上辛、上丁同例，用三月中第一巳日爲之。若端午，則與此異。使亦以五月中第一午日爲之，則宜云上午，不云端午矣。且端午之午，本作五，不作午。東瀛古本《玉燭寶典》，影舊鈔卷子本，在《古逸叢書》内。引周處《風土記》云“仲夏端五，方伯協極”，注云：端，始也，謂五月初五也，四仲爲方伯，俗重五月五日，與夏至同。李濟翁《資暇錄》、王觀國《學林》，引《風土記》並同。據此，知端午本作端五，近《初學記》及《御覽》所引，均作端午者，乃用後人假借字爲之，此猶《周禮·壺涿氏》午貫，杜子春注“午貫當爲五貫”，《左傳》晉“夷羊五”，《國語》作“夷陽午”也。惟其本爲端五，則不必用午日可知。蓋端之言始，《素問·六節藏象論》云“立端於始”，又《家語·禮運篇》“五行之端”注：“端，始也。”始之言初，《説文》：始，女之初也。《易·略例》是事之終始，注云：初，爲始也。端五猶言初五云爾。

唐明皇以八月五日生，宋璟賀表云："月在仲秋，日惟端午。"是可證古以初五爲端午之義也。吳氏亦知午、五通用，引宋璟《表》以爲證，但泥於端午與上巳一例，故必以爲第一午日，而不知古祇作端五，唐人詩中所用端午，皆五字之借也。至斗南所引《後漢·郎顗傳》及《論衡》二事，乃適在五月丙午，非即以爲端午，安得妄援以爲證哉！

卷六

舜駕五龍以騰唐衢賦以有臣五人而天下治爲韻

姚彭年

簫鳳瞻顔，圖龜俯首。警蹕雲雷，降精星斗。繼丹陵而中位定符，布黄德而群工拜手。君臨甲子，協游河諸老之占；臣守庚申，在擊壤重歌以後。疇爲頭爲腹爲尾，無妨前矩後規；任如天如日如雲，獨讓左宜右有。翳惟陶唐中歲，負夏降真；五瑞未輯，五典未申。亦既大麓沉陰，星潛赤馬，平階接武，日燦朱麟。勸駕賢侯，四岳有天章之聘；乘龍佳壻，二妃聯帝室之親。雖尺木已成風雨，潛通巨澤；而重華上協爪牙，尚列諸臣。厥時有五人焉，佐命誕生，殊材洽聚。龍顔夏姒之儀，龍種商周之祖。削瓜執法，龍德居辛。掌火稱神，龍睛爍午。竭百二齡之鐘毓，鱗甲精瑩；啓十六族之功名，天淵飛舞。夫豈一夔已足，樂符古諺之三；因而萬象齊輝，位擁當陽之五。一龍矯矯，五龍振振。龍位既禪，龍輿乃陳。是能建五德，撫五辰。上覽乾御，下扶坤珍。馭册八年之治軌，遍十二州之時巡。攀麟之七友同升，也讓螭鼇聯步；拱翼之百僚退聽，那須羆虎諸人。爾其平陽東顧，雷澤西馳。旦日復矣，卿雲從之。御天合六龍之瑞，畫地笑二龍之奇。扶土德而王，豢擾先資唐帝；幻金精之質，職司合紀官儀。譬懸書之號五蛇，賢如從者；豈朽索之馭六馬，政乃殆而。厥駕高騫，唐衢坦然。一輔二轅，三驅九旋。省五方以協化，翊五教以稱賢。煥啓新猷，導鳳鱗於前路；同游舊侶，問鹿豕于當年。從知法駕時乘，數猶協地；畢竟真龍是好，飛亦在天。豈不以昭治中宫，撫循方夏。將四目之常明，必九官之斯假。其猶龍乎？行此五者。嶄然頭角，早占六相之符；寄爾股肱，直下八荒之野。翻白馬彤車之舊，範我馳驅；合金牛玉象之尊，分司上下。是以宣聖稱言，魯論標誌。周生烈妙擅殊詞，王伯厚兼申考異。輔德爲賢，群材協瑞。龍興有屬，五十年扈從之班；龍唅猶承，廿二人先驅之使。留得中庭五馬，仍戴堯天；待看曳水雙龍，歡瞻禹治。

王會賦以作新大邑于東國洛爲韻
王家枚

懿鑠乎，昔成周之受命也，六合時邕，九寰咸若。懷青州而薦蒲魚，役甌鄧而颺菌鶴。其時華裔之夷，流荒之貉，與夫郭叔曹叔、唐公虞公之屬，莫不鳩版並翊，駿奔攸恪。惕息爻閭之旁，趨蹌陰羽之幕。穆穆皇皇，綻繁露而鼓韋簫也。然猶主憂臣勞，念切如傷。戒深履薄，用能聖道遍均，皇圖式廓。肇八百年鞏固之基，而蔚矣隆千秋述作。緬夫商郊革命，聖主即真，四隩咸宅，六幕無塵。垂衣裳而蒞治，楫遐邇而來賓。乃文乃武，悉主悉臣。天子穆然，念時見眾。俯諸大典，古哲后所。不曠予一人，敢勿率遵。遂乃撰吉日，協靈辰。敕太常使稽縢策，諭鴻臚以納貢珍。禮事展，樂物陳。除地爲墠，張幕爲閒，以揚我周家景運之維新。於是曳雲梢，張霓斾，戢駣隱，齊沛艾。修百仞之塊壇，萃萬方之冠帶。制循夫碧綦元綝，儀飾乎赤斾翠蓋。鳴鑾輅之鎗鎗，建龍旗之茷茷。唐叔荀叔侍其旁，周公太公課厥最。階之南，班序淮榮；堂之東，位分郭蔡。維時太史魚搢珽而前曰：我皇義懷靡內，化感無外。功與造化同流，德與二儀並大。爾列侯祇率典常，尚其執玉偕來。以上繼塗山之盛會，則有闚耳輪誠，貫胸遙集。髳髮東臣，周頭西立。稷慎南來，樓煩北輯。化普乎都郭康民，澤被乎韓流奚霅。九菌雲從，十蠻露浥。榑桑沐日而朝，奇幹占風而入。凡夫聲教之所漸被，王靈之所暨及，靡不延頸企踵，回面宅心，翕集乎成周之大邑。羌乃序方物，按輿圖，古黃韠闕，茲白載途。銀麈狟於祝栗，翡翠翔於倉吾。孟野獻白狼白雉，幽都進元豹元狐。嵩夷嗛羊，輸珍內府，且歐文蜃，曜采上都。一時景風而翔，戴日而趨者，咸皆筐筐秩秩，冠蓋于于。

緊豈惟是，來丹青於象譯，納白玉於豹胡。遂足徵四夷之率服，一德之箴乎。故能合嘉會，銘豐功，統車書於南北，一尉候於西東。六幽之化草靡，八紘之情棣通。神龜來於枳巳，野馬致自空峒。乃聖上猶復形茹神蕊，日昃淵冲。卻奇珍而勿御，懷朽索而宅中。惕懷來之匪易，懼德業之不終。篇錄無逸，圖采豳風。大化雖同于薄海，小心常矢於皇衷。是誠非加勞三王，勵勤五帝者。恐末由晞盛，軌於鎬豐。乃越千七百年，而唐室開基，太宗御極，休命擬乎蒼姬，醴化通於烏弋。西則鄣部松州，東則朱蒙故域。以及雕題之南，大夏之北，赤髮鬌鬡而拳毛，綠睛睒睅而善惑。狀則齫齒流金，裝則裘氈襲黑。罔不斂手稱臣，稽顙奉職。由是中書侍郎顏師古，請法往訓有周，彰大唐之建國。徵事繪圖，橅形染墨。昭神武之隆規，標懷柔之懿則。然而跡近鋪張，意多粉飾。雖極貞觀廿載之遠圖，要未若周京二王之盛德。惟我聖朝文治光昭，武功逴躒。恩遠被於朝鮮，威早行於棟鄂。征準噶爾，而青海來庭；服厄魯特，而丹津受約。廓爾喀衛藏胥平，醫無閭吉林廣拓。凡在轐輵外臣，金遼部落，固已頌德驩呼，望風雀躍。亭堠銷烽，邊城偃柝。而且瀛島之國，慕化遠來；卉服之倫，依仁願託。自職方之所未掌，象胥之所難度，咸仰聖天子之臨朝，陸讋水慄，奉贐輸琛，而入覲於紫光之閣。鰌生不才，敢獻頌曰：懿我皇兮宏遠略，家中外兮酌允鑠，莫遠人兮澤廣莫，億萬年兮同凱樂，懷盛治兮邁東洛。

王會賦 以作新大邑于東國洛爲韻

殷松年

伊雒邑之宅中，建歸極于六幕。帶瀍澗以爲池，襟塗嶽而成郭。是宜近樹藩翰，遠御荒漠。于焉爻閭，營土圭度。大開明堂，與諸侯落。但見凝鎏負扆，析圭擔爵。穆穆皇皇，蘩蘩若若。宏規大起，築王城爲天子居；重譯偕來，知中國有聖人作。則嘗經伊闕，涉潁濱，見夫宮室禾黍，壇壝荊榛。父老告余曰：此昔周之東都，成王所以會萬國者也。緊夫誓師坶野，觀兵盟津。祿父守祀，微子來賓。固已鳴劍佩者八百國，櫜弓矢者三千人。而猶未能共球畢集，俎豆具陳。耀元繚碧綦之彩，萃青印丹徼之珍。

逮乎元公居攝,詔王時巡,乃欲擇天下之大,湊如衆星之拱辰。繼岐京、豐京、鎬京,再見皇圖式廓;俾比服、要服、荒服,咸知天命維新。爾乃郟山北因,雒水南帶。位五宮于中央,控八極于宇外。張赤帟以森森,駐翠華其靄靄。西序刀玉有璠有璵,東房弓戈維和維兌。下則唐虞備位於三恪,上則周呂建猷于六太。內有伯舅中舅以効贊襄,外有泰士彌士以司計會。于以光覬雲瞻,恩承雨沛。鶴羽陰陰,鸞聲噦噦。握八方樞紐,土中國中城之中;集萬里梯航,道大天大王亦大。則見郭叔駿奔,應侯鵠立。淮氏、榮氏之俱來,夏公、殷公之蔚集。與夫雕題交趾,異服異言;漆齒貫胸,不火不粒。頒朔所未周,巡方所弗及,莫不雀躍歡臚,虎拜儀習。奉玉鞠躬,升階拾級。于是駐鳬旌,歌馬縶。召行人以幣司,命太史而簡執。凡臺前揩笏,皆我元后甥舅邦;藉堂後浴杅,爲爾群侯湯沐邑。乃有州靡費費,蠻揚禺禺。歐人蟬蛇,禺氏騊駼。海蛤土螻之種判,皋雞孔鳥之形殊。其名詭誕,其狀睢盱。伯益誌經所不紀,大禹鑄鼎所未圖。以暨禽菅路竹,戎菽康枰。或產炎徼,或挺幽都,靡弗賓王國,貢天衢。隨躬桓而並執,與筐筥以同輸。問誰披益地之圖,燦乎隱隱;便齊獻普天之頌,來也于于。譯象兮遙通,車書兮大同。冕旒拜兮朝儀肅,閶闔開兮禮官崇。位定乎子男侯伯,方辨乎蠻翟夷戎。飾繁露之燦煥,揚和鸞之玲瓏。天王乃乘木路,蒞蒿宮,設菉幣,賦彤弓。垂裳恭己,執瑁立中。以述群辟之職,以詢列邦之風。時則卜世九鼎定其祚,弗庭四征宣其功。旰食宵衣,赫赫乎乃聖乃神,乃文乃武;陸詟水慄,源源而自南自北,自西自東。而況鳳鳴卷阿,雉獻絕域。海揚波而不聞,洛出書而可識。百神翊靈,六服承德。其爲此王會也,蓋將以示聲教之漸,而非徒侈征伐之力。所以周書作解以紀盛,唐代成圖而取式。又何待蒐岐陽以講武事,伐蒲姑而懲反側?迄今考逸文,徵典則,讀于苗之什,惟宣王復會東都;想分陝以來,使召伯循行南國。然孰若我聖朝德懋懷柔,度昭恢廓。偃武之治休明,同文之光照灼。致荒服之會歸,慶太平而宴樂。且更闢烏藏,以著奇功,通歐洲而宏遠略。蓋久矣貢厥殊琛,申其和約。勝大禹之登會稽,邁成湯之朝景亳。奠玉鏡金甌之治,豈惟靈響呼嵩;書山車澤馬之祥,定有榮光出洛。

籬鷦澤鯢賦 以難與料天海之高大爲韻
王英冕

　　靈均弟子,既爲汗漫之遊,慨然而歎曰:甚矣,懷小知者,不足以語大觀也。嘗見一枝棲影,尺水分瀾。居蓬蒿而自得,依蒲藻以求安。心期自隘,眼界奚寬。且共鳩居,鵬翮之騰騫敢冀;自同蠖屈,龍門之變化應難。不觀夫藩籬與尺澤乎?地接瓜棚,境依蓼渚。插槿初成,搴裳定許。樊籠儼入,盼霄漢之程遙;升斗纔分,謝江河之浪巨。以外本天空海闊,任爾飛潛;此間如坳井蹏涔,憑誰容與。爾乃鷦雀雛攜,鯢鮒尾掉。振羽晨曦,刷鱗晚照。新晴秋老呼群,爭稻圃之糧;斜月波澄顧影,避苔磯之釣。略等幕中巢燕,小作覊棲;差如井底跳蛙,識窮遠料。亦復回翔村樹,游泳溪煙。雜前林之鳩喚,伴隔浦之鷗眠。居然賀廈之情,等戶庭於覆幬;宛爾觀濠之樂,比涔滴於淵泉。六枳低編,自守挹婁之國;一灣淺漾,別開小有之天。是即語以天宇程遙,海濤流匯。鳳翥雲高,鯤遊潮待。彼且識昧高深,說疑欺紿。妄騰鷦笑于旁觀,自詡鯢桓之真宰。燕雀安知鴻鵠志,翼漫衝霄。蛟龍不與魚鱉群,蠡空測海。且夫方隅是囿,識見何卑。甕裏之醯雞自隘,管中之全豹難窺。夏蟲則層冰罔識,秋蟬則積雪焉知。控地身輕,鷽鳩自樂;飲河腹小,鼴鼠堪嗤。託身於荔壁槿墉,翻覺高矣美矣;得所在芹泥藻澗,居然泳之遊之。是鷦也,翻飛碧樹;是鯢也,潑刺銀刀。南柯坐大,北渚堪豪。籬下可依,轉勝鵲巢之穩;澤中相索,幸無魴尾之勞。占來茂密叢林,何必向青霄路覓;分得清冷勺水,且休誇碧海波高。嗟嗟!俗目如斯,真材何賴。鶺鴒則但識巢林,蟪蛄則徒知甘帶。不過蛇蚹蜩翼,細較毫釐;聊同蟲臂鼠肝,何嫌狡獪。蓋拘墟自囿,祇在印樊沼沚之間;而聞見無多,竟忘林藪江湖之大矣。

五雀六燕賦 以五雀六燕識衡平爲韻
秦世超

　　道不齊而能齊,物非伍而爲伍。無人力之相參,有化工之可睹。權衡在側，微言早闡于九章；銖兩需均，算術誰淆乎一縷。不必典垂璿玉，法轉旋于魁四杓三；居然數備陰陽，協奇偶于地六天五。原夫衡也者，度量偕同，伶倫始作。呈形依刻石之魚，計數異添籌之鶴。賴五權之調劑，化洽鴻鈞；等六管之均平，運資鳳篇。有熊氏重輕用判，曾聞根肇黃鐘；太微廷法式常昭，瞥見星輝朱雀。而雀燕本屬微禽，並推羽族。木異鶯遷，粒偕鸚啄。生原同氣，稟星彩于瑤光；棲或聯群，賀新巢于夏屋。祇在藩籬間耳，翱翔依仄徑三三；安知鴻鵠志哉，藐小等凡鱗六六。乃其飛集于衡，適以五六見也。幹定中心，錘分兩面。雀鼓翼以偕來，燕舒翎兮恰便。拔十而數，偏得半黃其披綿；歸奇而偶，自成三紅都繫綫。愛小鳥錙銖悉當，遑談與羽鉤金；笑斯人體態多殊，未免肥環瘦燕。兩隊分排，一衡並息。疇勞數馬之思，恰布聯蟬之式。豈是五鳩聚處，穩託間身；翻疑六鷁退飛，暫休健翼。垂弱綫中權扼要，五禽既黍累難淆；列繁星稱物平施，六子亦分銖可識。向使黃衣偶易，玉剪稍更。一則參伍以變，一則合六而成。雖未必衰多益寡，究不免轉重爲輕。看一時並展羽毛，物原甚細；似兩端各縣土炭，衡已旋傾。縱然耦居無猜，差等鳥鼠之同穴；祇恐大權旁落，轉疑蠻觸之爭衡。惟其五行合數，六律諧聲。聚等鶺班之整飭，立同雁序之分明。斯無倚無偏，洽下兔上雞之推算；而若離若合，袪續鳧斷鶴之譏評。讀保氏于《周官》，益信方程可學；賦阿衡于馬軾，還知邦國胥平。

綿蕝習禮賦<small>以綿蕝野外習之月餘爲韻</small>
謝恩灝

昔高皇帝厭武之日，正叔孫通入相之年。既刪繁而去縟，亦達變而通權。略具堂階，鱗鱗如繪；居然簪紱，翼翼而前。與諸生藉草爲儀，宛天威之近接；帥群下伏蒲而拜，祝聖算之長綿。當漢之肇造區夏也，天子抗稜，豎儒結舌。絳灌無文，黥彭爭烈。捧觴介壽，廷中之贊拜多愆；挺劍來前，殿上之諠嘩四徹。縱使威加海內，茅土分封，安能會列岐陽，荊蠻置蕝。通乃定策胸中，陳辭座下。謂夫事有權宜，儀崇淹雅。入關中而修法律，既有蕭何；進馬上而說詩書，休嗤陸賈。幸經緯之胸羅，願斧柯之手假。

奉春寡識，徒脫輓而論都；婢諶能謀，請乘車而適野。於是徵召諸生，後先畢會。乃辟廣場，乃刪榛薈。立表於庭，引繩如帶。此日經綸草創，留不翦之茅茨；何時劍佩花迎，看齊飛之芝蓋。好似藩籬遍植，分明表道之餘；何須梐柜重施，想像行宮之外？其習禮也，效舞蹈而山呼，禁族談與錯立。分其等於東階西階，辨其儀於天揖土揖。規行矩步，宛如王會之圖披；糾謬繩愆，差抵治朝之法執。不數成功畫一，丞相規隨；也同宵雅肄三，儒生誦習。天子曰咨，汝通是儀。功歸典核，令蕭綱維。信規模之大備，亦位置之咸宜。降至尊而賜覽，令群下以爲師。試看魚袋雍容，悉降心而相就；不必豸冠彈劾，亦俯首而無辭。雖云草昧初開，蔑以加矣；豈特椒親就列，心焉數之。迨至十月大朝，群侯詣闕，肅肅垂紳，峨峨縉笏。辨階級於司儀，嚴等威於典謁。仰不睹帝魁之美，巨麗誰識京都；今乃知天子之尊，肅敬豈徒平、勃。榮分法酒，慶際會於風雲；尊拜宸旒，爭光華於日月。盛典既具，於皇樂胥。二千石官階特晉，五百金恩寵非虛。回思披棘修文，三十日居然有準；差幸拔茅錫命，百餘人共慶連茹。然而未臻明備，終笑空疏。劇憐楚服雖更，莫折兩生之誚；可惜秦儀雜采，未參三代之餘。

漢章帝使黃門持被覆馮豹賦 以俯伏省閣從昏至明爲韻，有序

曹元忠

案：肅宗使黃門持被覆豹事，見《後漢書》本傳。《北堂書鈔·政術部》引華嶠《漢書》，則言帝聞而嘉之，乃加賞賜，並未及覆被之事。《初學記·職官部》引摯虞《三輔決錄》，則言天子默使人持被覆之，並未指持被之人。惟《白帖·服飾部》引《東觀漢記》，言肅宗使期門郎以錦被覆豹，與范書言黃門者似別。考《前書·百官公卿表》，武帝建初三年，置期門郎，有僕射宦者爲之，號曰宂從黃門，則《東觀》書作期門郎，亦是。但豹本以奏事伏閣，證之《續漢·百官志》本注，世祖使小黃門郎受事，則范書言黃門義長，謹敷陳其事曰：

星冷哀烏，月明臥虎。鳳賜秋衾，蝶回春栩。一封入奏，拌待漏於旦

申；三署深扃，報嚴更於夜午。不道内官奉詔，自天鑒藥崧之誠；定知中禁謝恩，據地異董宣之俯。漢章帝朝有馮仲文者，牋奏專司，臺郎清肅。握蘭揚赤管之芬，起草削皂囊之牘。奏事記明光殿上，郎位星高；直廬在建禮門中，君恩露沐。爲宣手詔，常珥筆於丹除；敢説心期，佐珍符於赤伏。每當長樂鐘鳴，景陽漏静。風送玉珂，露飛金井。或夕郎罷拜，退回青瑣兩班；或曉夢初尋，坐擁黃紬一領。聽徹五更雞唱，待護朝衣；斷無一詔龍蟠，飛來畫省。金章遲鷺，銀燭銷蠟。月墮簪裾，雲排閶闔。恍聞唾落九天，遑計塵侵半榻。不妨衣薄，苔毯平鋪。可有人來，花磚緩踏。長宵露宿，誰禁丹地之寒；試顧星郎，猶伏紫微之閣。何圖一德，竟格九重。有天子臨軒顧問，知郎官爾位靖共。欲賫綬於艾緺，不比文章銘鮑；欲賜衣於楓陛，豈徒清儉稱龔？祗餘衾瘦玉鵝，銅斗熨麝熏之暖；抵得詔衝金鳳，銀璫看貂珥之從。於是覆傳翠被，持使黃門；火城照影，冰署生温。紅蠟雙行，對披香之侍史；翠鴛一色，傲飾布於公孫。從知大地春陽，先回紫殿；回望小天星斗，猶是黃昏。夢破南宫，詔傳東寺。寒侵珠履之塵，香冷錦衾之翠。蒙頭若睡，恍如上界遊仙；倦眼頻揩，驚見中官列侍。忽地青綾四幅，疑修典職之儀。未聞絳幘三傳，已有早朝之至。然未若聖朝朱宣置正，丹宸書名。蟬附取侍臣之潔，雞含邀郎署之榮。賜被霜移，闕近五雲之鳳；宫門漏永，人聽三殿之鶯。豈惟紅硯別牀，親承召對會見。緑章夜奏，直達通明。

鷙鳥累百不如一鶚賦 以使衡立朝必有可觀爲韻，有序

謝恩瀕

自古有道之士，軼類拔萃，每假物以爲喻。然《易》之取象也，則爲鴻之儀；《詩》之託興也，則爲鳳之翽。大都取譬祥禽，用昭德器。未有專尚搏擊之能，以表章國士者也。讀孔文舉《薦禰衡》之表曰：鷙鳥累百，不如一鶚。殆以承平之世，攬其德輝。板蕩之秋，資乎勁翮。漢獻季年，當塗焰熾，漢鼎將移，舉朝士大夫類皆緘口而安，重足而立。鷙鳥且無，安望有鶚？衡固志懷霜雪，而疾惡若讎者。北海薦之，殆欲其不畏强禦，起而糾

正乎？惜乎鼓史《通鑑》作吏，從《後漢書》作史。嫚罵，重忤曹瞞，卒之假手黄祖，身葬江洲，爲可悲也。迄今披薦士之書，而歎其愛才之厚、爲國之忠，則有不可及者。爰爲賦曰：

孔北海爲國求賢，上書薦士。謂臣得一人，實才非百里。英英而名邁群公，矯矯而目無餘子。燕雀安知鴻鵠，健者爲雄；鷹鸇不若鸞凰，巋然特起。出人頭地，任他百喙之争鳴；爲國羽儀，直等一夔之足使。原夫鳥之以鷙稱也，青骹素羽，鐵距金睛，寒威凜冽，鋭氣縱横。盤大漠兮無影，薄層霄兮有聲。毛羽不凡，自見神鷹翮健；風塵乍出，早令狡兔心驚。曾聞行父事君，異類必嚴驅逐；除是郅都行法，神威誰與抗衡？而以鷹之爲物也，性好時而不移，聲雖雄而非急。雙眸電掣以旁流，六翮雲垂而遠集。奇材邁俗，占風之巢鵲何能；逸格凌空，得路之鷙鵰莫及。擊豐狐於中野，豈甘鼠輩之横；儕獨鶴於遼天，不屑雞群之立。乃或謂鷙鳥者，同聲相應，比翼相招。似群居之百族，如並進之百僚。而鷹則翔僅同夫雙雁，集或類於飛鴉。豈皮織千羊，轉遜一狐之腋；恐庭陳孤管，終輸八奏之調。況萬棟將傾，一木安能支大廈？必千官備列，群賢始共翊興朝。豈知物以罕而見珍，姿以雄而鮮匹。雖同猛鷙之名，終判低昂之質。縱謂鸝工歔爵，威懍嚴霜；何如豸可觸邪，志盟皎日。碌碌者任爾群游，錚錚者居然特出。果使揚聲帝座，鳴盛堪期從教。振翼天衢，得名可必。且夫漢獻之際，國事日非矣，朝臣則利既熏心，丞相則威堪炙手。謝病者馬齒徒增，鋤金者龍頭已負。楊彪望重，胡口之緘；苟或名高，亦顔之厚。應笑人才鄴下，蕨薇之勁節何存；惟餘處士遼東，松柏之貞心僅有。使衡得上達紫微，同登青瑣。一鳴自爾驚人，百輩何能浼我。儀偕鳳鸑，致瑞物以徵祥；氣折梟雄，燭奸謀之測叵。雖不若蒼鷹之擊，株累千人；亦豈同首鼠之持，模棱兩可。奈何徒聞擊鼓，未慶彈冠。罵座而群驚屬吻，羈身而終鍛輕翰。不徒籠鳥無歸，即席之鸚空賦；抑且池魚殃及，覆巢之卵難完。可憐漢社孤忠，未藉豐毛而遠舉；卻恨當塗諸佐，徒增切齒於旁觀。

祖逖將本流徙部曲百餘家渡江賦以中流擊楫誓清中原爲韻

邢啓雲

祖士稚澄清攬轡，慷慨從戎。歎神京之不復，傷部落之多空。爰召流亡之衆，藉圖恢復之功。瑣尾餘生，半世飄蓬。泛梗旌頭舊選，與君破浪乘風。八千人渡自烏江，奚必生還幕下；十萬口徙歸紫塞，不教零落羌中。方其授豫州刺史也，偏安賫恨，敵愾同仇。憶聞雞於暮夜，慨逐鹿於神州。無如旌旆徒擁，矛戟未修。執運奇謀，唾手而禽國賊；誰當前敵，披肝而報君侯。從茲載橐而行，長離故國；漫詡投鞭可斷，飛渡洪流。爰有本流徙部曲焉，故壘蕭蕭，荒城寂寂，郁遺恨兮關山，痛殘生兮鋒鏑。多羽林騎士之材，亦番落健兒之敵。使君活我，曾叨舊日之衣糧；遊騎無歸，願奉王朝之羽檄。果爾椎攜死士，備麾下之馳驅；從教組繫生王，陋沙中之狙擊。回憶避地流離，間關跋涉。覓代步以招攜，困行間而震懾。相依爲命，漫吹越石之笳；無以爲家，欲扣馮驩之鋏。繪出流民一卷，徒費描摹；歡迎故主重來，自相統攝。誰悲失路，神馳絕域之烽煙；大有長才，用作濟川之舟楫。於是將百餘家渡江焉，種落凋零，車裳頹敝。飛鴻則幸免哀嗷，附驥而何難遠逝。願與諸君痛飲，對酒當歌。問誰著我先鞭，焚舟而濟；但見舳艫有聲，浪淘無際。羽葆飛揚，布帆搖曳。臨逝水而要盟，託孤舟而暫憇。幸得適彼樂土，負橐鞬而前驅；何嘗誘以卑辭，贈佩刀而爲誓。父老歡聲，恩同再生。有室廬之樂，無桴鼓之驚。玉門關果然生入，故將軍猶許夜行。豈其凍合層冰，渡惟數騎；不若師潛間道，渡恃雙罌。士竈宜增，遷地原無宿飽；行裝就隊，從屯也作奇兵。願諸公弗念故居，徒傷雲散；歎吾輩幾何人壽，難俟河清。迨至削平寇盜，剪滅梟雄。優李頭而心服，蹙石勒而智窮。群醜則迎降恐後，遺黎則歌詠皆同。方將長驅冀朔，轉戰河東。奈何妖星光閃，烈士途窮。半生召募，維勞空懷壯志；多士追隨，徒切未效孤忠。祇餘村塢流人，涕隕旌旗影裏；可有樓船舊部，心摧刁斗聲中。今想其溯江流而太息，顧部下而長言。沉溺慰來蘇之望，逃亡懷招撫之恩。方之擁衆降胡，忠逆之形可見；視彼攜家避亂，公私之判何論。泂殘黎之庇蔭,真半壁之屏藩。歎新亭對泣何爲,空指銅駝於帝闕;慨幕府雄才徒具,誰驅鐵騎於中原?

祖逖將本流徙部曲百餘家渡江賦 <small>以中流擊楫誓清中原爲韻,並序</small>

白作霖

案:《晉書·逖傳》,帝以逖爲奮威將軍、豫州刺史,給千人廩布三千匹,不給鎧仗,使自招募,仍將本流徙部曲百餘家渡江。《通鑑》載其事于建興元年,謂其時逖以言説於左丞相琅琊王睿,睿無北伐之志,故有是舉。考本傳言,逖以京師大亂,率親黨數百家辟地淮泗,少長咸宗之,推爲行主。則所謂本流徙者,疑即此數百家之親黨。然周濟《晉略》謂逖辟地時,以所乘車馬載同行老疾者,躬自徒步,推共衣糧藥物,流人歸心,奉爲行主。所言與元齡等書不同,似辟地後於親黨外更得多人,將所謂本流徙部曲者,又不能專指所率之親黨言。竊以《晉書》所謂少長咸宗之者,當即《晉略》所謂流人在内。蓋自逖率親黨至淮泗時,已能躬恤老疾,得士衆心。其後衆人以其又多謀略,故聞風而進宗之。玩《晉書》少長句,有是以字語屬,推原則知少長必不徒指親黨言,證以下云居丹徒之京口,賓客義從,皆暴桀勇士。益知此流徙部曲,即指賓客、義從無疑。蓋親黨本爲逖所率以辟地之衆,其間,老疾諸人不必盡爲部屬,故別之爲賓客,若流人則慕義相從者,故謂之義從,其後又合賓客中之可以從戎者,與義從之衆共爲部曲。然則此百餘家中所謂流者當即流人之衆,所謂徙者當即辟地之衆,其編爲部曲,則疑在既徵軍咨祭酒以後,未命刺豫州以前,其特加本字別白之者,不獨對下新招募之衆言,亦以見睿之命之未嘗有他部曲,而其中流一誓,即所以攄忼愾之氣而鳴孤憤之悲,亦可見也。又案:下文屯於江陰,《通鑑》作淮陰,據上言逖居丹徒之京口,以地望準之,則從丹徒至江陰,不得云渡,自以《通鑑》作淮爲正。嗟乎!狂瀾誰挽。壯哉!雍土之行,濟溺何人。餒甚新亭之泣,此後之甘瓠元酒,恩怨何知。當年之折戟殘鎗,英雄已僂。後之人,觀於朝命掣肘,壯夫灰心,未嘗不憐其遇,而悲其志。宜當日擊楫數語,千載如見英風也。爰爲稽其情事,序而賦之。

詞曰：

　奔流一派，浩氣雙洄。銅駝已臥，鐵騎何功。有壯士獨提舊部，與諸軍重勵孤忠。滿目瘡痍，何處縱前軍之鴿；填腔義憤，相攜來中澤之鴻。休論移鎮荒軍，數萬衆相隨鄴下；比是過江子弟，八千人得自吳中。昔祖士稚雄略蓋世，當晉建興，王室多憂。軍權方屬，豪氣時遒。五夜荒雞，警啼聲而起舞；千群胡羯，慨強敵之難因。每當目極中夏，氣高勁秋。倉皇避亂之身，飄蓬無定；太息匡時之念，借箸誰謀。抗懷周勃功高，祖服誓擒國賊；不信符堅人衆，投鞭竟斷江流。謀略慨陳，肝膽披瀝。謂戎狄之相殘，由朝廷之縱敵。誠資部署郡國吏，壯我旌旄；行耀聲威君子營，坐消鋒鏑。意必軍令齊申，壯猷共激。雪先帝青衣之恥，方將舉國同仇；樹將軍赤幟之威，何靳十城傳檄。胡爲鎧仗無施，廩糧空給。坐見從軍周處，徒赤手以孤撐；何來屯募翁孫，說蒼頭之奮擊。不得已舊侶提攜，孤懷裯疊。重鳴孤掌之悲涼，與論推心之款浹。有本流徙部曲者，患難相資，艱夷與涉。異李廣行軍之略，列陳曾嫻；本邠原辟地之儔，群謀盡協。看征士習攜囊橐，啓行還裹餱糧；幸吾儕未老溝渠，利濟方資舟楫。豈不以此百餘家者，驍健身材，飄零家世。自淮上而早被骿襀，居京口而群歸節制。非田橫五百客從公，競說來齊；豈遺黎七百人避難，僅傳入衛。遠道無所，苦關河與歷星霜；遷地何弗，良符籍居聯聲勢。卻笑南塘晚出，當年疏行部之威；行看北伐謀成，多士指洪流而誓。去去長征，高歌戒程。使君威德，豪士死生。恨諸公朝右偷安，空拳莫奮；得若輩軍前振武，偉績能成。于時浪激孤艦，風咽懸鉦。劇憐道路凄涼，祇剩同袍之侶；不道食衣推解，猶流挾纊之聲。問爾曹何以爲家，瑣尾記同甘苦；想壯略有如此水，濤頭行卜澄清。嗟嗟藩王肇亂，外敵群攻。鉅鹿則寇深石勒，范陽則虐肆劉聰。使得如遜者資以勁卒，扼彼胡戎，方將氣壯南州，勝劉琨之撫御；豈僅神驚北土，走鎮惡之鐘縷。胡乃材官莫補，射士都空。揚秋江一角之旌，想見蟲沙欲化；作競渡三軍之氣，爲憐貔虎猶雄。分無秦政黔黎，驅填塞下；安得鄧侯健卒，轉募關中。今想其臨流氣壯，擊楫聲吞。暫憩淮陰而鑄冶，旋平塢主之籬藩。作鎮雍邱，上將之干戈日耀；交鋒谷水，敵軍之旆纛塵昏。試回憶夫流離共涉，轉徙同屯。雖當年一木支難，痛相公之玩敵；而此後三辰歌起，聽耆老之銘恩。奈何鎮戍風清，剛定兩臺之策；瞥見營門星落，同悲五丈之原。

諫苑賦以批鱗逆耳得失之林爲韻
姚彭年

風霜節概，金石標題。丹忱不泯，青史可稽。惟諫垣之望重，豈文苑之名齊。自我作之記傳，則史裁別創；代有傳者封章，則御諾曾批。樂承業傳次義行，史稱諍臣。自天和初由露門抗節，迨開皇中以高唐親民。亦既二疏聿奏，八失齊陳。特遭張相於西垣，空瀝滿腔之血；竟卧汲公於東海，莫嬰徑尺之鱗。不得已幽憤孤潛，古懷遙積。尚友先臣，景行前籍。窺疏草於臺垣，揖言司於壇席。長留天地，起當年龍、比之精誠；藉報宮廷，見一代龜符之順逆。綴緝攸藏，史監斯視。暨陳周終，自夏殷始。合四十有一卷以告成，綜六百卅餘條而就理。滿篋離騷遺淚，閉門而風雨愴懷；十年內省修文，執燭之輿台側耳。其名爲諫苑也，衆軌同臻，萬言稱職。竭大匠之經營，作藎臣之矜式。於茲爲群，以矜汝直。聰聽而四門先辟，那虞厥室無成；犯顔而大廈能支，豈曰此材易得。爾乃握丹鉛，區縹帙。上下古今，繕述始卒。直節炳於列星，大義昭于白日。副石函於九陛，書屏先大寶之箴；作金鑒於千秋，補袞挽深宮之失。厥書既上，聖覽斯垂；嘉乃深德，優以上儀。俾納言之有鑒，實前事之可師。不知魚袋登場，疇能附此；安得獬冠入室，請以遺之。是蓋借抒鬱悃，重表微忱；臣覘蘊蓄，帝納規箴。特許直之盡職，猶忠節之惡心。劇憐二姓冠掌，稱臣丞相；曷若終年著述，歸老山林。

諫苑賦以批鱗逆耳得失之林爲韻
趙世修

千秋台憲，兩字標題。言爲蓍蔡，氣吐虹霓。蔚大觀之是覽，邈故蹟兮堪稽。祗應義膽忠肝，聯蹤載記；未許柔顔佞舌，側足攀躋。肅風霜之

異境，闢今古之恒蹊。拓烏台未有之奇，騁目而君心隱格；擅青瑣無雙之
譽，署名而帝諾親批。偉哉承業，卓然史臣。挺奇抱以邁世，振瑰材兮軼
倫。固已識窮藝圃之變，懷儲詞林之珍，然而封章博覽，梗概俱陳。笑當
時衮衮公卿，唯諾短諫垣之氣；料同列英英彥異，文章半苑令之身。因而
後顧來者，前期古人，殿中欽桓典之名，執簡尚思公馬；海內重陳翔之字，
讀書當效子鱗。豈不以往籍披青，孤忱矢赤。名臣之遺疏宏搜，前代之直
聲遝摘。霜署簪毫，星垣岸幘。說部不同，劉向徒詡通材；至言兼採，賈山
俾收衆益。萃夏周以來之故事，不妨集其大成；凡龍比以後之言官，均欲
視為莫逆。綜彙一編，鈔傳萬紙。獬冠之勁節同昭，鴻寶之秘書莫比。數
千余年之實錄，底須別戶分門；四十一卷之瑤函，不啻研經鑄史。激發忠
懷，鋪陳極軌。彼直臣請尚方之劍，實獲我心；俾人君作座右之銘，言提其
耳。諫苑成書，命名雋特。以闡幽微，以彰亮直。恢恢之境殊奇，耿耿之
誠自式。何至夕郎躬拜，集書貽不學之譏；從教天子顏怡，覽奏賜非常之
色。府異嫋嬛，林殊翰墨。作歷代貞純之譜，思古何深；是孤忠摩屬之場，
開篇有得。徒觀其精誠往來，忠義充實。盡浩氣以拓基，幹剛懷以樹質。
有讜亮無私之概，便能攀檻觸墀；存徘徊不進之心，那解升堂入室。然則
是苑也，幾似志林薈要，全收柱下菁英。一經靜署留芬，總聚人中屈軼。
天地間幸能留此，未虞大厦之難支；宮廷內倘肯鑒茲，奚至盤遊之有失。
宜乎彤廷垂範，丹宬呈規。志士張眸而動色，貞夫涉覽而伸眉。何堪大地
煙塵，值荊棘叢生之候；空剩一編冰蘖，正蘭蓀彫謝之時。是雖二疏抗節，
八失陳辭。靈臺紆鬱以隱憤，意匠慘澹以含悲。縱教結構能奇，表千年之
作者；可惜藩籬不固，依二姓以事之。士有文園拓抱，書囿恢襟。東觀之
聲華誰並，北臺之封事同欽。往事沉吟，恨不起昔人而問；遺編浩博，允堪
作後世之箴。茲際我國家紫垣表直，黃閣抒忱。方將百代陳規，撰述上供
夫宸賞；豈僅萬言獻策，英尤自異於儒林。

杜工部陪鄭廣文游何將軍山林賦以園依緣水竹上青霄爲韻

何允彝

三輔之野，五陵之原。翠筠聳壑，綠水環垣。結煙霞以嘯侶，對風雨

而開罇。從知我輩能狂，所志在高山流水；懸憶斯游最樂，其間有風磴雲門。畫師則三絕名高，句留勝地；詩老則十篇吟就，點綴芳園。原夫何將軍之有山林也，碧潭千尺，青峰四圍。傍岩巒而卜築，狎魚鳥以忘機。寄懷招隱之詞，常耽野趣；悵望尋幽之侶，同玩清暉。惟餘雨甲苔槍，儒將之丰標可挹；絕少酒兵詩壘，狂吟而避近相依。有客遙臨，其人不俗，偶爾連裾，居然雙玉。一則杜陵詞伯，遊興飄蕭；一則博士閒曹，名韁縛束。探勝境於樊川，訪幽棲於韋曲。似摩詰偕遊別墅，竹里圍青；匪岑參同泛渼陂，萍波蘸綠。豈不以良友招邀，名區尺咫。隨鳥使以逢迎，訂鷗盟而歡喜。天台採藥，當年曾說阮劉；河潊乘舟，往事猶思郭李。睎綠野以乘籃，昒丹梯而曳履。陪太守亭中之宴，笑從前放浪尊罍。陪金吾花下之遊，遂此際縱情山水。入山既深，遺世非獨。臨百頃之風潭，睹千章之夏木。野鶴唳天，巢鶯出谷。嚴節度許依廣廈，他年待託吟身；李將軍善寫林居，此境恰宜縱目。儘饒佳植，離披西域之花；爲訪名園，問訊東橋之竹。四顧徘徊，一番遊賞。雲水因依，主賓倜儻。碧筒酌酒以流馨，銀甲彈箏而送響。疑登華嶽，向禽之逸興遄飛；恍過濠梁，莊惠之冲襟可想。曼說雅遊難再，洞口雲深；懸知對影成三，山椒月上。既而歸期已迫，舊路重經。慨遭逢於斷梗，笑身世之飄萍。劇憐寒士無依，風欹茅屋；太息冷官獨處，雨積莎廳。賦新詩而篆孳，懷故侶而杯停。料應柿葉書成，字留飛白；賸有莓苔坐處，屐印深青。迨至重游林麓，再過山橋。犬迎門而識客，鶯啼樹以含嬌。雖孤蹤之獨往，幸前路之非遙。莫嫌衣掛薜蘿，清遊如咋；卻恨盤堆苜蓿，勝友難招。幽趣偏饒，但見修篁鳴雨；新吟再續，定知彩筆千霄。

趙閱道以金帶勸賑賦以金帶置庭施者雲集爲韻

趙世修

鶴琴人遠，魚佩恩深。錫罍造福，挾纊銘心。本無十萬腰纏，貽作吏不廉之誚；自有一圍手解，示爲民請命之忱。揚仁激義，置腹推襟。召衣冠長者諸人，自視不須下帶；問薦紳先生等輩，家居何貴多金。當閱道之知越州也，三載青袍，一麾皁蓋。澤有雁兮殊哀，戶無鳩兮可匃。城垣甫築,民勞方愧未酬;倉廩將空,官粟自知難賴。人不堪歉歲之憂,天將課神君之最。令甲徒頒,呼庚無奈。即欲典衙中故物,袛餘木枕布衾;何心計去後賢聲,預望脫靴留帶。豈不以賑乃急需,勸非易事?耿君之米誰輸,魯氏之困莫致。白傅大裘以後,絕少同心;陽城委絹而還,久無高義。於此而欲令給帛拯窮,解衣濟匱。恐富室自封千廩,處茲惟坐擁膏腴;笑清官徒選一錢,到此亦頗難措置。吾帶可型,吾誠可銘。官餐恥素,吏綬慚青。焉用一鉤金,僅副貴人之腰腹;俾作十户賑,稍蘇下邑之生靈。五色之文絲組織,九環之妙飾瓏玲。豈真名器自輕,類贈縞之酬朋友;不過仁心明示,等懸鏡之在公庭。徒觀其宛轉深情,光明厚誼,如金玦之離腰,似金纆之脫臂。動人豪舉,維持工畫肚之籌;破爾慳囊,慷慨見坦懷之意。袛期源源之能來,何惜區區而不畀;奚必散褐衣千領,學王君之行部所爲;底許借僧粟一年,效盧尹之乞鄰而施。由是四境譽傳,萬民心寫。歎息傍徨,奔趨輸捨。望使君之冠履,納悃階前;攀賢吏之襟裾,叩頭堂下。各稱家室之有無,共量腰圍之多寡。有如此帶,咸人乃涕泣因之;何事布金,活汝有慈悲主者。宜乎洊饑不害,樂善多欣。熏仁風於草野,遍惠澤於榆枌。斯民與我最親,一官命託此事。告天不愧,五夜香焚。則是帶也,詎不足示群情之約束,繫元氣之氤氳。青州之荒政何奇,籌賑不師富弼;白社之繪圖爭拜,鑄金豈遜陸雲?迄今緬天水之名賢,遇越疆之古邑。井里充盈,民人和輯。棠棣之荒祠空謁,遺帶無存;桑麻而樂歲相安,路金不拾。名宦傳芳聲千古,誰如清獻好官;厚德錄軼事一編,試讀元綱文集。

著作林賦 以使民植桑而宥其罪爲韻

王英冕

緬治績于忠宣,溯遺聞於宋史。削竹刑而法袛三章,敷桑蔭而恩周百里。因斯民之利而利,野盡眠蠶;先天下之憂而憂,庭承訓鯉。枝條翁郁,便成花縣新陰;根柢盤深,本是蘭臺舊吏。兩字署清郎之號,官銜聊當姓名;千株分大道之陰,草木亦供驅使。方其以著作佐郎知襄城縣也,辭尚書省,現宰官身。福星照路,甘雨霎春。符竹初分,已見循聲之遠播;鞭蒲

可化,何虞民性之難馴?然而祈蠶不會,浴繭無人。誰家曉露,牆頭攜筐
競摘;何處春風,陌上試翦初匀。是賴好長官,衣衣我而食食我;誰爲賢刺
史,鳩鳩民而扈扈民。公乃幾度躊躇,一番推測。謂利必始乎蠶桑,土未
滋其蕃殖。特恐民俗苟安,土宜未識。分株待種,懶攜鴉觜之鋤;稅駕雖
勤,不奉魚符之敕。是必網開三面,代寬刑律於西曹;庶幾地闢千畦,遠接
濃陰於南國。擬馮跋令頒春季,村柘躬巡;學乃翁堂建歲寒,喬松手植。
爾乃刬除罪案,斟酌刑章。視榮枯爲殿最,按輕重以參詳。公堂令下,老
圃人忙。分來種竹之泥,塵香陌路;試到栽花之鍤,地傍鄰牆。便看穿雀
銷爭,晴日展簿書之暇;會見鳴鳩拂羽,暖風吹羅綺之香。應教赤子銜恩,
吏治而上追召杜;可恨青苗牟利,朝臣則半是孔桑。故民之號爲著作林
也。深恩永戴,遺愛長垂。拜大夫之厚貺,留婦子之謳思。從今桑木箕
精,更應郎官之宿;此後絛韋里唱,待參禁署之詞。召公棠芰舍,留傳同茲
蔽芾;補闕柳彭州,蔭庇等此留遺。草木何知,借榮名而朽不;棟樑有待,
去非種以鋤而。是蓋康濟良才,拊循賢守。人盡懷劉,民思借寇。十萬戶
披溫抱暖,冬日黃綿;八百株浥露涵煙,春風翠袖。不羨風流蘇白,栽堤柳
以扶疏;略同循吏龔黃,喜田禾之暢茂。留作新城掌故,鐫碑而政紀勸農;
定知黼宸心褒,饗醴而恩承命宥。然其時成規將變,新法潛滋。遣巡行之
八使,創條例于三司。度支括十道之租,蒼生膏血;匹絹抵千錢之值,紅女
機絲。使得如公者,和風遍煦,膏雨潛施。作生佛于萬家,計籌溫飽;製大
裘於五考,怨泯寒祁。柘館機聲,紅雨千村之路;花坡梯影,綠陰三月之
時。不徒槐署微官,銜名記爾;何至枌鄉苦役,杼柚空其。胡乃政績雖聞,
忠言莫採。熙豐之時事難回,王呂之党流尚在。而惟此富教新猷,絃歌賢
宰。收功不待於十年,詠德共傳乎千載。張乖崖拔茶改種,遜此留名;石
曼卿擲核裹泥,徒誇錯彩。迄令過襄城者,睹濃蔭之低垂,憶清陰之未改。
可有蠏筐頌德,歌謠傳故老之遺;最憐蠻嶠投荒,風雨泣孤臣之罪。

蘇東坡放鶴亭記賦以題爲韻

何允彝

風流太守,煙月名區。亭殊志喜,鶴慣呼朧。寫幽居之景物,振大筆

以涵濡。問使君才調何如，略似詩題崔灝；羨居士手神自遠，宛然跡肖林逋。底須赤壁重游，道士之樊籠始脫；恰繼黃樓抒詠，遺黎之疾困咸蘇。昔坡公之來守徐州也，非縻好爵，偶駐行驄。四時佳興，兩袖清風。鶴俸微分，肯共曉雞爭樹；鶴觴上壽，何妨放鴿開籠？伴偕琴而共結，思對竹而常同。際伏龍之潭靜，覽戲馬之臺崇。攜來紗帽隱囊，狎漚鳥而忘機池上；最好銅琵鐵板，答吟鶯而高唱江東。則有放鶴亭者，山林裝點，體勢嵯峨。傍雲龍之疊嶂，爲天驥之行窩。鶴以擬隱德之士，亭則如碩人之蔫。不繫離情，豈長亭短亭之比；誰將仙筆，爲放鶴招鶴之歌。山光悅鳥，黛色堆螺。奚殊相鶴名經，浮邱伯隱居中嶽；頗似華亭異產，香山老攜上東坡。坡公於是載酒來游，命車造訪。值吏事之寬閒，集賓僚而眺望。時則茶煙自飄，秫酒初釀。雪羽雙飛，雲容萬狀。觸歸隱之情懷，羨閒居之清曠。爰綴佳篇，爰申浩唱。寫出胸中邱壑，信西山可以久留；餐來世外煙霞，雖南面未遑多讓。非鶴觀聽敲棋之響，短韻聊賡；似鶴峰傳上梁之文，厥詞大放。徒觀其藻，振思抽興。醋筆落勢，挾飛鳴氣流磅礴。啄苔履石，描摹羽族之神；被葛彈琴，指點山人之樂。豈知遷客無聊，深心攸托。思脫塵羈，言尋幽壑。有如此鶴，信飛倦而知還；以名吾亭，怳遂初之有作。回望而故鄉渺渺，空吟峽裏黃牛；其文則仙氣飄飄，奚啻雲間白鶴。良由宦情如水，世醉獨醒。議新法而不合，申舊章而誰聽。翹首京華，無奈洛陽鵑語；羈身下邑，何如世外鴻冥？摘一篇之逸藻，慨半世之飄萍。不能奮飛，鶴歎之詩曾賦；請從此逝，鶴樓之駕休停。敢云遊挾飛仙，丁令威來歸華表；比似傳成高士，方山子小住岐亭。他如逍遙亭漫恣長吟，臨皋亭並傳樂事。三休亭上風月延清，四柱亭邊江山挹翠。類皆字字騈妍，言言抻秘。而斯記也，宦轍攸羈，遙情別寄。鄰想流鶯之結，毗陵未遂棲遲；命遭磨蠍之臨，嶺海徒傷顒頷。髣髴亭臨歸雁，吟詩而客思難禁；依稀亭過垂虹，訪友而新詞猶記。迄今蹟該嚴闉，行循古路。遲高士兮不來，誦雄文而有慕。亭空日落，境寂寂以難追；鶴去雲飛，思悠悠其誰訴。流連乎印雪飛鴻，想像乎落霞孤鶩。此際棲鴉爭樹，追蹤學士以興吟；何人立馬荒苔，抗手參軍而作賦。

爲我佳處留茅庵賦以題爲韻

王家枚

亦嘗攬勝江天,討幽巖寺。揚舲浮玉之山,策杖布金之地。則見修篁罨青,細草藉翠。檐隙峰嵌,階前雲墜。長江拍檻外之流,古蘚蝕碑陰之字。擎將滄海一拳,隔斷紅塵萬事。款蘭若兮依然,開蓬門兮誰爲。山僧告客曰:此佳處亭之故基,而蘇內翰欲於此静坐者也。不見夫萬笏嵯峨,數椽貼妥。雲壑天開,石林地裹。磴絶樵斤,門停釣舸。畫裹之欄紅歟,吟邊之席翠鎖。浸碧漲之四圍,蓋青芙之一朵。可以息勞薪,可以參净果。諒我輩之不羈,亦山靈所許可。宜獨往而獨來,復何人而何我。昔者東坡蓬飄宦海,匏繫天涯。感風塵之濩落,思泉石兮安排。將欲脱離世網,跌宕吟懷。慕焦仙之隱豹,囑開士以營蝸。請留左券,寫入詩牌。構山楹兮水檻,掃月地兮雲階。境惟幽勝,情不俗諧。繚以蘿岫,翼以松厓。倘大觀之在上,諒小住兮都佳。宦轍南來,大江東去。締構斯新,圖謀宜預。爲我相陰陽,爲我興斧鋸。爲我營谷口之巢,爲我借席前之箸。卜丈室以幽棲,扼雙峰而勝據。須知洞府之開,要得江山之助。庶當笠屐游時,如在峨嵋深處。且夫武陵之源看桃,放高士之舟焉;華陽之洞聽松,築隱君之樓焉。況當此孤撐絶壁,雄峙中流。控長波之萬頃,抗仙島於十洲。山色則捲簾自入,江光則憑檻可收。苟不架置白屋,相度丹邱,預申前約,待果後遊,其毋乃泛大海浮萍之迹,而忘小山叢桂之留。百仞巖坳,一枝寄巢。屋牽蘿補,扉掩松交。到眼而丹嶂如畫,尋蹤則白雲可抄。龕與彌勒同坐,門廳闍黎自敲。牆低帶薜,室小懸匏。歇心自可,行腳誰教?睹兹山之在水,悟大地之如泡。願弛塵中之擔,來打方外之包。飯顆山頭謝杜,句曲洞口尋茅。今試與子訪傅先生之宅,停石公山之驂。磴陟旋螺而上,路隨野鶴以探。倚紅亭而寄眺,俯緑水其猶涵。浩浩乎瓜州帶其北,蒜嶺峙其南。拱座中之雲樹,繞杖底之煙嵐。猶想見其詩情遠寄,畫意旁參。向僧乞地,訂佛聯龕。苟勝游之許踐,將窮餓其猶甘。雖擇尤而自計,或結習之非貪。蓋久欲松雲之高卧,而判頭白於一庵矣。客聞之悠然長思，罩然遐慕。感白日之易馳，賸青山其如故。但見莽莽風濤，叢叢竹樹。沙走漁汀，壘荒樵戍。津鼓報晨，寺鐘敲暮。三詔之洞霾雲，四面之亭隱霧。即玉局所嘗憑，亦朱欄之幾腐。倏俯仰兮千秋，極蒼茫而四顧。仙人羽化兮不可招，空磨崖而作賦。

卵雛賦以良雞覆孚積晶成雛爲韻

陳國霖

有物焉渾包元氣，生感二陽。呼之欲出，羽化無方。不脫尋常窠臼，頓開肌裏元黃。恍兮惚兮，其中有象。孳者乳者，載育無常。幾經穀雨胎風，踐形惟肖；一自伏孚積日，遷地爲良。讀韓詩之外傳，有卵性之可稽。含渾然氣，爲天下谿。黃兮白所繞，質兮理所齊。具體而微，想見卵完之沌沌；誕彌厥月，爭看卵化之迷迷。從知豐毛傅羽之餘，見卵當思計蚤；況抱知雄守雌之性，得雛豈曰望雞。而當其未成雛也，綿綿若存，穀穀在宥。孕陰嘔陽，含哺待穀。神全魄定之時，形備氣圓之候。惟是結胚懸象，猶屬凡資；除非擘裏分肌，始徵奇秀。生使獨也，漫云蟬蛻之無期；翼而長之，是在雞桴之善覆。迨夫恩深煦伏，化轉欥嘔；成形成象，爲弱爲孤。雛曰無知，呼來祝祝；居然有德，喚到朱朱。孳生詎曰無爲，若不相若；養到誰言自哺，吾亦引吾。因知育子於家禽，經幾番之卵翼；倘問化期於《埤雅》，驗廿日之卵孚。且夫卵之成雛，亦甚危矣。區區微質，脆薄易矜；累累元胎，渾淪未闢。無論譬拊卵于管子，擊剝堪悲；喻破卵於瓊書，摧殘可惜。即使心求速化，不免探雛取卵之勤；意切矯揉，別施聚卵成雛之策。卒之助長即能戕性，幾見卵全；人爲縱奪天工，劇憐雛嚇。因而悟卵者乳也，須知理有固然；雛曰喝乎，應識功由漸積。是以其卵之象圓也，擬乾體之渾涵；其卵之黃中也，協坤爻之元吉。其卵之爇薪以助暖也，取離火之重明；其卵之化形而馴繞也，如蒙童之真率。卵其鷇矣，定知雄之不才；卵而翼之，藉省鷇之有術。讀大生無盡始乳，詳《月令》之篇；考《小正》成書孚粥，待陽回之日。物猶如是，人可以明。得養失養，存誠去誠。象外之神可會，個中之理斯精。笑他力謝匹雛，譏貽《孟子》；爲問心如丸卵，語寄

《論衡》。觀護卵如護身，不物真能物物；鑒養雛以養性，廣生即是生生。而是卵也，此物此志，觀我觀氓，蓋猶是《繁露》之喻中。民如繭者，無妨待繅承天之論，達性不虧者，可以玉成也。方今仁風普被，聖德含濡。恩溥而人思正鵠，教隆而士盡趨枭。固已卵不殰而來鳳，雛能哺而感烏。猶復內蒸民于大道，袚黎庶於修途。故知養正占蒙，省識微禽之伏卵；會見含和合解，翻嘆梁燕之教雛。

擬庾子山春賦用原韻
章鐘祚

絲絲楊柳縮春歸，家家刀尺製春衣。黃鸝枝上聲自喜，粉蝶花陰群亂飛。扶荔宮中新種花，長楊苑裏舊栽樹。綠雲蒙密不見天，香霧空蒙欲迷路。撫青陽而未艾，指紅橋而爭渡。約綠珠於金谷，攜紫玉於吳宮。繡屐纖而怯步，羅袖長而嬋風。山入看而爭綠，花承顏而讓紅。容窺水面，影落波中。雨歇林而啼鳩，風過隴而聞雉。聯吟梓澤之園，修禊蘭亭之水。解綠篸而筍香，薦朱櫻而果美。梨花佳釀，竹葉新醅。鸔鸕注酌，鸚鵡銜杯。連珠細菌，如豆青梅。酒國攜朋至，吳姬勸客來。玉盞停斠，檀槽俄撫，長側短側之調，大垂小垂之舞。徐度鸞簫，緩調雁柱。韻入花鈴，春喧柘鼓。挾彈公子，執戟騎郎，神力沒羽，妙技穿楊。雕弓既彀，雀屏斯張。日暖嘶驄路，風清射鴨堂。路是洛陽之金埒，臺非漢家之柏梁。飛鏃落鷹隼，彎弧叫鳳凰。江頭十里綠楊津，士女閑來吊洛神。恨洗湔裙水，歡逢解佩人。落紅浮劃槳，芳草妬羅巾。暮色蒼茫，落落照斜。棲禽擇樹便爲家。闌干十二簾全捲，待看明蟾來照花。

擬宋廣平梅花賦有序
達李

元劉壎《隱居通議》，載宋璟《梅花賦》有二，劉氏疑後一篇爲僞作，前篇即今世所傳誦者。竊謂今傳璟賦，亦屬僞體。宋李綱《梁溪集》中有補宋璟《梅花賦》，自序謂璟賦已佚，擬而作之。是廣平原賦在宋時已闕不傳。今賦如"半含半開"至"正容物悟"八句，又"相彼百花，孰敢争先"二句，皆與綱賦同。廣平原賦，綱未及見，豈有連用其文之理？是今傳璟賦，乃後人點竄綱賦爲之，非廣平真本也。又案：顏真卿《宋文貞神道碑》云：公十六歲時讀《易》，明年進士高第。又云：蘇味道爲侍御史，出使精擇判官，奏公爲介。公作《長松賦》以自興，《梅花賦》以激時。蘇激賞之，曰是真王佐也。據此，則宋公十七歲登第，爲高宗調露元年。今傳賦序云"垂拱二年，余春秋二十有五，戰藝再北"云云，謂武后時，公尚未登第，殊屬未核。且碑言賦在蘇味道幕中作，而序云隨從父之東川，説亦未審。味道見公賦，即以王佐許之，是其原作詞語，當較王沂公《梅花詩》身分更高。若今賦率多香豔之語，與蘇公稱廣平説亦背，則今賦爲後人僞託無疑。蒙不揣固陋，竊本蘇公王佐之説，敷衍裁篇。凡今賦以美人仙子爲況者，概不闌入。至格調則仍仿今賦爲之。其詞曰：

地凍天寒，水枯山秃。霜氣稜稜，風威薇薇。有梅一株，楊芬吐馥。操勵貞松，品高修竹。標勁節於嚴冬，賞孤芳於老屋。爾其靈根鐘毓，元氣滋培，老幹有骨，奇香始胎，經冬不落。未春先開，澹宜煙月。清出塵埃，冠百花而魁占，報十月之陽回。想夫卧月影孤，映雪心净。蕭然高儒，度珍待聘。安置官閣，供養華堂。蔚然名士，出仕廟廊。瓊英密護，絳萼紛披。儼如良輔，黼黻清時。繁花鏤冰，古幹拗鐵。宛如貞臣，盤根錯節。日吐晴光，霞烘朝色。有似詞曹，文章華國。孤城積雪，古戍攢雲。有似儒將，雍容冠軍。遊蜂不競，守鶴自娛。皤皤國老，骨相清臒。華燭支擎，銅瓶供奉。嶽嶽經師，皋比坐擁。或高曠若神人，或瀟灑若高士。或峥嶸若臺官，或華貴若王子。爰遺貌而取神，洵難得而兼美。他如楊柳朝煙，芙蓉曉露，蘭蕙清池，蕪蘼遠渡。河陽一縣之花，金谷滿園之樹。莫不孕萼敷腴，含苞秀吐。鬢綠爭妍，腮紅競妬。然而華顏易凋，貞心未固。三生隨流水無情，一夢慨東風空度。韶景競逐於芳春，晚節難留於歲暮。孰若此梅，冬心抱潔，春意回溫。冰霜磨鍊，風月評論。清得乾坤之氣，靈鍾天地之根。任荒蕪之雜處，超凡卉而獨尊。是宜瓣香申契，杯酒訂盟。冠弁香國，管鑰春城。署冰之頭銜特峻，和羹之事業誰争。鼎鼐供職，竹帛垂名。斯真山野之秀，允爲王國之楨。

擬張孟陽劍閣銘

王兆芳

蜀鎮崆嶬，天地險介。荆虎左藩，崛崍右界。蛾眉前表，褒谷後砦。排犍陷卨，雄甲兩戒。小劍大劍，飛閣通衢。<small>樂史《太平寰宇記》小劍去大劍三十里，連山絕險，飛閣通衢，故謂之劍閣。《水經注》云：飛閣相通，故謂之劍閣。</small>懸石仞級，萬萬有餘。出入江漢，筦鑰綿符。役鬼猶否，矧人所圖。詎識關限，唯道是階。式義乃閉，據利斯開。自古國寶，在德非險。夏華殷常，子卯滅爤。七國形勝，説士曷諗。漢士分析，尉候屠解。梁益之邦，是算利害。公孫憑蹷，亦躓焉璋。鍵關偎阻，中山其昌。鐘會西伐，退不擅場。鄧艾一出，炎德無光。緊我文帝，奪守啓鑰。嶄巖關竦，爲晉之揭。穿爹李鑿，躍鋭賨舞。判祖作陰，厥風由古。敢喻巴蜀，陋革砦窳。毋若蠶叢，靡識三五。

口箴

嚴通

口之於味，厥有同嗜。卓彼達人，淡泊明志。惟道之腴，真味油油。養小失大，君子所羞。莫非前定，一飲一啄。膏粱雖美，簞瓢自樂。

目箴

嚴通

目之於色，有同視焉。綺麗紛華，見異則遷。非分之求，目爲之蔽。既損我明，遂喪厥志。非義非道，弗視弗顧。白雲在天，吾安吾素。

耳箴

嚴通

耳之於聲，其聽則同。鐘鼓移情，謳歌可見。胡彼庸夫，乃嗜聲伎。

徇欲妄求，玩物喪志。厥惟奸聲，耳不留聰。静鎮萬物，清明在躬。

鼻 箴

嚴 通

鼻之於臭，無或差池。西子不潔，掩而過之。胡爲慕膻，胡爲逐臭。貪求無厭，難保厥後。詩書滿室，芝蘭在庭。息與天通，惟吾德馨。

四肢箴

嚴 通

同此四肢，安佚是圖。豈彼君子，好惡獨殊。逸樂勤苦，厥有分定。優遊閒暇，匪可力競。胼手胝足，大禹克振。居無求安，達人知命。

桓春卿贊

張錫恭

東京崇經，孝明昌之。矯矯桓君，惟帝之師。五更敬禮，三老上儀。稽古之榮，千載一時。非惟遇榮，道能詒穀。宣明校經，曰稚君郁。作師章和，儒家名宿。傳於叔元，以似以續。諤諤叔元，實生公雅。廉公有威，風生驄馬。別孫始春，孝稱淮下。文林彥林，家聲純嘏。東都世家，桓氏實魁。蔚宗誣善，微詞相猜。不爲威疚，而豈利回？輜駕列庭，渺矣微哉。

鄭少贛贊

張錫恭

《周官》六篇，獲自獻王。邱明傳經，藏於孔堂。學官未立，鬱而不章。劉歆校之，古學漸昌。歆也行隳，修儒共恥。曰杜曰鄭，幹蠱弟子。少贛鏗鏗，實事求是。大義創通，傳仲師氏。禮注傳注，或晦或明。草昧初闢，大輅太羹。末孫公業，志行錚錚。討卓未成，不隕厥聲。高密大儒，實惟同宗。春秋官禮，半述司農。飲水思源，宜溯開封。俎豆馨香，誰爲報功？

南菁文鈔三集

丁立鈞　編

目　録

序

光緒辛丑十月，選刻南菁課文，此三刻矣。自乙未至戊戌，四年課作散失無存者，乃遴取己亥迄今，得文共百六十首，立鈞爲之編次，一循前刻義例，而篇數倍之。又所爲文多指陳世務，辭氣激宕，視前刻稍不侔。意言者心聲，文章之事關世變之遷流歟？雖然，何其速也。世運之隆也，其文多高簡，又音節和雅可誦；及既衰，每辭繁數而意危苦，有歷歷不爽者。然南菁文之初刻也，歲己丑，距今十二年。再刻，歲甲午，距今七年。不應先後歧異若此。噫！此不能無怵於世變之既亟矣。

大凡運會既至，捷如風雨，盛夏之時，鬱蒸兼旬不可耐，忽一夕風雨大至，走電雷，飛沙石，震盪萬物，動心怵目，瞬息之頃，而氣候頓異。夫戊戌以前，盛夏之鬱蒸也，雖有憂時之士，不得不息機觀變，自率其優遊泮渙之素。及是大風雨作矣，人世動心怵目之事日相逼而至，雖忘情者不能屏聞見以逍遙事物之外，又何疑夫茲文之異昔乎？庚子教哄，倉卒變生，朝野震驚，不遑寧處，獨黌序之子弦歌如故，漠然是非理亂之無與焉，此亦事之至不順者也。抑又論之，人世是非理亂之故，本至難言，草野之夫抒所聞見，冀一效其款款之愚者，大都意有所激，未必盡中事理。然蒙以爲削之不若存之，何也？人子於父母之疾，無不願得良藥以療，然三世之醫不可得，則雖告有良藥，終亦遲回疑慮，而莫敢以輕試。及疾之既亟，則不暇顧矣，故慎藥，孝也。然疾既亟，則皇皇焉博求方藥，以冀夫療之或得一當，又人子之至情，不得苟其鶩亂者也，是在主方藥者之善別擇而已。且天下無不藥即已之疾，而疾甚又無必效之藥。故草野談治之言，其繁數而危苦者，與過而削之，不若過而存之，亦曰庶幾得一當耳。鄉校之議，輿人之誦，或亦當世采風君子所勿罪歟？

斯役也，刻三月而畢工。任校勘者，陽湖陳佩實、太倉陸炳章、通州達李、無錫蔡文森、婁縣張葆元、元和孫春雷、常熟蔣元慶、東臺楊冰。其乙未迄戊戌散失之文，屬江陰王家枚求之，俟補刊。丹徒丁立鈞。

南菁文鈔三集目録

卷三

穀梁釋詞　　長洲裴熙齡黄芳

穀梁釋詞　　江陰繆　楷嘯仙

卷四

書顧氏春秋刑賞表後　　丹徒丁傳靖秀甫

書顧氏春秋刑賞表後　　達　李

論語好行小慧申魯讀　　陳銘荃

論語好行小慧申魯讀　　常熟蔣元慶子范

謹權量說　　尤金鏞

齊論語問王疏證　　達　李

齊論語問王疏證　　陽湖姚祖晉康錫

爾雅篇目考　　達　李

萬子即萬章說　　達　李

說文始一終亥說　　蔣元慶

卷五

書史記游俠傳後　　通州達　享用岐

書史記游俠傳後　　泰興楊體仁靜山

書史記游俠傳後　　青浦徐彭齡企商

書史記貨殖傳後　　無錫秦毓鈞平甫

漢書百官公卿表大義述　　太倉陸炳章菊裳

漢志九流不列兵家說　　陳佩實

漢志九流不列兵家說　　嘉定黄守恒許臣

小學學六甲五方書計之事論　　陽湖趙　寬君宏

小學學六甲五方書計之事論　　常熟蕭麟徵毅如

魯兩生論　　無錫蔡文森松如

卷八

卷九

百十三周三百五十五視今用密率可得七位密合試證其强弱之數并
取徑一百十三周三百五十五之率考其何由得數創自何人　　楊
冰

甲二方加乙二方等於丙二方加丁二方求取此四數之法今已由公式推
得甲爲八乙爲一丙爲四丁爲七問公式以何法變化而得併另設眞數
以證之　　楊　冰

甲二方加乙二方等於丙二方加丁二方求取此四數之法今已由公式推
得甲爲八乙爲一丙爲四丁爲七問公式以何法變化而得併另設眞數
以證之　　何國恂

三角形有積有大小兩腰求底邊及中垂綫當用何術試證之併爲圖説
張東烈

卷十六

有股弦和有句弦和求三事此題能變得另一箇句股形其句股弦不同而
句股較均同如原形句甲股乙弦丙可得另形句子股丑弦寅其句股較
同爲卯更可從此得無窮句股形其句股較均爲卯試舉其法言其理並
推演一二形以證之　　劉毅儀

有股弦和有句弦和求三事此題能變得另一箇句股形其句股弦不同而
句股較均同如原形句甲股乙弦丙可得另形句子股丑弦寅其句股較
同爲卯更可從此得無窮句股形其句股較均爲卯試舉其法言其理並
推演一二形以證之　　楊　冰

有股弦和有句弦和求三事此題能變得另一箇句股形其句股弦不同而
句股較均同如原形句甲股乙弦丙可得另形句子股丑弦寅其句股較
同爲卯更可從此得無窮句股形其句股較均爲卯試舉其法言其理並
推演一二形以證之　　何國恂

平圓徑分爲大小二矢從截點作一通弦則成兩兩相等四弧矢形內作兩
兩相等大小四平圓大圓徑一尺六寸八分小圓徑一尺一寸二分求全
圓徑及弦矢各幾何　　劉毅儀

卷一

《皋陶謨》天聰明自我民聰明講義

李　達

天生民而立之君，使司牧之，是生民者天，代天牧民者君，君固民之天也。顧人知民以君爲天，而不知君之心乎天心者，必先心乎民心。此其意嘗讀《尚書·皋陶謨》文而得之矣。《謨》之言曰："天聰明自我民聰明。"又曰："天明威自我民明威。"天明威，僞孔本作天明畏，兹依馬鄭本作明威，詳見《尚書》陸釋文，及《周禮鄉大夫職》鄭注。此即民心上合天心之義也。何以明之？

聰明者，視聽之能事也。《洪範篇》：視曰明，聽曰聰，可證。明威者，賞罰也。《吕刑篇》：德威惟威，僞孔本作德威惟畏，兹依《禮·表記》引《甫刑》文，作德威惟威。德明惟明，可證。天聰明者，天之德；民聰明者，民之智。下句明威二字，分承上經命討言。明謂明以賞之，威謂威以罰之。此句聰明二字，則統承命討言，僞《孔傳》以聰明句專屬命有德，明威句專屬討有罪，未得經旨。謂視聽有德有罪之人。蓋欲用明威以賞罰之，必先用聰明以視聽之。《經》故先言聰明，而後言明威，兩句語雖平列，而意實相承。《漢書·李尋傳》引《書》天聰明，以明得人之效，此就視聽有德者言。《孔光傳》稱上天聰明，以明日蝕之變，此就視聽有罪者言。合兩傳文觀之，而經意始備。《周書·泰誓篇》云："天視自我民視，天聽自我民聽。"此據《孟子》所引真《泰誓》文，今僞孔本亦襲取此語。即本此經立說。此經不曰視聽，而曰聰明者，視聽乃其用，聰明乃其體質，言聰明而視聽已賅在內，且以見所視所聽之不爽也。天有聰明之德，故福善而禍淫。民受天地之中以生，亦具聰明之智，故好善而惡惡。《詩·大雅·烝民篇》云：“天生烝民，有物有則，民之秉彝，好是懿德。”即此意也。鄭君箋烝民詩，言民好懿德，天亦好懿德，而引此經天聰明句爲證，明乎好德而惡惡者，爲民之常性，即民之聰明也。

蓋皋陶此言，所以明天心與民心相合之故。上云命有德討有罪，而並以天冠之，是千古命討之大權主之者，天也。顧天所命討之人，悉因乎民之所欲。天以民之聰明爲聰明，即以民之明威爲明威，則命討之權，主之於天，而實驗之於民。天之權，既因民爲轉移，人君代天以行權，即不能違民以自私，其權順乎民，斯合乎天矣。皋陶以此勖帝，而三代咸師其法以爲治。試於群經中求之，《書》言“謀及庶人”，《詩》言“詢于芻蕘”，《周官》言“使民興賢興能”，又言“大詢于衆庶”，此皆人君行權，先決於民之確證。《孟子》有言曰：民爲貴，君爲輕。劉向有言曰：君人者，以百姓爲天，正謂此耳。秦漢而降，古制寖湮，天下之政權，皆專主於君，而不復措意於民，此治法之所以不古若歟？

鄭注《禹貢》引《地理志》不本班《志》説

陳開驥

經典中紀敘地理之書，惟《尚書·禹貢》爲最詳，亦惟《尚書·禹貢》爲最古。班氏作《漢書·地理志》，其敘中首述禹貢全文，復於各郡縣下詳列《禹貢》山水所在，據見名以徵古地，有裨於經義匪淺。鄭君康成爲《禹貢》作注，多引《地理志》爲證。顧所述《志》文間，有與班歧異者，後人不得其實，輒强爲之説。其有稍近理者，謂漢成帝時有桑欽所撰《地理志》，見酈道元《水經注》第五卷河水篇。名與鄭引適符，鄭注所據，當出桑書。

蒙按：此説似是而實非。據班《志》自注，引桑欽説者七，以《禹貢》鄭注所引志文校之，其中有同於桑者，即與班同，如弱水下所引，班明云桑欽説。有同於班者，或與桑異，如濟漯下所引，均不從桑欽説。則鄭注之異於班志者，即不能臆斷爲出於桑《志》也。且桑欽撰《地理志》在班氏前，鄭引《志》文多係後漢郡縣之名，其必非依據桑《志》可知。竊嘗博稽史籍，而知鄭君所引，乃東漢時之地理志也。考范蔚宗《後漢書·伏湛傳》云：元嘉中，桓帝詔伏无忌、黃景、崔寔等共撰《漢記》。宋景祐元年，余靖進《刊正〈後漢書〉劄子》云：伏无忌、黃景作《地理志》，又邊韶、崔寔等作傳、表，成一百一十四篇，號曰《漢紀》。余劄之《漢紀》，即范書之《漢記》，係伏、黃、崔等所共撰。是《漢記》中明有《地理志》無疑。梁劉昭注《續漢郡國志》，於篇末述伏无忌所記光武至質帝時之戶口及墾田大數甚詳，其文當即出《地理志》中，則東漢《地理志》爲伏、黃所撰，尤其顯據。伏、黃撰志，在桓帝時，近儒王氏鳴盛《尚書後案》，引宋余靖說，謂明帝詔伏无忌、黃景作《地理志》。王氏以伏、黃作志在明帝時，此誤讀余劄而失實者。按余劄原文云：後漢明帝詔班固、陳宗、尹敏、孟冀作《世祖本紀》及建武時功臣《列傳》。後有劉珍、李充雜作建武已後至永初間紀、傳。又命伏无忌、黃景作諸王、王子、恩澤侯並單于、西羌、地理志。又邊韶、崔寔、朱穆、曹壽作皇后外戚傳、百官表，及順帝功臣傳，成一百一十四篇，號曰《漢紀》。據余靖所敘上下文觀之，是靖以明帝所詔者，專指班、陳、尹、孟四人言。下云劉珍、李充作永初間紀傳，永初係安帝年號，與上明帝所詔已不相涉，其敘伏、黃作志，復在劉、李二人之後，更不得謂爲明帝詔之也。余劄云“又命伏无忌、黃景”，又“命”上當本有“桓帝”二字，爲傳寫者所脫去耳。王氏不知余劄中有脫字，誤以命字屬上明帝言，殆未即范書《伏湛傳》與《續志》劉昭注參校之耳。而鄭注《尚書》，在黨錮事解之後，《文苑英華》引鄭君自敘云：遭黨錮時，逃難注《禮》。事解，注《尚書》《毛詩》《論語》。其時當靈帝末年。范書《鄭康成本傳》云：靈帝末，黨禁解。可證。伏、黃《地理志》已具完書，鄭注《禹貢》，得援引之。至晉司馬彪採取衆說，見余靖劄。總爲八志，《郡國》一篇，即用伏、黃舊本。按：梁劉昭《續漢志》序，詳述司馬彪《續書》八志，各有所本，而首云“推檢舊記，先有地理”，舊記即指漢記，地理謂漢記中之地理志，此司馬彪《郡國志》用伏、黃本之明證。故鄭注之異於班者，又往往與彪志巧合，然則鄭君所引，確爲伏、黃之志，而非本於班志也，明矣。

　　難之者曰：鄭注既不本班志，而專用伏、黃志，何爲注中所引志文，又有與班同者乎？不知伏、黃撰地理志，必依據前志爲之，凡西漢郡縣之名，有東漢未改者，則錄用前志，一仍班氏之舊。有東漢所改，在桓帝以前者，如班志信都國，安帝時改曰安平。班志青衣，順帝時改曰漢嘉之類，皆是。則竄易前志，而用當代之名，此伏、黃志與班志之或同或異也。鄭於《禹貢》注引《地理志》，悉用伏、黃原文，故有與班異者，亦兼有與班同者，無足怪耳。茲特類列於左，所舉鄭注，用孫氏星衍及焦氏循輯本，其出處具詳彼書，不復贅。並加論斷焉。

太原岳陽。鄭注：岳陽縣，太岳之南，於《地理志》，太原今以爲郡名，太岳在河東故縣嶽東，名霍太山。班《志》：太原郡，秦置，在晉陽，屬並州。又河東郡嶽縣，霍太山在東，冀州山。按：嶽下，應劭注：“順帝改曰永安。”《續漢志》云：永安，故嶽，陽嘉三年更名，有霍太山。據此，則河東之嶽，東漢時順帝更其名曰永安。伏、黃作《志》，因於永安之下繫以故嶽，彪《續志》即仍其文。鄭君引《志》，作故縣嶽，明係伏、黃本也。

衡漳。鄭引《地理志》，漳水出上黨沾縣大黽谷東北，至安平阜城入河，行千六百八十里。班《志》：上黨郡沾大黽谷，清漳水所出，東北至邑成入大河，過郡五，行千六百八十里。按：信都國下，應劭注：“安帝改曰安平，其屬縣有昌成”。《續志》：“安平國，故信都，延光元年，改其屬縣，有阜城，故昌成。”則前志邑成，邑字當爲昌成之譌。鄭云“安平阜城”，係據東漢伏、黃《地理志》，若渤海郡之阜城，孔穎達因其名同而誤合之，雖見前志，與安平阜城非一地，固無涉也。大黽谷當作大要，據《説文①》及《水經注》訂正，古要字，作叟，與黽形近，致誤耳。

岷嶓。鄭引《地理志》，岷山在蜀郡湔氐道，嶓冢山在漢陽西。班《志》：蜀郡有湔氐道，岷山在西徼外。隴西郡西，嶓冢山。案：岷山在西徼外，《續志》亦載此文，鄭注無“西徼外”三字，當係《史記集解》裴駰引鄭時所譌脱，至西縣不屬隴西，鄭明據伏、黃《志》。按：東漢以西縣改屬漢陽郡，《續志》云：西，故屬隴西郡。可證。

蔡蒙。鄭引《地理志》，蔡蒙在漢嘉縣。班《志》：蜀郡青衣縣，《禹貢》蒙山，應劭注“順帝更名漢嘉”。班《志》作青衣，而鄭引《志》作漢嘉，此明係伏、黃《志》文。《續志》亦云：漢嘉縣，故青衣，有蒙山，陽嘉二年改。

朱圉太華。鄭引《地理志》，朱圉在漢陽南，太華山在弘農華陰南。班《志》：天水郡冀縣，《禹貢》；朱圉山在縣南，又京兆尹華陰，太華山在南。按：天水郡，明帝改漢陽，見班《志》自注。《續志》云“永平十七年更名”，下云“冀有朱圉山”。又《續志》，弘農郡華陰，故屬京兆。鄭據伏、黃《志》，故與前《志》異。

内方大別。鄭引《地理志》，内方在竟陵，名立章山，大別在廬江安豐縣。班《志》：江夏郡竟陵章山在東北，古文以爲内方山。又，六安國安豐縣，《禹貢》；大別山在西南。按：《續志》：江夏郡竟陵立章山，本内方。鄭據當時之稱，較班《志》多立字。安豐，《續志》改屬廬江郡，不屬六安國，古鄭云。然明與班異，亦從東漢之制。孔疏謂《地理志》無大別，

---

① 文，原誤刊作“又”，今據文意改。

誤矣。

降水。鄭引《地理志》，絳水在安平信都南。班《志》：信都國信都縣，故章河在北，東入海，《禹貢》：絳水亦入海。按：信都國，安帝改曰安平。《續志》：安平國信都縣有絳水。劉昭注云：故信都國，延光元年改。鄭據當代書，故曰安平，此與衡漳下引安平同。

右，鄭引顯與班異者，皆伏、黃《志》文，因伏、黃竄易前志，故兩本不同。

壺口梁岐。鄭引《地理志》，壺口山在河東北屈，梁山在左馮翊夏陽，岐山在右扶風美陽西北。班《志》：河東郡北屈，《禹貢》：壺口山在東南。又，左馮翊夏陽，《禹貢》：梁山在西北。又，右扶風美陽，《禹貢》：岐山在西北。按：鄭引與班合，惟壺口下無東南二字，梁山下無西北二字，當是引鄭注者所脫去。

恒衛大陸。鄭引《地理志》，恒水出恒山，衛水出靈壽，大陸澤在鉅鹿。班《志》：常山郡上曲陽，恒山，《禹貢》：恒水所出，東入滱。又，靈壽，《禹貢》：衛水出東北，東入虖池。又鉅鹿郡鉅鹿，《禹貢》：大陸在北。按鄭引與班合，惟恒、衛二水説較簡略，亦係疏家引鄭注時所刪節者。

雷夏。鄭引《地理志》，雷澤在濟陰成陽縣西北。班《志》：濟陰成陽。《禹貢》：雷澤在西北。按：鄭引與班《志》合。

漯。鄭引《地理志》，漯水出東郡東武陽。班《志》：東郡東武陽，禹治漯水，東北至千乘入海。又，平原郡高唐，桑欽言漯水所出。按：班《志》兩言漯水於東武陽，下明標禹治，而於高唐下兼存桑欽言，班意不以桑説爲然也。伏、黃作《志》，專録班氏東武陽之文，故鄭引與班適合。

濰淄。鄭引《地理志》，濰水出琅邪箕屋山，淄水出泰山萊蕪縣原山。班《志》：琅邪郡箕，《禹貢》：濰水北至昌都入海。又泰山郡萊蕪，原山，甾水所出。按：鄭引與班《志》合，惟班《志》無屋山二字，當係今本脫去。又，昌都乃都昌之誤倒，觀《尚書》孔疏引班《志》云：濰水出琅邪箕屋山，北至都昌縣入海。可見漢北海郡有都昌，無昌都，班《志》脫誤，可據孔疏訂正。

汶。鄭引《地理志》，汶水出泰山萊蕪原山，西南入泲。班《志》：泰山郡萊蕪原山。《禹貢》：汶水所出。西南入泲，桑欽所言。又，琅邪郡朱虛，泰山，汶水所出。按：班《志》兩言汶水，而於泰山郡萊蕪下，明標《禹貢》，並以用桑欽説明之。鄭引與班合，亦因伏、黃作《志》專録班氏原山下文也。

沂。鄭引《地理志》，沂水出泰山蓋縣。班《志》：泰山郡蓋，沂水南至下邳，入泗。

按：鄭引與班合。

嶧陽。鄭引《地理志》，嶧山在下邳，今下邳西葛嶧山也。班《志》：東海郡下邳，葛嶧山在西，古文以爲嶧陽。又，魯國騶，故邾國，嶧山在北。按：班《志》兩嶧山，於下邳繫以古文，明騶縣之嶧山非《禹貢》嶧陽也，鄭引與班合，例見前漾汶兩注中。

彭蠡。鄭引《地理志》，彭蠡澤在豫章彭澤西。班《志》：豫章郡彭澤。《禹貢》：彭蠡澤在西。按：鄭引與班合。

九江。鄭引《地理志》，九江，在今廬江尋陽縣南，皆東，合爲大江。班《志》：廬江郡尋陽。《禹貢》：九江在南，皆東，合爲大江。按：鄭引與班合。

沱潛。鄭注：二水自江漢出者。《地理志》：在今蜀郡郫縣、汶江，及漢中安陽，皆有沱水、潛水，其尾入江漢耳。又云：潛蓋西漢出嶓冢東南，至巴郡江州入江，行二千七百六十里。班《志》：蜀郡郫，《禹貢》：江沱在西，東入大江。又，汶江，江沱在西南，東入江。又，漢中郡安陽，鬻谷水出西南，北入漢。又，隴西郡西嶓冢山，西漢所出，南入廣漢白水東南，至江州入江，過郡四，行二千七百六十里。按：鄭此注不從《志》説，而所引之文則與班合。今孔疏引鄭注，汶江誤作江沱，西漢誤作漢西，兹據焦氏輯本及阮校勘記訂正。

和夷。鄭注：和，上夷所居之地也。和，讀曰桓。《地理志》：桓水出蜀郡蜀山西南，行羌中者也。班《志》：蜀郡，《禹貢》：桓水出蜀山西南，行羌中，入南海。按：鄭引與班合。今本《水經注》引鄭注，地下脱理字，兹據王校本補。

西傾。鄭引《地理志》，西傾山在隴西臨洮。班《志》：隴西郡臨洮，《禹貢》：西傾山，在縣西南。按：鄭引與班合。

涇。鄭引《地理志》，涇水出安定涇陽西開頭山，東南至京兆陽陵，行千六百里入渭。班《志》：安定郡涇陽，開頭山在西。《禹貢》：涇水所出，東南至陽陵入渭，行千六十里。按：鄭引與班合。今《詩·谷風》疏，引鄭注，陽陵誤倒作陵陽。又，鄭作千六百里，班作千六十里，其説稍異。

終南惇物。鄭引《地理志》，終南、惇物皆在右扶風武功也。班《志》：右扶風武功太壹山，古文以爲終南；垂山，古文以爲敦物，皆在縣東。按：鄭引與班合。

豬野。鄭引《地理志》，都野在武威，名曰休屠澤。班《志》：武威郡武威，休屠澤在東北，古文以爲豬壄澤。按：鄭引與班合，都、豬音近，得通，壄即野字。

汧。鄭引《地理志》，汧在右扶風。班《志》：右扶風汧，吳山在西，古文以爲汧山。按：鄭引與班合。

熊耳、外方、桐栢、陪尾。鄭引《地理志》，熊耳在盧氏東，外方在潁川嵩高山，桐栢山在南陽平氏東南，陪尾在江夏安陸東北。若橫尾者，班《志》：弘農郡盧氏，熊耳山在東。又，潁川郡崈高，武帝置，以奉太室山，是爲中嶽，古文以崈高爲外方山也。又南陽郡平氏，《禹貢》桐柏，大復山在東南。又，江夏郡安陸，橫尾山在東北，古文以爲陪尾山。按：鄭引與班合，鄭注若橫尾者，若字當是名字之誤。

荆山。鄭引《地理志》，荆山在南郡臨沮。班《志》：南郡臨沮，《禹貢》南條荆山在東北。按：鄭引與班合。

弱水。鄭引《地理志》，弱水出張掖。班《志》：張掖郡刪丹，桑欽以爲導弱水自此，西至酒泉合黎。按：鄭引與班合。

流沙。鄭引《地理志》，流沙在居延西北，名居延澤。班《志》：張掖郡居延，居延澤在東北，古文以爲流沙。按：鄭引與班合，惟《志》言在居延東北，注作西北，有異耳。

黑水。鄭引《地理志》益州滇池有黑水祠。班《志》：益州郡滇池，大澤在西，滇池澤在西北，有黑水祠。按：鄭引與班合。

漾。鄭引《地理志》，瀁水出隴西氐道，至武都爲漢，至江夏謂之夏水。班《志》：隴西郡氐道，《禹貢》：養水所出，至武都爲漢。又，武都郡武都，東漢水受氐道水，一名沔；過江夏謂之夏水，入江。按：鄭引與班合，《禹貢》作漾，班《志》作養，鄭注作瀁，三字音近得通。

沇。鄭引《地理志》，沇水出河東垣縣王屋山，東至河內武德入河，泆爲滎。班《志》：河東郡垣，《禹貢》：王屋山在東北，沇水所出，東南至武德入河，軼出滎陽北地中。按：鄭引與班合。

陶邱。鄭引《地理志》，陶邱在濟陰定陶西北。班《志》：濟陰郡定陶，《禹貢》：陶邱在西南，陶邱亭。按：鄭引與班合，惟《志》言在定陶西南，注作西北，有異耳。

右，鄭引與班合者，亦出伏、黃《志》文，緣伏、黃錄用前志，其說故同，然文字間不能無小異耳。

鄭注《禹貢》引《地理志》不本班《志》説

張家鎮

《禹貢》爲千古言地理者之祖，漢世治《尚書》諸儒，多究心於《禹貢》地望，其最著者，爲班氏《地理志》。《志》中明標《禹貢》者三十有八，梁山、龍門、北條、荆山、岐山、潤水、雒水、析城、王屋、壺口、瀍水、桐柏、大復、南條、荆山、九江、菏水、荷澤、陶邱、雷澤、大陸、衛水、恒水、汶水、蒙山、維水、羽山、彭蠡、桓水、江沱、蒙山、嶓山、養水、鳥鼠同穴、西頃、嶓冢、朱圉、涇水、絳水、盟諸、大別、衡山。稱禹治者一，漯水。稱古文者十有一，汧山、終南、敦物、外方、内方、倍尾、嶧陽、震澤、傅淺原、猪壄、流沙。皆敘首所云"推表山川，以綴《禹貢》"者也。至若述桑欽之言凡七，絳水、潔水、汶水、淮水、弱水、漁澤障、易水。平當之言凡一，鬲津。則又兼采今古文《尚書》家說。欽師塗惲，傳孔氏古文學；當師林尊，傳歐陽氏今文學，俱詳見《漢書·儒林傳》。班氏之釋《禹貢》，可謂詳且贍矣。高密鄭君爲《禹貢》作注，屢引《地理志》文，論者咸謂其根據班《志》，顧取鄭説與班文校之，其中合者十之六七，不合者十之三四。竊嘗推求其故，而知鄭注所引，初非本於班《志》也，何言之？

考漢時《地理志》有三，其一爲班氏作，其一爲桑欽作，桑欽《地理志》，見酈道元《水經注·河水篇》。其一爲伏无忌、黃景作。伏、黃《地理志》，見宋余靖《刊正〈後漢書〉劄子》。班氏兼通今古文尚書學，按：班固父彪，與尹敏親善，每相遇，輒日旰忘食。敏初習歐陽《尚書》，後受古文，詳范書《儒林傳》中。而固本傳稱其所學無常師，然則固之兼通《尚書》今古文，蓋由父執講習得之。故《志》中詳載《禹貢》。欽習孔氏古文，詳前注。伏无忌亦世傳《尚書》今文，其作志體例，當並與班同。但桑欽成帝時人，《地理志》作於西漢，鄭注所引東漢郡縣諸名，多在順帝陽嘉以後，班《志》尚不及載，其非出欽《志》可知。惟伏、黃《地理志》係承桓帝詔撰《漢記》而作，桓帝詔伏、黃共撰《漢記》，見《後漢書·伏湛傳》。桓帝以前所更郡縣新名與郡縣改屬，伏、黃自宜據當代之制，載於《志》中。鄭引《地理志》當即伏黃之書。鄭君因盧植事馬融，又問業於盧植，見鄭本傳及鄭志。而盧於靈帝熹平中曾校《續漢記》，見植本傳。伏、黃《志》在《漢記》中，必經盧手所校。盧前作《尚書章句》，見植本傳。其校伏、黃《地理志》，於所載《禹貢》山川當詳加考訂，爲東漢善本。鄭注《尚書》，在靈帝末党錮禁解之後，參見《文苑英華》引鄭自敘，及范書鄭本傳。故用盧校伏、黃《地理志》本，引其文以證《禹貢》，至説之有合於班者，乃伏、黃作《志》時采用班《志》之文，猶班氏作《志》采用桑《志》之説也。鄭注不引班《志》，而引伏、黃《志》者，班《志》係前代之史，伏、黃《志》乃當代掌故之書，鄭意以考據輿地，重在證古，尤重在信今，故舍前史舊志，而録當代新志也。自伏、黃《志》闕佚不傳，惟班《志》獨存，後人於鄭注所引，即以班《志》當之，無怪乎説多膠葛，而疑義之終難釋也。

鄭注《禹貢》引《地理志》不本班《志》説

陳銘荃

鄭康成《禹貢》注，散見於《史記集解》《史記正義》《周禮疏》《詩疏》《書疏》等書，其引《地理志》語，與班史時有不合，解者有二説：一謂班《志》用今文《尚書》，其云"古文以爲"者，十有一乃兼録古文《尚書》説。鄭氏，古文家，以古文説注《禹貢》，故與班《志》合者，皆古文説；不合者，則班《志》之今文説也。一謂鄭注引《地理志》，往往用東漢郡邑之名以易之，此古人引書之法，取當時之名，明《志》之地，即今之某地也。

蒙按：兹二説者，皆強爲解釋，殊欠精審。如執前一説，以定鄭、班之異，係因今古文而別，則凡班志所録今文家言，鄭注當舍而不引，今觀《志》中，如壺口、恒衞、雷夏、濟潔、濰淄等説，班氏皆不稱古文，其爲今文説可知，而鄭引《志》文，何以復與之合乎？又班《志》云：江夏郡竟陵，章山在東北，古文以爲内方山，此明是古文家言。鄭注《禹貢》，則云《地理志》内方在竟陵，名立章山。一作章山，一作立章山，鄭何爲又與古文説歧異乎？此前説之不可信者也。如執後一説，以觀鄭班之通，謂鄭引前代書，易以當代之名，則是名爲《地理志》，而實非《志》中原文，竄改失真，古人引書之法必不如此。觀"東至于澧"，鄭注云：醴，陵名也，大皐曰陵。見《史記集解》。今長沙郡有醴陵縣，見《尚書》孔疏。班《志》於長沙稱國，不稱郡，其屬縣亦無醴陵，知長沙改國爲郡，係東漢時更名，而醴陵縣亦東漢所置，鄭於此注不云《地理志》，顯見鄭用當代地名，必不引前代之書，此後説之不可信者也。

知二説之不可信，然後參考而折厥衷。按：鄭注之異於班《志》者，往往與《後漢書·郡國志》適合，《郡國志》係晉司馬彪所續，梁劉昭作注，時取以補入范書，其《志》出鄭康成後，非康成所及見。而《禹貢》注顧與之合者，緣東漢時別有《地理志》一書，後班《志》而出，鄭君據以注《禹貢》，而彪亦據以作《郡國志》，觀劉昭補《後漢書》敘云"推檢舊記，先有地理"可見。

東漢《地理志》係伏无忌、黄景所作，説見宋余靖《刊正後漢書劄子》。范書稱桓帝命伏无忌、黄景、崔寔共撰《漢記》，見伏湛傳。《地理志》當即在《漢記》中，其書作於桓帝之時，仿班《志》之體例，亦於郡縣下綴以《禹貢》，惟東漢時所改郡縣，如漢陽、西漢天水郡，明帝改曰漢陽。漢嘉、西漢蜀郡青衣縣，順帝改曰漢嘉。安平西漢信都國，安帝改曰安平國。之類，則悉用今名，而不仍前志之舊。伏、黄《志》之異於班者以此。鄭君據伏、黄《志》以作注，使當時讀者便於檢閲，而沿流溯源，皆可據見名以考古地，初無今古文之見亘於胸中，更非任己①意以擅易前志之文也。至鄭注所引，有與班《志》同者，乃伏、黄之録用班《志》，而鄭述其原文，故亦與班合，非鄭之本於班《志》也。知東漢有伏、黄《地理志》，可參校范書、余劄以得之。知鄭引《地理志》即出伏、黄書，又可參校彪《志》以決之。但鄭注所引，間有不載彪《志》者，如恒衛既從，注言恒水，而《郡國志》不言有恒水。濰淄其道，注言濰水出琅邪箕屋山，而《郡國志》琅邪國無箕縣。以及汶濟、豬野、陪尾等注所云，《郡國志》皆無其文。蓋司馬雖依據伏、黄而作，然其中已多闕略，非鄭君故有所增損也。近人惟江氏聲能知鄭所引《地理志》爲東漢時書，王氏鳴盛雖知之，而誤以伏、黄《志》爲明帝時作，蓋亦未之深考矣。

《周官》平肆展成奠賈説

李　達

古者，前朝後市，市所以致民聚貨，使之交易，而各得其所也。後世民情之誠僞不一，貨産之良苦不齊，黠商猾賈往往淆雜其等，上下其值，一闤之集，欺誑百出。售者炫其智，購者受其愚，此由於市法之不立，而無道以治之耳。

竊讀《周官》經文，而歎古聖人治市之法良意美也。《周官·司市職》云：“市之群吏平肆展成奠賈。”平義爲正，肆爲列肆，平肆者，辨其物之美惡，各陳諸肆上，《經》所云“以陳肆辨物而平市”是也。鄭注上經云：辨物，

---

①　己，原誤刊作“已”，今據文意改。

物異肆也，肆異，則市平。而注此經云：平肆，平賣物者之行列，使之正也。兩說互相發明。蓋肆即市中陳物之行列，正其陳物之肆，則肆平，而市亦平。故上言平市，而此言平肆，明平肆即所以平市也。展，讀如展幣之展，謂校錄之。見《禮經·聘禮》注。成指簿書言，與《宰夫》《酒正》之日成，《司會》之月成、歲成，《小宰》之八成義同。《宰夫職》以日成與月要、歲會對文。《酒正職》以日成與月要對文。成、要、會，皆指簿書也。《司會職》云：以參互考日成，以月要考月成，以歲會考歲成。是月要亦名月成，歲會亦名歲成也。《小宰職》以八成經邦治，其下所列八目，有比居、簡稽、版圖、傅別、禮命、書契、質劑、要會等名，皆是簿書之類。蓋析言之，則名各異；總言之，則通曰成也。奠，定也。展成奠賈者，校錄其物於簿書，以定價值。上經所云“以量度成賈而徵價”是也。量以量物，度以度物，蓋欲定價，必先量度其物，而校錄簿書。鄭注上經云：物有定賈，則買者來。而注此經，訓展爲整，訓成爲平，以展成爲會平成市物，以奠賈爲定物賈。鄭注所云平字，讀如“漢時月平”之平。漢時月平，與周時月要相類，月要亦名月成，此平成義通之證。先鄭於本經及《小宰職》《質人職》之質劑，皆以月平釋之。後鄭不從其說。蓋質劑爲長短之券，與月平爲平賣之簿不同。所云會字，讀如《天官·司會》之會，序官司會，鄭注云：會，大計也。亦就校錄簿書言，謂總計平成中所錄之物而定賈也。肆長職之陳其貨賄，名相近者相遠，實相近者相爾，而平正之，此即平肆之實事。賈師職之展其成而奠其賈，此即展成奠賈之實事，蓋肆長每肆一人，見序官。各正其肆，故名其官曰肆長。賈師定物之賈，見序官鄭注。故名其官曰賈師。賈師，賈字當與奠賈之賈同音嫁，觀賈師經文自見。陸《釋文》於賈師下云音古，說似未覈。賈師、肆長，據序官之次，皆隷於司市，爲司市所自辟除之吏，故《司市職》云：市之群吏平肆、展成、奠賈，明平肆與展成、奠賈群吏主其事，而司市總其成也。

《天官·內宰職》云：凡建國佐后立市正，其肆陳其貨賄，出其度量淳①制。彼經正，肆陳貨賄，即司市辨物平肆之義。彼經出度量，即司市量度成賈之義。蓋平肆、展成、奠賈爲市中之急務，故內宰授其法於司市，而司市即責其事於群吏也。《經》先言平肆，而後言展成奠賈者，蓋欲齊

---

① 淳，原爲避同治帝諱刊作“敬避”二字。

賈，必先辨物，古未有不辨物而可齊賈者。天官職幣云：辨其物而奠其録，與此經先平肆辨物，而後校録簿書以奠賈，正復相似。蓋平肆以別物類之美惡，展成以録物品之等差，奠賈以定物值之上下。故先平肆，而次展成。既展成矣，然後奠賈。秩序井然，而市中自無欺誑之弊。然則先王之治天下，即一市之中，其立法至善，而用意至密，洵足爲萬世之準則矣。

或曰：昔許行言市價不二，國中無僞，其説即本《周官》，而孟子闢之，何哉？不知孟子之闢許行，闢其欲一賈而不能辨物，不辨物而遽言齊賈，鮮有不相率爲僞者，《周官》之市法豈若是哉？觀於孟子闢許行之説，不惟不與《周官》相違，且足發明《周官》之精義矣。

《周官》平肆展成奠賈説

尤金鏞

《周官·司市職》：平肆展成奠賈，爲市官禁治詐僞之政。平肆，肆長所職，防其以物之惡竄者相誑也；展成、奠賈，賈師所職，防其以賈之豫大者相欺也。鄭於此經，注文甚簡，賈疏又未能闡發其旨，故其誼仍晦。今試即注意而申之。

鄭注云：平肆，平賣物者之行列，使之正也。展之言整也，成，平也，會平成市物者也。奠讀爲定，整勑會者，使定物賈，防誑豫也。按：肆即是行列，《後漢書》以爲列肆，注：市列也，可證。肆長職，陳其貨賄，名相近者，相遠也；實相近者，相爾也。而平正之，即是平肆之事。如布帛同而精粗異，是名相近者，牛馬異而肥瘠同，是實相近者，使之相遠相爾，各正其行列，不得紊亂，斯謂之平。至鄭注訓成爲平之平字，當讀去聲。上經及《小宰職》《質人職》，先鄭注並訓質劑爲月平。陸《釋文》於小宰注出月平，云劉音病；又於上經注出月平，云皮命反，平字皆讀去聲。古者，市中月一平賈，書之文牘，因謂之平。《質人職》鄭司農注云：月平賈也。疏謂月平大小賈，若今市估文書。揚子《法言》云：一閧之市，必立之平。是平乃平定物賈之文牘。平言成者，以《周官》注考之，平、成皆是簿書之名。《宰夫職》：歲終則令群吏正歲會，月終則令正月要，旬終則令正日成。又《酒正職》：日入其成，月入其要，皆謂計最之簿書。《稾人》:乃入功于司弓矢,注云:功成。賈疏亦謂簿書。蓋平定物賈之文牘,即簿書之一。周月要、漢月平,皆月一會計之籍。日成既得與月要對舉,則日成之成,自必與月平之平爲一意。《爾雅·釋詁》,功、質、平、成四字通訓,可見若引申其誼,平是平物賈者預定之成式,省言之,故曰成。疇人家名鈐經爲立成,意亦仿此。注又云:會平成市物者,謂會計市物,據此平成,以示爲準則也。平成是月一平賈之簿,市中各物之賈值多寡並録其中。故欲奠賈,必先於平成校會之,然後因其美惡而定。賈師職所云恒賈,即爲録於簿者一定之賈也。云整勅會者使定物賈,則謂整治所會之市物,校其品類之等差,而後定其賈值之貴賤。展言整,奠言定,皆以音近得訓。此《經》展成爲整治平成,猶《鄉師職》展事爲整具其事。此《經》奠賈爲省定賈值,猶《職幣職》奠其録爲定其録籍。是展義爲整,奠義爲定,乃《周官經》用字之通例。而鄭君作注,即本之以爲通詁也。

然則平肆者,謂使物之精粗美惡,各以類從,毋或淆混以相詿。展成奠賈者,謂整飭所會計之月平,而省定物賈,毋令豫大其直以相欺。故下逕云:防詿豫。大其賈以欺買物者,曰豫,説詳段氏《周禮漢讀考》。疏釋鄭義云:豫爲欺詿。失之。江氏《周禮疑義舉要》云:平肆,平其肆之貨賄。胥師、賈師、肆長皆言平,而肆長尤專職。展成奠賈,則賈師之專職也。展成即《質人》"成市之貨賄"之成,謂以所買賣之物書之質劑,成其交易。奠賈亦以其物之賈,書之質劑,皆賈師省之定之也。竊謂此説殊多牽混,胥師所平之貨賄,是平其次,非平其肆。古次與肆别,觀本經上文"次敘分地,陳肆辨物"分言可見。質人所書之質劑,是書其券,非書其成。質人掌成市之貨賄,成字本與此經同義。下文別言質劑,注訓長短券,則質人所書,明是券契,與月平迥別。後鄭於此注不從先鄭,"質劑月平賈"之説正以此。江氏牽而合之,以肆長所職混之於胥師,以賈師所職混之於質人,樹義孤離,殊失此經之旨矣。

《周官》平肆展成奠賈説

陳開驥

《周禮·地官·司市》:市之群吏,平肆展成奠賈。鄭君注:平肆,平賣物者之行列,使之正也。展之言整也,成,平也,會平成市物者也。奠讀爲定,整勑會者,使定物價,防詭豫也。蒙按:上經云“以陳肆辨物而平市”,即此平肆之本誼。鄭於彼注云:陳猶列也,辨物,物異肆也,肆異,則市平。注文簡質,賈疏申之,未暢厥旨。玆據《肆長職》云:各掌其肆之政令,陳其貨賄,名相近者相遠也,實相近者相爾也,而平正之。爾,古邇字。鄭注:爾亦近也。俱是物也,使惡者遠善,善自相近。先鄭云:恐愚民見欺,故別異,令相遠,使賈人不得雜亂,以欺人心。觀先、後兩鄭之言,是物有美惡,當循名核實,平肆之法不外乎此。

序官言肆長,每肆一人,明平肆即肆長之事。古者,肆與廛有別。鄭於本經平肆注,訓肆爲行列,而於廛人注,用先鄭説,云廛謂市中之地,未有肆而可居以畜藏貨物者也。其分別肆與廛甚明。蓋肆爲陳貨之行列,廛爲藏貨之邸舍。周時皆官所設而收其租税,參考廛人注疏。猶今世所謂貿易場、博物會之類,中外互市處往往有是制。鄭君注《周禮》,每引漢制况之,謹用其例。胥師職各掌其次之政令,而平其貨賄。賈師職各掌其次之貨賄之治,辨其物而均平之,展其成而奠其賈,然後令市,皆與此文合。序官云:胥師、賈師二十,肆則一人,是其次即其肆,故鄭言市之群吏,胥師以下是也。平其肆之貨物行列,則物之不齊,或相倍蓰,什伯千萬,不至比而同之,相率爲偽矣。

然後可以展其成。成字,鄭訓爲平,考《周官》通例,成平當爲會計之簿書。《宰夫職》:歲終,則令群吏正歲會。月終,則令正月要。旬終,則令正日成。《小宰職》“以官府之八成”,《經》“邦治”其目,皆指簿書。末言聽出入以要會,注云:要會謂計最之簿書。則成字與要會對文可知。又《酒正職》:日入其成,月入其要。賈疏均以文書釋之,其説甚確。平亦爲文書之名。《小宰》:聽賣買以質劑。先鄭注:質劑,謂市中平價,今時月平是也。月平爲漢制,即本周月要,月要亦名月成,《司會》有明文。《司會職》云:以月要正月成,與上正日成對文。此平成義通之證。質人掌成市之貨賄,注:成,平也。會者平物賈而來,故成其平也。此申成平之名義,與本經注正相發明。本注兩會字,與《質人》注會字,並指會計之會言,與平物賈意一貫。若依賈疏，譌作會聚解，會聚者豈皆平物賈而來乎？《質人》言成，注言平成，平之有質誼可見。下云凡賣價者質劑焉，大市以質，小市以劑。先鄭注：質劑，月平賈也。與《小宰》注同。則成平者，質劑也。《稾人》乃入功于司弓矢，注云：功成。賈疏謂簿書。則功成者，功狀而已。功狀亦見賈疏。《爾雅·釋詁》，功、質、平，成也。此四字同誼之明證。展其成，爲整其成者。展、整，一音之轉，以音得訓，鄭注通例，蓋展陳簿書，自必整飭，仍從展字本意引申之耳。簿書整，則會計精，然後可以奠其賈。奠之爲定，本係常訓。上文云：以量度成賈而徵價。注：物有定價，則買者來也。平肆之事，胥師、賈師、肆長皆得分任之。其展成及奠賈，惟賈師獨任之，而記其事於《司市職》者，蓋任之者群吏，而總之者則司市也。

　　《周官》一書，與今之政學合，宜而此經所載，尤足爲商學之權輿，謹融會經、注之文，而詳説之如此。

《儀禮》篇第考

李　達

　　《儀禮》一經，古祇稱曰《禮》，《禮》本《儀禮》之專名，至東漢時，始以《禮》爲三禮之通名。對《記》言，曰《禮經》。《記》即《漢·藝文志》所云"記百三十一篇"是也。《禮經》有今古文之別，古文《禮經》五十六篇，出魯淹中，別今文，言之曰《禮古經》，見《漢志》。其中有三十九篇無今文可校，又別稱之曰《逸禮》。《釋文·敘録》云：古《禮經》五十六篇，倉傳十七篇，所餘三十九篇，以付書館，名爲《逸禮》。據此，則古文《禮經》中之三十九篇，其稱爲逸禮者，猶孔壁《古文尚書》五十八篇，除伏生所傳今文二十九篇外，其餘悉稱爲《逸書》也。蓋古文難讀，其篇雖存，以無今文可校，而遂謂之逸耳。今文《禮經》十七篇，係漢初高堂生所傳，其書以士禮居首，故名之曰《士禮》。《班書·藝文志》及《儒林傳》並云高堂生傳《士禮》十七篇，《史記·儒林傳》亦載高堂生能言士禮，《釋文·敘録》引《六藝論》曰：後得孔氏壁中河間獻王古文《禮》五十六篇，《記》百三十一篇，其十七篇與高堂生所傳同而字異，是高堂生所傳《士禮》即今十七篇之《儀禮》。其名曰《士禮》者，蓋因《士禮》居首以名之，猶董仲舒作《春秋》説，以《繁露》居首篇，因名其書曰《春秋繁露》也。後儒謂高堂生所得爲《士禮》，而今《儀禮》中乃有天子諸侯大夫之禮，遂疑今《儀禮》非即高堂生之書，此説蓋未之深考。別古文言之，則曰今《禮》。今《禮》者，今文家所傳《禮》也。今《禮》之名，見戴《記·禮器篇》"曲禮三千"鄭注。古文《禮》與《記》各自爲書。今文家《記》附於《禮》，亦稱之曰《禮記》。《詩·召南·采蘩篇》鄭箋引《少牢禮》文，《爾雅·釋詁》妥下注引《士相見禮》文，《釋言》胙下注引《有司徹》文，《釋草》虋下注，引《喪服傳》文，並稱《禮記》皆是。蓋漢時稱十七篇爲《禮記》，至魏晉時始以《禮記》爲小戴記四十九篇之名。傳今文學者，有大戴、小戴、慶氏三家，當時別其家法，又稱之曰大戴禮、小戴禮。鄭君目録所謂大戴第幾、小戴第幾，是也。《後漢書·儒林傳》云：康成本習小戴禮，後以古經校之，取其誼長者爲鄭氏學。下又別言注小戴《禮記》四十九篇，則小戴禮即十七篇之《儀禮》可知。而小戴禮與小戴記之實爲二書，益明矣。鄭君康成釋曲禮三千，指今文十七篇及《逸禮》言，於是又稱之曰《曲禮》，鄭君於奔喪注、投壺、目録，並云屬《曲禮》之正篇，是也。皆無《儀禮》之名。其名十七篇爲《儀禮》者，實自西晉始。或謂《後漢書》鄭君本傳，述所注書有《儀禮》，而十七篇標題亦曰儀禮鄭氏注，遂疑《儀禮》之名，實起於康成。謹按：此説亦未之深考。鄭注群經引十七篇，皆直舉篇名，不云《儀禮》。有時或變其稱，曰今禮，曰禮記，曰曲禮，仍不名之爲《儀禮》。《鄭志》係鄭小同所撰，時在魏末，其引十七篇文亦不云《儀禮》，則《儀禮》之名，非康成所加可知。蓋西晉時以《禮記》二字，爲四十九篇之專名，遂別號十七篇爲《儀禮》。觀《爾雅·釋草篇》蔧下郭注，引《大射禮》文而曰《儀禮》，其他引戴記四十九篇文而曰《禮記》，此皆郭璞自注，從時所稱也。至妥下、胙下、虋下之注，引十七篇文而稱爲《禮記》，此襲用李巡、孫炎舊注而未改者也。晉元帝時，荀崧上疏，請置鄭儀禮博士，緣當時盛稱《儀禮》，故疏有是名，則《儀禮》之名，實起於西晉無疑。至鄭康成傳，儀禮二字，乃周官禮三字之誤，今注疏本首題儀禮，係後人所加，段氏懋堂、阮氏芸臺俱有説，兹不復贅。今覈其定名，當仍名之曰《禮經》。《禮經》十七篇之次第，據鄭君目録所紀，有劉向《別録》與大戴、小戴三家之異，《別録》篇與今注疏本同，鄭注十七篇即依《別録》爲次。説詳《士冠禮》賈疏。《大戴禮》篇第，惟《冠》《昏》《相見》三篇與《別録》同，餘皆與《別録》異。《大戴》十七篇之次：《士冠》一，《士昏》二，《士相見》三，《士喪》四，《既夕》五，《士虞》六，《特牲》七，《少牢》八，《有司徹》九，《鄉飲酒》十，《鄉射》十一，《燕禮》十二，《大射》十三，《聘禮》十四，《公食》十五，《覲禮》十六，《喪服》十七，具詳鄭君《目録》。惟《特牲》不言第幾，兹依《士冠禮》疏補。小戴篇第，《冠》《昏》《相見》《鄉飲》《鄉射》《燕》《大射》七篇，與《別録》同，餘與《別録》異，亦與大戴異。小戴十七篇之次：《士冠》一，《士昏》二，《士相見》三，《鄉飲酒》四，《鄉射》五，《燕禮》六，《大射》七，《士虞》八，《喪服》九，《特牲》十，《少牢》十一，《有司徹》十二，《士喪》十三，《既夕》十四，《聘禮》十五，《公食》十六，《覲禮》十七，具詳鄭君《目錄》。按：《目錄》云：《士虞》第十五，《士喪》第八，皆係字誤，《特牲》不言第幾，亦係文脱。兹悉據《士冠禮》疏訂正。賈疏因鄭注不從大、小戴之次第，遂謂兩戴所編，皆尊卑吉凶雜亂無叙。

　　蒙按：公彦此説殊失之未考。三家篇第先後之各別，實因今古文而異。大、小戴並受業於后倉，傳高堂生今文之學。高堂生所定十七篇舊次，蓋以《冠》《昏》《相見》《士喪》《既夕》《士虞》《特牲》《鄉飲》《鄉射》九篇，《士禮》居首。《鄉飲》《鄉射》本屬《士禮》，而其中有鄉大夫與州長在，即兼大夫禮言亦可。但疏家以此兩篇專屬大夫禮，説似未覈。又按：后倉作《曲臺》九篇，即説此九篇之士禮，而因推於天子諸侯之禮也。下乃次以大夫之《少牢》《有司徹》，諸侯之《燕》《大射》《聘》《公食》，天子之《覲禮》，而《喪服》之通乎上下者終焉。其序皆秩然不紊。大戴之篇第，即依據高堂生舊本爲次，其退《鄉飲》《鄉射》兩篇於《少牢》《有司徹》之下者，因《少牢》《有司徹》與特牲相類，《燕》《大射》與《鄉飲》《鄉射》相類，且《鄉飲》《鄉射》説兼大夫禮言，故稍更其序，使之以類相從，而適合於《禮運篇》所言冠、昏、喪、祭、射、鄉、鄉，今本作御。御係誤字，今據《家語》本校正，作鄉字。邵氏懿辰有説。朝、聘之次，邵氏懿辰云：《禮運》兩舉冠、昏、喪、祭、射、鄉、朝、聘八者，即約十七篇言之。大戴一、二、三篇，冠昏也；四、五、六、七、八、九篇，喪祭也；十、十一、十二、十三篇，射鄉也；十四、十五、十六篇，朝聘也；喪服爲通禮，故附於末。小戴之篇第，此係今文家之別本。漢時有同爲今文家而説各異者，如歐陽氏與大、小夏侯氏，同傳伏生今文學，其解《虞書》章服，一則以爲十二章，一則以爲九章，即其證。其十七篇之次，雖與大戴不同，而其意實亦據《禮運》文爲説。《禮運篇》一則曰達於喪祭、射鄉、冠昏、朝聘，再則曰其行之以貨力、辭讓、飲食、冠昏、喪祭、射鄉、朝聘。小戴舉兩文相校，而以喪祭與冠昏倒易，故首例冠昏爲一類，一、二、三篇是也，此與大戴同。次射鄉爲一類，四、五、六、七篇是也，即大戴之十、十一、十二、十三篇。次喪祭爲一類，八、九、十、十一、十二、十三、十四篇是也。虞爲喪中之祭，故以士虞列喪祭類之首。喪服爲上下通禮，故列於次。下乃别言喪、祭二禮。先吉禮，而後凶禮，故以《士喪》《既夕》，居《有司徹》之後。次朝聘爲一類，十五、十六、十七篇是也，即大戴之十四、十五、十六。小戴之異於大戴者以此。今文家之篇第，自當以大戴爲允，而小戴亦非無條理也。至《别錄》

所定篇第，當是依據禮古經之次。漢時，群經篇第，今、古文每多不同，如古文《毛詩》先《草蟲》，後《采蘋》。今文《齊詩》則先《采蘋》，而後《草蟲》。古文《春秋經》十二卷，今文《公羊家》以閔公附莊公卷末，經止十一卷之類皆是。蓋今文《禮經》十七篇，士禮居多，故高堂生以士禮九篇列首。若古文《禮經》五十六篇，其中逸禮，如天子巡守禮、見《周官·內宰》注。王居明堂禮、見戴《記·月令》及《禮器》注。朝貢禮、見《禮經·聘禮》注。禘於太廟禮、見《禮經·少牢禮》注。烝嘗禮、見《周官·射人》注。軍禮、見《周官·大司馬》及《士師》注。學禮、見賈誼《新書·保傅篇》。中霤禮、見《周官·司巫》注。諸侯遷廟禮、釁廟禮、公冠禮三篇全文，具詳大戴記中。並詳言天子、諸侯之制，則十七篇在禮古經中，其列次之先後，當各從其類以相比附，與高堂生今文有別。劉向定篇第時，亦準《禮運篇》冠昏、射鄉、朝聘、喪祭之說，據禮古經以校大、小戴今文本，而兼采兩家之合於古經者用之。如一、二、三篇，兼取大、小戴之次，爲冠昏類。四、五、六、七篇，爲射鄉類，專取小戴之次。八、九、十篇，爲朝聘類。十一、十二、十三、十四、十五、十六、十七篇，爲喪祭類。八、九、十篇，即取大戴十四至十六之次。十二以下諸篇，即取大戴自四至九之次，以互易之，列朝聘類在前，喪祭類在後。又取大戴終篇之喪服，居喪祭類之首而在第十一耳。鄭君作《禮經》注，亦以古經校小戴禮，鄭校小戴禮，見《後漢書·儒林傳》，說詳前注。知《別錄》本諸古經，故獨遵《別錄》之篇第，而復存大小戴之次於目錄中者。蓋欲明三家之不同，由今古家法而異，而究其要歸，則同以冠昏、射鄉、朝聘、喪祭分類爲次也。賈疏不能審別異同之故，而竟斥兩戴爲非。嗚呼，僨矣，爰作是考，以正賈說之失。

《儀禮》篇第考

徐安仁

《禮經》篇次，劉向《別錄》與大、小戴本不同，遂起後人疑竇。蒙以爲治漢學者，當以鄭學爲宗，舍鄭學而談漢學，此管蠡之見，不足以解經。鄭君邃於三禮，據高堂生所傳《禮經》十七篇以《別錄》校之，定爲《士冠》第一，《士昏》第二，《士相見》第三，《鄉飲酒》第四，《鄉射》第五，《燕》第六，《大射》第七，《聘》第八，《公食大夫》第九，《覲》第十，《喪服》第十一，《士喪》第十二，《既夕》第十三，《士虞》第十四，《特牲饋食》第十五，《少牢饋食》第十六,《有司徹》第十七,以冠昏始,以喪祭終,次第秩然。又於《目錄》中每篇下云大戴第幾,小戴第幾者,亦以見各本之不同而《別錄》之可據也。大戴《士冠》《士昏》《士相見》三篇與《別錄》同,而其下則以《士喪》《既夕》《士虞》《特牲》《少牢》《有司》《鄉飲》《鄉射》《燕》《大射》《聘》《公食》《覲》《喪服》爲次。小戴《士冠》至《大射》七篇亦與《別錄》同,而其下則以《士虞》《喪服》《特牲》《少牢》《有司》《士喪》《既夕》《聘》《公食》《覲》爲次,尊卑吉凶,先後雜亂,已爲賈疏所譏。

　　近之治《儀禮》學者,或祖護大戴,或紊亂次第。仁和邵氏據《禮運》"達於喪祭、射鄉、今本鄉作御,邵氏據《家語》改御爲鄉,下同。冠昏、朝聘",及"其行之以貨力、辭讓、飲食、冠昏、喪祭、射鄉、朝聘"文,以爲冠、昏、喪、祭、射、鄉、朝、聘八者,適合於大戴十七篇之次。邵氏云:大戴一、二、三篇,冠昏也。四、五、六、七、八、九篇,喪祭也。十、十一、十二、十三篇,射鄉也。十四、十五、十六篇,朝聘也。而喪服之通乎上下者附焉。仁和吳氏據《周官·大宗伯》五禮節目,以爲先吉禮,次凶禮,次賓禮,次嘉禮。吳氏云:大宗伯職,首曰"以吉禮事國之鬼神",示此祭禮也,祭有尊卑,則《少牢》上篇第一,下篇第二、《特牲》第三。次曰"以凶禮哀邦國之憂",凶禮之首曰喪,則《喪服》當第四,《士喪》上篇第五,下篇第六,《士虞》第七。又其次曰"以賓禮親邦國",則《覲禮》當第八,《聘禮》第九,《士相見》第十。又其次曰"以嘉禮親萬民",嘉禮以冠、昏、賓、射、饗、燕爲目,則《昏禮》當第十一,《士冠》第十二,《燕禮》第十三,《大射》第十四,《鄉飲酒》第十五,《鄉射》第十六,食禮無文,然與饗、燕並行,則《公食大夫禮》當第十七。與三家篇次又異。不知《記》云吉凶異道,不得相干。《別錄》以冠昏、射鄉、朝聘十篇爲吉禮居先,而喪祭七篇爲後,又以《喪服》一篇移《士喪》前,是吉凶之中仍以人神爲次。子政次第不能易也。邵氏兩引《禮運》,以爲冠、昏、喪、祭、射、鄉、朝、聘八者,與大戴篇次相符,説似未覈。蓋第以《禮運》八者爲約十七篇言之,則可;如謂此即大戴十七篇之次,則上經云"達於喪祭、射鄉、冠昏、朝聘",明明不以嘉禮爲先。揆諸上下經文,已不能通。斥邵位西説。昏義,夫禮始於冠,本於昏,重於喪祭,尊於朝聘,和於射鄉。孔穎達謂此經因昏禮爲諸侯之本,遂廣明禮之始終。始則在於冠昏,終則重於喪祭,其間有朝聘、鄉射,是禮之大體之事也。穎達此説,適與《別錄》節次相符。吳氏據《大宗伯》五禮之次,而譏《別錄》鄉飲、鄉射以下，先吉後凶，凶盡則行祭祀吉禮，無義可尋。不知《大宗伯》佐王建保邦國，故吉禮居首，凶禮次之，賓禮又次之，嘉禮又次之。儀禮行事之法，賤者爲先，士位卑，由卑以及尊，故先行士冠嘉禮。吳氏泥《大宗伯》文，而昧於昏義，所謂知其一，不知其二者也。斥吳中林説。割裂經傳，創立子目，皆非聖人定禮之意，然則鄭君舍二戴而從別録者，豈無以哉，此鄭學之所以可貴也。

卷二

毋雷同解
張之純

《曲禮》“毋雷同”，鄭注云：雷之發聲，物無不同時應者，人之言，當各由己，不當然也。孟子曰：人無是非之心，非人也。孔疏云：凡爲人之法，當自己立心，斷其是非，不得聞他人之語，輒附而同之。若聞而輒同，則似萬物之生聞雷聲而應，故云“毋雷同”。

蒙案：孔申鄭義，説雖明憭，要未能暢發厥旨。請援據經史之文，以證明記注之意焉。考《左氏·昭二十年傳》：齊侯至自田，晏子侍於遄臺，子猶馳而造焉。公曰：“唯據與我和夫？”晏子對曰：“據亦同也，焉得爲和？”此即同字之確證。晏子又曰：“君所謂可而有否焉，臣獻其否以成其可。君所謂否而有可焉，臣獻其可以去其否。”此皆有是非之心，而不爲苟同者也。至云“君所謂可，據亦曰可，君所謂否，據亦曰否”，則真無是無非，所言皆同也。又其卒曰：“同之不可也如是。”正與本《記》“毋雷同”之旨，互相發明矣。《史記·商君傳》曰：“千人之諾諾，不如一士之諤諤。”諾諾之人，亦無是非之心，與雷同無異，故皆爲古人所不取。雖然，同固在所當戒，援上句毋勦説之例，《記》但云“毋同辭”可也，而必取譬於雷者，《洪範傳》云：雷者，人君之象，是雷指君言，同指臣言，君發言於上而群臣附和於下，猶雷發聲於上而萬物相應於下，故以“雷同”況之。觀《左傳》“君可據亦可，君否據亦否”之文，知雷同爲附和君言之明證。又《史記·商君傳》“諾諾”兩語下，即繫以“武王諤諤以昌，殷紂墨墨以亡”，亦可悟雷同爲君臣間之切戒矣。《後漢·桓譚傳》"略雷同之俗語",《翟酺傳》"豈敢雷同受寵",兩傳所云雷同,一謂君不可以此納臣之語,一謂臣不敢以此受君之寵,並就君臣間言,深得雷同二字之古誼。本《記》就弟子於長者言,而亦云"毋雷同"者,蓋雷同之名,始於君臣之間,因而推諸長幼之間。可見雷字指長者言,同字指弟子言,明臣之於君,當以雷同爲戒,即弟子之於長者,亦當以雷同爲戒也。毛氏奇齡《經問》解勴說爲奪人說,解雷同爲和人說,以和訓同當矣,而不云和長者之說,則雷字尚未免蹈空。或謂雷與累通,引《海內經》"雷祖",《古今人表》作"累祖"爲證。"累同"云者,重辭累言,說而又說,如《易》所謂再三瀆也。蒙謂是說雖新,而改易《經》字,強就己說,要不若專守鄭義之爲確矣。

漢博士剌六經作《王制》考

李 達

漢文帝詔博士諸生剌六經作王制事,詳《史記·封禪書》及《漢書·郊祀志》,今戴記中有《王制》一篇,注家舊有兩說。盧植云:漢文帝令博士諸生作此《王制》之書。見《王制》篇首陸《釋文》及孔疏。鄭康成云:《王制》是孔子之後大賢所記先王之事。見《王制篇》"五十不從力政"節,孔疏引鄭駁《異義》說。又云:孟子當赧王之際,王制之作復在其後。見《王制》篇首孔疏引鄭答臨碩說。據盧、鄭所言,一以戴記《王制》爲漢博士作,一以戴記《王制》爲六國人作,說雖不同,而義實互相足。近之治戴記者,或申盧駁鄭,或申鄭駁盧,各執一說,以相詰難。其申盧駁鄭者,謂《史》《漢》並云博士剌六經作王制,今戴記《王制篇》爵祿則取於孟子,巡守則取於虞書,歲三田則取於《公羊》,諸侯朝聘之節則取於《左氏》,此書明係剌取六經而成,爲漢博士所作無疑,鄭言六國人所記,實無明文可據。其申鄭駁盧者,謂《史》《漢》明言文帝令博士作王制,謀議巡守封禪事,是博士所作爲巡守封禪之書,今戴記《王制》所記,備有班爵、授祿、制用、立學、養老諸禮,篇內雖間述《虞書》巡守之文,而於帝王封禪之儀制,絕無一言道及,必非漢博士之王制可知,盧君強合爲一,誤矣。

　　蒙案：前一説直以戴記《王制》專屬之漢博士作，後一説竟以戴記《王制》與漢博士書絕不相涉，均係一偏之見，既於盧、鄭兩家之舊注未觀其通，且於《王制》一書之源流未得其實。

　　今欲貫通盧、鄭之義，試先爲偏於申盧者箴其失。《王制》序班爵之制，分公、侯、伯、子、男爲五等，《孟子》五等之爵，則首天子，次公，次侯，次伯，而終合子、男爲一。案：《書‧逸篇》曰：厥兆天子爵，是天子亦爵稱也。《孟子》據爵之大判言，故自天子始。《王制》言天子制侯爵之等差，故不數天子。兩書各有意義。又，《王制》言天子三公之田視公侯，卿視伯，大夫視子男，元士視附庸，與《孟子》言卿視侯，大夫視伯，元士視子男不同。案：《王制》據封邑言，見下文“天子縣內”鄭注。《孟子》據采地言，見趙注。封邑與采地不同，説詳黃師《通故‧封國門》。至歲三田之説，即目下乾豆、賓客、充君庖三事。案：《穀梁‧桓四年傳》云：四時之田用三焉，唯其所先得，一爲乾豆，二爲賓客，三爲充君之庖。《王制》歲三田，即《穀梁》四時田用三之義。孔疏引鄭《釋廢疾》云：歲三田，謂以三事爲田也。鄭君此説，深得《記》意。至《王制》鄭注，謂歲三田爲夏不田，當是未定之論。亦非《公羊》家春苗、秋蒐、冬狩三時田獵之義，公羊家謂夏不田，説本《春秋緯運斗樞》其桓四年傳，於春苗、秋蒐、冬狩之下，本繫以一曰乾豆云云，此當係公羊家誤解《王制》歲三田之意，因援據其説以入傳中耳。蓋《王制》作於六国時，《公羊》正當六国之亡，在《王制》後，故得用其。近儒反謂《王制》此文取諸《公羊》，殊屬未覈。若《王制》一書果係漢博士刺取《公羊》《孟子》而成其説，何至顯相違異如此？且漢博士作王制據《史》《漢》兩書核之，係文帝十六年事。《封禪書‧郊祀志》云文帝作《王制》之明年遂改十七年爲元年，是《王制》作於文帝十六年也。賈誼卒於文帝之十二年，《漢書》誼本傳云梁王勝墜馬死，誼自傷爲傳無狀，常哭泣，後歲餘亦死。後四歲，齊文王薨。考諸侯王表梁懷王薨當漢文之十一年，齊文王薨當漢文之十五年，則賈誼之卒定在漢文帝十二年可知矣。而所著新書《無蓄》篇引《王制》曰：國無九年之蓄，國非其國也。即今禮記《王制》文。《無蓄》篇末結句云：可以流涕者又是也。是此篇即流涕之説。《漢‧食貨志》載《無蓄》篇文無《王制》以下。云此係班氏引書時所刪節，與《志》中節引《新書‧銅布篇》文，其例正同。《新書》在博士未作之前已先引《王制》，案：《新書‧禮篇》有“民三年耕，必餘一年之食”云云，又有"不合圍"云云，賈誼雖未明稱《王制》，而其文皆在《王制》中，則賈誼親見《禮記‧王制》一篇可知。則謂戴記《王制》專屬漢博士作者，可不辨而知其非矣。

請更爲偏於申鄭者破其惑。《王制》雖未明言封禪，而所述"歲二月，東巡守至於岱宗，柴而望祀山川"，與《虞書》文同。燔柴望祀，實古帝王巡守時所行封禪之禮，故史遷作《封禪書》，篇首即引《虞書》柴望爲說。柴爲祭天之名，柴之正字當作祡，見許氏《說文‧示部》。望爲祭山川之名，封禪兼報天地，見《白虎通‧封禪篇》。而《虞書》與《王制》第云柴者，蓋舉天以賅地耳。《王制》既有柴望之文，不得竟謂此篇所記，絕無封禪禮也。班固用《封禪書》文以作《漢‧志》而易其名，曰《郊祀》，班意亦以封禪即郊祀天地之禮。又案：《封禪書》與《郊禮志》並云武帝與公卿諸生議封禪，莫知其儀禮，而群儒采封禪《尚書》《周官》《王制》之望祀射牛事。武帝時所采之《王制》，明係今《禮記‧王制篇》，武帝因議封禪禮而所采者，此《王制》，則文帝因議封禪事而所作者，當即此《王制》矣。若文帝果別有《王制》一書，專載封禪之制度，武帝何舍彼書不采，而轉采《禮記‧王制》之說乎？則謂戴記《王制》與漢博士書絕不相涉者，亦未可據爲定論也。

竊謂《禮記‧王制》一篇，創造者爲六國人，纂修者爲漢博士。古人創造一書，謂之作。其纂修舊書，亦謂之作。《史》《漢》所稱博士諸生剌六經作《王制》，作之義當訓爲修，與孟子云孔子懼作《春秋》，文意正同。見《滕文公》下篇。《春秋》本魯史之舊名，《公羊傳》謂之不修《春秋》可證。見莊公七年傳中。孔子欲警亂賊，因取《春秋》而修之，而孟子直云作《春秋》，是謂修爲作也。《王制》本七十子後學者所記之書，七十子後學者，謂七十子之徒。劉向《別錄》云六國時人也。詳見《藝文志》及顏注。爲秦漢間禮家所傳，下有說。文帝謀議巡守封禪，因取《王制》而修之，而遷、固直云作《王制》，蓋亦謂修爲作也。六國人所記《王制》，時有今文、古文兩家之本，其藏於孔壁，在古記百三十一篇內，至魯恭王壞宅後始出者，爲古文。其傳於秦漢間禮家，當文帝時已見此書者，爲今文。賈誼《新書》中所引《王制》，即係今文本。今文家所傳《王制》一記，備言先王之法度，文帝因篇內所載巡守柴望，即古帝王封禪之禮，故於議巡守封禪時，特令博士諸生取此篇而纂修之耳。博士纂修

《王制》,今雖不得其詳,而篇內附益之跡,猶有可尋者。考班固《白虎通義》,多引《禮·王制》文,而《巡守篇》引《尚書大傳》"見諸侯問百年"云云,其文明在《禮記·王制》中,班氏不稱《王制》而獨稱《尚書大傳》者,正自有說。蓋《王制》一篇,古文原撰本"望祀山川"之下,即繼以"五月,南巡守",無"覲諸侯"至"加地進律"之文,與今文增修本不同。古文《王制》藏孔壁時,在漢文帝前,出孔壁時,在漢文帝後,非博士所及見,故古文本爲六國人原撰之書。今文《王制》,秦漢間禮家所傳,亦係原撰本,與古文初無稍異。逮漢博士纂修後,篇內遂有附益之語,今文之不同古文者以此。班固據兩本校之,知今文《王制》"覲諸侯"以下諸語,本伏生《大傳》釋《書》之辭,漢博士取伏《傳》以增入《王制》,而古文《王制》不錄是文,故舍《王制》而特稱《尚書大傳》,以明其說之所從出。陳氏卓人《白虎通疏證》謂伏生取《王制》以釋《書》。案:陳說未得班意。明乎班氏引《書》之意,而漢博士之纂修《王制》,亦可得其崖略矣。又案:《白虎通義·崩薨篇》引《禮·王制》"天子棺槨九重"云云,此文當出於古本《王制》,今《禮記·王制篇》無此語,係博士纂修時所脫載,此亦今文與古文兩本不同之明證。小戴所輯《記》四十九篇,兼有今文、古文,而采今文者居多。黃師《禮書通故》有說。其《王制》一篇,即用漢博士纂修本,故篇內有"覲諸侯"等,而《白虎通·崩薨篇》所引古《記·王制》之文,說詳前注。亦不見於此篇也。劉向依據戴《記》作爲《別錄》,向作《別錄》,在小戴輯記之後,黃師《儆季雜著·釋樂記》有說。以《王制》屬制度,見鄭君《目錄》。其舉文帝所造書,有《本制》《兵制》《服制》篇,見《史記·封禪書》索隱引。而不及《王制》,蓋向校書中秘,親見古《記·王制》,明題六國人作,而知博士所修今文《王制》,實即六國人之記,故不以《王制》屬之文帝所造也。向不言文帝造《王制》,而遷、固並言博士作《王制》者,蓋造、作二字,渾言通,析言別,造之義專訓爲創作,而作字之義,創造者得稱爲作,增修者亦得稱爲作,此向與遷、固立言之別也。知遷、固所云作《王制》指修《王制》言,則賈誼先博士而引《王制》,武帝後博士而采《王制》,其疑均可以釋。知戴《記·王制》係六國人所記,漢博士所修,則盧、鄭兩家之注,其說亦可以通矣。是爲考。

釋黄鐘之宫

達　李

秦火而後，《樂經》亡失。自漢儒傳經，而音律之名義，時稍稍散見於傳記，如《戴記·月令篇》分敘十二月之律，仲冬云"律中黄鐘"，而中央土附於季夏後，則云"律中黄鐘之宫"。解者有二説，鄭君於仲冬注云：黄鐘，律之始也，九寸。仲冬氣至，則黄鐘之律應。於中央土注云："黄鐘之宫最長也，十二律轉相生，五聲具，終於六十焉。季夏之氣至，則黄鐘之宫應。"蔡邕《月令章句》釋仲冬黄鐘云："長九寸，律之始。"釋黄鐘之宫云："此黄鐘少宫也，半黄鐘律九寸之數，管長四寸五分，六月用爲候氣。"

蒙案：鄭、蔡異義。鄭言黄鐘律九寸，而於黄鐘之宫不詳其數，明此即黄鐘本律之宫聲，故於長數從略。蔡氏强分爲二，謂黄鐘之宫爲少宫，係黄鐘半律，殊非《記》意，不及鄭義之確。近之釋《記》者，多曲從蔡説，謂六月林鐘律長六寸九分，七月夷則律長五寸六分小二分，此兩律長數弟依蔡氏說。中間不得驟應黄鐘九寸之律，則黄鐘之宫自爲半律少宫可知。《吕覽·古樂篇》云：黄帝令伶倫作律，取竹，斷兩節間，其長三寸九分，吹之以爲黄鐘之宫，曰含少。次制十二筒，以别十二律，比黄鐘之宫適合。是作律之初，先有三寸九分黄鐘之宫，而命其名曰含少，含少即少宫也。後乃别造十二律，而有九寸之黄鐘，則黄鐘之宫與黄鐘宜分爲二矣。又《考工記·㮚氏職》言嘉量重一鈞，聲中黄鐘之宫。班《志》言漢量重二鈞，聲中黄鐘，亦足爲蔡説半律倍律之明證也。

然以蒙觀之，申蔡義者説雖甚辯，而終多未覈。《月令》云中央土，其音宫，律中黄鐘之宫者，五行中之重濁者惟土，五聲中之宫數八十一，聲最濁。見《月令》鄭注。十二律之黄鐘管長九寸，每寸九分，九九八十一，黄鐘本律爲宫聲，黄鐘之宫，其聲亦最濁，故與土相應。木、火、金、水，於四方分屬東、南、西、北，於四時分主春、夏、秋、冬，土則位居中央，而寄旺於四時。四時各有土旺之日，土旺之氣至，恒應黄鐘本律之宫，不獨季夏爲然。鄭注云：季夏之氣至，則黄鐘之宫應。鄭意亦就季夏時土旺言之，蓋舉季夏之例其餘耳。

《月令》特以中央土厠季夏後、孟秋前者，此爲五行相生之故，秋金生冬水，冬水生春木，春木生夏火，惟夏火與秋金相剋，故以中央土厠於其間，而得火生土、土生金之義。非謂土專旺於季夏月也。季夏之氣自應林鐘之律，惟土旺時乃復應黃鐘之宮，不得牽合爲一。蔡氏誤以黃鐘之宮專候六月氣，語無分曉，且謂宮爲黃鐘少宮，不知少宮即清宮，清宮之聲豈能與濁土相應乎？

而過信蔡説者，猶欲參合林鐘、夷則兩管之數，定此爲黃鐘半律之少宮，真膠固之論矣。《吕覽》謂黃鐘之宮，其長三寸九分，當係字誤。《説苑・修文篇》述黃帝詔伶倫作律，其文與《吕覽》同，而云其長九寸，吹之以爲黃鐘之宮，則伶倫初斷之竹，明係九寸無疑，《吕覽》作三寸九分，乃後人傳寫之譌，可據《説苑》以訂正其誤。蓋《修文篇》云云，即本《吕覽》。黃帝詔伶倫以下，用《吕覽・古樂篇》文；黃鐘生林鐘以下，用《吕覽・音律篇》文。據兩書合觀之，可見。是劉向所見《吕覽》本，實作九寸，不作三寸九分也。畢氏沅謂《吕覽》所云三寸九分，此係黃鐘與應鐘兩律相較之數。黃鐘八寸一分，應鐘四寸二分，是黃鐘長於應鐘三寸九分也。應鐘十月律，秦歲首所中，增長三寸九分而得黃鐘，爲十一月律。《吕紀》本用秦法追考上古，故以長三寸九分爲言。案：畢氏此説甚新，但本篇未詳應鐘之數，必謂《吕紀》就應鐘起例，因有三寸九分之説，終嫌迂曲，不若依《説苑》改作九寸之爲直捷也。其云次制十二筒以別十二律者，謂依黃鐘之宮爲次，截竹筒共成十二律，是十二律自連黃鐘之宮數之次，即次第之謂。如訓次爲又，謂先制三寸九分黃鐘之宮，又制十二律，是樂有十三律矣，豈其然哉？且黃鐘之宮名爲含少者，含義爲包含，少讀爲短少之少，少字指大吕、太簇以下諸律言。蓋大吕、太簇等十一律之管，均較黃鐘爲短，其管之寸數並少於黃鐘，而黃鐘之宮皆可以生之，此句亦《吕覽》文。是黃鐘一律，即包含此諸短少之十一律，故以含少之名，名黃鐘之宮，詎得謂含少即半律之少宮哉？明乎三寸九分之爲誤字，與含少非即少宮之義，而《月令》黃鐘之宮，自不得如蔡氏所釋矣。

至據《考工記》嘉量之重一鈞中黃鐘之宮，與班《志》漢量之重二鈞中黃鐘，即爲半律少宮之證，此説亦失之不察。古鬴重一鈞，其實體與中空容積相等，一鈞應黃鐘本律之宮，實出於自然。班《志》漢斛係王莽時劉歆所作，説詳黃甬東師《儆季雜著》中。歆作銅斛，竭意仿古鬴之制爲之，古鬴受六斗四升，劉斛受十斗，故倍古鬴之重數而用二鈞，其容積亦受二鈞，以班《志》一龠重十二銖，一合重二十四銖爲一兩推之，一斛之重有千兩，劉斛所容止二鈞，爲九百六十兩，尚少四十兩，蓋二鈞爲其斛所受，所少四十兩，即其旁庣所受也。鄭注訓庣爲過，謂旁庣所受，過乎中空方尺之積。師古注訓庣爲不滿之處，謂方圜之四畔有不實處，其所受即以補中空方寸之不足也。兩説實互相足。劉歆作斛之巧，全在旁庣，近之讀《志》者，多未明其意。與古鬴相準，所以聲亦得中乎黃鐘之宫也。班《志》第言黃鐘，而不云之宫者，省文耳。必執銅斛之制，以定樂律半倍之數，説已難通，凡樂律半倍其聲相應者，必審其厚薄之實體，比乎中空之容積，初非倍半其數，其音即叶也。若因班《志》質言黃鐘，遂謂古鬴一鈞所中者，爲黃鐘之少宫，不更謬哉？知《考工記》所言，爲黃鐘本律之宫聲，而《月令》所言，亦爲黃鐘本律之宫聲，可決然矣。《月令》一言黃鐘之宫，一言黃鐘，均指本律而立文，詳略不同者，實自有意義。蓋旋宫之法，十二律各主一月，轉相爲宫，而每律又各具五聲。如《國語》云太蔟之下宫，夷則之上宫，無射之上宫，《周禮·春官·大司樂職》云：圜鐘爲宫，函鐘爲宫。此諸律亦具宫聲之明證。又《大司樂》分敘天、地、人三大祭之樂，黃鐘或爲宫爲角，太蔟或爲角爲徵，姑洗或爲徵爲羽，此十二律各具五聲之明證。《月令》所舉每月律名，自主旋宫言，但四時所尚之音，有角、徵、商、羽之異。如孟春太蔟爲宫，而春音尚角，與太蔟之角聲應，故渾舉律名以見意。仲冬質言黃鐘，而不云之宫，即用此例。至土旺時，祗應黃鐘一律中之宫聲，所爲特言黃鐘之宫以别之。鄭注云：黃鐘之宫最長。其言簡而其意甚深，明黃鐘之宫就十二律言之，於諸宫爲長，即就黃鐘一律言之，亦較商、角、徵、羽諸聲爲長也。鄭注又言：十二律具五聲，而引《禮運》旋宫以證者，正合此《記》，與仲冬兩文參之，明詳略不同之故耳。彼謂黃鐘之宫爲半律少宫者，夫亦可箝其喙矣。

離經辨志論

陳佩寳

　　古人之明經，不聞其專以章句名家也，亦不聞其專以義理名家也。有一經即有一經之章句，有一經之章句，即有一經之章句之義理。三代而上，無地不設學，無人不受經學，由經入經，由章句入章句，由義理入後來，宿儒耆望所日手一編，爲名山風雨中，若而徒侶斤斤講明，而不覺數十寒暑於茲者，在塾庠序學之世，不過初級考成，而尚未訖三分之一。計其時，且年穀之新舊廛升没焉，豈天之降材，古厚而今薄，人之嚮學，古易而今難，經之訓世，古捷近而今紆遠哉？

　　古時既經有定章，章有定句，故貞淫美刺之於《詩》，尊攘褒貶之於《春秋》，宗旨秩然，學子誦言而可味，凡以存其大體，玩經文，無餘事也。漢興，諸博士掇拾煨燼，篇或脱簡，簡或脱字，師法口授，非可多望，鏗鏗嶽嶽，人自爲説，後進彌以馳逐，而便辭碎義守章句爲一事矣。尋是以還，南北爭派，宗風波扇，爛乎唐疏。有宋鉅子出天日於積霾重晦之後，昌明正大，詔示來許，任開一卷，而固有之仁義、孝弟、忠信，油然臨文自發焉。於是章句中又以義理爲一事矣。背元涉明，競趨簡易，蹈空之弊，厥均嗜瑣。嘗論之漢人之抱殘守缺，留以有待者也；宋人之致知窮理，反夫本然者也。經訓猶菑畬，然或任其開墾，或任其斂獲，彼事半而未遑兼顧，至此遂功倍也。其所以流失者，下農日肆力於墾，不能以自休，荒粒食之初意。一二號稱克敏者起，而務其菽粟焉，於其子孫勿率有所利而爲之，人以勞，彼以逸，不墾而獲，獲能永久耶？精華竭，恐糟粕廛仍矣。然則秦火而後，暨於勝朝，數百年而墾，間數百年而獲。墾者一元運，獲者又一元運，所謂守章句爲一事，章句中義理爲一事者，此也。

　　嗚呼！漢而宋幾何年，宋而明幾何年，爲其學者，即一人之身，亦將數十寒暑，而廛傳於此名以成其家，猶且代無過數人，人無過一先生之説。幼童而守一藝，白首而後能言，誠有如通識所譏者，孰與古之時無人而不章句，直無人而不義理乎？在《學記》一年視離經辨志：離經者，猶後來所云章句；辨志者，猶後來所云義理；一年視者，考校之始事。學至七年而小成，九年而大成。大成十未必一二，小成十亦祇四三，其不及小成，遞紲於鄉遂大夫之考校者，容居太半，而堪此初級，則十常八九也。雖謂無人不章句，與無人不義理焉，可也。夫考校之事，古即在學校中，今別在學校外。朝廷之考法敝，而師儒之教法敝。教法敝，人才不可復問，何則？所稱殊尤而傑出者，終其身但堪此初級，安所得舒長之歲景，徐徐焉曆階而升堂,升堂而入室,蘄至於大成也哉。有心世道之君子,扶植人才爲己任,大判所在,明體達用,誠得歸宿。

蒙竊謂事之當有序焉,知類通達,强立不返,成材之美選也。學未小成,姑勿予深責,體立而後用,有以行耳。讀書益多,自信益少,習未能博,毋遽妄論。兼通六藝,先精一經,業未能敬,毋遽騖博,推此而離經尤亟亟也。規矩自外,奚論切磋,師未知親,良友附贅,孤陋勿安,方篤就正,群未知樂,名師路人,推此而辨志尤亟亟也。明體之學,又所爲不陵節而施也。古者,三年至九年,凡所考校,皆章句義理中出。不能經,於理虛,不能理,於經素,故經明爲其基礎。敬告承學,無以此離若辨爲易易也而忽之。

經傳交聘禮考

陳開驥

古聘禮之大判有三,《周官‧大宗伯》云:時聘曰問,殷覜曰視,鄭注"殷覜諸侯,乃使卿以大禮衆聘",則覜亦是聘,特鄭於此文指聘天子,説與經誼不合。《大行人》云:時聘以結諸侯之好,殷覜以除邦國之慝,間問以諭諸侯之志。又云:王之所以撫邦國諸侯者,歲遍存,三歲遍覜,五歲遍省,《小行人》云:存、覜、省、聘,問臣之禮也。對上"朝、覲、宗、遇、會、同,君之禮也"立文,明此是待臣之禮。此天子下聘諸侯禮,一也。從定海黃師《禮書通故》説。大行人掌大客之儀,有大國之孤、諸侯之卿聘享之數,鄭注大客,謂其孤卿,説甚是,特鄭意指覜問言,尚非覜視問存,乃尊者施卑之文。此諸侯上聘天子禮,二也。《大行人》又云:凡諸侯之邦交,歲相問,殷相聘。《禮記‧聘義》云:天子制諸侯,比年一小聘,三年一大聘,鄭即以《大行人》文證之,又,《王制》文同,而上云"諸侯之於天子,與天子制諸侯,邦交禮異,故鄭斥爲晉文霸制。相屬以禮,此諸侯交聘禮,三也。其儀著於《禮經‧聘禮》,其誼詳於《禮記‧聘義》,其事散見於《春秋經》及內、外《傳》,特周衰時,列國交聘,較下聘、上聘爲多,時勢使然,未盡合周初定制。間以大小强弱爲行禮之等差,與《周禮》據五等爵以分高下復異。且聘不以時,《昭三年傳》子太叔曰:文襄之霸,其務不煩諸侯,令三歲而聘。蓋譏當時盟主徵聘尤煩,並不能修文襄之制,即鄭注《王制》所言文襄之霸制。遑言恪循古禮乎？大綱要領，多與禮違，而威儀之細目，動輒僭亂者，更可知矣。降至秦漢封建，改爲郡縣一統，獨大中國，聘禮遂廢不行。宋金之代華夏交涉，於是史官有交聘表之作，揆諸周季，更無足譏。禮意淪亡，由來已久，茲者梯航畢集，環遍地員，交聘日宏，典禮宜審。居今稽古，儒者之事，繁文縟節，枚舉難勝，取其大端可通時務者，謹述之。

《大行人》云：凡諸侯之卿，其禮各下其君二等以下，及其大夫、士皆如之。《左氏·成三年傳》：公問諸臧宣叔曰：仲行伯之於晉也，其位在三孫子之於衛也，位爲上卿，將誰先對？曰：次國之上卿，當大國之中。中當其下，下當其上大夫，上下如是，古之制也。《記·王制》文略同。衛在晉不得爲次國，杜注《春秋》時，以强弱爲大小，故衛雖侯爵，猶爲小國。晉爲盟主，其將先之。杜注言：計等則二人位敵，以盟主故先晉。據此，知春秋時已變通周禮，《公羊》所云“權反乎經，然後有濟”者也。今之時勢與春秋同，宜取爲前鑒。外域《萬國公法》，雖曰自主之邦，皆以平等相待，實亦以强弱爲上下，其待異國使臣，固有頭等、二等之差，仍視彼本國原官爲斷，猶有古禮遺法。中國初昧外交之道，每以爵秩夙卑者膺出使之任，至行聘禮時，班次遂抑，致損威望。近日始悟其非，故常選自大臣，甚至以宰相賀加冕禮，如宋富鄭公故事，誠重之也。若待外國來聘之使臣，亦可效法魯史，參酌時宜，折衷至當焉。

聘禮，《記》云：“辭無常。”《公羊傳》云：“聘禮，大夫受命不受辭，出竟，有可以安社稷、利國家者，則專之可也。”《莊十九年傳》文。《曲禮》：“禮從宜，使從俗。”鄭注：從宜，事不可常也。晉士匄帥師侵齊，聞齊侯卒，乃還，《春秋》善之，從俗亦事不可常，牲幣之類，則當從俗所出。考《初學記·政治部·奉使類》大書“從宜”二字，注引《禮記》“使從宜，禮從俗”，史徵《周易口訣義·觀卦》亦引“禮從俗”，與今戴《記》本異。竊謂鄭注，引士匄事本證，“使”之“從宜”下云“牲幣之類”，乃言“禮之從俗”，知《記》原文本作“使從宜，禮從俗”也。詳見《禮書通故》中《聘禮門》。使臣交聘得從宜自專，今各國出使大臣，例加全權之名，自合古禮，所以從宜也，而從俗之禮亦可推而知。

《聘禮》云：史讀書展幣，宰執書告備具于君，授使者。使者受書，授上介。上介視載者，所受書以行。此當爲聘時所用國書。下《經》云“賓致命”，即致國書。書、幣明是兩事，鄭注專指幣書，非。又云：“若有言，則以束帛如享禮。”鄭注：“有言，有所告請。”是。《記》云：若有故，則卒聘，加書將命，主人使人與客讀諸門外。此即申明經文，有言束帛之禮加書，謂於常禮國書外，復加書也。一行於聘享前，一行於聘享後，《經》《記》之文甚顯。今外國交聘禮，初讀聘問書，若別有專請，再加書，不混。且主君不自讀，亦必使人讀之。書必加璽，與《聘禮》記鄭注“書必璽之”之説適合，知此制自本於古。

《聘禮》詳執圭辭玉之禮。《玉人》云：琢、圭、璋、璧、琮以頫聘。《論語》執圭，包注：君使聘問鄰國，執持君之圭。按：聘圭，非即命圭，觀《玉人職》文可見。《聘禮記》云：凡四器者，惟其所寶以聘可也。鄭注以圭、璋、璧、琮釋四器，即據《玉人職》立説，是各國聘圭亦隨其所寶用之。《大行人》云：九州之外，謂之蕃國，各以其所寶貴爲摯。鄭注：蕃國之君，無執玉瑞者。據此，則蕃國不用玉瑞，而用其寶貴之物可知。今外國交聘，通用寶星。君相獻遺，亦賜使臣，如古受玉大禮，特不用玉制耳。其分等級無異圭璋。中國嘗因其寶貴，效彼所制，以贈貺之。君得授異國之臣，臣得受於異國之君，猶《左傳》所云：公享晉六卿於蒲圃，賜之三命之服，軍尉、司馬、司空、輿尉、候奄，皆受一命之服。見襄公十九年。是寶星之賞，誼不戾古。

《聘禮》言受夫人之聘璋享琮，又言“展夫人之聘享”，又言“夫人使下大夫勞以二竹簋方”云云，又言“小聘曰問，不享，有獻，不及夫人”，蓋大聘有享，或兼有獻，並及夫人；小聘不享，有獻，不及夫人。《記》云：若兄弟之國，則問夫人。明兄弟之國，雖小聘之問，亦有及夫人者矣。非兄弟之國，而獻不及夫人者，蓋因小聘禮殺，故從略耳。觀《記》云：“夕，夫人歸禮。”歸，今文作饋。又云：“君以社稷故，在寡小君，拜。”是古之交聘，並及君夫人可知。今各國聘禮，夫人亦爲主享獻饋，勞與古闇合。然男女雜坐宴飲，近於無別，非禮之禮，大人弗爲。曾惠敏公出使日記，嘗駁斥之。宜參酌古禮，以定其去取可耳。

《聘禮》云："若過邦，至于竟，使次介假道，束帛將命於朝，曰請帥，奠幣，下大夫取以入告。出許，遂受幣，饗之以其禮。"此明侯國交聘過邦，有假道之禮也。《周語》定王使單襄公聘於宋，遂假道於陳以聘楚。按：天子以天下爲家，本不必假道。周衰時，乃有之。故天子下聘，亦行假道禮也。今五洲分立，各君其國，凡交聘行過邦之地，自宜請命奠幣，而他國有過邦之使臣，亦宜饗賓以禮，斯交鄰之道也。

《聘禮》詳著謁關、郊勞、致館、設飧、饗食、燕饗稍諸禮，凡此及迎來送往，以柔遠人。元公制禮，無微不至。迄於春秋，單襄公述周之秩官，載敵國賓至之事，可與《禮經》互證。子產述晉文爲盟主，備諸侯賓至之規，雖曰霸制，自本於古。可見聘禮猶有明徵。今外國款賓，尚存古誼。中夏失官，數典忘祖。禮失而求諸野，不信然乎？詳見近人出使日記。

《聘禮》《論語》皆有私覿之文。《周官·司儀》於諸公之臣相爲國客，將幣之後，亦有私面私獻。而戴《記·郊特牲》云：朝覲大夫之私覿，非禮也。又云：爲人臣者，無外交，不敢貳君也。與《聘禮》《論語》《周官》似相違異。按：戴《記》鄭注云：其君親來，不敢私見於主國君。以君命聘，則有私見。鄭以此《記》所云，專爲大夫從君朝覲立言，與交聘禮無涉，甚得《記》意。《周官·校人職》："凡國之使者，共其幣馬。"鄭注：使者所用私覿，則私覿之束錦乘馬，其幣本出自公家。《聘禮》言主君使卿贈如覿幣，皆禮之正。是聘時私覿非外交也，特春秋時有君不知而私行者，如僖三十年，公子遂如京師，遂如晉公，不得爲政，故《公羊》譏之。今各國有私覿禮，本不悖於古交聘禮，特未奉君命遊歷他邦，則恐昧《春秋》之義矣。《聘禮》記賓若私獻將命，鄭注：猶以君命將之。是。

《聘禮》記云："歸大禮之日，既受饗饗，請觀。"《左傳》所載吳季劄聘魯，請觀周樂，晉韓起聘魯，觀書於太史氏，皆其事。今各國使臣多有請觀之舉，如觀製造廠、博物院、學堂、武備之類。甚合古禮。蓋聘於其國，即宜留心彼國之政治、藝術，此固使臣之責也。

《聘禮》記云："大夫來使，無罪饗之，過則饗之。"鄭注：樂與嘉賓，爲禮饎之腥，致其牢禮也。其致之之詞，不云君之有故耳。《聘義》曰：使者聘而誤，主君不親饗食，所以愧厲之也。不言罪者，罪將執之。據《記》、注所言，是主君於聘賓之有罪無罪，顯示以禮之區別。春秋時，有執他國大夫事，甚非古禮。古不言罪，必不致執，不過待之有隆替耳。今各國交聘，亦宜循此禮。設有聘賓挾制驕蹇，則祇饎而不饗，庶全主國之體，而兼以戢悖橫之志云。

《聘禮》設言遭主君之喪、夫人世子之喪、聘君之喪、賓介之死，皆係變禮。此係古人未事預謀，猶戴《記》所載《曾子問》篇之旨。今各國交聘，若遇此類變故，雖不必拘古禮，亦不可不參酌時宜，著爲定式，否則，恐倉卒失宜耳。

《春秋》黃池之會發微

趙世修

嗚呼！泥《春秋》之義者，不足讀《春秋》者也。謂《春秋》貴中國而賤夷狄，似矣。然執是說也以往，而中國受夷狄之禍且愈甚，蓋中國、夷狄之界限不可過分，分之則中國反見弱於夷狄，合之則夷狄轉借重於中國。何以知其然也？聖人之作《春秋》，意在大一統，一統之規，固合中國、夷狄而平等視之者也。哀公十三年，《經》書公會晉侯及吳子於黃池。黃池之會，說者紛如，大要不外尊中國而卑夷狄。以予觀之，此非洞達世變之言也。《春秋》當哀公之世，中國之尊無足尊，夷狄之卑無能卑，彰彰明矣。聖人處此，亦何必爭此空名，以中國諸侯列於夷狄之君之上哉？其曰公會晉侯及吳子者，非先中國也，亦非後夷狄也，殆揆夫春秋之末局，準乎天下之公理，而以平權著其例者也。夫中國之盛也，內夏外夷可也。中國之衰也，內夏外夷不可也。聖人之心，以爲與其以夷視夷，而仍不免夷狄之陵中國，何如以夏視夷，而夷狄之得託於中國者，乃泯其隙而不得逞。故黃池一會，聖人特設兩伯之文以張之。兩伯者何？晉與吳是也。觀此，則非惟吳、晉平權，即魯與吳、晉亦平權。夫在當日之情事，公與晉侯幾有不能與吳平權之勢，《公羊》家謂吳爲會主，則天下諸侯乃莫敢不至者，其言似非無據,而斯會之成,猶得以平權之例書之,聖人於此,爲魯、晉幸,正不必爲魯、晉諱也。抑《公羊》家又有言曰"春秋張三世,哀之世,泰平之世也",夫亂極之世而謂之泰平,恐非聖人之旨,而不知《春秋》之經世愈亂而文愈治。黃池之會,《經》文蓋欲以平權之盛軌示天下也,平其權而中外之爭可息矣,中外息爭,雖亂世而可進於泰平矣,此則聖人目想神遊而如或遇之者也。《經》書公會晉侯及吳子于黃池,以見是會之關係,實夷夏興亡之樞紐也,此微旨也。迨黃池會後,夷夏仍不能合一,於是會無可會,書無可書,而聖人亦自此絕筆矣。

穀梁受經於子夏考

陳銘荃

昔孔子有言曰:吾志在《春秋》,行在《孝經》,以《春秋》屬商,《孝經》屬參。則後之傳《春秋》者,必出子夏之門。而《穀梁》一家,楊士勛謂受經於子夏,非爲臆説,明矣。近之不從楊説者,大都據桓譚《新論》及陸氏《釋文·敘錄》,而輔之以麋信之説。蒙請駁正而考證之。夫桓君山既非《穀梁》專家,而史稱其喜非毀俗儒,則好異之情當所不免。且其論云左氏《傳》遭戰國寖微後百餘年,魯人穀梁赤爲《春秋》殘缺,多所遺失,度不過因《傳》引尸子之言,尸佼與商鞅同時,距獲麟時百餘年,故云然耳。至魏麋信直以穀梁子爲秦孝公時人,蓋本桓論而助之瀾者,並非有實據也。殊不知古時傳經,率多口授,不即著於竹帛,故《公羊》傳五世,始著竹帛。《穀梁》引尸子,蓋亦著竹帛時附入,固理之所必有者。不此之審,則《傳》中復引沈子、孟子語,又有與《公羊傳》隱合者,近人遂援之以斷穀梁非六國時人矣。

蒙請析其疑曰:楊士勛云穀梁子名淑,字元始,案:《釋文·敘錄》引《七略》作俶。《孝經》序疏引作俶,俶、淑形近而譌,此係一人無疑。近柳賓叔亦云。一名赤,顏師古又云名喜,王充又謂穀梁寘。夫穀梁一人,當不至命名如此之多,此必穀梁子家世相傳,如《公羊》五世相傳之例,故至著於竹帛,遂及孟子、沈子等語,何礙於受經子夏之説耶?陸《釋文》既本桓論,而又云公羊高受之於子夏,穀梁赤乃後代傳聞,已與桓論先穀梁、後公羊顯背。桓論云:左氏後穀梁赤爲《春秋》,殘略多所遺失。又有齊人公羊高,緣經作傳,彌離其本旨矣。是明明穀梁先公羊也。其謬說更不可從矣。蓋嘗考之劉向、鄭康成,漢之大儒而爲穀梁學者也。而《玉海》載劉向言域分,其分星野,以三晉及秦爲域,顯見出自《穀梁》說,則穀梁爲六國時人無疑。近柳賓叔亦云。且劉歆以左氏親受夫子,數難其父向之《穀梁》學,然亦謂穀梁在七十子後,詳歆傳。而不斥爲後代傳聞。則受經子夏之說,西漢時尚未泯也。康成《釋廢疾》曰穀梁近孔子,公羊正當六國之亡。《六藝論》曰穀梁善於經,又曰親受子夏。應劭與康成同時,《風俗通》亦曰穀梁爲子夏門人。則東漢時又多以爲受經子夏矣。且考之子夏,兼傳《詩》。而秦漢間傳《穀梁》者,皆兼傳《詩》,如孫卿受《穀梁》之傳。《釋文·毛詩敘錄》則云孫卿子傳魯人大毛公,又孫卿傳《穀梁》於魯人申公。而《漢書·儒林傳》則云瑕丘江公受《穀梁春秋》及《詩》於魯申公。雖穀梁子傳《詩》與否,未見載籍,而以孫卿、申公之兼傳《詩》推之,當亦兼通《詩》者,故王應麟所舉《穀梁》大侵蒐狩二禮,與毛詩傳合。設非親受子夏,何能以《詩》兼爲子夏綿其傳耶?又考《爾雅》作於周公,孔子增之,子夏益之。詳黃師《儆季雜著》。而《穀梁·隱九年傳》曰"聘,問也",與《釋言》同。《莊元年傳》曰"孫之爲言猶孫,諱奔也",與《釋言》"遜,遯也"合。八年《傳》曰"出曰治兵,入曰振旅",與《釋天》同。三十一年《傳》曰"戎,菽也",與《釋草》合。《宣五年傳》曰"平者,成也",與《釋詁》同。固不獨《隱四年傳》言四時田,與《釋天》文義合,爲康成所據,以證其近孔子也。苟謂非受經於子夏,能如是之脗合耶?有此數證,則穀梁受經於子夏,固確鑿不易矣。故唐陸氏《春秋纂例》謂其大指是子夏所傳。徐堅《初學記》亦謂卜商授弟子穀梁赤。《文苑英華》權德輿穀梁策亦謂卜商授於門人近之。柳賓叔、王藻、惠棟、許桂林皆不異其說,或又因《釋文》引《風俗通》作子夏門人,遂謂受業子夏門人,如孟子受業子思之門人相似。不知陸氏《纂例》,趙匡引《風俗通》固作子夏弟子,雖《釋文》與之異,而門人之義究與弟子無殊,何得強添"受業"二字說之?總之,疑楊說者,無一非爲《傳》中引尸子、沈子、孟子等語,然亦思左氏親受經於孔子,人人能言之,而《傳》中猶有後人附益處,如韓減智伯事,有趙襄子謚之類,豈穀梁受經子夏,其後必無附益者乎? 而何必斤斤焉疑楊説也。

穀梁受經於子夏考

尤金鏞

穀梁爲子夏弟子,説者頗具異辭。以穀梁作傳,即授荀況,其時代事蹟多不相符。《史記·孟荀列傳》有"春申君死,而荀卿廢,家蘭陵"事,據春申君之死在楚考烈王之末年,以下年歲考證,悉見篇末附表。距獲麟已二百四十三歲,自此逆推至顯王丙申,荀卿來遊稷下,其年方十五,而上距威烈王丙辰,子夏設教西河時,已一百一年。穀梁即以早歲受經子夏,荀卿即以早歲受經穀梁,究其後先必不相及,可疑者一。劉向《別錄》記荀卿傳左氏學,云:自邱明歷曾申、吳起、吳期、鐸椒、虞卿,凡七傳而至況。見《左傳·序》,《正義》引。《經典釋文》記荀子傳《詩》,云:自子夏歷曾申、李克、孟仲子、根牟子,凡六傳而至況。而穀梁則再傳而及,可疑者二。麋南山稱穀梁與秦孝公同時,王伯厚《困學紀聞》引其説,即采《傳》中尸子語爲證。蓋荀子游齊,當秦惠文王十三年。《穀梁傳》載尸子語,尸子,商鞅之師。惠文元年,鞅既誅,尸佼逃蜀,則穀梁作《傳》,當在其後,與荀卿恰相及,而於子夏則相去懸絶。可疑者三。具此三疑,而穀梁於作《傳》外,又無他事可徵,遂多强穀梁以合荀卿,謂其非卜氏之親炙弟子矣。

蒙案:此説殊失之未覈。竊謂受業子夏者,一穀梁;傳學荀卿者,又一穀梁也。曷言之? 考穀梁名有四:曰穀梁赤者,桓君山之《新論》,《釋文·序錄》及《太平御覽》引。應仲瑗之《風俗通》,陸氏《纂例》趙匡引。蔡伯喈之《正交論》也。曰穀梁寘者,王仲任之《論衡》也。曰穀梁俶者,阮士宗之《七錄》也。《釋文·序錄》引作淑,《孝經·序》正義引作俶。案:阮孝緒稱穀梁字元始,以《爾雅·釋詁》文證之,當以從俶爲正。曰穀梁喜者,顔師古之《漢志》注也。王仲任爲肅宗時人,在君山之後,而居應蔡之前,其所著《論衡》卷中,極推君山新論之作,以爲甲於子長,獨於《案書篇》稱穀梁之名,則別赤而言寘。而仲任所著之《論衡》,則又伯喈所秘玩而資爲談助者,見《後漢書·王充傳》注引袁山松書及《抱朴子》。應、蔡同時,當得共見,乃參相歧異,理所難解。至阮氏《七録》既出其名,又稱其字,非確有所見,必不詳審若此。夫一人而四名,於情似有未合,然諸家異同之故,亦非無因。蓋赤、實者,音之轉,據《六書音韻表》,古音五實,轉入聲,爲二十陌,同在十六部,赤聲本入陌韻也。此可以識字見例讀作志,古音在五志,讀作秩,古音在二十四職,志轉入爲職,同在第一部也。王説與桓、應、蔡雖異,其實即指一人。顔云名喜者,以士宗稱其字爲元始,始、喜音同,同在紙韻。傳聞致誤。若赤、俶二字,音訓既未可通,形畫又不相似,明明是赤爲一人,俶又爲一人矣。楊士勛作疏,深知實、喜之得通,赤、俶之難合,故云名俶,又名赤,兩存其説,而於赤、俶之爲二人,卒不能辨。不知穀梁之有赤、俶,猶左氏之有起、期,公羊之有平、地、敢、壽也。俶乃赤之嗣族,其親受業於子夏者,爲穀梁赤,穀梁名赤,出漢儒書,凡三見。名實之説亦出漢儒,故定赤爲子夏弟子。赤傳其學於俶,俶又傳其學於荀卿,前後一百餘年之間,再傳及之,時適符合。或曰:穀梁之學,既自子夏歷赤、俶,而至荀卿,何以《詩》必歷六傳,而《左氏》必歷七傳乎?曰:此荀子受學有後先,故其傳次有多寡。荀卿之《詩》,出自根牟子,根牟子出自孟仲子,孟仲子者,即放卿所謂孟子之從昆弟也。孟子去魏適齊,當慎靚王之二年,是時,仲子猶從學於子輿,而荀卿已二十有一,復隔根牟一傳,則荀卿受《詩》必在壯歲無疑。其左氏之學,受自虞卿。虞卿説趙孝成王,在赧王五十年丙申。越六年,趙王使虞卿如齊,是時荀況在齊爲祭酒,年八十一。得與虞卿遇。又越二年丙午,荀況爲齊人所毀,乃適楚之趙。其明年丁未,趙即以況爲上卿,與虞卿同事孝成王,是時荀子蓋八十三矣。以兩人行跡校之,況受左氏學,又必在暮年無疑。若穀梁之學,則荀卿早歲所受者。據《史·齊世家》宣王十八年,喜文學遊説之士,以騶衍之徒七十六人爲上大夫,不治。而議論是時稷下學士盛數百人,鄒魯大師多與其列。荀本傳稱其始來遊學於齊下即接以騶衍云云,知荀卿於宣王之末,在齊稷下,得從鄒魯文學之後,其受業穀梁俶必在是時。然則荀卿受詩,在受穀梁後二十餘年;受左氏學,又在受詩後三十餘年,其六傳七傳,本不可以畫一,又烏能與穀梁之再傳校多寡乎?

　　或又曰：考荀卿投受之次，既不可以疑穀梁，然穀梁作傳，引及尸子語，反與荀卿同時，何也？曰：春秋三傳，皆三家所自作，其傳學者，或口授其義，噉助說。或鈔撮其文。劉向《別錄》云：鐸椒作《鈔撮》八卷，授虞卿，虞卿作《敘撮》九卷，授荀卿。見《左傳》正義引。數傳而後始著竹帛，見徐彥《公羊疏》引戴弘序。故三傳皆多附益後師之語。穀梁傳於定公即位下引沈子，於初獻六羽下引尸子，又特出穀梁子曰云云，論者遂議傳非穀梁所自作，不知此皆著竹帛時附益之語。沈子、尸子、顏師古並以爲魯人，一見《藝文志》注，一見《古今人表》注。穀梁魯學，其爲後師可見。稱穀梁子者，亦是治其學之後師，當即穀梁俶也。與公羊桓大年出子公羊子即指平地敢壽之語，其其例正同。不然，穀梁於經文下各條皆屬傳文，即非穀梁所自作，亦係口授之義，於其口授之義下，復又標揭其名，於說將安取乎？則知其附益俶語，必無可疑，而尸子、沈子兩引，亦可推而知矣。據此以觀其時代事蹟，一一相符，赤得子夏之嫡傳，無庸疑義。玩《傳》中屢引《論語》文，而引孔子曰者，亦不一而足，其謹守師法，得聖門之真傳，猶可想見其氣象。班氏作《人表》，序穀梁於萬章、告子、樂正子之前，正以穀梁於孔門爲再傳，非孟子之門人可比。孟堅此文，洵有卓識。故鄭君《六藝論》云：穀梁善於經。《起廢疾》云：穀梁近孔子。此正以其爲孔氏再傳之徒，於微言大義，尤深得其奧突者也。然則世傳穀梁赤授荀卿之誤，亦猶吳起受業於曾申，而或稱曾參。《史記》本傳作曾子，而《通鑑》遂誤作曾參。《呂覽》引劉向《七錄》云：起受《春秋左傳》於曾申。案：《禮記‧檀弓》魯穆公母卒，使人問于曾子，對曰申也。聞諸申之父，史稱曾子，本指曾申，云曾參者，誤也。孟子受業於子上，而或稱子思矣。《通鑑》錄子思告孟子之言，爲《孔叢子》所誤。據《孟子外書》性善辯一，孟子受業於子思之子子上，此正與孟子五世之澤語相符。若以荀卿之誤，又誤及於穀梁赤，謂非子夏弟子，是猶治絲而棼，何從得其端緒哉？爰詳考戰國年歲，紀其事之有關於穀梁授受者，爲表附於左，以備稽覈焉。

東周紀年	列國紀年	事蹟
敬王三十九年庚申。	魯哀公十四年	西狩獲麟。

東周紀年	列國紀年	事蹟
敬王四十一年壬戌，距庚申二年。	魯哀公十六年	孔子卒，年七十有四。案：《史記‧弟子列傳》：子夏少孔子四十四歲，則是年當三十歲。
威烈王元年丙辰，距敬王壬戌五十四年。	魏文侯立前一年《六國表》於明年書魏文侯斯立。	子夏設教西河。案：文侯受經子夏，依《六國表》在威烈王十九年，子夏當百有二歲。依《魏世家》在安王二年，子夏當百有九歲。竊謂伏生年九十餘，其口授經義，已言不可曉，況百餘歲乎？茲依黃儆居《周季編略》書此，是時，子夏已八十四歲，穀梁赤受業當在此時。
顯王三十一年癸未，距威烈王丙辰八十七年。	秦孝公二十四年明年即惠文王之元年。	秦誅商鞅，尸佼逃蜀。《史記集解》云：尸佼，晉人也，秦相衛鞅客。商君被刑，佼恐并誅，乃逃亡入蜀。是時，距西河設教八十七年。
顯王四十年壬辰，距癸未九年。	楚威王十年	虞卿受業鐸椒。案：楚威王立，以高固為相。固薦椒為傅，因作《鐸氏微》。劉向《別錄》云：椒作《鈔撮》八卷，授虞卿。是虞卿受《左氏春秋》學當在此時。
顯王四十四年丙申，距壬辰四年。	齊宣王十八年即秦惠文王十三年。	荀卿如齊，是時，年十五。《史記》本傳作年五十始來遊學於齊。又云襄王時而荀卿最為老師。案：晁氏《讀書志》引劉向《七錄》作十五，應劭《風俗通‧窮通篇》亦作十五，今從之訂正，此為荀卿初至齊也。
慎靚王二年壬寅，距顯王丙申六年。	齊湣王五年據《史記》表。	孟仲子在齊。據狄氏《年譜》諸書，孟子於此年去魏適齊，年五十有四，齒德俱尊，欲齊王就學而後臣，故景丑等以為失敬王之道。案：是時，孟仲子從遊於齊，有對王問疾語。
赧王三十七年癸未，距慎靚王壬寅四十一年。	齊襄王六年	荀況為祭酒。本傳：襄王時荀卿最為老師。齊尚修列大夫之缺，而荀卿三為祭酒焉。《索隱》云三為祭酒者，謂荀卿出入前後三度處列大夫康莊之位，而皆為其所尊，故云三為祭酒，是荀子三去齊，三至齊矣。宣王時為初，至此為再，至後十四年當赧王丁酉，荀卿自齊如秦，荀子書《彊國篇》有與應侯范睢問答語，未幾復如齊，是為三至。案：荀卿受《詩》根牟，當在此次至齊之前。
赧王五十六年壬寅，距癸未十九年。	趙孝成王七年	虞卿如齊。前年，秦破趙長平，趙議割六城以和秦。是歲，樓緩又說趙割城，虞卿阻之，勸王以六城賂齊，使之並力擊秦，王善之，使虞卿如齊。案：是時荀卿在齊，當得遇虞卿。
丙午，距赧王壬寅四年。	齊王建十年	荀卿去齊。據《楚策》及本傳、《春申君傳》，荀子於是年為齊人所毀，乃適楚，春申君以為蘭陵令，客或譖之，荀子去楚適趙。

東周紀年	列國紀年	事蹟
丁未，距丙午一年。	趙孝成王十二年	荀況爲趙上卿。據《楚策》，荀卿之趙，以爲上卿，並載荀子謝春申君書辭。是時，荀卿年八十有三，與虞卿同相趙。案：荀卿受左氏學，當在此時。《説苑》云魏武侯問元年於吳子，吳子對曰：言國君必謹始也。謹始奈何？曰：正之。正之奈何？曰：明智。王應麟以爲此吳起學《春秋》之證。竊謂此稱吳子，必出當時傳其學者所紀載，而《荀子·堯問篇》則直稱吳起名而不子，知荀子著書時，尚未受左氏學也。
癸亥，距丁未十六年。	楚考烈王二十五年明年幽王立。	李園殺春申君。據《六國表》編此。《越絶書》言幽王立，封春申君於吳，三年，徵爲令尹，使其子攝吳事。十一年，幽王徵其子，與春申君並殺之，距此凡十四年，似未可信。案：此歲距獲麟二百四十三年。

卷三

《穀梁》釋辭

繆楷

《春秋》有三《傳》，皆所以釋經也，皆所以釋經屬辭比事之例也。然《左氏》主紀事，故所釋多制度名號，《傳》所云凡某之類是也。《公羊》《穀梁》主說理，故所釋多褒貶予奪。《公羊》所云某者何，或曰何以謂之某；《穀梁》所云某某之辭也，或曰某辭也之類，是也。《左》《公羊》二家近儒，皆有論說，獨《穀梁傳》所載諸辭，治其學者多未之道及，不知《春秋》之義惟穀梁氏最近，鄭君所謂善於《經》也。《經》之例不一，《傳》所釋之義即隨之而變。《傳》所云辭，即謂《春秋》所屬之辭也。今析其類，約分六端。

其一曰微辭。《春秋》之文有於句中見義者，亦有於言外見義者，《傳》皆曲曲傳之。莊二十三年，公如齊觀社。《傳》云：觀者，無事之辭也。《傳》以諸侯無事不出竟，無事而觀社，著一觀字，而貶之之意在其中矣。宣八年猶繹，《傳》云：猶者，可以已之辭也。見可已而不已，故著一猶字，而譏之之意又在其中矣。推之晉殺其大夫里克、陽處父，僖十年、文六年。衛殺其大夫寧喜，襄二十七年。尋其辭而累上之義見。宋人殺其大夫司馬宋司城來奔，文八年。宋司馬華孫來盟，文十五年。尋其辭而無君之義亦見。此皆微文見義之例也。

其二曰曲辭。《春秋》書法有因拘忌不能直書者，多用曲筆。桓五年，蔡人、衛人、陳人從王伐鄭。《傳》云：舉從者之辭也，爲天王諱伐鄭是也。《傳》意以王敗於鄭，故以從者爲辭，爲王諱伐，即爲王諱敗也。推之晉人之執虞公，僖五年。《傳》以公爲其下執上之辭。蔡侯廬之歸於蔡，陳侯吳之歸於陳，昭十三年。《傳》以蔡、陳爲失國，不與楚滅之辭。此皆聖人之曲筆也。

其三曰正名之辭。孔子曰：“必也正名乎。”證之《春秋》，其説益信。僖二十五年，宋蕩伯姬來逆婦。《傳》云：緣姑言之之辭也。蓋正其爲婦，則對姑言之可知，故文四年、宣元年，《傳》並以婦爲有姑之辭。由是而知紀履緰之逆女，隱二年。其爲無姑可知矣。此義之最顯者也。

其四曰定分之辭。名者，人治之大者也。名既正，則分亦定矣。宣十五年，王札子殺召伯、毛伯，《傳》云王札子者，當上之辭也。蓋以毛、召非王札子所應殺，故特筆書之以著其罪。由是而知晉侯之執曹伯，成十五年。楚公子棄疾之殺公子比，昭十三年。皆當上之類矣。

其五曰文同異義之辭。隱四年，衛人立晉。莊十三年，齊人、宋人、陳人、蔡人、邾人會于北杏。十七年，齊人執鄭詹。宣十五年，宋人及楚人平。《傳》並以人爲衆辭。至僖二年之江人、黃人又以爲遠國之辭。宣三年，乃不郊。八年，公子遂如齊，至黃乃復成。七年，乃免牛。十年，乃不郊。襄七年，乃免牲。《傳》並以乃爲亡乎人之辭。至定十五年之乃克葬，又以爲急辭。同一字而其義迥別，雖緣文定訓，要各有所取意，又一例也。

其六曰文隱見義之例。僖八年，用致夫人。《傳》云：言夫人而不以氏姓，非夫人也，立妾之辭也。此據不言氏姓，知其言夫人而非夫人，於無文處得其義。他如叔孫得臣敗狄之不言帥師，文十一年。鼷鼠食郊牛角之不言日，成七年。歸粟于蔡之不言歸之者，定五年。皆於無文處求其義，而經義以明，亦一例也。

凡此者，皆《穀梁》之善於經也。統核全書共九十餘條，皆不出此六例之意。近儒之説經，至詳且備矣，而於此獨未及，故爲説以補之。

《穀梁》釋辭
裴熙琳

孔子之述修《春秋》也，曰：屬辭比事，《春秋》教也。曰石鶂且猶盡其

辭，而況於人乎？故五石六鶂之辭不設，則王道不亢矣。曰其辭，則某有
罪焉爾。又曰《春秋》以道義，又曰其義，則某竊取之矣。信乎《春秋》之貴
因辭以明其義也。是故言《春秋》於魯，不過爲史氏舊牘，十九國之事紀
之，桓、文假行天子之事紀之，而非別有大經大法位於其間。自孔子筆削
之，以史法爲經法，因行事而加王心，繫心於微而致之著，是之謂微言而大
義自在其中。七十弟子口受之，其遺文猶存《穀梁傳》。《穀梁》，魯學，爲
傳《春秋》之嫡派。其初，《公羊》本與同師。後《公羊》囿於齊學鄉土之見，
其說遂多與《穀梁》不合，偏有采用左氏説者。解家多言二子皆傳《春秋》，
獨左氏不傳《春秋》。竊謂不然。《左氏》爲史官舊文，《穀梁》則多從師説，
以《公羊》進退其間，猶《論語》有魯論、古論而齊論介乎魯、古之間，本不相
悖也。特左氏詳於事，穀梁長於義，合前後二百四十年之事而比觀之，其
事由微而至著，自輕以至重，其於筆削之際，一一精其義而深其辭矣，又何
貴事與文之喋喋爲也。是故言《春秋》爲仲尼之書，其惟《穀梁傳》爲宗子
歟？所謂屬辭比事，《春秋》之教也者，意在斯乎？今撮其全《傳》，如"盟于
爰婁"及"以邾子益來"條下，疑亦先師口授之言，《傳》取以發明修辭之大
旨。而梁亡，《傳》云：我無加損，正名而已。當是孔子自述其筆削之大凡，
無加損者，此其所以爲加損也。據魯史之舊文而筆削之，垂空文以待來
者，是是非非，一以正名爲斷，是加損之以其辭，非加損其事也。是故識者
曰：可以寄微旨而通王道者，存乎精義窮理，不在記事少多，若穀梁子可謂
優入聖域矣。

　　今人井研廖氏有《穀梁屬辭》二卷，附《本末》二卷，存其目，未見其書。
其《穀梁凡例》則云：屬辭比事，《春秋》之教。事有本末，前人已詳，至於屬
比，殊未盡其義。張氏《辨例篇》裒錄此例甚詳，今悉取而推本傳例以補
之。其《穀梁外篇敍目》則云："屬辭，《春秋》之教也。今將天王及十八國
事緯本末，分國編之，即取《史記》譜牒之説以爲之注，作《春秋屬辭表》四
卷。"善乎如廖氏言，可謂詳密精審，毫髮無遺憾已。特廖氏以十九國分
編，因事而立辭。今總括三例，緣辭以隸事，凡《傳》言某某辭，又言某某之
辭者，爲一例。單言某辭及某某辭者，爲一例。單言某某之辭者，爲又一

例。以辭上有之字、無之字分別《傳》例，虛辭、實辭亦竊取廖氏之意以推之，廖氏《起起穀梁廢疾·宣公篇》云：凡《傳》言之辭者，實不如此，而虛加其辭，如無君之辭是也。非敢臆說也。謹爲目而條釋之焉。

目　錄

繼事辭

僖四年，遂伐楚。《傳》云：遂繼事也。　十五年，遂次於匡。《傳》云：遂繼事也。　二十八年，諸侯遂圍許。《傳》云：遂繼事也。　遂會諸侯圍許，《傳》云：遂繼事也。　文七年，遂城郚。《傳》云：遂繼事也。　宣元年，楚子、鄭人侵陳，遂侵宋。《傳》云：遂繼事也。　十八年，至黶，遂奔齊。《傳》云：遂繼事也。　襄十二年，季孫宿帥師救郃，遂入鄆。《傳》云：遂繼事也。　昭四年，遂滅厲。《傳》云：遂繼事也。　桓八年，祭公來遂逆王后于紀。《傳》云：遂繼事之辭也。

釋曰：凡《傳》言之辭者，實不如此而虛加其辭，故今以《傳》中凡言某某辭，及但言某某不見辭字可以例起者，爲正例，其他凡言某某之辭者，爲變例。變例爲虛辭，正例爲實辭。實辭皆正名，孔子所謂“我無加損焉，正名而已矣”。《穀梁》僖十九年，梁亡，《傳》引當有“子曰”二字，疑脫。虛辭皆假號，《春秋》成人之美，不成人之惡，《穀梁》隱元年春王正月，《傳》當是用《論語》說。欲以美辭掩其惡也,故辭之詭其實者,《穀梁》特加一之字,以明實不如是而辭則如是。就所見以推所不見,則凡不言辭者,如上列繼事各條,餘類推。皆正例可知。今統二例以遍釋諸辭。桓八年《傳》云:繼事之辭,與凡言繼事者不同。他《經》皆承上別事言,而此獨言祭公來,遂逆王后于紀。祭公乃爲謀逆紀女事而來,實止一事焉,安得用繼事之稱?《春秋》爲其以宗廟之大事謀於我,不欲表其不正,特筆之以從繼事之辭。觀此知與他《傳》異也。又襄十年,遂滅傅陽。《傳》:遂,直遂也。僖三十年,公子遂如京師,遂如晉。《傳》以尊遂乎卑云云,與上列諸遂字又皆不同。凡言遂,不言日,滅傅陽,獨加日者,《春秋》不欲以中國從夷狄也,故《傳》不以爲繼事,而云直遂,即下文《傳》言中國有善事,則並無善事則異之例耳。《春秋》兼使無尊卑,則兩出其事;有尊卑,則不得兩出。況京師在晉南,如晉,當過京師。若公子遂如晉,過京師,而不先如京師,是叛周也。故《穀梁》以爲以尊遂乎卑,亦非繼事之遂,不關大夫專命也。

衆　辭

　　隱四年冬十二月,衛人立晉。《傳》云:衛人者,衆辭也。莊十七年春,齊人執鄭詹。《傳》云:人者,衆辭也。　宣十五年夏五月,宋人及楚人平。《傳》云:人者,衆辭也。平,稱衆上下欲之也。

　　莊十三年春,齊人、宋人、陳人、蔡人、邾人會于北杏。《傳》云:舉人,衆之辭也。

　　釋曰:一國之中,君從臣民謂之衆,故《傳》以上下欲之爲説。一國之臣民相從,而君不與者,亦曰衆,故《傳》於衛人立晉,亦云得衆,是得衆爲衆,辭之正例,其實即公辭也。《春秋》人之明非一人所得立也。齊侯執鄭詹,鄭詹,鄭之佞人,不獨齊侯惡之,人皆惡之,故從衆辭稱人執,而《傳》申言以人執與之辭也者,又爲與辭之變例,明執鄭詹者實齊侯,從衆辭而言人。《春秋》示人以討有罪之志,善善惡惡,不欲以一人專之也,其實一人而率數國諸侯以相從者,則又爲衆辭之變例。會北杏者,齊侯也,《春秋》不欲彰其爲伯之跡,而宋、陳、蔡、邾之君,皆有從伯之心,是衆辭而實非衆辭,故《傳》先疑之,又重發《傳》言稱人者,從衆之辭,則是《春秋》本以爲齊侯,特加以從衆之虛辭耳。

未成事辭

昭二十二年，王室亂。《傳》云：亂之爲言事未有所成也。

桓二年三月，公會齊侯、陳侯、鄭伯于稷，以成宋亂。《傳》：此成矣，取不成事之辭而加之焉。

釋曰：子朝欲篡王猛之位而未成，至明年，始爲尹氏所立，故是年言亂；而下言立，明子朝之事，是年尚未有所成也。若魯會諸侯以成宋亂，宋督弒與夷立馮，事已成矣，不得言亂。《春秋》論宋事則已成論，内惡則欲成其不成，故取不成事之辭加之於桓也，亦虛辭也。

舉族辭

昭二十三年，尹氏立王子朝。無《傳》，是《穀梁》以氏爲舉族辭。

宣十年，齊崔氏出奔衛。《傳》云：氏者，舉族而出之之辭也。

釋曰：《穀梁》亦譏世卿尹氏立王子朝，不稱尹子，緣其後尹氏奔楚，天王使削其爵，絕其位，故不得稱爵，又不得稱名，從其舉族之稱，是《春秋》通例也，故《穀梁》不發《傳》。若崔氏之出，《傳》舉族言之者，此非獨爲崔杼也，後有崔杼之禍，使齊如舉族逐之，則不復有世卿之禍，是春秋之微意也。何駁以尹氏卒相難，特未知《傳》例有虛加之辭耳。

無君辭

莊九年，公及齊大夫盟于暨。《傳》云：大夫不名，無君也。

文八年，宋人殺其大夫司馬。《傳》云：司馬，官也，其以官稱，無君之辭也。　宋司城來奔。《傳》云：司城，官也，其以官稱，無君之辭也。　文十五年，宋司馬華孫來盟。《傳》云：司馬，官也，其以官稱，無君之辭也。

釋曰：《傳》例，大夫不名，無君也。君卒，新君未立，則大夫無稱名者。莊之盟暨，是正例也。宋之見司馬、司城，宋爲王後，《春秋》故宋因特見大夫有司馬、司城也。《傳》曰：無君之辭者，有君如無君，所以譏失權於鮑也。蓋以實無君起，此爲無君之辭也。

聚辭散辭遠國之辭。

僖十四年,諸侯城緣陵。《傳》云:其曰諸侯,散辭也。聚而曰散,何也? 諸侯城有散辭也,桓德衰矣。 十六年,隕石于宋五。《傳》云:後數,散辭也。 六鶂退飛。《傳》云:先數,聚辭也。石鶂且猶盡其辭,而況於人乎?

釋曰:《穀梁》於僖十六年,引子曰爲説,以石、鶂起諸侯盟會之例,城緣陵,不序,即《公羊》所謂離至不可得而序,故《傳》云:散辭也。貫之盟,書齊、宋、江、黄,是聚辭也。而江、黄獨人,《傳》謂不期而至,是遠國遍至也,以辭別之。《春秋》於餘會皆序,此不序,而曰諸侯,知散也。葵邱盟,曰諸侯,中無闕事。此有闕事而不舉,故曰桓德衰矣,不序是耳治,序是目治,如十六年《傳》云者然。

内辭外辭内辭即專辭,外辭即疑辭。

隱三年春王二月己巳,日有食之。《傳》云:有内辭也,或外辭也。 桓十年秋,公會衛侯于桃邱,弗遇。《傳》云:弗内辭也。 文十六年春,季孫行父會齊侯于陽穀,齊侯弗及盟。《傳》云:弗及者,内辭也。行父失命矣,齊得内辭也。 襄五年冬,戌陳。《傳》云:内辭也。 僖二年春王正月,城楚邱。《傳》云:其言城之者,專辭也。 定五年夏,歸粟于蔡。《傳》云:不言歸之者,專辭也。義邇也。 桓十五年冬十有一月,公會宋公、衛侯、陳侯于袤,伐鄭。《傳》云:地而後伐,疑辭也。 疑也。

釋曰:《春秋》有内辭,無外辭。外辭即疑辭。《傳》云:或外辭也。《周易》或躍在淵,《文言》傳曰:或之者,疑之也。是《傳》例疑辭爲外辭。《傳》於隱三年發其例起下專辭、疑辭,而於定五年《傳》云:義邇也,乃總結凡專辭、内辭之義。僖二年,城楚邱。襄五年,戌陳。定五年,歸粟與。襄十年,戌鄭虎牢。於例皆屬專辭,而《傳》或云專辭,或云内辭。於戌鄭虎牢,並不云可以例起,以是知專辭、内辭之無異也。書此者,以其是諸侯公義之舉,《春秋》引而近之,故《傳》以"義邇"釋之。侯伯救患,備預不虞,得禮之正,合義之公。《春秋》以諸侯公舉而若獨爲魯國書,是孔子修《春秋》,因魯事而加王心焉,故内辭亦專辭也。《傳》於桓十年、文十六年亦云内辭者,桃邱,衛地,衛倡會而不來,曲在衛矣,故以與魯,故内辭。陽穀之會,齊侯不肯及盟,則行父爲失命矣，故《春秋》不與魯，而與齊。其事異，其辭同也。若會褒伐鄭，録會地於伐上，是遷延不進之辭，與戍鄭虎牢《傳》云決者，正相反對，戍鄭從内辭，亦專辭可知。伐鄭云疑辭，即外辭，《傳》於隱三年發其凡者，以此起彼也。

急辭緩辭急辭，即不足乎日之辭。緩辭，即足乎日之辭。

僖二十六年，齊人侵我西鄙，公追齊師至巂，弗及。《傳》云：至巂，急辭也。　成七年春王正月，鼷鼠食郊牛角。《傳》云：不言日，急辭也。　十五年，晉侯執曹伯，歸於京師。《傳》云：以晉侯而斥執曹伯，惡晉侯也。不言之，急辭也，斷在晉侯也。　定十五年戊午日，下稷，乃克葬。《傳》云：乃急辭也，不足乎日之辭也。　僖二十八年，晉人執衛侯，歸之于京師。《傳》云：歸之于京師，緩辭也，斷在京師也。　宣三年，郊牛之口傷。《傳》云：之口，緩辭也，傷自牛作也。　八年庚寅，日中而克葬。《傳》云：而，緩辭也，足乎日之辭也。　成七年，改卜牛，鼷鼠又食其角。《傳》云：其，緩辭也。　八年春，晉侯使韓穿來，言汶陽之田歸之于齊。《傳》云：于齊，緩辭也。

釋曰：《傳》例：言之言而言，其言之於，皆爲緩辭，成八年，《傳》於齊，緩辭也，疑於上當有之字。皆足乎日之辭。而不加數虛字者，知爲急辭，皆不足乎日之辭。特於宣八年、定十五年，《傳》發其凡，而其他不言，知凡爲急辭、緩辭，皆以日分之。僖公《經》於追齊師下，即系以至巂，實不至巂，亦有不足日義。成公《傳》兩云不言之，成七年《傳》作日，當訂正。正與緩辭例反對。定公《經》乃字，猶《夏小正》乃瓜之乃，他傳皆云亡乎人之辭，此獨以爲急辭，與宣八年日中而克葬相對。日稷克葬爲急辭，日中克葬爲緩辭，猶之傷自牛作，其辭緩，傷不自牛作，則宜爲急辭矣。成七年，鼷鼠兩食牛角，一從急辭，一從緩辭，傷皆不自牛作，而《傳》忽易前説，傳固云又有繼之辭也，知有繼，則從緩辭矣。故哀元年《傳》又申之曰：牛傷，不言傷之者，傷自牛作也，故其辭緩。蓋發明成七年之例耳。

内前定辭外前定辭

桓十四年夏五，鄭伯使其弟禦來盟。《傳》云：來盟，前定也。不日，前定之盟不日。僖三年冬，公子季友如齊涖盟。《傳》云：涖者，位也，其不日，前定也。　四年，楚屈完來盟于師，盟于召陵。《傳》云：來者何？內桓師也。于師，前定也。 文七年，公孫敖如莒涖盟。《傳》云：涖，位也。其曰位，何也？前定也。其不日，前定之盟不日也。 宣七年，衛侯使孫良夫來盟。《傳》云：來盟，前定也。 昭七年，叔孫婼如齊涖盟。《傳》云：涖，位也。內之前定之辭，謂之涖。外之前定之辭，謂之來。

釋曰：盟有前定，戰亦有前定。桓十年冬十有二月丙午，齊侯、衛侯、鄭伯來戰于郎。《傳》云：來戰者，前定之戰也。是亦從來盟之例。彼來，曰來盟；我往，曰涖盟。故《傳》以涖盟屬內，以來盟屬外，其不日，一也。前定之盟不日，前定之戰則日。召陵之盟不日，非用桓盟不日例，蓋用前定之盟不日例。《傳》云：以桓公之得志爲僅矣。是也。桓盟本不日，而公子季友如齊涖盟，又不月，以異之，則知丙午及荀庚盟之屬，皆非前定。而前定者，盟書素定接公之文，明與公盟，則辭從外，但往涖盟，則辭從內。言信在前，非結於今也。

重　辭

僖八年，鄭伯乞盟。《傳》云：乞者，重辭也，重是盟也。 二十一年，執宋公，以伐宋。《傳》云：以重辭也。 二十六年，公子遂如楚乞師。《傳》云：乞，重辭也。 成十三年，晉侯使郤錡來乞師。《傳》云：乞，重辭也。 定七年，齊人執衛行人北宮結，以侵衛。《傳》云：以重辭也，衛人重北宮結。

釋曰：《傳》例重辭有二，一爲乞，一爲以乞，與求相類。而《傳》意尤重於求，故以求爲未可知之辭。而乞盟與乞師同重，《穀梁》重發《傳》者，以前盟起後師例也。《公羊》曰：乞者何？卑辭也。曷爲以外內同若辭，重師也。釋例曰：凡乞者，深求過理之辭，亦與僖二十六年、成十三年二《傳》合。是不當以定元年之重請爲説也。定元年《傳》，求者，請也，古之人重請云云，范氏據之以解乞盟，云：人道貴讓，故以乞爲重。是以乞視求賻之例，非《傳》意也。宋公、北宮結，皆因其所重而重之，故執之以相侵伐，其實非所宜以也。非所宜以曰以，非所乞曰乞，《春秋》從重辭也。

易　辭

莊九年九月，齊人取子糾殺之。《傳》云：取，易辭也。 昭二十五年，齊侯取鄆。《傳》

云：取，易辭也。　哀九年，宋皇瑗帥師取鄭，師于雍邱。《傳》云：取，易辭也。　十三年，鄭罕達帥師取宋，師于嵒。《傳》云：取，易辭也。

釋曰：凡取，皆易辭，人、地與師一也。《傳》例，外不言取，謂不以內取於外也。故宣元年、昭二十五年《傳》皆云“內不言取”，文異意同。而宣元年不言易辭者，魯人不得已而賂之，故直云授之，其實亦易辭也，《傳》不言者，正明凡言易辭，皆從內言取。子糾是齊之子糾，直從內取而殺之，魯不能存，故《傳》以病內爲説，起下病鄭、病宋例也。宋、鄭於五年之間，互相取師，各不戒備，天道好還，出爾反爾，可見春秋之末，用師無復節制。故前此無取師文，而《哀公》篇以宋、鄭互喪其師，特變敗言取，見世道之愈下。然則《春秋》之易辭，特加之齊魯之間、宋鄭之間。宋爲王後，齊、魯、鄭皆內方伯，故言取，皆從內也。

軋　辭

襄十九年，取邾田自漷水。《傳》云：軋辭也。

釋曰：此與哀二年取漷東田及沂西田相對。彼《傳》兩云未盡也，則此言自漷水者，乃是多取之辭。范氏解軋云：委曲隨漷水，言取邾田之多，即《公羊》何氏注云：漷移入邾婁界，魯隨而有之之義。《説文》云：漷水在魯，言魯分邾田以漷水爲竟，則《經》言自漷水者，委曲之辭也。今《傳》云軋者，是取邾田委曲隨漷水爲界之辭，言其多也，范解於誼爲備。

亡　辭

莊十年，宋人遷宿。《傳》云：遷，亡辭也。

釋曰：《傳》例有二遷亡遷三數，此及遷紀、遷陽是也。案：遷紀在前，何不發傳？於前疏以紀侯賢，《經》變文以示義，非正例，故不發之爲説。其實非也。《春秋》亡遷，止有二，《傳》文起下遷陽，故申之曰：其不地宿不復見也。謂存其君長，而徙其地，義不在地也，故從亡辭例之，如成王遷奄君於蒲姑是也。若猶未失其國家以往，則爲自遷之辭，與遷之者有異，《傳》又起例者，明與上亡辭爲二遷也。

可辭妾辭

隱元年秋七月,天王使宰咺來歸惠公仲子之賵。《傳》云:禮,賵人之母則可,賵人之妾則不可。君子以其可辭受之。　定十五年秋七月壬申,弋氏卒。《傳》云:妾辭也,哀公之母也。

釋曰:仲子爲惠公之母、孝公之妾。弋氏爲定公之妾、哀公之母。《春秋》予人以可辭,當以爲惠公、哀公之母,而仲子繫以惠公,猶成風繫以僖公,其例同。獨《定公》篇書弋氏卒,既書矣,明非爲妾,而其辭猶爲妾辭,猶之僖八年禘于大廟用致夫人。言夫人而不以氏姓,非夫人也,立妾之辭也。《傳》意言之辭者,多虛辭。弋氏以子未稱公,故不言薨,又不言夫人,從妾辭。至若言夫人而不以姓氏,乃用立妾之虛辭,實非妾辭也。然則君子仍以可辭爲重,隱元年《傳》特發其凡耳。

專行之辭

隱二年,伯姬歸于紀。《傳》云:此其如專行之辭,何也? 曰非專行也。

釋曰:《傳》例實不如此,而加虛辭者,則稱之辭以別之,故特於此發其例,曰非專行也。則凡言之辭者,皆非實辭可知。婦人不專行,從人者也,此不言從而言歸,嫌與專行之辭同也。《春秋》常於嫌得者見不得,故《傳》文必申言之,《經》義乃顯,以非專行,見其餘之實專行,猶以實無君,起無君之虛辭也。

得不得未可知之辭

隱三年,武氏子來求賻。《傳》云:求之爲言得不得未可知之辭也。

釋曰:此亦虛辭也。歸爲正,求爲非正。周來求魯,知魯之不歸亦非正也。《春秋》欲見魯雖不歸,周不可求,故從得不得未可知之辭,而不用重辭言乞,明與求婦之屬比也。

父在子代仕之辭

桓五年,天王使任叔之子來聘。《傳》云:故微其君臣,而著其父子,不正,父在,子代仕之辭也。

釋曰：武氏子雖未爵，父没，爲大夫矣。任叔之子非大夫，是未嘗代父之仕，而天王使以來聘。《春秋》録父以使子，微其君臣，而著其父子，不正，其父在，子代從政之非也。《公羊》以爲父老，義較《穀梁》爲短，而指仍《公羊》任作仍。叔之子爲天子之大夫，尤爲無徵。使果爲天子之大夫，則不當更録其父，故《穀梁》從父在子代仕之辭，以明其不正，亦非實辭也。

從者之辭

桓五年秋，蔡人、衛人、陳人從王伐鄭。《傳》云：舉從者之辭也。

釋曰：王伐鄭，當書"天王伐鄭，蔡人、衛人、陳人從"，方足見王主其事，而不以蔡、衛、陳三國主其事。今王文加於伐鄭之上，而其屬辭，若不欲見王主伐鄭事，一若王命諸侯伐鄭，而從王命者有三國，是則舉從者之辭也。其實天子首兵乃實事，三國相從衹虛辭，《春秋》必如此書者，所謂其事桓文，其義竊取，義即辭也。

無遂之辭

莊十七年，齊人殲于遂。《傳》云殲者，盡也。然則何爲不言遂人盡齊人也？無遂之辭也。

釋曰：無遂而仍言遂，是無遂爲虛辭。齊人滅遂，使人戍之，其實存遂也。存遂而曰殲于遂，以齊主其事，故從無遂爲辭。若曰遂取狃敵，故重言之也。

無事之辭

莊二十三年，公如齊觀社。《傳》云：觀，無事之辭也。

釋曰：無事不出竟，是正禮也。借觀社以爲尸女，公不以觀社爲事，嫌與觀魚異也。觀魚爲無事，觀社非實無事，特以尸女之故，而託於觀社。則觀社當從無事之辭。《穀梁》不於觀魚發傳，而此獨云者，《春秋》譏越竟也。傳得微意矣。

有顧之辭

莊二十八年，大無麥禾。《傳》云：大者，有顧之辭也。

釋曰：五穀不升謂之大饑，此《傳》例也。今從變文曰大無麥禾，至冬乃書，是五穀全無也。五穀全無，而但書無麥禾，《春秋》意以爲得糴或不至饑，起下臧孫辰告糴于齊文。是災象已見，《春秋》特爲内諱，故加大字以別之，從有顧之辭。顧者，待也。秋無一穀，至冬乃大無，所謂不收甚也。其時已不及待，而《傳》以有顧說之，若曰無麥無禾，而餘穀猶有待也，非實辭也。

其下執之之辭

僖五年，晉人執虞公。《傳》云：其曰公何也？猶曰其下執之之辭也。

釋曰：執虞公者，晉人，虞實未嘗執君，而見公稱者，臣民稱其君曰公。《左氏傳》許公復奉其社稷，此鄭莊公告許大夫之言，從其臣民之稱君者以爲稱。則此言執虞公，若虞人執之也，晉命行乎虞，晉可使虞執之，故晉執而從虞人爲辭，可見《傳》例言之辭者，決非實事也。

未葬之辭

僖九年，公會宰周公、齊侯、宋子、衛侯、鄭伯、許男、曹伯于葵邱。《傳》云：宋其稱子，何也？未葬之辭也。

釋曰：宋爲王後，例稱公，《春秋》貶其背殯出會，故稱子。凡内書子者，既葬稱子，未葬稱子某，今不書宋子某，但書宋子以別於常稱公，是從未葬爲辭也。

不葬之辭

文九年辛丑，葬襄王。《傳》云：日之甚矣，其不葬之辭也。

釋曰：諸侯日葬，《傳》例以爲危，不得葬也。今天子亦日葬，是甚於諸侯之日葬也。故《傳》云其不葬之辭，謂從諸侯之危不得葬爲辭也，其緩辭也。

累上之辭

僖十年,晉殺其大夫里克。《傳》云:稱國,以殺罪累上也。又云:其以累上之辭言之,何也? 其殺之不以其罪也。　三十年,衛殺其大夫元咺。《傳》云:衛侯在外,其以累上之辭言之,何也? 待其殺而後人也。　文六年,晉殺其大夫陽處父。《傳》云:襄公已葬,其以累上之辭言之,何也? 君漏言也。　宣九年,陳殺其大夫泄冶。《傳》云:稱國以殺其大夫,殺無罪也。　襄二十三年,陳殺其大夫慶虎及慶寅。《傳》云:稱國,以殺罪累上也,及慶虎、慶寅累也。　二十七年,衛殺其大夫寧喜。《傳》云:稱國,以殺罪土也。寧喜弒君,其以累上之辭言之,何也? 嘗爲大夫與之涉公事矣。

釋曰:里克之屬,罪惡固不可掩,而《春秋》書之,專以罪君罪累上,與殺無罪。《經》例無二,《傳》意以爲里克等,究不可云殺無罪,故謂之罪累上,以別於陳殺泄冶。泄冶忠賢,靈公惡其諫而殺之,罪在上也。里克等未嘗無罪,殺之以其罪,而殺之之情不以其罪,《春秋》以爲君臣交失,故以累上之辭言之。其實大夫亦有罪也,不然,君猶不漏言,而訟君、弒君者獨貰貸乎?

有姑之辭

僖二十五年,宋蕩伯姬來逆婦。《傳》云:其曰婦,何也? 緣姑言之之辭也。　文四年,逆婦姜于齊。《傳》云:其曰婦,有姑之辭也。　宣元年,遂以夫人婦姜至自齊。《傳》云:其曰婦,緣姑言之之辭也。

釋曰:無姑,當以夫人禮至;有姑,當以婦禮至。是婦爲有姑之辭。而僖、文兩《經》書逆婦,從逆王后同辭,不言逆女,是時婦禮未成,從有姑之辭,使逆者亦得從其稱,非謂成婦禮於他國,而得婦稱。故《傳》云:何其速婦之也。若曰逆婦稱,婦是夫婦之婦,至稱婦,則姑婦之婦。而《經》書逆婦,緣姑言之辭如此,而實不如此也。

亡乎人之辭

僖三十一年,四卜郊,不從,乃免牲。《傳》云:乃者,亡乎人之辭也。　宣三年,改卜牛,牛死,乃不郊。《傳》云:乃者,亡乎人之辭也。　八年,公子遂如齊,至黃,乃復。《傳》云:乃者,亡乎人之辭也。　成十年,五卜郊,不從,乃不郊。《傳》云:乃者,亡乎人之辭也。

襄七年，三卜郊，不從，乃免牲。《傳》云：乃者，亡乎人之辭也。

釋曰：亡，讀存亡之亡。亡者，不在也。凡言亡乎人者，皆謂不在乎人。王引之説。即成七年《傳》云：所以免有司之過也。然《傳》意成七年與此異例。彼《經》云：改卜牛，鼷鼠又食其角。是係乎天者，非由人意也。故《傳》直云“亡乎人”矣，非人之所能也，不言亡乎人之辭，則凡言亡乎人之辭者，免牲不郊。至黃而復，皆由人意主之，非無可奈何之意。《傳》以成七年之實亡乎人，起此爲亡乎人之虛辭也。

可以已之辭

僖三十一年，猶三望。《傳》云：猶者，可以已之辭也。　文六年，猶朝于廟。《傳》云：猶之爲言可以已也。　宣八年壬午，猶繹。《傳》云：猶者，可以已之辭也。

釋曰：此亦虛辭也。莊二十五年秋，大水。鼓，用牲于社于門。《傳》曰：既戒，鼓而駭衆，用牲可以已矣。可以已者，明既伐鼓，可以免牲也。若不郊猶望，不告朔猶朝廟，廢其大而行其細，自謂猶愈乎已。《春秋》譏之。喪不去樂而有事，明日猶繹，一之爲甚，而又益之以非禮，此其可以已而不已者也。事異辭同，故發《傳》從同，以莊二十五年之實可以已，起此爲可以已之辭也。

直敗一人之辭

文十一年，叔孫得臣敗狄于鹹。《傳》云：不言帥師而言敗，何也？直敗一人之辭也。

釋曰：言敗衆辭也，不言帥師，以其止一人也。一人之力足以敵衆，故不言獲而言敗，明敗一人而其實等於敗衆也，故從直敗一人之辭，非實辭也。

不與之辭

宣二年，獲宋華元。《傳》云：獲者，不與之辭也。　昭二十三年，獲陳夏齧。《傳》云：獲者，非與之辭也，上下之稱也。

釋曰：大夫生死皆曰獲，書其死，不以事同，而以君臣爲別，故《傳》謂上下之稱。華元、夏齧皆賢，雖獲弗病。師敗見獲，適得見其力不勝敵，爲鄭師、吳師所獲，而二子之賢自在《春秋》，美其賢，書獲，以見不與之義。《傳》於此發不與之例者，若曰其事則獲，其義則不與獲也。此君子之因事而加王心，亦藉以明執鄭詹之實與，莊十七年，齊人執鄭詹，《傳》云：以人執，與之辭也，與此爲互文。起此爲不與之辭也。

當上之辭

宣十五年，王札子殺召伯、毛伯。《傳》云：王札子者，當上之辭也。　昭十三年，楚公子棄疾殺公子比。《傳》云：當上之辭也。

釋曰：以王命殺，以君命殺，是之謂當上，今王臣兩下相殺。楚公子比又無欲爲君之嫌，人臣矯命以殺之，又託名於討賊，是人臣侵君之命，而君失其命也。《春秋》不欲見君臣之交失，故不書王人、楚人，而書王札子、楚公子棄疾，以是見人君殺者，爲當上之義加虛辭也。

加之寒之辭

成元年，無冰。《傳》云：終無冰矣，加之寒之辭也。

釋曰：是年無冰，是寒未加甚故。常年此時見冰，而今不見，《春秋》以爲終無冰矣，過此時未必加寒也。《傳》例以爲是寒加甚之辭，正與大無麥禾爲有顧之辭義合，其實不如此也。

有繼之辭

成七年，改卜牛，鼷鼠又食其角。《傳》云：又有繼之辭也。　昭二十五年季辛，又雩。《傳》云：又有繼之辭也。

釋曰：《經》兩言又，《傳》重發者，嫌雩與食角異例也。雩係乎人，食角係乎物。初食從急辭，再食從緩辭。《春秋》不再責有司也。若上辛大雩，季辛又雩，則嫌於瀆禮矣。《春秋》一事爲一簡，故必加又字，以別於上之食郊牛角與大雩也。《穀梁》以爲從有繼之辭，猶遂爲繼事也。

有中之辭

昭二十五年季辛，又雩。《傳》云：季者，有中之辭也。

釋曰：雩，例不日，以上季別之，知有中也。以後事繼乎前，因申之曰又，有繼之辭也。

得鄭伯之辭

襄十一年，公至自會。《傳》云：得鄭伯之辭也。

釋曰：鄭逼於楚之彊，不能服從中國，三年之中，諸侯五起兵，至是始服。《春秋》以會致之，不以伐致之，明屢伐無功，終以會致爲美也。以變文見義，故《傳》意謂得鄭伯之辭也。

挈國之辭

襄十一年，楚人執鄭行人良霄。《傳》云：行人者，挈國之辭也。

釋曰：《春秋》最重行人，主傳國命。挈者，舉也，若舉國以聽之，猶言以國與之也。凡言行人，皆施於執，而外曰某行人，内亦曰我行人，是行人爲舉國之辭，故《傳》意以書鄭行人爲挈國之辭也，與諸言挈者同義。

事未畢之辭

襄十九年，晉士匄帥師侵齊，至穀，聞齊侯卒，乃還。《傳》云：還者，事未畢之辭也。

釋曰：《傳》例與復異。公子遂至黃，乃復，《傳》以畢事釋之。士匄不伐喪，《春秋》美之，而嫌於違君命，不復加畢事之文，以書還者，見士匄之未聞命而即還也。《傳》謂事未畢之辭，以彼《傳》不專公命爲事畢，起此專君命者爲事未畢之辭也。

綜而斠之，《穀梁》發《春秋》之微辭，凡有三例。有虛辭、實辭並見者，如繼事辭以下。有專以實辭見者，如聚辭、散辭以下。有專以虛辭見者。如專行之辭以下。三例之外，如成二年《傳》云"君子聞之曰夫甚，甚之辭焉"，疑是孔子之言，爲傳《春秋》者所述，與《孟子》稱仲尼不爲已甚語意全合，當是孔子因事加王心之本原，魯史紀事容有失實之處，故孔子筆削加損，借《春秋》以明王道。其辭甚微，特於爰婁之盟發其義，《穀梁》述之，以爲綜説全《經》之大凡，以明《春秋》乃素王制作之文，非復魯史舊籍，所謂事桓文而義竊取也。又哀七年《傳》云：《春秋》有臨天下之言焉，有臨一國之言焉，有臨一家之言焉，其言來者，有外魯之辭焉。疑亦是孔子傳授弟子之語，爲綜括《春秋》之大綱。孔子以魯國儒生、周家臣子，具從周之願，存王魯之心，至定、哀之間，益以所見世發爲微辭，傳諸其人。而穀梁子尤能因端著妙，敷暢厥旨，故於邾子益來特著其文，使讀《春秋》者知聖人之情見乎辭矣，此《穀梁》所以善於《經》歟？今詮次其有明文者，爲釋例一卷。其諸不見《傳》文而可以意起者，當爲推補，抑有漏略譌脫，在所宜糾，俟諸異日，當無憾焉。

卷四

書顧氏《春秋刑賞表》後
丁傳靖

顧氏此書，提要稱其條理詳明，考證典核。然細讀之，似亦未盡精審，如此篇專言刑賞，而其子目曰殺、曰刺、曰執、曰出奔、曰放、曰錫命，殺、刺、放與錫命四者，皆刑賞内事，至執與出奔，如晉人執虞公，慶父出奔莒之類，皆與刑賞無與。夫刑者，上戮其下之謂，如殺例所載某國殺其大夫某之類，乃此篇本義。其有與本義不合者，如昭十一年，楚子虔誘蔡侯般殺之於申；昭十三年，楚公子棄疾殺公子比；宣十五年，王札子殺召伯、毛伯；昭八年，陳侯之弟招殺陳世子偃師，誘殺他國之君，與同列相争殺，非有天子、國君之命，皆不得目之爲刑。如謂以此譏《春秋》之失刑，則春秋時之罪，莫大於弒，弒既不入此類，何有於專殺？此實體例未盡善處，不得過信顧説而曲爲之解也。

蒙嘗謂治國之道，其用刑當予人以可測，而行賞當示人以不可測。有一定之刑律，而科罪各當其情，則人人皆知畏懼，此可測之説所以約束凡民之心者也。有不次之賞擢，而酬庸過於所望，則人人皆生激勸，此不可測之説所以鼓舞豪傑之氣者也。先王之世，民氣靖而人才興者，其道實本於此。今觀春秋之世，往往刑不可測，而賞可測，故天下遂不復治，何言之？魯之罪狀昭著者，莫如公子翬、公子慶父、公子遂三人，乃舍此不殺，而以無罪殺公子偃、公子買。齊之大逆不道者，莫如崔杼、陳恒，亦舍此不殺，而殺無辜之高厚。周公、太公之裔，爲同異姓諸侯之望，今用刑顛倒如此,其餘諸國更可想見。至春秋二百餘年中,周天子之行賞,大率循行故事,否則迫於要請。如祭則歸脹,喪則歸賵,皆循行故事之類。賜號公爵,賜晉文公田,皆迫於要請之類。以此爲賞,未得之先,無不可以預期。既得之後,自不視爲異數。從來國家衰敝之日,未嘗無恩以逮其下,而卒不能感奮人心者,職是故耳。夫以刑賞大用,人君所恃,以奔走一世之豪傑者,而顛倒不快人意如此,斯時之天下良善不自保,奸宄益自得,無怪乎挺而走險者之多矣。且庸臣有常恩,循吏無特賞,無怪乎靡然不振者之多矣。衰朝流弊,千古一轍,讀顧氏此表,輒爲廢書三太息也。

書顧氏《春秋刑賞表》後
李　達

刑賞者,國家治亂之樞機也。刑賞得其宜,而國家因以治;刑賞失其宜,而國家因以亂。如影隨形,如響應聲,幾至捷耳。春秋二百四十年中,天子之柄下移,諸侯之權旁落,刑賞倒置,不可以更僕數。聖人據魯史著爲《春秋》一經,攬刑賞之得失,於書法寓褒貶之意,所以昭示來兹,爲萬世用刑賞者法也。顧其詞微而其旨遠,苟未能深明乎《春秋》之義例,別其殊異,觀其會通,終無由得聖意之所在。近儒顧氏棟高輯《春秋刑賞表》一卷,採《經》中所紀殺、刺、執、放、出奔、錫命諸事,條分縷析,編次爲類,復網羅諸家之説,散注各條,以著明當時刑賞之得失與聖經褒貶之意旨,可謂詳且贍矣。

然蒙讀是《表》,而猶有憾焉。其中所定各例,有宜分而誤合者,亦有宜合而誤分者。今試就殺大夫例言之,有稱國以殺者,有稱人以殺者,有兩下相殺者。稱國、稱人,即《禮》"刑人于市,與衆棄之"之義。而國與人亦自有別,稱國以殺,爲君殺大夫之辭。見《公羊·僖七年傳》。其權君主之稱人以殺,則非君主之,而衆人殺之也。衛州吁、齊無知之殺,隱四年、莊九年。是時,衛、齊俱無君,晉樂盈、鄭良霄之殺,襄二十三年、又三十年。俱在戰陳,晉先都、士縠、箕鄭父之殺,文九年。是時,晉君幼而主之者趙盾。《經》皆書人以殺,明殺之者,非君主之,以別於稱國以殺之例也。稱人以殺,而欲辨其宜殺、不宜殺，《經》中自有定例，州吁、無知之不稱公子，欒盈、良霄之不稱大夫，而稱人以殺之，此討賊之正例也。蔡人之殺陳佗，桓六年。例與此同。《經》書曰：蔡人，以蔡之主此事者不得詳故人之也。至陳夏徵舒之殺，而書楚人殺之者，宣十一年。當別爲一例。主此事者，本爲楚子，而書人，以示貶，明楚貪縣陳之富，非正討罪，此殺賊而不與討賊之例也。顧《表》合爲一例，非是。晉先都、陳過等之殺，昭八年，陳人殺其大夫公子過。既稱殺者之爵，以譏殺之者之失；復稱人，以譏被殺者之失，此交譏之例也。至文七年，宋人殺其大夫，文八年，宋人殺其大夫司馬，特書殺者之爵，而不斥其名，此明衆人殺無罪者之例也。顧《表》不分交譏例與殺無罪例，而誤合爲一，其說非是。若稱國，以殺者之宜殺、不宜殺，其稱國以殺，而書公子、書大夫，亦交譏殺者與殺之者。洩冶、壬夫之殺，宣九年、襄五年。左氏交譏之，是也。顧《表》於洩冶事，下用黃仲炎說，謂左氏所載孔子引詩，爲實非孔子之言。不知洩冶雖敢諫，然訐以爲直，終不免爲君子所惡。孔子譏之，而左氏述之，詎非實事哉。其僅書大夫，而不斥其名，如莊二十六年，曹殺其大夫；僖二十五年，宋殺其大夫，皆明被殺者之無罪，而稱國以殺，譏殺之者之失也。天王殺其弟佞夫，襄三十年。晉侯殺其世子申生，僖五年。宋公殺其世子痤，襄公二十六年。殺之者，書天王、書公、書侯，而不稱國以殺，明專殺之失。殺者，書弟、書世子，明其無罪。此與殺大夫無罪同，而變例以書天王、公侯者。《公羊傳》所云殺世子母弟，直稱君，《僖五年傳》文。是也，明世子母弟無罪而殺之，其失更甚於殺無罪之大夫也。然則稱國以殺大夫者，當分交譏一例、殺無罪者一例，顧《表》誤合爲一。稱君以殺世子母弟者，別爲一例也。至兩下相殺，《穀梁》於宣十五年、昭八年兩《傳》發其例，而此例亦宜分爲三。王札子殺召伯、毛伯二伯皆不名，明其無罪，而獨罪王札子，此兩下相殺，而責殺之者之例也。陳侯之弟招，殺陳世子偃師，昭八年。此亦兩下相殺，而於殺者書世子，於殺之者書名，而冠以陳侯之弟，罪招兼以罪陳侯，明世子偃師之殺，殺之者招，而不啻陳侯殺之，此又一例也。此例可附于晉侯、宋公殺世子之下。顧《表》與王札子事連屬，非是。楚子虔誘蔡侯般，殺之于申，昭十一年。楚公子棄疾殺公子比，昭十三年。殺者、殺之者並書名，此亦從兩下相殺之例，而交譏之也。以上明殺例之宜分宜合。

　　再就執例言之，僖四年，《公羊傳》云：執者曷為或稱侯，或稱人？稱侯而執者伯討也，稱人而執者非伯討也。成十五年，《左氏傳》云：凡君不道於其民，諸侯討而執之，則曰某侯侯字，杜注本譌作人，茲依黃徽居先生說，校正作侯。執某侯，不然則否。《左傳》為執諸侯起例，《公羊》為執大夫起例，兩義並同。晉厲公執曹負芻，《經》特書曰：晉侯執曹伯。成十五年。此善晉侯之辭，明晉侯討負芻，不害及其民，得方伯討罪之義，故特書晉侯以褒之。左氏於此傳言執諸侯之例，明前乎此與後乎此之稱人以執者，皆非義也。此稱某侯執某侯之例也。其稱人以執者，如執虞公，僖五年。執滕子，僖十九年。執衛侯，僖二十八年。執鄭伯成九年。之類，皆不書某侯，而但書人，人之者，貶之也。此與殺大夫稱人例異，稱人以殺者為眾詞，稱人以執者為貶詞。蓋殺大夫為一例，執諸侯大夫別為一例。舊解謂稱人以執亦眾詞，殊誤。明執之者之非義，故書人示貶，以別於稱某侯以執之例也。顧《表》分書歸、不書歸與書用，為三例，非是。僖二十一年，宋公、楚子、陳侯、蔡侯、鄭伯、許男、曹伯，會于盂，執宋公以伐宋。二十八年，晉侯入曹，執曹伯。此二文皆承上言。執上雖稱楚子、晉侯，而不稱人以執，究與成十五年《經》之書晉侯者異，是宋公、曹伯此指僖二十八年言。之執，當仍附于稱人以執之例也。明乎執諸侯之例，而後執大夫之例乃可言。稱人以執大夫者，亦非伯討。《公羊》於僖四年發其例，然其中亦有兼罪被執者，如寧喜之執，兼罪其弒君，見《左氏》《公羊》。仲幾之執，兼罪其不蕢城。見《公羊》。執寧喜，在襄二十六年。執仲幾，在定元年。此與虞公之執，兼罪虞公見《左傳》。意同。蓋稱人以執，執之者其罪已顯，而被執者亦非無罪也。其有書人以執行人某者，則專罪執之者，明行人之無罪也。然則觀於《春秋》之書法，可以定殺者、殺之者、執者、執之者之孰為有罪，孰為無罪矣。顧氏《刑賞表》於殺、執二例，其分合多誤，故備論之，以正其失焉。

《論語》好行小慧申魯讀

陳銘荃

　　《論語》之有魯讀，有與《古論》義通者，如"君子坦蕩蕩"，魯讀坦蕩為坦湯;"詠而饋""饋孔子豚",魯讀饋爲歸之類,是也。有義異而不可從者,如可使治其賦也,魯讀賦爲傳;徐養源謂傳當爲傳誤,蒙案:究不可通。下如授魯讀下爲趨之類,是也。有義異而必當從者,如"車中不內顧",魯讀車中內顧,與此讀慧爲惠,是也。特車中有內顧之禮,其説具於《曲禮篇》,近人猶能知之。若讀慧爲惠,近人皆謂假借之例,引《漢書》昌邑王"清狂不惠",《列子》《周穆王篇》。逄氏有子"少而惠",《後漢·孔融傳》"將不早惠"及《韓詩外傳》"五主明者其臣惠",謂諸惠字義皆作慧,並有謂篆文叀與彗同,以證其通假者,而不知皆似是而實非。

蓋《魯論》此讀,字義不通,經義亦不同。蒙請揚榷而申之。案:《説文》心部:慧,儇也。人部:儇,慧也。互相訓,但儇義不美,故《荀子》"鄉曲之儇子"注云:輕薄巧慧之子。與叀部:惠,仁也,義迥殊,即惠有順愛恩和等引申之義,究與慧儇義有美惡之分,且篆文𢛇與𠅏究別,不得謂彗、叀同也。《昌邑王傳》"清狂不惠",惠字當作惠仁解,故下文又云:其天資喜由亂亡,終不見仁義如此。注《漢書》者,皆泥清狂二字,如今白癡,遂解不惠作心不慧,非也。《列子》"少而惠"下云:及壯而有迷罔之疾,歌哭白黑,香朽甘苦,是非天地四方、水火寒暑無不倒錯。據是則倒錯爲迷罔之疾,異於少而惠可知。惠者,即於事物之理不致倒錯,與惠之訓順者義可通。《爾雅》:惠,順也。郝氏《義疏》云:順者,不逆也。又《國語·晉語》"若惠於父母",韋云:亦云順也。不必執慧儇之義以解之也。若《韓詩外傳》所言其大義,論賢君能用賢臣,故云:主明者其臣惠,猶君明臣良之意。儇慧非美辭,不宜以此望臣。彼謂惠有慧義者,非也。惟《孔融傳》上文有陳煒"小而聰了"之説,則早惠猶言早慧,本無可疑,但今本字皆作慧,不作惠,即有別本作惠者,亦不過音同寫誤,不可據一以概百也。此字義不通,魯讀所以異也。小慧字,他無見;小惠字,見於《左傳》曰:小惠未遍,民弗從也。此《經》小惠義,當與《左傳》同屬在位者言也。試觀之上章,陸賈《新語》《慎微篇》。曰:故孔子遭君暗臣亂,衆邪在位,政道隔於王家,仁義閉於公門,故作丘陵之歌,傷無權力於世,大化絶而不通,道德私而不用,故曰無如之何者,吾未如之何也已矣。《荀子》《大略篇》。亦云:天子即位,上卿進曰:如之何憂之長也。此皆《論語》家舊説，則上章固爲有位者言之。再觀之下章，亦指有位者言。考《禮運》云：其居人也曰養，其行之以貨力、辭讓、飲食、冠昏、喪祭、射禦、朝聘。鄭注：養當爲義字之誤也。據此，則凡禮皆以行義。下章亦屬有位者之事，而以此章廁乎其間，明與上、下兩章均係告戒有位之人，謂不思共圖要政，徒以小惠冀收人心之無益也。此經義之異於《古論》，魯讀所以長也。《魯論》此讀，較《古論》爲長，故漢魏迄唐，多用其説。魏陳琳檄吳將校部曲，曰：説誘甘言，懷寶小惠，尤與"言不及義，好行小惠"義合。李善注亦引此作"好行小惠"，而皇侃《正義》本猶作惠，可見此《經》當以魯讀爲確也。近儒多用《古論》説，不從魯讀，謂此章是夫子家塾之戒，而夫子警於有位之深心，不且没而不彰乎？

《論語》好行小慧申魯讀

蔣元慶

《論語》：群居終日，言不及義，好行小慧，難矣哉。《釋文》云：魯讀慧爲惠。近解多謂慧、惠古通，惠即慧字之假借，引《晉語》"巧文辯惠"、班《書》"清狂不惠"、范《書》"將不早惠"。《列子》秦人逢氏有子"少而惠"、陸機弔魏武文"知惠不能去其惡"諸文爲證。馮柳東、劉楚楨、徐新田輩均無異説。

蒙竊以爲不然。按：魯讀慧爲惠，惠乃恩惠之惠，而非智慧之慧也。《魯論》不作智慧解，故改讀爲惠，否則何必改字乎？知惠爲恩惠者，蓋惠即小人懷惠之惠，彼文包注曰：惠，恩惠。惠爲小人之所懷，必先好行小惠，乃足以群聚小人，將多行不義，以爲天下之所患，故聖人以"難矣哉"歎之。《穀梁·隱元年傳》曰：《春秋》貴義而不貴惠。又曰：已廢天倫而忘君父以行小惠，曰小道也。彼《傳》所云行小惠語，即採諸《論語》。穀梁，魯人，善爲魯讀，且又受經於子夏，子夏即撰定《論語》者，宜深得魯人之意也。但《穀梁》以行小惠爲私以國讓，乃專指魯隱公一事言。而聖人"群居終日"云云，則所包者甚廣。《説文》《廣雅》俱訓惠爲仁，是小惠猶云小仁。小仁者，韓子所謂煦煦爲仁，猶孑孑爲義，所見者小也，煦仁亦即私行小惠之謂。孟子曰：分人以財謂之惠，則此云小惠者，謂分人以財而出於私者也。上云言不及義，言者行之基，言不義，漸將行不義矣。欲行不義，非聚群不可，欲聚衆群謀，非行小惠不可。夫如是，小之足以殺身，大之足以禍天下，聖人故發浩歎。朱子於“難矣哉”句，釋之云：謂將有患害。此説正與聖意隱合。《左傳》言陳氏及欒懷子好施，士多歸之，此亦行惠聚群之一證。未幾，陳氏竊國，欒氏傾家，不亦難乎？且後世以私惠誘人者，每聚群不逞之徒而思行不義，皆聖人所先慮也。《管子·法禁篇》以行私惠聚徒威群爲禁，又曰：守委閒居，博分以致衆，聖王之禁也。管子所言，與此《經》正相發明。蓋管子以此爲禁，孔子以此致歎，並恐其將有患害耳。《文選》陳孔璋《檄吳將校部曲文》云：若夫説誘甘言，懷寶小惠。李善注引《論語》好行小惠，即從魯讀。而檄文於“懷寶小惠”下云：亦甚衆多，自可見行小惠，足以聚群矣。檄文用意，蓋得諸《魯論語》家説。潘氏維城《論語古注集箋》引檄文，而不能申言其義。徐氏《論語魯讀考》則並失引檄文，不亦疏歟？

謹權量説

尤金鏞

《漢志》稱周衰官失，孔子陳後王之法，下即引《論語》此經文，又於其下述五權之掌職在鴻臚，五量之掌職在司農云云。吁！由班氏此説，可以得權量云謹之旨矣。夫權量之用，《虞書》以五歲而一同，《月令》以一歲而再同。嚮固謂大一統之治，物之所不能齊而使之齊者，蓋於一同乎盡之，不知同其所同於不同之後，必先同其所不同於未同之前。自來有國家者，無不整齊法制，欲使權不失黍累，量不失圭撮，雖商鞅之酷，嬴政之暴，亦知舉此爲經營宇内之首務，而卒戾於先王之規制者，效其同之之粗跡，而不得其同之之精意也。精意云何？則謹之説是。蓋同者，同之於民，行政者之事，其同在乎一時。謹者，謹之於官，立政者之心，直無時無一同之見存焉。四代之制今不可詳，請以《周官》經證之。

權以金，量以木，後世之通制也。《漢志》度量權衡並用銅制。又，《史記·商君傳》平斗桶,《集解》引鄭君說,云:今之斛也。許《說文》云:桶,木方,受六斗。是秦漢桶斛已有木制,至宋文思院小口斛,則官制之量亦用木矣。而周制則起權以琮,《玉人職》曰:駔琮五寸,宗后以爲權。又曰:駔綜七寸,天子以爲權。琮以玉,是權不以金而以玉也。準量以鬴,《㮚氏職》曰:㮚氏爲量,改煎金錫則不耗,然後權之。權之然後準之,準之然後量之,量之以爲鬴,深尺,内方尺,而圜其外。鬴以金,是量不以木而以金也。究其立法之意,以物體方,積輕重不齊。五金之率,其差倍遠,見算家物率輕重表。如以一金準其數而以他金雜之,則積雖等而重必變,與其原準之率不可合。權者,準輕重也,輕重而有差,則與無權等。權之以玉,斯輕重準矣。物體容積,其形以立方算之,其數以再乘得之量,所以受也。受之以木,則有漲縮之差率,凡物熱則漲,冷則縮,但其質愈鬆,則漲縮之差愈大。木本鬆質,固有漲縮,以之爲量,則兼有直漲、立漲兩差,其數倍大,第習見者不覺耳。若金之漲縮,則所差甚微矣。或曰:量用金,權又何以必用玉?曰:權主輕重,金雜則改重,玉爲純質,無從攙雜,據物率表。寸方白玉重二兩六錢,白石二兩五錢,是即有以石代玉者,所差亦無幾,況石與玉必不可混乎?若量則主容積之用,取其無漲縮差,雖雜他金,無害於事。漲則容積多,縮則容積少,木質漲縮率見熱學諸書。自其綫言之,所差似亦甚微,而自乘再乘,得體積有累黍而圭撮而升合者,容之以金,則無是弊,班氏所謂不以燥濕寒暑變其節者,此也。後世不能達其理,易玉而爲金,易金而爲木,其製作之初,已存一乖舛之隙,又何論作僞之徒從而尋其隙,以上下其手耶?先王防微杜漸之意,寓之於窮理格物之中,其精益求精,競競於毫釐之辨晰者,已可概見,此謹之於工者也。而其事則《冬官·玉人職》及《㮚氏職》掌之。

漢制權衡度量,皆生於黍,其實有綫即有冪,有冪即有體,度知長短,度,其綫也。綫乘綫得冪,綫乘冪得體量,即體之容積也。度得生量也,有體即有積,有積即有重。量得生權也,若反而求之,知重即知積權,可以比例而得量,知體即知綫量,可以開方而得,度此物理之自然也。先王深得其理,知權、量、度三者,相需以成其用,即可相互以較其差。於是頒之於職司,使參互錯舉,兩兩而綜覈之。如齒角之屬,以度受也,復校之以量。絺綌之屬,以權受也,復校之以度。炭物、灰物、染草物之屬,以量受也,後校之以權。蓋恐據一爲斷,無所取徵於他器,則詐僞有所飾而出入之,或有不均也。

此謹之於吏者也，而其事則角人掌炭、掌葛、掌染草等職掌之。《角人職》云：以度量受之，掌葛，云以權度受之；掌染草、掌炭，云以權量受之。兩兩並舉，必是互相參考之用，先王謹權量之政，於此益顯。

商政之通滯，財政之銷旺，並以權量爲樞機。《夏書》言"關石和鈞，王府則有"者，謂權量正而貰價平，貰價平而懋遷通，懋遷通而物用阜，然後以阜之於民者，阜之於官焉。周之治市得其誼，每敘每次皆有定。則其徵價也，則必準權量之數，以奠其賈，而上之於旌。其交易也，則必考權量之差，以正其成，而書之於契。其有別衡異斗，變易憲章者，則例以犯禁予之罰。蓋時時而巡考之，立度信示律，嚴防維而糾察也詳且密，此謹之於市者也，而其事則《地官·司市職》及《質人職》掌之。此兩職皆言度量，不言權，以市中之物，布帛粟菽爲尤重，故云。其實不言權而權，亦可知。舉二遺一，蓋錯舉文。

畿內既平，乃及侯國，達四方之道路，通百國之貨財。故其於權量也，不時而正之，度其輕重之不度，均其大小之不均，而猶虞耳目之難周也，故十一歲而又大同，其法式此，以謹國中者謹之於天下者也，而其事則《夏官·合方氏職》及《秋官·大行人職》掌之。

是則由創制以及施用，由官府以及市廛，由畿甸以及侯服，無時不有畫一權量之意，拳拳於設官分職之中。孔子以"謹"之一言詮之。昭十二年《公羊傳》注，亦引作孔子語，與《漢·志》同。而聖王整齊民物之精神，惕然可睹。後世不察，知求其所以同，不知求其所以謹，於是工失其官，無以正其舛，府失其官，無以發其奸，市失其官，無以防其僞，乃貿貿焉欲比而一之。豈知珠目之混，謬誤錯出。以兩爲鈞，而鈞之名乖；《考工記》注：東萊稱，或以大半兩爲鈞。以鼓爲斛，而斛之實失；《廣雅·釋器》云：斛謂之鼓。《管子》注云：鼓，十二斛。以斤爲鎰，而鎰之數誣。《孟子》注云：古以一鎰爲一金，二十兩也。《文選》注，引韋昭說，一斤爲一金。《漢書》注：秦以鎰名金，若漢世論斤。又，《國策》注：二十四兩爲一鎰。是一鎰或謂一斤，或謂二十兩，或謂二十四兩，數各歧異矣。愈一之，愈紛之，豈非不揣其本而齊其末之故哉？

今者同軌之治，幅員靈長，民俗不齊，用器差忒，遂或人自爲制，家自爲法，顛倒而上下焉，欲裁抑之不可得。是故古之爲權一，今之爲權五。有庫平、漕平、關平、京平、規平之目，此猶舉通行者而言，若細晰之，則更有蘇平、湘平、杭平、江西平、廣東平等名色，隨地變易，輕重不同。古之爲量一，今之爲量三。有官斛、漕斛、市斛之別。而海域島隅反得易其以足爲尺、以指爲寸之陋，準地周午綫，析取黃道規四千萬分之一以爲度法，由是乘之以立方體積爲容量之數，由是量之以立方汽水爲銓衡之因，頒之於商部，牒之於與國，又一之以公司之廠，定之以考驗之官，是雖有桀賈豪駔，無得而售其僞矣。昔左氏引孔子之言曰：天子失官，學在四夷。今即權量一事觀之，覺其得合於先王遺意者，固亦有然。近且釐定官制，百度維新，盍亦於先王分職之善，稍一加意焉。

齊《論語》問王疏證

李　達

《齊論》二十二篇，有《問王》《知道》，説詳《班書·藝文志》自注、如氏注。班《志》、何氏敘《論語》，並以《問王》《知道》爲二篇名，其文久闕佚不傳。據《隋書·經籍志》，稱此二篇係張禹所刪云，蓋二篇亡佚已久矣。宋儒釋《問王》者有二説，晁公武謂《問王》係論外王之業，《知道》係論內聖之道。王伯厚謂《問王》疑即問玉。案：兩説當以伯厚之言爲允，近儒朱氏彝尊《經義考》闢晁從王。據篆法，三畫正均爲王，即玉字。中畫近上爲王，即帝王之王字。以明王、王形近致譌之故。又稱《説文》《初學記》《文選》注、《太平御覽》等書，多引《逸論語》詮玉之詞，定其文皆出《齊論·問玉篇》中。朱氏此説，洵屬精確。馬氏國翰《玉函山房》本，曾輯《齊論·問玉篇》逸文，較朱氏所舉增多《聘義篇》"孔子論貴玉賤瑉"一條，蒐羅散失，可謂不遺餘力矣。然則觀於朱、馬兩書所載，而《齊論·問王》之即爲《問玉》，確有明徵，又何煩後人之贅述哉。

雖然，世之致疑於《問王》《知道》二篇者，非無説焉。謂《魯論》二十篇，多以篇首二字題名，如顏淵問仁、子路問政、衛靈公問陳，其篇名則曰《顏淵》《子路》《衛靈公》，而不稱《問仁》《問政》《問陳》。今《齊論》以《問王》題篇，實非一例，且《古論》出孔壁中，其章句與《魯論》不異，惟就《堯曰篇》內分"子張問"以下，別爲一篇，因有二十一篇。若《齊論·問王》《知道》，皆《古論》《魯論》所無，係後人依倣而作，非聖經原本，故張禹刪之耳。蒙案：此説非是。考漢時《論語》，古、齊、魯三家之外，又有河間獻王《論語》本，王充《論衡》云：《論語》數十百篇，漢興失亡，孔壁中古文得二十一篇，齊、河間九篇，本三十篇。原本齊下，本有魯字，兹依《倣季雜著》説，刪去。據《論衡》所云，齊即指《齊論》，言《古論》二十一篇，《齊論》有《問王》《知道》二篇，河間又附以七篇，故統言之曰：齊、河間九篇也。河間所附七篇，即孔子《三朝》七篇，本《倣季雜著》説。《齊論》所多二篇，當係取諸《孔子家語》，蓋《漢志》以《家語》《三朝》並列《論語》類，是當時兩書，本有《論語》之名也。《倣季雜著》亦有説。知《問王》《知道》出於《家語》者，案：今本《家語》有《問玉篇》，其書雖王肅僞撰，而《問玉》篇名，當即採之古本《家語》，猶嚴氏《春秋》引《觀周篇》，見《左傳》序孔疏引。其文與今《家語・觀周篇》雖異，而其名則同也。古本《家語》，漢時亦稱爲《論語》，故傳《齊論》者，取其中《問玉》與《知道》二篇，以附於二十篇之後。張禹之刪此二篇者，亦以二篇明載《家語》之中，《齊論》爲重出，因刪而不録，猶河間本以《三朝》七篇附《論語》，而《三朝》七篇自有單行本，故昭帝女祇專讀孔壁《古論》二十一篇，説見王充《論衡》。與此正相類。自《問王》《知道》爲禹所刪，而古本《家語》又亡，故許書引《問玉篇》，皆稱《逸論語》，與引二十篇之文而單稱《論語》者有別。明乎《問玉》在《家語》中，而名篇之異於二十篇者，亦可悟矣。爰作是説，爲之疏證，以補朱、馬之所未備焉。

齊《論語》問王疏證

姚祖晉

《漢書・藝文志》載《論語》齊二十二篇，復於下自注云：多《問王》《知道》。如注，《問王》《知道》皆篇名也。考今《論語》二十篇，首《學而》，終《堯曰》，篇名均以章首二字命名。如顏淵、子路之問仁、問政，原憲、衛靈之問耻、問陳，篇名仍稱《顏淵》《子路》《憲問》《衛靈》，無有以問仁、問政、問耻、問陳名篇者。而《齊論》所多之《問王》《知道》二篇，與《論語》各篇命名不同，則謂《問王》《知道》必爲論語中之二篇，似不可解。

　　宋儒王應麟謂"問王"疑即"問玉"，朱氏《經義考》云：今《逸論語》見於《說文》《初學記》《文選》注、《太平御覽》等書，其言玉之屬特詳，當即《齊論·問玉篇》文。又張甄陶《四書翼注論文》，謂《禮記·聘義篇》"子貢問於孔子"一節，亦即出於《問玉篇》中。據朱、張兩說，證以許書，篆文王、玉，本作𤣥、玉，其因形近而誤，固屬無疑。所可疑者，問王即爲問玉，而篇名之與《論語》不同猶是也。近儒馬氏竹吾廣輯諸書，所引《逸論語》論玉之文，定爲《問玉》一篇，詳且博矣，而於篇名之異，亦未深考，終無以解後人之疑。

　　竊嘗反復考之，而知《齊論》祇有二十篇，與《古論》《魯論》本無大異，其獨多《問玉》《知道》二篇者，二篇當係《論語》外篇，而傳《齊論》者，取以附於二十篇之後也。曷言之？古人著書，各有内外之別，觀諸子之書可見。《論語》舊列於子，明孫氏毅《古微書》云：《論語》舊不列經，此其證。子書既各有内外篇，則《論語》亦當有内外篇可知。竊謂《論語》二十篇，《論語》之内篇也。《孔子家語》二十七卷，據《漢志》。《論語》之外篇也。《論語》《家語》均聖門問答之詞。班《志》列《孔子家語》二十七卷於《論語》家，正以《家語》爲《論語》之外篇，二書實相輔而行，故次於古、齊、魯三家之後耳。班氏不明言《家語》爲外篇，此猶《國語》爲左氏之外傳，班《志》未明言《國語》爲外傳，其例正復相似。《齊論》所多之《問玉篇》，當即《家語》之《問玉篇》，可以今《家語》一書決之。

　　案：今《家語》四十四篇本，僞撰於王肅之手，顧篇文雖係僞撰，篇名則時存舊目。考《左氏傳·敘》正義，載《嚴氏春秋》引《觀周篇》，有孔子將修《春秋》，與左邱明乘如周，觀書於周史，歸而修《春秋》之經云云。《正義》所云嚴氏者，即公羊先師嚴彭祖，所云《觀周篇》者，今《家語》亦有此篇，名在第十一，而其文與此不類。然則嚴氏所引，乃真《孔子家語》之一篇也，王肅猶見真《家語》篇目，故依做爲之。說本《左海經辨》。據此，則《觀周篇》爲真《家語》原有之篇，而爲王肅所依做，安必《問玉》非真《家語》原有之篇，而亦爲王肅所依做乎？既知今《家語》所撰之《問玉篇》即依據古本《家語》以命名，則《齊論》所多之《問玉篇》，亦即取諸古本《家語》書中無疑。

惟夫《問玉》《知道》爲外篇,《學而》諸篇爲内篇,於是命篇之所以不同,亦可恍然悟矣。

　　試更以《孟子》證之,班《志》稱《孟子》十一篇,而趙注《孟子》祇存七篇,趙氏題辭曰:著書七篇,又有外書四篇。考《孟子》七篇,首《梁惠王》,終《盡心》,其與《論語》二十篇之以章首二字命名正同。至外書四篇,今雖不存,然其篇名則猶有可考者。王充《論衡·本性篇》云:孟子作《性善》之篇。周廣業《孟子四考》云:《性善》之篇,即趙岐所云外書之一篇。夫外書以"性善"命篇,與七篇中名篇之例不合,而實與《齊論·問玉》《知道》二篇之名相似。由此觀之,則内篇名篇之與外篇不同,正屬通列矣。蒙故確定《問王》即《問玉》,而與《知道》一篇均爲外篇,且知《論語》外篇之即爲《家語》也。所惜者,《問玉》一篇,尚有《家語》未偽之名可相印證,而《知道》一篇,則已杳不可考,此則讀《論語》者之大憾也已。

《爾雅》篇目考

李　達

　　《爾雅》三卷二十篇,文詳《班書·藝文志》。今所傳《爾雅》本,止有十九篇,以班《志》校之,實少一篇。近儒解者,共有三説。或謂古《爾雅》當有《釋禮》一篇,與《釋樂》相次,今本《釋天篇》末,"祭名""講武""旌旂"三章,俱非天類,此當係《釋禮篇》殘闕之文,後人亂其次,而以此三章附於《釋天》之末,故篇數止有十九,《漢志》云二十篇,今所少者即《釋禮篇》耳,此一説也。或謂《釋詁》分上、下二篇,乃漢時舊次,《爾雅》一書,自《釋詁》至《釋畜》,篇目雖止十九,而篇數實則二十,故《漢志》云二十篇耳,此一説也。或謂《爾雅》有序篇,見於《毛詩·關雎》詁訓傳孔疏所引,《爾雅·釋詁》邢疏亦引序篇文,是《爾雅》十九篇外,復有序篇一篇,《漢志》云二十篇者,蓋連序篇數之耳,此又一説也。

　　蒙按:三説之中,當以後一説爲允,前兩説皆失之未覈。試先就前兩説而破其惑焉。其疑《爾雅》有《釋禮》一篇,而欲以"祭名""講武""旌旂"屬之《釋禮》者,蓋拘於邢疏"俱非天類"之説,不知"祭名"所陳春、夏、秋、冬與天、星、風諸祭，"講武"所陳春、夏、秋、冬之田獵，其舉事各因乎天時，自當隸於《釋天篇》中。由祭天而兼及地與山川之祭，由四時田獵而兼及治兵振旅與所用旌旂等物，各從其類以相附。旌旂爲四時田獵所用，而繫於《釋天》，與造舟、維舟、方舟、特舟、乘泭爲行水所用，而繫於《釋水》其例正同，安得謂祭名以下非天類，而臆造一《釋禮篇》乎？且張揖《廣雅》一書，其篇目悉依準《爾雅》，漢時《爾雅》果有《釋禮》一篇，揖何爲不存其目？《廣雅·釋天篇》附以祀處、隸兵、旗幟三章，即仿《爾雅·釋天篇》之例，是《爾雅》以祭名、講武、旌旂繫於《釋天》，其爲古本舊次可知。則謂《爾雅》有《釋禮篇》，而欲以此足二十篇之數者，其説洵屬臆斷矣。至《釋詁》一篇分爲上下，乃邢昺作疏時所析，說詳阮氏《校勘記》。觀宋槧《爾雅》疏十卷，卷一《釋詁》，卷二《釋詁》下，可見邢昺作疏，卷帙繁多，故卷數、篇數之分析，與古本不同。若古本《爾雅》止有三卷，《釋詁》與《釋言》《釋訓》《釋親》並列，上卷《釋詁》本合爲一篇，自漢迄唐，皆然。唐石經載《爾雅》三卷，其卷上題《釋詁》第一，《釋言》第二，《釋訓》第三，《釋親》第四。陸德明《釋文》本，亦題《釋詁》第一，《釋言》第二，則唐時明以《釋詁》爲第一篇，《釋言》爲第二篇，初未分《釋詁》爲上、下二篇也。又，按：《尚書·舜典》孔疏：殂落，死也，《釋詁》文。《盤庚》孔疏：《釋詁》云柹，餘也。《毛詩·周南·卷耳》孔疏：《釋詁》云：痡瘏，病也。《豳風·七月》孔疏：饁饟，《釋詁》文。《左傳》閔元年，孔疏：曠近，《釋詁》文。僖九年，孔疏：餘身，《釋詁》文。以上所舉諸文，皆在今本《釋詁下》，孔氏不著下字，而渾稱之曰《釋詁》，此唐時《釋詁》合爲一篇，不分上下之明證。如因今本《釋詁篇》有上、下之目，遂欲分爲二篇，彼今本《孟子》七篇，皆有上、下之目，亦將謂《孟子》有十四篇乎？《漢志》儒家，題《孟子》十一篇，係連外書四篇言之耳。則謂《釋詁》有兩篇，而以之充二十篇之數者，説亦未可據爲定論矣。

　　前兩説之失既明，試申後一説之義。《爾雅》之有序篇，與《周易》之有序卦、《尚書》之有書序、《詩》之有大小序例同。《詩》孔疏、《爾雅》邢疏，並引序篇，不著作者姓氏。竊謂欲考作序篇之人，宜先覈作《爾雅》之人。據張揖《廣雅·表》稱，《爾雅》有一篇、三篇之異，又有周公作，仲尼增，子夏益，叔孫通補之不同。張《表》所謂篇，即班《志》所謂卷。表稱周公著《爾雅》一篇，謂所作有一卷也。按：表於"周公著《爾雅》一篇"下，即引《禮·三朝記》孔子對哀公語，及《春秋·元命包》子夏問孔子語，明《爾雅》之書在孔子前，故斷爲周公所造。郭璞序《爾雅》云"興於中古"，亦就周公言之，與揖語合。揖云"一篇"者，指一卷言，觀下文云"今俗所傳三篇《爾雅》"，即《漢志》所稱之三卷。陸德明誤會揖意，謂周公止作《釋詁》一篇，殊失事實，辨詳黄師《儆季雜著》。表又稱：今俗所傳三篇《爾雅》，或言仲尼所增，或言子夏所益，或言叔孫通所補，下云"或言沛郡梁文所考"，此"或言"二字，與上三句"或言"例異，乃結上起下之辭，揖意以諸所或言者，沛郡梁文皆考訂之，非謂梁文亦有補《爾雅》事也。陸德明《釋文》改作梁文所補，非揖意，辨亦詳《儆季雜著》。明漢時所傳《爾雅》三卷，有仲尼、子夏及叔孫通增益之語，皆散入周公所作各篇之内，其中若者爲周公所作，若者爲孔子、子夏、叔孫通所增益，相混既久，辨別實難，故終以無從正論疑，不能明結之。此說亦本《儆季雜著》。據此，則周公所作《爾雅》一卷，已有《釋詁》等十九篇之目可知。其序篇一篇，以詩序推之，當係子夏增益《爾雅》時所作。子夏傳《詩》，爲各篇作序，而有《詩》大序，故增益《爾雅》，亦爲各篇作序，而有《爾雅》序篇也。序篇在十九篇之外別爲一篇，《漢志》連序篇數之，故云二十篇耳。顧《爾雅》有序篇，張揖作《廣雅》，既不存序篇之目，而郭璞注《爾雅》，亦止有十九篇者，何哉？考漢時《爾雅》實有兩本，其連序篇在内爲二十篇者，係單行《爾雅》本，《漢志》所載是也。其除序篇而止有十九篇者，係叔孫通所傳《爾雅》本，張揖、郭璞所據是也。何以明之？《廣雅·表》述《爾雅》一書，有叔孫通撰置《禮記》之說，蓋謂通輯《禮記》十六篇，見《論衡謝短》篇置《爾雅》於其中也。按：《白虎通·三綱篇》引《禮》親屬記，《孟子·帝館甥》，趙注引《禮》，並係《爾雅·釋親》文。又《公羊宣十二年傳》注引《禮》，乃《釋水》文。《風俗通·聲音篇》籟下引《禮·樂記》，乃《釋樂》文。則通所輯《禮記》十六篇中有《爾雅》可知。通取《爾雅》置於《禮記》，因序篇一篇僅釋十九篇命名之義，故舍序篇而不録。揖作《廣雅》，即依據叔孫通本所録十九篇之目，而不用序篇。蓋《廣雅》一書，乃詳録《爾雅》各篇未載之語，或《爾雅》序篇專爲釋篇目而作，無煩增補贅述，此《廣雅》所以不載序篇也。郭璞注《爾雅》止有十九篇者，亦用叔孫通本，故無序篇一篇。考郭本中文字句讀多與漢儒注本不同，如郭本《釋詁》，陸《釋文》引樊、李本，並作《釋故》。又，郭本"歸異出同流肥"，《水經注》引舍人本，作"異出同流肥"。若此之類，不一而足。此《爾雅》明有兩本之證。其篇數亦與漢儒所傳本有異，漢儒注《爾雅》者，有舍人、劉、樊、李諸家。劉歆注三卷，詳《釋文·敘録》，班氏作《藝文志》，根據劉歆《七略志》稱《爾雅》三卷二十篇，其説實本之劉歆，則歆所注《爾雅》三卷，明爲二十篇而有序篇在内也。序篇之文，見於《詩·周南》孔疏，彼疏引《爾雅》序篇，云：《釋詁》《釋言》通古今之字，古與今異言也，《爾雅》邢疏亦引此。《釋訓》言形貌也。序篇雖不見録於郭本，然郭注中亦用序篇之文。《釋詁篇》"初哉首基"節，注云：此所以釋古今之異言，通方俗之殊語。郭氏此注，正採用序篇文而小變之，則郭璞明見序篇可知矣。蓋《爾雅》序篇至唐猶存，觀《詩·周南》孔疏先引《爾雅》所釋十有九篇，下即引《爾雅》序篇語可見。但唐時所行《爾雅》承用郭璞之本，故石經所題，首載郭序而篇目止有十九，詳阮氏校勘記。幸有《詩疏》引序篇語，得以尋其端緒，徵成《漢志》二十篇之説。按：《儀禮·聘禮》賈疏引《爾雅》釋云：在家曰畜，在野曰獸，今《爾雅》無此文，當係序篇中語，故賈氏稱爲《爾雅》釋，以別於各篇正文也。近人因張揖《廣雅》本與郭璞《爾雅》本皆不録序篇，遂謂作序篇者當在晉後唐前，非張郭所及見，不得以序篇列於《漢志》二十篇之内，蓋亦不察之甚矣

萬子即萬章説
達　李

一書有一書之例，不明其例而妄釋之，皆郢書燕説也。如《孟子》七篇，多記萬章問答之語，例皆直書。萬章惟《盡心篇》問鄉原爲德之賊，獨變其例，而書曰萬子。趙邠卿注云："萬子即萬章也，孟子録之，以其不解於聖人之意，故謂之萬子。子，男子之通稱也，美之者欲以責之也。"近之解者，或肆駁趙注，謂萬子係萬章門人所記，自尊其師，故稱爲萬子，趙氏以美與責兼言，未可從。或强申趙注，謂注言"不解於聖人之意"，解讀曰懈，孟子因其不懈於問，故稱子以美之。

蒙案：趙注實有意義，駁者固非，即申者亦未是。推究其故，皆未明《孟子》全書之通例也。考名不若字、字不若子之例，本《春秋》家言，而《禮》家、《論語》家並用其説，但群《經》稱子之文雖同，而意之所指各別。

《春秋》家以子爲爵最尊之稱，見《公羊·莊十年傳》何注。或施之於蠻夷之國，或施之於附庸，或施之於卿大夫，例皆據爵言之。説詳黃師《儆季雜著·經説》。至《禮經》稱子之例，凡面語其人，皆稱子以尊之。《鄉射禮》某酬某子，酬者稱字，受酬者稱子，見鄭注。子不必以爵也。説亦詳《儆季雜著》。若《論語》家之稱子，爲弟子尊師之詞，聖門諸弟子尊孔子曰子，而曾子、有子之稱子，各出其門人所記，以別異於伯牛、仲弓之稱字，此又《論語》之例也。明乎群《經》稱子之例不一，而後可以解《孟子》。《孟子》一書七篇中，於孟子皆稱子，此用《論語》尊孔子之例。而樂正子、屋廬子稱子者，亦係門人所記，與《論語》稱曾子、有子之例同。他若莊子、即莊暴。儲子、時子之稱子，則用《春秋》卿大夫稱子之例。又若與畢戰言，則曰子必勉之；與宋勾踐言，則曰吾語子游，此用《禮經》面語其人稱子之例。以上三例，皆爲尊稱，係用名不若字、字不若子之常例。其他用變例者有二，一以子爲通稱，一以子爲責詞。如墨者夷之章，首書夷之與徐辟之名，繼稱徐子、夷子，此以子爲通稱也。責陳相背師學許行而稱子，責景春未學禮而稱子，責彭更以傳食爲泰而稱子，責告子禍仁義而稱子，此皆以子爲責詞也。以上二例，係用變例，明稱子與稱名同，不得拘“名不若字、字不若子”之説以解之也。

此《經》趙注云“萬子即萬章”，又云“子者，男子之通稱，美之欲以責之”，趙意以《經》錄萬子，係用稱子之變例，《經》於章首書萬章稱名，繼乃稱萬子，與墨者夷之章例同，其爲通稱可知。子本美稱，而此《經》錄萬子，乃責其不解聖人惡鄉原之意，故變言子以示貶，是《經》稱萬子與稱萬章之名正同，初非以子爲尊稱也。趙氏此説，甚得經旨。後人拘於“名不若字、字不若子”之説，未能統觀《孟子》全書之通例，故説多膠葛，不惟趙意不明，而《經》旨亦終於晦矣。爰作是説，以申趙義，而爲世之誤解此《經》者，發其矇云。

《説文》始一終亥説

蔣元慶

汶長治孟《易》，故《説文》自序稱《易》孟氏。許書所列五百四十部次第,始於一,終於亥,其即得諸孟喜《易》學之意乎?《説文》爲字書,而因字達義,以周知天下之情狀。自序所云"萬物咸睹,靡不兼載"是也。顧善究物情之變者,莫如《易》。庖羲以一畫開天,天下之數起於一,字之必以一始,固《易》理也。其知許宗孟《易》者,則以許書分部末取干支,而終之以亥也。《説文》亥下云:"荄也。"又,子下云:"十一月,陽氣動,萬物滋。"按:《漢書·儒林傳》趙賓以《易》箕子明夷爲萬物荄滋,云受孟喜喜爲名之則。許君荄滋之説,即採諸孟《易》,確有明徵矣。且考唐《大衍曆①》議云:十二月卦出於孟氏章句,其説《易》本於氣,而後以人事明之,則許書以十二支分部,其意又從十二月卦氣推出。而許君於干支之上,先以數名標部數,始於一,成於十,乃不以十終,而終之以九者,要亦《易》義。《列子·天瑞篇》言太易曰:易無形埒,易變而爲一,一變而爲七,七變而爲九。九變者,究也,乃復變而爲一。一者,形變之始也,清輕者上爲天,濁重者下爲地,冲和氣者爲人,故天地含精,萬物化生,此係周季説《易》古誼。許書以一建首,於一下釋曰:"惟初太極,道立於一,造分天地,化成萬物。"既與之合。又以數標部而終於九,於九下釋曰:"陽之變也。"亦與之合。因知終附干支之亦合《易》理,殆無可疑。既以干支分部,自當以亥終。許君曰:亥從二,一人男,一人女也。男、女即乾道成男,坤道成女之謂。《易》言有天地,然後有萬物,有萬物,然後有男女,有男女,然後有夫婦,有夫婦,然後有父子,亥從二人夫婦之象也,故又從乚,象褁子之形,而子尚未生,則包含萬物始萌之機焉。人之初生,如天地之開闢,是亦一太極也。故曰亥而生子,復從一起。然則證之《易》理,而許書之始一終亥,具見循環無已之妙義焉。

---

① 曆,原爲避乾隆帝諱刊作"敬避"二字。

卷五

書《史記·游俠傳》後

達　享

　　國不患其有強敵，而獨患乎有姦民。朝不患其多悍臣，而獨患乎多亂黨。強敵之侵陵，悍臣之恣肆，宗社安危所繫也，今皆曰無患，何哉？強敵外攻，可以智卻，悍臣內逼，可以法除，未若姦民亂黨蔓延固結，貽禍人心之甚也。余觀《史記·游俠傳》，因之有感矣。昔史公遭讒被禍，感憤身世，出一時之激論，因而傳游俠。既已醜豪暴比周不屑稱，獨於振窮周急者，津津樂道之。班氏作《漢志》，譏其進姦雄，固似未達遷意也。然班序能斥干禁法網之罪，而遷獨許其私義退讓。防微杜漸，吾於遷之言亦有憾焉。語云：其父殺人報仇，其子必且行劫，蓋言亂生有自也。平原、信陵養客以千數，得藉力以安趙、魏，賢已，然孟嘗、春申輩即因以藏匿亡命，爲國蠹姦。朱家、劇孟專赴人急難，於罪無所聞，而郭解之徒已鑄錢掘冢，剽攻椎埋矣。此其良莠之殊性，邪正之異行，近在當時猶如此，況流遺至於後世耶？法既玩而不可振，黨既合而不可離，以蕕匹薰，莫冀其馨，以渭合涇，莫求其清。蟻穴之潰，堅堤爲傾，燎原之焰，起於星星，可勿慎乎哉？

　　夫俠之名，始自戰國，至漢乃益稱，三代而上，俠無聞焉者，教養之道立也。蓋民必無恒產，然後無恒心。孔子曰：勇而無禮，則爲亂。好亂者，非民之本心也。郡縣失其養，學校失其教，衣食無資，禮義無聞，彼不能槁項以就斃，乃忻羨於非分之爲，故自官吏棄民而不有，則狙黠梟桀之雄，得起而收之，出其姦贓私蓄，聚姦民，結亂黨，舣禁觸法以爲豪，剚刃尋釁者闐溢於閭巷,探丸研吏者縱橫於市衢,生殺擅專,有司莫過問,饑寒有所歸,死亡有所匿,故其徒誦義無窮。蓋游俠之名一變而爲會黨,而草澤之亂乃益亟,亂非僅在草澤也。或負其睚眥殺人之勇,謬托於俠義,張逆幟,挑寇鋒,蹂躪攫搏,以膏糜蒼赤之血肉,則悍臣强敵之禍,且環起而輻湊。吾故曰:國莫患乎有姦民,世莫患乎多亂黨,彼非所謂好勇無禮、職爲亂階者與? 抑恒産亡而恒心失,上之所以教養者先失其道與? 游俠之流弊,浸淫洋溢無止極,讀斯《傳》,爲之掩卷三歎矣。

書《史記·游俠傳》後
楊體仁

余嘗讀《游俠傳》,《傳》中俠者五人,其他牽連而及,如瞷氏、周庸、諸白之倫,靡可究已,而朱家、田仲、劇孟、王公四人,里居事蹟亦頗略而弗具,獨於郭解翁伯,卷卷三致意焉。意者郭解生與並世,親見其生平行事有足多者,而橫被當世以術取卿相之人媒孽其短,文致罪狀,卒赤其族,故局外不平之鳴所自來歟? 嗟乎! 史公以李陵之故,身幽北闕,被以極刑,交游莫救視,親屬不爲言,積年憤鬱,百未一雪,今又見郭解急人之急,各厭人意如此而誅死,然則己之誣罔,終不能得如朱家者流,輜車見滕公,而陰免己於冤也。班氏不察,漫謂遷退處士,進姦雄,以爲是非頗繆於聖人。不知游俠不軌正義,史公先自言之矣,且如朋黨豪暴之徒,亦屛於敖無足數之例,而所眷眷極不忘者,類皆修行砥名,廉節退讓,逡逡君子風者也。且游俠之有神於世道人心,夫豈鮮哉?

今夫鄉里豪黨之族,快意自恣,家累錢巨萬貫,或奢僭無限度,妻子倦華靡,奴僕至厭粱肉,而族姻故戚有空室蓬戶,糟糠不得厭,對牛衣涕泣,子弟或服鹽車,顧終歲貸一金不可得,求半粟亦靳不予者,此其人惜未聞朱家、郭解輩之風也,讀史公之傳,宜可以稍知自愧矣。然史公猶非特爲若輩言之也,嘗觀士儒之林,服方領、習矩步者,千里聞聲,彼此慕悦,握手道肺肝,相得驩甚無厭,恨得見顔色晚,各誦信義相盟誓,兄弟不能加,禍福不能易,終身不相背負,信存亡生死以之矣。乃儕輩中忽抱其咫尺之術，俄焉博取人間尊官厚禄，坐據要路之津，而故人中有擔簦戴笠，抑塞無聊之士，倉皇道遇，驅車疾過，覿面若不相識然。或有陷刑辟、罹罪罔者，自斯人觀之，漠然若越人視秦人之肥瘠，初不加喜戚於其心，且私以不與其黨，脱身禍患之外，自爲得計，此皆游俠者之罪人也。史公既自傷不得朱家、郭解輩而與之游，而尤痛諸人之心蹟：磊落趨人之急，而有時卒與禍會，不能自脱；而彼伈伈俔俔、弄文舞智之流，反得終身佚樂，保其功名，爲世光寵，是則史公所爲唏噓寄遝感也。余因讀《游俠傳》畢，輒濡墨伸紙，爲書其後。

書《史記·游俠傳》後

徐彭齡

太史公序《游俠傳》，其引韓子之言曰：儒以文亂法，而俠以武犯禁。史公作《傳》之本意，兩言盡之矣。天下有不亂法之儒，天下斷無不犯禁之俠，比而觀之，則儒優而俠絀。天下不可有亂法之儒，天下不可無犯禁之俠，比而觀之，則儒絀而俠優。此其理亦彰彰明矣。班氏不察其意，謂其"退處士而進姦雄，是非頗謬於聖人"，班非特不知游俠，抑且不知姦雄，何以言之？姦雄者，亂法之謂，而非犯禁之謂也。有漢之世，若叔孫通之雜就朝儀，公孫弘之曲學阿世，皆假儒術以文其欺罔，是之謂亂法，是之謂姦雄。其後如王莽之折節力行，以要名譽，一時宗族稱孝，師友歸仁。及其輔政，乃始恣睢，奮其威詐，誦六藝以文姦言，而卒移漢祚，是之謂亂法，是之謂大姦雄，班乃以俠者當之，不亦過乎？

雖然，班之論失矣，而後之論者亦未爲得也。一代之史，必有關於一代之得失，史公遭李陵之禍，發憤著書，雖不無過激之言，然其筆法竊比《春秋》，如謂《游俠列傳》，凡所以褒進之者，但取窮窘委命之意，則又淺之乎測史公矣。史公所深惡痛絕者，莫如以文亂法之儒，其言不必信，其行不必果，其才不足以備緩急，其名又自托於仁義，其心跿踔，其貌季原，而其陰賊著心、睚眦殺人之術，乃百倍於游俠。若而人者，史公及身親見之，惟公孫弘一人。而逆料後世之爲公孫弘者，駢肩接踵，未有已時，因作《游俠傳》以爲之反鏡。曰：竊鉤者誅，竊國者侯，侯之門，仁義存。曰：拘學或抱咫尺之義，久孤於世，豈若卑論儕俗，與世浮沉，而取榮名？蓋本韓子二語，以寓諷刺，以垂鑒戒，是亦儒俠真僞之一大公案矣。世之衰也，朝廷之上，泄泄沓沓，或朋黨相爭，或調停中立，其視國之所以廢興存亡，若越人視秦人之肥瘠，漠然不加喜戚於其心。其儒者或稍有建白，則又不知窮通變久之故，不察本原條理之所在，惟是拘牽文義，緣飾經術，務以欺世而盜名，此則公孫弘之故智，足以亂法者也。至於閭巷之民，或主攘夷之論，或用逐客之令，一夫發難，響應影從，洎乎一敗塗地，而畏首畏尾，苟且偷生，誰爲禍首，誰爲厲階，求其罪人而不之得，此則史公所謂豪暴之徒，不得與朱家、郭解同類而共笑之也。

我聞東海之國，赤穗之民，有大俠焉，方其國勢岌岌，出萬死不顧一生之計，以爲國效命，一人倡，百人和，前者覆，後者繼，下至婦人女子，亦復瀝血抽誠，披胸吐款，遂以相摩相盪，奮發爲天下強國，由是觀之，俠者果何負於人國哉！而我中國自漢以降，求一二似此類者而不可得，推原其故，蓋自公孫弘誅郭解後，而此風遂熄於天下。嗚呼！我懼夫解之徒日以少，而弘之徒日以多，則儒俠之真僞將不出也。

書《史記·貨殖傳》後

秦毓鈞

貨殖之傳，其有憂思乎？憂夫世之愈趨愈下，一往而不返焉者也。三代以上之政治，勢皆不同，今日滄桑有改易，陵谷有遷移，選舉變爲考試，租稅變爲條編邱甲，府兵彍騎之變爲營伍。其變而不已者，情也；其愈變而愈遠於古者，勢也。情與勢，聖人之所無可如何者也。上古理民，地著爲本，無甚貧，無甚富，法至善也。秦漢以還，井田制壞，富者連阡陌，貧者亡立錐，勢也，勢則日變而不可復者也。上古之世，土廣人稀，故計口授井而有餘。三代以後，孳生日衆，人愈稠，土愈不足，必計口而授井，鮮不病民者。嗚呼！此限田之議，均田之制，口分世業之法，所以議之而卒不行，行之而卒不久。而井田之廢，病在一時，功在萬世者也，何也？因民所利而利之也。太史公曰：俗之漸民久矣，雖户説以眇論，終不能化，故善者因之，其次利道之，其次教誨之，其次整齊之，最下者與之争。蓋有慨乎其言之也。夫所謂因之利道之者，本富也；教誨之、整齊之者，末富也；至最下者，則姦富矣。農食，虞出，工成，商通，四者古今之通義也，史公揭其旨矣。迨其後而農有農政，虞有礦政，工有工政，商有商政，皆因天地自然之勢，而以心計戰天下者也。如必執舊日之農、虞、工、商而以訾今世，其不貽誚於知二五而不知一十者幾希。

君子之爲治也，無三代以上之心，則俗；不知三代以下之情勢，則迂。三代下民生愈庶，欲愈不給，愈不給，則戰愈大，戰其心思，戰其才力，設法以護之，加意以精之，移種以植之，如法以效之，廣開農、商、工、虞諸學以教之，殫精竭慮，愈戰愈精，誠見夫農、商、工、虞諸政，爲輓近來所不容不進者也。不進則不競，不競則不足以自存，怒生之草，交加之藤，各據一土，争相雄長，夏與畏日争，冬與嚴霜争者，争自存也。五都之市，萬國交會，褒其精進，禁其窳敗，甲弛而乙張，前仆而後赴者，争自存也。其微析於秋毫，其末甚於錐刀，其争之也，繩至而輻湊，若國家之貧富强弱隱存乎此，勢不可以苟焉已者。

噫嘻，勢之將廢也，聖人不能使之不廢；勢之將行也，聖人不能使之不行。忠質文之異尚，子丑寅之異建，蓋三代之天下，勢必變爲貨殖之天下矣。史公微見及此，故特以名篇，至其誌古今之都會，述五方之物宜，汲汲焉表諸人之心計者，殆亦古之商學者歟？而或者不察，顧以被罪於漢，不能自贖，發憤而傳貨殖，嗚呼！失之矣。

《漢書·百官公卿表》大義述

陸炳章

《漢書·百官公卿表》前序百官沿革，後漢以下諸史之職官、百官諸志也；下載公卿姓名，除免年月，唐、宋、明諸史之宰相、宰輔、方鎮、七卿等表也。或疑之曰：《史記》八書，未及官制，而《將相名臣年表》並無序言，班氏仿之，補其未備，典章具矣。然使後之人爲之，必更以沿革別著爲志，而不復用之冠表，表、志分臚，尤爲盡善，班氏何心而獨不然與？王西莊嘗歎《唐書》不立翰林學士、左右神策中尉二表，爲歐公闕憾。然則班氏三十四官並列一十四格，得毋疑其混合一表，眉目未瞭乎？曰：非也，子未知是表之大義也。

　　史家優劣，義例爲之，義與例相因而成文。古人作史，例簡而賅，其義精；後人作史，例繁而漏，其義疏。班氏是表之作，意將揭黜陟之公私，以明政治之得失，著遷免之寵辱，以別官府之賢奸。其作人表，不列今人，竊爲臆度，或以是表陰裨其不詳焉，未可知也，故其行文創法，必經年而緯月，案職而疏名。上云丞相掌丞天子助理萬機，而下列何薳參相，參薳平相，又列衡免商相，商免禹相，則知良臣碩輔，接踵全盛之年，悍戚佞儒，交臂昏庸之宇也。上云大司馬冠將軍號，賜印綬，置官屬，而下列衛青、霍去病，復列史、高、王，接許嘉、王鳳，則知元狩之置尊官，武皇昭其盛典；長平之隆外戚，王氏兆此屬階也。上云廷尉掌刑辟，而下列吳公、張釋之；上云中尉掌徼循京師，而下列趙禹、王溫舒，則知簿案得人而天下之冤獄平，鞏轂流血而畿輔之盜風息也。上云中尉更名執金吾，而下列東海蟜望，繼之者蕭育。上云內史更名京兆尹，而下列平陵逢信，先之者王章，姓名同，志邑里獨詳，載述之規，顯示繁省，則知王君才望，遜世伐於杜陵；少子官聲，輸封章於司隸。績無可書，名難竟沒，紀載不見，表章益勤。尤足考稽年月，知備員之有人；臚著氏居，審隸事之無傳也。上云太常掌宗廟，而下列爲太常者，太半通侯。上云三輔治京師，而下列官三輔者，皆由太守。上云詹事掌皇后、太子家，而表中不列，但列由右內史貶詹事爲鴻臚、光祿。上云都尉掌佐守典武職，而表中不列，但列由太常貶都尉，由都尉爲中尉、水衡，則知遷降升擢之事，轉徙真守之章。格不備官，表都發例，而知觀奉祠爲勳爵退休之事，上功最課，得京畿嚴貴之官。後世典制雖殊，而大致若一者，皆由是表爲之綱領，用著規隨也。太常蘇昌，泄霍山秘書，免；京兆尹宋登，漏省中語，下獄自殺；大將軍彭宣，與淮陽王婚，免；宗正劉順，令合陽侯舉子，免。隨舉數則，已睹一班。語言細過，刀斧已行。宗戚私交，冠紳必褫。蓋立法猛而政紀肅，用典輕而吏治墮，前代之故事，後賢所當師也。御史大夫蕭望之,貶太子太傅;少府五鹿充宗,貶玄菟太守。均國憲之降施,乃信謬之大異,則知貴賤同論之公,不以功階差等忠佞雜升之次,卒之職位混淆,亦可舉一而反三,援此而悟彼也。

故班氏之意,但知上表職守、下表人名,聯璧合符,乃爲典要,離而二之,大旨不明,有可表之義,無可志之例也。後人未鏡其原,自忘其編帙之繁夥,而不識古人深意劇得、用簡馭繁之法,絕無舛位紊次之憂,徒事訕譏,何當史法? 無怪乎分表爲志,復分表爲表,愈求精密,愈見支離也。《續漢書》離表立志,遂以取志去表,然則始廢班氏是表之大義者,其司馬彪乎? 嗚呼! 縷述官祿而不著人物職俸之簿耶? 抑曹署之册耶? 以此爲貴,又何裨於史官?

《漢志》九流不列兵家論
陳佩實

《七略》亡佚久矣,類例可見者,賴有《漢志》之存,第其間任意省并,致中壘父子矜慎家法不傳,於後流而爲四部,故班氏功最顯,而過亦最微。有如九流立言以明道,兵家守法以傳藝,虛理實事,語非同年,其義原不起於班氏。班氏之言曰:孝武建藏書之策,置寫書之官,下及諸子,皆充秘府。又曰:漢興,張良、韓信序次兵法,凡百八十二家,删取要用,定著三十五家。武帝時,軍政楊僕捃摭遺逸,紀奏兵録。此可見兵録之紀奏,雖當九流充府之世,兵法之定著,畚在九流充府以前,《志》於別列既原始矣,班氏之言曰:成帝詔光禄大夫劉向校諸子,任弘校兵書,此可見九流與兵家書本分科,校九流與校兵家,職又顓領,二者部居宿判然矣。班氏之言曰:每一書已,向輒條其篇目,撮其指意,録而奏之。哀帝復使向子侍中奉車都尉歆卒父業,歆於是總群書而奏其《七略》,有《諸子略》,有《兵書略》。此可見敕撰之書,臣不得而背其君;垂成之業,子不得而改其父。子、兵殊目,蓋蹈常矣。

唯是史家纂志,考信爲重,暇儷體例,不無可商,此志儒有孫卿子、陸賈二家,道有伊尹、太公、筦子、鶡冠子四家,墨有墨子一家,從橫有蘇子、蒯通二家，雜有淮南王一家，而兵權謀下則注：省伊尹、太公、筦子、孫卿子、鶡冠子、蘇子、蒯通、陸賈、淮南王二百五十九種。又言：出司馬法入禮，兵技巧下則注：省墨子，重。又言：入蹴鞠序文，結稱刪要，以備篇籍，意指此歟？夫春秋、戰國以還，變詐用事，升司馬法於經，陳義非不高也，劉《略》重見存前而薙後，操例非不約也。蹴鞠陳力之事，逕附兵法，於理亦頗近似也。作者而有知也，試問此志將廑致工一家之書乎？抑將還自來各家著書之真面，與先朝三數君子承旨分校，條篇奏略之舊觀乎？推其升司馬法之意，亦以顯別夫出奇設伏之所爲，而兵家則坐此忘本矣。毋寧過而並存，俾肄武事者猶曉然聖王之遺意焉。若其介在疑似九流中，如子晚子班自注：好議兵法，與司馬法同。之屬，尚難更僕數，寧獨蹴鞠爲近兵耶？況儒、道、墨、從橫、雜各流內，曩略與兵類互收之十家，尤誼得兩載，目錄之事，未可苟焉，從簡已也。古之儒者，部次流別，珠聯繩貫，綱舉目張，欲人即類求書，因書究學，至理有互通，書可兩用，則兼錄而並存之。故每論列一家，凡涉此一家之學，類無勿窮源以至委，即已逸篇第，猶往往闕目，是仍備來者之采擇焉，殆未敢自居於必是也。如徒避複而已，則一書本有兩用，而但令一見，於是書之體既有所不完；一家本有是書，而隘於駢登，於是家之言亦有所不備。且向、歆於此道，顓家世業，閱年二紀，廑乃成書，豈漫無斟酌者，顧重煩後起之竄改耶？

於虖！擅違古人者，其學識不逮古人萬萬者也。自班氏并省相沿既久，劉《略》真跡，又不能與斷代史書爭壽，遂使著錄盛業，後世顓爲甲乙部分之需，而兵家九流，至有槪隸子部者，謂非此《志》之罪歟？鄭樵作《志》，輒詆因緣，果如鄭言，班氏之罪轉將末減。然則如何而可？曰遵守劉《略》之舊，推廣自注之例，互爲標識，俾淺學便於稽檢，而深通者或益資發明焉，則幾矣。

《漢志》九流不列兵家論

黃守恒

漢成帝時，求遺書於天下，詔光禄大夫劉向等校六藝、諸子、詩賦、兵書、術數、方技，條其篇目，撮其指意，録而奏之。會向卒，哀帝復使向子侍中奉車都尉歆卒父業。歆於是總群書而奏其《七略》，蘭臺作史，則本之以爲《藝文志》，雖其所條或頗曾損劉氏原書，而于《七略》之名未嘗改也。《七略》別兵書于諸子之外，後世論者遂疑九流中不列兵家。今其書已佚，意指所在不可得而聞焉，然考班《志》釐改《七略》之處，無過三例。一曰入某家若干篇，此《七略》之外，班所新入，或從他《略》移入者也。二曰出某家若干篇，此《七略》所有，班始删去，或出之以入他《略》者也。三曰省某家若干篇，此則《七略》所重出，而班省去其一者也。省例，師古無注。考班凡原注省者，皆爲他《略》中所有，而不在入之一例，知爲重出而省，甚明。三例之立，即《志·敘》所稱“今删其要，以備篇籍”之旨，則外此即皆劉《略》原本，彰彰明矣。

　　間嘗由班《志》以窺劉《略》，即其所稱述諸子九流兵書四種，以求九流不列兵家之説，蓋其微恉大要有可言者。九流之中，雜家其一。《志》云雜二十家，四百三篇，入兵法。此注入兵家法三字，與上言入某家若干篇之例異，蓋本劉《略》以爲注也。中所著録，若五子胥、原注名員，春秋時爲吳將。子晚子、原注齊人，好議兵，與《司馬法》相似。淮南王《七略》又入兵權謀，班省。之類，大抵皆兵家言，然則歆、固之意，明以兵家列雜家者流，未嘗屏之九流外矣。周史六弢、師古曰即今之六韜也，蓋言取天下及軍旅之事。孫卿子、陸賈，二家，《七略》又入兵權謀，班省。兵家言也，近儒，則列儒家。伊尹、太公、筦子、鶡冠子，四家，《七略》又入兵權謀，班省。兵家言也，近道，則列道家。李子，原注名悝，相魏文侯，富國彊兵。兵家言也，近法，則列法家。龐煖、原注爲燕將。案此家復見兵權謀中，蓋班偶未省也。蘇子、蒯子，二家，《七略》又入兵權謀，班省。兵家言也，近縱橫，則入縱橫家。墨子，《七略》又入兵技巧，班省。兵家言也，墨獨爲一流，即列墨家。雖淮南、孫卿子等十家二百七十一篇，歆又分隸之《兵書略》中，然孟堅固因已見諸子中而省之，歆亦非不列諸子中而入之，特輯《兵書略》時，不及檢校，遂重出及之耳。然則歆、固之意，又明以兵之專家者列雜家，其非專言兵者，則各因其所近，而分列之各家，蓋未嘗屏之九流外矣。不惟是也，《志》於軍禮司馬法一家，出之兵權謀，而入之禮，蓋班以其言多據道依德，本仁祖義，三代軍禮猶存十一，足與周禮相出入，故其敍兵家有云：以師克亂而濟百姓，動之以仁義，行之以禮讓，司馬法是其遺事也。故獨矯《七略》之舊，而列之六藝之中，移綴之跡，良非偶然，指義所歸，尤出劉上。然則劉于兵家，猶不過列之九流，班且以兵家言之極純粹者，尊之六藝，而下此乃列九流焉，益不得謂屏之九流外矣。獨是劉別有兵書一略，而班志承之者，何也？曰：九流中之兵，兵之正軌，而猶存古意者也。《兵書略》之兵，非兵之正軌，而浸失古意者也。善夫紀文達之言曰：其間孤虛王相之説，雜以陰陽五行、風云氣色之説，又雜以占候，故兵家恒與術數相出入，要非古兵法也。故《志》之敍兵家也，曰自春秋至於戰國，出奇設伏，變詐之兵並作，而別最録之四種，冠以權謀，繼以形勢，陰陽技巧，要於堂堂之鼓，整整之旗，合王官之武備，而無戾於古司馬者，微乎其無有存矣。

　　《志》之言曰：孔子既没，諸弟子各編成一家之言，凡爲九。引見《穀梁傳》序楊疏，今本《漢志》無此語，蓋逸文也。九流之言，雖不克上躋於六藝，要其各引一端，指歸無謬，繇上所云，固況而愈下，不足以九流之兵家數矣。然此四種者，其旨雖殺于九流，其書猶專爲一事，故雖近術數之事，而逕入之術數，抑亦雜而無當，劉氏之所以別著爲《略》，班氏之所以一仍其舊，則坐此焉云爾。論者眯目于兵書一略之別録，而遂疑九流之不列兵家，噫嘻，其亦不善讀《志》者歟？

小學學六甲五方書計之事論
趙　寬

　　小學者，幼學也，訓蒙之學也。《禮記·內則》曰：六年教之數與方名，九年教之數日，十年出就外傅學書計。《漢書·食貨志》曰：小學學六甲五方書計之事。二書之爲言略同。蘇林釋之曰：五方之異書，如今秘書學外國書也。臣瓚曰：辨五方之名及書藝也。顏師古是瓚説。顧亭林先生病其未盡，因從而申之，其言曰：六甲者，四時六十甲子之類；五方者，九州岳瀆列國之名；書者，六書；計者，九數。綜諸説而求其意，竊以爲訓蒙之道無他，亦即其淺者以導之而已。夫爲學之塗至棼矣，最其功候則深淺不同，曰義理，曰名物，此爲學之深淺也；曰解悟，曰記誦，此用力之深淺也；曰會通，曰區別，此造詣之深淺也。推學者之心，孰不期於深造有得哉，然而名物不辨，無以晰其理；記誦不熟，無以神其悟；區別不明，無以會其通。然則行遠自邇，登高自卑，信乎其不可越淺以求深也。

是故先王之訓蒙也，以名物爲教，以記誦爲教，以區別爲教。教之六甲，所以稽歲時也。然用之以考往古，則綜夫脩短之數矣；用之以分章蔀，則明乎授時之曆矣；用之以別孤虛，則通乎陰陽之言矣，是則六甲之爲教淺而爲用博也。教之五方，所以辨地域也。然明乎九州之廣袤，即可徐知古今之沿革，阨塞之形要矣；明乎嶽瀆之流峙，即可徐知物産之所萃，水道之所利矣；明乎外夷之向方，即可徐知邊塞之夷險，敵勢之盛衰矣，是則五方之爲教淺而爲用博也。教以六書，則萬彙之品類詳焉，進而求之，則倉、史製字之原可得而討也，斯、邈遞變之故可得而稽也，四體二用之目可得而析也。教之九數，則百物之會計審焉，進而求之，則氣朔盈虛之差可得而推也，律呂升降之數可得而調也，中外推步之異可得而舉也，是又六書九數之爲教淺而爲用博也。

之數者，皆毗於名物而必責之以記誦，責之以區別者，然而專家之學，其原悉根於此。承學之士既以此植其基，則亦粗涉爲學之藩，苟充其不息之志，各因其性之所近，以造乎專家之業，其勢至順，其效至捷。先儒之言致知，西海之言蒙學，其用意胥合乎此也。其不然者，舉孩提之童，與之課聖賢之功，講心性之理，其中枵然，芒乎不知義理之所在，顧欲使之嚮壁以求解悟，面牆以求會通，是非率天下之子弟而相率爲自欺乎？迨乎歲月浸長，其欺不售，返而從事於名物，然而志以紛而不專，識以淆而易奪，朝舉夕忘，事倍功半，而後始悔其植基之不早，不已晚乎，不已晚乎。然則反乎此以爲教者，殆真所謂“賊夫人之子者”徒也。

小學學六甲五方書計之事論

蕭麟徵

《漢書·食貨志》載八歲入小學，學六甲五方書計之事。顧亭林曰：六甲,四時、六十甲子之類;五方,九州嶽瀆之名;書,六書;計,九數。愚讀而思之,而知古人所謂小學,非獨灑掃應對之習其儀,射御之嫻其節也,必將有以究天地之際,通事物之變,擴其識,練其才,以備一日之用。

今夫六甲五方書計,萬物之綱維,而百務之鈐轄也。君不知此則道不亢,臣不知此則官不職,民不知此則業不安。古者,天子有天下,必爲之定曆①數,改正朔,審法度,謹權量。五載巡狩,太師陳詩以觀民風,市納賈以觀民好惡,有不正者正之,所以爲大一統也。不然,則户異政,家殊族,大者帝制自爲,小者析言破律,所謂道不亢者,此也。古之傳天學者,世修其職,卜筮占候之官,無不隸於天學。邦國則志,土地則圖,以辨土宜,以道志慝,以稽出入,百物以識,山川道路往來有符傳,買賣有質劑,或司其典籍,或掌其會計。不然,則迷於政而敗於事,所謂官不職者,此也。若夫民之所爲,蓋綦微矣,然必習於占驗,明於天下之大勢,閱覽博物,而謹籌其法,而後爲農而農逸,爲工而工巧,爲商而商富,此其所以能安業也。

夫六甲五方書計之切於實用如此,而後世師之所以爲教,與弟之所以爲學,謂是一偏一曲之技,棄而弗爲。夫此誠一偏一曲之技也,然而羲和、章亥、沮誦、史籀、商高之徒,其能足以經緯天地,宰製萬物焉。且夫人之生也,呱呱而啼,嘻嘻而笑,及其稍有知識,語以晝夜寒暖而無不喻者,示以前後左右而無不曉者,手操柔翰無不能爲點畫者,多寡長短大小無不能計較以對者,然則六甲五方書計之理,生初固已具之矣。因其有所知而引之,俟其有習而進之,易爲力耳。《記》曰:六年教之數與方名,八年教之數日,十年學書計,研摩漸漬之久,而不足以擴其識、練其才者,未之有也。嗟乎! 夷狄之有小學,不如中國之亡也,中國未嘗無小學也,疲精勞神,捨本逐末。隋李諤之言曰:閭里童昏,貴遊總丱,未窺六甲,先制五言,指儒素爲古拙,用詞賦爲君子,文筆日繁,其政日亂。構無用以爲用,古今之同慨也。而海外諸國拾先聖之緒餘,爲學校之程式,凡天文地理、淺近算學、風土人情、各國史略、本國各國語言文字,率以課其蒙幼,《傳》曰:天子失

---

① 曆,原爲避乾隆帝諱刊作"敬避"二字。

官，學在四夷。豈非然哉？豈非然哉？

魯兩生論

蔡文森

世之論兩生者，説有二，曰失時，曰高節。爲失時之説者曰：三代之禮，至周大備，秦人尊己而怙私，屈人而蔑古，文章物采，蕩埋無存。漢初去古未遠，有修明之機，得雄才大略有爲之主，兩生者出，資之以搜訂墜失，糾正婾陋，即不遽復古，視叔孫通之諧世取寵，苟飾耳目，所就當何如？乃過持羞惡之意，未闚聖賢之通，徒懷獨善，何取乎爾？爲高節之説者曰：秦火之烈，儒類之絶，道之鬱滯蓋已久矣。陳涉之王，搢紳先生負禮器往委質爲臣者，肩趾相摩錯，孔鮒爲涉博士，卒與俱死。天下寧息，一尊已定，海内之士，人人自以抱守殘軼，思一得當以發攄，而兩生獨夷然不屑，不欲貶節以爲婾嬰，深寧所謂"鳳翔千仞，燕雀之網所不能羅"者也。

烏乎！由前之説，固不能得兩生之心；由後之説，抑未免知二五不知十之誚。高祖不悦儒術，在位多武夫，一二文臣又皆以功成謹過爲宗旨，無數世之規，牖主聰明而進於文治。而挾私意，苦拘縛，樂亡秦之故，無復古之心，則君臣一體。是故高祖曰：令易知，度吾所能行爲之。知其所易知而能行者，甚可鄙也。兩生之不屈，又何待叔孫使魯之日，腥聞所扇，潔士恥避，而後計決耶？設使與夫三十人者同徵而西，寧得自伸其志，亦惟競姝姝於茅蕝之中，有懷慚速退已耳。兩生者，其自負何如，肯與夫短衣楚製，顡臣媚子之屬，呪詈突梯，以取隨俗之榮，而爲絃歌詩禮之辱哉？其曰"百年積德而後可興"者爲高帝言之也，審知高帝欲以馬上治天下，必不能以二三師儒之力，豁其嫚易之胸襟，而返之於唐虞三代，是故禮樂者，非高帝之世所能興也，而此言抑不能入面諛事十主者之耳，不得不故迂其詞，而隱忍以懸其無窮之望。蓋其獨醒孤潔、守先待後之志爲可悲矣。不幸而有臣無君，文帝惑於道家，武帝敝心武略，輪臺之悔已逮莫年。宣帝綜覈名實，遭值匈奴乖亂，制作之事卒卒未遑。賈誼之謀勿用，仲舒之策不納，王吉之言弗聽，而大行禮官三代具存之禮，曠漢世而終不復，古禮於是乎亡，秦禮於是乎傳。兩生禮徵不逢，黯黮没世，翳姓名於榛莽，標遇風於奕代，微特禮樂之事並世所不能睹，數葉以後終無以紹其志而衍其緒，慰清魄於九京之下，以伸其孤憤之懷，而使千秋相待之願，終古而不得一償，何其痛也。而世猶以“高節”稱兩生，以是稱之？以是少之矣。

嗚呼！駿骨至而士奮，跅弛進而行壞。張鵠列表，惟上之求，隆污之故，下無與焉，以是見治術之未可卑，而人主好尚之不容苟，其原非常也。夫顯慶新禮，損益希旨；大業興衛，務稱上意。如通者，且接跡於天下，而賢者或不得志於時，何暇求治之古若哉。

魯兩生論

李青藻

叔孫通之起朝儀也，就其弟子百餘人，益以上左右學者，綿蕞肄習，綽乎有餘，何取乎三十餘人而必徵之於魯？蓋魯者，美名也，周公、孔子心法相傳，禮明樂備，莫過於此。假其名以欺天下，其視王莽之偽託周官，揚雄之僭儗聖經，有過之無不及焉。嗚呼！使周公之教、孔子之學不入人心也則已，其猶在人心也，則豈通之所得而欺哉！

魯兩生者，史失其名，行事亦不少概見。觀其言，則必於聖人之教化沐浴已深，而於出處之大節講之有素者也。秦得天下，著挾書之令以愚黔首，向之冠儒冠而服儒服者，懷其才而無所試，積其憤而無所洩，有張良報仇之志，而又不敢徼倖於一擊。當此之時，人人以亡秦為快，不暇顧擇主而事之大義。故一夫作難，魯諸生持孔氏禮器歸之，博士孔鮒且為之死難陳下，則陳涉非其主而主之矣。漢定楚地，魯獨後降，兵至城下，猶聞絃誦之聲，則項羽非其主而主之矣。非其主而主之者紛紛若是，則高帝克平天下，為天下之共主，宜無有不主之者。乃徵令既至，三十餘人皆從，而兩主獨不肯行，豈不以帝非興禮樂之君，而通亦非興禮樂之臣哉？帝以馬上得天下，嫚而侮人，習為常事，甚至武夫壯士相率效尤，飲酒爭功，拔劍擊柱，上下禮節，蕩焉無存。朝儀之起，亦迫於勢之不得不然，而其意不在興禮樂也。通之言曰：臣願頗采古禮與秦儀雜就之。帝之言曰：今易知，度吾所能行爲之。蓋淺人之不可以語深,亦猶深人之不可以語淺。通所爲者務合上意,而兩生之所不屑爲;兩生所欲爲者,不合上意,而非通之所可與共爲。故兩生之不出,不可謂之負時,亦不可謂之好名。量君之能,趨時之變,背先王之道,襲晚近之迹,此在中智以下猶或羞之,而況其沐浴於聖人之教化,而素知出處之大節者乎?

乃或者以通定漢儀之時,兩生不出,致使漢朝家法王霸雜進,終漢之世,賈、董之流言之而不能改,曹褒改之而不能用,推原返本,一一歸咎於兩生。嗚呼,此豈兩生之咎哉?此正兩生所謂禮樂必百年積德而後興者也。使兩生被徵而出,亦不過因人成事,委蛇俯仰於綿蕞之間。即欲有所建白,進以三代之隆規我,恐儒者之言,帝所不喜,稍不稱旨,嫚罵隨之,勢必枉己從人,自屈於面諛之列,欲興禮樂,而禮《樂》之不興如故,更何如以百年積德之説謝之,使後人反而求其本耶!世之論者,以經而不權責兩生,是執漢儒反經合道之説,不知權,故不知兩生也。

魯兩生論
程肇基

蒙讀史,至漢博士叔孫通起朝儀,魯兩生不就徵,喟然曰:三代之禮,亡於周末,亡於秦初,亡於漢叔孫通之阿世苟合,實亡於魯兩生之空言而貽實害也。蓋趨時者之巇古,與矯時者之泥古,其失惟均。而一二泥古之言,後人誤會之,遂至畏難不行,古道卒不可復。叔孫趨時而巇古者也,窺高祖厭兵之意,適當群臣爭功醉呼之會,而以議禮之説遂其導諛之私心,名曰古禮,雜就秦儀,務擇帝所易知能行者,諧俗取寵。僅僅月餘,綿蕞所習,而欲傳之子孫萬世。司馬温公所爲惜其器小,徒竊糠秕;龜山楊氏並斥其道不足尚者也。兩生曰禮樂之起,積德百年而後可興,其言似也。然漢去三代未遠,天下新出於戰爭之餘,百姓喁喁望治,以高祖之明達,誠得大儒佐之,制禮作樂,創業垂統,爲後嗣無窮之計,則三代之禮不亡。即一王制作未備,而朝儀之起,盡汰亡秦弊制,得端本善則之道,數傳而後,聿觀厥成,則三代之禮亦不亡。所謂積德百年者,正宜及是時積之,而下推至於百年。高祖之前，秦鹿未失，又誰爲積者？兩生矯時泥古，力詆叔孫，亦未審前後之大勢矣。

且夫漢世守成之盛，前則孝文，後則孝章，皆恭儉寬厚，有長者風。太宗時海內富庶，斷獄數百，幾至刑措。賈生之召爲博士也，請興禮樂，以立漢制，更秦法，帝謙讓未遑。章和之末，曹褒被詔，條正禮儀，撰次天子至於庶人冠昏吉凶終始制度百五十篇，雜以五經讖記之文，尋寢不行。彼二帝者，號稱令辟，詎不足以大有爲，而顧於議禮遲遲不果者。揣其意，蓋狃前人之説，以爲禮樂之興，固必積德百年，自分主德何如高祖，曩時功成創制，兩生猶有守先待後之心，僅得試觀習肄於朝儀之末，何論後嗣，則唯有因陋就簡，奉行故事而已，此皆誤會兩生之言而至此也。

嗚呼！高祖以馬上得天下，詒謀不善，無足深責。叔孫量君之能以爲禮，委己從人，未聞大道，亦無足深責。所惜兩生能知之，能言之，獨不欲起而行之，辜高祖修文之治，阻叔孫就正之心，“積德”一言，適令後世目王道爲迂闊，而古禮之淪沒不振，以迄於今。《春秋》責備賢者，兩生其能逭乎？然則儒者與人家國，當先舉其時之可行者，以植之基，馴致可大可久之業，識時俊傑如是而已。孔子有言：爲邦百年，勝殘去殺，而期月已可，三年有成。獨眷眷於用我之人，此中蓋有緩急焉。兩生生於魯，學於魯，自命不爲人所爲，何猶未之前聞耶？揚子大臣之贊，兩生或猶愧之矣。

魯兩生論

孫蓉鏡

嗚呼！出處進退之間，一品節隆污之大關鍵也。昔仲尼具用世之才，懷用世之志，然於陽虎則拒之，於彌子則拒之，寧曠世不見知而無所於悔者，豈果不欲行其道哉？亦由汲引者之非其人耳。蒙讀漢叔孫通傳，至魯兩生之事，喟然曰：名教者，聖賢之大防也；仕進者，事業之始基也。魯以禮義之邦，沐聖人之化，名儒碩彥代有繼作，顧未有若兩生之礪名砥節，抗志聖賢，一出一處，一進一退，卓然有以自立，而無一毫苟且之見存於其心者也。將揚子所稱大臣者非耶？天下可以無具臣，不可一日無大臣。無大臣，則上下中於模棱之習，以媚俗爲工，以趨炎爲尚，而儒者持身之大義與聖人覺世之微言，將從此絶滅於天下，而天下亦不得而治矣。叔孫通始則仕秦，繼則從楚，終復從漢，甚至短衣楚製迎合上意，以稍知大義之人所必不忍爲者，而通竟覥然自得，謂知時變。幸兩生者起而矯之，使天下後世猶知以媚俗爲羞，以趨炎爲辱，而古今之大義微言，不至一滅而不可復振，其有功於聖教也豈淺鮮哉？兩生之言曰：公所事且十主，皆面諛以得親貴，吾不忍爲公所爲，公所爲不合古，吾不行，公往矣，無污我。是其所以拒叔孫者，即孔子所以拒陽虎、彌子之道也。以孔子之道爲道，即以孔子之志爲志，孔子未嘗不欲與天下興禮樂，而不肯因陽虎、彌子而興。兩生未嘗不欲與天下興禮樂，而不肯因叔孫通而興。聖賢之學分等差，而其志則無分前後也。論者不察，顧以“死者未葬，傷者未起”數語，爲兩生詬病。然亦知古者政教未洽，本不備其禮，孔子治衛，必先富而後教者，良爲此也。況當日之君，則嫚罵溲儒冠之君乎；當日之臣，則易服求容悅之臣乎。孔子曰：雖有其位，苟無其德，不敢作禮樂焉。漢雖得天下，其如君非興禮樂之君，臣非興禮樂之臣，何哉？

嗚呼！强秦以後，廉恥道亡，通之所爲，固不足責，而三十人之從而西者，亦不計吾之學爲何如，學通之人爲何如人，附尾偕進，習不知怪，而獨至名節自持、矯然傑出之兩生，不免後人之訾議，爲不可解也。班固有言：行不苟合，義不取容，毋亦過於譽朱建，而適合兩生之分者乎。

魯兩生論
彭世襄

天地之道，窮則變，變則通，通則久，有自然之運焉。非其人，不足與言變。因變之非其人，而遽謂天下事不可變，不能變，不當變，則又泥古者之見，而不足與言世運者也。魯兩生其泥古者歟？夫以稷嗣之爲人，挾其諧世之才，以投人主之意，而蔑先王之制，彼所習者，儀而已，惡足以言禮？而儼然居議禮之目，以微魯諸生，無怪兩生斷斷愧之以不忍爲，斥之以不合古。然如其所言，遂足服稷嗣之心，而合當時之勢哉？當是時，天下初定，禮樂蕩然，高祖非文、武之君，諸臣無十亂之選，明堂制作，誠有未遑。然即周公復生，亦斷不言當日所言，行當日所行，强以繩此日之天下。天下事視乎勢而已，但使行之足以治，則法古可，變古亦可，特稷嗣非其人耳。而必持百年積德之言，以申其固執之見，彼固曰：吾所聞於古者云爾也。然則以古繩今，不阡陌而井田，兩生其能乎？不郡縣而封建，兩生其能乎？心知其必不能，而必囂囂然託爲高亢之言，以自鳴其異，則是此百年中，可姑聽其一切陵夷而不爲之所爲，無是理也。且使百年以後，嗣主非成、康，風俗非刑措，如兩生之意，又將待之數百年後乎？

　　君子之於天下也，無適莫之心，而有通變之義。苟以古法爲不當變，則是三代之損益爲可議，而孔子之於純冕爲不當從也，豈通論歟？且吾嘗有疑於兩生矣，漢興以來，伏生、轅固、申培公之屬，類能祖述遺經，抱守殘闕，以存先王之遺如兩生者，誠有窺於制作之大原、先王之精意，則慨然憫禮教之放失，退而發抒其心，得網羅其舊聞，藏之名山，傳之其人，以俟百年之後爲王者師，豈不見復古之盛心而大有功於後世也哉？而乃藝文不登其著作，史傳莫詳其姓名，遠不如高堂生之善於禮，後世得宗而述之，則向所與稷嗣齗齗者，徒空言耳。

　　嗚呼！承學之士，莫患乎不察古今之事變，而執其硜硜之見，以訾謷當世之政，迨叩其實用，則又空疏無具，重爲識者所鄙笑，此焚書之禍所以激成始皇者也，兩生其未之聞歟？雖然，其賢於諸生之苟合取容，得數百金之賜，靦然貢聖人之諛者，蓋亦多矣。

桑孔張湯合論
管祖式

　　漢孝武帝用桑、孔，筦天下鹽鐵，置爲一切均輸榷算之法。百姓犯令，於是張湯痛繩以罪，舞文巧詆，力鉏豪强兼並之家。君子觀於三人者之行事，而歎三代以下病商之政所由始也。

　　夫氣運之所積，雖帝王不能勉强於其間。三代以來，重農賤商。商所入恒贏於農數倍，逐末益繁，如川之流不可阻遏。先王於是有市廛之法，微示裁抑之意。其後龍斷者多,征商遂定爲經制。此雖人心之漸薄,亦可見天地氣運所趨,有未可遏焉者也。漢興,高祖令賈人不得衣絲乘車,又禁爲吏,可謂極敦本抑末之意,而卒不能勝。吾謂商賈者,亦國家命脉之所寄也,操術雖與農不同,其爲藏富於民亡以異,上之人正宜維持而調護之。而孝武席文、景之隆,忿胡、粵之害,南征北討,煩費蕭然,言利之臣自兹蠭出。桑、孔首領鹽鐵事,公卿繼之算軺車、榷酒酤,而張湯復承上指,請造白金及五銖錢,籠天下鹽鐵,出告緡令,最後,弘羊置均輸鹽鐵,官民不益賦,天下用饒。烏虖!後此征商者之變本加厲,皆此"民不益賦,天下用饒"兩言開之。小人之事君也,每迎其君之所欲,而又爲之避其名。夫益賦,惡名也,自非桀紂之主,孰肯冒不韙而不顧?小人者,陽謝其名,陰收其實,無敢昌言加賦之事,而專注意榷稅之條。爲之君者,亦以其無加賦之名,值國用之不足,不得已而聽其所爲,庸詎知不病農而病商,害相等,而弊且無窮也夫。鹽鐵盡籠其權於官,是以君公而下與小民争利,至於榷算,細已甚矣。浸假而富豪多隱匿,浸假而姦吏並侵漁,上之人至是乃不得不一切以嚴刑峻法繩之。關增一分之税,貨昂一分之價,商被其病,民與其殃,終乃民力艱難,百物壅滯,而商與民交困,則其弊尤不可勝言者矣。

烏虖!此桑、孔諸人所以爲萬世罪魁也歟?吾觀三人,大抵皆法家者流,法家所取,必在兼並民力,而尤在信刑賞以齊之。三人者,計不外此,綜覈而爲能,嚴酷而爲治,遂以貽萬世之粃政。史家於三人變法之始,書初算商車,初算緡錢,初榷酒酤,蓋懍乎與《春秋》書"初税"之意同,逆知千百年以後,商之力無日紓矣。後之人臣,慎勿輕言"民不益賦,天下用饒",病商遂至於病民哉。

漢棄珠崖論

金梀基

棄地,非得也。有與我争此地者而棄之,與無與我争此地者而棄之,則其中有得有失。唐太和五年,吐蕃將悉怛謀以維州來降,西川節度李德裕遣兵據其城，具奏其狀。宰相牛僧孺謂徒棄誠信，有害無利，詔以維州及悉怛謀歸吐蕃。宋涑水司馬公作論，深是僧孺，而非德裕，爲致堂胡氏所譏。本朝錢唐袁枚、無錫薛福成尤非之。至於有漢賈捐之議棄珠崖，獨爲初元美德，繫古迄今，無以失地爲病，此其故安在哉？珠崖本今廣州瓊崖地，屹立南海，去長安七千三百二十四里，當囂佗據南越，本未嘗跨海而有其地。武帝雄才大略，乃遣使自徐聞入海，略以爲儋耳、珠厓崖二郡。其民暴惡，數侵犯吏禁，吏亦酷之，自元封至初元六十年間，十餘反，爲中國病。至是，慨然下詔，辟不嫌之辱，棄置不顧，雖古聖王以不勤遠略爲戒，要亦其地不足繫中國輕重，故憖焉甌脫置而無所惜。

　　天下形勢所在，每視乎建都之地，與夫敵國外患之勢之所趨重。有漢外患在匈奴，而西域諸國爲其右臂，自張騫持節一使，武帝遂以西顧爲急。終前漢一代，開玉門、陽關而不爲侈；都護校尉更代，絡繹於道而不爲費。東漢受命，又益以羌胡之聯絡，故三絕三通，卒無以易乎初計者，積重之勢之所在也。振古以來，棄地之失，則有之矣。唐棄河湟，而土蕃橫；宋置燕、雲不復，而契丹強；畫大渡河不守，而南詔因以竊據；明棄大寧、開平，廢交趾，而兀良哈、黎利相繼不可制；規河套不果，而毛里孩、火篩台吉、吉囊、俺答諸酋充斥北鄙，終爲中國患。此不審輕重緩急，顧以不勤遠略爲務，可謂失計之甚矣。

　　駱越之人，父子同川而浴，相習以鼻飲，與禽獸無異。顓顓獨居一海之中，霧露氣濕，多毒草、蟲蛇、水土之害，今五指大山，黎岐之窟，猶且如是。然自孫吳復置郡縣，迄今醲化翔洽，湮鬱稍開。況二千年前蠢頑冥悍，喜人怒獸之態，蓋不可繪狀。而南望浩淼，極天無際，水靈秘怪，隱現出沒，番夷島國，不足窺伺。則何苦耗中事外，擲軍士身家性命於風濤不測之窟，不聽其自生自息，與魚鼈爭此尺寸之地哉。且攻守之道，隨地形賊勢而變，使當日匈奴單于不在朔方，而在今西南交趾、緬甸，耽耽日窺伺於九真、日南諸徼，則珠崖雖孤懸海外，反覆寇暴，固將設官置吏，漸摩教化，傾國全力以守之，孰敢持棄地之議。其棄地，則李唐、趙宋、朱明之失，彼捐之又豈出此也。余嘗作難捐之棄朱崖議，以杜後世棄地者之藉口，而究其緩急輕重，則固未爲失也，因復論之。

漢棄珠崖論

徐彭齡

　　世之論漢棄珠崖者，或韙其可棄，或責其不可棄，聚訟紛如，各執一是，均未可以厚非也。今請設三策以決之，而珠崖之當棄不當棄，可灼然而知其故矣。

　　賈捐之稱：珠崖民暴惡，自以阻絕，數犯吏禁，吏亦酷之，率數年壹反殺吏。則是擾珠崖者，非民也，吏也。又稱：漢輒發兵擊定之。則是殘珠崖者，非獨吏也，兵也。既擾且殘如此，而猶與有司議大發軍，珠崖之所以滋不服也。自古帝王之用兵也，恩不行則濟之以威，威不行則濟之以恩。故天乙之於葛也，先饋餉而後征之；西伯之於崇也，再修教而後降之。漢於珠崖發兵者，凡四五矣，而卒連年不定，此必非可以威懾也，誠宜易遣良吏，明詔珠崖暴酷吏之罪，渝頑梗之惡，已往不咎，許其自新，如黃霸之於潁川，龔遂之於渤海，不務勝之，將務安之，則珠崖之民必且感激涕零，願隸宇下，父子相戒，終其身無叛朝廷可也，此上策也。

　　元帝之世，兵力日窘，珠崖叛民敢屢於鋌走者，固亦有所恃而無恐也。文既不足以綏，武又不足以制，則宜兼用其恩威。誠使元帝易置良吏，又得賢將，以爲之護，鋤其豪彊，若公孫之治鄭；施以重典，若孔明之治蜀。剿、撫並事，除暴安良，則莠民日漸少，而元氣亦日以復，雖稍藉兵力，尚未至於殄民也，此中策也。

　　如曰中國久煩供億，不足以從事邊陲，關輔饑荒，尤宜軫惜，則姑罷珠崖之師，節省軍費，挹此注彼，亦合於緩急之宜。然饑荒非歲歲有也，振邮亦不能專仰給於息兵也，因關輔饑荒而罷珠崖之師，固曰愛民也，罷珠崖之師而遂置不理，一聽其互相賊殺，亦得曰愛民乎？故關輔未安，當先定關輔而後珠崖。關輔既安，當亟定珠崖，以慰百姓，則雖暫時戢置，猶得收效於桑榆也，此下策也。

　　上策不出，出中策；中策不出，出下策。至於下策亦不出，而徑罷郡縣,並入合浦,虛示羈縻,終漢之世,不能復制珠崖,時謂無策。抑又有證者,明時交趾自建郡縣用兵,迄無寧歲,與漢之珠崖無異,宣宗朝亦有議棄之意,楊士奇等至以棄珠崖爲美稱,竟與黎利結盟。棄交趾,雖歲省軍興鉅萬,而中國兵威亦稍詘,自此遠夷朝貢多不至者。由是觀之,漢之棄珠崖,誠爲無策,明之棄交趾,亦爲無策矣。夫自古固未有無策而能應付天下之大事者也。

卷六

班固《西域傳贊》極詆漢通西域之失，其言得失若何

陳佩實

議者以建初元年楊終請罷西域屯戍①，班固持之甚力，與所贊《西域傳》自相違異，遂於班氏不能爲恕辭。雖然，就贊而論，班氏之言固未爲失也。

自古治日少而亂日多，受命之君，昆夷未殄，中興之朝，玁狁方棘，彝狄爲中國患，何代蔑有？故高、惠、文、景，未始諱言和親，而休養生息之余，海内日以殷富。孝武蒙業，正宜乘此閒暇，益培國脉，愛惜乎物力，慎重乎民命，斤斤焉惟内政不修之是懼。至於敵國外患，環而伺吾隙者，聖主賢臣方不嫌留此缺陷，俾相儆於叢脞之漸，泄沓之風，以爲悍鄰不足懾也，鈞禮不足羞也，國蓄之熾豐，邦交之優羨，不足憑藉也。"盛德在我，無取於彼"，旨哉斯語。豈有縱亡等之欲，曲意以取快於所仇，卒乃罄全國脂膏，不能以善其後，爲天下笑哉。向令武帝處此，以賓接殊俗之心，禮致賢俊；以開郡設都護之費，整頓一切學校、農桑、水利、財政；以募堅苦卓特能使絶國之選，專司訓練，淬鋒養鋭，厚蓄其力，以待時會。則彼匈奴者聞風，遐狄久將，回面請款，願得内屬。而迤西小國二十餘，葱領以外大國七八，漢人所總稱西域者，或且景附響臻，不勞一旅，不糜一金，以次傳檄皆定。是非惟數世宿憤，攄諸一旦，即從古荒僻未經通道之地，亦復沐浴皇

---

① 戍，原誤刊作"戌"，今據文意改。

化,永隸臣妾,拱衛漢天子之西藩,豈不懿歟?就令天時、人事,萬一仍出意料,匈奴之患,未能遽弛,然苟兆民蘇息,百物殷阜,使文景黎獻優柔之天下,再造於元朔以後,將漢祚之長,寧有紀極。區區天馬之珍、蒲萄之玩,彼此相較,所得孰多?

自非然者,歲竭四千七百八十萬之供億,爲漢家一大漏卮,商農困於輸將,丁壯疲於道路,斯雖舉西域全境之精華,概歸職貢,而匈奴部落一一庭犁而穴埽之,終炎世無有反側,猶病不償所失。況單于蒙死抗顏,終不稱屈,縱幸衛、霍諸將追奔逐北,俘名王貴人以百數,斬首虜以萬計,而漢之士馬,物故大半,亦略相當。西域並叛服無常,優厚匈奴,往往過於漢使。車師、樓蘭,又屢辱漢使者。大宛亦浸背漢命,缺貢名馬,至趙破奴、王恢、李廣利之師,先後並出。下汔昭、宣,傅、常、鄭、馮輩,頻有事西陲,而車師一國,仍兩屬匈奴。流極東漢,耿、班二子,迸命相博,僅得略定。卒因徵發降羌,馳赴西域,激變關輔、隴右。陽嘉而後,匈奴數爭車師、伊吾,漢兵累挫。于闐更殺長史。自通西域,曾不獲稍收其利,徒令一彝未平,一彝又起,西瞻北顧,厥害遂與火運相始終。莊生有言:大惑者終身不解,大愚者終身不靈。脫匈奴北尚有匈奴,西域外別有西域,形勢所涉,似乎在所必爭,其將悉數通之,而悉數斷之耶?吾恐窮建元以來五十四年之宵旰畢力經營焉,而猶虞不及也,此莊生所云大惑大愚者也。

抑孝武之欲通西域,以專意匈奴者,單于非我族類,恥與和親耳。然試問烏孫別種,獨可引爲族類乎?一公主也,昆莫尚之,孫岑陬又尚之。未幾,楚主下嫁,繼室岑陬,肥、狂二王,迭相烝報。高帝當日降家人子於單于,不聞無別若此。明張溥謂絕漠未窮,閨門先黷,漢直爲彝,良非過論。

且夫孝武茲事之過舉,其種毒豈止在一時哉?師行二三十年,海內虛耗,後代榷鹽、鬻官兩大秕政,攘天地生成之利而賊其才,疇作之俑。一念好大,萬古傷心。茂陵而有知,必有什伯於輪臺之悔者,況乎玉門以西,水流西騖,華裔之限,較然可睹。自張騫鑿空,始亂天地自然之紀。厥後,條支、安息、大秦諸島族,漸以旃罽、繒布市易海上。歲深月引,而異物之內流，利源之外洩，幾如恒河沙數，靡可殫究，又誰爲爲之，而孰令致之者？觀乎歐人之航海東來，颿檣相屬，於武帝不能無咎焉。

嗟嗟，閉關謝使之政，不可施之於門戶洞啓之日，而當謹之於風氣未漓之年。開門揖盜之嫌，不過當時排外之權宜，永爲終古馭夷之失策。近世治國聞者，蒿目外侮，容持遠交近攻之說，著一書以問世。夫己則不自强，而厚結其所號友邦者，以別爲修怨之地。彼聯而此拒，甚或引虎自衛，親失所宗。不幸則宋之約金滅遼，顯蹈覆轍；幸亦漢與西域、匈奴之故事焉爾。善乎光武卻西域之辭曰：諸國力不從心，東西南北自在也。又報匈奴使者曰：款誠已達，何嫌而欲率西域諸國俱來，西域屬匈奴，與屬漢何異？尋誦數四，抑何度量相越之遠耶？宜夫班氏之盛稱建武也。班氏在朝，既力主西域之不可棄，曲遂弟超封侯之志，而此篇大指雖詆通西域之失當，顧由首貫尾，無一語及張騫者。騫與超一邱之貉，實隱爲超同護，將誰欺歟？以騫逢君之惡，而不加筆伐，斯則其立言之不能無失者已。

班固《西域傳贊》詆漢通西域之失，其言得失若何

張葆元

自來通西域者，得其道可以殺匈奴之勢，不得其道則重中國之禍，班氏奈何不察乎炎漢之時勢，而概以通西域之事爲排而痛詆之哉。

夫匈奴自平城得志以來，文帝待以寬宏之度，景帝重以公主之和親，不數年，而寇掠如故。武帝知其不一勞者不久佚，不暫費者不永寧。於是求一計以快心於狼望之北者，則惟有東伐朝鮮，起元菟、樂浪以斷匈奴之左臂，西通大宛，結烏孫，起敦煌、張掖、酒泉以裂匈奴之右肩，此其不得已之苦心，而即耿秉所謂以夷攻夷，以戰去戰之策也。然而通之不得其道，則所謂以夷攻夷者，即轉爲以夷召夷；以戰去戰者，即轉爲以戰召戰。何者？彼降心以受我之通也，必其懷德畏威而後可久耳。使不接以禮，不示以信，不孚以至誠，而第誘以財貨，媚以子女，劫以兵威，則彼之欲無時而厭，即我之兵威有時而窮。漢自通使各國以來，豈真能得其心而役使之哉？康居雖稱臣妾於漢，然與匈奴內相輸遺交通如故，其不信漢也可知。

車師雖降屬於漢，然屢與匈奴結婚，攻則服，赦則叛，其不親漢也可知。鄯善則遣一子質漢者，又遣一子質匈奴。烏孫則以漢公主爲右夫人者，亦以匈奴女爲左夫人。所謂亦相伺候，見便則發者，其不心服於漢也可知。他如大宛、莎車諸國之遮殺漢使，數見於《傳》，又安肯傾心以助漢耶？故史稱匈奴不自安者，非盡以漢之能護南道也，實由單于病歐血，罷兵而請和於漢也；所稱匈奴益弱不得近西域者，非盡以漢之並護北道也，亦由匈奴內亂，五單于之爭立也。班氏乃不責漢之不得其道，而以爲西域之不可通，夫豈能折武帝、張騫之心乎？

若夫統大勢而論之，未有不可通西域者也。神爵以後，史稱漢威德號令及於三十六國。五鳳時，呼韓邪遣弟入侍，後又款五原塞而來朝，戍邊之卒且減十二。然則匈奴之弱，雖不盡由於西域之通，而亦未始非通西域之有以懾之耳。使當日者不貪其寶，曉以利害，結西域爲犄角，塞北胡之奧援，攻前絕後，且不難掃匈奴之穴而犁其庭，而豈僅幕南無王庭歟？謂余不信，請以西北之形勢與古今通西域之事證之。

夫自古禦北狄之禍，未有不先圖西域者。漢時，匈奴之勢未盛，故於西域利用通。隋唐以後，匈奴之勢漸張，故於西域利用取。今則匈奴之勢愈烈，故雖取西域，猶不足以弭漠北之禍，其道利用守西陲，而防東省。何言之？古今通西域之道，祇天山南北兩路而已，而兩路尤以北路爲要。漢初，匈奴連結西域，資爲右助，其時北道爲匈奴所阻，漢之兩道皆在天山之南，故爲漢策久遠者，必以先通北道爲要務。光武絕玉門，匈奴乃脅諸國以入寇。至明帝取伊吾，通北道，而後寇息，此漢之大勢所以利用通也。自隋而後，既有山南兩道，又通山北一道，其時吐蕃強盛，屢逼西域，通而弗取，豈無攜貳？故唐置都護於北庭，又移安西都護於龜茲，立四鎮而扼山北之路，吐番遂不敢踰隴而東。元太祖崛起朔漠，先得北路之伊犁，並西域全境，然後練兵積粟以圖中原，此隋唐以後之大勢，所以利用取也。至我朝，則漠北之患愈亟，南路之回疆八城，北路之惠遠重鎮，較漢、唐諸朝尤爲炎炎。蓋俄人跨兩洲之地，擁百萬之師，日逞其詐力，以蠶食於西北遊牧諸部落，而有經營中亞細亞之心。伊犁自大城西行，地多與俄相接，故今日之北路，亦恒視南路爲重。昔我一祖、二宗，三世西顧，平準夷，定回疆，豈樂於窮武以炫史冊哉？國家本寬宏之度以待來者，亦豈肯以準、回偶爾之不順，而必赫然以討之哉。實以列聖之高見遠識，深窺俄人有覬覦新疆之心，故不得不取之，以爲吾圉之固，乃俄人之陰謀詭計，既爲天朝所窺見，於是狡焉思逞之意，不敢行之於西者，則轉而行之於東。夫中國與俄接壤之地，東西二萬里，在在可進。即其南下於科布多塔爾巴哈台、喀什噶爾諸處，道近而勢便，皆舍不圖，而必越烏拉嶺，而注力於西伯利亞者，其意豈盡以由西入不足以取建瓴之勢，而特改計而東哉？良由數聖人既防患於前，而左文襄諸公綢繆於後，有以奪其氣耳。故曰今日之大勢，防新疆尤宜防東三省也。

嗚呼！千古無不開之運會，即無不易之形勢。形勢既異，則其所以籌畫而防禦之者，亦斷無膠執閉關而治之理。西北之大勢，自漢迄今，形遷勢變，防衛之法雖有不同，然未有不悉力以圖西域。北狄之禍至今日而極矣，而乃不敢肆其西封，必轉計於東道者，則我朝圖西域之益已彰彰可見。況漢武英武，幾於列聖，匈奴之橫，不及俄人。使當日者得其所以通之之道，則匈奴俯首帖耳，中原無事可數百年。即謂俄人可改計而東者，匈奴亦可改計而東，不知伐朝鮮而起元莬、樂浪，武帝固已計及於此，又何患耶？班氏此贊，殆因武帝貪寶馬，窮財力，乃激而發此無益無損之言耳。非然者，楊終請罷西域屯戍，固以爲不可，則彼固知西域之當通矣，而乃爲此不通時勢之論哉？

班固《西域傳贊》詆漢通西域之失，其言得失若何

秦毓鈞

自漢武帝好大喜功，竭中國事西域，師旅之費不可殫計。蘭臺極詆其失，後之持國是者宗之，以爲武帝之失無有過於此者。竊謂不然，人主非好大喜功之爲患，而蒙業養安之爲患。爲人臣者，當曲諒其君之不得已，不當倡爲異論，以疑誤國是。天下之大勢，不盛則衰，不強則弱。能制人者，庶不制於人。謀自保者，終將不自保。通西域者，武帝所不得已也。

方是時，匈奴震漢軍聲威，焰漸挫，朔方既並，河西復開，渾邪歸降，幕南無庭。不急於此投隙以殺其勢，安知不由幕北道堅昆、烏孫、車師諸國以擾我西境，是以蹙之北者，縱之西也。不觀車師、樓蘭、郅支之已事乎，陰受胡教，遮殺漢使，脅制旁國，爲患肘腋。嗚呼！此鄭、傅、甘、陳所以功冠乎炎漢也。且夫通西域所以制匈奴，制匈奴所以衛京兆。今自玉門、陽關以西，皆西域也，據我上游，控彼右翼，拊西涼肩背，扼三輔藩籬。使匈奴據爲重鎮，出兵以東攻漢，譬如高屋上建瓴水，不十日而抵長安矣。蓋自金城踰河，東攻北地、安定，則左馮翊危。南攻隴西、天水，則右扶風危。北攻朔方、西河，則上郡危。諸郡者，馮翊、扶風之屏蔽。馮翊、扶風，京兆之唇齒也。固縱不爲天下計，獨不當爲長安計乎？是西域者，武帝所不得不通也。

抑嘗熟覽其形勢矣，匈奴爲今之蒙古，西域爲今之新疆，其由烏孫舊壤，以達匈奴，則今綏靖赴科布多道也。其由車師前庭以達匈奴，則今廣安赴喀爾喀道也。其由車師後庭以達匈奴，則今鞏寧赴喀爾喀道也。壤地相接，利害相因，有事新疆者，必先有事蒙古。有事蒙古者，必先有事新疆。是故明乎今，可以知古。明乎今之所以制準夷，即知古之所以通西域。當準噶爾之北犯也，一自阿爾泰山突襲土部，一自額爾濟斯河突襲賽部。推其所以爲兵衝者，險阻便，形勢利也。而烏蘭布通之逐，昭莫多之殲，喀喇森齊泊之敗，由於北之屯兵科城，築城烏邑；西之置郡布隆吉，設鎮巴里坤，足以扼其吭而制其死命，蓋其樞紐如是也。以今徵古，此舉誠一大關鍵矣。

固曰民力屈，財用竭，武帝之雄武，豈不知之？自高、惠以來，匈奴寇邊，侵掠靡算，漁陽、上谷、雁門、云中、五原、朔方諸郡戍卒，防秋供費綿億。一旦順天時，迫人事，既以北征開渾邪之封，又以西通披北虜之勢，用雖多，不宜顧也，力雖屈，不宜惜也。萬金之家，户口孤子，常慮盜賊，日需數十人以防之。得一鄰里以爲外蔽，則盜賊之來，我爲堂奧，而鄰爲藩籬，數十人者饗之於鄰，費雖不資，誰得議其非乎？䅏榷酒、酤筦、鹽鐵其事，至暫張國勢，鞏邊防，其利至溥天下。惟大有爲者，爲能操全盛物力，恢張宏猷，不惜小費，以成大計。中葉以後，内治不善，變故迭乘，由子孫之不克負荷，不探其本，而漫咎於開邊，豈其旨哉？且固於建初罷屯之議，則曰先帝所建，不宜回異，是其心明知棄之之不可，而蘭臺載筆，乃爲此不明形要、不達事勢之言，果何說與？即固亦知西域之通，圖制匈奴，而乃曰以天馬、蒲萄，何說之紕繆耶？夫索蒲萄求宛馬，武帝之詭計也，彼其心，殆以在廷諸臣不知大計。渾邪之降，小費帑項，異日狼居之封，都護之屬，實基於此，而虛府庫、奉驕子之議，已紛然矣。今欲以西域制北敵，則必動謂敵不足制，地不足通，惟言玩好，則人皆有長君、逢君之心，智士竭才，勇士盡力，陽以示爲玩好之求，而陰以遂其制敵之策。不然，武帝豈不知蒲萄、宛馬不足求乎？謂太子曰：吾當其勞，以逸待汝。嗚呼！武帝者，殆深知夫蒙業養安之病者也。

天下之患，莫大於守好大喜功之戒，閉關獨守。謀國者雖日圖自强，而敵人奪我所不爭，伺我所不備，耽耽之視，機牙橫生，事機一失，振奮末由，推其弊，皆班氏一言誤之也。噫嘻，禍烈矣。

太學上書訟朱穆論
金楙基

孔子曰：斯民也，三代之所以直道而行也。孟子曰：是非之心，人皆有之。故是非直道，並由天賦。然有時亦因有力者之表率而著，與夫偏重之禍之所激焉而成。

吾觀東漢之世，冀州刺史朱穆案，宦官趙忠葬父，僭用璵璠玉匣，至陳屍發墓，繫家屬。帝怒徵穆，詣廷尉，輸作左校。太學生劉陶等千人伏闕上書訟，迺得赦。慨然曰：此所謂愛國之效，然而黨錮之禍兆此矣。宦官之禍天下也有三，曰：漢、唐、明。明之禍也，士大夫媚閹党，歌功頌德，生祠遍天下。而太學生陸萬齡等，至以魏閹誅東林，比孔子誅少正卯，建祠國學，配尊至聖，可謂醜矣。唐之禍也，中官典禁兵，握樞要，擁立七主，權傾中外，雖藩鎮皆爲惕息。而以賢良方正對策，極諫陳宦官之害，止有褐衣劉蕡。獨東漢之世，動輒至千餘輩，矢忠懷義，豹蔚云合，一有疏救，至願墨首鈇足，代作左校。范史以爲緒餘四豪之烈，人懷犯上之心。此不得謂之篤論也。新莽專僞，忠義之士羞纓紼，足枯槁，則見之矣，獨無有起愛國之念，矢叩閽之忱，懷身保方，而吏民上書，頌莽功德，至四十八萬九千五百七十二人，繄豈無太學之輩，胡爲若是之病狂而不知返也。

三代之世，言路可謂廣矣，自公卿至於列士獻詩，瞽獻典，史獻書，師箴，瞍賦，矇誦，百工諫，庶人傳語，近臣盡規，親戚補察，瞽史教誨，耆艾修之，而後王斟酌焉。自王綱解紐，風俗譌詐，民隱不抒，乃成橫議。鄭人游于鄉校以論執政，然明欲毁之，子産不許，曰：其所與者，吾則行之；其所惡者，吾則改之，是吾師也。鄭國是以無亂，君子以爲仁。東漢之初，士固以廉退爲德，光武崇尚節義，乃成風俗。宦官始蘗，楊震、黄瓊、杜喬、李固，首先彈繫，而穆繼之。夫踰制非罪，執法被刑，世無賢愚，皆知其屈。陶等訟詞愷切，竟獲赦宥，而宦豎銜毒，薰腐切齒，後因帝怒，稱詔詆毁，穆素剛鯁，疽背以没。馴至覽、節，怙恩益肆，膺、密、滂、儉，清心疾惡，海内之士，希風附響，力持正論，鉏鏟姦慝，屢擊不中，卒遭反噬。詣獄者，囊頭考死；亡命者，刊章追捕。門生故吏及太學諸生千餘人，並遭禁錮。黄巾乃起，賜赦無及，劉陶極論，繼死北獄，善類之空，斯爲慘矣。

夫陰陽搏而水旱成，正邪亂而家國傾。叔季之世，陰邪常處必勝之局，朝廷幸而得愛國之士，士不幸而遇宦官偏重之代，今觀陶等所奏，豈非是非直道不容，已而出于中者哉？士生世而不愛國，伊古以來，惟無道秦則然，趙高欺君懷詐，而二世不悟，卒召勝、廣之亂。此時有懷效忠竭志之想，則口詞未畢，身分咸陽之市，妻子徙于長城之外矣。黨錮獄後，士氣益儳。暨宋而有太學生陳東等請誅姦佞，上書伏闕，南渡以後，卒以抗直死汪、黄之譖，受指斥乘輿之罪。然則士攢眉詘辱，口章句而心祿利，其可以巧宦而無過哉。

郭林宗論

儲青縮

進不仕於朝廷，退無表於鄉里，此隱者之所爲也。操節不違乎名教，潔身能遠夫禍難，此非僅隱者所能爲也。昔者，陳蕃、李膺諸君子，振風義於漢廷之上，激揚名聲，志匡君國，天下想望，惟恐後塵。郭林宗起太學一生，與之衡抗，折衝公卿之間，察幾官府之地，人謂林宗當志切共濟矣，而斯人竟翩然以歸。鉤黨事起，染逮者衆，海內紛紛，世綱沉陸，然有自陳詣獄，冀幸驥尾，好名之累，亦至於此。林宗家居教授，從學千數，標聲聚氣，庸能免乎？而斯人竟安然以免。

今夫士君子之愛君國也，甚於愛其身，而苟非其當，則亦不欲以身徇君國於無補。東漢之衰也，主德不明，奄寺阿依之勢，日積一日，紀綱陵夷，是時已極，而所以將亡未亡者，尚賴光武、明、章三代，重道崇儒之意，培養深厚，人思蓄報。其達顯者，整豐裁於上，使草野有所矜式，其隱伏者，持清議於下，俾朝廷有所省忌。故安、順、冲、質之際，所以敷飾歲月者，職此耳。夷至桓、靈，熒惑更劇，國氣如秋夕之燐、將燼之焰，君猶小兒，奸盡虺蜮，嗟乎！主極壞至是，而天下事固不可問矣。二三君子，乃欲撟起而正之，朝倡野和，如除身毒，此固諸君子職所當爲，而天理之所不容息也。若夫分可以逃三事，義可以安隱默，無見危之責，靡跳身之譏，則誠不若以過愛君國之情，及時識幾，移之吾黨，猶可稍補世教，爲道維持，勝於同投奸惡之一爐，爲無補帖局也。不然，竇武、何進固彰彰矣，至於紹、術，非已殄滅節、珪者乎？而赤刀之祚，旋亦隨之。是知天廢之辭，信爲先見。一木大廈，孺子亦語。得其人，所以與陳、李諸公分道而致其委宛也，彼蔚宗以恂恂善導，比諸孟、墨，豈過辭哉。

嗚呼！天下有道，則賢人在位，與天下人更始；天下無道，賢人未得棄位，則志存匡濟，以死矢之，如陳、李諸公是。得在野矣，則心懷教率，表倡士類，爲世道隱維，如郭所爲是。嗚呼！世之稱東漢風俗者，亦衆矣，若有道者，豈不賢歟。

田疇論
梅調鼎

學者論田疇之助操，爲助盜攻盜。蒙竊冤之。操於滅袁尚、破烏丸時，疇未知其爲盜也，漢祀未斬，守府之獻帝猶在，群雄專制一方，不奉王命，擬以《春秋》之義，皆亂臣賊子也。操雖奸雄，篡逆之跡未實，有志之士不仕漢而誰仕哉？迨乎篡跡已見，力能救則救之，不能則奉身以退，不失爲君子出處之義也。疇，功名之士也，盧龍塞之役，豈不欲竭其智勇，立功朝廷，書名竹帛，受爵明廷之上，稱觴私室之内。不謂臣功甫立，國是已非，既知逆謀之已成，而自問權力不能匡救，而又無助逆之義，四顧茫茫，託身無地，則不得不託於"志義不立，反以爲利"之説爲覆巢完卵之計。悲矣，懷才之莫試，使此身與草莽同盡，而轉悔前此助逆之非，而故主之讎，更無從論，何其痛也。後人以慷慨尚義稱田疇，以是稱之，以是少之矣。夫田疇，功名之士，而又深沈明哲，通曉乎大義者也。

田疇論上
儲青縮

《魏志》劉虞客論田疇，有"多稱其奇"一語，承祚贊中，亦以抗節不屈奇之。而余獨奇其爲虞使長安，用間行法，至今西關塞堠間，猶想見其隻馬經行之跡。繼居徐無山中，營深險，明約束，則又別成一天地，幾不知世有孫、劉。及爲曹公建破烏丸策，縱口談盧龍、柳城間地利，興會飆舉，又如馬新息之帝前聚米也。嗟夫！大丈夫之遭亂世也，得志則爲孫破虜、李鴉子一輩耳。不得志亦必如諸葛亮、王猛之遇，乃始相託，然後平生奇氣，可一一徐出之而無憾，而回顧古之豪傑，亦庶幾相證以不愧。不幸而舛午困塞，頹厄挫喪，亦必以其耿耿未下之懷，旁觸事機，動露驚人，使世之論者，猶得於心跡皦然之餘，見其一二行事，以爲英雄不得志之所爲，決非尋常萬萬所企及。此其感，吾嘗於讀《田疇論》得之。

夫漢之衰也，賊臣亂於上，而豪傑起於下。自非一無憑藉，則咸有割一土以自立之意。惟疇既乏州牧郡守之資，而有推心置腹之感，彼劉虞所稱"展效臣節，慰問蒙塵"之説，又甚足以激發賢豪之志氣，故一聘而即就從事，絕不舉辭者，知己之感也。至於達長安之後，有詔拜之優，有辟薦之殷，苟非志士，且將移素。而疇惟於此得報還歸，決然不動，都尉不足羈，

三府不足留者，其志蓋將與虞有所爲，以爲酬報知己地也。不謂使車纔
返，滿目悽然，一州倉皇，公孫吞併，人事天心，如此交喪，環顧天地之間，
欲再求如虞之忠節，幾不可得。而疇之奇志蓋少灰矣，不得已洩之哭墓，
仇怒不避，挺然申辭，此雖報知應有之恒情，然亦其奇志所素蓄者然也。
彼瓚之不殺，其猶以其志奇歟？自此開墾荒山，民成聚落，化之所被，邊夷
翕然。袁氏徵而不應，曹公侯而屢拒，空山獨傲，不主不臣，開古來賢士未
有之局。若疇者，雖謂英雄不得志之露奇可也。

田疇論下
儲青綰

　雖然，吾以疇爲奇，已而思之，吾猶未竟其説也。昔者，漢高皇之刑白
馬盟曰：後世子孫，非劉氏不王。故新室之亂，更始、光武皆以劉氏蹶興，
此其已事也。當疇之時，天下可謂亂矣。張讓劫靈到河上，中平之六年
也；董卓徙獻於長安，初平之元載也。君如挈瓶，海内騷然。有志之士，於
此擇宗室以爲依，計未爲過也。且夫幽州，中國之上游也，北倚北平，南通
常山，西扼定襄，東俯渤海。一旦有事，命一上將帥遼西之衆，出安平，戰
鉅鹿，以收冀、趙；一上將帥漁陽之卒，繞上谷，入雁門，據太原、上黨。然
後會合大軍，遥聯聲勢，規度而達進，中原可定也。乃者劉虞初平張純，北
方歸心，而同時宗室之領州牧者，虞外又不過焉、表二人。而君郎纔破小
醜，便盈意氣，此豈可與深圖。景升託辭觀變，内實狐疑，亦詎有閎略。其
可以高掌遠蹠，蓋舍虞莫屬。適非主擇臣，臣亦將擇君也。不意一召而
來，便蒙殷遣，間關秦地，多載稽留，使此公左右如舊無人，計失於早圖，禍
成於噬臍，事機可乘而交臂失之，足爲奇士惋惜。

　噫！遇主不終，一嫁無再。使身逢昭烈，重膺三顧，等爲仕劉，亦當專
讓葛公，自陳不敏，何況袁之私辟，曹之僞爵乎？夫其營徐無山以居也，地
足以容衆，險足以自守，躬耕足以給食，約束足以驅戰。蓋志在報主也，故
其告衆曰：今來在此，非僅苟安，將圖大事，復怨雪恥。知其心果無一日忘
爲知己死也。及瓚爲紹滅，心始釋然，乃以平日試奇之心，變爲待清望治

之懷，而英雄老矣，無復壯圖。雖從曹破虜，由於素蓄使然，實欲使北方速平，中原早定，以餘日見太平也。嗟乎！以疇之才而厄之不試，惟是困之山中，老之鄴下，徒留其一二行事，空傳於滄海橫流之日。令人欲儀，欲即於其未展之抱，作無限低徊悵悒，歎天之未爲斯人位置，此感豈有盡歟？雖然，疇之奇，亦其節有以阻之也。

荀文若論
唐　演

自宋儒假《春秋》責備賢者之義，創爲三代下無完人曁說，於是刻薄寡恩者流，鍛鍊周內，指摘鉤距，不啻欲令古人一一對簿，而己爲之斷獄老吏者。胡雙峰、周靜軒，其尤著也。烏虖！彼王大經之論荀文若，非酷摹雙峰、靜軒，而自詡爲宋儒嫡派者哉。然所謂文若忠操非忠漢，不許操受九錫王號，正其忠懇之至深於愛操云云者，是直不知忠字當作何解，而特學點胥之舞文弄法，以故入人罪爲得計耳。

夫盡己之謂忠，古來之忠於事君者，皆其忠於爲民者也，是故必能盡己之實心實力，以爲斯民之犧牲。凡有害於民者，苟爲心力所能及，即無不矢志除去之，以謀生民之幸福，夫然後謂之忠臣而無愧。方漢末造，群雄競起，爲民害者多矣，而其尤大且急者，莫如呂布、袁紹。布，亂人之無恒者也，逞其驍勁之力，倏彼倏此，旦暮狂馳，以蹂躪於中夏，其荼毒生民，較紹爲甚，不先殛之，亂何由定？文若蓋計之熟矣，故於興平二年，操欲取徐州時，說之以兗州根本，必先平定。建安三年，操欲攻袁紹時，說之以先取呂布，後圖河朔，布乃由是殛焉。雖然，呂布去矣，中夏之民稍安輯矣，彼袁紹雄據河朔，虐用其民，河朔之民，非猶是蹈水火而陷塗炭乎？不滅紹以拯救之，於文若除害之志終未殫究也，故當操議還許之際，必激之以楚漢在成皋故事，後操欲南征，復慨然代決二策，易南征爲北伐，以卒償其救河朔民之願。至如表之在荊，璋之在益，權之在江東，苟能安輯其民，俾少離鋒鏑之害者，初未嘗爲操畫一謀以擾之。然則文若當日豈嘗知有忠操、忠漢之別哉？但知盡其心力，以除去民害而已。

　　且綜文若前後觀之，即謂文若之爲操謀，忠於漢，非忠於操，亦無不可。何也？文若爲操畫策，皆在建安九年以前，嗣是之後，僅與從兄侍中悦、少府孔融侍講禁中，語本悦傳。宣力王室，雖復有大軍旅，如征劉表、張魯，伐劉備、孫權，一切置身局外，若罔聞知。蓋操之初起，一拒王芬之奉合肥，再拒韓、袁之立劉虞，非紹之妄覬非分，習與性成者比。況操當徵爲典軍校尉時，嘗欲爲國家討賊立功，題墓道稱漢故征西將軍，初無簒漢之心，猶可於此想見。文若聞之已熟，慮之已審，故寧去紹以就操，而思與操共立功名，以扶君救民焉。不謂建安九年，袁氏亡後，操乃自領冀州，自爲丞相，蓋至是而簒漢之勢成，即簒漢之心亦至是而萌蘖矣。此豈文若之明有未燭乎？君子待人以恕，不忍逆億人之作賊，宜其後之深惡痛絶，反恨前此之畫策爲多事，而不復肯爲之略盡心力耳。夫文若之不再與操合，操知之已非一日，其強爲容忍也久矣。九錫王號之加，安知非出操本意，而故使董昭相語，以嘗試文若者。迨文若果義形於色，持正不撓，雖明知死亡之在眉睫，不能緘口使不言也。操於是乃容無可容，忍無可忍焉，此壽春飲鴆之所由來歟？故曰綜前後以觀，即謂文若忠漢非忠操，無不可也。

　　彼自詡爲宋儒嫡派者，既不知忠字之當作何解矣，復貿然謂壽春之鴆，事迫意外，並責以不能效法徐庶。烏虖！亦知文若之觸怒於操，與操之決於鴆文若，正以自收復河朔後，文若效法徐庶，不肯復爲操畫一謀一策乎？昔孔子之論管仲也，曰“如其仁，如其仁”，此以立功救民爲仁也。又嘗以殺身成仁勉志士仁人，則又以忘身殉道爲仁也。若文若者，始既立功以救民，終復忘身以殉道，其爲仁也大矣。或乃更以功名之士，未能知道少之，夫道亦烏可離功者，言道而可離功，則徒見其虛懸無薄，空疏無具，迂闊無用而已，是又拾宋儒唾餘之過，不唯不足與言道，並不足與言功名者也。

荀文若論

孔昭晉

　　禮曰：事君，量而後入，不入而後量。《左傳》引孔子言，鳥能擇木，木豈能擇鳥？夫量且擇者何？明順逆之分，察邪正之判，慎於委身之初而已。蒙於荀文若之歸操，蓋不能無責焉。

考文若祖淑、父緄皆爲漢臣，叔爽貴在三公之列，累受漢恩，宜忠於漢。而操爲姦雄，許子將已能決之，智如文若，獨昧先幾，王佐之才，豈能無愧。即曰君子待人，不宜逆億，當初平二年，操方以義兵號召天下，擊誅暴亂，奮武將軍事也。是文若從操，實亦爲漢，似矣。然歸操之後，爲司馬，進侍中，守尚書令，封萬歲亭侯，雖由操薦，要亦共爲王臣，宜有獻替於朝廷，不獨參謀於記室。否則，導之以義，感之以誠，陰息其覬覦非分之心，合則留，不合則去，所以報漢，亦即所以報操。爲文若計，無善於此。乃歷數其爲操謀者，如破呂布，籌袁紹，伐劉表，皆便操一人之私計。而董卓威陵天下，反以無能爲易之，視漢室之阽危，曾未嘗攖其心曲，則文若直操之私人矣。且奉迎天子，大義也。文若引高祖東伐，爲漢義帝縞素，而天下歸心，是直以高祖目操，居天子爲奇貨，借爲收拾人心，挾制諸侯之具，其爲魏、不爲漢之心，不啻路人皆見。杜牧謂或勸魏武帝取兗州，則比之高、光；官渡不令還許，則比之楚、漢。及事就功畢，乃欲邀名於漢代，譬之教盜穴牆發匱，而不與同挈。洵然溫公《通鑑》乃曰：孔子稱文勝質則史，則比魏武於高光、楚漢者，史氏之文，豈皆或口所言？嗚呼！史不足信，何者可信，而溫公又據何者以信或之非罪，此甚不可解者也。雖然，責人斯無難究，不得以前日之過，並没其後時之悔。當董昭發議，進操國公，九錫備物，盈廷唯諾，誰敢異同。獨文若舉愛人以德爲言，致忤操意，飲藥自殺。度文若當日亦自愧其前日之所爲，幾於爲虎添翼，而勢不可救。又不忍以不救，從人之惡，遂以死了之。其識未充，其志亦殊可哀，此亦勇於晚蓋者，不能以無濟於漢，遂與荀攸、郭嘉輩等視也。

夫壽《志》而外，論者夥矣，若裴松之、范蔚宗、王河汾、司馬溫公，皆稱之不絕口。而杜牧之及遂昌尹氏，又詆之無完膚。竊謂稱之者或護其短，詆之者並没其善，皆不免倚於一偏，惟朱子《綱目》較爲平允。《綱目》於其授官也，書曹操以荀或爲侍中、尚書令，荀攸爲軍師，郭嘉爲祭酒，下以孔融爲將作大匠，則不書操，明或爲操之私人，無異於攸、嘉，而斷非融比也。

及其自殺也，書侍中、光禄大夫参軍事苟或自殺，與苟攸之死，不書官而書魏苟攸者有異，明或晚節立異，志在存漢，即非攸比也。觀前後書法之權衡，庶乎可定其人品矣。

苟文若論

黄元吉

嗚呼！世之論文若者，以爲漢臣歟，魏臣歟，漢之純臣歟，抑魏之純臣歟？《後漢書·苟或傳》與鄭泰、孔融同卷，陳壽《魏志》則與苟攸、賈詡並列，然《志》於或官，獨書漢。《考證》云：原其本志，非魏純臣，與攸、詡等異也，然則魏亦強臣文若耳。壽於《傳》末云：或死之明年，操遂爲魏公。趙翼《劄記》以謂苟或不死，操尚未敢爲此也，則以文若之心乎爲漢，如翼所稱者，雖目爲漢之純臣可也。

夫當董卓擅權，袁紹起兵之日，漢之宗社不亡於卓，必亡於紹，紹爲卓之續，王船山論之詳矣。文若以退閒之身，慨然念禍變，欲奮其扶漢之忠，伸討賊之義，而手無斧柯，徒見其懷，欲陳之而躊躇四顧，未有路耳。翁元圻謂宜委身昭烈，始不負王佐才之目，此亦未審乎當時情勢之所在矣。袁紹之勢一日不蹙，漢之宗社一日不安，紹滅，而漢之宗社卒覆，乃後起之論也。文若度曹操必能制紹，而操又爲紹之續，亦後起之論也。文若從操之日，昭烈帝猶未受命作牧，勢微而望不著，能圖紹以謀安漢乎？獻帝初立，乃逆揣其亡國，豫謀所以延一綫者，屬意於昭烈未遇之先，尤文若之所不忍言也。曹操者，當時之雄桀也，始未嘗有擅天下之心，以操爲早有擅天下之心者，則因後事而歸惡，誠有如船山所論者矣。故夫文若之從操，直欲再造漢室，期與操共立元勳。范史稱文若見漢室崩亂，每懷匡佐之義，則文若爲操計畫，安得謂教猱升木？操與孫堅戮力誅卓，是時正爲漢之功臣，凡輔操者，不得謂爲虎添翼。群雄覬覦，累卵告危，操一失策，橫決爲患，速漢之亡，豈善爲漢計者？即謂遷帝許都，操儼然行霸者之事，挾天子以令諸侯，然當春秋擾攘之際，管仲輔桓，夫子仁之。管仲輔桓，爲桓？非爲桓也，爲天下也。文若輔操，爲操？非爲操也，爲漢也。假若齊桓先秦政而滅周,管仲不能止而自殺,將奪夫子之所與乎?正愈見夫子仁之之當也。文若而輔操成齊桓之業,諸侯放恣之行,必不能踵禍於郡縣之天下。所患於操者,惟篡逆,但得力遏其篡逆之謀,雖以齊桓之業,適足啓震主之嫌,故文若之蔽,不過養成一漢之驕將耳。若謂操之逆謀甚於紹,文若樂於助逆,則紹嘗待文若以上賓之禮,紹兵勢盛,文若推輓之,大勢未可知也,奚爲不助紹以終其逆謀也?

夫仗義而出,悉心弭亂,絕不及私,久之又久,乃懷叵測,操之所以爲操也。時局決裂,急就權謀,擇其善者,授以機要,冀安社稷,卒乃不濟,繼以一死,文若之所以爲文若也。而論者輒以操悅文若,比之子房,文若說操,亦稱高、光,同惡相濟,無心爲漢,遂目文若爲魏臣。繼以文若阻九錫之議,飲藥壽春,則又引爲漢臣,謂文若死漢,巧避事魏之名,冒忠假義,以欺後世。噫嘻,何其語曲而罪深,因事後而苛論事前也。文若以霸王之圖歆操者,亦將將之道操得成功,則但使操無異志,而漢勃焉興矣,不愈於群寇洶洶,紛而難馭耶。且又有一說焉,文若苟貪生求榮,甚或與董昭等遽議受禪,論者反將因其才智足稱,不與華歆、王朗同訕笑矣。何義門所謂持論太峻,反使亂臣賊子法無可加者,此類是也。范史傳贊曰:功申運改,跡疑心一。但知其功之爲漢立,心之爲漢存,則雖不論運之改否,並略其跡而不疑,抑亦可矣。

荀文若論
吳增甲

自來爲國之士,其計必周,其慮必遠,固矣。從未有幽深沉錮,至於數百年後,曾無一人知其計慮之所在,如荀文若用心之苦者。當漢季之衰,橫流已極,梟桀並起,各懷異心,如曹操者,豈能爲衰漢之貞臣哉?而縱觀當世天下,非斯人莫能定,則舍斯人,又誰與歸?嗚呼!文若從操,非始願也,不得已而降,就其次也。雖然,文若見操,操曰:吾之子房也。以子房比文若,是顯然以高祖自居矣。操欲取徐州,文若曰:昔高祖保關中,光武據河內,皆深根固本,以制天下。河、濟爲天下之要地,是亦將軍之關中、河內也。操欲迎天子都許，文若曰：昔高祖東伐，爲義帝縞素，天下歸心。操慮袁紹之强，文若曰：劉、項之存，足以觀矣。及被圍官渡，操欲還軍，文若曰：今軍食雖少，未若楚漢在滎陽、成皋間也。是文若又以高祖屬操矣。阿比之譏，殆不免歟。不知此即所謂文若用心之苦也，何則？操以子房比文若，操之奸僞已畢告文若，是以文若爲知己也。若文若拒之，必疏於操。操疏文若，文若必不能用操，是文若終無益於漢也。唯操以文若爲知己，文若亦自以爲知操，姑餌之以甘言，使操堅於信己，行己之意，假手於操以靖天下，然後導之以正，狹之以禮，使曹操終爲漢臣，不敢篡漢，延漢祚於一綫。則文若之心苦，文若之忠盡矣。不然，雖在庸愚言語之間，必不若是之露，況如文若之幽深沉錮者哉。

或曰：爲文若計，操易制耳。荀衍，文若兄也，以監軍校尉守鄴，都督河北事。曹操征伐在外，文若留守，設於此時，東連孫權，南結劉備，西引馬超，扼吭拊背，使不得展，而文若坐鎮冀州，絕糧閉餉，不數十日，操自斃矣。不知曹操羽翼甚眾，肘腋之間皆其心腹，未有馳書千里外而人不知者，設一不密，害及於身，何益於漢？董承、金禕、耿紀、韋光之死，將爲之續。且當漢之季，人人自以爲帝王，安知易操者必愈於操乎？故不如假手於操，以靖天下，使操終爲漢臣之當也。嗚呼！計慮如此，庸可議哉。

至於九錫之議，文若止之，顯絕諂媚，隱抑權奸，耿耿忠言，千載共鑒。文若以此而死，文若之志亦以此而明，《綱目》乃即大書特書“曹操自立爲魏公，加九錫”於荀彧自殺之後，明乎荀彧死而曹操加九錫也，荀彧不死而曹操未敢加也。文若之生死，大漢之存亡關繫之，天不祚漢，謂之何哉。雖然，曹操奸肆，終域於臣禮以歿，或亦文若匡導之功與？愼勿以協魏傾漢者冤文若也。

魏晉以中正九品取士論
趙　寬

千古取士之道不一，扼其要，則舉言與行而已。舉言與行之道又不一，扼其要，則辟舉與科舉而已。自中正九品之制罷，而科舉之法行。科舉之法行,而鄉舉里選之制遂不復。然則斯制也,亦以行取人、以言取人之大鍵乎。嘗稽其制,創於魏,沿於晉,興輟於六朝,而終罷於隋。自陳群建議以來,代謝者百年,更嬗者七姓,前之有夏侯氏之救正,後之有劉毅之抨擊,列爲三難,臚其八損,詬之者亦既多矣,然遲之又久而後罷者,何哉?取士無善法,苟不至於甚弊,則固不可驟爲革,及乎弊之既甚,則亦不得強爲因也。

　　請即前之所詬病者而熟計之。夫詬之之説,莫詳於劉毅,莫切於馬端臨,綜其大要,大抵病其專重門第,且專其責於一人。則將有知識難周、愛憎任意之弊。竊謂此皆行法者之過,而非立法者之過也。夫立法之初,度不過致謹於清議,亦豈肯以重門閥爲號召哉。自魏晉以重臣干命,腹心爪牙布在朝列,膺臚仕者,非其徒黨,即其子姓,其不能不重門閥,本有必至之勢。元帝偏安江左,又倚世族以取重,流風所扇,遂及百年。以至北朝之崔、盧,有唐之韋、杜,尚沿斯俗。當其積重難返,雖以宋祖崛起之英,亦不能不與爲委蛇,與爲姑息,而乃以不能匡正,歸獄於區區之中正,豈通論乎?況古之世禄,今之門蔭,歷千百年,斯制不革,特未若彼時之甚耳。然則參用門閥者,固亦非君子之所訶也。至若寄雌黃於一人,或有如劉毅之所慮者,蒙謂此亦視中正之得人否耳。苟得其人,則鑒公衡平,自不至畸輕畸重,過於偏毗。即有遺佚,既衆正彙升,亦可因類以延訪。苟非其人,則以爲中正固將快恩仇而淆黑白,使專辟舉,又將進醜類,以遂姦私,蔓引蠅孳,弊且百出,又何施而可乎?

　　然則中正之法,果可久乎? 則又不然。夫古今用人,利之所趨,即弊之所趨。漢之辟舉,固鄉舉里選之遺也。積久而弊叢,則爲魏氏之中正矣。魏之中正,即辟舉而小變者也,積久而弊叢,則爲唐代之科舉矣。嗣是以降,由詩賦而詞科,由詞科而帖括,而所謂元魏之停年,趙宋之糊名易書,有明之籤掣,又更代雜出於其中,跡其更制之初,類有萬不得已之情,欲出新法以相救正。其繼也,人才所趨,未始不可收得人之效。推原其故,非法之能得士,乃士不能外法以自見也。而無識者方且群起而和之,以爲是法也,固未嘗不可得士也。深識者又群起而詬之,以爲是法也,雖可得士，而不可終得士也。卒之患出於所防，弊生於所矯。法之良者，積久而非其故；法之楛者，不逾時而非其故。此無他，取士無善法，苟不至甚弊固，不可驟爲革，及乎弊之既甚，則亦不得强爲因也。《易》曰：窮則變，變則通。方今以言取士之日久矣，方聞之士，奮袂鼓舌，以蘄更化。然由今之道，無變今之俗，而忽以鄉舉里選號於衆，其果能進闇脩，退華士，而復上古之隆規乎？非所逆睹已。

東晉國勢論

陳佩實

終南宋偏安之局，稔晚唐節度之變者，其東晉乎？王敦、蘇峻反側於前，桓温父子逆謀於後，劉裕繼之，遂移晉祚。屈指百有餘年，亂臣賊子接跡石頭，蓋居輕而馭重，無日不在内難中已。從古未有將相重臣不和，而能免於内難者。敦之叛，劉隗、刁協激之也。峻之寇，庾亮召之也。不臣如温，雖其天性固然，何必非殷浩之褊淺，有以授之口實也。從古未有内難且不靖，而外克收復疆圉者。後趙之取陳留，前趙之襲涼州，江東無人過問，適有敦之擾也。石勒大破趙兵於洛陽，生擒劉曜，盡并其地，司馬氏勿能乘閒洒恥，璧反關中尺寸土者，時有峻之患，餘党未盡平也。褚衷北伐，而債於代陂，庾亮北伐，而一挫於誠橋，再衄於山桑，固少算取敗，抑自與温構隙，八州資儲，不以上供軍糧，莫爲之繼，顯制衷等之死命也。

夫人必國賊是讎，而後能不爲家計；人必顧全大局，而後能捐棄小嫌。鄉令劉隗、刁協、庾亮之徒，未始操切於内，則敦、峻皆晉之鷹犬，敦、峻之部曲皆晉之爪牙，陶侃、温嶠將不殺賊於大河以南，而殺賊於大河以北，卞壼、桓彝將不戰死於白下淮右之地，而戰死於碧嵩清洛之間。半壁王靈，收此中夏，吳江勺水，湔彼胡腥，壹志並心，大勢漸舉，安在晉之不復西乎？鄉令浩之於温，深維廉、藺屬身之義，平、勃交懽之謀，開誠以泯其嫌懷，和衷以馴其驕氣，通力以箝其邪心，平蜀以還，益加獎借，安陸之次，抗疏即報，水陸進取，遥授方略，石趙内亂，唾手論功，則權不旁落，温衆五萬不敢逕下武昌，衡之未深，衷等居中，不至輿屍北伐。浩不疾温，温不廢浩，然後振旅同仇，悉鋭相助。藍田之捷，灞水終杭，燕儁之殂，先幾莫失。洛陽可聽遷也，姑孰無移鎮也，枋頭不失律，帝奕不海西也。光復舊京，疆理華夏，彼靡忝方召之任，此非玷管葛之譽，詎終保餘喘於江表，没齒無能歸侵割之尋戚歟？

六彎爽調，九逵生棘，徒以不忍一日之忿，浸忘普天之仇。荆湘挾重兵以爲彊，而權輕；建業擁天子以自尊，而勢弱。北圖則不足，内逼則有餘，坐是因循。遞相乎六州開復，河朔幾平，淝水凱歸，日中遽昃，竟不能乘勝席捲，踰關絶鄴，殲此朝食，混一中原。復以族盛勛高，引嫌太急，功成而退，未嘗爲國樹人，當其身而道子以荒，迨其後而桓元以亂，公論操於牧督，國命縣於典州。桓元以誅，道子爲名，劉裕以除桓元，爲借南燕，後秦亡滅之期，不足爲晉賀，孫恩、盧循，腹心之疾，皆足爲裕資。石、馬子孫，至斯不國已。

要而論之，江左百年誤於内難，導實以申、韓啓之，劉、刁而下，皆其藉手者也。汔安而勝之以黄老，蓋一以矯西晉也。一以矯西晋者矯東晉也。然則謂東晉國勢植於王導，亦頹於王導，振於謝安，亦瘈於謝安也，固無不可。若夫等河北於分表，恃偷安如長策，以區區吳越，經緯天下十分之九，爲不知度德量力者，豈臣子之言耶？是又王謝之罪人，而後日臨安諸臣，所深中其毒者也。

東晉國勢論
蔡文森

自來偏安之國，若蜀漢，若趙宋，雖殘局半壁，顧影岌岌，而其主極其人才、其兵力，各有所以維繫其國命，而足以揩拄於一時。嗚呼！吾壹不知東晉之所以維繫而揩拄之者，果安在也？考其疆土，荆揚之外，江、湘、交、廣四州，完固無缺。如青、徐，如司、豫，如梁、益、寧，星離豆剖，時出時入，而上游千里，江陵、上明、夏口、武昌四鎮，實爲江東之命脉。吾悲夫東晉以長江天塹之險，淮漢肩背之固，值中原鼎沸可乘之會，終以内相覬覦，不爲根本之圖，使人才、兵力兩不足恃，而金陵王氣摧沮迫促，漸漸漸滅，以至於盡，爲足哀也。

綜覽當時國勢，最弱於咸和，小振於太元，而薾然於隆安。終晉之世，大抵毗於外重，失於内輕，外患十一，内憂十九。方江左草創，承洛都門蔭之風，登用强宗右族，以内掌樞權，外典方面。百年之間，録尚書事者，前如郗、刁，後如蔡、顧，虚聲無實，雕瘵國脉。王、謝號爲卓卓，而内無宏略，宴安江沱，奢靡爲榮，傲誕爲賢，一時錮習，騰笑敵國。王敦、蘇峻、桓温既恃其建瓴之勢，用其跋扈之情，亦以睥睨朝臣，無所畏憚，逆知兵之所向，無不遑志，故肆然一發，而不疑前車雖覆，來軫猶疾，更相蹈襲，而不戒於是。朝廷之上，手營心注，惟以防制强藩爲務，如王導之制庾氏，庾亮之制陶氏，謝安之制桓氏。苟有以折其逆萌，鋤其强焰，使典午之祚，不至遂移於貴族，九廟之靈，足告無罪。極一世君臣之氣象，歸於畏懦迫縮，泄沓苟全，而於内安外禦諸大端，所以基礎而苞桑之者，或不暇及焉。是則成、康之際，内難殷劇，國勢至弱之會也。

若夫外患則至簡矣，劉氏、石氏草竊之寇，無閎志雄略，奮死力以相搏擊之勢。鮮卑、氐、羌錯居内地，未及百歲，飫乎晉氏累葉之聲靈，京洛板蕩，跼蹐一隅，猶隱奉爲中原之共主。慕容、苻、姚方勢未盛，聯翩請命，稟承號令，雖所驅策者，皆冀、并、秦、雍之遺民，特藉爲收拾人心之標幟，要其於天下心目所共響，苟國不至於極亂，則亦姑推而遥奉之，區區一隙之天良，大可用也。苻堅奮其雄武之威，蠶食樊沔，氣吞江表。後燕賜睒中山，赫然有代興迭起之志。而淝水一捷，立使二三强敵同視易聽，人人有震動耳目之意，而各輟其臨江飲馬之圖。方是時也，桓温已死，桓沖効順，使謝元、謝石於收復河南之後，循永和伐秦之故跡，道淅川，趣武關，值苻、姚相持雍梁驛騷之際，取長安如反掌。以謝安之忠款，建劉裕之偉烈，光復舊都，設置重防，趙氏故地無難全有，桓元逆謀可以潛折，是則孝武之世，内憂方弭，外寇已弱，又國勢可振之會也。至於王、殷再反，荆州之師乘之以起，劫遷乘輿，王綱解紐。義熙反正，克南燕，覆秦都，國勢非不蒸然日隆，而兗、豫立功之日，即爲劉宋創業之資，晉事至此，遑可問乎？

竊嘗究觀東晉經略中原之無成，蔡謨、王羲之所以瞻顧阻撓，謝安所以不席太元之盛勢以西徇者，蓋亦有故。自太康去州郡兵，東海王越罷殿中軍，中外空虛，藩籬盡撤，以致永嘉之禍，而元帝乃以王國兵興建業。咸和以後，宿衛軍校，取資義隨，征討調發，乃倚奴兵，而甲士所聚，盡在荊江、揚州。北府之兵，精彊無儷，尾大之勢，積日以重，舉足左右，便成廢興。蔡謨之以庾亮，會稽王昱之以桓溫，謝安之以王國寶，其心所存，皆不可測。當舉國精兵之處，以恢復專制之權，任諸心術不盡純正之人，而責効忠於一旦，劉裕之事，其將無竢元熙乎？即褚裒、桓宣之倫，乘冉閔之亂，渡河北伐，大勢漸舉，仍以兵寡無援，喪功隕衆。是故東晉之勢，終於茶然而不克一振者，內無以制方鎮，而枋臣庸猥，曾無一知兵者以砥柱其間也。

　　吾獨怪夫以東晉之弱，而羯胡之屬亦未爲甚彊，使劉、石有苻、姚之略，晉疆終以不寧，使苻、姚之雄略，如蜀之曹氏，宋之金、元，區區江左，無時不可覆亡。以漫無足恃之孱國，闇主權臣相因迭起，而國祚所曁，猶逮百年，將非所謂天幸者耶？吾又惜夫東晉之世，劉、石迭衰，燕、秦相噬，元魏未彊，河北無主，晉氏不能修明內治，上下振拔，訓練勁兵，乘時有爲，以舉手投足之勞，復其舊疆，而使中原冠帶之族，淪於左袵者且十餘世，豈非江東君臣之過，而武帝所以貽謀者未善歟？嗚呼！誼君明辟，積德務厚，使子孫不幸中弱，猶得藉一日未去之人心，以綿延數世之祚者，豈不以此也哉？

卷七

魏孝文遷洛論

陸炳章

世之治魏書者,恒曉曉焉謂元氏國祚之亡,不亡於爾朱榮、高歡、宇文泰,而亡於孝文。其意若曰:似孝文之興行禮教,創明制作,英才偉略,丕變戎風,一北方雄主也,至其假稱南伐,厭棄平城,舍根本之地,遷都洛陽,寖使豪虜跋扈,種裔弱絶,則周平去岐豐,金宣失燕薊,昏德昧勢,大相類矣。

嗚呼!崤函帝宅,河洛王里,因兹大舉,光宅中原,圖治之隆也。卿等子弟,博見多智,永居恒北,不免面牆,好文之篤也。遊巡淮楚,下問民瘼,南土蒼生,使知君德,行仁之廣也。遷京嵩極,定鼎河瀍,南蕩甌吳,復禮萬國,貽謀之大也。都洛以後,所出詔教策命,皆孝文手筆,而攬時奮烈,詞旨如是,何量合夷夏,氣吞海内,恢混一之志,魏乎其無倫擬也。江左朝局,篡弒習聞。是時蕭鸞僭立,血刃猶腥,邊蠻島夷,檄書醜詆,揆其行徑,不足蔽辜。孝文以黎庶老弱始就洛邑,雖再發車馬,耀武江干,而頓兵鍾離,數殺主之罪,班師懸瓠,守伐喪之禮,並釋俘罷卒,未有寸地而還。殂殞穀塘,雄心蘊鬱,豈明堂齋卜,謀議遷留之時所盦料及此乎?天假之年,地付之便,而乘勢度力,盪平襄沔,席捲江淮,統南北而王之,則以洛陽居天下之中,控制形勝,樞紐萬方,誰謂姬成定宅、光武建鼎,如孝文之業不足與並者?迹其席四世之威,吞併秦隴,強如柔然,亦復弭首帖耳,方物朝貢。後之元世祖滅金夷宋,混并華戎,不是過矣。雄武蓋世,而卒無成功,魏有孝文之主，仍不能大興運也，非遷都之咎也。而世乃甚其辭，以爲孝文亡之，可乎？可乎？

孝明幼冲，胡后恣淫，六鎮反叛，盜賊蠢起，而爾朱榮晉陽之甲興。明光手刃，世隆入京，敬宗窮迫，縊死佛寺，而高歡信都之兵起。孝武逼逐，輕騎入關，賀拔蒙害，將士歸心，而宇文泰平涼之軍集。世祚衰頹，繼嗣不振，坐令酋豪攘竊，豎子成名。孝文而在，安得有此禍變？孝武謂歡曰：高祖定鼎河洛，爲永永之計，經營制度，世宗乃畢。此時此語，思之痛矣。

嗟嗟！帝王無家，京師其家。遷都非常之事，每遭訕議，當時力贊孝文，不過南安、任城兩王。廢太子恂，親爲父子，尚復體肥忌暑，不悅河洛。穆泰、陸叡之反，愚惑戀北，尤無遠圖。而安定王休等，亦以留代爲便。豈于烈所云：聖略淵遠，非愚賤能測者耶？或遂以是議孝文。不知孝文之變胡服，易漢姓，禁爲北語，忘國家舊風，且非治法之要。士民習常便故，又多怪恨道武殺賀狄干女直，禁學南人衣裝，正自有見變更如此，未免近乎累德。若遷洛大計，亦復疑其非是，謂魏永都代京，將歷子孫，稱帝萬世，而不至於亡，則有元一代，始終都燕，何九十年而遽亡耶？周平者，晉元之前車，而宋高之始事也。建業、臨安，南奔避虜，其與畏逼犬戎情事如一。金亦勃興朔漠，與魏相似，然汴梁遷徙，宣宗實懼蒙古，其後三峰敗衂，嗣主守緒復走歸蔡，皆社稷傾危，幸圖苟全，獲支半壁，以保小朝廷之殘局者。承明、太和之世，外國朝獻，史不絕書。蠕蠕、高麗，悉貢方物，見於紀載者，更不止一見。孝文乘其全盛，思欲統一寰宇，畢力東南，恐勞師出旅，越國鄙遠，乃擇山河險固、王氣鍾萃之鄉，徙而都之。其視彼數主者，強弱殊勢，盛衰異時，深識之士，爲之度德量力，上下古今。方以中道崩殂，未竟大志，爲孝文歎息，且慨周平、金宣之德，屢庸衰弱，墮癈宗社，貽千秋姍笑，而魏之宣武、明莊，亦以昏懦不能保有洛京，羞玷世業，尤可悲也。彼之拘循俗見，因此一遷而妄説興亡，謬加比類者，于氏譏之久矣。

李晟論

張家鎮

治內亂易，禦外侮難。嘗論唐之天下，內輕而外重者也，外重足以制夷狄，而内輕不足以制藩鎮。藩鎮之禍始於肅，釀於代，成於德宗。德宗以猜刻之資，任奸黠之相，憤歷朝之陵替，奮然思復於一朝，卒使李納猘河南，希烈訌鄭汳，朱泚盜長安，懷光反咸陽，朱滔、田悅、王武俊等出入驕蹇於河北。前幸奉天，後奔梁州，避難蒼黃，内訌之形，不可終日。於斯時也，苟無人焉出萬有一全之計，以收渙散之人心，而復孤危之社稷，則唐之天下，不爲東漢末造之簒奪，必如西晉中原之四分五裂而未已，又安能晏然還其故物耶？讀史至此，不禁歎李晟之收復京師，實大有造於唐室也。

　夫晟之所以能成功者，亦惟以忠義感人耳。當其時，泚與懷光連兵咸陽，聲勢甚盛。晟以孤軍處二强寇間，内無資糧，外無救援，徒以長安宗廟所在，天下根本，不得不扼守其吭，爲徐圖恢復之計。及乎掃除群逆，廓清京師，迎天子而安社稷者，卒賴此東渭橋一軍，則以知天下事，惟忠義爲可用，而當日德宗之用李晟，猶能鑒其忠義，推心腹以委任之也。雖然，德宗亦何能用李晟哉？其言曰：天生李晟，爲社稷、萬人，不爲朕也。德宗知晟之爲社稷、萬人矣，亦知社稷、萬人之關係，僅弭内亂，未足持盈而保太平乎。

　物必先腐也，而後蟲生之；人必自疑也，而後讒入之；國必自侮也，而後夷狄乘之。吐蕃之於唐，其始遣使入貢，未嘗爲邊患，自德宗使崔漢衡發其兵擊破韓旻，漸知中國之虛實，後乃稍稍侵食，甚且求伊西北庭之地。假令爲德宗者，念離間之易啓，慮邊釁之方長，當此内亂初平，舊臣宿將未盡歸田，而吐蕃自得鹽夏之後，又值退屯鳴沙，糧運不繼，設以此時假手於晟，守摧沙之堡，築原、鄜、洮、渭四城，進規甘、涼、安、肅之境，抵其隙而攻其心，河湟二十餘州不難次第收復，亦制服吐蕃之一機會也。顧乃聽延賞之謀，墮尚結贊之計，致令生長西陲。備諳虜情如晟者，袖手太息，坐視朝廷之受侮，而無如何。而後此涇、邠、寧、鄜等州，焚積驅民，迄無寧歲，則益歎德宗之不能用李晟，讒入之也。

　雖然，亦有間焉。德宗所任之相，前則盧杞，後則張延賞，皆奸人之魁也。懷光勤王，解奉天之圍而叛，杞激之也。晟復京師，功且大於懷光，光不能容於杞，晟能容於延賞乎？我意爲晟者，亦惟計其力之能除延賞否

耳，能除則除之，不能除則效平、勃之交驩，陽與委蛇而勿使陰掣我肘，西
陲大局猶堪佈置也，否則，爲韓世忠之乞罷，杜門謝客，絕口兵事，保身之
計，亦明哲所尚也。乃晟與延賞，始以營妓微嫌，數其罪惡，繼以杯酒釋
怨，表薦爲相。賞固賢耶，不應數其罪惡，其不賢耶，不應表薦爲相，表薦
不已，從而求婚，求婚不許，而曰武夫性快，當釋怨於杯酒間。嗚呼！是真
武夫之見哉。大凡小人之忌君子也，不置之死地而其心不快。劉湛之殺
道濟，秦檜之害武穆，是也。幸而延賞以平涼之役，慚懼死耳，不然，晟之
末路，不知其何所底矣。故蒙嘗以此爲晟憾，而願後之爲晟者，無以微嫌
結怨於小人，而至不得行其志，後之用晟者，亦無以內亂既平，忽於外侮，
而自棄長城也。

李晟論
梅調鼎

唐世功臣始終保全者，郭子儀、李晟。子儀賢矣，若晟者，吾嘗考其
事，想見其爲人，愛之敬之，未敢以爲師也。何則？學者讀書，尚友古人，
將欲大有建樹於天下，必取古人之大有建樹者，究其立身處世之道，與夫
能有建樹之所以然。故於大儒，師其學術；於名相，師其經濟；於功臣勳
貴，師其保全之道。

晟，功臣也，京城克復之日，軍中露布至行在，天子感泣，群臣讙呼，人
人以爲極天下之賞，不足酬功，宥十世之罪，難言報德。曾不幾時，而一排
於延賞，再間於吐蕃，君門萬里，日夜哭泣，岌岌乎有身死宗族不保之勢，
卒以忠誠謹慎，轉禍爲福，兵權既撤，優游以終其身。論者綜其生平，比之
郭子儀，不知子儀得於學者也，晟，史氏所謂出於天性者也。論至正至大
之道，則性即是學，論確有把握之處，則非學不能造左右逢源之境。天下
無飾性之學，而或有未學之性。率其一往慷慨之氣，以處主疑眾謗之日，
則有敵國憚其英武，巧行反間者。有親戚故吏謀不軌因而波及者。有一
舉動之不謹，見疑於不可羈勒，爲小人所傾陷者。有兵權久掌，天下仰誦，
威德見忌於留，終爲患者。其身之既貶、既敗、既死，而國事亦因以大壞。

小人之讒害君子，固無不至，而譖訴之所以行，嫌疑之所以起，君子亦不能辭其咎。此上下五千年，功臣數百輩，前者覆，後者繼，讀史者所以憑弔太息於始終保全之難也。

史稱晟奏功之日，彌自謙抑，三橋謁駕，猶以掃蕩不速，伏地請罪，此鄧艾破蜀賞罰由已之日，所未能見及也。曰：凡奉詔書，必涕泣誓眾，不顧身家。此韓信、王齊進退猶豫之日，所未能見及也。曰：治家嚴整，恭儉循禮。此王氏豪侈於西京，竇氏驕蕩於東洛，所未能見及也。曰：丁瓊三穴之說，立執以聞。此魯隱優容於羽父，而卒為所賣，所未能見及也。蒙所謂出於天性者，此也。然而涇源之降，傾家之賞，出之小臣、遠臣，則為謀國；出之勳臣、大臣，則為市惠。以蕭相國之誠，而為民請田，見惡於漢祖矣。紀功之碑，一立於東渭橋，再立於門左，人主敬之愈甚，則愛之愈衰；酬功之典既重，則獲罪之處較易，以賀若弼之功，而平陳七策見斥於隋高矣。於鳳翔之行，則不許於吐蕃之擊，則疑生事，可見君臣之際，芥蒂已萌。以越文種之同患共難，岳武穆之藎忠報國，而一敗於見幾之不早，一敗圖功之太急矣。蒙所謂性而未學者，又此也。

此就晟而論也，若夫功成名就，主疑眾憚之日，學者不必有是事，而不能不作處是想。必謂君父之心，先存害功之見，雖忌刻之主，未必若是。惟以勳高位重之故，尋常之小過，必有隱忍不發者。忍愈久，而忿愈甚，則詰責可免之事，有釀成大獄者矣。而後進忌其威望，群小憚其嚴屬，方日進其讒構之術，以相傾軋，嫌隙之漸既啓，有謙謹而以為叵測，盡瘁而以為攬權，辭封謝賞而以為怨望，功蓋天下而以為怏怏，非少主臣者矣。而適也子弟犯法於外，讎家告變於內，朝廷舉其疑之、憚之、恨之之心，鬱發於一旦，連累之獄成，勇退之悔晚，敵破臣危之說，有古今一轍者矣。

嗟乎！勇士氣浮，武夫性快，極智奮勇，以平禍亂，而不知忌者已計畫於後。剖符受封，書丹券鐵，有自為功多，人不負我之概，而不知殺身之禍，即媒孽其間，將百萬之兵，焉知獄吏之貴，悲矣。獵犬踴躍以搏兔，彼使犬者，已佈置兔、犬同烹，又何痛也。夫惟誠謹之士，忠義厚重之將，謙下之性，沉默之性，忘身為國之性，君父亮之，天下信之，雖有小人播弄其

間,不至遽成大禍,而藉以保全者,有之。其上焉者,閱世既久,讀書之有
所鑒,確知功名之難處,驕蹇跋扈之氣,稍一流露,則亡身破家之禍,捷於
呼吸,而隱微瘯瘰之間,不敢偶肆,而藉以保全者,有之。其尤上者,學聖
人之道,浩然有天民大人移風易俗之抱負,一夫之不獲,天下隱憂之方大,
自顧不得辭其責,視昔攻城掠地,開疆闢土,不過一時之壯氣,武夫之長
技,人生功業正有千萬於此者,無所謂驕蹇跋扈,更無所謂保全矣。夫誠
謹之説,李晟是也。閱世之説,子儀之所優,為晟之所未及也。學聖人之
説,漢之諸葛武侯、唐之陸宣公、宋之范文正,其庶幾矣。如晟者,何足道
哉? 然如晟者,亦豈多覯哉?

歐史不偽朱梁論

潘鳴球

歐陽氏之史,吾信之矣。後之學者,不明作史者之所以然,遽執一是,
以議其後,以為必若是,始可以奪其説也,而不知皆昔人吐棄之餘也。予
讀歐陽氏之史,見其於《史記・本紀》,則不偽梁而進之於正統,則黜梁而
絶之,因喟然曰:三代而下,得天下以正者,不數數覯。曲學非聖之士,溺
於終始五德之運,自以為得之以正。篡竊者又謬盜禪代之名,以掩飾天下
之耳目。史官復踵其敝而承之,蓋正統之不明也久矣。歐陽子於是執《春
秋》之法以繩之,繩其名,不得不重正統,重正統,不得不進朱梁,非深造乎
《春秋》之學家者,固未易讀歐陽氏之史也。

夫五季之亂,暴偽代興,盜也,夷也,夷而盜也,皆不正之尤者也。以
為偽,則皆偽也,以為非偽,則又皆伯仲於梁也。自周以來,有天下者,固
統以偽始矣。以偽始而不以偽終,斯不偽之矣。朱梁之惡,史不沒其實,
已足以盡之。若必苛持其跡之不軌於正,而嚴以奪之,則彼固定社稷,立
宗廟,尊君臣之分,以國其國矣。彼國其國,此就其國而國之,是史法也,
何病乎歐陽子哉。雖然,予之以國,即當予之以正統,而歐陽子奪之,抑何
説也? 曰:予之以統,可也;予之以正,則不可。難者曰:聖人大居正,王者
又大一統,正不可予,予統可乎? 曰:古之有史,以記事也,史貴乎編年實

錄也。孔子之作《春秋》也，其時周有天子存焉，而編年紀元則取乎魯，後之議者，安得曰正統絕於周平王之四十九年，而續於魯隱之元年乎？且古者，天、地、人三統之説，但以同萬國而一子民，初不繫乎帝王授受之間也。自陳壽寇蜀，魏收島夷，宋、齊正統之爭，由是嘵嘵以起。然推作史者之意，不過就一國以繫之年，使後之覽者，得以討其沿流，於是非褒貶，卒不在是，必謂統之斯正之，則鑿矣。故曰統可予也。蘇文忠曰：正統有天下之謂也，吾輕予之。然則有天下者，概予爲正，亂臣賊子將無所顧忌。此曰予之以統者，蓋任取一國之史，皆以年號相承，不可中絕。予彼奪此，予此奪彼，殊爲多事，西史統以幾千幾百年貫之最通。

學者不察，疑歐陽子之説者，則創伯統、竊統、篡統、攘統之論以撓之。非歐陽氏之史者，則又創予後唐、予南唐、予吳越之説以爭之。二者之外，則又以爲不得別立一史，當如新之附漢，誠有如蔣子所云，嚴爲之辯而辯益紛曲，予之名而名益舛者矣。吾且不必辯其統，而辯其所予。伯統創自章惇，蘇子駁之。竊統創自魏冰叔，魯通甫、蔣汾功駁之。攘統、篡統、繼統創自甘京，亦未爲確當。

今議者曰：予後唐。後唐固托虛名以討賊者也，第果忠唐，當如項梁之爲楚立後，始可信之。不則沙陀三族，亦猶劉聰、石虎之不可代晉也，明矣。必曰予之，是以朱梁盜人之物爲盜，鑽穴隙而復盜之者爲非盜也，有是理乎？此歐陽子所以闢李昉之編年，而著梁論以申之也。

議者又曰：予南唐、吳、越。此數國者，奉唐正朔，偏安一隅，未嘗加刃於汴雒，疑若正矣。然宋之天下得之周，周得之漢，由此以推至於梁，其遞代之勢有然，若果予之，則於南唐、吳、越，亦由以東晉承西晉之謂無終，於宋之天下，亦猶以周、隋承元魏之謂，無始而已。且即偽梁，梁之所損者少，宋之所損者多，何者？宋固得之周也，得之周而復進南唐、吳、越，必議奪周，奪周又不可也，則是罪宋以一竊而二竊矣。揆之於勢，有所不能。

至於比梁於新，新篡漢十五年，漢運絕而復續，爲新立史，則光武之天下，得之於莽矣，此不得不附之漢紀者也。唐亡，而子孫亦遂衰歇，一説南唐爲鄭王之後，無所考見。擾擾七十年中，所與許可者，雖鮮然其間，唐明宗、周世宗之倫，亦能休兵革，恤民生，中原賴以安者數世，功德在人，未可俱没。此數君者,亦將比之於新乎?不能比新,而獨黜梁,是猶李燾《長編》於前五代無陳,後五代無周之讆言矣,歐陽子固已見及之。《文忠集·梁論》亦以比新爲言。若夫求其説而不得,至欲去正統之名者,又因噎而廢食者也。

凡若此類,皆欲求勝於前人,而卒不能無弊,然後知讀歐陽氏之書而能知歐陽氏之旨者少,知之者少,是非益淆,溺惑亂則甚矣。讀史之難,而作史之益難也。歐陽子逆知天下之惡梁者,必執一是以議其後,故撰正統七篇,備論之,既又删其説,而存其三,附以辯論二,以明作史之所以然。後之議者,雖標新幟異,欲出其範圍而不能,烏乎!此歐陽氏之史,吾信之,吾重信之也。

歐史不偽朱梁論
余建侯

史家之例,有君即有統,有統即有史。自歐陽公作正統論,嗣是論者,有伯統,有偏統,有竊統。吾以爲竊無統也,竊而有統,魏晉六朝以竊承竊,絶此則礙彼,絶彼則礙此,故不得不存竊統,亦即藉存君統。而要之竊統者,繼前統,受新命,則所承之統,必有一正統在,未嘗不與於正統也,故竊統亦不可輕予。唐得天下爲正統,繼唐者爲朱梁,朱梁者不得與正統,並不得與竊統者也。歐公生當北宋,欲尊宋,不得不予周,既予周,由周上溯之,即不得不予梁,故論次五代也,獨不偽梁。不知以梁承唐,不如以後唐承唐,後唐心迹雖亦近竊,然其滅梁也,復唐仇也,其號唐也,未忘唐也。以後唐承唐,宋之所承,即爲後唐,晉、漢、周是竊統,而仍與於正統也,其所以尊北宋者,乃尊之至也。若夫絶梁於竊統,而欲存其事,存其人,則莫如因薛史立僭竊傳例,爲梁特立僭竊一傳。其僭竊也,僭竊君位也。薛史以當時僭號者爲僭竊,僭竊其僭竊,非僭竊,歐史改爲世家,是也。

夫五代,戰國也,非代也,無所謂統相承,道相繼,創制顯庸相易也。不獨梁偽,自後唐以來,皆偽。惟歐公尊北宋,以戰國當五代,則宋爲無始,故又不得不存代。特既存代,而究不可不絶朱梁。朱梁以盜賊而躬弑逆，君臣、父子大倫掃地，其淫虐兇暴，行徑實與禄山父子如出一轍。天生民而立之君，使司牧之，其上者以德，其下者以功，最下者以力，以力而以無人理之賊臣玷竊大位，是天地之戾氣，綱常之變局，神靈之胄之所羞，三皇五帝之靈之所恫也。以天道論，不當使之長世，以人事論，不當使之存統，而史家乃拘文牽義，存其爲君，存其爲統，一若與唐、晉、漢、周同一轍者，如此而不謂之獎篡，不可得也。

　　或者，曰：朱梁絶於竊統，而魏晉六朝以及後唐、晉、漢、周皆得與竊統者，又何故？曰：以竊承竊，前已言之。且一朝臣子，修其所承之朝之史，其不能無所諱者，即不能不與以統。若梁之可絶於竊統也，其上所承者，則正統，其下所繼，則竊統，而可與正統者，上無所承，下無所繼，論勢論例，何不可絶？且既絶梁，則所以尊北宋者乃愈至，又何必不絶？曰：然則歐史之不偏朱梁也，不嘗引《春秋》爲言乎？則告之曰：此即蘇氏《正統論》，聖人得天下，篡君亦得天下，勢不得不與同名之意也。且夫《春秋》文成數萬，其指數千世，有不知《春秋》，世未有不知統系者，以所難知，蔽所易知，其勢已逆。況桓、宣諸君，不絶於《春秋》者，非不絶也，侯國之君，天子不能討，無由絶其爲君也。若梁，則既竊天子之位，建天子之都矣。有人焉以竊統奉之，亦其所深願而不可得者，如願予之，是獎篡也，故歐史不偏朱梁，歐史之誤也。

宋太祖納女真貢馬論
趙　寬

　　嗚呼！五代之季，宇內雲擾，群生塗炭。宋祖勃興，哀遺黎之困瘁，欲出水火而衽席之。於是諸國略平，即罷方鎮兵柄，亟亟焉以脩文偃武爲務，遂開一代太平之治。然而數世之後，兵力不競，契丹鴟張於北陲，繼遭倔彊於西土，終宋之世，燕雲不復，銀夏淪陷，馴至徽、欽，以有青城之辱。論者懲羹吹齏，以爲國威不張，縈惟宋祖尚文抑武之故。噫，抑何知二五而不知十乎？夫宋祖之抑武尚文，非不知強敵猶在，非釋甲韜戈之會也，而顧急急焉先之者，誠以五十年間，號令六襢，置君易主視如舉棋，不爲之所患且不測，幸則爲唐之藩鎮，不幸則爲五季之續，故迫於不可終日之勢，不得不爲弊去太甚之謀，而其志之所注重，則固未嘗須臾忘燕雲而置契丹也。

乃者，吾嘗得其意於納女真之貢馬，夫女真之爲國，居契丹之北，其去宋甚遠也，素服屬於契丹，非我所懷柔而不侵不叛者也。其人貢也，殆以新君踐阼，英聲遠播，故效其琛賮之忱，以規異日之助。宋苟等夷視之，則亦如占城、交阯諸國來則納之而已，而顧爲之免沙門島之租賦，令多備舟楫，以爲濟渡之具者，其意固非徒侈王會之甚盛而已，誠利其來而思所以用之也。

其所爲利而用之者如何？宋與契丹，有兩不相下之勢，一旦有事，契丹挾其屢勝之威，無所顧慮，一意謀我，勝負之數，難可逆計。今得女真而懷柔之，離其藩服，使貳於我，大則爲契丹樹腹背之敵，小亦爲我師增牽掣之方，其利一也。

女真之屬於契丹，迫於威也，迹其求協於我，大抵困於誅索，故思合力以弱契丹，以求息肩之所。宋祖知其然也，故即海道之通，下令邊民多備舟楫，使之往來稔熟，庶一旦與契丹從事，或預約師期，以收夾擊之效，或偏師出海，別籌制勝之端，其利二也。

建隆之初，大統甫集，四境之內，敵國環峙，其不能無待於馬也，明矣。然而冀北之地，淪於異族，河西一隅，不稟號令，欲於中原諸州，講求馬政，未免事倍功半，爲效甚儉。女真素號産馬，天誘其衷，效其駿足以供燮伐之資，而顧絶不與通，此豈英主所肯出乎？其利三也。

有此三利，故其納之也，如響斯應，不待再計。窺其用心，與謀遷關中、置封椿庫二事之意大致相合。蓋其時僭僞諸國，其君昏庸，其臣泄沓，宋祖知其不足以當一眹，故其視之也輕，而舉之也易，其不敢輕於一試者，惟契丹耳。所以然者，契丹自唐末以還，累得志於中國，而開國未久，純樸之風猶未盡散，故必厚蓄勢力，謀出萬全，然後敢與之角。其欲都關中者，豈徒慕漢唐之盛哉，誠以關中之地，居建瓴①之勢，下兵大同，進規幽燕，形勢利便，百倍於汴，故欲去彼而即此。至封樁庫之設，則以兵端一開，勝負之形未可驟決，故厚蓄財力，以爲異日持久之計，其意固與納女真貢馬相出入也。不幸西都之計爲太宗所阻，平吳次年，太祖晏駕，太宗不能深體太祖之用心，取並之後，其兵已驕，其師已老，而顧挾之以角强敵，於是一敗於高梁河，再敗於岐溝、陳家谷，累敗之後，不敢言戰，坐令敵氛益張，我氣益薾，而宋之國勢，遂成爲積弱。降及後世，反舉太祖封樁之所蓄，以爲歲幣之資，女真且以不爲發兵，輕量中國，不復通貢，此皆太宗始輕敵，而終畏敵之所致，而豈宋祖始謀之不臧哉？論者又以徽宗之合金攻遼，即藉詞於修買馬之好，而卒致大辱，以爲其禍即伏於太祖之世，抑思宋祖之納女真，凡以求遂其志事而已，固不能逆計子孫之不才，而預防其失。

後人深痛靖康之禍，於是談虎色變，推原本始，而致戒於事之見端。不知以徽宗之所爲攻遼，固亡，不攻遼，亦亡。議者不咎子孫之所以致亡，而徒咎其祖之不應創業以貽子孫，而終底於亡，其言豈有當於事實乎？此則非蒙鄙所敢阿也。

論宋建中初政

金梣基

治亂之交，其有關鍵乎？在《易》否、泰兩卦，曰：泰，小往大來，吉，亨。否之匪人，不利君子貞，大往小來。而否之上六，則曰：城復于隍，勿用師。嗚呼！此殆陰陽絶續之消息，否道至而泰不能久，將崩壞而不可復，以至於亂。觀宋建中靖國初政，豈不然乎？

方徽宗元符三年，由端王入繼大統之初，詔求直言極諫，召龔夬爲侍御，起陳瓘、鄒浩爲正言，復范純仁、蘇軾等官，黜罷蔡卞、章惇、邢恕，追復文彥博、司馬光等三十三人爵諡，從陳師錫、江公望、豐稷等請，削奪蔡京、林希，蓋幾乎追慶曆之治，掩紹聖之政，內陽而外陰，內柔而外順，內君子

---

① 瓴，原誤刊作"瓶"，今據文意改。

而外小人矣。未幾，曾布一相，密陳紹述之謀，建中改元，兩可賢奸之黨，雖復詔禁曲學，重貶章惇，然徇王詵以罷范純禮，因范致虛而黜江公望。安燾陳履霜之漸，陳瓘著尊堯之編，積忤曾布，相繼徙外，而任伯雨至以一百八疏，終論建中改號之非，是引唐德宗爲戒，徙爲度支員外郎。是冬，即召蔡京，貶豐稷，蔡卞、安惇、邢恕、蹇序辰等相繼録用。明年，遂禁元祐法，追貶司馬光、文彥博等四十四人官爵，籍光、彥博等百二十人爲姦黨，立黨人碑於端禮門。自後復安置任伯雨等十二人於遠州，除故直祕閣程頤名，崇祀王安石孟子位下，蓋又盡排元祐之臣，復熙豐之舊。内陰而外陽，内柔而外順，内小人而外君子。數年之間，前後乖異，如出兩主。論者謂其關鍵在於曾布之一相。布初附章惇，後傾惇而去之，遂與韓忠彥同拜樞密。及與忠彥隙，復引京自助。京復傾布，而致大用。致邪枉鉤結，善類擯絕，繫乎此矣。

余獨更有進者。在《易》曰：天與火同人，君子以類族辨物。夫族者，聚也；辨者，別也；物者，陰陽之異也。聚類而辨其物，所謂以乾離之照，別君子、小人之異，使各從其類而不相間雜也。今建中改號，雖取皇極，而熙豐、元祐賢奸雜任，明離之照，無所辨別，故紹述之説得以復進。又，帝既怨章惇之不己立，德曾布之與有勞，其惡惇而信布，固不待言矣。即位三月，崔鷗論之，龔夬論之，瓘公、望、稷及臺諫屢論之，僅予出知外郡，後伯雨復數惇前罪，章至八上，瓘次升復極言，於是貶雷州司户，徙睦州死。夫彼於其所惡之章惇，去之猶豫若是，諸臣又安能去布，且禁京、卞之不復用哉？《書》曰：任賢勿貳，去邪勿疑。今初政之始，去邪不決，則已有復隍之象，召否來之機，雖瓘、浩之績，又豈足煩京、布之排斥哉？夫布用而元祐諸臣逐，京用而布即黜，昏庸之性固多與群小習，至此而又去之不疑者，宜也。徽宗之才，上不及唐德宗，下不及明思陵。德宗始任楊、盧，終任裴延齡，而李泌、陸贄中間仍得以諍諫補救，故宗社危而復定。思陵手定逆案，毀要典，而任賢不專，其終仍不免中官之溺，故迄於亡國。況乎童昏之智，昧賢奸之辨，假紹述以去善類，重惑豐亨豫大之説，增修財政，復河湟，開邊釁，鑄九鼎，崇道籙，領花石於東南，輸坑冶金銀於内府，凡諸荒淫靡侈，蓋又非熙豐之政,幾乎梁、隋之末造,夫安得而不亡國? 其亡國,則自建中之初政而已決矣。

《易》又曰:小人吉,大人否亨。又曰:其亡其亡,繫于苞桑。言當小人方吉之時,能否閉其道使不得通,則亨道可卜,雖危而獲固,今反是者,何如哉? 身處守成之朝,祖宗之法,有善有不善,而不能擇;用人行政,有是有非,有當有不當,而不能辨。始以建中為兩可,而終以崇寧為偏,執帝王之尊,視群小意見以為趨向,後世人主,觀建中者可無戒哉?

論宋建中初政

潘鳴球

張溥論宋建中之政,曰:自古慮國家者患女主,而宋之亂以無女主,故二后徂落之日,即奸臣變法亂政之時,此世運之一異也。蒙謂世運之變遷,不在女主之有無,而在君子之善處小人與否。夫君子欲與小人較權量力,至未易言矣。

緊古之君子,處小人最有決斷者,莫如我孔子、鄭子產誅少正卯、鄧析是已。其次,駕馭得宜者,莫如唐郭子儀,當代、德之朝,魚朝恩、盧杞權傾中外,謀陷傾軋,無所不為,其時子儀有回天之功,任兼將相,即勒兵以清君側之惡,亦力所能為,而顧不用威脅,一以至誠相感,以徐革其邪心者,蓋恐持之太激,必至迷國罔上,毒流縉紳,有不可收拾之勢也。建中之為崇寧,正由大臣見不及此耳,不然,徽之初政,以韓忠彥為首輔,以任伯雨、陳瓘、鄒浩等為台諫,其時小人祇曾布一人,布又與章黨有隙,孤立於朝,勢且折而入於君子,乃一激於伯雨之不欲調和元紹,再激於陳瓘之投書面論其過,三激於忠彥與布交惡,使彼自知負天下之怨,而君子莫或吾赦,不得已而引蔡京自助。嗚呼! 噬臍之禍,誰為為之,孰令致之耶?

夫曾布以定策之功,上結主知,君臣之誼親矣,非疏者所可間。語不云乎,投鼠忌器,夫以其所親任之人,而亟亟焉日糾其失,無論徽宗之不賢,即有賢於徽宗者,亦必忌其言之太直,而不見聽,是以君子不貴戇直,而貴諷議也。嗚呼! 何代無小人焉? 有小人而肯束手以聽君子之所為。

張溥謂宋之亂,由於無女主,吾恐即有女主,而兩宮之間,讒間易生,彼小人者,愈得以行其術,而濟其毒。是所望世之以君子自待者,善用調停之術,導其向善之心,以紹聖之禍爲鑒。自非然者激則生變,非國家之福也。且事又有與此相類者,張元以不第積忿,後降元昊,爲宋世西陲之患,事雖至纖,尚成厲階,世有負才之小人,何在不貴用其籠絡耶?蒙深惜建中之世,君子道長而反釀崇寧之禍,故廣論及之,爲不善處小人者戒。

《宋史・道學傳》本於范書《黨錮傳》説

趙　寬

《宋史》創立《道學傳》,論史者多議之,議之之説凡數端。名無所承,例無所襲,標立章幟,疑於杜撰,其説一也。儒林、道學,本出一源,故示尊崇,終嫌複沓,其説二也。或褒或貶,伐異黨同,門户之爭,由兹而熾,其説三也。同爲講學,或黜或登,任意主張,不免掛漏,其説四也。

夫以有宋一代,事不必多於前,然其爲史也,得卷六百,文成百萬,可謂繁矣。而此繁重之卷帙,始於至正癸未之春,成於五年乙酉之冬,事之首尾,不迨三載,即令班、馬、陳、范爲之,猶懼不足以信今而傳後,又況主其事者之遠出其下者哉。顧《宋史》之疏舛繁蕪,誠有如前人所譏者,然當其謀始之初,規畫義例,或因或創,亦豈貿貿然漫不措意?況其時,崇尚道學,凡此之爲意主表襮,則此列傳數首,必其極意營構之製,其所爲抑揚而去取者,亦必有精意微旨寓乎其間。且當日同在史館,有歐陽圭齋、虞伯生、揭曼碩諸公,並以能文鳴於時。其敢破前史之體例,創立名目,亦必詳慎再四,然後敢出。是則《宋史》雖極可議,而此《道學傳》之作,吾知其必有説也。

間嘗求其故而不得,即有謂前無所因,後無所襲,惟范書之《黨錮傳》與此絶相類者,則又比而讀之,求所爲同者不可得,而轉得其所以異,何則?漢、宋之重儒相若也,其既皆有黨禁又相似也,然而范之傳黨錮也,第即俊、廚、顧、及之倫而傳之,其雖被鉤黨而行事頗溢出黨禍外者,如郭泰、荀爽、鄭元之倫,則別爲之傳。是其爲傳也,凡以最黨事之始終而已。若宋之《道學傳》則自五子而外，惟程朱所從受學，與受學於程朱者，乃得與焉。前與程氏，後與朱氏，同被僞學之禁者，雖其人數十百，抑且並有名於時，皆不得列於斯傳。是其爲傳，凡以明一家薪火之傳，與范史之專紀一事，其意蓋不侔也。既又即其異者深求之，遲之又久，而略得其故。蓋二傳之體雖不類，而其所以立傳之意，則實相出入，何則？東京節誼震鑠千古，其構禍也亦最亟，夫以諸儒之忘身徇義，項領相望，此誠足以立懦廉頑，儀型百世。然而效法不善，則峭激之行，亦足以成囂張之風，長標榜之習，小以成株累之禍，大以貽顛躓之憂，使夫後之論者，轉得以賢者爲口實。蔚宗有見於此，故合爲之傳，爲溯夫黨之所由始，與禍之所由成，以矯枉故直必過其理，深致其咨嗟惋惜之思。又於《荀爽傳》，許其濡迹匡時；《郭太傳》，許其遜言危行。使讀其書者，融會貫通，以自得其微意之所在，而於被禍諸君子，則仍許其抗憤，嘉其婞直，不加深貶，必不令諂臣媚子，得引以爲戒，以別謀藏身之固，此則范氏之深意，可微窺而得者也。至於宋代，前有元祐，後有慶元，當時士夫黨論深固。在上之小人，深擯黨人以樹威而報怨；在下之小人，亦或自託黨人以邀譽，而干名於是黨人之中。是非漸淆，流品漸雜，修史者知其然也，故但舉道學之真者，詳其源流，以爲後之準則，而不欲以黨論爲徽幟，是故程、朱同爲黨魁，不以党而損其間望。苟非其人，則雖並罹黨禁，亦不以黨而附書所爲別白以定一尊，專論學術之隆污，而不必舉黨以爲重，是則修宋史者之微意，與范氏相合，可微窺而得者也。

由是觀之，范氏並著其人，以俟後之徐會，其用意微而婉，《宋史》務苛其選，以預防其流弊，其用意正而嚴。例雖不同，其意自合，則即謂宋之《道學傳》，本於范之《党錮傳》，奚不可哉？即推而至於《明史》，其不爲東林立傳，史之體雖不同，其用意蓋未嘗不合，是亦可相提並論者也。

《宋史·道學傳》本於《後漢書·黨錮傳》説

黄守恒

袁簡齋氏謂《宋史·道學傳》本於《後漢書·黨錮傳》，讀其説者，疑信参半。嗚呼！疑斯言者，烏足與知史例哉？疑者曰：漢、宋兩學，千古大宗，學術至宋而一變，固宜特立道學一傳，以別於漢，雖無黨禍，猶將立之似也。然脱氏修史之時，何嘗有漢、宋之名目乎？即曰有之，道學中人，豈非儒林中人，胡乃强分之儒林之外乎？即曰分之，凡道學中人，固宜皆入《道學傳》矣，而其入《儒林傳》者，何又數數覯。他不具論，胡瑗，二程所私淑者也。二程列道學，而胡則列儒林。李之才，康節師也；邵伯温，康節子也。康節列道學，而二子皆列儒林，此非其顯然違異者與？

　　夫徇漢、宋之名目，是門户之見也；外道學于儒林，是軒輊之私也。既分兩傳，而或出或入，不一其例，是益龐雜而無定見也。坐此三弊，其爲皆非史例無疑矣，作史者必不爾。疑者又曰：以黨錮例道學，則列斯傳者必皆黨禁中人矣。然紹興之禁程學，謂伊川也；慶元之籍逆黨，因新安也。若濂溪，若横渠兄弟，若康節，若南軒之數先生者，生或先于程朱，名不及于黨籍，而並與焉，毋亦史例有未宷者與？曰：此正所謂史例也。

　　宋世道學之傳，盛于二程，昌于朱子，而實導源于濂溪，濂溪固二程之師也。張、邵之與二程，實相師友，雖立言各成一家，至澤于仁義道德，不求同而自不能異。其與朱子同時，而志同道合者，敬夫實尤著焉。夫傳其人，而忽于其師友之淵源時，則爲忘本，爲背史例。且邵、周、張諸子，當時學亦不彰，朝廷既弛黨禁，始得表章，則雖謂爲黨禁所及焉，可也，並著傳中，亦何疑乎？

　　疑者又曰：以道學爲本黨錮，則固然矣，顧史例不避同，既本范意，何不並沿范名，而乃以道學名也。且立傳之意，明明以黨禁，不以道學，而名其傳者，反若諱之，不亦坐後世讀史者于云霧而重之惑乎？答之曰：師其意而沿其名，是襲也，非本也，且其例實有不同而同者二。漢之黨錮，朝廷坐以共立部黨而已，無他名，無他名，故史即因朝廷之名名之。宋之黨禁，則朝廷即坐以道學而設禁，有主名，有主名，故史即因朝廷之名名之。皆因朝廷之名紀實也例之，同，其一。漢之罪膺、儉等，誣以誹訕朝廷，圖危社稷，猶宋之誣朱子爲僞學逆党也。史若附和其詞以名傳，烏足以彰公道乎？道學則異是，孝宗言之矣，曰：道學非不美之名。韓侂胄之黨言之矣，曰：以道學目之，則有何罪？是名諸子爲道學者，非誣之之詞也。史若不據其實以名傳，又烏足以維學術乎？故各名其傳者，各思有以重其人而已例之，同，又其一。

夫例非一端，各惟其當。讀史者不察其故，而重相訾議，是則自坐于云霧而未覺耳，史家寧分其咎邪？疑者則又變其詞曰：道學不以黨禁掩程朱，亦不以黨禁而增重。遵斯意也，則無論道學傳之果本黨錮與否，要不必因黨禁而別立一傳明矣。史例雖合，毋乃贅甚。應之曰：由斯言也，則蔚宗之于黨錮，亦可以爲贅而無作乎？且其言益不合史例。

今夫史之爲貴者，貴乎彰治亂之迹，抉興替之原，以示後王而昭法戒，固非獨敷陳往蹟，爲二三君子增聲譽已也。邪長正消，黨禍紛作，剝削元氣，莫此爲甚，尚不特著爲傳以垂來許，復烏在而昭法戒乎？恫乎脱脱氏之言矣，曰：其於世代之污隆，氣化之榮瘁，有所關係也甚大。道學盛于宋，宋弗究於用，甚至有屬禁焉。後之時君世主，欲復天德王道之治，必來此取法矣。維蔚宗傳黨錮，亦云然，其言曰：黨人之名，猶書王府，自是正直廢放，邪枉熾結。又曰：其後黃巾遂盛，朝野崩離，綱紀文章蕩然矣。凡此者，二傳之所由作，范史之所由創，而脫脫之所由本者胥在焉，奈之何而贅之也？

烏呼！不有特識，曷足讀史？班、范以降，史例寖替，其疏漏罣，忽至于供人指摘者，良亦不一而足，顧其落落大要，頗事折衷，作之具有本原，言之動中法程，如《宋史》之別爲《道學傳》者，意旨深長，允足資法，抑亦史法之未絕於一綫者也。後人讀之，而不能知之。不能知之，而復疑之，斯亦史運之厄哉。

《宋史·道學傳》本於范書《黨錮傳》說
管祖式

黨錮興而漢室亡，僞學禁而宋祚覆，前後一軌，異代同嗟，此讀史者所爲怊怊而悲也，而袁簡齋氏因創爲《宋史·道學傳》本於范書《黨錮傳》之說。愚讀《道學傳·序》曰："道學盛於宋，宋弗究於用，甚至有屬禁焉。"意者其袁氏立論之張本與？然蒙意竊有疑者。

《道學傳》以次周、二程、張、邵、朱諸子，而程、朱之門人附見焉。豫章、延平非程氏弟子，以其得程之傳，而授之朱氏，亦附見焉。史蓋目數子爲直接周公、孔孟之統，其於世代之隆污、氣化之榮瘁，有所關繫也甚大，悼其不竟於用則有之，竟傳之如黨錮，則說似過。且濂溪、明道、橫渠、百源、南軒，從未挂名黨籍，而程朱門人自蘇昞、黃灝外，亦無聞焉。牽連並及，揣度於未可證據之中。

今取元祐、慶元兩朝黨案，羅舉而疏證，以求一宗，此似可疑者也。然茲猶云彰明較著者爾，伊川直接濂溪之統，與明道同受業周子，橫渠、百源同爲二程學侶，迄南渡而晦翁得程氏正傳，南軒之學亦出程氏。紹聖、慶元兩朝，程朱之學業爲世所深錮，而闡道統者，前雖美而弗彰，紹薪傳者，後極盛而難繼，作史者沿流溯源，深文而見其志意，或然歟？而執是以言，則其例抑有可議者。范蔚宗作《黨錮傳》，上下數百年人心風俗，而推原禍始，首述甘陵南北部之謠，例以洛黨、蜀黨，殆有一轍。然《道學傳》首次濂溪，濂溪實未與洛、蜀二黨。觀范書又引當時語曰"天下模楷李元禮"，元禮號黨之魁，實與同郡荀淑、陳寔爲師友，而二人者不入黨錮，何以解於《道學傳》之首次濂溪？元祐黨籍首溫公，慶元黨籍首趙汝愚，伊川、晦翁之學侶也，猶曰有專傳，如《漢書》不列陳蕃竇武，而韓維、劉光祖、項安世、呂祖儉既爲程朱學侶，又皆挂名黨籍，何以不與橫渠、百源、南軒並次？猶曰道有深淺，而晦翁門人若蔡元定父子，自黃直卿外，其精微殆鮮與匹，而元定復身入黨案，何以不廁諸黃幹六人之後？非黨籍者而列之道學，目爲禁錮之儒，恐洛蜀之始禍，其曼衍不至如是之繁；列黨籍者而屏諸儒林別於禁錮之士，恐程朱之道統，其剖別不至如是之嚴，此又似可疑者也。《道學傳》附天祺於橫渠，而不附伯溫於康節。伯溫當徽宗之朝，爲辨誣之書，請解元祐黨錮，卒爲小人所忌，置之邪等之中。史家果有深意，比之范傳黨錮之例，恐不應疏舛簡略至此，此又似可疑者也。

要之，《宋史》之傳道學，別於儒林，前人已多譏其失，而袁氏又稱其本蔚宗《黨錮傳》意，蒙惜未睹其書，特以私居讀史之管見妄測之，不能不徬徨莫釋者也。昔張氏采讀《言行録外集》，亦曰：道學之弊，私門各競，一也；僞流放襲，二也；授人彈端，三也。有是三弊，而道學遂爲智者諱。然洛、蜀交攻，自是伊川始端不愼，而薰蕕雜附，末流潰決，要於諸君子瞶然之槪無所污衊，傳道學者，殆於是無譏焉。則意者古無道學之名，史氏欲力尊程朱，而深惜其被黨錮之禍，而又不忍加以黨錮不甚潔之名，因於無可擬例之中，署其傳曰道學，明范書以後無党錮，宋史以前無道學，深文微旨，淵源直接，或未可知歟？

果若是，則濂溪以下諸先生牽連附及例，誠在所不必苛求者也。然是亦求之深而詞病於傅會，要論其大者，漢以党錮亡，宋亦以禁僞學亡，前者覆，後者續，皆國家人士之不幸，而謂作史者遂別有隱託，則正可無庸。蒙亦非遽敢議通人之非，唯以夙所未安於心者，詮次蕪辭，亦更忘其倉陋云。

論明代官制得失

許朝貴

自來國家之事，防弊甚者，其流弊必多。始立一法，心思所及之處，即爲其精力所及之處，故日籌所以防弊之法，而弊不滋，非法之善也，吾有精力以馭此法也。若使吾之精力不足馭之，則雖日日籌所以防弊，而弊之潛滋於不自覺者，近之數年而發，遠之數世而發，至於數世而發，而其爲患乃烈矣。

吾蓋觀於有明之官制，而恍然於其興替之所由也。明官制沿漢唐之舊而損益之，初立中書省以總天下之文治，都督府以統天下之兵事，御史臺以振朝廷之綱紀，六部以分理庶政，釐然有綱舉目張之槪。乃洪武十三年，誅丞相胡惟庸，遂以爲宰相權重，罷中書省而歸政六部，以尚書任天下事，侍郎貳之。當是時也，明祖實以一身攬宰相之權，其精力之銳，足以事事親裁，故特罷丞相以防權重之弊，而弊不滋。

然而天下之權必歸於一處而後能治。宰相者，佐天子以執治權者也，明祖不咎誤用宰相之過，而歸咎於宰相之設，至於論戒子孫，有言置相者論死。庸知天子一人之精力，勢不能獨攬全權，丞相既一罷而不復，則其由六部以移內閣，由內閣以移宦官，固事之所必至者矣。

宦官之爲病心腹，明祖固亦慮之，預政必斬之，鐵牌亦非不嚴且厲，然人主親宰相之樂，斷不敵狎群豎之樂。宰相之罷，祖宗以爲收其權，子孫且視爲去其疾，故不置相之論，易遵而不易違。獨夫閹豎中官希寵承旨，可近難遠之勢有潛伏於無形者，故雖以明祖之英斷，而聶慶童之敕諭茶馬，已肇中官奉使行事之端，以永樂之號稱遵訓，而李興之奉使，鄭和之將兵，王安之監軍，馬靖之巡視，中官四出，史不絕書，後世子孫又曷足責乎？六部之親，何如內閣，內閣之親，何如宦官，既無丞相，則天子無尊禮之人，固不至委權於親已嬲己之內宦而不止也。嗚呼！此可謂明代官制之一大失矣。

且夫三公三孤，佐天子爕理陰陽，經邦宏化者也，太子各官以道德輔導太子者也，其職綦重，其分至尊，一代治亂之源，蓋皆出於此矣。明未嘗無其官，而既無定員，又無專授，公孤之職，惟出於贈官。東宮師少，必由於兼領，下至詹事坊局，亦復有名無實，僅以爲遷轉之階，然則安用此無益之虛銜乎？太祖嘗設諫院矣，後革中書省，乃並諫官裁之，終明之世，諫無專職，雖司道等官例得劾官，諫主無專責，而求盡言，固不能多得矣，此又一大缺典也。夫人生獲益之處，得於師若友者恒多，故小國之君如費惠公，猶知師友孔、顏而卑順息爲事我，誠以事我之人，非能益我之人也。東宮各官，實爲太子之師友，狃於江充之前鑒，務使有其官而無其職，既非所以端本矣。及踐帝位，乃益務去其左右之師友。公、孤，師也，而虛銜矣，宰相、諫官，友也，而罷裁矣，本實先撥，復誰與爲治者乎？是故終明世而無善治者，皆坐此也。

嗚呼！明祖以英武之姿，起草茅而創帝業，不可謂非雄主，而一法之立，必先挾其私天下之見，故防弊之道既密，而探本之旨反荒。永樂奪位，懼天下之不已順，益以牽制防閑爲務，故一代之官制，多定於洪、永兩朝，而數世後萎靡不振之習，已於此時中其根，如上所論，則固然矣。其他設官二萬四千餘員，若府、部、寺、院之分理庶務，非不詳善周密。而法愈密者，弊乃愈多，即有一二奉法惟謹之人，而大權既旁落於宦官，亦將隨權所屬以爲之歸，而以防弊始者，終至於不勝防且無可防，而明遂從而亡矣。吾故舉其大者而備論之，以見有明興替之關鍵。其他官制得失，無與於政體大要，姑不具云。

論明代官制得失

陳佩實

宦官禍漢，藩鎮亂唐，宰相弄宋，數者明以前覆轍。太祖舉善坊之，顧再傳以還，宦官、宰相之攬權，患卒與明社相終始，僅免藩鎮之釁者，由其審官定制，恒使內外相鈐，文武相掣，大小相監，故尾大無虞，而流寇卒因之以起事。從古無不敝之法，得力在此，即失算在此，蒙請進而畢其説焉。

太祖智深勇湛，起家卒伍，並其世稱桀驁者，既發蹤指示，唯吾左右矣，即英髦輩起，亦設縠待之矣，而目前之位置，與持久之歸宿，則所謂人才盡於此者，官耳。命之爲官而無柄以治事，天下不可得而安；命之爲官而予柄以專事，天下又從此不安。能官之，必其能操縱之，是故中書省之政，析歸六部，慮其擅本部也，卿有貳焉。大都督之軍，區爲五府，慮其無節制也，部以統焉。十三道兵、刑、錢穀，分隸都、布、按三司，慮其外重也，責稽覈於部府焉。又慮其秩分較崇，彼互相徇庇也，六科給事中抄參焉，諸道侍御史監察焉。又慮其有所嫉而高下之在心也，都察院巡視中外，因考校稱職否焉。凡以協恭互發，則指臂相隨；輒斷獨行，則齟齬不遂。員省於唐宋，權殺於漢唐，雖有大學士顧問備員，雖有內侍省嚴峻家法，規時立程，亦云詳審。厥後鈞衡所寄，殊絕百僚，司禮望尊，洊侔宰輔，內官干預，外官結交，瀆亂憲綱，寖淪初意。九卿平交也，兼揆輔居然堂屬矣。開閣異數也，一中涓便足舉主矣。奪情非古也，群科道交章請留矣。常則言官負權璫爲聲援，權璫借言官爲報復。變則邊方鎮守、京營典兵，痛癢無所於關徒累司，鏟鏑之員牽肘而末由自効。蓋密於前者，積漸而疎；變厥本者，或加之屬。此有明三百年官制得失之大凡也。

夫開國之君，辛苦締造，前史助其殷鑒，庶理決於親裁，精力常餘，識量斯遠，時時爲子孫之地。至於繼體，更事淺矣，況乎爭繼大統，慚德民上，儵必有党，事固應爾。彼侍讀解瑨、編修黃淮，入直夜分，榻語機密，魁柄相贈，此惟履霜，若夫一二近侍小臣，業既德其論謀，勢必褻及名器，且西北諸將，强半洪武舊人，非寄腹心，信任曷篤，在內東廠，亦資偵事。曩讀《明史》，至出鎮奉使，賜公侯服，位諸將上，未嘗不歎息於祖制之蕩然。寖假而植腹委裘，主上春秋沖少，內柄無鉅細，胥下閣臣參可否，又不能以時接見，而詔旨銜於宮寺矣。詔旨銜於宮寺，而內堂迫於授書矣。內堂迫於授書，而舞文試於批紅矣。日中猶棐，何惑乎童昏臨御，監督倉場，採辦稅礦，以及守備織造、市舶諸司，將皆有中人足趾，而樞相狐虎於上，言路鷹犬於下，群起而亡明族哉。鄉使大內各職參選明經，略如先漢揚雄之位執戟，孔安國之掌御唾壺，則不致純用奄人，而亦免於東京之患。乃曾不之省，竟令口天憲而手王爵，濫觴於永樂，燎原於神、熹，太阿倒持，莫此爲甚，深可惜也。又使居九五者，日履內閣，未倦於勤，密議則造軹逕陳，批盦則座前傳旨。閣輔清要，無勞條擬，禮監紛拏，祇給頤氣，皇哉御翰，未曾偶假它手，雖有嚴嵩、魏閹，何所張大其威焰，顛置其黑白？借復特簡專闈，畀之節鉞，用宋祖御邊將成法，事不中覆，便宜制軍，張獻忠、李自成者流，不足滅耳。奈何中葉而降，乾綱日弛。祕省望幸，輦駕希潤。宰執密邇，或數月不召觀；內監處分，輒奉綍焉如響。一官一邑，尚不可臥治，矧當陽哉？其師武臣宣力在外者，一箝制於闒茸之撫鎮，再縠觫於驕蹇之按、御，位至方面，略無賞爵之柄，即令本兵與監紀等人，十正而九猶懼事權之不一矣。

於虖！李唐一朝，雖終見裂藩鎮，而以積衰之中晚，不遂並於吐蕃、回紇，墟於黃巢者，試問伊誰之力？斯又非重可惜者乎？蒙所謂得力在是，即失算在是者，此也。乃若條舉商榷，則外官領以郡守，縣令以上可並也，親民副以鄉職，縣令以下可裁也。至京秩之縻俸，夫人能曉矣，刺史入爲三公，郎官出宰百里，願遷轉視之銓敘，無過探丸之智，升調豈皆過化之人，願操選慎之至，折鈔之浸涼宜厚，廉可知矣。由明之官損益明之制，苟得其人，何嘗不可長治？

論明代官制得失

余建侯

有明官制，閣部綜文治，都督府統兵政，御史臺司糾察，此明祖所謂國之綱紀者也。析言之，閣有首輔，有次輔，部權之大者，有吏，有戶，有兵、刑，而五都督府隸兵部焉。御史臺有科，有道，有行御史臺，而督、撫巡察出行臺焉。上下相維，內外咸秩，制似得矣。

然其弊也，左書右息，十羊九牧，牽掣之，拘攣之，勢遂至內無相臣，外無疆臣。其綜內外大政，而得恣其權者，反在閹宦。夫祖制，罷中書，以內閣備顧問，以政事歸府、部、院寺，蓋欲輕閣權也。其實政之所在，即權之所在，政不能無所寄，權即不能無所歸。故自宣德、洪熙而閣權重，自閣以首輔票擬，而首輔權重。自首輔權得，而六部承奉意旨，無所不領，而閣部相兼之權愈重。其重也，其職也，即張孚敬、張居正所為以相自尊者也。乃起而爭者，於閣司糾劾，曰箝制科臣；於閣具揭帖，曰斜封墨敕；於部院百執事考成之部，送閣察考，曰越俎；於吏、兵二部之除授，取裁於閣，曰僭職。始則臺與閣爭，繼則首輔、次輔分票擬，而閣與閣爭。充其竟必至票擬外無他司，上諉聖裁，下推六部，以一身立擔當之外而後止。究之有相之職，無相之責，碌碌者固易充位。一二思振相職，如孚敬、居正其人者，又皆詫怪其僭越。一激而門戶，再激而水火，三激而反其弊者紙糊泥塑，又仍遁於庸蒀之一途。及至大憝孟賊有如分宜、武陵、宜興、溫體仁諸輩者，把持盤據言路通政，私置黨羽，似乎以權重致矣。然在廷之臣，既不能執祖制以相繩，而彼又反得以無相之責巧脫於罪，是知因判鎮而削藩，因權臣而罷相，徒棄爾輔，實無益於事也。此內無相臣之失也。

五都督府隸於兵部，出為總兵鎮守，援初制，七邊鎮守皆武職大臣，例即疆寄也。總督、巡撫，其始為行御史臺，其繼為任，皆有吏治兵政之枋者，亦疆寄也。使當日分鎮之始，定其鎮地，制其扼塞，重其威令，各戰其疆，互戰其邊，兵馬錢糧不隸本兵，陋秦、孤宋之禍，何至再見？乃一總兵而無賞罰之權，無出兵之令；一巡撫而無調兵之權，無臨陣之責。總兵無權,於是監以巡撫、巡按、巡守郎中,一有勝負,通判、衛經歷皆得監制之。巡撫無權,於是監以總督、總制、經略,總督、總制、經略無權,於是內遙稟於中樞,外糾察以御史,監以本兵,監以紀功,層層相制,節節相壓。而總兵之充以公侯伯都督者,又復紛不可紀,爵大權均,兩大不相使,故其時以經、撫不和聞者有之,以鎮、撫不和聞者有之,以左右經、撫不和聞者又有之。始也牽制,繼也傾軋,其後以治邊事,則邊事日亟,以治流賊,則流賊日滋,此外無疆臣之失也,凡皆明政之所以不綱者也。

　　然使相臣無權,而秉筆批紅不由內寺;疆臣無權,而監視鎮守不屬宮奴,則雖無樞輔,無疆寄,而內盜相權、外盜疆權者,尚不至盡在閹宦。乃自閣臣無造膝面諭之事,於是逆閹弄權,有傳奉,有內批,有批自私第不由內閣者矣,有因事他出,閣票批發必待其歸者矣。自洪武平蠻,以內侍監軍,於是杜勳監軍,而巡撫迎賊,而吳麟徵請撤監視,不許矣,裴綸請撤山東監視,主事金鉉請撤宣雲監視,又不許矣。不特此也,三法司之設,所以慎刑也,自閣臣無權,而廠衛駕帖,可以不使閣知,不從閣票。科道之設,所以正風紀也,自閣臣、疆臣無權,而內臣之監核錢糧兵馬物料者,可以糾科道六曹,可以糾方面督撫,甚則糾輔臣。他若兼領吏部,則進退文武徇其私;兼領刑部,則三法司左右郎中坐其下。其甚者,大臣入閣,且以投刺司禮為故事。嗚呼!如是而欲國之不亡,得乎?蓋嘗論之,樞輔者,出政之地;疆寄者,行政之地。有明一代,果先於樞輔、疆寄,專其權,重其任,由是太僕隸兵部,太常、鴻臚隸禮部,光祿、上林、秉筆內臣隸吏部,通政、大理隸刑部,國子監隸戶部,而通政一司增奏事之處,巡按一職改以賤治貴之嫌,以及外之督糧、兵備、水利、理刑、管屯、撫民諸官,稍稍整緝之,裁並之,雖以長治不難。且內之百司,既有樞輔提其綱,即無會議抄參科揭之制以治內,而內亦自治。外之散秩,既有封疆挈其領,即無分守、督察、巡守之制以治外,而外亦自治。

　　蓋舉綱者提其綱,振衣者挈其領,從古未有無樞輔、無疆寄,而國可以立者。詩説曰:與師友處者強,與奴隸處者亡。若乃舉樞、疆而奴隸視之,且並以真屬之奴隸焉,則即謂明之亡,亡於無官制可。

卷八

《欽定儲貳金鑑》書後

梅調鼎

此高宗純皇帝御極四十八年,抉《禮經》之精微,鑒累朝之覆轍,近證理密親王之失,下燭建言諸臣之私,欽定是書,爲子孫炯戒者也。恭讀再四,仰見我高宗純皇帝爲宗社計,爲綱常計,並爲天下臣民計,有非儒生泥古之見所能及,歷代建言之臣所能知,而我國家聖聖相承,父子兄弟間無纖芥之嫌,無廢立之事,擇賢付託,以奠此丕丕基,道在是矣。敢本此意,爲之析其理,申其旨,敬書其後曰:

曷言乎儒生泥古之見也?禮有之,太子迺生,舉之以禮,嫡子冠阼,衆子不興。是以臧仲逆祀,孔子謂爲不仁;隱公居攝,《春秋》不書即位。意者傳子之局既定,制禮之聖人,曉然於大位之所在,爭奪之所的也。舉天下之營求窺窬,一消之天定之嫡長,經也,常也,禮之不可易也。歷世既久,不能無人事之變,而殤死不後,以其倫代之禮起矣。不能無世運之變而安,則嫡長危,則有功之禮起矣。帝乙舍辛而立啓,未必來牧野之師;古公舍伯而傳季,無損乎肇基之德,而立賢之禮起矣。夫禮者,所以一天下之心思耳目而止其亂也。至微權妙用破於一二事之偶然,則後之拘其禮者,祇能制天下以力,不能服天下之心,而止亂者,適以生亂。聖人復作,必有急爲變通者,所謂權也,變也,亦禮之不可易也。

曷言乎歷代建言之非也?夫東宮未立,他日閹宦弄權,張浚言之。我朝則未嘗不立,亦未嘗顯立,而其弊絕焉。聖嗣未建,出閣之典久廢,趙抃言之。我朝則皇子讀書內廷，另簡師傅，而其益備焉。乃若賈誼之對漢文也，曰：選天下端士以衛翼之。而戾太子以廣通賓客敗矣。褚遂良之對太宗也，曰：世子用物不會，所以尊嫡卑庶，而隋太子以奢侈廢矣。李克之對晉獻也，曰：君行則守，有守則從。而承乾以屢嘗監國，失德於附託之衆。代宗以將兵有功，見疑於天下傾心矣。漢高知孝惠之懦，迫於群臣之爭，無以消呂氏之禍。明祖知建文帝之弱，憚於立愛之說，無以弭燕藩之兵。利害之所乘，得失之所較，有斷然者。此固讀是書者，所當體會其說，而無容拘禮以害事、是古以非今者也。

　　無纖芥之嫌，何謂者？嫌之生也至微，亦至易，宮殿既別，朝見以時，有隱莫達，有讒易行，一也。東宮官屬，動逾數十，賢否參雜，遂生事端，二也。勢位既極，不能無患失之見，求全過當，形跡之媒，三也。愛憐少子，父母之常，儲貳視之，誤生奪嫡之慮，四也。督責小過，慈父不免，儲貳視之，將以不勝民社之心逆億君父，五也。凡此五者，中材以下，莫不有之。有之而思所以彌之，彌之而又未得乎至正至大之道，將不勝其憂傷惶遽，而左右輔導之臣，適有如漢之石德，唐之侯君集，隋之唐令則、鄒文騰其人，則先挾其他日富貴之私見，而一切犯嫌越禮之調護，無所不爲矣。而斯時爲君者，愧憤其子之不肖，或藉事懲之，以冀其悔悟，而奸佞之臣，從而離間之，迫脅之。爲儲貳者，進不能見君父之面而白其冤，退不能苟全於旦夕，智昏神瞀之中，或教以鋌而走險之計，有入耳而不覺大非者矣。然父子之恩猶未絕也，一徘徊顧慮間，彼事發，懼誅之小人，已希旨伏元武門之甲，矯詔發長安市之兵。夫至伏甲發兵，雖有慈父之心，不能復爲保全，捕斬反者之詔，有不得不悲傷涕泣而下者矣。於是父子之兵交，天倫之變成矣。

　　無廢立之事，何謂者？既立而廢，廢生於立也，責望之心重，則不是之處多。仁謹也而鄰於不類，英摯也而鄰於非福，憂懼也而鄰於怨望，日挾一宗社重大之見，則愛憎之或偏或刻，每出於不自知，廢以立而伏焉。有天子之名，無天子之權，爲所寵者，圖他日之位，則傾心以結之，而天下皆附東宮之隙生。爲所惡者，恐他日之誅，則極力以陷之，而左右莫言其是之疑起,廢以立而成焉。德之失也,禮之所當棄也。君父獨斷之權也,既不慎於當日,則盈廷争之,天下議之,史官記之,廢以立而累焉。爲天子之子而不立,不失諸王之尊,既立而廢,將不保其旦夕之禍。況乎群小奉之以圖富貴,支庶乘之以希非分,亂民覆冒之以皷動天下,廢因立而亂焉。人倫天理之間,一念不謹,必有隱忍負痛終其身者,此又三十三事之所以然,讀是書者不可不知也。

漢之興也,至征和而有巫蠱之獄。唐之興也,至貞觀而有東牆之變。宋之興也,至太平興國而有逼姪之惡。明之興也,至萬曆而有梃擊之案。人心之所駴惑,國勢之所震撼,建儲之關係,顧不大耶?夫以基業之重,撫世長民之難,應恐懼遜避之不暇,乃智求而力争焉,豈非先挾一聲色狗馬之見,欲一逞於得志之日,雖以李泰之險,楊廣之悖,不難飾仁假義,邀一時之譽,賢、不賢之間,豈倉卒所能辨耶?七國之師,八王之難,安知不以太子既廢,入承大統者之出於倖獲,惟恐其存一不足服人之見,迫而爲翦除宗支之計,故不得已而出於亂耶?又何論所建者之因立而驕,因立而怠耶?則又此書文外之義,所謂擇賢付託,以奠此丕丕基是也。

總之,建儲之説,悔之於既事,何如慎之於伊始也。慊一時之意見,以貽他日之變,何如慎數年之選擇,以爲萬世之計也。私於其所愛,而尊之以天位,何如簡擇元良,以固邦本之爲得計,而所愛者亦藉以保全也。立一法以防弊,數世之後,弊即生於所防之内,何如並無其事之弊,亦無從生也。蓋禮之無容拘,歷代建言之無足信,杜嫌疑之漸,免廢立之累,得擇賢付託之益,理之至,勢之然也。則以知我高宗純皇帝聖慮之長,家法之善,迥非三代以來所能及也。則又知國家二百餘年骨肉之保全,賢聖之君之輩出,謹守家法之益信而有徵也。則更知聖明繼起,必能以祖宗之心爲心,以祖宗之法爲法,億萬年靈長之祚將未可量也。用敢拜手稽首,謹書其後。

諸史作《四裔傳》語多失實略證

陳佩實

怵於海禁四鏑,彝市攢蟠我腹地,講交涉日益棘手。退而覽前典,摯蠢蠢俶詭狀，勢所自昉，則夫數百年、千餘年、千數百餘年以前，舊史氏載筆定本，亦得失之林之良禆考鏡者也。然鼎此環球大通異言之稽弛，華裔迻道於道，行星所爍，通才碩望，輶軺互擊，銖三數寒暑，歸乃傾其囊篋，附以副行隨屬告奮游歷之履勘掌錄，語館譯局諷僮藝儒之印證潤色，與彼中著名士所口述，而轉筆諸書者，開新廣智，日未有艾。而國初來鴻生若鉅子，復以其間總轡觳集，劬棷學之力，邃密鉤貫，角出疑義，裒然成書，各如千卷，則視數百年、千餘年、千數百餘年以前，舊史氏載筆定本，猶不過創榛闢莽，椎輅增冰之先導已爾。

　　且夫蘭臺而下，斷代爲體。煉年煆歲，汗青甫脫。非一家述造，即經數人簡畢手定，寧勿肆意索討，求可徵信者。顧一朝掌故之府，不出詳於域中，略於荒外之大凡。中土觚翰之林，積染長於考古，短於知今之通病。計自通番伊始，使槎所過，晷刻良暫，譚吐鉤棘，不易達點畫旁行斜上。倉沮、佉盧，在昔異祖，勢難一一符契。且華人銜節邁彼者，率抱蠻貊可行之誠，冀收豚魚且格之效，被點絀詿，習不爲怪。往往二三千里海道，順風對度，數日可葦，輒以洊歲，齎糧異物，觸生鄉戀，詭言恫嚇，聽者尠省。翻其崖反，譬如游身獉狉，荒聞唐説，皆爲典要。異時纂輯，無過點竄字句，黟經汲傳之屬，不免過而存之。

　　大氐夷風貪我繒采，忌通它國，設計龍斷，故後來貿易寖盛，詫誑滋多。而《漢書》安息、條支，晉史遂首沿其贗，南朝濫觴。漢明侈譚佛老，天監以往，便有千陀利佞僧入貢，利賜予之渥與彼教之脛於中壤，過神其説以導諛者，蓋梁室清净，遐狄風聽，物腐而後蟲生，通儒彈之良是。同時拓跋至於增志《釋老》，雖《魏書》最精西域，其誕亦時時政於它説矣。背隋涉唐，内典方尊。更煽別派，摩尼、猶太，應世並起，景教流入，惡蘗先胎，僅僅大食、拂菻兩國，交涉載事之紕，已不勝毛舉。注輦輸貢，庫宋大中祥符間所賫表文，交阯、朝鮮久漬華風，猶愧爾雅。迴灑島夷，侏離之陋，頗疑國戕潤色之章籤，此一端，足供隅反。《元史》始事太驟，《外國傳》三卷，作者自知疏舛，特爲詩紀之。即如瀋藩建儲，諷傳高麗，亦舉例發凡之一助云。前明艾儒略、利瑪竇者流，航海東來，見聞較確，顧多誇耀其詞，以譁衆取寵。尚書徐光啓過聽，致有闌入代乘者。王圻《續考》亦非善本，勝史沿革，彊半襲謬。西印度各島洋面本偏西南，永樂初元，鄭和下瀛舟至小西洋折回，因誤指爲西洋之極，自餘此類，更僕尚夥，偶一僂指，抑以概百論者。謂諸書所本，援據賈胡番舶者十五六，梵部教書亦居三四，以告惇史，晞其難矣。

特是茫於外事，自昔已然，來軫方遒，往車宜鑒。不則一筆偶錯，界碑踵之量移；群教昧源，頑固睨而生釁。墨守古籍，有価通方，此之不可不一證也。重以運會展拓，全球震盪，家菲歐墨之志，人獲朥丁之文，駸駸乎役末而遺本，一再傳後，恐相沿束閣，有不審二十四朝書爲何物者。蓋必胸有千古，學始可備時用。古人嘗昔，原不禁來者糾舉，若有意菲薄，藉爲口實，根氏不壅，支葉徒灌，返諸培才盛心，決非應爾，此之又不可不一證也。

夫承累姓閉關鎖港之餘，責内朝守藏紳匱之家，編外裔采俗甄風之錄，即過舉至恒河沙數之賾，情實可亮，未資笑柄。況信以傳信，疑以傳疑，律諸史裁，是曰稱職，雖有南董能壁造哉。方今風氣洞開，目營四海，耳屬九洲之彦，月有所聞，而歷數杭大宗、錢辛楣、趙雲菘、張石舟、俞理初、龔羽琹以下諸先生，其材力心思，尤足上下古今，卓然於諸史外，獨張標幟，起而爲前哲諍友。觀於徐略《瀛寰》，尚遜魏志《海國》；洪撰《證補》，每匡何乘《朔方》。後出之書，益更犖然有當。然則士生斯會，倘漸入猹稴及米，撥霧見天之佳勝也已。至於物產之昔無今有，島屬之舊隸新並，政俗之前野後文，人、地、爵、邑，種種譯名之同，音異轉又有不能，概以失實論者，篇中皆勿贅及。弟此犖犖大要，亦隨意檢舉，未遑枚闔，冀無螫略證之體焉。

論歷代互市得失

趙　寬

互市之興，至今日稱極盛矣。見其得者，則以爲收利之權也；見其失者，則以爲尾閭之漏也。蒙謂得失何常之有，亦視其所直者何如耳。國勢有盛衰，而得失異焉。敵勢有盛衰，而得失異焉。今之互市，稍通知近事者多能言之，不具論，請論歷代。

夫歷代之互市，始於漢。炎漢之初，始與南粵爲關市。厥後，匈奴和親，嗜漢繒絮，常令關吏饒給之，馬邑人聶翁壹常出物與匈奴交易，是則互市之濫觴矣。武帝中年，西南夷既通，漢益遣人齎黃金雜繒，市明珠異物，遠夷之貨始流入中國。嗣是以降，後漢與烏桓、北單于通交易。元魏之宅中夏，亦立互市於南陲。沿至隋唐之間，通市之事，時時有之，書闕有間，其制不可得詳焉。洎乎盛唐，幅員遼廓，聲教遠暨，互市者滋益多，所以羈縻防制之方日益具。施及宋元，至於明代，記載翔實，布在方册。綜其大要，互市之毗於東南者曰市舶，其毗於西北者曰馬市，其在南北兩界間者曰榷場。市舶常設，唐在廣州，自宋以還，又推而及浙、閩。馬市不時設，視敵國之通和與否以爲制，其開市也多在西北邊地。榷場設於界上，其罷復亦不常。其互市之國毗於北者，在唐爲吐蕃、回鶻，在宋爲遼、夏、金源，在明爲朵顔三衛與諳達諸部；毗於南者，唐、宋則有林邑、真臘、安南諸國，至元，與倭人通市，海患漸亟，迨至明世，遣使招徠，遠人麕至，南洋諸國以暨西班牙、葡萄牙、佛郎機，相率請貢請市，而歐人商戰之局始萌芽於其間。

夫以國勢全盛，民物滋豐，出中國有餘之物，以與異域相周旋，凡以優厚貢夷，羈縻蕃服而已，豈以求利哉。然而慕義來者，震於威棱，莫不弭首帖耳，俯就約束。若國勢不振，徒斤斤於酤榷，雖歲入有加，於昔曾不足以支大國，如唐代之互市，雖抽解不過一分，而國勢常振，宋之互市，或以九年而至千萬，亦第足供歲幣之苴補已耳，此則以國勢之盛衰而判其得失者也。己之國勢宜審矣，尤必視其所與敵，夫互市非一國所專，我以強大自處，而謂人之盡弱小乎？苟不察其實，而昧於所施，則釁隙或由斯而起。是故以漢之大，而際匈奴之強，不免以繒絮爲鉤餌，以宋之屝，適會遼、金之弱，亦可守信誓以百年，此則以敵勢之盛衰而異其得失者也。

夫欲審知兩國之勢，尤必先有善於因應之人。大抵綏遠之方，尤宜因勢以爲之利導，處得其宜，則雖狉榛成性，未始不可使效豚魚之格，苟失其宜，亦足啓桀黠而長凶狡。是故同一諳達，以仇鸞而開馬市，則鈔掠滋甚；

以王崇古而開馬市，則邊圉敉平，雖所直之時不同，亦嚴分宜、張江陵之所以應機者異耳，此則以人才之盛衰而異其得失者也。三者不明，而徒然而沮之，徒然而勸之，不知形格勢禁，雖利害較然，有束手而末如何者，而豈徒爭此區區之利權，慮此區區之厄漏已哉。則盍不即往古之迹，而一求其所以得失之源也？

論歷代互市得失

陸炳章

互市之説，利外夷者多，利中國者少。限制華蠻，鎖關斷港，彼無貨玩輸進，我無金帛流出，絕其覬覦侵侮之漸，此上策也，非迂論也。雖然，天運之所迫，地氣之所轉，敵國外患之所構，朝政時局之所召，邊海姦盜、不肖商賈之所勾通，珍奇寶賂華人嗜好之所戀惑，事至情極，萬萬不能已，而互市之局遂開，千古之大錯遂如鐵鑄。漢唐以來，世代養癰，其有潰敗決裂之一日，在二千年前，首與外國交易之初，襮若燭照，數計而龜卜之矣。余故憤痛乎禍之既極，而追求其機兆之根荄，就事論事，竊爲之發微，曰：互市者，邊釁之元胎，而利權之轉轂也。處置乖，則要索之端蜂起；應付絀，則窺伺之計環生。以余縱觀歷代，有失無得，失算之多殆不可勝數，請舉其大要者。

一在権税。珠犀、香藥，非中華所必需，耗費貨財，莫此爲甚，故海舶貿易，征抽宜重，番性貪狡無厭，解税至輕，尚多怨恨，重則懼而勿至，任之無妨。蓋抽解所入，仍以防海備警，彼之取償，還在我民，互市於我無益，不至，亦無利於其税也。宋置権務，始僅二分，後益至四分，蕃商訴其太重，紹興中改抽一分，兼行博買，後復停止，務使納税不苛，寬期待價，謂寓懷遠之意。元定雙抽衹取什一，明税六分，給價以償。胥此道也，歷代君臣誤於懷遠二字，致爲外人玩視之處，不一而足，此事乃其一斑。後世番土各貨徵收，輕重適然相反，税薄貨賤之弊，甚使衣服器用，細至燈檠鍼縷，無不罄泉刀以易之，洋税加減，太阿倒授，議改萬難，孰非厲階之生先爲之例乎？非大失乎？

一在置官。市舶一使，唐代始設，番夷叛服，邊界安危，悉視主其事者爲之措置，蓋狡焉起釁，賈胡長技，持以廉正，無有不信服者。宋汪大猷在泉州，番商爭鬥傷折，處以中國律，不許牛贖。三佛齊索銅瓦三萬，又奏銅不下海，抗詔弗與，當時不聞因之開兵端、煩朝議者。元王克敬官江浙，延祐四年，往四明監倭人互市，去兵示恩，帖然無譁，其事亦相類，皆用人之得也。然舶司贓罪輕許蕃人越訴，長異族之驕詐，失計良多。而闌物冒取，黷貨見輕，並使中朝國體大爲損辱者，莫若唐之路元叡、宋市易務呂邈之倫。邈爲提舉劾罪，事尚冠冕，叡至見殺於諸番，尚復何説耶？沿及後代，遂有封疆大吏誘執不還，襮大恥於海外。邊省開府之臣，稍鯁直不阿，彼即沮而易之，必得請更調，然後休罷。豈非示弱之道，有由來乎？

一在海禁。華、夷天限，雖開互市，禁綱不得不嚴，無賴亡命，結引外國，告知虛實，爲邊患最大。其始每藉商賈爲名，乘間出海，防攔無策，遂至累世受其禍災。有宋一代，凡私與蕃國貿易者，嚴定徒黥。又不許海商假托風潮，私往北界。蕃商往他郡，亦必舶司給官券，毋雜禁物奸人。元亦屢有禁人下番之令，可謂得矣。番人借名市易，其所欲得軍械之屬、五金之富、山川圖籍，皆要物也。漢與南粵通關市，實互市之初桄。而高后時，有禁市鐵器之事。自後宋、明之世，此禁常懸。熙寧、元祐而下，有詔禁夾帶兵器，及可爲兵器諸物。其私市硫黃熖硝，及北界賣書，官司將錢寄附綱首，客旅過蕃買物者皆有罰，元、明沿之，尤以錢鈔國寶，毋與外人交涉爲第一要事，可謂得矣。然奸細交通，閩、浙最夥，宋法敕商旅不得往高麗、新羅，登萊州界，違者徒二年，船物没入官，條貫至爲嚴明，尚有徐戩、王應昇、李球之流，載送經板錢物，公然往來，爲彼國鄉導。南渡而後，更許招誘舶商得遷補官，令制陰隳，奸不勝詰，而金銀銅錢，海舶飛運，不能止其漏。海盜、島夷連結寇掠之事，三朝史策紀載紛紛，以此觀之，何怪近時漢奸之多？始導侵奪，繼號行教，因緣關市，以售其奸欺，馴至禁令不行，事事聽人，中國窮瘁，猶復歲出帑金無萬萬數乎？

一在邊防。北方關隘，利於畜牧；東南島嶼，灣泊所宜。外夷藉口入貢，求通互市，將以便其佔據，意甚叵測。漢與匈奴、烏丸、鮮卑通市，唐許吐蕃、高麗、回鶻、黑水諸國交易之故，皆以重要邊陲，姑許其請，冀免寇鈔。不意適墮計中，棄和毀盟之事，僂指難盡，史有明徵。然猶斤斤於戎狄生心，界上警備不絕，以防窺覦。迨宋、元以下，互市之局愈廣愈險，中國邊防愈以疏忽，其恃互市一策，爲高枕無憂之計者日益甚。於是呂文德受蒙古玉帶，許置榷場，而襄樊城外，鹿門白鶴堡壁如林，南北援兵悉爲所遏。明世套虜占地二千餘里，諳達數寇宣大，而馬市猶歲歲不絕，夷狄輕視中華，百方以嘗試者，其端於此大開矣。然當時北境尚注意守備，海南疆險無能慮之。迨嘉靖間，葡萄牙覓新地，踞住澳門，通商貿易，於是長養子孫，盤結海島，攘我門戶，更世易代而莫能驅除，遂爲數百年來歐美各國蠶食藩服、租索灣島之張本。明之朝士夢夢熟寐，一不堤防，貽實禍於無窮，計算之失，尚有甚焉者乎？竊嘗縱覽泰西名人所考中國輿圖，夷險分明，動中要害，身處其間者，反不能周知，輒歎精心銳意，奮踔重洋，其意不僅聯舶東來，取盈貪惏之欲已也。今以互市、邊防二者並論，斯意所度，自謂未謬，用此益可曉矣。

或曰：觀之前史，歷代互市之失，不出乎喜納朝貢，盛詡懷柔，若夫攘利藪、逞兵威之橫戾，歸咎古人，恐不任也。況五洲風氣，開明不遠，鯨虎吞噬之雄，未必其早見於往昔哉。曰：朝貢者，互市之階梯，而懷柔之道乃懼徑隧之生僻，而援手以導引之也。語曰：非我族類，其心必異。番夷之惡，備而遠之，猶恐不暇，況狎而暱之，將令一旦掉首反噬，其不至大爲侵辱者幾希。狃常習故，詡德耀仁，中國强盛之時，誠可以無害。不然者，餌之若犬彘，防之若虎狼，其亦善處乎商埠遍地之世局也夫？

書《史通‧申左》篇後

丁錫福

甚矣，知幾之固也。音有宮、商、角、徵之辨，而所以悅耳則同。味有辛、酸、甘、苦之分，而所以適口則一。天下有偏好一音而謂群音可廢，專嗜一味而謂衆味可捐者乎？古人一書之作，各有意旨所存，而權其得失，常相半焉。所貴乎讀書之士者，豈唯朝夕諷誦而已，將以一身之棄取，待決於古人，既不可沒其所長，尤不可諱其所短，否則，明識其非而曲護之，或巧抵其隙而刻繩之，均通人所不取也。

知幾篤信左氏，作《申左》一篇，而云左氏之義有三長，二傳之義有五短。蒙竊惑焉。蓋彼所謂三長者，大旨但以邱明受業孔門，所有筆削，原本周禮，又能親見文籍，與高、赤之生於異國，長自後來者異。不知邱明之名見於《論語》，味孔子之言，似與竊比老彭同意，程注以爲古之聞人，信非臆説。又案：王介甫《左氏解疑》，左氏爲六國時人者十一事，啖助亦言左氏非邱明，趙匡復舉八驗以明之。然則造膝親受素王素臣之談，皆由尊左氏者傅會其詞，不宜信爲確證也。知幾又謂左氏編次，仍其本語，二傳記言，取諸胸臆。其意以爲二傳考事之疏，不若左氏詳盡。其説躓已。顧蒙嘗疑《國語》亦出左氏之手，何以一事兩敘，彼此不同？如言鄢陵之敗與黃池之會之類。意者内傳所載之文，亦有增潤，不必盡如其舊乎？知幾又引雋不疑斷成方事，以爲《公羊》獎進惡徒，疑誤後學，不知周鄭交惡，天澤之分不明，王貳于虢，義理之公安在？如吕成公、薛方山之屬，於左均有微辭，何知幾於《公羊》獨苛，而於左氏獨恕也？尤可異者，《春秋》之作，意主彰癉，一字至微，或嚴斧鉞，或榮華袞，先儒謂爲史外傳心之要典，此豈待傳顯者。知幾乃謂孔經獨用《左傳》，不作則當代行事靡得而詳，是不獨申左於二傳，抑亦申左於孔經矣。左氏有知，儻亦非所樂受者乎？至論左氏未行以前事多舛謬，如程嬰之存趙孤，韓魏之陪葬馬，扁鵲之療虢公，皆出《史記》，明子長之未見《左傳》也，至末又引《十二諸侯表》文，以爲折衷，抑何矛盾若此。此皆信左太深，故不覺言之失檢耳。

要之，三傳互有得失，前人論之已詳，王伯厚之言曰：學者取其長，舍其短，庶乎得聖人之心矣。此自千古讀書之良法，左氏云乎哉？二傳云乎哉？

書王船山先生《讀通鑑論》後

金楘基

有通儒之言，有俗儒之言。俗儒之言，瑣屑考據，皮膚不切，掇儒先之唾餘，理詩、書之顯跡，是也，予既厭聞之矣。通儒之言，予於國初得三大家，曰亭林、梨洲、船山。亭林之論，偉矣。梨洲之論，則意氣用事，時有窒礙，今所傳《明夷待訪錄》遂爲變法之祖。若船山之論，觀古以知今，不見其設施之迹，而敷布決擇，隱於言外。

先生明季遺老，艱貞不仕，抱聖功王道之略，毅然自信於舉世不行之日。今開卷即述孔鮒藏書之事，而係之曰：君子之道，儲天下之用而不求用於天下，知者知之，不知者以爲無用而已。此非其心聲之所發哉？又嘗綜觀前後論議，蓋始取奇創，或好翻駁，然細按之，實有不可易者。如淮南王諫伐南越，謂訐天子之過，以搖人心，背漢而德己。汲黯責武帝內多欲而外施仁義，不能效唐虞之治，謂與申公之言迹近而實異，實中黃老之毒。李廣不得專征與單于相當，謂衛青爲陰受武帝之戒，知廣非大將。又以鄧后爲鄧氏近親開邸第教學，而躬自試之，謂寵私親以紊朝綱，假之兵權，復假之以文教。而趙苞迎母遼西，爲鮮卑所執，雖戰死，不能逭中心之刑辟。皆爲抉微之論。其於東漢之末，獨以傅燮爲社稷臣，雖朱儁、盧植、王允不能過。魏晉之際，舉范粲爲貞士，雖管寧、陶潛無以尚。則生平出處之大概，隱然自負者亦可見矣。其經世之略，推論流民寇盜之亟，而欲遷階、文、秦、徽、英、六、隨、黃、漢、雒、淮、涌、夔、郎之可郡可縣者，移人之餘，就地之曠，使農有恒產，士有恒心，國有恒賦，而申之曰："明王作，名世興，尚此之圖哉。"語長心重，專抒胸臆，則《日知錄》之倫也。其見微知著，謂朋黨之興始於元帝之代，元虛之習激於孟德之朝。而以西北繁庶，仰食東南，由第五琦督租庸於江淮，劉晏因之，人人遂視江淮爲腴土。可謂發前古未發之覆矣。其以府兵爲不如彍騎，而深原張說，謂標直言極諫之名，不足以得忠直之效，而登進浮薄，則尤深知治體，而非更張一切，好爲高論者比也。

夫以古之制，治古之天下，而未可概之今日者，君子不以立事；以今之宜治今之天下，而非可必之異日者，君子不以垂法。貫古今窮事理而立言者，亭林之《日知錄》是也。論古而知今，賢奸得失之辨，昭然萬世，則先生此書是也。論斷諷諭，司馬持其正，若先生則窮其變而反覆加詳也，豈獨史學之權輿，抑亦治亂之龜鑑矣。

書章實齋《文史通義》後

梅調鼎

甚矣哉，讀書見道之難也。才足以破萬卷，而不能得其微言奧義，有司之熟於故事也。學足知累朝之典章制度，而不明其措置損益之所以然，商彝周鼎之無當於用也。孟子曰我知言，程子曰能通所以然，是第一等學問。孔子之所以爲聖，吾得而知之矣。問禮老聃，訪樂萇弘，防風之識，楛矢之辨，諸侯出疆，具官以從，臣無藏甲，大夫無百雉之城。學也，政治所係也，夫人之所同也，三代損益，百世可知。知禘之說，天下指掌，闡天人之消息，窮事物之情僞，所謂天縱也，聖人之所獨也。六經之爲經，諸史之爲史，吾得而言之矣。左史記言，右史記行，記其善者爲後世法，記不善者爲後世戒。經之義隱而不顯，使賢者會其旨而得其用，不使不肖者竊其說而決其範也。史之義懸而不斷，取事實之足以爲鑑，不取乎空論之各執其說也。

嘗言之，道德外無學問，事功外無文字。何謂道？政之衛人身也，禮之束人心也，神道之設教也，賞罰榮辱之奔走天下也，三綱五常、仁義忠信之因勢利導也，道是也。何謂德？父子之於慈孝也，兄弟之於愛敬也，行己接物之有恥也，立身處世之知止也，一身正而天下化，人人親其親、長其長而天下平，德是也。所貴乎聖賢者，貴其安天下也。士安於學，農安於耕，商賈百工安於業。故聖人立道，而天下安。聖人以所立之道，筆之於書，使後人讀其書，而道亦立，則後世之天下安。朱子所謂吾人進德修業，皆他日國家撥亂反正所繫是也。此其上也，次焉者，言行之必果，聲望之自愛，讀書不明奧義，以之淑身則有餘，躬爲禮法所驅，究於身心非無益。一人如此，足爲鄉黨之勸；一邑如此，遂成風俗之美；天下如此，則無犯上作亂之人，而兵刑可以不用。科目之取士，學校之裁成，由前之說居一二，由後之說居八九，蒙故曰：道德外無學問也。何謂文字？結繩易以書契，所以記事也。然有由情之事，有緣事之情，事直而情曲，書足記事，而不足達情，於是虛實成理，而文義生焉。孔子曰：言之無文，行之不遠。序事之文婉以約，取乎動聽也。說理之文曲以衍，取乎易解也。議論發揮之文靈以致，藉以覘作者之氣概蘊蓄也。於是能事日密，而文章生焉。定一代之制作，則史官筆之；成一家之識見，則名山藏之。一法定而天下蒙其福，一書成而萬世利其用。通言之六經者，三代上之本紀、列傳、禮書、樂書、刑法、藝文志也。史者，三代下之《詩》《書》《易》《禮》《春秋》也。諸子者，得道之一體以演其義，經傳之支庶，亦後王之資藉也。集者，賢智之士，讀書得其消息而暢其緒也。自箋注之學出，强三代上之若史若子者，名之曰經，而尼山所删定若兢兢於名物訓詁矣。自論辨之學出，强三代下之若經若子者，名之曰史，而乙部之繁富若僅以存一朝故實矣。强經史之支庶曰子，而諸家經世之學，且下同於藝術矣。强後之讀書有得者，名之曰集，而剽竊記誦之末且濫厠其列矣。而世顧趨之恐後者，末流之風尚使然，以云大道之所在，則未也。蒙故曰：事功外無文字也。此章氏之意也，此《通義》之義也。

若乃就其著於外者論之，有綱領，有條目，列篇數十，義則一以貫之，道是也。所論之事不一，理則無不相通，知道之所以然，而施之實事也。通經於史，而私家之專集，文章之體裁，亦以史例繩之，歸史於實用，而著述之變遷，風氣之出入，亦以實用概之者也，綱領是也。有發人所未發者，道之本也；通人所未通者，道之具也。旁逮乎文章世故之末，皆道之蹊徑也。曉曉於習俗風尚之非，恐其爲道之蔽與道之賊也，條目是也。《易》之爲道，言理不言數，數有變而理則常也。文王作之有憂患，孔子讀之無大過，其理甚平，其說甚顯。章氏於陰陽鬼神之說，儗以風《詩》《春秋》之例，與《原道》之所謂政刑禮樂不得已而後起，文章著述不能舍器言道，《原學》之所謂治教未分，古無一家之學，義理虛懸，遂成風氣之漸，同爲確有消息之論，所謂道之本者，此也。載道者莫如史，《書教》三篇，辨馬遷之紹《春秋》，表袁樞之出《尚書》，詳緣起也。《釋通》《申鄭》《答客問》諸篇，詳群籍之流別，許鄭氏之專門，示繩墨也。《習固》《辨似》《天喻》諸篇，析是非於嫌介，察善惡於相似，窮學業事功於渾無，定名識之操於我者也。《史德》

《史釋》《史注》《傳記》諸篇，經緯乎天人之蘊，求當於日用之常，表注於謹嚴微隱之間，往復於有德有位綱紀人倫之義，心術之見於文字者也。所謂道之具者，此也。次焉而爲文，文德、文理、文式、文弊之於體也，曰臨文貴乎主敬，立言要於有物，從當時之制度，識古人之大體，非粹於學者不能言也。《文集》《篇卷》《答問》之於用也，曰內行不足，故外貌有餘，行遠可達，而簡策不計，點竄改易，視乎志公，非精於理者不能道也，所謂道之蹊徑者，此也。凡此三者，所謂經也，所謂史也，所謂集也，亦即章氏所謂道之本，道之具，道之蹊徑而可通於一者也。若夫《經解》言公正世俗之陋，《鍼名》砭異，明學問之益，若點陋，若匡謬，則慨乎其言之。如婦學，如詩話，則借此以懲彼，而仍無不歸之實用，且歸之於史，是又所謂恐其爲道之蔽，道之賊，而不容已於言乎？

　　烏虖！章氏具過人之質，於事能抉其蘊，破萬卷之說，於心能會其通，讀書見道，而不爲世俗所惑，孟子之所謂知言，程氏之所謂能通所以然，讀書得微言奧義，考典章制度，明其措置損益，意在斯乎，意在斯乎！雖然，章氏知君子假兆以行學，而不能忘懷於感遇，知毀譽之無涯，而不能不慨乎知難，其將以爲學究天人，理窮事物者之累乎？夫固通人之言，不難於深造遠到，而難於平心靜氣，不難於知人所不知，而難於能人所不能。才識勝而涵養不足，蓋與董澤長楊、謁者卜肆之說，同一病也，則愈見讀書見道之難，不能不於章氏之書心折之也。

續龔定盦《古史鉤沉論》

金梀基

　　書，何人述哉？循蜚、疏屹、因提、禪通紀，何人述哉？三墳、五典、八索、九邱，七十二代封禪舉，何人述哉？古之世，其實無有史之職者存焉，史之存，其在伊姚之代乎？伊姚其絕續之鍵也。今史家之言曰：國可亡，而史不可亡。國有治有亂，治不獨三代也，亂不獨夏與商、周之季也。由亂而之治，不獨姒與姬之初也。栗陸之拒諫也，康回之馮怒也，蚩尤之弄兵也，女媧氏之滅共工，而黃帝之戰於涿鹿也，非古初之大政記耶？語曰：

飲水知源,數典者莫忘其祖。夫不見無懷之刻徽號,宓戲之立書契乎,而不爲創制祖耶?夫不見泰壹之著陰陽,東户之有耒耜乎,而不爲兵農家祖耶?夫不見尊盧之有幣,太昊之九棘乎,而不爲泉幣之祖耶?夫不見金提之主化俗,紀通之爲中職乎,而不爲官制之祖耶?是故史有升降矣,唐、虞之史有升降矣,夏與商之史有升降矣,周之史則又有升降矣。夏、殷之升,伯翳述山海,而老彭以信而好古稱後世。其降也,則太史令終古執圖法而泣,疵與疆抱祭器而來奔。若成周自史佚以至聃,其不可傳者又死,而左氏獨舉其糟魄,夫安得不爲史家祖耶?

今儒、墨、道德,世皆以爲史之子,而不知其子之早分於籀也。籀之書今存矣,非史之故也。若管夷吾,若墨翟,若荀況、屈原、莊周、列禦寇,若韓非、呂不韋之書,今存矣,非史之故也。非史之故而猶有述,述其治,述其亂,述其制作、創造、兵農、泉幣、官制,而本朝之掌故與也。若倚相、籀談,則青史氏之羞矣。雖然,信傳信,疑傳疑,信則史之功也,不信非史之罪也。洪水之盪,羿之佚,勝於桀紂之世也。畎戎之兵,勝於秦之火也。宋之罪,浮於杞也。七十二國之君,相率而去其國之籍,柱下之史渡流沙而化胡,若邱明則又盲其目矣。故史學之傳,賴孔、孟而筆削之,餘馥諸子抱而守之。

烏乎!此張目奮筆,囂囂傲斧鉞,乃在周以後之私史,而在朝之體終古不復尊,此亦治亂之鍵也,而獨非升降與?

續龔定盦《古史鉤沉論》

陸炳章

龔子是論,既讀已,乃攬其餘緒,衍述微隱而續之,曰:著述家之任,莫尊於史,吾方知之矣。皇初統系之遙,綿眇以貽久長,匪史則荒。政物紛萃,流爲典章,托陳編而顯,匪史則亡。百氏六籍,人文之根氐,存則昌,廢則傡張,匪史則晦盲。蝌籀孳乳,創之者偉,肆之者益精,經術宗派,雜家從橫,匪史則誕而不名。是故竊纂修之號,一素餐之臣也;司盛衰之紀,一執簿之正也;襲因革之辨,一揣籥之瞽也。蓋書載年月,衍志傳,掇拾譜乘，用爲文學，選其專長之所充，極寫官而已。史乎，史乎，編録之始，固如是乎？

老聃處於柱下，其職史也，而仲尼叩以禮。晚世淺陋之士聞之，將毋騰讖竦謗，疑夫舍長而從短，棄美而取疵。若楚之倚相，能讀三墳、五典、八索、九邱，而左氏所傳，乃誦祈招之詩。至如隕星退鷁而宋公懼，絳龍見而晉君惑，叔興蔡墨之言，吉凶攸在，豪髮不爽，豈其夙學占書，後乃躋於史職？俗儒覽之，得無錯失？

嗚呼！非才智鴻廣，識略精富，則載筆之大，不能以自勝。史之羽翼，諸子無所讓；史之魁桀，大聖起而當之。詩書之刪，禮樂之定，易之贊，春秋之修，非史而盡史也。孔子云：“文勝質則史，文質彬彬，然後君子。”知列國之治是官，雖英碩董作，無有綜其精微。董狐直書，稱之良史，殆猶不得中行，必以狂狷之旨，非滿之之詞，進之之語耳。故信而好古，商彭之述學，不有大知，無輕言述。別白正僞之事，不得不求，而文勝之弊，亦史家之陰憂。卞和一璞，巧工琱琢而成圭璋，拙者試其藝，斲爲珮瑞。匠石斧梗楠，可以登上都，爨人得之，則灰於竈，觚粹矣。

夫漆墨之遺，竹帛之賸，堂壁之藏，九流百家，紛紜坌集，應時而迭出。夫起辛甲、尹佚之倫而整齊之，史材之茸，悉菁華之寶帙也。溺文之士見之，則糟粕之矣，棄而炱燼之矣。其弊也，不馴而醜，不純而怪，不真而詭，不明而晦，儒者所謂素隱行怪，後世有述，意在斯乎，意在斯乎！山經海志之文，荒眇而無徵，大禹九州，職方萬國，咸版圖之具列，迺屏絶而不憑，翳書穆傳，一卷準繩，是曰史之僻。斷始唐虞，此尼山之旨，循蚩之朝，疏仡之紀，觀乎人文，蓋狉榛者千祀，贗本三皇，博聞空侈，是曰史之顚。祅讖僞書，津津不休，詭言符瑞，云帝者之祥麻，赤烏流火，大魚折溜，襲其怪誕，以貢諂諛，遂千篇而效尤，是曰史之佞。前紀荒唐，惑經誣聖，千古奇聞，孰如太甲之殺伊尹，譌以傳譌，成爲故事，將使藉口童昏，而無所容，其禁忌作俑之愆，禍原誰警，是曰史之孽。奇肱飛行之車，大荒蓋地之圖，綿歷百世，乃知其非誣。巧者述之，藝學權輿，乃舜湯之年，國書不著，賴裨乘以詳攄，是曰史之迂。

周德衰,孔道隱,異學之篇,混經傳之楮葉,雜子氏之猖狂。暴秦一炬,厥焰孔張,源之不塞,其流益揚;根之不撥,枝葉乃昌。方以博求事故,囊括衆籍之精微,用令萬世史家深窺原始,安得諱其五忌,而失宗法於三長也?故寫定五經,知要領矣,支流餘裔,具在乎諸子,還當別白焉。

續龔定盦《古史鉤沉論》
蔣維喬

定盦《古史鉤沉論》四篇,其一言君權重,民權輕也。其二言史統廢,孔統修也。其三言寫定經文也。其四言賓籍之闕也。寫定經文,無取宏恉,今不續,續其三。

遐稽隆古,以上天造草昧,渾渾沌沌,榛榛狉狉,一變而爲蜃蛤海苔之世,再變而爲禽獸猿猴之世,三變而爲人種初生之世,終變而爲酋長爭雄之世。人之始生,其腦粗,其智短,其力强,其性好殺,故力足以詘百人者,則百人從而懾服焉;力足以詘千人者,則百人之酋長各率其族而懾服焉;力足以詘萬人者,則千人之酋長又各率其族而懾服焉。積人成族,積族成國,積國成天下。有神靈之聖人起,憫天下相爭相殺、相吞相滅之未有已也,於是導之以政,齊之以刑,率之以禮,化之以樂,鋤其桀驁不馴之氣,教以合群進化之理,爲之農以贍其衣食,爲之工以作其器用,爲之商以通其有無,爲之學以生其智慧。聖人之於天下也,非私爲己有也,視其政則家事也,視其民則平等也。耄期倦勤,則爲天下擇人而授之,天下不以爲疑也。故邞治之初,祇有垂裳禪授之風,不聞攘竊神器之事。自家天下之説起,而後世豪暴非常之君,遂得戔奪神州,據爲己産。慮黔首之不服,則以兵力威天下;慮子孫之不振,則以制度壓天下。私其爵以牢籠天下之豪傑,私其刑以誅除天下之强梗,私其臣以爲瓜牙,私其民以爲奴隸,私天下之資財以快一人之欲。日挾其愚民之術,以崇高其君權,而抑壓夫民權,積之既久,天下之人亦習焉相忘,乃愚乃弱,乃異乃蒠,異姓得乘其獘而代之。故開創之世,其材盛;衰弱之世,其材熄。人才之替,非人才之過,愚民之過也。

　　烏呼！此秦漢以下，霸天下之氏所不悟也。且夫人君私天下爲己有，然後人知帝王之可貴，知帝王之可貴，然後爭奪之心日以熾，欲隱弭其爭奪之氣，乃芟夷而摧折之，取快一時，貽憂後世，適足爲異姓驅除之資，或數十年，或數百年，未有不亡者。蠢蠢禹縣，經此數十姓霸氏之芟鋤，而中原之民氣熸。中原熸，域外之利也。故蒙古游特之族得而據之，蒙古之君挾異種之見，視漢爲奴，而中原之民氣益熸。漢民熸，異種之利也。有明驅逐蒙古，偉矣，始謀不臧，效尤秦漢，盡率天下才俊之士，俾之俯首順吾號令，至是而中原之民氣殆不可復振矣，而大秦、高加索之族，乃欲盡舉吾黃帝堯舜之冑，而臣妾之，牛馬之。吾黃帝堯舜之冑，豈甘受臣妾牛馬乎哉？蓋經數十姓之積壓，而末由自拔也。夫率數千年受吾積壓之民，一旦欲責以應敵，不亦惑哉？

　　堯、舜、禹、湯、文、武、周公之世，天下之民，睢睢盱盱，咸一其趨，趨端其學，學歸於道，道立於一。蓋治在天子，學在天子，道在天子，無所謂道統也，無所謂學派也。其爲天子掌圖籍，則史。史者，其位尊，其官世，其名高，其文溥。周之前，史亦尊矣哉？是故海寓之內，學校如林，俊士秀士選於鄉，舉於國，貢於天子。天子納之大學，太史教之，學成而授之官。學於古者，宜徵文獻，而三墳五典掌諸史。學於禮者，宜官宗伯，而禮儀威儀掌諸史。學於音者，宜官司樂，而六律六呂掌諸史。學書者，宜肄篆籀，而倉史遺文掌諸史。學數者，宜明象數，而九章周髀掌諸史。微史，莫得握道統之權焉；微史，莫得握學術之權焉。周既東，王迹熄，天子有其治，無其道，存其治，失其學，而史之統亦亡。孔子生，貫三才之道，修百王之緒，遂舉唐虞以來道統、學術之權，歸諸匹夫之手。夫匹夫何人，而參預天子之權，宜乎舉世非之，所如不合，周秦諸子窺天子之權可取而代也，遝湧波滿，並出而爭其權。莊鳴於楚，墨創於宋，衍掞於齊，非橫於韓，呂著於秦，子輿氏以一人之力，欲戰而勝之，蓋戛戛乎其難哉。

　　烏呼！史統之亡，孔教所以修也。孔教既修，百家所以盛也。漢武罷黜百家，推尊孔氏。太史談以先秦舊官，未暇舉道統、學術歸諸天子。遷也繼之，發憤著書，筆削不能比《春秋》，而史統卒不可復矣。故漢以降，史之大罪二，小罪二，大功一，小功一。司馬氏世典周史，漢武置太史公位丞相上，比之於周，職位攸崇，宜纂乃祖，修明舊功。史遷憤激，成一家之言，不示天下以大公，史之大罪一。古者，左史記動，右史記言，人君卻顧，罔敢越僭。霸者以爲不便，乃削其權，古史之流，流爲官書，史不能數典力爭，南、董之風後無聞焉，史之大罪二。遷傳儒林，不傳文苑，蔚宗失其旨，破壞其例。宋史道學，因之並起，史之小罪一。史之才，上徹天時，下究方志，旁及朝章國故。後之作者，才弱而勿勝，翔於記事，疏於典制，學者空談，爲世所訾，史之小罪二。孔子之學，口説流傳，漢初師法，並列學官，太史存之，萬世而下，是法是宣，史之大功一。百家之書，雖囿於一偏，而皆足爲治藝文，著錄姓氏靡遺，史之小功一。雖然，史統凌替，史氏之罪也；孔統凌替，儒者之罪也。西漢後儒者不求實用，瘁於訓詁，末世清流，橫罹黨禍，激爲老莊，流爲禪釋。濂洛諸儒，取學術之尊者，別標性理，前明學案，乃復紛歧。孔氏至今，名存實微，異教日橫，得乘隙而抵巇，豈非門户攻擊，不講實用者之過哉？

　　是故古之滅人國者，必先去其史；今之滅人國者，必先去其教。今之教，古之史也。無教之國，攘其土地，蹂其廟社，遷其鐘虡，其國可亡，其人民可爲我用。有教之國，雖攘其土地，蹂其廟社，遷其鍾虡，其國不盡亡，其人民卒不可爲我用，何也？教者，維繫人心之大者也，其權操之教祖，非操之人主也。人主君是國者，必先崇是國之教，然後可以治其國，在昔然已。國亡而教不可隨亡，教亡而國未有不終亡。今之爲封豕，爲長蛇，噉吾血，吮吾膏，不足懼也，崇彼之教，卑吾之教，輸彼之教，滅吾之教，伊可懼也。昧昧我思之，如有一介故老，振臂中夏，黜老莊，闢禪釋，挽清流之禍，破會黨之惑，啓實學之扃，雪空疏之恥，假楫西漢，溯源孔氏，得其所謂治者何治，道者何道，學者何學，堯、舜、禹、湯、文、武、周公所謂治者何治，道者何道，學者何學，固非聚徒講學，邀禍當世者比也。自漢以來，千有餘歲矣，伊何人哉，伊何人哉。

　　甚哉，後世臣道之衰也。三代之上，有民而後有臣，有臣而後有君。三代而下，有君而後有臣，有臣而後有民，何也？聖人之有天下，非利天下也。爲百年之天下計,則爲之擇臣;爲百年後之天下計,則爲之擇君。惟君與臣皆爲民也,故三者皆平等。語曰:民爲貴,社稷次之,君爲輕,蓋謂此也。霸君之有天下,利天下者也。私其股肱腹心之臣,以爲我用;私其蚩蚩之氓,以爲子孫用。惟臣與民皆爲君也,三者不平等。

烏呼!平、不平之樞紐,其在賓籍既闕後乎?賓籍之闕,其在史統既亡後乎?舜之時,禹、稷、契、皋陶爲賓,揖讓之朝天下公,賓得與其内政。周之時,三恪爲賓,革命之朝天下私,賓不得與其内政。其聖智睿美魁傑之士,則中史材。秦嬴暴戾,吞並六國,六國之靡,皆縱橫游俠刺客者流,乏聖智睿美魁傑之士。聃也西游,而史統亡;西河弟子散失,而賓籍闕。嬴氏益肆,乃戮辱儒士,尊爲皇帝,天下之人,莫敢誰何,而平等之誼,遂絕於天下。《書》曰:"元首明哉,股肱良哉。"言平等也。孟子曰:"君之視臣如犬馬,則臣視君如國人;君之視臣如土芥,則臣視君如寇讎。"言不平等也。故臣之事君,一則曰惶恐,再則曰昧死,再則曰死罪死罪。其尊天也,其威神也,其怒雷霆也,蹎伏跼蹐,猶慮抗天、觸神、忤雷霆,遑恤其政。君日驕,臣日諂,驕則尊,諂則卑,尊卑太分,則生隔,隔生弊,弊生錮,錮則一人孤立於上。是故商祚六百,周祚八百,後世罔有躋於此數者,職是故也。且夫人君非病風喪心,豈樂離臣民之群而立於獨哉?彼其孤立之形,非兆於其世,兆於後世也;非見於其身,見於子孫也。堂抑何高,廉抑何遠,非不崇也;號出而明,令出而行,非不赫也;萬方黎元,惟予所命,非不大也。由數世而隔,隔數世而弊,弊數十世而錮,錮數百世而亡,固非既崇、既赫、既大之霸氏所及料也。賓史之闕,其三代王霸升降之會乎?茫茫萬禩,此誼不可得而復矣。若夫其智非卑也,其材非駑也,其學非下也,而泚其顏以餂爵,諛其色以苟禄,脂其骨以取容,聞古昔賓史之義,寧無恧焉?

卷九

書顧亭林先生《郡縣論》後

蔡文森

　　封建、郡縣二者，自古聚訟如議禮。主封建者，則保土子民，以私成公之説也；主郡縣者，則執持魁柄，易置從命之説也；主封建、郡縣並行者，則侯、守錯處，外維内制之説也。大抵規時爲議，皆有所見，而未可妄訾，然亦不能名其一以爲確不可易之制。蓋意無方，法有方，意不能筦攝其法，則法敝，敝必更變，久之，而所變亦敝，治無善法，自古然矣。亭林先生此論，因郡縣之制，行封建之法，仍賈生衆建力少之意。參秦以來考功銓選之規，無大城名都連數千里爲亂之資，有臂指相使黜陟在上籍制之利，其説美矣。

　　嗚呼！循是行之，其足以救明社之屋與否，足以垂憲後世爲不敝之法與否，未可知也。嘗以爲漢以上之天下，封建有時而不治；漢以後之天下，封建無時而可治。漢以上風俗醇厚，民各安業，循世守之分，無與奪之心。爭土地以相侵伐，干王略以勤六師者，方策所希見。至於晚季，德不足以懷，威不足以制，於是人心未離而諸侯先叛。

　　蓋天子能自樹立，封建足以利國；天子不能自樹立，封建足以病國，三代然也。自漢以降，作佐官之律，嚴附益之法，而封建之名僅存。魏晉以後，王侯率屬虚封。宋承藩鎮之後，而州縣無兵。明有燕、寧之禍，而諸侯充位。之數朝者，皆非不欲行封建，一試而立蹶，更相懲戒，以成郡縣一成不可變之制。

　　蓋以郡縣之意行封建，自景、武以來已然。夫有封建而以郡縣之意行之，惡在其可復封建也，豈非以輕重之道殊而順逆之勢異乎？且今資之以戡亂者，以其各有土地甲兵也。彼擅其土地甲兵以爲雄，大則成國初三藩跋扈之勢，小亦釀乾嘉金川湖貴匪類竊發之釁。窮究其弊，則又與今呰窳隳敝之土司異涂而同轍，常則患苦小民而有餘，變則衛捍天子而不足，可度而知已。

　　王氏伯厚曰：郡縣削弱，則戎翟之禍烈。竊謂封建削弱，則戎翟之禍益烈，何者？其所志妙極天下之形勝而無忌，其所欲固無逓取求之天子也。由斯以談封建之不可復行，無大小，一而已矣。先生抱故宮禾黍之悲，追流寇長驅之痛，以爲蕩然無有藩籬之限者，由無諸侯以揸拄之故。晚年篤信封建，謂足爲圖治之本務。司馬朗井田之議，見用於易代；虞集京東水利之策，奏效於異世。先生此論，殆猶是心。然其爲制，則仍規切一時之弊，而或不能必之後世者也。

　　夫經世之法，其行也，雖聖人不能使之不行；其廢也，雖聖人不能使之不廢。自罷侯置守以來，二千餘年，郡縣苟不至甚不便，必不能易其制，封建之利苟不至倍蓰於郡縣，則亦不能復其制也。何則？勢之所趨重，而終古無無弊之法，雖聖人爲之，將亦無以善其後也，而先生之論，於事不無少闊矣。

書顧亭林先生《郡縣論》後
李青藻

　　亭林先生此論，寓封建於郡縣之中，誠哉有味乎言之矣。然而其説或不盡可行，其意或猶有未備者，則非先生之闇於事理，先生鑒有明之失，矯枉之言未免過乎正耳。嘗反覆讀之，而略思其變通之法：一、縣令不必世處其官。一、太守不必三年一代。一、縣佐不必聽令自擇之。三説者，與先生之論不甚合，而亦與先生之意不甚違，故備論之。

　　夫縣令者，親民之官也，安其土地，習其人民，諳其風俗，然後可以言治。自明太祖用操縱之術，三年之限，因循宋制，其後科條文簿日多一日，監司督撫牽制愈多，故縣令不求有功，但求無過，非所以治民也。先生之論，因而罷監司之任，尊令長之秩，設世官之獎，未始不足以挽其弊。然古者諸侯世國大夫，緣之以世官，《管子》雜霸之書乃曰：士之子恒爲士，農之子恒爲農，工之子恒爲工，商之子恒爲商。以有定之資格，拘無定之人才，其勢不能無濫，即不能無爭，《春秋》之譏世卿，意爲此也。縣令而用世官，立法之初，尚無大弊，相沿既久，弊必如中正之徒高門第，土司之各起爭端，故宜略仿漢時久任之法：守令稱職者，璽書襃之，累進其階，而不易其位。不稱職者，計偕考課，嚴加糾易以代之，則吏治循良，何遽不如漢世。必如先生自私之説，則天子私天下，縣令私一縣，小民因而各私其私，有天下之公利而不能興，有天下之公害而不能除矣。此縣令世處其官之説宜變通者，一也。

太守者，統一縣令者也。古之太守，去封建時之諸侯無幾，辟除賞罰，兵刑賦役，皆得專制，而縣令聽命如其臣。漢宣帝之所以重良二千石者，以太守之權重，而縣令之任輕，天子第詳於二千石之予奪，則治道畢舉矣。明雖有府州以統縣，有稟承稽核之任，而無賞罰廢置之權，考察縣令，又必告撫案藩臬，以上於吏部，則縣令不出於葸弱，即出於掩飾，上下相蒙，郡與縣皆無政治矣。先生之論，以生財治民之權予令，而太守則三年一代，是其處令也常，而處守也暫。瓜代近而不能有爲，資望淺而不能統攝，雖有良吏之才，如吳祐之相膠東，杜詩之守南陽，亦不能奏績於九年之内，考成於十載之前也。故太守亦宜久於其任，然後以郡領縣。言富而漢之鹽官、鐵官、工官、都水官，可以更給。言强而晉之加將軍，唐之加團練使，可以兼任。此太守三年一代之説宜變通者，二也。

縣佐者，左右縣令者也。巡簿、吏典等官，即漢世三老游徼之屬；鄉約、保甲等事，即唐時縣下於鄉之義。苟得其人，則如身使臂，如臂使指，有相助之義焉。先生之論曰：簿尉、博士、驛丞、司倉、游徼、嗇夫之屬，報名吏部，得用本邑人爲之，是有古者鄉官之意矣。然聽令自擇，則一人之私見聞有限，觀明世三老、糧長之屬，憑藉官府，肆虐閭閻，倍收糧石，準折子女，聯絡胥吏，因緣爲奸，惟其擇之不慎，故禍乃益烈。則聽令自擇，不如聽民自擇。三代命鄉舉秀士，漢高令民舉有修行者，正以補見聞之不及也。則縣佐聽令自擇之説宜變通者，三也。

嗚呼！先生之論，爲中國之弱，民生之貧而發也。然儒者立言，當爲百世計，不僅爲一時計。必如先生之論，縣令則世處其官，太守則三年一代，縣佐則聽令自擇，矯枉而過乎正，救一時之敝則有餘，立百世之法恐終不能無弊也。故略言所宜變通者，以求合乎先生之本旨，而其他姑不具云。

書顧亭林先生《郡縣論》後

程肇基

郡縣者，天下之積也。郡縣治，而天下治矣。顧古今無善治郡縣之法，實無善治郡縣之人。百里小侯，及瓜而代，有調有遷。其在官也，上而監司，又上而督撫，申詳駁勘，遇事掣肘有司，方凜凜焉承顏希旨之不暇，其稱强項者，什無一二也。真能實心行實政者，更百無一二也。郡縣之弊，流極於今，論者遂欲廢郡縣而復封建。夫時非三代，封建亦烏可復哉。先生此論，蒿目痛心於明代流寇之毒，守令養奸，因思寓封建之意於郡縣，凡論九篇，大致尊令長之秩，而予以生財治人之權，及罷監司之任，設世官之獎，行辟屬之法而已。意美法良，經世盛業，何用更贊片詞。

姑請言今昔大勢之殊，而爲壞流一得之助。曰令長之秩宜尊也，監司之任宜罷也，而禄可世，官不可世，士可辟，屬不可辟，何言之？漢制，郡縣便宜行事，不待奏報，故如尹賞之令長安，董宣之守北海，杜詩之官洛陽，皆得雷厲風行，肅清境内，唯其秩尊，故勢重，而權亦專，此可法也。然不盡撤監司，則事權終難畫一，十羊九牧，且病人浮，況益臨以方面之尊，專制不可，稟命不及，設有阻撓，貽誤全局，圉人監僕之喻，誠有如先生云云者。

若夫仕有世禄，王政所先，春秋世卿，便多梗亂，後世門第用人之説起，銓政於以大壞。論謂老疾乞休，舉子若弟代，舉他人者聽。人情各懷其家，明明以一官爲世傳之物，子弟非甚不肖，孰肯舉及他人者？即謂蓑爾之縣，子弟不能稱兵以叛，蒙不慮其稱兵以叛，而慮其殘民以逞也。舉父兄數十年循良之治績，隳於試令之三年，天子遞降明罰，如舊勳何？設從寬宥，如斯民何？此亦萬難之勢矣。計不如於乞休之日，子弟而賢，准縣民乞留繼位，唯不得自舉。不賢，則但予世祿，以示榮眷。其有折節讀書，改過遷善者，三府仍得辟召，另授他縣。一轉圜間，可令數世食舊德之報，不致一傳有國除之患，嘉矜並用，無逾於此。辟屬之法，前代恒有，然而秉公者半，徇私者亦半。簿尉以下雖微員，亦佐縣令以宣化者，可專令自擇報名吏部乎？既定，間歲縣舉一人，試部為郎，依次補令及丞。與署本縣簿尉之律，何不可刪去？辟屬一層，專令辟士，歲舉酌加數名，以備歸縣器使，同一自辟，毋奪其權而慮試部之見黜，則所辟當益精，濫竽充數，吾知免矣。

要之，官唯世及，則任滿之丞、高第之士，終無出補之期。簿尉諸屬，專令自擇，則又次之。士試畢歸縣，亦同贅設，此則先生論中，百密而猶有一疏者也。讀先生書者，不可不知也。

書顧亭林先生《郡縣論》後
管祖式

讀顧氏九篇，已瞿然歎曰：是先生有激之言也，然亦豈非必至之勢乎哉？自封建敝，變而為郡縣，而郡縣又敝，則知郡縣之敝，必將復變，雖然，事亦略可睹矣。自秦廢侯置守，漢興相仍，吏治稱美，其時天子所與治天下者，太守而已。守之下有令，令以民情白守，守以上天子。地近則情易達，而無長吏牽制之患。其兵得自將，其僚佐得自辟。吏民罪非殊死，皆得自決遣。權重則勢易行，而無文書輾轉之煩。

然其弊也，地近則勢逼，權重則情恣，故兩漢守令之橫，率有依倚中涓，暴行不法，賓客子弟廣納賄賂，黜陟死生，恩怨任己。前史所傳，幾半良吏。其後魏晉六朝，迄於唐宋，略鑒其弊，增置節鎮為控制計，而沿及末流，人物鄙猥，士大夫重內輕外，幾成累代不愈之痼疾。郡縣削弱，紀綱廢弛。有明之初，崇任縣令，馴至中葉，設官愈多，層層鈐制，吏治窳敗，盜賊蠡如，流寇變起，明社遂墟。然則自漢以後，而魏晉，而唐宋，而明，郡縣之得失，亦大略可睹矣。君子之謀人家國也，審古今之變，酌時勢之宜，思得而慮失，觀害而知利，因爲權衡損益，以得其中。《易》曰：窮則變，變則通，通則久。如先生言，寓封建之意於郡縣，詎非必然之勢乎哉？然吾觀其說，居官者長子孫少亦不下十餘年報政，天子賜璽書，復其任，大率仍仿漢意。所微異者，則漢太守橫，易以縣，殺其勢，仍收其成，則先生斟酌之微權矣。九篇中言其效亦略盡，而吾尤歎夫令得與民親且久，雖欲虐用而濡惜不忍竭力，欲苟且而後顧無所諉讓，而權乃行乎其間。且今縣令慮無不言團練，比如團沙膠之而不固，擲之而仍散，非權不能團，非久且親，則團亦不堅。久且親矣，而教之技擊，給之旗鼓，常則如父兄訓子弟，變則爲手足捍頭目，民之耰鋤白鋌，賢於十萬之師可也，此又顧氏所未及發而事可推測者也。

　　且夫今之天下，郡縣所積也；縣令，侯國之寓也。愚嘗歎三代封建之美，治天下之道常疏，治侯國之道常密。增丞尉以下而治事之官多，治侯國之道也。罷守令以上而治官之官少，治天下之道也。則觀顧氏所陳，亦庶幾猶得封建精意云。木之性，曲直也，欲木之直，必揉之使曲，而直者伸焉，然則直郡縣以封建，豈非必然之勢乎哉？

　　行顧氏之言，如二千年病夫，一旦掖之使起，且培其血脉，資其精神，霍然脫然，固千金良劑也。然治國如用藥然，參茸苓术，珍品也，而雜進之，設用一不當，則疾又叢生焉。信顧氏之說，丞以下曰簿尉驛丞之屬，聽令自擇報名吏部。夫簿尉之屬，秩賤禄薄，自擇奚不可？然浮慕乎古人之名，而不熟察今之時勢，與夫古人已然之變，則禍立睹矣。

　　昔者三代，衆建侯國，諸侯各私土地，各子人民，相傳至千數百年，士不輕去其鄉，故世禄之家得自辟用其士，乃春秋之季，已有晉欒氏家臣，魯叔孫御者，忘公室而徇私誼。漢去古未遠，習乎其故，郡得自辟掾曹。其治也，刑賞施於州郡，法令嚴明，一切誣上行私者，不敢逞。及其亂也，州郡以愛憎黜陟屬吏，於是背公死黨之習成。叔季之人，心寡誠實，而多奸偽，微論夤緣賄賂之風寖盛，即夙號賢智者流，意氣微恩，積成私感，觀乎兩漢之吏於長官,已定君臣分誼,而又難而爲之死,死而爲之服衰。行之後世,未有不成黨援門户,背公嚮私者矣。

匪特此也,梁武帝初爲雍州刺史,辟柳慶遠爲别駕,慶遠謂人曰:"天下方亂,定霸者其吾君乎?"因盡誠協贊,遂成帝業。由是觀之,則又不止意氣之士周旋患難,而桀黠者且傾心於其主,如慶遠輩出死力,抗拒朝廷,又梟雄之尤。呼朋類,引私徒,盤踞重地,圖謀不軌,皆以自擇致禍之烈,人君偶不及察,可取鑒也。且夫變通者,時也。三代王者,其能逆知漢魏晉宋之朝野,而豫建不易之法哉?後漢固行之矣,六朝亦仍其例矣,而流弊若此。顧氏徒見後世選法未盡善,以爲不若復古制,庸詎知有未可者哉?雖然,猶曰報名吏部也,而冢宰以漠不知之人,亦無成憲之考覈,以衡其可否,名雖達,奚裨乎?然則用吏部之銓法,遂以一人知衆人之賢否乎?曰不然。人有材能,或以歷事而增長,貪仁廉惡,亦以束於法而磨礪於善,豈必預知哉?是知自隋以後,易辟舉爲銓選,固亦唐宋五季人心事會之趨,而不可更易者歟?

周衰,封建未壞,覽夫《春秋》所紀魯人仕魯,齊人仕齊,無有嫌也。然而世禄之家,迭相盛衰。陳、鮑、高、國、樂、郤、趙、范,疑忌互積,起而尋戈矛於兄弟姻婭,覆宗喋血,亦人倫大斁矣。法者,與情不兩立者也,而法與情,抑又不可偏廢。今夫壤地相接,則鄉閭相比,婚媾相連,吾一旦乘權居位,不能幸親故有罪而逮繫之,甚且鞭之、戮之,憯焉不恤,有人心者顧忍乎哉!則故縱之,或從而赦之、宥之,悍然罔忌,有人心者又安乎哉!則曰:吾以奉國法,有罪,法不宥,是父子、夫婦、昆弟、朋友之恩義,皆可假君臣名位以摧抑之,而五倫還相賊矣。倫相賊而民志離,於是乎安樂不相共,患難不相恤,而人情涣散,非細故也。若欲曲全恩義,飾法以伸其私,則法益亂,而豪猾者,且得倚勢以凌人,事乃不可勝詰。二者無一而可者也。

昔張鎮周爲舒州都督,召其親故子弟,酣飲十日,臨别泣曰:"今日得與故人歡飲,明日都督治百姓耳。"此誠豪傑之舉,而豈君子之心哉!君子者,不忍忘情以徇法,亦不欲徇法以蔑情。吾嘗疑上古之時,士之仕於其國，而賞罰行者，大約民風近朴，君子不致犯義，小人不輕犯刑。降及周衰，則駸駸有窒撓之勢，殆封建之將敝與？然則如顧氏說，縣令必用千里以內習風土之人，果不必爲親故撓乎？吾又不忍聞也。君欲任賢以治民也，奚必其鄉？欲爲民以擇吏也，奚必其鄉之人士之材能者？欲致身吾君而效於民也，又奚適不可，豈必易地遂無以自見？顧是說也，得無與寓封建之意，設世官之獎，稍稍左歟？曰：是不可泥也，今之老疾乞休者，不舉人代歟？其不舉他人而代以子弟，子弟設不賢，將不易置之歟？郎之高第不得出而補令歟？是皆當斟酌權衡乎其間，猶夫治經之士，盡信書，則不如無書，亦貴得其意耳。士君子之立言，無取過激，激則有矯枉過正之失，胥是道也。

　　亭林先生負經世之學，更憂患也多，故論軍國之事，識極博而詞稍傷之激，不相掩也。愚既揭辟掾之弊，與夫服官本土非人情所宜，而他尚有可條論者，請備舉之。夫選舉之弊，漢魏以後可略睹矣，然吾謂如先生說，則勢亦可行。昔者三代，封建、學校、選舉相輔而行，一偏廢則躓。今令得長子孫或十數年不遷，而又設學校以教其人，聘邑之士主之，養之也素，知之也諗，譬猶置鄉耆於一村一社，里之人之賢奸固易辨也，而猶恐營私干託，則限以身言書判之法，法於古較密矣。若公卿辟召，則不然，以渺不相識之人，而博采虛譽，輾轉標榜，矯僞者從而接迹其中，臭味異合，清濁異流，虛譽日張，雌黃在口，朋比相怙，禍國階亂，華歆、殷浩之流亞，其心術本未可測耶。如慮孤行選舉不盡得士，則仿宋司馬溫公設十科取士之意，亦似較得君子之論事也，第觀其通已矣，固非一端止也。

　　御史巡方，前明所謂巡案也。國朝因之，尋罷去。愚以爲不若省巡案之名，仍督撫之舊，蓋顧氏言此者，不過仿漢刺史六條治事耳，今則外侮交乘，風濤頃變，柔遠輯邇，事資坐鎮，省會至廣，非一人呼應自上，其機不靈，特剋以周歲，似未可畢乃功也。監司宜罷矣，而郡國縣之內，非增設丞尉以下多員，則縣令一手足之烈，爲力幾何。如顧氏言，當時本無有關權、督銷、牙木釐，及水陸師學堂一切局使，概裁並增置，第分其任於令，總其成於守上之督撫，使號令一而心思亦不芬，令益得專其力以治民事，而庶務舉矣。

　　要之，匈奴不爲患，由漢州郡之勢强；黃巢不足平，本唐藩鎮之兵悍。天下事，無豪末不起自下。愚讀先生是篇，請得一言以斷之曰：欲治天下，必自州縣始。

書顧亭林先生《郡縣論》後

陸炳章

　　得守令常如古循良吏龔、黃諸人，身没，子孫代其官，世世勿復替，不以權重虐民生，隳廢政事，又鮮專橫，無句通旁邑爲反謀，代顯忠良，稱職必爲最，誠如此者，亭林氏之語起而行矣，不然，恐所論雖詳盡，而終沮於時。何也？郡縣之制，二千年之久，便於民，少戰禍，易姓者安之。日積月累，而流敝以生，貪黷之徒，濫選舉以充令長者無數，黎庶愁困，不勝其誅求，不得已，命州牧，尊刺史，崇藩鎮，世有增益，委任益隆，而督撫、司道遂沿設於今。

　　茲原其始意，豈非用之以鈐制有司，檢勘污吏也哉？久之，而敝又生，一疏之上，而貪廉仁酷，彈章薦語，悉顛倒以施規禮。茶儀有饋贈，驂從過往有供張，或小不周，即賢聲頗頗，必以誣語揭參。奸猾窺之，益藉口於急公奉上，獻媚而取盈，博上考，求固位。醇謹者習其風，或且納捐巨貲，非朘民不足娛大吏償私逋，無已則亦改節而效尤。加以太西交涉，祅教之堂遍州縣，鄉愚頑蠢，土匪冥悍，犯一草木，即上言於大府，令牧令禽治。大府彊，猶可；不彊，勢必允而令之刑辟。其民雖憐閔，無可救，先生所謂民窮國弱，與亂同事，核之今日，殆有甚焉，尚望吏治之救，民生之遂，而天下多賢守令乎？然則去監司爲一大要，輔之以設世官、行辟屬，三者並行，正在此時，何爲而窒礙耶？曰難甚。守令之受壓制，懼譴訶，其貪與殘，固若有驅之者矣。乃久之而敝更生，膺符受檄之徒，明知括下供上之所出，悉民之脂膏，己亦從而食其贏也，於是公然婪黷，習焉以爲常，罕復悟其非，逢上官之需索，羅掘以應不少悔，苟能濟其私，即不勝忻喜。一有清方嚴絜之臣，按其部，以廉勤率下，繩督撫字，大反前非，則智窘力窮，一掣肘之勞而計無所出。蓋上貪則欲壑難填，以缺供爲罪；上清則彌縫無術，以落職爲憂。捐納風行之後，尤十縣無一廉令之懼督撫、畏司道，積威積習，勢出兩難，揆其行爲，大概如是。

是去監司之論，爲賢能設，難爲貪吏言也。且民以久罹苛酷，苟免無恥，冀逃於政刑，甚者窺交代參罰之煩數，時乘間隙，以逞姦盜，更逋欠於官。蓋亦稔知令權故輕，恃上以壓下，黔驢之技，不過爾爾，故敢於作奸。其所爲畏令，非真畏令，畏有大權以假令威福者耳。是故令之於民也，如螳螂之於蟬，苟無黃雀在後，益從容恣啖而不少顧忌。若民之於令，則又似衆獸之於狐，猛虎從之則懼，否則狃之黃雀也。虎也，大之即督撫，小之即司道也。數大員之設，始以防守、令之專恣婪索小民而已，不圖愈防愈貪，愈貪愈狡，極其傅翼加毒之患，至於隳官方，壞民風，卒又互相脅制，明知其弊，而欲罷不能，竟百端沮礙之，盡具乎斯也，郡縣之敝之甚，無有逾此者矣。

或疑之曰：民不畏州縣，權輕也。監司去，則生財治人，絕無撓阻，一切便宜行事，威愛自施，又得世其官，首領益尊，久於風俗良惡之事瞭然洞悉，非若時時量移，民得肆行其欺詐。況屬僚得自辟，操縱之任，天子六部亦聽而授之乎？如此，則權重，民之不畏也夫何足慮？曰：令民有所畏，不可令令無所畏。令有權壓民，令以上無有以權壓令者，而令之橫，將大逞於天下。前人增督撫，設司道，專制守令之意，至於弊極思更，乃益見其精且審，安能以一先生之論而盡廢之乎？且夫高居尊要之位，需索萬方，阻難百端，本以治弊而反以釀貪者，監司之罪也。猾吏不能悛，畏有箝制，稍知所斂戢。民良固借上威以魚肉，民頑亦藉大力以警澆風，而民苦昏暴，亦得赴愬以號其冤，監司之功也。功則主不去者主之，罪則主去者主之，主去者不一，而終不去，亦以功罪相半。且揆之大勢，萬萬不能去，即欲去，亦不能盡去也。由今之郡縣無變今之制，則良民不可活，廉吏不可爲。苟欲大變，則又愁苦於奸民之罔上，貪污之橫行，於此而斟酌一善治之道，求於無策之中勉籌一策，則循名核實，以得一當，殆其然乎？

府州縣者，親民之官也，理煩治劇，委之牧令，自古然矣。太守之職，則今閑於昔,有道以撓之也。守尊於牧令,離民近道,雖奪守權,官較尊,離民益遠,又必待命督撫、兩司,仍不能專心理民,徒使牧令多一需費之上司,百姓多一騷擾之大官,不如革分司,復府權,一郡數州縣之事,悉受成焉。糧賦稽盈絀,獄訟決生死,吏課愛養之仁,民免冤誣之滯,而督撫薦劾,開列賢否,自下而上,亦責於守,守之權專且重。

又近民牧令耳目密邇不等,駐省迢隔之督撫,兼控數郡之分司,可以蒙上而生弊也,則職益清,政益慎,民益治安,而督撫之權遂益專於治吏。治吏之官,貴乎員簡而職專,不必一省一撫、兩省一督,大省督,小省撫,足矣。省中牧令太守之賢與不賢,皆所視察。或牧令賢,太守不賢,必把持誣抑。或皆不賢,必朋比為姦。則當審其情弊,加之留黜升降,以罪之大小分流、殺,功則獎異加等,務使賢者益感奮,不賢益聳懼自悛,斯民益受其實德矣。事權在下則重於郡守,在上重於督撫,而布、按二司若贅旒,宜可去。唯一省兵馬、刑名、驛傳之煩,官員錢穀、水利、屯田之冗雜,令各治其縣,守各治其郡,而督撫獨會其成。

又欲達部告天子,將叢脞之害日以生,是去兩司而督撫失左右手也,於事又大不可。不如勿去,但專令稽察刑錢二事,不似今布政之有黜陟守令權,足矣。關道駐紮通商要口,辦理交涉,實一重大之員,分司盡革之後,當即令本郡郡守分治其地,如松江府兼江海關之類。蓋府權既重,官俸品級可改,視分司以隆貴其職。今有關兼監督理民事,則府問洋務,則道視道府兼設,大為繁簡得宜,凡直省郡守員缺,遇有職兼監督海關者,又許得多置官屬,事繁不得不然也。天下大官多則擾,小官多則理。小官分曹各守,用適其才,俸錢不縻,而責成易,審察專,故理也。近世論裁官,每切切於同、通、丞、簿,曩嘗竊怪之。

先生言督撫司道悉罷,亦知大官體廓而事疏,分尊而弊重,遂痛論激切,而不權去之難易耳。府職既視道,牧令親民尤近於府,當令牧視府,令視牧,以威之、重之、尊大之。其官屬,則府、州、縣三者,有同、通、經、知、丞、判、吏、典諸職,漢制郡國所辟曹掾卒史是也,隋世始由吏部,沿至於今,捐例大開,候補佐雜,擁擠一途,不俟停捐久,萬萬不能從先生言復。

辟屬用本邑人爲之，於是守令佐貳盡異。方人更事之熟，無有如吏胥，而吏胥益以橫，設擇州縣司董之有才德，習知本邑風土政俗者，以同、通、丞、簿之職與客員參用，使得檢吏曹，佐宰治，其有益於吏事民生，蓋非淺鮮。江浙大吏幕府有延本省紳士參決者，閩省院司州縣衙吏多大族紳姓子弟，入庠皆進而習學，通籍乃去之，此皆近乎辟用邑人之意，不妨推廣公行者也。

先生言守令世官，此實周時采邑大夫之遺意，以漢之近古，未聞行此，時移俗易，自不能拘。矧近世之官，賢者鮮，不賢者畏法不敢肆，已爲大難。子弟無官家氣習，堪充推舉者，益復寥寥。深恐內地之世官，將如邊郡之土司，即不敢叛逆，倘爲百姓害，盤踞不易去，太守力不勝，將如之何？故不如用久任之法，府州縣皆然。上有督撫考察，貪者、劣者、酷者、老誖者，嚴核而劾去之，於是寬其科條，緩其遷代，簡其更調，容其辟舉，使之游刃有餘，盡其道以教養，興利去害，恤繫省連，以爲民生福。民狡黠者，以長吏之官其土久，不復敢逞健詞訟，欠糧賦之俗日益遷。各省重大教案，向之囂然四起者，至是亦默化而潛消。然後分別其治之最與次，而以其官俸品級，由府而按而布，由牧而府，由令而牧，而府任內坐陞，身不離其治，而名益貴，禮益尊，內外各曹顯秩，必先推太守牧令久任有聲者，不次超遷，然後及他途。如是，則賢者益專力於愛百姓，其次者亦悟其愛功名之心不免重於愛百姓，相勉爲漢唐名人之治績矣。顧舉債纍纍，衣食不繼，而勤勤於卷牘，饑寒一家之老幼，而以清廉自鳴，非人情中之所有，令也，牧也，守也，布、按也，督、撫也，以此語之，未有不疾首蹙額者也。漢長安游徼獄吏秩百石，知自重，不枉繫留人。孔奮守姑臧，長身處脂膏，務操守清絜。漢言守，今署令也，尚如是，非禄養豐足，恐不能彊爲。故知倉廩實知禮節，衣食足知榮辱，不獨民爲然，雖官府亦然，甚乃過於民。

今日整飭郡縣之要領，蓋無有大於加增廉俸者，不然，贓私狼藉，倉庫虧空，租稅煩苛，苞苴收受，其養贍之資，自上下下百計搜羅，方如百萬狼虎，散而食人於四方，雖盡力汰除，極意振刷，恐敝筍之愈漏，將補救之無從，遑期乎善治哉，遑期乎善治哉。

噫嘻！郡縣殆終古矣，自秦以來，天下大局，不知幾治亂，幾分合，逮其一定，卒復舊治，異同之間，不過設官分職而已。居乎今日，以逆數將來，即再閱二千年，終必不改異，倘得一新頹廢之宇，大洗貪污之習，上下咸乂，華夷大同，不獲希純風於三代，亦當追漢治於兩京。循先生之論而設施之，亦一大盛事也。

沈文肅請辦京師積穀論

余建侯

河運成法也，海運亦成法也。海運有輪舶，尤法之善者。至此而議河運，其不當復不待言也。然部臣守法者也，河臣、漕臣爵祿於法者也，河吏、漕吏衣食於法者也。一孔之見，撼拾防微慮患之一端，往往欲興大役、糜度支、託成法以起不急之務。而漕項之無從劃撥，不知；而河運之無庸議，復不知。其所知者法而已，其所以知法者，便其私而已。嗚呼！此變通漕務之所以難乎。

沈文肅請辦京師積穀，其積之之法，即常平社倉之遺，將藉以抵運河、行海運也。然吾謂河運之費，費在運費，尤在河；而海運之費，仍未嘗不在運。故河運之法不如海運，海運之法不如改折，改折一事，實與積穀相消息。蓋積穀者，改折之張本。積穀可行，即改折可行。改折之費之所省，即積穀之費之所出。事有相因，理有相成，一舉而數善備，誠無有過此者。今於京師之地興辦積穀，則穀之所入，必正供漕解之外可知。既非漕解，必出採買可知。既出採買，則採買於津、通，即採買於東南之商運可知。既出商運，則四方之商，有利即有運，斷無裹足不前之日可知。既無裹足不前之日，則額外之積，可由商運京外十三倉，歲漕二萬石之積，又必由商運可知。有此數端，援積穀之效，爲改折之請，雖有蘇、張之辯，吾未見有能阻者。不特此也，積穀之難，難於防弊，尤難於籌款。

今既改折，則幫費、公費之所省，統計歲入不下百萬以資積穀，長袖善舞，困京塘櫛之藏，指日可待。視海運爲一事，積穀又爲一事，紛歧錯出，中飽是利，較其得失，不相萬耶？然則公請積穀，非因懼海運有阻起見歟？

未雨之謀，不得不籌，三年、九年之餘，不可不講，然亦名焉而已。其實以京師之大，充其積之之數，勻年遞積，能得歲漕二萬石之數，已爲不易得之事。一旦海水橫飛，變生意外，需以歲月，延以時日，雖有所積，涸可立待。故以積穀一事，爲有備無患則可，而欲竟以爲真足備患，則不可。

吾於文肅一請，不以爲能濟海運之阻，竊以爲能兆改折之行也。抑嘗論之，天下之貨，壅於一隅爲積，通於四方亦爲積。以壅爲積者，其積暫；以通爲積者，其積久。今天下既爲商戰之世界，又爲舟車大通之世界，津門當水陸要衝，一經改折，四方商賈資爲市易之藪者在此，即資爲牟利之藪者亦在此，連檣結轂，雲集雨萃，即無有形之倉穀，而無形之商積已自足立於不匱，又何必拘守成法，徒令海運之員，東南輦銀，津門購米，以改折之實，冒漕運之名，病國病民，勞費無等耶？迤遲遲至今，改折之説竟不行者，是蓋不能不太息於爵禄衣食於河漕者之把持盤據，未有已矣。

積穀防弊策
余建侯

積穀者，《王制》《管子》之遺誼，而常平、社倉、義倉之成法也。其弊有攤派，有勒借，有追補，有挪移，有侵蝕，有濫征，言者不下數十家，而大旨盡此。其後變而爲積穀會，變而爲預備倉，法似稍稍善矣，然米貴銀賤，則人咸願以米易銀。榮以困京之賞，惕以毀饑之患，彼不顧也，此積穀會之難也。畝征四合以備積儲，民似樂爲，然正供且積欠，何論餘額？此預備倉之難也。故今省府州縣之積穀，有積銀無穀者，有官辦則弊在官，民辦則弊在民者。且多積則貲絀，少積則食絀，從無兩利者。竊意欲收積穀之利，莫若去其成法，而收其實效。今試仿宋袁燮之制，每保爲圖，合保爲都，合都爲鄉，合鄉爲縣，核其田數、户數、口數，即可得食穀數。管子治齊，大男食鹽五升少半，大女三升少半，吾子二升少半，莫不有數，何論夫穀？然後鉤稽畝田出穀若干，食民若干，數贏者糴自本邑以爲積，數絀者糴自他邑以爲積。積之之法，擇官牙行殷實者，俾報明資本，準食民中數積若干，領官本若干，在公積外者不在此例。官更設關棧以儲之，不出關者有罰，如此則穀數易核，而虧蝕官本之弊亦免，其積數總使如常平備糶之數。此外，推陳出新，往來市易，一任商而官不之問，惟不得於當積之數有虧。一遇青黃不接，即以此穀平糶，糶若干，收回官本若干，以備補儲，由是利可常贏，事可持久。官以董之，商以通之，無侵漁，無浮費，無陳腐之慮，無匱竭之憂，利商利民，莫便於此。此外，有鄉自爲積族自爲積者，聽而要惟以商積爲主。如徒拘泥成法，曰擇人宜愼，曰察弊宜嚴，吾未見立一事不擇人不防弊者，又未見立一事能擇人能防弊者，則何如姑變一法，立於不必用人、不必防弊之地之爲得也。

積穀防弊策

陸炳章

常平、義社諸倉之法，漢宋相沿行之二千餘年，振災恤民，惠逮黎元，利賴溥矣。泊聖朝開運，踵行不廢。詔下直省府廳州縣所在建倉積穀，以備荒歉。大府百司知流弊百出之不可以不預計也，咸悉心籌畫，冀垂久遠。章程刊布，迭見刪修。因富勸輸，則裕儲數之充足。發典生息，則益捐款之盈餘。定額酌購，則免民食之妨礙。出陳易新，則袪年久之霉爛。借給籽種，則資青黃之接濟。開放賑貸，則救水旱之饑荒。案冊核戶，則嚴散給之冒領。陳書請留，則止糧餉之撥運。動公匀撥，則紓買補之賠累。責成平糶，則禁攤派之勒抑。嚴追虧空，則杜官吏之侵蝕。選委公正，則革司董之吞漁。實心實力，擘畫詳盡。爲民生國計慮者，周密如是，精審如是，雖永永奉行，長無一弊可矣，尚何防哉，尚何防哉？

雖然，閱久而必敝者，法也；近利而易貪者，人也。軍興以來，郡國倉廥，半經兵火。事平重議創復，或采舊制，或計權宜。當其建立之始，頗少隳亂，迨乎晚近，疆吏日事寬假，查核不嚴。每逢年終，委員分赴盤丈，似屬清勤，而官顧考成，紳諱漁蝕，甚或聲氣交通，狼狽爲奸。省委苞縣，行苞苴以餌之，盛讌請以款之。一俟查倉，預借行棧穀若干斛，囤廒候驗，事過，即撤去。查者受饋，即亦奉行故事，捏詞矇覆，而虛報冒開買穀之款，安然入腰橐中矣。即由鄉里公請盤查者，亦以所控近誣上報而已。奸貪如此,尚得云無弊乎?今欲防之,莫若嚴反坐。一省州縣多者百數,少者五六十,督撫不能親自周察,必出於委查,設一員查五縣,而倉穀充足,報文無異,他員所查,亦復如是,豈通省官董皆廉而少劣耶?宜詳審再四,有不實者,某員朦覆,即令某員賠補一半,地方官董全數追繳,以半買穀,以半存付生息,則兩知所警,而捧檄者無徇隱,掌庾者皆畏謹矣,一策也。

其有神姦巨蠹,譸張爲幻,僞守存七出三之例,每年糶陳易新,陽則糴三糶三,陰或糴二糶一。其糶也,乘極貴之時,私先碾賣以取其贏,而以賤價糶出不敷糴進爲詞,請撥別項公款給補買足。貌飾賠累之苦,外沽勤審之名,而實則徒飽侵吞,了無購糴,廠舍紅陳,僅留什之一二,以遮耳目。一紙虛文,蒙蔽上下,案牘稽查,有不及覺察者,詭譎如是,尚得云無弊乎?今欲防之,莫若酌年例。昔胡文忠有言,穀一出倉,權即操之經手之人。經手者,不皆公正殷實,有出無入,漸成侵蝕。臨時買穀,地方官或藉口急需,全數提用,此言積錢之弊也。然易地以觀,既經糶出,而因荒緩糴,分次買補,必致日久侵虧,亦非善計。若年糶年糴,豐穰則可,荒歉價貴,必難取足,奸胥益復有詞。今惟立定常例,穀貴之年,將糶價存留,明年賤,則並兩年買足,其七存倉。苟非平糶放賑,除借給籽種外,不必發滿糶三之數,恐連年歉少,仍難買足,留備不虞。倉中餘穀,穀外餘錢,隨時查核,勿任蒙混。發糶之時,則官董會同,揭封定價,以防任意欺蔽,二策也。

自兼行積錢章程,一變倉無顆粒,宜若公然。然省分郡別,不盡通行,其仍舊積穀州縣,不應空匱,蓋藏幾同一律。乃上年蘇省平糶之時,竟亦如是,聞州縣倉董,甚有臨時預買米穀三四百石,或五六百石不等,倉卒購辦庋置廠屋,以免開倉無穀,犯貧民衆怒者,狡獪伎倆,殊可痛恨,婪詐如是,尚得云無弊乎?今欲防之,莫若廣借糶。向時借糶一法,忽行忽止,一因州縣詳文,由府而司而院,輾轉請准,民難久待,早貸於富室。一因春夏之交,農民既向官董支借,俟秋成當還,偶逢歉歲,即多欠繳。又或有司奉文,勒民强借,屆時不願全完,萬難清還者。此法常行,一遇出借,隨時稽察,主者無所試其技。此法苟停,任無儲積,有可諱飾,主者幸而濟其奸。今若酌量極貧,推廣發糶,寧使借而不還,虧欠於民户,毋令空而不糶,乾沒於私囊。且時時借穀，時時查檢，即臨期購置，一有破綻，故智不敢萌矣，三策也。

積錢存典，積息成本，滾存愈多，日久遂成巨款，荒歲可以逕買米穀，兼可多購。又紳董詳報實款可查，不如虛報存穀，誑言糶糴之可任侵吞，誠至計矣。然本地典鋪，多紳富自開者，款存己典，本息成數呈報不過一紙，平時苟無災荒，仍堪挪用，地方公事如濬河修城，暨興造一切工程，又多預聞其議，一或撥借倉款，又可公然侵攙，浮報開支。況如上年平糶，米貴且少，一時有錢無米，人心惶擾，官紳即皆廉正，亦多方爲難，窒礙如此，尚得云無弊乎？今欲防之，莫若多積儲錢款生息，仍有肥紳董，沮采買之患。而詔旨疊下，以積穀爲民食攸關，嚴飭各省州縣，買補足額，官司交代，不准銀錢留抵。聖恩覃渥，俯恤民艱，直省有司，早陳籌辦大計，上達天聽。伏思錢穀並積，最爲妥善。惟穀四錢六，則穀太少，酌議而行，不如穀六錢四，何也？荒歉之年，以四備購買，積久存息甚多，因可多糶，以六備碾糶供賑。或逢米石出洋，收短囤少之日，亦足以備缺乏。一時購四百石與購千石例，多少懸殊，穀價雖昂，行棧雖缺，究屬易於辦足。第是生息一端，發存典鋪，須官爲酌派，不任紳董領撥。地方修理各項經費不敷，准予別動公款，勿令借提。而款經官辦，則紳爲稽核；款經紳辦，則官爲詳查。互相牽制，庶免私弊，或可無負朝廷惠保數百兆赤子之盛意焉，四策也。

管子有云：謹守重流，天下不洩。蓋言倉儲盈虛，宜權輕重，賦穀藏幣之旨，遂爲千萬世賑凶荒、均糶賣者奉爲圭臬，從知創行積穀之始原，弊少而利多。迨世風日下，貪黷紛紛，有法無人，古意蕩然。於是任私濟害，民鮮沾惠，其弊至於不可究詰。而處今追昔，尚覺國初諸名臣奏議論説，所力斥而痛詆者，不如是之甚矣。漢劉般議罷常平，至云侵刻百姓，豪右因緣爲奸，向嘗疑之，目爲苛論，何意近世倉穀之通病，已盡於昔人之兩言哉。李、耿遺猷，劉、朱碩畫，深爲當軸籌之。

書馮林一《均賦議》後

蔣元慶

甚矣哉，江蘇糧賦之不均也久矣。究糧賦不能均之故，由於胥吏把持。胥吏得蒙上罔下，以舞弊中飽，在酌征挪繳，而不能挈清串以歸於實征實解。酌征挪繳，斯分紳富大小戶名目矣。分紳富大小戶名目，斯開包抗陋習矣。夫如是，強而黠者與胥吏互相牽制，或連阡累陌不完升合之糧。愿弱者則一一清完，尚或困於里胥之苛索。此天下至不均之事也。讀校邠此議，謂同一百畝之家，有不完一文者，有完至百數十千者。自寇平清糧後，雖不如是之甚，而歷久弊叢，去此亦僅矣。今歲欽使蒞蘇，承其令者，斤斤以清賦爲事。然積習已久，欲盡革胥吏不能也。秋收略歉，欲照數全征不能也。胥吏不革，即增多征數，而可以舞弊者如故。不照數全征，則名爲清賦，而其實則酌征挪繳如故。

竊謂胥吏舞弊之樞紐，全係於剔荒徵熟一語。而民力不堪之實際，尤在於苛耗公費太多。勘荒非履畝清丈，不可爲問，大吏能之乎？大吏責諸州縣，州縣仍授其權於吏胥。移東指西，雖至聰者亦將受欺。不得已，斯有攤荒之法。夫攤荒究亦非善策也，有業田數千畝而全熟者，有田不及百畝而中多荒歉者，馮先生以攤荒爲均，恐尚未允。爲今計，欲均賦莫妙於概不剔荒。江蘇繁庶甲他省，荒田究屬無多，其真寸草不生者，則聽民自報，而查充其田爲公產，以備招民開墾，振興農學之用。則民必不肯指熟爲荒，以倖免無多之糧。即真荒亦必督佃勤墾，如田納糧，而惟恐他日之充公。其始終不墾而不納糧者，民亦無貴有此田矣，以之入官，民無所損，而開辦農學，終有可闢之利，以給公家之用，宜必較勝於拋荒者。

顧如此，不嫌立法太苛乎？曰：果如是，則苛耗公費，當奏明酌減也。江蘇每銀一兩，近經大農奏準，折足制錢二千文，塘工穀捐尚在其外。邇來銀價日短，征銀一兩，尚多銀餘七百數十文，收米一石，必貼公費一千五十文。蘇屬銀米，往年酌征不及六成，今既澈底清賦，銀米增多，則此項亦幾倍入。而海運上兌，及官吏一切辦公之用，所加有限。今若於銀餘公費，各酌減數百文，則紳富大戶雖完糧有加，而覈數未加，編氓小戶歷歲銀米完足者，反可減省而沾無窮之惠矣，有不輸將踴躍者乎？凡食毛踐土者，當決不至是也。

書馮林一《均賦議》後
蕭麟徵

　　吾吳大難略平，瘡痍未復，朝廷允大吏之請，加恩元元，減免浮糧，兼議均賦，廓然舉數百年之積弊，糞除殆盡，一時牋奏，多出先生之手。乃意見兩歧，積忤當事，既更減賦之説，而此議亦格而不行。夫均賦之不行於天下，非州縣抑勒浮收之足患也，非猾吏蠹胥上下其手之足患也，亦非戶有大小，强弱之不齊，而把持包抗之足患也。除弊必清其原，而立法務求其簡，上下之間，宣明畫一，易知易行，雖有大奸猾，敢鬼蜮於其間哉。

　　惟夫立法之初，先爲舞弊者留之餘地，官於是而偷取一切焉，吏於是而偷取一切焉，而乃號於民曰均賦，均賦則罥言耳夫，又烏能實事以求其是。蘇屬賦額之重甲於天下，而弊亦無出其右者。憂時之士，蒿目太息，無可爲計。幸乘大亂之後，國家與民更始，固將大養其瘠而變其饐。夫欲豫防均賦之弊，莫如盡減浮額，而裁並科則。賦額重則州縣將藉口以多取，科則繁則吏胥必因緣以爲奸。如先生減賦，初議徵解止五十萬石，二百五十餘之舊則，次第裁爲九等，固已若挈裘領而頓之，而此特其小小者耳，何則？業已絶去災墊民欠之名，宜懸一必能足數之完額，使州縣不得意爲輕重。今乃僅減三分之一，物力凋殘，萬難措手。上迫吏議，下累逋負，於是以平日之取盈，備異時水旱之不足，以平民之倍出，抵枉者之短交，而浮收之弊依然也。又況科目米鹽凌雜，百姓不能知，長官不及察，以桑、孔之心計，猝難得其要領，州縣一身牒訴倥傯，烏能程衡石而理之？則其假手於書吏，必然之勢也。假手於書吏，而飛灑影射之弊，依然也。官吏無一律之徵收，而欲花户之平心静氣，踴躍輸課，何異將適胡而南其轅哉？

　　先生此議，所以坊弊者至纖至悉，而大端之不正焉，用瑣瑣者爲也。

昔管仲變周禮之繁曲，一出之以簡直，蓋人心日趨於幽險，而法簡則發覺易，而舞弊難。後之爲均賦者，毋僅采先生此議，而忘其減賦之初議，則庶幾法立而弊清也哉。

書馮林一《折南漕議》後
裴熙琳

　　馮先生之時見止此，故言止此耳。以今觀之，其可感慨欷歔，當有什伯於先生之時者。

　　自海運興，而河運仍不廢，借一旦海上有警，北方不能得食爲言，藉以留河工官吏利藪，而不肯建一議，築鐵路以便郵運，一也。近年海運，由招商局之糧米局包解運津，乃一商人足以勝其任，獨不肯裁漕運總督、糧儲道等官，仍設海運總辦、提調委員名目，以蝕公私諸款，二也。此二者，乃公取耗羨及公費於民之原，因此項耗米，早並入正項帶收，而公費則吾蘇石出錢一千五十二文，他處大同小異，在輸出者雖已不堪其累，然案之先生所述種種公私費用，以十八金而致米一石者，僅二十之一，其他不盡取之糧戶者，必無官爲暗賠之理，其設種種苛法，分取諸民間者，必有田與無田同受其累也。且所解米石之數，與所徵不符，即藩司責令地方官應徵之數，亦復與地方官徵自糧戶之數不符，此其間無非以一荒字消息之。即無荒，有司亦必報荒，而侵蝕中飽之樞紐，全在於此。

　　頃者，一紙詔書，改折南漕，而於向來一切規費，責令有司和盤托出，悉數歸公，聽候撥用，噫！我國漕務豈復有除弊之一日哉。漕糧改折，而耗羨之費如故也，倉場衙門、漕務官員如故也。衙門官員一日不裁，即浮費一日不得減，民間不獲享折漕之益，且因折漕而更蒙其害焉。

　　即以蘇州論之，年例知縣徵收漕米，糧戶概不上倉交米，向來漕折並收，今則完米者絕無一人矣。情願聽定折價，每石三千文左右，公費在外，其價照市價稍抬二三百文不等，而糧戶安之無異詞者，蓋懼上倉交米之種種挑剔，不若是任吃一虧，而別無餘累也。然冬漕緩之明春完清，向有每石再加五百文之例，今既辦清賦限，令年內掃數，則此風已息，是吾蘇之完折漕久矣。知縣於收價與買價之間，略有贏餘，及公費中得公取若干，以爲抱注，故於定折價時，尚不至過於擡高。若一經改折，米價必較往年爲賤，糧戶取諸佃戶受田而耕種者，歲輸應入之米於糧戶，餘則自養。者，向亦不以米而以錢，其價恒視市價爲低，且照額以九折爲足數，蓋欲其樂於輸納也。

若是，則糧戶之輸入價低，而輸出價高，佃欠在所恒有，而清賦不能減少一錢。今年折漕之後，勢必較往年受虧尤巨，蓋有司之一切規費，既經和盤托出，不得不於折價之中，下上其手也。即使如先生言，援照成案，每石折銀一兩四錢，向年徵收地丁銀，每銀一兩徵錢二千二百文，以一兩四錢計之，每石須徵錢三千八十文，試問有此市價乎？況規費又無從蠲免乎。此非因折漕而更蒙其害乎？故愚蒙之見爲今策者，不欲折漕則已，苟議折漕，先裁倉場衙門、漕運總督、各省糧儲道、各衛所等官吏弁兵，其政直隸於戶部，各省督撫藩司受各廳州縣之成而上之歲額，徵有常數，而價銀無定值，視市值爲準，而市值恒視出產之多少，收實之豐歉爲差，亦無慮多取寡取之病也。額徵銀以市價，此外不取分文規費，則民力以紓，而耕九可餘三矣。若是，則民間少出，而政府多入。以一民積，而爲全國上下有交足之利益，官吏無侵蝕之弊病，是務本之策也。

至於北地需食之米，歲銷本屬有限，以食雜糧爲大宗。先生議京、津、通三處，招商運糧云云，米麥雜糧視同一律在免稅之例，即西國且然，是當於重定稅則之時，仿而行之，則商人不至裹足，而北地不憂得食之難矣。若云市中有米，即不必官中有米，更宜官中多籌一年之蓄。案：年糶陳糴新，爲有備無患之計，則其弊當如今各省社倉、義倉之屬，糜費無益，徒以供官紳之染指。且先生所議，仍爲道路不通言之，不揣其本而齊其末，假使北方饑荒，而運道阻梗，海權有失，計將安出耶？余讀西士修路足食論，及某報貝元徵書，皆主鐵路隨時轉運之説，則探本之言也。

某以漕務、河務皆歸源於鐵路，實與農政有直接之關係，且爲禦水賑饑便宜之法。故西士又謂禦水賑饑，莫如推廣鐵路，與某言鐵路之有益農務，尤在無形若出一孔也。且有鐵路以速郵運，轉輸易而壅滯無虞，隨時缺乏，即隨時運往，一經運到，銷售頃刻。商人樂於趨利，亦無庸設法招致。苟使漕米盡改折色，官俸甲米概行折給，需食者持銀向米鋪買米，亦無如領票賣給米鋪之暗中虧耗也。在商人免稅運米，只須郵費若干，雖北地號稱缺米，亦不至過於擡價。

　　且如先生言，玉田、豐潤等處，向來産米，以後收拾餘燼，元氣漸復，或再議興西北稻田，則他日北米運南，亦意中事耳，正可藉鐵路以爲輸出之資。且從前辦理賑務，往往緩不濟急，死亡奔走，漂泊失所者，何哉？胥坐無鐵路之故，苟有鐵路，則移民移粟，朝發夕至，一以便商，一以濟急，莫此爲宜。審是，則鐵道之敷設於折漕之後，刻不容緩也。先生議未及此，以先生所處之時則然，若今日則先生亦必以是爲上策矣。余讀此議，蓋猶夫不薄今人之旨也。

書曾忠襄《申明栽種罌粟舊禁疏》後

陸炳章

　　中國數千年來之毒禍，未有甚於今日鴉片一物者也。英人親以此吮我膏血，肥彼度支，而彼國士紳，設會創議，猶咎煙土貽毒中華，倡言禁止販運栽種。然則公之一疏，深懼自種害人之物，流毒于桑梓地方，豈無見哉？

　　晉省奇荒，種罌粟致之。比歲，徐海災歉，亦以種罌粟，糧穀日少，惰農日多，吸食日廣，羸民日衆，洋藥銷路雖爲之少遏，而直省州縣城鄉反益槁項黃馘、奄奄燈檠之人無算。歲熟則倖生，歲饑則坐斃，不斃則競爲賊盜，剽竊之事益繁，詎不深可慮乎？忠襄巡撫山西，是奏稱旨，嚴立章程，申明舊禁，試之災祲之後，風行雷厲，頗有成效。三吳大吏，先此十餘年，亦復疊頒禁令，力止栽種，卒之奉爲故事。至於今日，徐土盛銷，幾與雲貴、四川、浙之溫台、粵之潮州可以並駕齊驅。而上年一遇凶荒，竟至乏食，賑需孔亟，雖有千畝罌粟，不能療饑，豈非種植太廣，實使之然乎？

　　今值其歉乏，本忠襄之意，重爲示禁，禁之之後，如或州縣庇護，胥吏譎詐，參辦拏懲，無少容徇。其故意抗違，不蒔五穀者，分別承佃自耕，充公更戶，各立定限，毋使貪官蠹吏上下其手，或陽查而陰縱，或昨嚴而今弛。如是行之，其亦亡羊補牢之意，未爲遲晚乎？雖然，以事勢度之，則不無過慮。洋土衰旺，華洋互見，不種罌粟，土藥爲之一絶，而吸者不食洋藥，故食土藥，反而行之，洋藥轉以暢銷。萬一後之議臣，鑒此後禍，歸咎前人，以爲禁止非計，於是重寬其令，且准廣栽，則拔其本之未能，而反加之屬也。於政體有傷，於民害無極，立法不愼，往往如斯，一也。

一省不種，根株難絶，由晉而吳，而浙，而粵，而滇，而黔，而蜀，必期詔令通行，一律禁止方善。然内地煙土，有因土藥廉值而改吸者，有洋藥未行之處，向年衹銷土藥者。今如此辦理，轉使洋藥深入内地，得行向所未行之處，豈非失計？二也。

不禁其栽種，則毒害民生，耗減穀米，既實禍之有徵。禁其栽種，則費運籌畫，空謀抵制，又權宜之無術。此忠襄當日一意備豫晉荒之所不及，顧而後之師忠襄者，寔萬不能不爲之深謀遠計者也。然則奈何？曰嚴禁吸食而已。鴉片之産，全在印度，英印官民，鮮染其毒。西達歐美，東至日本，運售道路，咸於中土爲便，而屬禁高懸，相戒弗犯。獨我中國人民結成頑癖，貴而官長，賤而丐隸，良而士紳，莠而盜賊，悍而兵弁，弱而婦女，富而商賈，貧而農工，幾於家家有燈，人人有癮，一槍一碪，顧名思義者，百無二三。西洋構禍之由，金田嘯亂之始，中原漏卮之巨，晉、徐荒饉之苦，彼不省也，亦不憂也。當事慮之，乃籌補救之術，自種罌粟，彊思抵遏，亦以嗜之者夥，戒之者少，無可挽回而出此下策，不然，安肯播此孽卉，易我田稻卒，至忽禁忽開，終無滅絶之日哉？

顧鴉片入中國，始於雍正；吸食之盛，起於道光；屬禁大開，則由於咸豐。道光以前之禁，並無歐美日本之嚴，而吸食者少。道光以後之禁，數倍歐美日本之嚴，而吸食者多。可知中國未嘗不有禁，中國人民未嘗不知有禁，究其禍原，蓋由官府，身先試法，奉行不力，以致範圍大越，一敗塗地。

昔郭筠仙中丞謂當責成各省學政整頓學校士子，督撫整頓州縣屬吏，近香濤制軍亦以爲然，並創“法不能治，以名治之”之説，自是要著。唯民庶戒煙，未有善計，請依日本禁臺灣土人之法，去其慘忍，斟酌仿行。五十歲以下，精力未衰，非有長病，可冀斷癮者，冊上注明，日吸若干，給藥若干，有力自能製備方藥者，聽。又令醫生驗其人體質强弱，分期緩近，限若干日戒凈。因病染癮，確難試戒者，聽戒期至緩，統定三年。其有年力富强，抗令自外，無論官紳、士庶，編隸煙籍，比之丐籍、樂籍，如從前山西、陝西削籍之樂戶，浙江嚴州、建德之漁戶，貶充賤業，毋許上達。一家吸煙幾人，每人一歲罰重輸身稅若干，必其子孫幹蠱出結，報縣驗實，方准復爲秀良，此亦以名治之之意也。

蓋禁栽者，衹土藥；禁吸者，洋藥，亦爲禁物。違禁，食禁物，律雖嚴，無傷。且犯者少，戒者多，五十以上與因病染癮之人，究亦不多。購吸無幾，我禁吸食，乃我自主之權，非如禁彼輸進，犯其憎忌，一時屯積口岸，寂無過問，洋商無如我何也。

次曰重徵稅釐。英人昔懼桑代那哥栽種罌粟，立約禁止，歲輸三百箱鴉片價值以酬之。吾自開禁許種，洋藥進口，貨減價昂，改吸土藥，賤而過癮，彼不能約我禁止，心實懼之。印度官員嘗曰：鴉片味厚，土煙味薄，罌粟之禁難開，爭銷難廣，此大言自解耳。我今申明舊禁，彼必私幸洋藥興復之機，行且駕昔而上之。乘此時會，要約加徵，計可得當。天津舊約，洋藥進口每箱稅三十兩。十三年倫敦會議，每箱並徵釐金八十兩，都一百十兩，大費唇舌，引爲幸事。然以印度出口值百抽百之數，較之即依左文襄所議，加至一百五十兩，未及其半，尚何他論。英美諸國重征進口貨物，有值百抽百二十者，有值百而抽稅倍之者，菸、酒、女衣最爲加重，蓋暗寓禁止意也。鴉片之毒，百倍他物，核其贏入，印官督辦售出視收買時，三倍於原值，我即如彼之征菸、酒、女衣，亦不爲過。若抽如其值，與彼出口稅等，彼亦礙于駁我而沮之也。稅重漏私，亦是一憂，拱北、九龍二關，專事稽查，宜可勿慮。前議與印度定論，包攬統購，彼政府已允，總署阻撓而止，鐵鑄大錯，無可挽回，此時亦萬難計及矣。洋藥之價，一昂於稅釐並征，而輸來減，再昂於值百抽百，而售出貴。禁絕土藥之後，吸食者必購洋藥，必苦其重價，是禁種罌粟，即以禁吸洋煙，一舉而兩得也。

次曰加捐煙館也。向來官吏非不嚴禁煙館，陽奉陰違，書差賄庇，能絕之乎？沈文肅在江寧，煙館憚其禁令，相率移去城外，切實認真，不過如是，遑論其他。故禁之嚴，不如捐之重。在京各城司坊等官，外省州縣巡檢典史，城鄉村鎮汛地官弁，查抽燈捐，本爲陋規，今當准作公例，編冊挨查，房若干，燈若干，日吸煙客若干，一一依其多少，定捐若干。房捐、榻捐、煙客捐而外，燈捐爲最重，向時盍二十，今四十，酌量增加，悉店主承繳月五日一收，期繁則太擾也。彙入捐項，月一報縣，八成歸公，設局戒煙一應經費，即出其中，二成則貼員役薪資。官項以是暫亦增此一款，而煙館之鴉片成本已昂，抽捐又重，高其價以賣，吸食者又苦之，則吸不如戒。戒者既多，煙館又苦重捐，又萬不如從前開禁之時可冀攙和土藥，以牟餘利，相戒停閉，勢所必至矣。外遏其來而加徵洋稅，內抑其售而嚴抽店捐，意在禁絕，不在稅款，故煙館有閉歇停捐之一日，庶洋藥有蠆存滯銷之一日，不當以區區所入，反爲躊躇。當事者輒云：洋藥稅釐爲中國一大宗進款，土藥不行猶可，洋藥不來將奈何，若此項捐款辦而復停，亦必作如是想。

嗚呼！瘡痍大愈，而悔瘢痂之味之美，而割其癖嗜乎？豈人情哉？是故無善後之計，而貿然曰罌粟宜禁栽種，他日必至洋藥復盛，過於初年，吸食仍不能止，利源於以益涸，將咎禁止之事，適以厲民誤國，而疑忠襄無端始作之俑也。噫！滿地生煙，奚來民食？人皆癮毒，辟穀無方，老謀深算，而非之議之，憒矣。

卷十

書《鹽鐵論》後

陳佩實

　　蒙既讀《鹽鐵論》畢，贅書其後曰：儒家者流，重爲世俗垢病，非一日矣。賢良文學之言，稱述先王，陳説六經，概不爲丞相御史所當意，亦必然之勢矣。顧不解丞相、御史胡爲奏罷酒榷、均輸，而不罷鹽鐵也。將以酒榷均輸爲非義，則鹽鐵之有妨政體，何以異焉？將以仍筦鹽鐵爲得計，則酒榷均輸之罷，又奚用此遷就爲？意彼即往復辨難於清議不韙者，悍然持之，而反之於心，終微若有所内荏，故不覺其施行之矛盾略如此耳。

　　雖然，當夫計臣用事，天下競於筭算，言路干進，析及秋毫，甚以公卿之尊，務爲容悦，不惜揣摩曲學，苟阿時尚。獨有數十韋布者，抱其迂遠闊事情之志概，强眡於王公貴人前，相與上下其議論，唇焦舌敝而不能以自休，此足見孔孟禮義之教，入乎人者深。抑西京風俗近古，故士氣常伸也。乃若一再傳後，荒江老屋間，猶或惋歎當年之卿大夫不能盡行其説，致有條其篇目，爲之推衍緒論，究極治亂，撰次成一家言者，又可想公道之自在人心，無所用其夭閼也。及回念夫商人賈子布滿朝列之頃，尚能使九重動色，願清問民間疾苦，詔下郡國，廷徵講生，禮致一時直言之選，卒令所不便者汰去過半，則爾日之縉紳先生調護於左右者何如？亦不得謂無人也夫。是故昭、宣以來，縱内憂未寧，外患方起，頻年虛耗，桑孔之徒日獻其心計而去。夫南宋之括財，與晚明之加賦，猶不啻什伯千萬於其間，而未可道里也。

嗟乎！所病夫桑、孔者，爲其天地自然之利上之人，與小民争之耳。彼時去古未遠，閉關自立，祖宗之休養，布濩於寰區，國家之命脉，消息於食貨。雖經通道西域，未遽若後來互市交閧商戰尾閭一成不變之局。況值孝武黷兵而後，舒一分之物力，即補一分之元氣；多一分之搜索，即剥一分之脂膏，鹽鐵何爲者。自海鑰大啓，小民應享之利，始隨在與外人共之。昔之時患有桑、孔者，今之時並患無桑、孔。昔之時有桑、孔，小民之利日益瘠；今之時無桑、孔，外人之利日益肥。以桑、孔之才，而暴用於昔之時，誠不免與民争利；由桑、孔之法，而善用於今之時，意猶可與民生利。此今昔異勢之大較也。

夫生利之道，鹽鐵爲大。鹽者，日用所需；鐵者，農所資以得食。本書《禁耕篇》:鐵器者，農之死生也。起視今日，外鹽進口矣，農器彼巧我鈍矣，抵制外鹽，非佔彼銷路不可。佔彼銷路，非減輕成本，俾之多出鹽不可。其法率先設廠煎鹽，而後就場徵税，丁聚於廠，税加於價，引商以公司插之，運售以裝輪捷之，督銷之費，緝私過卡之費，咸得從省。費省，則本愈輕，本愈輕，則我之銷路暢，而彼之進口銷路不禁自絶。

蓋就桑、孔煮鹽之例斟酌行之，未始不宜於今日者也。若夫農事，昔惡其惰，今惡其拙。譯本書謂:一畝之地，糞植最優者，食三人，良由農具精巧，恒功半而倍收。惟機器非耕户力所能辦，亦非如素日耒耜隨地可市，必公家遍設農科專門學堂，切實考求，先爲之宣導，復多鑿鑛山以裕鐵之源，推廣鐵廠以博鐵之用。貨無惡於棄地，而亦隱壃夫覬覦焉。蓋就桑、孔鑄鐵之意，變通行之，又未嘗不宜於今日者也。自餘垂失之利權，爲吾民次第收之，不涸之利源，爲吾民普益開之，胥於鹽鐵乎舉隅焉。然則處今日而言治，苟孔孟禮義之教爲本，潛心壹志，相與塗漏卮，蕩國恤，亦何嫌有理財如桑、孔其人者耶。不然，而纖屑務與民較利，宜賢良文學之斷斷争矣。

書《鹽鐵論》後

張葆元

漢昭帝時，丞相御史與賢良文學論鹽鐵事，反覆辨難，其言不盡論鹽鐵，亦未始非推究鹽鐵而發。桓氏增廣其條目，釐爲《鹽鐵論》六十篇。竊讀之而喟然曰：賢良文學執王者不言有無之説，欲舉山海之利，盡捐之民，其言固迂矣。丞相御史則欲舉山海之利，盡藏於國，纖悉不遺於民，其論亦豈得謂之通哉？自古五行百産之精，天地自然之利，不藏於國，則藏於民，兩途而已矣。上古之世，其上寧静淡泊，其下敦樸崇儉，其取之也廉，其用之也節，故不言理財而財自足者，惟三代以上爲然。其次，則必因時勢之所宜，以制其啓閉出納之數。春秋以後，生齒多而昏喪日用之費繁，交鄰廣而朝聘軍旅之用大，費繁用大，即不能無較於物之盈虛。

是以善謀國者，必先明於消長通塞之故，以權時取利，萬不至無可如何而始爲不得已之計，則民猶不至於病，而國不至於貧。又其次者，承平日久，聲色土木之費擾於内，盜賊夷狄之患應於外，平日既理財無法，至萬不得已之時，始急急焉以立其法，則必有簡易寬大之意，而無苛碎繁密之條，取其利而不甚傷民者，而後不至於大亂。非然者，國家之變相循而起，計利之臣又從而進肥國瘠民之策，山澤之利與民同之者，搜剔惟恐不盡，計畫惟恐不精，其初以爲濟一時之急，其後遂援以爲例，則課銀一兩以外，成本已幾及二千文，是價已較洋鹽加倍，安足以抵制其銷路哉？

然則欲抵制洋鹽之銷路，惟將減鹽價而已乎，不知今日之洋鹽非減價所能抵制者。向來敵私之善策，曰輕成本以減價。今國家歲於此徵銀一千三百萬，其額方有增無減，爲入款之大宗，一切規費尚不在内，成本之重，職此之由。彼洋鹽者，無課無費，與私鹽無異，則其成本之輕重，懸殊若此，此豈減區區之價所能抵制哉？

然則抵制洋鹽之法奈何？曰：天下之大患，莫甚於不平。彼民教之勢有偏重，在歧民教而二之也，平治之，則無患矣。洋鹽進口之足爲我患者，在歧内貨與外貨而二之也，均視之，則無患矣。英國之困，不惜財窮，毅然以試其聚斂之術，鹽自官煮，自官鬻，鐵自官鑄，自官賣。猶以爲未盡也，立榷酤以奪民資，置均輸以爭商業，錙銖之利，悉歸於上，而民遂無以立命矣。幸而榷酤均輸旋即罷置。非然者，所益者寡，所損者衆，所得者微，所喪者鉅。潤分乎官吏，而怨結乎廟朝，脂竭乎閭閻，而利並乎豪富，夫豈計之得者哉?

嗚呼!當國用乏絶之時,而賢良文學猶泥王者不蓄之説,固足以貽言利者之口實,然桑、孔輩必欲籠大利而無遺,亦誠非得中之道也。然則得中之道奈何?曰:鹽鐵之法,官爲禁而使民取之,則不奪小民之利;官不自冶煮而税之,則不奪商販之利。不税其錢,則榷其鹽鐵,是兩法者,可謂平均之政,已陳之文帝。北魏之宣帝,後周之文帝,設官以税其錢者也。唐劉晏之法,韓愈之議,國家榷鹽鐵而耀於商者也,其法差善。蓋山海之利祇有此數,官自冶煮而自鬻,則利盡於上;設官以榷税,而讓其冶煮與鬻之權於民,則利共於下。陳恕曰:言利太深者,不可行於朝廷,法宜上下交濟。

夫所謂上下交濟者,榷税之法是也。若桑、孔之法,豈非言利太深者哉。自漢以後,外患日逼,國用日繁,耗財之事日多,生財之道日絀,鹽鐵所入,不足以供萬一,於是百計以行其掊剥之術,而國勢遂渙然而不可振。古人有言曰:太上立法,其次守法,其下無法。至於無法之時,處不得已之勢,而欲以非法之法言利,則其背道旁出,而不可禦者。微特盡括鹽鐵之利,且將加之於地,加之於丁,加之於捐,其途且十百而不已,以視漢之罷均輸榷酤,而第行鹽鐵者,猶爲彼善於此焉夫。漢第行鹽鐵之政,而上下猶騷然不靜,況今之取民財者,數倍於鹽鐵,則其所以擾海内而速危亡者,尚堪設想耶。嗚呼!如今之言理財者,不又爲桑、孔之罪人哉?

問抵制洋鹽進口之法若何
張葆元

天下物價之日趨於平也,其猶水之就下乎?水性必平而後止,堤而壅之,閘而拒之,高下之勢懸殊,則必有潰決之一日。物價亦然,百計謀利,壟斷征權,而使之大不平,則適以啓外人之窺伺,不至於抉其藩籬不止。嗚呼!此洋鹽進口之説,所由來也。今夫粟米也,布帛也,茶與鐵也,皆民生日用所必需,官第取其微税,而從未設把持之策,以盡籠其利,則價得其平,而無虞外人之攘奪我利權。獨至於鹽,則不然,沿二千年之弊法,官征

権之,商壟斷之,掣驗巡緝,重規疊費,於是民以食貴爲病。而籌度支者,
猶以爲大利所在,搜括不已。繼以加價,價愈昂,則私愈多。而販鹽之梟,
與緝私之兵,益以倍增,類皆強悍無賴,橫行無忌,於是民又以騷擾爲病。
嗚呼! 縱無洋鹽之進口,而法弊如此,恐亦有不得不變之勢矣,況洋鹽之
進口哉。

今之籌抵制之法者,多主就場徵稅公司造鹽之法,以除積弊,剔中飽
論,則此策誠得矣,若爲抵制洋鹽計,則未見其有益也。何以言之? 洋鹽
之進口而利於銷售者,無課而稅輕耳,即照海關稅則,加至值百抽十,以印
度本哥耳省鹽價每百斤六百文計之,不過加至六百六十文,加以運費若干
文,每百斤亦總在一千文以內。若在中國場電買鹽,衹令加淋潔白,就近運銷,如浙
粵等省之洋鹽,即是私鹽者,則鹽價運費合算,視運銷印鹽之成本,更爲輕短。而吾之就
場徵稅,每百斤必徵課銀一兩以外,成本已幾及二千文,是價已較洋鹽加
倍,安足以抵制其銷路哉。然則欲抵制洋鹽之銷路,惟將減鹽價而已乎?
不知今日之洋鹽,非減價所能抵制者,向來敵私之善策,曰輕成本以減價,
今國家歲於此徵銀一千三百萬,其額方有增無減,爲入款之大宗,一切規
費尚不在內,成本之重,職此之由。彼洋鹽者,無課無費,與私鹽無異,則
其成本之輕重,懸殊若此,此豈減區區之價所能抵制哉?

然則抵制洋鹽之法奈何? 曰:天下之大患,莫甚於不平。彼民教之勢
有偏重,在歧民教而二之也,平治之,則無患矣。洋鹽進口之足爲我患者,
在歧內貨與外貨而二之也,均視之,則無患矣。英國之富甲地球,以其主
自由貿易,而不主保護貿易,弛海禁而平均爲競,用能產物日饒,民生
日裕。

今欲爲抵制洋鹽之策,在舍課額綱運,而易一籌款之法,使洋鹽之來,
與內地之鹽,一律同視,則勢得其平,而彼自不能萬里遠運,以侵奪我之大
利。其策蓋有二焉:

一曰稅歸關卡並徵也。內地貨物之稅,皆徵於關卡,雖有偷漏,而節
節抽取,爲數既輕,徵倖者自少。使鹽等於百貨之一宗,任民販運,逢關卡
乃納稅。洋鹽則但准其進口,而不准領子口半稅單運入內地,與內地之鹽

納稅無異，如此則成本同，而洋鹽之運費較大，自必無利可圖而止。而鹽課之鉅款，失之於引課者，仍取之於稅釐，一轉移間，而外人無所覬覦矣。

　　一曰課歸地丁攤徵也。考乾隆五十年以後，各省商鹽告疲，山西布政使蔣兆奎倡議，改河東鹽爲課歸地丁，於山西、陝西、河南三省，引地計畝攤徵。改章以後，鹽價大賤，民以日日節省之數，完全年應攤之課，下不損民，上不損課，成效大著，然不便於貪讟者之私計。至嘉慶十一年，仍復引招商。今各省地丁額徵三千萬，若歸入鹽課，每兩應攤徵三錢有奇。有地者爲無地者代納，不免不均，莫若計口授食，令各省就舊造保甲册，覈實重造丁册，至少每人歲徵錢一百文，以三百兆人計，可得三千萬，每人歲食鹽六斤，斤省錢三十文，以淮鹽每引共費十四兩餘計，每斤較原價增錢三十餘文。可得一百八十文，則納稅之外，仍有贏餘，是謂利於民。鹽無課稅，聽商販運。洋鹽雖賤，加以運費及進口稅，成本既重，勢必折閱，自裹足不來，同一取民，而度支有盈無絀，不致全綱墮地，無所取償，是謂利於國。所失利者，鹽官與鹽商耳。官可歸部別選，商可先令其呈報引本若干，給與股票，每年於丁稅中提出數百萬，分股攤償，限若干年償清。鹽商多富厚，食利數世，如此體恤，引本不致盡失，較之洋鹽灌入，綱疲賠課，資本盡擲虛牝者，猶爲得之，是爲商計，亦未始不利也。難者謂計丁納錢，不免苛索隱匿之弊。不知戶口之版籍，爲王者平天下之基，東西各國，皆於此致詳，深得《周官》之遺意，即不爲抵制洋鹽計，而此亦爲變法之大端，而不可緩者。詎可藉口有弊，而因噎廢食耶？

　　世乃比之井田之政，不可復行於今日，毋乃專顧保商，而不得不强辭以奪之歟？雖然，吾爲鹽商長顧遠慮，亦未見其私計之得也，但願加課報効，而不願改章，即令進口之議力阻而罷，加課報効之銀，計惟仍加之鹽價耳。加價則私販利厚，蠹起益衆，不得不多設緝私勇丁，已爲得不嘗失，況貪冒之民，趨利忘死，留此罅隙，以待愚悍之徒奔走赴之，是不啻驅而納之罟擭陷阱之中也，小則拒捕爭鬪，大則伺釁而動，爲國家隱患者匪淺，豈第一時諸商利害之所繫也哉？

禁黄金出口議

程肇基

嗚呼！我中國今日出口之禁，豈獨黃金也哉？米穀豆石宜禁也，硝磺軍火宜禁也，其餘違禁之物更僕難數也。然而制諸物之性命，享全球之權利，則黃金爲之。以國寶齎盜糧，而種種虧折隨其後，則黃金之出口爲之。古時以黃金制用，曰黃金者，用之量也。泰西各國通行金幣，頗合貴賤重輕相制之道。國初，英始創設金磅，美、法、德、俄效之，奧、日、意、比效之，今日本亦效之。凡交易息借，皆須以磅折銀，用銀之國暗耗無算，又以中國未鑄之銀爲無用，金磅日貴，華銀日賤，職是之故。

唯彼中金產不敷通商萬國之用，聞中國金礦閉置未開，垂涎日久。英之窺川藏也，金也；法之窺滇桂也，金也；俄之窺東省也，金也；日本之窺高麗、臺灣也，金也。於是懸值來購，奸商貪目前之利，傾囊相兌。其現在情形可考而知者，海關出口黃金之數，歲值銀三千七百萬兩，計重一百餘萬兩，按照英磅之重，可鑄金錢七百萬元。聞漠河一處，每歲採金不下數萬兩，皆運上海銷售。此外，吉林、奉天、四川、雲南等處，亦歲出增多。彼因得廣鑄金幣，日昂其價，以抑我中國之銀。中國金居上上，足色十成，西國所鑄，則均仿英磅，以八四爲衡。匯豐、馬加利等銀行，專做中國金銀交易，以彼八四之金錢，抵我十成之金價而去，每金百萬兩，顯耗至十六萬兩之多。至於中國征收所入，使費所出，海關借款所取，償耗折尤鉅，莫持平已。於此籌所以禁之之法，無論金質取攜甚便，裝返彼國，疇克周知。向例：銀行運金出口，並無稅釐，稅且不能，何有於禁？且我能禁官商之不售，而彼藏金之家暗中售與，非若米穀豆石之爲物重，硝磺軍火之爲器凶，可以隨地隨人而稽察也，不勝禁也。即禁矣，無復敢以身試法矣，而以我圜法大敝之秋，適各邦整齊畫一之會，買鏹賣鏹，出入參差，耗財力於無形之中，久之，久之，終成貧弱，則不禁非，禁之亦非也。

竊謂以禁爲禁，不如以不禁爲禁，亦唯開金礦而已，行金幣而已。中國礦金之旺，甲於五洲，各處實力開挖，勿蹈從前閉置之愚，以免蘊利生犖,爲衆射之的。亟購鑄錢機器,專鑄金錢,飭各省礦金,一律歸官采買鼓鑄,私售者重治其罪。民間舊有金器,亦按時價盡收之,制仿英磅,以便通行。内地之圜法既定,知照金銀之會,與各國平均往來。其金、銀、錢分兩成式相同者,亦准通行内地,以爲將來之比例。所有國債,屆期以磅還磅,挈吾華素虧於外洋之利而還之公家,此其大略也。

若夫開鑄條目,近年臣工章奏,樞部覆議,及私家論著之書,言之甚晰,不贅。要之,中國今日非不禁黄金出口之爲害,而不鑄行金幣以通行各國之爲害。既開金礦,又不禁金出洋,固不免授人利器。既不鑄金錢,又不用金磅,是可謂自窒來源。天下萬事萬物,各有一至當不易之道,無中外古今,則一鑄金,而貴賤輕重,適得其權衡度量之宜,則圜法中至當不易之道也。物理由質進於文,由賤進於貴,由粟帛進於鐵,於銅,於銀,於金幣者,衣食之代數也。人人共用之數,斯爲真數。代數務極其簡易輕便,則於人之性也愈順,金幣則最簡易輕便者也。

故地球幣制不一,苟其一之,必一於金。中國如以用銀之久,驟革未能,庶爲金銀並用之國乎? 此非騎牆之説也,泰西諸國有行之者。英、美之屬純用金,而法、比、瑞以下則金銀並用矣。日本新定圜法章程,十款、十一款,存銀換金及先貯金圓,則猶金銀並用矣。金、銀漲落,互相裁制,以期流通而無滯,猶勝於三令五申,急治標而不治本也。非然者,不禁,則漏溢出口,蓋藏益空。禁之,則顯弊雖絶,隱患方長。彼於借款征税、使費出入之間,皆足以耗我脂膏,使不能自立於地球之上,圜法其尚可問乎?

禁黄金出口議

黄守恒

西人之耗人國也,不以銀而以金。昔在内地,金一兩,僅值銀數兩。二十年來,尚在十兩内外。今則至三十兩外矣。夫今日黄金之出數,較昔不加少,漠河等處金礦漸開,且宜加多焉。然昔則如彼其賤,今則如此其貴,不坐出口,曷以至此? 不坐出口之額之日多,又曷以至此? 金銀出口,向無税,未嘗報關,然就其可稽之數,按之前年出口之金葉、金條、金沙各項,約值銀已有一千五百餘萬兩。據戊戌通商各關貿易册核算。此外,無從查得之數,恐尚數倍之不足也。彼西人者,挾其鑄成之銀錢,與一切奇技淫巧、炫人耳目之物,以搜取我足色之黃金,飽載而去,年復一年,漏卮之大,無過于此,此誠有心人稽核財政,所宜亟圖補救者矣。

　　雖然,禁亦豈易言,將絕其出路乎?彼固以物易貨者,不能禁物之不售於內地,即不能止金之不流于外洋。互市既開,交易乃其正理,欲縣之禁,雖具百喙,何以折之,將稅于出時乎?言者亦比比持此議也,然金銀不稅,載在約章。中國自通商立約,久已無自主之稅權,向所稅者,尚不能加,所不稅者而忽欲稅,益見其不可得。且金之爲物,價鉅而積小,偷漏藏匿,在在能之,無論其不得稅也。即稅,亦漏多而報少。彼竭其心思才力,以爲漏關之計,我之稅入仍無多,而彼之運出不加少,然則出口之漏卮,遂無法以挽之乎?曰:是不然,法不能籌禁,而能籌抵制之法。抵制出口之術有二端焉,一曰開金礦,一曰鑄金幣。中國金礦之富,甲五洲矣。各國自通行金幣,而金源漸竭,又見吾金礦之多,而封閉未開也,於是日運中國之金以出口,不足且從而覬礦權焉。我蘊其利,爲象齒之自焚,彼啓其貪,如蟻羶之羣集。此而不知,則夫未開之金無限數,且將源源入人手,而不能問區區已採之金,即不出口,亦豈能抵制乎?夫與其棄之于地而卒啓覬覦,何如布之於民而自全權利。且已採之金雖亦出口,究之以有易無耳,彼必以其進口之貨散之于吾,而後得易吾之金以歸,非無物相抵遂能攫之以去也。是則金雖出口,猶視進口貨物銷路之盛衰以定之。若夫蓄礦不開,生心者衆,則彼將隨時隨事以要索我礦權,不必有相抵之物,而即可運載其全礦之金以去。脂膏之涸,斯爲厲矣,自宜速事開採。凡向來封禁之各金礦,自集公司,一律興辦,務使所出之利,遠不敵所採之利,而所採之利,又攬之于我,不至持之于人,雖有外流,庶不爲鉅患矣。此以開礦爲抵制之說也。各國咸以金爲主幣矣,而以其銀洋進口銷售,以爲中國之主幣,辱我孰甚。既以其銀洋爲我之主幣矣,而又以銀洋之進口,易黃金之出口以歸,爲其國之主幣,耗我又孰甚。繇斯以言,金之出于貨物之來者半,其出于先令之售祕璅即鷹洋。之行者亦幾半也。

故今日籌抵制之法，鑄金又不容緩者，是有二益：一、外國錢法，積銅幣得銀幣之數者，即以銀計，不復用銅。積銀幣得金幣之數者，即以金計，不復用銀。我若仿其法而鑄金幣以行之，則金幣之用廣，即銀幣之用微。銀幣之用微，即銀洋之進口細，而省出口之金一宗矣。二、外國錢法，許出口而不許進口，英、法兩國壤地相錯，而英禁用法錢，法禁用英錢，蓋恐他國之錢行於本國，則本國之錢不能流通也。我若多鑄金幣以行之於本國，則彼不欲用吾之國寶，即吾之金可自留於國中。若使開礦既盛，制幣日多，保全黃金之道，即在是矣。且金幣即仍出口，而彼以折色之金銀來，我亦以折色之金銀去，兩害相形，庶非取重，亦可省出口之金一宗矣。此以鑄幣爲抵制之説也。總之，開、鑄二事，相因爲用，缺一不可。二事具舉，而出口之患庶稍弭矣，不然，日持一紙文告，執途人而聒之曰：禁也，禁也，其果能禁乎哉？

各國産煤鐵考略

蔡俊鏞

方今泰西各國，富强甲地球，制作軼前古，寧有他術哉？重商務以通其利，則國不貧；開礦産以植其基，則源不竭。煤鐵者，礦産之大宗，而商務之根本也。中外通商以來，垂六十年，礦産之盛，向推英國爲巨擘。美國號稱最富，而煤鐵之利曾不能駕英而上之。

試統歐、美兩洲而論，光緒十三年所出之煤，其大數約四百兆噸，美洲居四分兆之一，歐洲居四分兆之三，其餘各國所出，不過二十兆，而英實出一百六十兆。鐵則美六百餘噸，而英亦七百數十噸，是英國商務，宜可以冠絶五洲而莫與之京矣。數年間，而英産煤二百十八兆噸者，美亦産煤二百十八兆噸矣。英産鐵八百七十八萬餘噸者，美且産鐵九百六十五萬餘噸矣。然則近年以來，煤、鐵二端。雖德、法、比、奧等國，仍不能與英相頡頏，而美則駸駸乎有過之無不及，若是者何哉？蓋美自華盛頓執政而後，相約不預外邦政事，一意致力於商務，而不思爲開疆拓土之地，故礦産日益盛，而其國亦日益富。英雖爲經商之國，然其爭雄爭長之志，未嘗一日忘。觀其今日製一艦,明日練一軍,而煤鐵遂如菽粟之不可廢,則不得不仰給於外人,於是而天地之菁英,乃大半發洩於數十年練兵製器之中,是英以此區區强弩之末,而比權量力於方興未艾之美國,其孰贏孰絀,奚必待智者而後辨哉?

　推而至於各國,其土地未必盡如英、美之廣袤,銷路又不逮兩國之暢,故其出數亦遞有等差。俄雖幅員遼闊,而土地荒莫,礦産稀少,近年以來,雖百計經畫,而迄不能與歐西諸國抗,斯殆天所以限之,使其不得遂逞志於歐亞之上乎?未可知也。外此,則出産之多者,莫如日本之煤礦,向之産煤一百四十餘萬噸者,今已增至五百六十萬噸,推原其故,良由甲午一役之後,臺灣、基隆等礦,利權獨攬,加以次第開採不遺餘力,故出産之數,遂較昔年爲獨盛,而日本亦恃此以與泰西爭商戰之局。然鐵産稀少,且煤數亦不及英美二十分之一,以視歐美諸大國,蓋仍瞠乎其後矣。故論各國之煤鐵,當以英美爲最盛。而論英美二國之煤鐵,當以二十年來爲最盛。西國每年出産總册不可見,姑取光緒十三年與二十三年所産之數,列表如左:

國名	十三年	二十三年
英國	煤一百六十二兆噸 鐵七百五十六萬噸	二百十八兆噸 八百七十八萬九千四百五十五噸
美國	煤一百十六兆噸 鐵六百四十一萬噸	二百十八兆噸 九百六十五萬二千六百八十噸
德國	煤八十一兆噸 鐵四百二萬噸	一百二十四兆噸 六百八十七萬九千五百四十一噸
法國	煤二十二兆噸 鐵一百五十六萬噸	二十七兆噸 二百四十七萬二千一百四十三噸
奧國	煤二十三兆噸 鐵七十萬噸	二十二兆噸 一百二十一萬七千七百八十二噸
比國	煤十八兆噸 鐵七十五萬噸	二十兆噸 一百零三萬四千七百三十二噸
西班牙	煤十一兆噸 鐵二十八萬噸	二十兆噸 二十九萬七千一百噸

國名	十三年	二十三年
俄國	煤四兆噸 鐵六十萬噸	十二兆噸 一兆八十六萬八千六百七十一噸
日本	煤一百四十餘萬噸	五百六十萬噸
瑞典	鐵四十五萬噸	五千三萬八千一百九十七噸
意大利	鐵七千九百十四噸	八千三百九十三噸

外國理財不主節流而主暢流論

陸炳章

　　觀乎百年之間，五洲之上，紛紛商戰，嬴絀大殊，乃恍然於今之富人國者財也，亡人國者亦財也。境界開拓，輸入豐腴者，非財之多，財之通利而富國也。帑項空虛，債款交迫者，非財之乏，財之瀦滯而亡國也。故善用其財之國，當財之源未開，必慮前計後，量入校出以節之，使其流不竭。既開，則恐其流之壅且遏，將無以擴其源而俾之益廣益盛，於是舉節之之法，一變而爲暢。而地球中之大國，遂益形其專主節不主暢之大害，行將受禍於閉塞本原，群笑其懷金而槁餓矣。主節之害奈何？曰：商賈營求貲本必足，朝廷籌辦經費宜充，此一定之理也。

　　若夫其國礦產麗於山，荒隴墾於邊，路軌通於野，商局、機廠、電信、商輪，紛紜布泊於内地外埠，財之源日以闢矣。苟使懼貲力之不給，必不勉强以姑爲之，既爲之，何以稱貸之多，抵償之逼，迄不聞什佰其所出，而倍蓰其所入也，則中於過信節流之見之偏，而促狹其農商、工藝、礦路之進步，以阻之而遏之也。辟如有人欲行海萬里，而減其舟之颿葉，又復且前且郤，或引去而又赴焉，雖曰能至，恐無日矣。堂堂衆國之望，獨祕蓄其財，窮窘而不之發，發而不之用，其可詫也何以異於是哉？彼善其道以理之者，方恃其財力之所貫注，渡重洋，縣歐而達亞，經營灌輸，深入勝境。又鑒乎他國之貧，貧乎財之流之能節而不能暢，乃益張其説，而暢流之妙，幾幾乎千古以來桑、孔之徒所夢想不到，宜其利權之擅，商務之廓，煌然冠冤於一時也。

　夫風濤久歷，操舟若神，折閱數經，乃號善賈。故商會初舉而股款傾，鐵道乍築而資斧匱，西國視之，不爲怪事，方以爲成敗之繫，衰旺之關，值此機會，萬不可失。煤鐵五金，苗質已露，再從而采煉之。輪車運載，徑隧已啓，再推而通聯之。荒州腴沃，島嶼已窺，再進而闢治之。布匹絲紗，貨樣已多，再增而繰織之。桑繭茶棉，仿行已善，再興而藝育之。成本不敷，濟以國債，官項不足，合爲公司，又復蠲免稅餉，以銷土貨；押借銀行，以厚商力。凡可以導財之流，享其利於無窮者，苟可爲計，靡不精究暢之之道，可謂盡矣。近則數年，遠之數十載，一旦擴充基礎，變易市場，綜覈其歲入，比較其所獲之贏餘，往往視前之所籌集而附股者，其得數也過當，不特虧蝕之補償與借貸之清抵也。因其利之溢，復以創機器，廣製造，恢廠屋，興棧埠諸事，益盡其所能而取其盈，歐洲富國之策，日講日新，胥由此耳。

　節流之害，既歷歷如彼，暢流之益，又彰彰若此，然則全球萬國理財之公理，將主節乎？抑主暢乎？且舉兩例而平論之，主節者曰：財之散出也，其流易潰決而難堤防，萬一傾貲蕩產，悉付逝波，其款項之虧折，將一失而無可收回，將奈何？則不如斟酌其出之當否而節之之爲是也。所言殆近似矣，而猶未免乎知一不知二之誚者，則當以主暢者之說互勘之，其言曰：財之生長也，其流貴疏導而忌阻擋，且國家許專利矣，又命聯會而合股矣，一舉不利，再舉必如其願，獨力不濟，衆力必底於成，何懼而不暢耶？何害而不暢耶？況操奇計盈，一可以贏十，十可以贏百，成千累萬，充類而極之，漏出者無一金，輸進者有鉅億，蓋暢極而節之道存焉。其視斤斤於節而不慮大利之源者，所操之術，工拙何如也？

　大凡財之爲用，流愈暢則地利愈出，人力愈勤工作盛，而生機遂，民生厚，而官帑充國之富可待矣，操券求之，無弗獲矣。節之則反是，其朝廷之於財政，草率而苟且，鐵軌則百里遽行停罷，礦利則一二省略見端倪，無事不中輟，無款不虛縻，民承其敝，益以安鄙僿而憚勞苦，一藝不知，乃欺窮乏，詔輸百金，相顧而色吝，國之貧寖甚矣，如人之既瘠，而食復銳減，將不支矣。

嗚呼！盛衰相倚伏，理之至常者，中西之財之一匱而一足也，得無類是耶？有拘限境域，不能恢拓之一國，即有英鷙廉悍，猛於進取之一國，力以分其富，而願讓以大貧，東方多主節，西洲多主暢，殆運數使然，不可強也。雖然，難語擴充，姑籌抵制，自塞其漏巵，取貨於棄地，勿使引泉竭波，以涸我於鮒轍焉，則幸甚矣。

外國理財不主節流而主暢流論

張葆元

運河之水，節節設閘，謹蓄不輕洩，而後運艘可通，無虞阻滯焉，此節流之説也。岷江之水，千支萬派，奔放東注，日夜不息，而舟楫之利遍東南焉，此暢流之説也。財之在天下，猶水之在地，貴流通而不貴壅遏，古人製泉字之精義，蓋由乎此。泰西諸國之人，多覃精研思於富國學，其説經緯萬端，浩博無涯涘，挈其大要，罕有不以流通爲主義者。

今夫千金之家，節衣縮食，銖積寸累，傳之數世，由漸而至萬金，至數十萬金，至數百千萬金，此人所稱爲善理財者也。然而既括衆人之所有，聚之一人，復不能以一人之所有，分之衆人，則衆人之生機幾絶。而一人富，而衆人貧，其比例之懸絶，至於不可思議。若是者，謂之大不平。不平則傾，仁和龔氏之訓也；不平則亂，邵陽魏氏之戒也。暢流財者之主義，正以劑不平之勢，而使人人得其利也。泰西善理財之人，多明此旨，故有財之家，往往出其資本，以供築路、開礦、貿易、製造之用，而日擴大其業，以爭利於五洲。百工、技藝、文學、商賈之人，多賴是以贍養其中，而生機常沛然不絶，用能產物日富，製造日精，而利之滋生者亦日以增益，深得生之者衆，爲之者疾，用之者舒之義。用不舒，則爲不疾，爲不疾，則生不衆，其理本循環相因而不可易者。是故暢流者，非他，即開源之關楗而滋生之樞機也。苟有以開其源，而日生不窮，則滔滔而來，與岷江之水無異，不待節流而自無匱竭之虞。苟無以開其源，則如運河之水，雖節節設閘，終有告涸之一日，而斷非補苴罅漏者所能奏效，此理之至明而至確者也。而論者方以流之不節爲西人危，不知西人之持論，固亦未嘗不以節儉爲言也，以

爲撙節則資本日增,而孳生之利益廣;崇儉則無益之費絶,而有益之業日
開。是其於節流之中,仍寓暢流之意,故流不壅。亦即於暢流之後,仍維
以節流之法,故流不窮。然則,人亦何病乎其暢流耶?我中國惟不喻此
旨,以爲暢流則財易匱也,故築路則懼糜費,開礦則懼耗資,一切製造機器
之經費,則尤懼不繼,而事事讓於西人。揆理財者之意,無非欲其節流耳。
夫流而果能節也,猶得謂爲善理財者也,然而開源之關楗已絶,滋生之樞
機已塞,中國一切日用之貨物,均仰給於外人,而曾無術以謀抵制,則歲出
之漏卮且巨萬,流亦何能節耶?

抑聞西人之言理財者,分國内之人爲二等,一曰生財,一曰用財,用財
之人,多於生財之人,則國必貧。今中國遊民之多,倍於各國,而富厚之家
競尚奢汰,日糜無用之費,而爲耗財之一大蠹。此外復有壅財之人,吝嗇
深閉,坐擁鉅貲而不識暢流之義者,既不能爲生財之人,又不能爲用財之
人,其害視奢侈耗財之人爲尤大,此則於生財用財之外,自爲一等者。嗚
呼!利源之盡讓於西人,詎不以此夫?

外國理財不主節流而主暢流論
吳增甲

易去浮理財之言曰:興一利不如除一害,多一令不如少一事,世多韙
之。而外國理財,動與相反,何哉?嗚呼!竊歎西人心力之摯也。西人理
財,以商務爲一大宗,籌款必夥,保護必力,凡通商之處,均設有商局、商
會,國家亦派有商董,以遊歷各商埠,察人情之好尚,物産之盛衰,税則之
輕重,銷路之暢滯,用以持其利權。其有塞而不通者,不能徇然已也,必詳
審其所以塞,而精求其所以通。故西人又有賽會之舉,其賽會也,設場之
地數百畝,與會之衆數十國,樓閣園囿密若比櫛,珍器什寶目不得瞬,盡萬
國之物産,極天人之能事,或比較其用之之法以爲取裁,或考核其質之所
宜以爲推補,俾拙者以巧,窳者以精,貴者以賤,無者以有。

夫耗千百萬之財費,萃五大洲之技能,非所以供衆人之娛目騁心也,
所以擴通國之聰明才力也。西人之孜孜於富國學,倡論日益博,持義日益

精,胥合地球各國土地人民物產,而以比例公理盈虛消息之,偶有折閱虧耗,鮮有半廢而中輟者,蓋思不握利源不止。中人牟利,貲財故微,惶惑癡憂,跬步防躓,舉國塵塵,絕少製造,坐聽洋貨之內蝕,不運土貨以制銷。其偶與外商交涉者,則又自相擠奪,各思專利,指貨囤積,爭得先售。其貲缺不繼者,或假莊款以濟之,倍稱之息,成本已昂,貲力無多,勢難持久,刻日計時,貶價速售,思得奇贏以償負累,於是一價驟貶,百客交眩,慮有不逮,相與效尤,而洋商遂得覷伺其情形,以陰持其急。

嗚呼!泰西之經商也,聯同業以窺他國之利;中國之經商也,軋同業以爭國中之利。中國雖有擅利之物,如茶與絲,不能不受掣於外洋商人,虧累既多,仆莫能興,往往因噎廢食,可勝惜哉。語曰:臨江而釣,縱有鉤箴芒距,微綸芳餌,不能與罔罟爭得;入林而射,縱有烏號之弓,綦衛之箭,不能與羅者競多。疼焉憒焉,所持止此,我何以自立於商戰之世也?

西國國債論
孫春雷

吾聞諸舊史氏,孔子貴公,商子貴私,二說用意不侔,皆可以治天下。竊沾沾焉不能解其通。既而讀西史,觀西政,想像其民心民俗,油然有忠愛之忱,乃知歐西各國君臣上下,無不以私義相固結,其用之也大,其發之也摯,則未嘗不可以為富強之基也。

何言之?國債之法,古昔無聞,歐洲列邦始以補庫用之不逮,凡興大役,出大軍,有大舉動,無不取資於民,而民亦應之如流水,供之如常物,或逐年拔其本,或案股給其息,數什佰萬,呼諾立就,從無依違於其間。識時務者,以為上古之民敦樸而能信,後世之民囂張而不治,歐洲開闢,較晚中華,故其民猶有上古之風,能急公而奉其上。不知歐西政俗,正以私義相感召者也。民私其君,君私其國,國私其財,合千百萬之心思才力,群聚而私其土地,苟有涎其利權者,則排之,擊之,杜絕之,忿爭之,務使束手裹足而後已。故法既敗於日爾曼,歲息至六千萬兩,絕不稍吝其獻輸。俄有事於西畢利,計債逾三十七萬萬兩,未聞掣肘於他國,其私義勝也。私義勝,則視人皆非吾族類，而其忠君愛國之心日益固，親上死長之心日益堅，雖農工商賈、傭賃販豎之微，咸不敢以國事爲後，少吝於出納，愛其君如私其身也，保其國如私其家也。蓋其相憐相恤之情，未嘗一日忘焉。

雖然，父慈則子孝，兄友則弟恭，君信則民順，天下萬事必感召而後來。一門之內，奴僕而私其家長，則家長必有惠於奴僕者也。一室之中，子孫而私其父祖，則父祖必善撫其子孫者也。有國者，惟爲商私財，爲工私利，爲百官私權，先行其私之之心，盡其私之之實，以生其相私之意，於是相附愈密，相切愈堅，而後可以收心腹之衛，急君父之讎。故百數年來，極盛如英威廉，極強如俄彼得，府庫所儲，從未有數千百萬之私蓄，一旦臨事，其貸於民也，較取之府庫而尤便。在上者寓藏富於民之意，在下者有保全君國之思，緩急足以相濟，倉卒足以相謀，猶之一人之身手足相應而已。疾痛疴癢偶動於百體，則手隨至，夫手之至，豈一一而強之心哉，心之素愛其身者深，手之素聽於心者熟，故如響斯應焉，此私之大者也。如斤斤焉惟君私其位，官私其職，民私其家，則朝野隔絕，有無不通。上之視下如犬馬與土芥，下之視上如路人而寇讎，此私之小者也。土耳其、波斯，不能取信於民，告貸鄰國，受人挾制，因以失其關礦之利，空其歲入之款，浸淫疲弱，而幾何不至滅亡者，蓋即由斯道矣。

烏虖！能私其民，則國債山積，恃衆志之城，而勢不衰，俄、法是也。不能私其民，則國債雖微，因剝削之甚，而底於亡，土耳其、波斯是也。今中國上下離心，逆若冰炭，息借之項延擱而不償，昭信之票推行而多阻，一旦有事，無非以洋款爲挹注，以關稅爲抵押，行息即重，益以扣折，漏巵之鉅，莫與比算，既昧親愛之意，復闇內外之情，吾不知二者將奚擇於斯乎？語云：惟大私爲大公，願肉食者三復此言爾。

西國國債論

張家鎭

嗚呼！吾壹不知中國息借之款之何以忽變爲商務股分票，而使國債之法不能復行於今日也。夫中國之有息借，由來舊矣。自周室衰微，赧王築臺以避債，而此制遂二千年不行。近乃仿泰西之法，稍稍行之，而又不能取信於天下，亦何怪西人之咥咥笑於其後也。

嘗考泰西各國，無一國不有國債，債之巨者，以本額計，至八億萬磅之多，以利息計，乃至歲出二千七百萬磅，以全國歲入計，乃至盡五六年，或七八年，或十餘年，猶不足以取償，以全國計，乃至每人負債一百一十餘元。國債如此其夥，而西國之債戶，猶有願減利而不願清償者，豈西人之皆好義哉？抑借者之有以取信於民，而民無不獲其利也。且夫利之所在，人爭趨之；害之所在，人又樂爲避之。日爾曼之開礦也，俄與日本之築鐵路也，利之所在也，故其國債以巨萬計。荷蘭之叛西班牙也，米利堅之拒英吉利也，利而有害者也，而其國債亦各以巨萬計。嘗觀西國之所以借債者，不外軍事、公益兩端。公益之事，如開礦，如築路，舉公家之債以開利源，亦中國因利之法，俄與日本、日爾曼，行之有利而無害者也。若因軍事而借國債，是舉數百萬有用之金錢，付之於火藥丸彈之一炬，以求償於不可必得之奢願，未見其利，先受其害，最爲西國公法家所忌。然苟必不得已，如荷蘭，如米利堅，亦未始不可以國債之力，奮然自立於歐、墨之間，債之有益於國亦大矣哉。

雖然，借本國之債，可也；借外國之債，不可也。借外國之債猶可，借外國之債而授人以利權，不可也。何也？本國之債，雖有利有害，不在於官，則在於民，其利猶不至於外溢也。若借外國之債，則利溢於外矣。然苟立券取償，剋期清繳，猶足以救一時之急，而不至受其大害也。若其屢借不已，漸用擔保。擔保不已，漸用抵押。至於抵押而利權所在乃悉舉而授之於人，而國亦隨之去矣。

嗚呼！獨不觀土耳其之事乎？土國自一千八百五十年起，無歲不借民債，至一千八百五十三年，與俄國構兵，始公然借外國債，於是歲歲借之。其借英債也，以關稅、都城進門稅及錢糧爲抵押。其借法債也，以煙稅、鹽課銀票牙帖稅及錢糧爲抵押。又不足，以羅米略及阿基不流固之羊損度喀脫礦貨利銀爲抵押。又不足，以內地捐貨捐什一捐錢糧及後來新增錢糧各款爲抵押，利權盡失，而土遂幾於不國。夫土之危如此，而俄、日、荷蘭、日爾曼、米利堅之强又如彼，孰得孰失，孰利孰害，不待辨而明矣。

方今中國不能爲荷蘭、米利堅之借債以自强，亦當如日本、俄羅斯、日爾曼之借債以興利。乃自日人就款以來，國債已增至二百三十一兆六十六萬兩，僅以息計，已歲需二百三十四萬一千六百三十兩，本息並計，歲需一千二百萬兩上下，而皆借之外國，以海關爲之抵押，而有不爲土耳其之續乎？蒙是以太息痛恨於息借之款之不能取信於天下，而徒使西人咥咥笑其後也。

《皇朝武功紀盛》書後

趙　寬

嗚呼！純皇之世，其極盛難繼乎。溯我朝入關之初，混一未久，禁綱疏闊，强藩鼎峙，干執朝政，雖以世祖仁皇之經畫，而治具未能畢張。迨三藩蕩平，聖祖乃得以其間休養生息，一意治內，以臻累洽重熙之盛，故能武讋西陲，仁覆諸部，使藏酋喀汗厥角稽顙，噶丹奔竄投死無所，而後聖子神孫大武盛業因得而蒇，則固聖祖之靖逆治內有以基之也。故雲松先生之纂《武功紀盛》，以平三逆事稱首，凡以此也。洎乎憲皇策旺策零遺孽再熾，額爾德尼招之役，我武孔張，凶焰再戢。

高宗踐阼，因準夷之內釁，命將出師，一舉而覆其巢，再舉而殲其族，然後準回諸部，二萬餘里之地，周設候尉，悉隸版服，而乾隆十全武功之盛，莫盛於此。此亦文學之士，所願奮頰抵掌，伸管削簡，而樂得載筆於其間也。先生生極盛之時，窺仰廟謨，睢盱盛列，既得雍容祕府縱觀方略，而緬甸之役、臺灣之役又嘗草檄戎幕，簪筆行間，故其爲書也，信而有徵，簡而能括。當其纂述之時，昭代宏謨，藏諸史成，草茅下士，耳不得而聞，目不得而睹，先生獨以其退食之間，綜其崖略，沾溉士類。於是好學之士，聞風繼踵，前則有《聖武記》《藩部要略》，後則有《蒙古游牧記》《朔方備乘》諸作規其指要，大抵游心盛世，取當時之事實，條舉件繫，垂爲法戒，以致其今昔之感，因是而昭代之駿業，雖下士亦能言其詳。

然則先生之書,雖詳盡或遜於諸家,固不可謂非大輅之椎輪也。寬生先生之後百數十年,不獲躬際郅隆,未嘗不羨先生之遇,因益尋繹先生之所述,以與近世之事相消息,又未嘗不歎極盛者之難爲繼,而於先生之書,實得其鍵,承學者蓋不可不察也。夫先生之後,豈無豐功偉績,炳炳烺烺者,足以昭耀史乘哉?然上溯開國之初,以迨乾隆之季,朝廷有大征伐,總師干者,非天潢貴胄,即八旗上選,漢人罕以知兵聞者。洎仁、憲之世,而劉清、羅思舉、楊遇春、楊芳,乃始稍稍顯矣。降逮咸同之代,則名臣大帥大都出於湘淮之間,而僧忠親王以暨勝保、多隆阿、都興阿之倫,寥落如晨星,不能與湘淮絜長短。是則乾嘉之際,固旗兵始弱之會也。非第此也,開國之初,禁旅四出,爾後用兵衛藏,用兵青海,用兵西域,咸取材於吉林索倫。乾隆之末,始有調吉林兵厥費三倍,不如改用召募之議,至川楚之役,遂收效於鄉勇。粵匪之平,而召募之效大著,兵鋒所至,東南暨臺灣,西北極伊犁,往所謂八旗勁旅,索倫銳卒者,曾不得尸其功焉。是則乾嘉之際,又召募始興之會也。

夫以祖宗之優厚旗兵,高宗又嚴漸染漢習之禁,乃當此極熾而豐之會,曾不能不議通變,則所謂極盛者難爲繼,豈不然哉,豈不然哉?此亦留意於本朝故實者,所當與知也。若其爲書,則昭莫多之役,拒馬木不應列後。額爾德尼招之役,馬爾賽兵當在拜達里城,而不在歸化。魏先生源嘗糾其失。然何先生秋濤稱其文筆明潔,敘次簡覈,謂其所述,多本之欽定諸書,故確而可據。是其得失之數,固相半耳。況徐星伯之志新疆,俞理初之著存稿,二書皆號精覈,而並沿其誤,則是書之爲藝林所重,不既夛乎。

《皇朝武功紀盛》書後
黃在中

自來兵爭之禍,漢、宋多邊患,而唐、明多內亂。神武不足以威中外。則國事之紛擾,鮮勿以一蹶而不振。兵困於調遣,財困於餉需,故一遇戰事起,非經數世之培植,則元氣多隱傷。宏哉聖清,其足以邁古而震今者歟？我朝龍興遼瀋，據形勢之上游，珍有明餘孽，定鼎燕京而都之。斯時寰宇無事，金革不驚，海內宴然交慶矣。然而殷憂所以啓聖，玩寇亦適以滋禍。歷仁皇帝、憲皇帝、純皇帝三朝之盛，而若三逆，若緬甸，若金川，若臺灣，若蒙古厄魯特、準噶爾、廓爾喀等，猶皆以跳樑小醜，抗我天師。當時老成謀國者，相與狃盛朝之寬大，而或議羈縻之，不知強鎮者，全域之樞紐，外藩者，中朝之屏障，方隅有不靖，則大局自此掣，故英武一稟於廟謨，用能掃除廓清，不數年而底定。斯時史臣載筆，揚榷盛烈，而《方略》諸書，藏諸祕府，草茅下士眇得覯焉。及觀先生書，乃得窺列朝聖武之英謀，與諸大老相率戡定之宏烈。嗚呼！豈不偉歟？

竊嘗綜其本末，而知我朝武功之盛，所以超於前代者，則有二，曰：兵數少也，事權一也。夫用兵之道，散則其勢渙，聚則其勢精。驅市人而使之戰，雖千萬人而無一人。逐節而防之，不如擇要隘而守之也。大衆而攻之，不如統精卒而練之也。前明平安南援朝鮮，動輒數十萬，勞師糜餉，國乃大弱。我朝康熙、雍正西師之役，乾隆準回、大小金川之役，用兵最久，從無至十萬者，惟征勦吳逆，各省滿漢大兵乃調至四十餘萬。雖其用餉之數：金川七十萬，緬甸九百萬，臺灣八百萬，準回二部乃至三千三百餘萬，而取諸內帑，不以加賦擾民，蓋餉多而兵少，兵精而將練。以冗兵糜鉅餉，與以加餉練勁兵，其收效果何若哉？聞之兵家者言，戰之勝敗視乎兵，兵之強弱視乎將。而將之勝任不勝任，則又恃上之不掣肘，而帷幄乃可以制勝。蓋覆蚩尤於涿鹿者，軒皇，非力牧也。禽豨、布於荊、吳者，漢高，非絳灌也。兵多則不練，將多則不專，故以郭汾陽之賢，而九節度之猶潰於相州。後世變而加屬，中使監軍，簡閫虛設。我朝懲於前轍，凡握機畫策，運自神謀，軍書沓至，批答不踰晷刻，雖午夜必起覽，召見軍機，指畫形勢，萬里如禁闥。故將士知廟堂，有不敢稍存苟且之心，而殫精竭慮，迄奏膚勳，所謂事權統於一者也。是知財用不足，國非貧，土瘠民困之謂貧。禍患頻仍，國非弱，將驕士惰之謂弱。故聖王不先逞志於四夷，而思有以平內亂；不先爭功於戰陣，而思有以鞏邦基。

閒嘗統亞洲之全局而觀之，臺灣、緬甸，吾屏蔽也；金川、厄魯特等部，則又吾之肩背右臂也。不統而入之於版圖,則四夷日與我爲鄰,而邊禍乃益亟。故惟列聖之見,有以圖遠略,乃舉前代棄珠厓,捐儋耳,儒臣拘牽畏縮之見而空之,此其奠萬世金甌之固者,爲何如其周且審哉。《書》曰:其克詰爾戎兵,以陟禹之迹。《記》曰:物耻足以振,國耻足以興。故於讀甌北集,而不勝欷歔也。

問鄉勇勦賊原起

余建侯

鄉兵之制,始於晉,繼於唐,盛於宋、明。晉惠帝時,鎮南將軍以義軍討張昌義。軍,鄉兵也。同時若周玘、賀循輩,亦皆以鄉兵助勦,此鄉兵見史志之始。降至南朝,裴駿、魯悉達、周迪諸人,皆有鄉兵捍賊事。開元以後,府兵法廢,諸州迺置團練民兵,嗣是澤潞一道,又有昭義步兵。五代,石晉置天威軍,即鄉兵,未久旋罷,無足稱述。趙宋繼統,厥制斯繁,河北有忠順、强人,河東有神銳、忠勇、强壯,陝西有保毅、寨户、强人、强人弓手,川有土丁、壯丁,廣南東西有槍手、土丁,多此比類,難一二記。大率言其利者,韓琦。詆其弊者,司馬君實、葉水心、馬端臨,蓋亦未見其善也。荊公變法,創興保甲,雖易鄉兵之名,仍存鄉兵之實。逮至南渡,若陳、蔡兩州鄉兵,若夔路恭、涪、忠、萬義軍,若紹興、興元義士,若福州肋社,其彰彰者外,如黎、雅之土丁,金、均、房之保勝,池州之勇敢,臨安之武定,其盛雖埒北宋,其弊亦等北宋。雖以璘、玠諸人爲之帥,而禦土賊則强,敵金軍則弱,蓋猶北宋之遺也。金、元兵制,有家户軍,有人丁軍,金制。有毛葫蘆兵,有果毅軍,有臺兵,有撞兵,此外半襲宋舊,要不離鄉兵者近是。明制有狼兵,有坑兵,有僧兵,有氏兵,有卯兵,有長竿手,有箭手,有鏢牌手,有螞螂手,或以勦倭,或以勦流寇,較之兩宋,蓋有進而益上者。

然吾謂此鄉兵乃民兵也,要未盡古所以用鄉兵之誼。古之大將,有家兵,有親兵,由漢、晉而至明,以劉綖、李成樑父子爲最著,亦爲最强,然用不能廣,數不能多也。故家兵之積即爲親兵,親兵之積即爲鄉兵。鄉兵者,蓋以其鄉之人,用一鄉之人也。由是井里同,則性情習。性情習,則恩義洽。恩義洽，則將千萬人如一人，而無謀叛離散之弊。昔廉頗勇冠軍鋒，一至流徙異國，遂思得趙人而用之。故項羽之渡江也，以八千子弟。劉裕之起義也，以京口之兵。有明之際，王陽明、戚南塘深知其意，皆以鄉兵有功。至留都將燼，黃梨洲師其遺法，帥子弟鄉人爲世忠營，以求一旅之復，事雖不成，然有死無叛事，隔百年餘威猶烈。

國朝定鼎，吉林索倫錫伯之旅，從龍豐沛，一鄉兵也。嘉道之際，劉天一以鄉勇戰川陝，傅鼐以鄉勇平蠻，於是鄉兵之名又盛。然以異籍之人用鄉兵，猶前之用民兵也。惟自紅巾亂起，東南諸君子咸挈鄉人以夷大難，其時湖南有楚勇、寶勇、瀏勇、南勇、湘勇，皖有淮勇、壽勇。楚勇之始，江岷樵主之。湘勇之始，羅羅山、王壯武、李迪庵主之。淮勇之始，倡之者呂文節，繼之者袁甲三，皆能轉戰無前，收東南半壁於再造。其後曾文正、劉忠壯，籍隸湖湘者也。潘鼎新、劉銘傳、張樹聲、韓正國、李鴻章，籍隸淮皖者也。一則帥以奏全績，一則帥以平蘇常，而忠壯一軍勒石天山，至收功二萬里外，豈非居同井邑，出同憂危，勝相顧，敗相救，如手足之捍頭目，如子弟之衛父兄，乃至此乎？不特此也，同時以鄉勇著者，有嚴如熤之陝勇，趙忠節、邵燦之浙勇，毛昶熙之豫練，劉繹之贛練，杜𩰚山東之練，王璪通州之練，以及晏端書之練兵大江南北，何桂珍之以鄉兵三千復霍城，無不雲激飆馳，所向克捷。外如黃特軒之用長樂鄉兵，何長怡、沈維城之用青浦鄉兵，雖成敗利鈍，存亡顯晦，或同或異，或幸或不幸，然風氣所趨，異軍特起，自足樹一幟於旗、綠各營之外。

總之，鄉兵之制，宋遜於古，明勝於宋，而立勳定難，要惟以咸同時爲最盛，則謂鄉勇立功之始，即始於咸同諸君子可。

卷十一

《營壘圖説》書後
趙　寬

古之所謂營壘者，無成式，視其所宜而已。孫子曰：處斥澤，則依水草而背衆樹；處平陸，而右背高，前後死生。黄帝以師兵爲營衛，漢李陵以大車爲營，晉宣帝視武鄉侯營，則曰天下奇才也，同時用兵，而獨歎異夫敵之營壘，則知營壘者各以己意爲之，無成式，視其所宜而已。明戚繼光、胡宗憲所爲書，始詳著所謂鹿角營盤之式，然以言防倭則可，以防他敵則未必合矣。熊廷弼鎮遼時，於堡障烽堠，皆詳其位置以諭諸將，有所謂品字營者，然施之遼地則可，施之他敵又未必合矣。蓋地有平隘，敵有强弱，用兵者視其地勢之平隘，敵形之强弱，而曲爲之備，無成式，視其所宜而已。

西人營壘説，所言十一條，其於築土之詳密，劃濠之深廣，圖之縝而説之綸矣，然亦一時一隅之所宜，而非正變百狀之能該。觀其所論，宜主兵而不宜客兵者也。夫客之所以異於主者，主審而客略，主諳而客昧。知地形之若安若危者，主也，非客也。地形不及知，則其行師也利戰而不利守，利速而不利遲，利輕簡而不利輜重。今其橫列七壘中置鹿角，每駐紮之處，必隨時築堡以護之，其以之固守，則善矣。行師千里，入險而相争，方以其力專付搏戰而不暇，而復勞瑣重頓以困之，此其力不疲於戰，而先疲於守。夫客兵而疲於守，是反客爲主也。其言築法也，爲時雖甚速，然每駐紮時必築壘，其於正旗堂陣則善矣。行師千里，入險而相争，今日營某地，其明日不知稅駕之所也。明日營某地，又明日不知稅駕之所也。銜枚束�..,疾如雷霆,飆如風雨,因糧以爲食,因險以爲居,而以曠時築壘,窒其機,爲之難而棄之易,未見其可也。

故曰:宜主兵,而不宜客兵者也。乃若其説,則可謂詳晰,使嫻於軍事者,因時地之宜而參用之,抑亦講求武備者所有事也。

沿海形勢今昔異宜論
蔡文森

古無防海之事,有之,肇於明,亟於道咸,而徬徨莫措於今日。環海七省,萬二千餘里之險,無處不與敵共。各國肆其蛇豕之志,始開口岸以伺我,繼據要隘以臨我,以爲彼此相制之資藉,而我沿海形勝之區,其險不可守,其守不可固,所謂聚六州之鐵,不能鑄此大錯者。既已末如之何,而今日追原禍本,海疆事勢之所以日變月異,而形勢不可一恃者,蓋潰敗於甲午以後,國威漸替之時,而浸淫於道咸之際外交未講之日,綜其本末,比而觀之,未嘗不椎心疾首於人謀之不臧,而未可盡委諸天事者也。

何言之? 沿海大局,凡分三路:遼、燕、齊爲北路,江、浙爲東路,閩、廣爲南路,而東與南實相維繫焉。自庫頁攘於倭,而黑、吉之藩翰失。自混同、綏芬、圖們三口淪於俄,而奉直之肩背寒。自朝鮮爲俄、日之驪珠,而奉直之左臂又折。洎至德據膠州,俄佔旅大,英租威海,而門户洞敞,樞紐皆弛。舉夫控制金州,建牙膠威,屯艦旅澳,一切重防渤海之訏謀,用之今日,千説皆廢,此北洋形勢今昔不同之大凡也。

越南之役,全境屬法,而廣南之藩籬撤。朝鮮之事,臺灣屬日,而浙、閩之屏蔽空。他若香港畀英,廣灣畀法,九龍亦畀英,而東粵肘腋之患深。至於長江之險,無論商埠之鱗次櫛比也,而吳淞新口,遂蟠然塞出海之塗,崇明南北,洪聲勢孤,另門户通闢,鎖鑰何有?且長江上下游各地,閩粵沿海各首要,其楝若隱操諸外人,終古不得展尺寸於其後。而昔之扼臺澎以固浙閩之防,扼廣灣以固雷瓊之防者,情事不侔,夷險互異,皆可恃而不可恃矣,此又南洋形勢今昔不同之大凡也。

綜而論之,咸同以前,雖外海内江通商之口,棋布星羅,而我之海權,足以張於遠洋。自戊午愛琿之約肇其端,而丙子高麗、甲申越南諸事,接迹而起。自甲午馬關之約縱其焰,而戊戌以來,威、旅諸要隘,接迹而失,非惟不能力守近藩,抑復不能慎固户闥。然則此二約者,固南北兩洋沿海險要之一大關鍵也。

夫語形勢則如彼,語防務則如此,策海政者,將何所爲計哉?然而醫者之於疾也,無萬全必治之心,有冀其或愈之意。陸之爲防也,有犄角之師,而後有可守之城。海之爲防也,有大支之水軍,勢足以戰,而後有可守之口。今者全局既動,勉圖桑榆,首要既夷,降求次險,計惟有於北洋重扼登州、復州諸口,時游弋於成山、鳳凰間下,以遏威、旅、膠、澳内侵之路,上以鞏大沽堂奥之藩。南洋則重守海、壇、金、厦,以外拒臺灣,内扞全閩。固南澳之防,扼雷瓊之險,以抵塞廣灣,權力駕軼粤海之萌芽。而又厚集兵力於崇明、舟山,以通南北之聲氣,擊首尾應,祖馬江一役捕鹿踣角之心,懲中東戰事孤雁離群之痛,或所謂無策之策,而規復海權之機,庶得一當乎?過是以往,匪所詳已。

沿海形勢今昔異宜論
蔣維喬

天下之大,海疆之遼闊,强敵之環伺,割我要口,據我門户,得尺得寸,方且未艾,及今不圖,天下事不可爲矣。夫不明沿海之形勢,不足以籌海防。不明形勢之今昔異宜,尤不足以籌海防。沿海七省,東起鴨緑,南迄瓊州,其間口岸半爲外人所攘奪。直隸之險要,在奉天之旅順與山東之威海衛,隔海對峙,天然鎖鑰。今旅大入俄,威海入英,吾不得不舍威、旅而取塘沽。山東之險要,重在膠州。今入於德,而山東無險可扼矣。江蘇之險要,重在吳淞、崇明。今吳淞開埠,非復設守之地,吾則舍吳淞,而取寶山。浙江之舟山,英人覬覦已久,是吾所宜留意也。福建外蔽,全恃臺灣,今入日本,吾則舍台澎,而取海壇。廣東之南澳,爲閩廣之關鍵,虎門爲全省之咽喉,雖九龍入英,廣州灣入法,較諸他省形勢,猶爲完固矣。今擇其要者,條論於左:

北塘大沽形勢

論曰:北塘大沽,畿疆第一門戶也。大沽上受五河之水,以趨於海,老黃河與長城之間,此河爲最大,計長二百七十里。自大沽口抵海岸,曲折向北六里,即北塘河口也。二河口間爲廣大泥灘,北塘河口有窄澳深入岸間,長四里至五里,中有長堤,爲通新莊至北塘陸路。吾嘗論塘沽險要,於防守之道有三利焉。西人防海之法有三:一視海口之宜於建築礮臺,一視澳內之可以泊船,一視海底之泥質。蓋泰西之築礮台,皆遠於通商之地,誠恐戰禍猝起,既有礙於商務。商務,公地,又不敢擅興戰禍故也。北洋通商口岸營口、牛莊、煙臺,皆遠於直沽,海水深廣,扼守尤要,則築礮臺宜也。鐵甲吃水至深,非相宜之地不能停泊。塘沽外對黃海,向西海面長一百五十里,爲直隸海;向東北海面長一百五十里,爲遼東海。海口兩岸,相距五十五里爲直隸水道,至深之處皆至十餘拓,口內寬闊,可以避風,則泊船宜也。海底之質,或沙或石或泥,隨處不同。沙石之質,皆不能受錨,鐵艦聚泊,必擇泥質,若塘沽海面均爲泥質,軟泥尤多,則受錨易固也。昔者北洋海軍本駐紮旅順、威海,今英、俄二國約中,雖有中國戰艦可以停泊之條,似可照約行事,然交不可恃,約不可憑,萬一啓釁,則彼封禁口岸,我可坐困,故不如以塘沽爲根本,以威、旅爲輔,猶庶幾不受制於人也。由斯言之,則北洋險要無逾於此矣。

崇明寶山形勢

論曰:崇明雄襟大海,險阨長江,衆沙環拱,屹峙中流。其外有東西二淺灘,劃分江面爲二水道,一曰北口,一曰南口,而均在崇明之南。北口於崇寶沙尖旁,水綫之闊不及兩里,對面有最大綫灘,向東遠伸入海,長約一百五十里,寬約三十里,曰大揚子灘,皆爲沙質,或灰色,或黑色。水深十七拓至二十拓,四周海底皆有軟泥。凡由東面進揚子江者,皆以此灘爲表準。南口最闊,其江面窄處在寶山岸與崇寶沙西北沙尖之間,尚有七里半。其向外者曰揚子角,角上有土墩,高二十五尺。此間陸地甚低平,前時皆爲海面。自揚子角起向北約二里，岸前皆有泥灘，灘之東界爲灘嘴，距岸約十四里，水深二拓又四分拓之一。自此灘嘴向西北漸窄，以至九團墩止，皆爲最軟泥質。九團淺灘，大潮退盡時，僅深二十有半尺。惟北面漸深，故近日輪船水綫，偏近於崇寶沙。其進路最窄處，則在寶山岸。夫設險之道，必擇最窄之處，庶足以固我之防，制敵之命。我之吳淞礮臺，其命意原欲兼扼揚子、吳淞二口，不知北口水綫雖狹，輪船亦可行駛，吳淞礮臺爲崇寶沙所隔，已爲虛設，況已毀臺開埠，苟顧吳淞，反棄揚子於不顧矣。可知寶山之險，實遠勝於吳淞，而崇明與崇寶沙尤爲長江之喉吭，不可輕忽也。

舟山形勢

論曰：舟山上接江蘇，雄踞海外，全浙形勝所在，而定海一廳，猶江之有崇明也。浙東島嶼最多，六橫、佛肚、普陀、大嶼、螺頭，四面環拱，舟山爲最大，周圍五十一里半，自西北至東南，長二十里又四分里之三，最闊處約十里半，自近定海南岸至舟山北岸，約相距七里，東半較窄於西半，山之南即定海港也。港南小島錯列，最外而向西者曰螺頭。距螺頭東面一里，有摘箬山；距四里又四分里之一，有白龍山。螺頭北面列島中，最向西者曰馬秦山，近東面有盤嶼山，又東有大嶼山。馬秦、大嶼間有二水道，皆可以達定海。浙東險要於是焉在。夫浙江之要脊，實在鎮海，而鎮海之外護，實恃舟山。舟山防禦得力，不特全浙賴以安，且可補江南形勢之所不及，誠東南之重鎮也。英人水師咸聚於此，我漫不加察，疏忽之咎，責有攸歸矣。

海壇形勢

論曰：福建島嶼之多，與浙省等，而閩江之南，環以海壇巨鎮，猶浙之舟山也，上翼福州，下接泉、漳，實扼全省之要。蓋形勢既佳，而省城尤全省之關係也。南北有二角，東西兩岸最爲低平，各有大沙澳。進口水道有二：一曰北口，在大鍊、二鍊、三鍊島與苦嶼之間。一曰南口，在沙島、圓島與大放、小放二嶼之間。澳內寬深，口門完固，閩省形勢無有過於是也。夫中國往往於自有之口岸而茫無布置，外人擇肥而噬，以一紙空文來相要索，大吏相顧失色，始知某地關某省全域，而事已不可救矣，如昔日英據香港，近日法佔廣州灣是也。海壇巨島，又非香港、廣州灣比也，而疆吏經營防務，未嘗一言及此，設一旦入英、法之手，則足上控閩、粵，下撻臺、澎。二國存心叵測，奚嘗不垂涎於此，特未之發耳。蓋臺、澎未失，則海壇處堂奧之間。臺、澎既失，則海壇即今日之臺、澎也。防務所在，顧不重歟。

又案：海口岸有沙石，聞不便行船，俟考。

金門廈門形勢

論曰：福建漳泉之形勢，其惟金、廈門乎？廈門爲通商碼頭，則金門者，泉、漳二州之管鑰也。廈門周二十二里，東面有金門鎮與圍頭澳，西南有古浪嶼，以成廈門內港。金門鎮與廈門間，闊五里至七里。烈嶼與大擔嶼間，水道雖深，而內多石，故甚窄狹。鎮西南面有料羅澳，自金門鎮西角海岸，曲折向東南，又東約三里，爲金門西南角，自此處海岸又曲折向東北，偏東五里，而成料羅澳。鎮東岸間爲圍頭澳，可障東北恒風。澳東角高八十尺，曰圍頭角。澳西北有東西二高峰，值東北恒風時，海水恒向南流，西南恒風時，海水恒向北流。夫古浪嶼外扼海港，內通水道，形勢極佳。料羅澳海灣可以屯駐水師，圍頭澳既可避風，而港內繚曲寬深，尤合建築船塢，是則金門者，廈門之羽翼而閩省南面之要隘也。

南澳形勢

論曰：南澳東懸海外，扞衛閩之詔安、粵之潮州，兩省關鍵所在也。澳自東至西，長十二里。東半自南至北，最闊處約五里半，其與陸岸間之水道，闊三里半，深三拓至六拓，距塔山東南偏東四里半。自南澳西視猛浪島成直綫，爲西流沙界，其間有數淺灘，俱係流沙擁積所成，緣韓江來源多砂礫，隨流而下，故其間多積沙也。距南澳西角東面五里爲塔澳，塔澳對面北岸爲淺澳，淺澳東面爲南澳灣，灣首有南澳城垣，灣東面有雙峰者，爲北角。夫其形勢之雄，北扼柘林，南襟韓江，一有安危，則閩、粵之安危繫焉，又不獨浙之舟山、閩之海壇可比也，奚可視爲無足重輕哉。

虎門形勢

論曰：吾嘗論七省險要，其完善無有如虎門者也。老萬山、大橫琴、濠鏡、伶丁洲障其外，川鼻、大角鎖其中，虎島、龍洲峙其內。東、西、北三江之水，匯於番禺，名曰珠江，口門之廣，與揚子江相同而雄闊過之，浙之錢塘，福之閩江所不能及，宜其俯視南海，稱曰虎門也。昔者，林文忠用之，而英人不能得志。彭剛直用之，而法人不敢內犯。邇時戰艦猶用帆船，未有鐵甲快艦之堅也；槍礮猶用舊式，未有後膛格林之猛也。然而英法船堅礮利，一則既戰而敗，一則未戰而餒者，二公智力固有過人，抑亦虎門之險未易輕犯耳。夫七省之中，其勝於虎門者，惟北洋之威、旅，前環列島，內含黃海，以達津沽，其險實有過而無不及。今北方門户已失，惟南海屏障獨全，謀國者盍加之意哉。

書《朔方備乘》後
張葆元

甚矣，我中國士大夫之憒於邊務，闇於外交也。內外蒙古百三十有三旗，爲中國一大屏蔽，而道光以前，鮮有能舉其山川，析其部落者。自張氏《遊牧記》出，而談朔漠者，始稍有依據矣。俄羅斯與中國接壤東西二萬里，爲中國一大勁敵，而咸豐以前，鮮有能悉其疆域、數其鄂博者，自何氏《朔方備乘》出，而言掌故者，始稍知厓略矣。

夫自乾嘉以來，士大夫疲精於考據訓詁、金石詞章一切不急之學，於邊疆要害、外夷情狀，悉置不講，而紀文達至以《職方外紀》爲夸誕之言，圖理琛《異域録》所經之道，時人有疑俄人爲故迂其途者。嗚呼！當時學者識議之陋瞀，竟至此哉。何氏獨能蒐討掌故，旁逮西籍，勒爲成書，使學者由此得摹考北徼之事實，洞悉俄人之形勢，不可謂非通才鉅制也。

雖然，竊不能無疑焉。考是書繕成在咸豐九年，當時五口通商之約已立,吾國積弱之勢已形,而俄羅斯雄踞歐亞兩洲,尤有拓土開疆之志,自彼得以後,日思出黑海以西窺歐洲英法諸國,屢扼之不得,遂乃易爲東出之謀。咸豐八年,進逼黑龍江,與中國立約,以烏蘇里河東至海,爲兩國共管之地,侵吞東三省之意,已於約內流露。然則留心時事者,論列其窺伺之狡謀,以備綢繆於未雨,俾讀者知所警省,而不輕量強俄,豈非於籌邊之道,稍有裨益歟?

以觀是書,則大不然。於八年之約,既深諱而無一言,而其敘哈薩克之內屬也,則曰:左右部稽首稱臣,歲時朝覲,納租賦。北哈薩克常爲俄心腹大患,不知俄於道光咸豐間,已侵略中亞細亞哈薩克諸部,設官於帕拉廷司克以治之。祁氏《新疆要略》載官兵巡哈薩克布魯特邊界,每多滋擾,不足服外夷心,則藩部之爲所誘脅,蓋已久矣。

其敘北徼界碑也,則曰:俄羅斯感沐天恩,謹守成約。其敘北徼條例也,則曰:二百年來,該國恪奉成規,小心恭順,實爲從古所未有。不知雍正五年與俄立約,以烏特河等地方暫置爲兩間之地,均不得侵佔居住,已預爲侵踞地步,灼然可見。咸豐時,攘烏蘇里河以東地,亦祖是術,而道光二十五年,早侵佔黑龍江之上遊地矣。

其敘征烏梁海也,則曰:歸順天朝服役賦,卡倫以外閒地數千里,所謂無形之金湯。不知道光三年,蒙古克吉士開立麥等七部落已叛中國而屬於俄,見《四裔編年表》。實即烏梁海境內之部及準噶爾遺族也。

其敘北徼形勢也,則曰:俄羅斯壤地本小,轉籍蒙古之力以成其大,迤北諸部,自東海費雅喀以西,俄撫有其衆,不過扼其要害,羈縻相安耳。然既有俄人以相羈縻,則已足爲北徼之屏藩,而內外之限弛矣。又曰:黑龍江去盛京界三千里,僻在東北一隅,無關天下大局。不知彼族之耽耽虎視者,正將以東方爲出柙之計,似此如寐未覺之言,非俄人之所深喜乎?

其敘俄羅斯學也,則曰:恪守成規,絃誦不輟,洵所謂聲教四訖,臣自古未臣之國。不知彼之盤踞肘腋者,無異南詔就學成都之計,將熟我情狀而肆其蠶食,初非有慕於中國之文教也。

其敘錫伯利疆域也,則曰:俄羅斯舉國無不感沐鴻慈,而錫伯利附近中國,霑被尤速,冰海以南,金山以北,咸獲乂安,皆涵泳聖澤之所致。不知咸豐元年,俄已建東拜開爾爲省,通道路,築城砦,置哥薩克守兵,駸駸有南下之勢。彼方將以我爲魚肉,而我猶嘉其輸忱,眞夢夢之言矣。

其敘北徼城垣也,則曰:居國不若行國之强,故蒙古之伐斡羅斯,如摧枯拉朽。不知今之蒙古貧弱已甚,俄人視爲囊中物久矣,尚能與俄人敵乎? 他若此類者尚多,皆無當於情實,而爲侈然自滿之辭,使讀者因驕矜而生玩愒,幾謂么麽小夷,不足爲天朝患。

夫自道光而後,朝野上下習於虛夸之議論,而敗壞國家之事者,多矣。迄今東三省懸於虎口,歐洲各國咸惴惴焉,懼俄之大伸權力於東亞,而我國虛憍之習,深中膏肓,淪入骨髓,仍有爲龐然自大之言者,懵邊務而闇外交,莫甚於此。何氏是書,殆亦未能免此陋習與? 晉范武子曰:自非聖人,外寧必有內憂。孟子曰:出則無敵國外患者,國恒亡。今無識之士,見頌國家武功之盛,則喜而稱其得體;見稱鄰敵國勢之强,則惡而譏爲恫喝。嗚呼! 何氏之書,亦可謂得體而無一恫喝之辭矣。然三十年來,北方時局一變至此,未必非膜視外患者,有以釀其禍而階之屬,則謂此書之與有罪焉,固亦未爲深文周內之論已。

喀爾喀四汗圖說本尠爲精善,試詳言之

張葆元

外蒙古爲古北狄匈奴地,自康熙二十七年舉部內附後,遞增至八十六旗,分部四,曰車臣汗,曰土謝圖汗,曰三音諾顏,曰札薩克圖汗,畫界分屯,控弦遊牧,爲中國屛蔽。其部族强弱,疆域贏縮,關繫至重大。其境東起呼倫貝爾,西跨阿爾泰山,北與俄羅斯界犬牙相錯,南限瀚海,袤五千里,廣三千里。自古無圖其地者,惟元有朔漠圖,載鄂爾坤色楞格附近地,至陋略,不足觀。康熙四十九年,始命西教士潘如、雷孝思、杜德美、麥大成,畫蒙古滿洲等處圖,詳詢精繪而後定,鑴以銅板。有身未履其地者,則周咨博訪,而載之內府圖,於四部境得詳其北極出地度,蓋權輿於此。然外間傳者絕少,學者罕得而窺也。

　　官書如《一統志》《圖書集成》《皇輿圖說》等書，所載四部之地，皆略具名山大川，及遊牧之疆域而已。至於經緯之度，開方之法，皆未及詳。私家撰述，如陽湖李氏、南海鄒氏《一統輿圖》，皆號爲摹繪内府輿圖，然亦僅及旗之名號而已，於入俄之大川，舛誤甚多。今本之最詳者，惟鄂刻胡文忠之《一統輿圖》，然謂之精善，則未也。

　　中俄交界圖，爲俄人所測繪，而譯爲中文者，其計里畫方，較鄂刻之圖稍狹，然其體例準望最精。嘗以二圖參觀之，則互有長短焉。胡圖於沿邊卡倫鄂博，備載無遺，俄圖則不全載也。胡圖於漠以北金山以東軍台驛站之所，依次羅列，俄圖則多略也。胡圖於八十六旗遊牧一一載其所在，山川之支者其名亦較詳，俄圖則但有其總名而已，此胡圖之勝也。俄圖於界綫之屈曲迤邐萬里，案之條約而悉符，胡圖則至有差以數百里者，如恰克圖互市之所，額爾古納立碑之區，皆不盡可據也。俄圖於山水之向背，皆依實測，脉絡支幹，一覽了然，胡圖則翁金河、杭愛山、楚庫河諸處，皆方位不準。俄圖於沿途之沙漠、井泉，皆備誌之，於至庫倫烏、里雅蘇台道路，分大小數條，最便於行軍，胡圖則無也。俄圖於四汗之府第，皆圖之，猶存古者建牙王庭之遺意，胡圖則無也，此俄圖之善也。

　　至於關塞扼要之處，古人行軍之蹟，則《蒙古遊牧記》之說爲最詳，如考和林建都之故址，記推河屯田之遺跡，敘昭莫多鏖戰之事，述扎布韓扼守之形，皆徵之於圖，瞭然如指掌者。其他如齊氏之《水道提綱》，何氏之《朔方備乘》，於漠北山川僅具大略。近人姚氏有《喀爾喀圖說》，其圖則即摹之於胡圖者，其說則取《塞北紀程》《從軍雜記》《征準噶爾記》諸書，加注於圖中，雖於考古之學不爲無益，然初非身履其地而有所紀載發明，大抵出於臆度懸擬，未盡可施諸實用。塞外沙漠之區，形勢亦隨時變遷，故圖必以後出而實測者爲精善。西人無二三十年不改之圖，職是故也。

　　嗚呼！喀爾喀之臣服二百年矣，生齒日增，而貧弱日甚，欲求如超勇親王策凌者奮起其中，以爲北方之捍禦，蓋不可得矣。豈非但取其羈縻，而不欲其强盛爲中國患乎？然今日四汗之地，皆岌岌焉逼於强鄰。邊疆之事，以圖爲最要，奈何使外人聯翩遊歷，盡圖其山川險易、道路遠近以去，而我之所知者，尚爲二百年前之舊圖，一無經營漠北之志也，此又披圖而不禁感慨係之者矣。

西國聽訟用律師論
黄在中

今之罔上殘下爲吏民之大蠹者，訟師其首乎。民不敢訟也，而唆之訟，不敢必直也，而誘惑之，猝墮其計而不悟。則彼將以恐嚇把持之術爲侵漁吞噬之謀，曲者受其誣，直者破其産，是故善良之子、誣陷之家一經定讞不可悔。當時即有抱公憤而諳成律者，亦怵於幇訟唆使之嫌，而莫爲之伸其氣。然則整吏治而清訟源者，不當以嚴懲訟師爲汲汲哉。

然以考之西例，則大不然。彼國治獄之官，若刑部，若審司，若陪員，若察員，無不由法學進者，幼習而壯行不之易也。國家考授律師，大者六百人，小者一千二百人，曰國制，曰公法新論，各以其學差等之，據《適可齊記言》。給與文憑，俾得專業，不之禁也。兩造延律師代質，刑司據臺而聽之，律師環坐臺下，互相駁詰，互相辨答，無跪審刑訊之嚴，而威逼勢禁之弊絶。律師例受狀費，事主剖析有理，而律師不代伸者，衙門責律師補償事主。赤貧者免狀費。據《西例便覽》。無袒護庇縱之私，而鬻獄賄囑之弊清。西律約分二事，曰刑，曰户。刑律如殺傷鬪毆、劫掠姦竊等類，户律如田宅婚姻、票契債欠等類。一經控訴，各延律師到堂，原告主申訴，被告主剖辨，辭有不服，則憑見證，陪審以公斷之，而問官無所專，據《湘學報》。則猶疑獄衆共之意也。刑官由律士推升，律士由學校公舉，得食俸於官。爲人執訟者到堂，必先矢誓。西律妄語罪重，覺察者治以謊設誓詞、捏造證語之罪。據《湘學報》。否則，廣登日報，不齒士林，故國家之取律師也，必以資深望重爲合選。有佐審之條，無包攬之理，則猶非佞惟良之意也。

然則律師之設，其意誠深遠哉。彼惟恐民之怵於勢而不克達也，並恐民之限於貧而無以控也，於是設律師以代申辨，而又精其選，優其禄，限其費，公其權，使之無所舞其弊。竊嘗深究其故，而知其便矣。刑司務達民情，權任最重，西諺云：君主不尊，律例爲尊。刑部總司律者也，狀師分司律者也,彼既以守律爲奉法,則權勢不暇顧,是謂議貴,其便一。理之曲直,兩造不及知,商之律師,律師深明定例,倘無把握,未便干預,而冒控之爭機絶,是謂息爭,其便二。庭訊堂判,西國無專斷例,官爲裁決判結,訟者未必服也,有律師以辨論,必至勢無可回,爰書始定,是謂秉公,其便三。有主謀狀師,有辦案狀師。辦案者,不以要端授主謀,或不期集人證,遽行斷結,應得疎忽之咎。代理人差謬,貽誤狀師,亦須任咎。事主不得訟代理人,而得訟狀師,據《西例便覽》。是謂慎獄,其便四。律爲公法,法爲公理,有不便民者,律師得會同學會,公請刑部修改,美例定於國會,英例定於議院,悉以保護民權爲主,據《湘學報》。是謂恤民,其便五。

西國上下皆明律例,而大小刑獄,審問之官,人人有自主之權,並有一定之限,逾則爲枉濫,不及爲廢弛,故一經訊質之案必冀於毫無疑竇斟酌盡善而止,是以下無冤民而上亦無枉法。中律則有嚴訟師之條,凡地方官不查拿者,照失察例議處。知情不報者,照訟棍不行查拿例議處。是訟師之足以累官也。中律載訟師秘本如《法家新書》《刑台秦鏡》等類悉行銷毀,是私習律書之顯干明禁也。舉四萬萬人之中而無一二深通律學者,猝遇華洋交涉之案而中西輕重互異,辦理不得當,恒積小民之公憤而教案遂因之迭起。華犯治以嚴懲,西犯任其輕縱,是錮吾民之智識而自殘其種類也。爲今計奈何,曰律師縱不行於内地而不可不行於各口岸。擬選已通語文學生往泰西律例館肄業,學成回華兼習中律務,使條例精通,案情熟悉,由國家派作律師,專理華洋交涉事件,庶吾民之涉訟西界者,不必以重金延西師,而是非曲直之間,亦不致爲外人所欺嚇,收治權而重民命者,其加意於此矣。

疏瀹江南河道議
秦毓鈞

今之議江南疏瀹者,開徒陽運河也,開孟瀆諸港也,開江陰運河也,叩其利,則曰:資灌溉,便舟楫也。詰其故,則曰:夏秋之間,江潮漫溢,沿江諸郡邑田疇淹没,廬舍漂流,不得不汲汲也。不知大江以南四府一州,地勢自西北趨東南，常、鎮偏高，蘇、松、太積窪，運河午貫其中，北恃江潮以資瀦蓄，南恃太湖以資吐納，東則藉諸江浦以資宣洩，下游之害重於上游，宣洩之功急於瀦蓄。治之者當通觀其全局，非可寸寸而疏之，節節而濬之也。

　　蓋治四府一州之水，宜統計其水流之聚散，地勢之緩急，宜蓄者蓄，宜洩者洩。有宜施功於上流者，咽喉也；有宜施功於中泓者；胸腹也，有宜施功於下游者，腎腸也。以江南言，運河左右支渠，其咽喉。震澤，其胸腹。三江，其腎腸。喉不可塞，腹不可脹，腎腸不可不通。一有不治，則四府一州均受其害，固不得藉口諸港之開而江南水患可息，亦不得徒責濱江諸港之澱淤而不問濱湖諸港之通塞也。江南運河自浙西來，由吳江、震澤繞蘇城而西，經金匱、無錫、陽湖、武進，遞注丹陽、丹徒入於江。其水流所灌注，錫、金以下，密邇太湖，瀦洩均易，故無虞澱溢。宜、荊、壇、溧，一水分流，苞絡洮、滆，挾西南一帶山泉，爭流分瀉，北高南下，僅備分洩之資，並不藉旁湖支港為挹注，故其地利洩而不利蓄。武進以上地形高仰，運北支流道江者十數，蓄水之區僅恃京口、呂城、奔牛諸閘。徒、陽兩岸，岡陵相望，江潮往來，肆挾泥沙，雖資練湖，無裨淤淺，雨澤愆期，淺涸壅滯，間或得水，旋即奔洩，此利害之繫於上流者。自江、震以西，宜、荊以東，中積太湖，全賴去委暢駛，足以宣洩諸水。宋慶曆間，築吳江長堤橫截之，洩水諸口漸湮。然東南一隅，去委深寬。今則洩水要道，葑菱叢生，魚籪連密，小民見無禁阻，佔為己產，泥淤灘漲，巨溜成田。究其故始，因長橋之築而湖流不暢，繼因湖口壅滯日增，圍佔成田，而去委益淤，此利害之繫於中泓者。太湖去水之委，白茆最北，流最弱，黃浦最南，最浩瀚。其長、元、錫、金之水，絕運而東遞，注常、昭、太、鎮各邑，瀦為陽城、昆、尚諸湖，導為白茆、福山、鹿苑、七鴉、徐六涇諸口，所以殺湖上流之勢。其東自吳縣鮎魚、胥口及吳江、震澤諸口出者，縱為浦，橫為塘，支流所瀦，為蕩、為漾、為湖、為泖，蓄全湖之水而節宣之，游衍容與，緩其湍悍奔突之勢，然後安流弭節，引而為港、為涇、為漊、為浜，有翕受之功，有渟蓄之利，其衝易受，其患易禦，此利害之繫於下游者。

合而言之，四府一州以湖爲壑：常鎮之水，湖之上流；蘇、松、太之水，湖之下游。上流不疏，無以導其源；下游不濬，無以暢其委。綜覈水勢，上流地陡，而水之消長驟，患恒在旱。下游地平，而水之會歸宏，患恒在潦。治旱之害，利在疏通；治潦之害，利在宣洩。疏通者，去其壅滯，則流聚而不至墊隘。宣洩者，廣其渟泓，則流散而不虞橫決。析而言之，則常、鎮一帶有蓄有洩。徒、陽、武、江，外亢內窪，江潮往復，淺洪易涸，是宜蓄。壇、溧、宜、荊，西仰東傾，山泉暴發，遲洩易盈，是宜洩。其白茆、三江分流，交錯於蘇、松、太之境，梅雨伏霖，四水匯集，傳送稍遲，潰決立見。

是故湖蕩錯雜，以資其蓄，江浦縱橫，以資其洩。大抵江南之水，出於蓄者十之二，出於洩者十之八。常、鎮之蓄，以瀦止水。蘇、松、太之蓄，以節流水。治之之法，不患其蓄之不宏，而患其洩之不暢。蓄之利，僅資常、鎮以北，無與常、鎮以南。洩之利，利蘇、松、太，即利常、鎮全境。匯太湖之水，常、鎮導以入湖，即可無虞漫溢蘇、松、太。必使湖水分注港浦，暢流達海，方不致上壅下溢，以病蘇、松、太者病常、鎮。欲收其利，先去其病，審其聚散，相其緩急，蓄大江之水以濟運，洩荊溪之水以注湖，治湖濱茭蘆壅滯之地，導太湖之水散入陽城、龐山澱、泖諸湖，由吳淞、劉河、黃浦以入海。又開白茆、七鴉諸港，以洩太湖上流之水，注於江，達於海。又令各縣分督都圖導田間之水入小浦，小浦之水入大浦。間歲一小濬，民任之。十年一大濬，官任之。常、鎮北境諸渠，屢濬屢淤，水衡金錢糜費綿億，似宜仿昔人撩淺開江等卒，募土著之民爲撩淺夫，思患預防，不時疏濬，使永無澱淤壅塞之患，其宜籌者一也。

太湖水源，宣、歙派最鉅，患亦最烈。自廣通既堰西折入江，荊溪水勢已十殺其六七。然汪洋渟泓，地形最下，北有運河、洮、漏之水，西有溧陽三塔之水，西南有張渚、湖汊之水，匯爲東、西氿，貫以橫塘，分爲百瀆。霖雨稍積，山源怒沸，諸水奔注東下，不能盡與荊溪相接，分洩不及，輒致漫溢，似宜疏復故道，一律深通，其宜籌者二也。

菱湖嘴一帶，茭草叢生，水口漸狹，自大缺口、就涇、鮎魚、石湖進流絕少，大溜、旁東、洞庭而南，趨重震澤七十二港，今日下注水勢以十分計，八分歸黃浦，一分半歸吳淞，半分歸婁江。長橋進水全注黃浦，雖瓜涇一帶，首當吳淞正衝，亦半歸吳淞，半歸黃浦，似宜仿前剛中丞開蘊草浜成例，廣購西洋開河機器，刨根挖土，以復舊制，其宜籌者三也。

吳淞江自吳江瓜涇港起，至上海與黃浦合流入海，綿亘二百六十餘里，四江口以上水流雖暢，然長橋、石塘則湮塞矣，龐山、九里則坍漲矣。黃渡以東，朝潮夕汐，來急去遲，河身淤澱，高於上游。曹家渡以東，尤形高仰，水性就下，淤於此，則溢於彼，吳淞之流，艱於東注，遂盡從諸浦南下黃浦，水勢數倍松江。今縱不能挽之盡北，似惟深濬吳淞下游，使江水東注，庶幾殺其南滲之勢，為黃浦輔，不為黃浦害，其宜籌者四也。

自劉、淞下流難暢，上游溢為諸湖蕩，由急水港南下，貫泖澱而東，為橫潦涇，匯浙西諸渠，並受南北兩涯之水，北折為黃浦，趨上海，以受東西兩涯之水，水勢奔激衝囂，其宣洩視他浦為要。近者薛澱淺狹，大泖成田，長泖灌注金山、平湖間，僅等支渠圓泖於其間為至大，闊處不二百丈，深不八尺，復有墩圩橫梗中流，而吳淞水勢向南直注，浙西水勢向北逼趨，澱泖流弱不能敵，震撼迅迫之勢，旁湧橫潰，則華、婁、青、金，勢且蕩為魚鼈之鄉，其宜籌者五也。

太倉之楊林、七浦河常、昭之白茆、徐六涇，與三江相表裏，為湖流上游出海之道。而元和境內寶帶橋，為胥口湖尾匯入運河之路；溧陽境內南渡橋，為東壩下流匯入太湖之口，皆係洩水咽喉，一或湮塞，湖瀦宣洩不靈。至青浦之顧會、大盈諸浦，崑山之夏駕、新洋諸港，嘉定之黃姑、蒲華諸塘，華亭、婁縣之蒲匯、肇嘉諸浜，則為上承下注要道，俱宜一律深挑，其宜籌者六也。

自古迄今，蓋未有不統籌全局而沾沾焉疏一隅者。近之議濬諸港，不獨無裨江南，亦非常、鎮命脉。運河左右諸渠，北資以蓄，南資以洩。丹陽、武進為高，陽湖、宜、荊為下，若上流深通，下流一任湮塞而不為之所，則水性就下，夏秋之交，內既河流瀰漫宣洩大難外，更江潮漲溢，直瀉而下，雲陽、毗陵之間，橫被其害，而壇、溧、宜、荊亦有陸沉之患，是猶醫之不問咽喉通塞，而欲奏功於唇舌也，得乎？

雖然，議事非難，任事爲難，天下事或利於衆人者，不必利於一夫，或利於千萬事者，不必利於一二端。民貪小利而昧遠計，官多偏治而闇全勢，其甚者，議及疏濬，輒以帑藏空虛爲詞，一難也。近湖淤澱，沃饒豐衍，居民耕佔已久，忽議疏濬，則耕佔者不自咎其前此之失，群若奪其世守故業，偶或聳聽，功敗垂成，二難也。議事之人與任事之人，往往相需而不相遇，既遇矣，所建之議或不遽行，或行之不竟其用，使議事者徒鬱鬱於説之不伸，國計民生兩無所裨，三難也。

夫夏忠靖之治河，得葉宗行而功益彰；陶文毅之治河，得包世臣而績益懋。必議事者不避怨謗，庶任事者無苟安畏難之心；必議事者尺籌寸畫如指諸掌，庶任事者犁然於心措施曲當，得以貽其利而剔其害。蒙生長水鄉，桑梓之患，夙所究心，茲爲詳其脉絡，區其利害，以備任事者之採擇。至江寧諸屬，西間群嶺；崇靖二邑，中隔江流。其水自胥河外，與四府一州無灌注者，茲不論列，謹議。

廣以工代賑説

孔昭晉

以一人養千萬人，此常不給之勢也，故《禮運》曰：君者所養也，非養人者也。孟子亦言：治於人者食人，治人者食於人，爲天下之公義。然君雖無出資養民之理，而民苟有顛連困苦，窮而無告者，皆君之咎，斷不能坐視其死。於是有凶荒之告，即有賑撫之謀，歷代皆然，本朝尤渥，即如光緒以來賑恤之舉，歲不絕書。丁丑、戊寅間，晉、豫、陝、直之災，賑款三千萬金，此外川、楚、蘇、浙各省，每次輒數百萬，或百餘萬，從古罕聞。以今日度支之匱乏，洋債之浩繁，而獨於賑恤之款，雖多不惜，薄海人民仰荷聖恩，不啻淪肌而浹髓矣。

雖然，發帑截漕，後難爲繼，蒙所謂以一人養千萬人，常不給之勢也。伏查光緒二十四年七月，上諭准户部代遞主事王鳳文以工代賑條陳，屬因新政阻行，事遂不果，而斯事之當舉，固聖慮所極不忘者也。今日明詔屢下，如變科舉，開學堂，停捐納各端，業已次第舉行，斯事雖未議及，度聖明在上，必有以善其後者，謹擬十説以廣之，俟採擇焉。

一、審緩急。各省各工，有緩有急，未災之前，先事而預爲之備，不待言矣。至既災之後，尤宜審災之所由致，以定工之所最先，如水旱則修農政水利，瘟疫則建醫院病房，河決則搶險工，兵燹則辦團練，全在董其事者相機興辦，而皆以實事求是爲要，庶款不虛縻，功歸實濟。

二、辨輕重。災有輕重，即賑有多寡，而工亦隨之爲大小。凡勘災之始，宜預計災區災民之數，應發若干賑，即定爲若干工，不致賑務可了而工尚未了，事或中輟。

三、察勤惰。賑務既繁，工次人多，人之巧拙，各視其心思才力，不能強也，勤惰則可以自主。宜設員稽察，日記於册，視作工勤惰以定薪工之上下，庶昭激勸之方，亦合省試之意。

四、別老壯。同一賑也，而工不能同，以有老壯之分也。老者血氣已衰，任事宜輕；壯者膂力方剛，任事宜重。全在當面察看，分派職事，不得任令自報，致多蒙混。至極老者，不必任之以事，當另籌安插。

五、恤婦孺。婦孺類於老者，亦不能任重事，然各有能爲之事。考俄、美各國，皆有女塾，布國女館兼及組織女紅之事，見《俄游彙編》《地球新録》《列國歲計政要》。英國有童子工廠，見《泰西新史攬要》。可見泰西各國之於婦孺，斷非任其袖手坐食也。今宜別立婦孺院，集被災之婦孺，各就其所能而使之，爲不能者使能者教之，辛工多寡，亦視所爲之物遲速美惡爲定。

六、養疾病。疾病有二種，若廢疾之類，中國古時所謂戚施、直鏄、籧篨、蒙瞍、侏儒、扶盧、矇瞍、修聲、聾瞶、司火，皆爲官師之所材。泰西又各設學堂以教之，亦有可爲之事，不致坐食。惟寒暑燥濕之疾，爲災民所易生，不得不使之調攝。宜分派醫員，多帶藥餌，隨時診治散給，能創立醫院，尤善之善者也。俟其痊癒，乃可工作。

七、設收養所。被災較重者，或廬居蕩然，城市爲墟，但令工作而不爲謀棲止之所，露宿風餐，易生疾疫。宜於工作之所在，量設收養所若干處，晝則赴工，夜則歸所，分編號碼，登記册籍，以便稽查而免虛冒。

八、定贖罪法。饑寒交迫，難保不流而爲匪，雖犯科條，情殊可憫。宜除斬絞重罪外，有犯事者，仿泰西之例，案照所犯輕重，分別罰作苦工一二年不等，以贖其罪，不給辛工。此係被災之區通融辦法，他處不援爲例。

九、破除官氣。賑乃小民性命所關，以工代賑，尤小民辛苦所得，多一分賑，即多一分工，亦即多活一分災民。撙節愛養之不暇，而忍言侵冒乎？故董其事者，不必蝕賑，但使車馬飲食及一切供應，稍涉夸張，已非古者賑廩同食之意。宜無論官紳，必擇樸實耐勞廉明公正者主之。差苦則薪水不妨稍豐，事重則涓滴不容染指，以下辦事人員不用書吏，專任士人，另派廉幹紳士隨時稽察，以清積弊，而昭覈實。

十、預籌經費。從前放賑，給食而已。然災區稍廣，已憂不敷，以工代賑，則不但給食，兼需少酬工資。經費愈大，内庫指撥，富民捐輸，皆非經久之道。宜於未災之先，興辦墾荒，法詳《江楚督臣會奏變法》第三摺，不復贅述。寬至若干年，然後升科收租。所收之租，撥入備賑局，儲爲異日備賑之用，如義倉之例。此事各州縣皆可仿辦，多多益善，庶免臨渴掘井之誚。

以上各節，舉其大略耳，其要領全在得人，而至不可行者，莫如彩票一端，使士、農、工、商各廢其當爲之事，皆徼倖於一得，人心更不可問，此所謂利一害百也。且彼所謂助賑者，仍取之買票之人，而每次坐收若干進款，不啻探囊而得，是借助賑之名，而隱行其攫利之術也，竊以爲宜禁也。

廣以工代賑説

裴熙琳

以工代賑之議，爲豫時備荒之正策，臨時救荒之急策，二者實瞻足民食，綏靖地方之大計。自開海禁以來，利源日見其闢，而一有水旱偏災地方，猶未盡備荒救荒之策者，無他，勸工之道不備故也。

某謂勸工之道，於預時得其正策，則臨時之急策自在其中。一爲口岸之工，一爲内地之工。關於製造建築、載運郵便之事項，則口岸爲夥。關於種植開墾、畜牧紡織之事項，則内地尤盛。實則二者互相聯絡，以消息於農商之間。而農之中、商之中，莫不有二，往來於口岸、内地之間之工，尤爲百工之樞紐，如輪船公司也，鐵道軌綫也，電路也，郵政也，港灣之輪渡也，馬路之人力車也。凡一旦夕間，計二十二行省中，所需搬運及送信之腳夫，應若干人，自不待言。有一極大利源之處，自有眾工人輻輳以就食。當輪船鐵道未行時，未嘗不憂帆船、渡船及馬車、人力車之行將坐困。至輪船鐵道既行，而舟車之工愈見繁盛，此其明效大驗也。以此推之，興一機器，非惟無礙於工人，並較舊時工人增多，可直決之也。故言乎口岸必多設商品製造廠、機器製造場。凡關乎日用飲食消耗之品，如車糖製造、肥皂製造、蠟燭製造之各公司，以及機器造紙廠、火油池、葡萄製酒廠、牛奶棚、機器礱米磨麪公司，必藉需價極鉅之機器而製造者。內地物力不厚，不能齊備多種機器，不如輦致土貨，集於口岸，案照馬關新約新章，就近報海關稅務司察核辦理，以冀抵制改造土貨一節。

　　然此特就銷運本國言之，若銷運歐美諸國之品，則機器焙茶廠、機器繅絲廠，據二十三年造册處册報論列，此等廠場不宜設於口岸工價貴昂之地，而上海爲尤甚。愚謂宜於內地出産較旺之區，設立多廠，口岸則居其少數，而節省工價。餘如一草一木，一粟一絲，關於人生日用所需，而無藉乎大號機器者，則於內地設勸工廠，令其多製如天津草帽纓之屬，中國急宜自製，不當以組織之利予之外人，而織布、鐵政之急宜推廣者，無待論矣。總之，勸工之道，全與農商相維繫，而所以運轉利便於其間，惟有鐵道及馬路爲之要領。陸地數千里數百里之延長，必有鐵路，而城鎮市邑口岸數十里之間，必有馬路，以連接鐵路。有馬路，則窮民得以人力車自食其力，而道塗無有餓莩。有鐵路，則工而成之，商而通之者，不患有屯積壅滯之虞，而食息於一車站間之工人，又不知其相需若干。

　　今則口岸失其海權，路礦失其利權，合同一訂，牢於金鑄，而內地之交通，猶可及早維持，不至蹈日商小輪行駛內河之覆轍。速裁汰無益之費，及招華商入股，以從事於鐵道。而鐵道所經之城鎮市邑，必開築馬路，挖濬河港以濟之。則下愚蚩氓，不至以徒手坐食，且得以所得工價，給其自贍之餘，存貯公司，設一旦水旱偏災，猶可給其所貯，令運往他處覓食。而自被災之區來者，可由鐵道以運往作工之處，使之暫息而無流離顛沛之憂。故愚謂於預時得其正策，而急策自在其中者，此也。非然者，一方被災,官民並受其禍,社倉、常平倉既不足恃,官又無餘貲以招臨時之工,必待倉皇乞糴,發散急賑,而小民之漂流凍餒,已伏屍赤地矣。其黠者相率以召亂,作鋌而走險之計,雖欲盡法懲治,能無惻然於其釀亂之原乎?

故愚謂惟鐵路足以兩便於移粟移民,而平時之激勸百工,實足爲備荒要策,斷非臨時之安插姑息,足以全活生命也。斯言也,非一人之私言也,志士仁人已先我言之,亦不僅中華士夫言之也,西士李提摩太君早爲中國籌及之。

擬輯《約章成案》例言
黄守恒

兩國相與,乃有條約,互市既盛,乃有章程,有約有章,而交涉之道始具綱領。第遇事不一,應付亦異,有宜依據而行者,有宜參酌而行者,有約章未及而待商以行者,有約章微異而權量以行者,若此之類,增改删修,檔册煩委,苟講交涉,必以是爲比附考鏡之資,而約章之外,乃更有成案,此誠今日環球立國得失之林也。我朝自康熙二十八年,與俄在尼布楚城議定黑龍江和約六條,是爲與外國立約之始。道光二十二年,與英人定五口通商之約。自是各國麕至,紛紛訂約,馴至于今,凡有約之國十有八。連朝鮮計。

當其初也,當事者懵于外務,往往以國家自主權利載之約章,一經畫押,遂成鐵案,待漸知之而思改,而國勢日以弱,國威日以損,纖芥事起,外人玩而欺之,强而脅之,終至已訂之約無可復改。十年修換,利少害多,而曲學瞽儒,猶復茫然世務,一若不知中國之外有所謂歐美諸洲焉者,内政之外有所謂交涉一事焉者。

嗚呼! 由斯弊也,約章成案之書,其可已於輯哉。光緒初年,直隸省垣曾有通商條約類編之刻,至十二年,而李瀚章輯《各國約章類纂》三十卷,坊間易名《通商約章成案彙編》。刻於天津。後五年,桐鄉勞乃宣又輯《各國約章纂要》六卷,三書先後行世,頗已麤具規模。顧類編之作雖導先河,而總署奏頒之章程,各省通行之成案,均未入録,條約章程亦未能一一詳具,簡略之病,李書固已言之。勞書則但主内地交涉而言,故詳於游歷、傳教、内地商務三端,其交際儀文、優待保護、法禁獄訟等類,僅採要者總爲雜條。勞氏之意,專備州縣循覽,固未嘗注意交涉而思輯成全書也。惟李書之成,甄採最詳,以視二書,疏密迥絕。今欲裒集群約,勒爲一編,岷源濫觴,未容姑舍,第體例亦有未精善者,不必循其成式也。今舉數則,條之下方:

一、以國分次,勿割裂也。李書就事立名,區爲吏、户、禮、兵、刑、工六綱,又就六綱中分爲十五子目,凡約章若干款,皆分隸各目間,删節其繁複者,取便檢核,有似類書。其於各約變遷增損之處,未能原委分明,殊爲憾事。今酌易其例,依國排次,凡與何國所訂約章,即次第錄入其國卷中,備載全文,不加删節,庶幾條理一貫,朗若列眉,考求得失者,識所從事焉。

一、以案分隸,便印證也。李書於每目中,錄條約竟,始附列成案。勞書則分爲兩層:約章列於下,成案附於上,是李書之例檢證較難,不若勞書之省便也。今依勞例,凡通行成案,關何約何款者,即雙行附注於其款之下,間有無可附麗者,别附每國之末方。

一、以事首敍,詳本末也。約章之立,俱有原因,若因戰事而議和,因教案而要索之類是也。不詳其原因,則於約中之語亦多眛目矣。諸書皆未見,此亦是一失。今於每約之前,必敍述立約原因一段,庶使讀者於事之起訖,一目了然。

一、以圖明界,正疆域也。李書於户類繪寶星各圖,於工類繪國旗各圖,豁人心目,深得竅要。而於界約之遷變,反無附圖,此大失也。夫分界爲國家最要之事,古今中外,往往以尺寸之地,斷辯不下,久而後定,注重之意,具可審知,而考求交涉者,顧忽視之,何怪牌址内移,贋圖暗易,而不自知與?今擬所輯約章,凡關係界務者,均繪圖附之,其於里數、山川險要,詳列準測,期於可信,講求界務者庶有取焉。

一、以表附列,重比較也。類編、類纂,本皆無表。勞書首列各國立約年表,亦祇表立約、修約之時耳,於比較之法未有及者。顧諸書皆以類分隸,已便考核,故不必復爲之表。今是輯以國爲經,必宜以事爲緯,擬略依李書子目，別爲一表，詳著各國約章異同、增改、沿革之處，以爲講求交涉者比較之助。其立約年表，仍勞例別著之。

中俄界約考
金楞基

跨兩洲之地，負北冰海而立國，勝則遠驅長駕，不勝則蓄銳觀變，勢據全球之上游，而患與中國相切附，吾觀今日天下至强之國，其俄羅斯乎！俄與中國交涉，始蒙古朝，當攸利第三王時，渺小曾不足比欽察。其寖寖强盛，則在有明之季，逐蒙古官而自王。自時厥後，越烏拉嶺，憑中亞西亞，吞噬西北回部，南駕波斯，東服錫伯，跨外興安嶺，以與中國争雅克薩、尼布楚之地，刲割烏蘇里江、興凱湖東三千里險要，東據黑省吉林三海口，而西乘回變，以盜伊犂，鑿險阻，開深幽，窮崴竭月，經營錫伯里亞之鐵路，假道於琿春，行船松花之江，計自康熙二十八年尼布楚之約，以至於光緒十二年重勘琿春東界，先後凡十三易界。一、尼布楚。二、恰克圖。三、愛琿。四、北京。五、黑龍江。六、塔城。七、科布多。八、烏裡雅蘇台、塔城。九、森比德堡。十、伊犂。十一、科布多喀巴河、阿拉克別克河。十二、喀什噶爾。十三、琿春。而怕米爾尚不在其内。其立約大致，楞基去歲作《界綫》圖説，言之詳且備，兹則舉其關係之得失而縱論之。

蓋吾中國與俄交涉而後，其關係得失之大有三，而咸豐十年《北京條約》實爲之關鍵。康熙二十八年之約，既以黑龍江南眉勒爾客、額爾古訥中間之地歸於俄，而黑龍江北則仍由格爾必齊上源之石大興安以至於海爲界，是俄雖得我尼布楚之地，既不能越格爾必齊而東，即不能越外興安嶺而南，而雍正五年恰克圖之約，亦仍不能有所出入。故乾隆中葉，三停互市，俄人俯首貼耳而無敢抗。彼誠恐一撐拒，而將並眉勒爾客、額爾古訥中間之地而不能居，雖兵力之足以懾其魄，實地勢之有以局其迹也。俄之必欲得石大興安之南之地也久矣，咸豐八年，乘中國髮、捻之亂，摩力摇付舉兵一犯境，而遂割黑龍江北由額爾古訥以至於松花江口之地屬之俄，俄於是得遂其所欲。知中國之易與，而要挾之端起，此界約之失關係者一也。

俄雖得黑龍江北之地，而烏蘇里河以東至於海，遵海而南，折至於圖們江口，固完善中國地，而立約之時，一則曰如同接連兩國，再則曰交界之間，三則曰兩國共管，至於松花、烏蘇里江行船之約，初非其應有之義，亦不煩要索而自定，俄於是知中國之易欺。是年，《天津條約》復有兩國未經明定邊界清理補入此次和約之說，俄之復欲得烏蘇里河以南，興凱湖、松阿察河東，以至於琿春、圖們之地，抑又久矣。中國不悟其譎詐之計，而不與辨。十年，北京定款，遂顯然持此以爲割據，由是而白稜土爾必拉之繆轕起，十一年，勘分東界約記，在黑龍江立約。東海濱省之繁會成，東省無出海之口，黃海之權失矣，此界約之失之關係者二也。

俄既知中國之易欺而易與矣，當雍正五年，立貿易疆界，東起額爾古訥，西至於沙畢納依嶺，兩國持此以爲界限。自愛琿一定約，乃移其狡展於東之心，轉而逞於西，既於北京約內，請自沙畢納依界牌末處，西至於浩罕邊境，盡廢中國移駐添撤之卡倫，而一以常駐之卡倫爲界。中國亦既知其佔踞之志，而不能與之磋磨。同治三年，遂於塔城議定勘分約記，分伊犁、塔城、科布多、烏里雅蘇台爲四起。八年定科布多，九年定烏里雅蘇臺、塔爾巴哈台，而一則割雅爾之舊城，一則蹙阿爾泰山之分幹，其伊犁則以逆回據亂，未能勘定，而覬覦爭奪之漸又由此起矣。逆回阿古柏之據伊犁也，哈密、迪化諸城皆爲所陷，東則嘉峪關內外聲息中斷，西則寖寖入俄斜米帕拉停斯克、費爾幹諸省，俄人於是稱兵，逐阿古柏，據伊犁而有之。洎回亂平，而伊犁不能返。侍郎崇厚膺命使俄國，議伊犁疆界事。俄國之有簡駐，自此始也。崇不勝任，凡所要挾，皆擅允許，乃逮崇，而湘鄉襲侯曾公自英法兼任俄國欽使，脣焦而筆禿，據公法而伸公義，挽已鑄之錯，而強以就吾範，卒能添索伊犁南境，及塔喀等處數百里險要，苟後來勘界者得其人，雖未能增拓，而所險則亦未嘗不可守。俄之不欲與中國守明界曾約之舊也，抑又審矣。光緒八年，伊犁一分界，遂得寸，而割格登山達圖喇河之地。九年，科布多喀巴、阿拉克別克河、塔城數分界，復進尺，而割齊桑淖爾、瑪呢圖噶圖勒幹諸卡倫，及阿勒坦特布什巴爾、魯克山之地，俄於是又知中國之非真能重界務，而喀什噶爾之侵佔，又不得言矣，此界約之失之關係者三也。

　　喀什噶爾之與費爾幹接界也，其初只與浩罕、布魯特比，自俄脅諸部，乃與中國議勘界。七年，森比德堡定議，照兩國現管之界勘定。八年，議喀境東北自納林廓勒河上游之木素爾嶺，西南至於別牒里山豁爲界。十年，議喀境西北其與七河省接，自別牒裡山豁引至於蘇約克爲界，與費爾幹省接，自蘇約克山豁引至於烏仔別里爲界。於是察提庫裡之膏沃不能收，瑪里他巴之形勝，雖有成約，而猶且引而出此，皆非曾約之所任咎。

　　蓋歷來中國辦事，每不能洞矚機牙之伏蘖，早爲摧落，俄復百出其詭詐以相試，故圖們失而復有重勘琿春東界之役，十二年，在琿春立約。喀境定而復有帕米爾爭界之事，而要追溯其得失之關鍵，則未嘗不歎咸豐十年之款，不知愛琿之約爲東隅失，因杜厥請而爲桑榆收，反引其緒以至於此也。夫光緒七年之役，郭侍郎嘗建議棄伊犁全境，而索還黑龍江北、烏蘇里東至海之地，以爲抵制雅尼之戰。日人又恨中國不能長驅席捲，蹙之於烏拉嶺之外，立碑於其巔。吾謂天下事，言之易而行之難，今舉目前易了之事，猶不免於失策，而旅順、大連諸要約，他國所萬難應允，彼一啓口，則無不滿其量以去，以是知交涉之難易，視國勢之強弱爲遷變者也。先正有言曰：英法不足慮，爲中國之大患者俄羅斯。

　　嗚呼！至今日而絜權量力，其言猶可信也。後之談界務者，考其得失之關鍵，亦知所慎哉。

卷十二

問五口通商以來局凡幾變

朱錦綬

嗚呼！今天下通商之局，殆亘古以來所未有之變局乎？通商之利彼得之，通商之害我受之，甚且通商其名，割地其實，致吾之民日以窮，吾之財日以盡，吾之國勢日以蹙。間嘗讀《易》至"履霜堅冰至"，讀《詩》至"如彼雨雪，先集維霰"，不禁於道光壬寅耆英、伊里布、牛鑑五口通商之約太息之，痛恨之，涕泣而道之不置也！夫時勢所趨，必無不變，閉關自守，今無此局。吾初不怪五口之通商也，吾獨怪夫耆英諸臣事事爲彼計，絕不一爲我計，事事爲彼通商於我計，絕不一爲我與彼通商計。此約成，流布彼中，動輒援例，變本加厲，今日之局，無非此一約爲之階也。如此大錯，窮六州之鐵不能鑄，如此作俑，極無後之說不足報。

大抵通商之局，道光以前亦有幾變，而我之勢恒處於盛；道光以後，凡三大變，而我之勢日見其衰。蓋兵事變而商局隨之變者也，方今大勢，有約之國凡十數，而其足以操我、縱我、撼我、吭拊我背、制我之死命者，莫如俄，其次莫如英、如法、如日。五口通商，英人之力，他國皆不與焉，故通商之勢獨盛；一變而英法聯盟，稱兵津沽。俄乘其時，蠶食黑龍江，鯨吞新疆。英法立約，俄亦與焉，而俄人通商之勢於是盛，此變之在咸豐庚申者也。再變而法攘安南，寇我馬江，肆擾各口，舉國惶駭，諒山之捷纔聞，天津之議已定，撤南藩，隳軍實，而法人通商之勢於是盛，此變之在光緒乙酉者也。三變而日圖朝鮮，敗我平壤，海軍糜爛，遼東失半，馬關一約，割臺灣一行省，賠款二萬萬，通商內地，日人主之，而日人通商之勢於是盛，此變之在光緒乙未者也。投肉止狼，始不過一狼也，群狼涎肉，不呼自至，於是沿海各口，太半他屬，自此以後，其變將不可究極。西人之取人國也，大率先之以商，繼之以兵，故始得其利權者，必終得其政權。其於吾中國也，則又先之以兵，繼之以商。吾始失其政權者，乃復失其利權。中外通商之局，殆與兵事相終始者也。日鄰東，俄鄰北，英法屬地鄰西南，非越國以鄙遠也，故此四國之勢盛，則通商之局大變。雖然，奪人之肉，肉盡則人，虎狼之習也；見弱則侮，見強則止，犬羊之性也。

同治中興，削平粵逆，諸名將相分鎮各省。光緒初年以前，俄則還伊犁矣。天津教案，殺其領事，僅戍一府縣官，而法無言矣。生番之役，日人旋遵約撤兵矣。英於其時，且允加征洋藥矣。此可乘之會也，再假數年，豈難舉五口通商來各國之約一變之，去其害，存其利，如日人之與各國重修條約，得以自強如今哉。然則國勢之盛衰，繫乎商務之利害，商務之利害，視乎兵力之強弱，未有兵事變，而商局不隨之變者也。不此之思，而鰓鰓於各國之添訂和約口岸增開之數，洋關收稅之贏絀，絲茶鴉片之能抵不能抵，商輪各局之收回利權，謂通商之局之變大略在是，則豈識通商之大局者哉。

東三省疆界變遷考

張葆元

今天下士案圖而議北方之邊務者，競曰我東三省某地可以屯重兵，某口可以塞敵衝，中國之藩衛固無恙也。而抑知東三省之疆域形勝，俄人陽攫陰盜，變遷以至於今日者，尚何疆界之可言哉？夫中國昔日北方之屏蔽，在內外蒙古及新疆一帶。今日北方之屏蔽，專在奉天、吉林、黑龍江三省，何者？

昔之爲漠北患者，往往連西域以爲右臂，當時爲內地深遠計，則惟攘之而有其地，中國可數百年無事。今日則不然，俄之伸其雄圖於亞洲也，越烏拉嶺而有西伯利亞，闢荊榛而經營朔漠，豈貪此數萬里廣漠荒涼之土哉？其志在於亞洲得冬不冰凍之口岸，屯戰艦以增海面之權力，而肆其長駕遠馭之謀。故其與中國接壤之地，東西二萬里，在在可以進取，即其牧馬南下，於科布多塔爾巴哈台、喀什噶爾諸處，道近而勢便，皆舍不圖，而必以全力注於東方者，蓋由西北入地多沙漠，得其地仍在堂闥之內，不足以取建瓴之勢，而俯視環球各國。此俄之於東三省所由日逼一日，而二百年來之疆界，所以屢變屢遷而未已也。

考康熙二十八年，中俄始有訂約書界之事，於時羅刹之蹤，侵及滿精奇里二江之間，將蹂躪深入，中國逐以兵威，而定西以額爾古納河爲界，東以黑龍江、北大興安嶺至海爲界，兩國之界綫，約在北緯五十六度。然中國不勤遠略，約中雖云嶺南一帶流入黑龍江之溪河，盡屬我界，實則赫真費雅喀奇爾諸部族，僅羈縻而已，而未能立界碑於大興安嶺外，故是役也，深啓俄人覬覦東三省之機而變遷之關於大勢者一。然當此之時，俄人雖得潛遣探測黑龍江北境及東海濱之地，涎黑龍江海口及烏蘇里灣之利，而未敢猝然發也。咸豐八年，乘英、法之與我有釁，脅我以璦琿之約，自額爾古納河至松花江海口左岸盡爲俄屬地，右岸順江流至烏蘇里河爲中國地，由烏蘇里河至海所有之地作爲兩國共管之地，於是黑龍江之疆土凡割棄者，東西闊處至十三度，南北長至二十三度，東三省之海口拱手以入俄囊橐矣。故是役也，實生俄人窺伺東三省之志而變遷之關於大勢者二，然烏蘇里河以東地猶未敢公然攘爲己有也。及咸豐十年，北京之約，乃自烏蘇里河口，南踰興凱湖，至琿春河，以抵圖們江口，作爲兩國交界之地，而吉林省之棄地，亦南北六百里，東西二千里，俄乃得大治海參威，以爲增戰艦、通鐵路之基本。於是東三省肘腋之禍顯然共見，中國始岌岌設防，而各國亦環顧而生懼矣，故是役也，實遂俄人並吞東三省之計而變遷之關於大勢者三。

嗚呼！咸同以前，士大夫於外交之道懵焉不講，輿圖險要之莫辨，界約利害之不明，其見紿於俄，而日蹙國百里也，豈不宜哉？然而此三大變遷者，特人所共睹者耳，其禍猶未爲亟也。若夫一誤再誤，揖盜以入室，反蹈其刃而不之悟，引虎狼以爲奧援，反遭其噬而莫之省，無疆界變遷之名，而有疆界變遷之實,是又言東三省之疆界者,所不可不知也。遼東一役,俄市其德於中國,而邀鐵路經過東三省之利,密約既訂,於是西伯利亞鐵路可由赤塔徑趨東南,入黑龍江境,過呼倫貝爾、齊齊哈爾,渡松花江,由阿勒楚喀拉林、寧古塔以抵海參威,而吉、黑兩省之勢,遂成中斷,此疆界無形之變遷者一也。俄既踞旅順大連灣,而鐵路之由松花江南,哈拉賓分支者得出吉林、奉天,以直抵旅大,而奉省亦歸其囊括之中,此疆界無形之變遷者二也。雖然俄猶忌英,而未敢遽逞其封豕長蛇之計也,及英俄協商訂約,而俄人在中國北方之權利,英不顧問,於是東三省之地盡在俄人掌握之內,中國不過擁其虛名,此疆界無形之變遷者三也。

蓋中國之有東三省,猶人有千頃之大廈,前此疆界之變遷,無異鄰人豔其大廈四旁之地,朝攘而夕取焉。至於無形之變遷,則是入其室,而握其管鑰,據其財物矣。故西人之侵略人國,率以布設鐵路爲秘計。凡鐵路所過,無不變荒墟爲都會,流通四貫,如人身之有筋脉。然夫至一身之筋脉爲人所持,而不能制其死命者,未之有也。今東三省都會之要區,不過數處,若呼倫貝爾、齊齊哈爾、阿勒楚喀、寧古塔、吉林、伊通、長春、盛京諸要地,皆爲俄路所必經者,安有以彼族往來之通衢,並駐之以重兵,而猶能爲我有者乎?

若墨爾根、愛琿、呼蘭、三姓、雙城廳數重鎮,皆懸隔於俄路之東,而有事必不能相救者,安有聲勢隔斷之區,緩急不能援應,而猶能爲我有者乎?是則東三省之廣輪數萬里,俄人已拊其背而扼其吭,自此以往,彼必不斷斷與我爭疆界,如昔日之攘奪各地也。第俟鐵路一成,即以保護鐵路之兵,爲鎮守屬地之舉,漸奪吾權,而予中國之官吏以坐擁虛名,則彼固已不動聲色,而舉吾東三省之地,入其版圖矣。然則疆界無形之變遷,豈非較有形之變遷,其禍爲大且遠哉?吾意當此之時,中國士大夫之務虛名而昧實禍者,必猶案圖以爭之,曰:我東三省之疆界,自咸豐十年以來,未之有改也。嗚呼!可悲也已。

論普法之戰

秦瑞玠

興廢無常勢，強弱無定形。百戰百勝而好動者，必疲；一旅一成而能忍者，有濟。因禍爲福，轉弱爲强。苟發憤，其所爲天下雄，安在無土不王。以卧薪嘗膽之意，爲報讎雪耻之謀。上下一心，智愚畢力。有仍遺種，遂滅過戈；甲楯五千，終沼吳國。事雖不同，其志一也。普魯士以歐洲中原一小邦，西曆千八百七十年前爲奧、法所制，不齒於列國。拿破崙第一在位，苟虐尤甚，割其城邑，夷其王墓，限其兵額，束縛馳驟，幾不能伸自主之權，雖腐心切齒，亦莫敢誰何。而綏丹一戰，破法軍，虜其主，入其都，得償款八萬萬兩，不數十年，驟成強國，駸駸日盛，並駕英、俄。當其直入巴黎，取盟城下，回視向之柏靈殘破，受法重困者，成敗異勢，功業相反，懲好戰之淫威，洗累敗之夙耻，物極必反，天道固好還哉。然苟非威廉之英邁，畢思馬克之剛毅果斷，並力一心，革憲更制，積思審慮，發憤自強，亦何能威振全歐，雷厲鷹隼如此其猛且捷也？

得賚賜乃製鎖銅工耳，愍父兄之暴骨，識成敗之有由，義憤填膺，幡然易慮，新槍既就，利器攸資，一鼓而破奧京，再戰而勝强法，鋒之所向，無堅不摧，天下匈匈，莫敢與抗。然則振積弱，洗前耻，非獨普之君臣智勇過人也，匹夫之賤亦與有力焉。人服其兵制之精，吾尤服其衆志之堅矣。夫全國丁男，皆令入伍，有事出戰，無事歸農，固已握軍政之要圖，操克敵之勝算，而將士知書，武夫向學，實足鼓敵愾之氣，而奮制梃之威。亞倫脱作《寶刀歌》，慷慨激昂，國人爲之起舞，儼然修矛作戟，快意同仇，國雖破而氣不撓，人智其智，人勇其勇，雖欲無强，不可得也。

魯意拿破崙席先世之餘威，劫法民之權勢，勝俄救意，入敘利亞、墨西哥，威建列邦，不可謂非雄主。而綏丹之役，軍實未簡，兵額未充，過信群言，輕易尋釁，豈狃於前事而以普爲可制哉？謀之不臧，遂令没齒，交綏一敗塗地，重蹈滑鐵盧之覆轍。歐洲戰事起於法，而其禍亦獨鍾於法，不戢自焚，殷鑒不遠，若其屢蹶屢興，轉移甚速，雖以滑鐵盧、綏丹之窘辱，不數年而頓復舊觀，斯有足多者。中國地方二萬里，不爲少也，人民四百兆，不爲寡也，一旦受小挫衄，而至今無以善其後，亦獨何哉？

論美西戰事

孫春雷

嗚呼！今日之中國，何乃爲衆射之鵠哉？列國互相雄長，互相箝制，彼欲伸其權於東，吾必爭其力於西，鷹瞵鶚視，蠶食鷄睋，以顯其兵力之可用，使環列隱伺者不敢意存輕量。一旦東方有事，便可角逐馳驅，不致落他人之後。故日本彈丸也，高麗一戰，儼然並時於萬國。法蘭西覆亡之餘也，越南一戰，仍得保其昔日之威名，險計陰謀，浸淫東向。今觀美日之戰，要索呂宋，益歎彼族舉事如出一轍，而其用心爲不可測也。

美自華盛頓立國之後，即以寧人息事爲心，例不准與他國構怨興兵，擴其版宇，故百數十年内，除南北交戰，從未一開兵釁，乃去年以古巴齟齬，即與西班牙決裂用兵。夫古巴僻處美洲，地祇一隅，十年以來，商務蒸蒸日上。美人蓄意於斯，固非無見，但兵事一起，商務必將減色，美於古巴猶囊中物耳，苟如英人之視中國，多保一日太平之局，即多保一日利源之厚，顧乃勞師縻餉，爭此區區，至冒萬國之不韙，調軍艦鎖海港，毅然行之而不疑，至於議款言和，則古巴許其自主。夫卧闥之旁，儘容他人酣睡，反著意於南洋群島地瘠民貧之呂宋，舍其近而遠是求，説者以爲謀之不臧矣。不知秦楚爭，則齊乘其隙，略東夷；齊楚爭，則秦乘其隙，略西戎。其意豈在尺寸之地之大小强弱哉？蓋别有深謀遠慮之存，思伸其權於他國也。

今俄、法、英、德，去亞洲較近於美，猶欲得一駐兵屯煤之地，以備不虞。獨美偏處西球，素不干預鄰政，反致向隅。然瓜分之議，列國洶洶，美無志東方則已，美而有志東方，小呂宋爲必爭之地矣。今地球有大金甌焉，慢藏誨盜，委之太平洋之濱，擲之崐崙山之下，一有力者負而趨，衆有力者奔而隨，弱一個焉，則瞠乎後矣。故美人於此亦有萬不得已之苦衷，爲古巴，實爲呂宋也，爲呂宋，實爲亞洲東方之時局也。不然事起則因古巴而越大西洋，以寇西班牙；事平則舍古巴而渡太平洋，以謀小呂宋。三尺童愚，不致顛倒若是，豈美人而肯爲此哉？蓋將顯其兵力之可用，杜各國輕量之心，東方有事，則足立實地，不致落他人之後，未可知也。

近日，德國《希露報》載英、俄密議支那，謂此事，不使美、日預問，二國必不甘。若使預問，向未與議各事，恐啓開門揖盜之漸。則其惴惴顧慮，不敢貿焉輕視者，安知不因高麗、西班牙二戰，有以樹之威而爲之地哉。善弈者，空處落子，一著爭先，遂震全局，蓋非尋常意計所可料矣。獨是古之用兵，以曲直而分成敗；今之用兵，以成敗而定曲直。大凌小，强並弱，如素戒用兵之美國，猶不能默爾而息，必欲藉端構釁，爲亞東後日地步。則豺狼其性，蛇蝎其謀者，一怒而裂山嶽，沸波濤，輕性命於蟲沙，填骨血於黃海，其禍豈在遠哉？

美西一戰，吾不暇爲西班牙之失地危，而甚危夫美得呂宋，則於亞東有一立足之地，可以肆其要求，中國將與阿美利加人又多一交涉之事矣。嗚呼！天下大勢，不極其變，則不復强寇耽耽，挺立環伺，而謂東方之人，獨無能爲華盛頓之奮起特立者哉？匪所敢知已。

論英脱構釁事
孫春雷

嗟乎！五洲盛衰强弱之故，雖曰人事，豈非天命哉？昔中東戰平，兩國言好，亞洲時局，危不能旦夕。殊方異域之士，焦其唇，禿其筆，放言高論，謀有事於東方，如厝火積薪，其勢熊熊，微風不飂，亦幸未燎原耳。豈知英、脱一構釁，而歐西之禍更速於東亞乎？英吉利執牛耳於地球垂二百年，兵强力盛，橫絕四海，其間有埃及之亂，有拿破崙之寇，有華盛頓之割地自立，雖兵禍疊興，而元氣旋復舉，無足抗其方張之威，殺其恣睢之勢。而且俄强國也，惟英得阻其黑海之口；法中興之盛也，惟英得削其非洲之權力之制。人日益大，身之中疾亦日益危，特相安無事，斯無如之何耳。

今乃天不厭禍，因入籍之事，肇兵戈之釁，英、脱本世仇，光緒二十二年，墾地公司怨脱人偏祖和蘭，糾約成脱，英將哲美森與之戰，不料一敗塗地，哲美森率其殘衆以降，釁端實肇於此。入籍之事，已宿火之燃矣。見《中東戰紀》電書節要篇。用軍五閱月，猶兵連禍結，而不可解。夫脫，非洲一小國也，水陸軍隊始無定制，臨陣倉卒，僅步兵三四萬，海艦十數艘，其大小衆寡之分，猶非滕、薛之於齊、楚，宋、衞之於晉、秦也。即英視之，亦如太陽沃雪，暴風捲雲事，不旋晷可以立盡。顧乃一戰於格棱哥，而大將亡，再戰於雷疊斯，而戍兵走。其後雖徵調四集，聲勢略雄，彈雨槍林，死亡往往相半，蠚蠆有毒，愈小則愈甚；螳臂之當，再接而再厲，豈一國之力能然哉？必有思收漁人之利者扶助於暗中，甚其毒而長其焰，而後可以至是也。故自起釁以迄於今，鄰洲各國，雞睨鸇視，不出一言以爲之調停，若是者何哉？皆有所待而有所謀焉。

　　譬之豪富之家，挾勢力以欺壓平民，鄉里愚賤，相與吞聲，飲淚含忍於無言，苟其一間可乘，則强有力者負之而趨，橐之而走矣。今英人財富甲於天下：三島，府庫也；屬地，分産也。俄、法、意、德，皆强有力者也，入籍之釁，正予人以隙也。夫衆犬齧骨，不留其餘；群虎相殘，必有一雄。爭城爭地，斷不能無所不均，則鯨吞蠶食之禍，將從此而未有已。故英弱俄强，人謂中國既失臂助之力，又甚强鄰之危，分疆裂土，禍將不遠。蒙獨以爲不然。俄强，則亞東瓜分之局必不成；英弱，則歐西吞並之禍從此起。蓋俄視亞洲如囊中物久矣，甲午以後，讕議群起，不經之説，騰於報章，彼獨鎮之以靜，且設弭兵會以維持之，豈無志於是哉？不欲人之少分我餘也。其意將並力西向，莫之與敵，則由西北而及東南，勢如破竹，可不折一矢，以成其混一之舉，顧猶遲之又久，遷延不發者，目中祇有一英耳，德、法皆無足齒數者也。今不幸而脫人構釁，英國衰弱之端已見，德、法又親附於俄，如韓、魏之依秦。萬一英事不振，勢必合兩國之力，先剗取其歐、非之屬地，然後東盪西決，統歐、非諸小邦，其幸存者，皆北面而藩於俄。此時四顧無虞，兵戈之局大定，而於是俄之忌惟德、法，德、法之忌惟俄，俄不取德、法，德、法必取俄，無中立者也。如是，而蘇彝士、地中海之間，將肇一非常之變，開一血戰之場焉。

　　烏虖！兩雄相角，必有一蹶，以事勢論之，俄能並德、法，德、法不能並俄，何則？俄大而德、法小，韓、魏之依秦，可以延殘喘，不可以圖久存者也。故今日之事,英而幸如土耳其之於希臘,美人之於非律賓,斯已耳。不幸而如前王之於拿破侖,法人之於日爾曼,則三島之地可以一朝亡,而歐洲之禍不知其如何終極也。嗟乎!英、脫之釁,纖芥之事也,其關係五洲全局有如此者,猶之盈室之火,至於燬椽瓦、焚屋樑,其禍盡是矣。惟一星之燃,往往燎原,至數什佰里而不易撲滅,其始出於人之不及防,其終成於人之不及料,天實爲之,謂之何哉?吾願德、法諸强國,勿徒狃其目前之安,怵强鄰之威,而蹈六國事秦之下策也。引領西顧,實用寒心。

論英脫構釁事

吳增元

語曰:與驥逐走,人不勝驥,託於車上,驥力竭而人不疲。狡矣哉,俄人也。俄人呻呻而噍,鄉鄉而飽,思得騁志於東南,而睊然視,瞥然聽,儦儦然恒以英人之牽掣爲慮,而不謂南非洲之構釁,天啓其機也。俄人之計甚得。然而,脫,非洲之小國也;英,五洲之雄國也。卵石相擊,羊虎交角,勢有不敵,不敵,則一戰而決,再戰而定。舉炎火熵飛蓬,覆滄海沃熛炭,於英何損,於己何益?惟陰爲之力,而脫可以守,可以戰,可以勝。惟陰爲之力而不用已之力,則英入俄彀,而英不疾俄,英爲俄制,而俄仍可養其力以自爲力。狡矣哉,俄人也。

蓋英、脫相持,法助脫也。《日報》譯《郵報》云:特有別國接濟大礮三十尊,在西海運陸。又云:特總統曉喻特人,謂有別國兵十五萬,由疊拉哥海灣登岸,助特攻英,蓋指法也。又譯《捷報》云:法將馬魯依助特人與英軍戰於巴薩甫陣亡,英將軍梅杜恩爲之建立墳塋,法人深感之。法之助脫,俄唆法也,法固樂爲俄用。而法之於英,又故有不平,法爲中國要求事,數與英人齟齬。俄人知而使之。脫人曰:"法人好義也。"英人曰:"法人報怨也。"而俄人鷸蚌漁人之計,則是莫有知者。狡矣哉,俄人也。

俄大彼得之遺言曰:凡歐洲列邦爭戰,必使俄國預聞其事,可以相機而動。又曰:密與奧地利亞約共攻土耳其,更煽使他國攻奧,使其不能兼顧。又曰:務使法、日二國慎忌相攻。

嗚呼！其所以遺子孫爲大詰寶謨者，心積慮固如此。英、脫交攻，俄人使法助脫因以繫英，是其貽謀，是其長技。英人幸得仆脫，而獅子搏兔，全力殆盡，而俄人乃得從容施措於東南矣。昔英之戰美利堅也，殫精疲力垂四五年。未幾，拿破崙出，橫屬一時而英不能制。今英之平脫也，雖從事無幾時，而用兵糜餉累千百萬，恐亦天之所以懲英人而禍歐亞也。

俄人屯兵阿富汗論

趙　寬

嗚呼！吾今而知俄之處心積慮，思啓疆於歐亞兩洲之境，而營營然靡有息者，其計蓋屢變而不窮也。俄自彼得即世以來，其所經營籌畫，一遵彼得之遺令行之。遺令之三曰：凡歐洲列邦爭戰，必使俄國預聞其事，可以相機而動。其八曰：宜恒以拓地爲事，北自波羅的海，南至黑海，宜乘機蠶食以擴疆圉。其九曰：開拓之計，宜從事於土耳其之君士但丁。及印度，苟能得此，可爲天下獨一之主。第三條之令詔，俄固歷歷行之矣，而於八、九兩條，則有志而未逮焉。是以近數十年，初則發難於突厥，繼則出兵於中亞細亞，以窺印度，皆遺詔之意也。

蓋當彼得傳令時，東亞强弱之勢，未至全輸於彼，而歐洲各國方日就衰微，則固爲彼所洞矚，故遺令十四條，但謀歐而不謀亞，後王亦遵而行之，此俄之本計也。然土耳其、阿富汗，雖皆以病夫之國，介居兩大，而諸國慮俄之南下，必助土以遏其鋒，英慮印之北折而入俄，必保阿以爲之障。俄即竭力經營之，以一國之兵力而犯諸國蒸蒸日上之勢，欲求得志，道固末由矣。故自光緒七年，探地之役爲英所基，乃益折而謀亞，日規我東三省之利益，此非俄之本計也。既不得志於歐，又值亞東積弱之勢有可乘，故幡然變計而乘之也。天禍亞東，唇齒啓釁，甲午一役，俄得託於仗義執言，以進佔我亞旅大之地，此則會逢其適，俯手而取之，尤非變計時之所及矣。

嗣是之後，歐洲之國仍强，亞洲之國益弱，歐仍强，故俄之本計萬不能遂，而惟變計之是營。亞益弱，故俄之變計無日不可圖，遂舍本計而獨注。

雖其承遺令之意，肆無厭之心，未嘗須臾忘統一歐洲之盛業。而歐洲之業既非旦夕爲，固不容不暫置本計，而先謀其得寸進尺，得尺進丈之業於亞東。然則亞固可懼，歐亦未得高枕而臥也，明矣。乃今日而俄果又有屯兵阿富汗之舉，是役也，英慮之，英固自取之，彼其用全力以經營南斐，預算戰費已四千萬磅有奇，其終局尚恐不止此，餉源、兵力無一不絀，非惟不暇開釁於亞東，並將不足自衛其五印，遂使俄得暫置變計之局，而還圖其本計之所注。欲無拒乎，英固萬不肯示弱；欲拒之乎，英又力不足相當。俄以開闢疆圉爲事，以承守遺詔爲心，不得志於歐，則姑謀亞，可得於歐，則仍謀歐，乘間抵隙，鷹視鶚瞬，率其故常，無足怪異。吾不意英之暗於幾，先以全力注之南斐，遂授以間而資之隙也。

嗚呼！歐之局自此動矣。雖然，無謂俄之仍還於本計，而變計於亞洲者，可無慮也。俄、英兩國牽制顧忌以並立，而亞之發難，或可稍遲。如其窺印，英不能制，而一蹶不可振，斯時縱橫決盪於天下者，惟一俄存，吾恐歐之局動，而亞洲之局益將岌岌不可終日也。

俄人屯兵阿富汗論

黄守孚

危哉，吾不意英、脫之戰，竟掣全球之局也。論者謂英敗於脫，則事有不堪設想者，今且勝矣，殆可以暫保。竊謂不然，景鐘之終不能覺假寐，勁弩之末，不能洞微楮，英即勝矣，士卒之傷死，國債之叢集，酷烈殆無異於敗。於斯時也，內患不作，外侮不興，休養生息，數年以積，則以英國元氣之厚，或不難於即復。然而強鄰之瞰之者，早已乘間而作矣。

阿富汗，英、俄之鎖鑰也，英得則英強，俄得則英弱，此必爭之地也。俄襲之，或曰俄特屯兵焉耳。嗚呼！此真嫗孺之見哉。阿富汗自主之國也，以阿之地，居阿之民，寧有尺土寸壤假人屯兵者乎？夫襲人國者，豈必墟其城社，籍其蒸黎，奴其君宰，收其圖籍，而後爲得哉，潛消默鑠於冥冥中，使其頹落彫喪於不自覺，而樞機之要，早已在吾掌握而莫能效，是之謂上攻。

俄嘗與英言,決不取阿富汗,今襲之,而曰屯兵云者,布置未備也。布置未備,不能不防英之責讓。今諱之曰屯兵,則即英以前言責之,將謝之曰:阿之土地如故,阿之人民如故,阿之山川物產如故,我特屯兵焉耳。英人烏得而責之。則將效俄所爲乎,印度之兵不足恃也,三島軍士乘勞役之後,勢不能急與俄敵,而俄得井井焉規畫後路之事矣。規畫既定,牧馬東陲,英之權力十失其五,於是墟阿之都,俘阿之主,天下之國,撫劍而吒,相視而莫敢發,曾復有片詞相詰,援不取之約者乎?嗚呼!狡矣。

且夫阿富汗之地,南通印度,西達波斯,印度、西藏之蔽也,波斯、阿剌比亞海之背也。俄之襲阿,義主印度,阿既襲,即印度不得,猶將東越帕米爾,道新疆以進規我西藏,而由川達楚,以奪英人所覬於沿江之非分者。嗚呼!是豈華人所忍聞者耶?

然此猶東亞一隅之關繫耳,使其西通波斯,得泊船地於波斯海灣,以達阿剌比亞海,必將陰嗾其羽翼之法德,挑釁於英,以掣其肘,而俄得逞志於紅海之東,而無所忌,寧獨印度也哉。借使主阿之人,憂心世變,磨厲其精神,振刷其工藝,鼓舞其人民,若暹羅然,壤地雖小,寧不能自存?顧乃擾擾嬉嬉,行所無事,遊蒸釜之水以爲樂,巢風幕之上以爲安,至於今日,封竟以內,爲虎狼之康莊焉,吾爲英悲,吾益爲阿悲矣。抑又聞之,阿富汗昔嘗朝貢於我稱藩屬者,今且爲英俄之戰場焉。嗚呼!吾爲英、阿悲,吾益何暇爲英阿悲哉。

論弭兵會

潘鳴球

五洲大矣,建國廣矣,各有君長,各有種類,不相統屬也。各擁其衆,各裂其土,權力相均也。挾權力以相觝逐,由觝逐而成强弱,由强弱而成混一,由混一而仍歸割裂,此其中蓋有乘除之數焉。故自三代而下,而春秋,而三國,而六朝、五代,天下之大勢分。而秦,而漢,而唐、宋、元、明,天下之大勢合。一分一合,不過成一二人之功名,而必窮數十年之兵力,魚爛數百萬之生靈者,劫運使然也。又況五大洲之國,華離輮轕,秦皇、漢武極力通之而不能，今忽不通而自通者，安知非天之所以大開其劫運乎？且以歷朝分合之局卜之，數千百年之後，勢必由分而合，今日之劫運猶方開之時也。以是言弭，孰得而弭之？獨不觀宋向戌之弭兵乎，口血未乾，而荊人衷甲，晉之伯業由此而衰。尋至戰國，兵禍益亟。

奧國之立弭兵會也，而土耳、埃及、馬達加斯加、古巴諸國，先後侵削。泰西尋瓜非洲，推原其故，大都強者詭爲弭兵之舉，而濟其豺豕，弱者狃於此會之成，而重以酣嬉，用是乘人之懈，益加之毒，名爲弭兵，而實則召兵焉。今俄人又立此會矣，觀其約章，沾沾以列國軍火兵艦之有所限制，中外士夫方拭目望東方太平之局之一成不變，然當此會起議以來，而英之吉星訥據蘇丹之奧姆竇曼矣，土耳其不撤克利特之師矣，亞金丁與赤立失和矣，意大利索我之三門灣矣，西班牙又索我之漢口矣，俄、英復爭我山海關之鐵路矣，試問能爲宋向戌者，何獨不能爲魯連子耶？則後此之變局可想，特未知兵力所及，又誰蹈非洲之覆轍耳。此所謂誦《孝經》以散黃巾，黃巾不聽，舉虞幡以止鬥，鬥者不止也。然則奈何？曰：誠知今日之會之不可深信，則防務愈不可廢弛，又不當遽創連俄連英、拒俄拒英之議，以自啓釁端。

夫苟我之人心固，器械精，武備肅，則連之可也，拒之可也，入其會可也，不入其會可也。反是，則干戈而冠裳之，亦必野蠻我也，黑奴我也，埃及、土耳其我也，不能自強而欲仰他人之鼻息，難哉。彼俄之陰謀詭計，假弭兵之名，以塞萬國之耳目，中智以下，猶知其不足恃。語云：勢均角力，力均角智，世非三代，人非上古，而欲胥天下以自安於庸懦也，非所聞矣。

論弭兵會

王家枚

地球雄國，獅英虎俄，德、法、意、奧、日本並鷹瞵鶚視，環睒伺隙，厲器械，蒐軍實，殄夷黔首，鋤獮強敵，以眵然而意快。合五洲兵額計之，多者四百萬名，少者乃百餘萬，歲耗軍需，不可以億兆計。《普法戰紀》載師丹之戰，一日殞數萬人。俄、土戰加里布，一刻殞三萬二千人。彼蒼何心，乃爲此奇險相持之局,以銷蝕物力,糜爛生靈哉?於此而有人起而挽回之,本春秋弭兵之旨,以拯二千年來爭戰之禍,不可謂非仁者之用心也,而不意此議乃出之於俄也。

夫西人之言弭兵者數矣,萌蘖於英教師傅格司之朋友會,推闡於荷蘭儒者虎哥之平戰條規。道光間,英議院始定弭兵條約。厥後,英人李察賡續之。近年,英、法、意並訂期會議,在諸小國因調人而粺寧者,固自不少,而德、法之強梁,日本之譎詭如故也,是亦不過美其名曰弭兵,而不能盡執此義以相繩也。而俄胡猶在荷蘭創設斯會哉?且夫俄非小弱也,背負北海,地跨兩洲,非若他國之形勢遼散也;議院不開,政由君出,非若鄰邦之魁柄下移也。跡其陰鷙深沉之略,方且鞭笞宙合,混一環球,惟吾意之所欲爲,而顧鰓鰓焉議弭兵者,何也?蓋以海軍猶未練,兵械猶未精,西伯利亞之鐵路猶未成,而諸國之窺伺亞洲者,莫不意存叵測,幾有迫不及待之情,起而與之爭勝負,或未可必。籌之既熟,因創爲弭兵之議,使諸國懈於武備,而彼乃得一意經營,易海圖陸,操歐亞之重權,牽全球之大局,一出而人莫與之抗。

吾知其用意狡而慮害深也,夫豈寢兵休民,真能拯二千年爭戰之禍哉?且其條約有云:現存之猛烈爆裂物,此後無論陸戰、海戰用之,必立限制。夫用須立限,是仍不廢乎軍火也。又云:男婆規所定規條,於海戰適宜,須依此而行,是仍講求夫海戰也。條約如此,其會尚足恃耶?吾故謂其藉此以愚與國,俾人怠於講武,而非真欲弭兵也。觀於會初告成,《太晤士報》即載俄人要索西藏某地,又欲興築鐵路,自滿洲直至北京,其險詐之心,路人皆知。昔林文忠嘗言:中國之患不在英,而在俄。西人亦屢言之。謀國者慎無惑乎弭兵之說,而謂可長治久安也。

縱橫論

瞿葆剛

保天下之弱國以縱,傾天下之弱國以橫,蘇秦約縱,張儀連橫,用雖不同,意主於弱人強己則一也。沿及今日,中外同盟,星軺絡繹,五洲萬國,合爲一家。前之縱橫，不過亞洲之一隅，今之縱橫，竟及歐亞之全境。俄跨兩洲，負北冰海，進則長駕遠馭，退則沉幾觀變，迹其情勢，大類强秦。秦人以東帝奉齊，以兄弟約楚，而俄則聯交歐亞，用意深而措辭婉。秦人閉關謝客，暗取西蜀爲外府，而俄亦西扼波斯，南侵阿富汗，東伺中國新疆，暗收敖罕諸回部。秦人以六國之擯，不出函谷十五年，而俄亦西不出波羅的海，自西藏至黑省，雖包括我華三萬里，而珠槃玉敦，不輕以細故啓釁。時近二千年，地距一萬里，而蘇秦、張儀連橫之策，竟同揆於荒遠之蠻夷，誠不可謂非天運也。

嗟乎！俄人心跡，誰不知之，知之而無可如何，則以地處上游，猶六國之不能攻無道秦耳。然六國即不能仰攻，而使縱約不解，則韓不滅，而趙、魏、齊、楚亦得全。俄即事事效秦，而英、法諸國，果能同其心，合其力，約縱拒俄，則歐洲時局或可相持於數百年。

乃細審近日各國舉動，則有大謬不然者。咸豐三年，俄伐土耳其，欲滅之，英、法及薩邪丁救之，逾年始議和，禁俄船不得出黑海，燎原之火，群起滅之，誠無異六國擯秦，秦不敢出山東一步矣。乃未幾而互相猜忌，法結俄以仇英、德，日本則陵侮同洲，不知聯中以保高，至高麗爲人所制，卧榻之旁，容人鼾睡。當日日本之意，不過謂索鉅款，得沃壤，可以爭雄於五洲，而不知韓之亡，即唇之失，俄既垂涎於高麗，焉有不波及於日之理乎？法之意不過與英、德有積仇，借俄之力，可以大洩其憤。殊不知土既亡，則德孤立，德亡而法其能久存乎？昔秦滅六國，先滅韓，韓亡，而燕、趙、齊、楚皆解體。今之高麗、土耳其，猶昔之東、西兩韓也，日不能保韓，而反讓俄以制韓，異日若東方鐵路成，俄扼圖們江口，另佈鐵船於太平洋，以圖高麗，則高麗危，而日亦有剝膚之痛。法不能保土，而反助俄以攻土，異日若俄以師船出黑海，得君士但丁峽，就黑海、地中海、紅海，西北取奧，東南窺印度，令德孤立以坐斃，則德亡，而法之君臣其將肝食。英之强，在印度；英之富，在握太平洋利權。俄既得高麗，則必佈鐵船以奪太平洋利權，而英必貧。既東封韓，又欲肆其西封，則必據伊犁，觀兵青海，通波斯以取印度，而英必弱。英弱且貧，强俄兼併之形成矣。

或曰:歐亞兩洲,强國林立,英之權力似足與俄相抵。不知古今地勢輕西北,重東南。西北地高,由上而下,其勢順;東南地卑,由下而上,其勢難。今英處乎下,俄處乎上,地形勢便已不可同年而語,況自古弱人國者,必徐剪其枝葉,而後及根本耶。居今日而籌歐亞非各國,合縱不足拒强俄,而各國自相攜貳若此,是天欲以强秦待俄也,天將興之,誰能廢之乎?

論美禁華工事

孫春雷

嘗歷覽五洲成敗之故,而知兩强相遇,始有公法,真確當不易之言也。中國自入公法以來,<small>光緒八年,英、法、俄、美與中國立約,嗣後不得視中國在公法之外。</small>闢商埠,償軍項,種種虧損,不可殫縷,惟美禁華工一事,其辱國無禮爲尤甚。夫美之於我,無鬧教之案,無土地之爭,彼以局外之國自待,吾亦坦然以局外視之。乃未幾,而焚殺華工之禍起,未幾,而申禁華工之約修,又未幾,而加陸稅,領執照,苛待華工之例,且日出不窮。朝士譁然,鳴其不平。

嗚呼!吾甚怪夫鳴其不平者,何至今日而如夢始醒哉。其焚殺也,將試吾民之能有作爲否也;其修約也,將試華官之果能保護其民否也。而民如是,而官之視民又如是。彼乃毅然決然,顯冒萬國之不韙,不謀於政府,不告於中國,一旦行之而不疑,以爲之國也,固可屏之公法之外,而吾行吾是者也,果也。公法有通商條約,例准兩國人民來往之文,而吾國不能辯,公法有苛待吾民,吾亦苛待其民之例,而吾國不能爭;公法有立約之國,其所行事大背和約,則前約立可廢置之條,而吾國不能援例以詰責。積弱胎乎無形,覺悟遲於事後,彼已處乎騎虎難下之勢,吾猶餒其乞憐求救之情,則雖日挾公法以奔走其廷,而不能冀其萬一者也。何也?勢有所不如,力有所不逮。公法者,以强凌弱則有餘,而以弱事强則不足者也。雖然,子輿氏有言:家必自毀也,而後人毀之;國必自伐也,而後人伐之。中國民心之死,數十年於茲矣,日之於古巴,英之於喀羅比阿,雖章程屢易,而殘虐如故。四氏嚞嚞,萬頭魚魚,吞聲飲淚,忍人凌踐,豈吾民之甘心受侮坐以待斃哉，蓋必有束縛其手足，使之不敢怒，禁壓其肢體，使之不敢動，然後人得而犬馬之，奴隸之也。不惟是也，出洋之民，久客思歸，積蓄少裕，輒遭羨忌，鄉里之魚肉，胥役之欺凌，必使囊空橐洗而後已。

故西人之例雖苛，無片帆隻輪東返者，與其歸而無寸布粒粟之存，猶寧居而受不情非法之例，僅僅得保其妻子也。淵魚叢爵，誰之咎哉，招殃取禍，有自來矣。不然，加拿大一役，謂將由華而及日本，今華工之例久行，日本無謀及之者，雖其勢力足以相抵，或亦保民之道較勝中國，不至生其輕量之心也。廿三年《字林西報》：檀香山禁止日工，日皇派浪速兵艦以壯聲威，與之妥籌定章，議亦旋寢。近聞法人將以蓋印手足之事施及華工。

嗚呼！此彼國所待其罪囚者，而顧以是待我乎哉，事之成否，縱不可知，嘗而不應，毆者隨至，則亦必然之理矣。堂堂中國，袞袞諸公，既鮮保民之力，又無愛民之心，坐使文明之冑，躪踐於犬羊，衣冠之倫，驅禁如鹿豕。旅、大、青島各處，俄、德鐫斃華民，時至百數，以安居故國之民，猶不能保其殘生，恤其已死，況遠適數萬里之異國者哉。猶憶甲午事平，倡議加稅，告於列國，謀於沙相，事垂成矣，爲上海英商一語所阻，遂梗全局。

嗚呼！彼數什佰之英商，能以一言侵我自主之權，我有二百萬之華工，不能合力保其均霑之利，今天下亦以強爲勝而已，豈有公法之可恃，而能不思自強以強□乎哉。譬有家於此，鄰人誶其東，市人譁其西，入其室，父憐其子，兄憐其弟，則外來者漸自息滅，而其家或不至遽亡。又有家於此，賓客闐門，財貨充斥，登其堂，父讎其子，兄讎其弟，則外侮之來，不可終日矣。盱衡時事者，勿但謂美人之不□，而其行事出於公法之外也。

論日本變法
孫　鉞

昔伊藤侯曰：變法維新之事，最不易言也，全視乎舉行之若何耳。余始未之敢信，及退而覽日本歷史，以及黃氏國志，見夫嘉永而降，安政以來之所以亂，及明治以後之所以治，未嘗不歎曰：侯之言，洵閱歷之言也。

烏乎！侯固彼國變法以後維新之重臣也，然其先也，政出多門，權不屬一，謂之國皇，國皇非命世主，謂之朝臣，朝臣不足以威衆，是以士論之沸騰，朝旨之錯出，如文久朝始頒開戰詔於諸藩，既而中變，下詔曰：近日敕旨，真偽錯出。人心之詭激，剽攻掠擊及劍客窮愁之不偶者，跧伏於長崎、江戶間，不下四五千人。幕府之士，其染此習，而唱道攘夷，賈勇作亂者，又數百人。飆忽無常，內外相應，遂匈匈然縱橫於輦轂下，刺太老，害朝臣，攻使館，殺書記，美國使館書記。襲東禪寺，即英使館地。擊互市場，幕府不能制，諸侯不得臣。前者駢戮，後者又起，以致伏屍流血而不顧者，其專肆亦可謂極矣。

　　既而七國開釁，即英、法、墨、魯、蘭及葡萄牙、普魯士。應礮鳴冤，入橫濱，圍田浦，馬關一敗，魔島又敗，逕入神戶，一戰而裂其書，幕吏以敕示各使，英使見書中兵庫仍不許開港，取書怒裂，擲之於地。再戰而奪其艦，三戰而毀其臺，即赤馬關、壇浦、杉谷諸礮臺。促之以戮魁，迫之以賜死，執土藩士二十人，賜死妙國寺，法人監刑。約之以五事，聲之以謝罪，戍之以重兵，償之以巨款。噫，於斯時也，岌岌乎其殆哉。

　　是以睦仁嗣統，百度維艱。初裁萬幾，慶藩肇叛。繼收政權，奧藩又叛。群藩漸平，而德川氏之遺臣舊部，扼甲斐據總野又叛，錦旗東指，衆志靫靫，則改革難。餘灰已燼，征討有費，廢藩有費，官工有費，改政有費，借給有費，秩祿有費，國用不足，群口謷謷，論治太急，明治六年，澁澤上書，大旨論求效太速，民力疲弊。則擴興又難。下逮乎大阪之會議，政黨之冰炭，外商之剝削，小民之窮困，顯官失職之怨望，新聞演說之動搖，亦無不難。故世有之曰：日本變法之難，難於俄彼得之變其韃靼漸染之獷俗，法、德、意、奧變其怙權勢壓平民之世家，洵不誣也，洵不誣也。

　　或曰：誠如子言若是之難，然彼之舊制封建，本乎姬代也，曷一變而爲秦制？職官本乎《唐六典》也，曷一變而爲歐制？賦役本乎租庸調也，曷一變而爲米制？書史本乎漢法也，曷一變而爲和制？曆法本乎夏正也，曷一變而爲陽曆之制？織造本乎蜀錦也，曷一變爲克來之制？紡織諸機器，始於西人阿克來。甚至士習之頹風，亦一變而有文明之氣；帝號之陋俗，亦一變而有王者之氣。向例，天皇不令人見，無政令之擾，悉付於大將軍，維新後，始除此習。是則其變也，於斯爲盛矣，故不三十餘年，盡去其從前之積弊，嶄嶄焉三島之强,列諸今日二等興造之國,咸目爲亞東之新英者。其視乎德川氏並政而後七百有餘歲,其間外家之擅權,將軍之柄政,霸府之僭竊,王綱之不振,如周之東,僅擁虛器,國統不絕若綫者,曾未可以道里計也。

余曰:子徒知其一,不知其二。子知諸制之新,抑未知其所以新之由也。子知士習之美,帝權之復,抑未知所以美,所以復之由也。請爲子詳論其顛末,蓋自戊辰至乎庚寅,亦廿有餘年,其中或興或廢,或並或分,或改或革,或師荷,日本語言文字習於英、荷。或師美,商務習於美。或又師德,軍制習於德。則非一蹴之所能幾也。故將軍廢而於是有府藩之制,公侯罷而於是有華族之制,藩職削而於是有縣令之制,營繕裁而於是有工務之制,先是營繕司隸於大藏省,管礦山燈台諸司。明治三年閏十月,始另置工部省。海軍興而於是有陸軍之制,先是兵部省皆兼轄海軍,至四年二月,別設海軍省,始改兵部省爲陸軍省。文部立而於是有學區之制,幕府黜而於是有改官之制,太政並而於是有元老之制,親兵革而於是有徵兵之制,郵便作而於是有鐵道之制,鴻臚汰而於是有外部之制,封戶除而於是有地租之制,會計定而於是有内部之制,銀幣通而於是有印稅之制,選舉行而於是有議院之制,民權紛而於是有憲政之制,先是博文、井上馨等大阪會議政黨紛紜,八年四月,遂請立憲政體。新聞淆而於是有謗律之制,彈正廢而於是有警視之制,藏務分而於是有農商之制,先是内務省管勸農局,大藏省轄商務局,十四年五月,割二局並爲農商務省。條約改而於是有西律之制,先是十年二月,改條約欲依泰西通例,流寓商民改歸日本地方官統轄,不歸領事官管轄,各國咸謂法律不完不備,不足以治外人,於是一意改用西律,至十四年告成。官制定而於是有裁冗員之制。此十八年詔。諸制大定,諸弊咸除,由是而國勢始興,由是而人才始出,由是而度支始裕,由是而武備始修,此所謂非畏葸者可以從事,而亦非欲速者所能奏功也。

不然,假使如曩時將軍尚霸於内,群藩尚據於外,皆亡恙不削其官爵,先是元年慶喜大舉侵關,拜嘉彰親王東討,詔削慶喜以下官爵。能立府藩之制,而不相亂乎? 藩封雖廢,舊部依然,既無禄制,衆多觖望,不悉隸東京,四年二月,詔華族隸東京。能改縣令之制而不相擾乎? 中葉以後,封族日多,各君其國,各私其土,莊園遍於七道,不收其采地,不解其買賣之禁,舊制土地盡國

家所有，不得買賣。明治五年，始解此禁。能行地租之制而不相攘乎？諸侯百數
食客羅列，浮浪者輕去其鄉，出彼入此，來往無制，不更其士族，能行其户
籍之制而不相淆乎？

　　織豐而後，群各有藩，藩各有士，即兵士。士食世禄，兵權屬於將門，不
徵其古制，不均其平等，明治五年，詔曰：源本吾邦兵農合一之制，斟酌海外各國之
式。又太政官諭曰：今列藩奉還圖版，舊日武門坐食之士，削其禄，脱其劍，俾四民與之等
夷。此固國家所以平均上下無有差等之意。能行其徵兵之制而不相争乎？

　　藤原以來，門第相尚，黜陟操於幕府，苞苴私謁，僉屬巨藩之要人，不
開議政，能行其選舉之制而不相混乎？興革而後，民力疲弊，大藏辭職，時
歲計不足殆一千萬圓，而國債至一億四千之多，因之大藏大輔、井上馨等辭職。物議囂
囂，不有決算，先是大隈重信仿西法，作像算表，人多不信，及決算表出，乃大白。能行
其會計之制而不相疑乎？幕府舊約本非公例，主權半屬於人，不改其刑
律，能行其管轄之制而不相背乎？處士任俠，志在覆幕，幕府既亡，乃尊王
室，當時處士攘夷之論，不在攘夷，在尊王，尊王所以亡幕府。王室雖尊，不興其學
校，不開其民智，能行其異邦之制而不相亂乎？

　　烏乎！伊古以來，變革之事，不蹈疊錯七國之禍，即不免唐世方鎮之
患，不蹈商君裂身之禍，即不免安石擾民之患，而日本皆無之，吾不得不歎
伊藤氏之言有據，而深信其難也。然而前乎此者，未嘗無人也，若長英，若
華山，初，長英、華山輩譯西書，深以攘夷爲非計，或告幕府，遂下令搜捕禁錮之。文政十
一年事。若象山，若吉田，初長門吉田、矩方等受學於象山，通象譯，善火技，每曰：方
今要務，宜周航萬國，庶不致觀人國於雲霧中。會幕府購兵艦，象山曰：不如遣人往殊域學
之。矩方欲從魯艦航西，爲幕府獲，以其犯國禁也，並錮象山，矩方後竟被刑。維新以來，
長門藩士之得功者，多其門人。安政元年事。案：伊藤亦長門人。其知識非有遜於大
久保利通也，其學術非有遜於木户孝允也，其先見亦非遜於板垣退助諸人
也，日本改新法，一切政教，始於明治元年大久保利通之一疏。八年一月，伊藤博文、木户
孝允等從歐米歸，而新法益尚，於時居要路者，無復故家世族矣。然終戮之、錮之，而
不遇者，此無他，未得乎時勢之謂也。

　　維新諸勳爵之榮之而不朽者，亦無他，得乎時勢之謂也。故曰：雖有
智慧，不如乘勢；雖有鎡基，不如待時。是又深願世之變法者，毋輕躁，毋

忽其易，毋畏其難，毋學高麗開化之党，毋學土耳其變政之民，徒事叫嘵而無補於削弱，則不難爲日本之續也矣。

書《薛庸庵文集》後
單　鎮

恫乎哉，外交學之淪湮也久矣。西漢以來，無奉宣德意之臣；南宋而後，並無折衝樽俎之使。萬國環峙，機牙益迫，主命之榮辱，邊境之安危，商務之贏絀，罔不視使臣之賢否，以握其券，而定其□。

無錫薛公，磐磐乎經濟才哉，惟其於列朝掌故之鉅，曹司文牘之繁，通商互市之源流，錢穀兵刑之沿革，靡不深通其故。故幕府時所草陳者，動規天下大勢，反復於利弊盛衰之數，若燭照數計而龜卜也，咸同諸鉅公爭先引重。光緒紀元，上治平六策，所言悉中竅要。迨使絕域，辦理外交，於公法約章，考證有素，措置裕如。如滇緬分界一役，滇境西南均有展拓，會立坎巨提頭目一役，爭回兩屬體制，餘若分割野人山地，收回車里、孟連兩土司，酌定虎踞關以東界綫，均爲交涉以來，維國體之大者。是雖香港設領事，已有成説而忽中阻；帕米爾作公地，已有成約又旋棄之。而當時苦心孤詣，卓識偉才，迄今猶可想見。

蓋公之奉使，平時聯絡議院官紳，譯閱報章議論，與彼外部聲氣息息相通，猝遇交涉棘手，胸有成算，不爲所眩。公之言曰：交際之禮節務爲周到，交涉之事件不稍通融。嗚呼！是兩言者，非萬世使臣之準的耶？其籌洋芻議，年來漸見施行，所譯東西洋地志，餉遺來者，亦翔實可據。誠使後之人由公之説，詳繹而引伸之，憬然於俄之不可狎，而英之不可恃也，怦然於日本之所以興，而暹羅之所以存也。應付外交之政策，庶幾有所抉擇焉，而毋徒狃於目前之利害也乎。

卷十三

中西算器考

楊　冰

　　在昔包犧立度，採靈蓂而開天；有熊惠時，獲神策而迎日。元算爲月，肇自圖書；卧算爲年，啓於緯候。古皇有作巧曆，是資三代相承，十年學計。是以指青邱之步，曁亥能詳；疑絳縣之年，史趙善喻。齊廷引綴，發草周知；楚俗筵簜，索茅代卜。固不獨二純一奇，昭垂於三禮，千僵百立，可補夫九章也已。秦漢以降，疇人雖失其官，太史尚供其職。旁通律吕，班書已抉精微；效法乾坤，隋志益控奧蘊。劉徽作注，正負始分；夏侯傳經，縱橫不爽。邊岡之乘除便易，衞樸之運用如飛。載在曩編，略無殊軌。乃至阿戎興利，洛下持籌，敬叔搜奇海中，餘算布牀至滿。笑許遵之大言，擊鼓不鳴；訝王充之恢詭，固資談助。可備參稽，即如謬附五行；妄談成數，未識把頭之義。徒矜運掌之奇，縱另錫以新名，非盡違乎古制，亦操觚家所不廢也。乃有懲王母之傳訛，學燕公之記事。去來九道，取法夫蟻穿；控帶四時，象形於魚貫。既依位而竝應，復隨物而變通。惟是趙達九宫，絕無傳授；武侯太乙，未有專書。何以公河能記遺忘，司隸竟成注釋？緣玆雁鼎，便握蛇珠。始著録於藝文，遂兼習而帖讀。陶宗儀走盤之喻，謝察微隔木之條，猶其後焉者矣。至如西域，皆以字書，中國原名寫算。譯土盤之法，來自天方；繪垛積之形，昉於地錦。海禁既弛，巵言日多。立籌以益記函，作尺以通比例。豈知天竺九字，舉剗而辦乘除，史猶稱其繁碎；《周髀》一經，折矩而爲句股，今祇用以測量。乃謂超越千古，綜括百藝，何

其誕耶？維夫英黎之野，且投石而數兵；羅馬之官，猶擊釘而紀歲。正無
怪其然耳。他如鍼刺八方，錢分九位，了有三曲，辰居四維，亦博雅所宜
知，故兼收而待用。抑又聞之，善數不用籌策，心計能析毫釐。或口誦以
當乘除，或屈指而發疑謬。元理運盤中之箸，出米無譌；士安揮馬上之鞭，
理財稱最。又何規規焉以算器爲乎？拘虛莫化，終無當於大方；引證稍
詳，或有裨於小學云爾。

計算器之最古者名曰筭。通作算、筭。

《說文》：筭長六寸，計曆數者，從竹，從弄，言常弄乃不誤也。案：古書
之言算者，如《山海經》云：豎亥右手把算，畢注：算當爲筭，計曆數者。《西
京雜記》云：見算時多下一算，王充《論衡》云：以算擊鼓，《北史·許遵傳》
云：布算滿牀，多指計數之器而言，後人因《算經》《算術》等書，遂以算爲計
數之總名，昧其本矣。

亦謂之籌策。

《老子》：善數不用籌策。案籌與策，皆算之別名，實始見於此書，歷代
遵而用之。故《後漢書·馬融傳》云：隸首策亂，陳子籌昏。陳子，見《周
髀》。章懷注，以爲陳平，誤甚。枚乘《七發》云：孟子持籌。關朗《易傳》
云：策所以推數。《唐·曆志》云：邊岡用算巧，能馳騁反覆於乘除間，籌策
便易。沈括《筆談》云：衛樸大乘除，不下照位，運籌如飛，律曆融通。云策
者，算器之名，《周易》所謂二篇之策是也。

後世或謂之積。

《數術記遺》一曰積算，注：今之常算者也。案《四庫提要》謂《隋志》無
此書之名，至唐始著於錄，必當時好事者爲之，而託名於岳，考辨極詳。惟
唐時選舉之制已兼習此書，故宋元人多用之，如“立天元術，有如積求”之
一語，解者率多牽強，不知即本於此書。蓋立天元術，本以籌策馭之，故曰
如積。若今人以筆演元，謂之如積，則不通矣。

或謂之觚棱。

新法曆引古用觚棱，近便珠算。案古算無謂之觚棱者此書，蓋因《漢
志》二百七十一枚而成六觚，《隋志》二百一十六枚而成六觚，遂假借以爲

名耳。

其有鍼者謂之錣。

《管子》引錣量用，注：錣，籌也。案《管子》正文，錣固用以計數之器，惟房注，訓錣爲籌，未知所本。今考《淮南子》及《列子》注，高誘云：策端有鍼謂之錣。許慎云：策端有利鋒。張湛云：杖末鋒。又顧野王《玉篇》云：錣，鍼也。意錣本杖策有鍼之名，《管子》所云，不過如留侯之藉箸而籌耳。或謂《數術記遺》云：一算者，一位用一算也。頭乘尾除者，乘時用鍼鋒指之，除時則用鍼尾撝之。既言位用一算，是用籌矣。又言鍼鋒指之，鍼尾撝之，是籌上亦有鍼矣。名之爲錣，固宜。此説爲稍近理，姑從之。

用以卜，謂之筳。

《楚辭》：索瓊茅以筳篿兮，注：筳，竹算。蓋本竹算，用之以卜，猶今人以籌算數畫也。案筳之爲算，他書罕見，惟東方朔《答客難》，有以筳撞鐘，《漢書·東方朔傳》作莛，今從《文選》。與王充《論衡》之以算擊鼓，其義無別。則筳爲算之類可知，注或別有所本，或即以此例推之，亦無不通。

所直之數，謂之馬。

《禮記》投壺，正爵既行，請立馬，馬各直其算。案程大位《算法統宗》有暗馬式，其一、二、三、六、七、八之暗馬，即古算式，惟四、五、九之暗馬，與算式不合。曩讀秦道古《數書九章》及楊輝《演算法》亦間有之，雖與程氏小異，程氏五惟作 ☐，秦、楊兼作 ☐，程氏九作文，秦、楊作乂及 ☒。然以爲算式則不可，意宋時已有所謂暗馬式與？今推其原，蓋本於《禮記》云。

其材，古用蓍。

案以蓍爲算器，其言似創，請詳其説。《易緯·乾坤鑿度》云：析蓂以策，運蓍以數。又云：天生靈蓂，聖人採之，運天地之數。蒼頡注曰：蓍者，蓂靈草，蕭、蒿之類也。注意謂蓍即蓂也。《史記·五帝本紀》云：黄帝迎日推策。《封禪書》云：黄帝得寶鼎神策，司馬貞注曰：神策者，神蓍也，黄帝得蓍以推算曆數。據此，則古人凡計數，皆用蓍，不獨用以筮矣。或援《論衡》難曰：筮所以用蓍者，蓍之爲言耆也，蓋取其名也。若僅計數而已，萑葦槀筆可以得數，何必蓍？則應之曰：古人用蓍以筮，亦取其幹實，便於衍數而已。《易緯》蓍生五百歲，形漸幹實。《論衡》之言，特附會以資談助耳。且筮亦不獨用蓍也，《歸藏》云：蓍末大於本，上吉；蒿末大於本，次吉；荆末大於本，次吉；箭末大於本，次吉；竹末大於本，次吉。是蒿、荆、箭、竹皆用之矣，惟算器未聞有用蒿與荆者，姑從略焉。

或用箭與竹。

《鄉射禮》箭籌八十，鄭注：箭，篠也；籌，算也。《漢書·律曆志》《演算法》用竹，《數術記遺》《隋書·律曆志》皆同。案：箭，竹之小者，節間三尺而堅勁，古人易蓍以箭，蓋取其易得而便用。再易以竹，益趨於便易也。

後世或用象。

王隱《晉書》王戎好治生，常以象牙籌算計家財。今《晉書·王戎傳》：戎性好興利，每日執牙籌，晝夜算計。又《世說》王戎既貴且富，洛下無比，每與夫人燭下散籌算計。皆與此小異。

或用骨與角。

《異苑》越王餘算生南海水中，如竹，算子長尺許，白者如骨，黑者似角。案：當時必有以骨與角為算籌者，故敬叔云然，若不問其色之何如，則草之類算籌者不可勝數矣。

其制，古長尺有握，或長尺二寸。

《鄉射禮》箭籌長尺有握，投壺算長尺二寸。案二經及春官太史所言之算，雖皆以記勝負，實即計數之器。或以其制過長為疑，不知後世布算於几案，其地有限，故不宜長，古人席地而坐，其算皆委於地，短即不適於用。且古度尺二寸，纔當今度七寸有奇，而古人所衍之數無甚繁者，若以十位為率，縱橫相間，其式之長不過四尺，可以坐而計之，又何疑焉。

漢以後，或徑一分、長六寸，或方三分、長四寸，或廣二分、長三寸。其別正負，或以赤與黑，或以邪與正，或以三廉與四廉。

《漢律·曆志》算徑一分，長六寸，二百七十一枚而成六觚，為一握。蘇林曰：六觚，六角也。徑象乾律黃鐘之一，韋昭曰：黃鐘，管九寸十分之一，得其一分也。而長象坤呂林鐘之長，張晏曰：林鐘長六寸。其數以《易》大衍之數五十，其用四十九，成陽六爻，得周流六虛之象也。孟康曰：以四十九成陽六爻，爲乾，乾之策數二百一十六以成六爻，是爲周流六虛之象也。《數術記遺》積算長四寸，以效四時；方三分，以象三才。《隋·律曆志》算廣二分，長三寸。正策三，廉積二百一十六枚成六觚，乾之策也。負策四，廉積一百四十四枚成方，坤之策也。觚、方皆經十二，顧觀光曰：句有誤，此謂觚與方，徑皆十二也，然圓徑當並中心之一，則是十三，非十二。天地之大數也。劉徽《九章注》正算赤，負算黑，否則，以邪正爲異。案：列代之度不同，故其長以漸而少，而徑與方廣反加多者。蓋《漢志》之算爲圜柱形，二百七十一枚而成六觚，即圓箭束也。四廉不能成六觚，三廉能成六觚，而非二百七十一枚。故云：徑，《記遺》及《隋志》爲三廉與四廉形，故云方與廣圜柱形，以赤黑爲異，雖至任何小，一望可辨。方形以三廉、四廉爲異，過小即不易辨，故加大焉，此自然之勢也。又案：劉徽之所謂邪正，即《隋志》之三廉、四廉，四廉成方，謂之正，故三廉謂之邪。古三角形皆謂之三斜形。惟如劉氏所云，則正數反用邪算，負數反用正算，於義未洽，故《隋志》更之，其實一也。至《海鏡》《啓蒙》等書，皆邪畫以標異數，以筆記之，不得不爾，非謂布算時，亦加一邪算於上，以別正負也。

　　附辨韋昭解黃鐘之一，孟康解大衍之數，及顧觀光疑觚經十二之誤，皆未了了。考《審度篇》云黃鐘之長一爲一分，是明明謂黃鐘之一即一分也。若韋氏所言，則九分矣，既非一算之徑，又非一握之徑，即以爲觚之每面，而相因之數有十，亦不得爲九分。大衍之數云者，以大衍之用數四十九，加入陽六爻之策二百一十六，又每觚加一爲六位，共成二百七十一枚，故謂其數有大衍之用，成陽六爻，得周流六虛之象也。孟氏之意，蓋如此，而辭未達，故爲申之。至顧氏疑觚經爲十三，則未知正策既爲三廉，合成六觚，其間必無罅隙，安所容中心之一耶？

　　其布式從橫相間，自左右行，滿六已上，五在上方。

　　《孫子算經》一從十橫，百立千僵，千十相望，萬百相當。夏侯陽《算經》及《算學啓蒙》同。夏侯陽《算經》滿六已上，五在上方，六不積算，五不單張，《孫子算經》作六不積，五不隻。《算學啓蒙》作六不積聚。以次右行，極於左方。謂以左方爲極點，而以次右行也。顧氏謂左疑右之訛，失其旨矣。案：《乾鑿度》云：臥算爲年，立算爲日。又云立算皆爲甲，旁算亦爲甲。《稽覽度》云：元算爲月。其臥算、立算、旁算、元算，蓋即從橫之意，惜略而不詳，不足取以爲證。惟《鄉射禮》云：二算爲純，十純則縮而委之，有餘純，則橫於下一算爲奇，奇則又縮諸純下，鄭注：純猶全也；縮，從也；奇猶虧也。的爲言從橫之始。蓋《射禮》尚耦，二算始當一全數，若一算，祇可當半數。如以一純爲十，即一奇爲五，而十純爲百，故經言十純則縮，餘純則橫，奇則又縮，即百立十橫一從之謂也。《左傳》云亥有二首六身，下二如身，則二萬六千六百有六旬也。《説文》亥作𠅤，下二如身，應作𠈓，其以乚及𠄌爲六，而以𠈓爲二萬六千六百六旬，是爲言“自左而右，滿六已上，五在上方”之始。

其有雖用籌策而實非古法者術凡四。一曰成數，其算有五類，以五行之色爲別，各以黃色爲本，餘色爲首，首向東南爲生數，向西北爲成數。黑算，生數一，成數六。赤算，生數二，成數七。青算，生數三，成數八。白算，生數四，成數九。黃算，生數五。每位用一算，從橫相間。一曰五行，其算有五類，亦以五行之色爲別，而取其生數，自五以上，位用二算。一曰把頭，其算有二類，一漫，一齒。漫者，當五齒者，刻其四面，以當一、二、三、四，自五以上，位用二算。一曰運算，其算長五寸，分爲五刻，各相去一寸，其第五刻近一端，命爲首。以算置於指間，首向掌中爲來，反之爲往。第一刻，往主一，來主九。第二刻，往主二，來主八。第三刻，往主三，來主七。第四刻，往主四，來主六。第五刻，主五。其定位以四指之間分爲九位，從單位起，自上而下，自左而右，以至於億。

案以上四術，皆出《數術記遺》，原書訛脱甚多，讀者猝不易解，今本其意而次第之如右。其成數、五行、把頭三術，大同小異，用以布算，似簡而實繁，蓋好事者爲之以炫異。至運算一術，既已用算，又資於掌，且位數不能加多，真無用之術矣。

後世易籌策而爲珠盤，其端蓋肇於唐以前，術凡五。一曰太乙刻板，橫爲九道，豎以爲柱，柱上一珠，數從下始。一曰兩儀刻板，橫爲五道，豎以爲位，位各兩珠。其一黃珠，至下而上，第一刻主一，至第四刻主四。其一青珠，自上而下，第一刻主五，至第五刻主九。一曰三才刻板，橫爲三道，豎以爲位，位各三珠。白珠主一、四、七，黃珠主二、五、八，青珠主三、六、九，數皆從下始。一曰九宮畫板，爲并以洛書之九數配之，其定位以珠，黑珠一，赤珠十，青珠百，白珠千，黃珠萬。萬位以上，則以各色之縱繫黃珠，如其色之珠與黃珠相乘之數。一曰珠算刻板，爲三分，上下二分以停遊珠，中間一分以定算位，位各五珠，其上一珠，當五，其下四珠，珠各當一。至宋人始變通其法而用之，刻板以爲盤，宋人有《盤珠算》《走盤集》，見《統宗·算經源流》。豎以爲柱，柱上七珠，中隔以木，謂之橫樑，亦謂之脊，宋謝察微《算經用字例義》：中，算盤之中脊，盤中橫樑隔木，上，脊樑之上，下，脊樑之下，與《統宗用字凡例》同。其上二珠各當五，其下五珠各當一。

　　案：梅徵君《古算器考》，及錢詹事《十駕齊養新録》，及《四庫提要》，或謂珠算起於明初，或謂元代已有之，或謂已盛行於宋，紛紛辨論，莫衷一是。今考《數術記遺》之珠算，與今所用，初無差別，不過多一橫樑，上下各加一珠而已。夫位各五珠，上一下四，其法本於籌算，數究於九，已足用矣，所加二珠，實無大用，其爲後人所僞無疑。又案：五術中，太乙最爲自然，兩儀、三才尚不繁瑣，九宮自成一家，無所依傍。竊謂《記遺》一書，自積算、珠算外，惟此四術可採，餘俱不足用矣。

　　籌策及珠而外，又有所謂籌算及尺算者。爲西法蓋起於明季，其籌算，或用直籌，或用橫籌，或以直綫爲界，或以曲綫爲界。有乘除之籌，凡十類，合之爲五類，有開方之籌，凡二類。其尺算，或用並股，或用疊股。有比例尺，凡十綫，分之爲二面，有假數尺，凡四綫。作籌與尺之材，或以象，或以銅，或以竹與木與紙，長短大小無定制，以合用爲度。以上詳見《新法算書》之籌算與比例規解，及《梅氏叢書》之籌算度算及數理精蘊之比例規解，及《算經十書》之策算。

　　案此二術，皆崇禎時羅雅谷所譯，諸書推許甚至，故近日操觚家多習用之。然籌算祇可求已定之數，而不能用以應變，尺算祇可得略近之數，而不能據以爲準，所謂小道可觀，致遠恐泥者乎？

　　此外，若鍼算，若龜算，若了知算，若指算，若錢算，若筆算，或詭異而不適於用，或近取而別無所資，皆不可謂之算器云。

案鍼算、龜算、了知算,皆見《數術記遺》。其鍼算原名八卦,位用一鍼,以鍼鋒指八方爲八,數至九,則鍼鋒上指。龜算,位用一龜,視龜首所向,分四維爲十二辰,而用其九,以當九數。意龜本白金之名,《漢書·食貨志》白金三品,三曰複小,橢之,其文龜,蓋白金上有龜文,因取以爲算器,如後世之以錢算。了知算,位用一了字,了有三曲,其左右當六數,股末當二數,首當一數。指算、錢算見《算法統宗》。指算,謂之一掌金,以每指三節,分爲左、中、右,以當九數。錢算,謂之《河圖縱橫圖》,與太乙略同,惟太乙以珠定位,錢算則位各一圖。筆算爲中西通法,見於《統宗》者,有寫算、垛積二法,寫算謂之鋪地錦,垛積謂之一筆錦,即今之筆算。

中西算器考

黄元吉

震旦神明,苞符洩祕,象數以昭,寓道於器,述中學算器。

於古有徵,斷自唐虞,法天行健,咫尺星衢,璿璣玉衡一。

太初冬至,璧合珠聯,穆穆靈臺,於萬斯年,漢候臺銅儀二。

張衡舊器,兵燹災深,乃推黄赤,夜漏沉沉,宋元嘉渾儀三。

華林妙製,北出南入,迥異周髀,寫天以笠,梁重雲殿銅儀四。

在天成象,銀光燦燦,如水之平,不差一算,後魏候部鐵儀五。

開皇新都,史臣造訪,遺製晁崇,在昔所尚,隋觀臺渾儀六。

土圭測景,黄道之徵,章蔀參差,麟德斯興,唐凝暉閣渾儀七。

步武僧瓚,紹述前聞,規制大備,翰林天文,宋皇祐新渾儀八。

守敬實測,儀圖互商,三統而降,莫之比長,元授時術儀器九。

規法宋元,不設黄道,燕京舊物,班班可考,明正統銅渾儀簡儀十。

惟皇敬天,欽定儀象,重環合應,製作邁往,皇朝撫辰儀十一。

畸重畸輕,金羽詭變,何以稱之,五雀六燕,權衡十二。

粤稽漢志,本起黄鐘,黍廣爲分,積累求容,度量十三。

六觚一握,削之以竹,絳縣甲子,符畫可讀,籌十四。

矩出九九,筆之於書,而妙其用,開平爲除,策十五。

積矩涵萬,百分之根,準望過限,次形兼存,矩度十六。

劉徽重差,海島邈絶,視綫通之,比率識別,表竿十七。

上北下南,輿圖通例,居子向午,校邠新製,羅經十八。

方程錯糅,入以正負,同異相求,加減之紐,赤籌黑籌十九。

繁聲玉碎,巧技九弄,大夫善數,手揮目送,珠盤二十。

備物致用,古聖所遺,禮失求野,重譯支離,述西學算器。

有筆如刀,及鋒而試,彼虛一割,此資利器,鉛筆一。

繞指比柔,身經百鍊,安用毛錐,其末立見,鋼筆二。

雙管齊下,不即不離,蓮擎並蒂,麥秀兩歧,雙股鋼筆三。

含毫得意,纍若貫珠,空空妙手,依樣葫蘆,虛綫輪筆四。

黍不差一,端執其兩,精益求精,非非入想,分綫規、螺絲分微規、簧規五。

不辭折腰,勿夷左股,術妙轉圜,如撫魯鼓,活股規、活節小規、鉛筆簧規六。

二邊一角,面積虛涵,限以界綫,鼎足而三,三股規七。

爲仁之方,能近取譬,子母相推,義實同類,比例規、比例尺八。

削木爲桿,范銅作管,密推物逆,微差亦罕,長規九。

毫釐之差,千里之繆,御以縱斜,無煩刻鏤,分釐綫十。

兩直等勢,整整斜斜,同式比例,庶乎不差,平行尺、丁字尺、活句丁字尺十一。

義取靜鎮,如木繩從,雷池一步,慎守爾封,直界尺十二。

地亦行星,形非正圓,規以實測,若雞卵然,橢圓板十三。

句廣股修,商高遺意,句角倍股,爲用較備,三邊板十四。

圓錐玉劃,擺螺珠旋,節取皆弧,規合大圓,曲綫板十五。

三角半周,角各有度,夾邊測之,乃知其數,分角器十六。

叩其兩端,允執厥中,不扶自直,兩角雷同,作中綫器十七。

如蠖之屈,韞匱而藏,錫之鞶帶,何用不臧,帶尺十八。

飾以金碧,礪其鍼鋒,周旋中規,成竹在胸,記量表十九。

銳於自任，金心在中，軒窗四闢，快意臨風，蓋釘二十。

中西算器考
史國琛

算器之類有四，曰籌，曰珠，曰筆，曰尺。古算用籌，《漢書》謂竹徑一分，長六寸，二百七十一而成六觚，爲一握，是也。此一握之籌，束爲六角，梱约徑一寸九分，合今尺纔一寸二、三分，以之取攜，誠便。惟布算之時，縱橫排列，占地多而得數緩，變而爲珠，其簡易何啻倍蓰。惟其變始於何時，迄無定論，梅宣城謂起於明初，或云宋時已行珠算。今按《海鏡》《玉鑑》諸書，所列天元算式，類皆一縱一橫，負算則加斜畫，明是當日運籌之跡，可知元時尚用籌算，則梅氏之説近是。所惜者，珠盤盛行，而古人籌算之書咸束高閣。其通行者，或妄刪其細草，有明一代，無人能解天元，職是之由。蓋用籌，則可任分作幾層，用珠則尋常布算，一盤已足，而實方偶層累之式，遂以爲不切於日用而廢之，此則算器之沿革，爲算學中絶大關係也。西人算器，有籌、筆、尺三種。然鋪地錦法，中國亦自古有之，但能乘而不能除耳。至其所用之籌，則一籌而備九數，與中國古法迥異。尺算之名目最多，舉其大綱，則有比例尺、對數尺二種，其形式製度，習幾何者類能言之，無煩縷述也。惟算理日出不窮，算器之製亦日出不窮。昔鄒特夫作對數尺，兼列八綫對數，蓋仿比例規一尺十綫之製，而以對數變通之。近日南匯賈氏用量法代算，作直尺一千根，以一萬至十萬之數，依對數之度，分識其上，雖不習乘除者，亦能得數，洵推鉅製。但尺有一千根之多，則檢尋非易，蒙謂分製多尺，不如合製一尺之善。然尺小則分晰不清，尺大又非几案所能容，因以管見創造一器，名曰螺綫對數尺，非敢矜奇立異，聊以備算器之一格云爾。圖式如左。

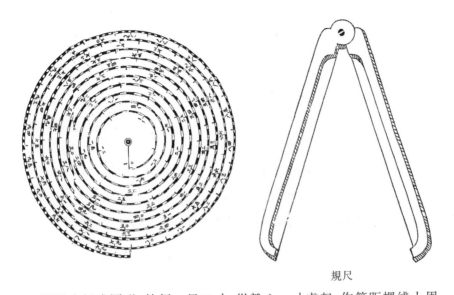

規尺

　　用堅木規成圓形，約徑一尺二寸，從離心一寸處起，作等距螺綫十周。先將外大圓周平分百度，每度再析爲十分，乃以螺綫周數爲對數之第一位，對數表之首位不用，以第二位爲第一位。度爲第三位，分爲第四位，其第五位則以分數之強弱定之。假如三之對數爲四七七一二，則從螺綫內端數起，至四周七十七度一分強處誌三，餘皆倣此，凡一萬以內之數，均可列之。若嫌過密不清，則隔兩數作誌，或隔五數作誌，圖因限於篇幅，故隔十數作誌。如尺大，可作螺綫二十五周，圓周平分四百度，每度再析十分，則十萬以內之數，亦能略得梗概。另作一規尺，如圖，樞心下端出一圓軸，聯於螺綫心，合爲一器。規尺以銅或木爲之，兩股皆凹，而以過心之綫緊繫之，則無掩映不清之患。用時，以規尺量取一率、二率相差之角度，移爲三率、四率相差之角度，即徑得四率。如欲開方，則於外周加一平分之圓綫，以本數左旋或右旋至〇度之角，折半，即得本數之平方根。惟乘除開方，皆須審定得數在螺綫之第幾周，此爲最要之理。綜而言之，籌算如古篆隸，珠算如行草，筆算如端楷，尺算如印板，西式籌算如聚珍板，印板中所無之字，固無法能顯，而其所有之字，則又顯之最捷也。比聞西人有機算之法，或旋一軸，或轉一螺釘，或按一活門，皆可頃刻得數，斯又算器之別開生面者矣。

論方程正負

楊　冰

不龜手之藥一也，或以封，或不免於洴澼絖，豈惟術有隆汙哉，善用與不善用之別而已。九數之教，一曰方程，以御錯糅正負，若和，若較，若雜，若變，若二色，若三色，若四、五色，一以貫之耳。小儒膠柱，遂齟齬而不適於用。高材廣識之士，或騖遠而狎近，於是元代浸以盛，而方程一術，視如芻狗矣。今爲考訂群言，恢演奧旨，都爲六篇，將以洗俗學之巨恥，備博物之餘觀，儻如道古所云，是惟疇人、府史流也，亦無訾焉。

釋名第一

劉徽曰：程，課程也，群物總雜，並列爲行，故謂之方程。《九章算術注》。按：《説文》方，併船也，是方有並列之義。又《儀禮》不方足，注：方，猶併也。李籍曰：方者，左右也；程者，課率也。左右課率，總統群物，故曰方程。《九章算術音義》。按：《儀禮・大射禮》左右曰方。楊輝曰：方者，數之形也；程，量度之總名，亦權衡、丈尺、斛斗之平法也，猶課分明多寡之義。《詳解九章演算法》。按：以方爲數之形，即精蘊設數必成方之意。程大位曰：方，正也；程，數也。《算法統宗》。梅文鼎曰：方者，比方也；程者，法程也。《方程論》。《數理精蘊》曰：方者，比也；程者，式也。解方程者又謂：凡設數，必成方而後可算也。此皆釋方程之義者也。劉徽曰：今兩算得失相反，要令正負以明之，或減或益，殊爲二品。《九章算術注》。楊輝曰：正者，正數也；負者，欠數也。多爲正，少爲負。《詳解九章演算法》。程大位曰：正者，正數；負者，欠數。《算法統宗》。梅文鼎曰：負與正對，蓋對數之所餘，即正數之所欠，故謂之負。又曰：正即正面，負即反面也。《方程論》。李鋭曰：借根方用多少爲記，多即正，少即負。《益古演段注》。《數理精蘊》曰：正者，爲主之數；負者，虛比之數。因彼此而分正負，由多少而成虛實。《代數術》曰：譬如人之產業，可算一箇正數，則其人所虧之錢，可算一箇負數。又如自左向右，引長作一綫，則心中可算此綫爲正數，再自右向左，退作一綫，則心中可算此綫當爲負數。此皆釋正負之義者也。案:《九章》方程術下，其左行、右行，皆謂之左方、右方，則方程之説，李氏爲確；設數成方之説，尚爲近理；若以比方解之，則《九章》各題，何一不據見在之數比方而得，豈獨方程爲然耶？至正負術下，祇言同名、異名，初無多少、虚實之目，梅氏以正面、反面釋之，似較諸家爲優；南豐吳氏乃以負陰抱陽之説爲太深奥，《天元釋例》。猶一孔之見也。

別式第二

今之操觚家，稍涉數學，輒從事於元代，弁髦古法，蓋已久矣。惟方程正負一術，歷代不廢，其閒改弦更張之跡，不可不知也。因擇取諸書算式，別其異同如左。

九章圖。原題今有上禾五秉，損實一斗一升，當下禾七秉。上禾七秉，損實二斗五升，當下禾五秉。問上、下禾實一秉各幾何？術曰:如方程，置上禾五秉，正，下禾七秉，負，損實一斗一升，正。次置上禾七秉，正，下禾五秉，負，損實二斗五升，正。以正負術入之。案原書無圖，李雲門依術補之，尚與古合，今從之。

上禾　　下禾　　損實

||||| 正　 ᅲ 負　 一 正　　　右行

ᅲ 正　 ||||| 負　 ᅴ|||| 負　　左行

楊氏圖。《詳解九章演算法》，程氏《統宗》，梅氏《方程論》並同，不具列。

上五秉正　　下七秉負　　實一斗一升正

上七秉正　　下五秉負　　實二斗五升正

朱氏圖。準《四元玉鑑》《算學啓蒙》《方程正負》諸例。

||||| 　　 ᅲ 　　 一

上禾　　下禾　　實

ᅲ 　　 ||||| 　　 ᅴ||||

秦氏圖。準《數書九章》推求物價及均貨推本二題例。

右行　 一 　　 ||||| 　　 ᅴ||||

　　　　　積　　上禾正　　下禾負

左行　 ᅴ|||| 　　 ᅲ 　　 |||||

　　　積　　　　上禾正　　　下禾負

吳氏圖。《九章翼》。

右　　上禾五　　下禾七　　實二

左　　上禾七　　下禾五　　實二五

數理精蘊圖。

實　　　正一一　　正五二

下禾　　負七　　　負五

上禾　　正五　　　正七

以上六圖，式凡三變。古圖縱列，實居下方，和者皆正。<small>梅氏作無正負欠合。</small>較者有正有負，楊氏、朱氏皆因之。秦氏易其實於上方，所以合於天元之上實下法也。吳氏易其實之正負，所以合於天元之正負相當也。《數理精蘊》易爲橫列，所以合於借根之橫列也。至近人陳維祺纂《算學大成》，既仿《數理精蘊》之橫列，又依《九章翼》之正負，斷鶴續鳧，蓋無取焉。

袪惑第三

　　梅氏因吳信民比類程大位《統宗》而作刊誤，所以攻之者既不遺餘力矣，然而梅氏之言，亦有失焉。其論加減之誤也，曰：諸書所載，忽而同減者，忽而異減；忽而異加者，忽而同加，豈不謬哉。又曰：同名相減，即如盈朒章，兩盈兩朒相減也。異名相併，即如盈不足相併也，豈有同加異減之理乎？梅氏之說如此，可謂敢於臆斷矣。《九章》正負術曰：同名相除，異名相益，正無入負之，負無入正之。其異名相除，同名相益，正無入正之，負無入負之。楊氏、秦氏、朱氏各書，文雖小異，<small>《九章》《纂類》正負法曰：其一，異名相減，同名相加，正無入正之，負無入負之。其二，同名相減，異名相加，正無入負之，負無入正之。又《詳解九章算法》，無入者，鄰位元無算可入，古本誤刻無人者，非數書。《九章·市物類》，如同名相減，異名相加，正無人負之，負無人正之，其如同名相加，異名相減，正無人正之，負無人負之，《算學啟蒙》其無人者爲無對也。人作入，非。</small>然異減同加之旨未或廢也。諸書所載，亦猶行古之道耳。梅氏乃欲以正負交變之法易之，而謂古人舍同減異加，別無他術，其厚誣古人，貽誤後學，莫此爲甚，故詳辨之。至如空位立負併母，以除奇減偶，加上法下，實俗學拘虛，不可爲訓，梅氏辭而闢之，亦有功焉。

廣用第四

　　梅氏曰：雜法不能御方程，而方程能御雜法。《方程論》。阮氏曰：立天元一者，融會少廣，方程而加精焉者也。若四元者，是又寓方程於天元一術焉者也。《四元玉鑑序》。吳氏曰：方程、天元兩術者，二而一也。又曰：合天元所用之法，無非方程所用之法。天元可求之數，亦即方程可求之數。又曰：四元與借根方以及近日之代數，統是此法。《方程天元合釋》。按諸家之説，雖無不可通，但以方程御二次以上之式，究爲古所未有，無取附益以示異。獨大衍一術，秦道古謂不載《九章》，未有能推之者，曆家演法頗用之，以爲議程者誤也。《數書九章序》。然張邱建《算經》百雞一題，實大衍術，嘉定時君乃謂與二色方程暗合，所撰《百雞術衍》皆以方程爲本術，與秦氏之言又相刺謬。竊謂方程者，有定之方程也，大衍者，無定之方程也，此兩者異流而同源，請言其始。《九章》方程術有“五家共井”一題，劉徽曰：舉率以言，梅定九曰：設問之誤，梅氏以此題爲始於吳信民《九章比類》，未免失考。不知即無定方程也。今用無定式入之，以證大衍一術，亦本於《九章》云。原題：今有五家共井，甲二綆不足，如乙一綆；乙三綆不足，如丙一綆；丙四綆不足，如丁一綆；丁五綆不足，如戊一綆；戊六綆不足，如甲一綆；各得所不足一綆，皆逮，問井深、綆長各幾何？

　　設卯爲井深，即以甲、乙、丙、丁、戊爲五綆之長，如題，其方程式爲

$$\text{卯}=\text{二甲}\,|\,\text{乙}=\text{三乙}\,|\,\text{丙}$$
$$=\text{四丙}\,|\,\text{丁}=\text{五丁}\,|\,\text{戊}$$
$$=\text{六戊}\,|\,\text{甲}$$

，

即

$$\text{戊}=\dfrac{\text{六}}{\text{卯}\,|\,\text{甲}}$$，

$$丁 = \frac{五}{卯戊} = \frac{三〇}{五列甲},$$

$$丙 = \frac{四}{卯丁} = \frac{一二〇}{二五卯甲},$$

$$乙 = \frac{三}{卯丙} = \frac{三六〇}{九五卯甲},$$

$$甲 = \frac{二}{卯乙} = \frac{七二〇}{二六五卯甲},$$

即

$$七二一甲 = 二六五卯,$$

$$七二一乙 = 一九一卯,$$

$$七二一丙 = 一四八卯,$$

$$七二一丁 = 一二九卯,$$

$$七二一戊 = 七六卯。$$

設甲、乙、丙、丁、戊俱爲整數易見,卯必能以七百二十一約之,乃令

$$卯 = 七二一亥,$$

則

$$甲 = 二六五亥,$$

$$乙 = 一九一亥,$$

$$丙 = 一四八亥,$$

$$丁 = 一二九亥,$$

$$戊 = 七六亥。$$

其亥任爲何數皆可通,若命亥爲一寸,即原答數。

公法第五

劉徽之二術,《九章》方程末一題注,附新術二,戴全溪、李尚之各爲之細草。楊

輝之四法，《九章纂類》方程凡四法，謂方程、損益、分子、正負也。程大位之三歌，《算法統宗》有二色方程歌、三色方程歌、四色方程歌。梅文鼎之七例，《方程論》正名、極數兩篇，凡七例，曰：和數方程例、較數方程例、和較相雜方程例、和較交變方程例、帶分方程例、瓔珞方程例、重審方程例。或以爲設通，或以爲循本，或以爲分明，或以爲畫一。學者陳策，眩於目，亂於志，所謂彼亦一是非，此亦一是非也。竊謂算學各事，皆有公法，方程祇一次式，固應能以公法馭之。今以代數演爲二幅，上幅以便求式，下幅以便演數，治方程者，庶有裨乎？

題式：

舊法屢次互乘相消，若卯元之式，消至一元，其法實之項數必爲，其每項之乘數爲。今用公式推之，其法實之項數，恒爲，其每項之乘數爲卯。

上幅：

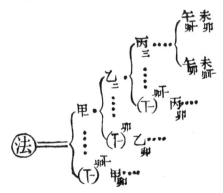

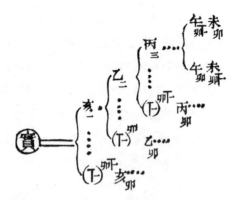

此一法一實爲天一之同數,若求天二天三等元,但以乙、丙等元與甲互易,即得。

下幅:

角二＝甲二

亢二＝甲三

氐二＝甲四

房二＝甲五

心二＝甲五

角二＝角二乙丁亢二乙

亢二＝角二乙丁氐二乙

氐二＝亢二乙丁氐二乙

房三＝＝＝角一四乙丨房一乙一

心三＝＝＝亢一四乙丨房一乙二

尾三＝＝＝氐一四乙丨房一乙三

箕三＝＝＝角一五乙丨心一乙一

斗三＝＝＝亢一五乙丨心一乙二

牛三＝＝＝氐一五乙丨心一乙三

女三＝＝＝房一五乙丨心一乙四

角三＝＝＝角二三丙丨亢二三丙丨氐二一丙

亢三＝＝＝角二四丙丨房二三丙丨心二一丙

氐三＝＝＝亢二四丙丨房二三丙丨尾二一丙

房三＝＝＝氐二四丙丨心二三丙丨尾二一丙

心三＝＝＝角二五丙丨箕二三丙丨斗二一丙

尾三＝＝＝亢二五丙丨箕二三丙丨牛二一丙

箕三＝＝＝氐二五丙丨斗二三丙丨牛二一丙

斗三＝＝＝房二五丙丨箕二四丙丨女二一丙

牛三 ═══ 心二五 丙 斗二四 丙 女三二 丙

女三 ═══ 尾二五 丙 牛二四 丙 女三二 丙

角四 ═══ 角三四 丁 亢三三 丁 氐三二 丁 房三 丁

亢四 ═══ 角三五 丁 心三三 丁 尾三 丁 箕三 丁

氐四 ═══ 亢三五 丁 心三四 丁 斗三 丁 牛三 丁

房四 ═══ 氐三五 丁 尾三四 丁 斗三三 丁 女三 丁

心四 ═══ 房三五 丁 箕三四 丁 牛三三 丁 女三 丁

......

角五 ═══ 角四五 戊 亢四四 戊 氐四三 戊 房四二 戊 心四一 戊

......

天卯 ═══ [角亥卯 亢亥卯 氐亥卯 房亥卯 …… ÷角卯]

天卯 ═══ [角(亥三卯 未天卯) 亢(亥卯 未天卯) …… ÷角卯]

天卯 ═══ [角(亥卯 未天卯 午天卯) …… ÷角卯]

......

設例第六

若有多元方程,欲求答式,則可依上幅得之。

題式：

甲天一｜乙天二＝＝亥一

甲天二｜乙天三＝＝亥二

（完）

甲天一｜乙天二｜丙天三＝亥一

甲天二｜乙天三｜丙天四＝亥二

甲天三｜乙天四｜丙天五＝亥三

（完）

甲天一｜乙天二｜丙天三｜丁天四＝亥一

甲天二｜乙天三｜丙天四｜丁天五＝亥二

甲天三｜乙天四｜丙天五｜丁天六＝亥三

甲天四｜乙天五｜丙天六｜丁天七＝亥四

（完）

答式：

天一＝＝　甲乙｜丁｜甲乙
　　　　　亥乙｜丁｜亥乙

（完）

天二＝　甲（乙丙乙丙）｜甲（乙丙乙丙）｜甲（乙丙乙丙）
　　　　亥（乙丙乙丙）｜亥（乙丙乙丙）｜亥（乙丙乙丙）

（完）

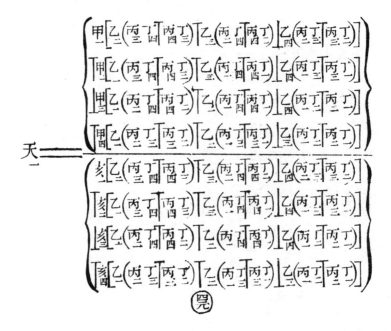

若有多元方程，欲求真數，則可依下幅推之。

如《九章·方程》末一題，今有麻九斗，麥七斗云云。爲五元方程。今令麻爲天一，麥爲天二，菽爲天三，荅爲天四，黍爲天五，其真數之細草如左。

題式：

甲乙丙丁戊亥					麻麥菽荅黍直
一三二八五九五	二五三九四一一二	三五七六四一一六	七六四五三一二八	九七三二五一四〇	
㊄	㊃	㊂	㊁	㊀	

通率：

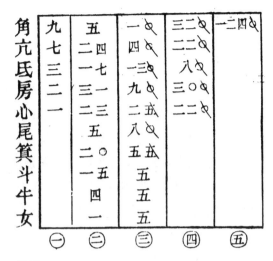

答數：

天五 —— 一二／七四 —— 六 二 黍

天四 —— 三二／六〇 —— 五 二 苔

天三 —— 一／三 —— 三 二 菽

天二 —— 五／二〇 —— 四 二 麥

天一 —— 九／六三 —— 七 二 麻

論方程正負

何國恂

自古在昔，包犧作而數理開，黃帝興而九章著，九章之術，所以窮九數之變者也。其章有九，而方程列於第八，蓋以次序而言，則自方田以至盈朒，均可不必言正負，其實正負之理已寓於中，特其正負未或錯糅，故無須表之耳。至於正負之錯糅者，則不得不於各方中，先課其正負而別識之，此方程正負之法所由立也。嘗讀《九章》方程門，其一、二兩題，猶未言正負，因其各方中之正負尚未錯糅，且相消之後，亦不至正負相雜，故從省。至第三題以下，則如題，先課其各方，已見正負相雜，故不得不明之也。元朱松庭先生著《算學啓蒙》，別爲方程正負一門，所以補《九章》之不足，殆謂有方程必有正負，且推諸句弦和、股弦和各題，以明方程正負之用，不僅上法下實，按《九章》方程門，僅一次式，《算學啓蒙》方程正負門，末兩題已推諸二次式，而理猶未顯也。蒙以爲習者，當先知方程正負理，然後再習方田諸法。何則？無論方田以及盈朒，凡題有二截者，則必列二方，此二方中雖云每行各自爲率，而無所同存，然其各方中正項之數，與負項之數相抵，均有等於空之理，否則必不能成一方程式，即推諸一方之式亦然，即上法下實也，所以上爲正，下必爲負，上爲負，下必爲正，無上下同名之理。特古人立法時，可省則省，至必不可省而後發之，幾若方程爲算學之一門，而方程正負又爲方程算學中之另一門，且若未習盈朒以上諸術，絕不可以與語方程者。噫！豈古人之故愚後人耶，抑亦後人未明古人之意耶？今者，理日精，西學之入中國者，如《代數術》一書，自一次式，以至二、三、四次及多次式，均不外乎以方程正負術入之，然後得式，則信乎方程正負術爲算學中之一大關鍵，學者不可不先明者也。

蒙案梅氏勿庵著《方程》六卷，首言正名有四，一曰和數，二曰較數，三曰和較雜，四曰和較交。變固足以條分縷析，以啓後人，然謂和者無正負，則未必近當。律以每行各項與實相抵，均當等於空之義，則和數之各項皆正，而實當爲負。若命和數之各項爲負，則實當爲正，方合天元實法之理，蓋彼時天元之理猶未大著也。李氏雲門演九章細草，其於方程門之首兩題，一本和者無正負之説，列行故直，消至上法，下即時法，實皆正。且至第三題以下，雖各項有正負，而實常爲正。如例以各行正負相抵，皆當等於空之理，則必另有一説，方能解之。今代數方程等式，和數各項並列於左，其共實列於右，則左右皆正。以此爲斷，則《九章細草》所列之各行，其上各項爲一類，其下實另爲一類，如代數方程式之分左右然，然終與天元理有窒礙處。蒙竊以爲不言正負則已，既言正負，則一方之直行，與代數之分左右異，何能入兩類爲一式，似宜令下實爲異名，方便於用。然考朱松庭先生《啓蒙》一書，其方程正負門亦未言及實當異名，所以古法之方程正負，僅能馭一次式，與天元之可馭各次式者迥異矣。

又案《九章》方程門末一題，係五色方程，以古法求之，則如李氏雲門所演，其事繁重，若再增至多色，則一時竟難得數，即戴氏金溪、李氏尚之所校正之方程新術，雖仍舊本，亦難探索其義，俾後人簡而易求。蒙嘗觀西國書，有馭方程捷術，其定法先將所有之幾箇方程式列成幾箇等式，然後從公法得其式中法實所當有之各項，而先定其正負，次以真數代入求之，自二色以至多色，統歸一例，茲特附載於左。

如《九章》方程門末一題，名爲五色議程準代數術，列成五箇方程等式。

令

其各次甲、乙、丙、丁、戊五數連乘有一定之公式,兹先用各次之係數列成兩表,一爲正號之各項,一爲負號之各項,爲法實公用之定率。

一二三四五	一二五三四	一二四五三	一三四二五	一三五四二	一三二五四
一四二三五	一四五二三	一四三五二	一五三二四	一五四三二	一五二四三
二一四三五	二一五四三	二一三五四	二三一四五	二三五一四	二三四五一
二四三一五	二四五三一	二四一五三	二五四一三	二五三四一	二五一三四
三一二四五	三一五二四	三一四五二	三二四一五	三二五四一	三二一五四
三四一二五	三四五一二	三四二一五	三五一四二	三五二一四	三五四二一
四一三二五	四一五三二	四一二五三	四二一三五	四二五一三	四二三五一
四三二一五	四三五二一	四三一五二	三五一二三	四五三一二	四五二三一
五一二三四	五一四二三	五一三四二	五二三一四	五二四三一	五二一四三
五三四一二	五三二四一	五三一二四	五四一三二	五四二一三	五四三二一
上幅爲正			下幅爲負		
一二三五四	一二五四三	一二四三五	一三四五二	一三五二四	一三二四五
一四二五三	一四五三二	一四三二五	一五三四二	一五四二三	一五二三四
二一四五三	二一五三四	二一三四五	二三一五四	二三五四一	二三四一五
二四三五一	二四五一三	二四一三五	二五四三一	二五三一四	二五一四三
三一二五四	三一五四二	三一四二五	三二四五一	三二五一四	三二一四五
三四一五二	三四五二一	三四二一五	三五一二四	三五二四一	三五四一二
四一三五二	三一五二三	四一二三五	四二一五三	四二五三一	四二三一五
四三二五一	四三五一二	四三一二五	四五一三二	四五三二一	四五二一天
五一二四三	五一四三二	五一三二四	五二三四一	五二四一三	五二一三四
五三四二一	五三二一四	五三一四二	五四一二三	五四二三一	五四三一二

設令

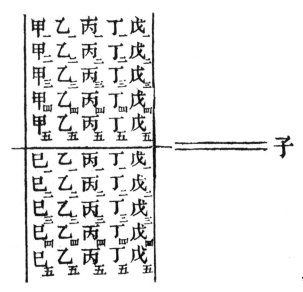

憑前表，易化作

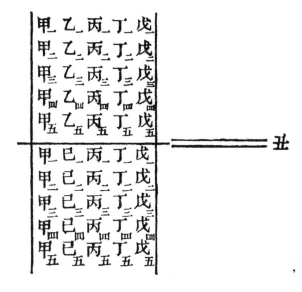

設令

憑前表，易化作

右子、丑兩公式，限於篇幅，不及將全表載入也。若欲求寅、卯、辰各元，亦能如法得式。

案譯西書，此法名爲定準數，專以馭方程正負者。蒙竊以爲多色方程所最難分者，正負耳，今既有術以定其正負，則得式易如反掌矣。若以常法求之，則法實均多至三萬二千七百六十八項，其各項之乘數均爲十六次連乘，以各項消其正負相同者，則法實僅各餘百二十項，又去其法實中之公分母，則各項之乘數不過五次連乘，即如上所列之正負兩表也。然未有此法以前，能以代數演方程者，至四色而止，若欲解五色方程，則惟有用眞數入之，絕無能以代字求至成式者，以其事煩而易誤也。今顯然有公式之可憑，簡而無誤，則此術允爲捷法矣。

又案此式，上法下實爲同名，理與《九章》方程正負同，因左方之上法，本爲右方所求數之倍數，而移右乘爲左除者也。若以各方理例之，則必移各項於左，而令右爲〇，方合天元開方式。所以依開方式理與依一次方程理本不同，然則推演一次方程式，無論用九章法依圖布，或依代數術如題列式，其法實均爲同名相減，異名相加，與天元開方之法實同名相加，異名相減者迥別矣。

夕桀解

楊　冰

夕桀之名，昉於漢代，述於馬融。陸、沈異讀，未有折衷。賈、孔作疏，已迷眞旨。二篇既佚，群言遂淆，乃有小學專家，但求訓詁，疇人子弟，徒事鋪張，遂使學專門，無異經師聚訟矣。夫重差一經，綴於名股之下，旁要二法，詳於纂類之編，各有成書，易資考證。至於夕桀，則人自爲解，各不相謀，臆說既紛，指歸愈昧。愚謂古書雖缺，厥術猶存，測望分題，可比類而定，東西立表，可按圖而稽。用是旁覽載籍，薈萃諸家，附參末見解成，釐爲三節，博物君子得以覽焉。

一、夕桀之文，見於經、子部者凡四，爲《周禮正義》，《周禮·保氏》"六曰九數"注，鄭司農云："今有重差、夕桀、句股也。"《釋文》：夕桀，音的。沈：詳易反。此二字非鄭注。疏：今有重差、夕桀，夕桀，句股也者。此漢法增之。馬氏注，以爲今有重差、夕桀，夕桀亦是術之名，與鄭異。《禮記正義》，《禮記·少儀》"游於藝"，疏：先師馬融，干寶等更云：今有夕桀，各爲二篇，未知所出。今依司農所注周禮之數，餘並不取。《困學紀聞》，《困學紀聞》保氏九數，鄭司農云：今有重差、夕桀、句股。按：夕桀二字，後人附益，非鄭注。《數書九章》。《數書九章》敘智創巧述，重差夕桀，求之既詳，揆之罔越。測望類，望敵圓營，問敵臨河爲圓營，不知大小，自河南岸自某地七里，於其地立兩表，相去二步，其西表與敵營南北相直，人退西表一十二步，遙望東表，適與敵營圓邊參合，欲知其營周及徑各幾何？術曰：以句股、夕桀求之。詳考各書，則夕桀固術之名，亦測望之類。禮注爲後來附益，知漢時始有專書。《釋文》則各自爲音，知唐代已多異説，惟今本皆爲夕桀，則陸德明之説難從。而專術必有師傳，以秦道古之書，爲斷其望文生義，穿鑿支離，概無取焉。

一、夕桀之訓，見於著述者凡五家，爲錢大昕，《十駕齊養新録》，疑夕桀爲互桀之譌。段玉裁，《周禮漢讀考》，夕，以《釋文》音的，求之其字，當是本作勺，讀爲斟酌之酌。沈作朝夕字，非，陸音的，亦非也。桀當爲桀。顧觀光，九數存古夕桀術一百六問，首列《九章術》一問，爲句股容圓；次列《四元玉鑑》三問，爲圭田及梯田容圓；次《數書九章》二問，一爲測望類敵圓營，一爲軍旅類望知敵衆；餘一百問，皆《測圓海鏡》題也。張文虎，《舒藝室隨筆》，旁要、夕桀，蓋皆測望中之一事。旁要測方，夕桀測圓。夕桀云者，《廣雅·釋詁》云：夕，衺也。《文選》謝靈運擬劉楨詩，注桀與揭音義同。又《東京賦》注揭猶表也，蓋樹表而邪望之，即劉徽所云瓜離者也。疑重差、夕桀，古人本以旁要該之，後人強爲之分析耳。諸可寶。《疇人傳三編》，夕桀也者，斜破之也，即剖分焉，而以同式相比，又即中垂綫也。夕有衺訓，見于高注、張《雅》。《説文解字》：桀，磔也。《爾雅·釋天》李巡注：祭風以牲頭、蹏，及皮破之以祭，故曰磔。又古訓車裂爲磔，是桀有破裂訓也。錢氏之説，羅茗香及張孟彪已非之，《學啓蒙後記》，錢曉徵詹事疑夕桀爲互桀之訛，不知重差、夕桀二名，已雜出秦書測望章，此古名之厪見者。《舒藝室隨筆》，錢氏疑夕桀爲互桀之譌，案互桀家通法，不能另列爲一章，且不得雜出於旁要、重差下也。無庸贅論。段氏據《釋文》改夕爲勺，按字書，夕無的音，惟勺與的古字通假，陸氏所據之本，必爲勺桀無疑，至以勺爲斟酌之酌，蓋本《漢書》顏師古注，《禮樂志》郊祀歌：勺椒漿，師古曰：勺讀爲酌。惟以桀爲槷，既蹈錢氏之失，且乘法無可斟酌，其於理亦不可通。顧氏據秦書望敵圓營一題，定夕桀爲句股測圓，不知秦書句股測圓凡三題，其二在測望，其一在軍旅，而遙度圓城題，明言以句股差率求之，望知敵衆題，明言以圓密率入重差求敵衆，皆不言以夕桀求之，則非凡句股測圓，皆可云夕桀矣。張氏以夕桀爲測圓，亦仍顧氏之誤，惟樹表邪望之訓，尚與秦書相合。諸氏以斜破訓之，亦自可通，其云用中垂綫爲比例，則失之矣。總之，錢氏、段氏之説，知訓詁而不知術者也。顧氏之説，知術而不知考證者也。張氏、諸氏實能兼之，然但觀其大略而已，非能折衷於至當者也。

　　一、夕桀之義引而伸之，能與秦書相合者，其解法尚多。夕桀云者，夕猶宿也，《詩》齊子發夕，《集傳》：夕猶宿也。桀，從舛，在木上，舛對臥也，《説文》桀部，桀從舛，在木上；舛部，舛對臥也。謂其術即《周髀》所謂臥矩以知遠也。據秦書測望類，凡不言夕桀者，皆偃矩、覆矩之法，惟第六問，言夕桀，今考其術，實臥矩之法也。又，夕，不正也，《吕氏春秋》季夏紀，是正坐於夕室也。其所謂正，乃不正矣。桀，特立也，《詩》邦之桀兮，毛傳：桀，特立也。謂凡測望者，皆正立以望所測之處，惟夕桀之術不正立也。據秦書，言人退西表若干步，遙望東表，則不正立明矣。又，夕，西鄉也，《周禮·司儀》不朝不夕，鄭注：不正東鄉，不正西鄉。桀，楬也，楬有所表識也，《説文》木部，楬，桀也。《周禮》職金，鄭注：有所表識，謂之楬櫫。夕桀云者，指西表而言之也。據秦書言，惟西表與敵營南北相直，則此解亦爲可通。又夕依陸氏音的，的，表見也，《中庸》的然，注：表見也。桀，磔也，磔，開張也，《説文》桀部，桀，磔也。《唐韻》磔，張也，開也。謂所立之表，不令前後參直而開張之也。以上諸解，皆不背於秦書，然必以何説爲確，則皆不免於附會。總之，夕桀之術，今所存者，惟秦書一題。古稱夕桀各爲二篇，其所佚者蓋已多矣，則夕桀之義，又不能專據秦書而定。學者但當玩索秦書，而知夕桀與重差之所以異者何在，不至如章懷以少廣爲步廣，穎達以重差爲差分，則得之矣。

微積術補代數未盡說

楊　冰

今之學者耳微積之名，或詫爲神奇，或疑爲隱奧，苦無以誘其入也。則告之曰：微積者，所以補代數未盡也。夫幾何之學，拘於跡象，而不能如積，於是有天元以補其未盡。天元之學，苦於演數，而不能求公式，於是有代數以補其未盡。代數既創，可謂盡矣，然而未定之數，必資於大衍，《代數術》卷二十一，論未定之相等式，與《數書九章》大衍類實爲一法。循環之數，或證以連分，馭指數以對數，馭無窮以級數，馭割圓以八綫，若此類者，多非代數常法所能解，而皆統於代數，良以代數之名，固無所不賅。微積之於諸法，用雖不同，其爲代數之支派，一也。惟其術較深，而其用又最廣，故不得不別爲一種，要而論之，猶是補代數未盡而已。請言其概，一曰代數所不易求者，微積能求之，如有真數求對數，溯源第二十款，又三十六款，又四十二款，即對函數微分。有對數求真數，拾級卷十三第一款，溯源第十九款，又三十五款，又四十一款，即指函數微分。有弧背求正餘弦，拾級卷十三第十款末二題，溯源第三十七款，又四十三款。有弦切求弧背，拾級卷十八，溯源三十八款，又四十四款，又一百三十九款。以及各曲綫之切法等綫，馭以代數，或繁重而不能簡要，或借徑而昧其本原。如真數、對數相求，須先以二項例詳之、約之，又令卯之各項彼此抵消，始得至弦切、弧背相求，或用虛根式，或用訥對底，皆枝枝節節而爲之。以微積馭之，則行所無事而已。一曰代數所不能求者，微積能求之。如函數極大小之限，拾級卷十二，溯源第六十款，至六十四款。曲綫及面體之積，拾級卷十八，溯源卷七。多非代數所能得，以微積馭之，則易易耳。善夫！李氏之言曰：昔之所謂無法者，今皆有法，昔之所謂至難者，今皆至易。華氏之言曰：用代數以馭極深之學，有時尚覺不便，故更立此二術以濟其窮。可謂善言微積者矣。至於微積所憑之理，與其變化之法，與其切用之事，則非數語所能盡，姑從略云。

卷十四

讀海寧李氏《對數探源》書後

楊　冰

　　對數之興，蓋在明季，據《數學啓蒙》，訥白爾、巴理，知皆萬曆時人。其時，泰西未有無窮級數，故求之甚難。迨杜氏割圓九術既來中土，於是明董、項、戴諸家，漸能推廣屢乘屢除之用，猶未以爲級數也，或謂之綴術，或謂之連比例，或謂之垛積招差，獨李氏《方圓闡幽》及此卷，則以爲諸乘尖錐。其實，級數之理所賅甚廣，仁者見仁，知者見知，無不可也。然愚謂李氏非真能由尖錐悟及對數之理，蓋當時已有此屢乘屢除之術，觀戴氏《對數簡法》，可見。李氏以爲可通於尖錐，在何級數皆可以尖錐明之，不獨此一級數爲然也。因假以張惶其說耳，不然，明理一篇，分款十有三，作圖十有八，系辭且數千，不可謂不多矣，而所言者，皆其已然之跡，曾無一語證其所以然之故。原書惟第十條，言截綫有盡界可求，能證其所以然之故。但李氏不用截綫爲正數，則仍與要旨無關。夫已然之跡，略通對數者，皆能言之，若尖錐所以合於對數之故，則非盡人而能知也。詳於此而略於彼，有令人讀之多一重障礙而已。原書第九條，言截綫爲連比例。十一條、十二條，言截綫與高爲比例，其所以然之故，雖未證明，尚易領會。至四條、五條、六條，言第二段以上其積相同。七條、八條，言比例綫之截積較相同，此理在對數爲淺，在尖錐爲極深，若不證其所以然之故，安能令學者無惑。且李氏既以截積爲對數，自應以截綫爲正數，不知出此，而作正數於傍，宜其說之支離而不能合也。原書二條，言合均截爲若干分，便與若干分之正數對。三條，言正數無論多少，其分數同，所對之積亦同，雖皆本於對數之理，然移於尖錐合積，便多窒礙之處，其誤在作正數於傍，而又以最下一段爲一之對數，故不可通。不揣檮昧，輒爲擬草十款，非敢菲薄古人，聊以就正有道云爾。

　　第一款　對數之源，本於尖錐合積。正數其截綫也，對數其截積也，合積之高爲本對數根，其諸乘尖錐自根數起，此數在幾何謂之綫，在天元謂之元，在借根謂之根，在垛積爲高，在諸乘方爲邊，亦謂之根，在對數爲根。原書謂之長方，可謂不揣其本矣。次平尖錐，次立尖錐，次三乘尖錐，如是遞推，以至於無窮。其高皆如根數，其底皆爲一。原書云皆爲齊同之數，意謂可命爲任何數也。不知底爲任何數，則上廣亦爲任何數，而上廣之對數恒爲○，是謂任何數之對數，皆可爲○也，於例不通。

　　如圖：

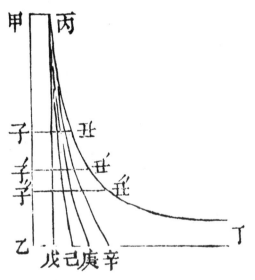

甲、乙、丙、丁尖錐合積，甲、戊爲根數，丙、戊、己爲平尖錐，丙、己、庚爲立尖錐，丙、庚、辛爲三乘尖錐，丙、丁、辛爲四乘以上無窮尖錐之和，乙戊及戊己及己庚及庚辛爲諸尖錐之底，子丑及子′丑′諸綫爲截綫，甲丑及甲丑′諸積爲截積，題言子丑與甲丑，子′丑′與甲丑′恒如真數與對數，其甲乙合積高爲本對數根，證如後款。

　　第二款　此合積之上廣爲一，其下廣爲無窮數，若於其間任作截綫，則能小至於一，而大至無窮。

　　證曰：平立諸尖錐，皆無上廣，惟根數兩端爲齊同之數，故合積之上廣爲一,下廣爲無窮尖錐之底和,其底皆爲一,故下廣爲無窮數。截綫在上下廣之間,故能小至於一,而大至無窮。

　　第三款　此合積上,任於何處作截綫,則所截諸尖錐之底,皆成連比例。

　　證曰:諸尖錐之底雖皆爲一,其實

$$\frac{根數}{底}=(\overset{0}{一}),$$

$$\frac{平錐}{底}=(\overset{1}{一}),$$

$$\frac{立錐}{底}=(\overset{2}{一}),$$

$$\frac{三乘錐}{底}=(\overset{3}{一}),$$

......

其括弧内之一,爲各底之邊,因

$$\frac{截底}{原底}\cdot\frac{邊}{邊}\therefore\frac{截高}{原高}\cdot\frac{高}{高},$$

設

$$\frac{截}{高}\therefore\frac{原}{高}::天:一,$$

則得

$$\frac{根數}{底}=\overset{0}{天}=一,$$

$$\frac{平錐}{底}=\overset{1}{天},$$

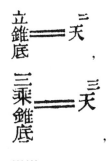

$$\frac{立錐底}{\ } = 天_{一}\,,$$

$$\frac{三乘錐底}{\ } = 天_{三}\,,$$

$$\cdots\cdots$$

其一與天一、天二、天三……爲連比例。

第四款　此合積任均截爲卯,分其最下之截綫,恒等於卯。次上爲二除卯,又上爲三除卯,至最上之截綫爲卯減一除卯。

證曰:準上款,別得截綫之公式,爲

$$\frac{1}{天_{一}}\ \frac{2}{天_{二}}\ \frac{3}{天_{三}}\cdots = \frac{\frac{1}{2}天}{1}\,,$$

其

$$天 = \frac{截高}{原高}\,,$$

若均截爲卯分,則最下之截綫應爲

$$\frac{\frac{1}{2}\left(\dfrac{卯}{卯}-1\right)}{1} = 卯\,,$$

次上截綫應爲

$$\frac{\frac{1}{2}\left(\dfrac{卯}{卯}-3\right)}{1} = \frac{三}{卯}\,,$$

又上截綫應爲

$$\frac{\frac{1}{2}\left(\dfrac{卯}{卯}-3\right)}{1} = \frac{三}{卯}\,,$$

其最上截綫應爲

$$\frac{1}{一}\left(\frac{卯}{二}\right)=\frac{卯}{卯}+\frac{1}{一},$$

第五款　此合積任均截爲卯分，自最下第二段以上，其逐段之積皆爲一定之數，與卯之同數無涉。

證曰：設其積爲卯分，中之甲段積，準上款，其

$$高=\frac{卯}{根},$$

$$上廣=\frac{甲}{卯},$$

$$下廣=\frac{甲+1}{卯},$$

則其梯形積爲

$$\frac{二卯}{根}\left(\frac{甲}{卯}+\frac{甲+1}{卯}\right)=\frac{二}{根}\left(\frac{甲}{一}+\frac{甲+1}{一}\right)。$$

其卯之同數不見，若令寅爲甚大之數，則能將此甲段之積，化爲寅箇梯形，其積和爲

$$\frac{二}{根}\left[\frac{甲寅}{一}+\frac{甲寅+1}{二}+\frac{甲寅+二}{二}+\cdots\cdots\frac{甲寅}{一}+\frac{寅}{一}\right]。$$

其卯之同數仍不見，可知甲段之積，惟恃甲爲相關之數，與其分數卯無涉。

第六款　此合積上任作諸截綫，爲相連比例，則其諸截積爲遞加比例。

證曰：令所作諸截綫爲卯、卯×寅、卯×寅^二……又令諸截積爲天、天⊥地、天⊥地⊥地$'$……其天爲截綫卯以上之積，地爲卯與卯×寅兩截綫間之積，若將合積分爲卯×寅分，即爲第二段至寅⊤段之和，地$'$爲卯×寅與卯×寅^{二}兩截綫間之積，若將合積分爲卯×寅^{二}分，亦爲第二段至寅⊤段之和，準上款自第二段至寅⊤段，皆爲一定之數，與其分數卯×寅及卯

×寅⁼無涉,則知地與地′爲相等,而其諸截積爲天、天⊥地、天⊥二地……

第七款　此合積上若作諸截綫命爲正數,而以諸截積爲對數,則可以加減代乘除,以乘除代自乘開方。

證曰:準上欵,其截綫爲卯、卯×寅、卯×寅⁼……其截積恒爲天、天⊥地、天⊥二地,若對列之,即爲

對數	正數	率
天 天⊥地 天⊥二地 ……	卯 卯×寅 卯×寅⁼ ……	一 二 三 ……

其正數,有任兩率求又一率者,或自乘相除,或相乘開方始得其對數,有任兩率求又一率者,或倍之相減,或相加半之,即得。

第八款　此合積任均截爲卯分,其甲段之積,恒爲甲與甲減一兩對數之較。證曰:準上款,甲與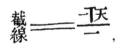兩截綫間之積,若將合積分爲甲(卯⁻¹)分,即爲甲段之積與卯分中甲段之積,同以甲爲相關之數,而與卯及甲(卯⁻¹)無涉,故兩積相等。

第九款　此合積上任作大於一之截綫爲正數,若非大至無窮,其對數皆可求,若大至無窮,則與下廣相合,而以合積爲對數,若小至於一,則與上廣相合,而無截積,故一之對數恒爲〇。原書詳法第四條,及《尖錐變法釋》,皆以合積最下一段爲一之對數,蓋李氏之意,以爲第二段既爲二之對數,則最下一段應爲一之對數。不知凡卯段積,皆爲卯減一除卯之對數,故第二段爲一除二之對數,則最下一段爲〇除一之對數,〇除一爲無窮數。李氏乃以無窮數之對數爲一之對數,相去奚啻天壤。

證曰:準第四款,其

截綫 ———— 一天 / 一,

則

$$\frac{\text{截高}}{\text{原高}} = \frac{\text{天} - \text{根}}{\text{天}},$$

諸尖錐底爲一、天、天二、天三……,若令

$$\frac{\text{截線}}{\text{}} = 甲,$$

則

$$\frac{\text{截高}}{\text{原高}} = \frac{甲}{甲-一},$$

諸尖錐底爲一、$\left(\dfrac{甲}{甲-一}\right)$、$\left(\dfrac{甲}{甲-一}\right)^{二}$、$\left(\dfrac{甲}{甲-一}\right)^{三}$ 、…… 由此得諸尖錐積爲

根$\left(\dfrac{甲}{甲-一}\right)$、根二$\left(\dfrac{甲}{甲-一}\right)^{二}$、根三$\left(\dfrac{甲}{甲-一}\right)^{三}$ 、……即甲之對數爲

根$\left[\left(\dfrac{甲}{甲-一}\right)+\left(\dfrac{甲}{甲-一}\right)^{二}+\left(\dfrac{甲}{甲-一}\right)^{三}+……\right]$。

如令甲爲無窮,則

$$\frac{甲}{甲-一} = \frac{\infty}{\infty} = 一,$$

即合積爲

根$(一+二+三+四+……)=\infty$。

又令甲爲一,則

$$\frac{甲}{甲-一} = \frac{一}{\circ} = \circ,$$

即一之對數,爲

根$(\circ)=\circ$。

再準第八款,若將合積分爲甲分,而求其甲段之積,則得截綫爲

$$\left(\dfrac{\text{甲}-}{\text{甲}}\right),截高爲 根\left(\dfrac{\text{甲}}{-}\right),諸尖錐積爲 根\left(\dfrac{\text{甲}}{-}\right)、根二\left(\dfrac{\text{甲}}{-}\right)^{二}、根三\left(\dfrac{\text{甲}}{-}\right)^{三}、$$

$$根二\left(\dfrac{\text{甲}}{-}\right)^{四}、\cdots\cdots 即得甲與\dfrac{\text{甲}-}{}兩對數較,爲$$

$$根\left[\dfrac{\text{甲}-}{-}\dfrac{\text{甲}三}{-}\dfrac{\text{甲}四}{-}\right]\cdots\cdots。$$

第十款　此合積之根數若命爲一,則其諸截積爲自然對數,若以十之截積除一爲根數,其諸截積即爲十進對數。

證曰:十進對數,須令十之截積爲一,故以十之截積與一比,若自然對數根與十進對數根比。

右凡十款,較原書似稍確實,然亦不免於穿鑿,終不如《微積溯源》《三角數理》及《代數術》爲行所無事也。

海寧李氏方圓闡幽謂諸乘方有綫面體循環之理,近時習之士桐鄉嚴子駮之,其說然否

何國怕

海寧李氏爲學名家,其說理解圖,實能發前人所未發,如弧矢、對數、垛積、四元等篇法,以推陳而出新理,以見微而知著,鉤深索隱,義蘊畢宣。然其推解之源,則自《方圓闡幽》始,蓋有數必有象,有象必有圖,欲窮學之圖理,以昭示後人,不得不藉端曲喻發明之,此固李氏之苦心,後學所當深諒者也。乃桐鄉嚴子有《辨誤》一篇,略謂原書所載六圖,均當名爲若干倍立方體,而不得爲綫面體循環不窮。又舉駱氏《開方釋例》所繪各圖,不過帶縱立方,並證以華氏筆談諸乘方無圖可繪之說,則是李氏之說全誤矣。蒙按李氏《方圓闡幽》云云者,實因諸乘方圖古無繪法,欲明以下諸篇之理,勢不得不先將諸乘方圖繪出,於是窮思冥索,而得其理於《幾何原本》三度之間。夫《幾何原本》以點引爲綫,綫展爲面,面積爲體,名爲三度,亦不過藉端曲喻也,李氏特推廣之耳。如第一界云點者無分,既無分矣,何以成點? 以是知點並非真無分,特可不計其他耳。猶云此時只取其一點,其點

之上下左右，均不計及也。如第二界云綫者有長無廣，既無廣矣，綫於何依？以是知綫並非真無廣也，特可不計其廣耳。猶云此時只取其一綫，其綫之上下左右，仍無須計及也。如第五界云面者止有長、有廣，既云止有長、廣，則無厚可知矣，無厚則面於何附？以是知面亦並非真無厚也，特可不計其厚耳。猶云此時只取其一面，其面之上下，仍不必計及也。《幾何原本》前十二卷，皆據此理以作圖，俾得詳其界説。至第十三卷，方言體積。夫有長有廣有厚爲體，盡人知之矣，特面亦當有厚，綫亦當有廣、厚，點亦當有長、廣、厚，遽言之，人未必信也，律以本無不能使有之義，可見長、廣、厚在點、綫、面中，均爲本有，方合公理。若以嚴子之説辨之，則《幾何原本》已先誤矣。夫《幾何原本》不過借此三度，以明圖理，而李氏又推深三度之説，以明各乘方之圖理，欲令任何乘方均可繪圖，不得不藉端曲喻也。設不依李氏之説，則亦惟以諸乘方無圖可繪一語了之而已，何以能闡發以下諸篇之絶大識力。蒙又以爲嚴子之説，第言學之圖至體而止，不知學之圖實自體而始，蓋有體始有積，有積始有象，雖至極微點，亦當爲一微點長，一微點廣，一微點厚也。綫從此類推。然則有象可憑者，孰非體積耶？請即以幾何三度之説有誤與否，質諸嚴子。

　　按李氏深知三度之説，實係藉端曲喻，故首言點、綫、面皆不能無體，又言體可變爲面，面可變爲綫，並言諸乘方皆可變爲面，並皆可變爲綫，則此六圖者，本非定形，不過特立一法，便於記其象數耳。嚴子不求其立説之旨，第據此六圖以顯斥其謬誤，不亦顛哉。

海寧李氏方圓闡幽謂諸乘方有綫面體循環之理，
近時習之士桐鄉嚴子駁之，其説然否

史國琛

　　執圖以觀圖，而不以理觀圖者，盲人捫燭之見也。圖安從生？生於綫。綫何由成？成於面。然而真點、真綫不可爲圖也，其可爲圖者，乃點、綫展大之形耳。幾何界説曰：點者無分，綫有長無廣，既無廣，安得有綫？既無綫，安得有圖？然而一部幾何，作如許圖，作如許綫，又何説耶？不得

已而設喻以明之，曰：試如一平面光照之，有光無光之間，不容一物，是綫也，是真無廣之極也。一部幾何之圖之綫，皆作如是觀可耳。是故點爲一類，綫爲一類，面又爲一類。畢世倍點，不能成綫，畢世倍綫，不能成面，畢世倍面，不能成體，此即真點、真綫、真面之説也。然真點、真綫、真面之形不可見，故取一極小之幾何以爲點，點引爲綫，綫展爲面，面積爲體，而諸乘方之形始可見矣。此所言點與化學家質點之點，略相似。其名爲點，其實則體，聯衆小點而成綫，合衆狹綫而成面，疊衆薄面而成體，至成體後，又可名之爲點，而與原有之小點爲同式形，若再聯之、合之、疊之，成略大之綫、面、體，遞推以至於無窮，遂成綫、面、體循環之跡，然則綫、面、體之循環，實點、綫、面之循環也。李氏《方圓闡幽》之説大致如是。近日桐鄉嚴子著論駁之，謂其所繪之六圖，皆爲體而無所謂綫、面。嗚呼！何其執圖以觀圖，而不以理觀圖也。李豈不知自甲至己之六圖皆爲立方形哉，其作圖之意，乃爲點與點相聯而成甲圖之形，故元數爲綫，綫與綫相合而成丙圖之形，故一乘方爲面，面與面相疊而成戊圖之形，故二乘方爲體，體則復爲點矣，其與原點大小之比，若元數自乘、再乘與一之比，故借立方形以顯之，其實所取之原點，較所繪之形，小至莫可名言。譬取明力最大之顯微鏡而放大之，則有是形而可見其綫、面、體循環之跡矣。又命戊圖全積爲一點，聯以相等之點，而成乙圖之形，故三乘方爲綫。合以相等之綫，而成丁圖之形，故四乘方爲面。疊以相等之面，而成己圖之形，故五乘方爲體，又可名之爲點，而生綫、面、體，如是遞推，以至無窮，無非綫、面、體三者之循環，即無非點、綫、面三者循環，此天地間自然之理，疑無可疑，駁無可駁，何嚴子之曉曉逞辯耶？嚴子又曰：夫綫者，固長之謂也，然無廣，亦無體，要不能以有廣有體之長形悉視爲面。面者，似乎匾然有長有廣而無體，要不能以有體之匾形，悉視爲面。此言似頗有理，即所云真綫、真面也，不知真綫、真面祇虛有其理，而不能實著其形，何則？以其數皆等於〇也。試以代數證之，凡代數公理，無論若干乘方，其乘之數若有一數爲〇，則全積亦等於〇。今所指之綫，既無廣、無體，其引而爲綫之點，亦必無長、無廣、無厚，是無點也。無點，則任以恒河沙數乘之，必不能有綫之形，再以恒河沙數乘之，必不能有面之形，再以恒河沙數乘之，必不能有體之形。極而言之，即先以恒河沙數自乘至恒河沙數次，其數可謂大矣，而以原點之爲〇者乘之，其全積仍等於〇也。惟將原點之無窮小者，改爲任何小，則點雖無長、無廣、無厚，而有長廣厚之理，綫雖無廣無厚，而有廣厚之理，面雖無厚，而有厚之理。如是，則點爲綫之微分，綫爲面之微分，面爲體之微分，等而上之，立體爲長體之微分，長體爲區體之微分，區體又爲立體之微分。長區立，三者循環無已，實即綫、面、體三者循環無已，安得不以長體爲綫區體爲面乎？此長體區體在李氏原書，尚俱在極小之限，而無度數之可言，然即推之任何大之綫面體，亦無不可通。試以真數證之，設有綫一寸，而其成此綫之點爲萬分寸之一，則一寸之綫有一萬原點，自乘得一億原點，億兆等數，皆以萬進。平鋪而爲面形，是爲一平方寸。再乘得一兆原點，堆疊而爲體形，是爲一立方寸。三乘得一京原點，如一萬箇立方寸相接，其形尚類乎長立方。設令原點爲萬萬分寸之一，則一寸之綫有萬萬箇立方寸相接，其形視前加長，即有漸變爲綫之意。再設原點爲無量數分寸之一，則一寸之綫有無量數箇原點，自乘三次，如無量數箇立方寸相接，高與闊均爲一寸，而其長爲無量數寸，長、闊之比，若無窮數與有窮數比，即若有窮數與無數比。夫幾何，固言綫有長無廣者也，而三乘方形，長、廣比例之理亦若此，即安得不名爲綫？再置前所得高闊一寸、長無量數寸之長立方，案此形已變爲綫，今姑名之爲長立方。以無量數乘之，即如以無量數之平方乘一立寸成區立方形，其高一寸，其長、闊均無量寸，長、闊相乘，積與高之比，若無窮數之平方與有窮數比，亦若有窮數之平方與無數比。夫幾何，固言面有長有廣而無厚者也，而四乘方形，長闊與高比例之理亦若此，即安得不名爲面？若將此面再以無量數乘之，則高、長、廣三者，均爲無量數寸，與立方形同式，而五乘方，又可名之爲體矣。如是遞推，亦皆綫、面、體三者之循環，尚何疑於李氏之説乎？要之，度數至極小之限，則三乘以上諸方，皆可以有窮之數明之。若非爲極小，則必以無窮數之諸乘方明之，然使無原點之理，雖至極小，亦不能以有窮之數明之也。是爲辨。

元和李氏海寧李氏各有造整數句股弦法，

今欲造句股形令句股弦及中垂綫俱得整數，

又欲造句股形令句股弦及容方邊俱得整數，

又欲造句股形令句股弦及中垂綫容方邊俱得整數，問以何法造之

張東烈

造句股弦及中垂綫俱得整數。

任取奇偶大小二數，以大數冪與小數冪相加，命爲甲。大小二數相乘，以甲乘之，又倍之，爲句。或股。大小二冪較，以甲乘之，爲股。或句。大小二冪和，以甲乘之，爲弦。

造句股弦及容方邊俱得整數。

任取奇偶大小二數，以大數乘兩數和，以小數乘兩數較，相加，命爲乙。大小二數相乘，以乙乘之，又倍之，爲句。或股。大小二冪較，以乙乘之，爲股。或句。大小二冪和，以乙乘之，爲弦。

造句股弦及中垂綫容方邊俱得整數。

任取奇偶大小二數，以大數冪與小數冪相加於上，以大數乘兩數和，以小數乘兩數較，相加，乘上，命爲丙。大小二數相乘，以丙乘之，又倍之，爲句。或股。大小二冪較，以丙乘之，爲股。或句。大小二冪和，以丙乘之，爲弦。如圖：

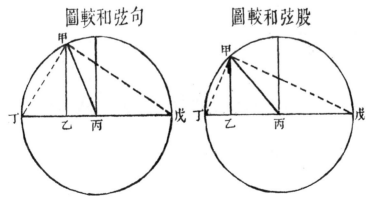

甲、乙、丙爲任取之句股形，以丙爲心，甲爲界，作丁甲戊半平圓。甲

丙爲弦，丙戊、丙丁皆等，乙丙爲句，_{或股}。則戊乙爲句弦和，_{或股弦}。丁乙爲句弦較。_{或股弦較}。依比例理，丁乙首率與乙戊末率相乘，得於甲乙中率之自乘，即丁乙小句比甲乙小股，同於甲乙大句比乙戊大股也。是知甲乙股_{或句}之自乘，即乙戊句弦和，_{或股弦和}。乘乙丁句弦較也。_{或股弦較}。既辨得股_{或句}自乘之數，即句弦和句弦較_{或股弦和股弦較}。相乘之數，可知股_{或句}自乘之數。凡可設一數除盡者，則一除數，一得數，必一句弦較，_{或股弦較}。一句弦和也。_{或股弦和}。準此，或任取一數爲股，_{或句}。自之爲股，方以可除盡之數爲句弦較，_{或股弦較}。以除得之數爲句弦和，_{或股弦和}。和較相加折半爲弦，和較相減折半爲句，_{或股}。易地而觀，即大小數相乘爲句，_{或股}。大小二冪較爲二股，_{或二句}。大小二冪和爲二弦。其式如

$$大 \times 小 = 句,$$
$$二(大丨小) = 股,$$
$$二(大丨小) = 弦,$$

準句股理，其

$$\frac{垂}{線} = \frac{弦}{句股} = \frac{大丨小}{大 \times 小(大丨小)},$$

如令

$$\frac{垂}{線} = 二(大丨小)\frac{垂}{線} = 二大 \times 小(大丨小),$$

即

$$句 = 二(大丨小)句 = 二大 \times 小(大丨小) = 二大 \times 小 \times 甲,$$
$$股 = 二(大丨小)股 = (大丨小)(大丨小) = (大丨小)甲,$$
$$弦 = 二(大丨小)弦 = (大丨小)(大丨小) = (大丨小)甲,$$

與第一段造句股弦及中垂綫俱得整數合。其

$$\frac{方}{邊}=\frac{句股}{句股}=\frac{大耳冇二大乂小}{大乂小(大耳冇)}，$$

如令

$$\frac{方}{邊}=二(大耳冇二大乂小)\quad\frac{方}{邊}=二大乂小(大耳冇)，$$

即

$$句=二大乂小(大耳冇二大乂小)=二大乂小乙，$$

$$股=(大耳冇)(大耳冇二大乂小)=(大耳小)乙，$$

$$弦=(大乂冇)(大耳冇二大乂小)=(大乂冇)乙，$$

與第二段造句股弦及容方邊俱得整數合。又

$$\frac{垂}{綫}=\frac{大乂冇}{大乂小(大耳冇)}=\frac{(大乂冇)(大耳冇二大乂小)}{大乂小(大耳冇)(大耳冇二大乂小)}，$$

$$\frac{方}{邊}=\frac{大耳冇二大乂小}{大乂小(大耳冇)}=\frac{(大耳冇)(大耳冇二大乂小)}{大乂小(大耳冇)(大乂冇)}，$$

令

$$\frac{垂}{綫}=二(大乂冇)(大耳冇二大乂小)\quad\frac{垂}{綫}=二大乂小(大耳冇)(大耳冇二大乂小)，$$

$$\frac{方}{邊}=二(大乂冇)(大耳冇二大乂小)\quad\frac{方}{邊}=二大乂小(大耳冇)(大乂冇)，$$

即

$$句=二大乂小(大乂冇)(大耳冇二大乂小)=二大乂小乂丙，$$

股 ＝（大丌小）（短丌）（短丌上二大乂小）＝（大丌丌）丙，

弦 ＝（大丌小）（短丌）（短丌上二大乂小）＝（大上丌）丙，

與第三段造句股弦及中垂綫容方邊俱得整數合。

橢圓內容正方形令方面與長短徑平行法，以長短徑相乘爲實，以長短徑各自乘相加開平方爲法，法除實得方面，試言其理

劉毅儀

　　凡題有法必有理，其理有二，一言得法之理，一言用法之理。得法之理，惟代數明之爲最顯。用法之理，惟幾何明之爲最顯。此題得法之理，以代數、幾何合而明之；用法之理，以代數、幾何分而明之。言法既有二理，言理又有二式。一用三角式，言得法之理有三，言用法之理有二。一用句股式，言得法之理有三，言用法之理有二。謹臚舉之如後。

　　用三角式言得法之理。

　　第一術

　　欲明橢圓內容正方之法，必先明兩帶徑和之長，今準代微積拾級第六卷，作橢圓法明之。如圖：

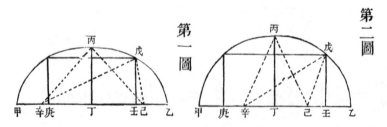

其法，任設己、辛兩心點，各釘一鍼，鍼眼緊切心點，任取一綫，長於兩心距綫之兩端，繫於鍼眼，用鉛筆逼緊綫於戊點，運至乙點，再回運至甲點，成橢圓半周，運至乙點甲點同。之時，辛戊、戊己兩綫和，即辛乙、己甲同。己乙辛甲同。兩綫和，亦即甲乙長徑，若運至丙點，丙己、丙辛兩斜綫必爲半長徑，以之爲弦，丙丁半短徑爲股，己、丁辛丁同。兩心差爲句，凡求橢圓內

諸綫,用兩心差入者多。

　命戊壬丁壬、丁庚均同。半方邊爲天,甲丁乙丁同。半長徑爲甲,丙丁半短徑爲乙,因

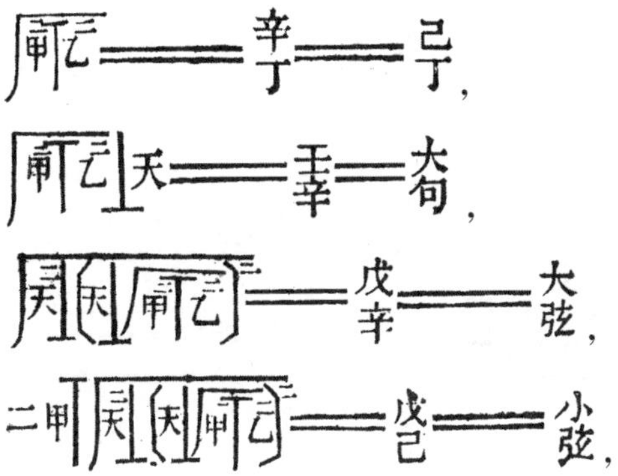

$$\text{甲乙} == \text{辛} == \text{己丁},$$

$$\text{甲乙｜天} == \text{辛} == \text{大句},$$

$$\text{庚｜天｜甲乙} == \text{戊辛} == \text{大弦},$$

$$\text{二甲｜庚｜天｜甲乙} == \text{岂} == \text{小弦},$$

第一圖

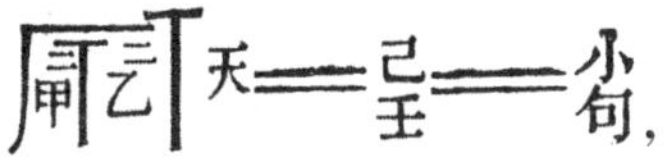

$$\text{甲乙｜天} == \text{己壬} == \text{小句},$$

第二圖

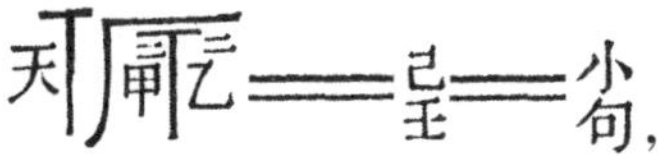

$$\text{天｜甲乙} == \text{己壬} == \text{小句},$$

各自乘,同得

$$\text{天二天｜甲乙｜甲乙} == \text{句},$$

則

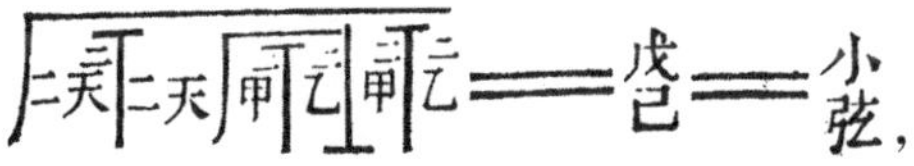

$$\text{二天二天｜甲乙｜甲乙} == \text{岂} == \text{小弦},$$

故得

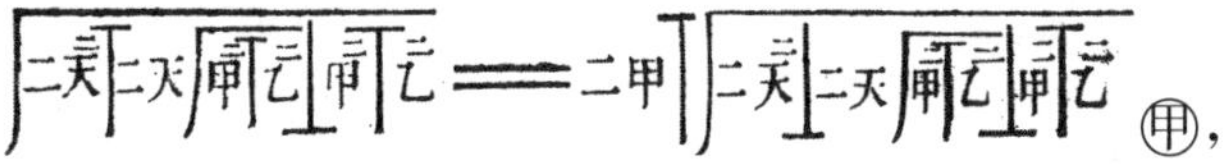

$$\text{二天二天｜甲乙｜甲乙} == \text{二甲｜二天二天｜甲乙｜甲乙}{}_{\text{甲}},$$

自乘,移項得

$$\text{甲二天二天｜甲乙｜甲乙} == \text{甲｜天｜甲乙},$$

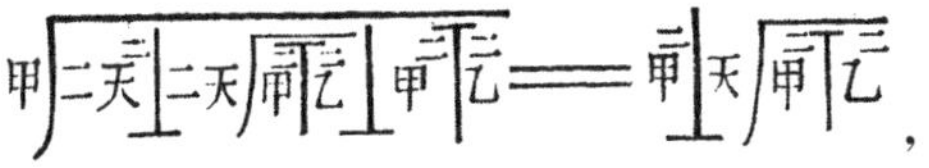

再自乘，移項得

$$(甲乙)\overline{天}====甲乙,$$

故得

$$天====\frac{\overline{甲乙}}{甲乙}。$$

或以

$$\frac{戊}{辛}=====二\overline{天}上天\overline{甲乙}甲\overline{乙},$$

$$七二一戊====七六卯,$$

相加減，得

$$\frac{戊}{辛}\frac{戊}{己}=====二二\overline{天}(甲\overline{乙})㊤,$$

$$\frac{戊}{辛}\frac{戊}{己}====四天\overline{甲乙}㊦,$$

因

$$\frac{戊}{辛}\frac{戊}{己}====二甲,$$

以除㊦，則

$$\frac{戊}{辛}\frac{戊}{己}====\frac{甲}{三天\overline{甲乙}},$$

得

$$\frac{戊}{辛}====甲\frac{甲}{天\overline{甲乙}},$$

$$戊己 = 甲 \dfrac{甲}{天} \dfrac{甲乙}{} ,$$

各自乘得

$$戊辛 = 甲 \dfrac{二天}{} \dfrac{甲乙}{} \left(\dfrac{甲^2}{甲乙} \right) 天 ,$$

$$戊己 = 甲 \dfrac{二天}{} \dfrac{甲乙}{} \left(\dfrac{甲^2}{甲乙} \right) 天 ,$$

代入㊤,得

$$甲 \left(\dfrac{甲^2}{甲乙} \right) 天 = 二天 \dfrac{甲乙}{} ,$$

去分母,移項得

$$\left(\dfrac{甲乙}{} \right) 天 = 甲乙 ,$$

故得

$$天 = \dfrac{甲乙}{甲乙} 。$$

第二術

準海寧李氏《橢圓拾遺》第十五款法,心垂綫與正弦比,恒如兩心差與高徑比,如圖:

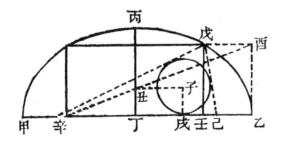

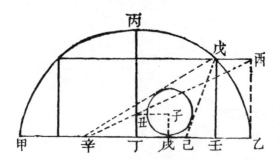

試以辛戊己三角形內作容一圓，子爲圓心，即三角中心，子戊爲心垂綫，以己辛倍心差爲底，戊壬半方邊爲戊角垂綫，無論垂綫在形中、形外，均以底乘垂綫爲三角直積，以戊己、戊辛、己辛三邊和即長徑與倍心差和。爲法除之，得子戊心垂綫，依子戊心垂綫平行至丁，作丑丁等綫，依戊壬半方邊平行至乙，作酉乙等綫，即橢圓長徑上正弦。兩平行綫所成辛丁丑及辛乙酉爲同式句股形，所以子戊丑丁等。心垂綫與酉乙即戊壬半方邊等綫。正弦比，同於丁辛兩心差與乙辛高徑即乙丁半長徑加丁辛兩心差。比。

依前式代入

$$\frac{乙}{辛} = \frac{乙\,\mid\,丁}{丁\,\mid\,辛} = 甲\sqrt{\frac{甲}{乙}} \,,$$

$$\frac{酉}{乙} = \frac{坐}{} = 天 \,,$$

$$\frac{丁}{辛} = \sqrt{\frac{甲}{乙}} \,,$$

又

$$\frac{戊}{己} = \sqrt{天\,\mid\,\left(天\,\mid\,\sqrt{\frac{甲}{乙}}\right)^{二}} \,,$$

$$\frac{戊}{辛} = \sqrt{天\,\mid\,\left(天\,\mid\,\sqrt{\frac{甲}{乙}}\right)^{二}} \,,$$

$$\frac{己}{辛} = 二\sqrt{\frac{甲}{乙}} \,,$$

則

$$\frac{子}{戌}=\frac{\boxed{天}(\boxed{天})\boxed{甲}\boxed{乙}\cdot\boxed{天}\boxed{甲}\boxed{乙}\cdot\boxed{甲}\boxed{乙}}{二\boxed{甲}\boxed{乙}\times 天}\quad,$$

因比例式

$$\begin{array}{c}乙\cdot 酉\cdots丁\cdot 子\\辛\cdot 乙\cdots辛\cdot 戌\end{array}$$

變之,即

$$\frac{\begin{array}{c}乙\times 子\\辛\quad 戌\end{array}}{\begin{array}{c}丁\times 酉\\辛\quad 乙\end{array}}=\frac{二(\boxed{甲}\boxed{乙})}{\boxed{天}(\boxed{天})\boxed{甲}\boxed{乙}\cdot\boxed{天}\boxed{甲}\boxed{乙}\cdot 二\boxed{甲}\boxed{乙}}\quad,$$

即

$$\boxed{天}(\boxed{天})\boxed{甲}\boxed{乙}=二\boxed{甲}\boxed{天}(\boxed{天})\boxed{甲}\boxed{乙}\quad,$$

與第一術⑨式同,亦化得

$$天=\frac{\boxed{甲}\boxed{乙}}{甲\quad乙}\quad。$$

第三術

如圖:

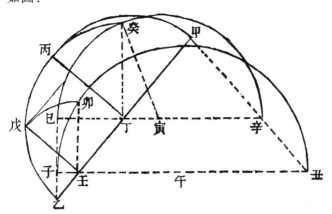

以戊壬半方邊，壬爲心，戊爲界，任作戊卯弧，得卯壬，等戊壬半方邊。依此平行至中心丁點，作癸丁綫，令等丙丁半短徑，因丙癸弧而得其等。作巳辛綫，正交癸丁綫之丁點，作乙巳綫，正交巳辛，乃於巳辛綫上取寅點，寅點至巳、癸二點綫必等。作巳癸辛半圓，依巳辛平行至壬點，作子丑綫，一端在巳乙綫上，一端與辛甲兩點參相直，以子丑綫半之，於午爲心，子或丑爲界，作子卯丑半圓，卯壬綫之卯點恰在圓周。故有比例

$$\frac{辛}{丁} \cdot \frac{甲}{丁} \because \frac{丑}{壬} \cdot \frac{甲}{壬},$$

$$\frac{巳}{丁} \cdot \frac{乙}{丁} \because \frac{子}{壬} \cdot \frac{乙}{壬},$$

合爲

$$\frac{巳辛}{丁丁} \cdot \frac{乙甲}{丁丁} \because \frac{子丑}{壬壬} \cdot \frac{乙甲}{壬壬},$$

惟因

$$\frac{巳辛}{丁丁}——\frac{癸}{丁}——\frac{丙}{丁}——乙,$$

$$\frac{乙甲}{丁丁}——\frac{乙}{丁}——\frac{甲}{丁}——甲,$$

$$\frac{子丑}{壬壬}——\frac{卯}{壬}——\frac{戊}{壬}——天,$$

$$\frac{乙甲}{壬壬}=(\boxed{甲}天)(\boxed{甲}天)=\boxed{甲}天,$$

即得

$$乙 : \boxed{甲} \therefore 天 : \boxed{甲}天,$$

相乘得

$$\boxed{甲}天——\boxed{甲}乙乙天,$$

故得

$$\text{天} = \frac{\boxed{\text{乙}}周}{\text{甲乙}}。$$

用三角式言用法之理。

第一術

如圖：

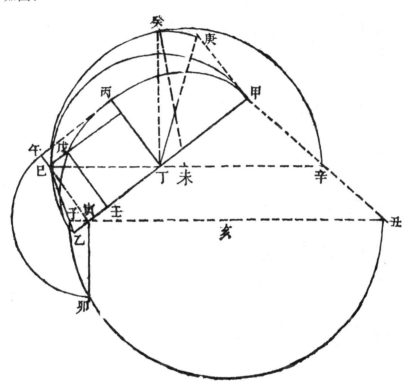

甲巳乙長徑半平圓，依戊壬半方邊平行，至圓周巳點，作巳寅等綫，作巳辛
綫，邊丁點，依丙丁半短徑平行，至甲點，作庚甲等綫，爲句，甲丁半長徑爲
股，其弦即庚丁。取庚丁度作癸丁綫，正交巳辛綫上取未點，_{未點至巳、癸二}
_{點綫必等。}作巳癸辛半圓。又作巳乙綫，依巳辛平行，至寅點，作子丑綫，
一端在巳乙綫止，一端與甲辛兩點參相直，半之，於亥爲圓心，子或丑爲
界，作子卯丑半圓。依丙丁半短徑平行，至寅，作午寅等綫，寅爲心，午爲

界，作午卯弧，得寅卯，等午寅，即丙丁半短徑等綫。與癸丁爲平行綫。故有

比例

$$\frac{甲}{寅}\cdot\frac{丑}{寅}\because\frac{甲}{丁}\cdot\frac{辛}{丁},$$

$$\frac{乙}{寅}\cdot\frac{子}{寅}\because\frac{乙}{丁}\cdot\frac{巳}{丁},$$

合爲

$$\frac{乙甲}{寅寅}\cdot\frac{子}{寅}\frac{丑}{寅}\because\frac{乙甲}{丁丁}\cdot\frac{巳辛}{丁丁},$$

因

$$\frac{乙甲}{寅寅}\!=\!\frac{巳}{寅}\!=\!\frac{戊}{壬}\!=\!\overline{天},$$

$$\frac{子}{寅}\frac{丑}{寅}\!=\!\frac{卯}{寅}\!=\!\frac{丙}{丁}\!=\!乙,$$

$$\frac{乙甲}{丁丁}\!=\!\frac{乙}{丁}\!=\!\overline{甲},$$

$$\frac{巳辛}{丁丁}\!=\!\frac{癸}{丁}\!=\!\frac{庚}{丁}\!=\!\overline{甲}\;乙,$$

即得

$$\overline{天}:乙\because\overline{甲}:\overline{甲}\;乙,$$

故得

$$天\!=\!\frac{\overline{甲}\;乙}{甲乙}。$$

第二術

如圖：

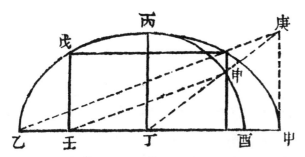

試依丙丁半短徑平行至甲,作庚甲等綫,爲句,甲丁半長徑爲股,其弦即庚丁。丙申酉爲短徑,一象限得申丁,等丙丁半短逕。自申點至戊壬半方邊之壬點,作申壬綫,自庚點至長徑端乙點,作乙庚綫,兩綫平行,成庚丁乙、申丁壬同式三角形。以庚丁即半長短徑各自乘相加開方之數。與乙丁半長徑比,同於申丁半短徑與壬丁半方邊比。

用句股式言得法之理。

第一術

準海寧李氏《圓錐曲綫》一卷第五款法,如圖:

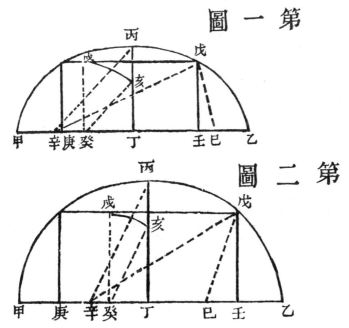

甲丁與庚丁比,同於辛丁與癸丁比。原式言:甲癸等戊己,因戊辛、戊己兩

弦和，等甲乙長徑，得乙癸等戊辛大弦，甲癸等戊巳小弦。係甲丁半長徑。減去癸丁之餘綫，乙癸等戊辛大弦。係乙丁半長徑。加入癸丁之和綫，則癸丁爲乙癸、甲癸兩綫半較，即兩弦半較。甲丁半長徑即兩弦半和，因庚辛等巳壬小句，恒以辛壬爲大句。庚丁半方邊爲第一圖兩句半較，第二圖兩句半和。辛、丁兩心差，爲第一圖兩句半和第二圖兩句半較，此比例爲兩弦半和與兩句半較或半和。比，同於兩句半和或半較。與兩弦半較比，其不以兩弦半和較比同於兩句半和較比者，蓋以戊辛壬、戊巳壬爲不同式句股形故也。因丙辛等半長徑平行，至癸作癸亥綫，與戊癸半方邊等，因戊亥弧而得其等。戊丙辛丁、亥癸丁同式句股形。

因

得

相乘移項得

自乘移項得

$$(\boxed{\text{甲乙}})\,\text{天}==\text{甲乙},$$

故得

$$\text{天}==\dfrac{\sqrt{\text{丙乙}}}{\text{甲乙}}。$$

第二術

　　準海寧李氏《橢圓拾遺》一卷第一、二兩款法，正交橢圓、平圓兩正弦同一直綫，謂之正。長徑或短徑。上正弦與長徑或短徑。平圓正弦比，恒如半短徑或半長徑。與半長徑或半短徑。比。如圖：

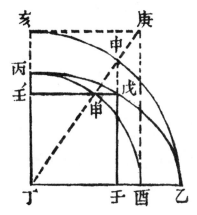

乙申亥長徑一象限，申壬爲其正弦；丙申酉短徑一象限，申壬爲其正弦。戊壬長徑上正弦，戊壬短徑上正弦，依半長短徑各平行同至庚，作庚酉、庚亥半長短等徑，成庚酉丁、申壬丁、丁壬′申′同式三句股形。則一款法，即戊壬丁壬等。長徑上正弦與申壬長徑正弦比，同於丁酉半短徑與庚酉半長徑比。二款法，戊壬丁壬′等。短徑上正弦與申′壬′短徑正弦比，同於丁亥半長徑與庚亥半短徑比。

　　一爲

$$\text{甲}:\text{乙}::\sqrt{\boxed{\text{甲天}}}:\text{天},$$

一爲

$$乙 : 甲 :: \sqrt{乙天} : 天,$$

因

$$\sqrt{甲天} = \sqrt{(甲天)(甲天)},$$

$$\sqrt{乙天} = \sqrt{(乙天)(乙天)},$$

各代入比例式中，自乘，即圓錐曲綫一卷第二、三兩款法。以此兩比例各相乘，移項同得

$$(甲乙)\,天 = 甲乙,$$

故得

$$天 = \frac{\sqrt{甲乙}}{甲乙} \, 。$$

第三術

準《橢圓拾遺》一卷第十二款法，橢圓周上任一點，作綫至長徑上，令等半短徑，引長至短徑上，必等半長徑。如圖：

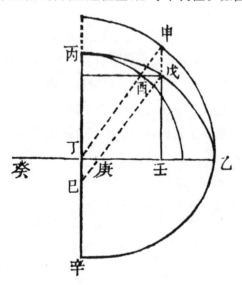

自方角切橢圓周戊點，作戊庚半短徑等綫，引長至短徑上巳點爲戊巳綫，必等半長徑。因戊庚與酉丁，戊己與申丁各爲平行等綫。庚巳爲半長短徑較，申酉等，成申戊酉、申壬丁、戊壬庚同式三　句股形。

因

$$\text{申壬} = \boxed{\text{甲天}},$$

$$\text{庚壬} = \boxed{\text{乙天}},$$

則

$$\text{申戊} = \boxed{\text{甲天}} \;\text{天},$$

$$\text{戊酉} = \text{天}\,\boxed{\text{乙天}},$$

得

$$\text{甲}:\boxed{\text{甲天}}::\text{甲乙}:\boxed{\text{甲天}}\,\text{天},$$

$$\text{乙}:\boxed{\text{乙天}}::\text{甲乙}:\text{天}\,\boxed{\text{乙天}},$$

各相乘，移項

$$\text{甲天} = \text{乙}\,\boxed{\text{甲天}},$$

$$\text{乙天} = \text{甲}\,\boxed{\text{乙天}},$$

各自乘，移項，同得

$$(\boxed{\text{甲乙}})\,\text{天} = \text{甲乙},$$

故得

用句股式言用法之理。

第一術

如圖：

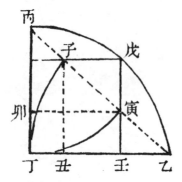

長短兩半徑端作乙丙綫，即長短兩半徑方相併開方之數。聯之以乙、丙兩端各為心，同以丁為界，作丁子、丁寅兩弧，均至乙丙綫上，得乙子等半長徑，丙寅等半短徑，依戊壬、丁壬各平行至子、寅兩點，作子丑、寅卯兩綫，均等半方邊，成丙乙丁、子乙丑、丙寅卯同式三句股形。

　　以丙乙即半長短徑方相併開方之數。與丙丁半短徑或乙丁半長徑。比，同於子乙半長徑或丙寅半短徑。與子丑、寅卯等半方邊比。

第二術

如圖：

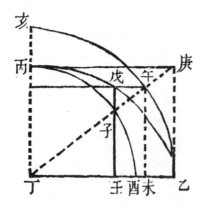

依半長短徑，各平行至丙、乙兩點，相交於庚，作庚丙、庚乙半長短等徑，各自乘相併開方，得庚丁、乙午亥長徑一象限，丙子酉短徑一象限，得午丁等半長徑、子丁等半短徑，午未係半方邊平行等綫，成丁庚乙、丁午未、丁子壬同式三句股形。

以庚丁即半長短徑各方相併開方之數。與庚乙半短徑或乙丁半長徑。比，同於午丁半長徑或子丁半短徑。與午未、壬丁等半方邊比。

附繪橢圓準法。

從句股式言得法之理，第三術圖中戊庚、戊巳兩綫，推得作橢圓周準法。任作丙辛、乙癸兩綫，十字相關於丁，另取紙條其邊，任作三點，如戊、庚、巳，是戊巳兩點相距之數爲半長徑，戊庚兩點相距之數爲半短徑，戊巳綫中庚點在丁心之時，其戊點在丙，庚點在乙丁半長徑上，自丁遊移向右之時，其巳點逼在丁辛半短徑上，遊移向上，及巳點至丁心，戊點必自兩旋至乙點，成橢圓一象限，其餘三象限作法仿此。

橢圓内容正方形令方面與長短徑平行法，以長短徑相乘爲實， 以長短徑各自乘相加開平方爲法，法除實得方面，試言其理

楊　冰

按本題之理，於橢圓諸事皆有關係，若但用縱橫綫解之，祇須取橢圓之式，令

，甲爲半長徑，乙爲半短徑，天爲橫綫，地爲縱綫。

即得式與題合。

今爲總列各事次第，推闡以盡題蘊，且藉以明橢圓之梗概云。橢圓諸事，各書名或異，如李譯《代微積拾級》及《曲綫説》，潘譯《代形合參》，求譯《圓錐曲綫》，率皆大同小異。要而論之，有常數，有變數，由長短徑而生者爲常數，由曲綫周任一點而生者爲變數，列目如左。

長徑　短徑　通徑　兩心差　準極距。以上爲常數。

縱綫　橫綫　截徑　屬徑　帶徑　切綫　法綫　割綫　次切綫　次法綫。以上爲變數。

如圖：

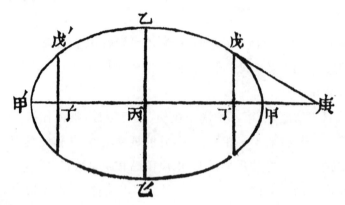

甲甲′爲長徑，乙乙′爲短徑，丙爲中點，丁與丁′爲曲綫心，丁丙爲兩心差，丁′丙同。丁戊爲半通徑，與短徑平行，丁′戊′同。戊庚爲通徑上之切綫，丁庚爲通徑上之次切綫，丙庚爲準極距。即通徑上之割綫。

設

$$\frac{半長徑}{} = \frac{甲丙}{} = 甲 ,$$

$$\frac{半短徑}{} = \frac{乙丙}{} = 乙 ,$$

則

$$\frac{半通徑}{} = \frac{丁戊}{} = \frac{甲}{乙} ,$$

$$\frac{兩心差}{} = \frac{丁丙}{} = \frac{\sqrt{甲乙}}{} ,$$

$$\frac{準極距}{} = \frac{丙庚}{} = \frac{\sqrt{甲乙}}{甲} 。$$

如圖：

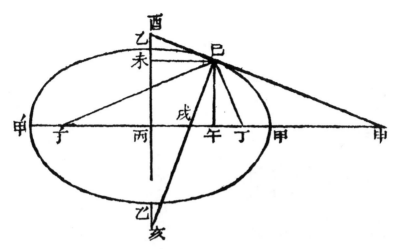

巳為曲綫周之任一點,巳午為縱綫,<small>與短徑平行,丙未同。</small>巳未為橫綫,<small>與長徑</small>
<small>平行,丙午同。</small>甲午及甲′午為長徑上截徑,乙未及乙′未為短徑上截徑,丁
巳及丁′巳為帶徑,巳申及巳酉為切綫,巳戌及巳亥為法綫,<small>與切綫正交。</small>丙
申及丙酉為割綫,午申及未酉為次切綫,午戌及未亥為次法綫。<small>別有屬徑通</small>
<small>弦等目,以非常用,從略。</small>

　　設

$$\frac{横}{線} = \frac{巳}{未} = 天,$$

$$\frac{縱}{線} = \frac{巳}{午} = 地,$$

　則

$$\frac{截}{徑短} = \frac{甲}{午} \diagdown \frac{甲}{午} = \frac{乙}{甲地},$$

$$\frac{乙}{未} \diagdown \frac{乙}{未} = \frac{甲}{乙天},$$

$$\frac{帶}{徑} = \frac{丁}{巳} = 甲\frac{甲}{丙乙}天,$$

$$\frac{子}{巳} = \frac{甲}{乙} \frac{甲}{} 天 ,$$

$$\frac{割}{線} = \frac{丙}{申} = \frac{天}{甲} ,$$

$$酉 = \frac{地}{乙} ,$$

$$\frac{切}{線} = \frac{巳}{申} = \frac{天}{二} \sqrt{\frac{甲 天}{}} 1 \frac{天 地}{} ,$$

$$\frac{巳}{酉} = \frac{地}{一} \sqrt{\frac{乙 地}{}} 1 \frac{天 地}{} ,$$

$$\frac{法}{線} = \frac{巳}{戌} = \frac{甲}{二} \sqrt{\frac{甲 地}{}} \frac{四 三}{乙 天} ,$$

$$\frac{巳}{亥} = \frac{乙}{二} \sqrt{\frac{甲 地}{}} \frac{四 三}{乙 天} ,$$

$$\frac{次}{切} = \frac{午}{申} = \frac{天}{甲 天} ,$$

$$\frac{未}{酉} = \frac{地}{乙 地} ,$$

$$\frac{次}{法} = \frac{午}{戌} = \frac{甲}{乙 天} ,$$

$$\frac{未}{亥} = \frac{乙}{甲 地} 。$$

以上諸式之理，已閱讀各書，茲不贅述。但論本題之理如後。

圓柱圖一

按西人橢圓各書，多以圓錐解之，惟秀水朱小梁云：圓柱斜剖則成橢圓。潘譯《代形合參》亦言割圓柱而成橢圓，足補《代微積拾級曲綫說》、《圓錐曲綫》之缺。董氏方立藉以求周立術，歧誤在"葛生纏木"一語，若圓柱斜剖成橢圓之說，固自不可易也。但圓柱任何剖之，祇能成一種直綫，長方形。兩種曲綫，平圓形、橢圓形。圓錐則能成一種直綫，三角形。四種曲綫，平圓形，橢圓形，拋物綫，雙曲綫。西人以圓錐解橢圓，不過欲與拋物、雙曲兩綫通爲一例耳。若專論橢圓，固不如用圓柱爲易顯也。如圖：

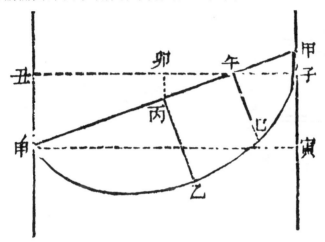

甲丑、甲′寅爲圓柱半面形，自甲至甲′，斜剖成半橢圓，以甲甲′爲長徑，以圓柱之徑爲短徑，乙丙與子卯、丑卯等。已午爲半方面，丙午同。與子丑正交，同在平圓面內，已午爲正弦，子午爲小矢，丑午爲大矢。又，甲甲′寅與丙午卯爲同式句股，故有比例。

$$\frac{卯}{午} \cdot \frac{丙}{午} :: \frac{甲}{寅} \cdot \frac{甲}{申},$$

即

$$\frac{甲}{甲} \times \frac{卯}{午} = \frac{甲}{寅} \times \frac{丙}{午},$$

即

$$\frac{甲^2}{甲} \times \frac{卯}{午} = \frac{甲}{寅} \times \frac{丙^2}{午}, (一)$$

惟

$$\overline{\underset{甲}{甲}} = = \overline{\underset{徑}{長}} = = 四\overline{甲},$$

$$\overline{\underset{寅}{甲}} = = \overline{\underset{徑}{短}} = = 四\overline{乙},$$

$$\overline{\underset{午}{丙}} = = \overline{\underset{面}{半方}} = = \overline{天},$$

因

$$乙\overline{卯午} = = = \overline{\underset{午}{丑}},$$

$$乙\overline{卯午} = = = \overline{\underset{午}{子}},$$

故

$$\overline{\underset{午}{卯}}乙 = \overline{\underset{午}{子}}\overline{卯午} = \overline{\underset{午}{巳}},$$

即

$$\overline{\underset{午}{卯}} = 乙\overline{\underset{午}{巳}} = 乙\overline{天},$$

從○得

$$\overline{甲}(乙\overline{天}) = = 乙\overline{天},$$

即

$$(甲乙)\overline{天} = = \overline{甲乙},$$

即

$$\overline{天} = = \frac{\overline{甲}乙}{\overline{甲}乙},$$

即

天 ＝ $\dfrac{丙乙}{甲乙}$ 。

圓錐圖二

如圖：

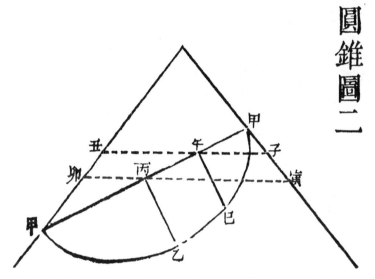

甲丑、甲寅爲圓錐半面形，自甲至甲′斜剖成半橢圓，以甲甲′爲長徑，乙丙爲半短徑，與寅卯正交，同在平圓面內，巳午爲半方面，丙午同。與子丑正交，亦同在平圓面內。又甲丙寅與甲午子爲同式三角，甲′丙卯與甲′午丑亦爲同式三角，故有比例。

$$\dfrac{子}{午}：\dfrac{甲}{午}：：\dfrac{丙}{寅}：\dfrac{甲}{丙}，$$

$$\dfrac{丑}{午}：\dfrac{甲}{午}：：\dfrac{丙}{卯}：\dfrac{甲}{丙}，$$

即

$$\dfrac{子}{午}\diagdown\dfrac{丑}{午}·\dfrac{甲}{午}\diagdown\dfrac{甲}{午}：：\dfrac{丙}{寅}\diagdown\dfrac{丙}{卯}·\dfrac{甲}{丙}\diagdown\dfrac{甲}{丙}，（一）$$

惟

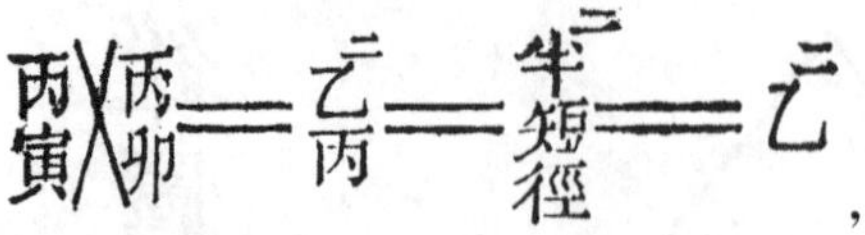

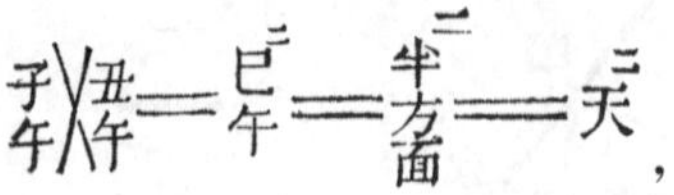

從〇得

即

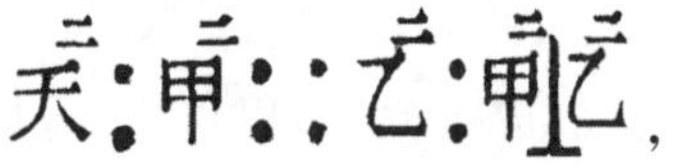

即

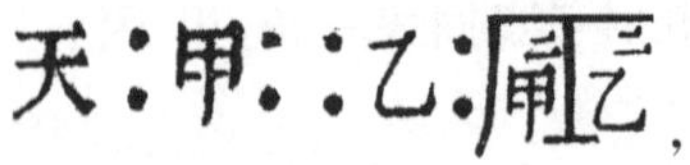

即

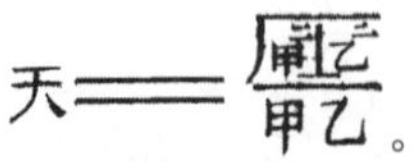

帶徑圖三按吳子登《四元草》亦用此理，演說甚繁。今依代數、幾何例證之，較爲簡易。

如圖：

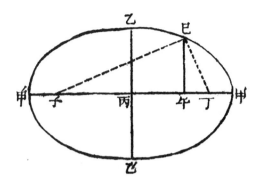

　　巳午爲半方面,丙午同。丁巳及子巳爲帶徑,丙丁爲兩心差,丙子同。丁巳子三角形,以帶徑和爲兩弦和,倍兩心差爲兩句和,方面倍丙午。爲兩句較,半方面爲中垂綫,故準三角和較求中垂綫之法,有等式

$$\frac{垂}{綫} = \frac{四}{一}\left[\frac{弦}{和}\frac{句}{較}\frac{弦}{和}\frac{句}{較}\right]^{\frac{三}{一}}, \quad (一)$$

惟

$$\frac{垂}{綫} = \frac{巳}{午} = \frac{半方}{面} = 天,$$

$$\frac{弦}{和} = \frac{丁}{巳}\frac{子}{巳} = \frac{帶徑}{和} = 二甲,$$

$$\frac{句}{和} = \frac{丁}{丙}\frac{子}{丙} = \frac{倍心}{差} = 二\frac{丙}{乙},$$

$$\frac{句}{較} = 二\frac{丙}{午} = \frac{方}{面} = 二天,$$

$$\frac{弦}{較} = \frac{\frac{弦}{和}}{\frac{句}{和}\times\frac{句}{較}} = \frac{甲}{二\frac{丙}{乙}\cdot二天},$$

從一得

$$天 = \frac{丁}{乙}\frac{甲}{乙}天,$$

即

$$\text{天} = \frac{\boxed{甲}\ 乙}{甲\ 乙}。$$

割綫圖四

如圖：

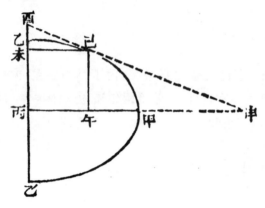

巳午及巳未爲半方面,申酉爲巳點切綫,丙申爲長徑上割綫,丙酉爲短徑
上割綫,丙申酉句股形,以長徑割綫爲股,短徑割綫爲句,半方面爲容方
邊,依句股求容方理,有等式

$$\text{容方邊} = \frac{股\ 句}{股\ 句}\ \ominus,$$

惟

$$\text{容方邊} = \text{半方面} = 天,$$

$$\text{股} = \text{長徑割} = \frac{天\ 甲}{甲},$$

$$\text{句} = \text{短徑割} = \frac{天\ 乙}{乙},$$

從$\ominus$得

$$\text{天} = \frac{\boxed{甲\ 乙}\ 天}{甲\ 乙},$$

即

$$\text{天} = \dfrac{\text{甲工戊}}{\text{甲乙}}。$$

切法綫圖五前圖用長徑上切法綫,後圖用短徑上切法綫。

如圖:

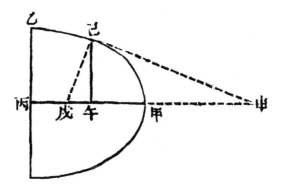

巳午爲半方面,巳申爲己點切綫,巳戊爲法綫,午申爲長徑上次切綫,午戊爲長徑上次法綫,因巳午申與巳午戊爲同式二句股,故有比例

$$\dfrac{\text{午戊}}{\text{小句}} : \dfrac{\text{巳午}}{\text{小股}} :: \dfrac{\text{巳午}}{\text{大句}} : \dfrac{\text{午申}}{\text{大股}}○,$$

惟

$$\text{巳午} = \dfrac{\text{半方面}}{} = \text{天},$$

$$\text{午申} = \dfrac{\text{長徑次切}}{} = \dfrac{\text{天}^2}{\text{甲}^1\text{天}},$$

$$\text{午戊} = \dfrac{\text{長徑次法}}{} = \dfrac{\text{甲}^2}{\text{乙}\text{天}},$$

從○得

$$\dfrac{\text{甲}^2}{\text{乙天}} : \text{天} :: \text{天} : \dfrac{\text{天}^2}{\text{甲}^1\text{天}},$$

即

$$\overline{天} = \frac{甲}{(甲天)乙},$$

$$\overline{天} = \frac{甲乙}{甲乙}。$$

如圖：

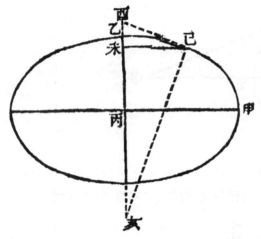

巳未爲半方面，巳酉爲巳點切綫，巳亥爲法綫，未酉爲短徑上次切綫，未亥爲短徑上次法綫，因巳未亥與巳未酉爲同式二句股，故有比例

$$\frac{未亥}{大股} ： \frac{巳未}{大句} ：： \frac{巳未}{小股} ： \frac{未酉}{小句} \ominus，$$

惟

$$\frac{巳}{未} = \frac{半方面}{} = 天，$$

$$\frac{未}{酉} = \frac{短徑次切}{} = \frac{天}{乙戻}，$$

$$\frac{未}{亥} = \frac{短徑次法}{} = \frac{乙天}{甲天}，$$

從㊀得

$$\frac{乙}{甲天} : 天 :: 天 : \frac{天}{乙天},$$

即

$$天 = \frac{乙}{(乙天)甲},$$

$$天 = \frac{\sqrt{甲\,乙}}{甲\,乙}。$$

縱橫綫圖六前圖用橫綫，後圖用縱綫。

如圖：

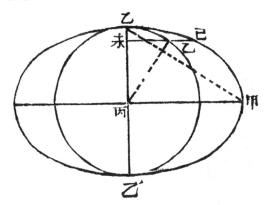

已未爲橫綫，即半方面，丙未同。截交小圓周之一段，如乙″未，其乙″丙與乙丙等，爲短徑，因橢圓與小圓兩橫綫比，已未與乙″未。若長徑與短徑比，即丙未與乙″未比，若甲丙半長徑。與乙丙半短徑。比，故甲乙丙與乙″丙未爲同式句股。乃以甲乙爲一率，長、短徑各自乘，相加開平方之半。甲丙爲二率，半長徑。乙″丙爲三率，半短徑。即得丙未爲四率，半方面。各倍之，即與題合。

　若依弧矢理解之，則

$$\frac{乙}{未} = \frac{乙}{未} \times \frac{乙}{未} = \frac{丙}{甲未}。$$

又

$$\dfrac{乙}{未} \cdot \dfrac{巳}{未} :: 短徑 \cdot 長徑,$$

即

$$\dfrac{乙}{未} = \dfrac{甲}{乙天},$$

故

$$\dfrac{\overset{二}{甲}}{乙天} = 乙天,$$

即

$$天 = \dfrac{甲乙}{甲乙},$$

亦與題合。

如圖:

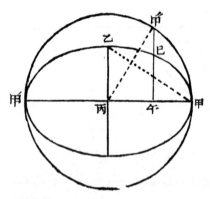

己午爲縱綫,即半方面,丙午同。引長之交大圓周,如甲″午,其甲″丙與甲丙等,爲長徑,因橢圓與大圓兩縱綫比,巳午與甲″午。若短徑與長徑比,即丙午與甲″午比,若乙丙與甲丙比,故甲乙丙與甲″丙午爲同式句股。乃以甲乙爲一率,大弦。乙丙爲二率,大句。甲″丙爲三率,小弦。即得丙午爲四率,小句。各倍之,即與題合。

若依弧矢理解之,則

$$\dfrac{甲}{午} = \dfrac{甲}{午} × \dfrac{甲}{午} = 甲天。$$

又

$$\frac{甲}{午} \,∶\, \frac{巳}{斗} \,∷\, \frac{長}{徑} \,∶\, \frac{短}{徑},$$

即

$$\frac{甲}{午} = \frac{乙}{甲天},$$

故

$$\frac{乙}{甲天} = \frac{甲天^{二}}{?},$$

即

$$天 = \sqrt{\frac{甲乙}{甲乙}},$$

亦與題合。

橢圓內容正方形令方面與長短徑平行法，以長短徑相乘爲實，以長短徑各自乘相加開平方爲法，法除實得方面，試言其理

何國恂

按：此題證法有二，一以圖理言之，一以理言之。

角圖

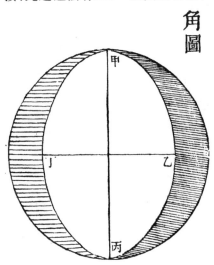

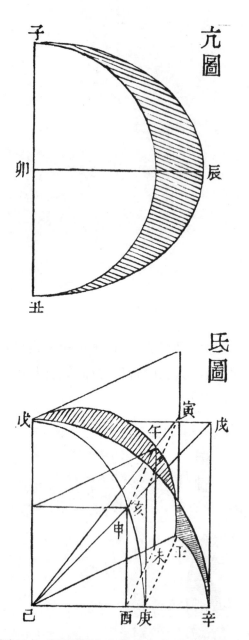

以圖理言，則橢圓諸法詳載各書，無容贅引。惟橢圓形實係平圓面斜立之
假形，於圓球斜剖之，其圓面仍與大圈面同，因其斜倚而立，人目見之，如
平面上之甲乙丙弧形，然若以平面迎人之目，則其下面必斜立，其弧形又

若平面上之甲丁丙弧，然合之成一橢圓面，故命爲橢圓也。然人目視之，亦能令其橢而變大，如亢圖。然所以知長徑爲真形，_{如甲丙}。則短徑爲假形，_{如乙丁}。若短徑爲真形，_{如子丑}。則長徑必爲假形。如倍卯辰。今各書之解法，均係形求之，非真形也。若欲由真形得比例，則必於圓球内取之。

如氐圖，戊己庚爲橢圓面四分之一，其真形本爲圓球體戊壬辛己之一段積，因戊己辛爲平面，則戊己壬必爲斜面，所以戊壬象限弧，必當平面之戊庚弧，而平圓弧變爲橢圓弧也。然其應有之比例，則仍在斜面上之午未，本與平面上之申酉等。_{因未酉與午申皆爲立垂綫，其高亦相同，故午未與申酉必等也。}依題理，即與平面上之酉己等。又斜面外之切綫寅壬，本與平面上之亥庚等，_{因壬庚與寅亥亦皆爲立垂綫，其高亦相同，故寅壬與亥庚亦必等也。}即與平面上之己庚等，所以寅壬即爲半短徑。因寅壬己爲句股形，而壬己本爲半長徑，則寅己必爲半長徑、半短徑各自乘相加之平方根，_{爲一率。}寅壬即半短徑，_{爲二率。}午己亦即半長徑。_{爲三率。}午未即橢圓内所容之半正方面。_{爲四率。}若將一、二、三率各倍之，則所得之四率亦必倍，故知題言之比例，實爲斜面上之同式句股形，而長徑爲真形，短徑實爲假形也。若準亢圖，作斜面之弦，切各綫，則短徑即本球之徑，爲真形，而長徑又爲假形矣。

以理言，則如《代微積》拾級卷六第一款，橢圓公式

$$\boxed{呷} \overline{天} | \boxed{口} \overline{乙} \boxed{地}^{=} = \boxed{呷} \boxed{吃},$$

此式中之呷與乙，即長、短二徑。天與地，即倍縱橫綫，亦即橢圓内之兩通弦也。若令地等於天，則式變爲

$$(\boxed{呷} | \boxed{乙}) \overline{天}^{=} = \boxed{呷} \boxed{吃},$$

兩邊各開平方，得

$$\sqrt{\boxed{呷} \boxed{吃}} \times \overline{天} = \boxed{呷} \boxed{匕},$$

所以

天 ＝＝ (圖) ，

與題合。

　　總言之，以理言，仍係以圖理言耳。如前圖之比例，惟橢圓內容正方，始能用之，而覺最簡。若所容者爲長方，則用前圖之比例，轉覺煩重，蓋申酉與己酉既不能相等，則午未與申酉等，必不能與己酉等，而寅壬與亥庚等，亦必不能與庚己等，所以以理推之，則

（圖）＝寅己㈠，

（圖）＝＝寅壬㈡，

呷＝＝午己㈢，

天＝＝＝午未㈣，

此仍前之四率比例綫也。若將此式㈠、㈣相乘，與㈡、㈢相乘相消，則必與前橢圓求縱橫綫式同。若命地等於天，則㈠、㈡仍化爲（圖）與吃，而又與題言合也。今既言橢圓內容正方，則用前圖比例爲最簡，與橢圓內容長方者迥異，故題言如此，無須煩繪橢圓各圖，取其縱橫綫之比例，而後列式相消以得之也。

卷十五

魏劉徽密率徑五十周一百五十七，視今用密率，其周失之弱；
齊祖冲之密率徑七周二十二，視今用密率，其周失之强，
强弱俱在三位下。又有徑一百十三周三百五十五，
視今用密率可得七位密合。試證其强弱之數，
並取徑一百十三周三百五十五之率，考其何由得數，創自何人

楊　冰

　　古率簡約，徑一周三，取足於用而已。積人積智，始議更張。惟是數
理幽深，研窮匪易。嘉新定斛，猶昧庣旁；平子推圓，終迷丸徑。迨至割弧
求較，劉氏始得真詮；綴術參微，祖氏更開密法。屬在後學，宜有折衷。乃
復太乙三才，援附荒唐之論；剪紙量箟，肆爲盲瞽之辭。甚矣，其惑也。夫
劉、祖之術，顯有圖像可徵，遠與譯書相證。雖强、弱俱在三位下，所謂無
名之微分，非有昧於真旨也。至於徑一一三，周三五五之率，據《隋書·律
曆志》，斷爲祖氏所創，《志》載冲之盈朒二數，及密約二率，甚詳。梅氏祇據朱載堉
《樂律全書》斷爲創自冲之，尚未尋源。不得以趙緣督、朱松庭兩書略而不具爲
惑。《革象新書》稱此率最爲精密，不言創自何人。《學啓蒙》載祖氏所創密率，惟徑七周
二十二，不及此率。顧可異者，泰西亦有此率，創自密迭由斯，見《代數術》連分
數。梅氏謂法之精者，中西合轍，其信然耶，證以今率，亦爲稍强。惟已得
七位密，合所差不滿百萬分之一，可謂精矣。自漢以來，創率者無慮十數
家，大概鹵莽滅裂，不適於用，卒未有超乎此者。各書具在，不難一一取而

證之。當今風氣盛開，圖書大備，求周之術，統以割圓開方之煩，易爲級數弦切，雖分爲二致，比例終匯於一原，其皆可用以得數者，亦無慮十數家。然古今攸殊，中西各判，不容附會西術，非薄古人，如取無窮級數，託名綴術之類。緣古人得數之由，其理似粗而實精，其功似繁而實簡，足以度越百代，非復尋常西術所能抗衡。爰本題意，略具端倪。先取古今所創各率，釐爲一表，互證其強弱之數。次取中西所立各術，定爲公式，參考其得數之由。復取大衍求一，以明徑一一三、周三五五之比例。窮厥源委，溯其指歸，使割圓諸家得以鑒焉。

證強弱之數第一

今用密率本《數理精蘊》，劉歆率本《九章》方田注，張衡率本《九章》少廣注，劉徽率本《學啓蒙》，王蕃率見《疇人傳》，祖冲之率本《九章》方田注，注稱祖冲之以徽率不精，就中更推其數，徑得一千二百五十，周得三千九百二十七。或以爲劉歆所定者，誤也。其正數及約、密二率，本《隋書·律曆志》，秦九韶率本《數書九章》，趙友欽率本《革象新書》，邢雲路以下六家率皆見《疇人傳》，亞幾默德率本《新法書》，密迭由斯及固靈率本《代數術》，哈司韋率本《式集要》。各書體例不一，或以周徑命分，或取盈朒折中，或用面積相比。今各以常法通之，恒令其徑爲一，取周數至九位，以便考核。

創率諸家	徑爲一之周率		強弱之數
今用密率	三一四一五九二六五		九位皆確，無強弱
劉歆率	三一五四六六四七五	強	一三〇七二一〇
張衡率	三一六二二七七六六	強	二〇六八五〇一
劉徽率	三一四〇〇〇〇〇〇	弱	一五九二六五
王蕃率	三一五五五五五五五	強	一三九六二九〇
祖冲之率	三一四一六〇〇〇〇	強	七三五
祖氏正數	三一四一五九二六五		與今用密率同
祖氏約率	三一四二八五七一四	強	一二六四四九

創率諸家	徑爲一之周率		強弱之數
祖氏密率	三一四一五九二九二	強	二七
秦九韶率	三一六二二七七六六	強	與張衡同
趙友欽率	三一四一五九二〇〇	弱	六五
邢雲路率	三一二六〇〇〇〇	弱	一五五九二六五
魏文魁率	三一二一三〇〇〇	弱	二〇二九二六五
陳藎謨率	三一五二〇〇〇〇	強	一〇四五七三五
袁士龍率	三一二五〇〇〇〇	弱	一六五九二六五
顧長髮率	三一二五〇〇〇〇	弱	與袁士龍同
錢塘率	三一六二二七七六六	強	與張衡同
亞幾默德率	三一四一八五一一〇	強	二五八四五
密迭由斯率	三一四一五九二九二	強	與祖氏同
固靈率	三一四一五九二六五		與祖氏同
哈司韋率	三一四一六〇〇〇〇	強	與祖氏同
哈氏二法	三一四二八五七一四	強	與祖氏同
哈氏三法	三一四一五九二九二	強	與祖氏同

右表，自漢以來凡十七家，劉徽、祖冲之外，惟趙友欽以四角立術通於劉氏，故得七位密合。亞幾默德取兩數折衷，昉於祖氏，故得四位密合。至密迭由斯、固靈、哈司韋，則與祖術盡同。餘十家之率，其強弱俱在二位下，固難同日語矣。夫劉氏以六觚起，何難多取微分，案劉氏僅求至百九十二觚而止，若依祖氏求至三千七十二觚，密合之位較多。祖氏以二限究微，何以僅傳約率。善夫，梅氏之言曰：存其精者明測之理，以其捷者爲恒用之需。推之徑一一三、周三五五之率，猶此志也。

考得數之由第二

中西求周術甚夥，學者頗苦望洋。閭爲綜覽羣籍，究其奧旨，訂爲內外八術，據《九章注》，劉、祖皆由內容起，後人始以外切求之，大旨似無差別。及以代術顯之，則支離繁瑣，不合於用。乃益信劉、祖之術，高不可及。今改爲公式以冠諸家，固非阿私所好也。

內弦求周一術。劉徽、祖冲之、趙友欽同，本《九章注》《革象新書》。

公式㊀：

周＝卯… … 弦 …。式中，弦代正弦，人代開方之次數，次數愈多，其周率愈密，約開方二十次，可得二十位密合。原術每求一級，須開方兩次，自乘三次。今以代數通之，每級祗須開方一次，以異而實同也。

乃令

卯＝＝六，

則

… 弦 … 周＝＝一，

即得周爲

六… … 。與劉徽、祖冲之合。

又令

卯＝＝四，

則

… 弦 … 周＝＝二，

即得周爲

… … 。與趙友欽合。

內弦求周二術。李善蘭、杜德美、羅密士、華里司，同本《則古昔齋》《赤水遺珍》《代微積拾級》《微積溯源》。

公式㊀：

周＝卯弦 … 弦 … 弦 … 弦 …。此式斂級之遲速，視其正弦之大小而定，不如㊀式任以何數爲正弦皆可求也。

令

卯＝＝四，

則

$$\text{弦罵} = \underline{\underline{\underline{三二}}},$$

即周爲

$$二\left[\frac{一}{一}-\frac{一·二·三}{一}\times\frac{一}{一}-\frac{一·二·四·五}{一·三}\times\frac{三二}{一}\cdots\right]。$$ 與李善蘭合。

令

$$卯 = 六,$$

則

$$\text{弦罵} = \underline{\underline{三二}},$$

即周爲

$$三\left[\frac{一}{一}-\frac{一·二·三}{一}\times\frac{四}{一}-\frac{一·二·四·五}{一·三}\times\frac{四}{一}\cdots\right]。$$ 與杜德美合。

又令

$$卯 = 二,$$

則

$$\text{弦罵} = \underline{\underline{\underline{一}}},$$

即周爲

$$二\left[\frac{一}{一}-\frac{一·二·三}{一·三}\times\frac{二·四·五}{一}-\frac{二·四·六·七}{一·三·五}\cdots\right]。$$ 與羅密士、華里司合。

內弦求周三術。羅密士、華里司，同本《代微積拾級》《微積溯源》。

公式〇：

$$周 = 卯\text{弦罵}\left(\frac{一}{一}-\frac{三}{一}\text{弦罵}\frac{四}{一}\times\frac{五}{一}\text{弦罵}\frac{四·六·七}{一·三}\times\text{弦罵}\cdots\right)\frac{一}{一}\text{弦罵}。$$ 此式斂級之

遲速，亦視其正弦之大小而定，大致與〇式同，而須多用一開方數，則並不如〇式。

令

$$卯 = 二,$$

則

$$\frac{弦}{翯}\!=\!\!=\!\!=\!-,$$

$$\frac{|\!-\!|\frac{弦}{翯}}{}\!=\!\!=\!\!=\!\bigcirc,$$

即周爲

$$二\;|\!-\!|\;三\;四\;\times\;五\;四\cdot六\;七\cdots|\;]。$$

。與各原書合。

又令

$$卯\!=\!\!=\!六,$$

則

$$\frac{弦}{翯}\!=\!\!=\!\!=\!三,$$

$$\frac{|\!-\!|\frac{卯}{周}}{}\!=\!\!=\!\!=\!三。$$

即周爲

$$三\;|\!-\!|\;三\;四\;四\;五\cdot四\;四\;七\;四\cdots|\;周。$$

。亦與各原書合。

內弦求周四術。華里司創，本《三角數理》。

公式㈣：

$$周\!=\!卯弦翯\;\times\cdots$$

。此式斂級甚遲，須卯爲甚大之數，前數項斂級稍速，較之㈠式，大有逕庭矣。

令

$$卯\!=\!\!=\!二,$$

則

$$\frac{弦}{翯}\!=\!\!=\!\!=\!-,$$

即得周爲

$$二\;\times\;三\;|\!-\!|\;\times\;四\;|\!-\!|\;\times\;六\;|\!-\!|\;\times\cdots$$

。與《三角數理》原書合。

如任令

$$卯 = 10 ,$$

則

$$弦周 = 4 \left(\tfrac{1}{4}\right) ,$$

即得周為

$$\tfrac{5}{3}\left(\tfrac{1}{4}\right) \cdots \qquad\text{。較原書之式斂級稍速，然亦不足用也。}$$

外切求周五術。古累固里、羅密士同，本《代數術》《三角數理》《代微積拾級》。

公式㈤：

$$周 = 卯切周 \left[1 - \tfrac{1}{3}切周 + \tfrac{1}{5}切周 - \tfrac{1}{7}切周 + \tfrac{1}{9}切周 \cdots \right] \qquad\text{。此式須正切}$$

為甚小之數，斂級始速，否則，如古累固里之式，雖數千年不能得十位密率也。

令

$$卯 = 4 ,$$

則

$$切周 = 1 ,$$

即得周為

$$4 \left(1 - \tfrac{1}{3} + \tfrac{1}{5} - \tfrac{1}{7} + \tfrac{1}{9} \cdots \right) \qquad\text{。與古累固里合。}$$

又令

$$卯 = 6 ,$$

則

$$切周 = \tfrac{1}{3} ,$$

即得周為

$$周 \left[1 - \tfrac{1}{3}\times\tfrac{1}{3} + \tfrac{1}{5}\times\tfrac{1}{3} - \tfrac{1}{7}\times\tfrac{1}{3} \cdots \right] \qquad\text{。與羅密士合。}$$

外切求周六術。羅密士、華里司,同,本《代微積拾級》、《微積溯源》。

公式㈥：

$$周＝卯\frac{二}{二卯}×切\frac{卯}{周}\left[一\frac{三切\frac{卯}{周}}{一}\frac{五切\frac{卯}{周}}{一}\frac{七切\frac{六卯}{周}}{一}\frac{九切\frac{八卯}{周}}{一}\cdots\right]$$

。此式實用餘切,與

㈤式相反,須正切爲甚大之數,斂級始速,如令其卯爲四,或爲三,則所得與古累固里、羅密士之式無異。

外切求周七術。曾紀鴻、尤拉海麻士,同,本《圓率考真》《代數術》《三角數理》。

公式㈦：

$$周＝四\left\{\begin{matrix}寅\left[\frac{巳}{一}\frac{三巳}{二}×\frac{五巳}{二}×\frac{七巳}{二}×\frac{巳}{一}\cdots\right]\\卯\left[\frac{午}{一}\frac{三午}{二}×\frac{五午}{二}×\frac{七午}{二}×\frac{午}{一}\cdots\right]\end{matrix}\right\},$$

$$寅切\frac{巳}{周}卯切\frac{午}{周}＝\frac{四}{周}$$。此式分半、直角爲兩種角度,而令其正切爲有理之分

數,斂級較諸式爲速,然必合兩級數求之,則亦非捷術矣。至各書有分角過多者,概從

屏棄。

附錄諸分角法乙、戊、己、庚、辛五式,新增。

$$㈠\frac{四}{周}＝切\frac{三}{一}切\frac{三}{一}$$

$$㈡＝二切\frac{三}{一}切\frac{七}{一}$$

$$㈢＝二切\frac{三}{一}切\frac{七}{一}$$

$$㈣＝四切\frac{五}{七}切\frac{三}{一}\frac{九}{一}$$

$$㈤＝三切\frac{四}{一}切\frac{九九}{五}$$

$$㈥＝三切\frac{五}{一}切\frac{四六}{九}$$

庚＝＝三切┴切＝＝

辛＝＝五切┴切＝＝

從甲式，則

寅＝＝一，

卯＝＝一，

巳＝＝三，

午＝＝三，

即周爲

。與諸家合。

從丁式，則

寅＝＝四，

卯＝＝一，

巳＝＝吾，

午＝＝三三九，

即周爲

。與海麻士合。

外切求周八術。華里司創，本《代數術》。

公式八：

$$\text{周} = \text{卯}\cdot\left[\text{切}\frac{\text{卯}}{\text{周}}\ \text{二}\ \text{切}\frac{\text{二}}{\text{周}}\ \text{三}\ \text{切}\frac{\text{二}}{\text{周}}\ \text{三}\ \text{切}\frac{\text{卯}}{\text{周}}\ \text{二}\ \text{切}\frac{\text{三}}{\text{周}}\ \cdots\right]$$

。此式斂級雖速，然每求一項，須用一全級數，否則，每項須開方乘除每一次，煩瑣已甚。原書特設數證之厭故喜新，西人亦有不免。

雜術。內弦求周二式，外切求周七式。

第一式，欲求二十位密率，須引長至百萬萬項。第二式欲求二十位密率，須引長至五十萬萬項，與《代數術》二百七十一款之言正合。疑即奈端所設之級數，至原書奈端之式於法不通，嘗爲反復推勘，終無可用之理，蓋譯書者之誤也。曾紀鴻以下五術，分角太多，不能求簡，祇增劇耳。末一術以連分求周，取逕甚奇，惟每項分子大於分母，難求漸近之比例，故不可用。

海麻士術：

$$\text{周} = \text{六}\left[\frac{\text{二}}{\text{三}}\ \frac{\text{二}}{\text{三}}\ \frac{\text{二}}{\text{四}}\ \cdots\right],$$

$$\text{周} = \text{入}\left[\frac{\text{二}}{\text{三}}\ \frac{\text{二}}{\text{五}}\ \frac{\text{二}}{\text{七}}\ \cdots\right]。$$

奈端術：

$$\text{周} = \text{四}\left[\text{一}\ \frac{\text{二}}{\text{三}}\ \frac{\text{二}}{\text{五}}\ \frac{\text{二}}{\text{七}}\ \frac{\text{二}}{\text{九}}\ \frac{\text{二}}{\text{一}}\ \cdots\right]。$$

曾紀鴻術：

$$\frac{\text{四}}{\text{周}} = \text{切}\frac{\text{四}}{\text{五}}\ \text{切}\frac{\text{五}}{\text{五}}\ \text{切}\frac{\text{二}}{\text{五}}\ \text{切}\frac{\text{三}}{\text{五}}\ \text{切}\frac{\text{五}}{\text{五}}$$

華里司術：

$$\frac{\text{四}}{\text{周}} = \text{二}\ \text{切}\frac{\text{五}}{\text{六}}\ \text{三}\ \text{切}\frac{\text{五}}{\text{七}}\ \text{二}\ \text{切}\frac{\text{五}}{\text{四}}\ \text{三}\ \text{切}\frac{\text{三}}{\text{二}}$$

$$= \text{二}\ \text{切}\frac{\text{五}}{\text{五}}\ \text{切}\frac{\text{五}}{\text{七}}\ \text{二}\ \text{切}\frac{\text{五}}{\text{八}}$$

$$= \text{三}\ \text{切}\frac{\text{五}}{\text{七}}\ \text{二}\ \text{切}\frac{\text{五}}{\text{五}}\ \text{二}\ \text{切}\frac{\text{五}}{\text{八}}$$

海麻士術：

四周 ——— 四切 五五 切 七二 切 九九，

周 = 一四

以上除雜術不計外，内弦、外切共得八式，皆可用以得數至劉氏、祖氏得數之由，惟須以⊖式明之，所以備列諸式者，以顯今人之術不必勝於古人，古人之術不必遜於今人。世有勦襲新説、蔑棄舊章者，亦一孔之見矣。

明周徑比例第三

徑一一三、周三五五之比例，極爲精密，與尋常命分不同，竊謂祖氏當日必以大衍求之。或疑大衍自秦氏始有成書，然觀《孫子經》，即有物不知數一問，以祖氏之學，未有不通大衍者也。爰具圖證之如左。

大衍術曰：列圓徑于左行圓周，即祖氏正數所謂盈朒二限之間者也。于右行立天元一於右上，乃以左約右得商數，乘右上天元，爲第一周率。其左置一爲第一徑，率次以右，餘數約左得商數，乘第一周徑率，又以天元加周，爲第二周徑率。再以左餘數約右得商數，乘第二周徑率，加第一周徑率，爲第三周徑率。如是遞求，至約盡而止。所得周徑諸率爲其相與之比例。

天元一 周率	右行	商數	左行	徑率
三	三一四一五九二六五	三	一〇〇〇〇〇〇〇〇	一
二二	一四一五九二六五	七	一〇〇〇〇〇〇〇〇	七
三三三	一四一五九二六五	一五	八八五一四五	一〇六
三五五	八八二〇九〇	二八一	八八五一四五	一一三
一〇二五七三	八八二〇九〇	八	三〇五五	三二六五〇
一〇二九二八	二二五〇	一	三〇五五	三二七六三
三〇八四二九	二二五〇	二	八〇五	九八一七六
四一一三五七	六四〇		八〇五	一三〇九三九
一五四二五〇〇	六四〇	三	一六五	四九〇九九三
一九五三八五七	一四五	一	一六五	六二一九三二
一五二一九四九九	一四五	七	二〇	四八四四五一七
六二八二一八五三	五	四	二〇	二〇〇〇〇〇〇〇

　　案秦氏原圖，純用天元式相約之數，皆縱列。今依求一術通解，易以真數，改從橫列，以便觀覽。

　　右圖第一比例爲古率，第二比例爲祖氏之約率，朱氏所稱密率者也。第三比例亦有五位密合。第四比例適得徑一一三、周三五五，與第三比例字數相等，而能得七位密合者，由第五商數大至三位故也。凡以大衍求二率相與之比例，視其續商之大小爲本率之疏密，如其下位所商爲甚大之數，則本率最爲合用。今觀本圖商數，無過十五二百八十八者，而祖氏所取，皆適當此數，不爽毫髮，苟非深於大衍，曷能解此？固知以大衍釋之，非臆見也。

甲二方加乙二方等於丙二方加丁二方，求取此四數之法，
今已由公式推得甲爲八，乙爲一，丙爲四，丁爲七，
問公式以何法變化而得，並另設真數以證之

楊　冰

　　兩平方和等於兩平方，古未有發此義者。譯書中或求兩平方和倍於一平方，《代數難題》七卷，未定之相等式八題。或求兩平方和等於一平方，《代數術》二百款一題。或求兩平方和倍於兩平方，《幾何原本》二卷，九題、十題。以彼例比，未達一閒，按圖而索，格礙猶多。而題言由公式推得，則非徒從心計

矣。《數術記遺》云：既捨數術，宜從心計。又言：以何法變化，則不僅恃專術矣。《數書九章》云：縶方圓者爲專術。先取四數以實之，所以示準也。另設真數以證之，所以覘識也。題之精蘊，蓋無所不包，用是殫研屢日，始得豁然貫通。芟其繁，去其複，都爲六術。其公式十有二，無定方程正術也，三角句股別術也，比例本題最簡之術也，故並存而不廢。末附明理一篇以溯其源，論數一篇以窮其變，揭用一篇以要其歸。膚末之見，未必能窺求一之精，無定方程，即大衍求一，但秦書無二次方耳。或有當於反三之義云爾。

無定方程術第一

如題，

$$\boxed{甲}乙 = = \boxed{丙}丁 ,$$

即

$$乙 = = \boxed{丙}\boxed{甲}丁 = = \boxed{丙}丁(\boxed{甲}丁)(\boxed{甲}丙) ,$$

設

$$乙 = = \boxed{丙}卯(\boxed{甲}丁) ,$$

即

$$\boxed{丙}丁(\boxed{甲}丁)(\boxed{甲}丁) = = \boxed{丙}丁二卯丙(\boxed{甲}丁)卯(\boxed{甲}丁)^2 ,$$

即

$$(\boxed{甲}丁)(\boxed{甲}丁) = = 二卯丙(\boxed{甲}丁)丁卯(\boxed{甲}丁)^2 ,$$

即

$$(\boxed{甲}丁) = = 二卯丙丁卯(\boxed{甲}丁) ,$$

即

$$(卯二)\boxed{甲}(卯一)丁 = = = 二卯丙\boxed{甲} 。$$

如令

丁 ＝＝＝（铘上一）天，

丙 ＝＝＝（铘上一）地，

則得

甲 ＝＝＝（铘上一）天上二卯地，

乙 ＝＝丁（铘一）地二卯天。

如於甲式，令

甲 ＝＝＝（铘丁）天，

乙 ＝＝＝（铘一）地，

則得

丁 ＝＝丁（铘一）天二卯地

乙 ＝＝＝（铘上一）地丁二卯天。

如於甲式，令

甲 ＝＝＝二卯天，

丁 ＝＝＝二卯天，

則得

丙 ＝＝＝（铘上一）天丁（铘一）地，

乙 ＝＝＝（铘上一）地（铘丁）天。

列式設數如左：

一、公式中，甲乙與丙丁可以互易，而甲與乙，丙與丁亦可以互易，得為未定數，故用互等綫。

一、甲、乙、丙、丁四數，祇用其二方，則無論正負，皆可通，故不用負號，而用相減號。

一、真數表凡有公約數者，即約之，而以天元式記其數於中。

一、凡題之原數，皆作括弧記之。

公式㊀：

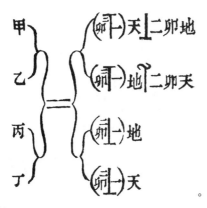

設數證之：

公式㊁：

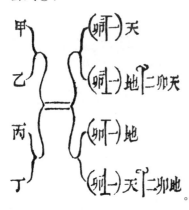

設數證之：

卯天地	二三一	二三三	三二一	三三二
			〓	〓
甲	九	九	(八)	一二
乙	七	二	(一)	一
丙	三	六	(四)	八
丁	一	七	(七)	九

。

公式三：

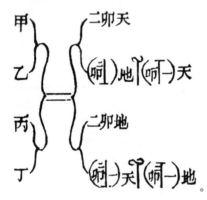

設數證之：

卯天地	二三一	二三三	三三一	三三二
			〓	〓
甲	(八)	一二	九	九
乙	(一)	一	七	二
丙	(四)	八	三	六
丁	(七)	九	一	七

。

無定方程又術第二按本款二式亦可用前術求之，惟所得恒爲負數，故變而通之，另爲一術。

如題，

$$甲乙 ════ 丙丁,$$

即

$$甲丁 ════ 丙乙,$$

即

$$(甲丁)(丙丁) ════ (丙乙)(丙乙)(乙).$$

設

$$(甲丁) ════ 卯(丙乙),$$

則

$$卯(甲丁) ════ (丙乙),$$

消去甲元，即

$$(卯-一)丙 ════ (卯-一)乙二卯丁.$$

如令

$$丁 ════ (卯-一)天,$$

$$乙 ════ (卯-一)地,$$

則得

$$丙 ════ (卯-一)地二卯天,$$

$$甲 ════ (卯-一)天二卯地.$$

若於乙式設

$$(甲丁) ════ 卯(丙乙),$$

則

卯(甲丁)＝(丙乙)，

消去甲元，即

二卯丁＝(卯一)丙(卯一)乙。

如令

丙＝二卯天，

乙＝二卯地，

則

丁＝(卯一)天(卯一)地，

甲＝(卯一)天(卯一)地。

列式設數如左：

公式㈣：

設數證之：

卯	二	三	三	二四
天	二	三	三	四
地	一	一	三	一
				川
甲	一四	一九	三三	(八)
乙	三	三	六	(一)
丙	六	九	九	(四)
丁	一三	一七	二二	(七)

公式㊄：

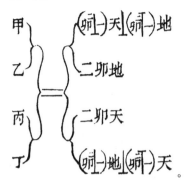

設數證之：

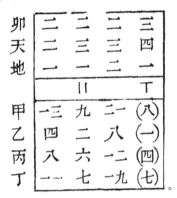

三角術第三

如題，

準三角術

即

$$\begin{array}{c}\text{天弦} \\ \text{小句}\end{array} = = \begin{array}{c}\text{小弦} \\ \text{天句}\end{array}。$$

故可設

$$甲 = = \begin{array}{c}\text{天} \\ \text{弦}\end{array},$$

$$乙 = = \begin{array}{c}\text{小} \\ \text{句}\end{array},$$

$$丙 = = \begin{array}{c}\text{小} \\ \text{弦}\end{array},$$

$$丁 = = \begin{array}{c}\text{大} \\ \text{句}\end{array},$$

其

$$\begin{array}{c}\text{小} \\ \text{句}\end{array} = = \begin{array}{c}二 \\ \hline 二\end{array}\text{底}\left(底\begin{array}{c}\text{大弦}\end{array}\begin{array}{c}\text{小弦}\end{array}\right),$$

$$\begin{array}{c}\text{大} \\ \text{句}\end{array} = = \begin{array}{c}二 \\ \hline 二\end{array}\text{底}\left(底\begin{array}{c}\text{天弦}\end{array}\begin{array}{c}\text{小弦}\end{array}\right)。$$

如令

$$底 = = 二卯,$$

$$\begin{array}{c}\text{大} \\ \text{弦}\end{array} = = 二卯天 = = 甲,$$

$$\begin{array}{c}\text{小} \\ \text{弦}\end{array} = = 二卯地 = = 丙,$$

則得

$$\begin{array}{c}\text{小} \\ \text{句}\end{array} = = 卯\begin{array}{c}\text{天}\end{array}\text{地} = = 乙,$$

$$\begin{array}{c}\text{大} \\ \text{句}\end{array} = = 卯\begin{array}{c}\text{天}\end{array}\text{地} = = 丁。$$

列式設數如左:

公式㈥:

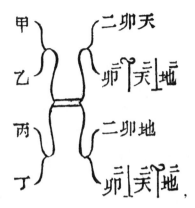

設數證之：

卯	二	二	三	二
天	二	三	三	四
地	一	二	二	一
			‖	
甲	(八) 一二	九	一六	
乙	(一) 一	二	一一	
丙	(四) 八	六	四	
丁	(七) 九	七	一九	

句股術第四

如題，

準句股理，任取子、丑兩句股互乘，或齊其弦，或齊其股，或齊其股與句，或齊其句。
則得

及

及

$$\left(\overset{\text{子}}{\text{股}}\cdot\overset{\text{丑}}{\text{弦}}\right)^{\text{二}}\text{丄}\left(\overset{\text{子}}{\text{句}}\cdot\overset{\text{丑}}{\text{句}}\right)^{\text{二}}=\left(\overset{\text{子}}{\text{股}}\cdot\overset{\text{丑}}{\text{股}}\right)^{\text{二}}\text{丄}\left(\overset{\text{子}}{\text{弦}}\cdot\overset{\text{丑}}{\text{句}}\right)^{\text{二}},$$

及

$$\left(\overset{\text{子}}{\text{句}}\cdot\overset{\text{丑}}{\text{弦}}\right)^{\text{二}}\text{丄}\left(\overset{\text{子}}{\text{股}}\cdot\overset{\text{丑}}{\text{句}}\right)^{\text{二}}=\left(\overset{\text{子}}{\text{句}}\cdot\overset{\text{丑}}{\text{股}}\right)^{\text{二}}\text{丄}\left(\overset{\text{子}}{\text{弦}}\cdot\overset{\text{丑}}{\text{句}}\right)^{\text{二}}。$$

故可設

$$\text{甲}=\overset{\text{子}}{\text{股}}\cdot\overset{\text{丑}}{\text{弦}},$$

$$\text{乙}=\overset{\text{子}}{\text{句}}\cdot\overset{\text{丑}}{\text{弦}},$$

$$\text{丙}=\overset{\text{子}}{\text{弦}}\cdot\overset{\text{丑}}{\text{句}},$$

$$\text{丁}=\overset{\text{子}}{\text{弦}}\cdot\overset{\text{丑}}{\text{股}},$$

又設

$$\text{甲}=\overset{\text{子}}{\text{股}}\cdot\overset{\text{丑}}{\text{弦}},$$

$$\text{乙}=\overset{\text{子}}{\text{句}}\cdot\overset{\text{丑}}{\text{股}},$$

$$\text{丙}=\overset{\text{子}}{\text{股}}\cdot\overset{\text{丑}}{\text{句}},$$

$$\text{丁}=\overset{\text{子}}{\text{弦}}\cdot\overset{\text{丑}}{\text{股}},$$

又設

$$\text{甲}=\overset{\text{子}}{\text{股}}\cdot\overset{\text{丑}}{\text{弦}},$$

$$\text{乙}=\overset{\text{子}}{\text{句}}\cdot\overset{\text{丑}}{\text{句}},$$

$$\text{丙}=\overset{\text{子}}{\text{股}}\cdot\overset{\text{丑}}{\text{股}},$$

$$\text{丁}=\overset{\text{子}}{\text{弦}}\cdot\overset{\text{丑}}{\text{句}},$$

又設

甲 ═══ 子句・丑弦,

乙 ═══ 子股・丑句,

丙 ═══ 子句・丑股,

丁 ═══ 子弦・丑句,

乃依代數術第二百款之一二題,令

子句 ═══ 二卯,

子股 ═══ 卯一,

子弦 ═══ 卯一,

丑句 ═══ 二天地,

丑股 ═══ 天地,

丑弦 ═══ 天地,

一一代之,即爲公式。

公式㈦:

設數證之:

卯	二	二	二	二
天	三	四	四	五
地	二	一	三	二
甲	三九	五一	一五	八七
乙	五二	六八	二〇	一六
丙	六〇	四〇	二四	〇〇
丁	二五	七五	七一	〇五。

公式㈧：

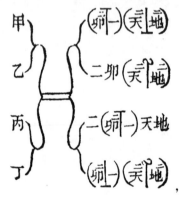

設數證之：

卯	二	二	二	二
天	三	四	四	五
地	二	一	三	二
甲	三九	一七	七五	二九
乙	二〇	二〇	二八	二八
丙	三六	八	七二	二〇
丁	二五	二五	三五	三五。

公式㈨：

設數證之：

卯	三	二	二	三
天	三	四	四	五
地	二	一	三	二
			川	
甲	一三	五一	二五	八七
乙	一六	三二	三二	八〇
丙	五	四五	七	六三
丁	二〇	四〇	四〇	一八

公式⊕：

設數證之：

卯	二	二	二	二
天	三	四	四	五
地	二	一	三	二
	‖	‖	‖	‖
甲	一三	一七	二五	二九
乙	九	六	一八	一五
丙	五	一五	七	二一
丁	一五	一〇	三〇	二五

。

比例術第五

如題，

$$\text{甲} \mid \text{乙} ═══ \text{丙} \mid \text{丁},$$

準比例理，

$$\text{一率} \times \text{四率} ═══ \text{二率} \times \text{三率},$$

即

$$\text{二率} \times \text{四率} + \text{一率} \times \text{四率} ═══ \text{一率} \times \text{四率} + \text{二率} \times \text{三率},$$

兩邊各加

$$\text{三率} \mid \text{四率} \mid \text{三率} \mid \text{三率},$$

得

$$(\text{一率} \mid \text{四率}) \mid (\text{二率} \mid \text{三率}) ═══ (\text{一率} \mid \text{四率}) \mid (\text{二率} \mid \text{三率}).$$

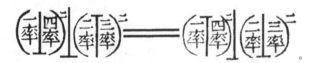

故可設

$$\text{甲} ═══ \text{二率} \mid \text{四率},$$

乙＝二率｜三率，

丙＝一率｜四率，

丁＝二率｜三率，

如令

一率＝＝＝天，

二率＝＝＝地，

三率＝＝卯天，

四率＝＝卯地，

則得

甲＝天｜卯地，

乙＝＝＝地丁卯天，

丙＝＝＝天丁卯地，

丁＝＝＝地｜卯天。

列式設數如左：

公式⊕：

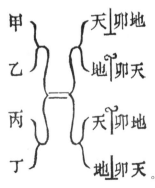

設數證之：

比例又術第六

如題，

$$甲乙 = 丙丁,$$

準連比例理，

$$中率 = 首率 \times 末率,$$

如上法，化之得

$$(二 \times 中率) | 末率 = (二 \times 中率) | (二 \times 首率) | 末率 ,$$ ①

故可設

$$甲 = 二 \times 首率,$$

$$乙 = 末率,$$

$$丙 = 二 \times 中率,$$

---

① 此式原稿残缺。

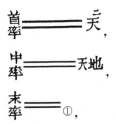

如令

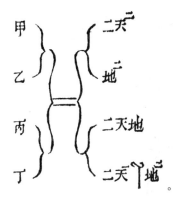

則得②

列式設數如左：

公式⊕：

設數證之：

---

①　此式原稿殘缺。

②　此二字原稿殘缺，據前文例補。

③　乙、丙二式原稿缺失，甲、丁二式殘缺。

天	二	三	四	五
地	一	一	一	一
甲	(八) 一八	三二	五○	
乙	(一) 一	一	一	
丙	(四) 六	八	一○	
丁	(七) 一七	三一	四九	

以上公式凡十二,其句股術所列之四式,不能得題中原數。本款之式,雖能得題中原數,然式內衹兩變數,若有不合連比例之數,而能令兩平方和相等者,則亦不能得之。故此五式,俱非完全之式,所以備列之者,以顯人之立術,各有所據之理,其閒淺深之致、異同之故,或不得而自知,惟以諸式相比,其優劣始可辨云。

明理第七

上二款用比例之理,其條段能以幾何明之,圖釋如左。

如圖:

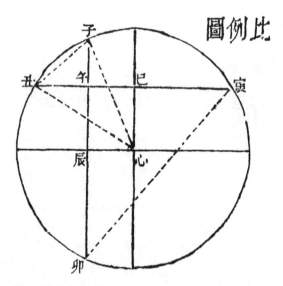

圖例比

於平圓內任作子卯與丑寅縱橫二綫,交圓徑於辰、巳,二綫相交於午,其子午與丑午比,恒若寅午與卯午比。子丑寅與子卯寅二負圓角相等,則子丑午及寅卯午兩句股爲同式,故子午句與丑午股比,若寅午句與卯午股比。於比例爲相當四率,而子辰半子卯。爲一四率之半和,心巳與辰午等。爲一四率之半較。丑巳半丑寅,爲二三率之半和,心辰與巳午等。爲二三率之半較。惟因子辰冪加心辰冪,等於丑巳冪加心己冪,心子辰及心丑巳兩句股,皆以半徑爲弦,故其句股冪和相等。故令一四率和爲甲,倍子辰。二三率較爲乙,倍心辰。一四率較爲丙,倍心己。二三率和爲丁,倍丑己。即得甲二方加乙二方,等於丙二方加丁二方,與題合。

如圖:

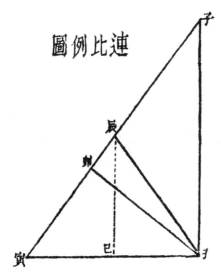

圖例比連

子丑寅句股內,作丑卯垂綫及丑辰分弦綫,其寅卯與丑寅比,若丑寅與子寅比,丑寅卯句股,與原形俱用寅角,爲同式,故寅卯句與丑寅弦比,若丑寅句與子寅弦比。於比例爲相連三率。寅卯爲首率,丑寅爲中率,丑辰與寅辰等,試作辰己虛綫,分丑辰寅爲兩句股,其句與股俱等,故其弦亦等。爲半末率,卯辰爲首率與半末率之較。惟因寅卯冪加丑辰冪,等於丑寅冪加卯辰冪,丑辰冪內減卯辰冪爲丑卯冪,丑寅冪內減寅卯冪亦爲丑卯冪,則兩數相等,若各加一寅卯及卯辰冪,易見仍爲相等。故令倍首率爲甲,倍寅卯。末率爲乙,倍丑辰。倍中率爲丙,倍丑寅。倍首率減末率爲丁,倍卯辰。即得甲二方加乙二方,等於丙二方加丁二方,與題合。

論數第八

　　學之大綱，形與數二者而已。形有條段，數有性情。中古各書，多言形，其言數者，秦氏之大衍，朱氏之招差耳。譯書既出，數學始倡。本題之意，在幾何爲有等，在代數爲無定，非研夫數理者，不能抉其奧也。以上雜用他術求之，譬如鑿井而得泉，奚以溯流而尋源乎？請更論數理。

　　論曰：任何奇數，恒能配爲兩整數平方之較。解中，卯爲任何奇數。

　　設其數爲卯，因

$$卯 = 卯 \times 1，$$

$$\therefore = \left(\frac{卯+1}{2}\right)^2 - \left(\frac{卯-1}{2}\right)^2。$$

其 $\frac{卯\pm1}{2}$ 恒爲偶，必能以二約之。

　　若其數爲數根，或數根之平方數，其配之只有一法。解中，己爲數根。因

$$己 = 己 \times 1，$$

$$\therefore = \left(\frac{己+1}{2}\right)^2 - \left(\frac{己-1}{2}\right)^2。$$

因

$$己^2 = 己^2 \times 1，$$

$$\therefore = \left(\frac{己^2+1}{2}\right)^2 - \left(\frac{己^2-1}{2}\right)^2。$$

若爲立方數，或三乘方數，其配法有二。因

$$己^3 = 己^3 \times 1$$

$$= 己^2 \times 己己，$$

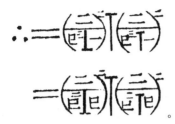

因

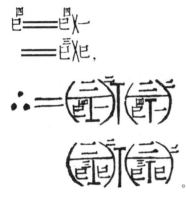

　　若爲四乘方,或五乘方數,其配法有三,以次每多二乘,即多一配法。
六乘、七乘配法有四,八乘、九乘配法有五。因

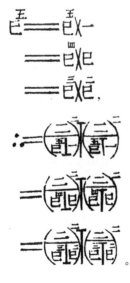

因

若其數爲兩數根相乘,其配法有二。解中,巳午爲不同兩數根。因

若爲三數根連乘,其配法有四。解中,巳午未爲不同三數根。因

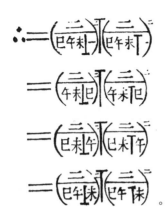

以次每多一數根，其配法即多一倍。四數根之配法有八，五數根之配法有十六。

右論奇數。

任何奇之偶數，不能配爲兩整數平方之較。解中，卯爲任何奇數。

設其數爲卯二，因

$$二卯 = 二卯 × 一$$
$$= 卯 × 二，$$

∴ $$二 = \left(\dfrac{\substack{二\\卯}}{}\right) 禾 \left(\dfrac{\substack{二\\卯}}{}\right)$$
$$= \left(\dfrac{卯}{二}\right) 禾 \left(\dfrac{卯}{二}\right)。$$

其 二卯 ÷ 一、卯 ÷ 二 爲奇，與二無等。

若其數爲二之平方乘奇數，其配法視原奇數。如

$$\dfrac{二}{二}巳 = 二巳 × 二，$$

∴ $$二 = (巳) 禾 (巳)$$

$$\dfrac{二}{二}巳 = 二巳 × 二，$$

與原奇數同，惟省一約法。

　若爲二之立方乘奇數，其配法爲奇數之二倍。如

　若爲二之三乘方乘奇數，其配法爲奇數之三倍。如

以次二之方數，每多一乘，其配法即多一倍。如右論偶數。

數理已明，即可從各款之式互之而得公式。原式爲兩平方較等於兩平方較互之，即兩平方和等於兩平方和。茲惟錄後三款之九式，設數以證，凡二十以內之數，皆盡取之，二十以外之數太多，並從刪棄。此外，不能有他小數更與題合。

式中祇四項者，恒以左上及右下爲相加之兩方根，右上及左下爲相加之兩方根，若有六項及八項以上者，任取平行二橫行，如四項式入之。

一式：

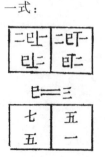

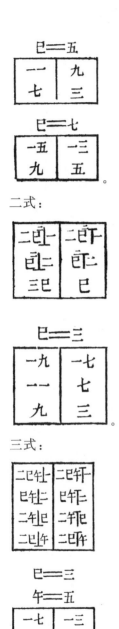

巳＝五
| 一 | 九 |
| 七 | 三 |

巳＝七
| 一五 | 一三 |
| 九 | 五 |
。

二式：

巳＝三
一九	一七
一	七
九	三
。

三式：

巳＝三
午＝五
一七	一三
一三	七
一	一

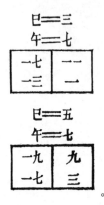

四式：

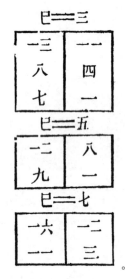

五式：

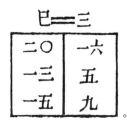

六式：

巳二三
午二五

巳二三
午二七

七式：

八巳一	八巳一
四巳二	四巳二
二巳四	二巳四
巳八	巳八

巳＝一

九	七
六	二

巳＝三

一四	一〇
一〇	二
一一	五

巳＝五

一四	六
一三	三

巳＝七

一八	一〇
一五	一

。

八式：

八巳一	八巳一
四巳二	四巳二
二巳四	二巳四
巳八	巳八
九巳	七巳
六巳	二巳

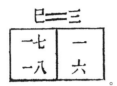

。

九式：

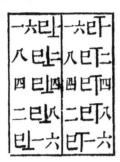

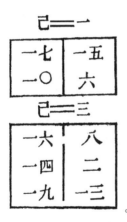

。

以上九式所得之數，去其重複，列爲一表。

甲乙丙丁	甲乙丙丁	甲乙丙丁	甲乙丙丁	甲乙丙丁	甲乙丙丁
(八)(一)(四)(七)	一二一八九	一四五一〇一一	一七四七一六	一九二一三一四	一九八一三一六
九二六七	一三一七一一	一五五九一三	一七六一〇一五	一九三九一七	二〇五一三一六
一二五一〇	一三四八一一	一六三一一一二	一八一一〇一五	一九四一一一六	二〇五八一九
一三七九	一四三六一三	一七一一一三	一八一六一七	一九七一一一七	二〇九一五一六

揭用第九

本題之理,其用甚廣,就所知者言之,可以求同弦二句股,可以求三角中垂綫,可以求三角分底綫,能令俱爲整數。揭要如左。

求同弦二句股舊術須取兩整數句股,以兩弦互乘始得。

術令

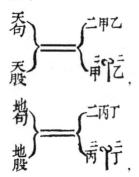

則得

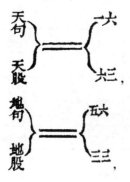

即

以本題之四數證之,則

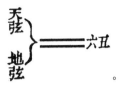

求三角中垂綫舊術須取整數兩句股，以兩句或兩股，或一句一股互乘，始得。

術令

底 ＝＝（甲丙｜乙丁），

大弦
小弦 ｝＝＝ ｛ 甲丙
　　　　　　乙丁 ，

則

大句
小句 ｝＝＝ ｛ 二甲丙
　　　　　　二乙丁 ，

即得

垂線 ＝＝ ｛ √（大弦－大句）＝甲丙
　　　　　　√（小弦－小句）＝乙丁 。

以本題之四數證之，則

底 ＝＝＝＝七八，

大弦
小弦 ｝＝＝ ｛ 八〇
　　　　　　五〇 ，

垂線 ＝＝＝＝四八。

求三角分底綫舊無此術，今從《代微積拾級》卷四第五款悟得。

術令

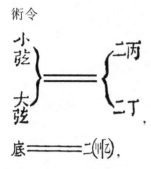

$$小弦 \atop 大弦 \Big\} = \Big\{ {二丙 \atop 二丁},$$

$$底 = 二(丙丁),$$

即得

$$分底線 = |丙丁|(甲乙) = 甲乙,$$

如令

$$底 = 二(甲乙),$$

即得

$$分底線 = 二(丙丁)(甲乙) = 甲乙。$$

以本題之四數證之，設

$$小弦 \atop 大弦 \Big\} = \Big\{ {二×四 = 八 \atop 二×七 = 一四},$$

$$底 = 二(六丁) = 一四,$$

$$底 = 二(六丁) = 一四,$$

則得

$$分底線 = 八一 = 九。$$

又設

$$底 = 二(六一) = 一八,$$

則得

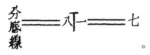

。

甲二方加乙二方等於丙二方加丁二方,求取此四數之法,

今已由公式推得甲爲八,乙爲一,丙爲四,丁爲七,

問公式以何法變化而得,並另設真數以證之

何國恂

準微積公理平圓式:

$$\sqrt{\text{味}\lceil\text{天}\rfloor\text{袄}^2} =====\text{地}\ominus。$$

此式中,味即甲二方與乙二方之和,或丙二方與丁二方之和,爲常數。而天與地可爲甲與乙,亦可爲丙與丁,爲變數。因天爲自變數,地爲天之損函數,則天變大,地必變小,天變小,地必變大。已知變比例有一定之限,則天減微分天時,或加亦可。地必加微分地。或減亦可。所以又變平圓式爲:

$$\sqrt{\text{味}\lceil(\text{天}\lceil\text{袦})\rfloor\text{袄}^2} =====\text{地}\lfloor\text{虵}\ominus。$$

兩式各自之相消,則得

$$(\text{二天}\lceil\text{袦})\text{袄}====(\text{二地}\lfloor\text{虵})\text{虵},$$

即

$$\frac{\text{虵}}{\text{二天}\lceil\text{袦}} =====\frac{\text{袄}}{\text{二地}\lfloor\text{虵}}。$$

於是分一式爲兩式,得

$$\text{唧} =====\frac{\text{虵}}{\text{二天}\lceil\text{袦}}\ominus,$$

$$\text{唧} =====\frac{\text{袄}}{\text{二地}\lfloor\text{虵}}\text{㊃}。$$

各變之得

$$\frac{二}{咿㐌狋}=======天 \ 甲,$$

$$\frac{二}{咿狋|㐌}=======地 \ 乙。$$

因一式中所函之 天狋 與 地㐌，即題中之另兩數，則

$$\frac{二}{咿㐌狋|狋}=======天狋,$$

即

$$\frac{二}{咿㐌|狋}=======天狋 \ 丙。$$

又

$$\frac{二}{咿狋㐌|㐌}=======地㐌,$$

即

$$\frac{二}{咿狋|㐌}=======地㐌 \ 丁。$$

將以上 甲乙丙丁 四式，去其公分母，而任命

$$甲=======天,$$

$$乙=======地,$$

$$丙=======天狋,$$

$$丁=======地㐌,$$

則變爲

$$㐌狋=======甲,$$

$$咿狋㐌=======乙,$$

$$咿㐌狋=======丙,$$

咿仸｜祂＝＝＝＝丁，

式中之仸祂咿三數，均可任設數代之，今命

仸＝＝一，

祂＝＝二，

咿＝＝三，

代入公式，則

甲＝＝七，

乙＝＝一，

丙＝＝五，

丁＝＝五。

又命

仸＝＝二，

祂＝＝三，

咿＝＝二，

代入公式，則

甲＝＝八，

乙＝＝一，

丙＝＝四，

丁＝＝七。

此四數恰與題合。若再命

仸＝＝＝＝二，

祂＝＝＝＝三，

咿＝＝＝三，

代入公式，則

甲＝＝＝＝一一，

乙 ════ 三，

丙 ════ 七，

丁 ════ 九，

若再命

祆 ════ 二，

狒 ════ 三，

卯 ════ 四，

代入公式，則

甲 ════ 一四，

乙 ════ 五，

丙 ════ 二〇，

丁 ════ 一一。

可見任以三數入之，均能得甲乙丙丁四數，而與題理合也。

三角形有積有大小兩腰，求底邊及中垂綫當用何術，試證之並爲圖説

張東烈

三角形若取直角，則求底邊之術，爲 $\dfrac{大腰}{小腰}$，中垂綫爲 $\dfrac{大腰\,小腰}{二積}$。

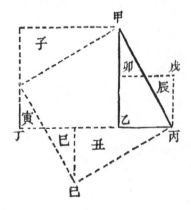

甲、乙、丙爲直角三角積，即句股積。甲乙爲大腰，乙丙爲小腰，甲丙爲底邊，甲丁方爲大腰，自乘乙戊，方爲小腰，自乘移子置丑，移寅置卯，移辰置巳，則得甲巳一大正方，故開平方，得甲丙底邊。

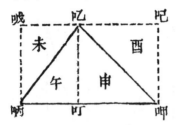

呷叱唎爲三角形，叱叮爲中垂綫，因午即未，因申即酉，則呷叱唎之倍積，即哦叱呷唎之長方積，故以底除倍積，得叱叮中垂綫。

若爲銳角形，則

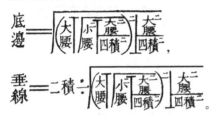

又術

右二術，即一自大邊起，一自小邊起也。圖解如左：

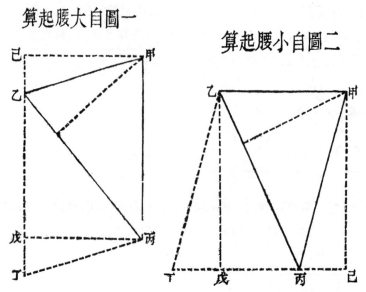

算起腰大自圖一

算起腰小自圖二

如一圖,甲乙丙爲銳角三角積,丙丁乙三角積同。甲丙爲大腰,甲乙爲小腰,甲丙丁乙爲倍三角積,與甲丙戊己長方積等。因丙戊丁即甲己乙也。以甲丙大腰除倍積,得甲己,丙戊同。爲股,甲乙小腰爲弦,求得句爲己乙,與己戊大腰相減,餘乙戊爲大句,丙戊爲股,求得弦即乙丙底邊。

如二圖,甲乙丙爲銳角三角積,丙丁乙三角積同。甲丙爲大腰,甲乙爲小腰,甲丙丁乙爲倍三角積,與乙甲己戊長方積等。因乙丁戊即甲己丙也。以甲乙小腰己戊同。除倍積,得甲己乙戊同。爲股,甲丙大腰爲弦,求得句爲己丙,與己戊小腰相減,餘丙戊爲小句,乙戊爲股,求得弦即丙乙底邊。

若爲鈍角形,則

又術

$$垂線=二積 \div \left(小腰 \left[大腰 \left[\frac{三積}{四} \right] \frac{小腰}{四} \right] \right) \left[\frac{小腰}{四} \right]。$$

右二術,與求銳角二術,惟加減異,餘同。

<h2>算起腰大自圖一　　算起腰小自圖二</h2>

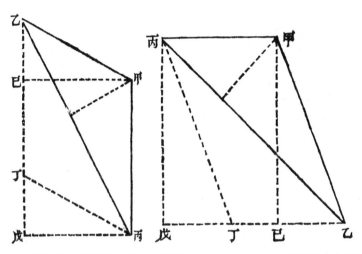

如一圖,甲乙丙爲鈍角三角積,丙丁乙三角積同。甲丙爲大腰,甲乙爲小腰,甲丙丁乙爲倍三角積,與甲己戊長方積等。因甲己乙即丙戊丁也。以甲丙大腰己戊同。除倍積,得甲己丙戊同。爲股,甲乙小腰爲弦,求得句爲己乙,與戊己大腰相加,得乙戊爲大句,丙戊爲股,求得弦即乙丙底邊。

如二圖,甲乙丙爲鈍角三角積,甲丁乙三角積同。甲乙爲大腰,甲丙爲小腰,甲丙乙丁爲倍三角積,與甲丙戊己長方積等。因甲己乙即丙戊丁也。以甲丙小腰己戊同。除倍積,得甲己丙戊同。爲股,甲乙大腰爲弦,求得句爲己乙,與戊己小腰相加,得乙戊爲大句,丙戊爲股,求得弦即乙丙底邊。

任爲直銳、鈍三角形,其公式:

$$\sqrt{底邊^{四}二 \left(大腰 \small{ } 小腰 \right) \left(底邊 \left(大腰 \small{ } 小腰 \right) \right)^{二} } 六積=0。\quad (一)$$

〔大腰 小腰〕一六積 垂線 八〔大腰 小腰〕積 垂線 一六積二○（三）。

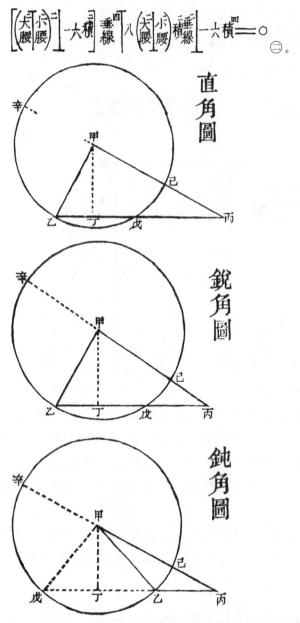

直角圖

銳角圖

鈍角圖

　　如直、銳、鈍三圖，甲乙丙爲三角形，甲丙爲大腰，甲乙爲小腰，乙丙爲底，甲丁爲中垂綫。試自甲爲心，乙爲界，作一圜，截甲丙大腰於己，截乙丙底邊於戊，則辛丙爲大小兩腰和，己丙爲大小兩腰較，乙丙又名底邊之和，戊丙爲底邊之較，其乙丙與辛丙之比，即同於己丙與戊丙之比。

設

$$\text{天}=\dfrac{\text{底邊}}{\text{二}}=\dfrac{\text{乙丙}}{\text{二}},$$

則

$$\dfrac{\text{大腰}}{\text{小腰}}=\dfrac{\text{辛丙}}{},$$

$$\dfrac{\text{大腰}}{\text{小腰}}=\dfrac{\text{己丙}}{}。$$

既知

$$\dfrac{\text{乙}}{\text{丙}}\cdot\dfrac{\text{辛}}{\text{丙}}\cdots\dfrac{\text{己}}{\text{丙}}\cdot\dfrac{\text{戊}}{\text{丙}},$$

則

$$\dfrac{\text{天}}{\text{大腰}}\dfrac{}{\text{小腰}}=\dfrac{\text{戊丙}}{}。$$

以乙丙底減戊丙兩腰較，得

$$\dfrac{\text{乙}}{\text{戊}}=\text{天}-\dfrac{\text{天}}{\text{大腰}}\dfrac{}{\text{小腰}}=\dfrac{\text{天}}{\text{大腰}}-\dfrac{\text{天}}{\text{小腰}},$$

折半得

$$\dfrac{\text{乙}}{\text{丁}}=\dfrac{\text{二天}}{\text{天}}\dfrac{}{\text{大腰}}\dfrac{}{\text{小腰}}$$

爲句，倍三角積，以底邊除之，則得中垂綫

$$\dfrac{\text{甲}}{\text{乙}}=\dfrac{\text{天}}{\text{二積}}$$

爲股，甲乙小腰爲弦，因

$$\dfrac{\text{股}}{\text{句}}=\text{弦},$$

即

$$\frac{乙}{丁}\cdot\frac{甲}{丁}=\frac{甲}{乙}\,,$$

亦即

$$\left(\frac{天^2}{天}\cdot\frac{大腰}{小腰}\right)\frac{天^2}{四積}=\frac{小腰}{},$$

詳之,即

$$\frac{四天^2}{一}\left[\frac{四}{天}\cdot\left(\frac{大腰}{小腰}\right)天\right]\left(\frac{大腰}{小腰}\right)六積=\frac{小腰}{},$$

去分母,即

$$\frac{四}{天}\left(\frac{大腰}{小腰}\right)\frac{天^2}{}\left(\frac{大腰}{小腰}\right)一六積=\frac{四小腰天^2}{},$$

移項,即

$$\frac{四}{天}\left(\frac{大腰}{小腰}\right)\frac{天^2}{}\left(\frac{大腰}{小腰}\right)一六積=0\,,$$

與公式合。

又設天爲中垂綫,則

$$\frac{天^2}{二積}=\frac{底}{邊}=\frac{乙}{丙}\,,$$

依句股理,得

$$\sqrt{\frac{小腰}{}-天^2}=\frac{乙}{丁}\,,$$

$$\sqrt{\frac{大腰}{}-天^2}=\frac{丙}{丁}\,,$$

惟因

$$\frac{乙}{丙}=\frac{乙丙}{丁}\,,$$

故得

$$\frac{天二積}{一} = \sqrt{\boxed{大腰天}} | \boxed{小腰天},$$

即

$$\frac{天二積}{四} = \boxed{大腰} | \boxed{小腰} 二天 - \sqrt{\left(\boxed{大腰}天\right)\left(\boxed{小腰}天\right)},$$

即

$$\boxed{二天} \left(\boxed{大腰}\right) \left(\boxed{小腰}\right) | \frac{天二積}{四} 二 = 四 \left(\boxed{大腰}天\right) \left(\boxed{小腰}天\right),$$

化之,移項,得

$$\left[\left(\boxed{大腰}\right)\left(\boxed{小腰}\right) - 六積\right] 天 四 入 \left(\boxed{大腰}\right)\left(\boxed{小腰}\right)積天 | 一六積 二 = 〇,$$

亦與公式合。

　　有股弦和有句弦和,求三事,此題能變得另一個句股形,
　　其句股弦不同而句股較均同,如原形句甲股乙弦丙可得
　　另形句子股丑弦寅,其句股較同爲卯,更可從此得無窮句股形,
　　其句股較均爲卯,試舉其法言其理,並推演一二形以證之

劉毅儀

　　法曰:任設一可開平方之數,又設一倍之可開平方之數,兩數相比,以
其大者爲原形股弦和,即另形句弦較。小者爲句弦和,即另形股弦較。以原形
股弦和方根,即另形句弦較方根。與倍句弦和之方根即另形倍股弦較之方根。相
乘,或原形句弦和方根,即另形股弦較方根。與倍股弦和之方根即另形倍句弦
較之方根。相乘,得數均爲原形弦和和。即另形弦和較。
　　第一形,即原形。以原形弦和和減去原形股弦和,爲原形句。減去原
形句弦和,爲原形股。併原形句弦和、股弦和,減去弦和和,爲原形弦。
　　第二形,爲另形。以原形弦和和即另形弦和較。加入原形句弦和。即另
形股弦較。爲另形句。加入原形股弦和,即另形句弦較。爲另形股。併原形
句弦和、股弦和,加入原形弦和和,爲另形弦。

　　第三形，以第二形弦和和即第三形弦和較。加入第二形句弦和，即第三形股弦較。爲第三形句。加入第二形股弦和，即第三形句弦較。爲第三形股。併第二形句弦和、股弦和，加入第二形弦和和，爲第三形弦。

　　以下依此遞推，可得無窮句股形，其句股較同。

　　題言從原形句弦和、股弦和，求另形句股，其句股弦不同，而句股較均同，所得各等式，當有一正一負。可令

句 ＝＝ 甲十亢，

股 ＝＝ 甲十角，

弦 ＝＝ 角亢十甲，

則

句股 ＝＝ 二甲 角 亢十二（角亢）甲，

弦² ＝＝ 甲 角 亢十二（角亢）甲二角亢，

因

句股 ＝＝ 弦²，

故

甲² ＝＝ 二角亢，

惟

股弦和／句弦和 ＝＝ 句弦較／股弦較 ＝＝ 句股較／卯，

如令原形

句股較 ＝＝ 股弦和／句弦和，

另形

句股較 ＝＝ 句弦較／股弦較，

易見

$$原股弦和 = 另句弦較，$$

$$原句弦和 = 另股弦較。$$

又因

$$弦和和 = 二句弦和 \times 股弦和，$$

$$弦和較 = 二股弦較 \times 句弦較，$$

別得

$$甲 = 原弦和和 = 另弦和較，$$

$$角 = 原句弦和 = 另股弦較，$$

$$亢 = 原股弦和 = 另句弦較，$$

$$亢角 = 原句股較 = 另句股較 = 卯，$$

依常理

$$句 = 股弦和和 = 股弦和較，$$

$$股 === \begin{matrix}句弦和\\弦和和\end{matrix} === \begin{matrix}句弦較\\弦和較\end{matrix},$$

$$弦 === \begin{matrix}句弦和\\股弦和\\弦和和\end{matrix} === \begin{matrix}句弦較\\股弦較\\弦和較\end{matrix},$$

故得原形

$$句 === [三角亢亢,$$

$$股 === [三角亢角,$$

$$弦 === 角亢[三角亢,$$

另形

$$句 === [三角亢角,$$

$$股 === [三角亢亢,$$

$$弦 === 角亢[三角亢。$$

復依題言求原形、另形各三事，以證前法。仍令

$$角 === \begin{matrix}原句\\弦和\end{matrix} === \begin{matrix}另股\\弦較\end{matrix},$$

$$亢 === \begin{matrix}原股\\弦和\end{matrix} === \begin{matrix}另句\\弦較\end{matrix},$$

乃令

$$天 === \begin{matrix}原\\句\end{matrix},$$

或

$$天 = 另股,$$

則

$$原弦 = 角\top天,$$

$$另弦 = 角\mid天,$$

$$原股 = 亢\top(角\top天) = 天\top(角\top亢),$$

$$另句 = 角\mid天亢 = 天\mid(角\top亢),$$

同準句股理，得

$$天\mid[天\top(角\top亢)]^2 = (角\top天)^2,$$

化之得

$$二天\top(角亢)天角\top二角亢\top亢 = 角\top天\top二角天,$$

移項得

$$天\top二亢天\mid亢 = 二角亢,$$

開平方得

$$天\top亢 = \sqrt{二角亢},$$

即

$$天 = \sqrt{二角亢}\top亢。$$

從負爲原形

$$句 = \sqrt{二角亢}\mid亢,$$

則

$$股 = \sqrt{二角亢}\top角,$$

$$弦 = \dfrac{角亢}{三航}。$$

從正爲另形

$$股 = \dfrac{三角亢}{亢}，$$

則

$$句 = \dfrac{三角亢}{角}，$$

$$弦 = \dfrac{角亢}{三航}。$$

因原形

$$\dfrac{句}{弦和} = 角，$$

$$\dfrac{股}{弦和} = 亢，$$

$$\dfrac{弦}{和和} = 三角亢，$$

得

$$另句 = \dfrac{原弦和}{原句弦和}，$$

$$另股 = \dfrac{原弦和}{原股弦和}，$$

$$另弦 = \dfrac{原句弦和}{原股弦和}\bigg/\dfrac{原弦和}{和}，$$

觀此式，另形三事，係原形三和原形句弦和、股弦和、絃和和。各相加，則無窮。另形三事，可本此法遞從，另形三和即遞求已得另形句弦和、股弦和、絃和

和。各相加,再舉一形公式,以證句股較同爲卯,因

$$\text{另句弦和} = 二\sqrt{\text{角兀}} \div 二\text{角兀},$$

$$\text{另股弦和} = 二\sqrt{\text{角兀}} \div 二兀\text{角},$$

$$\text{另弦和} = 二(\text{角兀}) \div 三\sqrt{二\text{角兀}},$$

得

$$\text{第三形句} = (\text{另弦和} \times \text{另句弦和}) = 四\text{角} \div 三兀 \times 五\sqrt{二\text{角兀}},$$

$$\text{第三形股} = (\text{另弦和} \times \text{另股弦和}) = 三\text{角} \div 四兀 \times 五\sqrt{二\text{角兀}},$$

$$\text{第三形弦} = (\text{另句弦和} \times \text{另股弦和} \times \text{另弦和}) = 五(\text{角兀}) \times 七\sqrt{二\text{角兀}},$$

故亦得

$$(\text{第三形股} \div \text{第三形句}) = 兀 \div \text{角} = 卯。$$

設九爲原形股弦和,八爲原形句弦和,本上法,得:

原形句三	股四	弦五
另形句二十	股二十一	弦二十九
第三形句一百十九	股一百二十	弦一百六十九

設三十二爲原形股弦和,二十五爲原形句弦和,本上法,得:

原形句八　　　　　　　股十五　　　　　　　弦十七

另形句六十五　　　　　股七十二　　　　　弦九十七

第三形句三百九十六　　股四百零三　　　　弦五百六十五

卷十六

有股弦和有句弦和，求三事，此題能變得另一箇句股形，
其句股弦不同而句股較均同，如原形句甲股乙弦丙可得
另形句子股丑弦寅，其句股較同爲卯，更可從此得無窮句股形，
其句股較均爲卯，試舉其法言其理，並推演一二形以證之

楊　冰

案本題所問，凡有三端，曰言理，曰舉法，曰演數。數生於法，法原於理，則言理，其扼要也。請先言理，次舉法，次演數，如後章。

第一章　言理

凡句股和較題七十有八，其求三事之公式，不能更其正負者，祇二十四題。其正負可更，而不能變得另形者，三十題。其能變得另形，而句股較不同者，十六題。既能變得另形，而句股較又同者，八題。列表如下：

天地		原句	原股	原弦	另句	另股	另弦
第一題	股	股句	天一地二天地	地一天二天地	天地一天二天地	天地一天二天地	天地一天二天地
第二題	句	弦股	地一天二天地	天一地二天地	天一地二天地	天一地二天地	天一地二天地
第三題	股	弦股	天地一天二（地天）地	地一天二（地天）地	地一天二（地天）地	天地一天二（地天）地	天地一天二（地天）地
第四題	股句	弦句	地一天二（天地）地	天地一天二（天地）地	天地一天二（天地）地	天地一天二（天地）地	天地一天二（天地）地
第五題	股句	弦句	天地一天二（天地）地	地一天二（天地）地	地一天二（天地）地	天地一天二（天地）地	天地一天二（天地）地
第六題	股句	弦股句	地一天二（地天）地	地一天二（地天）地	地天一地二（地天）	天地一天二（天地）地	地一天二（地天）天
第七題	股句	弦股句	三（地天）地一三（地天）天	三（地天）天一三（地天）天	地一三（地天）	三（地天）天一三（地天）天	地一三（地天）天
第八題	股句	弦股句	三（地天）天一三（地天）天	三（地天）天一三（地天）天	天地一地二天地	三（地天）天一三（地天）天	地一天二（地天）天

　　以上八題,皆能變得另一箇句股形,其句股弦不同,而句股較均同。如一、二題原形之句股較,爲天減地,另形之句股較,亦爲天減地。三題以下,原形之句股較爲天,另形之句股較亦爲天。本題與第一題合,特舉一隅以爲準耳。

　　其能變得另一箇句股形之故,若依代數之例明之,衹須云凡開方式可正可負,用正號爲原形,用負號即爲另形。兩形之句股弦,皆有開方式易見,加減之後,不能相同。惟句股較與開方式無涉,故能同爲卯。式中另形句股弦,皆於右下角爲指標,以示區別。

　　其式如

弦|股 ══ 天,

弦|句 ══ 地,

$$\left.\begin{array}{c}句\\句\end{array}\right\} = 天 \pm \sqrt{二天地} = \left\{\begin{array}{c}甲\\子,\end{array}\right.$$

$$\left.\begin{array}{c}股\\股\end{array}\right\} = 地 \pm \sqrt{二天地} = \left\{\begin{array}{c}乙\\丑,\end{array}\right.$$

$$\left.\begin{array}{c}弦\\弦\end{array}\right\} = 天|地 \pm \sqrt{二天地} = \left\{\begin{array}{c}丙\\鎖,\end{array}\right.$$

$$\left.\begin{array}{c}股|句\\股|句\end{array}\right\} = 天|地 ══ 卯,$$

與題合。

　　若以幾何明之,其理尤顯。如圖:

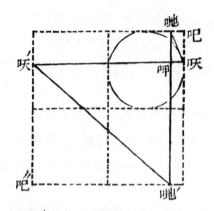

　　吧吧′正方,平分爲四角,右上容一小圓,任作呋呲斜綫,令切圓周,從呋呲二點,作呋呋′橫軸、呲呲′縱軸,以交點呷爲極。次作呋′呲′斜綫,成呷呋呲及呷呋′呲′兩句股形。如以呷呋呲爲原形,則呷′呋′呲′爲另形。準《海鏡》例,半方邊爲原形之弦和和,原形爲太虛率,半方邊爲城徑。則另形之句,爲原形之弦和和加股弦和。倍和和內減句。另形之股,爲原形之弦和和加句弦和。倍和和內減股。依句股求弦理,別得另形之弦,爲原形之弦和和加股弦和及句弦和。又準《拾級》例,其原形之句及股,皆爲正,自呷點向右向上。另形之句及股,皆爲負,自呷點向左向下。惟弦爲正。弦不在縱橫綫之例。

　　其式如

句＝（弦股句）｜（弦股），

股＝（弦股句）｜（弦句），

弦＝（弦股句）｜（弦股句）｜（弦句），

相加減,得

弦股＝＝弦股,

弦句＝＝弦句,

股句＝＝股句,

與題合。

第二章 舉法

從上幅之式，去其負號，遞推之，可得無窮句股形，其較均爲卯。其式如

句＝二弦｜二股｜句，

股＝二弦｜股｜二句，

弦＝三弦｜二股｜句，

句＝二弦｜二股｜句，

股＝二弦｜股｜二句，

弦＝三弦｜二股｜二一，

……

句＝二弦｜二股｜句，

股＝二弦｜股｜二句，

弦＝三弦｜二股｜句⊖，

式中之人爲任何數，若大至無窮，即與題合。今更從兩和求之。先設

弦｜股＝二年，

弦｜股＝二年，

弦｜股＝二年，

……

弦｜句＝某，

……

依前理推之,則得式如

……

……

式中午入未入之同數,須遞推而得,尚不可爲公式,更變之如下:

惟因

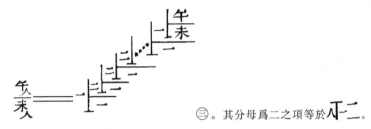

故得

其分母爲二之項等於∦二。

又因

故得

其分母爲二之項等於人。

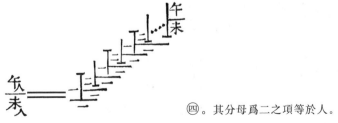

用上兩式,皆可徑求午人未人之同數,惟其指標人,祇能與連分母之項

數相關，尚未能盡其妙，茲欲更求一式，以人之同數爲主。

術令

取其相當之數，列爲一表，如

準垛積理，得

其

式中之"人'與"人"，俱取正整之數，求至二之指數，爲一，或爲〇而止。其指數爲負之項，必非正整之數，概不入。

第三章演數

以上所得諸式，俱可用以求無窮句股形，其句股較均同。今從㊄式推演數形以爲證。

任設

午＝＝一，

未＝＝一，

則得

句＝＝二(二)⼈⼈，

股＝＝二⼈⼈＝尺，

弦＝＝二⼈⼈＝尺，

其句股較

卯＝二午尺，

應爲一。

乃令

人＝＝一，

則

⼈＝二＝一，

⼈＝＝＝〇，

句＝＝二×二×一＝＝四，

股＝＝三＝三，

弦＝＝三＝三＝＝五，

其句股較爲一。

又令

人＝＝二，

則

人＝二＝二，

人＝二＝一，

句＝＝二乂五乂二＝＝二〇，

股＝＝五三＝＝二，

弦＝＝五三＝＝九，

其句股較亦爲一。

又令

人＝＝三，

則

人＝三二＝五，

人＝＝一＝二，

句＝＝二乂二五＝一二〇，

股＝＝一三＝＝一九，

弦＝＝一三五＝＝一六九，

其句股較亦爲一。

如令

人＝＝一〇，

則

人＝二九六一六七一四五三四三四二三一二三七八，

人＝二六七一六二一三四五一三二四二九八五，

句 ＝＝二╳五七四-╳二三七八 ＝＝二七三〇四一九六，

股 ＝＝(五七四-)╱二三七八╲ ＝＝二七三〇四一九七，

弦 ＝＝(五七四-)╱二三七八╲ ＝＝三八六一三九六五，

其句股較仍爲一。

有股弦和有句弦和，求三事，此題能變得另一箇句股形，

其句股弦不同而句股較均同，如原形句甲股乙弦丙可得

另形句子股丑弦寅，其句股較同爲卯，更可從此得無窮句股形，

其句股較均爲卯，試舉其法言其理，並推演一二形以證之

何國恂

是題上半截係有定式，下半截係無定式。茲如題理，推演列款以詳解之。

第一款　如題，上半截可準有股弦和，有句弦和，求三事列式。

命

天 ＝＝ 句|弦，

地 ＝＝ 股|弦，

準句股例

╳(句|弦)(股|弦) ＝＝ (句|股|弦)，

則

一╱二√二天地 ＝＝ 句|弦|股，

於是得

一╱二√二天地 ＝＝ 句|弦|股，

二天地｜地 ══ 子，

二天地｜天 ══ 乙，

二天地｜天 ══ 丑，

地｜天｜二天地 ══ 丙，

地｜天｜二天地 ══ 寅，

爲本題之公式。其甲乙丙爲一形之句股弦。其子丑寅爲另一形之句股弦，兩形不同，其兩形之句股較，同爲 地｜天 也。

第二款　上式之平方根可以消化去之，準句股理，凡整數句股弦，其句弦和與句弦較可開平方者，則其半股弦和與半股弦較必能開平方。若半句弦和與半句弦較可開平方者，其股弦和與股弦較亦必能開平方，否則，必非整句股弦。若於上式中以天二代其天，以地二代其地，則變爲無方根矣。

二天地二地 ══ 申，

二天地二地 ══ 子，

二天地天 ══ 乙，

二天地天 ══ 丑，

二地天二天地 ══ 丙，

二地天二天地 ══ 寅，

此六箇式均無方根，而可以任何數代入，以得各數也。

第三款　上式若以真數證之，任命天爲一，地爲二，代入上六箇式

内,則

$$甲 == \text{丁} 二,$$

$$子 == \text{丁} 四,$$

$$乙 == \text{丁} 五,$$

$$丑 == 三,$$

$$丙 == 一 三,$$

$$寅 == 五,$$

此兩形

$$卯 == 七。$$

若再任命天爲三,地爲二,代入上六箇式内,則

$$甲 == \text{丁} 二 〇,$$

$$子 == 四,$$

$$乙 == \text{丁} 一,$$

$$丑 == 三,$$

$$丙 == 二 九,$$

$$寅 == 五,$$

此兩形

$$卯 == \text{丁} 一。$$

乃知如題上半截,則每式必得兩箇句股弦,其形不同,而其句股較均相同也。

第四款　如題下半截,推至無窮句股形,其句股較均爲卯,則其等式可任命爲

$$二 地 \text{丁} 天 == 二 地 \text{丁} 天,$$

移之得

$$二(地下地)——天下天,$$

即

$$二(地下地)(地下地)——(天天)(天下天)。$$

依無定式公理,此式可任分爲二,若分爲

$$地下地——天下天,$$

$$二地下二地——天下天,$$

或

$$地下地 ——天下天,$$

$$二地下二地——天下天,$$

任兩式相消,均爲

$$天——四地下三天,$$

$$地——三地下二天。$$

若分爲

$$地下地——天下天,$$

$$二地下二地——天下天,$$

或

$$地下地——天下天,$$

$$二地下二地——天下天,$$

任兩式相消,均爲

$$天——三天四地,$$

地′══二天╤三地。

右兩種分法，將消得之式任一幅內，反其正負，則均相同，故可以此兩式爲遞推之公式也。

第五款　以上所得遞推之兩箇根式，若屢次迭代，其式可推至無窮。

天′══四地╤三天，

地′══三地╤二天，

天″══四地╤三天══二四地╤一七天，

地″══三地╤二天══一七地╤一二天，

天‴══四地╤三天══一四〇地╤九九天，

地‴══三地╤二天══九九地╤七〇天，

天⁗══四地╤三天══八一六地╤五七七天，

地⁗══三地╤二天══五七七地╤四〇八天，

……

如此遞推，可至無窮，無不合於理也。

第六款　將以上各式，用眞數證之，任命天爲一，地爲一，則

天 ══一

地 ══一⊖，

天′══七

地′══五④，

天″══四一

地″══二九⑥，

天‴══二三九

地‴══一六九⑧，

......

其 二地┳天、二地┳天 ......同爲一⊞。

又將上各式,均反其正負,任命天爲三,地爲二,則

天 ══ 一

地 ══ ○⊖,

天 ══ 三

地 ══ 二⊜,

天 ══ 一七

地 ══ 一二㊄,

天 ══ 九九

地 ══ 七〇⑦,

......

其 天┻地、天┻地 ......亦同爲一⑫。若再以他數證之,亦必能合於理。

第七款　將以上⊞、⑫兩幅之各句股弦,並句弦和、股弦和、弦和和各數詳之:

弦|股 ══ 一
弦|句 ══ ○
十(弦|股|句) ══○

句 ══ 十○千壬

股 ══ 工○千丂

弦 ══ 一十二⊖,

弦|股 ══ 二
弦|句 ══ 一
十(弦|股|句) ══二

句 ══ 工二千亖

股 ══ 工二千亖

弦 ══ 三十二五 ⊜,

弦股 ＝＝＝　九　　　　　弦股 ＝＝＝　五〇

弦句 ＝＝＝　八　　　　　弦句 ＝＝＝　四九

半(弦股句) ＝＝＝　一二　　半(弦股句) ＝＝＝　七〇

句 ＝＝丁一二九丁二三　　句 ＝＝丁七〇五〇丁二三〇

股 ＝＝丁一二八丁二四〇　股 ＝＝丁七〇四九丁二二

弦 ＝＝一七半一二五九 ㈢，弦 ＝＝九九半七〇二九 ㈣，

弦股 ＝＝＝　二八九　　　弦股 ＝＝＝　一六八二

弦句 ＝＝＝　二八八　　　弦句 ＝＝＝　一六八一

半(弦股句) ＝＝＝　四〇八　半(弦股句) ＝＝＝　二三七八

句 ＝＝丁四〇八二八九丁六九七　句 ＝＝丁二三七八一六八一丁四〇六〇九六

股 ＝＝丁四〇八二八八丁六九六二〇　股 ＝＝丁二三七八一六八九丁四〇五九六九七

弦 ＝＝五七七半四〇八五八九一六九 ㈤，弦 ＝＝三三六半二三七八五七四一九八五 ㈥，

弦股 ＝＝＝九八〇一

弦句 ＝＝＝九八〇〇

半(弦股句) ＝＝＝一三八六〇

句 ＝＝丁一三八六〇九八〇一丁二三六六五九

股 ＝＝丁一三八六〇九八〇〇丁二三六六〇

弦 ＝＝＝一九六〇半一三八六〇五七四一二 ㈦，

弦股 —— 五七一二二

弦句 —— 五七一二一

十(弦股句) —— 八〇七八二

句 —— 八〇七八二　五七一二二　一三七九〇四　二三六六〇

股 —— 八〇七八二　五七一二二　一二七九〇三　二三六六一

弦 —— 一四二三　八〇七八二　一九五〇二五　三三四六一（八）

以上求得十六箇句股弦，其形不同，其句股較同爲一也。若再以他數代上式之天地，亦必能得另無窮形。

第八款　將以上所得之各句股弦列表而詳解之：

弦	股	句
一	〇	丅一
一	丅〇	丅一
一	一	〇
五	丅三	丅四
五	四	三
二九	丅二〇	丅二一
二九	二一	二〇
一六九	丅一一九	丅一二〇
一六九	一二〇	一一九
九八五	丅六九六	丅六九七
九八五	六九七	六九六
五七四一	丅四〇五九	丅四〇六〇
五七四一	四〇六〇	四〇五九
三三四六一	丅二三六六〇	丅二三六六一
三三四六一	二三六六一	二三六六〇
一九五〇二五	丅一三七九〇三	丅一三七九〇四

以上各形,每式必函兩形,一爲正句股,一爲負句股,在各幅之本式,其數不同,然上一形即㊌幅首式。之負句股,即下一形即㊐幅首式。之正句股。而下一形即㊐幅首式。之負句股,即又下一形即㊌幅次式。之正句股。遞推皆然,不過句股互易耳。若第用一幅求之,其負反爲正,則等句股較之各形,推至無窮,亦必無遺漏,似不如用一幅之爲簡也。

第九款　以上各式必由遞推而得,不如徑用二之平方根之連分數化之。

代數術一百九十一款公式:

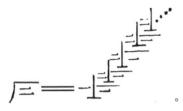

此二之平方根連分數之公式也。準公理,凡循環連分數式,若就其任一段之循環處截去下段,而以原代字代之,均能還其原數,故此式可化作

天 = ￤ 一 ￤ 一 天
一 二

或

天 = ￤ 一 ￤ 一 ￤ 一 天
二 一 二

或

或

天 = ￤ 一 天
。

設將式中之天均以 $\frac{地}{天}$ 代之，則此四式又當變為

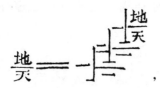

或

（圖）

或

（圖）

或

（圖）

。

將此四式各變之，則

（圖）

（圖）

（圖）

（圖）

將左邊任命爲各次之天地,而各分爲兩式,則

地 ＝＝ 地｜天,

天 ＝＝ 二地｜天,

地 ＝＝ 三地｜天,

天 ＝＝ 四地｜天,

地 ＝＝ 七地｜天,

天 ＝＝ 一〇地｜七天,

地 ＝＝ 一七地｜一天,

天 ＝＝ 二四地｜七天,

用此公式則皆相加,尤便於推也。

　　第十款　將此公式以眞數證之,任命天爲一,地爲一,則推得

地 ＝＝ 二,

天 ＝＝ 三,

地 ＝＝ 五,

天 ＝＝ 七,

地 ＝＝ 一二,

天 ＝＝ 一七,

地 ＝＝ 二九,

天 ＝＝ 四一,

　　此各數均與前兩幅同,故知用此公式,即如用前兩幅也。若再任命天
爲二,地爲三,則

地 ＝＝ 五,

天 ＝＝ 八,

地 ══ 一三，

天 ══ 一八，

地 ══ 三一，

天 ══ 四四，

地 ══ 七五，

天 ══ 一〇六，

其各天自乘，與各地自乘，倍之，相較即句股較。均爲十四，故知此理必通於二之平方根之連分數，則最妙用此公式也。

第十一款　將此公式立一通法，以爲屢變不窮之用。

法曰：任取兩數爲天地，此兩數無論同與不同，均可。即爲第一次句弦和之平方根，與半股弦和之平方根。其句股亦可不必以大小言。天地相加，爲第二次地。二地加天，爲第二次天。第二次之天地相加，爲第三次地。第二次之二地加天，爲第三次天。如此遞推，可至無窮，而得句弦和之平方根與半股弦和之平方根之次數亦無窮，其句股較均同也。

按此式，係融上兩幅爲一貫，且求各句股弦，只用正根，不用負根，而自無遺漏。蓋第一次之負句，即第二次之正股。第一次之負股，即第二次之正句。故可省之而不用，且無句股互易之弊。

第十二款　以上既用二之平方根之連分數求得公式，則當闡明其理，試詳解之。

如前式

二（地 地）（地 地）══（天 天）（天 天），

可化作

三（地 地）（地 地）══（天 天）（天 天），

此式可任分爲

三（地 地）══ 天 天，

$$\boxminus (地 \top 地) = 天 \top 天, \textcircled{上},$$

或

$$\boxminus (地 \bot 地) = 天 \top 天,$$

$$\boxminus (地 \top 地) = 天 \bot 天, \textcircled{下},$$

用⊕幅兩式相加減,則得

$$\boxminus 地 = 天,$$

$$\boxminus 地 = \top 天,$$

用⊕幅兩式相加減,則得

$$\boxminus 地 = 天,$$

$$\boxminus 地 = \top 天,$$

將各式移乘作除,則得

$$\boxminus = \frac{地}{天},$$

或

$$\boxminus = \frac{地}{\top 天}。$$

因所用者爲各地各天之平方,故可不論正負,則

$$\boxminus = \frac{地}{天} = \frac{地'}{天'} = \frac{地''}{天''} = \frac{地'''}{天'''} = \cdots\cdots$$

均可通用,所以如上云云也。若只命二之平方根等於寅,代入上逐級遞推
各式内,則

$$\frac{地}{天} = \top \frac{\top 寅}{\bot} ,$$

或

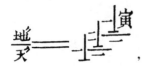

或

或

如上法變之,則得

$$\frac{地}{天} = = \frac{一 上 寅}{二 寅},$$

$$\frac{地}{天} = = \frac{三 上 寅}{四 上 寅},$$

$$\frac{地}{天} = = \frac{七 三 寅}{一 北 寅},$$

$$\frac{地}{天} = = \frac{一 世 二 寅}{二 四 七 寅}。$$

細按此四式法,實內均有一項真數,即前式又一未知元之倍數。因初數已

命 $\dfrac{地}{天}$,等於 $\dfrac{二}{寅}$,則以下各式內之真數,均爲地之任何倍數也,然求數則

較前更易矣。

　　第十三款　再將以上所變之各式以真數證之。

　　若任命

$$寅 = = 〇,$$

則

地 ══ 一，

天 ══ ○，

地 ══ 一，

天 ══ 二，

地 ══ 三，

天 ══ 四，

地 ══ 七，

天 ══ 一○，

地 ══ 一七，

天 ══ 二四，

而

卯 ══ 二。

若任命

寅 ══ 一，

則

地 ══ 一，

天 ══ 一，

地 ══ 二，

天 ══ 三，

地 ══ 五，

天 ══ 七，

地 ══ 一二，

天 ══ 一七，

地 ══ 二九，

$$天 = 四一，$$

而

$$卯 = 一。$$

觀以上各數，均能合題，故知公式中之寅，可任命爲〇、一、二、三、四……，均合。惟立法則仍與前同，不過初數之地與天一爲真數，一一爲任何數也。然以理論之用前式爲是，因前式爲兩箇未知數，方合無定式公理，而真能應變不窮也。又按天、地兩元，本皆無定，故準連分數式，則

$$二地天，$$

$$天地，$$

$$二地天，$$

$$天地，$$

$$二地天，$$

方能令卯相同，故知用二之連分數化之，實融上⑭、⑫兩幅理爲一貫也。或可用級數另化一種公式，因不便於用，故未贅演。以下只明其理與限。

　　第十四款　以上既將遞推公式求出，則當作圖明之，茲準同心平圓理，作圖，若在渾圓上，則皆距等圈也。

　　如圖：

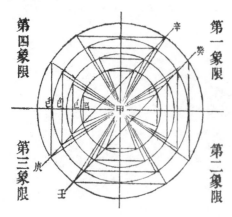

任作同心大小圓,分為四象限。又作癸壬與辛庚兩平行斜綫,就其與各圓相交處,各引斜綫至圓心,各作橫綫至縱綫界,或作縱綫至橫綫界,則得無窮句股形,其句股較同為甲巳也。然每一圓內,必有相同之句股形八箇,於是分作四象限內解之,全以縱綫為句,橫綫為股,則每一象限內,均有一箇大句小股,一箇小句大股,可以句股互易。其在第一象限內,則句股皆為正。其在第二象限內,則句為負,股為正。其在第三象限內,則句股皆為負。其在第四象限內,則句為正,股為負。若將第一象限內,句股互易,仍皆為正。第二象限內句股互易,仍皆為負。惟第二象限內,負大句,正小股,若互易,必為負小句,正大股,其兩數之正負,亦必互易。第四象限內,正大句,負小股,若互易,必為正小句,負大股,其兩數之正負,亦必互易,此正負同名異名之公理也。

　　第十五款　如題上半截言,每一式必有兩形,句弦和同,股弦和同,句股較亦同。試再以正負公理解之。

　　設第一象限內,有一正句股形,為大句小股,則第三象限內,必有一箇負小句,負大股,其兩和均以減為加,則此形之弦減句,必等於彼形之弦加句,此形之弦減股,必等於彼形之弦加股也。若第一象限內,為小句大股,則第三象限內,必為大句小股,理亦同。亦有第一象限內之句股形,與第二象限內或第四象限內任一形,其兩和相同者,因第二象限內,句弦和以減為加,第四象限內股弦和,亦以減為加,於是知第一象限內之小句大股,與第二象限內之大句小股,有一兩和同者,或第一象限內之大句小股,與第四象限同之小句大股,有一兩和同者。然細推其理,必至句股兩事有一事均等於〇,則可如第一象限內之句股形,與第二象限內之句股形,其股皆等於〇,則此句弦較能令其與彼句弦和同。或第一象限內之句股形,與第四象限內之句股形,其句皆等於〇,則此股弦較,能令其與彼股弦和同,然弦減〇,與弦減〇同,則其弦必同,弦既同,則句亦必同,且句亦必與弦同。於是知此兩形必全合於一綫,而以理推得若者為綫左之附形,若者為綫右之附形而已。如上⑫幅內第〇式之正負兩形,以理推之,當合於自甲至戊之一綫上,其一為綫左之附綫,一為綫右之附綫,而無毫釐之可析者。

若⑫幅内第⊖式之正負兩形，皆爲正句，則以理推之，當合於自丁至甲之
一綫上。若將⑫幅内第一式句變爲〇，股變爲兩正，一則兩形當合於自甲
至丙之一綫上，股變爲兩負，一則兩形當合於自甲至乙之一綫上，而亦皆
無毫釐之可析。不過以理度之，確能指其此綫當附於左，彼綫當附於右，
或此綫當附於上，彼綫當附於下也。乃知推至無窮，必合於微積分公
理矣。

第十六款　準微分理列式解之。

命

句＝＝天，

弦＝＝＝地，

股＝＝刋天，

又命

句＝＝天￤侎，

弦＝＝地￤岪，

股＝＝刋天￤侎，

於是

(刋天)┐天＝＝地，

(刋天侎)]（天侎)┌＝＝(地￤岪)┌，

消得

二(刋￤天￤侎)侎＝＝＝(二地￤岪)岪，

爲天地之變比例式。設

侎＝＝〇

則

岪＝＝┌地￤地，

於是

地┃他＝＝＝━┳地，

若不論其正負，則天不變地亦不變也。設

他＝＝＝○

則

祆＝┳(他)天━(他)天，

於是

天┃祆＝天 或 ┳(他祆)。

則地不變時，天或不變，或變爲負股，然仍係句股互易，而其弧度則永不能變。故知前推得之公理，除句股有一數等於○之外，則第一象限中之句股形，只能與第三象限中之句股形通，第二象限中之句股形，只能與第四象限中之句股形通，所以一式僅能兩形也。若任以一數爲卯，一數爲祆，可以求得他數，但不能必其句股弦皆整數耳。若祆爲無窮大數，則他亦必推至無窮大數。然兩箇無窮大數，仍不能相同，因祆與他有比例定率也。若必命祆同於他，則上式必變爲

二祆(卯┃二天┃祆)＝＝＝(二地┃祆)祆，

即

祆(二卯┃四天┃二地┃祆)＝＝＝○，

此兩箇乘數，必有一箇等於○。今觀

二卯┃四天┃二地┃祆，

必不能等於○，則必令祆等於○，方合於理，乃知祆與他除等於○之外，均不能相同也。

平圓徑分爲大小二矢,從截點作一通弦則成兩兩相等四弧矢形,
內作兩兩相等大小四平圓,大圓徑一尺六寸八分,
小圓徑一尺一寸二分,求全圓徑及弦矢各幾何

劉毅儀

答曰:全圓徑三尺五寸,通弦三尺三寸六分,大矢二尺二寸四分,小矢一尺二寸六分。

如圖:

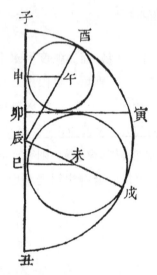

命巳未爲甲,午申爲乙,子辰爲天,子卯爲地,易見

$$\frac{辰}{午} = 天 \top 乙,$$

$$\frac{辰}{未} = 天 \top 甲,$$

$$\frac{辰}{申} = 天地乙,$$

$$\frac{辰}{巳} = 甲地天,$$

依句股理,其

$$\begin{array}{c}\dfrac{午^{\text{二}}}{申}=\dfrac{辰}{午}\cdot\dfrac{辰^{\text{二}}}{申},\\[2mm]\dfrac{巳^{\text{二}}}{未}=\dfrac{辰}{未}\cdot\dfrac{辰^{\text{二}}}{巳},\end{array}$$

即

$$\begin{aligned}\dfrac{亡^{\text{二}}}{未}&=(天\,乙)\cdot\dfrac{(天\,地\,乙)}{}\\ &=(二\,天\,地)(地\,二\,乙),\end{aligned}$$

$$\begin{aligned}\dfrac{甲^{\text{二}}}{}&=(天\,甲)\cdot(甲\,地\,天)^{\text{二}}\\ &=地(二\,天\,二\,甲\,地),\end{aligned}$$

從上式得

$$\begin{aligned}二天(地\,二\,乙)&=亡\,地(地\,二\,乙)\\ &=(地\,乙)^{\text{二}},\end{aligned}$$

即

$$天=\dfrac{二(地\,二\,乙)}{(地\,乙)^{\text{二}}},$$

從下式得

$$二天地=甲\,地(二\,甲\,地)=(地\,甲)^{\text{二}},$$

即

$$天=\dfrac{二地}{(地\,甲)^{\text{二}}},$$

因得

$$\dfrac{二地}{(地\,甲)^{\text{二}}}=\dfrac{二(地\,二\,乙)}{(地\,乙)^{\text{二}}},$$

即

$$(地\,二\,乙)(地\,甲)^{\text{二}}=地(地\,乙)^{\text{二}},$$

即

$$二甲地 \llcorner (甲 \overline{四} 甲乙 丁 乙) 地 = 二 \overline{甲} 乙。$$

如令

$$丙 = 甲 \overline{四} 甲乙 丁 乙,$$

即得

$$二甲地 \llcorner 丙地 = 二 \overline{甲} 乙,$$

即

$$四 \overline{甲} 地 \llcorner 二甲丙地 = 四 \overline{甲} 乙,$$

即

$$四 \overline{甲} 地 \llcorner 二甲丙地 \llcorner \frac{四}{丙} = 四 \overline{甲} 乙 \llcorner \frac{四}{丙} 三,$$

即

$$二甲地 \llcorner \frac{三}{丙} = \sqrt{四 \overline{甲} 乙 \llcorner \frac{四}{丙} 三},$$

即

$$地 = \frac{二甲}{二} \left(\sqrt{四 \overline{甲} 乙 \llcorner \frac{四}{丙} 三} \llcorner \frac{三}{丙} \right),$$

因

$$甲 = 八 四,$$

$$乙 = 五 六,$$

$$丙 = 丁 一四八九六,$$

$$\sqrt{四 \overline{甲} 乙 \llcorner \frac{四}{丙} 三} = 一三七二〇,$$

所以

$$地 = \frac{一六八}{二一一六八} = 一二六,$$

$$天 = \frac{二地}{(地丁)^二} = 一七五,$$

$$丑卯 = 二天丁地 = 二二四,$$

$$寅卯 = (二天地丁地)^二 = 一六八。$$

釋曰:甲乙、乙辛、甲己爲已知之大圓半徑,丁戊、戊辛、丁庚爲已知之小圓半徑。丙己爲全圓半徑,其數爲未知。求之之法,當先取甲乙丙小句股形,甲乙大半徑爲股,甲丙爲弦,即丙己全圓半徑,與甲己大半徑之較。求得句爲乙丙。次取丙戊丁大句股形,戊丁小半徑爲句,戊丙爲股,即戊乙大小二半徑之和內減乙丙小句。求得弦爲丙丁,與丙庚全圓半徑減丁庚小半徑相等,故得例。

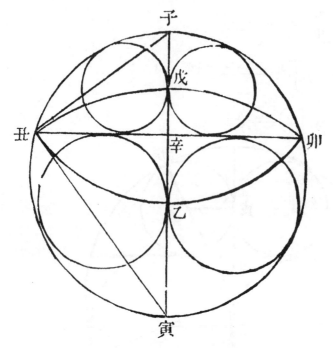

　　又釋曰：子辛丑爲小句股，辛寅丑爲中句股，寅丑子爲大句股。取子
丑小弦，以子爲心，丑爲界，作丑乙卯弧綫，則辛乙小句弦較，即大圓半徑。
因子乙即子丑，而子辛即小句。又取寅丑中弦，以寅爲心，丑爲界，作丑戊卯弧
綫，則戊辛中股弦較，即小圓半徑。因寅丑即寅戊，而寅辛即中股。辛乙小句弦
較，除丑辛小股幂，則得小句弦和。解見《句股六術》。戊辛中股弦較，除丑辛
中句幂，則得中股弦和。解見《句股六術》。各依和較相加，折半爲子丑小弦，
及寅丑中弦。和較相減，折半爲子辛小句，又寅辛中股，因子丑小弦即爲
大句，寅丑中弦即爲大股，子辛小句、寅辛中股之和，即爲大弦。句幂加股
幂，等於弦幂。故得例。

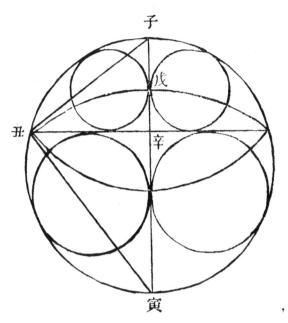

又釋曰：依前理，子辛丑小句股形，與子丑寅大句股形，為同式。子辛為小矢，子丑為小矢與大圓半徑之和，則子辛小句比子丑小弦，同於子丑大句比子寅大弦。以子辛小矢減之為辛寅中股，辛寅中股加戊辛半小徑，即丑寅中弦。有子辛小句，子丑小弦，求得丑辛小股為半通弦。有寅辛中股，丑寅中弦，求得丑辛中句亦為半通弦，故得例。

有大中小三數，並中小兩數與大數等，中小兩數和乘大數，
以中小兩數相乘，減之得三千一百三十六，
其三數連乘得六萬一千四百四十，問三數各幾何

秦同培

按此題，如以三元、二元求之，無不合理，惟以一元求之為最簡。且此一元可令等於大、中、小三數中之任一數，其故因題中三數，即元變帶縱立方之三根故也。今演式詳解於下：

命

天＝大中小任一數，

則

$$\frac{天}{六一四四〇}=任二數相乘方,$$

又

$$天^{二}=任一數之平方,$$

如令

$$天=大數,$$

則因

$$大=中+小,$$

故由題理,得

$$天^{三}+\frac{天}{六一四四〇}=三一三六 \quad (甲)。$$

如令

$$天=中數或小數,$$

則因

$$中=大-小,$$

$$小=大-中,$$

故由題理,得

$$天^{三}-\frac{天}{六一四四〇}=三一三六 \quad (乙)。$$

各去分母,移之得

$$天^{三}-三一三六天\pm六一四四〇=〇。$$

今從其實之正號,依天元開方術,遞次開其三同數於下:

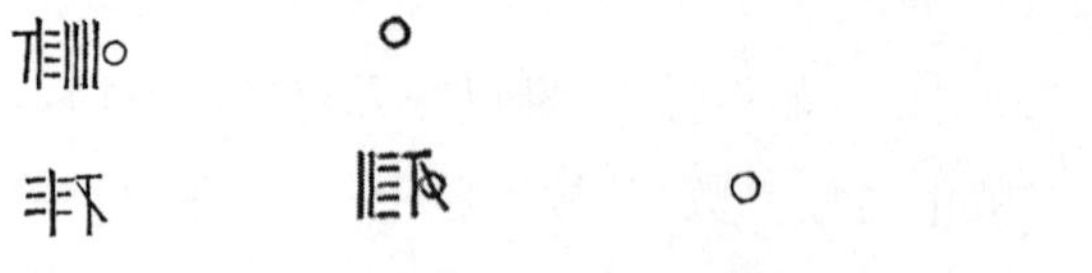

丨,商得‖三;丨,商得‖‖〇;丨,除得⊥‖‖。

　　可知大數爲六十四,中數爲四十,小數爲二十四,合問。

　　又按上乙式與甲式反號之故。因

　　　　大＝＝中丨小,

故

　　　　大(中小)丁中小＝＝三一三六,

同甲式,去首項之括弧,得

　　　　大丨大小丁中小＝＝三一三六,

末項以

　　　　中＝＝大丁小,

或

　　　　小＝＝大丁中,

之同數代之,得

　　　　中丁丨大小＝＝三一三六,

或

　　　　小丁丨大中＝＝三一三六,

亦即

　　　　中(大小)丨大小＝＝三一三六,

或

　　　　小(大中)丨大中＝＝三一三六,

均同乙式,故

　　　　天＝＝二四,

亦

　　　　天＝＝四〇,

亦

　　　　天＝＝六四。

今有直積加股開平方得數，加股加四開立方得數，

加大和加二開平方與三小差等，又以平方開之，

以五乘之，與句等，只云弦三十九尺，求股

楊　冰

今

股＝＝天，

如題，及句股理，得

$$\sqrt{\text{句天}|\text{天}|\text{天}|\text{四}|\text{天}|\text{弦}|\text{二}}＝＝\text{三}|\text{弦}|\text{三天}\quad（甲），$$

$$\text{五}|\text{三}|\text{弦}|\text{三天}＝＝\text{句}\quad（乙），$$

$$\text{弦}＝＝\text{三九}\quad（丙），$$

$$\text{天}＝＝\text{弦}|\text{句}\quad（丁），$$

則知本題依方程式解之，凡有四法。今各具草如左：

第一法

先從乙丙得

$$\text{弦}＝＝\text{三九}，$$

$$\text{句}＝＝\sqrt{\text{二九二五}|\text{七五天}}，$$

代入甲，得

$$\sqrt{\text{二九二五天}|\text{七五天}|\text{天}|\text{天}|\text{四}|\text{天}|\text{四}|\text{一}}＝＝\text{一}|\text{一}|\text{七}|\text{三天}，$$

去根號，得

$$\left\{\left[\left(\text{一}|\text{一}|\text{七}|\text{三天}\right)^{2}（\text{天四一}）\right]（\text{天四}）\right\}^{2}\text{天}（\text{二九二五天}|\text{七五三天}）＝〇$$

一。

第二法

先從⊘丁得

弦 ＝＝ 七五天，

句 ＝＝ 七五－五○天，

代入甲，得

七五天－五○天天天四七七＝＝二二五六天，

去根號，得

{[（二二五六天）七七（天四）天]（七五天－五○天）}＝○　㊁。

第三法

先從丙丁得

弦 ＝＝ 三九，

句 ＝＝ 三九天，

代入甲，得

三九天天天天四天四一二一七三天，

去根號，得

{[（一一七三天）（天四一）（天四）天]（三九天異）}＝○
㊂。

其四法，亦先從丙丁得

弦 ＝＝ 三九，

$$句 = 三兀天,$$

代入⑦,得

$$五(三兀天) = 三兀天,$$

即

$$七五(三兀天) = 三兀天 ⑭。$$

惟將㊀㊁㊂式詳之，須各乘至二十四次方，始得開方式，其事甚繁，且所得之式，真數多至五十位，極少亦十餘位。各廉法皆一正一負相間，則其正根能多至二十有四，即以求實根之法馭之，亦需時日，不如僅用⑭式，祇須一除，即得元數之爲便也。

法取⑭式，兩邊各以二九天約之，得

$$七五 = 三九天,$$

即

$$天 = 三六一股。$$

> 今有直積加股開平方得數，加股加四開立方得數，
> 加大和加二開平方與三小差等，又以平方開之，
> 以五乘之，與句等，只云弦三十九尺，求股

吳　誠

別得題之上半截爲虛設之數，非爲求股所必用，故可但憑下半截，得

$$五(弦股) = 句,$$

自乘得

$$七五(弦股) = 句,$$

準句股理，

$$(弦股)(弦股) = 句,$$

故知

$$七五 \underline{\quad\quad} 弦|股 。$$

惟題已云

$$弦 \underline{\quad\quad} 三大 ,$$

故

$$股 \underline{\quad} 七五三九 \underline{\quad} 三六 。$$

此但憑題之下半截求得之數也。若兼用題上半截式求之，則須開極繁重之多次方。即能知，但憑題之下半截求股，而不知股弦和與句與股弦較成連比例，則當用弦|股代其句，亦須開一二次式，雖得數仍同，而舍易就難，不免爲題所惑矣。

江陰南菁學堂高豪康刻字

附録一:黄以周課藝

目　録

上丁釋菜解

"釋菜"與"釋奠"不同。釋奠,有幣帛犧牲而無菜;釋菜,則祇用蘋蘩之菜而已。故釋菜之禮,輕於釋奠。天子、諸侯視學,行釋奠禮;而士之入學習舞者,則行釋菜。釋奠之禮,有行於馘告之時者,說見《王制》;有行於立學之初者,說見《文王世子》。而《文王世子》又曰:"凡學,春官釋奠於其先師,秋冬亦如之。"是天子、諸侯四時視學,皆釋奠也。

自後世釋奠之禮祇舉於春秋,而冬夏釋奠之禮廢。亦自釋奠之禮亦舉於上丁,而上丁釋菜之禮亦不行。說者不察,乃執近代之禮以考古制,遂有疑"釋菜"即"釋奠"者。或又知二禮之不可合,遂疑《月令》"釋菜"字誤,當依《呂覽》作"舍采",舍采即釋奠。不知"釋"與"舍"爲音義相通之字,"采"與"菜"爲形聲相近之字,例得通借,原非字誤。以義言之,"釋菜"之"釋",當以《呂覽》作"舍"者爲正。《說文》:市居曰"舍"。引申之,有"正"義,有"置"義。"舍采"之"采",當依《月令》作"菜"者爲正。鄭注《大胥》"舍采"云:"舍,即釋也。采讀曰菜。始入學者,必釋菜禮先師。菜,蘋蘩之屬。"是也。《文王世子》於立學曰"釋奠",於釁器曰"釋菜",上下分別言之,則釋菜固不可混於釋奠。《夏小正》曰:"二月:丁亥,萬用入學。"《傳》曰:"謂今時大舍采也。"然則入學釋菜之禮,三代相因,其禮古矣。古禮多質,如廟用茅屋,郊用匏器之類,皆不取繁文縟節。釋菜之禮,其猶有古之遺意歟? 故祭用蘋蘩,不嫌禮之薄也。

然則《月令》言"釋菜取上丁",而《夏小正》則云"丁亥",上丁不必亥,其故何也? 曰:《夏小正》舉其日之最宜者言之,《月令》又通其變也。《少牢饋食禮》曰"來日丁亥",鄭注:"丁未必亥也,直舉一日以言之耳。禘於太廟禮曰'日用丁亥'。不得丁亥,則己亥、辛亥亦用之。無,則苟有'亥'

焉可也。"蓋祭取諸亥,入學取諸丁。苟無丁亥,用上丁可也。丁取丁壯之義,望士之入學,執業有成也。亦取丁火之義,望士之入學,緝熙光明也。知日之取丁專爲學士勉,則《月令》"釋菜"、《夏小正》"大舍采"爲士之入學習舞之祭,不可解爲天子視學釋奠之礼,明矣。

(輯自俞樾編次《詁經精舍三集》,清同治六年至九年刻本)

《論語》仍舊貫魯讀仍爲仁解

《論語》有齊、魯、古文三家,今所傳者,《魯論》也。而注家亦多據齊、古文改之,非一如《魯論》之舊。如"仍舊貫"之"仍",魯本作"仁",《釋文》引鄭注云"魯讀'仍'爲'仁',今從古",是其證。《古論》作"仍",《魯論》作"仁",音與義本兩通。仁,屬真部;仍,屬登部,兩部古音最近。莊子《列禦寇》"仍自然之能",《釋文》"仍",本又作"認",亦登、真兩部通用之證。

凡曰"仁"者,皆有親厚之意。"仁舊貫"者,厚舊事也,謂不菲薄前人事也。時魯人以舊府爲庳小,將改造而創爲之,閔子以爲不如加葺舊府之爲得。《易》之《益》曰"利用爲大作",《傳》曰"下不厚事",此爲"文作靈臺,子來樂成"之占。魯無是德,不利大作,厚舊事而已。仁舊貫,即《傳》所謂厚事改作,即爻辭所謂大作,以經證經,其義自明。

《古論》作"仍",仍者,訒之借,《説文》云"訒,厚也"。許氏《自敘》稱《論語》古文,于言部出訒字,蓋即古文"仍舊貫"之本字也。古文訒通用仍,故《爾雅·釋詁》亦云"仍,厚也"。又通用扔,故《釋詁》"仍,厚",《釋文》云"仍,本或作扔",訒與仍、扔互相通用,故《一切經音義》云"仍,古文",礽、訒、扔今本從木旁,誤。三形同,其實訓爲因者,以仍、扔爲本字;訓爲厚者,以訒爲本字。《説文》分之甚明。

"仍舊貫"于字以訒爲正,于義與仁亦近,《古論》《魯論》本兩通也,自鄭康成從古改"仍",訓爲"仍因",斯二家之義不可合。後之讀者,問其書,曰《魯論》,問其文,幾不知"仁舊貫"之本,故特詮釋而發明之,以見其義甚通,可一如魯論之舊。

(輯自俞樾編次《詁經精舍三集》,清同治六年至九年刻本)

襟裾考

《爾雅·釋器》中言衣服之制,皆區以別。其云"衣眥謂之襟,被謂之裾",明二者之有異也。眥者,《説文》云"目匡也"。衣有眥者,即《淮南·齊俗篇》所云"隅眥之削",蓋削殺衣領以爲斜形也。李巡云:"衣眥,衣領之襟。"孫炎曰:"襟,交領也,字亦作衿。"《詩》毛傳曰:"青衿,青領也。"至裾,則與衣眥别。《説文》云:"裾,衣褎也。""褎,裹也。"郭注《方言》"襌衣有褎",云"前施褎囊也"。《玉篇》云:"裾,衣褎。褎,衣前襟也。"衣前襟,即外右衽。衣衽可以褱裹物,故謂之裾。裾,言物可居也。衣眥謂之襟,以交領言;被謂之裾,以前衽言,二物迥然有别。

或疑襟即衿字,《説文》云:"衿,交衽也。"交衽,即裾。不知襟、衿異字。《説文》"交衽",謂掩裳際之衽,與交領不同。段大令注云:"《爾雅》之襟,《毛傳》之衿,皆非許所謂衿。"斯言得之。自襟、衿之字混,而襟裾之制不明。

或又疑被請之裾,被即袷字。鄭注"深衣"云:"袷,交領也。交領即襟。"不知被、袷亦異字。凡訓領者,字當作袷。袷字從合,取領之相交也。被字從及,取衽之可扱也。衽之可扱者,謂之被。扱其衽以居物,謂之裾。自被、袷之字混,而襟裾之制更不明。

《釋名》云:"襟,禁也,交于前,所以禦風寒也。裾,倨也,倨倨然直,亦言在後常見踞也。"劉氏蓋已混裾于襟,而猶知襟裾之異制,故以衣前、衣後别之。郭注"襟"爲交領,"裾"爲衣後襟,參用兩説,愈不可通。《方言》云"襟謂之交",交謂交領。又云"袿謂之裾",袿爲上服之衽,與《爾雅》不違。襟裾之混稱,當始于漢魏間。

(輯自俞樾編次《詁經精舍三集》,清同治六年至九年刻本)

王瓜生解

王瓜者,王萯也。王萯之爲物,蔓生籬間,四月開花結實,謂之王瓜。《記·月令》曰:"孟夏之月,王瓜生。"鄭注引《今月令》作"王萯",與《夏小正》"四月，王萯秀"正合。《説文》："萯，王萯也。"《管子·地員篇》有"大萯、細萯"。王萯者，大萯也。萯之大者曰"王萯"，是猶女蘿之大者曰"王女"，帚草之大者曰"王篲"，菉草之大者曰"王芻"也。《吕覽·孟夏紀》作"王菩"。菩爲䔇之省體，萯之同部字，古音瓜，讀如姑，與菩聲亦最近。高誘注云："菩，或作瓜，舐瓠也。"又注《淮南子·時則訓》云："王瓜，栝樓也。"舐瓠即栝樓之俗體，栝樓爲菩蔞之借字，長言之曰"栝樓"，短言之曰"萯"。

　　萯有大、小二種，形本相似，前人多渾言不別，惟《爾雅》分之最明。《爾雅》"果臝之實，栝樓"下，即次以"荼，苦菜"，與《月令》"王瓜生，苦菜秀"連文類舉，正合王瓜即栝樓，爲萯之大者。《釋文》引《本草》："栝樓，一名地樓，一名天瓜，一名澤姑，一名果臝實，一名黄瓜。"陶注云："出近道，藤生，狀如土瓜，而葉有叉。"是也。《爾雅》又云"鉤藤姑"。鉤，又作弧，古今字。郭注"實如㼌瓜"，㼌瓜者，小瓜也。《説文》"㼌，㼎也"，㼎，小瓜也。鉤藤姑，即萯之細者，謂之土瓜，或亦呼爲王瓜，與栝樓同名。《本草》"王瓜，一名土瓜"，陶注："土瓜生籬間，其子熟時，大如彈丸。"唐注"其葉似栝樓而無叉"，是也。《廣雅》云："藤菇，弧瓠，王瓜也。"藤菇，即藤姑之異文。弧瓠，即栝樓之異體。此不別萯之大小，而渾言之曰"王瓜"，爲其種類本一，不過實有大小，葉有叉、不叉之微別。故郭注《爾雅》亦云："藤姑，一名王瓜。"

　　自後人以王瓜爲藤姑之專名，而栝樓之名反爲藤姑所奪，由是《月令》之王瓜不明。王尚書《廣雅疏證》、郝户部《爾雅義疏》因謂"王瓜與栝樓不同"，反斥高誘兩注緟毑紕繆。王氏又謂《廣雅》專釋藤姑、弧瓠爲王瓜，不混栝樓之名于内，不知《廣雅》之弧瓠，即《爾雅》之栝樓。栝、弧爲雙聲字，樓、瓠爲疊韻字，何得分之爲二？郝氏又謂王瓜即今之赤雹子，不知王萯于四月開花結瓜，故《月令》曰"王瓜生"，《夏小正》曰"王萯秀"，秀謂吐花，生謂生瓜也。赤雹子五月始花，至秋，瓜乃熟，安得牽合爲一？至于申鄭説者，謂王瓜即萆挈，萆挈即菝挈，菝挈本不結瓜，謂之瓜者，以根之似，斯説也，王尚書、郝户部均已闢之，不贅。

（輯自俞樾編次《詁經精舍三集》，清同治六年至九年刻本）

《詩》有六情五際説

　　鄭箋《詩》序,有"《詩》含六情五際"語,本諸《齊詩》,其法以律而定,詳見《漢》翼奉、郎顗兩傳,翼、郎皆治《齊詩》者。翼奉言六情,曰:喜、怒、好、惡、哀、樂,與《左傳》言六志合,則六情即六志也。翼奉言:觀性以歷,觀情以律。王者執十二律以禦六情。東方之情喜,反之而爲怒,其驗在木,木生于亥,故曰"東方情怒,亥卯主之"。南方之情好,反之而爲惡,其驗在火,火生于寅,故曰"南方情惡,寅午主之"。西方之情怒,反之而爲喜,其驗在金,金生于巳,故曰"西方情喜,巳酉主之"。北方之情惡,反之而爲好,其驗在水,水生于申,故曰"北方情好,申子主之"。哀樂行乎其間,猶土之寄王于四方,故曰"上方情樂,辰未主之。下方情哀,戌丑主之"。董子《繁露·王道通三篇》曰:"好惡喜怒,乃天之春夏秋冬。"董意:喜屬春,主東;好屬夏,主南;怒屬秋,主西;惡屬冬,主北。故《陽尊陰卑篇》曰:"喜氣爲暖而當春,怒氣爲清而當秋,樂氣爲大陽而當夏,哀氣爲大陰而當冬。"此"樂""哀"字當依《王道篇》作"好""惡"。其言與翼所陳,似相反而實相足。

　　《齊詩》説,亥爲水始,寅爲木始,巳爲火始,申爲金始,是謂"四始"。以例推之,子爲水際,卯爲木際,午爲火際,酉爲金際,亥爲天門,五行出入聽候之際,是謂"五際"。謂之"際"者,謂木、火、金、水之辰,皆兩兩相比,以別辰、戌、丑、未之分王獨寄也。《後漢·郎顗傳》引《詩氾歷樞》文"卯酉之際爲革正,午亥之際爲革命,神在天門,出入聽候",而曰"四始之缺,五際之厄,其咎如此"。則所謂五際者,即"卯酉革正,午亥革命"之際也。其不舉子者,言亥以賅之也。亥子同屬水,而亥爲五際之主,故舉亥以賅子。此以卯酉之際爲革正,午亥之際爲革命,欲對文,故省言之爾。其云革正、革命者,後漢順帝陽嘉二年,郎顗上封事曰:"漢興以來三百三十九歲,于《詩三基》,高祖起亥仲二年,今在戌仲十年。""臣以爲戌仲已竟,來年入季。"注云"基,當作期",其法以卅年管一辰,凡甲子、甲午旬首者,爲仲。甲戌、甲辰旬首者,爲季。甲申、甲寅旬首者,爲孟。以是推之,元始四年入午仲,爲王莽改命之年。漢高祖元年,乙未入亥仲,前五十年,周亡之歲，在酉季二年乙巳，上距殷周革命辛卯之歲七百九十四年，實午孟之八年也。孔沖遠《詩疏》引《氾歷樞》而申之曰：亥為革命，一際；亥又為天門，二際；卯為陰陽交際，三際；午為陽謝陰興，四際；酉為陰盛陽微，五際。牽勞附會，全無義類。豈亥一辰而可分為二際乎？豈午為陽謝陰興之際，而子獨非陰謝陽興之際乎？舉午不舉子，遂分亥為二際，妄矣！悖矣！王伯厚《困學紀聞》又據誤本孔疏所引《氾歷樞》，以午、亥、卯、酉、辰為五際，不知孔疏《氾歷樞》"辰在天門"，辰乃神字之誤，《郎顗傳》可證。如"神"本作"辰"，孔疏必不分亥為二際，而轉遺辰不數也。近程易疇又據《翼奉傳》孟康注，以卯、酉、午、戌、亥為五際，不知《漢書》注引《詩內傳》亦有敚字，當云"五際，卯、酉、子、午、戌亥也"。卯、酉、子、午各一際，戌亥又一際。《氾歷樞》但舉亥可以賅子，《齊詩》戌亥，專指天門，則宜補言"子"。淺人不察，以五際舉六辰，疑有衍文，妄删之，此與讀《氾歷樞》者，疑午、亥、卯、酉不足五際，遂改辰在天門以實其數，同一癡見。一改辰字，一敚子字，説愈歧而不可通矣。

又《齊詩》家説，云《大明》在亥，水始也；《四牡》在寅，木始也；《嘉魚》在巳，火始也；《鴻雁》在申，金始也。五際者，卯，《天保》也；酉，《祈父》也；午，《采芑》也；亥，《大明》也。四始五際，分配《詩》之篇什，其法以吹律而定，今已失傳。程易疇欲推其説而不得，孔㢲軒略得其緒而莫詳。竊考古人作樂，以三終。三終之詩，必連類相及，如鄉樂，歌《周南·關雎》《葛覃》《卷耳》三篇，又歌《召南·鵲巢》《采蘩》《采蘋》三篇是也。四始五際，即以三詩當一辰，一辰分孟、仲、季以配三詩。寅、申、巳、亥為四始，始必資于中氣，故皆取其仲。子、午、卯、酉為四際，際為交代之義，故皆取其季。如《小雅·鹿鳴》《四牡》《皇華》為升歌之三，于四始屬寅。《四牡》為寅仲，故曰"《四牡》在寅，木始也"。次以《常棣》《伐木》《天保》三篇，于五際屬卯，《天保》為卯季，故"卯際，《天保》也"。次以《采薇》《出車》《杕杜》三篇屬辰，不在始際之數。當別有名目，今失傳。次以《魚麗》《嘉魚》《南山有臺》為間歌之三，于四始屬巳，《嘉魚》為巳仲，故曰"《嘉魚》在巳，火始也"。次以《菁莪》《六月》《采芑》三篇，于五際屬午，《采芑》為午季，故"五際，《采芑》

也”。次以《蓼蕭》《湛露》《彤弓》三篇屬未，不在始際之數。次以《車攻》《鴻雁》《庭燎》三篇，于四始屬申，鴻雁爲申仲，故曰“《鴻雁》在申，金始也。”次以《沔水》《鳴鶴》《祈父》三篇，于五際屬酉，祈父爲酉季，故“酉季，《祈父》也。”今《詩》倒《蓼蕭》三篇于《菁莪》之前，厠《吉日》於《車攻》之後，蓋毛公之所易，與《十月交》《雨無正》諸篇同例歟？抑《藝文志》言《魯》《韓》《齊詩經》皆二十八卷，獨《毛詩經》二十九卷，其篇弟本自不同歟？至《大雅·文王》《大明》《綿》爲升歌之三，于四始屬亥，大明爲亥仲，故曰“大明在亥，水始也”。《棫樸》《旱麓》《思齊》三篇屬丑，不在始際之數。書闕有間，其詳不可得聞，爲言其大略如此。

四始五際，配用《詩》什，與《易卦氣圖》立意略同。而言“卯酉革正，午亥革命”之際，實通《易》之消息。如《乾》初伏子、二伏丑、三伏寅，下卦終矣。四伏卯，又交上卦，是謂“革正”。五伏辰，上伏巳，上卦又終矣。而《坤》初又伏于午，故曰“午之際，爲革命”。二伏未，三伏申，下卦終矣。四伏酉又交上卦，是謂“革正”。五伏戌，上伏亥，上卦又終，爲陰陽終始際會之歲。至子，又屬《乾》初，故曰“亥之際，爲革命”。又云“神在天門，出入聽候”者，《郎顗傳》曰：“神在戌亥，司候。”宋均注云：“神，陽氣，君象也。天門，戌亥之間，《乾》所據也。”五際之通于《易》象又如此。

（輯自俞樾編次《詁經精舍三集》，清同治六年至九年刻本）

董仲舒以《論語》説《春秋》考

《公羊》之學，興于漢初，最著者爲胡母生及董仲舒。董子深于《公羊》，又長于《論語》，故其書說《春秋》《論語》爲多，而以《論語》説《春秋》亦復不少。《繁露·楚莊王篇》言昭公如晉，耻而稱疾，引“內省不疚，何憂何懼”，以明“君子不耻其無故而來，而耻其有以自取”，其義足以補《公羊傳》之未備。又言《春秋》善復古，譏易常，引“無爲而治者，其舜乎”爲訓“改作”，較時解爲確實。《玉杯篇》言《春秋》譏文公以喪取，少善介葛廬來，少惡州公寔來，引“禮云禮云，玉帛云乎哉？樂云樂云，鐘鼓云乎哉？”以明“朝不在辭令，喪不在衣服”，甚合聖人右志左物之意。又言“天子踰年即位""諸侯三年稱子",皆不在《經》,引"父不父,則子不子。君不君,則臣不臣",以明《經》《傳》參錯互明,得"五比偶類,覽緒著贅"之教。又言"文公不服喪、不時祭,逆先公",引"政逮於大夫四世矣",以明"失政自文公始",故《楚莊王篇》言"臣陵其君,始于文,而甚于昭公",與《左氏》家説異,亦備一義。又言"趙盾弒君,四年之後,別牘復見,非《春秋》之常辭",引"斗筲之民,何足數哉",以明"他國不討賊者,爲更劣",甚得《春秋》之微意。《左氏》説盾弒君事,雖得其實,而不知"弒君賊不復見"之例,壹似《春秋》誅盾,直與親弒者同科,非通論也。《竹林篇》言"《春秋》善偏戰之意,非精心達思者莫知",引"未之思也,夫何遠之有"以明"《春秋》無通辭,從變而移",可爲讀《經》者法。又言"楚子反聞人相食,大驚而哀之",引"當仁不讓",讓訓禮讓,以明"使人相食,大失其仁,安著以禮,方救其質,奚恤其文",説甚精闢。又言"鄭悼公以喪舉兵,既無子恩,又不熟計。一舉兵不當,被患不窮",引"道千乘之國,敬事而信",得"《春秋》書鄭伯不稱子,卒不書葬"之微旨。《玉英篇》言"不書莊公馮弒,爲賢諱之",引"苟志於仁,無惡",惡讀愛惡之惡,亦一義。又言"公子目夷之復君,及莒人滅鄫",引"大德不踰閑爲正經,小德出入爲權也",歸之以奉經,出謂用權,入謂奉經,説其精密,可正後來注家之失。《精華篇》言"齊不救陳,不安鄭,"鄭",本作"正",誤。而迫之以兵,功未成而志已滿,自是日衰",引"管仲之器小哉",以明"器小易滿",爲推本之論。《仁義法篇》言"梁亡不仁,楚靈王討陳蔡之賊,齊桓公執袁濤塗之罪,非不能正人,然不得爲義",歷引"先富後教,先難後獲","躬自厚而薄責於外","攻其惡,不攻人之惡","居上不寬,爲禮不敬",以明"仁者愛人不愛我,義者合我與宜而爲一。故仁從人,義從我",此與《説文》仁義字作誼略異,而實得聖人作《春秋》之意。《對膠西王問篇》言"句踐之臣無一仁,不得援'殷有三仁'以比","仁者正其道,不謀其利;修其理,不急其功"。以此解《春秋》,則王霸之辨明;以此説《論語》,則義利之辨晢。《奉本篇》引"惟天爲大,惟堯則之,巍巍其有成功也",以責時君不能繼天地、體陰陽,故災異迭書,《春秋》不敢闕。《深察名號篇》引"聖人正名,君子於其言,無所苟而已",《實性篇》亦引"名不正,則言不順"，《郊祭篇》亦言"聖人正名"，以明王者"事各順其名，名各順于天"，《春秋》爲正名作，即"賈石則後其五，退鷁則先其六"，名物如其真，不失秋毫之末，足見《春秋》之謹嚴。《郊語篇》引"獲罪於天，無所禱"，以明"不郊而望之無益"，意在正漢代不歲郊天之失。又引"天之歷數在爾躬"，爲"察身以知天"，在訓察，言"歷之修短"，"察爾躬之執中與否"，非泛作禪代祥符語，可正後來注家之誤。《順命篇》引"畏天命，畏大人"，以明"臣弑君，子弑父，三十有餘；亡國五十有餘"，皆不事畏。而衞侯朔不受天子命而名絶，趙鞅不奉君命以叛，言尤得《春秋》之微恉。

　　凡《繁露》中以《論語》説《春秋》，不但《春秋》之事蹟明，並《論語》之意恉亦明。董子之書，其有益于人非淺鮮，正不特《賢良三策》説"春王正"之義，引"不教而誅謂之虐"；説"一元"之義，引"鳳鳥不至，河不出圖"爲可考也。

　　或謂何休注《公羊》，亦多合于《論語》，蓋祖述董子云，所稱先師説，或即董子。以周竊以爲不然。休師博士羊弼，《傳》稱休與弼追述李育意，以難二《傳》，作《公羊墨守》；其作《解詁》，依胡母生《條例》，自謂多得其正，至于嚴、顔之學，則曰甚可憫笑。然則休之學出李育，育之學本之胡母生矣。董子書散佚已久，存于世者，僅有《繁露》及《漢·五行志》所載災異之説，考諸何氏《解詁》，往往不合。《繁露》之言二端十指，亦與《條例》之三科九旨迥異，其不祖述董子可知矣。則其所稱先師者，爲胡母生、李育之徒，非董子説可知矣。其間有以《論語》説《春秋》者，不足援之以補董子之闕。

　　（輯自俞樾編次《詁經精舍三集》，清同治六年至九年刻本）

塹防門而守之廣里解

　　《春秋》襄十八年《左傳》，十月，會于魯濟，同伐齊。齊侯禦諸平陰，塹防門而守之廣里。杜注："平陰城在濟北盧縣東北，其城南有防，防有門，于門外作塹，横行廣一里，故《經》書'圍'。"元凱此注，其誤有四：一曰地理之不明，一曰句讀之不正，一曰失齊人之事實，一曰違聖人之經恉。司馬彪《郡國志》云:"濟北盧縣有平陰城,有防門,有光里。"《水經注》京相璠曰:"平陰城南,河道所由,名防門,去平陰三里。防門北有光里,亦名廣里。"古光、廣字相通,光里即廣里,在魯濟之北,防門又在廣里之南,《郡國志》《水經注》有明證。杜注謂廣一里,其失一。《經》文,當讀"塹防門",句;"而守之廣里",句。防門有長城,又深塹之,其地甚險。蘇代曰"齊有長城鉅防",京相璠曰"平陰城南有長城,東至海,西至濟",時齊侯外塹防門以爲蔽,又守廣里以爲固,自謂禦平陰之得計。杜讀"塹防門而守之"爲句,其失二。古人設險以守國,必遣重兵以扼之,嚴門戶所以固堂室也。齊有防門之險而又塹之,苟復守以重兵,雖以晉、魯諸國之衆,亦無由突入,乃退而保聚廣里,是棄險也,故夙沙衛曰"不能戰,莫如守險",謂宜守防門,不宜守廣里也。如杜注,是齊侯已守險矣,既與夙沙衛之語不接,且違當年之事實,其失三。《經》書"圍"者,圍齊都也,非圍防門。下《傳》言范鞅門于雍門,又門于揚門,州綽門于東閭,即是圍事。杜氏以此廣里事當圍齊,顯違《經》恉,劉光伯已斥之,其失四。近顧亭林、惠定宇搜尋古義,以補正元凱,言此未及詳盡,因縷言其失,以補顧、惠二書之略。

(輯自俞樾編次《詁經精舍三集》,清同治六年至九年刻本)

《詩》六義次第述

　　風、雅、頌,《詩》之經也;賦、比、興,《詩》之緯也。《詩·大序》述六義,一曰風,二曰賦,三曰比,四曰興,五曰雅,六曰頌,其次弟與《周禮》同,先儒皆不言其義。竊嘗訪諸當世通人老儒,亦莫之或剖。反復思之,而得一說焉。風,諷也,用"賦、比、興"之法諷之,以爲規勸也。在昔作詩之初,本無賦、比、興之分,皆謂之風。《序》言六義之次弟,而曰"下以風刺上,主文而譎諫",故曰"風"。主文者,主賦、比、興之法也。譎諫者,諷之也。主文而譎諫,謂之風,是風可賅賦、比、興也。自周以前之詩辭皆簡樸,亦無風、雅、頌之分,故豳雅、豳頌猶列于風,是風亦兼雅、頌也。其後細別命意之有異,而分爲賦、比、興,故賦、比、興次之。其後又別立體之有異,而分爲風、雅、頌,故雅、頌又次之。魏晉以來,體裁愈異,義類愈紛,文章流別不止有六詩、有六義，周之法也。六義首風，三代之古法也。

（輯自俞樾編次《詁經精舍三集》，清同治六年至九年刻本）

《宵雅》肄三解

《詩序》："《鹿鳴》，燕群臣嘉賓也。""《四牡》，勞使臣之來也。""《皇皇者華》，君遣使臣也。"《記》：國子入太學，"《宵雅》肄三，官其始。"肄《小雅》"鹿鳴""四牡""皇皇者華"之三，優之也。鄭注："宵之言小也"，"習《小雅》之三，謂《鹿鳴》《四牡》《皇皇者華》"，皆君臣燕樂之詩，"爲始學習之，所以勸之以官"，是也。吕伯恭駁之曰："宵肄，爲夜誦。初學於夜間肄習三章之《雅》，善端良心，油然而生。宵不必改爲小。肄三，非獨如舊説《鹿鳴》《四牡》《皇皇者華》三篇。"不知宵、小古多通用。《方言》十二："宵，小也。"《莊子·列禦寇》"宵人之離外刑者"，宵人，即小人。故古又稱群小爲宵小。或借稍字爲之，"膳夫"注：稍事，即小事。或借銷字爲之，《莊子·則陽》注：銷，小也。或又借趙字爲之，《方言》十二：趙，小也。宵、稍、銷、趙，皆從肖聲，肖從小聲，音近義通，故諸字並有"小"訓。鄭注甚確。吕説，見《麗澤論説》，乃門人記録之失。其作《讀詩記》，亦取鄭注，則"夜誦"之説，吕氏亦自知其非矣。

或曰：《小雅》首三篇，爲天子燕樂群臣之詩，庶人安得用之？曰：《鹿鳴》三詩，下達於士大夫，故鄉飲酒用樂，亦歌《鹿鳴》之三。國子初入學，肄此詩，以官其始，兹與冠婚用士大夫禮同。故曰：《宵雅》肄三，優之也。

（輯自俞樾編次《詁經精舍三集》，清同治六年至九年刻本）

《詩·常武》匪紹匪遊解

一書有一書之例，不通其例，觸處皆礙。《詩》"匪紹匪遊"，毛傳曰："不敢繼以敖遊。"鄭箋曰："軍行三十里，非解緩，亦非敖遊。"孔疏曰："各自言匪，每者一義，不得言'繼以敖遊'。"王氏《述聞》曰："《陳風·月出》首章《窈糾》，三章《夭紹》，皆舒緩義，故訓爲'緩'。《江漢》'匪安匪遊''匪安匪舒'，此曰'匪紹匪遊'，合讀二詩，其義自明。"案：鄭、孔及王意，在據例釋詩，而不知實違通例。詩人作歌，多助語以成句，每無意義可求。如"剝""菹"非平列字，曰"是剝是菹"，是剝以爲菹也。"始""謀"非平列字，曰"爰始爰謀"，于是始謀其事也。"宣""猷"非平列字，曰"迺宣迺猷"，乃宣其猷也。此曰"匪紹匪遊"，亦非平列字，毛傳最合詁訓。孔疏謂"各言匪每一義"，則剝、菹，宣、猷等，亦可平分爲二義乎？《江漢》篇"匪安匪遊""匪安匪舒"，亦非平列字。"匪安匪遊"，非安於遊也。"匪安匪舒"，非安于舒也。此曰"匪紹匪遊"，謂非繼以遊，與"匪交匪紓"謂"非交相紓"亦同。匪交，毛同荀子，鄭同韓詩，別有説。凡平列字，意近，文連屬，如"爰居爰處""迺左迺右""如金如錫""如雷如霆"，是也。《江漢》"安遊"，《常武》"紹遊"，文意俱遠，必非平列字。王氏誤解《江漢》，並誤解《常武》，殊昧通例。"紹"訓"舒緩"，義亦迂曲。

（輯自俞樾編次《詁經精舍三集》，清同治六年至九年刻本）

橐𥃞考

橐、𥃞，皆裹物之具，古多渾言無別。《毛傳》"小曰橐，大曰𥃞"，亦未詳其制。陸氏《釋文》引《説文》云"有底曰𥃞，無底曰橐"，與今本《説文》不同。《史記索隱》引《埤倉》云"無底曰𥃞，有底曰橐"，説又歧異。案：《國策》高注，亦云"無底曰橐，有底曰𥃞"，陸氏所引《説文》必係六朝善本，《説文》"𥃞"字下當脱"一曰有底曰𥃞，無底曰橐"十字。𥃞，橐也，從𥃞省，石聲。橐，𥃞也，從𥃞省，殸聲。二字互訓，以見渾言無別。下又載"一曰有底曰𥃞，無底曰橐"，以見對文有異。

𥃞之制，與冶家所鼓鑪𥃞相似，兩耑緊括，洞其旁以爲口，受籥吹埊，以銷銅鐵。故《老子》謂之"𥃞籥"，亦謂之"排𥃞"。夜行之檠，亦取象于𥃞，虛其中而鍥其旁，其聲始響。故其字從𥃞，形聲相兼。𥃞之兩耑皆有底，其口在旁。既實其物，中舉之，物在兩耑，可以擔之于肩。故《秦策》曰"負書擔橐"，若𥃞，可云"負"，不可云"擔"也。《策》本亦作"擔𥃞"，誤。橐可擔之于肩，其大者或垂之車，故《齊語》謂之"垂橐"。《説文》："橐，車上大𥃞。"若𥃞，不可垂于車，載之而已，爲𥃞之中實，不若橐之受物在兩端、其中虚也。卧其橐，如駝峰，故《上林賦》謂之"橐駝"。橐之受物既盈，其口難括，又設韋以紐之，故《説文》云："靴，橐紐。"橐之制有底，則囊無底可知。囊之兩耑無底，如今書帙曰書囊，亦無底也。囊既無底，中實其物，括其兩耑，内物不出，故《坤》曰"括囊"。《九家逸象》"坤爲囊"，坤畫六斷，如囊之無底也。則橐其離象歟？

或説："橐，今纏腰下者。"直以搭腹當之。搭腹，古作袑腹，見《集韻》；亦作袙腹，見《廣雅》。仿有襠袴爲之，故古謂之"裲襠"。橐之制，如今擔肩之錢袋，古亦謂之"縢"。《方言》："縢，儋也。"今江東呼儋兩頭物爲縢，與搭腹迥異。或又説："囊，今之有底袋，上侈其口。"直以"哆口袋"當之。袋，或作帒，《説文》作"縢"。帒、縢一聲之轉，如臙或作黛，螣或作蚨之比。渾言之：囊可稱縢，見《説文》；橐亦稱縢，見《方言》。析言之：囊，兩端無底；橐，兩端有底；縢，一端爲底，一端爲口，其制異。囊、橐與縢，各有大小：橐之大，不及囊，見《毛傳》；囊之張大謂之橐，見《説文》，橐字從缶，缶容四斛，見《小爾雅》及注；縢與帣同，容三斛，見《説文》，其大小亦異。

（輯自俞樾編次《詁經精舍三集》，清同治六年至九年刻本）

《儀禮》諸公考

諸公者，官名也。考之《禮》，次國之上卿，位當大國之中。次國上卿，三命；大國上卿，容有四命，四命稱"孤"。《典命職》曰："公之孤四命，以皮帛，眡小國之君。"鄭司農注，上公得置孤卿一人，其禮眡子男，例可稱公。然直稱爲公，又嫌與國君無別，故《大射》《燕禮》稱國君曰"公"，其孤卿曰"諸公"。諸，非衆詞也。《夏官》有《諸子》職，亦以"諸"名官。鄭注"諸子"，或曰"庶子"。《禮記·燕義》稱"周天子之官，有庶子官"，其文與《諸子》職同，則諸之言庶也。公卿大夫之適子，入于成均，謂之國子。諸子掌國子之倅，鄭司農云："倅，讀如'物有副倅'之倅。"諸子者，所以副貳國子也。《儀禮》"諸公"與《周官》"諸子"同爲官名，爲其副貳國子曰諸子，爲其副貳上公曰諸公，其義一也。

自鄭注以"公"爲官名，"諸"爲衆詞，異説由是沸起。鄭注《鄉飲》曰：

"大國有孤,四命,謂之'公'。"注《燕禮》云:"孤,一人,言'諸'者,容牧有三監。"考《儀禮》之例,凡衆詞,皆稱"衆",如衆賓、衆主人、衆耦、衆射者、衆工、衆笙之類,皆不稱"諸",則諸公稱"諸",非衆詞,明矣。如諸公爲衆詞,則《禮經》當曰"衆公",始合其例。且《鄉飲》《大射》《燕禮》稱諸公、大夫,大夫非一人,並不稱"諸",何獨于孤卿一人偏加以衆詞之"诸",則諸公爲官名,非衆詞,明矣。《王制》言三監,本非周制,鄭據此以釋"諸",後人咸知其誤,而諸之訓衆,注家仍爲鄭注所幪。若知諸公是官名,而非衆辭,則諸說皆可不論矣。

(輯自俞樾編次《詁經精舍三集》,清同治六年至九年刻本)

坤艮兑三卦皆有虎象説

《易》于《履·象》《頤》四、《革》五,皆言虎。《乾·文言》亦言之。《説卦》取象虎無見文。虞氏説《坤》爲虎,仲翔傳孟喜《易》,其義蓋本諸孟。《魏志·管輅傳》亦有"未申爲虎"之説。則虎取《坤》象,不自虞始也。虞注《文言傳》云"《坤》爲虎,風生地,故從虎",又注《頤》四云"三四互《坤》爲虎",其説甚合。而《履》虎、《革》虎,不見《坤》象,《履》取旁通之《謙》上卦《坤》,《革》取旁通之《蒙》互體《坤》也。鄭康成説《艮》爲虎,與九家逸象同其説,本諸京房。京氏《易傳》云《坤》爲虎刑,《艮》爲虎坤,衝《艮》爲虎刑,則虎取《艮》象,亦不自鄭始也。鄭注《艮》爲黔喙之屬,指虎豹言,又注《乾鑿度》"觀表出準虎",亦引《艮》爲禽喙之屬,以明《觀》三五互《艮》。《艮》爲虎,《頤》言虎視,即取上卦本象,其説甚合。而《履》虎、《革》虎,不見艮象。《履》取旁通之《謙》下卦《艮》,《革》取旁通之《蒙》上卦《艮》也。宋仲子説《兑》爲虎,與陸績説同。《兑》西方白虎,爲西方宿,周秦間已有是説,即虞注《履》卦,亦引《兑》爲虎,則虎取《兑》象,亦非自宋始也。宋注《革》云"《兑》爲白虎,九者變爻,故曰虎變"。陸注云"《兑》之陽爻稱虎,陰爻稱豹"。《履》言虎尾,正取下卦《兑》象,其説甚合。而《頤》虎不見《兑》象,取旁通之《大過》上卦《兑》也。

竊謂《坤》《艮》《兑》有虎象,漢儒各有師承,而合衆説以定一是,莫如

《艮》象爲得。《艮》爲山。虎,山獸之君。以十二辰言之,《艮》寅位,寅爲虎。《頤》四言虎視,實取《艮》象。《革》旁通《蒙》,蒙艮爲虎。《艮》變爲《兑》,兑,秋毛毨,是謂虎變。《履》旁通《謙》,謙艮爲虎。莊子曰:"虎與人異類,而媚養已者,順也。其殺者,逆也。"《謙》三勞謙,如媚虎;《履》反之,則爲怒虎。故《象》言不咥,勉之。爻又言咥人,戒之也。《文言傳》言水濕火燥、雲龍風虎。特廣言之,以明物之從類,非論卦象。王伯申之説是。

(輯自俞樾編次《詁經精舍三集》,清同治六年至九年刻本)

姑之子爲甥舅之子爲甥妻之昆弟爲甥姊妹之夫爲甥解

《喪服傳》曰:"謂吾舅者,吾謂之甥。"《爾雅・釋親》曰"母之昆弟,爲舅","妻之父①爲外舅"。舅爲尊長之稱,甥則卑幼之名也。《釋親》又曰:"姑之子爲甥,舅之子爲甥,妻之昆弟爲甥,姊妹之夫爲甥。"姑之子爲外兄弟,舅之子爲内兄弟,妻之子爲婚兄弟,姊妹之夫爲姻兄弟。四人敵體,亦名曰"甥"。郭注:"甥,猶生也,今人相呼蓋依此。"郭意後人敵體相呼稱"生",即依此"甥"而起,郭云"依此"者,依此稱生也。邵二雲《疏》誤。以明甥爲生之聲借。但《釋親》所以正名此四甥字釋爲聲借,説者疑焉。

案:甥爲卑幼之名,而此四者,施之於敵體,敵體可以稱甥者,其服同於舅服也。《喪服經》舅及姑之子、舅之子,皆在"緦麻三月"章。妻之昆弟、姊妹之夫,雖"緦麻"章無見文,亦與姑之子、舅之子等,外親之服無過緦,緦皆可謂之甥,亦猶《喪服傳》所謂"小功以下爲兄弟"也。自後世此稱久廢,而其義遂晦。段氏懋堂謂姑之子爲父母之甥,舅之子爲父之甥,妻之昆弟、姊妹之夫皆爲父母之甥,添説父母,於《經》無當。

(輯自俞樾編次《詁經精舍三集》,清同治六年至九年刻本)

王肅《易》異文述

王肅《易》注久佚,其説多軼見於它書。近儒朱竹垞、孫步升輩搜輯

---

① "父"字後原衍一"母"字,今據《爾雅》原文删。

《釋文》《集解》《音訓》《漢上傳》所稱引，述之已詳。竊讀其書，知有同一經文而異讀者，有獨守古本而不從讀改字者，有依衆家本而定其字者，有衆家已無考見而可以參存者，亦有私改經文獨異衆家而不可信用者。古人用字多動靜，釋義有引申，而音由此別，切語亦由此作。

　　《泰》"拔茅茹"，舊讀汝據反，《釋文》云"王肅音'如'"，是讀爲茹藘之茹。茹，一名茅蒐，其草蔓生，故曰"以其彙"，足備一解。《遯》"莫之勝，説"，舊讀爲脱，《釋文》云"王肅如字"，訓爲解釋，不煩易讀。《旅》"喪牛于易"，舊讀以豉反，《釋文》云"王肅音'亦'"，讀爲疆場之場。凡《易》云"于野""于郊""于宗""于莽"之類，皆實指其所，未有"于"下用動字者。且喪牛何分難易？當從王義爲長。《繫辭傳》"噫！亦要存亡吉凶"，舊讀噫"於其反"，《釋文》云"王肅：'于力反'"，是讀"噫"爲"抑"，訓爲語詞。古噫、抑通，字亦作"意"。《詩》"抑此皇父"，《箋》："抑之言噫。"《釋文》："抑，辭也。徐音'噫'。"《論語》"抑與"之"與"，漢石經作"意"可證。此皆其説之勝於衆家者。它如《大過》《小過》，音戈。《坎》"且枕"，鍼甚反。《中孚》"或罷"，音皮。《繫辭》"其易之緼"，於問反。並見《釋文》。其同一經文，與衆家異讀，率類此。

　　古文多假借字，注家不可專輒輕改。《毛傳》例不破字，通之於訓詁。鄭注諸經，又立"讀若""讀爲"之例，後人任意改經，古本遂滅。王肅頗存是意，閒留古文。如"師承天龍也"，今改作"寵"，《釋文》云"王肅作'龍'，寵也"，龍、寵古通。《蠱》"振民毓德"，今改作"育"，《釋文》云"王肅作'毓'，古育字"。《困》"來余余"，今改作"徐徐"，《釋文》云"王肅作'余余'"，爲古文假借字。如本作"徐徐"，子夏《傳》不讀爲"荼荼"矣。《艮》"厲，熏心"，今改作"薰"，《漢上傳》云"王肅作'熏'"，與《集解》虞注引"古作'熏'字"合。熏，煙上出也；薰，香草。荀讀爲"動"，熏與動，義俱近也。《説卦》"眇萬物"，今改作"妙"，《釋文》云"王肅作'眇'，音妙"，眇、妙，古通，見《陳君閣道碑》。其獨守古本，而不從讀改經，得注家體，率類此。

　　《易》自田王孫以後，有施氏、孟氏、梁邱氏之學，又有費氏學、京氏學。學者各守師説，不相出入。東漢諸儒，擇善而從，不規規於家法，亦求是之一道。《晉》“矢得勿恤”，《釋文》云“王肅作‘矢’”，與馬、荀、虞本同，可證今作“失”之誤。離爲“矢”，《噬嗑》“得金矢”，《旅》“一矢亡”，象義皆同。《睽》“後説之弧”，《釋文》云“王肅作‘壺’”，與馬、鄭、虞本合，可證今作“弧”之失。説，猶置也，見虞注。離爲大腹壺象，先以爲寇，而張弧以卻之，後爲昏冓，又設壺以延之也。《困》“九五，劓刖”，《釋文》云“王肅作‘劓劌’”，與荀、陸本合，《説文》作“㲺㲺”，《釋文》引爲上爻異文，誤。皆爲隉阢不安之皃。九五，君象，何得刑戮而劓刖之？如謂刑戮人，亦當曰“利用刑人”。王本爲長。《繫辭》“冶容誨淫”，《釋文》云：“王、鄭、陸、虞、姚、王肅作‘野’，言妖野容儀。”妖野者，妖蠱也。《文選》：傅毅《舞賦》“貌嫽妙以妖蠱”，張衡《西京賦》“妖蠱艷夫”，是也。野、蠱，一聲之轉，皆模部字。今作陶冶之“冶”，訓爲習容，緣文生義，不可從。它如《釋文》所載王肅本之異文：《屯》“即鹿无虞”，作“麓”，與虞注合。《訟》“致寇至”，作“戎”，與鄭本合。[①] 《復》“无祗悔”，作“禔”，與《説文》合。《大壯》“不詳也”，作“祥”，與鄭本合。《明夷》“夷于左股”，作“般”，與馬本合。《夬》“其行次且”，作“趦趄”，與《釋文》或本合。《升》“以慎德”，作“順”，與陸所見王弼本合。《豐》“天際翔”，作“祥”，“自藏”作“戕”，與孟、馬、鄭本合。《旅》“喪其資斧”作“齊斧”，與子夏《傳》合。《繫辭》“八卦相蕩”與衆家同，而“易成位乎其中”與荀、馬本合，“犯違天地之化”與馬、張本合，“故君子之道尟矣”與馬、鄭本合，“何以守位曰仁”與宋、卜本合。《説卦》“爲香臭”與虞注引“其臭如蘭”合，“蠱則飾也”與鄭本合。《音訓》引“不拯其隨”，“拯”作“承”，與《釋文》本合。《集解》引“婦喪其茀”，“茀”作“髴”，與子夏、馬、虞本合。其依衆家而定其字，率類此。

自唐義疏興，而漢魏諸家廢，書缺有間，今多無由考見。《睽》“其人天且劓”，衆家訓“天”爲“剠”，殊嫌不經，王作“其人天且劓”，天如字，謂天將危之也，其説勝於衆家。《漸》“居賢德，善風俗”，朱子《本義》亦從其説。它如《文言》“其唯聖人乎”作“愚人後結始作聖人”；《需》“雲上於天”作“雲

---

①　此處誤，“致寇至”當在《需》卦，不在《訟》卦。

在天上";《訟》"鞶帶"作"槃";《比》"匪人"下有"凶"字;《隨》"而天下隨時,隨時之義"作"隨之,隨之時義";《離》"麗乎土"作"地",上爻《象傳》有"獲匪其醜,大有功也"八字;《遯》"有疾憊"作"斃";《大壯》"羸其角"作"纍";《益》"告公用圭"作"桓圭";《姤》"金柅"作"抳";《漸》"女歸吉也"作"女歸吉","利貞"屬下讀;《繫辭傳》"開物成務"作"閩物",並見《釋文》。於衆家雖無證,當時或別有本可以參存者也。

若夫《觀》"盥而不薦",《釋文》引王肅作"盥而不觀薦",《音訓》又引作"盥而觀薦",茲屬臆改,不可據信。馬融輩引"既灌而往,不欲觀",以證是文,謂"薦則誠意已散",豈仁人孝子之奉祀亦至若是?鄭康成云:"諸侯貢士於天子,鄉大夫貢士於君,必以禮賓之。唯主人盥而獻賓,賓盥而酢主人,設薦俎則弟子也。"鄭以《賓禮》立解"盥而不薦",謂賓主盥而獻酢,不親薦俎,誠意自足相孚,與"六四:賓王"義相貫。惜鄭注已殘失,未詳盥爲何義?以禮注及此經注推之,盥與祼、灌通借,謂"沃酒獻賓"也。《禮·郊特牲》曰:"諸侯爲賓,灌用鬱鬯,以明賤味貴臭之義。"《禮器》曰:"諸侯相朝,灌用鬱鬯,無籩豆之薦,以明貴少之義。"《周官·大行人》言王禮賓之事:公再祼,饗禮九獻,食禮九舉;侯壹祼,饗禮七獻,食禮七舉。祼在饗、食禮之上。鄭注《禮器》云"灌,獻也",注《大行人》云"祼,讀爲灌",是古者禮賓,重在獻酒而不薦俎,見於《禮經》,昭昭可據。王肅黜鄭申馬,又嫌馬義是"盥而未薦",非"盥而不薦",因於"薦"上肊加"觀"字,安矣。自後注家皆爲馬、王所幪,未有疏通鄭義者,故因述王肅異文,特詳言之。

(輯自俞樾編次《詁經精舍三集》,清同治六年至九年刻本)

周秦諸子書引《周易》考

古者,學正崇四術,立四教,春秋教以《禮》《樂》,冬夏教以《詩》《書》,而《易》守于卜筮家,爲儒者所不習。惟魯史所掌有《易象》一書,獨得周公作《易》之意,與《春秋》並臧故府,爲列國所鮮見。故韓宣子至魯,才見其書,而歎周公之德之盛。《易象》,古書名,非謂六十四卦之象也。《周易》上下經,列國皆有之,何必至魯才見。孔子作《春秋》,即修習舊史也。孔子作《十翼》,亦本魯史所掌易象也。爰是學士大夫尊信其説，周秦諸子多有言《易》者，其説可得而述焉。

《列子》曰"太易者，未見氣也。太初者，氣之始也。太始者，形之始也。大素者，質之始也"，"易無形埒，易變而爲七，七變而爲九，九變者，究也，乃復變而爲一，一者，形變之始也。清輕者上爲天，重濁者下爲地，冲和氣者爲人，故天地含精，萬物化生"。列子所論太易之義，即《易》之體也。《繫辭》曰："易有太極，是生兩儀，兩儀生四象，四象生八卦。"太易者，太極之謂也。太極者，元氣未分之初，無陰陽之可指言也。太初者，兩儀也。兩儀者，陰陽初分氣之始也。太始者，四象也。木、火、金、水之四象，乃形之始也。大素者，八卦也。六子以乾坤爲質，六十四卦以八卦爲質，乃質之始也。作易之大指，具于此。《荀子·大略篇》曰："善爲《易》者不占，善爲《禮》者不相。"當時學者用《易》，專爲卜筮，故暴秦焚書，而《易》獨以卜筮存。荀卿言"善爲《易》者不占"，教人觀象玩辭也。《大略篇》曰："《易》之《咸》見夫婦，夫婦之道不可不正也，君臣父子之本也。咸，感也，以高下下，以男下女，柔上而剛下。聘士之義，親迎之道，重始也。"荀卿此言，深合《象傳》《序卦》之義。《非相篇》曰："好其實，不恤其文，是以終身不免埤污庸俗。故《易》曰'括囊，無咎無譽'，腐儒之謂也。"今按：囊以盛物，故曰"好其實"。括之者，不恤其文也。《文言傳》曰"天地閉，賢人隱"，《春秋傳》曰"身將隱，焉用文之"，此乃介之推輩甘心蜚遯，視君國如弁髦，較之"直方而德不孤、含章而發以時"者，迥不及矣，故謂之腐儒。"無咎無譽"，與《大過》"枯楊"同辭，非吉占也，故曰"不免埤污庸俗"。蘇子瞻謂"出咎則入譽，出譽則入咎。'无咎無譽'爲最難"，用老莊"無用之用"爲説，大乖《易》例，當以荀卿之説正之。《大略篇》曰："《易》曰'復自道，何其咎？'以爲能變也。"《吕覽·務本篇》曰："《易》曰'復自道，何其咎？吉'，以言本無異，則動卒有喜。"荀子言變，吕氏言動，皆取《復》卦剛反之義。乾爲天，天道轉圜，周匝復始，動而復下，非有異轍，故曰"復自道"。《易》例，上爲末，初爲本，云"本無異"者，明初之復道乃自道也。注疏泛言復于正道，傳義又訓復爲上進，並乖《易》例，當以《荀子》《吕覽》兩説正之。《吕覽·應同篇》曰：“平地注水，水流濕。均薪施火，火就燥。”闡發《經》義，簡要不支。《慎大覽篇》引“愬愬履虎尾，終吉”，又見周秦善本《象傳》“愬愬，終吉”，與《泰傳》“包荒，得尚于中行”文法相同，舉首尾以賅中也。《召類篇》引史默説《渙》《羣》之義，曰“渙者，賢也。羣者，衆也。元者，吉之始也。渙其羣，元吉，其佐多賢也”，此説尤得《易》義之精，後來注家皆莫之及。凡人陰陽鬱結不通而成病，猶上下閉塞不通而成否，渙汗則邪解，渙血則邪去，猶國家用賢人以通下情，則否往泰來也。注家以“渙”爲“離散不美”之稱，全卦之例皆失矣。

周秦諸子書引《易》具有精義，大率若此。《史記》載蔡澤之言曰“亢龍有悔”，言“上而不能下，信而不能詘，往而不能返”者也。《國策》載春申君之言曰“狐濡其尾”，言“始之易，終之難”也。蔡説亢龍，黄説狐濡，皆引《易》文論斷時事，其説之精當，亦足以補周秦諸子書之未備。蓋戰國之時，孔子“十翼”之教已行，故學士大夫習聞其説，能略言其義，非若春秋之世，嬉以《易》爲卜筮書也。

（輯自俞樾編次《詁經精舍三集》，清同治六年至九年刻本）

昭七年暨齊平考

《春秋》昭七年春王正月，暨齊平。《左傳》曰：“暨齊平，齊求之也。”《穀梁傳》曰：“平者，成也。暨猶暨暨也，暨者，不得已也。以外及內曰暨。”《公羊》無傳。于宣十五年，《傳》曰“外平不書”，則此暨齊平，亦謂魯齊平。何、范兩注，皆謂齊與魯平。服虔云：“襄二十四年，仲孫羯侵齊。二十五年，崔杼伐我。自是以來，齊、魯不相侵伐。且齊大國，無爲求與魯平。”“又七年《傳》稱齊、燕平之月，知此，燕與齊平也。”杜注同服，謂“齊伐燕，燕人賂之，反從求平”。

案：暨齊平，謂魯與齊平，三《傳》本無異恉。《左傳》曰：“齊求之。”謂魯事。下又曰：“齊侯次于虢，燕人行成。”謂燕事。二者本不相值，如謂暨齊平爲燕與之平，則齊師何煩進次于虢？且燕人以燕姬、寶器賂，是燕求，亦非齊求。賈逵注《左傳》，亦以爲魯與齊平，則三《傳》本無恉矣。且考

《經》之通例，外國自相平，當曰"燕人與齊人平"，同"宣十五年，宋人及楚人平"之例。今書曰"暨齊平"，與"定十年，及齊平"，"十一年，及鄭平"同，皆内與外平之辭。正月暨齊平，三月叔孫婼如齊涖盟，與"定十年春，及齊平"，"夏，公會齊侯于夾谷"，"十一年冬，及鄭平，叔還如鄭涖盟"亦同，皆内與外平、相繼通好之事。《春秋》書法密察，可比例而得之。

（輯自俞樾編次《詁經精舍三集》，清同治六年至九年刻本）

《孝經·閨門章》説

《孝經·閨門章》，《隋志》謂出自長孫氏。考《漢·藝文志》，《孝經》，古孔氏一篇二十二章；《孝經》一篇十八章，長孫氏、江氏、后氏、翼氏四家。則長孫氏爲今文，無《閨門章》，《隋志》所云誤也。師古注《古孔氏篇》曰："劉向云古文字也。劉語止此，下皆師古語。《庶人章》分爲二，《曾子敢問章》爲三，又多一章，凡二十二章。顔所謂多一章者，其即《閨門章》歟？"《釋文》曰："古文出于孔氏壁中，别有《閨門》一章，自餘分析十八章，總爲二十二章，孔安國作《傳》。"而《隋志》云："安國之本，亡于梁亂。劉炫所傳，儒者皆云劉自作，非孔舊本。"又《唐會要》載司馬貞議曰：今文《孝經》是河間王所得顔芝本，劉向定爲十八章，安國作《傳》。緣遭巫蠱，代未之行。近儒妄作此《傳》，假稱孔氏。又僞作《閨門》一章。其文曰："閨門之内，具禮矣乎？嚴父嚴兄，妻子臣妾，繇百姓徒役也。"比妻子于徒役。文句凡鄙，不合經典。又分《庶人章》從"故自天子"已下，别爲一章，仍加"子曰"。然故者，連上之辭。即爲章首，不合言"故"。是古文已亡，後人妄間此等，以應二十二章之數據。此則古文廢于梁亂，唐所傳古文爲劉光伯所依託。顔注所分二十二章，即據劉本，已難據信。《閨門章》二十二字爲贋，可無疑也。後人誤以顔注分章爲于政語，反斥司馬貞議，啓玄宗删經之失，非也。

《黄氏日抄》曰：今文《三才章》"其政不嚴而治"，與"先王見教之可以化民"，通爲一章，古文則分爲二。今文《聖治章》"其所因者本也"，與"父子之道，天性"通爲一章，古文亦分爲二章。"不愛其親而愛它人"，古文又

分爲一章。《閨門》一章,今文所無。《日抄》所記古文,與陸、顏、司馬所見
又別,既非古文,并非劉本。陳氏《解題》曰:"古文有經無傳,以隸體寫之,
而爲《指解》,仁宗朝奏上之。"然則宋人僞託本亦不一矣。今以桓譚説,謂
古文千八百七十二字。今異者四百餘字,覈之不符。又以《説文》所引仲
尼居諸文校之不合,而《閨門章》二十二字,見闕司馬貞者,獨與之同。買
櫝還珠,亦可謂不聰者矣。

(輯自俞樾編次《詁經精舍三集》,清同治六年至九年刻本)

祥刑解

　　兵與刑,皆凶事。折獄中正,猶存哀矜。刑,何祥之有?《書·吕刑》
"度作刑",《周禮·大宰》注、《大司寇》注,皆引作"度作祥刑"。又下"告爾
祥刑",《漢書·敘傳》顏注、《後漢·劉愷傳》章懷注、《文選·王仲宣從軍
詩》李注,並作"告爾説刑"。章懷注又引鄭注,云"詳審察之也"。《後漢·
明帝紀》永平三年,詔曰:"詳刑慎罰,明察單辭。"十三年,詔曰:"詳刑理
冤,存恤孤寡。"皆用《書》語。則古本"監于兹祥刑",字亦作"詳"可知。
《墨子》引《書》"告爾訟刑",即從从言之詳,而傳寫譌爾。古祥、詳,字本
通。《易·履》"上:視履考祥",《釋文》云:"本亦作詳。"《書·君奭》"其終
出于不祥",蔡石經作"詳"。《記·檀弓》"申祥",《孟子》作"詳"。《逸周
書·皇門》"以昏求臣,作威不詳",《左傳》"德刑詳義禮信",詳,並即
祥字。

　　《説文》"詳,審議也",與鄭注合。詳爲審察之義,故首篇曰"度作詳
刑",中曰"告爾詳刑",何敬非刑?何度非及? 並以詳、度連言,而其審克
之惟察惟法,又累言之不置。自《僞孔傳》讀詳爲祥,訓爲善用刑之道,于
義稍隔。或者用《僞古文》"刑期無刑,辟以止辟",訓爲吉祥之刑,直郢書
而燕説矣。或曰依鄭作"詳",訓爲審察,則"度作詳刑",是度作審察刑,説
似紆回不辭。曰:《吕刑》首言"度作詳刑",是詳刑本穆王所作之刑名也,
而名必有義,鄭云審察之,釋其義爾;中云"告爾詳刑",告以所作之刑也;
末云"監于兹詳刑",監此所作之刑也。名必有義,解經者必並其名義綴合

言之,則經傳中不可通者多矣。

（輯自俞樾編次《詁經精舍三集》,清同治六年至九年刻本）

煇光日新解

　　自來解《經》之士,不可不通詁訓。通詁訓,不可不正章句。正章句,亦不可不考文字、聲音。一有不精,未有能通《經》者也。《易》之《彖傳》曰"《大畜》'剛健篤實,煇光日新'",煇,當依陸《釋文》、李《集解》本作"煇",《説文》無輝字。《漢書·禮樂志》又引作"暉",暉即暈字,《説文》云"日光氒也"。《周禮·眡祲》曰暉字借用煇,是猶《漢書》光輝字借用暉也。煇、輝,正俗字;煇、暉,通用字。煇,許云切;暉,當讀王間切,爲正此文字、聲音之宜考者。剛健篤實,句絶;煇光日新,句絶。陸《釋文》載鄭讀,李《集解》引虞義,並同。《漢書·禮樂志》曰"暉光日新",《魏志·管輅傳》曰"《易》言'剛健篤實,煇光日新'",《初學記》載晉傅咸《周易詩》曰"暉光日新,照於四方",皆如鄭、虞所讀,是師説之相傳如是也。

　　自王弼菲薄師傳,改讀章句云"凡能煇光日新其德者,惟剛健篤實也"。如其讀,於傳文殊未順,如謂"其德日新",則"煇光"二字,義既未屬;如謂"日新其煇光之德",則文字又錯亂矣。陸《釋文》、《周易》句讀一依王注,於此知其不通,又改定爲"剛健"絶句,"篤實煇光"絶句。程傳句讀亦從王注,於此知其不通,又改定爲"剛健篤實"句,"煇光"句,"日新其德"句,其意蓋以其德屬下讀,似不聯屬,故不用鄭、虞所讀,而又改定之也。不知鄭、虞讀"其德剛上而尚賢"爲句,與《大有·象傳》"其德剛健而文明"句法一例。"其德"二字,領起下節,別爲一章,文法亦一例。王注讀"其德"上屬爲句,殊屬昧昧,斷不可從。此章句之宜正者。

　　"剛健篤實,煇光日新",以卦德釋卦名義。乾爲純剛,天下之至健。敦艮之厚終爲篤,艮背之止所爲實。虞云"剛健謂乾,篤實謂艮",是也。《乾》之《象》曰"大明終始",《艮》之《象》曰"其道光明","煇光日新",兼取乾、艮之象。虞云"二之五,互坎離,離爲日",以變卦互體言之,義亦可通。自王弼棄象言理,語皆儱侗,卦德、卦名、卦義,全無發揮。此詁訓之宜通者。

自古通經之士，未有不精詁訓、章句、文字、聲音。如以此爲小道，而不加研究，其弊必至於荒《經》。

（輯自俞樾編次《詁經精舍三集》，清同治六年至九年刻本）

王臣蹇蹇解

《易·蹇》之"六二"曰："王臣蹇蹇，匪躬之故。"虞仲翔曰"《觀》：《乾》爲王，《坤》爲臣，《坎》爲《蹇》之應，涉《坤》。'二五'俱《坎》，故王臣蹇蹇"，虞意蓋謂《蹇》自《觀》變，故取《觀》象爲説，其實非也。《易》之卦變，有自十二辟來者，有自六子來者。《集解》引荀慈明《屯卦注》曰：此本《坎》卦，《水雷屯》自《坎》來，《水山蹇》亦當自《坎》來。虞以爲《蹇》自《觀》變，其誤一也。即《蹇》自《觀》變，《觀》無乾象，何取于王，其誤二也。即《觀》有王臣象，則《經》何不言王臣于《觀》，而反著之于《蹇》？且不言王臣於他爻，而獨著于"六二"，其誤三也。且王臣既取象于《觀》，而蹇蹇又取象于兩《坎》，若《蹇》亦從《坎》來，説又兩歧，其誤四也。虞注此四誤，近學《易》家翕然從之，抑何不察之甚也？

然則《經》曷言乎王？王謂九五也。爻例：五爲王位。許氏《五經異義》云："《易》孟、京説，有君號。帝，天稱也。王，美稱也。天子爵號，三也。大君者，與上行異，四也。大人者，聖德明備，五也。"其説本《乾鑿度》，王與天子同在五號之中，非九五不足以當之，故比之王驅。《渙》之王居，家人之王家，皆于"九五"爻著之。而《夬·象》之"王庭"，《豐·象》之"王假"，《萃》《渙·象》之"王假有廟"，亦皆以五爻言也。由是推之，《隨》"上：王用亨于西山"，謂五之用上。《升》"四：王用亨於岐山"，謂五之用四。《離》"上：王用出征"，謂五之用上。《坤》"三"、《訟》"三：從王事"，謂三從五事。《師》"二：王三錫命"，謂五錫二命。《蠱》"上：不事王侯"，謂不事于五。《井》"三：王明受福"，謂受福于五。惠定宇《周易述》，宗虞義。王象必以乾取，説多膠轕。《師》之"王命"，《升》之"王亨"，又以"九二"當之，尤乖《易》例，曷言乎"臣明其職"也？爻例：初、二、三、四，皆爲臣位。

京氏《易傳》曰"初爲元士,二爲大夫,三爲諸侯,四爲三公,五爲天子,上爲宗廟",是也。曷言乎王臣,別之也,貴之也。但言臣嫌于臣初,亦嫌臣于三,故特著之曰"王臣",下以別賤,上以從貴。爻例,比其下者,亦有相臣之義,故二可臣初。《小過》"六二"曰"不及其君,遇其臣",其君者,二之君,謂五也;其臣者,二之臣,謂初也。《蹇》"二"曰王臣,嫌于《小過》之臣初,而特別之也。二可臣初,三亦有臣二,《遯》"九三"曰"畜臣妾,吉",臣謂六二,妾謂初六。《蹇》"二"曰王臣,亦嫌於《遯》"二"爲三臣,而特貴之也。惠氏《周易述》解"王臣"宗虞義,不能比例推勘,大暢《經》旨,殊爲疏略。

　　曷言乎蹇蹇?蹇蹇者,往外蹇,來内亦蹇也。卦象,外坎水之蹇,内艮山之蹇,故曰"蹇蹇"。凡舉卦名緟言形况者,皆合取内外兩卦爲義。如《乾》三處内外重乾曰乾乾,《坎》三處内外重坎曰坎坎,《夬》三以内外並夬曰夬夬,《井·象》以内外皆非曰井井,皆處兩卦遞交之際,臨其時而加警者,故《文言傳》釋乾乾曰"因時而惕"。《蹇》至九三,方值蹇蹇之交,而六二處内,先時自警,與《謙》初謙謙,同出至誠。雖濟蹇爲九三之責,匪我躬之事,而操心之危,慮患之深,終無可尤。故爻曰"匪躬之故",《傳》曰"終无咎也"。卦自《坎》二之三,三爲成卦之主,得位處正,有濟險之才,故初四與上,往見蹇險,皆來就三,曰"來譽",曰"來連",曰"來碩",皆指三言。六二,柔順中正,才不及三,而力實過之,故有此象。惠氏《周易述》云:五本坤也,之應涉坤,二五體坎,故蹇蹇;二升五,折坤之躬,故匪躬之故。其支離與虞注同,不特經旨無所發明,反增荆棘矣。漢張表碑用《經》語作"謇謇",爲或體字。《爾雅·釋樂》"徒鼓磬謂之蹇",《釋文》本作謇,亦作蹇,依《説文》並以蹇字爲正,惠氏《周易述》改"蹇蹇"作"卷卷",又好奇之一失。

　　　　　　　（輯自俞樾編次《詁經精舍三集》,清同治六年至九年刻本）

鬼方考

鬼方者,西羌之國也,其後種類最繁,有居於西北者,有居於西南者,皆非殷商時之鬼方也。《易·既濟》"高宗伐鬼方",當指西羌之故地爲説。夏代雍、梁二州之地,皆以黑水爲界,殷之九州,并梁於雍,亦及黑水。黑水在青海地,與鬼方近,爲商先王經理之地,故鬼方不服,高宗征之。試徵之史。《後漢·西羌傳》:"武丁征西戎鬼方,三年乃克。故《詩》曰:'自彼氐羌,莫敢不來王。'"是范蔚宗以《易》之鬼方,即《詩》之氐羌也。氐羌即《漢志》隴西郡氐道、羌道等地,在今鞏昌、蘭州、臨洮、河州以及青海,皆古西羌所居。《漢章帝紀》"克伐鬼方,開通西域",是鬼方爲西域之羌也。《竹書紀年》"武乙三十五年,周公季歷伐西落鬼戎",西落鬼戎,即西羌鬼方也。

《文選》揚雄《趙充國頌》"鬼方賓服",李注引《世本注》云"鬼方於漢,則先零戎",先零即西羌別種也。試又徵之。《經·殷武》言"昔有成湯,氐羌來王"。《漢·匡衡傳》謂之"成湯懷鬼方",是氐羌即鬼方之種類也。《文王世子》曰"西方有九國焉",九國即鬼國。《明堂位》"紂脯鬼侯",《殷本紀》《魯仲連傳》並作九侯,徐廣曰"九侯一作鬼侯",九、鬼同紐,爲雙聲借字,古音九屬幽部,鬼屬微部,漢人讀九如鬼,遂相通用。如簋,古文作朹,從九聲,軌亦從九聲;氿泉之氿,姦宄之宄,亦從九聲,並當讀居酉切,今俱讀爲居洧切,由漢時九鬼同音而遞轉之也。知漢時九鬼之轉音,則《史記》之九侯,即《明堂位》之鬼侯,可知。而《文王世子》之西方九國,亦即《漢書》之西戎鬼方,亦可知。

鬼方爲西羌之酋豪,崛强殷世,高宗伐之,三年乃克。高宗既没,勢又横決,周公季歷又伐西落之餘種,至文王末年,始來賓服。洎周之衰,勢又蕃衍。其屬國在西北者,爲唐突厥所自出;在西南者,爲羅施鬼國,今之貴州地,皆周衰後狡焉啓土者,初非高宗所伐鬼方之故國。

漢、魏《易》注,秖取卦象。至朱子《詩傳》,又疑殷武伐荆楚,即《易》之伐鬼方。王伯厚申其説。近惠定宇又引《竹書》《世本》以證,説遂不脛而走。今竊以爲不然。《竹書》"武丁三十二年,伐鬼方,次于荆。三十四年,王師克鬼方,氐羌來賓",蓋鬼方爲氐羌之酋,東滑中夏,嘗與荆楚相犄角,故武丁欲伐鬼方,必先撻楚,是猶齊桓伐楚,必先侵蔡也。《竹書》"次于荊”，即殷武之伐荊楚，非鬼方國于荊也。《世本》言陸終氏娶於鬼方，生六子，其六曰季連，羋姓，是楚亦陸終之後，非鬼方後，何以見鬼方之在荊乎？如以陸終娶鬼方，謂當在荊地，則齊侯納蔡姬，亦可謂齊在荊地乎？

　　近之詁經者，又謂《詩》之氐羌，即《書》之羌髳，《文王世子》之九國，即庸、蜀、羌、髳、微、盧、彭、濮及鬼方諸國，此又不然。武王言九國，明屬西方，何得以南蠻解之？且曰君王其終撫諸，是時猶未撫也，文王三分天下有其二，豈南蠻近國之地，時尚未撫乎？《詩》亦何以歌二南乎？是真佝瞀之見矣。

　　或又謂《詩》覃及鬼方，毛傳訓爲遠方，《易》之鬼方，當依《釋文》鬼遠之訓，此又不然。《蕩詩》覃及鬼方，與《抑詩》“用逷蠻方”同，鬼方即《易》所伐之鬼方，蠻方即《春秋》所執之蠻子，二國在周初最強，《詩》舉強國以見四夷之賓服也。《毛傳》訓遠，於義已迂，若《易》曰伐曰克，尤必專指一國，如渾言遠方，豈高宗統遠方，而盡伐之克之乎？

　　或又謂紂三公之九侯，即鬼侯，亦即鬼方之侯，是又不然，《曲禮》曰“其在東夷、南蠻、西戎、北狄，雖大曰子”，鬼方、西戎不得稱侯。且據《史記》徐注及《正義》，鬼侯城在漢魏郡鄴縣，鬼、魏，古今字，鬼侯與鬼方兩地迥別，或者乃以鬼侯、鬼方之同字，九國、九侯之互證，遂牽合爲一地，亦爲未審。

　　　　　　　　　　　（輯自俞樾編次《詁經精舍三集》，清同治六年至九年刻本）

桑土既蠶解

　　橘踰淮而爲枳，非木之宜，遷地勿良。《禹貢》“桑土既蠶”，獨著兗州，桑其祇宜於兗與？曰：不然。自古桑與農並重，一夫不耕，則民飢；一女不蠶，則民寒。故不特檡繭、棘繭、欒繭、蕭繭，隨地兼收，而桑繭之利，尤遍天下。《禹貢》獨著之于兗州者，誌其盛耳，非謂獨宜于兗也。鄭注曰：“其地尤宜蠶桑，因以名之。今濮水之上，地有桑間者。”鄭君此説，據《樂記》“桑間濮上之音”而言，是也。桑間在濮陽南，《衛風》謂之桑中，其土多桑，故名桑土。《鄘風》又謂之桑田。蓋兗州之桑甲天下，故獨以此著名，是猶榆林、桂林之稱也。豈謂蠶桑獨宜於兗州哉？詁經者泥於一偏之見，謂《禹貢》唯兗州宜桑，外此無聞。今江、浙爲古揚州地，蠶桑獨盛於兗州，蓋以蠶喜燥而桑宜濕。兗州地處卑衍，於桑固宜；揚州之土塗泥，素稱澤國，於桑亦宜。《禹貢》不著此者，爲東南水多，人力未盡之故。斯説也，揣度形勢，似爲切當，而抑知大有不然者。

　　嘗考列國輿圖，鄭在豫州，其《詩》曰"無折我樹桑"，則豫可蠶也。豳，周在雍州地，其《詩》曰"爰求桑柔"，曰"菀彼柔桑"，則雍可蠶也。魏、唐在冀州，其《詩》曰"言采其桑"，曰"集于苞桑"，則冀可蠶也。即以《禹貢》言之，揚州之篚織貝，謂織以貝文之錦也，其貢用錦，其地必蠶。則今江、浙之地，本亦樹桑，可推而知。正不特青絲、徐纖、荊纁之貢，可爲諸州蠶桑之證也。即梁州之桑，《詩》《書》無由考見，然古蠶叢氏爲蜀主，教爲蠶桑，後世蜀錦重天下，則梁州亦可蠶也。而謂"兗獨宜桑，外此無聞"，豈通論哉！又考桑之種類不一，《詩》詠"女桑""條桑"，《爾雅》著"栀桑""楗桑"，於土各有所宜，豈獨兗、揚二州耶？《爾雅》又曰"檿山桑"，則西北多山之處，可樹檿桑，故曰"南山有桑"。而謂桑性獨宜東南濕地，又豈通論哉？

　　竊思《禹貢》立文嚴謹，有別一州而專言之者，如兗州之貢賦，不可以賅諸州，是也。有著於此州而可錯見於彼者，如兗州言縣條，即可知諸州之夭喬，是也。兗之篚絲，荊之篚組，此爲錯見之例，以明諸州之登蠶。而兗言桑土，以別青之檿絲，是專言之例，青宜山桑，兗宜阪桑也。兗言既蠶，以別諸州之未盡登蠶，亦專言之例。蓋洪水平後，穀於以殖，而蠶必遲至數年而後登，惟兗州之地卑下，則先登蠶而後得播穀，故首曰"桑土既蠶"，末曰"厥賦貞，作十有三載乃同"。夫農桑者，天下之大本也，故《禹貢》先後並記之。

　　　　　　（輯自俞樾編次《詁經精舍三集》，清同治六年至九年刻本）

黑水考

　　自來説《經》之法，于其可合者通之，無容妄爲分。于其難明者闕之，無容勞爲説。所以昭慎重也。《禹貢》三言黑水，同屬一地，不得分爲兩處。前儒解此者,唯鄭氏注最爲允當。其注梁州云"界自華山之南,至于黑水",又注雍州云"界自黑水而東,至於西河"。推繹鄭意,黑水在西徼外,故梁、雍皆以是爲西界,與青、徐同以海岱爲界,徐、揚同以淮海爲界正同。孔傳曰"梁州東據華山之南,西距黑水","雍州西距黑水,東據河",與鄭注合,是可證梁、雍兩黑水同爲一地,無容妄分也。鄭注"導黑水至于三危"云:"《地理志》益州滇池有黑水祠,而不記此山水所在,今中國無也。《地記》云:'三危山在鳥鼠之西,而南當岷山,則在積石之西,南當黑水祠,黑水出其南脇。'"推繹鄭意,三黑水同爲一地。但三危以北,出敦煌塞外,莫考其源之所發;三危以南,又行隴蜀徼外,不知其流之所入。《地志》無記,不可勞説也。

　　嘗考《山海經》云:"灌湘之山,又東五百里曰雞山,黑水出焉,而南流注于海。"酈氏《水經注》據此云:"黑水出張掖雞山,南流至燉煌,過三危山,南流入于南海。"此説似可補鄭氏之闕,而爲三黑水同一地之證。然酈氏之言,亦不過順《經》爲義,與他水歷敘所過郡縣者相去甚遠,故杜氏《通典》有疑於此。而或謂黄河伏流,黑水得越三危。或謂黑水勁比濟水,能截河而自行。要未可懸斷爲是矣。

　　胡氏朏明諸儒,于導川黑水,與雍界黑水,既合爲一;而梁、雍分界之黑水,同屬一地者,妄分爲兩。則青、徐分界之海岱,亦可分爲兩地,徐、揚分界之淮海,亦可分爲兩地乎? 誤矣。至於張守節注《史記》,謂"黑水源出伊川東南,入黄河至海",夫既曰"入黄河",則《經》當從"導渭、導洛"之例,曰"入于河"可矣,何云入海也? 且云"由河入海",必屬東海,亦何云"南海"也? 或又據此,分黑水爲二處,不亦誤歟?

　　學者讀《經》,宜知體例。《禹貢》"濟河兗""海岱徐""淮海揚""衡陽荆""荆河豫",皆取山川之著名無混稱者,以別疆界。如梁、雍黑水,果有異地同名,《禹貢》決不舉以分界矣。故三危、南海之原委,無容勞説,而梁、雍分界之黑水,必不容妄分爲二地也。

　　　　　　　　（輯自俞樾編次《詁經精舍三集》,清同治六年至九年刻本）

錫土姓解

皇古之初，人皆無姓，自伏羲作字，因生以爲姓。《説文》云："姓，人所生也。从女、生，生亦聲。"《白虎通》曰："姓者，生也。"《毛詩傳》曰："公姓，公生也。"姓之義，取諸生，因其母之所生以爲姓，故字从女、生。《説文》所謂神農母居姜水，因以爲姓；黃帝母居姬水，因以爲姓；舜母居姚虛，因以爲姓，是也。然姓錫于天子，以建有德，非下民所得冒。故《春秋傳》曰：天子建德，因生以爲姓，凡有姓者，皆貴者也。故《虞書》言：百姓即百官。且姓錫于有土，亦以華諸夏，非外夷所得混。故《夏書》曰："中邦錫土姓。"姓曰"錫土"，所以榮諸侯、別士庶也。錫土姓，曰"中邦"，所以華中夏、鄙外夷也。中夏有姓，外夷無姓，自古已然。故此《經》當以鄭讀爲是，孔傳非也。

其錫姓之法有二，有特賜其姓，非蒙其祖宗者，如鄭君駁《異義》云"炎帝有姜，太皞所賜；黃帝姓姬，炎帝所賜"，是炎帝、黃帝之先，本自有姓，而太皞、炎帝特賜姜、姬以異之也。有本其祖姓而特賜之，以正其宗者，如后稷賜姓曰姬，四嶽賜姓曰姜，皆錫以祖姓，使紹其統，以爲百世宗者也。

唐虞所錫有土之姓，多不可考，今可見者有八。《周語》曰："帝嘉禹德，賜姓曰姒；祚四嶽國，賜姓曰姜；麗叔安裔子董父，賜姓曰董。"鄭駁《異義》云："帝賜伯夷姓曰姜，賜禹姓曰姒，賜契姓曰子，賜稷姓曰姬，著在《書傳》。"《毛詩商譜正義》引《中候握河紀》云："封稷、契、皋陶，賜姓號。注云：'賜姓號者，契爲子，稷爲姬，皋陶未聞。'"案：《左氏文五年傳》以蓼六爲皋陶後。《世本》：舒蓼，偃姓，皋陶之後。則賜皋陶姓曰偃也。

《秦本紀》云：大費佐舜，調馴鳥獸，是爲柏翳，舜賜姓嬴氏。柏翳即伯益，則賜伯益姓曰嬴也。當錫姓之初，無所謂氏。其後子姓蕃衍，難以自分，又命之氏以別之。故《春秋傳》曰：胙之土而命之氏。《周語》：四嶽賜姓曰姜，氏曰有呂。姓統于上，氏別于下。鄭駁《異義》曰"天子賜姓命氏，諸侯命族。族者，氏之別名；姓者，所以統繫百世。不別氏者，所以別子孫之所出"，是也。

其後又以氏爲姓，謂之氏姓。故《風俗通》《潛夫論》皆有氏姓篇。《史記・陳杞世家》：舜爲庶人時，堯妻之二女，居于溈汭。其後因爲氏姓，姓媯氏。陳胡公不淫，周賜之姓，命氏曰陳。其後又爲氏姓，姓陳氏，是也。《説文》云“氏，小自旁箸于山岸脇”，此爲本義。引申之，繫于姓而分支謂之氏。或氏于字，或氏于謚，或氏于官，于邑，而皆繫于姓。故《禹貢》言錫姓，不言命氏，姓以賅氏也。

宋鄭樵作《姓氏略》，本《左傳》衆仲之言推廣之，得姓氏者凡三十有二類，讀者韙之。抑知夾漈之學，貪多務博，靳勝前人。其所據者，乃從典午以後，十六國南北朝之紛亂，雜朔漠之姓于中國，無夷夏中外之分，而于邃古得姓之始，與三代由姓析爲氏族之源流，亦未深究而明曉也。

（輯自俞樾編次《詁經精舍三集》，清同治六年至九年刻本）

尹氏卒解

《春秋》有三《傳》，皆出於聖人之徒。而所聞有異辭，不能畫一。如隱三年，《經》書：“夏四月，尹氏卒。”《公》《穀》兩《傳》並同，而《左傳》獨作“君氏”。以《春秋》比事屬辭核之，則《公》《穀》實優於《左傳》。《公羊傳》曰：“尹氏者何？天子之大夫也。其稱尹氏何？貶。曷爲貶？譏世卿，世卿非禮也。外大夫不卒，此何以卒？天王崩，諸侯之主也。”何休曰：“尹氏世立王子朝，齊崔氏世弑其君光。”《穀梁傳》范寧注亦同《公羊》家説，特不言“譏世卿”。繹何氏意，尹氏之擅立，以世爵故。崔氏之弑逆，以世禄故。故《經》於隱三年，尹卒，以“氏”書。宣十年，崔出奔，亦以“氏”書。聖人以是爲世卿者所爲，故各因其事以著“履霜堅冰”之戒。比事觀之，其例自明。

或曰：《春秋》文三年，書“王子虎卒”；定四年，書“劉卷卒”，皆名。如尹氏爲周大夫，亦當以名卒。且《春秋》貴之，書爵、書族；貶之，書名。尹氏貶，氏而不名，殊非通例。曰：不然，《春秋》爲例不一，聘問、帥師，皆以去氏爲貶，故於仲孫曰“嘉之”，於礨溺曰“疾之”。外諸侯之薨，内大夫之卒，皆赴以名。《禮》所謂“生，名之。死，亦名之”。故薨、卒，以稱名爲正；

其不名者，示貶。二者各有其例，本不相蒙。

　　或謂《春秋》無達例，竊謂讀《春秋》者無達識也。且《春秋》隱三年，書"尹氏卒"。昭二十三年，書"尹氏立王子朝"。二十六年，書"尹氏以王子朝奔楚"。比事觀之，則三書"尹氏"，皆爲周大夫，明甚。學者於"立朝奔楚之尹氏"則信之，於"尹氏卒"則疑之，是知二五，不知十矣。

　　又考隱七年，滕侯卒；八年，宿男卒；莊三十一年，薛伯卒；僖二十三年，杞子卒；成十六年，滕子卒，皆以國小微之而不名。成十四年、昭五年、定九年、哀三年，並書"秦伯卒"，以國强貶之而不名。比事觀之，滕、宿、薛、杞、秦之君以爵卒，尹氏以氏卒，一例示貶。可知學者於滕、宿、薛、杞、秦諸君之不名，循以爲例；於尹氏卒之不名，偏疑非例而不信，是亦知二五不知十矣。

　　然則《左傳》之言，豈臆説無稽歟？曰：《春秋》之事，所見異辭，所聞異辭，所傳聞異辭，故三《傳》間有同異。尹氏，《左傳》作"君氏"，比事觀之，實違於例。凡君夫人之薨，無書"卒"者，其違一。書"夫人薨"，必繫以姓而後別，但曰"君氏"，安知不爲隱公之夫人？其違二。如謂君氏即君母，則母以子氏，書法當同僖公成風之例。姜以君氏，書法當同惠公仲子之例。但曰"君氏"，不辭。設或舉聲子卒而語人曰"隱公氏卒"，未有不啞然笑者，其違三。如謂聲子未正夫人之位，故變文曰"君"，考之《禮經》，妾於夫人稱"君"，君即夫人也。既可稱君，即可稱夫人，何必變文？且春秋時，奪嫡立庶之禍，皆由於嫡、妾之名分不正。如成風屬其子於季友，而僖公得立；敬嬴屬其子於襄仲，而宣公得立。故《春秋》於時公之母未爲夫人者，辨之綦嚴。或繫之君而曰"惠公仲子"，或繫於子而曰"僖公成風"，何獨隱公之母變文曰"君"以亂嫡夫人之稱？其違四。如謂君氏不書姓，與莊元年書"夫人孫于齊"同例，但文姜孫齊，不書"姜氏"，爲絕不爲親之特例，聲子何辜，亦不書姓以絕之？必非《經》意，其違五。如謂君氏卒，不書姓，與僖元年書"夫人氏之喪"同例，但"夫人氏喪"蒙上"夫人姜氏薨于夷"，故省文以見義。如上無蒙，直曰"夫人氏"曰"君氏"，《經》無此例，其違六。

凡《左》之異於《公》《穀》者，多《公》《穀》短而《左》長，尹氏之卒，當以《公》《穀》爲正，不可癖《左》。三《傳》各有授受，互有出入，校以《經》例，短長自見。揚子有言曰："衆言淆雜折諸聖。"

（輯自俞樾編次《詁經精舍三集》，清同治六年至九年刻本）

筮短龜長解

《左·僖四年傳》："晉獻公欲立驪姬爲夫人。卜，不吉。筮之，吉。卜人曰：'筮短龜長，不如從長。'"杜注據《僖十五年傳》文，以證其義，謂"物生而後有象，象而後有滋，滋而後有數。龜，象。筮，數。故龜長筮短"。孔疏謂"著之德，圓而神；卦之德，方以智。神以知來，智以藏往"，"雖龜之長，無以加此"。卜人有爲而云。

案：古者，龜有頌辭，筮有繇辭，皆至聖所作，以開物成務，冒天下之道，定天下之業，斷天下之疑，原無短長之可指。然以象、數分言，龜、筮實有先後，《左傳》所載韓簡語，固足爲證。又考之《周禮》，太卜掌三《兆》、三《易》之法，龜之兆頌詳於筮。自太卜外，又設占龜之官：卜師，上士，四人；龜人，中士，二人；華人，下士，二人；占人，下士，八人。而掌占筮者，獨筮人、中士二人。筮之用，簡於龜。《太卜》曰："凡國大貞，卜立君，卜大封，則作龜。大祭祀，則命龜。大遷、大師，則貞龜。"是大事重卜，爲龜長也。《筮人》曰："凡國之大事，先筮而後卜。"是不以筮爲可定，而仍卜之，爲筮短也。鄭注《占人》掌龜云："占人亦占筮，言掌占龜者，筮短龜長。"亦用晉卜之語，則晉卜所云，實合《周禮》矣。又考之《洪範》："汝則從，龜從，筮從，卿士從，庶民從，是之謂'大同'。"觀其立文之先後，意有輕重，龜先於筮，是龜重也。龜重者，龜長也。又云"汝則從，龜從，筮逆，作內吉"，爲龜長也。下不曰"筮從，龜逆，作內吉"者，爲筮短也。晉獻公欲納驪姬爲夫人，正爲內事，內事之吉，必求龜從，勿恃筮從，故曰："筮短龜長，不如從長。"王肅注"卜五占用二"，云"筮短龜長，故卜多而筮少"，亦用晉卜之語。則晉卜所云，又合《洪範》矣。

然因筮短以短《易》，則大不可。《繫辭傳》曰："《易》有聖人之道四焉，以言者尚其辭，以動者尚其變，以制器者尚其象，以卜筮者尚其占。”則占筮乃《易》中之一道，故筮雖短於龜，不足爲《易》病，後人視《易》爲卜筮書，則筮短而《易》亦短矣。孔疏蓋有所激而云。

（輯自俞樾編次《詁經精舍三集》，清同治六年至九年刻本）

一馬從二馬解

《小戴·投壺記》曰：“正爵既行，請爲勝者立馬，一馬從二馬。三馬既立，請慶多馬。”《大戴·投壺記》無“一馬從二馬”句。鄭注云：“馬，勝算也。謂之馬者，若云技藝如此，任爲將師乘馬也。”不釋“一馬從二馬”之義。孔疏引定本，無此一句，是也。《記》又曰：“請立馬，馬各直其算。一馬從二馬以慶。《慶禮》曰：‘三馬既備，請慶多馬。’”鄭注云：“三立馬者，投壺如射，亦三而止也。”三者，“一黨不得三勝，其一勝者，并其馬于再勝者以慶之。”明一勝不得慶也。

案：投壺之禮，有與鄉射異者，有與鄉射同者。鄉射初一三耦射，不釋算，不飲酒。次二賓主射，釋算，飲酒，而未作樂。次三三耦及賓主等射，釋算，飲酒，作樂，投壺。則初賓主射即釋算行觴，而樂亦作，此其異也。鄭云“投壺如射，亦三而止”者，鄉射三次射畢，投壺亦三次射畢，此其同也。鄉射、大射、三次射不止六人，投壺同，故曰：“算多少，視其坐。”惟三次射，故立三馬，馬與算異。《記》曰：“二算爲純，一純以取，一算爲奇，遂以奇算告”，“奇則曰奇，鈞則曰左右鈞”，此算法也。算訖，三立馬，曰一馬，曰二馬，無所謂左右鈞矣。射必二人，謂之耦。賓黨爲上射，主黨爲下射。卒，投勝者飲不勝者，各如其算。是一耦之勝負已分也，而賓主兩黨之勝負多寡尚未分，宜總計之。故又爲勝黨立馬，馬者，所以合計賓主黨三射之勝負也。投壺三射，故立三馬。但一黨之中，不能三射俱勝，獨得三馬。必有一黨得二馬，一黨得一馬者。而一馬之黨，雖得勝于一耦，統前後三射計之，實負于二馬之黨，故一馬從二馬以慶也。

釋算之行觴，以飲不勝，罸爵也；立馬之行觴，以飲勝者，慶爵也。罸爵辱之，故使弟子奠其酒。《鄉射禮》曰“勝者弟子洗觶升酌，南面坐奠于豐”,是也。慶爵榮之,故耦自親酌。鄭注云“飲慶爵者,耦親酌,不使弟子無豐”,是也。但此以賓主黨之同等者言,其或勝者降等,則釋算行觶亦必親洗親酌,不使弟子。司射請立馬,亦不敢擢尊者之一馬,以從二馬。故《少儀》曰“侍投則擁矢,勝則洗而以請”,“不角,不擢馬”。一馬從二馬者,所謂擢馬也。不擢馬者,不以一馬從二馬也。《投壺》《少儀》兩篇,義實相足。

馬之形,蓋刻木如馬,與鹿中同。鄭注乘馬之説,稍似迂曲;而立馬以黨言,不以耦言,獨勝諸儒。方愨、陳澔輩,謂馬與算一,方其執之謂之算,及其釋之謂之馬,一耦得一勝者立一馬,得二勝者立二馬。不知釋算者,舍其算于地而不立;立馬者,植而立之,是釋與立之義不同也。算以籌爲之,馬如鹿中之類,是算與馬之形不同也。釋算以明一耦之勝負,立馬以明二黨之勝負,其用不同也。《記》曰“馬各直其算”,直,當也。算在鹿中之西,馬又當算之西。賓黨勝,立馬于右;主黨勝,立馬于左,其地不同也。《記》曰:“算多少,視其坐。”鄭注:“算用當視坐投壺者之衆寡爲數也。”是算之數,本不定。其多者,用八十籌,見《鄉射禮》。以一耦言,有八算,見《記》文。以一人言,有四算,見鄭注。馬者,合賓主兩黨,止三而已,故一曰“三馬既立”,一曰“三馬既備”,並不言四馬、八馬,其數又不同也。姚舜牧説,尤舛謬不足辨。

(輯自俞樾編次《詁經精舍三集》,清同治六年至九年刻本)

庶姓別於上解

《記·大傳》“庶姓別於上,而戚單於下”,鄭注云:“元孫之子姓,別於高祖”,“始祖爲正姓,高祖爲庶姓。”孔疏云:庶姓謂氏族。案:庶姓,小宗子也。小宗五世則遷,下曰五世則遷者,其繼高祖者也。故鄭注曰:“高祖爲庶姓。”姓與氏,析言別,渾言通。庶姓者,別其大宗之名也。大宗有正姓,小宗無常氏。《左傳》曰:天子“因生以賜姓,胙之土而命之氏”。鄭駁《異義》云“堯賜伯夷姓曰姜,賜禹姓曰姒,賜契姓曰子,賜稷姓曰姬,著在《書傳》”,是天子賜姓也。諸侯賜卿大夫以氏,若公之子曰公子,公子之子曰公孫，公孫之子，則其親已遠，不得上連於公，故以王父字爲氏。或以官，或以邑，爲氏，所以別其上也。庶姓有別於上，而戚未單於下者，若孟獻子、季文子是也。至孟懿子、季桓子時，則可謂"庶姓別於上，而戚單於下"矣。顧氏《日知錄》，謂姓之言生，謂子孫。王氏《述聞》解《詩》"公姓""公族"，詳疏其義。竊謂《詩》之"公姓"訓爲"公生"，尚可通。《記》之庶姓，訓爲庶生，不可解矣。且如其說，讀姓爲生，訓爲子孫，則《記》文當云"庶姓別於下，而戚單於上"方合。

（輯自俞樾編次《詁經精舍三集》，清同治六年至九年刻本）

《周禮》鄉老鄉大夫解

《周禮·序官》云："鄉老，二鄉則公一人；鄉大夫，每鄉卿一人。"鄉老爲兼官，鄉大夫即六卿。《序官》列其職，而《地官》有鄉大夫，無鄉老，則鄉老，兼官也。軍旅田役諸事，大司徒、小司徒、鄉師主之。五官亦皆有事，而鄉大夫一無所與，則鄉大夫即六卿也。鄭注云："老，尊稱。王置六鄉，則公有三人。三公者，内與王論道，中參六官之事；外與六鄉之教，其要爲民，是以屬之鄉焉。"《曲禮》：三公曰天子之老。老而稱鄉，鄭注已明。三公不必備，爲六卿之兼職，則鄉老爲兼職可知。鄉老即三公，則鄉大夫即六卿亦可知。王置六鄉，六卿帥之，故鄉大夫每鄉卿一人。其位卿，其名曰大夫者，《王制》曰"上大夫卿"，則卿固可謂之大夫也。《周官》六卿之外，別無所謂卿。賈疏謂鄉大夫別置六卿，而非冢宰等之六卿，誤矣。《書·甘誓》"乃召六卿"，即六事之人，爲鄉大夫鄉各一卿之權與。《左氏傳》宋"二師令鄉"，"司徒令遂"。二師即鄉老，司徒即鄉大夫，春秋時猶存其制。管仲爲齊，分鄉十五，公與高、國，各率其五。此雖損益非古，而齊，侯國，不得立孤卿，故公帥五鄉，代董鄉事，亦髣髴是制也。

或曰：鄉大夫皆六卿所兼，何以其職曰"受教法于司徒"乎？曰：事有相通，職有專重，在朝則冢宰重，在鄉則大司徒重，在軍則大司馬重。其相通者，皆受法于專重，無或侵越，六官皆然。且《序官》"大司徒，卿一人"，如賈疏,大司徒下又置六鄉六卿,則地官一職有七卿,此説之最不可通者。

（輯自俞樾編次《詁經精舍三集》,清同治六年至九年刻本）

興雲祁祁説

《詩・大田篇》"有渰萋萋,興雨祁祁",《韓詩外傳》作"興雲"。董彦遠《除正字謝啓》云"篆形誤譌,誰正興雲之祁祁",則雲雨二字之沿譌,由來久矣。《顔氏家訓》據班固《靈臺詩》,以"興雨"爲正,"雲"乃傳寫之誤。陸氏《釋文》、孔氏《正義》均沿其説。案:《吕覽・務本篇》《漢書・食貨志》《隸釋・無極山碑》皆作"興雲",與《韓詩》合,顔説不足據也。

"有渰萋萋",兼雲雨言。萋亦作淒,《説文》:"渰,雲雨皃。淒,雨雲起也。"可證《詩》言有渰淒淒者,其雲之興已祁祁然,則能化而爲雨也,故下即曰:"雨我公田。"凡雲雨之氣皆發于地,地氣上,天應之,陰陽既和,則雲化而爲雨。地氣上,天不應,則密雲而不雨。地之陰氣既上,天以亢陽薄之,則激爲颶風,雲必迅疾,不能祁祁然而成雨。否則亦暴雨,不終朝。故《詩》以"興雲祁祁"爲得雨公私之兆。祁祁,爲雲行之貌,與《韓奕篇》"祁祁如雲"正同。毛于此傳云"祁祁徐皃",于彼傳云"祁祁徐靚",則祁祁狀雲行之舒徐,自有明證。

《經》《傳》中未有舉祁祁以象雨者。《詩・采蘩》"被之僮僮""被之祁祁",祁祁猶僮僮,首飾之被。如雲祁祁,所謂鬒髮如雲,不屑髢也。《七月》"春日遲遲,采蘩祁祁",祁祁猶遲遲,采蘩之女,如雲祁祁,所謂"出其東門,有女如雲"也。且雨,言降言下,亦未有言"興"者,則"興雲祁祁",不可改作"興雨",明矣。今《漢・左雄傳》《鹽鐵論》,有作"興雨"者,蓋後人據譌本改之,亦猶王伯厚《詩考》引《吕覽》"興雲祁祁",今亦改爲"興雨"也。《韓詩外傳》曰"興雲祁祁,知大平,無飄風暴雨",鄭箋《毛詩》曰:"古者,陰陽和,風雨時,其來祁祁然,不暴疾。"此以風雨之和,明其祁祁之善也。如以《外傳》"飄風暴雨",鄭箋"風雨時"之文,遂謂薛、鄭兩君本作"興雨",則薛傳、鄭箋亦兼言風,豈《經》文亦可改作"風雨祁祁"乎?失之矣。

（輯自俞樾編次《詁經精舍三集》,清同治六年至九年刻本）

八卦應八風考

八卦應八風,其説自古。《春秋考異郵》曰:"《艮》爲條風,條者,生也。《震》爲明庶風,明庶者,精芒也。《離》爲景風,景者,大也,言陽氣長養也。《坤》爲涼風,涼者,寒也,陰氣行也。《兑》爲閶闔風,閶闔者,咸收藏也。《乾》爲不周風,不周者,不處也,言陰陽未合化也。《坎》爲廣莫風,廣莫者,大莫也,開陽氣也。"《易通卦驗》曰:"立春,調風至。春分,明庶風至。立夏,清明風至。夏至,景風至。立秋,涼風至。秋分,閶闔風至。立冬,不周風至。冬至,廣莫風至。"許氏《説文》曰"東方曰明庶風,東南曰清明風,南方曰景風,西南曰涼風,西方曰閶闔風,西北曰不周風,北方曰廣莫風,東北曰融風。"

大凡八風之至,應乎八卦。《通卦驗》以八節言。八節者,卦氣之所主也。《説文》以八方言,八卦之方位也,其所言皆二而一者也。《白虎通》曰:"八風所以象八卦,陽立于五,極于九,五九四十五日變。變而爲風,距冬至四十五日條風至,四十五日明庶風至,四十五日清明風至,四十五日景風至,四十五日涼風至,四十五日昌益風至,四十五日不周風至,四十五日廣莫風至。"其所説風至之期,本于《淮南子·天文訓》,與《通卦驗》同,而與《史記·律書》不合。反復思之,又知其説之實相通焉。《史記》曰"不周風居西北","東壁居不周風東","而東之,至于營室","東至于危","十月也,律中應鐘,其于十二子爲亥"。"廣莫風居北方","東至于虚","東至于須女","十一月也,律中黄鐘","其于十二子爲子","東至于牽牛","東至于建星","十二月也,律中大吕","其于十二子爲丑"。蓋不周風始于立冬前數日,以星度考之,當在奎五六度之間,故云"東壁居不周風之東"。至大雪末危度止,故曰"東至于危",凡四十五日。廣莫風始于冬至前數日,以星度考之,當在危一二度之間,故其下曰"東至於虚"。至大寒末斗度止,故曰"東至于建星",凡四十五日。張皋文《八風圖》不周風至,霜降初;廣莫風至,大雪初。皆失之太早,與諸書不合。《史》又曰"條風居東北","南至于箕",正月也。"律中太蔟","其于十二子爲寅"。南至于尾,南至于心，南至于房。蓋條風始于立春前數日，以星度考之，當在斗十三四度之間，爲前廣莫風止于建星也，至雨水末房度止，故曰"南至于房"，凡四十五日。張《圖》條風至在大寒初，亦失之太早。《史》又曰"明庶風居東方"，二月也，"律中夾鐘"，"其于十二子爲卯"，南至于氐，南至于亢，南至于角。"三月也，律中姑洗"，"其于十二子爲辰"。蓋明庶風始于春分前數日，以星度考之，當在房五六度之間，故其下曰"南至于氐"。至清明末角度止，故曰"南至于角"，凡四十五日。張《圖》"明庶風至春分初"，又失之太遲；房五在春分節，亦非。《史》又曰"清明風居東南維"，西之軫，"西至于翼"，"四月也，律中中呂，其于十二子爲巳，西至于七星，西至于張"。蓋清明風始于立夏前數日，以星度考之，當在軫十二三度之間，故變其文曰"西之軫，明其西皆軫度也"，不云"西至于軫者"，明其至即在軫度也。王氏《雜志》校此甚誤。至芒種末張度止，故曰"西至于張，凡四十五日"。張《圖》清明節清明風至，亦失之太早。《史》又曰"西至于注"，"五月也，律中蕤賓"。"景風居南方"，"其于十二子爲午"，"西至于弧，西至于狼"，此文與諸書違異，定有錯誤。竊以本書文例合之，"景風居南方"五字，當在"西至于注"之上。凡本書于八風之至，必言其月，今此景風獨無月，一可疑也。又本書于"律中"之下，即言十二子之月，此節"律中蕤賓"下，不言"其于十二子"，"其于十二子爲午"上，又不言"律中"，揆諸通例，全爲不符，二可疑也。凡本書言某風居某方，皆據其方之正中者，言景風居南方，必在午位之中，可知依今誤本推之，則景風之位偏西直午末，三可疑也。"景風居南方"五字，移在"西至于注"之上，則以上群疑可釋，而每風四十五日之數亦合矣。蓋景風之至，在夏至前數日，以星度考之，當在張一星七之間，故其下曰"西至于注"，至大暑末井度止，故曰"西至于狼，亦四十五日"。張《圖》清明風止于夏至星一度，值六十餘日。景風至在柳十五度，值二十餘日。遲速相去，失之遠矣。《史》又曰"凉風居西南維"，"六月也，律中林鐘"，"其于十二子爲未"，"北至于罰"，"北至于參"。"七月也，律中夷則"，"其于十二子爲申"，"北至于濁"，"北至于留"。"八月也，律中南呂"，"其于十二子爲酉"。此處亦有錯簡，凡一風值四十五日，居一月半，故前一風舉一月，後一風可舉兩月，斷無一風連舉三月之理。"六月也，律中林鍾，其于十二子爲未"十四字，亦宜繫于景風，蓋"涼風居西南維"六字，又誤置于上也。球門涼風始于立秋前數日，以星度考之，當在井十六七度之間，爲景風止于大暑末也。至白露末昂度，涼風至，故曰"北至于留"，亦四十五曰。張圖因"涼風六月"之文，遂于大暑初起涼風，失之太早。張氏全圖之誤，似悉由此處失檢之故。其每風先十五日至，爲欲合此例也。《史》又曰"閶闔風居北方"，"北至于胃"，"北至于婁"，"北至于奎"，"九月也，律中無射"，"其于十二子爲戌"。蓋閶闔風之至，在秋分前數日，以星度考之，當在昂七八度之間，故其下曰"北至于胃"。至霜降未奎度止，故曰"北至于奎"，凡四十五日。張圖秋分初閶闔風至，又失之太遲者。

若夫八卦配八音，而八風之從律而不姦，亦以八風應節而不亂。服注《左傳》，高注《淮南》，其説亦可考而詳也，兹姑略之。

（輯自俞樾編次《詁經精舍四集》，清光緒五年刻本）

賞地參之一食解

《周官·司勳》云"賞地參之一食"，謂受賞者之所食也。受者食賞地參分之一，則以其二貢于王，所謂國正是也。下云"惟加田無國正"，明賞地猶征于國也。先鄭注云"不以美田爲采邑"，後鄭注云"賞地之税，參分計税，王倉其一也，二全入于臣"，兩説皆不可信。

采邑與賞地異，采邑，《周官》謂之家邑、小都、大都，其地之遠近，數之多寡，各有定制。而賞田在九田之中，輕重眠功，功大賞重，殁則歸諸公家，不若采邑可以處子孫。《左·襄二十八年》云"齊與晏子邶殿，其鄙六十"，即賞地也。晏子本有采邑，故曰："在外，不得宰者一邑。不受邶殿，非惡富也。"又二十六年云"鄭伯賞入陳之功"，賜子展八邑，子產六邑，亦謂賞地也。若采邑，子展、子產之先人早受之矣。《魏策》公叔痤爲將，勝韓、趙，魏王以賞田百萬禄之，公叔痤攘功于吳起、巴寧、爨襄，于是各賜田二十萬，此賞田之顯證也。魏王曰：公叔長者，不可無益，"又與田四十萬，加之百萬之上，使百四十萬"，此加田之顯證也。賞田較采邑爲重，加田較賞田爲尊，《晉語》曰"官宰食加"，謂加田無國正，得以參之一，食其官宰也。賞加之田杜遠郊，遠郊之地，不易、一易、再易不等。賞加之田未必盡以下地。先鄭以賞田爲采邑，固謬。云不以美田爲采邑，更失先王崇功之意也。

參之一食，謂賞其所食之數，非天子食。先鄭注本不誤，《大司馬》云："凡令賦，以其地與民制之。上地，食者參之二，其民可用者，家三人。中地，食者半，其民可用者，二家五人。下地，食者參之一，其民可用者，家二人。"先鄭注云"上地，謂肥美田，食者參之二。假令一家有三頃，休其一頃，歲種二頃"，"下地薄惡，所休者多"。據先鄭注，食"參之二""參之一"者，皆謂受地者之所食，非天子食，與此"參之一食，爲受賞者之所食"，其義正同。但《大司馬》"食參之一"，明下地差等之數。《司勳》"參之一食"，明賞地公私之則。兩職之辭若同，意各有指。先鄭以參之一爲不美田，由泥于《大司馬》職而誤，其以食爲受地者食，尚不誤也。

又考《大司徒》云"諸公地方五百里，其食者半。諸侯地方四百里，其食者參之一。諸伯方三百里，其食者參之一。諸子地方二百里，其食者四之一。諸男地方百里，其食者四之一"，先鄭注云："其食者半，公所食租稅得其半耳，其半皆附庸小國，屬天子參之一亦然。"先鄭此注亦確。《經》文"五百、四百里"云云，兼山川附庸言，其食者"參之一、四之一"云云，據土地之可食言。其食，謂受封者食，與上文"土其土，制其域"兩"其"字同。《記》曰："其在東夷、北狄、西戎、南蠻，雖大，曰子。"是古者子、男之國多在四裔，中土封子、男者絶少。《周官》言服曰"侯、甸、男、采、衛"，亦侯内而男外。子、男之國，其土多瘠，故其食僅四之一。侯、伯居五等之中，鄭注《周官》，言賦法，以"三分去一"及"二而當一"兩法通率之，與其"食參之一"之數正合。詳所著《經禮通詁》。鄭康成以其食爲王食，本誤。其解此"參之一食"爲王食，由誤解大司徒職而緟訑惶繆也。其實，《大司徒》言其"食參之一"爲受地者可食之數，《司勳》言"參之一食"，亦謂受賞者可食之數，皆不謂"天子食"。《周官》"下之供上謂之貢，上之取下謂之征"，通名之，謂之賦，皆不云食。其云"食參之一""參之一食"，皆謂受土者食。

（輯自俞樾編次《詁經精舍四集》，清光緒五年刻本）

五齊三酒用法考

《周官·酒正》五齊：一曰泛齊，二曰醴齊，三曰盎齊，四曰緹齊，五曰沈齊。三酒：一曰事酒，二曰昔酒，三曰清酒。五齊、三酒，皆獻酒也，天子大祫備用之。《司尊彝》述祠禴烝嘗，時祀追享朝享之禮，而曰"鬱齊獻酌，醴齊縮酌，盎齊涗酌"。凡酒脩酌，凡酒三酒也，見鄭注。五齊上不及泛，下不及緹沈，此天子中祭之禮也。崔氏靈恩説天子祫備五齊三酒。禘備四齊三酒，不用泛齊。時祭止用醴盎二齊三酒，是也。天子時祭用九獻，鄭注《司尊彝》曰："此凡九酌，王及后各四，諸臣一，祭之正也。"正謂正獻，天子時祭，其正獻九酌也。天子大祫，用十二獻。賈疏《特牲饋食禮》曰"天子大祫，十有二獻，禘與時祭，皆九獻。"禘亦大祭，似不當與時祭同，其云"祫十二獻"，是也。天子獻禮，經無明文。崔氏推衍九獻節目，疏家遵之。十二獻之節目，未有言之者。嘗輯《詩箋》《禮注》以補其略，詳所著《禮詁》中。今考五齊三酒用法，略依十二獻節目言之。

初獻、再獻謂之祼，王與后各酌鬱齊以獻尸，尸灌奠而不飲，見孔、賈二疏。三獻、四獻謂之朝踐，亦謂之朝事，王酌泛齊，后酌醴齊，見崔氏《義宗》。五獻、六獻謂之饋食，亦謂之饋獻，崔氏云"五獻，王酌盎齊；六獻，后酌緹齊"；七獻謂之朝獻，八獻謂之再獻，崔氏云"七獻王酌泛齊，八獻后酌緹齊"，崔氏諸説皆誤。七獻、八獻之誤，由于誤會鄭注；五獻、六獻之誤，又從七獻、八獻之説誤推之也。今以五齊次第差之，當云："五獻王酌醴齊，六獻后酌盎齊，七獻王酌盎齊，八獻后酌緹齊。"凡禘祫之用齊，皆漸即于清，如崔氏説，七獻、八獻反用濁酒，非其差也。鄭注云"朝踐朝獻尊相因，再獻饋獻亦尊相因"，此語見《司尊彝》注。司尊彝本言時祭之禮，時祭止用二齊，故朝獻再獻，錯之以爲文。且醴盎二齊，清濁不甚殊也，朝獻之名起于時祭，時祭九獻止用二齊。三獻、四獻，王與后皆酌醴齊。五獻、六獻，王與后皆酌盎齊。至七獻、八獻，二齊已遍，禮不得不錯之。故王朝獻用三獻之醴齊，后再獻用六獻之盎齊。祫用五齊，禘用四齊，何待要錯？此崔説之不足據也。九獻爲諸臣所昨，崔氏云諸臣爲賓者，則酌沈齊，是也。此於《特牲饋食禮》謂之賓三獻，其後有長兄弟獻尸之禮爲十獻，衆賓長獻尸之禮爲十一獻，上嗣舉奠獻尸之禮爲十二獻，當以《特牲禮》推之，但《特牲禮》以此三獻爲加爵，而天子以此爲正獻後又有加爵，此其別也。何以言之？《賓筵詩》曰“子孫其湛，各奏爾能”，鄭箋曰：子孫“各酌獻尸，尸酢而卒爵也”，“士之祭禮，有上嗣舉奠而酌尸，天子則有子孫獻尸之禮”，引《文王世子》“登餕獻受爵以上嗣”之文爲證。其注《特牲禮》曰：“使嗣子飲奠者，將傳重累之也。”天子之適長子，有傳重之道，舉神前所奠之尊以獻尸，崇於諸臣之用疊，故詩人于祭祀及之。其云“子孫”者，子即長兄弟，于所祭爲子行。孫即上嗣，于所祭爲孫行。鄭云“天子則有子孫獻尸之禮”，明《特牲》士禮，止有三獻。故以長兄弟嗣舉奠爲加爵，天子則以爲正獻禮也。以上九獻，五齊之用已遍，以次差之，長兄弟之獻尸用事酒，衆賓長之獻尸用昔酒，上嗣之獻尸用清酒，至此正獻畢，而酒正所實五齊三酒，至此用亦遍。

　　如先鄭説，事酒爲有事者所飲之酒，昔酒爲無事者所飲之酒，清酒爲祭祀之酒。祭祀之酒，宜崇于助祭之酒，何爲事酒、昔酒反在祭酒之上？可知事酒、昔酒亦祭酒，非謂執事之酒也。執事之酒，雖或亦用事酒、昔酒，要不得謂事酒、昔酒不用諸祭祀也。事酒，《記》謂之“明酌”，見鄭注。明酌者，神明之也，而謂非祭酒乎？《禮運》曰：“元酒在室，醴醆在户，粢醍在堂，澄酒在下。”元酒即明水，散文本通。醴、醆、醍爲五齊之三，澄酒即三酒，《酒正》注是。本注以爲沈齊，非《禮運》所記亦在獻酒也。《記》又曰：“君親制祭，夫人薦盎；君親割牲，夫人薦酒。”天子時祭用二齊，朝踐后薦醴齊，饋獻后薦盎齊。諸候止用一齊，故朝踐夫人薦盎，饋獻夫人直用酒。此其差也。酒亦當爲事酒。禘用四齊，崔氏所推亦多誤，如云：五獻醍，六獻沈，七獻醴，八獻盎，九獻沈，皆非。兹篇幅長，姑略之。

　　　　　　（輯自俞樾編次《詁經精舍四集》，清光緒五年刻本）

疾雷爲霆霓解

《釋天》"疾雷爲霆霓"，郭注云"雷之急擊者謂霹靂"。近人據《文選》注及《北堂書鈔》《藝文類聚》《初學記》所引，或作"疾雷爲霆"，或作"疾雷謂之霆"，並無"霓"字，當是衍文。此説似是而實非也。郭注"謂霹靂"三字，即釋《經》爲"霆霓"，"霆霓""霹靂"，實一聲之轉。霹靂本俗字，《蒼頡篇》作礔礰，見《一切經音義》，亦俗字。《史記·天官書》"辟歷夜明"，《後漢·蔡邕傳》"辟歷數發"，其字皆作"辟歷"。《釋名》云"辟歷，辟析也"，所歷皆破析也，此爲正字。《説文》注作"劈歷"，震字下云"劈歷振物者"，劈亦後起字。古人劈開字祇用辟，魏晉以後，霹歷字盛行，而漢人祇用辟歷，周人謂之霆霓，其實一也。霆字從廷，而廷以壬得聲，與程字、珵字從呈，而呈以壬得聲同。霆之轉音爲霹，與程、珵之轉音爲"秩"同。《詩》"秩秩大猷"，《説文》引作珵珵，《書》"平秩東作"，《史記》作"便程"，凡從千得聲字，漢人多轉支微部之入聲，而珵、職之他結切，又從珵之轉音而遞變，霆轉爲霹，固其例也。霓從兒得聲，漢轉音讀若歷，《釋名》例以同聲疊韻爲訓，云霓齧也。《廣韻》霓，五結反。《南史·王筠傳》，沈約製《郊居賦》示筠，筠讀至"雌霓連蜷"，讀霓五結切，約撫掌欣忭。《增韻》，范忠文公鎮試學士院詩，用彩霓字，學士以沈約《郊居賦》"雌霓連蜷"爲入聲，謂鎮失韻，此皆霓轉爲歷之證也。六朝以後，不知霹靂即霆霓之轉音，故注家、類書家引《爾雅》，皆截去霓字，以爲霆自有霹靂之義也。不知知《説文》云"雷霆，餘聲也"，本不訓"霹靂"，雷之霹靂者，古人謂之霆霓，霓字本不可截去。近人以唐時注家、類書家之誤截，遂謂霓字衍文，緟䬄紕謬，莫此爲甚，是不可以不辨。

（輯自俞樾編次《詁經精舍四集》，清光緒五年刻本）

趨以采齊行以肆夏解①

《禮·玉藻》記君子佩玉之節,曰:"趨以《采齊》,行以《肆夏》。"其語本諸《周官·樂師》。《釋宮》曰:"室中謂之時,堂上謂之行,堂下謂之步,門外謂之趨,中庭謂之走。"時與峙通,《玉篇》引作跱,跱即峙字。室中迫狹,行宜峙踷,至堂上地稍闊可舉足半躡之,故《記》曰:"堂上接武。"接武之謂行,於文行並彳亍,象接武也。堂下益闊,可舉足而徐行之,跡不相挪,故《記》曰:"堂下布武。"布武之謂步,《白虎通》曰:"再舉足曰步。"於文上止下少,象布武也。趨則行而張足,又疾於步,走則更加疾矣。故《記》曰:"凡君召以三節,二節以走,一節以趨。"二者所謂徐、趨用是也。走則疾趨,欲發矣,於文夭,從夭從止。趨古作趍,從足,芻聲。鄭注《周禮》云:"故書趨作跢。"跢,從足多聲,古音在戈部。然陸氏《釋文》云:"倉付反。"則其字本作趨甚明。蓋六朝人往往書芻旁作㕛,故誤爾。《采齊》一作"薺",或作《采茨》,齊、薺古今文,薺、茨通用字。《肆夏》爲"九夏"之一,則《采齊》或即《齊夏》歟?鐘師以鐘鼓奏《九夏》,《周語》亦言:"金奏《肆夏》《繁遏》《渠》。"則《采齊》之奏,或者亦用金歟?

《九夏》之《王夏》爲天子樂,《肆夏》爲諸侯樂,非士大夫所得用,故《郊特牲》譏趙文子始奏《肆夏》,《春秋傳》嘉穆不拜《肆夏》之三。樂師掌王之樂儀,用《肆夏》《采齊》宜矣。而《玉藻》記君子之威儀,亦舉此爲言者,士君子入仕王國,禮視諸侯,得用《肆夏》《采齊》。即侯國大夫之趨行,雖不必有此樂儀,而步之疾徐,要無不合兩詩之節奏歟。

雖然,竊有疑。《周官》出於淹壁,其字多錯異,《記·玉藻》者,襲用《經》語,往往沿其文,未之深考。今以禮節校之,堂上之行當以《采齊》,門外之趨當以《肆夏》。《釋宮》:"門外謂之趨。"下又言:"中庭謂之走。"走疾

---

①　該篇爲黄以周在東城書院肄業時所作課藝,見《東城講舍課藝》。《東城講舍課藝》刊刻於清同治八年(1869),高行篤題簽,薛時雨作序。其中經解課藝28題38篇,收黄以周課藝3篇。《趨以采齊行以肆夏解》後收入《禮説》中,改題爲《趨采齊行肆夏》,行文略有删減。今仍將課藝全文照録,以方便讀者對讀。

於趨，爲庭遠於門也，則所趨之門謂路寢門，非大門也。鄭注《玉藻》云："路門外至應門，謂之趨。"又注《樂師》云："趨，謂於朝廷。"其説最確。

《孔子燕居》曰："入門而金作。"《國語》曰："金奏《肆夏》。"《郊特牲》曰："賓入大門而奏《肆夏》。"大門以内，直至路門，即《釋宮》"門外謂之趨"之地也。其所奏者《肆夏》，則趨以《肆夏》明甚。《大射儀》曰："賓及庭奏《肆夏》。"《燕禮記》曰："公迎之於大門内，以樂納賓，賓及庭，奏《肆夏》。"中庭之步己奏《肆夏》，則趨以《肆夏》益明。《大戴·保傅》篇出賈子《新書》，其言曰："步中《采茨》，趨中《肆夏》，所以明有度也。"步兼行言，行中《采齊》，趨中《肆夏》，西漢初相傳尚未誤。又曰"行以《采茨》，趨以《肆夏》，步環中規，折還中矩，進則揖之，退則揚之"云云，即《玉藻》文之所本。而《采齊》屬行，《肆夏》屬趨，正可據以訂《周官》之字譌，而小戴作《記》時，反據《周官》譌字，以改賈《書》《大戴記》。數千年來，皆爲顛頂。惟盧辯注云："大寢之内奏《采茨》，朝廷之中奏《肆夏》。《周禮》文誤。"殊爲特見。近孔顨軒《補注》引《釋宮》"門外謂之趨"及《郊特牲》"賓入大門而奏《肆夏》"，以證《周官》，反謂《大戴》字誤、盧辯注非，謬矣。《釋宮》："門外謂之趨，中庭謂之走。"門外尚有庭，則門爲路寢門，與《郊特牲》之大門迥別，如所趨之門外即大門外，豈大門外尚有中庭乎？如謂中庭在大門内，則《釋宮》"室中時，堂上行，堂下步，門外趨"，皆順言之，而中庭謂之走，何爲文獨顛倒乎？《周禮》之誤文，當以《大戴·保傅》篇校正，大儒如小戴，反據《周禮》改之。鄭注《周官》《禮記》，皆循文立訓，當以盧辯注補正，通儒如孔顨軒，反據小戴駁之。甚矣，讀書之難也！

旁徵博引，以《大戴》校正《周禮》，以盧注補正鄭注，非面壁十年者不辨。[1]

（輯自高均儒編次《東城講舍課藝》，清同治八年刻本）

---

[1] 《東城講舍課藝》刊刻时，依例於每篇课藝文尾刻录評語。此句爲當時東城講舍老師對黃以周《趨以采齊行以肆夏解》課藝的評語。

艮其限艮其輔解

《易·艮》爻辭,"艮其趾,艮其腓,艮其身",皆取象于人體。則"艮其限,艮其輔",亦人體之名也。循文立訓,不其謬哉!陸《釋文》引馬、鄭、荀注:"限,要也。"李《集解》引虞注:"限,要帶處也。"坎爲要。限之本訓爲門楣,無要義。馬、鄭、荀、虞,蓋讀限爲膈也。《靈樞·經脉》篇曰:"心手小陰之脉,起于心中,出屬心系。下膈,絡小腸。心主手厥陰之脉,起于胸中,出屬心包絡。下膈,歷絡三焦。"膈之言隔也,所以限隔上下,使清與濁不相亂也。十二經絡,皆以上膈下膈分上下。胃口上,心之下,有膈膜,前齊鳩尾,後齊十一惟。周圍著脊,遮隔濁氣,使不上侵,此系人之清濁分界。艮之三正合身上下之交,故曰"艮其限",限即膈也。"列其夤",當依鄭作腜。腜,背脊肉。列與迾通,言有膈膜周圍著脊,以遮迾之,爲其濁氣有熏心之危,勢不得不止之。此艮之所以不變爲剝也。

李《集解》又引虞注曰:"輔面頰骨,上頰車,三至上體頤象。輔之本訓爲車木,無頰車之稱。虞注"咸其輔頰舌",輔作顄,顄即酺之俗,則此經虞亦作酺明矣。面頰骨,今俗語猶然。上頰車,即頰骨在上持牙者,今俗謂之牙牀骨。五處四身之上,故取象于輔。《左傳》"車輔相依,唇止齒寒",語本一類,義當同此。咸其輔曰滕説,《釋詁》:"滕,虛也。"艮其輔曰有序,序當依虞作孚,虛言者不祥,實心者畢達。合讀二卦,知慎言之法。艮其限者,止濁氣所以清其心也;艮其輔者,止惡聲所以誠其心也。合讀二爻,尤見養身之道。

詮解確當合歸慎言養身,是躬行有得之作。[①]

（輯自高均儒編次《東城講舍課藝》,清同治八年刻本）

緑竹猗猗解

《詩·衛風》"緑竹猗猗",《毛傳》:"緑,王芻;竹,萹竹。"本《釋草》文。

[①]　此句爲東城講舍老師評語。

《爾雅》作"菉",与《大学》所引合,《说文》亦同。《小雅》"终采绿",《楚辞注》亦引作"菉"。《说文》:"菉,藎草。"《唐本草》注:"藎草,俗名菉蓐草。其葉如竹,花色深碧,人取汁入畫,如點黛。"菉可染绿,因而名绿。《詩》作"绿",據其色而言;《大學》作"菉",指其名而言,兩不相悖。竹,《韓詩》作"薄",云:"萹茿也。"石經同。竹薄,古音同在幽侯部,例得通借。萹茿,《毛傳》作"萹竹",《爾雅》作"萹蓄",亦音近通用字。但萹茿有兩種,《说文》"茿,萹茿","薄,水萹茿"。《毛詩》作"竹",以爲岸萹茿。《韓詩》作"薄",以爲水萹茿。經言"淇奥",似韓較毛爲勝。

　　菉、竹二草名,陸璣《草木疏》合爲一物,孔《疏》據《爾雅》駁之,是已。而宋洪景盧據《漢書》"淇園之竹,可以爲楗。寇恂爲河内太守,伐淇川之竹,爲矢百餘萬",以爲"绿竹"是竹之證。朱子《集傳》:"淇上多竹,漢世猶然。"駁之者引《水經·淇水注》,謂酈據目驗,淇川無竹,惟有王芻、萹竹。《漢書》所云,不足據以釋經。案:酈氏在北魏時,淇川無竹,在漢時固有竹也。《漢書》班班可考,不可據酈氏一言,遂疑淇奥之無竹。但淇奥之竹,乃箭竹之竹,非今越地遍種之竹。北地冰寒,至冬地凍,竹根類淺,故不能植,惟箭竹根深,能晚生。故古有"根深耐寒,茂被淇苑"之語,必謂淇川無竹,殊非確論。但以《大學》作菉核之,似不及《毛傳》爲長。若袛以《詩》論《詩》,朱子《集傳》,並不相悖,何必存入主出奴之見也。朱子於《集傳》作绿色解,《大學章句》不爲之注,以昭慎重。後之解經者,宜知此意。

　　　《毛傳》《集傳》,兩不相悖,慎重説經。①

　　　　　　　　（輯自高均儒編次《東城講舍課藝》,清同治八年刻本。）

---

　　① 　此句爲東城講舍老師評語。

附録二　課藝作者簡介

《南菁講舍文集》作者簡介
（53人，按課作次序排列）

　　錢承煦（1854—?），字叔懋，金匱縣人。光緒九年（1883）入院肄業。光緒十一年乙酉科舉人，先後任碭山縣、山陽縣教諭。

　　章際治（1855—1923），字琴若，江陰縣人。光緒八年（1882）壬午科舉人，九年入院肄業。二十四年（1898）戊戌科進士，改翰林院庶起士，充京師大學堂教習。三十三年（1907）原江蘇學政、吏部侍郎唐景崇奏請爲南菁高等學堂監督，授職翰林院編修。精於算學，融貫中西。

　　華世芳（1854—1905），字若溪，金匱縣人，著名數學家華蘅芳之胞弟。光緒九年（1883）入院肄業。十一年選拔貢，任直隸州州判。應湖廣總督張之洞聘，充湖北自强學堂算學教習。後返鄉主常州龍城書院講席，又分主南菁書院算學講席。光緒二十九年，舉經濟特科，再試被遺。就任南洋公學總教習。不久，北上京師任商部實業學堂教習，歿于任。所著有《恒河沙館算草》數種。

　　顧錫祥（1850—?），字仁卿，如皋縣人，光緒十一年（1885）乙酉科拔貢，十四年（1888）戊子科舉人。曾入張之洞幕，兼任西席多年。

　　吳肇嘉（1862—1889），字仲懿，如皋縣人。南菁同學趙椿年稱吳"熟精《選》理"。光緒十四年（1888）戊子科舉人，明年會試中式，未及殿試，暴卒於北京寓所，年僅二十餘。

　　劉翰（1861—1904），字淮生，後改名懂，武進縣人。自幼穎異，讀書數行俱下。中式光緒癸巳恩科舉人。曾入河道總督許振褘幕。旋以謄錄議敘知縣，需次河南，無所遇。病歿於開封。所爲詩、古文，清微澹宕，翛然意遠。

唐文治(1865—1954)，字穎侯，號蔚芝，太倉州人。光緒八年(1882)十八歲，中舉人。十一年(1885)入書院肄業。十八年(1892)壬辰科進士，任戶部主事。後考取總理衙門章京，先後隨大臣赴日本、英國考察。清末成立商部，唐升爲右丞，署理左侍郎、尚書。後離職赴上海任原南洋公學(現交通大學前身)監督。民國九年，于無錫創辦國學專修館。唐國學深湛，一生培育人才無數，是位大教育家。

沙從心(1850—1903)，字循矩，江陰縣人。光緒九年(1883)入院肄業，十一年(1885)選乙酉科拔貢，十四年(1888)戊子科舉人。性堅忍，任事爲文，一以切實，推爲南菁書院董事，爲南菁沙田事，奔走不遺餘力。

陳慶年(1863—1929)，字善餘，丹徒縣人。光緒十二年(1886)入院肄業，十四年選爲優貢。陳學問淹博，經史兼治，自稱“在南菁時專治經，以後功夫多耗于治史”。一生貢獻於學術界、教育界，著作繁富。在武昌任湖北譯書局總纂、兩湖書院史學分教。在長沙任湖南圖書館監督、省學務處提調、湖南高等學堂監督。在南京任江楚編譯局提調、江南圖書館坐辦。辛亥革命歸隱後，仍著作不輟。

陶承潞(1853—1889)，字子紱，吳縣人。光緒十年(1884)入院肄業。

錢榮國，字緝甫，江陰縣人。幼讀能通經義，長並通醫藥諸書。肄業南菁書院，益從事著述。歲貢生，權蘇州府學教授，受到蘇州諸生愛戴。著有《詩書易三經講義》《禮記喪服傳今釋》《詩經白話解》《論孟通俗解》《傷寒論匯解》《春雨堂詩鈔》若干卷。

金文樑(1852—?)，元和縣人，字養和，號企橋，別號倚雪。光緒十二年(1886)入院肄業。十五年(1889)己丑恩科舉人。著有《蝴蝶詩三百首》等。

雷補同(1860—1930)，字協臣，號譜桐，婁縣人。光緒九年(1883)入書院肄業。十一年(1885)乙酉科拔貢，朝考一等，以七品小京官簽分戶部行走。十四年(1888)，順天鄉試中式，考充總理衙門章京。後累遷至外務部右丞，出使奧國大臣。鼎革後，杜門不出。

孫同康(1866—1935)，字師鄭，號君培，後改名雄，昭文縣人。光緒十二年(1886)入院。十九年(1893)癸巳恩科順天鄉試舉人,明年連捷中進士,改翰林院庶起士,散館,授吏部主事。張之洞管京師大學堂,奏派孫爲文科大學監督。鼎革後,孫雄以遺民戢影舊都,粥文糊口,凡廿有四年。著《論語鄭注集釋》《師鄭堂集》等,輯《道咸同光四朝詩史一斑録》。

李安(1858—1909),後改名申之,字少伯,又字樨庵,號磐碩,通州静海鄉人。光緒十一年(1885)入院肄業,該年選爲拔貢。光緒十五年(1889)己丑科順天鄉試舉人,明年連捷中庚寅科進士。官户部主事,總理衙門章京,更外交部主事,充儲材館提調。庚子年請假返鄉,不再出仕。光緒末年,與張謇在家鄉更長教育,致其勤懇。著《草堂詩》等。

張錫恭(1858—1924),字希伏,號聞遠,又號殷南,婁縣人。光緒九年(1883)入院肄業。十一年(1885)乙酉拔貢,十四年(1888)戊子科舉人。後應張之洞之聘,赴武昌任兩湖書院經學分教。光緒三十四年(1908)進京任禮學館纂修,與南菁同學曹元忠、錢復初等纂修《大清通禮》。民國後,以清遺民避世遁隱,足不履城市。張精研禮學,著《喪服鄭氏學》《喪禮鄭氏學》。

王虎卿,字召穆,高郵縣人。光緒十一年(1885)入院,該年舉乙酉拔貢,經朝考,欽用知縣,宦游蜀省,後署江安縣令。不久即與地方權要齟齬,於光緒二十二年(1996)鑴官去。既歸,課耕教子,杜門謝客。年七十一卒。著有《逸園雜著》。

馮誠中(1858—?),字遜時(一作聖時),嘉定縣人。光緒九年(1883)入院肄業。十一年(1885)乙酉科舉人。

丁國鈞(1855—1919),字秉衡,常熟縣人。光緒十二年(1886)入院。屢試秋闈不中,曾先後入湖北學政龐鴻文、王同愈幕。後被保薦經學,授儀征訓導,識拔劉師培于幼年。丁一生藏書、校書、著書,至老不倦。著有《晉書校文》《補晉書藝文志》《荷香館瑣言》《疑雨集注》等。

馮銘,字簜若,江陰縣人。光緒九年(1883)入院,南菁經董之一。常州府學歲貢生,就職訓導。在院肄業多年,凡南菁刻書,校讎爲多。

陳玉樹(1853—1906),後更名玉澍,字惕庵,鹽城縣人。光緒十二年

（1886）入院肄業。十四年（1888）舉戊子科優貢，隨即中本科舉人。後以大挑授教職，未赴任。陳撰有《毛詩異文箋》《爾雅釋例》《卜子年譜》，經學研究成就卓著，被收入支偉成編撰的《清代朴學大師列傳》。陳又是詩文大家，著有《後樂堂詩文鈔》，精義瑰詞，必傳於後。尚爲家鄉纂有《鹽城縣志》。

汪開祉（1866—?）字鶴舻，號燕公，新陽縣人。光緒十一年（1885）入院。十七年（1891）辛卯科舉人。任通州學正。直隸後補知府，長蘆運司運同，其間，出任天津府官立中學堂會辦。

汪鳳瀛（1854—1925），字志澄，號荃台，元和縣人。光緒十一年（1885）入院肄業，即於該年選乙酉科拔貢，得州判，中書舍人，以隨員身份從仲兄汪鳳藻出使日本。回國後，入湖廣總督張之洞幕，前後居七年。後官常德府、長沙府知府。清亡，汪被袁世凱聘爲總統府高等顧問，卻竭力反對袁稱帝自爲，冒死上“七不可”之說，名震天下。

王尢（1850—1892），字西農，號雲悔，亦號小亭，通州人。光緒十一年（1885）入院肄業，即於該年中乙酉科鄉試舉人。明年連捷丙戌科進士，改庶起士。十八年（1892）赴京應翰林院散館考試，病逝于天津。

金毅元，字蓮溪，鹽城縣人。光緒十一年（1885）入院肄業，即於該年得乙酉科拔貢，官正藍旗教習。後外遷四川昭化知縣。歸裡後，創辦蓮溪小學。民國初，創立孔教會，捐資修大成殿等。著有《求知齋經解》《説文讀曰例》。

趙聖傳（1827—1891），字蓉裳，興化縣人。歲貢生。天資穎異，讀書過目不忘。光緒十年（1884）入書院肄業，署齋長，自是客江陰者八年。家貧，正月出門，歲暮乃歸，經年不得家書。目眵齒衰，仰課卷以求活。然趙孜孜好學，至老不倦，十三經注疏、四史能背誦，著書滿篋。雖積學數十年，胸羅數百卷，而外無彰彰之譽。成《穀梁詁義》一書。

姚彭年（? —1892），字壽侯，號小賓，如皋縣人。光緒十一年（1885）入院肄業。詩文皆極艷麗。十七年（1891）辛卯科舉人。明年春闈不第，留京師作西席，竟病歿于東家。

盧求古,字羲侶,號介臣,泰州人。光緒十一年(1885)入院肄業,故文章經術均有師承。辛卯(1891)舉優貢,朝考一等,以知縣簽分甘肅,歷補隆德、寧夏、皋蘭等縣知縣。隆德僻處萬山中,求古涖任,身任書院教授,三年後,學使者葉昌熾典試隴東,稱隆邑生童文藝爲隴東五邑冠。盧在甘肅近二十年,政績大著。辛亥光復,以病乞歸,杜門不出。

畢光祖(1864—1931),字振楣,號枕梅,太倉州人。光緒甲申(1884)試于南菁書院,經學、古學皆第一,入院肄業。明年(1885)乙酉優貢。十四年(1888)戊子科順天鄉試舉人。後遊幕廣東、湖北,總督張之洞頗倚重之。癸卯(1903)隨張之洞入京,爲起草《京師大學堂章程》。辛亥後,絕意仕進。

張樹䕫(1859—1886),字景堯,號苗喈,一號拙嘉,鎮洋縣人。光緒九年(1883)入院肄業。爲文浩博俊邁,説經能得綱領,居恒研究時務。十一年(1885)乙酉科拔貢,朝考入選,授七品小京官,分發刑部行走。然張與時不合,暇輒痛飲,竟以病酒卒于京師。

曹學詩,字友白,丹徒縣人。恩貢生。光緒十三年(1887)肄業書院,治算學、詞章,學益進。鄉試屢薦不售,遂就職直州判,入都謁選,已掣得甘肅秦州府,將領憑赴任,適母病,電至京,遂乞假歸,終身不出。工詩、古文詞,尤于天文、地輿、測算諸藝,窮精探討,叢稿盈篋,未及薈萃成書而歿,士林惜之。

沙毓瑾,江陰縣人。光緒十二年(1886)入院肄業。

陳汝恭,字子壽,句容縣人。名儒陳立之子,幼承家學。光緒十一年(1885)入院肄業。十六年(1890)庚寅歲貢,署興化訓導、甘泉訓導。曾入南京江楚書局爲分纂。卒於揚州。著述宏富,惜未付梓。

吳翊寅(1851—?)字孟裴,一字撝荰,又號悔盒,陽湖縣人。光緒十三年(1887)入院肄業。十七年(1891)辛卯科舉人。廣東知縣。邃于《易》學,《周易消息升降爻例》等數種易學著作刻於廣雅書局。著有《曼陀羅花室全集》等。後與屠寄同輯《常州駢體文録》。

尤桐(1867—?)原名廷楨,字幹臣,金匱人。光緒十二年(1886)入院。

副貢生。曾任教於上海南洋公學。歷任法部主事,郵傳部主事。民國成立,任職交通部。自稱可以六字括之生平:新學問,舊德道。

楊世沅(1852—?),字芷湘(芷薌、子湘),號蘅皋,句容縣人,定居東台縣。光緒十一年(1885)入院。該年選取乙酉拔貢,官內閣中書,改沛縣教諭。博學嗜古,著有《句容金石記》,録入其協纂的光緒《續纂句容縣誌》。

李逢辰,泰興縣人。光緒十一年(1885)入院肄業。

金鉽(1869—1950),字範才,一字式金,號蘅意,別號陶宦,泰興縣人。光緒十五年(1889)入院肄業。辛卯(1891)優貢,朝考一等,欽用知縣。癸巳(1893)鄉試中式。乙未(1895)會試中式,改翰林院庶起士,授編修。返鄉投身教育,先後任各書院院長。入民國,任泰興縣民政長、江西彭澤縣知事,不久棄官。三清末及民國年間,三次被聘編纂《江蘇通志》,還主纂泰興、如皋、通州等地方志。

楊模(1852—1915),字範甫,號蟄盦,無錫縣人。光緒十年(1884)入院肄業。十一年(1885)乙酉科拔貢,直隸州州判。二十年(1894)甲午科舉人。先後執教于天津、湖北、山西各學堂教習。二次充京師大學堂教習。楊在二十四年(1898)創辦無錫竢實學堂,實爲中國新式私立學堂之始。

王家枚(1866—1908),字吉臣,號寅孫,江陰縣人。光緒十五年(1899)入院肄業。光緒甲午(1894)舉人,援例簽分農部主事,年四十二歿于京邸。生平劬學,歲置書籍甚多,爲文典贍古茂。著有《國朝漢學師承記續編》《重思齋詩文集》《貢息甫年譜》《龍砂志略》等。

趙世修,字韻臣,上海縣籍,寓居泰興縣。光緒十二年(1886)入書院肄業。在院十餘年,屢任齋長。爲文沉博絶麗,得江山雄直之氣。歲、科試,輒冠儕偶,顧屢躓鄉闈,鬱鬱不得志,抑塞磊落之氣恒流露於詩。清末,曾與林紓同執教于京師五城中學。晚景凄凉,歿于京師。其詩文散失,後有南菁好友張家鎮爲之搜集刊印《韻臣詩存》一卷。

唐志益,號汝虞,六合縣人。光緒十五年(1889)入院,精西算。

黃恩煦(1855—?),原名爾征,字鏡涵,號淵甫,青浦縣人。少承庭訓,肄業上海龍門書院,院長劉熙載深器之。光緒十三年(1887)入南菁院肄業。十七年(1891)辛卯科舉人。

沈文瀚,字海秋,泰興縣人。光緒十一年(1885)入院。十八年(1892)壬辰科進士,庶起士。二十年(1894)散館授編修。晚年曾應邀纂修民國《如皋縣志》。

張之純(1854—?),字爾常,江陰縣人。光緒九年(1883)書院肄業。二十六年庚子恩貢,安徽候補直州判。張在民國早期編輯《中國文學史》《文字源流》《文字源流參考書》《評注諸子菁華錄》等各種中學教科書,均由商務印館出版。

范鎧(1861—1915),字秋門,號酉君,通州人。光緒十二年(1886)入院肄業,善古文,工書。曾入湖南巡撫陳寶箴幕。丁酉(1897)拔貢,以縣令簽發山東。民國元年(1912),棄官而歸,主纂《民國南通縣圖志》。有《范季子文集》。

趙椿年(1868—1942),字劍秋,號春木,晚號坡鄰,陽湖縣人。光緒十一年(1885)入院。十四年(1888)戊子科舉人。官內閣中書。二十四年(1898)戊戌科進士,以知府分發江西,充巡撫幕僚。後北上任商部郎中。民國,任財政次長,審計院副院長。著《覃研齋石鼓十種考釋》等。

沙元炳(1864—1927),字健庵,如皋縣人。光緒十六年(1890)肄業書院。二十年(1894)甲午科進士,改庶起士,散館授編修。後辭官返鄉,不再入仕途。創辦如皋師範學堂,又追隨張謇創辦實業。辛亥革命後,推爲如皋縣民政長。主持編纂《如皋縣志》。著有《志頤堂詩文集》《爾雅郭注拾補》。

章鐘祚(1866—1937),字硯芳,號畔複、師滁,江陰縣人。光緒九年(1883)入院。光緒癸卯(1903)優貢,署南匯縣訓導。旋入黑龍江巡撫撫幕,司箋奏。民國初年,以縣知事分發安徽、江西,薦任高審廳書記官長。晚年懸壺京市,旋返里門。著有《師滁齋詩文集》。

顧保疇,字倫敍,江陰縣人。爲學務求實際,學使黃體芳創建南菁書院,甄錄通省經學,僅得優等者五,保疇與焉。光緒九年(1883)入院。著有《秋園文集》一卷,《詩集》五卷。

吳脁(1865—1953),後改名敬恒,字稚暉,別字朏盒,陽湖縣人。光緒十五年(1899)甄別古學第一名入院。十七年(1891)辛卯科鄉試舉人。先後赴日本、英國留學。與孫中山、蔡元培等爲摯友。胡適稱吳稚暉爲思想家,1948年,吳選爲中央研究院院士。吳死後,骨灰海葬于大小金門間。

崔朝慶(1860—1943),字聘臣,海門縣人,15歲入静海鄉學爲諸生。光緒十一年(1885)入院。曾任京師國子監算學助教,教過光緒帝數學。後任江南高等學堂算學教習。創辦數學社團和數學雜誌,參與商務印書館《數學詞典》的編輯。一生著作頗豐。

程之驥(1844—1890),字範卿,丹陽縣人。光緒十三年(1887)入院。治算學,所著《開方用表簡術》,刊入《南菁書院叢書》第四集。

《南菁文鈔二集》作者簡介
(41人,按課作次序排列)

顧鴻閶(1855—?),字惕吾,號澤軒,通州人。光緒十六年(1890)在院肄業,齋長。二十年(1894)甲午科舉人。學政保薦"經術精通,學有家法",任句容縣教諭。主纂《續纂句容縣志》。

范蠡(? —1895),字素行,無錫縣人。光緒十六年(1890)在院肄業,齋長。二十年(1894)甲午科舉人。

陳開驤,字晉翼,長洲縣人。光緒十六年(1890)在院肄業。光緒二十三年(1897)丁酉科副榜舉人。

何允彝,字硯卿,江陰縣人。光緒十六年(1890)入院。

許士熊(1869—1920),字夢占,一字吕肖,無錫縣人。光緒二十年(1894)中甲午科舉人。考入上海南洋公學師範班,留學英國倫敦大學。回國後,揀選知縣,駐日使館參贊。民國,任審計院副院長等職。

邢啓雲,字曼卿,通州人,光緒十六年(1890)在院肄業。英年早卒。

高汝琳(1869—1933),字映川,無錫縣人。十六年(1890)在院肄業。光緒二十年(1894)甲午科副榜舉人。

秦勳震，字閏生，無錫縣人。十六年(1890)在院肄業。

孫揆均(1866—1941)，字叔方，又名道毅，號寒厓，無錫縣人。十五年(1889)入院肄業。二十年(1894)中甲午科舉人，官内閣中書。曾赴日本留學。後遊幕西北。民國十六年(1927)，任江陰縣長，半年辭去。1930年代，任母校南菁中學校長數年。孫工詩善書，著有《寒厓集》。寫得一手漂亮的瘦金體，很得行家稱讚。

蔣元慶(1867—?)，字子蕃(志範)，號鄆樓，光緒十八年(1892)在院肄業。學貫百家，經學尤爲深邃。光緒二十三年(1897)丁酉科拔貢。入福建學政秦綬章幕。又任教于上海澄衷學堂。後江蘇巡撫保送進京，授學部京官，即乞假回籍。民國，任教上海同濟大學閲二十年。著有《讀爾雅日記》等數種。

白作霖(? —1917)，字振民，通州人。光緒十八年(1892)入院肄業。光緒二十三年(1897)丁酉科舉人。後入南洋公學師範院，畢業留充教員。調任澄衷中學校監督，爲胡適的老師。後任京師譯學館提調，内閣中書。入民國，任教育部僉事，轉任視學。

秦世超，字元甫，通州人。光緒十九年(1893)在院肄業。

許同范(1868—)，字文伯，無錫縣人，光緒十八年(1892)在院肄業。清政府駐俄使館商務委員。民國，許同範擔任外交部署理庶政司司長。又先後出任日本、朝鮮、蘇聯的外交官。

達李(1865～1919)，字繼聃，通州人。光緒十六年(1890)入院，在院肄業十餘年。經學湛深。清末，參與籌建通海五屬公立中學，並任國文、修身、經學教員。江南北人士咸推尊之。

奚紹聲，字錫三，武進縣人。光緒十二年(1886)入院，治經學。著有《揚子年表》。

丁蓬山，字寶生，泰興縣人。光緒十六年(1890)入院。

潘昌煦(1873—1958)，字春暉，號由笙(酉生)，一號芯廬，元和縣人。光緒十八年(1892)入院。甲午(1894)鄉試中式。戊戌(1898)會試，經朝考，欽點翰林院庶起士，散館授編修。曾赴日本留學。民國，官至代理大理院院長。後離開政界，執教于燕京大學、清華大學。有《芯廬遺集》存世。

錢同壽（1867—?），字復初，華亭縣人。光緒十八年（1892）在院肄業。甲午（1894）鄉試舉人。清末，供職禮學館，修《大清通禮》。入民國，以遺民自居，著《待烹生文集》。

李樹滋，字雨春，鹽城縣人。光緒十六年（1890）在院。陳玉樹弟子，與其師綴輯諭旨之有關變法者，都爲二卷，名曰《自強寶詔》。

吳聘珍，字達璋，江陰縣人。光緒十二年（1886）在院。

范禕（1866—1939），字子美，號彌海，元和縣人。光緒十七年（1891）入院肄業。光緒十九年（1893）癸巳科舉人。甲午後，由經學研究轉爲鼓吹新政。庚子年後，與創辦《萬國公報》的傳教士林樂知相識，成爲基督徒。

謝恩灝，字純甫，武進縣人。光緒十六年（1890）入院肄業。著有《歎逝吟》七絕詩集。清末，曾供職商務印書館，參與《辭源》的編輯。

孫儆（1867—1952），字謹臣，晚年自號滄叟，通州金沙鄉人。光緒十六年（1890）入院肄業。光緒二十九年（1903）癸卯恩科舉人。寶山縣訓導。四川青神縣知縣。民國初，任江蘇省議會副議長，赴日本考察，興辦教育。後退出政壇。擅書法，專研甲骨文字。

薛重煦，後改名秉成，字叔豪，無錫縣人。光緒十六年（1890）在院肄業。

俞復（1866—1931），字仲還，無錫縣人。光緒十九年（1893）在院肄業。二十年（1894）甲午科舉人。與廉泉等創辦文明書局於上海。辛亥光復，出任無錫民政長數月。民國十六年（1927）任無錫縣縣長，隨轉任教育部秘書。晚年目盲退隱。

王有德（1858—?），字太立，號康吉，吳縣人。光緒十三年（1887）入院。二十三年（1897）丁酉科順天鄉試舉人，翰林院孔目。

繆楷（1865—?），字嘯仙，號少修，江陰縣人。光緒十六年（1890）入院，肄業十餘年，經學尤粹。。二十三年（1897）丁酉拔貢。著作繁富，《經餘隨筆》《爾雅稗疏》《江陰方言》等刊行於世,餘多散失。

林之祺(?　—1896),字晉安(静安),號純庵,金壇籍,寓居溧陽。光緒十五年(1889)入院肄業,爲齋長。

程鑣,字仲蘇,吳縣人。光緒十三年(1887)在院肄業。

陳銘荃,字亦芬,靖江縣人。光緒十七年(1891)入院肄業。投身家鄉教育事業,曾任靖江生詞小學校長。

薛重光,字仲雄,無錫縣人。十六年(1890)入院肄業。

王兆芳(1867—1904),字漱六,通州金沙鄉人。十五年(1889)己丑科舉人,大挑教諭。在南菁肄業,與其師黄以周最相親愛,爲編《儆季子粹言》。黄先生逝世,爲作《行狀》。王兆芳居家教授,潛心著作,《文體通釋》《教育原典》等爲時所重。

胡玉縉(1859—1940),字綏之,元和人。光緒十三年(1887)入院肄業,經學、古學無所不通,爲院長黄以周所激賞。光緒十七年(1891)辛卯科舉人。二十六年(1900)任興化縣教諭。後應癸卯經濟特科,取一等六名,改官知縣,入張之洞幕,派赴日本考察,調補學部,聘禮學館纂修,任京師大學堂教習。民國,任歷史博物館籌備處處長,北京大學教授。胡著作等身,經學、目録學的研究尤爲精深,實爲通儒。

鈕永建(1870—1965),字惕生(鐵生),上海縣人。光緒十五年(1899)入院肄業。十九年(1893)癸巳恩科舉人。曾赴日學習軍事,與孫中山訂交。辛亥革命、二次革命,鈕均身體力行。國民政府定都南京,鈕任江蘇省政府主席,考試院副院長。後在臺灣,篤守基督教義,自律儉樸。逝世於美國。

徐安仁,字子山,號樵孫,通州人。光緒十九年(1893)在院肄業。二十八年(1902)壬寅科舉人。

石銘,字懷瑾,溧陽縣人。光緒十八年(1892)在院肄業。光緒十九年(1893)癸巳科舉人。

殷松年,字墨卿,丹徒縣人。光緒十三年(1887)入院肄業,治詞章,工書法。光緒甲午(1894)科優貢,任靖江、青浦等學訓導,浙江補用知縣。

曾任教於兩江師範。

　　王英冕(? —1895),字曼卿(邁卿),丹陽縣人。光緒十五年(1889)入院。十七年(1891)辛卯科舉人,甲午(1894)成進士,改翰林院庶起士。冬,卒於家。

　　曹元忠(1865—1923),字夔一,號君直,吳縣人。光緒十年(1884)入院,肄業多年。光緒二十年(1894)甲午科舉人,官內閣中書,學部圖書館纂修,國史館校對官。三十四年(1908)派禮學館纂修,修《大清通禮》。辛亥後,以清遺民隱居,逝於家。經史著作等身,詩文遺集有《箋經室文集》。

　　陳國霖,字雨人,泰興人。光緒十一年(1885)入院。廩貢生,安徽候補縣丞。與南菁同學顧錫中同撰《國朝貢舉年表》三卷。

　　嚴通,清河縣人。光緒十六年(1890)在院肄業。

《南菁文鈔三集》作者简介
(48 人,按課作次序排列)

　　張家鎮(1868—?),字伯圭,號容伯,又號雄伯,青浦縣人。光緒二十三年(1897)肄業書院。二十八年(1902)壬寅鄉試舉人,清末,選爲江蘇諮議局議員。

　　尤金鏞(1868—1957),字亞笙,通州人。光緒二十一年(1895)入院肄業。書院改學堂,仍留肄業,經史詞章外,還學習現代科學知識。三十二年(1906)南菁高等學堂預科第一屆畢業。執教于南通中學等學校,翰墨林書局編輯,編譯日人理化教科書。

　　陳佩實,字少蘅,陽湖縣人。光緒二十一年(1895)入院肄業。清末,曾任職廣東學務公所。

　　裴熙齡,字萸芳(雨舫),長洲縣人。光緒十七年(1891)入院肄業多年。與張一麐、汪榮寶等組織《蘇學會》,提倡中體西用。戊戌(1898)被江蘇學政瞿鴻機擇優保送。後在河南開封主持過學堂事務。

　　丁傳靖(1870—1830),字秀甫,號闇公,丹徒縣人。光緒二十三年(1897)丁酉科鄉試副榜。二十五年(1899)入院肄業。宣統二年(1910)官禮學館纂修。民國,任江蘇督軍馮國璋幕僚,後隨馮至京任總統府秘書。丁著作閎富。工詩文,擅戲曲,作《滄桑艷》傳奇。又精史學,編著《宋人軼事彙編》。

姚祖晉(1881—1930),字康錫,後改字之鶴,再改公鶴,以字行,陽湖縣人。光緒二十七年(1901)在院肄業,高材生。二十九年(1903)癸卯科舉人。清末赴上海任《申報》主筆,商務印書館編輯。人稱上海灘一代名儒。

達亨,字用岐,通州人,達李之弟。光緒二十三年(1897)肄業書院。書院改學堂,爲學堂專齋頭班生,三十二年(1906)南菁高等學堂預科第一屆畢業。

楊體仁(1869—1957),字靜山,號宛叟,泰興人。光緒二十一年(1895)入院肄業。曾被保薦經濟特科。民國初,選爲省議員,任省政府委員。工書,尤肆力于漢唐諸碑,後寓居上海,鬻書爲娛。

徐彭齡(1872—1929),字商賢,號企商,青浦縣人。光緒二十五年(1899)在院肄業。二十八年(1902)壬寅鄉試舉人,明年癸卯(1903)進士,公派留學日本,攻讀法律。授刑部主事。民國初,推爲青浦民政長,後赴京任職司法部。後因病離職,寄寓蘇州執業律師,病復發而卒。

秦毓鈞(1873—1942),字祖同,號平甫,金匱縣人。光緒二十五年(1899)在院肄業。1902年留學日本宏文師範學院。回國後,在上海《申報》等報館工作,入中華書局編纂《中華大字典》。回無錫任《錫報》總編。任無錫圖書館館長,編纂館藏書目及《錫山秦氏文鈔》等書。

陸炳章(1875—1920),字菊裳,太倉州人。光緒二十一年(1895)入院肄業。光緒二十八年(1902)優貢,授教職。二十九年(1903)癸卯副貢,考授法部七品小京官。日本法政大學速成科畢業。曾署常熟縣教諭、蘇州府學訓導,任蘇州的江蘇省立法政學堂教習。民國初,任江蘇都督府提法司科長。後當律師。

黃守恒,字許臣,嘉定縣人。光緒二十五年(1899)在院肄業。三十三年(1907)在家鄉創辦女子普通學堂,親作校歌。對學部所頒教科書加以評點，成《教科書批評》一書出版。民國元年(1912)任同盟會嘉定分會會長。撰《定盦年譜(稿本)》。

趙寬(1863—1939)，字君閎，號止扉，又號傳侯，陽湖縣人，僑居常熟。光緒二十五年(1899)在院肄業，任齋長。年逾不惑，以學政瞿鴻禨保薦，以知縣分發浙江，歷知嵊縣、富陽縣事。後入江西巡撫、兩江總督幕府。民初，任職江南官産處有年。逝於上海。

蕭麟徵，字穀如，常熟縣人。光緒二十一年(1895)入院肄業。

蔡文森(1872—1948)，字松如，一字處默，無錫縣人。光緒二十年(1894)附課南菁。二十四年(1908)肄業書院，山長丁立鈞深契之。二十八年，東遊日本，選補科學。返鄉後組織理花學會，任縣立師範校長。後入上海商務印書館，服務 16 年，編輯各類大詞典，無役不與。後投身實業，非其本願。

李青藻，字夢花，青浦縣人。幼時敏慧，文不加點，試輒優等，稱高才。光緒二十一年(1895)入院肄業。早卒。

程肇基(1869—?)，後改名適，字茂東，號肖琴，荊溪縣人。光緒二十年(1894)入院肄業。二十三年(1897)丁酉科拔貢，考選安徽知縣。著有《蟄庵叢鈔》。

孫蓉鏡，字蔭梧，無錫縣人。光緒二十一年(1895)入院肄業。宣統元年(1910)己酉科拔貢。

彭世襄(1868—1903)，字應奎，號宰臣，吳縣人。光緒二十五年(1899)在院肄業。二十八年(1902)壬辰鄉試舉人，次年(1903)癸卯進士，改翰林院庶起士，請假回籍，到家即卒于世。

管祖式，字伯言，上元縣人。光緒二十五年(1899)在院肄業。民初，官山東館陶縣知事。

金楙基(1873—1947)，後改名天翮、天羽，字松岑，號鶴望，吳江縣人。光緒二十五年(1899)入院肄業。後在家鄉辦學。赴上海結識蔡元培等革命黨人，加入興中會，著《女界鐘》《自由血》。返鄉從事教育、水利。民國初，膺選江蘇省議員，然蹇困無所合。1932 年，與章炳麟等成立國學會。

日寇入侵，金閉戶不出，拒任僞職。金所寫詩歌沉雄奇偉，詩界頗爲推崇，

張葆元（1872—1940），字蘊和，以字行，婁縣人。光緒二十五年（1899）入院肄業。保送京師大學堂，赴日本考察教育。在《申報》工作數十年，長期任總主筆。酷嗜端硯，著《硯説》一卷。

儲青縉（1876—1959），即儲南强，字花鋤，又字鑄農，號簡齋，宜興縣人。廩貢生，光緒二十三年（1897）肄業書院。民國初年，先後任宜興縣、南通縣知事。返鄉建設古跡勝地善卷洞和張公洞，1949年後，捐獻國家。其侄儲安平，幼失怙恃，南强恪盡世父之責，養之教之，儲安平終身感銘。

梅調鼎，字今裴（景裴），武進縣人。光緒二十一年（1895）入院肄業。書院改學堂時，梅跟孟森均不願上堂聽課，而離開了南菁。

唐演，字湘和，陽湖人。光緒二十七年（1901）前後在院肄業。

孔昭晉（1865—1936），字康侯，號守謙，吳縣人。光緒二十七年（1901）前後在院肄業。十五年（1899）己丑科舉人，二十九年（1903）癸卯進士。肄習法政三年，派赴日本留學。歸國後，奏准在籍辦學，孔在蘇州城二十多處創辦小學堂。辛亥革命，勸説江蘇巡撫反正。

黄元吉，字肇成，震澤縣人。光緒二十一年（1895）入院肄業。二十八年（1902）壬辰鄉試舉人。

吳增甲，字達臣，號亦愚（亦漁），江陰縣人。光緒二十年（1894）入院肄業。二十九年（1903）癸卯進士，翰林院編修，奉派日本考察。易代後，隱居不仕。任江陰陶社（詩社）社長，著《亦漁詩文鈔》。

潘鳴球（1873—1932），字頌虞，號霞青，陽湖縣人。光緒二十五年（1899）入院。二十八年（1902）壬寅舉人，任東台縣教諭。三十年（1904）甲辰進士，簽分河南即用知縣。先後任沈丘縣知縣、禹州厘税局總辦。民國，任沁陽縣、商城縣知事。北伐後，任職國民政府財政部。擅書法，得二王神韻。有遺稿《養和堂類稿》等。

余建侯，字東屏，丹徒縣人。光緒二十五年（1899）入院肄業。

許朝貴（1867—1924），後改名許蘇民，號似梅（稚梅），嘉定縣人，世居南翔。清末，投身家鄉教育事業，創辦南翔公學，親定校訓，校歌，編著教

材。創辦嘉定圖書館。民初,選爲省議員。

丁錫福,字響卿,海州人。光緒二十六年(1900)前後在院肄業多年。二十八年(1902)優貢。

蔣維喬(1873—1958),字竹莊,別號因是子,武進縣人。光緒二十一年(1895)入院肄業 5 年。後參加中國教育會,演說革命。進入上海商務印書館編譯所,編定國文教科書。民初,任教育部參事,江蘇省教育廳長,東南大學校長。蔣在佛學、諸子甚至養生方面的研究,有多種專著出版。

蔡俊鏞(1876—?),字韻笙(雲孫),元和縣人。光緒二十年(1894)入院肄業多年。甲午科舉人。曾官河南知縣。丙午(1906)創辦蘇州草橋中學,該校第一任校長。

孫春雷,字企淵,元和縣人。光緒二十四年(1898)書院肄業。同窗單鎮,時常與他結伴往來于蘇州、江陰之間,並稱孫"資性英敏,頗能博覽"。

黃在中,後改名惺,字子墢,溧水縣人,寓居宜興。光緒二十五年(1899)入院,習經世之學,稱高材生。書院改高等學堂,又精研西籍,于數理尤多心得。畢業歸,任家鄉學校教授,士論翕然。著作多種,未刊。

朱錦綬,字建侯,吳縣人。光緒二十一年(1895)入院肄業。二十八年(1902)壬寅鄉試舉人,山東候補知縣,省視學。

秦瑞玠(1873—1948),字晉華,無錫縣人。光緒十七年(1891)入院。二十三年(1897)丁酉科優貢,以知縣簽分河南。赴日本留學法政大學畢業。清末,爲文明書局撰寫教科書出版。選爲諮議局議員。民初,北京臨時參議院議員。農商部首任商標局局長,代理次長。曾入商務印書館,著有多種法律著作。

瞿葆剛,字健齋,武進縣人。光緒二十五年(1899)入院。

孫鉞(1876—1943),字子鈇,通州人。光緒二十七年(1901)前後在院肄業,治經學。張謇籌建南通博物苑,孫鉞負責具體工程事宜,民國初年,擔任這所也是中國第一所博物館的主任,工作近三十年。孫著作頗豐。

單鎮(1876—1965),東笙,吳縣人。光緒二十四年(1898)書院肄業。二十八年(1902)壬寅鄉試舉人,明年(1903)癸卯科進士。分刑部,考取商部,官至農工商部郎中。民初,任工商部秘書長等職。1927年後,退隱歸裡。曾分纂《江蘇省通志》,任無錫國專教授。

楊冰(1871—1913),字冷仙,東台人。從崔朝慶學。光緒二十六年(1900)前後在院肄業。二十七年(1901)冬,聘爲江南高等學堂數學教習,派赴日本考察學制,自此在南京任教十年。民國二年(1913)初,選爲江蘇省議員,國會衆議員候選人,突患病逝世,孫中山敬送花圈。楊冰數學造詣精深,舊學根底亦深厚。

史國琛(1870—?),字獻甫,號怡秋,荆溪縣人。光緒二十年(1894)甲午科舉人。二十一年(1895)入院肄業。書院改高等學堂,史仍留肄業。精算學。二十九年(1903)癸卯會試中進士,任度支部主事。

何國恂,字敬夫,丹徒縣人。善算學。光緒二十四年(1898)書院肄業。三十年(1904)前後,任教于江寧師範學堂,自編學堂算學課本。

張東烈,字子輝,泰興縣人。光緒二十年(1894)前後在院肄業,所著《代數盈朒細草》,收入江蘇學政溥良所編《南菁劄記》。戊戌(1898)學政瞿鴻機保舉張"專司格致,力求新理"。民國二年(1913)任廣西全縣知事。

劉穀儀,字筱亭,通州人。光緒二十七年(1901)入院肄業。三十二年(1906)南菁高等學堂預科第一屆畢業。

秦同培,字於卿,無錫縣人。光緒二十七年(1901)前後在院肄業。民國年間,編撰多種中小學教科書、評注讀本、譯著,大都由商務印書館、世界書局出版。

吳誠,字理吾,江陰縣人。光緒二十一年(1895)入院肄業。精算術,在南菁時的江陰同窗稱讚他,可與東台楊冰相伯仲,楊冰長於創,吳誠工於因,皆各極其勝。平生事業,致力於教育爲多。

後　記

　　2014年,我參與完成國家清史纂修工程·文獻類專案《黄式三黄以周合集》編纂之後,繼續從事清代經學家黄以周文獻的輯佚工作。除了天一閣黄以周《五禮異議》殘稿本之外,還陸續發現他在杭州詁經精舍所作24篇課藝、東城書院所作4篇課藝、師友往來信件以及非常稀見的少量詩作,由此而延伸到對黄以周在南菁書院主持教席期間編纂的《南菁講舍文集》《南菁文鈔二集》進行整理。後來,有感於南菁書院在近世以來學術影響之巨,實非一般書院可與比擬,遂起意將丁立鈞所編《南菁文鈔三集》與前二集歸併整理,通名曰《南菁書院課藝合集》,一起交由浙江大學出版社出版。

　　2019年,《南菁書院課藝合集》經浙江大學出版社選送,承蒙上海交通大學虞萬里教授、浙江大學賈海生教授推薦,經過競爭性評選,最終有幸列入國家古籍出版專項資助。這一方面得力於兩位教授的舉薦,另一方面也反映了學界對本書既有價值的一種肯定。在本書整理過程中,特別感謝北京卜鍵先生的幫助與指導;感謝江陰趙統先生的合作點校;感謝浙江大學出版社宋旭華、蔡帆兩位老師的精心策劃和編輯;感謝浙江海洋大學和舟山市社科聯的出版資助。如果按照傳統的學術譜系來看,浙江大學禮學名家沈文倬先生其實是南菁書院黄以周的二傳弟子,因此本書在浙江大學出版社出版,也是一種學術上的緣分。

程繼紅

2022年10月於定海

圖書在版編目(CIP)數據

南菁書院課藝合集 / 程繼紅,趙統點校. —杭州:浙江
大學出版社,2022.12
    ISBN 978-7-308-19284-2

    Ⅰ.①南… Ⅱ.①程…②趙… Ⅲ.①書院－教育史－江陰－
清代 Ⅳ.①G649.299.534

    中國版本圖書館 CIP 數據核字(2019)第 126661 號

南菁書院課藝合集

〔清〕黃以周　繆荃孫　丁立鈞　編　程繼紅　趙　統　點校

責任編輯	蔡　帆　宋旭華　王榮鑫
責任校對	姜澤彬　吳　慶
封面設計	周　靈
出版發行	浙江大學出版社
	（杭州市天目山路 148 號　郵政編碼 310007）
	（網址:http://www.zjupress.com）
排　　版	浙江時代出版服務有限公司
印　　刷	浙江印刷集團有限公司
開　　本	710mm×1000mm　1/16
印　　張	60
字　　數	834 千
版 印 次	2022 年 12 月第 1 版　2022 年 12 月第 1 次印刷
書　　號	ISBN 978-7-308-19284-2
定　　價	428.00 圓

浙江大學出版社市場運營中心聯繫方式　(0571)88925591;http://zjdxcbs.tmall.com